庆元县地名志

《庆元县地名志》编纂委员会 编

方志出版社
Publishing House of Local Records

图书在版编目（CIP）数据

庆元县地名志 / 《庆元县地名志》编纂委员会编. —
北京 ：方志出版社，2023.2
ISBN 978-7-5144-4785-9

Ⅰ. ①庆… Ⅱ. ①庆… Ⅲ. ①地名－庆元县 Ⅳ.
1 K925.54

中国国家版本馆 CIP 数据核字(2023)第 029796 号

责任编辑：刘方圆
责任校对：刘玉霞
责任印制：梅中英
出 版 者：方志出版社
地　　址：北京市朝阳区潘家园东里 9 号（国家方志馆 4 层）
邮　　编：100021
网　　址：http://www.zgfzcb.cn
发　　行：方志出版社图书营销中心（010-67110500）
印　　刷：丽水市旺盛印刷有限公司
开　　本：889 毫米×1194 毫米　1/16
印　　张：38.5
字　　数：862 千字
版　　次：2023 年 2 月第 1 版
印　　次：2023 年 2 月第 1 次印刷
定　　价：180.00 元

《庆元县地名志》编纂委员会

▲庆元县人民政府（庆元县地名办 摄于2014年）

▲庆元中学（庆元县地名办 摄于2014年）

▲庆元县人民医院（庆元县地名办 摄于2014年）

▲庆元县林业局（庆元县地名办 摄于2014年）

▲庆元县食用菌科研中心（庆元县地名办 摄于2014年）

▲浙江梦天木业有限公司　（庆元县地名办 摄于2014年）

▲庆元县农村信用联社（庆元县地名办 摄于2014年）

▲市民广场夜景 （范敏姿 摄于2008年）

▲濛洲街夜景 （毛俊峰 摄于2014年）

▲濛洲街 （庆元县地名办 摄于2014年）

▲弦歌坊巷 （庆元县地名办 摄于2014年）

▲高速公路 （庆元县交通局 摄于2013年）

▲西大桥 （庆元县地名办 摄于2014年）

▲象山宝塔（庆元县地名办 摄于2014年）

▲咏归桥（庆元县地名办 摄于2014年）

▲九漈村 （范敏姿 摄于2010年）

▲西川村 （范敏姿 摄于2010年）

▲濛洲胜景 （郑承春 摄于2008年）

▲生态公园 （郑承春 摄于2009年）

▲月山村 （郑承春 摄于2008年）

▲莲湖秋歌 （郑承春 摄于2012年）

▲百山祖（郑承春 摄于2014年）

▲百山祖冷杉（郑承春 摄于2014年）

▲中子峰森林公园（郑承春 摄于2014年）

▲兰溪桥（郑承春 摄于2014年）

▲廊桥博物馆（庆元县地名办 摄于2014年）

▲香菇博物馆 （庆元县地名办 摄于2014年）

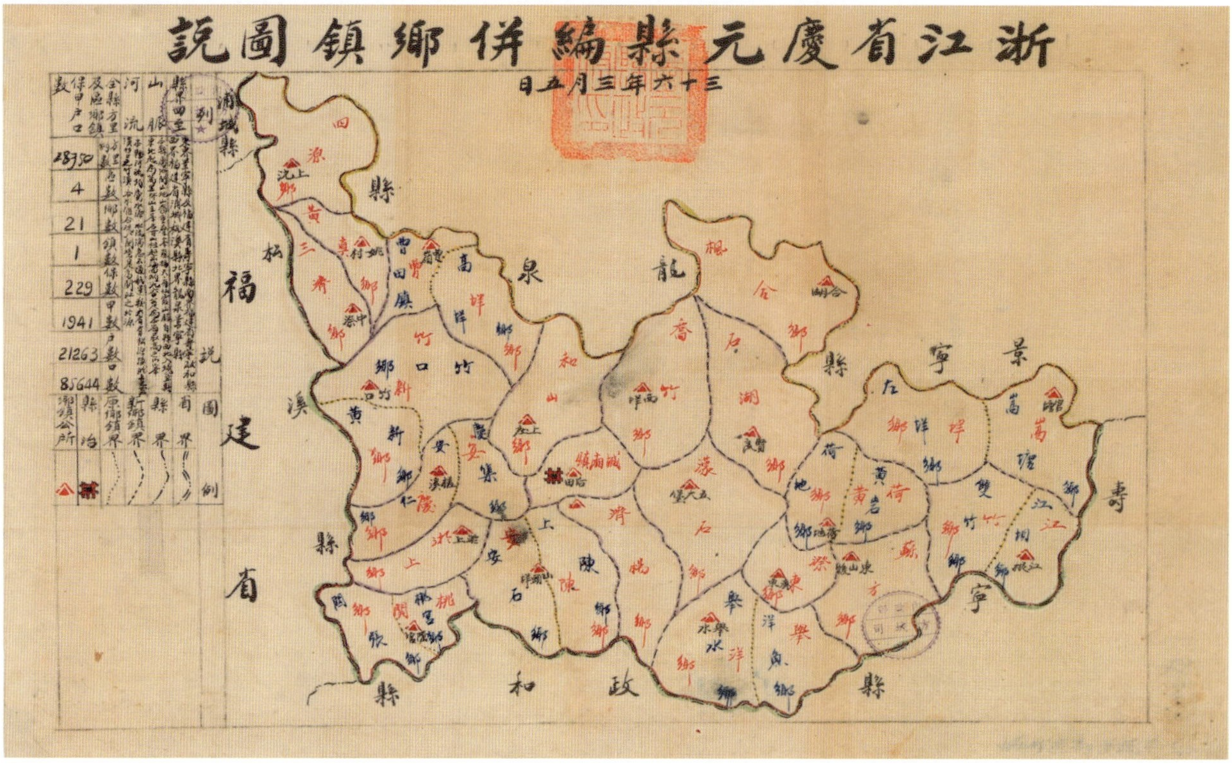

▲浙江省庆元县编并乡镇图说

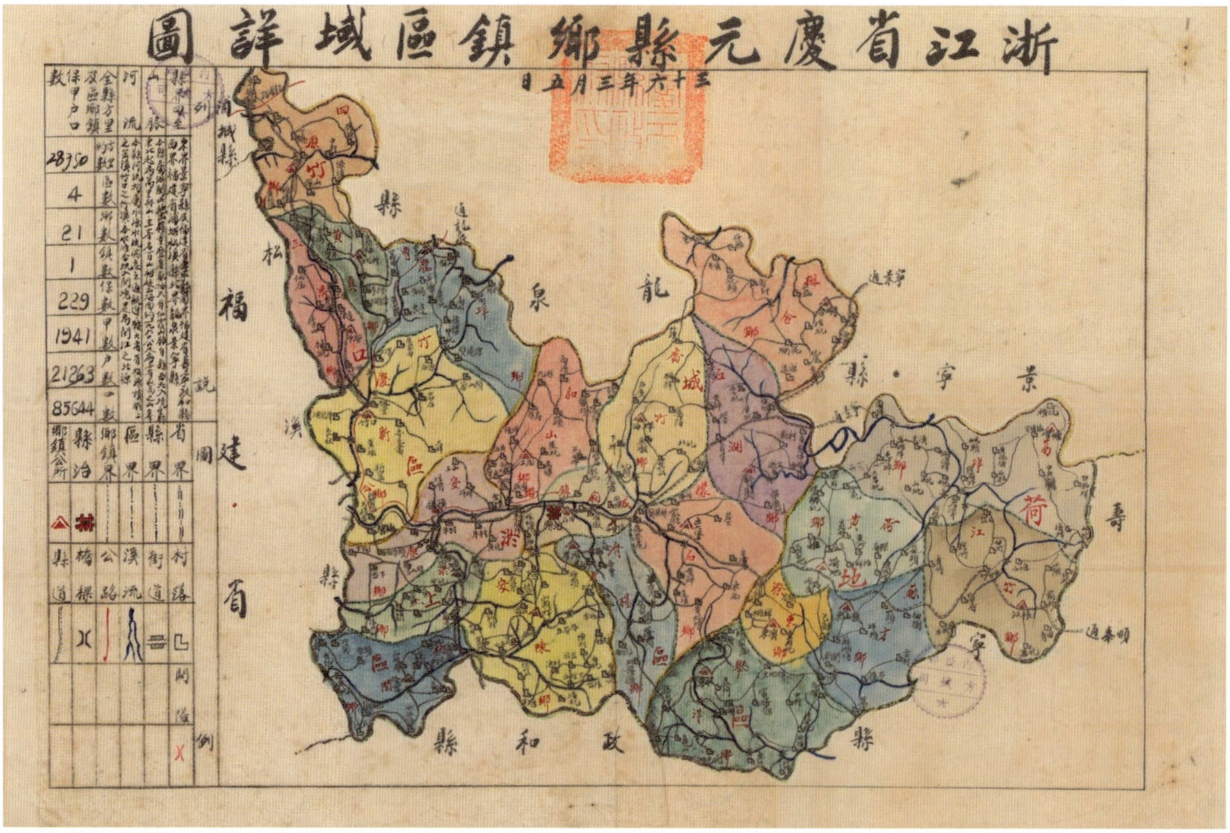

▲浙江省庆元县乡镇区域详图

序　言

历时五载，几易其稿，新版《庆元县地名志》终于付梓成书。该志是继 1990 年 10 月出版的《庆元县地名志》之后的又一部地名专志，是庆元县地名工作一项极具意义的大事，值得庆贺！

庆元县位于浙江省西南部，北面与本省龙泉、景宁两县接壤，东、南、西三面分别与福建省寿宁、政和、松溪三县交界。南宋庆元三年（1197）本县坑西人胡纮公上书朝廷，析龙泉县置庆元县，并以宁宗赵扩年号“庆元”命名。辖三街道六镇十乡，地域面积 1898 平方千米，2014 年全县总人口 20 万人。

庆元山峦连绵，山清水秀，是“中国生态环境第一县”。

庆元历史悠久，人杰地灵，是全国人工栽培香菇最早的地方，被誉为“世界香菇之源”“中国香菇城”。

庆元木拱廊桥的存世数量全国最多，历史最久，被称为“中国廊桥之乡”。

庆元方言至今还保留着唐宋遗音，“二都戏”剧种伴随香菇应运而生，且发展至今。

庆元的香菇市场稳居全国香菇交易中心地位，百山祖、巾子峰 AAAA 级旅游景区和月山、大济特色文化村问鼎全国生态旅游。

庆元的铅笔、竹筷、木门制造业品牌响亮，闻名全球。

随着社会经济的全球化进程，地域文化也将成为人类的共有与共享。庆元是如此内涵丰富的地理区域，编纂《庆元县地名志》就显得更有意义了。

因为地名是人类生产和生活的产物，是地域文化的重要载体。它不但是一个地理实体的名称，更是一种文化，它承载着一个地域厚重的历史，也承载着一个地域的发展和变迁的轨迹，是历史留给我们后人的珍贵文化遗产。庆元县的地名就是见证庆元人文发展轨迹的活化石。从地名蕴含的由来、演变等信息中，可以窥见庆元历史、地理、社会发展轨迹，深入了解庆元地名变化规律，对加强爱国主义教育、乡土教育、推动精神文明建设，具有十分重要的意义。

因为地名是人们社会交往的媒介，也是宣传庆元、了解庆元的重要媒介。任何单位和个人都要使用地名，才能便捷地工作、生活和学习。《庆元县地名志》将为庆元县行政管理、城乡建设、经济活动、文化教育、交通运输等提供历史和现实的地名资料，也将为庆元县各企事业单位和广大读者提供一部用途广泛的地名工具书。同时，地名又是城市外化形象的标识，人们得以通过地名知识去挖掘“中国香菇城”“中国生态环境第一县”“中国廊桥之乡”所蕴含的文化内涵，去命名新涌现的反映庆元乡土文化，含义健康、品位高雅、使用方便的地名。

治天下者以史为鉴，治郡国者以志为鉴。新版《庆元县地名志》内容丰富，史实详尽，图文并茂。既有地方特色，又有时代特征。它的出版发行，对于庆元弘扬地方传统文化和建设美丽家园，必将发挥独特的作用！

编　者

凡　例

一、本志以马克思列宁主义、毛泽东思想、邓小平理论,“三个代表”重要思想、科学发展观,习近平新时代中国特色社会主义思想为指导,坚持辩证唯物主义和历史唯物主义的立场、观点和方法,按照国务院颁发的《地名管理条例》,力求实事求是反映庆元地名的历史与现状。

二、本志以庆元现行行政区划为记述范围,力求贯穿古今,与1990年版《庆元县地名志》相衔接,时间上限尽量追溯事物发端;下限止于2014年年底;个别条目、地名文化、各类地图及照片适当延伸至2018年。

三、本志是庆元县地名资料,采用篇、章、节、目结构,首设总述,末置附录。按地名门类分别设建置县域区划、行政区划和居民点、人工建筑、名胜古迹、专业部门、自然地理实体、地名管理、地名文化八大编记述各类地名情况。

四、本志采用文、图、表等体裁,以文为主,图文结合,正文主要由条目释文表述,对每个标准地名阐明标准书写形式,准确汉语拼音,地理位置,行政归属,地名的由来、含义、演变以及有关自然、人文环境的历史和现状信息,体现时代和地方特色。

五、本志纪年,凡清以前的朝代,采用历史纪年,用汉字书写,并括注相应的公元纪年;民国时期采用民国纪年,用阿拉伯数字书写,并括注相应的公元纪年;中华人民共和国成立后,采用公元纪年。

六、本志使用文字、标准地名的汉语拼音、计量单位执行国家统一规定,海拔高度用1985年国家基准高程。所指方位距离,是在县人民政府驻地或乡、镇、街道驻地××方向××千米(保留一位小数),为直线距离。

八、本志特定名称使用约定俗成的简称:初级、高级农业生产合作社简称“初(高)级社”,农村人民公社简称“公社”,生产大队简称“大队”,村民委员会简称“村委会”,居民委员会简称“居委会”,社区居民委员会简称“社区”,县、乡、镇人民政府简称“县政府”“乡政府”“镇政府”,浙江省简称“省”。在同一节首次出现用全称,随后用简称。

九、本志对具有全局性、影响深远且地方特色突出的重要内容,如街路弄巷、名胜古迹、非物质文化遗产和地方冠名的农特产品、地名艺文等均予收录。

十、本志专业部门章节所载单位是具有地名意义和有代表性的单位,其中工业企业、政府机构均按2013年的情况予收录。

十一、本志所用资料，广征博取于旧县志、1992年版《庆元县志》、1990年版《庆元县地名志》。地名普查资料和有关部门提供的资料，经调查核实后采用。

十二、本志地名为标准地名，今后使用以此为准。如需更改或另行命名，须经政府或相关部门审核批准后方可使用。

1. 本志书的居民点以2014年年底统计情况为准，特殊数据适当顺延。

2. 居民点先后基本按政府公布的文件排序。

3. 乡镇条下的第三级标题为行政村，四级标题为所辖自然村。

4. 1993年后出现的无常住人口的空村，标为“现无人居住”。

5. 社会状态和采用的经济数据，以2014年年底为下限，特殊数据适当顺延。

6. 行政区划改动延至2013年。

7. 历史事件记当时行政区名称，必要时加注现名。

8. 行政村人口数据来自2014年年底乡镇地名普查数据库；乡镇街道人口数据来自档案局编纂的《庆元年鉴(2015)》。

9. 所插地图沿用2015年4月出版的《庆元县地图》(浙江省测绘大队和庆元县民政局共同编制)中的部分地图。

目 录

第三编　人工建筑

第四编　名胜古迹

第五编　专业部门

第六编　自然地理实体

第七编　地名管理

第八编　地名文化

总　述

（一）

庆元县位于浙江省西南部，地处北纬27°25′—27°5、东经118°5—119°30′。东、南、西三面与福建寿宁、政和、松溪3个县交界，北与浙江省龙泉市、景宁畲族自治县接壤。东西最大距离63.02千米，南北最大距离49.02千米，总面积1898平方千米。

庆元县于南宋庆元三年（1197）置县，以宁宗年号“庆元”为县名。县政府驻地松源街道，距丽水市210千米，距杭州市532千米。下辖濛洲、松源、屏都3个街道；竹口、黄田、荷地、左溪、贤良、百山祖6个镇；安南、隆宫、五大堡、岭头、淤上、张村、江根、官塘、龙溪、举水10个乡。共19个乡级政区；辖有8个社区、345个村民委员会；下设62个居民小组，1718个村民小组。

2014年年末，辖区总人口20.65万人。其中，男性10.67万人，占51.7%；女性9.98万人，占48.3%。人口密度为每平方千米108人。2014年全县出生人口2398人，出生率为11.6‰，死亡人口1527人，人口死亡率为7.4‰，人口自然增长率4.2‰；总人口中，以汉族为主，达20.34万人，占99.2%；有畲族、苗族、彝族、侗族、布依族等17个少数民族，共1560人，占0.8%，其中畲族1400人、苗族36人、彝族33人。境内19个乡镇、街道均有少数民族分布，其中濛洲街道、黄田镇最为集中。全县共有道岗村、西演村、东西村、李村村、大坑村、蔡段村、山根村、库山村、龙井面村9个少数民族村。

2014年年末，完成地区生产总值52.91亿元；规模以上工业产值61.99亿元；固定资产投资41.23亿元；社会消费品零售总额25.5亿元；外贸出口总额8124万美元；主要产品有铅笔、机电、竹筷等7类146个产品，销往82个国家和地区。财政总收入4.87亿元，地方财政收入3.01亿元，城镇居民人均可支配收入26224元，农民人均纯收入11762元。

2014年年末，拥有幼儿园（所）54所，在园幼儿4917人；小学19所，在校生10918人，毕业生1710人；普通中学10所，在校生7543人，毕业生2623人；中等职业学校1所，在校生2002人，毕业生772人，其中民办初中学校1所。各级各类学校（幼儿园）正式教职工1925人，其中专任教师1550人。公共图书馆1个，建筑面积350平方米，藏书6万册；档案馆1个，建筑面积1410平方米；博物馆2个，建筑面积5380平方米。

2014年年末，各级各类医疗卫生机构154个，其中二级甲等综合医院1所，二级乙等中医院1所，疾病控制中心1个，妇幼保健1所，卫生监督1所，卫生院20所；病床423张，其中公立卫生机构床位423张，每千人拥有医疗床位2.1张。专业卫生人员817人，其中执业医师、执业助理师400

人，注册护士 256 人。

庆元县地处浙西南山区，有溪谷、盆地、丘陵、低山、中山等多种地貌。与闽北相依，洞宫山脉和仙霞岭在此聚首；闽江、瓯江、赛江在此发源；地势呈东北向西南倾斜。东北为洞宫山脉中段，西南及中部为仙霞岭—枫岭余脉。东北部多崇山峻岭、深谷陡坡。海拔 1500 米以上山峰就有 23 座，主峰百山祖海拔 1856.7 米，为浙江省第二高峰，山间盆地海拔 600—800 米，百山祖北麓斋郎村海拔 1210 米，是全县最高居民点。西南部多山间盆地，地势较东、北部平缓，谷地较宽，山间盆（谷）地相对高度海拔 330—600 米，新窑村海拔 240 米，是全县最低点。其中陆地 1876.9 平方千米，占 98.9%；水域 20.5 平方千米，占 1.1%。

庆元县气候属亚热带季风性气候。其特点是温暖湿润、降水充沛、四季分明、无霜期长；冬无严寒，夏无酷暑，气候宜人。多年平均气温 17.4℃，1 月平均气温 7.2℃，极端最低气温-9.2℃（1973 年 12 月 26 日）；7 月平均气温 26.9℃，极端最高气温 41.1℃（2003 年 7 月 31 日）。最低月均气温 3.8℃（1984 年 1 月），最高月均气温 28.1℃（1988 年 7 月）。平均气温年较差 19.7℃，最大日较差 24.4℃（1983 年 1 月 28 日）。生长期年平均 283 天，无霜期年平均 255 天，最长达 327 天，最短为 212 天。年平均日照时数 1757.3 小时，年总辐射 110—102 千卡/平方厘米。0℃以上持续期 355 天（一般为 1 月 21 日至次年 1 月 10 日）。年平均降水量 1921 毫米，年平均降雨日数为 177.1 天，最多达 215 天（1975 年），最少为 145 天（1996 年）。极端年最大雨量 2421.5 毫米（1998 年），极端年最少雨量 1118.9 毫米（1971 年）。降雨集中在每年 3 月至 9 月，且 6 月最多。

庆元县山地面积广阔。土地总面积 189800 公顷，其中林业用地 167796.3 公顷，农业耕地 10680 公顷，溪流水域 2733.2 公顷；可利用草地面积 4133.3 公顷，耕地面积 22.6 万亩，林地面积 235.8 万亩；人均耕地面积 1.1 亩，林地 12.3 亩。食用菌产量、销售量均居全国首位。粮食作物以水稻为主，主要经济作物有食用菌、蔬菜、茶叶等。拥有庆元林场、营林公司、产业公司等国有林场和一批乡（镇）、村集体林场；各地还营建菇木、竹笋、柑橘、锥栗、厚朴等经济林基地。

庆元县是浙江省重点林业县之一。全县林业用地 167796.3 公顷，占全县土地面积的 88.4%，林木蓄积量达 1321.5 万立方米，立竹量达 6088.33 万株，森林覆盖率达 86.06%。庆元县野生动植物种类丰富，已知种子植物 173 科 828 属 2005 种，蕨类植物 36 科 82 属 236 种，苔藓 62 科 149 属 327 种，大型森林真菌 47 科 123 属 376 种；有脊椎动物 254 种，昆虫 256 科 1364 属 2204 种。国家一级保护植物有百山祖冷杉、南方红豆杉、伯乐树、莼菜 4 种；国家二级保护植物有福建柏、闽楠、鹅掌楸、厚朴、凹叶厚朴、毛红椿、香果树、榉树、蛛网萼等 20 种。国家一级保护动物有云豹、豹、黑麂、白鹳、金雕、白颈长尾雉、黄腹角雉、华南虎 8 种；国家二级保护动物有猕猴、穿山甲、黑熊等 47 种。特别是百山祖冷杉，是第四世纪冰川气候的残遗物种，1987 年被国际物种保护委员会（SSC）公布列为世界最濒危的 12 种植物之一。

庆元县水力资源丰富。理论蕴藏量达 28 万千瓦，可开发装机有 25 万千瓦，多年电能 64778 万千瓦时，其中瓯江流域 12.84 万千瓦，电能 41906 万千瓦时；交溪流域 3.05 万千瓦，电能 8849 万千瓦时；闽江流域 5.12 万千瓦，电能 14022 万千瓦时。到 2014 年已开发装机 21 万千瓦时。

境内有大小溪流1071条，较大的有松源溪（主流总长62.57千米，支流202条）、安溪（主流总长21.48千米，支流87条）、竹口溪（主流总长33.9千米，支流164条）、南阳溪（主流总长42.36千米，支流115条）、左溪（主流总长35.99千米，支流143条）、西溪（主流总长26.9千米，支流51条）、八炉溪（主流总长27.41千米，支流55条）。分别属闽江、瓯江、赛江三大流域。分布在东部地区的南阳溪、左溪向东流入瓯江，瓯江流域面积705.5平方千米，占37.2%；分布在西部地区的松源溪、安溪、竹口溪向西南流入闽江，闽江流域面积1024.18平方千米，占50.7%；分布在东南部的西溪、八炉溪向东南注入交溪（赛江），赛江流域面积229.6平方千米，占12.1%。全县河流总长度2198千米，河网密度0.86千米/平方千米，径流总量21.9亿立方米。一级河：松源溪、竹口溪、南阳溪、西溪、八炉溪等27条，总长332.7千米；二级河：三溪、隆宫溪、桥坑溪、八炉溪、黄水坑等48条，总长425.6千米；三级及三级以下河950条，总长877.4千米。境内最大的河流为松源溪，发源于百山祖，从东至西流经境内濛洲、松源、屏都3个街道和百山祖、五大堡2个乡，河流长62.57千米，流域面积454平方千米，年均流量17.8米^3/秒，主要支流有杨楼溪、梧桐溪、濛西溪、下滩溪、大济溪、金溪、坑西溪、安溪等。较大的人工湖泊（水库）有兰溪桥水库（水域面积70公顷）、马蹄岙水库（25公顷）、大岩坑水库（41公顷）、左溪水库（83公顷）。

境内自然资源丰富。已探明的矿种有23种，其中金属矿有金、银、铜、铁、铅、锌、钨、钼、锡、铀以及稀土11种，非金属矿有煤、磷、高岭土、叶蜡石、钾长石、石英、白云母、水晶、大理岩、花岗岩、砖瓦用全风化泥岩、黄砂12种，已开发利用的矿种为11种，其中金属矿2种、非金属矿9种。在开采的矿种有5种，均为非金属矿产。境内矿产地质勘查程度总体较低，已查明资源储量的小型矿床6个，分别是：老鹰岩铅锌矿、官坳铅锌矿、桉树坳铅锌矿、隆宫乡生水塘钾长石矿、山丘大理岩矿、荷地稀土矿。隆宫的石灰石、石英石已被用于水泥和硅钙合金原料，荷地的稀土矿品位和含量亦冠全省。

庆元县物产丰富，名产众多。庆元香菇历史悠久，名扬四海，因此有“世界香菇之源”“中国香菇城”之称。竹木制品、铅笔制造业发达，是“中国竹制品产业基地”“中国铅笔生产基地”。还有甜橘柚、吊瓜、茶叶、锥栗等特产。

庆元县是“中国廊桥之乡”。以木拱廊桥数量最多、保存最好，被中国民间文艺家协会冠名。后坑木拱廊桥于2007年5月荣获联合国教科文组织亚太地区文化遗产保护奖卓越奖，2008年1月，以木拱廊桥数量最多、保存最好，被中国民间文艺家协会命名为“中国廊桥之乡”。

庆元县环境优美，群峰拱秀，旅游资源丰富。千百年来，日月在这里的崇山峻岭间涨落，星辰从深谷险隘中交替，岁月造化成就了这里的清幽神秀。庆元县是中国生态环境第一县，在全国2348个县（市、区）的生态环境现状调查联评中位居第一。这里有国家AAAA级旅游景区、国家级自然保护区百山祖；国家级森林公园巾子峰；全国特色景观旅游名村举水月山村。

（二）

庆元县历史悠久，文脉绵远，人文荟萃。传承着以宋朝古桥、唐朝古语、明朝古居为代表的“三朝文化”;传承着香菇功夫、二都戏、百事吉剪纸艺术;保存着大济进士村的历史文化名村、特色景观举水月山村;建有香菇博物馆、廊桥博物馆;还是革命老区县。

庆元地名源远流长。域内在春秋战国时期为古代越族聚居地,流行越语地名,春秋时为吴越国东平乡。战国后期(约前306)楚灭越,属楚国。秦统一中国后,实行郡县制,属闽中郡东瓯之地。庆元在唐宋就始有乡、里记载。元时为都保制。庆元的村庄发展是比较缓慢的。隋代(581—618)全县只有13个村及其地名(野塘、野宅、上仓、坑墼、后田、后碓、竹坑、廊下、杭桥、潭头、石龙下、渎田、大济),唐代(618—907)添建6个村(上赖、桐山、桃坑、黄水、黄坛、举水),五代(907—960)添建2个村(竹口、黄洋),历时近400年,全县只增加8个村。在宋代的320年中,除添建有43个村庄外[其中在南宋庆元三年(1197)建县后是26个村],还出现许多小村变为大村的情况。由此可见,截至宋代为止,庆元全县有史可查的村及其地名只有64个,如再加上无历史可查的部分,充其量也超不过150个自然村。这说明当时庆元还是一个地广人稀、景象荒凉的山区;同时也说明,是到宋代庆元的乡村和人口才有较大的发展。而之所以这样,当然与建县(庆元是从南宋1197年始建县)也有一定的关系。可是,到元代经历的98年中,发展又缓慢下来,在这期间的98年中,只添建18个村,这可能与当时民族矛盾尖锐和政治、社会的不稳定有着很大的关系。

明清时期,境内人口剧增,经济发达,地名数量急剧增加。从政区地名到山川、桥梁、古迹地名古籍多有记载。明代里名称多取吉祥昌盛诚实守信、忠孝节义、行善积德之道。如招贤里、安庆里、登高里、安堵里、钦丰里、会孝里、祇道里。清代都坊制,县城有儒效坊、桂香坊、兴贤坊、澄清坊、弦歌坊;乡下有一到十二都。明代(1368—1644),是庆元村庄和人口发展最盛时期,在277年间,共添建112个村,人口也发展到6974户、19754人。但到了清代,庆元县的村庄和人口的发展又出现了起落,这主要是由于明、清两军在庆元的争夺而形成的战祸,导致庆元人口流失,土地荒芜,全县的村庄和人口都大大减少。这种状况直到雍正以后,特别是在乾隆、嘉庆时期,社会安定,才得到较快的发展,据史料统计,清朝中叶以后,全县添建了127个村,加上原有的和无史可查的自然村,到清光绪三年(1877)全县共有村庄及其地名685个,人口7万余人。

民国时期,沿袭清自治区制,民国20年(1931)始区下设乡镇,乡镇以下编保甲。中华人民共和国成立后,庆元的地名发生巨大变化。20世纪50年代初,划乡建政。1956年,撤区并乡,“大跃进”和“人民公社化”期间,行政区划调整频繁,“文化大革命”期间,受极左思潮影响,以“兴无灭资”“破四旧”为由,随意命名和更改地名,1981年和1991年,根据国务院和中国地名委员会的通知,按照省、地部署,在全县范围先后开展地名普查和地名补查,地名数量大量增加,共考查收录行政区划和居民点、自然地理实体、名胜古迹、具有地名意义的专业部门和机关事业单位、人工建筑物等各类地名。

(三)

庆元地名是庆元历史变迁、人文因素发展的重要反映,它的由来与庆元的地理环境、历史古迹、人物典故、风土人情以及社会政治、经济发展密不可分。庆元地名丰富多彩,一山一水、一镇一村、路一桥名称的背后都蕴含着美丽的故事和传说。

庆元别称“濛洲”。因故县治择地处称濛洲，故民间常以县治代称县域。清庆元知县熊珍《过贤良村》曾云：“三年薄宦到濛洲，故国茫茫忆旧游。”1931年《中国古今地名大辞典·附录·各县异名表》：“濛洲，浙江庆元县。”

庆元别称“松源”。因古属龙泉县松源乡得名。“松源”即闽江上游松溪之源。清顾祖禹《读史方舆纪要》卷九十四：“松源水在县西南。南流入闽，为松溪之上源。”清康熙《松溪县志》卷一：“县南有溪发自浙江处州府庆元县之松源乡，两岸皆乔松，昔人榜曰：百里松荫，故名。”《明一统志》卷七十六：“松溪，在松溪县南，发源于处州府庆元县之松源，县名松溪以此。”

“庆元”之名始于南宋庆元三年(1197)析龙泉县松源乡及延庆乡之一部署县。《郡县释名·浙江下》：“宋名。庆元三年从吏部胡纮奏，析龙泉县松源乡置。县名因纪年也。”《明一统志》卷四十四：“以纪年为名，属处州。”《读史方舆纪要》卷九十四：“庆元，治松源乡，以纪年为名。”元属处州路。明洪武三年(1370)省入龙泉县，改设巡检司于此。洪武十三年(1380)复置，属处州府。1912年废府，直属于省。1914年属瓯海道。1927年废道直属于省。1935年先后属省第九、第七行政督察区。1949年属丽水专区。1952年改属温州专区。1958年复并入龙泉县。1973年复置，属丽水地区。2000年属丽水市。

庆元地名具有较典型的山地文化特色。从地名专名来看，辖区内行政区划地名和居民点有以下特征：①以同名自然地理实体命名。如：百山祖镇、桐山、左溪镇、举水、安溪、高漈等。②以典型地理特征命名。如：山头垄、山头岗、平岭岗、黄泥洋、菖蒲洋、兰泥、马蹄岙、岭岙等。③以地理位置命名。如：岭头、江根、上庄、下滩、东边、西排、南峰、北坑、外洋、岩后、中村、街尾等。④以交通、水利设施命名。如：古岭坑、蓬桥、乌石岭、埠头、柏渡口、亭岙、茶亭等。⑤以聚族姓氏或姓氏与地理位置、地理特征等组合命名。如：张村、吴宅、陈边、阙家、杨家庄、蔡川、范源、安南、内童等。⑥以动植物等物产命名。如：大毛坪(大毛，即大猫的异写，为老虎的俗称)、大毛堀、野猪窝、野猫、麻竹湾、苦竹林、石竹、梅树、杨梅隆、桃洋等。⑦以方言俗字命名。如：高白拓(意为“白借”)、犬姆(母狗)、新闲(闲，音Chǔ，意为“房子”)、高㙥(㙥，音Bèn，意为较为广阔的田地)、鱼鲞(鲞，音Xiǎng，意为“鱼产子”)、黄椆(椆，音Zhóu，意为“树木”)坑、竹等。⑧以生产和商贸场所命名。如：曲窑、钵窑、炼泥碓、碓洋、坊铺洋、茶园、铁店等。⑨以祥瑞、希冀命名。如：贤良镇、吉地、留香、发竹、芳村、富石山、福洋等。⑩以民间神庙、宗教场所及相关术语命名。如：隆宫、官塘(由官堂谐音得名)、五大堡(原名五社堡，以社庙得名)、普化寺、五谷仙、坳头殿等。

从地名通名来看，辖区内居民点地名深具浙南山区文化特色。①移借自然地理实体或地貌形态通名。如山、岗、坑、岙、溪、源、漈、济、林、墩、湾、坪、坛、桻、堀等。其中，“漈”指瀑布。“济”同漈，指瀑布。“墩”指土堆。“坛”指小块平地。“桻”(音Bèng，指茂林)。“堀”指洞穴。②移借交通、水利设施通名。如桥、岭、亭等。其中，“岭”指通过丘陵山地鞍部的山道。“亭”指路亭、茶亭。③移借田畈通名。如洋、垟、垄、畈、田、地等，其中“洋”“垟”“㙥”，指较为平广的田地。“垄”多指梯田。④移借民间神庙、宗教场所通名。如寺、庙、宫、殿等。⑤沿用古代聚落或基层政组织通名。如村、庄、家、寮、都等。其中，“寮”指茅草屋。同时大量存在无通名现象。

第一编

建置 县域 区划

第一章　建　置

第一节　历史沿革

庆元县历史悠久。据境内出土的石斧、石镯等新石器时代文物考，距今五六千年前，先民们即在这里从事劳动，生息繁衍。夏、商、西周时庆元境域为越地（古代越族聚居地）。东周为七闽地，春秋时为吴越国东平乡。战国后期（约前306）楚灭越，属楚国。

秦时属闽中郡（郡治在今福州市）。西汉高帝五年（前202）改闽中郡为闽越国，惠帝三年（前192）分闽越国瓯越地立东瓯国（治所在今温州市），昭帝始元二年（前85）以东瓯国地置回浦县（县治在今台州市椒江区章安镇），辖今台州、温州、丽水三市区域，属扬州刺史部会稽郡（郡治在今江苏省苏州市）。东汉建武元年（25）省回浦入鄞县（属今宁波市）；章和元年（87）析回浦故地置章安县（治今台州椒江章安镇），属扬州刺史部会稽郡（郡治今绍兴市）；建安四年（199）分章安置松阳县，属扬州刺史部会稽郡；建安二十三年（218）分太末县南部置遂昌县，属扬州刺史部会稽郡。从三国、两晋、南北朝、隋至唐朝乾元二年（759），松阳县先后隶属扬州临海郡、永嘉郡、处（括）州、江南道（或江南东道）括州；遂昌县先后隶属扬州东阳郡、括州、江南道（或江南东道）括州。

唐乾元二年（759）析遂昌县、松阳县置龙泉县，庆元境域属浙江东道括州龙泉县，称松源乡。五代十国属吴越国处州龙泉县。后晋天福二年（937）闽国夺取吴越国龙泉县松源乡大部分地（今福建省松溪县溪东、渭田、旧县、河东、茶平、不含钱园桥行政村的松源镇及政和县东平镇与铁山乡锦屏行政村）建松源镇（治今松溪县旧县村），属闽国，另半（今屏都、淤上、隆宫、安南、松源、百山祖、贤良、五大堡、张村、举水、龙溪等乡镇）仍属吴越国处州龙泉县。北宋属两浙路（或两浙东路）处州龙泉县。

第二节　县制建置

南宋宁宗庆元三年（1197）析龙泉县松源乡及延庆乡部分地（今龙泉市小梅、查田、茶丰、青溪、四源和庆元县三济、黄真、黄田等地）置县，以宁宗年号“庆元”称名，为庆元县建制之始，属两浙东路处州，县治濛洲（薰洋）（今庆元县城）。元初庆元县属江淮行省（至元二十一年即1284年改属江浙行省）处州路（至正十九年1359年改为安南府，后改处州府）。

明洪武三年（1370）撤庆元县置庆元巡检司，治查田（巡检司设查田）（今属龙泉市）。洪武十三年（1380）复置庆元县，属浙江布政使司处州府。景泰三年（1452）青田县鸣鹤乡升天西里一部分地域（今江根、竹坪、官塘、左溪、青竹、苏湖、岭头、南峰等乡村）划给庆元县，“延庆乡之半”地域中的小梅、查田、茶丰、青溪等地划归龙泉县。清属浙江省处州府（辛亥革命时改为浙江军政府处州军政分府）。清嘉庆年间（1796—1820），庆元县属的金村、下洋划归龙泉县。

民国元年（1912）庆元县直属浙江省都督府。民国 3 年（1914）属浙江省长公署瓯海道（道尹驻今温州市）。民国 16 年（1927）直属浙江省政府。民国 24 年（1935）6 月属浙江省第九行政督察区。民国 37 年（1948）属第六行政督察区，同年 7 月改称第七行政督察区。

1949 年 5 月 17 日庆元和平解放，7 月 5 日庆元县人民政府成立，属浙江省第七专区（同年 10 月改称丽水专区）。1952 年 1 月至 1963 年 4 月撤销丽水专区，改属温州专区。1954 年 3 月原属景宁县的吴坑乡划给庆元县（今属张村乡）。1957 年 5 月原属龙泉县的龙岩村划给庆元县（今属百山祖镇）。1958 年 3 月隆宫乡的张天村划给福建省政和县。1958 年 11 月庆元县并入龙泉县。1973 年 7 月 17 日国务院批准恢复庆元县建制。1975 年 3 月原属庆元县的四源乡划归龙泉县。1975 年 8 月 18 日庆元县革命委员会挂牌办公，属丽水地区。1981 年 7 月县革命委员会改称县人民政府，属丽水地区。2000 年撤销丽水地区，设立地级丽水市，属丽水市。

庆元县历史沿革情况表

表 1–1–1

历史年代			建置沿革		
朝代	纪元	公元	隶	属	县名
夏商周春秋战国		前 221	越、楚		
秦		前 221—前 207	闽中郡	七闽	
汉		前 206—220	扬州刺史部	隶会稽郡	回浦县地
三国（吴）		220—280	扬州（东扬州）		
晋		265—420			
南北朝		420—589			
隋	开皇九年	589		处州（置）	
	开皇十二年	592		括州（处州改）	
	大业三年	607		永嘉郡（括州改）	
唐	武德四年	621		置括州总管府	
	武德七年	264		都督府（总管府改）	
	武德八年	625		括州	松阳县地
	贞观元年	627	江南道		松阳县地

续表 1–1–1

历史年代			建置沿革		
朝代	纪元	公元	隶	属	县名
唐	开元廿一年	733	江南东道	括州	
	天宝元年	742		缙云郡(括州改)	
	乾元元年	758	浙江东道	括州(复)	
	乾元二年	759	浙江东道	括州	(龙泉置县)松源乡
	大历十四年	779	浙江西道	处州(括州改)	龙泉县松源乡
	建中元年	780	浙江东道	处州	龙泉县松源乡
	建中二年	781	浙江西道	处州	龙泉县松源乡
	贞元三年	787	浙江东道	处州	龙泉县松源乡
五代十国	吴越	907—978		处州	龙泉县松源乡
宋	至道三年	997	两浙路	处州	龙泉县松源乡
	熙宁七年	1074	两浙东路	处州	龙泉县松源乡
	宣和三年	1121	两浙路	处州	剑川县(龙泉改)松源乡
	绍兴元年	1131	两浙路	处州	龙泉县(龙泉复)松源乡
	庆元三年	1197	两浙东路	处州	庆元县(置)
元	至元十三年	1276	江淮行省	处州路	庆元县
	至元廿一年	1284	江浙行省	处州路	庆元县
	至正十九年	1359	江浙行省	处州府(处州路改)	庆元县
明	洪武三年	1370	浙江行省	处州府	龙泉县(庆元县省)
	洪武九年	1376	浙江布政使司	处州府	龙泉县
	洪武十三年	1380	浙江布政使司	处州府	庆元县(复)
清	顺治元年	1644	浙江省	处州府	庆元县
	宣统三年	1911	浙江军政府	处州军政分府	庆元县
中华民国	民国元年	1912	浙江省都督府		庆元县(省辖)
	民国 3 年	1914	浙江省长公署	瓯海道(置)	庆元县
	民国 16 年	1927	浙江省政府		庆元县
	民国 24 年	1935	浙江省政府	第九行政督察区	庆元县
	民国 37 年	1948	浙江省政府	第六行政督察区	庆元县
	民国 37 年	1948	浙江省政府	第七行政督察区	庆元县

续表 1-1-1

历史年代			建置沿革		
朝代	纪元	公元	隶	属	县名
中华人民共和国		1949 年 5 月	浙江省	丽水区专员公署	庆元县
		1952 年3 月	浙江省	温州区专员公署	庆元县
		1958 年 11 月	浙江省	温州区专员公署	龙泉县（庆元县并入）
		1963 年5 月	浙江省	丽水专员公署	龙泉县
		1968 年 12 月	浙江省	丽水地区革命委员会	龙泉县
		1973 年 7 月	浙江省	丽水地区革命委员会	庆元县（复）
		1981 年 7 月	浙江省	丽水地区行政公署	庆元县
		2000 年 6 月	浙江省	丽水市（地级）	庆元县

第二章　县　域

第一节　县境变迁

一、建立县制时的县境

置县时，政区以南宋时的龙泉县“松源乡益以延庆乡之半”设置庆元县，包括今龙泉市的小梅、大窑、查田、茶丰、青溪、四源等大片地区。这一区划格局一直沿袭至宋、元、明初。

明景泰二年（1451）叶宗留起义，明廷为防务之需，始拆丽水、青田县地置云和、宣平、景宁县，将原属青田鸣鹤乡的升天西里、升天东里部分地划给庆元，原属庆元的“延庆乡之半”先后划归龙泉。至清康熙年间，庆元疆域才基本稳定：“全境东西跨 230 里南北跨 125 里”。“东至福建寿宁县双港界 90 里，南至福建政和县徐溪界 50 里，西至福建松溪县木城界 40 里，北至龙泉县小梅界 90 里”。

清嘉庆，原属十二都的金村、下洋划归龙泉。

二、中华人民共和国成立后的县境

1954 年 3 月原属景宁的吴坑乡（今属张村乡）划入庆元县。

1957 年 5 月原属龙泉的龙岩村（今属百山祖镇）划入庆元县。

1958 年 3 月隆宫乡的张天村划属福建省政和县。

1958年10月，中共浙江省委决定撤销庆元县建制，全境并入龙泉县。

1973年7月17日，国务院批准恢复庆元县。

1975年3月，浙江省革命委员会批准原属庆元县的四源公社划给龙泉县。

此后，庆元县境南北跨49千米，东西跨63千米，面积1898平方千米。东、南、西三面与福建省的寿宁、政和、松溪县交界，北与龙泉市和景宁县毗邻。

第二节 区域界线

庆元县地处浙江省南部偏西，丽水市西南部。东、东南与福建省宁德市寿宁县相邻，南、西南与福建省南平市政和县接壤，西、西北与福建省南平市松溪县毗邻，西北、北与龙泉市交界，北、东北与景宁畲族自治县为邻。

庆元县共5条行政区域界线，总长401.43千米。省级行政区域界线3条，总长210.08千米。庆松段73.19千米，庆政段71.63千米，庆寿段65.26千米，涉及乡镇11个，设省界界桩7个。县级行政区域界线2条，总长191.35千米，龙庆线102.8千米，庆景线88.55千米，涉及乡镇8个，设县界界桩7个。

根据国务院《关于开展勘定省、县两级行政区域界线工作有关问题的通知》和《浙江省与福建省联合勘定行政区域界线实施方案》及浙江省人民政府《关于全面开展勘界工作的通知》，1997年6月开始行政区域界线勘定工作，至1999年10月，庆元县与毗邻省、市、县的5条行政区域界线勘定工作全面完成。先后签订了“谈判协议”和“会议纪要”23份；协商解决了部分地段的山界纠纷和山林权属等问题，埋设界桩14个（三界桩4个），其中：县界界桩7个，省界界桩7个，形成各类勘界成果资料55余卷，1:10000边界地形图117余幅。

一、省界庆松段73.19千米，界桩3个。

8号界桩为单立三面型花岗岩界桩。位于浙江省庆元县黄田镇良官田村与浙江省龙泉市上垟镇汤源村与福建省松溪县溪东乡西垟村，在磁方位角56°06′，距离1850米处为汤源村；磁方位角153°48′，距离103米处为房角（白鹤山）；磁方位角240°48′，距离930米处为白云寺。

边界线自008号界桩开始，向东南90米，转向东偏东南30米，转向东南40米（白鹤仙东侧），转向南20米，转向南偏东南410米，转向南290米，转向南偏西100米，转向东南200米，转向东偏东南90米，转向南40米（竹远凹西）转向东南30米，转向南70米，转向东80米，转向东南350米，转向东偏东南50米，转向东南220米，转向南110米。转向东偏东南80米，转向东偏东北160米，转向东北70米，转向东20米，转向东南沿分水线330米，转向南240米，转向南偏西南560米。转向东偏东南110米，转向南偏西南120米，转向南偏东南100米，转向西南沿分水线230米（至帮山），在转向东南160米，转向南偏东南200米，转向东南390米，转向南偏东南190米，转向南偏西南200米（沿分水线），转向南50米（至山头最高处），转向西南210米，转向西偏西南250米，转向西偏西北280米，转向北30米，转向西偏西北80米，转向西南120米，转向南偏东南90米，转向西南130米，转向南140米，转向西南140米，转向西北50米，转向西偏西南70米，转向西80米，转向西偏西北110米，转向西100米，转向西偏西南70米，转向西偏西北20米G-50-10-(38)，转向南偏东南450米G-50-10-(46)，转向东南沿水分线480米至岗乌头，再转向东80米，转向西南80米，转向南偏西南50米，转向西南400米，转向南偏东南90米，转向170米，转向东南190米，转向东偏东北80米，转向东偏东南200米，转向南偏东南80米，转向东北290米，转向东南330米，转向南偏西南30米，转向东南40米，转向西南40米，转向东偏东南50米，转向西南80米，转向西偏西北40米，转向西偏西南30米，转向南偏东南40米，转向西30米，转向西北60米，转向西50米，转向西偏西南300米，转向东偏东南300米，转向东北120米，转向东南30米，转向东偏东南30米，转向东南220米，转向北偏东北260米，转向东90米，转向东偏东北360米，转向南420米，转向南偏东南260米，转向南540米，转向南偏东南120米，转向南偏西南190米，转向东180米，转向东南50米，转向东偏东南50米，转向东南50米，转向南120米，转向东40米，转向东偏东北170米，转向东偏东南570米，转向南420米，转向南偏东南沿水分线120米，转向南偏西南沿水分线100米至双尖，再转向东南110米(沿水分线)，转向南偏东南240米，转向东偏东南100米，转向东南330米，转向东100米，转向南50米G-50-10-(46)，转向东南480米G-50-10-(54)，转向南330米(沿水分线)，转向南偏西南110米(沿水分线)，转向南偏西南110米(沿水分线)，转向南偏东南70米，转向东南50米，转向西50米，转向东南经白马山最高处90米，转向南偏西南180米沿分水线，转向南140米沿分水线，转向南偏东南280米沿分水线，转向东偏东南120米沿分水线，转向南偏东南190米沿分水线，转向东520米，转向北40米，转向东30米，转向东南30米，再转向南90米，转向东40米，转向东偏东北170米G-50-10-(54)，转向东偏东南240米G-50-10-(55)，转向南40米，转向南偏东南140米，转向南70米(经绕天窟西)，转向东50米，转向南偏东南300米，转向东南220米，转向南230米，转向东南60米，转向南偏东南120米，转向东110米，转向东南220米，转向东120米，转向南偏东南120米，转向东南40米，转向南偏东南160米，转向东偏东南70米，转向东南160米，转向南偏东南70米，转向东130米，转向东北330米，转向东偏东北80米，转向东南30米，转向南偏西南90米，转向东北120米，转向东30米转向南偏东南90米，转向东南30米，转向北130米，转向东北50米，转向东南160米，转向,160米，转向西南410米，转向南偏东南280米，转向东南200米，转向南偏东南70米，转向东偏东南130米，转向南偏东南120米，转向东南100米，转向南偏东南80米，转向东南70米，转向南180米，转向东偏东南80米，转向南偏西南70米，转向西南210米，转向西110米，转向西南90米，转向东90米，转向西偏西南340米，转向西270米，转向西偏西北280米，转向西北50米，转向西50米，转向西偏西北100米，转向北偏西北130米至后堂山最高处。再转向南190米，转向西南210米，转向南偏西南100米，转向西偏西北140米，转向西90米，转向西偏西北260米，转向西南70米，转向西偏西南80米，转向西50米，转向西偏西北130米，转向西偏西南80米，转向西偏西北120米G-50-10-(55)，转向南偏西南280米G-50-10-(63)，转向西南70米，转向南偏西南100米(沿分水线)，转向东南160米(沿分水线），转向西南 270 米（沿分水线），转向东偏东南 260 米（沿分水线），转向东 130 米（沿分水线），转西偏西南 110 米（沿分水线），转向东南（沿分水线）穿越盘山公路 280 米，再转向南（沿分水线）490 米，转向东南 110 米，转向南（沿分水线）200 米，转向西南 80 米，转向南偏西南 150 米，转向西南 240 米，转向南偏西南（沿分水线）130 米，转向西南（沿分水线）450 米至外岗寨，再转向南 160 米，转向南偏东南 160 米，转向南（沿分水线）270 米，转向东南（沿分水线）540 米，转向东偏东南（沿分水线）100 米，转向东南（沿分水线）110 米，转向东 50 米，转向南至山头最高处 130 米，转向南偏西南 170 米，转向南（沿分水线）过山头最高处 160 米，转向东南 110 米，转向南 50 米，转向东南（沿分水线）230 米，转向东偏东南 170 米，转向东南 80 米，转向东 50 米，转向东偏东南经五岔路 280 米，转向西南 100 米，转向西 50 米，转向西南 180 米，转向南偏东南 80 米，转向南 40 米 G-50-10-（63），转向南偏东南 160 米 G-50-22-（7），转向东南 40 米，转向南偏东南 110 米，转向南 130 米，转向东南 350 米，转向南偏东南 90 米，转向东 40 米，转向东偏东北 270 米，转向南偏东南 210 米，转向东偏东南 180 米，转向南偏东南 100 米，转向东南 280 米，转向南 140 米，转向东南 100 米，转向南 80 米，转向东南 200 米，转向南 70 米至此到北图边均以分水线为界，转向东南过山头最高处 120 米，转向东偏东南 380 米，转向东偏东南 60 米，转向南沿分水线 210 米，转向西南 70 米，转向南沿分水线 320 米，转向东南 110 米至 009 界桩。此段界线长度为 39520 米。

9 号界桩为单立双面型花岗岩界桩。位于浙江省庆元县竹口镇新窑村与福建省松溪县旧县乡木城村，在磁方位角 85 度 06 分，距离 55 米处为房角；磁方位角 197 度 30 分，距离 155 米处为路弯；磁方位角 254 度 42 分，距离 295 米处为房角。

边界线自 9 号界桩开始，向东南穿越公路跨过竹口溪沿堤中心 220 米，转向南 90 米，转向西偏西南 100 米，转向南偏西南 220 米，转向东南 30 米，转向南 110 米，转向西南 40 米，转向南 40 米，转向西南 100 米，转向南偏西南 160 米，转向南 210 米，转向东南 180 米，转向西偏西南 80 米，转向东南沿分水线 100 米，转向东沿分水线 60 米：转向东南沿分水线 110 米，转向东沿分水线 50 米，转向东南沿分水线 50 米，转向南沿山头最高处 60 米，转向西南 100 米，转向南偏东南 80 米，转向南 120 米，转向南偏西南 380 米，转向东南 270 米（至盘山公路）再转向南偏西南沿公路 140 米，转向东北沿公路 140 米，转向东偏东北 230 米，转向 30 米，转向东南 80 米，转向东北 20 米 G-50-22-（7），转向东南进入松源溪沿河中心穿过拦水坝 1520 米 G-50-22-（15），转向西南 620 米，转向西 60 米，转向西南 170 米，转向南偏东南 80 米，转向南偏西南沿防火道中心线 430 米，转向南沿防火道中心线至西边（山名）80 米，转向南偏东南沿防火道中心线 340 米，转向西南沿防火道中心线 420 米，转向南偏东南沿防火道中心线 90 米，转向南偏西南沿防火道中心线 120 米，转向南偏东南沿防火道中心线 200 米，转向东南沿防火道中心线 210 米，转向西南沿防火道中心线 110 米，转向西沿防火道中心线 50 米，转向西偏西北沿防火道中心线 50 米，转向西偏西南沿防火道中心线 50 米，转向南偏西南沿防火道中心线 230 米，转向西南沿防火道中心线 390 米，转向南偏东南 420 米，转向南偏西南 650 米，转向南偏东南 270 米，转向南 50 米，转向南偏东南 50 米 G-50-22-(15)，转向南偏东南 280 米 G-50-22-(23)，转向南 100 米，转向南偏东南 270 米，转向东南 280 米，转向东北 40 米，转向东南 230 米，转向东偏东南 150 米，转向东偏东北 110 米，转向东偏东南 120 米(至山头最高处)，转向南偏东南 80 米，转向南 230 米，转向南偏东南 250 米，转向西偏西北 270 米，转向西南 170 米，转向西北 110 米，转向西偏西北 100 米，转向西 190 米，转向西北 90 米，转向西南 100 米，转向西 130 米，转向南偏西南 130 米，转向西偏西南 60 米，转向西偏西北 170 米，转向西偏西南 230 米，转向南 160 米，转向南偏西南 160 米，转向南偏东南 90 米，转向西 70 米，转向南 110 米，转向西 90 米，转向北 30 米，转向南偏东南 120 米，转向西南 30 米，转向西偏西北 80 米，转向西偏西南 30 米，转向南 130 米，转向东南 70 米，转向西 130 米，转向东偏东南 110 米，转向东 70 米，转向南 70 米，转向东 30 米，转向南偏东南 50 米，转向南偏西南 170 米，转向南偏东南 80 米，转向东南 90 米至防火道中心线，再转向南偏西南沿防火道中心线 640 米，转向西南 270 米，转向西偏西南 80 米，转向西南 210 米，转向南 50 米，转向南偏西南 20 米，转向南偏西南(高架渠道南侧)240 米，转向西北 80 米(盘山渠道南)，转向西南 30 米(盘山渠道南)，转向南 170 米(盘山渠道东)，转向南偏西南 80 米(盘山渠道东)，转向南偏东南 90 米(盘山渠道东)，转向东 110 米(盘山渠道东)，转向南偏西南 70 米(盘山渠道东南)，转向南偏西南 70 米(盘山渠道东南)，转向东南 90 米(盘山渠道西南)，转向南 30 米(盘山渠道西)，转向西 100 米(盘山渠道西)，转向南 30 米(盘山渠道)，转向西南 30 米(盘山渠西)，转向南偏东南 110 米(盘山渠东)，转向西南 40 米(盘山渠西南)，转向南偏西南 120 米(盘山渠东)，转向西偏西南 170 米 G-50-22-(23)，再转向西 310 米 G-50-22-(22)，转向北 60 米，转向西 320 米，转向西北沿防火道中心线 170 米，转向西沿防火道中心线 50 米，转向西偏西北沿防火道中心线 200 米，转向西偏西南沿防火道中心线 110 米，转向西沿防火道中心线 140 米，转向西北沿防火道中心线 100 米，转向西 70 米，转向南偏西南 90 米，转向东南 110 米 G-50-22-(22)，转向南偏西南 850 米 G-50-22-(30)，转向西偏西南沿防火道中心线 90 米，转向西南沿防火道中心线 100 米，转向南偏西南沿防火道中心线 270 米，转向南沿防火道中心线 360 米，转向西南沿防火道中心线 100 米，转向西沿防火道中心线 50 米，转向南偏西南沿防火道中心线 80 米，转向南沿防火道中心线 30 米，转向南偏西南沿防火道中心线 70 米，转向西沿防火道中心线 120 米，转向西北沿防火道中心线 50 米，转向西偏西南沿防火道中心线 100 米，转向西偏西北沿防火道中心线 40 米，转向西南沿防火道中心线 150 米，转向南沿防火道中心线 70 米，转向西南沿防火道中心线 50 米，转向南偏西南沿防火道中心线 60 米，转向西南沿防火道中心线 40 米，转向南偏西南沿防火道中心线至双峰尖 140 米，再转向东南沿防火道中心线 140 米，转向南偏西南沿防火道中心线 130 米，转向西南沿防火道中心线 140 米，转向南偏西南沿防火道中心线 140 米，转向东偏东南 90 米，转向东南 430 米，转向南偏西南 210 米，转向南偏东南沿防火道中心线 330 米，转向东南沿防火道 50 米，转向东北沿防火道中心线 90 米，转向东沿防火道中心线 30 米，转向北偏东北沿防火道中心线 120 米，转向东偏东北防火道中心线 480 米，转向东沿防火道中心线 370 米，转向东南沿防火道中心线 30 米，转向东偏东北沿防火道中心线 90 米，转向东北沿防火道中心线 40 米，转向东偏东北沿防火道中心线 360 米，转向东沿防火道中心线 90 米，转向东北沿防火道中心线 110 米，转向东南沿防火道中心线 140 米，转向东沿防火道中心线 130 米至大叶岩尖，再转向东南沿分水线 110 米，转向南沿分水线 80 米，转向东南沿分水线 80 米，转向南沿分水线 330 米，转向东南 340 米，转向南偏东南 240 米，转向西南 100 米，转向南偏西南 160 米，转向南 90 米，转向西南 90 米 G-50-22-(30)，转向南偏东南 350 米 G-50-22-(31)，转向东偏东北沿分水线 690 米，转向南沿分水线 360 米，转向东南 130 米，转向南 100 米 G-50-22-(31)，转向东南 110 米 G-50-22-(39) 至 010 号界桩（黄坑关）。此段界线长度为 31440 米。

10 号界桩为单立双面型花岗岩界桩。位于浙江省庆元县隆宫乡黄坑村与福建省松溪县茶平乡铁岭村，在磁方位角 9 度 48 分，距离 2750 米处为小关（村）；磁方位角 90 度 06 分，距离 1000 米处为黄坑（村）；磁方位角 124 度 00 分，距离 2800 米处为乌阳桥。

边界线从 010 号界桩开始，向东南 230 米，转向南沿防火道中心线 170 米，转向南偏西南沿防火道中心线 90 米，转向西南沿防火道中心线 70 米，转向南沿防火道中心线 40 米，转向西沿防火道中心线 50 米，转向东南沿防火道中心线 330 米，转向南偏西南 280 米，转向西南 140 米，转向西偏西南 100 米，转向南偏西南 200 米，转向南经四枕头 130 米，转向东南 60 米，转向南偏东南 110 米，转向南 70 米，转向南偏东南 110 米，转向东南 2230 米，转向东 150 米，转向东偏东北 150 米，转向东偏东南 50 米，转向东南 50 米，转向东 70 米，转向南偏东南 120 米，转向东 150 米，转向南偏东南 170 米，转向东南沿防火道西 70 米，转向东偏东南沿防火道南侧 10 米，抓西安宾馆南偏东南沿防火道西侧 230 米，转向东南沿防火道西侧 90 米，转向南沿防火道西侧 190 米，转向东南沿防火道西侧 270 米，转向南偏西南沿分水线 210 米，转向南沿分水线 200 米，转向南偏东南 250 米，转向南 150 米，转向西南沿白岩岗 300 米，转向南沿白岩岗 100 米，转向东南沿白岩岗 200 米，转向南偏东南 200 米，转向东偏东南 40 米，转向南 20 米，转向西南 20 米，转向南偏西南 70 米，转向东 60 米，转向东南 80 米，转向东 90 米，转向东偏东南 140 米，转向东 250 米，转向东偏东南 140 米，转向东 40 米，转向东北 100 米，转向东偏东南 40 米，转向东偏东南 210 米，抓向东偏东北 380 米，转向东北 100 米，转向东偏东南 250 米，转向北偏东北 190 米，在转向东偏东南 170 米，转向东 440 米至 011 号界桩。此段界线长度为 8440 米。

二、省界庆政段 71.63 千米，界桩 2 个。

11 号界桩为单立双面型花岗岩界桩。位于浙江省庆元县隆宫乡张地村与福建省政和县铁山镇高林村，在磁方位角 13 度 00 分，距离 1850 米处为洋底（村）；磁方位角 124 度 12 分，距离 1040 米处为大林源（村）；磁方位角 294 度 06 分，距离 1150 米处为张地。

边界线自 011 号界桩开始，沿分水线向东 600 米，转向东偏东南 150 米，转向东南 70 米，转向东沿分水线 430 米，转向南 100 米，转向东南 120 米，转向南偏东南沿分水线 450 米，转向东 150 米 G-50-22-(39)，转向东 220 米 G-50-22-(40)。转向南 120 米，转向东 140 米，转向东南 70 米，转向东 110 米，沿分水岭向东偏东南 220 米，转向南偏东南 50 米 G-50-22-(40)，转向东南 160 米 G-50-22-(48)，转向南 40 米，在转向东偏东南 50 米，转向东南 70 米，转向东偏东北 90

米，沿分水岭向东南 70 米，转向南 120 米，转向东偏东南 270 米，转向东 70 米，转向东偏东南 280 米，转向东北 150 米，转向东偏东北 100 米，沿分水岭向北偏西北 190 米，转向北 130 米，转向东北 50 米，转向东南 40 米，转向东北 220 米，转向北偏东北 170 米，转向北 50 米 G-50-22-(48)，转向北偏西北 270 米 G-50-22-(40)，转向北 110 米，沿分水岭向北偏东北 110 米，转向东偏东北 50 米，转向东北 170 米，转向北 120 米，转向北偏东北 280 米，转向北 60 米，在转向北偏西北 370 米，沿分水岭向北偏东北 70 米，转向北 120 米，转向北偏西北 240 米，转向北偏东北 190 米，转向东偏东北 130 米，转向北偏东北 80 米，转向东北 320 米，转向东偏东北 220 米，在转向东偏东南 80 米，沿分水岭想东偏东北 300 米，转向东偏东南 130 米，转向东北 80 米，转向北偏东北 110 米，转向东偏东北 70 米，转向东北 270 米，转向北偏东北 130 米，在转向东偏东南 50 米，转向东偏东北 40 米，沿分水岭向东偏东南 220 米，转向东 30 米，转向东北 160 米，转向东偏东南 100 米，转向东偏东北 110 米，转向东偏东南 250 米，转向东 50 米，沿分水岭向北偏东北 220 米，转向东偏东北 50 米，转向北偏东北 140 米，转向东北 220 米，转向北 200 到亭仔岗山头，由亭仔岗山头沿分水岭向北偏西北 270 米，转向北偏东北 170 米，转向北偏西北 90 米，转向北偏东北 80 米，转向北 170 米，转向北偏东北 80 米，沿分水岭向北偏西北 140 米，转向西北沿山坡山谷 500 米，转向北偏东北沿公路中心线 370 米，转向西偏西北沿山谷山坡 540 米（距东偏东南黄蜂岭约 80 米），转向北偏西北沿山坡 540 米，转向北偏东北沿山脊经过 803.2、767.0、724.2、759.9；米高程点至燕山（836.2 米高程点）转向南偏东南沿山坡山谷 630 米，转向东南沿山谷 870 米，转向北偏东北沿公路西侧 190 米，转向东沿山谷 580 米到达 012 号界桩。此段界线长度为 16460 米。

12 号界桩为单立双面型花岗岩界桩。位于浙江省庆元县安南乡安溪村与福建省政和县岭腰乡后山村，在磁方位角 110 度 30 分，距离 1000 米处为外楼（村）；磁方位角 269 度 12 分，距离 3150 米处为中村（村）；磁方位角 354 度 30 分，距离 440 米处为公路。

边界线自 012 号界桩开始，向东 70 米，转向东偏东南 190 米 G-50-22-(40)，转向北偏东北 40 米 G-50-22-(33)，转向北偏西北 20 米，转向北偏东北 130 米，转向东偏东南 660 米，转向东偏东北 140 米，转向东偏东北 40 米 G-55-22-(33)，转向北偏西北 170 米 G-50-22-(25)，转向东 130 米，转向北偏东北 220 米，转向东 240 米，转向南偏东南 100 米，转向东偏东南 230 米，转向南偏东南 270 米 G-50-22-(25)，转向南偏西南 260 米（大山岗），从大山岗沿分水岭向南偏东南 230 米，转向东偏东南 420 米，转向东偏东北 130 米，转向东偏东南 510 米，转向南偏东南 560 米，转向东偏东南 290 米（仙帽山），沿仙帽山分水岭向东 210 米，转向东南 130 米，转向南偏东南 300 米，转向东偏东南 260 米，转向北偏东北 430 米，转向东偏东北 190 米，转向东偏东南 260 米，转向东偏东南 310 米，转向东南 150 米，转向东偏东南 980 米，转向南偏西南 570 米，转向东南 40 米，转向南 100 米，转向东偏东南 70 米，转向南 90 米，转向东南 270 米，转向南偏东南 140 米（大龙头），转向东 270 米，转向东偏东南 450 米，转向东偏东北 190 米 G-50-23-(33)，转向东偏东南 70 米 G-50-23-(34)，转向东北 430 米，转向东偏东北 190 米，转向北偏东北 310 米，转向东偏东北 30 米，转向东南 260 米，转向东偏东北 160 米，沿分水岭向东南 780 米，转向东偏东南 150 米，转向东220米，转向东南50米，转向东偏东北110米，转向东偏东南200米，转向东偏东北140米，转向东偏东南40米，转向东40米，沿分水岭向北偏东北820米，转向东偏东北180米，转向北偏东北160米，转向东北190米到小山头，转向东偏东北120米进入防火道，沿防火道向东北650米，转向东偏东北110米，转向东北340米，在转向东偏东北70米，出防火带，转向东北240米，转向东偏东北50米，转向北偏东北70米，转向东偏东北190米，转向北70米，转向东北50米，转向北120米，转向东北360米入防火道，沿防火道向东偏东南220米，转向东南100米，向东偏东南220米（香炉尖），转向东210米，转向东偏东南370米，转向东偏东北200米，转向东南320米，转南220米，转向南偏东南110米，转向东南350米，转向南偏西南160米，转向东南110米G-50-23-(34)，转向南偏东南120米G-50-23-(35)，转向南偏西南50米，转向南800米G-50-23-(35)，转向西南380米G-50-23-(34)，转西编西北240米，转向西140米，转向西北90米，转向西200米，转向酉偏西南250米，转向西170米，转向西南230米，转向南40米，转向东偏东南240米，转向南偏东南110米，转向东偏东南180米，转向南偏东南120米，转向东南170米G-50-23-(34)，转向东偏东南180米G-50-24-(42)，转向东南40米，转向南140米，转向南偏西南200米，转向西南170米，转向南50米，转向西南110米，转向南40米，转向西偏西南170米，转向南偏西南190米，转向南偏东南130米，转南90米，转向南偏东南80米，转向南190米，转向南偏西南80米，转向南80米，转向南偏西南300米，转向南偏东南110米，转向南偏西南220米，转向东170米，转向东偏东南230米，转向南偏东南280米，转向东偏东南200米。转向东南170米，转向东280米，转向东北190米，转向北70米，转向东偏东北130米，转向东南70米，转向东偏东北330米，转向东70米，转向北偏东北80米，转向东偏东北70米，转向东南170米，转向东偏东南270米，转向东南90米，转向东偏东南290米，转向南偏东南170米，转向东南120米，转向南320米，转向东南190米，转向东偏东北130米，沿防火道转向东北170米，转向东50米，转向东北320米，转向东400米，转向南220米，转向东南160米，转向东偏东南120米，转向东北220米，转向东南140米，转向北偏东北100米，转向东南110米，转向北偏东北130米，转向东偏东北130米，转向东偏东南110米，转向东北70米，转向东偏东北130米（大岩尖），转向东南220米，转向南偏东南150米，转向东偏东南170米，转向东偏东北140米，转向东70米，转向东偏东北320米，转向东北90米，转向东偏东南50米，转向东偏东北100米，转东110米，转东偏东北150米，转东北280米，转东偏东南200米，转南偏东南140米，转南偏西南40米，转南160米，转东偏东南90米，转东北60米，转东偏东北90米，转东偏东南90米，转动170米，转向东偏东南170米，转向南偏东南80米，转向东南320米，转向东120米，转向南偏东南30米，转向东偏东南100米，转向东150米G-50-23-(43)，转向东南500米G-50-23-(44)，转向东北230米，转向东偏东北230米，转向北偏东北140米，转向东偏东南50米，转向东北110米，转向东偏东南170米，转向南偏东南220米，转向东偏东南90米，转向东北50米，转向北210米，转向东北270米，转向东偏北210米，转向东320米，转向东偏东南190米，转向北60米，转向东南110米，转东偏东南170米，转向东偏东北60米，转向北130米，转向东南120米，转向东偏东南210

米，转向东南 40 米，转向东 100 米，转向东南 140 米，转向南 110 米，转向东偏东南 210 米，转向东偏东北 110 米，转向东偏东南 80 米，转向东偏东北 130 米，转向东北 40 米，转向东偏东北 40 米，转向东北 310 米，转向东偏东北 230 米，转向东北 120 米，转向东偏东北 80 米，转向东偏东南 320 米，转向南偏东南 150 米，转向东偏东南 170 米，转向东北 110 米，转向东偏东北 220 米，转向东 130 米，转向东南 30 米，转向东偏东北 180 米，转向北 580 米，转向北偏西北 440 米，转向北偏东北 170 米，转向东北 380 米，转向东 230 米，转向东南 100 米，转向南 320 米，转向南偏西南 300 米，转向南 180 米，转向南偏西南 220 米，转向南 250 米，转向南偏东南 210 米，转向东偏东北 120 米，转向东北 250 米，转向北偏东北 80 米，转向东北 50 米 G-50-23-(44)，转向东 650 米 G-50-23-(45)，转向北偏东北 260 米，转向东南 530 米，转向东北 90 米到达小山头 013 号界桩。此段界线长度为 48960 米。

三、省界庆寿段 65.26 千米，界桩 2 个。

13 号界桩为单立三面型花岗岩界桩。位于浙江省庆元县龙溪乡西溪村与福建省政和县澄源乡赤溪村与福建省寿宁县下党乡杨溪头村，在磁方位角 71 度 12 分，距离 2100 米处为杨溪头(村)；磁方位角 146 度 30 分，距离 970 米处为中山底；磁方位角 357 度 24 分，距离 1780 米处为贵南洋。

边界线自 013 号界桩开始，向东 160 米，转向东偏东北 160 米，转向北 310 米，转向东偏东北 170 米，转向北 280 米，转向东北 70 米，转向北偏东北 50 米，转向东偏东北 120 米，转向东北 160 米，转向东北 50 米，转向北 80 米，转向北偏东北 220 米，转向东北 160 米，转向北偏东北 50 米，转向东北 110 米，沿分水岭转向东北 230 米，沿分水岭转向北偏东北 540 米，转向北 280 米，转向西北 160 米，转向西偏西北 100 米，转向北偏东北 140 米，转向北 40 米，转向东北 90 米，转向偏东北 40 米，转向北偏东北 130 米，转向北偏西北 50 米，转向北 220 米，转向北偏东北 150 米，转向北 350 米，转向东偏东北 40 米，转向北偏东北 120 米，转向北偏西北 50 米，转向东北 G-50-23-(45)，转向北偏东北 190 米 G-50-23-(37)，转向东偏东南 130 米 G-50-23-(37)，转向东南 110 米 G-50-23-(45)，转向南偏西南 120 米，转向南偏西南 120 米，转向东南 30 米，转向东 200 米，转向东偏东北 240 米，转向东北 90 米 G-50-23-(45)，转向东北 290 米 G-50-23-(37)，转向东偏东北 50 米，沿分水岭转向北 120 米，转向北偏东北 40 米，转向北偏西北 110 米，沿分水岭转向北 120 米，转向东偏东北 50 米，转向东北 70 米，转向北偏东北 60 米(至章山头)，沿分水岭转向北 120 米，转向西北 40 米，转向北 70 米，转向北偏东北 40 米，转向北 50 米，转向东北 40 米，转向东偏东北 110 米，转向东偏东南 120 米，转向东北 100 米，转向东偏东北 150 米，转向东北 70 米，转向东偏东北 270 米，转向东北 230 米，转向东南 150 米，转向南 90 米，转向东南 120 米，转向东 410 米，转向东北 110 米，转向东南 110 米，转向东偏东北 290 米，转向东偏东南 130 米，转向东 270 米，转向北偏东北 200 米，转向东偏东北 190 米，转向北 250 米(长岗山山头)，转向东北 70 米，转向北偏东北 290 米 G-50-23-(37)，转向东北 340 米 G-50-23-(38)，转向北偏东北 250 米(赤岩尖山头)，转向北 830 米，转向东偏东南 30 米，转向南 40 米，转向东偏东南 30 米，转向南 30 米，转向东南 40 米，转向南 50 米，转向东南 140 米，转向东南 280 米，转向东北 20 米，转向北偏东北 70 米，转向东偏东南 80 米，转向东北 50 米，转向南偏东南 120 米，转向东偏东北 150 米，转向北偏东北 40 米，转向东 20 米，转向东南 80 米，转向东北 220 米，转向东 70 米，转向东偏东南 150 米，转向东南 110 米，转向东 30 米，转向东偏东北 80 米，转向东偏东北 220 米，转向东北 250 米，沿合水线转向北 650 米进入八炉溪河，以河中心向东 130 米再转向东偏东南 240 米，再转向东偏东北 130 米，出八炉溪河，转向东北 70 米，进入小水沟，沿小水沟转向北偏东北 80 米，转向北偏西北 100 米，转向西北 50 米，转向北 50 米，转向北偏西北 80 米，再沿小水沟向北 100 米，转向东偏东北 170 米，转向东偏东南 80 米，转向东偏东北 240 米，转向北偏东北 40 米，转向北 70 米，转向北偏西北 110 米，转向北 130 米，转向北偏东北 160 米 G-50-23-(38)，转向西偏西北 280 米 G-50-23-(30)，沿小水沟中心线转向北偏西北 50 米，转向北偏东北 110 米，转向北偏东北 270 米，沿小水沟中心线转向北至交溪桥沿小水沟中心线转向西偏西北 170 米，转向西北 110 米，沿小水沟中心线转向西 120 米，转向西偏西南 70 米，转向西 80 米，转向北 50 米，转向东北 150 米，转向北 70 米，转向南偏西南 100 米，转向西 50 米，沿小水沟中心线转向北 50 米，再转向东北 50 米，再转向北 120 米，沿小河沟转向东北 80 米，再转向北偏东北 110 米，再转向东北 40 米，沿小河转向西 40 米，再转向北偏东北 30 米，沿小河中心线转向东偏东北 50 米，再转向北偏西北 50 米后，出小河中心线沿合谷线向西偏西北 90 米，转向山坡向北 230 米，转向东 50 米，转向东偏东北 270 米入小河沟，转向西 90 米，再转向北偏东北 110 米，沿小河沟中心线转向西 110 米，再转向北偏东北 60 米，沿小河沟中心线转向北偏西北 70 米，转向北偏东北 80 米，转向北 140 米，再转向东偏东北 120 米，再转向东北 120 米，沿小河沟中心线向东南 90 米，再转向东北 40 米，再转向东 230 米，沿小河中心线向北 30 米，转向西北 130 米，再转向东偏东北 120 米出小河沟，沿山坡向东南 660 米，转向东偏东北 340 米，转向东 70 米，转向北偏东北 90 米，转向东偏东北 190 米，转向东 40 米，转向北偏东北 140 米，沿分水岭向北 100 米，转向东北 220 米，转向东偏东北 140 米，转向东偏东北 140 米，转向北偏东北 90 米，转向东北 50 米，转向北偏东北 320 米，转向东偏东北 100 米，转向北偏东北 50 米，转向沿山坡向北 190 米，转向东偏东北 430 米后进入防火带，沿防火道向西南 40 米，转向南偏东南 50 米，再转向南偏西南 70 米，沿防火带向西 90 米，转向南 810 米，再转向东南 170 米，沿防火道向东北 140 米，转向东南 50 米，转向东 90 米，再转向北偏东北 220 米，沿防火带向东偏东北 110 米，转向东北 100 米，转向东偏东北 220 米，再转向东偏东南 140 米，再转向东北 220 米后出防火带 G-50-23-(30)，沿山坡向东 170 米 G-50-23-(31)，转向东北 180 米，转向东偏东北 80 米，转向东北 70 米，转向东 70 米，转向东北 110 米，转向东偏东北 90 米，转向东北 70 米，转向东偏东南 250 米后进入防火带，从防火道向东 180 米，转向北偏东北 90 米，再转向东北 160 米，沿防火道向东偏东南 150 米，转向东偏东北 190 米，转向东 110 米，转向东偏东北 170 米，转向东北 110 米，沿防火道向东南 350 米，转向东偏东南 220 米，再转向东偏东北 110 米，转向东 110 米，再转向东偏东北 110 米，沿防火带向东 110 米，转向东偏东北 130 米，再转向东 330 米，转向东偏东南 210 米出防火带，沿山坡向东南 50 米，转向东北 90 米，转向东偏东南 130 米到含竹山头，沿分水岭向东北 140 米，转向东偏东北 50 米，转向东偏东南110米，沿分水岭向东南70米，转向东南290米，转向东南70米，转向东170米，再转向东南30米，沿山坡向南偏西南120米进防火带，沿防火带转向东230米，再转向东偏东南120米，沿防火带向南偏东南170米，转向东南210米，再转向东偏东南70米，转向南偏东南150米，再转向东南40米，沿防火带向东120米，转向东偏东南270米，转向南偏东南110米，沿防火沟向东南偏西南150米，转向南250米，再转向西南280米，沿防火沟向南50米，转向南偏东南150米，再转向南360米，沿防火带向南偏西南150米，转向南140米，转向南偏东南70米，再转向南130米，沿防火带向东南70米，转向南190米，到白鹤仙岩顶，从白鹤仙岩顶沿山坡向东540米到箬坑坳出防火带，转向东偏东南190米，沿山坡向东偏东北140米，转向东北90米，转向东偏东北120米G-50-23-(31)，再转向东北120米G-50-23-(32)，沿分水岭向北偏东北70米，转向东北50米，转向北40米，再转向东北100米，沿分水岭向东偏东南110米，转向东100米，转向东偏东南40米，再转向东170米，沿分水岭向东偏东北70米，转向东北170米，转向北偏东北70米，再转向东北170米，沿分水岭向北偏东北90米，转向东北100米，转向北偏东北110米，转向东偏东北90米，再转向北210米，再转向北偏西北190米，到东埂头山，沿分水岭向北偏东北40米，转向东偏东北100米，转向东北50米，再转向东110米，沿分水岭向东偏东南250米进入防火带，沿防火道向东290米，转向北偏东北200米，转向东100米，再转向东北50米，沿防火道向东偏东北220米，转向东北50米，再转向东偏东北330米，沿防火道向北偏东北170米，转向东偏东北170米到卜蛇林山头，沿防火道向东北170米，转向东北70米，转向北70米，再转向东北30米，沿防火道向东北30米，转向北偏东北70米，转向东北30米，再转向北偏西北130米，沿防火道向北偏东北140米，转向北270米，转向北偏东北110米，再转向北170米，沿防火道向北偏东北80米，转向东北90米，转向北50米，再转向东北50米，沿防火线向北偏东北110米，转向北偏西北110米，再转向东北150米到达014号界桩(青田岙)。此段界线长度为45370米。

14号界桩为单立双面型花岗岩界桩。位于浙江省庆元县江根乡沙衣湖村与福建省寿宁县大安乡后西溪村，在磁方位角129度06分，距离110米处为头亭；磁方位角242度48分，距离3000米处为箬坑(村)；磁方位角330度00分，距离450米处为沙衣湖。

边界线自14号界桩G-50-23-(32)开始，向北偏东北80米G-50-23-(24)，转向北偏西北110米，转向东北270米，转向东偏东北80米，转向北偏东北520米，转向东北600米，转向东偏东北360米，沿山坡向北偏西北110米，转向北430米，转向北偏西北50米，转向北170米，转向东偏东北270米，转向北50米，转向北偏东北240米，转向东北240米，转向西偏西北430米，转向北偏东北560米，转向东北70米，转向北偏东北220米，转向西偏西北170米进入防火带，沿防火道向北50米，转向西北50米，再转向北偏西北30米，沿防火道向西偏西北50米，转向北偏东北80米，转向西北350米，再转向西140米，再转向北偏西北70米与西南向大车路相交，沿防火线260米，转向北50米，转向东北110米，再转向北偏东北130米，再转向北110米出防火沟，沿山坡向北偏东北50米，转向东北70米，转向北90米，再转向北偏西北100米，沿山坡向西偏西北30米，转向西南50米，转向西偏西南110米，再转向南40米，沿山坡向西偏西南220米，转向西

70 米，转向北 130 米，转向西北 130 米，再转向东偏东北 140 米，沿山坡向东 190 米 G-50-23-(24)，转向北偏东北 300 米 G-50-23-(16)进入防火道向北偏东北 40 米，转向北 20 米，转向北偏东北 20 米，再转向北偏西北 20 米，沿防火道向北偏东北 20 米，转向北偏西北 70 米，转向东偏东北 110 米，再转向东北 130 米，沿防火道向北偏东北 30 米，转向西 130 米，转向西北 30 米，再转向北偏东北 80 米，沿防火带向北偏西北 140 米，转向北偏东北 80 米，转向北偏西北 70 米，转向北 170 米出防火带，沿合水线向东 220 米，转向南偏东南 230 米，转向东南 80 米，沿山坡向北偏东北 30 米，转向北 220 米，转向北偏西北 50 米，转向西北 270 米，沿山坡向北偏东北 50 米，转向西偏西北 220 米，转向西北 130 米，再转向北偏东北 760 米，转向北偏西北 90 米，再转向西北 110 米，沿山坡向东北 260 米，转向东南 90 米，转向东偏东北 250 米，转向北偏东北 90 米，转向东偏东北 150 米，转向东北 110 米，转向北偏东北 130 米，转向东北 150 米，转向北 40 米，转向东北 170 米，转向北偏东北 90 米进入防火带，沿防火道向东北 70 米，转向东偏东北 110 米，转向东北 90 米，再转向东偏东北 250 米，沿防火道向北偏东北 50 米，转向北 170 米，转向东北 250 米(对岗头山)，再转向北偏西北 150 米，沿防火道向西偏西北 280 米，转向西北 220 米出防火带，沿山坡向北偏西北 280 米，转向北 270 米，转向北偏西北 260 米 G-50-23-(16)，转向北 130 米 G-50-23-(8)，转向北偏东北 170 米，转向北偏西北 70 米，沿分水岭向西北 110 米，转向北偏西北 240 米到小山头，从小山头进入防火带转向东偏东北 110 米，转向东北 470 米出防火带向北偏西北 90 米，转向西偏西北 120 米，转向北偏东北 60 米，转向北偏西北 70 米，转向北 150 米，转向西偏西北 50 米，转向北偏西北 110 米，沿山坡向北偏东北 130 米，转向东北 140 米入猪母坑河向北 360 米进入牛颈溪转向北偏西北 110 米，转向北 500 米，转向北偏西北 140 米，沿牛颈溪转向北偏东北 230 米，转向北 180 米，转向北偏西北 260 米，再转向北偏东北 140 米出牛颈溪，转向东 200 米，转向东偏东北 130 米 G-50-23-(8)，转向东偏东南 430 米 G-50-24-(1)，转向北偏东北 260 米，转向东北 90 米，转向北偏东北 110 米，转向北偏东北 90 米，转向东南 70 米，转向南 160 米，转向东南 40 米，沿山坡向东偏东北 410 米，转向东偏东南 110 米，转向南 160 米，转向东偏东南 140 米，转向南 50 米，转向东南 110 米，转向南偏东南 100 米，转向东南 120 米，转向东偏东南 190 米，转向东北 110 米，转向东偏东北 80 米，转向北偏东北 110 米，转向东北 120 米，转向东偏东北 110 米，转向北偏东北 380 米，转向北 130 米，转向北偏东北 110 米，转向北偏西北 120 米，转向北 210 米，转向北偏东北 180 米，转向东偏东北 120 米到小山头，转向东 160 米，转向东偏东南 450 米，转向东 140 米，转向东偏东北 170 米，转向东南 210 米，转向东 240 米，转向东南 30 米，转向东北 160 米， 转向北 110 米， 转向东北 230 米 G-50-24-(1)， 转向北偏东北 410 米 G-50-12-(57)，沿分水岭向北偏东北 320 米，转向北偏西北 960 米，转向北沿分水岭 380 米，转向东沿小溪中心 540 米，转向东南沿小溪中心 1080 米，转向南 270 米，转向东南 110 米，转向西南 50 米，转向西 80 米，转向南 130 米，转向东偏东南 50 米，转向东 130 米 G-50-12-(57)，转向东南 130 米 G-50-24-(1)，沿小河中心线向东偏东南 20 米，转向东偏东北 140 米，转向东偏东南 110 米，转向东南 170 米，转向东偏东南 170 米，沿小河中心线向北 120 米，转向东北 110 米 G-50-24-(1)，转向东偏东北600米G-50-12-(57),转向北偏东北80米,转向东偏东北120米,转向南偏东南270米,转向东偏东南70米,转向东150米,转向东南50米G-50-12-(57),转向东偏东北200米G-50-12-(58),转向北130米,转向东北130米到飞龙岩山头沿分水岭向北偏东北110米,转向北偏西北50米,转向东北220米,转向北偏东北400米,再转向北100米,沿山坡向东270米,转向东南190米,转向东130米进入防火带,沿防火道向南偏东南110米,转向南330米,转向南偏东南50米,转向东南750米,再转向东北190米,沿防火道向北偏东北180米,转向东偏东南50米,转向东220米,转向东偏东南270米,转向东110米,转向东偏东北70米,转向东北270米,转向东偏东北130米,转向东北40米,再转向北偏东北190米,沿防火线向东偏东北110米,转向东北160米,转向东偏东北110米,转向东偏东南50米,再转向东偏东北160米,沿防火带向东北430米,转向东130米,转向东偏东北190米与南北防火带交界,沿防火道向东偏东南220米,转向东南210米,转向东偏东北210米,转向东100米,转向东南80米,转向东北190米与南北防火带交界,沿防火带向东偏东南410米,转向南偏东南320米,转向东南110米,转向东偏东南110米,再转向东250米到达015号界桩。此段界线长度为41910米。

四、县界庆景线88.55千米,界桩2个。

庆景线西起龙泉、庆元、景宁三县(市)边界线交会点,东至寿宁、庆元、景宁三县边界交会点,全长88.55千米。

龙泉、庆元、景宁三县(市)边界线交会点界桩为单立三面型青石界桩,位于龙泉市龙南乡岱根村西南,庆元县百山祖镇龙岩村东北,景宁县英川镇扒窟村北偏东北约1050米之岱根溪上,在磁方位角187度00分,距离1110米处为岱根村;在磁方位角231度09分,距离1250米处为扒窟村。

界线走向:从龙泉、庆元、景宁三县(市)交会点起,界线大体朝南偏东南方的合水线弯曲走380米至1044.0米高地西北110米处,转向西南沿山脊线走310米至1064.0米高地后再沿山脊线、小路走760米至1022.0米高地正南120米处的山顶,转西偏西北沿合水线走730米至大溪后随大溪往上游走80米,再折向南沿山脊走480米至小路,再转东偏东北沿小路走650米至1005.0米高地东面30米处的小路交点,然后折向东沿小路走1000米至1006.0米高地以西140米处的小路,再朝南偏东南方沿分水线走500米至田后坑。从田后坑起,界线沿田后坑往上游走120米后再朝东沿合水线走880米至1298.5米高地,转东北沿山脊线走至1151.8米高地东南方30米处的鞍部后沿南偏东南方走400米至1135.0米高地,再转西南沿合水线弯曲走470米至1139.0米高程点后再沿合水线走630米经1415.0米高程点至1558.8米高地,然后沿南偏西南方的山脊线经1580.4米、1610.8米(马头山)、1494.8米、1547.0米高地走2170米至1595.4米高地起,界线往南偏东南沿山脊线和草地边缘、小路走1420米至1391.5米高程点(小路交点),再沿山脊线经1405.0米高地走430米到1405.0米高地以北50米处,转东北沿合水线走340米至小路后再沿山脊线经1213.2米高地走1380米至1051.2米高地,转东偏东北沿山脊线走450米至洪源溪,再往北偏东北沿洪源溪走820米至洪源溪与对坑交点,然后转向东南沿对坑走390米,再沿合水线、山脊线走650米至1260.3米高程点北偏西北80米处;转东偏东北走300米,折向南偏东南走 525 米至 1132.5 米高程点(小路交点),再转北沿小路走 125 米,折向东沿山脊线走 475 米至 1286.5 米高地东北 150 米处的山顶,转东南走 160 米,再转东北沿林旁源坑走 240 米至 1094.0 米高程点,然后折向东南沿山脊线走 715 米至 1507.2 米高地(灯光岘),转东北沿合水线、小坑经 1193.0 米、1026.0 米、941.0 米、844.0 米、822.5 米高程点走 1725 米至 796.0 米高程点,再转南偏东南沿山脊线经 1134.5 米高程点和 1276.0 米 (上圩山)、1331.0 米、1426.0 米 (上圩山崛) 高地走 1610 米至 1467.0 米高地, 转东北沿山脊线经 1373.5 米高地走 400 米至 1373.5 米高地东北 50 米处,折向东偏东南走 520 米至白山湾小坑,然后沿白山湾小坑朝下游走 2270 米至白山湾小坑与洞沿坑交汇点,转南偏东南沿木耳坑走 2030 米至木耳坑与黄水坑交汇点,再转沿黄水坑往上游走 950 米后折向西沿黄水坑走 830 米至 33252529001 号界桩,此段边界线长为 28.82 千米。

1 号界桩为单立双面型青石界桩。位于浙江省庆元县百山祖镇黄水村与浙江省景宁县秋炉乡山下突村。在磁方位角 88 度 40 分,距离 140 米处为岩峰;磁方位角 286 度 55 分,距离 130 米处为小山包;磁方位角 318 度 55 分,距离 280 米处为小路与田头交点。

界线走向:从 33252529001 号界桩起,往南沿山脊线走 290 米至 1036.0 米高程点,折向南偏东南再沿山脊线经 1116.0 米高地走 610 米至小路, 转西偏西南大体沿山脊线经 1172.3 米高地、1139.9 米高程点 (石母岭头)、1105.5 米高程点走 1575 米至 1255.0 米高地(石坐扒),再转西沿山脊线走 800 米至 1325.0 米高地,折向南偏西南沿山脊线经 1322.0 米、1297.7 米、1307.8 米、1345.8 米至 1377.0 米高地(石师尖),然后转东南沿防火道经 1217.8 米高地(仙人管鼓尖)走 1090 米小路,雷劈东走 250 米,转北走 180 米,折向东沿山脊线 280 米,再折向北走 160 米至坑水坑瀑布,再转东北沿山脊线走 220 米至山顶,折射东南沿山脊线经 1006.3 米高程点走 1280 米至底角坑与庙下坑交汇点,然后转东偏东北沿底角坑走 590 米后往北沿山脊线走 270 米至小路,再折向东沿山脊线走 310 米至坑, 转北沿坑走 400 米后折向东南沿山脊线经 734.5 米高程点走 770 米至 878.0 米高地以西 50 米处的山顶,再沿合水线走 350 米至全坑,转北偏东北沿全坑走 540 米,往东沿山脊线走 460 米至 795.0 米高地。从 795.0 米高地起,界线朝西南方向的山脊线经 839.5 米高地走 600 米至 844.0 米高地以东 30 米处, 转东沿山脊线走 400 米至小路, 再转南沿小坑走 370 米, 往西南方沿合水线走 650 米至 957.0 米高地以东 90 米处, 然后转东南弯曲走 940 米处至 886.5 米高程点以南 140 米处,转东北弯曲走 350 米至小路,再往南沿山脊走 250 米后折向东偏东南弯曲走 680 米至 1041.0 米高地偏西南方 220 米处的山顶,再转南偏西南方弯曲走 1050 米至石卜底以北约 100 米处,然后转向北偏东北方沿合水线走 230 米,再折向东南沿山脊线经 1130.2 米高地走 1010 米至 1100.2 米高地以北约 40 米处, 转东偏东北沿山脊线走 300 米至 1117.9 米高地,折向北再沿山脊线走 660 米至后坑,转东沿后坑走 180 米,折向南走 120 米,转东偏东南走 200 米, 再转南偏西南沿山脊线走 480 米至 117.9 米高地以东 190 米处, 然后折向东沿山脊线走 360 米至 10131.1 米高地(三脚香炉)。离开 1013.1 米高地,界线往东南沿山脊线弯曲走 1620 米至 622.2 米高地西偏西南 155 米处小路, 转东南沿山脊线经 747.2 米、731.1 米高地走1390 米至 640.2 米高地以西 90 米处,再转西沿山脊线经 798.0 米高地(沿脊)走 840 米至 750.3 米高地,然后沿东偏东南方的山脊线走610米至南阳溪，再沿南阳溪往上游90米后折向东南沿合水线走240米至左溪港，然后沿左溪港往上游走770米，转东北沿银章坑走190米至33252529002号界桩。这段边界线长度为29.48千米。

2号界桩为单立双面型花岗岩界桩。位于浙江省庆元县左溪镇湖边村与浙江省景宁县秋炉乡伏岩村。在磁方位角149度10分，距离75米处为田埂；磁方位角211度40分，距离420米处为田埂；磁方位角246度10分，距离180米处为公路与小路交点。

界线走向：从33252529002号界桩起，界线朝东北方沿银章坑、合水线经671.2高程点走1220米至山顶，转东北沿山脊线走430米至1013.3米高地东北方约150米处，转东北沿山脊线走460米至907.9米高程点（牛母湾岭）后再沿小路450米，折向北偏西北沿合水线走140米至1008.0米高地（佛尖）东偏东北110米处的山顶，再转东北沿山脊线走320米，折向东南大体沿合水线弯曲走1530米至1316.0高地（水公隆湾头）以东140米处，然后转东北沿山脊线走290米，再折向南弯曲走1940米至1364.5高地偏东南约140米处（小路）；转东偏东南沿合水线走370米至1571.1米高地，折向东偏东北沿山脊线走330米至1588.1高地（黄秀尖）以南160米处，再转向北沿山脊线经1588.1米（黄秀尖）、1554.9米高地走1140米至1393.0米高地，然后转东北再沿山脊线经1305.9米高地越炉西坑走1190米至小路，沿小路230米至筑桥坑，转东北沿筑桥坑走560米至小路再转北偏西北沿小路走1250米至1322.0米高地以南90米处，然后转东偏东南大体经1358.6米高地弯曲走1990米至1510.5米高地，转东北沿山脊经1286.5米高程点和1255.4米、1373.8米、1302.1米高地及1226.1米高程点共走2930米至1269.3米高地（坑底排岘），再沿东南方的山脊线经1188.3米高地走900米至830.5米高地，转西南沿山脊线走320米至坑底，转东沿坑底130米，折向南偏西南再沿山脊线走420米至868.8米高地东南50米处，再转东偏东南沿山脊线经725.0米、736.0米、885.8米高地走1600米至1090.2米高地，然后转向东南再沿山脊线经1281.3米高地（三老岘）走1140米至1248.0高地。从1248.0高地起，界线沿西南方的山脊线经1037.5米、1049.8米高程点走163米至1122.0高地，转南偏东南沿山脊线经1056.2米高程点和1154.3米高程点走680米至1219.0米高地，往南大体沿合水线走1270米至山后尖，再转南偏东南沿山脊线、小路经1122.0米高地、906.2高程点和白柘洋岭亭走1770米至小路交会点，然后转东北沿合水线走290米至坑，再折向西偏西北沿小坑走580米至小路与小坑交点，转东北560米至小路后折向东偏东南沿合水线走460米至坑，再转南沿坑走380米后转向东南经771.5米高地走370米至牛颈溪，然后沿牛颈溪往上游走980米至牛颈溪与处下坑交汇点（即寿宁、庆元、景宁三县边界交会点）。这段边界线长为30.25米。

五、县界龙庆线102.8千米，界桩5个。

自龙庆景交会点为起点，途经001A、001B、至002A、002B、双面立界桩至龙庆松交会点终点止。

01A号界桩为单立双面型花岗岩界桩。位于浙江省庆元县百山祖镇龙岩村与浙江省龙泉市龙南乡龙案村，在磁方位角258度45分，距离50米处为明芳桥；磁方位角206度85分，距离450米处为桥；磁方位角90度80分，距离430米处为1063.8米高地。

01B 号界桩为单立双面型花岗岩界桩。位于浙江省庆元县百山祖镇龙岩村与浙江省龙泉市龙南乡龙案村，在磁方位角 349 度 45 分，距离 120 米处为明芳坑桥头；磁方位角 213 度 45 分，距离 340 米处为桥头；磁方位角 77 度 45 分，距离 440 米处为 1063.8 米高地。

界线走向：从两界桩河流中心线至明芳坑公路桥向北沿明芳坑中心线走约 1700 米，到梅五坑公路桥处；转西偏南沿梅五坑至海拔 1148.5 米高程点向西沿合水线走约 1700 米至凤阳山自然保护区防火道处；转南随防火道至海拔 1758.1 米高地再折西经海拔 1691.8 米、1739.8 米高程点走约 1870 米处；转随山脊线至海拔 1749.0 米高地，随山脊至海拔 1749.0 米、1684.5 米高程点附近至海拔 1753.0 米高地向南无名高地走约 1800 米处，转东南经海拔 1755.8 米高点，再沿东南防火道至海拔 1750.8 米、大天堂（1838.0 米）、1744.0 米高地走约 1800 米处，转东偏东北，随防火道至海拔 1599.9 米程走约 680 米处，转东偏东南走向随防火道至海拔 1424.5 米高地至岙头（1284.0 米）高程点附近，随山脊线东南走约 2200 米到锅帽尖（17705.5 米）高地处，转南随防火道至海拔 1679.6 米、1567.2 米、1617.1 米、1561.1 米高地至海拔 1589.0 米高程点至海拔 1605.3 米高地走至大仰岙（海拔 1654.3 米）高地走约 5130 米到处桥防火道，转东北随路至海拔 1503.5 米高程点走约 850 米处，转南随防火道至海拔 1667.8 米高地走约 1400 米处，转西随防火道至龙头岗附近防火道，随山合水线至海拔 1249.8 米、1143.8 米高程点附近约 1600 米处，转西南走向沿合水线至海拔 1016.2 米高程点平山岗直下坡走约 1500 米到梅岙下桥处，转南沿合水线经半坑林场溪至海拔 849.7 米、818.0 米、733.2 米、697.2 米、632.0 米，高程点经 558.8 米高程点附近走约 5500 米处，转西走向沿处下桥坑合水线经际背至海拔 815.0 米、1176.6 米高地走约 3010 米无名高地处，转北至海拔 1150.7 米、1212.0 米高地走约 100 米处，转东走约 400 米处，折北走约 650 米至海拔 1303.1 米高地，转西北随防火道至海拔 1375.0 米、1400.2 米高地走约 1060 米处，转西南走向随防火道至海拔 1393.8 米高地至海拔 1286.0 米高程点至海拔 1356.9 米高地至海拔 1349.1 米高程点至海拔 1035.2 米高地走约 2900 米直下坑处，转西偏西北沿合水线向下走约 380 米处，转南随山脊线向西至海拔 1240.3 米高地走约 950 米处，再向西至下溪，跨溪沿湾合水线至无名高地，随山脊线至海拔 1304.6 米高地至高斜尖（海拔 1369.0 米）军控点至 1358.0 米高地转南偏西至海拔 1073.0 米高程点至海拔 1075.0 米高地附近转北至海拔 839.1 米合水高点走约 4070 米处，再向沿大溪中心线至海拔 830.0 米、811.1 米、767.9 米、723.0 米合水高程点走约 2750 米处，转西偏西南走向随山脊线至海拔 895.0 米高程点至海拔 1031.5 米高地随山脊向北至溪走约 1450 米处，转北偏西北走向沿大溪中心线走约 350 米处，转西偏西南走向随山脊线至海拔 1005.1 米高地以南以无名高地走约 650 米处，转西南走向至海拔 1040.0 米向高程点附近经下寮田向南走 230 米折西走约 295 米至海拔 1211.1 米高地处，转西偏西北走向至海拔 1264.9 米高程点附近至海拔 1329.7 米向程点走约 1300 米处，转西北走向至海拔 1263.1 米、1247.0 米高地随山脊线至海拔 1127 米、1009.7 米高程点至下谷桶溪坑与横树岩坑合水点，随北山脊至海拔 9170.0 米高程点至走约 2800 米至海拔 1069.9 米高地处，转北走向至海拔 1076.8 米高程点至海拔 1203.9 米、1287.8 米高地至海拔 1268.1 米高程点至天堂尖（海拔 1291.7 米）高程点附近至海拔 787.3 米高地随山脊线至下梅溪走约

3900 米处，沿梅溪中心线向下游走约 1800 米处，转西沿合水线向上至海拔 745.6 米合水线高程点至天庆山（海拔 1179.5 米）高地走约 1220 米处，转北走向随山脊线至海拔 1101.7 米高地至粗砻湾（海拔 998.3 米）高地至海拔 894.0 米、823.8 米、661.2 米高程点走约 2800 米至下溪水坝处，转西南向下游沿梅溪走约 500 米处，转北至大窑奔至海拔 426.3 米高程点，走约 830 米至海拔 529.8 米高地处，转南偏西南随山脊线至海拔 508.0 米、509.5 米 363.0 米高地至下梅溪走约 1550 米处，转北走向沿小梅溪中心线和，向下游转西走向沿溪中心线至下溪水坝（海拔 332.4）米高程点走约 1450 米处，转东偏东北走向随山脊线至海拔 475.6 米、423.5 米高地，至海拔 506.0 米高程点至毛处垆（海拔 579.6 米）高地至海拔 588.0 米高程点至 673.0 米至高程点至海拔 620.1 米、651.8 米高程点，走约 2800 米处，转西至海拔 600 米，463.0 米、421.0 米高程点至海拔 363.0 米高地附近至小梅溪约走 2200 米处，转北走沿小梅溪向下游走约 400 米处通过 33250225002A 号，界桩 33250225002B 号双面立界桩之间桥止。这段长度约 73.04 千米。

02A 号界桩为单立双面型花岗岩界桩。位于浙江省庆元县黄田镇曹岭村与浙江省龙泉市小梅村，在磁方位角 89 度 08 分，距离 540 米处为 448.0 米高地；磁方位角 174 度 22 分，距离 300 米处为 420.5 米高地；磁方位角 191 度 55 分，距离 150 米处为 367.2 米高地 。

02B 号界桩为单立双面型花岗岩界桩。位于浙江省庆元县黄田镇曹岭村与浙江省龙泉市小梅镇小梅村，在磁方位角 84 度 25 分，距离 600 米处为 448.0 米高地；磁方位角 168 度 45 分，距离 440 米处为 420.5 米高地；磁方位角 180 度 00 分，距离 180 米处为 367.2 米高地。

界线走向：从小梅桥两界桩之间起向西北走向沿溪走约 760 米处，转西走向至曹岭村街尾海拔 312.4 米高程点，沿大洋坑海拔 441.0 米、552.0 米、647.0 米、745.1 米高程点走约 3400 米至台山（海拔 112.0 米）高地，转西偏西南走向至海拔 1073.0 米、1027.2 米高地线至海拔 973.0 米高程点附近至海拔 1039.0 米高地走约 2200 米处转北偏西北走向至海拔 633.2 米高地至海拔 594.0 米高程点至海拔 629.0 米高地至海拔 609.1 米高地走约 3750 米处，转北走向至海拔 520.0 米高程点至海拔 613.8 米高地附近至海拔 616.2 米高程点走约 1100 米处，转西北走向至海拔 649.3 米高程点至海拔 612.1 米、615.1 米、659.0 米、654.0 米高地至海拔 594.2 米、576.0 米、603.5 米、705.8 米高程点走约 4150 米至海拔 850.4 米高地处，转西偏南走向至条石玄岭岙凉亭随山脊线至海拔 895.4 米、920.1 米、986.0 米、1049.2 米高地至海拔 816.5 米高程点，转南经海拔 1035.0 米高地至黄畲寨尖（海拔 1090.4 米）军控点至海拔 878.1 米转西经 822.5 米高地至桐畲栏岙凉亭（海拔 777.1 米）、815.5 米、1052.6 米，至龙头山海拔 1208.5 米高地 33252025003 号界桩止。这段长度约 22.99 千米。

3 号界桩为单立双面型青石界桩。位于浙江省庆元县百山祖镇龙岩村与浙江省龙泉市龙南乡岱根村与浙江省景宁县英川镇木岱根村，在磁方位角 231 度 09 分，距离 1250 米处为扒窟；磁方位角 39 度 00 分，距离 1110 米处为岱根（居民点）；磁方位角 187 度 00 分，距离 1130 米处为末岱根（居民点）。

第三节 界线联检

一、省级界线联合检查

2007年4月至7月，由庆元县民政局牵头，组织龙泉市民政局、福建省松溪县民政局、政和县民政局、寿宁县民政局对浙闽线庆元松溪、政和、寿宁段进行联合检查，共检查界线210.08千米，检查界桩7个。其中：庆松段73.19千米、庆政段71.63千米、庆寿段65.26千米。通过联检证实庆元松溪段、庆元政和段、庆元寿宁段两侧地形、地物和界线标志物无变化，7个界桩和界桩方位物与界桩登记表记载相符。

二、县级界线联合检查

2008年6月，根据庆元县行政界线联合检查工作方案的部署，庆元县与毗邻县(市)进行了联合检查，至2009年8月完成全部内外业联检工作。共检查县界191.35千米，其中：龙庆线102.8千米，界桩5个，通过联检证实，龙庆线两侧地形、地物和界线标志物无变化，界桩和界桩方位物与界桩登记表记载相符。庆景线88.55千米，界桩2个，通过联检证实，庆景线两侧地形、地物和界线标志物无变化，但在联检中发现庆景线3311262701号界桩被人破坏遗失，经过庆元县和景宁县联合，查明界桩遗失事实，按相关规定在原界桩点位重新埋设3311262701号界桩。

三、平安边界建设

按照《行政区域界线管理条例》《浙江省行政区域界线管理办法》，以开展平安边界创建活动为契机，建立健全庆元县行政区域界线长效管理机制。2008年，成立平安边界创建活动工作领导小组，与毗邻两省五县市签订“平安边界”创建协议，建立互访互通制度和应急反应机制，共同创建平安边界，利用多种途径进行广泛宣传，为平安边界创建工作营造良好氛围。同时落实“两图一责”责任制，与界桩所在的镇、村签订《庆元县行政区域界线界桩委托管理协议书》，对7个省际界桩、7个县际界桩，由所在村就近落实专人负责管理维护，形成了个人管点、村庄管段、乡镇管线、民政管面的行政区域界线管理格局，并加强界线档案资料管理，鼓励毗邻乡镇村签订睦邻友好公约，规范边界地区群众自觉维护边界平安行为，使各种纠纷矛盾与积怨，能够在友好的气氛中及时得到疏导和协商解决。巩固了庆元县的勘界成果、维护了界线附近地区社会和谐稳定。

第三章 区 划

第一节 宋、元、明、清时期

宋庆元三年(1197)置县时，设荣庆、从政、松源三乡，县治设濛洲(今松源街道)，内置17坊。

县西北部称荣庆乡。辖区包括今屏都、竹口、黄田和龙泉县的小梅、查田等地。明洪武三年(1370)撤县改设巡检司时,治所迁查田,洪武十三年复县,治所与辖区沿旧。景泰三年(1452)青田县鸣鹤乡升天西里的一部分地划给庆元,小梅、查田、青溪、茶丰相继划给龙泉。

县中南部称从政乡。辖区包括今松源(原和山、四山、五都)、濛洲(原星光片)、淤上、安南、隆宫、屏都(白岭头)等地。

县东部称松源乡。辖区包括今濛洲(大济)、百山祖、五大堡、贤良、荷地、举水、龙溪和张村乡的部分地区;明景泰三年(1452)后,增加江根、官塘、左溪、荷地(苏湖)、岭头等地。

古代荣庆、从政、松源三乡,自然环境不同,经济各具特色;

荣庆乡以生产青瓷为主。至今民间流传"窑火烧红半角天"之说,就是描述当时从新窑至大窑(琉田)30 千米途中,有 97 座瓷窑的生产盛况。

从政乡以盛产陶器著称,夏氏的陶业于宋代在山根发迹后,一度拓展到浙闽边境,成为当时从政乡主要产业。

松源乡以香菇闻名。最先是在百山祖下的斋郎、车根、后广一带经营,尔后逐渐扩展到现在的整个菇民地区,故古时松源是庆元香菇的发祥地。

明清时期区划沿用宋元所设的松源、从政、荣庆三乡,县治设松源。

明嘉靖二年(1523)后,乡以下设里,为基层行政单位。共 12 里。

明嘉靖二年(1523)庆元县行政区划一览表

表 1-3-1

乡名	都辖	所隶里名
松源乡	县东部	招贤里、向方里
从政乡	县中南部	云龙里、熙游里、归复里、登高里、安庆里
荣庆乡	县西北部	安堵里、钦丰里、仁孝里、祗道里、承顺里

清雍正七年(1729)编行顺庄。在原有的乡、里区域的基础上建都、坊制,即里改为都,县城设儒效坊、桂香坊、兴贤坊、澄清坊、弦歌坊。增继承里。全县共为 5 坊,12 都。

清雍正七年(1729)庆元县行政区划一览表

表 1-3-2

乡名 县城	都坊名
松源乡	儒效坊、桂香坊、兴贤坊、澄清坊、弦歌坊
从政乡	一都(招贤里)、二都(向方里)
荣庆乡	三都(云龙里)、四都(熙游里)、五都(归复里)、六都(登高里)、七都(安庆里)
	八都(安堵里)、九都(钦丰里)、十都(仁孝里)、十一都(祗道里)、十二都(承顺里)

乾隆后,都下设图,坊改称隅,全县划分为 2 隅、3 乡、12 都、54 图。县城设儒效坊、桂香坊并称

东隅（统图 2）；兴贤坊、澄清坊、弦歌坊并称西隅（统图 2）。一都隶 7 图；二都隶 11 图；三都隶 3 图；四都隶 2 图；五都隶 2 图；六都隶 3 图；七都隶 3 图；八都隶 3 图；九都隶 3 图；十都隶 3 图；十一都隶 7 图；十二都隶 3 图。

清光绪三年（1877）庆元县行政区划一览表

表 1-3-3

隅乡	都名		图数	村数	所辖村名称
城隅	东隅		2	6	上仓、下塘、东门街、坑堑、后田、后碓
	西隅		2	9	大街、下街、后弄、后街、竹坑、杭桥、廊下、潭头、石龙下
松源乡	一都	下管	2	8	大济、小济、七保、八保、黄坳、柿儿、下滩、叉路下
		上管	5	69	濛州、桥后、黄田头、石记岱、黄坪、黄坑、半溪、东山后、杨家楼、门楼后、洛岭、下村、蔡地、荐坑、范处、冈头（废）、醮田、举溪、小济头、漈根、杨家庄、下庄、大济头、包果、包果洋头、黄楠坑、陈鉴坑、黄田（废）、黄垳、后仓坑、包谢、八炉、后洋坑、兰头、西溪、蓬家山、鱼川、转水、杉坑、后村、豆腐坑、泽楠坑、莲花、塘堀、大园村、大池洋、横岭、洋头、缸钵窑、富楼源、东溪、白岩下、大毛坪、半坑、村尾、钟徐、徐洋、庵门、葛坪、后坑、季山、下寮、西坑、大坪、瓦窑坪、处后排、聪甩、水桑洋、踏肩
松源乡	二都		11	162	周墩、西川、塘头、坛衕、周处（废）、山柿（北川）、嶂下、染庶坑、贤良、石头坑、淤上、黄檀、金山头、石板仓、新村、松柏湾、新庄、蔡公（改名蔡川）、高洋、张百坑、大岩坑、南洋、山丘、纸培、坑头、湖池、外洋、西洋、后龙湾、盖竹、下段、后广、根竹山、东坑、乔陌、桐梓、东岱、黄皮、漈下、北坑、梧桐、兰溪桥、青草、库坑、黄土洋、久住洋、黄水、蛤湖、山堆、横坑、烂泥、斋郎、石薤、枫树坪、栗洋、半坑、车根、岩下、高漈、山井溪、车坑、横山、下寮、高住、尖上、底墅、荷地、五大堡、漈面、洋边、后庄、马家地、下墅、塘尾、黄沙、岩坑、杨桥、珠岭坑、桃坑、大岩、杉坑、半坑、奇罗（废）、四漈头、半山（废）、黄坑、东坑、东溪、上洋、黄公山、交漈、东洋、大洪、乌石、林草坑、黄坛儿、田寮、岭头、杉翠湾、苏湖塘、杨朗坑、杨婆源、东山后、坪头、茶坪、半路村、源头、桥头、金处、岚头、岱根、岗后洋、青竹、半岭、山头、梅树、安溪、石磨下、留香、竹坪、白柘、塘尾、坳根（废）、后坑头（废）、半坑、石柱、枧头、湖边洋、高嵩坑、黄泥荡、湖边、左溪、田坑、辖竹、石塘、鱼皝洋、下塘、印漳、坑下、杉树下、黄山头、官塘、横坑、箬澳、库望坑、沙洋、白柘洋、后洋、上店、洋头、水寨、坝头、冈根、青田、茶洋坑、箬坑、莲溪、垄头、斜山儿、篁坪湾、中央闲、伏岩
从政乡	三都		3	61	下坞、源头、半岱、范源、岚后、乌石岭、坳丘、徐墩、坑口、塘根、五锭、游山头、新村、佃坪、翁山、滕砻、横溪、黄山头、下塆、朱坳、坳下、员山、小安、根竹山、半岭、小源、竹下、粗砻、方塘、五漈下、横坑、下源、内庄、中村、坑井、岱根、班岱底、南坑、陈村、黄皮、班岱外、弄头、麻园、余地、上村、后楼、枫岭根（废）、罗坳、权山、墅头、埠头、山头洋、横源、竹后、塘下、五岭头、刘贵溪、五岭根、管山头、棚下、西山、后洋

续表 1-3-3

隅乡	都名	图数	村数	所辖村名称
从政乡	四都	2	28	渎田、学后、坑西、石碛、上庄、竹坑源、上田、横栏、坳后、源头、焦坑、潒上、高潒、砻头、班岱后、驮坑、下洋、平坑、张家畲、道堂根、山边、塘边(废)、楼下、高上(废)、蕨洋、双要、乌住、山溪
	五都	2	26	魏溪、番澳、湖边、坑头、墈头、底村、外村、沟下、金村、朱村、上淤、薰山下、高累、李坞、上源、石井、白蛇窟、猪背坑、九潒、塘园、月山、薰坑、黄花板、枫树淤、猪脚岱、洋头
	六都	3	38	庄头、洋里、外童、内童、葛徐、甘公坑、石陂、黄沙、坑边、车下、芸洲、雷山头、龟田、涂坑、苏麻、车坑、局下、蔡段、官山头、坑里、叶村、石门、张源、白岭头、奶圳、洋头背、坳下、山根、平坑、炉坪、高山湾、菖蒲洋、落花洋、下溪洋、洋坞、大毛凹、官仓边、仓岱
	七都	3	35	樟坑、徐墩、蒲潭、李地、白沙、吴田头、庙边、吕源、源尾、中村、陶坑、下安溪、洋后、张天、张地、黄坑、坑下、后坳、大门底、源头、内关、小关、隆宫、小林源、西坂、郑山后、济下、济头、山坑、奥坑、潒下、山冈、徐山、何山头、生水塘
荣庆乡	八都	3	26	横砾(废)、余村、下吴、槎溪、黄洋、岱根、坪洋、山柘、赤坑、菊水、后口、钟石淤、炉儿、下斜、棘兰、下淤、竹下、寨后坑、后碓、杨篆、溪北、下井、高壤、月坳、东山后、东溪头
	九都	3	36	新窑、新岱、黄坛、良湫、竹口、黄社坑、蓬塘、岩后、后寮、上坑、炉坑、崔家田、上坳、白象、田边、旱坑、大林、会底、陈龙溪、何弄、下窟、岱根、山头、下洋淤、马调洋、黄莲坑、青毛畲、大松坑、千秤、蔡山头、桑坑、光浦、参鸟、三岱、砻口、潘弄
	十都	3	17	下潒、中潒、上井、上赖、陈边、上潒、湖头、潒下、双井、吴村、中碓、梁家田、潒头、洋头、后坑、仙庄、乌坛下
	十一都	7	38	汤源、上源、朱坞、何板、中村、小黄南、槐源、黄畲、岭后、横坑、茭洋、泥岭根、丁源、毛源、罗源、龚村、毛坞、范坞、排头、何源、调坛、济上、济下、张岩、英坞、翁村、井边、济根、外坞、甘竹山、麻岭后、棕榈坑、郑坞儿、营弄、孔沟、陈村、前寮、旱坂
	十二都	3	30	大泽、下洋、三溪、下沈、上沈、柏渡口、李村、姚村、下坞、台湖、竹栋、山头砻、柏渡阁、庄头梅、佛堂坑、苦岭坑、东边、西边、黄坞、葛田、茗源、南源、桐山、头陀、高山、金村、下洋、甸坞、岩坑、下坑

清宣统三年(1911)废都、图,改设区乡自治公所。全县划分为6个自治区。城区驻地松源镇;南区驻地淤上;东一区驻地举水;东二区驻地荷地;北一区驻地八都;北二区驻地竹口。

清宣统三年(公元1911)庆元县行政区划一览表

表 1-3-4

自治区	驻地	自治区	驻地	自治区	驻地
城区	松源镇	北一区	八都	东二区	荷地
南区	淤上	东一区	举水	北二区	竹口

第二节 民国时期

民国时期，沿袭清自治区制，民国20年(1931)始区下设乡镇，乡镇以下编保甲。全县设4个区，6个镇，50个乡，252个保，2499个甲。民国28年(1939)调整为4个区，24个乡，7个镇，249个保，2505个甲。民国35年(1946)裁并至1个镇、21个乡，211个保，1705个甲，直至1949年解放。

民国21年(1932)庆元县行政区划一览表

表1-3-5

区	所辖乡镇	区	所辖乡镇
城厢区	城厢镇、玉周镇、四山乡、星和乡、枫斋乡、黄湖乡、东乔乡、竹山乡、济源乡、扬荫乡、石东乡、濛西乡、石湖乡	荷地乡	荷墅镇、蔡扬乡、黄岩乡、三后乡、逢源乡、择地乡、洋口乡、西头乡、鱼冯乡、潆庄乡、东溪乡、黄源乡、炉方乡、横圹乡、高岗乡、大洋乡、竹溪乡、石竹乡、江坝乡
淤上区	安仁镇、庆集镇、永考乡、蒲新乡、石林埠乡、横田黄乡、安砻塘乡、上南楼乡、五源陈乡、吕桃乡、隆宫乡、黄圹关乡、合张乡	竹口区	竹口镇、黄新乡、黄泽乡、黄田乡、高洋乡、仙济乡、双济乡、中槐乡、双源乡、黄山乡、天真乡

民国28年(1939)庆元县行政区划一览表

表1-3-6

区	所辖乡镇	区	所辖乡镇
城厢区	城厢镇(玉周、城厢镇合并) 和山乡(四山、星和乡合并) 枫合乡(枫斋、黄湖乡合并) 乔竹乡(东乔、竹山乡合并) 济扬乡(济源、扬荫乡合并) 濛石乡(石东、濛西乡合并) 石湖乡	荷地区	荷地镇(荷墅镇、蔡扬乡合并) 黄岩乡、江坝乡 举水乡(三后、逢源、择地乡合并) 鱼洋乡(洋口、西头、鱼冯乡合并) 潆东乡(潆庄、东溪乡合并) 苏方乡(黄源、炉方乡合并) 嵩圹乡(横圹、嵩岗乡合并) 左洋乡(大洋、竹溪乡1、4、5、7保合并) 双竹乡(石竹、竹溪乡2、3、6保合并)
淤上区	安仁镇 庆集镇 淤上镇(永考、蒲新乡合并) 石安乡(石林埠、横田黄、安砻塘乡合并) 上陈乡(上南楼、五源陈乡合并) 桃宫乡(吕桃、隆宫乡合并) 关张乡(黄圹关、合张乡合并)	竹口区	竹口镇(竹口镇、黄泽乡1、2保合并) 黄新乡 曹田镇(黄田、黄泽乡3、4保合并) 高洋乡 三济乡(仙济、双济乡合并) 四源乡(中槐、双源乡合并) 黄真乡(黄山、天真乡合并)

民国35年(1946)庆元县甲保情况表

表1-3-7

区名	乡镇	驻地	保数	甲数
城厢区	城厢镇	后田	14	95
	和山乡	蕉坑	7	66
	枫合乡	合湖	7	62
	乔竹乡	西洋	7	58
	济扬乡	大济	7	57
	濛石乡	西川	8	64
	石湖乡	贤良	8	73
淤上区	淤上乡	淤上	8	60
	安陈乡	粗隆	12	91
	安庆乡	五都	14	95
	桃关乡	隆宫	13	94

区名	乡镇	驻地	保数	甲数
荷地区	荷黄乡	荷地	12	128
	举洋乡	举水	14	132
	潆东乡	东溪	6	62
	苏方乡	东山	7	65
	嵩洋乡	官塘	13	93
	江竹乡	竹坪	13	105
竹口区	竹新乡	竹口	12	76
	曹洋乡	曹岭	8	57
	黄真乡	姚村	7	66
	三济乡	中济	6	47
	四源乡	上源	8	59

民国36年(1947)庆元县村(保)情况表

表1-3-8

乡镇	驻地	所辖保名
城厢镇	后田	城内、后田、柿儿、周墩、西演、喜鹊岙、驮坑、黄田亭、螺蛳湾、黄塘、黄稳
济扬乡	大济	大济、源头、下滩、叉路下、马曹、半溪、杨家楼、蓬头、西坑、门楼后
和山乡	蕉坑	蕉坑、高潆、九潆、斜山、楼下、砻头、三溪、深乌、班岱后、荒田坪、上源、底村、天堂山、坑头、乌住、上庄、石井、源洋
淤上乡	淤上	淤上、坑边、黄泥弄、吴田头、樟坑、涂坑、局下、蒲潭、苍岱、高山湾、奶圳、落花洋
安陈乡	粗隆	粗隆、苑源、乌石岭、林后、下坞、翁山、新村、山冈、黄山头、安溪、小源、小安、甘竹山、方塘、横坑、东村、班岱、五潆下、岱根、双湖、南坑、陈村、榅树岙、余地、上村、五里根、后洋
安庆乡	五都	五都、上山、薰坑、朱村、余村、八都、菊水、回龙、后口、下斜、白岭头、岙下、官山头、洋背
桃关乡	隆宫	隆宫、蓬桥、莲湖、中村、桃坑、山头岗、小林源、源头、灰堀、内关、小关、黄坑、生水塘、张地、张天、李地
竹新乡	竹口	竹口、崔家田、大泽、后源、蔡山头、岩后、枫堂、回龙潭、良秋、黄坛、赤毛畲、大潘、新窑、寨后坑、官山、棘兰隘

续表 1-3-8

乡镇	驻地	所辖保名
曹洋乡	曹岭	曹岭、桐山、葛田、美源、洋淤、上坳、高山、古岭坑、黄坞、东边、西边、柏渡、后楼、双坑、双港潭
黄真乡	姚村	姚村、汤源、庄头梅、朱坞、双井、李村、柏渡沿、山头砻
三济乡	中济	中济、仙庄、济下、良官田、崔上、黄源底、陈边、上赖、墈下、上济、湖头、上井、梅坑、下济
四源乡	上源	上源、花桥、堑头、丁源、槐源、中村、条塘、碓根、黄杜隘、东塘
荷黄乡	荷地	荷地、蔡川、车坑、杨朗坑、玉坦、杨桥、半路、马家地、高住、底墅、黄沙、高漈、洋边、胡闲洋、岭头、漈面
举洋乡	举水	举水、小漈头、处门、落岭、蔡地、龟山、照田、葛平、地虎坑、鱼川、中积、后湾、后洋坑、西溪、外洋
嵩洋乡	官塘	官塘、横坑、官塘勘、黄泥塘、石柱、枧头、坊铺洋、南洋、湖边洋、毛竹坪、风滩洋、交溪、大岩坑、小坑、半坑、田坑、岱根、左溪、中央闲、白柘洋、后洋
江竹乡	竹坪	竹坪、岱上、辖竹、青竹、木桥头、留香、箬坑、青田、坝头、洋头、水寨、石塘、白柘
苏方乡	东山后	东山后、石磨下、梅树、坪头、包谢、苏湖塘、新关、方村、八炉、荡口、横岭
漈东乡	东溪	东溪、陈鉴坑、山翠湾、桃洋、下庄、杨家庄、大漈头、包果、洋头、黄楠坑、大池洋、富楼源
乔竹乡	西洋	西洋、外湾、桐梓、后港、桥陌、甘竹山、下洋、坑头、东岱
濛石乡	西川	西川、濛淤、五大堡、应岭尾、岩下、东山后、黄坪、达溪、黄坑湾、半溪
枫合乡	合湖	合湖、栗洋、三井溪、石薤、枫树坪、石坑头、斋郎、三堆、黄水、西排、横坑、兰泥、坑底、黄土洋、白水漈
石湖乡	贤良	贤良、车根、企坑、黄皮、漈下、库坑、沿坑、湖池、黄树坪、新村、青草、黄坛、石川、西洋、淤上、染庶坑

第三节　中华人民共和国成立后

1949 年 5 月 17 日庆元解放，7 月 5 日成立庆元县人民政府，县人民政府驻地城厢镇。从 1949 年解放到 2014 年，庆元县的区划调整主要经历了七个阶段：一是解放初期阶段，即 1949 年 5 月到 1950 年 8 月；二是划乡建政阶段，即 1950 年 8 月到 1956 年；三是撤区并乡阶段，即 1956 年到 1958 年 11 月；四是并入龙泉县阶段，即 1958 年 11 月到 1973 年 7 月；五是复县后调整人民公社阶段，即 1973 年 7 月到 1983 年；六是政社分设阶段，即 1983 年到 1992 年 5 月；七是撤区扩镇并乡阶段，即 1992 年 5 月至 2003 年，社区管理阶段，即 2004 年至 2014 年。

一、解放初期阶段（1949 年 5 月至 1950 年 8 月）

这一阶段主要是进行接管工作，建立人民政权和稳定社会秩序。1949 年 6 月，全县设 4 个区，22 个乡镇。原甲保暂没变动。

1949 年 5 月至 1950 年 8 月庆元县行政区划一览表

表 1-3-9

区名称	下辖乡镇名称
城乡区	城厢镇、济扬乡、和山乡、乔竹乡、濛石乡
竹口区	竹新乡、曹洋乡、黄真乡、三济乡、四源乡
淤上区	安庆乡、淤上乡、桃关乡、安陈乡
荷地区	荷黄乡、潆东乡、苏方乡、枫合乡、举洋乡、嵩洋乡、江竹乡、石湖乡

二、划乡建政阶段（1950 年 8 月至 1956 年）

1950 年 8 月，为实行土地改革，进行城乡建政，废除保甲制。10 月，全县共设 4 个区，35 个乡镇。1951 年 6 月土地改革结束，全县共设 4 个区、42 个乡镇、227 个行政村。

1951 年庆元县乡镇情况表

表 1-3-10

区名称	下辖乡镇名称
城乡区	城厢镇、后田乡、济源乡、四山乡、和山乡、东乔乡、竹山乡、石湖乡、濛西乡、枫合乡、杨石乡、斋郎乡
竹口区	竹口乡、曹田乡、黄真乡、黄新乡、三济乡、四源乡、三坑乡
淤上区	八都乡、五都乡、淤上乡、隆宫乡、黄坑乡、小安乡、林后乡、南坑乡
荷地区	荷地乡、东山乡、八炉乡、潆东乡、南洋乡、岭头乡、杨桥乡、举水乡、落岭乡、西溪乡、江根乡、竹坪乡、青竹乡、左溪乡、官塘乡

1951 年庆元县行政村情况表

表 1-3-11

区名	乡（镇）名	驻地	所辖行政村
城厢区	城内镇	西门	东门、南门、西门、北门、城北、城西
	后田镇	后碓	街尾、上叶、姚家、吴宅、后碓、黄塘、大坂洋、周墩
	济源乡	大济	大济、下滩、半坞源
	杨石乡	杨家楼	杨家楼、东半、黄石
	濛西乡	西川	濛五、西川、岩下、高大、北塘
	石湖乡	新村	贤良、新村、库坑、湖池、黄坛、淤上、青草、石川

续表 1-3-11

区名	乡（镇）名	驻地	所辖行政村
城厢区	东乔乡	西洋	后广、半坑、乔阳、黄皮、东西
	竹山乡	甘竹山	盖竹、喜鹊、甘竹山、南山坑
	和山乡	上庄	上庄、蕉坑、坑头、底村、鸟住
	四山乡	班岱后	班岱后、砻头、坑头、高潦、三溪
	枫合乡	合湖	合湖、三堆、兰泥、黄土洋、黄水、久住洋
	斋郎乡	斋郎	斋郎、枫树坪、栗洋
淤上区	淤上乡	淤上	淤上、外童、蔡段、涂坑、吾田头、坑口、蒲潭、菖蒲洋、石坝
	八都乡	八都	八都、余村、岱根、菊水、白岭头
	五都乡	五都	坪洋、薰山下、五都、朱村
	小安乡	安溪	甘竹山、小安、安溪、黄山头
	林后乡	长砻	山头洋、长砻、乌石岭、林后、佃坪
	南坑乡	陈村	上余、陈村、吾际下、南坑、权山
	隆宫乡	隆宫	隆宫、东村、连湖、里地、桃坑、小林源
	黄坑乡	黄坑	黄坑、生水塘、小关、张天、张地
竹口区	竹口乡	竹上	大泽、崔家田、岩后、竹中、竹上、竹下
	黄新乡	黄坛	平良、新窑、黄坛
	黄真乡	姚村	洋垄、双沈、柏李、双坞、台湖、姚村、朱坞
	三济乡	上济	下济、中济、上济、陈边、仙庄、良济、黄源
	三坑乡	高山	后楼、高山、蔡双、炉坑、上洋、上坑
	曹田乡	曹岭	东西、葛田、美丘、曹岭、黄坞、桐山
	四源乡	上源	上源、槐源、中村、丁源、供墅、张岩、花桥、双济、汤源
荷地区	荷地乡	荷地	荷地、底墅、潦面、杨朗坑、黄沙、高住、马家地、青社
	潦东乡	大潦头	徐洋、包果洋头、大潦头、包果、塘堀、东溪、南峰
	举水乡	举水	举溪、小潦头、照田、地杉
	落岭乡	落岭	落岭、国择、蔡后、庄徐、荐坑、门林后
	杨桥乡	杨桥	岩坑、大岩、杨桥、桃坑、黄洋
	岭头乡	岭头	岭头、下庄、后仓坑、山翠湾、陈鉴坑、杨家庄
	南阳乡	南阳	南阳、山丘、蔡川
	西溪乡	西溪	西溪、冯家山、后洋坑、岙里、鱼川、大陈转
	八炉乡	八炉	苏湖塘、八炉、包谢、白岩下

续表 1-3-11

区名	乡(镇)名	驻地	所辖行政村
荷地区	东山乡	东山后	东山后、坪头、石磨下
	竹坪乡	竹坪	竹坪、留香、石塘、发竹
	江根乡	江根	江根、水寨、箬坑、青田、上店、坝头、后洋、杉坑、洋头
	青竹乡	青竹	岱根、青竹、岚头、梅树、溪头角
	官塘乡	官塘	官塘、白柘洋、坑下、印浆
	左溪乡	左溪	左溪、田坑、高嵩坑、黄岗、岱上、枧头
合计	42 乡(镇)		228 行政村

1952 年 5 月增设江根区;淤上区改为八都区。

1953 年 3 月增设新村区;5 月城镇、后田 2 个镇合并设城关镇,为县直属镇;岭头、蔡东乡合并为岭头乡;四源乡分设丁源、上源乡;竹口乡分设竹口、大泽乡;增设周墩乡。全县共设 1 个镇,5 个区,43 个乡。

1953 年庆元县行政区划一览表

表 1-3-12

区名称	下辖乡镇名称
城关镇	城镇、济源乡、周墩乡、四山乡、和山乡、竹山乡、杨石乡
竹口区	竹口乡、曹田乡、黄真乡、黄新乡、三济乡、大泽乡、上源乡、丁源乡、三坑乡
八都区	八都乡、五都乡、淤上乡、隆宫乡、黄坑乡、小安乡、林后乡、南坑乡
荷地区	荷地乡、东山乡、八炉乡、岭头乡、杨桥乡、举水乡、落岭乡、西溪乡
江根区	江根乡、竹坪乡、青竹乡、左溪乡、官塘乡
新村区	东乔乡、石湖乡、濛西乡、斋郎乡、南洋乡、合湖乡、吴坑乡

1954 年 3 月原属景宁县的吴坑乡划入新村区,全县共设 1 个镇,5 个区,43 个乡。

1955 年没有变动。

1955 年庆元县行政村情况表

表 1-3-13

区名	乡名	所辖行政村
城关镇	城　镇	东门、南门、西门、北门、城北、城西、街尾、姚家、上叶、大坂洋、吴宅、后碓、黄塘
	大济乡	大济、下滩、半坞源、周墩、应岭头、乌石岭、林后
	和山乡	上庄、蕉坑、坑头、底村、鸟住、源头、班岱根
	四山乡	九漈、班岱后、高漈、砻头、三溪、上坑
	杨楼乡	杨家楼、东山后、黄坪

续表 1-3-13

区名	乡名	所辖行政村
八都区	八都乡	余村、八都、岱根、菊水、白岭头、蔡段、五都、坪洋、薰山下、朱村
	淤上乡	淤上、外童、涂坑、吾田头、蒲潭、坑口、菖蒲洋
	隆宫乡	隆宫、东村、莲湖、里地、桃坑、小林源、黄坑、生水塘、小关、张天、张地
	南坑乡	上余、陈村、吾际下、南坑、权山
	小安乡	安溪、甘竹山、小安、黄山头、长砻、天坪
竹口区	竹口乡	竹上、竹中、竹下、大泽、岩后、平良、新窑、黄坛
	黄真乡	姚村、朱坞、台湖、柏李、双坞、双沈
	三济乡	上济、中济、下济、陈边、仙庄、良济、黄源
	曹岭乡	曹岭、黄坞、桐山、美丘、葛田、东西、后楼、高山、蔡双、炉坑、上洋、崔家田、洋砻
	四源乡	上源、槐源、中村、供墅、张岩、花桥、双济、汤源
新村区	张村乡	南阳、山丘、蔡川、张村、岙头、金苏岱、吴坑、后溪、西管岚、澄湖、联合
	濛西乡	濛五、西川、岩下、高大、北塘、石记岱、半坑
	后广乡	后广、盖竹、喜鹊、甘竹山、南北坑、半坑、桥陌、黄皮、东西、石记岱
	石湖乡	贤良、新村、淤上、湖池、黄坛、青草、石川、库坑、岭尾、新庄
	合湖乡	合湖、兰泥、三堆、久住洋、黄土洋、黄水
	斋郎乡	斋郎、枫树坪、栗洋
荷地区	黄沙乡	荷地、底墅、漈面、杨朗坑、黄沙、高住、马家地、青社、岩坑、大岩、杨桥、桃坑、黄洋
	苏湖乡	坪头、苏湖塘、东山后、石磨下、八炉、包谢、白岩下
	岭头乡	岭头、下庄、后仓坑、山翠湾、陈鉴坑、东溪、杨家庄、徐洋、包果洋头、大漈头、包果、塘崛、南峰
	举水乡	举水、小漈头、地杉、落岭、国泽、照田、门林后、荐坑、蔡后、庄徐
	西溪乡	西溪、冯家山、岙里、后洋坑、鱼川、大毛坪
江根区	江根乡	江根、青田、坝头、水寨、后洋、上店、杉坑、洋头、箬坑
	青竹乡	青竹、岱根、岚头、梅树、溪头角
	竹坪乡	竹坪、留香、石塘、发竹、山后
	左溪乡	左溪、石柱、高嵩坑、岱上、枧头、黄岗、田坑
	官塘乡	官塘、白柘洋、印桨、坑下

三、撤区并乡阶段（1956 年至 1958 年 11 月）

1956 年 10 月，为适应农村合作化大发展的要求，加强对基层组织的领导，完成撤区并乡工作。撤销城乡、竹口、八都、江根 4 个区，设城关镇 1 个镇和荷地、新村 2 个区，31 个乡。济源乡改为大济乡；周墩乡并入城镇；曹田乡改为曹岭乡、上源乡、丁源乡合并为四源乡；撤销大泽乡、三坑乡；黄坑乡并入南坑乡、五都乡并入八都乡；竹山乡改为后广乡；东山乡改为苏湖乡；八炉乡并入岭头乡；杨桥乡并入荷地乡；落岭乡并入举水乡；吴坑乡、南洋乡并入张村乡；杨石乡改为杨楼乡。乡镇人民政府改为人民委员会。

1956 年庆元县行政区划一览表

表 1-3-14

区名称	下辖乡镇名称
城厢区	城镇、南坑乡、大济乡、四山乡、和山乡、竹口乡、曹岭乡、黄真乡、三济乡、四源乡、八都乡、淤上乡、隆宫乡、小安乡
荷地区	荷地乡、苏湖乡、岭头乡、举水乡、西溪乡、江根乡、竹坪乡、青竹乡、左溪乡、官塘乡
新村区	石湖乡、濛西乡、张村乡、后广乡、斋郎乡、合湖乡、杨楼乡

1957 年恢复竹口、八都 2 个区。

1957 年庆元县行政区划一览表

表 1-3-15

区名称	下辖乡镇名称
城厢区	城镇、大济乡、四山乡、和山乡
竹口区	竹口乡、曹岭乡、黄真乡、三济乡、四源乡
八都区	八都乡、淤上乡、隆宫乡、小安乡、南坑乡
荷地区	荷地乡、苏湖乡、岭头乡、举水乡、西溪乡、江根乡、竹坪乡、青竹乡、左溪乡、官塘乡
新村区	石湖乡、濛西乡、张村乡、后广乡、杨楼乡、斋郎乡、合湖乡

四、并入龙泉县的人民公社阶段（1958 年 11 月至 1973 年 7 月）

1958 年 10 月，为适应农业生产“大跃进”的新形势，实行政社合一体制，大办人民公社。中共浙江省委发文撤销庆元县建制。全境并入龙泉县。设庆元、菊隆、荷地、新村 4 个大人民公社，30 个人民公社。其中曹岭、黄真、三济、竹口并入龙泉的梅岭公社。

1958 年庆元县并入龙泉县后行政区划一览表

表 1-3-16

大公社名称	下辖公社（管理区）名称
庆元公社	庆元（镇）、大济、四山、和山
竹口公社并入龙泉梅岭公社	竹口、曹岭、黄真、三济
菊隆公社	八都、淤上、隆宫、小安、南坑
荷地公社	荷地、苏湖、岭头、举水、西溪、江根、竹坪、青竹、左溪、官塘
新村公社	石湖、濛西、后广、杨楼、斋郎、合湖、张村

1959 年庆元大公社辖区增设玉田、星光公社，玉田公社即后田片，星光公社即下坞片；菊隆大公社合并南坑、小安公社为安南公社，增设五都公社。

1960 年没有变动。

1961 年为调整国民经济，纠正农村工作中的“左”倾错误，大人民公社改为区，即设庆元、菊隆、荷地、新村四个区。撤销玉田公社。竹口区属龙泉县。

1962 年至 1972 年没有变动。

1961 年庆元县并入龙泉县后行政区划一览表

表 1-3-17

区称	下辖公社（管理区）名称
庆元区	庆元、大济公社、星光公社、四山公社、和山公社
竹口区并入龙泉梅岭区	竹口公社、黄真公社、三济公社、黄田公社
菊隆区	菊水公社、五都公社、淤上公社、隆宫公社、安南公社
荷地区	荷地公社、苏湖公社、岭头公社、举水公社、西溪公社、江根公社、竹坪公社、青竹公社、左溪公社、官塘公社
新村区	石湖公社、濛西公社、后广公社、杨楼公社、斋郎公社、合湖公社、张村公社

五、复县后调整的人民公社阶段（1973 年 7 月至 1984 年）

1973 年 7 月，经国务院批准，恢复庆元县建制。庆元区改为城郊区；曹岭、黄真、三济、竹口分出梅岭区，恢复为竹口区。

1974 年没有变动。

1975 年 3 月，浙江省革命委员会批准原属庆元县的四源公社划给龙泉县。

1976 年至 1980 年没有变动。

1975—1980 年庆元县公社情况表

表 1-3-18

区名称	下辖公社名称
城郊区	城关镇、大济公社、星光公社、四山公社、和山公社
竹口区	竹口公社、黄田公社、黄真公社、三济公社
菊隆区	菊水公社、五都公社、淤上公社、隆宫公社、安南公社
荷地区	荷地公社、苏湖公社、岭头公社、举水公社、西溪公社、江根公社、竹坪公社、青竹公社、左溪公社、官塘公社
新村区	石湖公社、濛西公社、后广公社、杨楼公社、斋郎公社、合湖公社、张村公社

1978 年庆元县大队（生产队）情况表

表 1–3–19

区名	公社名	大队名称（生产队数）
城郊区	城关镇	东门（4）、南门（7）、西门（8）、北门（7）、城北（4）、街尾（5）、上叶（6）、解放（10）、大坂洋（6）、四新（5）、后碓（7）、黄塘（2）、大坑（2）、蔬菜（3）
	星光	星光（17）、林后（4）、乌石岭（5）
	大济	大济（11）、周墩（12）、喜鹊（5）、下滩（4）
	和山	幸福（12）、快乐（6）、勤俭（8）
	四山	楼下（2）、斜山（2）、上坑（2）、砻头（4）、九漈（2）、战胜（4）、深乌（2）、高漈（4）、三溪（2）
菊隆区	菊水	余村（17）、八一（5）、八二（6）、八三（5）、岱根（5）、菊水（9）、蔡段（5）、官山头（5）、白岭头（5）
	五都	五一（5）、五二（4）、五三（5）、五四（4）、朱村（5）、薰山下（5）、坪洋（4）
	淤上	淤上（10）、山根（6）、吾田头（3）、涂坑（3）、外童（8）、石坝（6）、蒲潭（8）、坑口（7）、菖蒲洋（9）、高山湾（5）、局下（4）、长砻（14）
	安南	安溪（4）、安隆（7）、甘竹山（3）、方塘（3）、吾际下（8）、南坑（4）、陈村（4）、衕头（5）、上余（6）、权山（8）、山头洋（8）、黄竹（7）
	隆宫	隆宫（13）、中村（7）、桃坑（6）、连湖（8）、里地（3）、林源（5）、张地（6）、黄坑（3）、生水塘（3）、小关（3）、源头（4）
竹口区	竹口	新窑（12）、黄坛（9）、良秋（3）、平岭岗（3）、竹下（9）、竹中（9）、竹上（8）、岩后（6）、大泽（5）、崔家田（4）
	黄田	东西（7）、黄田（12）、曹岭（7）、桐山（9）、上洋（8）、炉坑（4）、蔡双（3）、后楼（2）、古岭坑（2）、高山（4）
	黄真	朱黄（12）、双坞（3）、利群（3）、李村（6）、双沈（9）、洋砻（5）、双溪（3）、台湖（1）
	三济	上济（4）、中济（3）、下济（3）、陈边（4）、黄源底（2）、湖头（2）、仙庄（3）、漈下（2）、劳武（3）、崔上（1）
新村区	濛西	濛淤（3）、五大堡（3）、西川（10）、黄石（4）、北坑（6）、岩下（5）、高大（11）、
	后广	竹山（22）、五星（12）、乔陌（5）、桐梓（3）、车坑（3）、黄皮（3）
	杨楼	杨楼（7）、阴头（3）、东山（4）、西坑（2）、达溪（4）
	张村	张村（10）、岙头（8）、蔡川（5）、吴坑（11）、山丘（4）、澄湖（4）、后溪（4）、西管岚（2）、金苏岱（2）、南阳（7）、联合（7）
	合湖	合湖（11）、三堆（10）、兰泥（5）、西排（2）、久住洋（6）、黄土洋（10）、黄水岙（2）、黄水（5）
	斋郎	斋郎（8）、枫坪（4）、兴龙（9）、吉兴（2）
	石湖	新村（7）、湖池（6）、库源（8）、青林（3）、福山（5）、富山（7）、富林（3）、黄淤（7）、石川（10）

续表 1-3-19

区名	公社名	大队名称（生产队数）
荷地区	荷地	荷地（12）、底墅（15）、高住（5）、马家地（4）、漈面（5）、联丰（7）、黄沙（8）、岩坑（4）、桃源（4）、杨桥（4）、黄洋（11）、大岩（8）、杨朗坑（8）
	岭头	后仓坑（2）、岭头（4）、包果（11）、南丰（11）、后溪洋（2）、塘堀（4）、东溪（4）、钵下（3）、富楼源（2）、葱甩（2）、小漈头（4）、杨家庄（7）、下庄（2）、陈鉴坑（3）、山翠湾（2）、岗后洋（1）
	举水	月山（14）、照田（3）、地山（5）、炉坑（12）、门林（2）、丰洋（12）、茶源（11）
	西溪	西溪（12）、团结（8）、铁吉岙（1）、荡口（4）、兰头（1）、红旗（6）、鱼川（6）、岙里（6）、转水（2）、陈家岭（2）、云雾亭（1）、大毛坪（4）
	苏湖	杨冯源（3）、横岭（4）、坪头（2）、苏湖（10）、东山（6）、石洋（15）、包谢（4）、茶垄（2）、八炉（12）、白岩下（6）、方村（4）
	江根	江根（13）、箬坑（7）、青田（8）、坝头（9）、水寨（4）、洋头（12）、上店（4）、杉坑（4）、后洋（7）
	竹坪	竹坪（13）、石塘（4）、白柘（3）、印浆（3）、发竹（7）、山后（4）、留香（5）、木桥头（1）
	官塘	官塘（9）、若沃（2）、横坑（4）、坑下（4）、漈下（3）、荷洋（3）、中央闲（3）、山头（1）、白柘洋（5）
	左溪	左溪（8）、田坑（9）、湖边（3）、高嵩坑（4）、枧头（4）、鱼铣（3）、黄岗（4）、联合（6）
	青竹	友谊（18）、永久（6）、岱根（6）
合计	31 社（镇）	268 大队（1538 生产队）

1981 年城郊区分为城郊区和城关镇；安南公社分设小安公社和南坑公社。

1982 年增设万里林区，从合湖分出黄皮管理区。

1983 年没有变动。

1982 年庆元县行政区划一览表

表 1-3-20

区、镇名称	下辖公社（管理区）名称
城关镇	城关镇
城郊区	大济公社、星光公社、四山公社、和山公社
竹口区	竹口公社、黄田公社、黄真公社、三济公社
菊隆区	菊水公社、五都公社、淤上公社、隆宫公社、小安公社、南坑公社
荷地区	荷地公社、苏湖公社、岭头公社、举水公社、龙溪公社、江根公社、竹坪公社、青竹公社、左溪公社、官塘公社
新村区	石湖公社、濛西公社、后广公社、杨楼公社、张村公社
万里林区	斋郎公社、合湖公社、黄皮管理区

六、政社分设阶段(1984 年至 1992 年 5 月)

1984 年实行政社分设,以公社建乡,以大队建村。增设左溪区;城关镇改为松源镇;菊水区增设黄坑乡;万里林区的黄皮管理区改为车根乡;荷地区增设南峰、杨桥 2 个乡;新村区的濛西乡改为五大堡乡。全县共设 1 个镇、7 个区、37 个乡。

1984—1987 年庆元县行政区划一览表

表 1-3-21

区名称	下辖乡镇名称
松源镇	松源镇
城郊区	大济乡、星光乡、四山乡、和山乡
竹口区	竹口乡、黄田乡、黄真乡、黄新乡、三济乡、三坑乡
菊隆区	屏都乡、五都乡、淤上乡、隆宫乡、小安乡、南坑乡、黄坑乡
荷地区	荷地乡、苏湖乡、岭头乡、举水乡、龙溪乡、南峰乡、杨桥乡
新村区	石湖乡、五大堡乡、后广乡、杨楼乡、张村乡
万里林区	斋郎乡、合湖乡、车根乡
左溪区	左溪乡、江根乡、竹坪乡、青竹乡、官塘乡

1984 年庆元县行政村(自然村)情况表

表 1-3-22　　单位:个

区名	乡(镇)名	行政村(自然村数)
城郊区	松源镇	城北(2)、北门(2)、西门(5)、南门(1)、东门(1)、街尾(1)、上叶(1)、姚家(1)、大坂洋(2)、吴宅(1)、后碓(1)、大坑(3)、白象(1)、一居委、二居委、三居委、四居委、菜队
城郊区	星光乡	下坞(2)、下庄亭(1)、范源(1)、半岱(1)、星源(1)、乌石岭(1)、林后(1)
	大济乡	大济(1)、道岗(1)、半湾(1)、下滩(3)、周墩(3)、洋心(2)、田墩(1)、西演(1)、喜鹊(2)、应岭尾(1)
	和山乡	底村(2)、牛路洋(2)、岙后(3)、会溪(2)、坑西(7)、上庄(4)
	四山乡	高漈(1)、砻头(1)、斜山(1)、楼下(1)、班岱后(2)、三溪(1)、九漈(1)、深乌(1)
菊隆区	屏都镇	八都一村(2)、八都二村(1)、八都三村(1)、余村(2)、菊水(7)、洋背(3)、坑里(2)、官山头(3)、蔡段(1)
	五都乡	五都一村(1)、五都二村(1)、五都三村(1)、五都四村(3)、坪洋(1)、朱村(1)、薰山下(1)、薰坑(1)
	淤上乡	淤上(4)、山根(5)、坑口(4)、外童(6)、深坑(1)、局下(2)、吾田头(1)、高山湾(5)、石坝(4)、蒲潭(3)、塘根(4)、长砻(3)
	黄坑乡	黄坑(1)、张地(1)、小关(3)、源头(4)、生水塘(2)

表 1-3-22

区名	乡(镇)名	行政村(自然村数)
菊隆区	小安乡	安隆(5)、安溪(1)、黄竹(6)、甘竹山(1)、畲头(2)、山头洋(4)、上余(4)
	南坑乡	东村(3)、方塘(3)、坑井(2)、吾际下(6)、南坑(3)、陈村(1)、权山(6)
	隆宫乡	隆宫(3)、桃园(1)、林源(5)、中村(3)、源尾(1)、里地(2)、连湖(3)
	庆元林场	白岭头(3)、菖蒲洋(3)、坪坑(3)
竹口区	竹口镇	竹上(2)、竹中(3)、竹下(6)、崔家田(3)、大泽(4)、陈龙溪(2)、岩后(8)
	黄田乡	高山(4)、桐山(1)、曹岭(3)、葛田(1)、美丘(3)、古岭坑(2)、黄坞(3)、东西(4)、上大坑(2)
	黄新乡	新窑(4)、黄坛(3)、平岭岗(3)、良秋(3)
	黄真乡	姚村(4)、朱黄(10)、双坞(4)、台湖(2)、李村(3)、双沈(6)、洋垄(3)、双溪(3)
	三济乡	上济(1)、中济(6)、下济(1)、陈边(3)、黄源底(4)、湖头(3)、仙庄(2)、龙济(1)、良官田(1)、崔上(1)
	三坑乡	龙口(4)、上坑(2)、上洋(11)、蔡双(7)、后楼(2)
新村区	石湖乡	贤良(1)、黄淤(3)、石川(5)、富林(1)、湖池(1)、库源(4)、青林(2)、溪沿(6)、新村(1)
	杨楼乡	杨楼(2)、阴头(3)、西坑(6)、半溪(1)、东山后(1)、后塝(6)
	张村乡	张村(4)、田头(3)、澄湖(1)、山丘(2)、上吴坑(1)、吴坑(5)、第五坑(2)、西管岚(1)、后溪(1)、金苏岱(1)、松柏湾(2)、蔡川(1)、高洋(1)、库山(1)、岙头(2)、东川(1)、南阳(5)、风滩洋(4)、联合(6)
	五大堡乡	五大堡(2)、坛弄(2)、北坑(1)、西川(4)、樟下(1)、岩下(1)、濛於(3)、高大(1)、大洪(3)、黄石(3)
	后广乡	后广(1)、东坑(2)、东岱(2)、西洋(1)、下塅(3)、盖竹(5)、八洋(3)、天平马(2)、梧桐洋(1)、南源(1)、北择(1)、甘山(1)
万里区	合湖乡	合湖(1)、三堆(3)、兰泥(1)、西排(2)、黄水(2)、黄水岙(1)、坑底(2)、黄土洋(2)、久住洋(2)
	车根乡	车根(2)、桐梓(12)、黄皮(3)、桥陌(2)
	斋郎乡	斋郎(2)、枫坪(1)、龙岩(3)、栗洋(1)
荷地区	荷地乡	荷地(1)、底墅(2)、高住(2)、马家地(1)、漈面(2)、塘尾(2)、洋边(1)、青社(1)、黄沙(1)、高漈(1)、半路(1)、大岩(2)、杨朗坑(3)
	杨桥乡	杨桥(1)、黄洋(2)、桃坑(1)、松坑(2)、岩坑(1)
	岭头乡	岭头(2)、后仓坑(1)、山翠湾(1)、岗后洋(1)、陈鉴坑(2)、下庄(1)、杨家庄(3)、小漈头(2)、大漈头(1)、包果(1)、黄楠坑(1)、举洋(1)
	南峰乡	南峰(2)、大园(1)、莲花(1)、后村(1)、村尾(4)、徐洋(1)、龙洋(2)、富楼源(1)、东溪(1)、钵下(2)、塘堀(1)、葱甩(1)

表 1-3-22

区名	乡(镇)名	行政村(自然村数)
荷地区	龙溪乡	西溪(2)、后洋坑(1)、铁吉岙(1)、荡口(1)、兰头(1)、冯家山(2)、岙里(1)、鱼川(1)、转水(1)陈家岭(1)、交溪(1)、大毛坪(2)
	举水乡	月山(2)、照田(3)、杉源(1)、地虎坑(1)、大丘(1)、黄山(2)、国坪(1)、择树坑(1)、荐坑(2)、庄徐(5)、后坑(1)、龙井面(1)、蔡地(1)、门林(1)、落岭(2)、丰岭(2)
	苏湖乡	苏湖(1)、杨冯源(1)、坪头(1)、东山(1)、茶垄(2)、大横岭(1)、石磨下(2)、胡闲洋(1)、包谢(5)、八炉(6)、白岩下(5)、芳村(1)
左溪区	左溪乡	左溪(3)、田坑(6)、湖边(1)、高嵩坑(1)、枧头(1)、鱼铫(1)、黄岗(2)、石柱(3)、岱上(2)
	青竹乡	青林(4)、岱根(1)、半岭(2)、方村(5)、岚头(1)、梅树(4)、溪头角(2)、田寮(1)
	官塘乡	官塘(2)、若沃(1)、横坑(1)、荷洋(2)、白柘洋(4)、山头(1)、中央闲(2)坑下(1)、漈下(4)
	竹坪乡	竹坪(1)、留香(1)、大柘(2)、石塘(1)、印浆(3)、发竹(1)、山后(1)、木桥头(1)
	江根乡	江根(2)、箬坑(1)、青田(2)、坝头(2)、水寨(1)、洋头(1)、上店(2)、杉坑(2)、后洋(2)

1987 年 12 月竹口乡改设竹口镇。

1989 年 10 月荷地乡改设荷地镇。全县共 7 个区、3 个镇、35 个乡、343 个行政村、4 个居委会。

1989 年、1990 年没有变动。

1989 年庆元县行政区划一览表

表 1-3-23

区、镇名称	下辖乡镇名称
松源镇	松源镇
城郊区	大济乡、星光乡、四山乡、和山乡
竹口区	竹口镇、黄田乡、黄新乡、黄真乡、三济乡、三坑乡
菊隆区	屏都乡、五都乡、淤上乡、隆宫乡、小安乡、南坑乡、黄坑乡
荷地区	荷地镇、苏湖乡、岭头乡、举水乡、龙溪乡、南峰乡、杨桥乡
新村区	石湖乡、五大堡乡、后广乡、杨楼乡、张村乡
万里林区	斋郎乡、合湖乡、车根乡
左溪区	左溪乡、江根乡、竹坪乡、青竹乡、官塘乡

1991 年年底竹口区分设竹口镇、黄田镇；菊隆区的屏都乡改为屏都镇。

1991 年庆元县行政区划一览表

表 1-3-24

区、镇名称	下辖乡镇名称
松源镇	松源镇
城郊区	大济乡、星光乡、四山乡、和山乡
竹口区	竹口镇、黄田镇、黄新乡、黄真乡、三济乡、三坑乡

续表 1-3-24

区、镇名称	下辖乡镇名称
菊隆区	屏都镇、五都乡、淤上乡、隆宫乡、小安乡、南坑乡、黄坑乡
荷地区	荷地镇、苏湖乡、岭头乡、举水乡、龙溪乡、南峰乡、杨桥乡
新村区	石湖乡、五大堡乡、后广乡、杨楼乡、张村乡
万里林区	斋郎乡、合湖乡、车根乡
左溪区	左溪乡、江根乡、竹坪乡、青竹乡、官塘乡

七、撤区扩镇并乡阶段(1992 年 5 月至 2003 年)

1992 年 5 月庆元县进行撤区扩镇并乡，行政区划有较大变化，将全县 7 个区 4 个镇 34 个乡并为 6 个镇 14 个乡。这次“撤扩并”只及乡镇级，乡镇以下的居民委员会和行政村没有变动。原松源镇、大济乡、星光乡、和山乡合并为松源镇；原竹口镇、黄新乡、三坑乡合并为竹口镇；原黄田乡、三济乡、黄真乡合并为黄田镇；原石湖乡稍后改镇建制称贤良镇；原五大堡乡、后广乡、杨楼乡合并为五大堡乡；原车根乡、斋郎乡合并为百山祖乡；原隆宫乡、黄坑乡合并为隆宫乡；原小安乡、南坑乡合并为安南乡；原左溪乡、竹坪乡、青竹乡合并为左溪镇；原荷地镇、杨桥乡和原苏湖乡的杨冯源、东山后、苏湖、大横岭、坪头、茶垄、石磨下、胡洋 8 个行政村扩并为荷地镇；原岭头乡、南峰乡与原苏湖乡的八炉、包谢、芳村、白岩下 4 个行政村扩并为岭头乡；原屏都镇、五都乡、白岭头管理处扩并为屏都镇；四山乡、合湖乡、张村乡、官塘乡、江根乡、举水乡、龙溪乡、淤上乡保留不变。

1993 年，石湖乡更名为贤良镇。全县共 7 个镇、13 个乡、5 个居民委员会、343 个行政村、758 个自然村。

1993 年庆元县撤区扩镇并乡后的乡镇情况表

表 1-3-25

镇名称	乡名称
松源镇、屏都镇、竹口镇、黄田镇、荷地镇、贤良镇、左溪镇	四山乡、淤上乡、隆宫乡、安南乡、岭头乡、举水乡、龙溪乡、五大堡乡、张村乡、合湖乡、百山祖乡、江根乡、官塘乡

1992 年庆元县撤区扩镇并乡后行政村、自然村情况表

表 1-3-26

乡镇名	所辖居委会、行政村及自然村名					
	居委会、行政村	自然村	居委会、行政村	自然村	居委会、行政村	自然村
松源镇	一居委		二居委		三居委	
	四居委		五居委		城北村	城北、学后
	东门村	东门	南门村	南门村	菜队村	菜队

续表 1-3-26

乡镇名	所辖居委会、行政村及自然村名					
	居委会、行政村	自然村	居委会、行政村	自然村	居委会、行政村	自然村
松源镇	大坂洋村	大坂洋、洋墩	北门村	北门、石龙下	西门村	西门、塘边、竹坑、鹭鸶岙、风炉凹
	街尾村	街尾	姚家村	姚家	吴宅村	吴宅
	上叶村	上叶	后碓村	后碓	白象村	白象
	下庄亭村	下庄亭	范源村	范源	大坑村	大坑、岙下、黄田亭
	星源村	源头	乌石岭村	乌石岭	下坞村	下坞、赤洋
	半岱村	半岱	林后村	林后	周墩村	周墩、平岗、省里
	大济村	大济	田墩村	田墩	喜鹊村	大毛湾、犁壁山
	西演村	西演	应岭尾村	应岭尾	下滩村	下滩、下滩庙、十二丘
	洋心村	洋心、庙下	半湾村	半湾（源头）	道岗村	道岗（畲族聚居地）
	牛路洋村	牛路洋、上源	会溪村	会溪、坑头	坑西村	坑西、源头、竹洋、石竹湾、老鹞岩、班岱根
	岙后村	岙后、祝家洋、双坑	底村村	底村、东北坑	上庄村	上庄、蕉坑、上田、漈上
四山乡	高漈村	高漈	砻头村	砻头	班岱后村	班岱后、班岱后上村
	斜山村	斜山	楼下村	楼下	深鸟村	深鸟
	九漈村	九漈	三溪村	三溪		
屏都镇	八都一村	八都、下吾	八都二村	八都	菊水村	菊水、建山、回龙、后口、钟石淤、竹林坪、四十岗
	八都三村	八都	余村村	余村、白砍洋	官山头	官山头、大埲桥、张源坑（张良坑）
	蔡段村	蔡段、草古地	朱村村	朱村	洋背村	洋背、岱根、赤坑
	五都一村	五都	五都二村	五都	五都四村	漈下湾、黄田、上淤
	五都三村	五都	坑里村	坑里	白岭头村	白岭头、官山、仓坑、下斜、半路、岙下
	薰山下	薰山下	坪洋村	坪洋	菖蒲洋村	菖蒲洋、龙缺角、落花洋、炉坪、大毛堀
	薰坑村	薰坑	坪坑村	坪坑、半岭、奶圳		

续表 1-3-26

乡镇名	所辖居委会、行政村及自然村名					
	居委会、行政村	自然村	居委会、行政村	自然村	居委会、行政村	自然村
淤上乡	淤上村	淤上、车下、甘公坑、店后山	坑口村	坑口、徐墩、徐山、山岗	山根村	山根、黄泥弄、雷山头、樟树下、岭岙
	涂坑村	涂坑	吾田头村	吾田头	外童村	外童、金坑、葛徐、内童、坑边、山根寺
	局下村	局下、苍岱	蒲潭村	蒲潭、樟坑、山头	石坝村	石坝、良鲤塘、老鼠山、洋心
	长砻村	长砻、横溪、翁山	塘根村	塘根、新村、佃坪、油头山	高山湾村	高山湾、洋头、思麻、岭头寮、车坑
隆宫乡	隆宫村	隆宫、山头岗、月岙	中村村	中村、牛塘湾、漈下坑	林源村	小林源、根竹山、大门底、桥头岗、旱垄
	生水塘村	生水塘、后岙	里地村	里地、白沙	源头村	源头、庙后、山丘、田寮
	张地村	张地	黄坑村	黄坑	小关村	小关岭、下村、上村
	源尾村	源尾	桃园村	桃园(桃坑)	连湖村	连湖、岩头弄、庙边
安南乡	甘竹山	甘竹山	安溪村	安溪	安隆村	小安、粗隆、平鸟、小源、半岭
	畲头村	畲头、流溪洋	坑井村	坑井、吾地坑	黄竹村	朱岙、官岙、黄山头、竹下、园山、洋坪
	东村村	东村、底闲、福洋	方塘村	方塘、横坑、内庄	吾际下	吾际下、双圳下、百花岩、岱根、山丘于、苦竹林
	山头洋村	山头洋、埠头、五里根、后洋	上余村	上村、余地、洋头、榅树岙	权山村	权山、后楼、罗岙、罗隆、麻园、下庄
	陈村	陈村	南坑村	南坑、南坑周、班岱内		
竹口镇	竹上村	竹上村、枫堂	陈龙溪村	陈龙溪、田边	竹下村	竹下、猫岗、书堂湾、葫芦潭背、青峰山
	竹中村	竹中、黄沙坑、洋源	崔家田村	崔家田、黄潭、岩坑头	岩后村	岩后、山石、傍庄、岙门、炼泥碓、大汉坑、黄井洋、赤毛畲
	黄坛村	黄坛、潘铜坞、鱼塘湾	良秋村	良秋、大连坪、山头	蔡双村	双港潭、双坑、丁田寮、蔡山头、山头岭尾、大淤桥头

续表 1-3-26

乡镇名	所辖居委会、行政村及自然村名					
	居委会、行政村	自然村	居委会、行政村	自然村	居委会、行政村	自然村
竹口镇	上坑村	上坑、岱根	坪岭岗村	坪岭岗、打铜坑、山头坪	上洋村	坛门、白沙、和平、大窑墇、洋淤、横坑、白象、帮阳、上岙、麻鸟湾、大处
	新窑村	新窑、新岱、十八卡、山后坑	大泽村	大泽、岭坤、阙家、凉亭	龙口村	龙口、后楼、炉坑、锄头岗
黄田镇	东西村	东边、西边、竹林、外柏渡	高山村	高山、高墇、清水湾、五龙	朱黄村	朱坞、狮子坑、根竹山、黄畲寨、黄畲、印丘、麻岭后、黄坞、茶园、上门头
	桐山村	桐山	葛田村	葛田	曹岭村	曹岭、头陀、南潭
	古岭坑村	古岭坑、新坛	台湖村	台湖、中岗	上大坑村	上大坑、柏渡口岗
	美丘村	美丘、半山丘、山头	黄坞村	黄坞、新处、枫树桥	姚村村	姚村、庄头梅、猫墇、金村
	李村村	李村、旱墇、严源殿	洋砻村	山头砻、下洋、内柏渡口	双坞村	双井、下坞、双坑、岩下
	双溪村	三溪、缸钵厂、外村	仙庄村	仙庄、岭坤	双沈村	上沈、柏渡沿、处周寮、帮墇、上堂、下沈
	上济村	上济	下济村	下济	黄源底村	黄源底、东丝湾、半岭、田坑
	龙济村	龙济	良官田村	良官田	中济村	中济、𡋾下、下湾、东岸、上井、道堂源
	崔上村	崔上	陈边村	陈边、半源、上赖	湖头村	湖头、仓湾、湖头
张村乡	澄湖村	澄湖	上吴坑	上吴坑	张村村	张村、道堂基、张公天、大岩坑
	山丘村	山丘、池背	第五坑村	第五坑、山下坑	吴坑村	吴坑、吴坑岚、张伯岱、银掌岗、黄垓洋
	西管岚村	西管岚	松柏湾村	松柏湾、金山头	南阳村	南阳、坑头、犁担岗、树脑坑、上堂
	溪村	后溪	金苏岱村	金苏岱	田头村	田头、燕头、岙后
	高洋村	高洋	库山村	库山	岙头村	岙头
	东川	东村	蔡川村	蔡川	风滩洋村	风滩洋、坑底、久洋、风滩

续表 1–3–26

乡镇名	所辖居委会、行政村及自然村名					
	居委会、行政村	自然村	居委会、行政村	自然村	居委会、行政村	自然村
张村乡					联合村	上闲砻、胡答、麻竹坪、岭尾、坑头湾、独田
五大堡乡	五大堡村	五大堡、平坛	坛弄村	坛弄、西山	濛淤村	濛淤、野猪窝、桥头
	北坑村	北坑	樟下村	樟下	阴头村	阴头、山坪、黄泥隆
	岩下村	岩下	高大村	高大	西川村	西北头、塘头、西排、新闲洋
	后广村	后广	西洋村	西洋	盖竹村	东边、西边、普化寺、洋头、溪淤
	梧桐洋村	梧桐洋	南源村	南坑	大洪村	大洪、半湾、楹岙
	甘山村	甘竹山	东山后村	东山后	下墩村	下墩、鱼口、外洋
	半溪村	半溪	八洋村	八洋、洋心、岩下	黄石村	石记岙、黄坪、黄坑湾
	东坑村	东坑、处下洋	东岱村	东岱、东岱岭	西坑村	西坑、杨梅隆、西坑源、长湾尾、西坑湾、坑隆岗
	杨楼村	杨楼、英坑	天平马村	天平马、葱岭	后㙟村	后㙟、白坛、溪尾、高坪、黄竹于、田后壁
贤良镇	贤良村	贤良	新村村	新村	黄淤村	淤上、黄坛、石头坑
	青林村	青草、龙井头	富林村	染庶坑	库源村	库坑、骑马岗、茶亭、沿坑
	湖池村	湖池			石川村	石板仓、外洋、新庄、西洋、石龙湾
					溪沿村	溪沿、犁寮、大寮、水短湾、车坑、湾头寮
合湖乡	合湖村	合湖	兰泥村	兰泥	三堆村	三堆、横坑、外洋
	黄水岙村	黄水岙	久住洋村	久住洋、白水漈	黄土洋村	黄土洋、第八洋
	西排村	西排、铁车	黄水村	黄水、铁店	坑底村	坑底、洋头
百山祖乡	车根村	车根、半坑	桥陌村	桥陌、漈下	桐梓村	桐梓、桐梓下村
	枫树坪村	枫树坪	斋郎村	斋郎、后坑头	黄皮村	黄皮、企坑、冲坑
	栗洋村	栗洋			龙岩村	龙岩、石蕹、三井溪

续表 1-3-26

乡镇名	所辖居委会、行政村及自然村名					
	居委会、行政村	自然村	居委会、行政村	自然村	居委会、行政村	自然村
荷地镇	荷地村	荷地	马家地村	马家地	杨朗坑村	杨朗坑、上东溪、下东溪
	洋边村	洋边	塘尾村	塘尾、梅树湾	高住村	高住、朱岭坑
	底墅村	底墅	半路村	半路	漈面村	漈面、漈角
	松坑村	山坑	岩坑村	岩坑	大岩村	大岩、村尾
	黄沙村	黄沙	高漈村	高漈	黄洋村	黄洋、车坑
	青社村	青社	杨桥村	杨桥	桃坑村	桃坑、栗树洋
	杨冯源村	杨冯源	苏湖村	苏湖	茶垄村	茶坪、垄聪
	坪头村	坪头	东山村	东山后	石磨下村	石磨下、桥头
	大横岭	大横岭	胡处洋村	胡闲洋		
岭头乡	岭头村	岭头、黄垳	芳村村	芳村	包谢村	闲大窑、浅洋、浅埄、坑沿店、婆洋
	南峰村	大池洋、瓦窑坪	大园村	大园	八炉村	八炉、第四坑、坑堀寮、苦栗脑、郎坑、张公山
	莲花村	莲花	后村村	后村	白岩下村	鱼条漈、赤壁山、清楼、白岩下、横岭
	徐洋村	徐洋	富楼源村	富楼源	村尾村	村尾、溪旁、新蜣、后排
	东溪村	洋头	塘堀村	塘堀	钵下村	钵窑、下寮
	葱甩村	葱甩	后仓坑村	后仓坑	龙洋村	后溪洋、后中洋
	山翠湾村	山翠湾	岗后洋村	岗后洋	陈鉴坑村	陈鉴坑
	下庄村	下庄	大漈头村	大漈头	小漈头村	小漈头、陈坑寮
	包果村	包果	黄榅坑村	黄榅坑	杨家庄村	杨家庄、车庄寮、鱼树坑
	举洋村	举洋				
举水乡	国坪村	国坪	杉源村	杉源	照田村	照田、武林坑、半溪洋
	地虎坑村	地虎坑	大丘村	大丘	月山村	举水、漈根
	择树坑村	择树坑	后坑村	后坑	黄山村	黄坑尾、富石山
	龙井面村	龙井面	蔡地村	蔡地	荐坑村	荐坑、大地
	落岭村	上村、村头	丰岭村	下村、梨树山	庄徐村	梅处、曲窑、漈下、石桥头、龟山
	门林后村	门林后				

续表 1-3-26

乡镇名	所辖居委会、行政村及自然村名					
	居委会、行政村	自然村	居委会、行政村	自然村	居委会、行政村	自然村
龙溪乡	后洋坑	后洋坑	荡口村	荡口	西溪村	西溪、贵南洋
	铁吉岙村	铁吉岙	兰头村	兰头	冯家山村	冯家山、温洋
	岙里村	岙里	转水村	转水	大毛坪村	大毛坪、李家坑
	鱼川村	鱼川	交溪村	交溪	陈家岭村	陈家岭
左溪镇	左溪村	左溪、埠留、石壁	石柱村	石柱、桥头、双泉	田坑村	田坑、上猪浆、坊铺洋、半坑、下猪浆、湖边洋
	高嵩坑村	高嵩坑	鱼鲩村	鱼鲩	岱上村	岱上、茶园湾
	湖边村	湖边	枧头村	枧头	黄岗村	黄岗、落岭岗
	留香村	留香	木桥头村	木桥头	青竹村	青竹、武闲林、佛塔下、反丘
	发竹村	发竹	山后村	山后	半岭村	半岭、双面
	岱根村	岱根	岚头村	岚头	方村村	方村、田岗、元城、湖里、猛虎林、坟岗
	大柘村	白柘、山洪	溪头角村	溪头角、印坑	梅树村	梅树、山头栏、梅树岭头、山头
	竹坪村	竹坪	石塘村	石塘	印浆村	印浆、大溪沿、双港淤
	田寮村	田寮				
江根乡	江根村	江根、山林岘	青田村	上青田、下青田	坝头村	坝头、沙衣湖
	箬坑村	箬坑	水寨村	水寨	后洋村	后洋、第三洋
	洋头村	洋头	杉坑村	杉坑、新闲	上店村	上店、道坪堀
官塘乡	官塘村	官塘、上塘洋	荷洋村	上洋、下洋	白柘洋村	白柘洋、温潭口、后柘头、白柘坑
	横坑村	横坑	若沃村	若沃	中央闲村	中央闲、黄坛
	坑下村	坑下	山头村	山头	滐下村	滐下、梅坑、黄山头、黄山头新村

1994 年至 2002 年，行政区划没有大变动。2003 年 12 月 11 日，庆元县部分行政区划调整（浙政函〔2003〕208 号）：将屏都镇五一、五二、五三、五四 4 个村划归松源镇管辖。调整后，松源镇辖 41 个行政村、5 个社区，镇政府驻地不变；屏都镇辖 16 个行政村，镇政府驻地不变（菊水村）。

2003年行政村、自然村情况表

表 1-3-27

乡镇名	行政村	所属自然村	行政村	所属自然村
松源镇	一居委		二居委	
	三居委		四居委	
	五居委		北门村	北门、石龙下
	城北村	城北、学后	南门村	南门
	西门村	西门、塘边、鹭鸶岙、竹坑、风炉岙	街尾村	街尾
	东门村	东门	姚家村	姚家
	上叶村	上叶	吴宅村	吴宅
	大坂洋村	大坂洋、洋墩	大坑村	大坑、岙下、黄田亭
	后碓村	后碓		
	黄象村	白象	菜业队	
	下坞村	下坞、赤洋	下庄亭村	下庄亭
	范源村	范源	半岱村	半岱
	星源村	源头	乌石岭村	乌石岭
	林后村	林后	大济村	大济
	道岗村	道岗(畲族聚居地)	半湾村	半湾
	下滩村	下滩、下滩庙、十二丘	周墩村	周墩、平岗、省里
	洋心村	洋心、庙下	田墩村	田墩
	西演村	西演	喜鹊村	大毛湾、犁壁山
	应岭尾村	应岭尾	底村村	底村、东北坑
	牛路洋村	牛路洋、上源	岙后村	岙后、祝家洋、双坑
	会溪村	会溪、坑头	上庄村	上庄、蕉坑、上田、漈上、月边
	坑西村	坑西、石竹湾	五都一村	五一
	五都二村	五二	五都三村	五三
	五都四村	漈下湾、黄田、上淤	砻头村	砻头
	高漈村	高漈	楼下村	楼下
四山乡	斜山村	斜山	三溪村	三溪
	班岱后村	班岱后	深鸟村	深鸟
	九漈村	九漈		

续表 1-3-27

乡镇名	行政村	所属自然村	行政村	所属自然村
屏都镇	八都一村	八一、下吾	八都二村	八二
	八都三村	八三	余村村	余村、白砍洋
	菊水村	菊水、建山、回龙、钟石淤、后口、竹林坪、黄坑	官山头村	官山头、大擀桥、张源坑
	洋背村	洋背、岱根、赤坑	蔡段村	蔡段、草古地
	坑里村	坑里	坪洋村	坪洋、岩头洋
	朱村村	朱村	薰山下村	薰山下
	薰坑村	薰坑	坪坑村	坪坑、半岭、奶圳、瓦窑、大布坪坑新村
	白岭头村	白岭头、官山、仓坑、下斜、岙下	菖蒲洋村	菖蒲洋、龙缺角、落花洋、炉坪、大毛堀
淤上乡	淤上村	淤上、车下、甘公坑、店后山	山根村	山根、黄泥弄、岭岙、黄泥弄新村
	坑口村	坑口、徐墩、山岗	外童村	外童、金坑、内童、坑边、山根寺
	涂坑村	涂坑、涂坑新村	局下村	局下、苍岱
	吾田头村	吾田头	高山湾村	高山湾、思麻
	石坝村	石坝、良鲤塘、老鼠山、洋心	蒲潭村	蒲潭、樟坑、山头、里地口
	塘根村	塘根、新村、佃坪、油山头	长砻村	长砻、横溪、翁山
隆宫乡	隆宫村	隆宫、山头岗、三门亭	桃园村	桃园
	林源村	小林源、根竹山、旱垄、大路后	中村村	中村
	源尾村	源尾	里地村	里地
	连湖村	连湖、岩头弄、庙边	黄坑村	黄坑
	张地村	张地	小关村	下村、上村
	源头村	源头、庙后、山丘、田寮	生水塘村	生水塘、后岙
安南乡	安隆村	小安、粗隆、坪鸟、小源、半岭	黄竹村	朱岙、黄山头、洋坪、吾源、黄泥洋
	甘竹山村	甘竹山	畲头村	畲头、流溪洋
	山头洋村	山头洋、埠头、五里根、后洋	上余村	上村、余地、洋头
	东村村	东村、底闲、福洋	方塘村	方塘、横坑、下源、茶园洋
	吾滁下村	吾滁下、双圳下、百花岩、岱根、吾地坑	权山村	权山、后楼、罗岙、罗隆、麻园、下庄
	安溪村	安溪	陈村村	陈村
	南坑村	南坑、南坑周、班岱内	坑井村	坑井

续表 1–3–27

乡镇名	行政村	所属自然村	行政村	所属自然村
竹口镇	竹上村	竹上、枫堂、瓦窑山	竹中村	竹中、黄沙坑、洋源
	竹下村	竹下、猫岗、葫芦潭背	岩后村	岩后、山石、傍庄、岙门、炼泥碓、黄井洋、石洋步
	崔家田村	崔家田、黄潭、岩坑头	大泽村	大泽、岭坤、阙家、凉亭
	陈龙溪村	陈龙溪、田边、陈龙溪口、茶梨山	上坑村	上坑、岱根
	龙口村	龙口	蔡双村	双港潭、双坑、田丁寮、山头岭尾、大淤桥头、板卜底
	上洋村	坛门、白沙、和平、大窑垳、洋湖、横坑、白象、帮阳、上岙、大处、大饭会、和洋、鲤门坑、金垳	平岭岗村	平岭岗、山头坪
	新窑村	新窑、山后坑	黄坛村	黄坛、潘同坞、鱼塘湾
	良秋村	良秋、大连坪、山头	后楼村	后楼
黄田镇	东西村	东边、西边、竹篠、外柏渡口	高山村	高垳、清水湾、五龙
	桐山村	桐山	葛田村	葛田
	曹岭村	曹岭、头陀、南源	美丘村	美源、半山丘、山头
	古岭坑村	古岭坑、新坛、锄头岗	上大坑村	柏渡口岗
	黄坞村	黄坞、新闲、枫树桥	姚村村	姚村、庄头梅、金村
	朱黄村	朱坞、狮子坑、根竹山、黄畲寨、黄畲、印丘、麻岭后、英坞、茶园、上门头	双沈村	上沈、柏渡沿、处周寮、帮垳、上堂、下沈、象鼻沟
	双坞村	下坞、双井、双坑、岩下	李村村	李村、旱垳、严源殿
	洋垄村	山头垄、下洋、内柏渡口	双溪村	三溪、缸钵厂、外村
	台湖村	台湖、中岗	仙庄村	仙庄、岭坤
	上济村	上济	下济村	下济
	中济村	中济、墈下、东岸、上井	黄源底村	黄源底、东丝湾、半岭、田坑
	陈边村	陈边、半源、上赖	湖头村	湖头、仓湾、湖头垳
	龙济村	龙济	良官田村	良官田
	崔上村	崔上		
张村乡	张村村	张村、道堂基、张公天、大岩坑	田头村	田头、燕头、岙后
	澄湖村	澄湖	山丘村	山丘、池背
	上吴坑村	上吴坑	第五坑村	第五坑、山下坑

续表 1-3-27

乡镇名	行政村	所属自然村	行政村	所属自然村
张村乡	吴坑村	吴坑、吴坑岚、张伯岱、银掌岗、黄垓洋	南阳村	南阳、坑头、犁担岗、树脑坑、上堂
	西管岚村	西管岚	后溪村	后溪
	金丝岱村	金丝岱	松柏湾村	松柏湾、金山头
	蔡川村	蔡川	高洋村	高洋
	库山村	库山	岙头村	岙头、张伯坑
	东川村	东村	丰滩洋村	丰滩洋、坑底、久洋、丰滩
	联合村	上闲砻、胡答、麻竹坪、岭尾、坑头湾、独田		
五大堡乡	五大堡村	五大堡、平坛	坛弄村	坛弄、西山
	北坑村	北坑	樟下	樟下
	岩下村	岩下	高大村	高大
	濛淤村	濛淤、野猪窝、桥头汇、新桥	大洪村	大洪、榅岙
	黄石村	石记岙、黄坪、黄坑湾	西川村	西坑头、塘头、西排、新闲洋
	后广村	后广	西洋村	西洋
	东坑村	东坑、处下洋	东岱村	东岱
	下塅村	下塅、鱼口、外洋	八洋村	八洋、洋心、岩下
	盖竹村	东边、西边、普化寺、洋头、溪淤	天平马村	天平马、葱岭
	梧桐洋村	梧桐洋	南源村	南坑
	北择村	北择	甘山村	甘竹山
	杨楼村	杨楼、英坑	阴头村	阴头、山坪、黄泥隆
	半溪村	半溪	东山后村	东山后
	后塃村	后塃、溪尾、高坪、达溪、田后壁	西坑村	西坑、杨梅隆、西坑源、长湾尾、西坑湾、坑隆岗
贤良镇	贤良村	贤良	新村村	新村
	黄淤村	淤上、石头坑、黄坛	青林村	青草、龙井头
	富林村	染庶坑	湖池村	湖池
	库源村	库坑、骑马岗、沿坑、半山源	石川村	石板仓、外洋、新庄、西洋、后龙湾
	溪沿村	溪沿、梨寮、大寮、冷水凹、水短湾、车坑、湾头寮		

续表 1-3-27

乡镇名	行政村	所属自然村	行政村	所属自然村
合湖乡	合湖村	合湖	兰泥村	兰泥
	三堆村	三堆、横坑、外洋	黄土洋村	黄土洋、第八坑
	西排村	西排、铁车	黄水村	黄水、铁店
	黄水岙村	黄水岙	坑底村	坑底
	久住洋村	久住洋、白水漈		
百山祖乡	车根村	车根、半坑	桥陌村	桥陌、漈下
	桐梓村	桐梓、桐梓下村	黄皮村	黄皮、企坑、冲坑
	斋郎村	斋郎、后坑头	龙岩村	龙岩、石蓮、三井溪
	枫坪村	枫树坪	栗洋村	栗洋
荷地镇	荷地村	荷地	底墅村	底墅、底墅岙
	高住村	高住、朱岭坑	马家地村	马家地
	漈面村	漈面、漈角	塘尾村	塘尾
	洋边村	洋边	青社村	青社
	黄沙村	黄沙	高际村	高际
	半路村	半路	大岩村	大岩、村尾
	杨朗坑村	杨朗坑、上东溪、下东溪	杨桥村	杨桥
	黄洋村	黄洋、车坑	桃坑村	桃坑、栗树洋
	松坑村	山坑	岩坑村	岩坑
	苏湖村	苏湖	杨冯源村	杨冯源
	坪头村	坪头	东山村	东山后
	茶垄村	茶坪、垄聪	石磨下村	石磨下、桥头
	大横岭村	大横岭	胡闲洋村	胡闲洋
岭头乡	岭头村	岭头、黄垳	后仓坑村	后仓坑
	山翠湾村	山翠湾	岗后洋村	岗后洋
	陈鉴坑村	陈鉴坑、桃洋	小漈头村	小漈头、陈坑寮
	下庄村	下庄	大漈头村	大漈头
	包果村	包果	黄榅坑村	黄榅坑
	举洋村	举洋	杨家庄村	杨家庄、东庄寮、鱼树坑
	芳村村	芳村	包谢村	闲大窑、浅洋、浅垟、坑沿店、婆洋

续表 1–3–27

乡镇名	行政村	所属自然村	行政村	所属自然村
岭头乡	八炉村	八炉、苦栗脑、郎坑、坑堀寮、第四坑、张公天	白岩下村	白岩下、横岭、清楼、赤壁山、鱼条漈
	大池洋村	大池洋	大园村	大园、瓦窑坪
	莲花村	莲花	后村村	后村
	徐洋村	徐洋	村尾村	村尾、溪旁、新闲、闲后排
	东溪村	洋头	钵下村	钵窑、下寮
	塘堀村	塘堀	葱甩村	葱甩
	龙洋村	后溪洋、后中洋	富楼源村	富楼源
举水乡	月山村	举水、漈根	照田村	照田、半溪洋
	杉源村	杉源	地虎坑村	地虎坑、大坪
	大丘村	大丘	国坪村	国坪
	黄山村	黄坑尾、富石山	荐坑村	荐坑
	择树坑村	择树坑	后坑村	后坑
	龙井面村	龙井面	蔡地村	蔡地
	门林村	门林	落岭村	落岭
	丰岭村	丰岭	庄徐村	梅处、曲窑、沙丘、石桥头
龙溪乡	西溪村	西溪	后洋坑村	后洋坑
	铁岙村	铁岙	荡口村	荡口
	兰头村	兰头	冯家山村	冯家山
	岙里村	岙里、下湾	鱼川村	鱼川
	转水村	转水	陈家岭村	陈家岭
	交溪村	交溪	大毛坪村	大毛坪、李家坑
左溪镇	左溪村	左溪、石壁、口坑	石柱村	石柱、桥头、新桥头
	湖边村	湖边、湖边岭尾	高嵩坑村	高嵩坑
	枧头村	枧头	鱼銑村	銑先
	黄岗村	黄岗、落岭岗	岱上村	岱上、茶园湾
	田坑村	田坑、湖边洋、坊铺洋、上猪浆	青竹村	青竹
	岱根村	岱根、林里	半岭村	半岭、双面
	岚头村	岚头	溪头角村	溪头角、印坑

续表 1-3-27

乡镇名	行政村	所属自然村	行政村	所属自然村
左溪镇	田寮村	田寮	方村村	方村
	梅树村	梅树、山头栏、梅树岭头、山头	印浆村	印浆、大溪沿、双港淤
	竹坪村	竹坪	留香村	留香、山洪
	大柘村	白柘	石塘村	石塘
	发竹村	发竹	山后村	山后
	木桥头村	木桥头		
官塘乡	官塘村	官塘、上塘洋	若沃村	若沃
	横坑村	横坑	荷洋村	上洋、下洋
	山头村	山头	中央闲村	中央闲、黄坛、洋头
	白柘洋村	白柘洋、温潭口、后柘头、白柘坑	漈下村	漈下、梅坑、黄山头、庙岙
	坑下村	坑下		
江根乡	江根村	江根、山林岘	箬坑村	箬坑
	青田村	青田	坝头	坝头、沙衣湖
	水寨村	水寨	洋头村	洋头
	上店村	上店、道坪窟	杉坑村	杉坑、新闲
	后洋村	后洋、第三洋		

八、社区管理阶段(2004 至 2014 年)

2002 年 8 月,成立濛洲、石龙、咏归、玉田、新建社区居民委员会,松源镇居民委员会管理模式变更为社区管理模式,并以城区道路、溪为界大致划分社区管辖区块。

石龙社区以松源街、济川路为界,城区西面至咏归桥、石龙山,南至过境公路,北至松源溪。社区办公地址位于松源镇下宅巷 6 号。

咏归社区从咏归桥、石龙山至阁门岭大桥,南至过境公路,北至松源溪,设社区办公地址位于松源镇陵园路 8 号。

濛洲社区以松源街、济川路为界,城区东面至横城南北路,南至过境公路,北至松源溪,社区办公地址位于松源镇东门新村东四弄 9 号。

玉田社区从横城南北路至洋心桥,南至过境公路,北至松源溪。社区办公地址位于松源镇横城北路 4 号。

新建社区以松源溪为界,城区北面,东至周墩村洋心桥,西至阁门岭大桥。社区办公地址位于松源镇新建路 73 号。

2003年，由于人口自然搬迁和集聚，在交通、生活便利的地方自然形成村落，同时也有的自然村现已无人居住，为有利于管理，由各乡镇、村要求，经县民政局同意，取消了85个自然村村名，增加51个自然村村名，庆元县实际有自然村由原来的758个减少为724个。

2003年将屏都镇管辖的五一、五二、五三、五四村划归给松源镇管辖。2003年12月11日，庆元县部分行政区划调整：将屏都镇五一、五二、五三、五四4个村划归松源镇管辖。调整后，松源镇辖41个行政村、5个社区，镇政府驻地不变（后田街1号）；屏都镇辖16个行政村，镇政府驻地不变（菊水村）。

2004年、2005年行政区域没有大变动。

2006年将安南乡乡政府住地，由原来的东村村移至安溪村。2006年1月10日，浙江省人民政府批复，安南乡政府驻地由东村村迁至安溪村。

2007—2009年行政区域没有大变动。

2010年8月5日，全县共有7个镇、13个乡、8个社区、345个行政村、724个自然村。

2011年庆元县加快城市化建设，撤松源镇、屏都镇、四山乡，改设濛洲街道、松源街道、屏都街道。随着城市化建设的推进，庆元东部居民大量移居庆元县城。各街道在原居委会的基础上设立社区。濛洲街道设濛洲、玉田、同济、洋墩4个社区；松源街道设石龙、咏归、新建、同德4个社区。全县共3个街道、5个镇、12个乡；8个社区，345个行政村；724个自然村；62个居民小组、1718个村民小组。

2011年庆元县街道、乡镇情况表

表1-3-28

街道名称	镇名称	乡名称
濛洲街道 松源街道 屏都街道	竹口镇、黄田镇、 荷地镇、贤良镇、 左溪镇	淤上乡、隆宫乡、安南乡、岭头乡、 举水乡、龙溪乡、五大堡乡、张村乡、 合湖乡、百山祖乡、江根乡、官塘乡

2011年庆元县行政村群众自治组织情况表

表1-3-29　　单位：个

街道乡镇	社区数	居民小组数	村民委员会数	村民小组数	街道乡镇	村民委员会数	村民小组数
濛洲街道	4	27	25	109	五大堡乡	28	112
松源街道	4	35	28	134	岭头乡	28	90
屏都街道			12	71	百山祖乡	8	38
竹口镇			16	107	淤上乡	12	77
荷地镇			26	139	张村乡	19	68

续表 1-3-29

街道乡镇	社区数	居民小组数	村民委员会数	村民小组数	街道乡镇	村民委员会数	村民小组数
黄田镇			27	175	江根乡	9	77
左溪镇			26	114	官塘乡	9	35
贤良镇			9	62	龙溪乡	12	53
安南乡			14	73	举水乡	16	63
隆宫乡			12	65	合湖乡	9	54

2013 年 3 月 28 日,《浙江省人民政府关于庆元县部分行政区划调整的批复》(浙政函〔2013〕61 号)同意撤销合湖乡、百山祖乡建制,合并设立百山祖镇。调整后,全县辖 3 个街道、6 个镇、10 个乡。

2014 年,随着城市化进程,东部大部分村民进城,行政村没变化,自然村 669 个,较 2011 年减少 55 个。

2014 年行政村、自然村情况表

表 1-3-30

乡(镇)	行政村	自然村	行政村	自然村
松源街道(辖 28 个行政村、45 个自然村)	城北村	城北、学后	北门村	北门、石龙下
	西门村	西门、鹭鸶岙、竹坑、风炉岙	南门村	南门
	东门村	东门	底村村	底村、东北坑
	牛路洋村	牛路洋、上源	岙后村	岙后、祝家洋、五大
	会溪村	会溪、坑头	上庄村	上庄、蕉坑、上田、漈上、月边
	坑西村	坑西	菜业村	菜业
	五一村	五一	五二村	五二
	五三村	五三	五四村	漈下湾、黄田、上淤
	朱村村	朱村	薰山下村	薰山下
	薰坑村	薰坑	坪洋村	坪洋、岩头洋
	高漈村	高漈	砻头村	砻头
	斜山村	斜山	楼下村	楼下
	班岱后村	班岱后	三溪村	三溪
	九漈村	九漈	深乌村	深乌
濛洲街道	上叶村	上叶	姚家村	姚家
	大坂洋村	大坂洋、洋墩	吴宅村	吴宅
	后碓村	后碓	大坑村	大坑、岙下、黄田亭
	洋心村	洋心、庙下、城东	大济村	大济

续表 1-3-30

乡(镇)	行政村	自然村	行政村	自然村
濛洲街道(辖25个行政村、38个自然村)	道岗村	道岗、道岗新村	半湾村	半湾、半湾新村
	下滩村	下滩、下滩庙、十二丘	周墩村	周墩、平岗、省里
	西演村	西演	田墩村	田墩
	应岭尾村	应岭尾	喜鹊村	大毛湾、犁壁山
	黄象村	黄象、白象	街尾村	街尾
	下庄亭村	下庄亭	半岱村	半岱
	乌石岭村	乌石岭	下坞村	下坞
	星源村	源头	范源村	范源
	林后村	林后		
屏都街道(辖12个行政村、37个自然村)	八一村	八一、下吾	八二村	八二
	八三村	八三	余村村	余村、白砍洋
	菊水村	菊水、建山、回龙、钟石淤、后口、竹林坪、黄坑、犬山头	官山头村	官山头、大垟桥、张源坑、紫坪坧
	洋背村	洋背、岱根、赤坑	蔡段村	蔡段、草古地
	坑里村	坑里	坪坑村	半岭、奶圳、大布坪、坑新村
	白岭头村	白岭头、官山、仓坑、下斜、里寮	菖蒲洋村	菖蒲洋、龙缺角、落花洋、炉坪、大毛堀
竹口镇(辖16个行政村、62个自然村)	竹上村	竹上、枫堂、瓦窑山	竹中村	竹中、黄沙坑、洋源
	竹下村	竹下、猫岗、葫芦潭背	岩后村	岩后、山石、傍庄、岙门、炼泥碓、黄井洋、石洋步
	崔家田村	崔家田、黄潭、金碓	大泽村	大泽、岭坤、阙家、凉亭
	陈龙溪村	陈龙溪、田边、陈龙溪口、茶梨山、丁油厂	上坑村	上坑、岱根
	龙口村	龙口	蔡双村	双港潭、双坑、田丁寮、山头岭尾、大淤桥头、板卜底
	后楼村	后楼	良秋村	良秋、大连坪
	上垟村	坛门、白沙、和平、大窑垟、垟淤、横坑、白象、帮阳、大处、洋湖、大饭会、和洋、鲤门坑、金垟	平岭岗村	平岭岗、山头坪
	新窑村	新窑、山后坑	黄坛村	黄坛、潘同坞、鱼塘湾、白岩下
	东西村	东边、西边、竹榛、外柏渡口	高山村	高垟、清水湾、五龙
	桐山村	桐山	葛田村	葛田

续表 1-3-30

乡（镇）	行政村	自然村	行政村	自然村
黄田镇（辖27个行政村、75个自然村）	曹岭村	曹岭、南源	美丘村	美源、半山丘、山头、美丘新村
	古岭坑村	古岭坑、新坛、锄头岗	上大坑村	柏渡口岗
	黄坞村	黄坞、新闲、枫树桥	姚村村	姚村、庄头梅、金村
	朱黄村	朱坞、狮子坑、根竹山、黄畲寨、黄畲、印丘、麻岭后、英坞、茶园、上门头	双沈村	上沈、柏渡沿、处周寮、帮境、上堂、下沈、象鼻沟
	双坞村	下坞、双井、双坑、岩下	李村村	李村、旱境、严源殿
	洋垄村	山头垄、下洋、内柏渡口	双溪村	三溪、缸钵厂、外村
	台湖村	台湖、中岗	仙庄村	仙庄、岭坤
	上济村	上济	下济村	下济
	中济村	中济、墈下、东岸、上井	黄源底村	黄源底
	陈边村	陈边、半源、上赖	湖头村	湖头、仓湾、湖头境
	龙济村	龙济	良官田村	良官田
	崔上村	崔上		
左溪镇（辖26个行政村、40个自然村）	左溪村	左溪	石柱村	石柱、桥头、新桥头
	湖边村	湖边、湖边岭尾	高嵩坑村	高嵩坑
	枧头村	枧头	鱼𫚉村	鱼𫚉
	黄岗村	黄岗、落岭岗	岱上村	岱上、茶园湾
	田坑村	田坑、湖边洋、坊铺洋、上猪浆	青竹村	青竹
	岱根村	岱根、林里	半岭村	半岭、双面
	岚头村	岚头	溪头角村	溪头角、印坑
	田寮村	田寮	方村村	方村
	梅树村	梅树、山头栏、梅树岭头、山头	印浆村	印浆
	竹坪村	竹坪	留香村	留香
	白柘村	白柘	石塘村	石塘
	发竹村	发竹	山后村	山后
	木桥头村	木桥头	半坑村	半坑
贤良镇（辖9个行政村、24个自然村）	贤良村	贤良	新村村	新村
	黄淤村	淤上、石头坑、黄坛	青林村	青草、龙井头
	富林村	染庶坑	湖池村	湖池

续表 1-3-30

乡（镇）	行政村	自然村	行政村	自然村
贤良镇（辖9个行政村、24个自然村）	库源村	库坑、骑马岗、半山源	石川村	石板仓、外洋、新庄、西洋、后龙湾
	溪沿村	溪沿、梨寮、大寮、水短湾、车坑、水短湾头、冷水凹		
荷地镇（辖26个行政村、34个自然村）	荷地村	荷地	底墅村	底墅、底墅岙
	高住村	高住、朱岭坑	马家地村	马家地
	漈面村	漈面、漈角	塘尾村	塘尾
	洋边村	洋边	青社村	青社
	黄沙村	黄沙	高际村	高际
	半路村	半路	大岩村	大岩、村尾
	杨朗坑村	杨朗坑	杨桥村	杨桥
	黄洋村	黄洋、车坑	桃坑村	桃坑、栗树洋
	松坑村	山坑	岩坑村	岩坑
	苏湖村	苏湖	杨冯源村	杨冯源
	坪头村	坪头	东山村	东山
	茶垄村	茶坪、垄聪	石磨下村	石磨下、桥头
	大横岭村	大横岭	胡闲洋村	胡闲洋
百山祖镇（辖17个行政村、30个自然村）	合湖村	合湖	兰泥村	兰泥
	三堆村	三堆、横坑、外洋	黄土洋村	黄土洋、第八坑
	西排村	西排、铁车	黄水村	黄水、铁店
	黄水岙村	黄水岙	坑底村	坑底
	久住洋村	久住洋、白水漈	桥陌村	桥陌、漈下
	车坑村	车根、半坑	黄皮村	黄皮、企坑
	桐梓村	桐梓、桐梓下村	龙岩村	龙岩、石薤、三井溪
	斋郎村	斋郎、后坑头	栗洋村	栗洋
	枫坪村	枫树坪		
岭头乡	岭头村	岭头、黄埯	后仓坑村	后仓坑
	山翠湾村	山翠湾	岗后洋村	岗后洋
	陈鉴坑村	陈鉴坑、桃洋	小漈头村	小漈头
	下庄村	下庄	大漈头村	大漈头
	包果村	包果	黄槠坑村	黄槠坑

续表 1-3-30

乡(镇)	行政村	自然村	行政村	自然村
岭头乡(辖28个行政村、45个自然村)	举洋村	举洋	杨家庄村	杨家庄、东庄寮、鱼树坑
	芳村村	芳村	包谢村	浅洋、婆洋、浅垮
	八炉村	八炉、苦栗脑、郎坑、坑堀寮、第四坑	白岩下村	白岩下、横岭、赤壁山、鱼条漈
	大池洋村	大池洋	大园村	大园、瓦窑坪
	莲花村	莲花	后村村	后村
	徐洋村	徐洋	村尾村	村尾、新闲
	龙洋村	后溪洋、后中洋	富楼源村	富楼源
	东溪村	洋头	钵下村	钵窑、下寮
	塘堀村	塘堀	葱甩村	葱甩
举水乡(辖16个行政村、24个自然村)	月山村	举水、漈根	照田村	照田、半溪洋、上楼
	杉源村	杉源	地虎坑村	地虎坑、大坪
	大丘村	大丘	国坪村	国坪
	黄山村	黄坑尾、富石山	荐坑村	荐坑
	择树坑村	择树坑	后坑村	后坑
	龙井面村	龙井面	蔡地村	蔡地
	门林村	门林	落岭村	落岭
	丰岭村	丰岭	庄徐村	梅处、沙丘、曲窑、石桥头
龙溪乡(辖12个行政村、14个自然村)	西溪村	西溪	后洋坑村	后洋坑
	铁岙村	铁岙	荡口村	荡口
	兰头村	兰头	冯家山村	冯家山
	岙里村	岙里、下湾	鱼川村	鱼川
	转水村	转水	陈家岭村	陈家岭
	交溪村	交溪	大毛坪村	大毛坪、李家坑
官塘乡(辖9个行政村、17个自然村)	官塘村	官塘、上塘洋	若沃村	若沃
	横坑村	横坑	荷洋村	上洋、下洋
	山头村	山头	中央闲村	中央闲、黄坛、洋头
	白柘洋村	白柘洋、白柘坑	漈下村	漈下、梅坑、黄山头、庙岙
	坑下村	坑下		

续表 1-3-30

乡（镇）	行政村	自然村	行政村	自然村
江根乡（辖9个行政村、14个自然村）	江根村	江根、山林岘	箬坑村	箬坑
	青田村	青田	坝头村	坝头、沙衣湖
	水寨村	水寨	洋头村	洋头
	上店村	上店、道坪窟	杉坑村	杉坑、新闲
	后洋村	后洋、第三洋		
淤上乡（辖12个行政村、36个自然村）	淤上村	淤上、车下、甘公坑、店后山	山根村	山根、黄泥弄、岭岙、黄泥弄新村
	坑口村	坑口、徐墩	外童村	外童、金坑、内童、坑边、山根寺
	涂坑村	涂坑、涂坑新村	局下村	局下、苍岱
	吾田头村	吾田头	高山湾村	高山湾、思麻
	石坝村	石坝、良鲤塘、老鼠山、洋心	蒲潭村	蒲潭、樟坑、山头、里地口、蒲潭安置小区
	塘根村	塘根、新村	长砻村	长垄、横溪、翁山
隆宫乡（12个行政村、23个自然村）	隆宫村	隆宫、三门亭	桃园村	桃园
	林源村	小林源、根竹山、大路后、旱垄	中村村	中村
	源尾村	源尾	里地村	里地
	莲湖村	莲湖、岩头弄、庙边	黄坑村	黄坑
	张地村	张地	小关村	下村、上村
	源头村	源头、庙后、山丘、田寮	生水塘村	生水塘、后岙
安南乡（14个行政村、43个自然村）	安隆村	小安、粗隆、坪鸟、小源、半岭、交溪	黄竹村	黄山头、洋坪、吾源
	甘竹山村	甘竹山	畲头村	畲头、流溪洋
	山头洋村	山头洋、埠头、五里根、后洋、坑节	上余村	上村、余地、洋头
	东村村	东村、底闲、福洋	方塘村	方塘、横坑、下源、茶园洋
	吾漈下村	吾漈下、百花岩、岱根、吾地坑	权山村	权山、后楼、罗岙、罗隆、麻园、凤阳
	安溪村	安溪、安溪地质灾害安置小区	陈村村	陈村
	南坑村	南坑、班岱内	坑井村	坑井
张村乡（辖19个行政村、39个自然村）	张村村	张村、道堂道、张公天、大岩坑	田头村	田头、岙后
	澄湖村	澄湖	山丘村	山丘、池背
	上吴坑村	上吴坑	第五坑村	第五坑、山下坑
	吴坑村	吴坑、黄垓洋	南阳村	南阳、坑头、犁担岗、树脑坑、上堂
	西管岚村	西管岚	后溪村	后溪

续表 1-3-30

乡（镇）	行政村	自然村	行政村	自然村
张村乡（辖19个行政村、39个自然村）	金丝岱村	金丝岱	松柏湾村	松柏湾、金山头
	蔡川村	蔡川	高洋村	高洋
	库山村	库山	岙头村	岙头
	东川村	东村	丰滩洋村	丰滩洋、丰滩
	联合村	上闲砻、胡笞、麻竹坪、岭尾、坑头湾、独田、联合		
五大堡乡（辖28个行政村，57自然村）	五大堡村	五大堡、平坛	坛衕村	坛衕
	北坑村	北坑	樟下村	樟下
	岩下村	岩下	高大村	高大
	濛淤村	濛淤、野猪窝、桥头汇、新桥	大洪村	大洪、榅岙
	黄石村	石记岙、黄坪、黄坑湾	西川村	西坑头、塘头、西排、新闲洋
	后广村	后广	西洋村	西洋
	东坑村	东坑、处下洋	东岱村	东岱
	下垟村	下垟、鱼口、外洋	八洋村	八洋、洋心
	盖竹村	东边、西边、普化寺、洋头、溪淤	天平马村	天平马、葱岭
	梧桐洋村	梧桐洋	南源村	南坑
	北择村	北择	甘山村	甘竹山
	杨楼村	杨楼、英坑	阴头村	阴头、山坪、黄泥隆
	半溪村	半溪	东山后村	东山后
	后塝村	后塝、达溪、高坪	西坑村	西坑、杨梅隆、西坑源、长湾尾、西坑湾、坑隆岗

第二编

行政区划和居民点

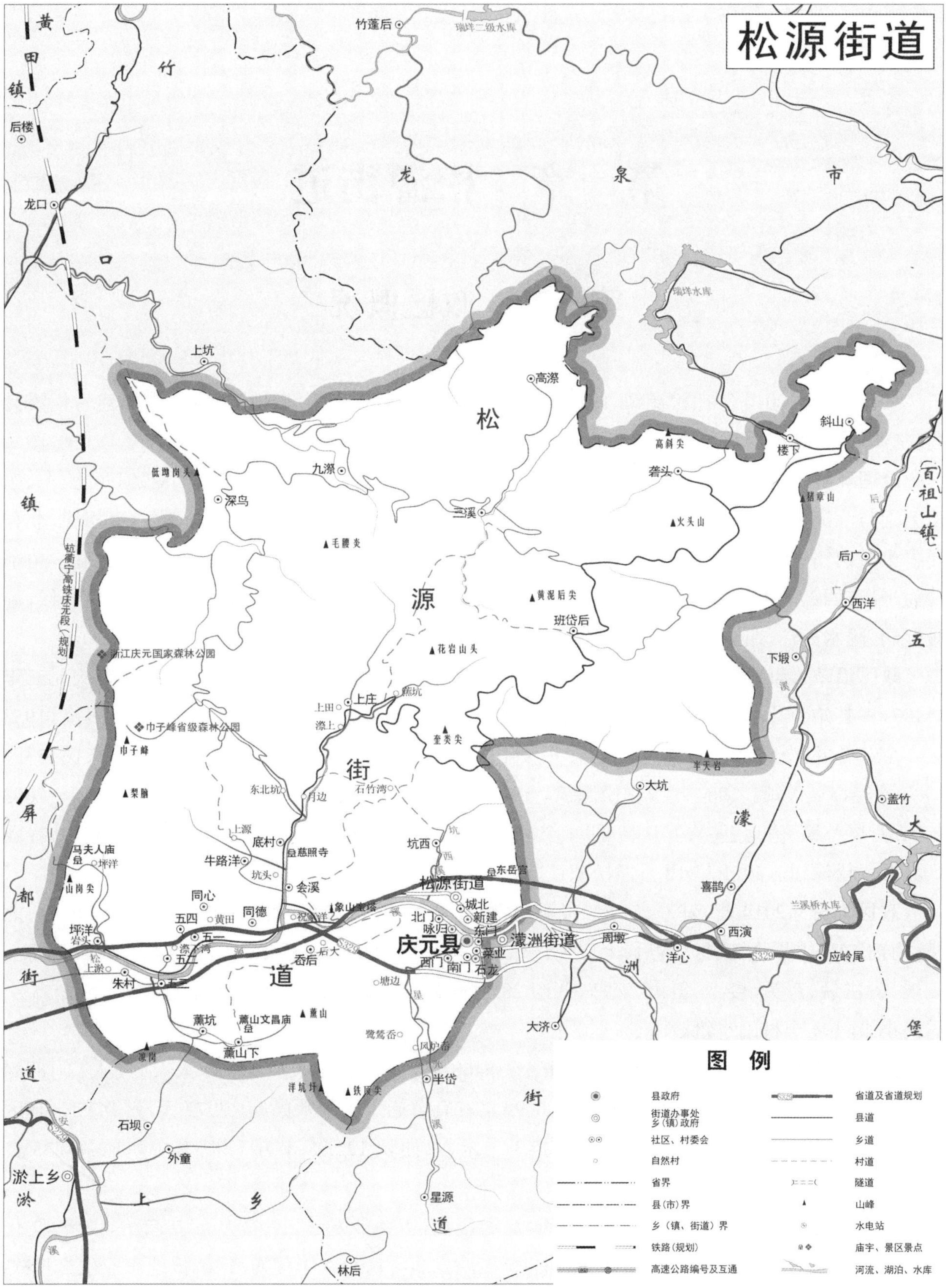

浙江省测绘与地理信息局　地图审核号：浙 S[2015]81 号　2014 年

第一章　松源街道

第一节　政区概况

名称来历　2010年撤松源镇、四山乡建制后析置，地名沿之。以地处松溪（在福建省松溪县境）之源，沿溪两岸松林茂密，素称“百里松荫”而得名。

地理环境　位于北纬27°35′—27°44′，东经118°59′—119°08′。地处庆元县中部偏西北，东、东南分别与濛洲街道、五大堡乡相邻，南与淤上乡接壤，西、西北分别与屏都街道、竹口镇相连，北与龙泉市屏南镇毗连。为县政府驻地，办事处驻新建社区新建路126号。境内地势南北两侧高，中部较为平坦，西部的巾子峰，海拔1563.2米，为境内最高点，松源溪贯穿全境。属亚热带季风气候，温暖湿润、降水充沛、四季分明、无霜期长，年平均气温17.2℃。

政区沿革　唐武德七年（624）属处州东平乡。五代十国时称松源乡，属龙泉县。南宋庆元三年（1197）置县始为县治。民国时改称城厢镇。1949年改称城关镇。1950年分设为城内、后田镇。1953年2个镇合并称松源镇。1958年庆元县并入龙泉县后改称松源、玉田管理区，隶属庆元人民公社。1980年复称城关镇。1984年改称松源镇。1992年5月大济乡、和山乡、星光乡并入松源镇。2003年12月屏都镇五一、五二、五三、五四4个村并入松源镇。2010年12月撤销屏都镇建制，其行政区域并入松源镇。2011年12月撤松源镇、四山乡建制，分设松源、濛洲、屏都3个街道。

政区划分　2014年，辖石龙、咏归、新建、同德4个社区，城北、西门、牛路洋、会溪、坑西、北门、南门、东门、菜业、底村、岙后、上庄、五一、五二、五三、五四、朱村、薰山下、薰坑、坪洋、高漈、三溪、班岱后、砻头、楼下、斜山、深鸟、九漈28个村民委员会，共32个群众自治组织；下设35个居民小组、134个村民小组。

人口与面积　2014年，辖区有16246户35468人，其中农业人口16484人，居民人口18984人。总人口中，以汉族为主，达35396人，占99.8%；有畲族1个少数民族，共72人，占0.2%。辖区东西最大距离13.9千米，南北最大距离17.1千米，总面积122.98平方千米，其中耕地700.33公顷，林地12726.93公顷。

经济状况　域内有较为优越基础设施，交通便利，工商业发达。历为庆元县政治、经济、文化中心。20世纪90年代前，基本以单一农业生产为主。20世纪90年代初，打破传统农业生产模式，逐步调整产业结构，以“菌、竹、果、烟、菜、茶”等为重点的效益农业快速发展，出产稻米、木材、毛竹、香菇、水果、茶叶、锥果、油桐和柑橘等。拥有全国最大的香菇专业批发市场，是浙闽边界经济贸易的集散地。工业以竹木加工、食品加工、汽摩修配、制笔行业和彩印包装等为主，企业主要集中在五都、会溪、北门3个工业园，产品有筷子、砧板、竹炭、食用菌、彩印、制药、刀剑、五金等。2000年后，打造了五都菜园、会溪餐饮“二张名片”；培育了底村蜗牛养殖和铁皮石斛种植、鹭鸶凹养猪场、五都松平蔬菜、底村超级稻等“示范基地”；依托城关镇区位优势，商贸旅游、休闲餐饮、文化娱乐等新经济增长点兴起，“月池山庄”等具有近郊特色休闲山庄遍地开花，带动旅宿、餐饮等第三产业蓬勃发展。2004年以来，基本形成以农业为基础，工业为主导，第三产业为新经济增长点的经济格局。2014年，有工业企业271家，规模以上工业企业15家，实现工业总产值24.5亿元，比上年增长9.38%；农村经济总收入4.38亿元，增长12.02%；财政总收入2183万元，增长9.97%；农村居民人均纯收入11510元，增长12.99%。

社会发展　2014年，有文化艺术团体59个，文化馆(站)2个，村文化活动中心12个，公共图书馆(室)2个，村图书室4个；幼儿园10所，小学5所，九年义务教育覆盖率达100%；各级各类医疗卫生机构14个。村村通公路、通广播、有线电视、电话、手机网络、自来水。农村安全饮用水普及率100%，农村卫生厕所普及率99.1%。参加新型农村医疗保险20810人，城乡居民社会养老保险12030人。菊寿(S329)省道过境。通2、5、6路公交车。

名胜旅游　境内山清水秀，风光绮丽，有巾子祥云、霞帔丽日、双潭石印、云鹤松荫、石龙烟净等“濛洲八景”的大部分景点，辟有浙江庆元国家森林公园。有全国重点文物保护单位处州廊桥组成部分的咏归桥和袅桥2座；香菇博物馆、廊桥博物馆省级爱国主义教育基地2个。建有濛洲公园、生态公园城市公园2处。

第二节　社区及居民点

【石龙社区】 shílóng Shèqū　松源街道辖区。以辖区内主要道路命名在县城区中部。东至松源街、济川路，南抵菊寿(S329)省道，西倚石龙山麓、咏归桥，北临松源溪。4076户，9678人。2001年5月在原第二居民委员会和第三居民委员会基础上成立了第三居民委员会和第四居民委员会，2002年8月，由第三、第四居民委员会成立石龙社区。办公楼设下宅巷6号，占地面积220平方米，建筑面积450平方米。

【咏归社区】 Yǒngguī Shèqū　松源街道社区。以辖区内北侧咏归桥得名。在县城区西部，东至咏归桥、球山，南抵菊寿(S329)省道，西临阁门岭大桥，北傍松源溪。3473户，5048人。2002年8月，由原第二居民委员会组成设立咏归社区。办公楼设陵园路8号，占地面积96平方米，建筑面积288平方米。

江滨花苑　Jiāngbīnhuā Yuàn　位于松源街道江滨路南侧。东邻北门综合大楼，南、西至民房，北临江滨路。因小区坐落于江滨路旁，故名“江滨花苑”。始建于2005年4月，2005年7月命名，2006年2月建成。占地面积3387平方米，建筑面积8717平方米。属多层建筑，共3幢90套。

龙山苑 Lóngshān Yuàn 位于松源街道小区坐落菇源路西端。东邻翔龙佳苑，南至拱瑞堂，西、北临北门工业园。因小区坐落于石龙山麓，故名“龙山苑”。始建于 2007 年 4 月，2008 年 4 月建成，2009 年 3 月命名。占地面积 3019 平方米。建筑面积 9218 平方米，属多层建筑，共 1 幢 104 户。

翔龙佳苑 Xiánglóngjiā Yuàn 位于松源街道工业路西侧。东临工业路，南靠石龙山，西至拱瑞堂，北邻县疾病预防检测中心。因小区主要功能为人才公寓，故以寓意命名为“翔龙佳苑”。始建于 2011 年 7 月，2012 年 12 月命名，2014 年 7 月建成。占地面积 15610 平方米，建筑面积 16401 平方米，属多层建筑，共 6 幢，270 户。

瑞丰房产 Ruìfēng Fángchǎn 位于松源街道北门村辖区内，分 4 块土地开发建设。因房产由“瑞丰房地产开发有限公司”开发，故名。始建于 2007 年，2008 年 12 月命名，2009 年建成。占地面积 2695.44 平方米，属多层建筑，共 4 幢 130 户。

【新建社区】 Xīnjiàn Shèqū 松源街道辖社区。以辖区内主要道路得名。在县城区北部，东至濛洲桥，南临松源溪，西抵阁门岭大桥，北靠山。3333 户，7538 人。2002 年 8 月，由原第一居民委员会组成设立新建社区。办公楼设新建路 73 号一楼。

聚丰佳景园 Jùfēngjiājǐng Yuán 位于松源街道新建路与西源路交叉口东北侧。东、北两面靠山，南临新建路，西至西源路。小区以开发企业名称及依山远眺的自然景观相融合而得名。始建于 2010 年 8 月，2010 年 9 月命名。占地面积 4200 平方米，属多层建筑及排屋，共 8 幢，134 户。

金水湾 Jīnshuǐwān 位于松源街道新建路南侧，松源溪北岸。东起濛洲桥，南临松源溪，西至老林业局，北邻新建路。小区以依山傍水而得名。2010 年 12 月命名，2011 年 10 月开工建设。占地面积 2970 平方米，属高层欧式风格建筑，共 6 幢 258 套。

【同德社区】 Tóngdé Shèqū 松源街道辖社区。以驻地同德新村得名。在县城区西部。东、北两面邻山，南临五都工业园，西连五四村黄田。1286 户，4500 人。2010 年 8 月 5 日成立。

同德新村 Tóngdé Xīncūn 位于松源街道办事处西 4.0 千米，在五都工业园北侧。2006 年，因庆元县东部乡镇遭受“桑美”台风侵袭，为安置灾民和地质灾害点避险而建立安置小区，2007 年，通过向社会征集，命名“同德新村”，寓意全社会同心同德，同舟共济，克服困难，重建家园，战胜自然灾害。小区分二期建设，一期安置“桑美”台风灾民 532 户，二期安置地质避险搬迁户 597 户及菊寿(S329)省道拆迁安置 64 户，惠及全县 20 个乡镇。小区占地面积 126600 平方米，建筑面积 169000 平方米，共建有排屋 504 套，套房 23 幢 782 套。

同心新村 Tóngxīn Xīncūn 位于松源街道办事处西 4.5 千米，在五都工业园北侧。小区以“同心同德，同舟共济”而得名，是浙江省最大的地质灾害避险搬迁和下山脱贫农民安置小区。小区始建于 2011 年 12 月，占地总面积 87495.22 平方米，总建筑面积 43134.52 平方米，总投资 13.95 亿元，可安置地质灾害和下山脱贫农民 3069 户、近 1.2 万人口。小区建筑风格为多层建筑，是功能齐全的生态小区，内设有幼儿园、农贸市场、露天广场、公厕、垃圾中转站及小区道路绿化等景观设施。

第三节　村及居民点

【东门村】 Dōngmén Cūn　以驻地得名。位于县城区中部。辖 1 个自然村。145 户，492 人。土地总面积 0.72 平方千米，耕地面积 255.75 亩，林地面积 267.30 亩。农林产品有稻米、蔬菜、梨等。明属桂香坊，清属东隅，民国属城厢镇第 1 保，1949 年称东门农民协会（行政村），1956 年隶属松源镇农业生产合作社，1958 年称松源管理区东门生产队，1961 年称东门大队，1984 年复称东门行政村，置村民委员会，属松源镇。1992 年撤区扩镇并乡，仍属松源镇。2011 年，撤销松源镇、四山乡建制，成立濛洲、松源、屏都 3 个街道，属松源街道。

东　门　Dōngmén　位于旧城东面得名。古有城门称“丰山门”，今废。昔较僻静，自庆元大桥架通后，已成为县城中心。2013 年，东门巷区块实施了旧城改造。

【南门村】 Nánmén Cūn　以驻地得名。位于县城区中部。东临松源街，南至菊寿（S329）省道，西邻西门村，北靠濛洲街。辖 1 个自然村。435 户，1224 人。土地总面积 1.29 平方千米，耕地面积 487.05 亩，林地面积 1031.70 亩。农林产品有稻米、茶叶、梨、桑等。1949 年称南门农民协会（行政村），1956 年隶属松源农业生产合作社，1958 年称松源管理区南门生产队，1961 年称南门大队，1984 年复称南门行政村，设村民委员会，属松源镇。1992 年撤区扩镇并乡，仍属松源镇。2011 年，撤销松源镇、四山乡建制，成立濛洲、松源、屏都 3 个街道，属松源街道。

南　门　Nánmén　位于旧城南面得名。古有城门称“济川门”，今废。有小道通星光、大济，为庆元县高级职业中学、濛洲高级中学、实验小学等驻地。村民多姓姚，系元代中叶（1260—1321）姚泰与其长子姚崧从姚村（今黄田镇）迁居上仓的后裔。

【西门村】 Xīmén Cūn　以驻地得名。位于县城区中部。东邻南门村，南接下庄亭村，西至薰山下村、岙后村，北连城北村。辖 4 个自然村，378 户，1200 人。土地总面积 4.35 平方千米，耕地面积 634.95 亩，林地面积 5285.40 亩。农林产品有稻米、蔬菜、梨等。1949 年称西门农民协会（行政村），1956 年隶属松源农业生产队，1961 年称西门大队，1984 年复称西门行政村，设村民委员会，属松源镇。1992 年撤区扩镇并乡，仍属松源镇。2011 年，撤销松源镇、四山乡建制，成立濛洲、松源、屏都 3 个街道，属松源街道。

西　门　Xīmén　村委会驻地。位于旧城西面得名。古有城门称“薰阜门”，今废。有公路通往星光。

竹　坑　Zhúkēng　地处竹坑溪西岸，因溪得名。明属兴贤坊，清代曾因居民迁入城内而废。1980 年后由西门村人复置。县中心幼儿园、老干部局、建筑工程质量监督站驻此。

鹭鸶岙　Lùsīào　因坐落一处鹭鸶形山岙中得名。位于松源街道办事处南 2.9 千米。聚落呈带状分布。15 户，47 人。建于民国初，属城厢镇第 5 保。

风炉岙　Fēnglúào　地片名，建村后沿之。位于松源街道办事处 3.1 千米。聚落呈团块状分布。4 户，18 人，据考始于民国初（约 1918 年前后），吴氏从百山祖镇龙岩村石蕹迁置。

【北门村】 Běimén Cūn 以驻地得名。位于县城区西部。东至县人民政府，南接西门村，西邻岙后村，北连城北村。辖1个自然村。414户，1090人。土地总面积1.07平方千米，耕地面积180.6亩，林地面积801.30亩。农林产品有稻米、蔬菜、茶叶、香菇等。明属弦歌坊，清属西隅，民国属城厢镇第4保，1949年称北门村农民协会（行政村），1956年隶属松源农业生产合作社，1958年称松源管理区北门生产队，1961年称北门大队，1984年复称北门行政村，设村民委员会，属松源镇。1992年撤区扩镇并乡，仍属松源镇。2011年，撤销松源镇、四山乡建制，成立濛洲、松源、屏都3个街道，属松源街道。

北　门 Běimén 村委会驻地。位于旧县城北部得名。聚落呈团块状。112户，292人。古有城门称"云龙门"，今废。竹坑溪（一称金溪）从村口入松源溪。1980年后，居民多向石龙下迁移。

石龙下 Shílóngxià 位于县城石龙下，故名。302户，798人。明属兴贤坊，清属西隅，宋、元、明间曾是庆元按察分司、布政分司驻地。后毁于火，遂废。现为北门主要居民点，1980年后复置。

【菜业村】 Càiyè Cūn 以驻地得名。位于县城区中部。东至祥云路，南靠菊寿（S329）省道，西到下宅巷，北至石龙街。辖1自然村。83户，248人。土地总面积0.11平方千米，耕地面积117.30亩，林地面积54.90亩。农林产品有蔬菜、食用菌等。原属东门大队，1975年析置蔬菜大队，1984年改称菜业行政村，设村民委员会，属松源镇。1992年撤区扩镇并乡，仍属松源镇。2011年，撤销松源镇、四山乡建制，成立濛洲、松源、屏都3个街道，属松源街道。

菜　业 Càiyè 因村民主要从事蔬菜种植，故名。原属东门，1973年恢复庆元县建制后，为解决城镇居民吃菜困难，1975年从东门大队抽出3个生产队专业生产蔬菜，村民居住地则称为菜业。

【城北村】 chéngběi Cūn 以驻地得名。位于县城区北部。东邻街尾村，南接北门村，西至会溪村，北连坑西村。辖1个自然村。230户，739人。土地总面积2.65平方千米，耕地面积519.30亩，林地面积2110.20亩。农产品有稻米、蔬菜等。明属兴贤坊，清属西隅，民国属城厢镇第5、第6保，1949年称城北农民协会（行政村），1956年隶属松源农业生产合作社，1958年称松源管理区城北生产队，1961年称城北大队，1984年复称城北行政村，设村民委员会，属松源镇。1992年撤区扩镇并乡，仍属松源镇。2011年，撤销松源镇、四山乡建制，成立濛洲、松源、屏都3个街道，属松源街道。

城　北 chéngběi 位于水门（太平门）和北门（云龙门）外，与城内隔溪相对，故名。70户，200人。明、清分竹坑、廊下、杭桥、潭头、石龙下5个自然村，清末竹坑与廊下废，杭桥与潭头并联，称城外，民国时廊下为第5保，城外为第6保。1953年廊下与城外并称城北。现居民多迁学后。

学　后 Xuéhòu 位于县城庆元大桥北首，是古代学宫（孔庙）所在地。明洪武十四年（1381）学宫移到城内，原住渎田的居民相继迁至原学宫后面，故读田废而学后兴，村名亦由此得。140户，448人。县交通局、人民医院、新建社区等驻此，辟有新建路、学后路、仓山路等。

【坑西村】 Kēngxī Cūn 以驻地得名。位于松源街道办事处西北0.8千米。东邻黄象村，南至城北村，西接会溪村、底村村，北连上庄村、班岱后村。辖1个自然村。325户，1138人。土地总面积9.19平方千米，耕地面积1408.05亩，林地面积11035.65亩。农林产品有稻米、木材、茶叶、柑橘、香菇、金针菇、黄粿等。1949年隶属上庄农民协会（行政村），1956年隶属上庄农业生产合作社，1958年隶属快乐生产队，1961年隶属快乐大队，1962年称勤俭大队，1982按驻地更称坑西大队。1984年改称坑西行政村，设村民委员会，属和山乡。1992年撤区扩镇并乡，改属松源镇。2011年，撤销松源镇、四山乡建制，成立濛洲、松源、屏都3个街道，属松源街道。

坑 西 Kēngxī 因坐落于桃洲溪西岸而得名。聚落呈带状分布。始于北宋，系南宋吏部侍郎胡纮故里。前期人口颇盛，后渐衰，至民国仅剩6户人家。今村民多姓陈、沈，系1971年从鸟住、横栏迁入，后竹洋、石竹湾、老鹞岩等村民继入。清光绪《庆元县志》卷二："坑西，四都。"

【岙后村】 Ào hòu Cūn 以原驻地得名。位于松源街道办事处西2.8千米。东邻北门村，南至岙后村，西接五都工业园，北连会溪村。辖3个自然村，143户，446人。土地总面积3.54平方千米，耕地面积570.60亩，林地面积3663.30亩。农林产品有稻米、草菇、香菇、毛竹、茶叶等。原属幸福大队，1984年析置。设村民委员会，属和山乡。1992年撤区扩镇并乡，和山乡并入松源镇，改属松源镇。2011年，撤销松源镇、四山乡建制，成立濛洲、松源、屏都3个街道，属松源街道。

祝家洋 Zhùjiāyáng 村委会驻地。原为田片名，相传祝氏开拓，村名沿之。聚落呈团块状分布。40户，128人。始于清末由周氏先祖从上庄村迁置。

岙 后 Ào hòu 地处山岙之后得名。位于松源街道办事处2.7千米。聚落依山而建，呈团块状分布。92户，283人。据考始明末清初，沈氏始祖从九漈村迁置，清光绪《庆元县志》卷二："坳后，五都。"

五 大 Wǔdà 五大，田片名，村名沿之。位于松源街道办事处西2.6千米。聚落呈散状分布。11户，35人。1990年前后，由岙后村人迁置。

【底村村】 Dǐcūn Cūn 以驻地得名。位于松源街道办事处西北3.3千米。东邻坑西村，南至会溪村，西接牛路洋村，北连上庄村。辖2个自然村。230户，661人。土地总面积5.38平方千米，耕地面积736.05亩，林地面积6659.70亩。农林产品有稻米、木材、香菇、草菇、金针菇、白木耳等。1949年称底村农民协会（行政村），1955年称幸福农业生产合作社，1958年称幸福生产队，1961年称幸福大队，1984年复称底村行政村，设村民委员会，属和山乡。1992年撤区扩镇并乡，和山乡并入松源镇，改属松源镇。2011年，撤销松源镇、四山乡建制，成立濛洲、松源、屏都3个街道，属松源街道。

底 村 Dǐcūn 村委会驻地。因地处外村（今废）里面得名。濒临魏溪，聚落呈带状分布。120户，378人。据考始清雍正年间（1723—1735），吴氏离二十公从城内迁置。清光绪《庆元县志》卷二："底村，五都。"1980年创办自来水厂，是庆元第一个实现饮用自来水的农村。县道后会线过境。

东北坑 dōngběikēng 一称东北湾新处，又称石井。东北坑，水，源出巾子峰东麓，村以水名。位于松源街道办事处西北3.7千米。聚落呈带状分布。78户，255人。1968年，由石井、岩塔背、天主堂村民迁置。

【会溪村】 Huìxī Cūn 以驻地得名。位于松源街道办事处西2.9千米。东邻城北村、坑西村，南至岙后村，西接五一村，北连底村村、牛路洋村。辖2个自然村。276户，768人。土地总面积2.28平方千米，耕地面积381.75亩，林地面积2016.30亩。农林产品有稻米、草菇、茶叶、香菇、木材、白木耳等。原属幸福大队，1984 年析置，设村民委员会，属和山乡。1992 年撤区扩镇并乡，和山乡并入松源镇，改属松源镇。2011 年，撤销松源镇、四山乡建制，成立濛洲、松源、屏都 3 个街道，属松源街道。

会　溪　Huìxī Cūn　村委会驻地。地处魏溪、松源溪之汇合口，故名。聚落呈团块状分布。104 户，302 人。民国初年建村。村内道路有会溪工业园路等。

坑　头　Kēngtóu　地处坑水上头得名。位于松源街道办事处西 3.2 千米。聚落呈带状分布。145 户，426 人。据考始于清乾隆年间（1736—1795），叶氏始祖从县城廊下迁置。清光绪《庆元县志》卷二："坑头，五都。"

【牛路洋村】 Niúlùyáng Cūn　以驻地得名。位于松源街道办事处西北 3.7 千米。东、北邻底村村，南至会溪村，西接坪洋村。辖 2 个自然村。153 户，429 人。土地总面积 3.69 平方千米，耕地面积 484.95 亩，林地面积 4868.70 亩。农林产品有稻米、草菇、香菇、木材、毛竹、黑木耳、香菇等。原属幸福大队，1984 年析置，设村民委员会，属和山乡。1992 年撤区扩镇并乡，和山乡并入松源镇，改属松源镇。2011 年，撤销松源镇、四山乡建制，成立濛洲、松源、屏都 3 个街道，属松源街道。

牛路洋　Niúlùyáng　村委会驻地。原为田片名，村名沿之。聚落呈散状分布。93 户，288 人。

上　源　Shàngyuán　地处陈处洋（田片名）之源得名。位于松源街道办事处西北 4.1 千米。聚落呈散状分布。42 户，138 人。清末，沈氏迁置。

【上庄村】 Shàngzhuāng Cūn　以驻地得名。位于松源街道办事处西北 4.3 千米。东邻班岱后村，南至坑西村，西接底村村、大洋千岗坑林场，北连三溪村、九漈村。辖 5 个自然村。365 户，1006 人。土地总面积 10.67 平方千米，耕地面积 1058.25 亩，林地面积 14017.50 亩，农林产品有稻米、木材、毛竹、香菇、松脂、白木耳、黑木耳、草菇等。1949 年称上庄农民协会（行政村），1956 年称上庄农业生产合作社，1958 年称快乐生产队，1961 年称快乐大队，1982 年按驻地更称上庄大队，1984 年复称上庄行政村，设村民委员会，属和山乡。1992 年撤区扩镇并乡，和山乡并入松源镇，改属松源镇。2011 年，撤销松源镇、四山乡建制，成立濛洲、松源、屏都 3 个街道，属松源街道。

上　庄　Shàngzhuāng　村委会驻地。因村后山形似象，昔名象庄，后世雅称今名。聚落呈散状分布。166 户，391 人。据当地《周氏宗谱》载，始于清初，由周氏先祖子奉公从后溪（今张村乡）迁置。清光绪《庆元县志》卷二："上庄，四都。"县道后会线过境。

蕉　坑　Jiāokēng　蕉坑，水，源于黄泥后尖西南麓，入魏溪。村以水名。位于松源街道办事处北 4.3 千米。聚落呈团块状分布。81 户，340 人。清嘉庆年间（1796—1820），叶氏先祖潘八公迁置。清光绪《庆元县志》卷二："蕉坑，四都。"

上　田　Shàngtián　因坐落于田洋之上，故名。位于松源街道办事处西北 4.2 千米。聚落呈散状分布。19 户，62 人。叶氏迁置。清光绪《庆元县志》卷二："上田，四都。"

漈　上　Jìshàng　田片名，村名沿之。位于松源街道办事处西北 4.1 千米。聚落呈带状分布。

35 户，121 人。清光绪《庆元县志》卷二：“滖上，四都。”明、清置饭甑垄隘，清嘉庆《庆元县志·武备志》：“饭甑垄隘，四都，滖上，县北十五里。”早废。滖上原为一片田，上庄村于此建成大队养猪畜牧场，并在旁边的溪上建成了小水电站解决村里的照明之需。后上庄人口增多，为解决村民居住问题，土地经拍卖后，村民相继迁入。

月 边 Yuèbiān 田片名，村名沿之。位于松源街道办事处西北 3.4 千米。聚落呈散状分布。18 户，67 人。上庄、蕉坑村民迁置。村南辟有庆元县中心敬老院。

【五一村】 Wǔyī Cūn 以驻地得名。位于松源街道办事处西 4.8 千米。东邻会溪村、岙后村，南至薰坑村、薰山下村，西接五二、五三村，北连牛路洋村。辖 1 个自然村。300 户，885 人。土地总面积 3.04 平方千米，耕地面积 678.00 亩，林地面积 2478.75 亩。农林产品有稻米、木材、茶叶、香菇、仔猪、鸭、蛋等。1949 年统隶五都农民协会（行政村），1956 年称五都农业生产合作社，1958 年称五都生产队，1961 年按序列析称五一大队，1984 年改称五都一村行政村，设村民委员会，属五都乡。1992 年撤区扩镇并乡，五都乡并入屏都镇，改属屏都镇。2003 年归属松源镇，改称五一村。2011 年，撤销松源镇、四山乡建制，成立濛洲、松源、屏都 3 个街道，属松源街道。

五 一 Wǔyī 以位于五都村的上段得名。聚落呈团块状分布。据考五都古称金村，始于北宋开宝年间（968—976），金氏置。清光绪《庆元县志》卷二有记。因是清从政乡第五都之中心地，后世遂以都名村。旧时通往龙泉和福建省政和、松溪的古道经此，地属近城要冲，曾置“金村铺”和“角门隘”。

【五二村】 Wǔèr Cūn 以驻地得名。位于松源街道办事处西 5.2 千米。东邻五一村，南至五三村、朱村村，西接坪洋村，北连会溪村。辖 1 个自然村。295 户，850 人。土地总面积 3.91 平方千米，耕地面积 840.00 亩，林地面积 3863.10 亩。农林产品有稻米、木材、茶叶、草菇、香菇、仔猪等。1949 年统隶五都农民协会（行政村），1961 年按序列析称五二大队，1984 年改称五都二村行政村，设村民委员会，属五都乡。1992 年撤区扩镇并乡，五都乡并入屏都镇，改属屏都镇。2003 年归属松源镇，改称五二村。2011 年，撤销松源镇、四山乡建制，成立濛洲、松源、屏都 3 个街道，属松源街道。

五 二 Wǔèr 以位于五都村中段得名。聚落呈团块状分布。据考五都古称金村，始于北宋开宝年间（968—976），金氏置。清光绪《庆元县志》卷二有记。因是清从政乡第五都之中心地，后世遂以都名村。旧时通往龙泉和福建省政和、松溪的古道经此，地属近城要冲，曾置“金村铺”和“角门隘”。

【五三村】 Wǔsān Cūn 以驻地得名。位于松源街道办事处西 5.4 千米。东邻五一村，南至薰坑村，西接朱村村，北连五三村。辖 1 个自然村。269 户，883 人。土地总面积 1.37 平方千米，耕地面积 428.10 亩，林地面积 689.25 亩。农林产品有稻米、木材、茶叶、草菇、香菇、仔猪等。1949 年统隶五都农民协会（行政村），1961 年按序列析称五三大队，1984 年改称五都三村行政村，设村民委员会，属五都乡。1992 年撤区扩镇并乡，五都乡并入屏都镇，改属屏都镇。2003 年归属松源镇，改称五三村。2011 年，撤销松源镇、四山乡建制，成立濛洲、松源、屏都 3 个街道，属松源街道。

五 三 Wǔsān 地处五都南面，以序列得名，与五一、五二隔溪相望，因昔沿街店面林立，故又称“五都店”。聚落呈团块状分布。据考五都古称金村，始于北宋开宝年间（968—976），金氏置。清光绪《庆元县志》卷二有记。因是清从政乡第五都之中心地，后世遂以都名村。旧时通往龙泉和福建省政和、松溪的古道经此，地属近城要冲，曾置“金村铺”和“角门隘”。

【五四村】 Wǔsì Cūn 因地近五都，按序列得名。位于松源街道办事处西 6.3 千米。东邻五一村，南至五二村、朱村村，西接坪洋村，北连牛路洋村。辖 3 个自然村。136 户，402 人。土地总面积 0.09 平方千米，耕地面积 33.90 亩，林地面积 70.50 亩。农林产品有稻米、蔬菜、茶叶、水果等。1963 年由淳安县移民组建，原称五四大队，1984 年改称五都四村行政村，设村民委员会，属五都乡。1992 年撤区扩镇并乡，五都乡并入屏都镇，改属屏都镇。2003 年归属松源镇，改称五四村。2011 年，撤销松源镇、四山乡建制，成立濛洲、松源、屏都 3 个街道，属松源街道。

上　淤 Shàngyū 村委会驻地。以建村于溪滩之上得名。位于松源街道办事处西 6.3 千米。聚落呈团块状分布。65 户，208 人。1964 年 12 月，新安江淳安县宋村乡樟树村库区移民迁置。

漈下湾 Jìxiàwān 昔村后有一瀑布，村居其下，方言瀑布称漈，故名。位于松源街道办事处西 5.2 千米。聚落呈团块状分布。28 户，88 人。1965 年 3 月，新安江淳安县宋村乡上溪埠村库区移民迁置。

黄　田 Huángtián 原系田片名，村名沿之。位于松源街道办事处西 4.3 千米。聚落呈带状分布。43 户，102 人。1964 年 12 月，新安江淳安县宋村乡樟树村库区移民迁置。

【朱村村】 Zhūcūn Cūn 以驻地得名。位于松源街道办事处西 6.0 千米。东邻五三村，南至薰坑村，西接屏都街道余村村，北连坪洋村、五四村。辖 1 个自然村。236 户，695 人。土地总面积 1.84 平方千米，耕地面积 760.05 亩，林地面积 1387.50 亩。主要农林产品有水稻、蔬菜、食用菌、杉木。1949 年称朱村农民协会（行政村），1956 年称朱村农村生产合作社，1958 年称朱村生产队，1961 年称朱村大队，1984 年复称朱村行政村，设村民委员会，属五都乡。1992 年撤区扩镇并乡，五都乡并入屏都镇，改属屏都镇。2010 年屏都镇并入松源镇，属松源镇。2011 年，撤销松源镇、四山乡建制，成立濛洲、松源、屏都 3 个街道，属松源街道。

朱　村 Zhūcūn 朱氏置，故名。聚落呈团块状分布。据考始于清朝康熙年间（1672 年前后），朱氏置。清光绪《庆元县志》卷二：“朱村，五都。”

【坪洋村】 Píngyáng Cūn 以原驻地得名。位于松源街道办事处西 6.3 千米。东邻上源，南至漈下湾，西接山岗尖，北连。辖 2 个自然村。149 户，478 人。土地总面积 3.47 平方千米，耕地面积 354.45 亩，林地面积 4551.30 亩。主要农林产品有水稻、竹林、杉木。1949 年称坪洋农民协会（行政村），1956 年称坪洋农村生产合作社，1958 年称坪洋生产队，1961 年称坪洋大队，1984 年复称坪洋行政村。设村民委员会，属五都乡。1992 年撤区扩镇并乡，五都乡并入屏都镇，改属屏都镇。2010 年屏都镇并入松源镇，属松源镇。2011 年，撤销松源镇、四山乡建制，成立濛洲、松源、屏都 3 个街道，属松源街道。

岩头洋 Yántóuyáng 村委会驻地。田片名，村名沿之。聚落呈团块状分布。135 户，454 人。1986 年，坪洋村民迁置。

坪 洋 Píngyáng 原系田片名，村名因之。位于松源街道办事处西6.3千米。据当地《范氏宗谱》载，始于明代万历八年(1580)，范氏增寿公置。清光绪《庆元县志》卷二:“坪洋，八都。”现村民大多已迁置岩头洋。

【薰坑村】 Xūnkēng Cūn 以驻地得名。位于松源街道办事处西南5.2千米。东、南与薰山下村相邻，西接五三村，北连五三村。辖1个自然村。82户，264人。土地总面积1.22平方千米，耕地面积353.40亩，林地面积为588.00亩。主要农林产品有水稻、茶叶。原属薰山下大队，1984年析置薰坑行政村，设村民委员会，属五都乡。1992年撤区扩镇并乡，五都乡并入屏都镇，改属屏都镇。2010年屏都镇并入松源镇，属松源镇。2011年，撤销松源镇、四山乡建制，成立濛洲、松源、屏都3个街道，属松源街道。

薰 坑 Xūnkēng 薰坑，水，经五都入松源溪。村以水名。聚落呈团块状分布。据考约建于清嘉庆年间(1796—1820)。清光绪《庆元县志》卷二:“薰坑，五都。”

【薰山下村】 Xūnshānxià Cūn 以驻地得名。位于松源街道办事处西南4.8千米。东邻西门村，南至淤上乡外童村、石坝村，西接薰坑村，北连五一村。辖1个自然村。137户，350人。土地总面积为2.86平方千米，耕地面积为648.30亩，林地面积为2864.70亩。主要农林产品有水稻、香菇、茶叶、毛竹。1949年与薰坑合称薰山下农民协会(行政村)，1956年称薰山下农村生产合作社，1958年称薰山下生产队，1961年称薰山下大队，1984年复称薰山下行政村，设村民委员会，属五都乡。1992年撤区扩镇并乡，五都乡并入屏都镇，改属屏都镇。2010年屏都镇并入松源镇，属松源镇。2011年，撤销松源镇、四山乡建制，成立濛洲、松源、屏都3个街道，属松源街道。

薰山下 Xūnshānxià 因坐落于薰山下得名。聚落呈团块状分布。据当地《李氏宗谱》载，始于明洪武二十九年(1396)，李氏胜一公从秋炉村(今景宁畲族自治县)迁置。清光绪《庆元县志》卷二:“薰山下，五都。”

【三溪村】 Sānxī Cūn 以驻地得名。位于松源街道办事处北7.8千米。东邻砻头村，南至班岱后村、上庄村，西接九漈村，北连高漈村。辖1个自然村。96户，255人。土地总面积7.40平方千米，耕地面积302.10亩，林地面积10412.7亩。农林产品有木材、毛竹、香菇、高山反季节蔬菜，松脂、稻米等。1949年称三溪农民协会(行政村)，1956年称三溪农业生产合作社，1958年称三溪生产队，1961年称三溪大队，1984年复称三溪行政村，设村民委员会，属四山乡。1992年撤区扩镇并乡，仍属四山乡。2011年，撤销松源镇、四山乡建制，成立濛洲、松源、屏都3个街道，属松源街道。

三 溪 Sānxī 原名山溪，因有三条小溪流穿于境，故改称三溪。聚落呈带状分布。据当地《吴氏宗谱》载，始于乾隆五十九年(1794)，吴氏元佑公从高漈村迁置。清光绪《庆元县志》卷二:“山溪，四都”。原为四山乡政府驻地，2011年撤四山乡建制隶属松源街道。

【高漈村】 Gāojì Cūn 以驻地得名。位于松源街道办事处北10.7千米。东、北与龙泉市交界，南至三溪村，西接竹口镇上坑村。辖1个自然村。138户，415人。土地总面积7.34平方千米，耕地面积366.45亩，林地面积为9472.5亩。农林产品有木材、毛竹、香菇、高山反季节蔬菜，松脂、稻米等。1949年称高漈农民协会 (行政村)，1956年称高漈农业生产合作社，1958年称高漈生产队，

1961 年称高漈大队，1984 年复称高漈行政村，设村民委员会，属四山乡。1992 年撤区扩镇并乡，仍属四山乡。2011 年，撤销松源镇、四山乡建制，成立濛洲、松源、屏都 3 个街道，属松源街道。

高 漈 Gāojì 村下有一水漈（瀑布之俗称），村居其上，故名。聚落呈团块状分布。原分上、下村，上村由余氏始祖于明成化十八年（1482）从染山村（今云和县）迁置；下村由吴氏始祖于北宋元丰年间（1078—1085），从平坑村（今福建松溪县）迁置。后新建大量民房，两村已合为一体。清光绪《庆元县志》卷二："高漈，四都。"历史遗存有山尖桥、吴氏宗祠等。

【斜山村】 Xiéshān Cūn 以驻地得名。位于松源街道办事处东北 12.0 千米。东、西、北与龙泉市相邻，南至楼下村。辖 1 个自然村。51 户，146 人。土地总面积 1.91 平方千米，耕地面积 147.6 亩，林地面积 2585.70 亩。农林产品有木材、毛竹、香菇、高山反季节蔬菜，松脂、稻米等。1949 年称斜山农民协会（行政村），1956 年与楼下、砻头合称平等农业生产合作社，1958 年称平等生产队，1962 年析称斜山大队，1984 年复称斜山行政村，设村民委员会，属四山乡。1992 年撤区扩镇并乡，仍属四山乡。2011 年，撤销松源镇、四山乡建制，成立濛洲、松源、屏都 3 个街道，属松源街道。

斜 山 Xiéshān 一称张家畲，位于高斜尖（又称斜山）东麓，因山得名。聚落呈团块状分布。据考，始于元大德年间（1297—1307），张氏置，故有张家畲之称。村民多姓毛，系清嘉庆年间从横坑头（今浙江省龙泉市）迁入之毛氏后裔。清嘉庆《庆元县志》卷一："张家畲，四都。"

【楼下村】 Lóuxià Cūn 以驻地得名。位于松源街道办事处东北 11.1 千米。东南与五大堡乡后广村相邻，西南与砻头村毗连，西北与龙泉市交界，东北与斜山村接壤。辖 1 个自然村。51 户，168 人。土地总面积 3.39 平方千米，耕地面积为 324.15 亩，林地面积 4419.45 亩。农林产品有木材、毛竹、香菇、高山反季节蔬菜，松脂、稻米等。1949 年称楼下农民协会（行政村），1956 年与斜山、砻头合称平等农业生产合作社，1958 年称平等生产队，1962 年析称楼下大队，1984 年复称楼下行政村，设村民委员会，属四山乡。1992 年撤区扩镇并乡，仍属四山乡。2011 年，撤销松源镇、四山乡建制，成立濛洲、松源、屏都 3 个街道，属松源街道。

楼 下 Lóuxià 原为村民牧牛之地，但放养牛群常久居不归，村民认为此地风水好，遂迁置于此并取名牛下，又因此地比原居住地低几层楼，故改称楼下。聚落呈团块状分布。据当地《全氏宗谱》载，始于明万历年间（1573—1620），全氏第八公从杉树根村（今龙泉市）迁置。清光绪《庆元县志》卷二："楼下，四都。"

【砻头村】 Lóngtóu Cūn 以驻地得名。位于松源街道办事处东北 9.7 千米。东邻楼下村、五大堡乡后广村，南至班岱后村，西接三溪村，北界龙泉市。辖 1 个自然村。137 户，454 人。土地总面积 8.81 平方千米，耕地面积 577.35 亩，林地面积 12201.90 亩。农林产品有木材、毛竹、香菇、高山反季节蔬菜，松脂、稻米等。1949 年称砻头农民协会（行政村），1956 年与斜山、楼下合称平等农业生产合作社，1958 年称平等生产队，1962 年析称砻头大队，1984 年复称砻头行政村，设村民委员会，属四山乡。1992 年撤区扩镇并乡，仍属四山乡。2011 年，撤销松源镇、四山乡建制，成立濛洲、松源、屏都 3 个街道，属松源街道。

砻 头 Lóngtóu 因坐落通往龙泉瑞洋一山垄之首得名。聚落呈团块状分布。据当地《朱氏宗谱》载：始于元大德年间（1297—1307），叶氏置；朱氏始祖于明初从竹（今龙泉市）继入。清光绪《庆元县志》卷二："砻头，四都。"历史遗存有朱氏宗祠、水尾桥等。

【九漈村】 Jiǔjì Cūn　以驻地得名。位于松源街道办事处北 9.8 千米。东邻三溪村，南至上庄村、大洋千岗坑林场，西接深鸟村，北连竹口镇上坑村。辖 1 个自然村。92 户，294 人。土地总面积 6.66 平方千米，耕地面积 182.55 亩，林地面积 9415.35 亩。农林产品有木材、毛竹、香菇、黑木耳、高山反季节蔬菜，松脂、稻米等。1949 年称九漈农民协会（行政村），1956 年称九漈农业生产合作社，1958 年称九漈生产队，1961 年称九漈大队，1984 年复称九漈行政村，设村民委员会，属四山乡。1992 年撤区扩镇并乡，仍属四山乡。2011 年，撤销松源镇、四山乡建制，成立濛洲、松源、屏都 3 个街道，属松源街道。

九　漈　Jiǔjì　一称光浦。因村旁小溪有九帘水漈（瀑布之俗称），因之得名。聚落呈团块状分布。据《沈氏宗谱》载：始于清同治年间（1862—1874），沈氏建秦公从深鸟迁置。清光绪《庆元县志》卷二："光浦，九都。"历史遗存有处安桥、古民居和沈氏宗祠等。

【深鸟村】 Shēnniǎo Cūn　以驻地得名。位于松源街道办事处西北 9.2 千米。东邻九漈村，南至大洋千岗坑林场，西、北分别与竹口镇陈龙溪村、上坑村接壤。辖 1 个自然村。74 户，200 人，土地总面积 6.73 平方千米，耕地面积 72.60 亩，林地面积 9877.50 亩。农林产品有木材、毛竹、香菇、黑木耳、高山反季节蔬菜，松脂、稻米等。1949 年称深鸟农民协会（行政村），1956 年称深鸟农业生产合作社，1958 年称深鸟生产队，1961 年称深鸟大队，1984 年复称深鸟行政村，设村民委员会，属四山乡。1992 年撤区扩镇并乡，仍属四山乡。2011 年，撤销松源镇、四山乡建制，成立濛洲、松源、屏都 3 个街道，属松源街道。

深　鸟　Shēnniǎo　一称参鸟、参鸟儿，方言"参""深"同音，雅为今名。据当地《沈氏宗谱》载：始于明初，沈氏从竹口镇蔡双村蔡山头迁置。清光绪《庆元县志》卷二："参鸟，九都。"明、清置高岩隘，见清嘉庆《庆元县志·武备志·关隘》："高岩隘，在参鸟岙头。"2005 年因地质灾害，村民已搬迁至濛洲街道洋墩新居。

【班岱后村】 Bāndàihòu Cūn　以驻地得名。位于松源街道办事处北 5.9 千米。东邻五大堡乡下塅村，南至濛洲街道大坑村，西接坑西村、上庄村，北连三溪村、砻头村。辖 1 个自然村。142 户，425 人，土地总面积 17.32 平方千米，耕地面积 609.60 亩，林地面积 24175.05 亩。农林产品有木材、毛竹、香菇、高山反季节蔬菜、松脂、稻米等。1949 年称班岱后农民协会（行政村），1956 年称战胜农业生产合作社，1958 年称战胜生产队，1961 年称战胜大队，1981 年按驻地更名为班岱后大队，1984 年复称班岱后行政村，设村民委员会，属四山乡。1992 年撤区扩镇并乡，仍属四山乡。2011 年，撤销松源镇、四山乡建制，成立濛洲、松源、屏都 3 个街道，属松源街道。

班岱后　Bāndàihòu　村后的黄泥后尖（海拔 1550 米）旧称班岱山，以山得名。聚落呈散状分布。清嘉庆《庆元县志·山川》；"班岱山，四都，蓝岑飞瀑，竞秀争流。"据当地《吴氏宗谱》载，始于明洪武十五年（1382），吴氏子思公从洋顺（今龙泉市）迁置。清光绪《庆元县志》卷二："班岱后，四都。"历史遗存有吴氏宗祠和村头桥等。

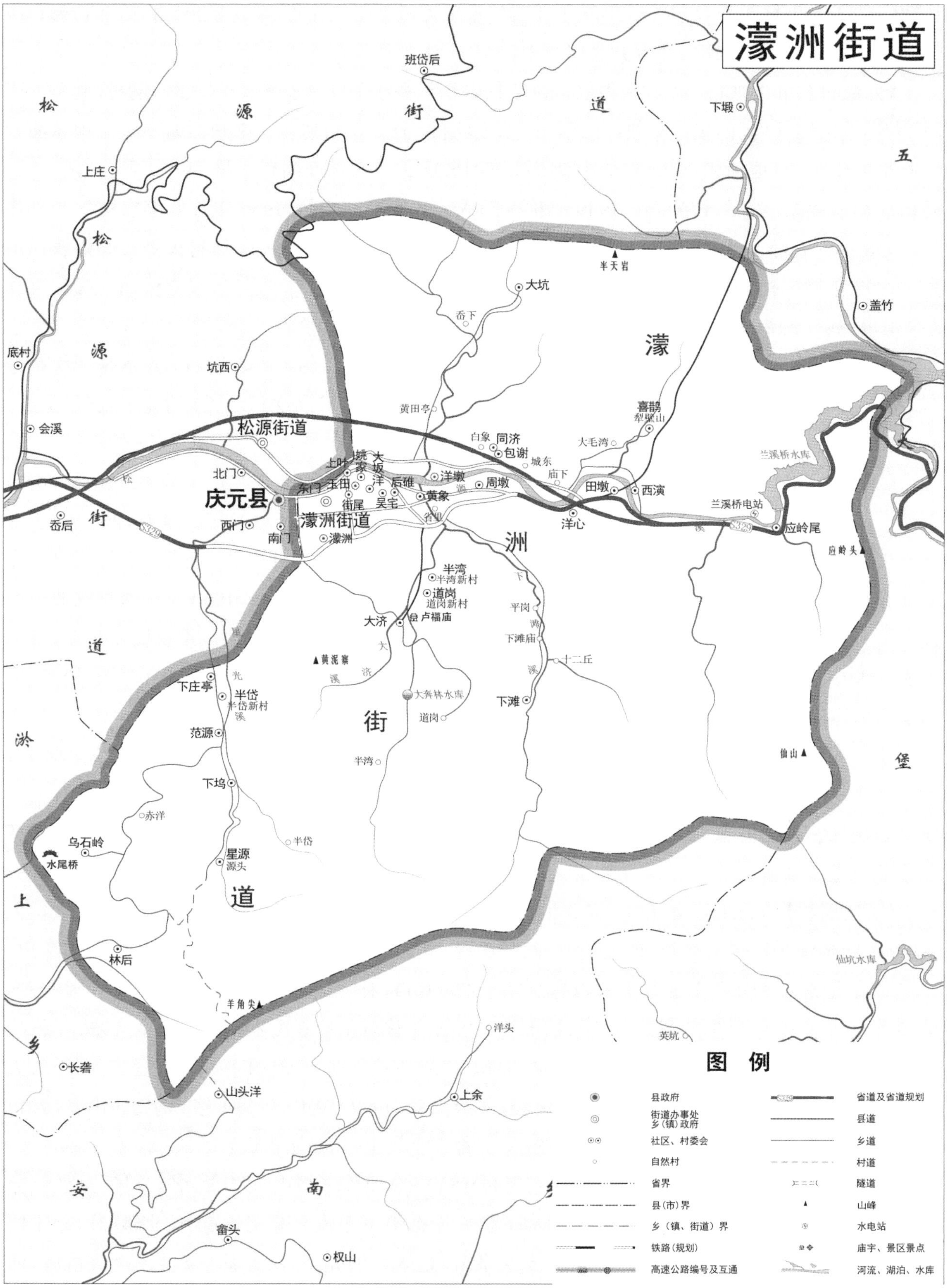

浙江省测绘与地理信息局　地图审核号：浙S[2015]81号　2014年

第二章　濛洲街道

第一节　政区概况

名称来历　以庆元县城古称濛洲得名。

地理环境　位于北纬 27°30′—27°39′，东经 119°01′—119°08′。地处庆元县中部，县城东南片，东与五大堡乡相邻，南与安南乡接壤，西南与淤上乡相连，西北与松源街道毗连。办事处驻濛洲社区后田街 1 号。境内地势东南高、西北低，中部较为平坦，松源溪穿境而过。属亚热带季风气候，温暖湿润、降水充沛、四季分明、无霜期长，年平均气温 17.2℃。

政区沿革　唐武德七年(624)属处州东平乡。五代十国时称松源乡，属龙泉县。民国时称城厢镇。1949 年改称城关镇。1950 年析城内、后田 2 个镇。1953 年合称松源镇。1958 年庆元县并入龙泉县后改称松源、玉田管理区，隶属庆元人民公社。1980 年复称城关镇。1984 年改称松源镇。1992 年 5 月大济乡、和山乡、星光乡并入松源镇。2003 年 12 月屏都镇五一、五二、五三、五四 4 个村并入松源镇，2010 年 12 月，撤销屏都镇建制，其行政区域并入松源镇。2011 年 12 月撤松源镇、四山乡建制，分设松源、濛洲、屏都 3 个街道。

政区划分　2014 年，辖濛洲、玉田、同济、洋墩 4 个社区，上叶、大坂洋、后碓、黄象、下坞、范源、星源、林后、道岗、下滩、洋心、西演、应岭尾、街尾、姚家、吴宅、大坑、下庄亭、半岱、乌石岭、大济、半湾、周墩、田墩、喜鹊 25 个村民委员会，4 个社区居委会，共 29 个群众自治组织；下设 27 个居民小组、109 个村民小组。

人口与面积　2014 年，辖区有 11713 户 3.54 万人，其中农业户口 1.39 万人，居民户口 2.15 万人。总人口中，以汉族为主，达 3.51 万人，占 99.1%；有畲族、蒙古族、壮族、彝族、土家族、白族 6 个少数民族，共 227 人，占 0.9%，其中畲族 203 人，占少数民族人口的 89.4%。辖区东西最大距离 11.6 千米，南北最大距离 18.0 千米，总面积 75.5 平方千米，其中耕地 601 公顷，山林 6929.7 公顷。

经济状况　域内有较为优越基础设施，交通便利，工商业发达。历为庆元县政治、经济、文化中心。20 世纪 90 年代前，基本以单一农业生产为主。20 世纪 90 年代初，打破传统农业生产模式，逐步调整产业结构，以“菌、竹、果、烟、菜、茶”等为重点的效益农业快速发展，出产稻米、木材、毛竹、香菇、水果、茶叶、锥果、油桐和柑橘等，2014 年，粮食播种面积 641.67 公顷，食用菌生产 342 万袋，更新造林 39.67 公顷，扶育毛竹 104.24 公顷、油茶 22.87 公顷。工业以竹木加工、食用菌加工等为主，大力发展来料加工业。2014 年，有工业企业 411 家，完成工业产值 11.62 亿元，其中规模以上企业 6 家，工业产值 6.18 亿元；小型企业工业产值 2.56 万元；个体私营工业产值 2.88 亿元。工业增加值 2.67 亿元，其中规模以上企业 1.48 亿元。出口总额 7235 万元，同比递增 58.35%。完成工业税收 1973 万元。依托城区位优势，因地制宜发展经济，以石龙街区、后田街区、濛洲街区为核心区块，集聚了金融商贸、休闲餐饮、文化娱乐、高档住宅等成为新经济增长点，带动城区旅宿、餐饮等第三产业蓬勃发展。

社会发展 2014 年，有文化艺术团体 57 个，文化馆（站）1 个，村文化活动中心 18 个，公共图书馆（室）1 个；庆元中学、庆元二中、庆元三中 3 所中学，小学 3 所，幼儿园 12 所，九年义务教育覆盖率达 100%；各级各类医疗卫生机构 16 个。村村通公路、通广播、有线电视、电话、手机网络、自来水。农村安全饮用水普及率 100%，农村卫生厕所普及率 99.1%。参加新型农村医疗保险 16318 人，城乡居民养老保险 6252 人。设有庆元客运站，菊寿（S329）省道过境，通 1、2 等多条公交线路。

名胜旅游 境内群山环抱，绿水洄流，风光绮丽。有中国历史文化名村、中国传统古村落大济村；全国重点文物保护单位处州廊桥组成部分甫田桥；省级文物保护单位大济古驿道、卢福庙 2 处；省级非物质文化遗产大济古村落营造技艺。

第二节　社区及居民点

【濛洲社区】 Méngzhōu Shèqū 濛洲街道辖社区。在县城区中部。东至横城（南、北）路，南抵菊寿（S329）省道，西至松源街、济川路，北临松源溪。3230 户，7157 人。以庆元别称“濛洲”而得名。2002 年 8 月成立。办公楼设东门新村东四弄 11 号，占地面积 109 平方米，建筑面积 421 平方米。

聚丰佳园 Jùfēng Jiāyuán 位于濛洲街道横城南路西侧，东至横城南路，南靠菊寿（S329）省道，西朝祥云路，北临市民广场。以寓意凝聚丰收果实得名。始建于 2005 年，2007 年建成。占地面积 15229 平方米，建筑面积 80492.4 平方米，属多层和高层建筑，共 22 幢，525 户。

山徐新村 Shānxú Xīncūn 位于濛洲街道菊寿（S329）省道南侧，东邻祥云路，南至菊寿（S329）省道，西接山徐路及早市，北靠东门新村。因小区南面邻山处于山的前面，方言称之为“山徐（前）”，故名。始建于 1988 年，1995 年建成，为庆元最早的商品房项目。占地面积 32 亩，建筑面积 26852 平方米，属排屋多层建筑，共 14 幢，228 户。

银河湾广场 Yínhéwān Guǎngchǎng 位于濛洲街道石龙街南侧，东起云鹤路，南邻汇金城，西至松源街，北临石龙街。地处松源溪南畔，“银河”寓意为松源溪，是集商贸、娱乐、休闲及住宅为一体的商住楼，故名。始建于 2013 年。占地面积 3530 平方千米，建筑面积 30688 平方米，地下一层至地面 4 层为商业用房，属高层建筑，共 2 幢，130 户。

汇金城 Huìjīn Chéng 位于濛洲街道濛洲街北侧，东临云鹤路，南临濛洲街，西临松源街，北邻银河湾广场。地处县城繁华地段和商贸中心，为“汇金”之地，故名。始建于 2012 年。占地面积

5745 平方米，地下一层至地面 4 层为商业用房，属高层建筑，共 3 幢，180 户。

松源新居 Sōngyuán Xīnjū 位于松源街东、西两侧，东、南为云鹤路，西至下宅弄，北邻宅东巷、菇城宾馆。以松源街贯穿小区而命名。始建于 2002 年，2004 年建成。占地面积 20340 平方米，建筑面积 44000 平方米，属高层建筑，共 19 幢，215 户。

【玉田社区】 Yùtián Shèqū 濛洲街道辖社区。在县城区东部，东靠洋心桥。南抵小济洋及元帅公庙区块，西至横城（南、北）路，北临松源溪。1842 户，4188 人。以所辖片区名得名。2002 年 9 月 29 日成立。办公楼设横城北路 4 号，占地面积 380 平方米，建筑面积 560 平方米。

金诚佳苑 Jīnchéng Jiāyuàn 位于濛洲街道龙洲西路西侧，东至龙洲西路，南邻庆元县国际大酒店，西至横城南路，北至石龙街 5 弄。因金诚房地产开发有限公司开发而得名。2007 年建成。占地面积 7525 平方米，建筑面积 13369 平方米，属多层建筑，共 9 幢，104 户。

沁心园 Qìnxīn Yuán 位于濛洲街道濛洲街南侧，东靠庆元客运站，南至菊寿线，西邻庆元中学，北临濛洲街。以寓意建设舒适、称心如意的居住家园得名。小区分 3 期建设，始建于 2006 年，2011 年建设完成。占地面积 37687.3 平方米，建筑面积 75378.6 平方米，属多层及高层建筑，共 23 幢，632 户。

山水小区 Shānshuǐ Xiǎoqū 位于濛洲街道大济路东侧，东临大济溪、南临客运汽车站，西临大济路，北临行政中心、交通运输管理所。以依山傍水得名。2011 年年底建成。占地面积 4387 平方米，属多层建筑，共 7 幢，156 户。

阳光水岸 Yángguāng Shuǐàn 位于濛洲街道松源溪北岸，东、北与洋墩新居相邻，南临松源溪，西靠城东大桥。因坐落于松源溪畔，临水而居得名。小区始建于 2012 年，2014 年 6 月建成。占地面积 3225 平方米，建筑面积 16760 平方米，住宅楼 5 幢，其中第 1 幢为高层住宅，共 16 层，高 89.80 米，属高层住宅，其余的为联排别墅和叠墅。

丽晶城 Lìjīng Chéng 位于濛洲街道濛洲街北侧，东临龙洲中路，南临濛洲街，西临龙洲西路，北临石龙街五弄。因小区简约精致、风景亮丽得名。始建于 2007 年 8 月，2009 年建成。占地面积 4573 平方米，建筑面积 30226 平方米，属多层建筑，共 10 幢，227 户。

濛洲花苑 Méngzhōu Huāyuàn 位于濛洲街道濛洲街北侧，东临龙洲东路，南临濛洲街，西临龙洲中路，北临石龙街二弄。因小区位于濛洲街旁，中心公园面积达 8000 多平方米，是集住宅与休闲的高档住宅小区，故名。始建于 2014 年，2015 年建成。占地面积 5604 平方米，建筑面积 41250 平方米，属多层建筑，共 8 幢，273 户。

文昌苑 Wénchāng Yuàn 位于濛洲街道横城南路东侧，东、北与庆元中学相邻，南临，西连横城南路。因小区东邻庆元中学，故名“文昌苑”，意为文道昌盛。始建于 2005 年，2006 年建成。占地面积 2359 平方米，属多层建筑，共 1 幢，8 个单元，86 户。

和家园 Héjiā Yuán 位于濛洲街道濛洲街与大济路交叉口东北侧，东、北与福林新村相邻，南临濛洲街，西临大济路。以寓意幸福美满、和家欢乐之意得名。2014 年开工建设。占地面积 8500 平方米，建筑面积 33912 平方米，属高层建筑，共 6 幢。

【洋墩社区】 Yángdūn Shèqū 濛洲街道辖社区。驻地洋墩新村，东至周墩桥，南傍松源溪，西至小坑溪，北临反洋线。以驻地洋墩新居得名。有办公楼 2 幢，占地面积 188 平方米，建筑面积 508 平方米。2010 年 8 月 5 日成立，2011 年 8 月 29 日建成便民综合服务中心。

洋墩新居 Yángdūn Xīnjū 位于濛洲街道松源溪北岸。东邻白象、石塘新村，南傍松源溪，西邻小坑溪，北至反洋公路。以坐落于洋墩东侧得名。分二期建设，始建于 2003 年，2007 年建成。占地面积 76038 平方米，建筑面积 157000 平方米，住宅楼 32 幢，为排屋和多层建筑，其中多层建筑 12 幢 517 套房，居住人口 965 户，3148 人。小区的居民主要来自高山地区或地质隐患区下山脱贫的村民。

石塘新村 Shítáng Xīncūn 位于濛洲街道松源溪北岸。东靠周墩大桥，南傍松源溪，西至洋墩新居，北临反洋公路。因小区为安置左溪镇左溪流域水力开发库区内石塘村的移民，故名。始建于 2007 年 9 月，2010 年建成。属排屋多层建筑，共 102 幢，112 户，412 人。

【同济社区】 Tóngjì Shèqū 濛洲街道辖社区。在县城区东部。四面临山，南面有公路可通县道反洋线。1670 户，6000 人。以驻地同济新村得名。2010 年 8 月 5 日成立。办公楼设同济新村 20 幢 6 号。

同济新村 Tóngjì Xīncūn 位于濛洲街道办事处东 2.6 千米的上坑岙。2006 年，因庆元县东部乡镇遭受“桑美”台风侵袭，为安置灾民和地质灾害点避险而建立安置小区，2007 年，通过向社会征集，命名“同济新村”，寓意全社会同心同德，同舟共济，克服困难，重建家园，战胜自然灾害。分三期建设，始建于 2006 年 10 月，小区占地面积 266800 平方米，建筑面积 35 万平方米，共 195 幢，多为排屋形式，安置了 1670 多户 6000 多人。

第三节　村及居民点

【后碓村】 Hòuduì Cūn 以驻地得名。位于县城区东部。辖 1 个自然村。人口 314 户，1026 人。土地总面积 0.80 平方千米，耕地面积 570.3 亩，林地面积 636.45 亩。农林产品有稻米、蔬菜、茶叶、梨、柑橘等。明属儒效坊，清属东隅，民国为城厢镇第 12 保，1949 年称后碓农民协会（行政村），1956 年隶属玉田农业生产合作社，1958 年称玉田管理区后碓生产队，1961 年称后碓大队，1984 年复称后碓行政村，设村民委员会，属松源镇。1992 年撤区扩镇并乡，仍属松源镇。2011 年，撤销松源镇、四山乡建制，成立濛洲、松源、屏都 3 个街道，属濛洲街道。

后　碓 Hòuduì 昔村头有水碓得名。原与后田相隔，至清代中叶吴宅兴起而衔接。为后田街最东部分，俗称“后田街头”。

【吴宅村】 Wúzhái Cūn 以驻地得名。位于县城区东部。辖 1 个自然村。234 户，842 人。土地总面积 1.19 平方千米，耕地面积 418.50 亩，林地面积 870.60 亩。农林产品有稻米、蔬菜、茶叶、梨。明属儒效坊，清属东隅，民国为城厢镇第 11 保，1949 年称吴宅农民协会（行政村），1956 年隶属玉田农业生产合作社，1958 年称玉田管理区吴宅生产队，1961 年称吴宅大队，1966 年改称四新大队，1981 年称吴宅大队，1984 年复称吴宅行政村，设村民委员会，属松源镇。1992 年撤区扩镇并乡，仍属松源镇。2011 年，撤销松源镇、四山乡建制，成立濛洲、松源、屏都 3 个街道，属濛洲街道。

吴 宅 Wúzhái 吴氏肇基，故名。古时是后田街最东部分，至清代中叶始于邻村联接。

【上叶村】 Shàngyè Cūn 以驻地得名。位于县城区东部。辖 1 个自然村。245 户，823 人。土地总面积 1.44 平方千米，耕地面积 286.05 亩，林地面积 1736.40 亩。农林产品有稻米、蔬菜、梨等。明属儒效坊，清属东隅，民国属城厢镇第 8 保，1949 年称上叶农民协会（行政村），1956 年隶属玉田农业生产合作社，1958 年称玉田管理区上叶生产队，1961 年称上叶大队，1984 年复称上叶行政村，设村民委员会，属松源镇。1992 年撤区扩镇并乡，仍属松源镇。2011 年，撤销松源镇、四山乡建制，成立濛洲、松源、屏都 3 个街道，属濛洲街道。

上 叶 Shàngyè 位于县城后田街下段。据考叶氏肇基，后支系繁衍，分成上、下两叶，故名。村中原有古建筑六和堂和平水王庙，现为庆元县第二实验小学校址。

【姚家村】 Yáojiā Cūn 以驻地得名。位于县城区东部。辖 2 个自然村。435 户，1287 人。土地总面积 1.37 平方千米，耕地面积 512.85 亩，林地面积 829.80 亩。农林产品有稻米、蔬菜、茶叶、梨等。明属儒效坊，清属东隅，民国属城厢镇第九保，1949 年称姚家农民协会（行政村），1956 年隶属玉田农业生产合作社，1958 年称玉田管理区姚家生产队，1961 年称解放大队，1981 年称姚家大队，1984 年复称姚家行政村，设村民委员会，属松源镇。1992 年撤区扩镇并乡，仍属松源镇。2011 年，撤销松源镇、四山乡建制，成立濛洲、松源、屏都 3 个街道，属濛洲街道。

姚 家 Yáojiā 村委会驻地。村以氏名。位于后田街中段北侧，与大坂洋隔街相对。423 户，1246 人。据考始于元至大年间（1308—1311）姚崧三子姚似从城内上仓迁置。是罗教“一字门”始祖姚文宇及其曾孙清乾隆进士、内阁中书姚梁（1736—1785）的故里。村口建有门楼（俗称姚家门，现已毁于火），上悬“世德作求”匾额，系姚梁所书。

小 坑 Xiǎokēng 以村东侧的小坑溪得名。12 户，41 人。姚家村部分村民迁置于此。

【大坂洋村】 Dàbǎnyáng Cūn 以驻地得名。位于县城区东部。辖 2 个自然村。260 户，945 人。土地总面积 1.73 平方千米，耕地面积 350.4 亩，林地面积 1941.60 亩。农林产品有稻米、柑橘、蔬菜等。明属儒效坊，清属东隅，民国属城厢镇第 10 保，1949 年称大坂洋农民协会（行政村），1956 年隶属玉田农业生产合作社，1958 年称玉田管理区大坂洋生产队。1961 年称大坂洋大队，1984 年复称大坂洋行政村，设村民委员会，属松源镇。1992 年撤区扩镇并乡，仍属松源镇。2011 年，撤销松源镇、四山乡建制，成立濛洲、松源、屏都 3 个街道，属濛洲街道。

大坂洋 Dàbǎnyáng 村委会驻地。因村南的大坂洋得名。位于后田街中段，与姚家村隔街相对。人口 231 户，829 人。村民多姓姚，原有一座建于清咸丰九年（1859），占地面积 3200 平方米，计有 116 个房间的田庄，1957 年毁于火，现尚存“庄门”遗址。

洋 墩 Yángdūn 原系田片名，村名沿之。位于松源溪北岸。29 户，116 人。1980 年大坂洋村人迁置。原为田片，南面筑有一垱，后被征用建有林业站、土产公司等，村民亦于此建房，遂成村庄。

【街尾村】 Jiēwěi Cūn 以驻地得名。位于县城区东部。辖1个自然村。176户，870人。土地总面积1.01平方千米，耕地面积157.65亩，林地面积958.65亩。农林产品有稻米、茶叶、梨、橘等。明属儒效坊，清属东隅，民国属城厢镇第7保，1949年称街尾农民协会（行政村），1956年隶属玉田农业生产合作社，1958年称玉田管理区街尾生产队，1961年称街尾大队，1984年复称街尾行政村，设村民委员会，属松源镇。1992年撤区扩镇并乡，仍属松源镇。2011年，撤销松源镇、四山乡建制，成立濛洲、松源、屏都3个街道，属濛洲街道。

街　尾 Jiēwěi 古名坑墼，位于后田街末端得名。举水吴氏祖宗捐资千金，逢石开路，遇水架桥，立土积德，迁移至此。

【黄象村】 Huángxiàng Cūn 以下辖黄塘（现已废）和白象两自然村各取一字而得名。位于县城区东北部。辖2个自然村。人口70户，288人。土地总面积1.75平方千米，耕地面积295.50亩，林地面积2097.60亩。农林产品有稻米、香菇、茶叶等。1980年后，因黄塘村大部居民迁入白象，曾称黄象大队（黄塘与白象的简称），1984年改称黄象行政村，设村民委员会，属松源镇。1988年改称白象行政村。1992年撤区扩镇并乡，仍属松源镇。2003年复称黄象行政村。2011年，撤销松源镇、四山乡建制，成立濛洲、松源、屏都3个街道，属濛洲街道。

白　象 Báixiàng 村委会驻地。因村后的白象山得名。位于濛洲街道办事处东1.6千米。32户，91人。聚落呈团块状分布，东连石塘新村，南临松源溪，西按洋墩新居，北至反洋线。1975年姚家村居民迁建。

黄　象 Huángxiàng 地处大坂洋村洋墩区片内，地名源自其所属的黄象村。位于濛洲街道办事处东北0.9千米。聚落呈排屋状分布。48户，197人。1980年黄塘村民迁置。

【大坑村】 Dàkēng Cūn 少数民族村。以驻地得名。位于濛洲街道办事处东北3.7千米，东邻喜鹊村，南至大坂洋村、黄象村，西、北分别与松源街道坑西村、班岱后村相连。辖3个自然村。62户，324人。土地总面积3.78平方千米，耕地面积321.75亩，林地面积5127.30亩。农林产品有稻米、木材、香菇、茶叶、黑木耳等。明属从政乡熙游里，清属从政乡四都，民国编入城厢镇第14保，1949年称大坑农民协会（行政村），1956年隶属玉田农业生产合作社，1958年称玉田管理区大坑生产队，1961年称大坑大队，1984年复称大坑行政村，设村民委员会，属松源镇。1992年撤区扩镇并乡，仍属松源镇。2011年，撤销松源镇、四山乡建制，成立濛洲、松源、屏都3个街道，属濛洲街道。

大　坑 Dàkēng 村委会驻地。原名驮坑，因“驮”字有两音，可读“大”（见《五音集韵》为徒盖切音大）而简称大坑。聚落呈团块状分布。

岙　下 Àoxià 地处山岙之下得名。位于濛洲街道办事处东北3.1千米。村民已迁置大坑，现辟为香菇种植基地。

黄田亭 Huángtiántíng 因亭得名。位于濛洲街道办事处东北2.2千米。村民已迁置大坑，建有濛洲220KV变电站。清光绪《庆元县志·建置志·亭阁》：“黄田亭，道光五年复建。”

【大济村】 Dàjì Cūn 以驻地得名。位于濛洲街道办事处南2.2千米，东邻下滩村，南接半岱村、五大堡乡杨楼村，西至下庄亭村、下坞村、松源街道南门村，北连后碓村、街尾村。辖1个自然村。506户，1602人。土地总面积7.83平方千米，耕地面积2143.80亩，林地面积7419.60亩。农林产品有稻米、茶叶、水果等，产红砖，兴旅游。1949年称大济农民协会（行政村），1956年称大济农业生产合作社，1958年称大济生产队，1961年称大济大队，1984年复称大济行政村，设村民委员会，属大济乡。1992年撤区扩镇并乡，大济乡并入松源镇，改属松源镇。2011年，撤销松源镇、四山乡建制，成立濛洲、松源、屏都3个街道，属濛洲街道。

大　济　Dàjì　中国历史文化名村、中国传统古村落。其名源于水，因白水漈（瀑布，在半湾源头），相对大于小漈（今废）而得名。又含“经世济民”之意。据《吴氏宗谱》载，始于隋代为罗、缪、华、张诸氏开拓，今尚有“潘门”“罗垟”“华家坪”“张家弄”等地名。至北宋景德三年（1006），吴氏始祖崇熙公从松源迁徙于此后，支系繁衍，遂为吴氏所替代。1984年设立大济乡时，为乡政府驻地。自宋朝至明代陆续涌现出26名进士，被誉为“大济进士村”。有全国重点文物保护单位处州廊桥组成之一甫田桥、双门桥，有大济古驿道、卢福庙省级文物保护单位2处。大济古村营造技艺列入省级非物质文化遗产名录。历史遗存有圣旨门街、古地道、吴氏宗祠、木拱廊屋桥、明清民居建筑等。村内道路有迎旨门街、环村（东、南、西、北）路、济中路、双门桥路等。

【道岗村】 Dàogǎng Cūn　少数民族村。以原驻地得名。位于濛洲街道办事处南3.6千米，东邻下滩村，南接半湾村，西、北至大济村。辖2个自然村。89户，304人。土地总面积0.74平方千米，耕地面积293.10亩，林地面积277.95亩。农林产品有稻米、茶叶、香菇、木材药材、吊瓜等。原属大济大队，1984年析置，设村民委员会，属大济乡。1992年撤区扩镇并乡，大济乡并入松源镇，改属松源镇。2011年，撤销松源镇、四山乡建制，成立濛洲、松源、屏都3个街道，属濛洲街道。

道岗新村　Dàogǎng Xīncūn　村委会驻地。1992年，道岗村民相继迁至于此，遂成村落，因沿用老村名，故名“道岗新村”。85户，293人。聚落呈排屋状分布。建有道岗新村1—7弄。

道　岗　Dàogǎng　一称大岗，因山得名。据考始于清乾隆年间（1736—1795），雷氏首迁于此。聚落呈团块状分布。4户，11人。1992年始，村民因下山脱贫相继迁至大济村以南的大济下洋建房定居。

【半湾村】 Bànwān Cūn　以原驻地得名。位于濛洲街道办事处南4.0千米。东邻道岗村，南接半岱村，西、北连大济村。辖2个自然村。53户，212人。土地总面积0.86平方千米，耕地面积317.40亩，林地面积820.05亩。农林产品有稻米、大豆、茶叶、毛竹、药材、吊瓜等。原属大济大队，1984年析置，设村民委员会，属大济乡。1992年撤区扩镇并乡，大济乡并入松源镇，改属松源镇。2011年，撤销松源镇、四山乡建制，成立濛洲、松源、屏都3个街道，属濛洲街道。

半湾新村　Bànwān Xīncūn　村委会驻地。1992年，半湾村民相继迁至于此，遂成村落，因区别于老村名，故名“半湾新村”。聚落呈排屋状分布于大济洋路东西两侧。建有半湾新村东一弄、东二弄、西一弄、西二弄。

半　湾　Bànwān　一称源头。村以地片名。因其为济川发源地，故又名源头。1992年始，村民因下山脱贫已全部迁至大济村以南的大济下洋建房定居。

【周墩村】 Zhōudūn Cūn　以驻地得名。位于濛洲街道办事处东2.0千米。东邻洋心村，南接下滩村，西至后碓村、吴宅村，北连姚家村、喜鹊村。辖3个自然村，209户，726人。土地总面积8.18平方千米，耕地面积973.20亩，林地面积9207.75亩。农林产品有稻米、油茶、木材、香菇、茶叶等。民国属城厢镇第13保。1949年称周墩农协会（行政村），1950年分设周墩乡，1956年并大济乡称周墩农业生产合作社，1958年称周墩生产队，1961年称周墩大队，1984年复称周墩行政村，设村民委员会，属大济乡。1992年撤区扩镇并乡，大济乡并入松源镇，改属松源镇。2011年，撤销松源镇、四山乡建制，成立濛洲、松源、屏都3个街道，属濛洲街道。

周　墩　Zhōudūn　村委会驻地。昔系土墩，周氏肇基，故名。聚落呈团块状分布。184户，638人。据当地《周氏宗谱》载，始于元大德年间（1297—1307），周氏启昌公从后溪（今张村乡）迁置。距村东二里的石壁山下，明置石壁隘，见清光绪《庆元县志·武备志·关隘》："石壁隘，二都周墩，县东八里，清咸丰七年（1857）新重建。"村内道路有周墩路、小学路、大桥路等。

平　岗　Pínggǎng　以山得名。位于濛洲街道东南3.1千米。聚落呈点状分布。8户，29人。1956年，周氏肇基。

省　里　Shěnglǐ　一称柿儿，传昔因产黄柿得名，方言"柿""省"近音，后世雅为今名。位于濛洲街道以东1.4千米。聚落呈团块状分布。17户，59人。清光绪《庆元县志》卷二："柿儿，一都下管。"

【田墩村】 Tiándūn Cūn　以驻地得名。位于濛洲街道办事处东3.6千米。东邻西演村，南至洋心村，西接周墩村，北连喜鹊村。辖1自然村。61户，189人。土地总面积2.63平方千米。耕地面积122.10亩，林地面积2818.20亩。农林产品有稻米、油茶、木材、香菇、茶叶等。原属周墩大队，1984年析置，设村民委员会，属大济乡。1992年撤区扩镇并乡，大济乡并入松源镇，改属松源镇。2011年，撤销松源镇、四山乡建制，成立濛洲、松源、屏都3个街道，属濛洲街道。

田　墩　Tiándūn　因房舍建在高出水田的山地上，故名。聚落呈带状分布。1977年因建兰溪桥电站，由畲客地整体搬迁至此。

【洋心村】 Yángxīn Cūn　以驻地得名。位于濛洲街道办事处东3.1千米。东邻西演村，南、西至周墩村，北连田墩村。辖3个自然村。72户，276人。土地总面积1.30平方千米，耕地面积262.45亩，林地面积1176.45亩。农林产品有稻米、香菇、木材、茶叶、油茶、蔬菜等。原属周墩大队，1984年析置，设村民委员会，属大济乡。1992年撤区扩镇并乡，大济乡并入松源镇，改属松源镇。2011年，撤销松源镇、四山乡建制，成立濛洲、松源、屏都3个街道，属濛洲街道。

洋　心　Yángxīn　村委会驻地。原称古楼庙洋村，后因村坐落庙下洋（田片名）之中心改称洋心村。聚落呈团块状分布。51户，201人。清咸丰十一年（1861），周氏和吴氏在古楼庙旁边的田洋肇基置业。

庙　下　Miàoxià　因村旁古楼庙得名。位于濛洲街道办事处东2.9千米。聚落呈带状分布。21户，75人。清光绪二十四年（1898），张氏置。

城　东　Chéngdōng　因坐落于县城区东部得名。位于濛洲街道办事处以东2.6千米。聚落呈带状分布。38户、152人。村民分别来自濛洲街道应岭尾村、喜鹊村及百山祖、荷地、五大堡、隆宫等乡镇。

【西演村】 Xīyǎn Cūn　少数民族村。以驻地得名。位于濛洲街道办事处东 3.9 千米。东邻应岭尾村，南至洋心村，西接田墩村，北连喜鹊村。辖 1 个自然村。28 户，108 人。土地总面积 1.05 平方千米。耕地面积 95.55 亩，林地面积 1247.85 亩。农林产品有稻米、香菇、木材、茶叶等。原属周墩大队，1984 年析置，设村民委员会，属大济乡。1992 年撤区扩镇并乡，大济乡并入松源镇，改属松源镇。2011 年，撤销松源镇、四山乡建制，成立濛洲、松源、屏都 3 个街道，属濛洲街道。

西　演　Xīyǎn　因村旁有水甽，方言水甽与西演近音，谐为西演。聚落呈团块状分布。清同治年间（1862—1874），兰氏先于此种植油茶，后定居，陈氏、毛氏、吴氏继入。

【应岭尾村】 Yīnglǐngwěi Cūn　以驻地得名。位于濛洲街道办事处东 5.6 千米。东、南与五大堡乡濛淤村相邻，西接周墩村、西演村，北连五大堡乡八洋村。辖 1 个自然村，69 户，234 人。土地总面积 2.20 平方千米，耕地面积 174.75 亩，林地面积 2911.95 亩。农林产品有稻米、木材、香菇、油茶、茶叶等。原属周墩大队，1984 年析置，设村民委员会，属大济乡。1992 年撤区扩镇并乡，大济乡并入松源镇，改属松源镇。2011 年，撤销松源镇、四山乡建制，成立濛洲、松源、屏都 3 个街道，属濛洲街道。

应岭尾　Yīnglǐngwěi　因岭得名。聚落呈带状分布。古时，应岭为庆元县城与东部地区来往的主要通道，清嘉庆年间（1796—1820），王氏在岭尾的茶堂烧水给过往客人喝，遂定居于此，后吴氏继入。清光绪《庆元县志》卷一："应岭，县东十里，横矗云际，状如列戟。"兰溪桥电站建此。

【喜鹊村】 Xǐquè Cūn　以下辖自然村喜鹊岙（今废）得名。位于濛洲街道办事处东 4.0 千米。东、北与五大堡乡盖竹村相邻，南至西演村、田墩村，西接同济社区、周墩村。辖 2 个自然村。174 户，560 人。土地总面积平方 3.80 平方千米，耕地面积 543.90 亩，林地面积 4749.30 亩。农林产品有稻米、木材、毛竹、茶叶、茶油、香菇等。1949 年称喜鹊农民协会（行政村），1956 年称喜鹊农业生产合作社，1984 年复称喜鹊行政村。原大队名沿用。设村民委员会，属大济乡。1992 年撤区扩镇并乡，大济乡并入松源镇，改属松源镇。2011 年，撤销松源镇、四山乡建制，成立濛洲、松源、屏都 3 个街道，属濛洲街道。

大毛湾　Dàmáowān　村委会驻地。老虎，俗称大毛，传昔常有虎出没，故名。聚落呈带状分布。114 户，367 人。清乾隆年间（1736—1795），吴氏肇基。

梨壁山　Líbìshān　村后有一山，首尾起翘，中间凹陷，犹似犁壁，故名。位于濛洲街道东 4.0 千米。聚落呈带状分布。60 户，193 人。1969—1977 年间，原喜鹊岙村民迁置。

【下滩村】 Xiàtān Cūn　以驻地得名。位于濛洲街道办事处东南 4.0 千米。东、南与五大堡乡濛淤村、杨楼村相邻，西接大济村、道岗村，北连周墩村。辖 3 个自然村。153 户，463 人。土地总面积 10.97 平方千米，耕地面积 924.75 亩，林地面积 14763.0 亩。农林产品有稻米、木材、茶叶、毛竹、花岗石等。1949 年称下滩农民协会（行政村），1956 年称下滩农业生产合作社，1958 年称下滩生产队，1961 年称下滩大队，1984 年复称下滩行政村，设村民委员会，属大济乡。1992 年撤区扩镇并乡，大济乡并入松源镇，改属松源镇。2011 年，撤销松源镇、四山乡建制，成立濛洲、松源、屏都 3 个街道，属濛洲街道。

下　滩 Xiàtān 村委会驻地。一称叉路下。因溪滩得名。聚落呈带状分布。90户，273人。据考始于清顺治年间（1644—1611），柳、范两氏从石柱（今左溪镇）、漈面（今荷地镇）先后迁置。清嘉庆《庆元县志·山川》："下滩溪，县东十里。"清光绪《庆元县志》卷二："下滩，二都。"

下滩庙 Xiàtānmiào 因庙得名。位于濛洲街道办事处东南3.6千米。聚落呈带状分布。45户，123人。由南山下、岗尾、新田等村民迁置。

十二丘 Shíèrqiū 原系田片名，村名沿之。位于濛洲街道办事处东南3.8千米。聚落呈散状分布。18户，67人。

【下坞村】 Xiàwù Cūn 以驻地得名。位于濛洲街道办事处南4.5千米。东邻大济村，南至半岱村、星源村，西接范源村，北连下庄亭村。人口190户，615人。土地总面积2.58平方千米，耕地面积755.55亩，林地面积2589.75亩。农林产品有稻米、木材、油茶、油桐、茶叶、梨、葡萄、草莓等。1949年称下坞农民协会（行政村），1956年称星光农业生产合作社，1958年称星光生产队，1961年称星光大队，1984年复称下坞行政村，设村民委员会，属星光乡。1992年撤区扩镇并乡，星光乡并入松源镇，改属松源镇。2011年，撤销松源镇、四山乡建制，成立濛洲、松源、屏都3个街道，属濛洲街道。

下　坞 Xiàwù 坞，低地。因坐落东、西两山之麓得名。聚落呈团块状分布。金溪从村中穿过。清光绪《庆元县志》卷二："下坞，三都。"明置西山隘，早废。清末，吴氏迁置。村内道路有下坞村一、二、三弄、水穴路、庙路等。县道庆星线过境。

【半岱村】 Bàndài Cūn 以驻地得名。位于濛洲街道办事处南4.4千米。东邻大济村，南至星源村，西接乌石岭村，北连下庄亭村。辖1个自然村。104户，365人。土地总面积3.32平方千米，耕地面积368.10亩，林地面积4240.80亩。农林产品有稻米、木材、香菇、黑木耳等。原属星光大队，1984年复称半岱行政村，设村民委员会，属星光乡。1992年撤区扩镇并乡，星光乡并入松源镇，改属松源镇。2011年，撤销松源镇、四山乡建制，成立濛洲、松源、屏都3个街道，属濛洲街道。

半　岱 Bàndài 岱，山岳。地处回龙山（一称黄泥寨）南麓得名，1995年，半岱村因下山脱贫实行了整村搬迁，新址地名沿用半岱。聚落呈排屋状分布。原址于清乾隆年间（1736—1795），叶姓尚公氏肇基。清光绪《庆元县志》卷二："半岱，三都。"县道庆星线过境。

【范源村】 Fànyuán Cūn 以驻地得名。位于濛洲街道办事处西南3.7千米。东邻下坞村，南、西与乌石岭村相连，北连下庄亭村。辖1个自然村。52户，173人。土地总面积1.11平方千米，耕地面积153.15亩，林地面积1414.35亩。农林产品有稻米、木材、毛竹、茶叶、山苍子、梨等。原属星光大队，1984年析置，设村民委员会，属星光乡。1992年撤区扩镇并乡，星光乡并入松源镇，改属松源镇。2011年，撤销松源镇、四山乡建制，成立濛洲、松源、屏都3个街道，属濛洲街道。

范　源 Fànyuán 范氏置，故名。1993年，范源整村搬迁到庆星线沿线居住，村名沿用。聚落呈带状分布。清光绪《庆元县志》卷二："范源，三都。"县道庆星线过境。

【星源村】 Xīngyuán Cūn 以星光、源头各取一字得名。位于濛洲街道办事处驻地西南5.5千米。东邻半岱村，南至林后村，西接乌石岭村，北连下坞村。辖1个自然村。116户，247人。土地总面积2.10平方千米，耕地面积385.50亩，林地面积2568.45亩。农林产品有稻米、木材、毛竹、油桐等。原属星光大队，1984年析置，设村民委员会，属星光乡。1992年撤区扩镇并乡，星光乡并入松源镇，改属松源镇。2011年，撤销松源镇、四山乡建制，成立濛洲、松源、屏都3个街道，属濛洲街道。

源　头 Yuántóu 金溪（竹坑溪）发源地得名。聚落呈带状分布。据考始于清乾隆年间（约1780年），柳氏从沙湾（今景宁畲族自治县沙湾镇）迁置。清光绪《庆元县志》卷二："源头，三都。"2013年起，整村已陆续搬迁至松源街道同心新村及县道庆星线沿线定居。

【下庄亭村】 Xiàzhuāngtíng Cūn 以驻地得名。位于濛洲街道办事处西南3.1千米。东邻大济村，南至范源村、半岱村，西、北接松源街道西门村、东门村。辖1个自然村。33户，123人。土地总面积2.05平方千米，耕地面积472.35亩，林地面积1756.95亩。农林产品有稻米、木材、茶叶，油桐、油茶等。原属星光大队，1984年析置，设村民委员会，属星光乡。1992年撤区扩镇并乡，星光乡并入松源镇，改属松源镇。2011年，撤销松源镇、四山乡建制，成立濛洲、松源、屏都3个街道，属濛洲街道。

下庄亭 Xiàzhuāngtíng 村以亭得名。聚落呈团块状分布。1975年由邻近的茶子林等村迁置。清光绪《庆元县志·建置志·亭阁》："下庄亭，里人吴士武建。"县道庆星线过境。

【乌石岭村】 Wūshílǐng Cūn 以驻地得名。位于濛洲街道办事处西南5.9千米。东邻星源村，南至林后村，西接淤上乡外童村、淤上村，北连范源村。辖1自然村。190户，520人。土地总面积4.43平方千米，耕地面积720.90亩，林地面积5365.50亩。农林产品有稻米、木材、毛竹、茶叶、山苍子、锥栗等。1949年称乌石岭农民协会（行政村），1956年与林后合称星星农业生产合作社，1958年称乌石岭生产队，1961年称乌石岭大队，1984年复称乌石岭行政村，设村民委员会，属星光乡。1992年撤区扩镇并乡，星光乡并入松源镇，改属松源镇。2011年，撤销松源镇、四山乡建制，成立濛洲、松源、屏都3个街道，属濛洲街道。

乌石岭 Wūshílǐng 村名源于岭，清嘉庆《庆元县志·封域志·山川》："乌石岭，县西南十里。石壁削峭，为邑西障。"聚落呈散状分布。据考始于明崇祯年间（1628—1644），陈氏置。清置乌石岭隘，早废。原属林后乡，1956年并淤上乡，1958年划入星光乡。清光绪《庆元县志》卷二："乌石岭，三都。"村道星乌线过境。

【林后村】 Línhòu Cūn 以驻地得名。位于濛洲街道办事处西南7.0千米。东邻星源村，南至淤上乡长砻村，西接塘根村，北连乌石岭村。辖1个自然村。129户，428人。土地总面积3.27平方千米，耕地面积784.65亩，林地面积3516.90亩，农林产品有茶叶、毛竹、木材、香菇、锥栗等。1949年称林后农民协会（行政村），1956年与乌石岭合称星星农业生产合作社，1958年称林后生产队，1961年称林后大队，1983年复称林后行政村，设村民委员会，属星光乡。1992年撤区扩镇并乡，星光乡并入松源镇，改属松源镇。2011年，撤销松源镇、四山乡建制，成立濛洲、松源、屏都3个街道，属濛洲街道。

林　后 Línhòu 周氏置。因坐落于周氏祠林之后得名。原属林后乡，1956年并南坑乡，1958年划入星光乡。清光绪《庆元县志》卷二："林后，三都。"周氏置。2013年起，整村已陆续搬迁至松源街道同心新村等地。村道乌林线过境。

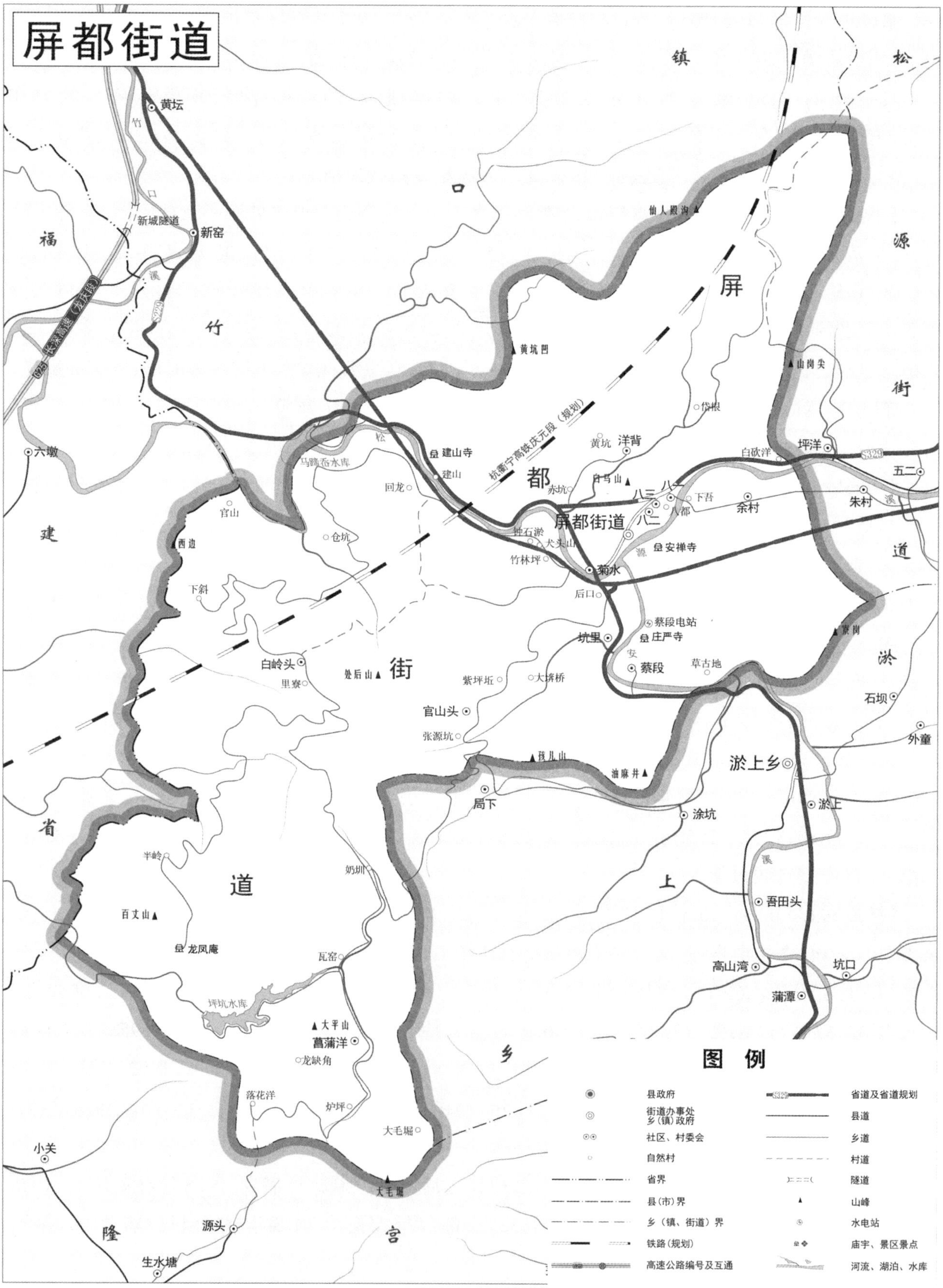

浙江省测绘与地理信息局　地图审核号：浙 S[2015]81 号　2014 年

第三章　屏都街道

第一节　政区概况

名称来历　以境内屏风山和八都村各取一字得名。

地理环境　位于北纬27°30′—27°41′，东经118°52′—119°00′。地处县城西面，东、东南与松源街道、淤上乡接壤，南邻隆宫乡，西与福建省松溪县旧县乡相连，北毗连竹口镇，东北与松源街道相邻。办事处驻八二村八都大街239号。境内地势较为平坦，东南和中部为松源溪和安溪溪谷地，四周缓坡自东向西倾斜，西部百丈山群峰连绵。松源溪、安溪流经境内，谷地内阡陌纵横，建有水库2座，农田灌溉十分便利。森林覆盖率85.6%。属亚热带季风湿润气候，灾害性天气较少，年平均气温17.4℃、降雨量1740.5毫米。

政区沿革　明时属庆元县荣庆乡安堵、登高里。清时属荣庆乡第六、第八都。民国时称安仁、安庆乡。1949年11月设立八都乡。1959年2月称八都管理区，属菊隆人民公社。1961年8月改称菊水人民公社。1984年6月更名屏都乡。1991年9月改为建制镇，称屏都镇。1992年5月，原屏都镇、五都乡和白岭头管理处合并设屏都镇。2003年12月，五一、五二、五三、五四4个村并入松源镇。2010年12月，撤销屏都镇建制，其行政区域并入松源镇。2011年12月，撤松源镇、四山乡建制，分设松源、濛洲、屏都3个街道，原屏都镇朱村、薰坑、薰山下、坪洋四个村并入松源街道。

政区划分　2014年，辖八一、八二、八三、菊水、洋背、余村、蔡段、坑里、官山头、白岭头、坪坑、菖蒲洋12个村民委员会；下设71个村民小组。

人口与面积　2014年，辖区有4337户10029人。总人口中，以汉族为主，达9551人，占98.8%；有畲族、苗族2个少数民族，共113人，占1.2%，其中畲族110人，占少数民族人口的97.3%；苗族3人，占2.7%。辖区东西最大距离12.5千米，南北最大距离20.56千米，总面积101.1平方千米，其中耕地735.80公顷，林地8545.19公顷。

经济状况　域内有着丰富的农林资源，素有“鱼米之乡”之美誉。随着产业结构调整，传统农业向效益农业转变，走出一条以食用菌、养殖、烤烟、茶叶、水干果为主的效益农业发展之路。屏都是本县柑橘重点产地，品质优良，其中“余村蜜橘”在1989年烟台水果评选会上被评为“全国第一”，1991年建立柑橘基地56公顷，2006柑橘种植152.7公顷，产量746吨。2002年以来，发展袋料栽培和高棚层架栽培花菇，是全县重点产菇地之一。2010年赤坑洋流转10公顷土地，建成全县规模最大食用菌标准化生产示范基地。庆元林场坐落境内，下辖庆元国家级巾子峰森林公园及5个林区，总面积5842公顷。境内建有屏都综合新区和菊水工业小区，其中屏都综合新区(余村工业园)为全县最大的工业园区。工业产品有竹筷、砧板、铅笔、木门、食用菌、纸箱包装等。2014年，有企业146家，其中规模以上工业企业8家，工业总产值14.3亿元，同比增长27.51%，财政总收入961万元。

社会发展 2014年，有文化艺术团体16个，文化馆(站)1个，村文化活动中心16个，公共图书室1个，村图书室12个;幼儿园4所，小学1所，中学1所;各级各类医疗卫生机构9个。村村通公路、通广播、有线电视、电话、手机网络、自来水。农村安全饮用水普及率100%，农村卫生厕所普及率98.8%。参加新型农村医疗保险9455人，参保率97.83%，城乡居民养老保险3079人，参保率31.86%。菊寿(S329)和龙后(S229)省道过境，通5路公交车。

名胜旅游 境内文化底蕴深厚，有县级文物保护单位安禅寺、百丈庵2处;余村庙会、舞龙灯等群众性传统习俗。主要景点有“百丈龙湫”、“槎水春澜”、“巾子祥云”、屏风山、菊水潭、白马山等。

第二节 村及居民点

【八一村】 Bāyī Cūn 以驻地得名。东邻余村村，南至八二村，西接八三村，北连庆元林场。辖2个自然村。310户，903人。土地总面积0.85平方千米，耕地面积597.15亩，林地面积213.45亩。农林产品有水稻、烟草、橘子、毛竹等。1949年统隶八都农民协会(行政村)，1956年与菊水并称“八一”农业生产合作社，1958年称菊水生产队，1961年称八一大队，1981年更名八都一大队，1984年改称八都一村行政村，设村民委员会，属屏都乡。1991年屏都撤乡建镇，属屏都镇。1992年撤区扩镇并乡，仍属屏都镇。2010年屏都镇并入松源镇，属松源镇，改称八一村。2011年，撤销松源镇、四山乡建制，成立濛洲、松源、屏都3个街道，属屏都街道。

八　一 Bāyī 村委会驻地。位于八都村头，以序列得名。222户，701人。聚落呈团块状分布。据当地《杨氏宗谱》载，始于南宋隆兴元年(1163)，杨氏始祖杨一公为避辽、金之乱徙迁于此。是时无桥，杨公为解决涉水之艰，削木为槎，剥竹为篙，以济来往，因名槎溪。清初并图减役，全县设三乡十二都，槎溪属荣庆乡第八都，后世遂村以都名。清光绪《庆元县志》卷二:“槎溪，八都。”清代为汛地，有兵驻防，清嘉庆《庆元县志·武备志》有记。历史遗存有古民居及通济桥亭等。村内道路有八都大街、中心街和溪沿路等。

下　吾 Xiàwú 昔称下湖，传原是沙墩，下有烂糊田，“糊”“吾”近音，谐音得名。位于屏都街道办事处东北0.9千米。聚落呈团块状分布。88户，202人。与八一隔溪相对，明置。清光绪《庆元县志》卷二:“下吾，八都。”

【八二村】 Bāèr Cūn 以驻地得名。东邻八一村、余村，南至蔡段村，西接坑里村、菊水村，北连八三村。辖1个自然村。469户，913人。土地总面积1.49平方千米，耕地面积701.4亩，林地面积946.95亩。农林产品有水稻、烟草、橘子、毛竹等。1949年统隶八都农民协会(行政村)，1956年与菊水并称“八一”农业生产合作社，1958年称菊水生产队，1961年析置八二大队，1981年更名八都二大队，1984 年改称八都二村行政村，设村民委员会，属屏都乡。1991 年屏都撤乡建镇，属屏都镇。1992 年撤区扩镇并乡，仍属屏都镇。2010 年屏都镇并入松源镇，属松源镇，改称八二村。2011 年，撤销松源镇、四山乡建制，成立濛洲、松源、屏都 3 个街道，属屏都街道。

八　二　Bāèr　位于八都中部，以序列得名。聚落呈团块状分布。据当地《杨氏宗谱》载，始于南宋隆兴元年(1163)，杨氏始祖杨一公为避辽、金之乱徙迁于此。是时无桥，杨公为解决涉水之艰，削木为搓，剥竹为篙，以济来往，因名搓溪。清初并图减役，全县设三乡十二都，搓溪属荣庆乡第八都，后世遂村以都名。清光绪《庆元县志》卷二："搓溪，八都。"清代为汛地，有兵驻防，清嘉庆《庆元县志·武备志》有记。历史遗存有民居、通济桥亭。村内道路有八都大街、中心街和溪沿路等。

【八三村】 Bāsān Cūn　以驻地得名。东邻八一村，南至八二村，西接菊水村，北连庆元林场。辖 1 个自然村。320 户，1001 人。土地总面积 0.14 平方千米，耕地面积 96.10 亩。农林产品有水稻、烟草、橘子、毛竹等。1949 年统隶八都农民协会(行政村)，1956 年与菊水并称"八一"农业生产合作社，1958 年称菊水生产队，1961 年析称八三大队，1981 年更名八都三大队，1984 年改称八都三村行政村，设村民委员会，属屏都乡。1991 年屏都撤乡建镇，属屏都镇。1992 年撤区扩镇并乡，仍属屏都镇。2010 年屏都镇并入松源镇，属松源镇，改称八三村。2011 年，撤销松源镇、四山乡建制，成立濛洲、松源、屏都 3 个街道，属屏都街道。

八　三　Bāsān　位于八都村尾西侧，以序列得名。聚落呈团块状分布。据当地《杨氏宗谱》载，始于南宋隆兴元年(1163)，杨氏始祖杨一公为避辽、金之乱徙迁于此。是时无桥，杨公为解决涉水之艰，削木为槎，剥竹为篙，以济来往，因名槎溪。清初并图减役，全县设三乡十二都，槎溪属荣庆乡第八都，后世遂村以都名。清光绪《庆元县志》卷二："槎溪，八都。"清代为汛地，有兵驻防，清嘉庆《庆元县志·武备志》有记。历史遗存有桂兰亭、安禅寺、古民居。村内道路有八都大街、中心街和溪沿路等。

【菊水村】 Júshuǐ Cūn　以驻地得名。位于屏都街道办事处西南 0.71 千米。东邻八二、八三村，南至坑里村、官山头村，西接白岭头村，北连洋背村、竹口镇新窑村。辖 8 个自然村。593 户，1389 人。土地总面积为 9.27 平方千米，耕地面积 1471.65 亩，林地面积 10147.05 亩。农林产品有水稻、烟草、蔬菜、柑橘、茶叶等。1949 年称菊水农民协会(行政村)，1956 年与八都并称"八一"农业生产合作社，1958 年称菊水生产队，1961 年称菊水大队，1984 年复称菊水行政村，设村民委员会，属屏都乡。1991 年屏都撤乡建镇，属屏都镇。1992 年撤区扩镇并乡，仍属屏都镇。2010 年屏都镇并入松源镇，属松源镇。2011 年，撤销松源镇、四山乡建制，成立濛洲、松源、屏都 3 个街道，属屏都街道。

菊　水　Júshuǐ　村委会驻地。昔称"掬水"，名出松源溪和安溪在村前汇合，激流回旋，浪花翻腾，犹似秋菊怒放的情景。聚落呈团块状分布。356 户，877 人。明置。清光绪《庆元县志》卷二："掬水，八都。"历史遗存有卢佛庙。村内道路有菊水街、菊水后街、菊水新建路等。229 省道穿村而过，村东为 329 省道起点。

后　口　Hòukǒu　地处松源溪与安溪交汇口后面，故名。位于屏都街道办事处西南 1.0 千米。聚落呈带状分布。74 户，179 人。始于清乾隆年间(1736—1795)。清光绪《庆元县志》卷二："后口，八都。"229 省道过境。

竹林坪 Zhúlínpíng 传昔为竹林，故名。位于屏都街道办事处西南1.1千米。聚落呈带状分布。66户，183人。姚氏置。

钟石淤 Zhōngshíyū 原为溪滩名，村名因之。位于屏都街道办事处西1.2千米。聚落呈团块状分布。32户，86人。清光绪《庆元县志》卷二："钟石淤，八都。"

黄　坑 Huángkēng 一称四十岗。黄坑，水，村以水名。位于屏都街道办事处西北1.5千米。聚落呈散状分布。15户，36人。1975年迁至四十岗(田片名)，村名沿用。

回　龙 Huílóng 一称乌龙庵。村后有五条山岗，势若五龙聚首，故名。位于屏都街道办事处西2.8千米。聚落呈散状分布。37户，168人。

建　山 Jiànshān 昔名观音堂，自1966年马蹄岙电站建设工程开工后，始称今名，含"艰苦奋斗，建设山区"之意。位于屏都街道办事处西2.6千米。聚落呈带状分布。13户，39人。229省道过境。

犬头山 Quǎntóushān 旧称虎头山，后改称犬头山，因所处地形得名。位于屏都街道办事处西1.2千米。聚落呈带状分布。43户，163人。叶氏从龙泉小梅镇黄南迁置。

【洋背村】 Yángbèi cūn 以驻地得名。位于屏都街道办事处北1.4千米。东邻坪洋村，南至庆元林场，西接菊水村、竹口镇新窑村，北连大洋千岗坑林场。辖3个自然村。189户，583人。土地总面积8.93平方千米，耕地面积1307.55亩，林地面积10941.90亩。农林产品有水稻、大豆、蔬菜、锥栗、蜜橘、毛竹等。1949年与山柘、岱根、赤坑并称岱根农民协会(行政村)，1956年称岱根农业生产合作社，1958年称岱根生产队，1961年称岱根大队，1981年因与青竹公社岱根大队（今属左溪镇)同名，按驻地更称洋背大队，1984年称洋背行政村，设村民委员会，属屏都乡。1991年屏都撤乡建镇，属屏都镇。1992年撤区扩镇并乡，仍属屏都镇。2010年屏都镇并入松源镇，属松源镇。2011年，撤销松源镇、四山乡建制，成立濛洲、松源、屏都3个街道，属屏都街道。

洋　背 Yángbèi 村委会驻地。田洋在下，村舍居上，如跨其背，故名。聚落呈团块状分布。62户，136人。

岱　根 Dàigēn 地处山脚，方言山称"岱"，脚为"根"，故名。位于屏都街道办事处东北2.1千米。聚落呈散状分布。107户，308人。清置。清光绪《庆元县志》卷二："岱根，八都。"

赤　坑 Chìkēng 赤坑，水，松源溪支流之一。村以水名。位于屏都街道办事处西北1.0千米。聚落呈散状分布。61户，152人。明置。清光绪《庆元县志》卷二："赤坑，八都。"

【余村村】 Yúcūn Cūn 以驻地得名。位于屏都街道办事处东1.6千米。东邻朱村村，南至蔡段村、淤上乡石坝村，西接八一村、八二村，北连坪洋、庆元林场。辖2个自然村。753户，1963人。土地总面积3.60平方千米，耕地面积1839.0亩，林地面积797.25亩。农林产品有水稻、柑橘、蔬菜等。1949年称余村农民协会（行政村)，1956年称余村农村生产合作社，1958年称余村生产队，1961年称余村大队，1984年复称余村行政村，设村民委员会，属屏都乡。1991年屏都撤乡建镇，属屏都镇。1992年撤区扩镇并乡，仍属屏都镇。2010年屏都镇并入松源镇，属松源镇。2011年，撤销松源镇、四山乡建制，成立濛洲、松源、屏都3个街道，属屏都街道。

余　村 Yúcūn 村委会驻地。余氏肇基得名。聚落呈团块状分布。718户，1856人，多姓范、朱、王。明置。清光绪《庆元县志》卷二："余村，二都。"历史遗存有范氏宗祠、方氏宗祠、福慧堂、古民居等。村内道路有余村老街、余村余五路、溪沿路等。

白砍洋　Báikǎnyáng　村以田片名。位于屏都街道办事处东北 2.3 千米。聚落呈带状分布。35 户，107 人。

【蔡段村】 Càiduàn Cūn　少数民族村。以驻地得名。位于屏都街道办事处南 2.1 千米。东、南与淤上乡石坝村、山根村、涂坑村、局下村毗邻，西接官山头村、坑里村，北连八二村。辖 2 个自然村。206 户，532 人。土地总面积 2.95 平方千米，耕地面积 1035.3 亩，林地面积 2676.75 亩。农林产品有水稻、蔬菜、甜橘等。1949 年与坑里并称蔡段农民协会水农民协会（行政村），1956 年称蔡段农业生产合作社，1958 年称蔡段生产队，1961 年称蔡段大队，1984 年称蔡段行政村，设村民委员会，属屏都乡。1991 年屏都撤乡建镇，属屏都镇。1992 年撤区扩镇并乡，仍属屏都镇。2010 年屏都镇并入松源镇，属松源镇。2011 年，撤销松源镇、四山乡建制，成立濛洲、松源、屏都 3 个街道，属屏都街道。

蔡　段　Càiduàn　昔系一土墩，蔡氏开拓，故昔称蔡墩，"墩""段"近音，谐为今名。畲族聚居地。聚落呈团块状分布。136 户，357 人，其中畲族有 21 户、47 人。明置。清光绪《庆元县志》卷二："蔡段，六都。"村内道路有勤兴路等。

草古地　Cǎogǔdì　昔名叶村，为明代正统年间著名的矿工起义领袖叶宗留出生地，起义失败后，村遭官府涂炭，成了"抄家地"，后世雅为今名。位于屏都街道办事处南 2.4 千米。聚落呈团块状分布。70 户，175 人。1964 年，淳安县移民迁置。

【坑里村】 Kēnglǐ Cūn　以驻地得名。位于屏都街道办事处南 1.7 千米。东邻八二村，南至蔡段村，西接官山头村，北连菊水村。辖 1 个自然村。153 户，369 人。土地总面积 0.96 平方千米，耕地面积为 434.10 亩，林地面积 760.65 亩。农林产品有水稻、果树、茶叶等。原属蔡段大队，1984 年析置，设村民委员会，属屏都乡，1991 年屏都撤乡建镇，属屏都镇。1992 年撤区扩镇并乡，仍属屏都镇。2010 年屏都镇并入松源镇，属松源镇。2011 年，撤销松源镇、四山乡建制，成立濛洲、松源、屏都 3 个街道，属屏都街道。

坑　里　Kēnglǐ　方言"里""内"同义，地处水坑内侧得名。聚落呈团块状分布。153 户，369 人。清康熙年间（1662—1722）置。清光绪《庆元县志》卷二："坑里，六都。"村内道路有更新路等。229 省道过境。

【官山头村】 Guānshāntóu Cūn　原驻地官山头，以驻地得名。位于屏都街道办事处西南 2.4 千米。东邻坑里村、蔡段村，南至淤上乡局下村，西接白岭头村，北连菊水村。辖 3 个自然村。125 户，365 人。土地总面积为 4.08 平方千米，耕地面积 898.5 亩，林地面积 4509.75 亩。农林产品有水稻、烟叶、红辣椒、茶叶、柑橘等。1960 年前隶属白岭头，1961 年析置官山头大队，1984 年沿称官山头行政村，设村民委员会，属屏都乡。1991 年屏都撤乡建镇，属屏都镇。1992 年撤区扩镇并乡，仍属屏都镇。2010 年屏都镇并入松源镇，属松源镇。2011 年，撤销松源镇、四山乡建制，成立濛洲、松源、屏都 3 个街道，属屏都街道。

大垟桥　Dàbènqiáo　村委会驻地。村以桥名。聚落呈散状分布。56 户，178 人。1966 年淳安移民迁置。2009 年实施旧村改造，村貌焕然一新。

官山头　Guānshāntóu　昔地属国有山，古称"官山"，村名因之。位于屏都街道办事处西北 3.6

千米。聚落呈散状分布。21 户，69 人。据当地《叶氏宗谱》载，始于清乾隆四十八年（1783），叶氏从斋郎（今百山祖镇）迁置。清光绪《庆元县志》卷二："官山头，六都。"遗存有明代银矿洞古遗址。

张源坑 Zhāngyuánkēng 昔称张源。位于屏都街道办事处西北 3.9 千米。聚落呈散状分布。42 户，81 人。明置。清光绪《庆元县志》卷二："张源，六都。"

紫坪坵 Zǐpíngqiū 田片名，村名沿之。位于屏都街道办事处西北 3.0 千米。聚落呈散状分布。5 户，37 人。

【白岭头村】 Báilǐngtóu Cūn 以驻地得名。位于屏都街道办事处西南 4.7 千米。东邻菊水村、官山头村，南至白岭头百丈林场，西与福建省松溪县接壤，北连竹口镇新窑村。辖 3 个自然村。206 户，615 人。土地总面积 12.49 平方千米，耕地面积 1271.40 亩，林地面积 16328.40 亩。农林产品有水稻、烟叶、蔬菜、毛竹、枫树等。1949 年属八都乡，与官山头合称白岭头农村协会（行政村），1956 年称白岭头农业生产合作社，1958 年称白岭头生产队，1961 年称白岭头大队。1979 年划隶庆元林场，队名沿旧。1984 年复称白岭头行政村，设村民委员会，属庆元林场。1992 年撤区扩镇并乡，改属屏都镇。2010 年屏都镇并入松源镇，属松源镇。2011 年，撤销松源镇、四山乡建制，成立濛洲、松源、屏都 3 个街道，属屏都街道。

白岭头 Báilǐngtóu 村委会驻地。地处两条大山岭（东张源坑岭，西白岩岭）顶端，原名银岭头，相传因一场官司，输掉白银七担半，倾家荡产，改称败岭头，后谐为白岭头。聚落呈团块状和散状复合型分布。145 户，394 人。据当地《范氏宗谱》载，始于清康熙四十九年（1710），范氏一世祖从南阳（今张村乡）迁置。清光绪《庆元县志》卷二："白岭头，六都。"历史遗存有范氏宗祠。

下　斜 Xiàxié 因坐落向下倾斜的山口，故名。位于屏都街道办事处西 5.7 千米。聚落呈散状分布。52 户，148 人。据当地《吴氏宗谱》载，始于清雍正元年（1723），吴氏从菊水迁置，继有张、叶等氏迁入。清光绪《庆元县志》卷二："下斜，八都。"

里　寮 Lǐliáo 田片名，村名因之。位于屏都街道办事处西南 4.6 千米。聚落呈散状分布。34 户，79 人。

官　山 Guānshān 村以山名。位于屏都街道西 5.2 千米。3 户，12 人。清光绪二十六年（1900）前后，李氏迁置，现村民已外迁。

仓　坑 Cāngkēng 村以水名。位于屏都街道西 4.0 千米。2 户，6 人。清光绪二十六年（1900）前后，吴氏迁置，现村民已外迁。

【坪坑村】 Píngkēng Cūn 以驻地得名。位于屏都街道办事处西南 14.0 千米。东、北与淤上乡局下村、高山湾村毗邻，南至菖蒲洋村，西接白岭头百丈林场。辖 3 个自然村。110 户，353 人。土地总面积 5645.70 平方千米，耕地面积 230.4 亩，林地面积 4732.50 亩。农林产品有水稻、毛竹等。原属菖蒲洋大队，1984 年析置，设村民委员会，属庆元林场。1992 年撤区扩镇并乡，改属屏都镇。2010 年屏都镇并入松源镇，属松源镇。2011 年，撤销松源镇、四山乡建制，成立濛洲、松源、屏都 3 个街道，属屏都街道。

大布坪坑新村 Dàbùpíngkēng Xīncūn 村委会驻地。为坪坑村水库移民而设立的新村，村址位于福建省松源县大布村辖区内，故名。聚落呈团块状分布。35 户，138 人。1989 年，因坪坑水库建设，坪坑、瓦窑两村的村民迁至福建省松溪县大布村辖区内置村。原址称平坑。平坑，水，发源于大毛堀西麓，入福建省松溪县境。村以水名。据《范氏宗谱》载，始于清康熙二十五年（1686），吴氏元芳公从岱根迁置。清光绪《庆元县志》卷二："平坑，六都。"

奶 圳 Nǎizhèn 奶圳，水，发源于苍岱山西南麓，经平坑注入松溪县。村以水名。位于屏都街道办事处西南 6.1 千米。聚落呈团块状分布。42 户，130 人。据当地《周氏宗谱》载，始于清康熙三十年（1691），吴氏置。原为散居棚户，清咸丰九年（1859）周氏从后溪（今张村乡）迁此后方成村落。清光绪《庆元县志》卷二："奶圳，六都。"

半 岭 Bànlǐng 地处百丈庵通往福建省松溪县境的山岭中途，故名。位于屏都街道办事处西南 7.8 千米。聚落呈团块状分布。33 户，85 人。据考始于清乾隆二十三年（1758），毛氏从龙泉西平村迁置。

【菖蒲洋村】 Chāngpúyáng Cūn 以驻地得名。位于屏都街道办事处西南 8.6 千米。东邻里地村、淤上乡高山湾村，南、西与隆宫乡莲湖村、源头村、小关村毗邻，北连坪坑村。辖 5 个自然村。220 户，570 人。土地总面积 8.07 平方千米，耕地面积 389.25 亩，林地面积 11274.30 亩。农林产品有水稻、毛竹等。1949 年属淤上乡称菖蒲洋农民协会（行政村），1956 年与局下、高山湾合称菖蒲洋农业生产合作社，1958 年划出局下、高山湾称菖蒲洋生产队，1961 年称菖蒲洋大队，1979 年划隶庆元林场，队名沿用。1984 年复称菖蒲洋行政村，设村民委员会，属庆元林场。1992 年撤区扩镇并乡，改属屏都镇。2010 年屏都镇并入松源镇，属松源镇。2011 年，撤销松源镇、四山乡建制，成立濛洲、松源、屏都 3 个街道，属屏都街道。

菖蒲洋 Chāngpúyáng 村委会驻地。菖蒲洋，田畈名，村名沿之。聚落呈散状分布。48 户，129 人。据当地《周氏宗谱》载，始于清康熙四十一年（1702）周氏乾赵公从后溪（今张村乡）迁置。清光绪《庆元县志》卷二："菖蒲洋，六都。"

龙缺角 Lóngquējiǎo 村尾有一岩山拔地峭起，高 40 余米，水流至此转弯东去。村民称水为龙，山为角，而龙有两角，尚缺一角，因称龙缺角。位于屏都街道办事处西南 9.1 千米。聚落呈团块状分布。17 户，57 人。据当地《赖氏宗谱》载，始于清乾隆年间（1736—1795），赖氏福德公从福建省武平县迁置。

落花洋 Luòhuāyáng 传昔生长一种俗称"萝花"的植物，七月开花，块根可做饲料，因名"萝花洋"，后谐为今名。位于屏都街道办事处西南 9.8 千米。聚落呈环状分布。76 户，178 人。据当地《赖氏宗谱》载，始于清康熙三十年（1691），李氏从福建省汀州迁置；赖氏琨瞻公于清乾隆四十九年（1784）从福建省武平县米坑乡继入。清光绪《庆元县志》卷二："落花洋，六都。"

炉 坪 Lúpíng 原系古代矿冶遗址，故名。位于屏都街道办事处西南 9.4 千米。聚落呈带状分布。38 户，98 人。据考始于清康熙四十年（1701），周氏从后溪迁置。清光绪《庆元县志》卷二："炉坪，六都。"

大毛堀 Dàmáokū 位于大毛堀山北麓，村以山名。位于屏都街道办事处西南 9.5 千米。聚落呈散状分布。41 户，108 人。据当地《叶氏宗谱》载，始于清乾隆二十四年（1759），叶氏从栗洋（今百山祖镇）迁置。清光绪《庆元县志》卷二："大毛堀，六都。"

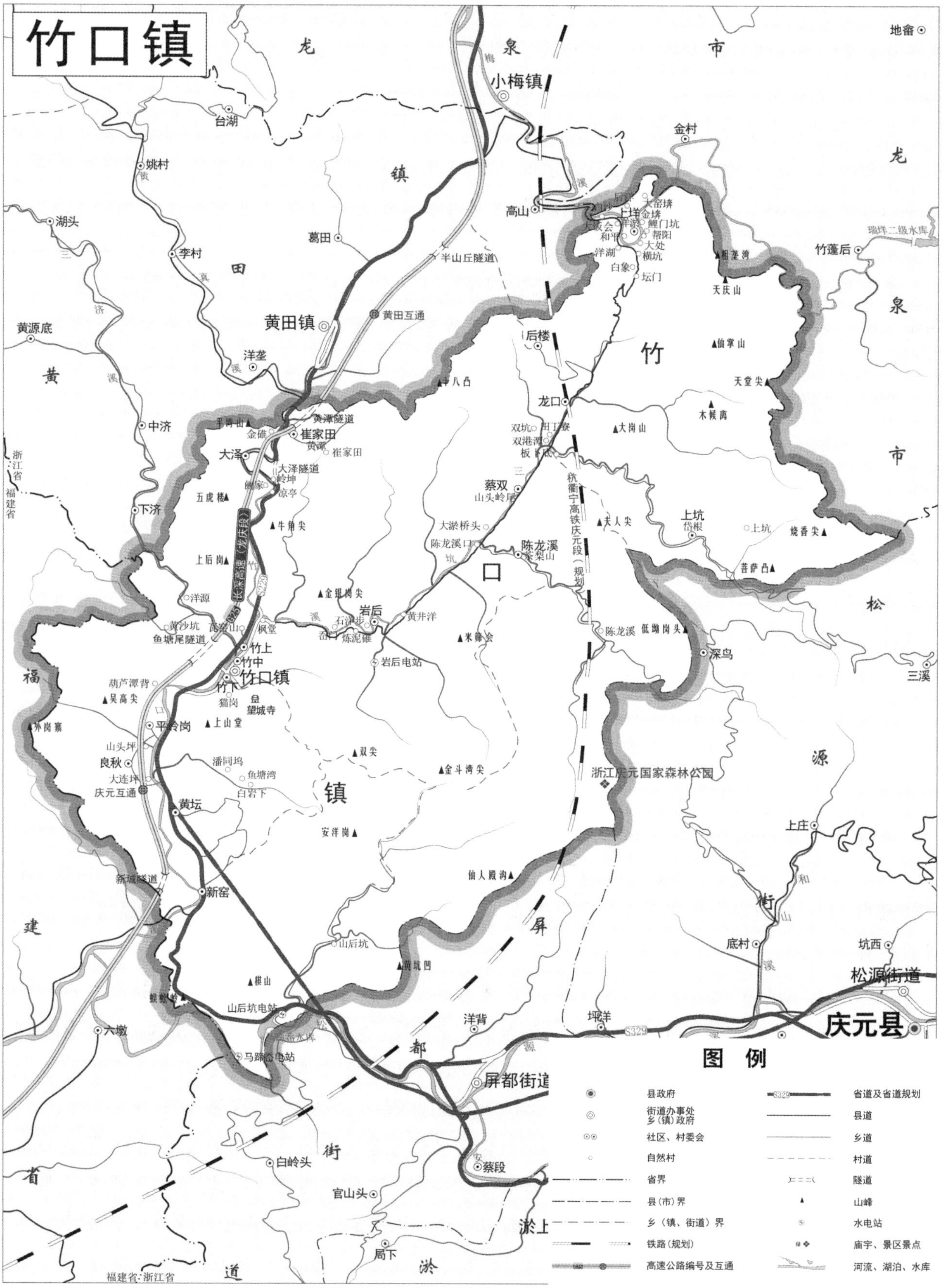

浙江省测绘与地理信息局　地图审核号：浙 S[2015]81 号　2014 年

第四章　竹　口　镇

第一节　政区概况

名称来历　因流经全境的竹口溪得名。

地理环境　位于北纬27°37′—27°48′，东经118°52′—119°03′。地处庆元县西北部，东、东南、南与松源街道、屏都街道为邻，西南、西与福建省南平市松溪县旧县乡、渭田镇相连，西北、北接黄田镇，东北与龙泉市小梅镇、屏南镇毗邻。人民政府驻竹下村老公路75号，距庆元县城17千米。境内东北多山岭，西南为河谷盆地，属江南丘陵，地势相对平坦，新窑村海拔240米，为全县最低点。地质较好，地下砂砾土层沉积较厚。竹口溪、松源溪、桐山溪穿境而过，水力资源丰富，有马蹄岙电站、桐山电站、山后坑二级电站、岩后电站等。森林覆盖率88.4%。属亚热带季风气候，温暖湿润、降水充沛，年平均气温17.5℃。

政区沿革　明时属荣庆乡钦丰里。清时属荣庆乡第八、九、十二都。民国初设立竹口镇。1931年改称竹新乡。1950年析设竹口、黄新乡。1951年从曹洋乡分置三坑乡。1956年竹口、黄新乡并称竹口乡，曹洋、三坑乡并称曹洋乡。1958年称竹口管理区，属梅岭区梅岭人民公社，1961年称竹口人民公社。1984年复称竹口乡，复置黄新乡，恢复三坑乡。1987年12月竹口乡改称竹口镇。1992年5月由竹口镇、黄新乡、三坑乡合并仍称竹口镇。

政区划分　2014年，辖新窑、黄坛、良秋、平岭岗、竹上、竹中、竹下、岩后、陈龙溪、大泽、崔家田、上垟、龙口、后楼、蔡双、上坑16个村民委员会，65个自然村；下设107个村民小组。

人口与面积　2014年年末，辖区有4175户11000人，其中农业人口10528人。总人口中，以汉族为主，达10897人，占99.1%；有畲、侗、布依、苗、土家、壮族6个少数民族，共121人，占0.9%，其中畲族113人，占少数民族人口的93.4%。辖区东西最大距离17.4千米，南北最大距离21.7千米，总面积171.9平方千米，其中耕地616.3公顷，林地15907公顷。

经济状况　域内资源丰富，风光优美，地质条件好。传统农业以稻米、豆类，薯类为主，进入21世纪后，随着产业结构调整，农业综合开发成效显著，先后建有水干果示范园区、毛竹园区、药材基地、茶叶基地、养殖基地，2010年，竹下、黄坛和新窑等村，累计开发水干果186.7公顷，以种植甜橙柚、梨、黑李、锥果、杨梅、桃为主。2010年，种植食用菌1500万袋，其中黑木耳1000万袋，总产值1.4亿元。2014年，完成大竹山区小流域农业生态工程建设；引进总投资1亿元的崔家田铁皮石斛药材种植基地。竹口镇是庆元工业重镇，设有竹口工业园，工业主要集中在镇区和新窑村，形成文化制笔、竹木加工和综合制造三大支柱产业。2010年，有企业65家，其中年产值500万元以上规模企业20家、年产值2000万元以上规模企业6家。2014年完成工业投资1亿元，税收收入5567万元。

社会发展 2014年，有文化艺术团体34个，文化馆（站）1个，村文化中心6个，公共图书馆（室）1个，村图书室1个，广播电视站1处，电影院1所；幼儿园4所，小学1所，初中1所，九年义务教育覆盖率达100%；各级各类医疗卫生机构10个；邮政局和电信支局各1所。有农村信用社、邮政储蓄所2家金融服务单位。镇区建有自来水厂、供电所。村村通公路、通广播、有线电视、电话、手机网络、自来水。农村安全饮用水普及率100%，农村卫生厕所普及率98.2%。参加新型农村医疗保险10090人，参保率91.72%，城乡居民养老保险3828人，参保率93.3%。长深高速公路（G25）、龙后线（S229）省道过境。2014年3月被中国制笔协会授予“中国铅笔第一镇”称号；2014年7月被住建部等七部委评定为“全国重点镇”。

名胜旅游 竹口地界闽浙，形势险要，历为边防重镇，历史遗存较多。有全国重点文物保护单位处州廊桥组成部分的后坑桥；全国重点文物保护单位大窑龙泉窑组成部分的上垟窑址；省级文物保护单位潘里垄瓷窑址、黄坛村季氏宗祠2处。纪念地有中国工农红军北上抗日先遣队“竹口战斗”遗址。

第二节　村及居民点

【竹下村】 Zhúxià Cūn 以驻地得名。东邻竹上村、岩后村，南至新窑村、黄坛村、平岭岗村，西与福建省松源县接壤，北连竹中村。辖2个自然村。390户，1276人。土地总面积11.53平方千米，耕地面积2063.55亩，林地面积11871.30亩。农林产品有稻米、毛竹、香菇、木耳、茶叶、木材、笋干、鲜笋、水果等。1949年统称竹口农民协会（行政村），1953年析置竹下行政村，1958年称竹下生产队，1961年称竹下大队，1984年复称竹下行政村，设村民委员会，属竹口镇。1992年撤区扩镇并乡，竹口镇、黄新乡、三坑乡合置仍称竹口镇，属竹口镇。

竹　下 Zhúxià 镇政府、村委会驻地。位于竹口下段得名。聚落呈团块状分布。348户，1140人。竹下古称福石坊，据《陈氏宗谱》载：系陈氏三世祖宗增公于北宋太平兴国七年（982）从平岭岗村梓亭迁置。历史遗存有田氏宗祠、吴三公殿、神童故里庙大门。村内道路有中心街、老公路、老街等。

猫　岗 Māogǎng 村以田片名。位于竹口镇政府南0.6千米。聚落呈带状分布。42户，136人。1985年竹下村民迁置。

葫芦潭背 Húlútánbèi 村居葫芦潭后，故名。位于竹口镇政府西1.6千米。清嘉庆《庆元县志·山川》：“回龙潭，县北六十里。”后世谐为葫芦潭。1980年后村民陆续迁至猫岗。

【竹上村】 Zhúshàng Cūn 以驻地得名。东邻岩后村，南至竹下村，西接竹中村，北连大泽村、崔家田村、黄田镇下济村。辖 3 个自然村。土地总面积 11.02 平方千米，其中耕地面积 1264.20 亩，林地面积 13581.15 亩。农林产品有稻米、毛竹、香菇、木耳、茶叶、鲜笋、烤烟等。1949 年统称竹口农民协会（行政村），1953 年析置竹上行政村，1958 年称竹上生产队，1961 年称竹上大队，1984 年复称竹上行政村，设村民委员会，属竹口镇。1992 年撤区扩镇并乡，竹口镇、黄新乡、三坑乡合置仍称竹口镇，属竹口镇。

竹　上 Zhúshàng 村委会驻地。位于竹口上段得名。聚落呈团块状分布。301 户，723 人。据当地《杨氏宗谱》载：杨氏仲二公于明洪武年间（1368—1398）从江西弋阳之义门迁置。历史遗存有杨氏宗祠、古民居、陈嘉猷墓等。

枫　堂 Fēngtáng 昔名蓬塘，明置“蓬塘隘”。枫堂系蓬塘之谐音。位于竹口镇政府东北 1.4 千米。聚落呈团块状分布。289 户，671 人。清光绪《庆元县志》卷二：“蓬塘，九都。”

瓦窑山 Wǎyáoshān 因坐落于砖瓦窑址旁得名。位于竹口镇政府北 1.1 千米。聚落呈散状分布。12 户，52 人。竹上、竹中村民迁置。2008 年，村北辟有竹口工业园。

【竹中村】 Zhúzhōng Cūn 以驻地得名。东邻竹上村，南至竹下村，西接福建省松溪县界，北连黄田镇下济村。辖 3 个自然村。416 户，1204 人。土地总面积 2.67 平方千米，耕地面积 1064.10 亩，林地面积 2164.20 亩。农林产品有稻米、毛竹、香菇、木耳、茶叶、木材、笋干、鲜笋、烤烟、水果等。1949 年称统竹口农民协会（行政村），1953 年析置竹中行政村，1958 年称竹中生产队，1961 年称竹中大队，1984 年复称竹中行政村，设村民委员会，属竹口镇。1992 年撤区扩镇并乡，竹口镇、黄新乡、三坑乡合置仍称竹口镇，属竹口镇。

竹　中 Zhúzhōng 村委会驻地。位于竹口中段得名。由后窑陈、后窑许、竹口上街一片组成，聚落呈团块状分布。389 户，1126 人。据考竹中早期为瓷器产地，故地多窑址，村多“窑”名，如明宣德至正统年间（1426—1449）从福石坊（今竹下村）最先迁至的陈氏恩仁公，称村为“后窑陈”；明嘉靖年间（1522—1566）从江西抚州许湾迁至的许氏邦达公，称村为“后窑许”。历史遗存有许氏宗祠、古民居、村下头门亭、明代许绍林墓等。

黄沙坑 Huángshākēng 黄沙坑，水，发源于福建省松溪县黄沙村，村以水名。位于竹口镇政府西北 1.8 千米。聚落呈散状分布。22 户，73 人。刘氏从葫芦潭背（今竹下村）迁置。

洋　源 Yángyuán 一称洋源墩。地处洋源山脚得名。位于竹口镇政府西北 2.1 千米。聚落呈点状分布。1 户，5 人。刘氏从黄沙坑迁置。

【岩后村】 Yánhòu Cūn 以驻地得名。位于竹口镇政府东北 3.2 千米。东邻陈龙溪村，南至新窑村、大洋千岗坑林场，西接竹上村、竹下村，北连崔家田村、蔡双村。辖 5 个自然村。155 户，416 人。土地总面积 17.51 平方千米，耕地面积 555.15 亩，林地面积 24997.65 亩。农林产品有稻米、毛竹、香菇、木耳、茶叶、鲜笋、烤烟等。1949 年称岩后农民协会（行政村），1956 年称岩后农业生产合作社，1958 年称岩后生产队，1961 年称岩后大队，1984 年复称岩后行政村，设村民委员会，属竹口镇。1992 年撤区扩镇并乡，竹口镇、黄新乡、三坑乡合置仍称竹口镇，属竹口镇。

岩　后 Yánhòu 村委会驻地。位于双港潭溪与岩后溪汇合处，因坐落一大岩山之后得名。聚落呈散状分布。40户，126人。清光绪《庆元县志》卷二："岩后，九都。"今居民多迁傍庄、岙门、炼泥碓村。

岙　门　Àomén　因村坐落于山岙后的田洋上得名。位于竹口镇政府东北3.4千米。聚落呈点状分布。8户，32人。据传最早有濛洲街道大济村吴氏家冢葬于此，守墓人亦于此居住，遂成村落。

炼泥碓　Liànnídùi　相传昔是竹口瓷窑捣炼瓷土之地，故名。位于竹口镇政府东北2.7千米。聚落呈团块状分布。73户，210人。村民多从岩后村迁来。

黄井洋　Huángjǐngyáng　田片名，村名因之。位于竹口镇政府东北3.8千米。聚落呈散状分布。21户，76人。村民多从岩后村迁来。

石洋步　Shíyángbù　因石步桥得名。位于竹口镇政府东北3.0千米。聚落呈团块状分布。13户，48人。沈氏迁置，叶氏继入。1990年后村民相继迁至炼泥碓。

【陈龙溪村】 Chénlóngxī Cūn　原驻地陈龙溪，以驻地得名。位于竹口镇政府东北6.5千米。东邻松源街道深鸟村，南至大洋千岗坑林场，西接岩后村，北连蔡双村。辖5个自然村。94户，225人。土地总面积13.33平方千米，耕地面积239.10亩，林地面积19340.85亩。农林产品有稻米、毛竹、香菇、木耳、茶叶、鲜笋、烤烟等。原属岩后大队，1984年析置，设村民委员会，属竹口镇。1992年撤区扩镇并乡，竹口镇、黄新乡、三坑乡合置仍称竹口镇，属竹口镇。

茶梨山　Chálíshān　村委会驻地。四面环山，村以山名。位于竹口镇政府东北6.5千米。聚落呈团块状分布。81户，188人。1985年前后陈龙溪村民迁置。

陈龙溪　Chénlóngxī　因地处陈龙溪畔，村以水名。3户，5人。清光绪《庆元县志》卷二："陈龙溪，九都。"

陈龙溪口　Chénlóngxīkǒu　地处陈龙溪与三坑溪交汇口，故名。位于竹口镇政府东北5.9千米。聚落呈散状分布。8户，35人。1985年前后陈龙溪村民迁置。

丁油厂　Dīngyóuchǎng　原为丁油提炼厂，故名。位于竹口镇政府东7.8千米。聚落呈点状分布。1户，1人。

田　边　Tiánbiān　位于田洋边，故名。位于竹口镇政府东7.0千米。聚落呈点状分布。1户，1人。

【大泽村】 Dàzé cūn　以驻地得名。位于竹口镇政府北5.2千米。东邻崔家田村，南至竹上村，西接黄田镇下济村、中济村，北连洋垄村。辖4个自然村。198户，593人。土地总面积4.99平方千米，耕地面积706.35亩，林地面积5981.25亩。农林产品有稻米、毛竹、香菇、木耳、茶叶、鲜笋、烤烟等。1949年称大泽农民协会（行政村），1956年称大泽农业生产合作社，1958年称大泽生产队，1961年称大泽大队，1984年复称大泽行政村，设村民委员会，属竹口镇。1992年撤区扩镇并乡，竹口镇、黄新乡、三坑乡合置仍称竹口镇，属竹口镇。

大　泽　Dàzé　村委会驻地。泽，聚水之地。村名有二说：一、古铺舍名。康熙《庆元县志·建置志》："大泽铺，十二都，县北五十里"；二、传说古时村口有一对"公婆岩"，隔溪相对，昼分夜合。一天突然合而不分，溪水受阻，顿时全村一片汪洋。幸好请来一位神工，劈山排水，村民始得安居，因名大泽。聚落呈团块状分布。113户,343人。清光绪《庆元县志》卷二:“大泽,十二都。”明、清设石门隘。清光绪《庆元县志·武备志》有记。历史遗存有明代古墓葬吴禋墓、古民居等。

岭　坤　Lǐngkūn　地处通往崔家田的山岭岭脚得名。位于竹口镇政府北4.7千米。聚落呈团块状分布。16户,48人。1968年仙庄村民迁置。

凉　亭　Liángtíng　因亭得名。位于竹口镇政府北4.4千米。聚落呈团块状分布。54户,157人。庆元至龙泉古道经此。清光绪《庆元县志建置志》:“福兴亭,在大泽。”

阙　家　Quèjiā　阙姓聚居地,故名。位于竹口镇政府北4.6千米。聚落呈团块状分布。15户,45人。

【崔家田村】 Cuījiātián Cūn　原驻地崔家田,以驻地得名。位于竹口镇政府北6.0千米。东邻蔡双村,南至岩后村,西接大泽村、洋垄村,北连黄田镇东西村、上大坑村。辖3个自然村。172户,519人。土地总面积为11.57平方千米,耕地面积457.20亩,林地面积16480.80亩。农林产品有稻米、毛竹、香菇、木耳、茶叶、鲜笋、烤烟等。1949年称崔家田农民协会(行政村),1956年称崔家田农业生产合作社,1958年称崔家田生产队,1961年称崔家田大队,1984年复称崔家田行政村,设村民委员会,属竹口镇。1992年撤区扩镇并乡,竹口镇、黄新乡、三坑乡合置仍称竹口镇,属竹口镇。

黄　潭　Huángtán　村委会驻地。村以水名。聚落呈团块状分布。136户,410人。1973年崔家田人迁置。清光绪《庆元县志》卷二:“黄潭,县北六十里,流入回龙潭。”

金　碓　Jīnduì　地片名,村名因之。位于竹口镇政府北6.6千米。聚落呈带状分布。36户,109人。1980年前后崔家田村民迁置。

崔家田　Cuījiātián　据当地《沈氏宗谱》载:原称鸭麻(母)垄(田片名),为崔氏所耕种,故名。位于竹口镇政府北5.7千米。聚落呈散状分布。沈氏于明万历三十九年(1612)迁此,村名沿旧。1992年村民迁至黄潭。

【新窑村】 Xīnyáo Cūn　以驻地得名。位于竹口镇政府南5.3千米。东邻大洋千岗坑林场、屏都街道洋背村,南至屏都街道菊水村、白岭头村,西接福建省松溪县界,北连黄坛村、竹下村、岩后村。辖2个自然村。709户,1857人。土地总面积27.78平方千米,耕地面积1938.90亩。林地面积36922.35亩。农林产品有稻米、毛竹、香菇、木耳、茶叶、木材、笋干、鲜笋、烤烟、水果等。1949年称新窑农民协会(行政村),1952年分设新东、窑西行政村,1956年并称新窑农业生产合作社,1958年称新窑生产队,1961年称新窑大队,1984年复称新窑行政村,设村民委员会,属黄新乡。1992年撤区扩镇并乡,竹口镇、黄新乡、三坑乡合置仍称竹口镇,改属竹口镇。

新　窑　Xīnyáo　村委会驻地。古称黄处坛,青瓷产地。于明嘉靖年间(1522—1566)龙泉大窑人来此兴建新瓷窑,始更为今名。聚落呈团块状分布于竹口溪东、西两岸。701户,1837人。新窑地交闽浙,形势险要,清代为汛地,有兵驻防,清光绪《庆元县志·武备志》有记。地势为全县最低。清光绪《庆元县志》卷二:“新窑,九都。”历史遗存有古碇步桥。村内道路有新东路、菜场弄、庙岭弄、老街弄和窑西弄等。

山后坑　Shānhòukēng　一称寨后坑。山后坑,水,发源于巾子峰西麓,经马蹄岙入松源溪,村以水名。位于竹口镇政府东南6.8千米。聚落呈点状分布。8户，20人。清光绪《庆元县志》卷二："山后坑，八都。"原黄新乡政府驻地。历史遗存有吴氏宗祠、观音堂。

【黄坛村】 Huángtán Cūn 以驻地得名。位于竹口镇政府西南3.7千米。东、南邻新窑村，西接北连竹下村。406户，1134人。辖4个自然村。土地总面积6.71平方千米，耕地面积2097.75亩，林地面积4912.80亩。农林产品有稻米、毛竹、香菇、木耳、茶叶、木材、笋干、鲜笋、烤烟、水果。1949年称黄坛农民协会（行政村），1956年称黄坛农业生产合作社，1958年称黄坛生产队，1961年称黄坛大队，1984年复称黄坛行政村，设村民委员会，属黄新乡。1992年撤区扩镇并乡，竹口镇、黄新乡、三坑乡合置仍称竹口镇，改属竹口镇。

黄　坛 Huángtán 村委会驻地。地处平坦的黄土岗墩，故名。聚落呈块状分布。399户，1116人。据当地《季氏宗谱》载：古称亭湖，唐代为青瓷产地，一度废圮。元至元年间（1335—1340），季氏南寿公从龙泉横山迁此后始复兴。清光绪《庆元县志》卷二："黄坛，九都。"历史遗存有唐代古遗址黄坛窑址，明、清古建筑季氏宗祠、亭湖庙、民居等。村内道路有后窑坪路、龙庆路、恩岗路等。

潘同坞 Pāntóngwù 一称潘龙坞。村以田名。位于竹口镇政府南2.3千米。聚落呈点状分布。3户，12人。林氏从新窑村迁置。

鱼塘湾 Yútángwān 村以地片名。位于竹口镇政府南2.6千米。聚落呈点状分布。3户，3人。叶氏从龙泉瑞阳村迁置。

白岩下 Báiyánxià 村以地片名。位于竹口镇政府南2.7千米。聚落呈点状分布。1户，3人。1985年村民大多迁鱼塘湾。

【平岭岗村】 Pínglǐnggǎng Cūn 以驻地得名。位于竹口镇政府西南2.0千米。东、北与竹下村相邻，南至良秋村，西与福建省松溪交界。辖2个自然村。154户，413人。土地总面积2.53平方千米，其中耕地面积591.90亩，林地面积2698.50亩。农林产品有稻米、毛竹、香菇、木耳、茶叶、鲜笋、烤烟等。1949年称平岭岗农民协会（行政村），1956年称平岭岗农业生产合作社，1958年称平岭岗生产队，1961年称平岭岗大队，1984年复称平岭岗行政村，设村民委员会，属黄新乡。1992年撤区扩镇并乡，竹口镇、黄新乡、三坑乡合置仍称竹口镇，改属竹口镇。

平岭岗 Pínglǐnggǎng 村委会驻地。以坐落低平的岗坡得名。聚落呈排屋形式分布。古称梓亭，宋设"梓亭寨"；元明置驿站；清改建为铺舍。清康熙《庆元县志建置志》："梓亭铺，九都，去县北四十里。"据当地《陈氏宗谱》载："平岭岗始于北宋开宝二年（969），陈氏置。"南宋绍兴十五年（1144）乙丑科进士、礼部尚书陈嘉猷即出生于此。相传后来因陈氏后裔犯上，全村没籍，故旧志失记。2012年起实施新农村建设，村落在新址上进行了统一规划、设计和建造，村容村貌焕然一新，建成后村名沿用。原址历史遗存有吴氏宗祠、社殿等。

山头坪 Shāntóupíng 地片名，村名沿之。位于竹口镇政府西南2.6千米。聚落呈散状分布。1986年打铜坑人迁置。

【良秋村】 Liángqiū Cūn 以驻地得名。位于竹口镇政府西南3.1千米。东、南与黄坛村毗邻，西至福建省松溪县界，北连平岭岗。辖2个自然村。98户，295人。土地总面积2.74平方千米，耕地面积485.85亩，林地面积3134.70亩。农林产品有稻米、毛竹、香菇、木耳、茶叶、鲜笋、烤烟等。1949年称良秋农民协会（行政村），1956年称良秋农业生产合作社，1958年称良秋生产队，1961年称良秋大队，1984年复称良秋行政村，设村民委员会，属黄新乡。1992年撤区扩镇并乡，竹口镇、黄新乡、三坑乡合置仍称竹口镇，改属竹口镇。

良　秋　Liángqiū　村委会驻地。古称良湫，后世简为良秋。聚落呈散状分布。30户，89人。清光绪《庆元县志》卷二："良湫，九都。"

大连坪　Dàliánpíng　一称竹连坪。村以地片名。位于竹口镇政府西南3.0千米。聚落呈带状分布。68户，206人。1980年前后良秋人迁置。

【龙口村】 Lóngkǒu Cūn　以驻地得名。位于竹口镇政府东北9.5千米。东邻龙泉市界，南至蔡双村、上坑村，西接后楼村，北连上垟村。辖1个自然村。94户，275人。土地总面积为9.64平方千米，其中耕地面积为339.75亩，林地面积为13826.25亩。农林产品有稻米、毛竹、香菇、木耳、茶叶、鲜笋、烤烟等。原驻炉坑，历称炉坑农民协会（行政村）、炉坑农业生产合作社、炉坑生产队、炉坑大队，1979年因遭火灾，大部村民迁龙口，行政村亦随之易名。1984年称龙口行政村，设村民委员会，属三坑乡。1992年撤区扩镇并乡，竹口镇、黄新乡、三坑乡合置仍称竹口镇，改属竹口镇。

龙　口　Lóngkǒu　原称垅口。因地近龙井之口得名。聚落呈散状分布。原是荒滩，1979年炉坑人迁置。

【上垟村】 Shàngyáng Cūn　以境内上岙、垟淤两自然村各取一字得名。位于竹口镇政府东北13.1千米。东、北与龙泉市接壤，南至龙口村、后楼村，西接黄田镇后高山村。辖14个自然村。206户，695人。土地总面积13.08平方千米，耕地面积为1069.05亩，林地面积为17667.15亩。农林产品有稻米、毛竹、香菇、木耳、茶叶、鲜笋、烤烟等。1949年称垟淤农民协会（行政村），1953年分建上岙、垟淤行政村，1956年并称上垟农业生产合作社，1958年称上垟生产队，1961年称上垟大队，1984年复称上垟行政村，设村民委员会，属三坑乡。1992年撤区扩镇并乡，竹口镇、黄新乡、三坑乡合置仍称竹口镇，改属竹口镇。

垟　淤　Yángyū　村委会驻地。清光绪三十年（1904）洪水暴发，半个村庄被冲毁成砂淤，村名因之。位于竹口镇政府东北13.6千米。聚落呈带状分布。2户，7人。历史遗存有碇步桥、窑址。

大　处　Dàchù　通常与垟淤同称。"处"方言指房屋，因村有幢较大的房子，故名。位于竹口镇政府东北13.3千米。聚落呈散状分布。6户，24人。李氏从黄田镇高山村迁置。

大窑垟　Dàyáobèn　因瓷窑得名。位于竹口镇政府东北14.5千米。聚落呈带状分布。15户，56人。历史遗存有窑址遗存。

洋　湖　Yánghú　洪水来时，田洋成湖，故名。位于竹口镇政府东北13.1千米。聚落呈带状分布。11户，40人。

帮　阳　Bāngyáng　"帮阳"方言指燕窝之意，因地处形似燕窝的山岙里，故名。位于竹口镇政府东北13.5千米。聚落呈散状分布。3户，11人。沈氏于民国时期置村，后余氏从龙口村继入。有窑址遗存。

坛 门 Tánmén 因村后有两块黑色岩石形状似门，方言“岩”读“坛”，因名。位于竹口镇政府东北 12.7 千米。聚落呈散状分布。9 户，32 人。

白 沙 Báishā 溪边砂石多为白色，故名。位于竹口镇政府东北 13.4 千米。聚落呈带状分布。18 户，72 人。清时余氏仲五公从龙泉小黄南迁置。

和 平 Hépíng 村名取和睦平安之意。位于竹口镇政府东北 13.6 千米。聚落呈带状分布。27 户，102 人。1958 年置。

横 坑 Héngkēng 横坑，水，村以水名。位于竹口镇政府东北 13.1 千米。聚落呈散状分布。4 户，14 人。沈氏先祖于清时从炉坑迁置。

白 象 Báixiàng 地处形似大象的山岗上，故名。位于竹口镇政府东北 12.8 千米。聚落呈点状分布。5 户，21 人。刘氏于 1960 年前后从黄田镇桐山迁置，后王氏和叶氏分别从木下湾及福建省寿宁迁入。

大饭会 Bàfànhuì 田片名，村名因之。位于竹口镇政府东北 13.5 千米。聚落呈散状分布。13 户，48 人。

后 洋 Hòuyáng 田片名，村名因之。位于竹口镇政府东北 13.6 千米。聚落呈带状分布。17 户，72 人。

鲤门坑 Lǐménkēng 村以水名。位于竹口镇政府东北 13.7 千米。聚落呈散状分布。3 户，12 人。

金 垟 Jīnbèn 田片名，村名因之。位于竹口镇政府东北 13.9 千米。聚落呈散状分布。2 户，8 人。

【后楼村】 Hòulóu Cūn 以驻地得名。位于竹口镇政府东北 10.1 千米。东邻龙口村、上垟村，南至蔡双村、崔家田村，西接东西村，北连古岭坑村。辖 1 个自然村。52 户，149 人。土地总面积 3.75 平方千米，耕地面积 79.95 亩，林地面积 5457.15 亩。农林产品有稻米、毛竹、香菇、木耳、茶叶、鲜笋、烤烟等。1949 年称后楼农民协会（行政村），1953 年后楼行政村，1956 年并称后楼农业生产合作社，1958 年称后楼生产队，1961 年称后楼大队，1984 年复称后楼行政村。设村民委员会，属三坑乡。1992 年撤区扩镇并乡，竹口镇、黄新乡、三坑乡合置仍称竹口镇，改属竹口镇。

后 楼 Hòulóu 一称后寮。初为棚户，因名后寮；继有楼房，又名后楼。聚落呈散状分布。陈氏肇基，后李氏于明末从龙泉市平南镇竹上坑继入。

【蔡双村】 Càishuāng Cūn 以境内蔡山头、双港潭两自然村各取一字得名。位于竹口镇政府东北 7.3 千米。东邻上坑村，南至陈龙溪村，西接崔家田村，北连后楼村、龙口村。辖 6 个自然村。132 户，407 人。土地总面积 10.82 平方千米，耕地面积 15071.25 亩，林地面积 1004.75 亩。农林产品有稻米、毛竹、香菇、木耳、茶叶、鲜笋、烤烟等。1949 年与双港潭并称蔡双农民协会（行政村），1953 年各设行政村，1956 年又并称蔡双农业生产合作社，1958 年并入高岭生产队，1961 年析高岭建蔡双大队，1984 年复称蔡双行政村，设村民委员会，属三坑乡。1992 年撤区扩镇并乡，竹口镇、黄新乡、三坑乡合置仍称竹口镇，改属竹口镇。

山头岭尾 Shāntóulǐngwěi 村委会驻地。山头岭，在龙口至蔡山头途中，村居其下，故名。聚落呈散状分布。52 户，161 人。1985 年由蔡山头人迁置。

田丁寮 Tiándīngliáo 村以地片名。位于竹口镇政府东北 8.7 千米。聚落呈点状分布。6 户，20 人。毛氏肇基，后沈氏从龙泉横坑头继入。

大淤桥头 Dàyūqiáotóu 地处大淤桥头，故名。位于竹口镇政府东北 6.3 千米。聚落呈团块状分布。52 户，160 人。1985 年由蔡山头人迁置。

双港潭 Shuānggǎngtán 因地处上坑溪与龙口溪两条溪的交汇口得名。位于竹口镇政府东北 8.1 千米。聚落呈散状分布。2 户，5 人。现村民已迁至板卜底等村。

双 坑 Shuāngkēng 一称桑坑。地处两条坑边，又名双坑。位于竹口镇政府东北 8.6 千米。聚落呈点状分布。清光绪《庆元县志》卷二："桑坑，九都。"现村民已迁至大淤桥头、山头岭尾等村。

板卜底 Bǎnbodǐ 因村头有一座木板建的水坝，故名。位于竹口镇政府东北 8.6 千米。聚落呈团块状分布。20 户，61 人。双港潭、双坑等村民迁置。

【上坑村】 Shàngkēng Cūn 原驻上坑，以驻地得名。位于竹口镇政府东北 10.0 千米。东邻松源街道高漈村、龙泉市界，南至深鸟村、九漈村，西接蔡双村，北连龙口村。辖 2 个自然村。92 户，201 人。土地总面积 14.29 平方千米，耕地面积 195.75 亩，林地面积 20812.50 亩。农林产品有稻米、毛竹、香菇、木耳、茶叶、鲜笋、烤烟等。1949 年称上坑农民协会(行政村)，1956 年曹田乡与三坑乡合并后划隶四山乡，1984 年复归三坑乡，村名沿旧，设村民委员会，属三坑乡。1992 年撤区扩镇并乡，竹口镇、黄新乡、三坑乡合置仍称竹口镇，改属竹口镇。

岱 根 Dàigēn 村委会驻地。因坐落大山之脚得名。聚落呈带状分布。始建于元代，今村民多从上坑村迁入。清光绪《庆元县志》卷二："岱根，九都。"

上 坑 Shàngkēng 地处山腰，有上下两条小坑，村建于上，故名。位于竹口镇政府 11.4 千米。聚落呈散状分布。据当地《李氏家谱》载：明初即有棚户散居，清同治年间(1862—1874)李英义公从岱根(今属屏都街道)迁此后始成村落。1990 年先后村民陆续迁至岱根。

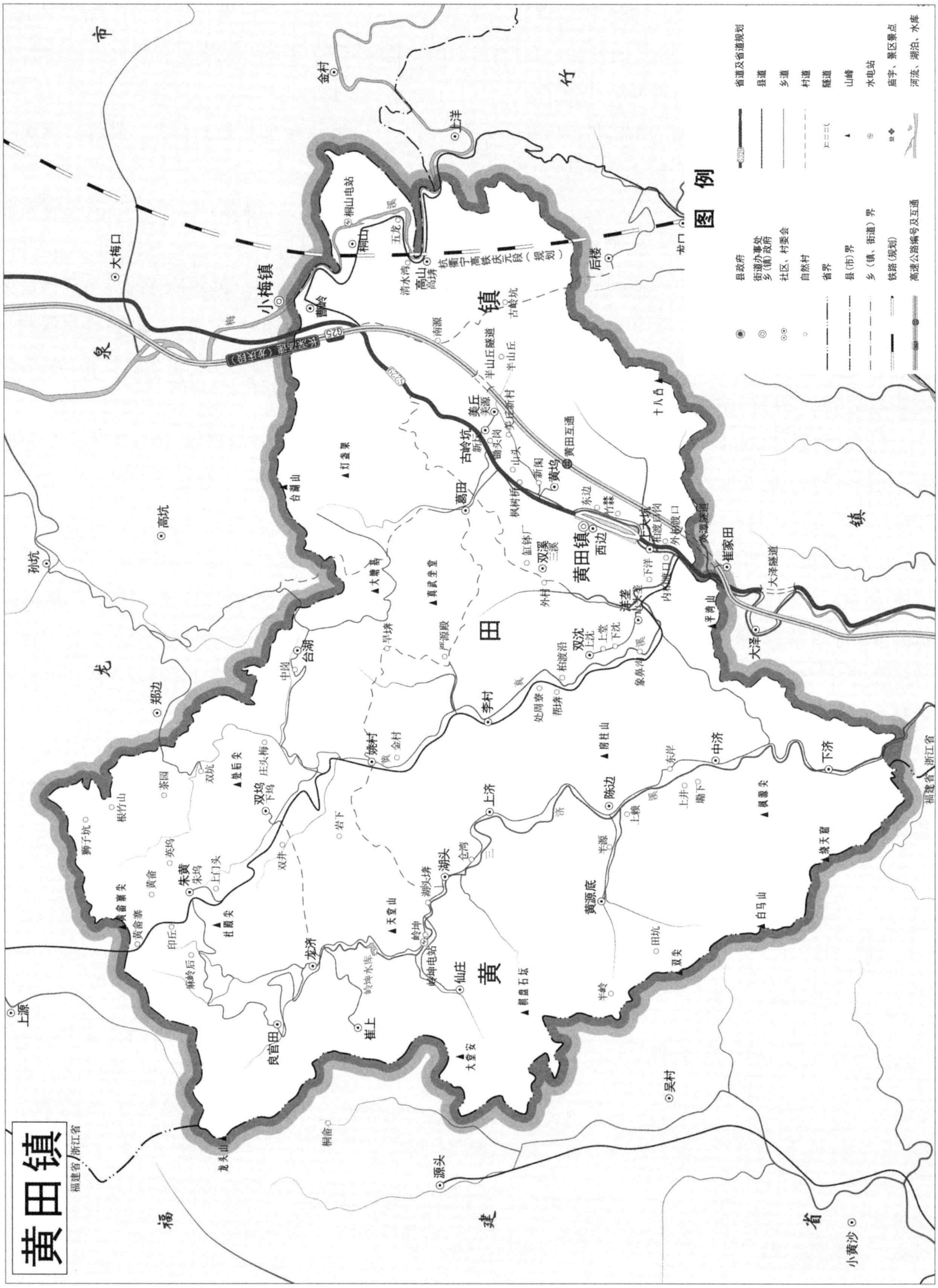

浙江省测绘与地理信息局　地图审核号：浙 S[2015]81 号　2014 年

第五章 黄 田 镇

第一节 政区概况

名称来历 以黄坞、葛田两村各取一字得名。

地理环境 位于北纬27°43′—27°51′，东经118°49′—118°59′。地处庆元县西北部，东、南与竹口镇相邻，西南、西与福建省松溪县渭田镇接壤，西北连接龙泉市上垟镇，北、东北与龙泉市小梅镇毗连。镇政府驻东西村中心街8号，距庆元县城20.7千米。境内地势北高南低，海拔1000米以上山峰三座，地形以山地为主，山地面积占85%，沿龙后(S229)省道两侧系低山丘陵，地势平坦，村舍密迩，土壤肥沃，气候温和，耕地全部为水田和旱地。有三济溪、黄真溪、黄田溪、桐山溪穿境。森林覆盖率85%。属亚热带季风气候，年平均气温18.7℃、降雨量1777.9毫米、日照时数1820小时。

政区沿革 明时属荣庆乡承顺祇道、钦丰里。清时属荣庆乡十、十一、十二都。民国时属曹洋、黄山、天真、仙济、双济乡。1939年黄山、天真乡合称黄真乡，仙济、双济乡合并称三济乡。1950年10月曹洋乡分置三坑、曹田乡，1956年7月合并称曹岭乡。1958年12月称黄田管理区、黄真管理区、三济管理区，属梅岭人民公社。1961年12月成立黄田、黄真、三济人民公社。1984年1月黄田人民公社改称黄田乡，黄真、三济人民公社复称黄真乡、三济乡。1992年5月黄真、三济、黄田三乡合并设黄田镇。

政区划分 2014年，辖大坑、东西、黄坞、美丘、葛田、曹岭、桐山、高山、古岭坑、朱黄、双坞、姚村、李村、双沈、洋垄、双溪、合湖、下济、中济、陈边、黄源底、上济、湖头、仙庄、龙济、良管田、崔上27个村民委员会；下设175个村民小组。

人口与面积 2014年，辖区有5353户15765人，其中农业人口15516人。总人口中，以汉族为主，占96.6%，达15229人；有畲族、侗族、黎族、土家族、满族、傈僳族、土族7个少数民族，共536人，其中畲族496人，占少数民族人口的92.5%。辖区东西最大距离15.8千米，南北最大距离15.5千米，总面积125.9平方千米，其中耕地1452.8公顷，林地10059.9公顷。

经济状况 黄田镇是庆元绿色农业重镇。粮食作物以水稻为主，主要经济作物为茶叶、水果。进入21世纪后，以“三区一带”为基本框架的生态发展基地，培育了茶叶、灰树花、黑木耳、笋等一批具有市场竞争力的有机绿色产品基地，发展了笋、竹、茶、烟、菌五大产业。笋竹两用林资源丰富，每年交易春笋8000余吨、笋罐头2200吨，销售覆盖上海、江苏和本省金华、嘉兴、宁波、兰溪、义乌等地。黄田拥有得天独厚的灰树花生产自然条件和成熟种植技术，单季生产量1800万段，产量1500吨，产值过亿元，种植规模占全国90%以上，成为全国最大灰树生产基地、“中国灰树花之乡”。黄田产的五龙春茶叶曾荣获中国精品名茶博览会金奖。黄田镇又是庆元的工业重镇。进入21世纪以来，以大力招商引资，构建了“一笔、一筷、二板”的工业框架。工业以竹木加工、铅笔制造、食用菌加工为主。有全省最大的铅笔龙头企业，年产铅笔1亿支。2014年，农村经济总收入2.65亿元，同比增长6.0%；农民人均纯收入12435元，同比增长11.19%；工业总产值9.7亿元，工业入库税收1500万元，自营出口1632万美元。

社会发展 2014年，有文化艺术团体38个，文化馆(站)1个；公共图书室1个，农家书屋19个；幼儿园5所，小学1所，中学1所；各级各类医疗卫生机构2个。村村通公路、通广播、有线电视、电话、手机网络、自来水。农村安全饮用水普及率100%，农村卫生厕所普及率99.3%。参加新型农村医疗保险14529人，城乡居民养老保险4195人。长深(G25)高速公路、龙后(S229)省道过境。2012年12月24日，环境保护部授予黄田镇2010—2011年度国家级生态乡镇称号。

名胜旅游 境内地理环境特殊，地形地貌复杂，构成了独特的自然景观。有全国重点文物保护单位处州廊桥组成部分的半路亭桥；省级文物保护单位庆元廊桥组成部分的济川桥；崔上村中共闽浙边地委驻地、仙庄村中共闽浙边地委驻地和闽北红军仙庄交通站旧址；崔上村革命烈士纪念碑。主要景点有龙头山。

第二节 村及居民点

【东西村】 Dongxo Cūn 少数民族村。以境内东边、西边两自然村各取一字得名。东邻竹口镇后楼村，南至上大坑村、竹口镇崔家田村，西接洋垄村、双溪村，北连黄坞村。辖4个自然村。208户，660人。土地总面积5.3平方千米，耕地面积1029.30亩，林地面积5850.15亩。农林产品有稻米、香菇、毛竹、茶叶、木材、笋干、鲜笋等。1949年称西边农民协会(行政村)，1951年与东边合称东西行政村，1956年称和平农业生产合作社，1958年称东西生产队，1961年称东西大队，1984年复称东西行政村，设村民委员会，属黄田乡。1992年撤区扩镇并乡，黄田、黄真、三济三乡合置称黄田镇，属黄田镇。

西　边 Xībiān 镇政府、村委会驻地。坐落竹口溪西岸得名。聚落呈带状分布。65户，276人。据当地《谢氏宗谱》载，始于清乾隆三年(1738)，谢氏廷壁兄弟从龙泉安仁镇乌岩下迁置，昔名长洋。清光绪《庆元县志》卷二：“西边，十二都。”村内道路有中心街、老路和新路等。S229省道过境。

东　边 Dōngbiān 以坐落竹口溪东岸得名。位于黄田镇政府北0.3千米。聚落呈团块状分布。25户，84人。吴氏、徐氏始置。清光绪《庆元县志》卷二：“东边，十二都。”

竹　桪 Zhúbèng 桪，方言茂盛。村后翠竹成荫得名。位于黄田镇政府南0.5千米。聚落呈团块状分布。11户，39人。明时为练氏、沈氏置。清光绪《庆元县志》卷二：“竹，十二都。”

外柏渡口　Wàibǎidùkǒu　与洋垄村内柏渡口隔溪相对。因地处柏渡溪出口处得名。位于黄田镇政府南 1.6 千米。聚落呈带状分布。107 户，261 人。清为汛地，清光绪《庆元县志·武备志·兵制》有记。清光绪《庆元县志》卷二："柏渡口，十二都。"

【上大坑村】 Shàngdàkēng Cūn　原驻地上大坑，以驻地得名。位于黄田镇政府南 1.2 千米。东邻竹口镇后楼村，南至竹口镇崔家田村，西接洋垄村，北连东西村。辖 1 个自然村。51 户，164 人。土地总面积 0.40 平方千米，耕地面积 76.95 亩，林地面积 489.45 亩。农林产品有稻米、香菇、毛竹、茶叶、木材、笋干、鲜笋等。原称大坑，属东西大队。1981 年析建大坑大队，因与松源街道大坑大队同名，1982 年更名为上大坑大队，1984 年改称上大坑行政村，设村民委员会，属黄田乡。1992 年撤区扩镇并乡，黄田、黄真、三济三乡合置称黄田镇，属黄田镇。

柏渡口岗　Bǎidùkǒugǎng　村委会驻地。因地处柏渡溪出口处的山岗旁得名。聚落呈带状分布。镇政府以南 1 千米，51 户，164 人。1986 年从上大坑迁置。

【黄坞村】 Huángwù Cūn　以驻地得名。位于黄田镇政府北 0.8 千米。东邻古岭坑村，南至东西村，西接双溪村，北连葛田村、美丘村。辖 3 个自然村，215 户，657 人。土地总面积 2.11 平方千米，耕地面积 451.50 亩，林地面积 1840.05 亩。农林产品有稻米、香菇、毛竹、茶叶、木材等。1949 年称黄坞农民协会（行政村），1956 年称黄坞农业生产合作社，1958 年与葛田、美丘合称黄田生产队，1961 年称黄田大队，1984 年称黄坞行政村，设村民委员会，属黄田乡。1992 年撤区扩镇并乡，黄田、黄真、三济三乡合置称黄田镇，属黄田镇。

黄　坞　Huángwù　村委会驻地。坞，低地。四周山峦围屏，村居其中，故名。聚落呈团块状及带状复合型分布。57 户，232 人。黄氏置，后陈氏，周氏，夏氏，刘氏继入。清光绪《庆元县志》卷二："黄坞，十二都。"历史遗存有古民居。

枫树桥　Fēngshùqiáo　因古驿铺得名。位于黄田镇政府北 1.4 千米。聚落呈团块状分布。21 户，87 人。清光绪《庆元县志·建置志》："枫树铺，十二都，去县北六十里。"

新　闲　Xīnchǔ　房屋，为新建住所得名。位于黄田镇政府北 1.1 千米。聚落呈团块状分布。7 户，23 人。沈氏从竹口镇崔家田迁置。民国时期驻过曹洋乡公所。

【美丘村】 Měiqiū Cūn　驻地美源。以美源、半山丘两村各取一字得名。位于黄田镇政府东北 2.4 千米。辖 4 个自然村。165 户，484 人。土地总面积 2.77 平方千米，耕地面积 786.60 亩，林地面积 2834.85 亩。农林产品有稻米、香菇、毛竹、茶叶、木材、笋干等。1949 年称美丘农民协会（行政村），1956 年称美丘村农业生产合作社，1958 年称黄田生产队，1962 年隶属黄田大队，1984 年析称美丘行政村，设村民委员会，属黄田乡。1992 年撤区扩镇并乡，黄田、黄真、三济三乡合置称黄田镇，属黄田镇。

美　源　Měiyuán　村委会驻地，昔称茗源，意为产茶之地，民国 3 年（1914）村学校取名"美源小学"，遂随改之。聚落呈团块状分布。38 户，150 人。吴氏从城内（松源街道）迁置。清光绪《庆元县志》卷二："茗源，十二都。"

美丘新村　Měiqiū xīnCūn　为美丘村下山脱贫而建的新村，故名。位于黄田镇政府东北 2.1 千米。聚落呈条状排屋分布。25户，100人。2004年下山脱贫迁置。

半山丘 Bànshānqiū 村建于山腰，故名。位于黄田镇政府东北2.8千米。聚落呈点状分布。邱氏置。2012年后村民已迁置美丘新村。

山　头 Shāntóu 村以地片名。位于黄田镇政府东北1.5千米。聚落呈团块状分布。1980年美源人迁置。

【葛田村】 Gětián Cūn 以驻地得名。位于黄田镇政府北2.2千米。东邻曹岭村，南至美丘村、黄坞村、双溪村，西接李村村、台湖村，北连龙泉市界。辖1个自然村。148户，507人。土地总面积为7.68平方千米，耕地面积为996.0亩，林地面积为9779.85亩。农林产品有稻米、木材、毛竹、松脂、香菇等。1949年称葛田农民协会（行政村），1956年称葛田农业生产合作社，1958年与黄坞、美丘并称黄田大队，1984年析称葛田行政村，设村民委员会，属黄田乡。1992年撤区扩镇并乡，黄田、黄真、三济三乡合置称黄田镇，属黄田镇。

葛　田 Gětián 原为葛氏田庄得名。聚落呈团块状及散状复合型分布。45户，186人。沈氏于明万历五年（1577）从竹口镇蔡山头迁置。清光绪《庆元县志》卷二："葛田、十二都。"历史遗存有葛田殿、古民居。

【曹岭村】 Cáolǐng Cūn 以驻地得名。位于黄田镇政府东北6.2千米。东邻桐山村，南至高山村、美丘村、古岭坑，西接葛田村，北连龙泉县界。辖2个自然村。306户，891人。土地总面积7.78平方千米，耕地面积1479.0亩，林地面积7529.3亩。农林产品有稻米、香菇、毛竹、茶叶、木材、笋干、鲜笋、柑橘等。1949年称曹岭农民协会（行政村），1956年与高山、桐山并称高岭农业生产合作社，1958年称高岭生产大队，1961年析称曹岭大队，1984年复称曹岭行政村，设村民委员会，属黄田乡。1992年撤区扩镇并乡，黄田、黄真、三济三乡合置称黄田镇，属黄田镇。

曹　岭 Cáolǐng 村委会驻地。昔名桥头，因桥得名，自曹氏于清光绪年间（1880年前后）从南源迁此后始称今名。聚落呈团块状及带状复合型分布，与龙泉市小梅镇隔溪相对，素称庆元县"北大门"。306户，895人。民国初这里还只有五六户人家，系抗日战争中崛起，鼎盛时有4个省13个县42个姓氏的商人在此开业，一度是庆元县的工商重地。长深（G25）高速公路从村西过境。历史遗存有下村桥、古民居。村内道路有老街、新街等。

南　源 Nányuán 村以地片名。位于黄田镇政府东北4.0千米。聚落呈点状分布。1户，1人。曹氏置。1958年后大部村民迁曹岭。

【桐山村】 Tóngshān Cūn 以驻地得名。位于黄田镇政府东北6.2千米。东、北与龙泉市交界，南至高山村，西接曹岭村。辖1个自然村。171户，656人。土地总面积321.55平方千米，耕地面积58.57亩，林地面积188.99亩。农林产品有稻米、香菇、毛竹、茶叶、木材、笋干、鲜笋等。1949年称桐山农民协会（行政村），1956年与曹岭、高山并称高岭农业生产合作社，1958年称高岭生产队，1961年析建桐山大队，1984年复称桐山行政村，设村民委员会，属黄田乡。1992年撤区扩镇并乡，黄田、黄真、三济三乡合置称黄田镇，属黄田镇。

桐　山 Tóngshān 因村首有一个山洞得名，"桐""洞"近音，谐为今名。聚落呈团块状分布。

据考始于唐长庆至开元年间(821—840),由赖氏、林两氏肇基。清光绪《庆元县志》卷二:“桐山,十二都”,隶属于桐山。历史遗存有天堂祖殿。

【古岭坑村】 Gǔlǐngkēng Cūn　原驻地古岭坑,以驻地得名。位于黄田镇政府东南 2.4 千米。东邻高山村、美丘村,南至竹口镇后楼村,西接葛田村,北连曹岭村。辖 3 个自然村。81 户,240 人。土地总面积为 3.59 平方千米,耕地面积为 161.40 亩,林地面积为 5040.30 亩。农林产品有稻米、木材、毛竹、松脂、香菇等。1949 年称古岭坑农民协会(行政村),1956 年称古岭坑农业生产合作社,1958 年称古岭坑生产队,1961 年称古岭坑大队,1984 年复称古岭坑行政村,设村民委员会,属黄田乡。1992 年撤区扩镇并乡,黄田、黄真、三济三乡合置称黄田镇,属黄田镇。

新　坛　Xīntán　村委会驻地。以村旁山名“乌坛下”和村民从古岭坑新迁居于此而得名。聚落呈带状分布。61 户,175 人。1982 年古岭坑人迁置。

古岭坑　Gǔlǐngkēng　一称苦岭坑。古岭坑,水,发源于双凹亭,注入桐山溪。村以水得名。位于黄田镇政府东 2.1 千米。聚落呈点状分布。据当地《李氏宗谱》载,始于清乾隆五十五年(1790),李氏从竹口镇上坑迁置。清光绪《庆元县志》卷二:“苦岭坑,十二都。”村民已迁至新坛、锄头岗等村。

锄头岗　Chútóugǎng　村以田片名。位于黄田镇政府东北 2.1 千米。聚落呈团块状分布。20 户,68 人。1980 年古岭坑人迁置,竹口镇后楼村人继入。

【高山村】 Gāoshān Cūn　原驻地高山,以驻地得名。位于黄田镇政府东北 5.1 千米。东邻竹口镇上垟村,南、西与古岭坑村毗邻,北接桐山村。辖 3 个自然村。94 户,309 人。土地总面积 3.41 平方千米,耕地面积 95.70 亩,林地面积 4698.15 亩。农林产品有稻米、木材、毛竹、松脂、香菇等。1949 年称高山农民协会(行政村),1956 年与曹岭并称高岭农业生产合作社,1958 年称高岭生产队,1961 年析称高山大队,1984 年复称高山行政村,设村民委员会,属黄田乡。1992 年撤区扩镇并乡,黄田、黄真、三济三乡合置称黄田镇,属黄田镇。

高　坋　Gāobèn　村委会驻地。村以田片得名。位于黄田镇政府东北 5.1 千米。聚落呈带状分布。46 户,150 人。1982 年由高山人迁置。村北有宋、明青瓷窑址遗存。

五　龙　Wǔlóng　临山俗称“五龙抢珠”,村名因之。位于黄田镇政府东北 6.0 千米。聚落呈带状分布。27 户,90 人。1986 年高山人迁置。

清水湾　Qīngshuǐwān　地处桐山溪一湾谷,故名。位于黄田镇政府东北 5.7 千米。聚落呈带状分布。21 户,69 人。1986 年由高山人迁置。

【黄源底村】 Huángyuándǐ Cūn　以驻地得名。位于黄田镇政府西 6.2 千米。东、南与陈边村相邻,西与福建省松溪县接壤,北连仙庄村。辖 1 个自然村。90 户,315 人。土地总面积 4.95 平方千米,耕地面积 291.0 亩,林地面积 6990.60 亩。农林产品有稻米、香菇、毛竹、茶叶、木材、笋干等。1949 年属陈边农民协会(行政村),1956 年并称“龙井”农业生产合作社,1958 年析称黄源底生产队,1961 年称黄源底大队。1984 年改称黄源底行政村,设村民委员会,属三济乡。1992 年撤区扩镇并乡,黄田、黄真、三济三乡合置称黄田镇,改属黄田镇。

黄源底　Huángyuándǐ　因坐落于黄源垄(地片名)尾得名。聚落呈团块状分布。38 户,150 人。

据考始于清乾隆年间(1736—1795),叶氏置。村内道路有黄源底路、东丝湾路。

【上济村】 Shàngjì Cūn 以驻地得名。位于黄田镇政府西北5.1千米。东邻李村村,南至陈边村,西接仙庄村、湖头村,北连姚村村。辖1个自然村。172户,640人。土地总面积4.70平方千米,耕地面积857.25亩,林地面积4291.95亩。农林产品有稻米、香菇、毛竹、茶叶、木材、杂交稻种等。1949年称上济农民协会(行政村),1956年与陈边、中济、湖头、下济合称"龙井"农业生产合作社,1958年析称上济生产队,1961年称上济大队,1984年复称上济行政村,设村民委员会,属三济乡。1992年撤区扩镇并乡,黄田、黄真、三济三乡合置称黄田镇,改属黄田镇。

上　济 Shàngjì 古时离村3.5千米处有一岩漈(漈,方言指瀑布),村居其上,谐音得名。聚落呈条块状分布。据考上济诸姓宗谱,始于宋咸平年间(998—1003)季氏肇基,后卢氏丙八公于明正统七年(1442)从龙泉九溪迁入。清光绪《庆元县志》卷二:"上济,十都。"原三济乡政府驻地。历史遗存有鲍氏宗祠、三济寺遗址。村内道路有上济路、求学路、水栋弄和中心弄等。

【良官田村】 Liángguāntián Cūn 以驻地得名。位于黄田镇政府西北10.1千米。东邻朱黄村、龙济村,南至崔上村,西、北与福建省松溪县毗邻。辖1自然村。86户,274人。土地总面积4.58平方千米。耕地面积687.30亩,林地面积5930.10亩。农林产品有稻米、木材、毛竹、松脂、香菇等。1949年称良官田农民协会(行政村)。1956年与济下并称良济农业生产合作社,1958年称良济生产队,1961年析称良官田大队,1969年改称劳武大队,1981年按驻地恢复原名,1984复称良官田行政村,设村民委员会,属三济乡。1992年撤区扩镇并乡,黄田、黄真、三济三乡合置称黄田镇,改属黄田镇。

良官田 Liángguāntián 村名有二说。一、此处原是一处坡地,相传梁氏开拓,故昔称梁家田,后谐为"良官田"。二、据传明末有位梁姓好官,将此田地分给农民,故称良官田。聚落呈散状分布。据当地《周氏宗谱》载,系明崇祯元年(1628),迁入之周氏后裔。清光绪《庆元县志》卷二"梁家田,十都"。历史遗存有周氏宗祠。村内道路有良田路、后砻路、树山路等。

【龙济村】 Lóngjì Cūn 以驻地得名。位于黄田镇政府西北8.8千米。辖1个自然村。133户,434人。土地总面积4.6平方千米,耕地面积756.90亩,林地面积5769.90亩。农林产品有稻米、香菇、毛竹、茶叶、木材、笋干等。1949年称济下农民协会(行政村),1956年与良官田并称良济农业生产合作社,1958年称良济生产队;1961年析称济下大队,1981年更称龙济大队,1984年改称龙济行政村,设村民委员会,属三济乡。1992年撤区扩镇并乡,黄田、黄真、三济三乡合置称黄田镇,改属黄田镇。

龙　济 Lóngjì 原称济下,1981年取龙头山之"龙"、济下之"济",更为今名。聚落呈团块及散状复合型分布。据考始于明万历三年(1575),谢氏置,清光绪《庆元县志》卷二:"济下,十都"。村内道路有西龙路等。

【崔上村】 Cuīshàng Cūn 以驻地得名。位于黄田镇政府西北9.3千米。东邻龙济村,南至仙庄村,西接福建省松溪县界,北连良官田村。辖1个自然村。27户,62人。土地总面积1.11平方千米,耕地面积145.05亩,林地1460.25亩。农林产品有稻米、香菇、毛竹、茶叶、木材、笋干、鲜笋等。

1949 年属仙庄农民协会（行政村），1961 年析建崔上大队，1984 年改称崔上行政村，设村民委员会，属三济乡。1992 年撤区扩镇并乡，黄田、黄真、三济三乡合置称黄田镇，改属黄田镇。

崔　上　Cuīshàng　崔：崔嵬。地处龙头山腰，高屋建瓴，故名。聚落呈散状分布。周氏置。地当闽浙边境。1947 年为中共闽浙边地委机关驻地。村内道路有张翼路、牯佬路等。

【湖头村】 Hútóu Cūn　以驻地得名。位于黄田镇政府西北 6.5 千米。东、南与上济村相邻，西至仙庄村，北接龙济村、姚村村。辖 3 个自然村。132 户，443 人。土地总面积 2.53 平方千米，耕地面积 372.75 亩，林地面积 3254.40 亩。农林产品有稻米、香菇、毛竹、茶叶、木材、笋干、鲜笋等。1949 年称湖头农民协会（行政村），1956 年并入"龙井"农业生产合作社，1958 年析称湖头生产队，1961 年改称湖头大队，1984 年复称湖头行政村，设村民委员会，属三济乡。1992 年撤区扩镇并乡，黄田、黄真、三济三乡合置称黄田镇，改属黄田镇。

湖　头　Hútóu　村委会驻地。原是湖沼村建其首，故名。聚落呈团块状分布。116 户，334 人。据考始于清顺治年间（1644—1661），谢氏置。现居民多姓周。清光绪《庆元县志》卷二："湖头，十都。"村内道路有湖头路弄等。

仓　湾　Cāngwān　原名仓埕，清光绪年间（1875—1908）季氏从湖头迁入此后更为今名，含地处湾谷之意。位于黄田镇政府西北 6.0 千米。聚落呈带状分布。20 户，75 人。

湖头坋　Hútóubèn　原为田片名，村名沿之。位于黄田镇政府西北 6.9 千米。聚落呈散状分布。15 户，50 人。

【中济村】 Zhōngjì Cūn　以驻地得名。位于黄田镇政府西 4.6 千米。东邻双沈村、洋垄村、竹口镇大泽村，南至下济村，西接福建省松溪县界，北连陈边村。辖 4 个自然村。183 户，671 人。土地总面积 6.49 平方千米，耕地面积 837.45 亩，林地面积 8409.30 亩。农林产品有稻米、香菇、毛竹、茶叶、木材、笋干、鲜笋等。1949 年称中济农民协会（行政村），1956 年与湖头、上济、陈边、下济并称"龙井"农业生产合作社，1958 年析称中济生产队。1961 年称中济大队，1984 年复称中济行政村，设村民委员会，属三济乡。1992 年撤区扩镇并乡，黄田、黄真、三济三乡合置称黄田镇，改属黄田镇。

中　济　Zhōngjì　村委会驻地。以地处上济、下济之间得名。聚落呈团块状分布。16 户，62 人。据当地《赖氏宗谱》载，为赖氏十五世祖宁公于北宋至和二年（1055）从上赖分置。清光绪《庆元县志》卷二："中济，十都。"历史遗存有昌庙戏台。村内道路有中济路、文昌路等。

墈　下　Kànxià　地处田墈之下得名。位于黄田镇政府西 4.7 千米。聚落呈团块状分布。72 户，290 人。

东　岸　Dōngàn　东濒下济溪得名。位于黄田镇政府西 4.3 千米。聚落呈散状分布。4 户，15 人。民国 33 年（1944）废，1980 年复置。

上　井　Shàngjǐng　因井得名。位于黄田镇政府西 4.7 千米。聚落呈团块状分布。7 户，29 人。据考始于清道光四年（1824），邝氏从黄源底村田坑迁置。

【陈边村】 Chénbiān Cūn　以驻地得名。位于黄田镇政府西 4.8 千米。东邻双沈村，南至中济村，西接黄源底村，北连上济村、李村村。辖3个自然村，273户，973人。土地总面积5.73平方千米，耕地面积1079.85亩，林地面积7022.10亩。农林产品有稻米、香菇、毛竹、茶叶、木材、笋干、鲜笋等。1949年称陈边农民协会（行政村），1956年与湖头、上济、中济、下济并称"龙井"农业生产合作社，1958年析称陈边生产队，1961年称陈边大队，1984年复称陈边行政村，设村民委员会，属三济乡。1992年撤区扩镇并乡，黄田、黄真、三济三乡合置称黄田镇，改属黄田镇。

陈　边　Chénbiān　村委会驻地。据考杨氏肇基，故昔名杨边，又考《林氏家谱》，曾名陈坊，林氏舜英公于明万历初从福建省建阳市迁此后使用今名。聚落呈团块状及环状复合型分布。113户，420人。清光绪《庆元县志》卷二："陈边，十都。"历史遗存有五谷仙庙。村内道路有石门街等。

上　赖　Shànglài　因在赖坞之上得名。位于黄田镇政府西4.9千米。聚落呈团块状分布。97户，400人。据中济《赖氏宗谱》载，赖氏始祖克昌公于唐德宗贞元二十年（804）从江西七井村先迁赖坞（在上赖村尾，早废），后置上赖。清光绪《庆元县志》卷二："上赖，十都。"

半　源　Bànyuán　因坐落黄源垄中段得名。位于黄田镇政府西5.4千米。聚落呈带状分布。29户，118人。清光绪十一年（1885）俞氏从福建省长乐迁入。

【下济村】 Xiàjì Cūn　以驻地得名。位于黄田镇政府西南5.9千米。东、南与竹口镇大泽村、竹上村，竹中村相邻，西接福建省松溪县界，北连中济村。辖1个自然村。152户，526人。土地总面积5.53平方千米，耕地面积782.85亩，林地面积699.25亩。农林产品有稻米、香菇、毛竹、茶叶、木材、笋干、鲜笋等。1949年称下济农民协会（行政村），1956年与湖头、上济、陈边、中济并称"龙井"农业生产合作社，1958年析称下济生产队，1961年称下济大队，1984年复称下济行政村，设村民委员会，属三济乡。1992年撤区扩镇并乡，黄田、黄真、三济三乡合置称黄田镇，改属黄田镇。

下　济　Xiàjì　地处中济村之下得名。聚落沿三济溪两岸呈团块状分布。152户，526人。据当地《季氏宗谱》载，始于明永乐年间（1403—1424）季氏置。遗存有清古遗址下济窑址。村内道路有八保街、门前路、樟坪路、化城路、钱字弄等。

【仙庄村】 Xiānzhuāng Cūn　以驻地得名。位于黄田镇政府西北8.0千米。东邻湖头村、上济村，南至黄源底村，西接福建省松溪县界，北连崔上村、龙济村。辖2个自然村。159户，512人。土地总面积7.30平方千米，耕地面积622.35亩，林地面积10012.05亩。农林产品有稻米、香菇、毛竹、茶叶、木材、笋干、鲜笋等。1949年称仙庄农民协会（行政村），1956年称仙庄农业生产合作社，1958年称仙庄生产队，1961年称仙庄大队，1966年更为新庄大队，1981年恢复原名，1984年复称仙庄行政村，设村民委员会，属三济乡。1992年撤区扩镇并乡，黄田、黄真、三济三乡合置称黄田镇，改属黄田镇。

仙　庄　Xiānzhuāng　村委会驻地。村口有一巨岩，凌空壁立，相传为马七仙所遗，故名。聚落呈团块状分布。11户，53人。据考明崇祯十二年（1639）周氏从后溪（今张村乡）迁置。清光绪《庆元县志》卷二："仙庄，十都。"历史遗存有周氏宗祠。村内道路有官路后、官路下、岭坤（一、二）路。

岭　坤　Lǐngkūn　地处于仙庄岭脚得名。位于黄田镇政府西北7.4千米。聚落呈团块状及散状复合型分布。68户，271人。1968年村民从仙庄迁置。

【姚村村】 Yáocūn Cūn　以驻地得名。位于黄田镇政府西北 5.6 千米。东邻台湖村，南至李村村、上济村，西接湖头村、龙济村，北连双坞村、龙泉市界。辖 3 个自然村，346 户，1121 人。土地总面积 8.61 平方千米，耕地面积 1437.30 亩，林地面积为 10749.45 亩。农林产品有稻米、香菇、毛竹、茶叶、木材、笋干、鲜笋等。1949 年称姚村农民协会（行政村），1956 年与台湖合称利群农业生产合作社，1958 年称利群生产队，1961 年称利群大队，1978 年台湖分出，1981 年按驻地改称姚村大队，1984 年复称姚村行政村，设村民委员会，属黄真乡。1992 年撤区扩镇并乡，黄田、黄真、三济三乡合置称黄田镇，改属黄田镇。

姚　村　Yáocūn　村委会驻地。据当地《李氏宗谱》载，姚村古称“窑村”，王氏肇基，因瓷器产地得名。后瓷业衰落，至宋末姚舜明（官至徽猷阁待制）的第六代孙姚宝英从龙泉大窑迁此，始易为今名。聚落呈团块状分布。284 户，923 人。清光绪《庆元县志》卷二：“姚村，十二都。”原为黄真乡政府驻地。历史遗存有古民居、龙安社。村内道路有姚村路、溪沿路、官路等。

庄头梅　Zhuāngtóuméi　相传古时一姓梅的官员避难于此，至今尚存府邸遗址，故名。位于黄田镇政府西北 7.0 千米。聚落呈带状分布。32 户，136 人。

金　村　Jīncūn　旧称金村坪，后更称金村。位于黄田镇政府西北 5.2 千米。聚落呈团块状分布。15 户，62 人。1968 年李如清等从姚村迁置。

【朱黄村】 Zhūhuáng Cūn　以境内朱坞、黄畬两自然村各取一字得名。位于黄田镇政府西北 9.5 千米。东、北与龙泉市交界，南至双坞村、龙济村，西接良官田村。辖 10 个自然村。343 户，1220 人。土地总面积 9.72 平方千米，耕地面积 2652.15 亩，林地面积 10762.95 亩。农林产品有稻米、香菇、毛竹、茶叶、木材、笋干、鲜笋等。1949 年分设朱坞、黄源农民协会（行政村），1956 年并称朱黄农业生产合作社，1958 年称朱黄生产队，1961 年称朱黄大队，1984 年复称朱黄行政村，设村民委员会，属黄真乡。1992 年撤区扩镇并乡，黄田、黄真、三济三乡合置称黄田镇，改属黄田镇。

朱　坞　Zhūwù　村委会驻地。民国《庆元县志稿·艺文·朱坞村赋》“朱叶离火之象，坞为窈窕之形”，故名。聚落呈散状分布。64 户，230 人。据当地《蔡氏宗谱》载，为朱氏肇基，蔡氏于明洪武年间（1368—1398）继入。清光绪《庆元县志》卷二：“朱坞，十二都。”历史遗存有蔡氏宗祠、龙车祖殿。

狮子坑　Shīzǐkēng　狮子坑，水，发源于黄畬山东麓，入龙泉市境。村以水得名。位于黄田镇政府西北 10.4 千米。聚落呈散状分布。12 户，41 人。附近有一称通天饭甑山洞，直径 2 米许，深不见底。

根竹山　Gēnzhúshān　以盛产甘竹得名，“甘”“根”同音，谐为今名。位于黄田镇政府西北 9.8 千米。聚落呈散状分布。17 户，62 人。清光绪《庆元县志》卷二：“甘竹山，十一都。”

黄畬寨　Huángshēzhài　地处黄畬寨尖西北麓，以山得名。位于黄田镇政府西北 11.4.千米。聚落呈点状分布。5 户，19 人。

黄　畬　Huángshē　以山得名。位于黄田镇政府西北 10.1 千米。聚落呈散状分布。53 户，190 人。据当地《毛氏宗谱》载，始于明隆庆年间（1567—1572），毛氏置。

麻岭后　Málǐnghòu　一称岭后。麻岭，山，村居其后，故名。位于黄田镇政府西北 10.1 千米。聚落呈散状分布。49 户，175 人。据当地《周氏宗谱》载，始于南宋祥兴二年(1279)，周氏从福建省松溪县桐畲村迁置。清光绪《庆元县志》卷二：“岭后，十一都。”

印　丘　Yìnqiū　原为田片名，建村后沿之。位于黄田镇政府西北 10.1 千米。聚落呈散状分布。48 户，170 人。始于清乾隆年间(1736—1795)，蔡氏从朱坞迁置。

英　坞　Yīngwù　原称莺坞，后谐为英坞。位于黄田镇政府西北 9.5 千米。聚落呈散状分布。25 户，90 人。清光绪《庆元县志》卷二：“英坞，十二都。”

茶　园　Cháyuán　一称茶后寮。位于黄田镇政府西北 9.0 千米。聚落呈团块状分布。26 户，91 人。

上门头　Shàngméntóu　位于黄田镇政府西北 9.3 千米。聚落呈散状分布。44 户，152 人。

【双坞村】 Shuāngwù Cūn　驻地下坞，以境内双井、下坞两自然村各取一字得名。位于黄田镇政府西北 7.5 千米。东与龙泉市交界，南至姚村村，西接龙济村，北连朱黄村。辖 4 个自然村。218 户，689 人。土地总面积 4.35 平方千米，耕地面积 1081.95 亩，林地面积 5019.75 亩。农林产品有稻米、香菇、毛竹、木材、笋干、鲜笋等。1949 年称双坞农民协会(行政村)，1956 年称双坞农业生产合作社，1958 年称双坞生产队，1961 年称双坞生产大队，1984 年复称双坞行政村，设村民委员会，属黄真乡。1992 年撤区扩镇并乡，黄田、黄真、三济三乡合置称黄田镇，改属黄田镇。

下　坞　Xiàwù　村委会驻地。地处朱坞之下，故名。聚落呈条块及散状分布。61 户，230 人。据当地《吴氏宗谱》载，始于清康熙二年(1663)，吴氏福二公从举溪(今举水乡)迁置。清光绪《庆元县志》卷二：“下坞，十二都。”

双　井　Shuāngjǐng　因村内有两口古井得名。位于黄田镇政府西北 7.7 千米。聚落呈带状分布。54 户，220 人。据当地《鲍氏宗谱》载，始于清顺治八年(1651)，鲍氏置，蔡氏继入。清光绪《庆元县志》卷二：“双井，十二都”。

双　坑　Shuāngkēng　一称佛堂坑。双坑，水，发源于黄畲山南麓，经庄头梅入柏渡溪。村以水名。位于黄田镇政府西北 8.2 千米。聚落呈团块状分布。50 户，210 人。宋淳祐三年(1243)吴氏从集公从松源街道会溪迁置。

岩　下　Yánxià　村后岩山高耸，因名。位于黄田镇政府西北 6.9 千米。聚落呈散状分布。10 户，39 人。1966 年蔡富永从双井迁置。1990 年后村民大多迁至双井。

【台湖村】 Táihú Cūn　以驻地得名。位于黄田镇政府北 5.7 千米。东、北与龙泉市交界，南至李村村，西接姚村村。辖 2 个自然村。61 户，170 人。土地总面积 1.68 平方千米，耕地面积 347.25 亩，林地面积 1980.90 亩。农林产品有稻米、香菇、毛竹、茶叶、木材、笋干、鲜笋等。1949 年称台湖农民协会(行政村)，1956 年并姚村称利群农业生产合作社，1958 年隶属利群生产队，1961 年隶属利群大队，1978 年析置台湖大队，1984 年复称台湖行政村，设村民委员会，属黄真乡。1992 年撤区扩镇并乡，黄田、黄真、三济三乡合置称黄田镇，改属黄田镇。

台　湖　Táihú　村委会驻地。位于台湖山西南麓，因山得名。聚落呈散状分布。44 户 186 人。据当地《叶氏宗谱》载，始于清顺治年间(1646—1661)，叶氏孔宏公置。清光绪《庆元县志》卷二：“台湖，十二都。”

中　岗　Zhōnggǎng　地处通往台湖村的一座山岗中段得名。位于黄田镇政府北 5.9 千米。聚落呈团块状分布。48 户，186 人。1929 年姚氏肇基。

【李村村】 Lǐcūn Cūn　少数民族村。以驻地得名。位于黄田镇政府西北 3.8 千米。东邻葛田村，南至双溪村、双沈村、陈边村，西接上济村，北连姚村村、台湖村。辖 3 个自然村。170 户，560 人。土地总面积 5.59 平方千米，耕地面积 871.50 亩，林地面积 6886.05 亩。农林产品有稻米、香菇、毛竹、茶叶、木材、笋干、鲜笋等。1949 年与柏渡沿村并称柏李农民协会（行政村），1953 年析称李村行政村，1956 年称李村农业生产合作社，1958 年称李村生产队，1961 年称李村大队，1984 年复称李村行政村，设村民委员会，属黄真乡。1992 年撤区扩镇并乡，黄田、黄真、三济三乡合置称黄田镇，改属黄田镇。

李　村　Lǐcūn　村委会驻地。项、李两氏肇基，李氏人多，故名。聚落呈带状及团块状复合型分布。105 户，420 人。据当地《李氏宗谱》载，始于元至正年间（1341—1345），项、李两氏肇基。清光绪《庆元县志》卷二："李村，十二都。"历史遗存有严源祖殿、古民居和胡氏宗祠。

严源殿　Yányuándiàn　因村旁有座严源祖殿，村以庙名。位于黄田镇政府西北 3.5 千米。聚落呈团块状分布。30 户，120 人。据考始于清光绪十六年（1890），邓氏置。

旱　坌　Hànbèn　田片名，村名沿之。位于黄田镇政府北 4.2 千米。聚落呈团块状分布。7 户，30 人。蓝氏从遂昌县移居。

【双溪村】 Shuāngxī Cūn　驻地三溪。1960 年析建生产队时，为避龙泉县（时庆元县并入龙泉县）梅岭（大）公社三溪管理区地名，改称双溪生产队，村名顺沿。位于黄田镇政府西北 1.2 千米。东邻黄坞村，南至东西村、洋垄村，西接双沈村，北连李村村、葛田村。辖 3 个自然村。101 户，320 人。土地总面积 3.20 平方千米，耕地面积 754.20 亩，林地面积 3740.25 亩。农林产品有稻米、香菇、毛竹、茶叶、木材、笋干、鲜笋等。原隶属洋垄行政村，1960 年析建双溪生产队，1961 年称双溪大队，1984 年改称双溪行政村，设村民委员会，属黄真乡。1992 年撤区扩镇并乡，黄田、黄真、三济三乡合置称黄田镇，改属黄田镇。

三　溪　Shuāngxī　村委会驻地。有 3 条小溪汇集于境。故名。聚落呈团块及带状复合型分布。45 户，180 人。据考始于明正德年间（1506—1521），廖氏置。清光绪《庆元县志》卷二："三溪，十二都。"历史遗存有卢相公庙。

缸钵厂　Gāngbōchǎng　昔为陶器产地，故名。位于黄田镇政府西北 1.1 千米。聚落呈团块状分布。40 户，160 人。

外　村　Wàicūn　在三溪村之外得名。位于黄田镇政府西北 1.4 千米。聚落呈散状分布。39 户，160 人。

【双沈村】 Shuāngshěn Cūn　驻地上沈。以境内有上沈、下沈两村得名。位于黄田镇政府西 2.2 千米。辖 7 个自然村，309 户，1023 人，土地总面积 4.39 平方千米，耕地面积 1072.95 亩，林地面积 4970.85 亩。农林产品有稻米、香菇、毛竹、茶叶、木材、杂交稻种等。1949 年称双沈农民协会（行政村），1956 年称双沈农业生产合作社，1958 年称双沈生产队，1961 年双沈大队，1984 年复称双沈行政村，设村民委员会，属黄真乡。1992 年撤区扩镇并乡，黄田、黄真、三济三乡合置称黄田镇，改属黄田镇。

上　沈　Shàngshěn　村委会驻地。地处下沈之上，故名。聚落呈条块及散状分布。82 户，350 人。据当地《沈氏宗谱》载，始于北宋建隆年间（960—962），李氏肇基；沈氏于清康熙十五年（1676）从竹口镇蔡山头继入。清光绪《庆元县志》卷二："上沈，十二都。"历史遗存有天真寺大殿、上沈凉亭。

柏渡沿　Bǎidùyán　一称柏渡、柏渡阎。相传古时村前有用柏木架成的木桥，因名，至明正统四年（1439）阎氏迁此后改称柏渡阎，后世便于书写，谐为今名。位于黄田镇政府西 2.7 千米。聚落呈团块状分布。39 户，200 人。清光绪《庆元县志》卷二："柏渡阎，十二都。"历史遗存有古民居、蔡氏宗祠。

帮　坋　Bāngbèn　田片名，村名沿之。位于黄田镇政府西 2.9 千米。聚落呈带状分布。79 户，300 人。1966 年练正期从柏渡沿迁置。

处周寮　Chùzhōuliáo　昔称七井寮，后人口衰落，只剩一家名叫处周的寮棚，村遂以人名。位于黄田镇政府西 2.9 千米。聚落呈团块状分布，村后毛竹山、村前良田。24 户，100 人。清道光十四年（1834），陈氏林生公肇基。

下　沈　Xiàshěn　因地处上沈之下，故名。位于黄田镇政府 2.1 千米。聚落呈带状分布。12 户，50 人。据当地《沈氏宗谱》载，始于清康熙年间（1662—1722）沈氏从深鸟（今松源街道）迁置。清光绪《庆元县志》卷二："下沈，十二都。"历史遗存有郑氏宗祠。

上　堂　Shàngtáng　地处下沈之上，故名。位于黄田镇政府西 2.2 千米。聚落呈带状分布。12 户，50 人。清康熙七年（1668），沈氏置。

象鼻沟　Xiàngbígōu　村以地片名。位于黄田镇政府西 2.3 千米。聚落呈团块状分布。35 户，150 人。1983 年沈世章从双沈迁置。

【洋垄村】 Yánglǒng Cūn　驻地山头垄。以境内下洋，山头垄两自然村各取一字得名。位于黄田镇政府西南 1.9 千米。东邻东西村，南至竹口镇大泽村、崔家田村，西接中济村、双沈村，北连双溪村。辖 4 个自然村。172 户 ，570 人。土地总面积 4.51 平方千米，耕地面积 1185.90 亩，林地面积 4291.95 亩。农林产品有稻米、香菇、毛竹、茶叶、木材、笋干、鲜笋等。1949 年称洋垄农民协会（行政村），1956 年称洋垄农业生产合作社，1958 年称洋垄生产队，1961 年改称洋垄大队，1984 年复称洋垄行政村，设村民委员会，属黄真乡。1992 年撤区扩镇并乡，黄田、黄真、三济三乡合置称黄田镇，改属黄田镇。

山头垄　Shāntóulǒng　村委会驻地。因坐落在田垄之首得名。聚落呈团块状分布。80 户，265 人。据当地《周氏宗谱》载，始于明正德五年（1510），周氏置。清光绪《庆元县志》卷二："山头垄，十二都。"历史遗留有古民居。

下　洋　Xiàyáng　村前有上，下两畈田洋，村居其下，故名。位于黄田镇政府西南 1.5 千米。聚落呈团块状分布。68 户，225 人。清光绪《庆元县志》卷二："下洋，十二都。"

内柏渡口　Nèibǎidùkǒu　地处柏渡溪口处，与外柏渡口隔溪相望，故名。位于黄田镇政府西南 1.6 千米。聚落呈带状分布。24 户，80 人。清光绪《庆元县志》卷二："柏渡口，十二都。"

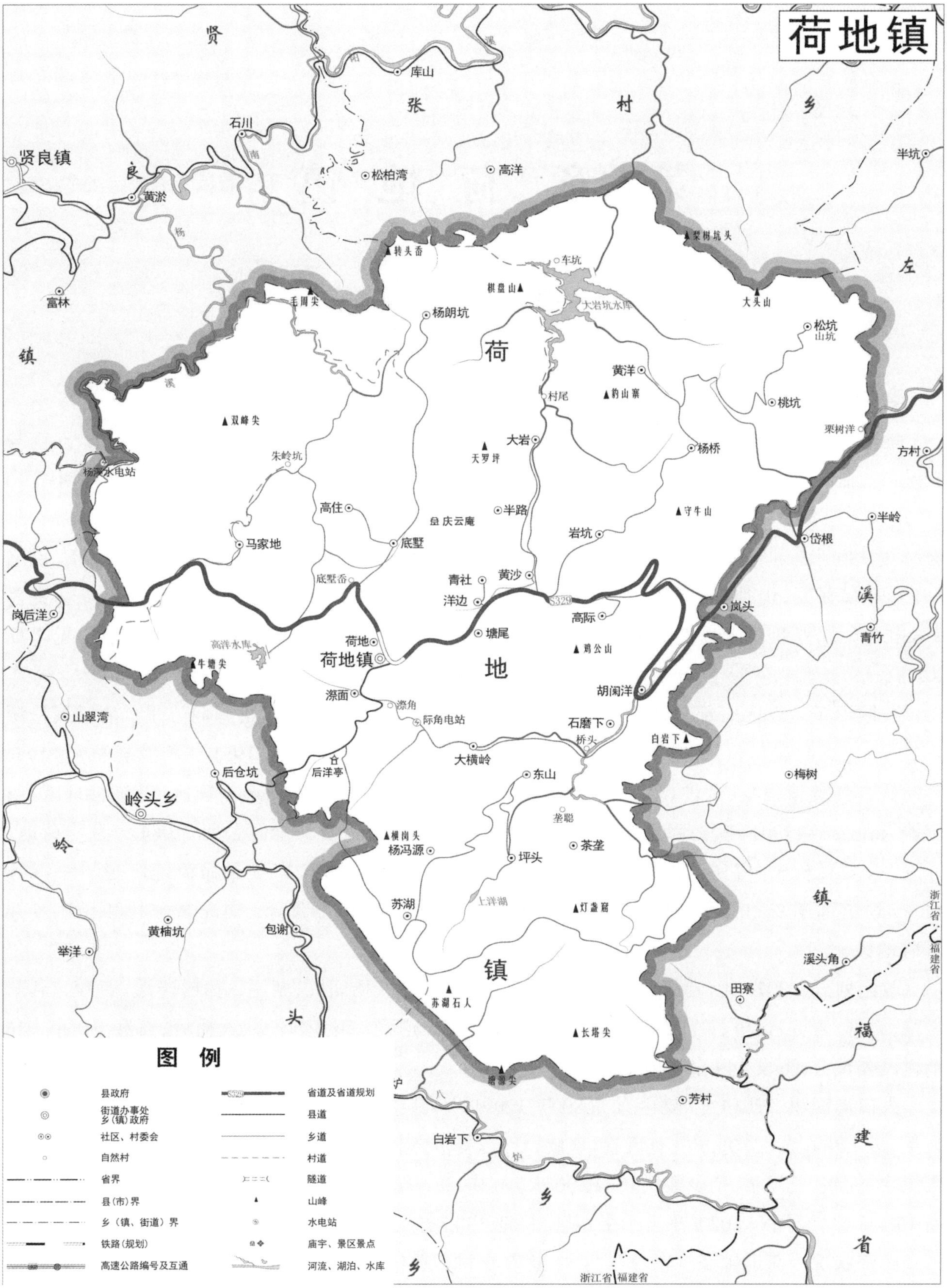

浙江省测绘与地理信息局　地图审核号:浙 S[2015]81 号　2014 年

第六章　荷 地 镇

第一节　政区概况

名称来历　以镇政府驻地得名。

地理环境　位于北纬27°30′—27°38′，东经119°14′—119°21′。地处庆元县东部，东、东南与左溪镇相邻，南、西毗连岭头乡，西北与贤良镇相接，北与张村乡为邻。镇政府驻荷地村南路16号，距庆元县城23千米。境内地势中部高，南北低，最高峰海拔1412米，最低处海拔500米，平均海拔980米，为华东地区面积最大的中山台地。已探明矿藏有铁、银、稀土、花岗岩等。盛产山野菜，有蕨菜、山须、树参等，上洋湖林场和黄洋尖有多种天然珍稀野生动植物。森林覆盖率83.6%。属亚热带季风性类型气候，年平均气温13.6℃，年降雨量2100毫米，年平均无霜期205天。

政区沿革　辖区有部分地系明景泰三年（1452）由青田县划入，属松源向方里。清时属松源乡二都。民国时属荷黄、苏方乡。1950年5月析置荷地、八炉、东山乡。1951年析置杨桥乡。1956年杨桥乡并入荷地乡；八炉、东山乡合并称苏湖乡。1958年12月称荷地管理区，苏湖管理区，属荷地人民公社。1961年称荷地、苏湖人民公社。1978年8月恢复荷地区公所。1984年复称荷地、苏湖乡，复置杨桥乡，属荷地区。1989年10月设立荷地镇。1992年5月撤荷地区、杨桥乡、苏湖乡，划出苏湖乡的苏湖、杨冯源、东山、坪头、茶垄、大横岭、石磨下、胡洋8个村和杨桥乡并入荷地镇。

政区划分　2014年，辖荷地、漈面、马家地、高住、底墅、杨朗坑、塘尾、青社、洋边、黄沙、高际、半路、大岩、岩坑、杨桥、黄洋、桃坑、松坑、苏湖、东山、杨冯源、茶垄、坪头、大横岭、石磨下、胡洋26个村民委员会；下设149个村民小组。

人口与面积　2014年，辖区有5680户12996人，其中农业人口12650人。总人口中，以汉族为主，达12966人，占99.8%；有佤族、水族、壮族、彝族、畲族、苗族、土家族、布依族、拉祜族、黎族、傈僳族、满族、羌族13个少数民族，共30人，占0.2%。辖区东西最大距离11.4千米，南北最大距离15.4千米，总面积102.8平方千米，其中耕地1345.23公顷，林地7820.37公顷。

经济状况　荷地镇经济以农业为主，随着农村产业结构调整，该镇从传统农业向效益农业发展，逐渐形成了以“菌、竹、茶、果、蔬、养殖”为优势产业，其他产业共同发展的格局。2014年，生产香菇680万袋，种植茭白173.33公顷，锥栗面积320公顷，毛竹面积533.33公顷，高山泥鳅示范养殖户3家，养殖面积10公顷，稻田养鱼面积106.67公顷。由于海拔高，适宜优质香菇生长，形成菇柄短小，菇面丰厚的“特色菇”。2014年，农业总产值6120万元，同比增长9.23%；农民人均收入10260元，增长12.01%。

社会发展　2014年，有文化艺术团体3个，文化馆（站）1个，公共图书室1个，村文化活动中心11个，农家书屋11个；幼儿园1所，小学1所，初中1所，九年义务教育覆盖率达100%；各级各类医疗卫生机构8个。村村通电网、电话、有线电视、自来水。农村安全饮用水普及率100%，农村卫生厕所普及率97.5%。参加新型农村医疗保险参保率92.31%。菊寿（S329）省道过境。

名胜旅游　荷地镇区位优势显著，历为庆元县东部政治、经济和文化中心，对周边乡镇辐射影响较深。镇域地处中山台地，风光旖旎，景色独特。有护龙桥、外村桥等县级文物保护单位5处。

第二节　村及居民点

【荷地村】 Hédì Cūn　以驻地得名。东邻洋边村、塘尾村，南至漈面村，西接岭头乡后仓坑村，北连马家地村、底墅村。辖1个自然村。752户，2089人。土地总面积4.99平方千米，耕地面积2122.35亩，林地面积为4092.75亩。农林产品有茭白、香菇、锥栗、水稻。1949年称荷地农民协会（行政村），1956年称荷地农业生产合作社，1958年称荷地生产队，1961年称荷地大队，1984年复称荷地行政村，设村民委员会，属荷地乡，1989年荷地乡改为建制镇，属荷地镇。1992年撤区扩镇并乡，仍属荷地镇。

荷　地　Hédì　镇政府、村委会驻地。以其山色秀丽，形若荷花得名。聚落呈团块状分布。据当地《吴氏宗谱》载，荷地原是处沼泽，周围分布着高段、山后塘、刘基、林闲、后等小村。明洪武三年（1370）吴氏添四公到此肇基后，高段等村先后废圮，约历八世，又有黄氏先祖黄吉郎公从郑社（今本镇青社村）迁来，故今居民多系吴、黄两氏之后裔。民国时设有区公所、警察所、税捐稽征分处等机构。清光绪《庆元县志》卷二：“荷地，二都。”历史遗存有古民居等，村内道路有荷地街北路、南路、新建路和洋心路等。

【漈面村】 Jìmiàn Cūn　以驻地得名。位于荷地镇政府西南0.7千米。东邻塘尾村、大横岭村、杨冯源村，南、西至岭头乡岭头村、后仓坑村，北连荷地村。辖2个自然村。218户，561人。土地总面积4.23平方千米，耕地面积1203.30亩，林地面积4046.25亩。农林产品有锥栗、香菇、毛竹、水稻等。1949年称漈面农民协会（行政村），1956年称漈面农业生产合作社，1958年称漈面生产队，1961年称漈面大队，1984年复称漈面行政村，设村民委员会，属荷地乡，1989年荷地乡改为建制镇，属荷地镇。1992年撤区扩镇并乡，仍属荷地镇。

漈　面　Jìmiàn　村委会驻地。以坐落双坑口的瀑布（俗称“漈”）之上得名。聚落呈团块状分布。208户，509人口。据当地《范氏宗谱》载，始于明洪武二十五年（1392），范氏置。清光绪《庆元县志》卷二：“漈面，二都。”历史遗存有范氏宗祠。村内道路有中新路、学校弄和内洋弄等。

漈　角　Jìjiǎo　以坐落于门岩漈右角得名。位于荷地镇政府南 0.7 千米。聚落呈点状分布。10 户，52 人口。左溪发源地。2009 年整村搬迁至濛洲街道同济新村。

【马家地村】 Mǎjiādì Cūn　以驻地得名。位于荷地镇政府西北 2.9 千米。东邻底墅村、荷地村，南、西接岭头乡后仓坑村、山翠湾村、岗后洋村、五大堡乡高大村，北连高住村。辖 1 个自然村。185 户，440 人。土地总面积 5.87 平方千米，耕地面积 870.75 亩，林地面积 7608.45 亩。农林产品有茭白、香菇、水稻等。1949 年称马家地农民协会（行政村），1956 年称马家地农业生产合作社，1958 年称马家地生产队，1961 年称马家地大队，1984 年复称马家地行政村，设村民委员会，属荷地乡，1989 年荷地乡改为建制镇，属荷地镇。1992 年撤区扩镇并乡，仍属荷地镇。

马家地　Mǎjiādì　传麦氏肇基，刘氏于清顺治元年（1644）从岩坑迁入。地名含义有二：一、肇基人姓麦，故昔称麦家地；二、这一带山地原为马家所开拓，又称马家地。聚落呈带状分布。清光绪《庆元县志》卷二："马家地，二都。"历史遗存有刘氏宗祠。

【高住村】 Gāozhù Cūn　以驻地得名。位于荷地镇政府北 2.5 千米。东邻底墅村，南至马家地村，西接贤良镇富林村、黄淤村，北连杨朗坑村。辖 2 个自然村。207 户，553 人。土地总面积 8.83 平方千米，耕地面积 1031.25 亩，林地面积 11545.95 亩。农林产品有茭白、香菇、锥栗、毛竹、水稻等。1949 年称高住农民协会（行政村），1956 年称高住农业生产合作社，1958 年称高住生产队，1961 年称高住大队，1984 年复称高住行政村，设村民委员会，属荷地乡，1989 年荷地乡改为建制镇，属荷地镇。1992 年撤区扩镇并乡，仍属荷地镇。

高　住　Gāozhù　村委会驻地。因坐落海拔 1234 米的真武山上，居高临下，故名。聚落呈团块状分布。198 户，515 人。据当地《吴氏宗谱》载，始于南宋咸淳三年（1267），吴氏从底墅迁置。清光绪《庆元县志》卷二："高住，二都。"历史遗存有吴氏宗祠。

朱岭坑　Zhūlǐngkēng　朱岭坑，水，村以水名。位于荷地镇政府北 3.6 千米。聚落呈散状分布。9 户，38 人口。

【底墅村】 Dǐshù Cūn　以驻地得名。位于荷地镇政府北 2.1 千米。东邻大岩、半路、青社村，南至荷地村，西接高住村、马家地村，北连杨朗坑村。辖 2 个自然村。338 户，907 人。土地总面积 5.94 平方千米，耕地面积 1573.8 亩，林地面积 5827.65 亩。农林产品有茭白、小尖椒、锥栗、香菇、水稻等。1949 年称底墅农民协会（行政村），1956 年称底墅农业生产合作社，1958 年称底墅生产队，1961 年称底墅大队，1984 年复称底墅行政村，设村民委员会，属荷地乡，1989 年荷地乡改为建制镇，属荷地镇。1992 年撤区扩镇并乡，仍属荷地镇。

底　墅　Dǐshù　村委会驻地。取名"底墅"，寓意屋后有靠山，山下有田洋，耕读传家方可传家久远。聚落呈团块状分布。338 户，907 人。据当地《吴氏宗谱》载，始于南宋淳熙七年（1180），吴氏百六公置。相传原是沼泽，邻近有栏下坑、上堂、隘边等 18 个小村，吴氏迁居于此，周围小村已相继衰落，故有"兴一个底墅，灭十八个小村"之说。历史上底墅文化有过比较发达时期，出过不少的贡生、监生，其中以明嘉靖年间的吴珦（谱名响九公）最有影响，在任福建省莆田县县丞时，循声卓著，誉望隆厚，深受当地人民尊敬。清光绪《庆元县志》卷二："底墅，二都。"历史遗存有吴福珦墓、庆云庵、吴氏宗祠、外村桥等。村内道路有底墅街、真武路、桥门路、学前路一至八弄。

底墅岙 Dǐshùào 地片名，村名因之。位于荷地镇政府北1.4千米。聚落呈团块状分布。荷地镇林业工作站驻此。

【杨朗坑村】 Yánglǎngkēng Cūn 以驻地得名。位于荷地镇政府北5.9千米。东邻黄洋村、大岩村，南至底墅村、高住村，西接贤良镇黄淤村、石川村，北连张村乡松柏湾村、蔡川村、高洋村。辖1个自然村。214户，549人。土地总面积7.49平方千米，耕地面积753.45亩，林地面积9678.90亩。农林产品有毛竹、香菇、水稻等。1949年称杨朗坑农民协会（行政村），1956年称杨朗坑农业生产合作社，1958年称杨朗坑生产队，1961年称杨朗坑大队，1984年复称杨朗坑行政村，设村民委员会，属荷地乡，1989年荷地乡改为建制镇，属荷地镇。1992年撤区扩镇并乡，仍属荷地镇。

杨朗坑 Yánglǎngkēng 村呈燕窝形，其下有水坑，故初名燕浪坑，含"燕语呢喃"之意；杨朗坑，乃昔名之谐音。聚落呈散状分布。据《范氏宗谱》载，始于元至顺元年（1330），范氏德二公从山西省南洋迁置。清光绪《庆元县志》卷二："杨朗坑，二都。"历史遗存有清代古建筑范氏宗祠。

【半路村】 Bànlù Cūn 以驻地得名。位于荷地镇政府东北3.0千米。东邻岩坑村，南至黄沙村、青社村，西接底墅村，北连大岩村。辖1个自然村。92户，210人。土地总面积1.70平方千米，耕地面积585.75亩，林地面积1503.45亩。农林产品有锥栗、香菇、水稻等。原属底墅大队，1984年析置，设村民委员会，属荷地乡，1989年荷地乡改为建制镇，属荷地镇。1992年撤区扩镇并乡，仍属荷地镇。

半　路 Bànlù 因地处黄沙、底墅、大岩、青社村的途中，故名。聚落呈团块状分布。始于清顺治七年（1650），甘文兴公从江西省迁置。历史遗存有福星桥、甘氏宗祠。

【大岩村】 Dàyán Cūn 以驻地得名。位于荷地镇政府东北4.3千米。东邻杨桥村，南至岩坑村、黄沙村、半路村，西接底墅村，北连杨朗坑村、黄洋村。辖2个自然村。301户，801人。土地总面积4.72平方千米，耕地面积1202.10亩，林地面积5011.35亩。农林产品有香菇、锥栗、水稻等。1949年称大岩农民协会（行政村），1956年称大星农业生产合作社，1958年称大星生产队，1961年称大星大队，1967年改称大岩大队，1984年复称大岩行政村，设村民委员会，属荷地乡，1989年荷地乡改为建制镇，属荷地镇。1992年撤区扩镇并乡，仍属荷地镇。

大　岩 Dàyán 村委会驻地。溪边有一岩山，巍峨挺立，光滑如壁，奇伟壮观，村名因之。聚落呈团块及带状复合型分布。272户，644人。据当地《范氏宗谱》载，始于明宣德十年（1435），范氏置。清光绪《庆元县志》卷二："大岩，二都。"村北建有大岩坑水库。历史遗存有范氏宗祠、古民居。村内道路有永振路等。

村　尾 Cūnwěi 居大岩村之尾部得名。位于荷地镇政府东北5.1千米。聚落呈团块状分布。39户，157人。2008年村民迁至濛洲街道同济新村。

【黄沙村】 Huángshā Cūn 以驻地得名。位于荷地镇政府东北2.5千米。东邻岩坑村、石磨下村，南至大横岭村，西接塘尾村、洋边村、青社村，北连半路村。辖1个自然村。229户，680人。土地总面积4.48平方千米，耕地面积899.70亩，林地面积4480.50亩。农林产品有茭白、锥栗、香菇、水稻等。1949年称黄沙农民协会(行政村),1950年与高漈合并,1956年与高漈、青社、塘尾合称前进农业生产合作社,1958年析称黄沙生产队,1961年称黄沙大队,1984年复称黄沙行政村,设村民委员会,属荷地乡,1989年荷地乡改为建制镇,属荷地镇。1992年撤区扩镇并乡,仍属荷地镇。

黄　沙　Huángshā　昔名白象,后受洪水冲刷,大片黄沙淤积村外,始更为今名。聚落呈团块及散状复合型分布。相传约始于宋末元初,黄氏肇基,张氏继入。清光绪《庆元县志》卷二:"黄沙,二都。"历史遗存有张氏宗祠。村内道路有月山路、新建路、黄龙路和黄洋路等。

【高际村】 Gāojì Cūn 以驻地得名。位于荷地镇政府东3.2千米。东邻左溪镇岚头村,南至胡闲洋村、石磨下村,西接黄沙村,北连岩坑村。辖1个自然村。38户,112人。土地总面积2.13平方千米,耕地面积244.20亩,林地面积2601.60亩。农林产品有香菇、锥栗、吊瓜、水稻等。原属黄沙大队,1984年析置,设村民委员会,属荷地乡,1989年荷地乡改设荷地镇,属荷地镇,1992年撤区扩镇并乡,仍属荷地镇。2013年因与本县松源街道高漈村重名,遂更名为高际行政村。

高　际　Gāojì　原称高漈,2013年更名为高际。坐落海拔1246.7米的大角尖下,因水(瀑布)得名。聚落呈团块状分布。2013年清光绪《庆元县志》卷二:"高漈,二都。"

【青社村】 Qīngshè Cūn　以驻地得名。位于荷地镇政府东北2.0千米。东邻黄沙村,南至洋边村,西接底墅村,北连半路村。辖1个自然村。104户,296人。土地总面积0.60平方千米,耕地面积281.55亩,林地面积360.30亩。农林产品有茶叶、香菇、高山蔬菜、水稻等。1949年称青社农民协会(行政村),1950年并入洋边、塘尾、梅树湾3个村。1956年与黄沙合称前进农业生产合作社,1958年黄沙划出改称联丰生产队,1961年称联丰大队,1984年析称青社行政村,设村民委员会,属荷地乡。1989年荷地乡改为建制镇,属荷地镇。1992年撤区扩镇并乡,仍属荷地镇。

青　社　Qīngshè　一称郑氏、上洋,村名含以背靠青山,四季常青之意。聚落呈团块及散状复合型分布。张氏式庚公从黄沙迁置。

【洋边村】 Yángbiān Cūn　以驻地得名。位于荷地镇政府东北1.7千米。东邻黄沙村,南至塘尾村,西接荷地村,北连青社村。辖1个自然村。98户,263人。土地总面积0.77平方千米,耕地面积611.25亩,林地面积360.30亩。农林产品有茭白、香菇、高山蔬菜、水稻等。原属联丰大队,1984年析置,设村民委员会,属荷地乡。1989年荷地乡改为建制镇,属荷地镇。1992年撤区扩镇并乡,仍属荷地镇。

洋　边　Yángbiān　傍临田洋得名。聚落呈带状分布。据考始于明洪武年间(1368—1398),吴氏崇六公从马家地迁置。清光绪《庆元县志》卷二:"洋边,二都。"历史遗存有清代古建筑吴氏宗祠。

【塘尾村】 Tángwěi Cūn　以驻地得名。位于荷地镇政府东1.5千米。东邻黄沙村,南至大横岭村,西接漈面村、荷地村,北连洋边村。辖1个自然村。118户,310人。土地总面积1.27平方千米,耕地面积321.75亩,林地面积1387.35亩。农林产品有香菇、毛猪、高山蔬菜、水稻等。原属联丰大队,1984年析置,设村民委员会,属荷地乡。1989年荷地乡改为建制镇,属荷地镇。1992年撤区扩镇并乡,仍属荷地镇。

塘　尾　Tángwěi　地处一牛荡(放饮耕牛之水塘)下得名。聚落呈散状分布。据当地《毛氏宗谱》载，始于清雍正十年(1732)毛氏白象公从毛洋村(今景宁畲族自治县)迁置。清光绪《庆元县志》卷二:“塘尾，二都。”

【杨桥村】 Yángqiáo Cūn　以驻地得名。位于荷地镇政府东北 5.7 千米。东邻桃坑村、左溪镇岱根村，南至岩坑村，西接大岩村，北连黄洋村。辖 1 个自然村。214 户，641 人。土地总面积 6.37 平方千米，耕地面积 1756.35 亩，林地面积 6618.0 亩。农林产品有茭白、毛竹、香菇、水稻等。1949 年称杨桥农民协会(行政村)，1956 年称杨桥农业生产合作社，1958 年称杨桥生产队，1961 年称杨桥大队，1984 年复称杨桥行政村，设村民委员会，属杨桥乡。1992 年撤区扩镇并乡，杨桥并入荷地镇，改属荷地镇。

杨　桥　Yángqiáo　原是草地，高踞大头山腰，一日练氏六四公牧羊到此，发现是处“龙脉”，遂徙迁至此，故昔称“羊桥”，意指羊“搭桥”而来，“羊”“杨”同音，后世谐为今名。聚落呈团块及带状复合型分布。据当地《练氏宗谱》载，始于南宋德祐年间(1275—1276)，练氏置。清光绪《庆元县志》卷二:“杨桥，二都。”原为杨桥乡政府驻地。历史遗存有练氏宗祠。村内道路有杨桥路、洋尾弄和洋中弄等。

【黄洋村】 Huángyáng Cūn　以驻地得名。位于荷地镇政府东北 6.2 千米。东邻松坑村、桃坑村村，南至杨桥村，西接大岩、杨朗坑村，北连张村乡高洋村、张村村。辖 2 个自然村。241 户，653 人。土地总面积 8.68 平方千米，耕地面积 1016.25 亩，林地面积 10545.15 亩。农林产品有香菇、高山蔬菜、水稻等。1949 年称黄洋农民协会(行政村)，1956 年称黄坛农业生产合作社，1958 年称黄坛生产队，1961 年称黄坛大队，为与大队名称一致，1981 年 11 月更为黄洋大队。1984 年复称黄洋行政村，设村民委员会，属杨桥乡。1992 年撤区扩镇并乡，杨桥并入荷地镇，改属荷地镇。

黄　洋　Huángyáng　村委会驻地。一称黄坛儿，村形呈“真武坐堂，龟守水口”状，故昔名黄潭，“潭”“坛”同音，后世谐为黄坛。为与黄洋大队名称一致，1981 年 11 月更为黄洋。聚落呈团块状分布。234 户，628 人。据当地《练氏宗谱》载，始于五代后唐天成五年(930)，黄氏置，练氏于明洪武年间(1368—1398)从杨桥迁入。清光绪《庆元县志》卷二:“黄坛儿，二都。”历史遗存有护龙桥、练氏宗祠和黄氏宗祠。村内道路有黄洋路、前山路等。

车　坑　Chēkēng　车坑，水，村以水名。位于荷地镇政府北 7.2 千米。聚落呈散状分布。7 户，25 人。相传村史悠久，五代时曾是个大村，后因灾荒战乱，逐渐衰落。

【桃坑村】 Táokēng Cūn 以驻地得名。位于荷地镇政府 7.1 千米。东、南与左溪镇半岭村、岱根村相邻，西接杨桥村，北连松坑村。辖 2 个自然村。148 户，339 人。土地总面积 2.52 平方千米，耕地面积 347.85 亩，林地面积 3157.20 亩。农林产品有毛竹、香菇、水稻等。1949 年称桃坑农民协会(行政村)，1956 年称桃坑农业生产合作社，1958 年称桃坑生产队，1961 年称桃坑大队，1984 年复称桃坑行政村，设村民委员会，属杨桥乡。1992 年撤区扩镇并乡，杨桥并入荷地镇，改属荷地镇。

桃　坑　Táokēng　村委会驻地。相传旧时村边水坑两岸，桃树成荫，花团锦簇，因名。聚落呈散状分布。94 户，188 人。据当地《叶氏宗谱》载，始于唐元和八年(813)，叶氏辛七公从景宁畲族自治县小地村迁置。清光绪《庆元县志》卷二:“桃坑，二都。”历史遗存有石刻敬宝练公墓道碑和叶氏宗祠、接龙桥。

栗树洋 Lìshùyáng 昔产栗，地平开阔，栗树成荫，故名。位于荷地镇政府东北8.0千米。聚落成团块状分布。54户，151人。

【松坑村】 Sōngkēng Cūn 以驻地得名。位于荷地镇政府东北8.4千米。东邻栗树洋，西至黄洋，北接左溪田坑，南连桃坑。20户，85人。土地总面积1.96平方千米，耕地面积112.95亩，林地面积2764.50亩。农林产品有香菇、毛竹、水稻。原属桃坑大队，1984年析置，设村民委员会，属杨桥乡。1992年撤区扩镇并乡，杨桥并入荷地镇，改属荷地镇。

松　坑 Sōngkēng 原称山坑，以水得名，后因村旁多松树，其所隶行政村称松坑，村名亦沿之。聚落呈散状分布。

【岩坑村】 Yánkēng Cūn 以驻地得名。位于荷地镇政府东北3.7千米。东邻左溪镇岱根村，南至高际村，西接黄沙村，北连大岩村、杨桥村。辖1个自然村。199户，469人。土地总面积3.48平方千米，耕地面积745.20亩，林地面积3555.0亩。农林产品有锥栗、毛竹、高山蔬菜，水稻等。1949年称岩坑农民协会（行政村），1956年称岩坑农业生产合作社，1958年称岩坑生产队，1961年称岩坑大队，1984年复称岩坑行政村，设村民委员会，属杨桥乡。1992年撤区扩镇并乡，杨桥并入荷地镇，改属荷地镇。

岩　坑 Yánkēng 周围危石叠翠，村中有小坑流水，故名。聚落呈团块及散状复合型分布。据当地《刘氏宗谱》载，始于明正统十四年(1449)，刘氏置。清光绪《庆元县志》卷二："岩坑，二都。"历史遗存有古民居。

【苏湖村】 Sūhú Cūn 以驻地得名。位于荷地镇政府南4.2千米。东邻左溪镇田寮村，南、西至岭头乡芳村村、白岩村、八炉村、包谢村，北连杨冯源村、坪头村、茶垄村。辖1个自然村。357户，855人。土地总面积13.74平方千米，耕地面积1435.50亩，林地面积17941.95亩。农林产品有毛竹、香菇、高山蔬菜、水稻等。1949年称苏湖农民协会(行政村)，1956年与包谢并称苏包农业生产合作社，1958年称苏湖生产队，1961年称苏湖大队，1984年复称苏湖行政村，设村民委员会，属苏湖乡。1992年撤区扩镇并乡，改属荷地镇。

苏　湖 Sūhú 明称苏姑塘，清称苏湖塘，皆以村中央的大池塘和苏氏开拓而得名。后世为便于书写，简称今名。聚落呈团块及散状复合型分布。据当地《胡氏宗谱》载，始于南宋绍兴十年(1140)，苏氏置，胡氏继入。据传村中曾有三曲墙，葫芦门等古迹，官员经此须下轿步行。境内还有上洋湖、九槽漈瀑布、石岩龙井瀑布、苏湖石人等自然景点。清光绪《庆元县志》卷二："苏湖塘，二都。"原为苏湖乡政府驻地。村内道路有苏湖路、坑沿路、学校弄和下洋弄等。

【杨冯源村】 Yángféngyuán Cūn 村委会驻松源街道同德新村。以原驻地得名。位于荷地镇政府南3.4千米。东邻东山村、坪头村，南至苏湖村，西接岭头乡包谢村，北连漈面村、大横岭村。辖1个自然村。74户，204人。土地总面积2.63平方千米，耕地面积685.65亩，林地面积2974.35亩。农林产品有高山蔬菜、香菇、水稻等。1949年与坪头、茶垄并称坪头农民协会(行政村)，1956年与东山、坪头、茶垄、横岭并称东坪农业生产合作社，1958年称东坪第三生产队，1961年称杨冯源大队，1984 年复称杨冯源行政村，设村民委员会，属苏湖乡。1992 年撤区扩镇并乡，改属荷地镇。

杨冯源　Yángféngyuán　一称杨婆源。据当地《杨氏宗谱》载，始于明洪武二年（1369），一姓杨老太婆置，故名。方言“婆”“冯”音近，雅通今名。聚落呈团块状分布。明景泰时由景宁县划入。清光绪《庆元县志》卷二：“杨婆源，二都。”2006 年 8 月，因遭“桑美”台风受灾，2009 年起村民相继搬迁至濛洲街道同济新村和松源街道同德新村。

【坪头村】 Píngtóu Cūn　村委会驻松源街道同德新村。以原驻地得名。位于荷地镇政府南 3.8 千米。东邻茶垄村，南至苏湖村，西接杨冯源村，北连东山村。辖 1 个自然村。80 户，228 人。土地总面积 2.34 平方千米，耕地面积 435.75 亩，林地面积 2829.60 亩。1949 年与茶垄、杨冯源并称坪头农民协会（行政村），1956 年与东山、杨冯源、茶垄、横岭并称东坪农业生产合作社，1958 年称东坪第四生产队，1961 年析称坪头大队，1984 年复称坪头行政村，设村民委员会，属苏湖乡。1992 年撤区扩镇并乡，改属荷地镇。

坪　头　Píngtóu　因坐落左溪上游一山间小平地得名。聚落呈点状分布。其地明景泰时从青田县划入。据当地《吴氏宗谱》载，始于清顺治二年（1645），吴氏从举水迁置。2006 年 8 月，因遭“桑美”台风受灾，2006 年年底村民相继搬迁至濛洲街道同济新村和松源街道同德新村。

【东山村】 Dōngshān Cūn　村委会驻濛洲街道同济新村。以原驻地得名。位于荷地镇政府东南 2.8 千米。东邻左溪镇梅树村，南至茶垄村、坪头村、杨冯源村，西接大横岭村，北连石磨下村。辖 1 个自然村。112 户，323 人。土地总面积 1.46 平方千米，耕地面积 261.45 亩，林地面积 1355.55 亩。农林产品有锥栗、香菇、水稻等。1949 年称东山农民协会（行政村），1956 年与杨冯源、坪头、茶垄、横岭合称东坪农业生产合作社，1958 年称东坪第一生产队，1961 年析称东山大队，1984 年复称东山行政村，设村民委员会，属苏湖乡。1992 年撤区扩镇并乡，改属荷地镇。

东　山　Dōngshān　昔名东山后，地处东山（山名）之后得名。聚落呈散状分布。其地明景泰时从青田县划入。据当地《毛氏宗谱》载，始于明崇祯八年（1635），毛氏从青竹迁置。清光绪《庆元县志》卷二：“东山后，二都。”2006 年 8 月，因遭“桑美”台风受灾，2007 年起村民相继搬迁至濛洲街道同济新村和松源街道同德新村。

【大横岭村】 Dàhénglǐng Cūn　村委会驻濛洲街道同济新村。以原驻地得名。位于荷地镇政府东南 1.9 千米。东邻石磨下村、东山村，南至杨冯源村，西接漈面村，北连塘尾村、黄沙村。辖 1 个自然村。82 户，203 人。土地总面积 1.24 平方千米，耕地面积 460.05 亩，林地面积 1163.40 亩。农林产品有香菇、吊瓜、水稻等。1949 年称横岭农民协会（行政村），1956 年与东山、坪头、茶垄、杨冯源并称东坪农业生产合作社，1958 年称东坪第二生产队，1961 年析称横岭大队，1984 年改称大横岭行政村，设村民委员会，属苏湖乡。1992 年撤区扩镇并乡，改属荷地镇。

大横岭　Dàhénglǐng　原称横岭，因村边横穿一条石砌岭得名。聚落呈散状分布。其地明景泰时从青田县划入。1981 年地名普查时，鉴于本乡有两个横岭村，为避重名，便以这个人口较多的横岭称为大横岭。2006 年 8 月，因遭“桑美”台风受灾，2007 年起村民相继搬迁至濛洲街道同济新村和松源街道同德新村。

【茶垄村】 Chálǒng Cūn 村委会驻濛洲街道同济新村。以茶坪、垄葱二村各取首字得名。东邻左溪镇梅树村，南至苏湖村，西接坪头村，北连东山村。辖 2 个自然村。38 户，112 人。土地总面积 2.04 平方千米，耕地面积 182.55 亩，林地面积 2822.85 亩。1949 年与坪头、杨冯源并称坪头农民协会（行政村），1956 年与东山、坪头、杨冯源、横岭合称东坪农业生产合作社，1958 年称东坪第五生产队，1961 年析称茶垄大队，1984 年改称茶垄行政村。置村委会，设村民委员会，属苏湖乡。1992 年撤区扩镇并乡，改属荷地镇。

茶　坪　Chápíng　村名有二说：一、昔系山间小坪地，旁有茶亭，因名；二、茶叶产地。位于荷地镇政府东南 4.4 千米。清光绪《庆元县志》卷二：“茶坪，二都。”2006 年 8 月，因遭“桑美”台风受灾，2007 年起全村搬迁至濛洲街道同济新村和松源街道同德新村。

垄　葱　Lǒngcōng　其名系前人从自然环境中谐得：四周山色青翠，山上万木葱茏。寓景色于名也。位于荷地镇政府东南 3.6 千米。2006 年 8 月，因遭“桑美”台风受灾，2007 年起全村搬迁至濛洲街道同济新村和松源街道同德新村。

【石磨下村】 Shímóxià Cūn 村委会驻松源街道同德新村。以原驻地得名。位于荷地镇政府东南 3.4 千米。东邻左溪镇青竹村、梅树村，南至东山村，西接大横岭村，北连黄沙村、高际村、胡闲洋村。辖 2 个自然村。243 户，751 人。土地总面积 2.58 平方千米，耕地面积 707.85 亩，林地面积 2588.10 亩。1949 年称石磨下农民协会（行政村），1956 年与胡洋并称石洋农业生产合作社，1958 年称石洋生产队，1961 年称石洋大队，1984 年析称石磨下行政村，设村民委员会，属苏湖乡。1992 年撤区扩镇并乡，改属荷地镇。

石磨下　Shímóxià　村后山顶有两块重叠的岩石，仰观似一石磨，故名。聚落呈散状分布。据当地《吴氏宗谱》载，始于明万历十年（1582），吴氏从举水迁置。清光绪《庆元县志》卷二：“石磨下，二都”。2006 年 8 月，因遭“桑美”台风受灾，2007 年起村民相继搬迁至濛洲街道同济新村和松源街道同德新村。

桥　头　Qiáotóu　因坐落梅树岭尾一木桥头得名。位于荷地镇政府东南 3.3 千米。聚落呈点状分布。清光绪《庆元县志》卷二：“桥头，二都。”2006 年 8 月，因遭“桑美”台风受灾，2007 年起村民相继搬迁至濛洲街道同济新村和松源街道同德新村。

【胡闲洋村】 Húchǔyáng Cūn 村委会驻濛洲街道同济新村。以原驻地得名。位于荷地镇政府东 3.7 千米。东、北与左溪镇青竹村、岚头村相邻，南至石磨下村，西接高际村。辖 1 个自然村。129 户，364 人。土地总面积 0.72 平方千米，耕地面积 329.85 亩，林地面积 507.60 亩。1949 年称胡洋农民协会（行政村），1956 年与石磨下并称石洋农业生产合作社，1958 年称石洋生产队，1961 年称石洋大队，1984 年析称胡洋行政村，设村民委员会，属苏湖乡。1992 年撤区扩镇并乡，改属荷地镇。

胡闲洋　Húchǔyáng　金氏置，故昔名金处，清雍正三年（1725），胡氏从青竹迁此后，始改为今名。聚落呈散状分布。据当地《胡氏宗谱》载，始于宋宣和年间（1119—1125），金氏肇基。清康熙《庆元县志》卷二：“金处，二都。”2006 年 8 月，因遭“桑美”台风受灾，2007 年起村民相继搬迁至濛洲街道同济新村和松源街道同德新村。

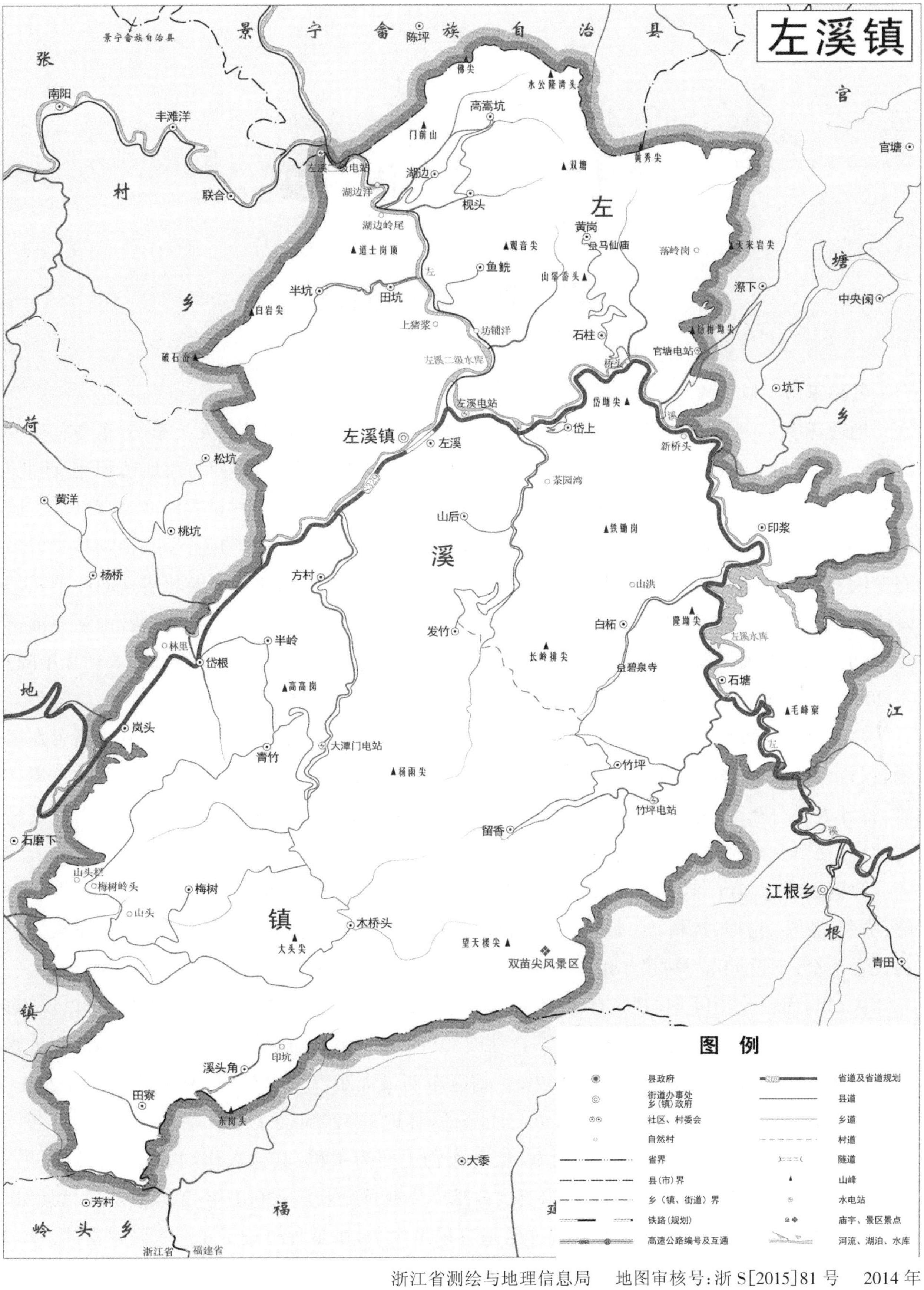

浙江省测绘与地理信息局　地图审核号：浙 S[2015]81 号　2014 年

第七章　左 溪 镇

第一节　政区概况

名称来历　以镇政府驻地得名。

地理环境　位于北纬 27°30′—27°41′，东经 119°19′—119°27′。地处庆元县东部，东与官塘乡、江根乡相邻，南与福建省宁德市寿宁县托溪乡接壤，西南与岭头乡为邻，西与荷地镇相连，西北与张村乡交界，北与景宁畲族自治县秋炉乡、毛垟乡毗连。镇政府驻左溪村机关路 9 号，距庆元县城 62 千米。地形以山地为主，南高北低，落差较大，海拔千米以上行政村有 10 个。动植物种类繁多。有左溪、江根溪两大河流，青竹、竹坪、半岭三个水库。水资源丰富，水电可装机容 45600 千瓦，开发小水电 3 座。森林覆盖率 88.6%。属中亚热带气候，气候垂直变化明显，四季分明，雨量充沛，全年平均气温 16.5℃，最高气温 7 月份，平均气温 28.2℃，最低气温 1 月份，平均气温 6.1℃，年降雨量 2000 毫米，相对湿度 86%，年平均日照 1528 小时，年无霜期 246 天。

政区沿革　清时属松源乡二都。民国时属左洋、嵩洋、江竹、双竹乡。1950 年 10 月析置左溪、青竹、竹坪乡。1958 年 12 月称左溪、青竹、竹坪管理区，属荷地人民公社。1961 年 12 月称左溪、青竹、竹坪人民公社。1984 年 3 月复称左溪、青竹、竹坪乡。1992 年 5 月撤区扩镇并乡，由左溪、青竹、竹坪三个乡合并设立左溪镇。

政区划分　2014 年，辖左溪、田坑、半坑、湖边、高嵩坑、枧头、鱼銑、黄岗、石柱、岱上、青竹、半岭、方村、岚头、岱根、梅树、溪头角、田寮、竹坪、石塘、白柘、印浆、发竹、山后、留香、木桥头 26 个村民委员会；下设 114 个村民小组。

人口与面积　2014 年，辖区有 3921 户 9446 人，其中农业人口 9307 人。总人口中，以汉族为主，达 9295 人，占 99.83%；有苗族、壮族、拉祜族、蒙古族、侗族、土族、土家族、畲族、回族、布依族、哈尼族 11 个少数民族，共 16 人，占 0.17%。辖区东西最大距离 13.0 千米，南北最大距离 20.3 千米，总面积 142.7 平方千米。其中耕地 791.41 公顷，林地 12599.50 公顷。

经济状况　左溪镇经济以农业为主，粮食作物主要为水稻，其他农作物有香菇、吊瓜、黑木耳、茶叶、香榧、油茶等。1990 年起，全镇范围内推广袋料香菇栽培。2001 年，镇政府从长兴县引入经济作物——吊瓜，因本地地质和气温非常适宜吊瓜生长，吊瓜种植成了左溪农民致富的又一条途径，2004 年左溪成立了首家吊瓜种植合作社。2014 年，粮食总产量 2056 吨。生产香菇 500 万段，黑木耳300万段；种植吊瓜260公顷，其中示范性面积133公顷，吊瓜精品园一个，是县内最大的吊瓜生产基地；毛竹种植133公顷，有木桥头、湖边两个示范园区；油茶200公顷，主要分布在青竹、发竹村；竹坪中药材基地14公顷；建有老桥头和青竹两个香榧基地。2012年12月24日，环境保护部授予左溪镇2010—2011年度“国家级生态乡镇”称号。

社会发展　2014年，有文化艺术团体1个，文化馆（站）1个，公共图书馆（室）1个，村文化活动中心11个，农技推广站1个，广播电视站各1处，村级体育活动中心16个、篮球场5个；幼儿园1所，小学1所，九年义务教育覆盖率达100%；各级各类医疗卫生机构1个；村村通电网、电话、有线电视、自来水。农村安全饮用水普及率100%，农村卫生厕所普及率98.8%。菊寿（S329）省道及2条县道穿境。2012年12月24日，环境保护部授予左溪镇2010—2011年度国家级生态乡镇称号。

名胜旅游　左溪镇地处浙闽两省三县，历来为边际交通中枢，交通便利。有金石桥、马仙庙和胡氏宗祠等古建筑19处。有省级风景名胜区双苗尖。旅游景点有竹坪廊桥、山后溪峡谷、印浆石壁、左溪古樟树等。

第二节　村及居民点

【左溪村】 Zuǒxī Cūn　以驻地得名。东邻石柱村、岱上村，南至山后村、方村村、半岭村，西接荷地镇松坑村，北连半坑村、田坑村。辖3个自然村。244户，545人。土地总面积11.42平方千米，耕地面积563.40亩，林地面积15515.55亩。农林产品有稻米、木材、毛竹、香菇、茶叶、吊瓜。1949年称左溪农民协会（行政村），1956年称左溪农业生产合作社，1958年称左溪生产队，1961年称左溪大队，1984年复称左溪行政村，设村民委员会，属左溪乡。1992年撤区扩镇并乡，左溪镇、青竹乡、竹坪乡合置称左溪镇，属左溪镇。

左　溪 Zuǒxī　镇政府、村委会驻地。因溪水其左出得名。古称左川，后称左溪。聚落沿左溪两岸呈带状分布。244户，545人。据当地《胡氏宗谱》载，始于南宋景炎三年（1278），胡氏从坑西（今松源街道）迁置。清光绪《庆元县志》：“左溪，二都。”历史遗存有金石桥、马仙宫等。

【田坑村】 Tiánkēng Cūn　以驻地得名。位于左溪镇政府北2.7千米。东邻鱼𫚙村，南至左溪村，西接半坑村，北连湖边村。辖4个自然村。163户，379人。土地总面积5.04平方千米，耕地面积425.34亩，林地面积6488.56亩。农林产品有稻米、木材、香菇、茶叶、毛竹、吊瓜。1949年称田坑农民协会（行政村），1956年称田坑农业生产合作社，1958年称田坑生产队，1961年称田坑大队，1984年复称田坑行政村，设村民委员会，属左溪乡。1992年撤区扩镇并乡，左溪镇、青竹乡、竹坪乡合置称左溪镇，属左溪镇。

田　坑 Tiánkēng　村委会驻地。位于田坑（水，左溪支流之一）东岸，村水同名。聚落呈团块状分布。163户，379人。据当地《陈氏宗谱》载，始于清乾隆十三年（1748），陈氏置。清光绪《庆元县志》卷二：“田坑，二都。”

上猪浆 Shàngzhūjiāng 村以田片名。位于左溪镇政府北2.1千米。聚落呈团块状分布。10户，18人。

坊铺洋 Fāngpùyáng 也称枋铺洋，因水路方便，古有放排运输，设有贩运商铺得名。位于左溪镇政府东北2.2千米。聚落呈团块状分布。57户，150人。历史遗存有古民居。

湖边洋 Húbiānyáng 因田洋得名。位于左溪镇政府北4.5千米。聚落呈团块状分布。29户，72人。清光绪《庆元县志》卷二："湖边洋，二都。"

【半坑村】 Bànkēng Cūn 以驻地得名。位于左溪镇政府北2.9千米。东邻田坑村，南至左溪村，西接张村乡联合村，北连景宁畲族自治县界。辖1个自然村。115户，272人。土地总面积4.33平方千米，耕地面积151.26亩，林地面积6348.74亩。农产品有木材、毛竹、香菇、吊瓜。原属田坑行政村，1992年析半坑行政村，设村民委员会，属左溪镇。

半　坑 Bànkēng 村委会驻地。地处岩坑（水名）之半得名。聚落呈团块状分布。清光绪《庆元县志》卷二："半坑，二都。"历史遗存有叶氏宗祠。

【湖边村】 Húbiān Cūn 以驻地得名。位于左溪镇政府北4.7千米。东邻枧头村，南至鱼0村，西接田坑村，北连高嵩坑村、景宁畲族自治县界。辖2个自然村。71户，181人。土地总面积2.06平方千米，耕地面积322.20亩，林地面积2511.15亩。农林产品有稻米、木材、香菇、茶叶、毛竹、吊瓜。1949年称湖边农民协会（行政村），1956年称湖边农业生产合作社，1958年称湖边生产队，1961年称湖边大队，1984年复称湖边行政村，设村民委员会，属左溪乡。1992年撤区扩镇并乡，左溪镇、青竹乡、竹坪乡合置称左溪镇，属左溪镇。

湖　边 Húbiān 村委会驻地。相传昔为一湖荡，村建其侧，故名。聚落呈团块状分布。69户，175人。据当地《吴氏宗谱》载，始于明景泰七年（1456），吴氏从坝头（今江根乡）迁置。清光绪《庆元县志》卷二："湖边，二都。"

湖边岭尾 Húbiānlǐngwěi 地处湖边岭尾得名。位于左溪镇政府北4.2千米。聚落呈散状分布。2户，6人。

【高嵩坑村】 Gāosōngkēng Cūn 以驻地得名。位于左溪镇政府北5.7千米。东、西、北与景宁畲族自治县接壤，南与黄岗村、枧头村、湖边村相邻。辖区1个自然村。105户，244人。土地总面积4.47平方千米，耕地面积361.35亩，林地面积6107.85亩。农林产品有稻米、杂粮、木材、香菇、毛竹。1949年称高嵩坑农民协会（行政村），1956年称高嵩坑农业生产合作社，1958年称高嵩坑生产队，1961年称高嵩坑大队，1984年复称高嵩坑行政村，设村民委员会，属左溪乡。1992年撤区扩镇并乡，左溪镇、青竹乡、竹坪乡合置称左溪镇，属左溪镇。

高嵩坑 Gāosōngkēng 高嵩坑，水，发源于黄秀尖（1587米）西麓，入左溪，村以水名。聚落呈带状分布。据当地《柳氏宗谱》载，始于明正统元年（1436），柳氏千十四公从青田县芦茜村迁置。清光绪《庆元县志》卷二："高嵩坑，二都。"

【枧头村】 Jiǎntóu Cūn 以驻地得名。位于左溪镇政府北4.5千米。东邻黄岗村，南至鱼𬶍村，西接湖边村，北连高嵩坑村。辖1个自然村。112户，280人。土地总面积2.41平方千米，耕地面积

347.40 亩，林地面积 3142.35 亩。农林产品有稻米、杂粮、木材、香菇、茶叶、毛竹、吊瓜。1949 年称枧头农民协会（行政村），1956 年称枧头农业生产合作社，1958 年称枧头生产队，1961 年称枧头大队，1984 年复称枧头行政村，设村民委员会，属左溪乡。1992 年撤区扩镇并乡，左溪镇、青竹乡、竹坪乡合置称左溪镇，属左溪镇。

枧　头 Jiǎntóu　又称堰头。村委会驻地。枧头，引水、通水道端头之意，村居水渠头得名。聚落呈散状分布。据当地《陈氏宗谱》载，始于明天启元年（1621），陈氏寿四公从景宁畲族自治县毛垟乡新店村迁置。清光绪《庆元县志》卷二："枧头，二都。"历史遗存有马仙宫。

【鱼鱶村】 Yúxiǎng Cūn　以驻地得名。位于左溪镇政府北 3.2 千米。东邻黄岗村，南、西与田坑村相邻，北连枧头村。辖 1 个自然村。97 户，246 人。土地总面积 1.02 平方千米，耕地面积 215.40 亩，林地面积 1198.05 亩。农林产品有稻米、木材、香菇、茶叶、吊瓜。1949 年称鱼鱶农民协会（行政村），1956 年称鱼鱶农业生产合作社，1958 年称鱼鱶生产队，1961 年称鱼鱶大队，1984 年复称鱼鱶行政村，设村民委员会，属左溪乡。1992 年撤区扩镇并乡，左溪镇、青竹乡、竹坪乡合置称左溪镇，属左溪镇。

鱼　鱶 Yúxiǎng　村下一水潭，每逢汛期，鱼群即游集于此产卵（俗称子），因称潭为鱼潭，周围土地为鱼洋，村名亦沿之。聚落呈散状分布。清光绪《庆元县志》卷二："鱼洋，二都。"

【黄岗村】 Huánggǎng Cūn　以驻地得名。位于左溪镇政府东北 4.6 千米。东邻官塘乡官塘村、漈下村，南至石柱村，西接枧头村、鱼鱶村，北连高嵩坑村、景宁畲族自治县界。151 户，331 人。土地总面积 7.36 平方千米，耕地面积 388.20 亩，林地面积 10381.20 亩。农林产品有稻米、杂粮、木材、香菇、茶叶、吊瓜。1949 年称黄岗农民协会（行政村），1956 年称黄岗农业生产合作社，1958 年称黄岗生产队，1961 年称黄岗大队，1984 年复称黄岗行政村，设村民委员会，属左溪乡。1992 年撤区扩镇并乡，左溪镇、青竹乡、竹坪乡合置称左溪镇，属左溪镇。

黄　岗 Huánggǎng　村委会驻地。初名黄牛荡，明称黄岗，清称黄泥荡，1958 年复称黄岗，取地处黄土山岗之意。据当地《陈氏宗谱》载，始于元至正年间（1341—1368）陈氏置。聚落呈团块及散状复合型分布。149 户，326 人。清光绪《庆元县志》卷二："黄泥荡，二都"，是"二都戏"发源地。历史遗存有马仙宫和陈氏宗祠等。

落岭岗 Luòlǐnggǎng　村以山名。位于左溪镇政府东北 5.6 千米。聚落呈点状分布。2 户，5 人。20 世纪 80 年代末迁并他村。

【石柱村】 Shízhù Cūn　以驻地得名。位于左溪镇政府东 3.5 千米。东邻官塘乡坑下村、漈下村，南至印浆村、白柘村，西接岱上村、左溪村，北连黄岗村。辖 3 个自然村。121 户，311 人。土地总面积 7.27 平方千米，耕地面积 286.80 亩，林地面积 9953.70 亩。农林产品有稻米、木材、香菇、黑木耳、茶叶、吊瓜。1949 年称石柱农民协会（行政村），1956 年与岱上合称联合农业生产合作社，1958 年称联合生产队，1961 年称联合大队，1981 年按驻地更称石柱大队。1984 年复称石柱行政村，设村民委员会，属左溪乡。1992 年撤区扩镇并乡，左溪镇、青竹乡、竹坪乡合置称左溪镇，属左溪镇。

石　柱　Shízhù　村委会驻地。村前一岩山，拔地凌空，形似石柱，故名。聚落呈散状分布。82户，226人。据当地《柳氏宗谱》载，始于明天启三年（1623），柳氏永寿公从高嵩坑迁置。清光绪《庆元县志》卷二：“石柱，二都。”历史遗存有柳氏宗祠、石柱庙等。

桥　头　Qiáotóu　因地处桥头得名。位于左溪镇政府东3.6千米。聚落呈散状分布。19户，51人。1980年春发生地裂，村民多迁新桥头。

新桥头　Xīnqiáotóu　一称双泉。地处桥头，为桥头村民迁置，故名新桥头。位于左溪镇政府东3.8千米。聚落呈散状分布。14户，34人。1980年由桥头村民迁置。

【岱上村】 Dàishàng Cūn　以驻地得名。位于左溪镇政府东2.6千米。东、北与石柱村相邻，南至白柘村，西接左溪村、山后村。辖2个自然村。119户，284人。土地总面积4.04平方千米，耕地面积201.90亩，林地面积5615.85亩。农林产品有稻米、木材、香菇、黑木耳、吊瓜。原属石柱大队，1983年析置岱上大队，1984年改称岱上行政村，设村民委员会，属左溪乡。1992年撤区扩镇并乡，左溪镇、青竹乡、竹坪乡合置称左溪镇，属左溪镇。

岱　上　Dàishàng　村委会驻地。地处山岗得名。聚落呈散状分布。73户，174人。始于清雍正元年（1723），胡氏从左溪迁置。

茶园湾　Cháyuánwān　村落分散，昔为产茶地，故名。位于左溪镇政府东2.3千米。聚落呈散状分布。46户，110人。

【青竹村】 Qīngzhú Cūn　以驻地得名。位于左溪镇政府西南5.7千米。东邻竹坪村、留香村，南至木桥头村、梅树村，西接岚头村、荷地镇石磨下村、胡洋村，北连岱根村、半岭村、发竹村。辖1个自然村。478户，1144人。土地总面积17.05平方千米，耕地面积1439.70亩，林地面积23153.70亩。农林产品有稻米，木材、毛竹、茶叶、香菇、黑木耳、吊瓜。1949年称青竹农民协会（行政村），1956年与半岭、方村等合称友谊农业生产合作社，1958年称友谊生产队，1961年称友谊大队，1981年按驻地更名青竹大队，1984年复称青竹行政村，设村民委员会，属青竹乡。1992年撤区扩镇并乡，左溪镇、青竹乡、竹坪乡合置称左溪镇，改属左溪镇。

青　竹　Qīngzhú　据考村名源出于水。清光绪《庆元县志·山川》：“青竹溪，县东一百里，入左溪。”聚落呈团块及分支状复合型分布。据当地《胡氏宗谱》载，始于明洪武二年（1369），胡氏置；稍晚有毛氏继入。原为青竹乡政府驻地。历史遗存有毛氏宗祠、胡氏宗祠和古民居。村内道路有青竹街、莲花路、旁边路、仓楼下弄和田坪弄等。

【半岭村】 Bànlǐng Cūn　以驻地得名。位于左溪镇政府西南4.2千米。东邻方村村，南至青竹村，西接岱根村、荷地镇桃坑村，北连左溪村。辖2个自然村。87户，214人。土地总面积2.81平方千米，耕地面积457.50亩，林地面积3363.90亩。农林产品有稻米、木材、香菇、黑木耳、吊瓜。原属青竹大队，1984年析置，设村民委员会，属青竹乡。1992年撤区扩镇并乡，左溪镇、青竹乡、竹坪乡合置称左溪镇，改属左溪镇。

半　岭　Bànlǐng　村委会驻地。地处岱根至青竹的石级岭半途得名。聚落呈散状分布。据当地《范氏宗谱》载，始于清乾隆四十五年（1780），范氏从南阳（今张村乡）迁置。清光绪《庆元县志》

卷二:“半岭,二都。”2007 年村民迁至松源街道同德新村和濛洲街道同济新村。

双　面 Shuāngmiàn 因村后有双面石壁,故名。位于左溪镇政府西南 5.5 千米。10 户,27 人。农林产品有稻米、木材、香菇、黑木耳、吊瓜现隶属半岭行政村。2007 年因地质灾害避险搬迁至庆元县城同德、同济新村。

【方村村】 Fāngcūn Cūn 以驻地得名。位于左溪镇政府西南 2.7 千米。东邻发竹村,南至青竹村,西接半岭村,北连左溪村。辖 1 个自然村。42 户,118 人。土地总面积 1.69 平方千米,耕地面积 124.65 亩,林地面积 2291.10 亩。农林产品有稻米,木材、毛竹、茶叶、香菇、黑木耳、吊瓜。原属青竹大队,1984 年析置,设村民委员会,属青竹乡。1992 年撤区扩镇并乡,左溪镇、青竹乡、竹坪乡合置称左溪镇,改属左溪镇。

方　村 Fāngcūn 片村,系元城、田岗、猛虎林、坟岗、湖里 5 个自然村的总称,村民来自四面八方,故名。聚落呈带状分布。2007 年村民迁至松源街道同德新村和濛洲街道同济新村。

【岚头村】 Lántóu Cūn 以驻地得名。位于左溪镇政府西北 6.7 千米。东邻青竹村,南、西与荷地镇胡闲洋村、高际村相连,北至岱根村。辖 1 个自然村。36 户,86 人。土地总面积 0.28 平方千米,耕地面积 85.35 亩,林地面积 278.10 亩。农林产品有稻米、毛竹、香菇、黑木耳、吊瓜。原属青竹大队,1984 年析置,设村民委员会,属青竹乡。1992 年撤区扩镇并乡后设左溪镇,改属左溪镇。

岚　头 Lántóu 地处横岚口得名。聚落呈散状分布。清光绪《庆元县志》卷二:“岚头,二都。”

【岱根村】 Dàigēn Cūn 以驻地得名。位于左溪镇政府西北 4.9 千米。东邻半岭村,南至青竹村、岚头村,西、北与荷地镇岩坑村、杨桥村、桃坑村相连。辖 2 个自然村,187 户,462 人。土地总面积 4.18 平方千米,耕地面积 1034.10 亩,林地面积 4477.95 亩。农林产品有稻米、毛竹、香菇、黑木耳、吊瓜。1949 年称岱根农民协会(行政村),1956 年与青竹并称青竹农业生产合作社,1958 年析称岱根生产队,1961 年称岱根大队,1984 年复称岱根行政村,设村民委员会,属青竹乡。1992 年撤区扩镇并乡,左溪镇、青竹乡、竹坪乡合置称左溪镇,改属左溪镇。

岱　根 Dàigēn 村委会驻地。岱,山岳;根,山脚(方言)。地处山岱底部,坐落群峰之麓得名。聚落呈散状分布。178 户,421 人。据当地《胡氏宗谱》载,始于明永乐二年(1404),胡氏胜九公从官塘迁置。后周氏盛瑛公从景宁后溪迁入。清光绪《庆元县志》卷二:“岱根,二都。”近现代重要史迹及代表性建筑胡氏宗祠、周氏宗祠。

林　里 Línlǐ 村以地片得名,古为树林,故称林里。位于左溪镇政府西北 5.2 千米。聚落呈散状分布。9 户,41 人。岱根村民迁置。

【梅树村】 Méishù Cūn 位于左溪镇政府西南 8.6 千米。东邻木桥头村,南至溪头角村、田寮村,西接荷地镇茶垄村、东山村、石磨下村,北连青竹村。辖 4 个自然村。124 户,324 人。土地总面积 5.08 平方千米,耕地面积 580.95 亩,林地面积 6717.30 亩。农林产品有稻米、毛竹、香菇、黑木耳、吊瓜。1949 年称梅树农民协会(行政村),1956 年与溪头角、山头栏 7 自然村合称永久农业生产合作社,1958 年称永久生产队,1961 年称永久大队,1981 年按驻地更名梅树大队,1984 年复称梅树行政村,设村民委员会,属青竹乡。1992 年撤区扩镇并乡,左溪镇、青竹乡、竹坪乡合置称左溪镇，改属左溪镇。

梅　树　Méishù　村委会驻地。其名有二说：一说古多杏梅树，故名；一说村外有长岭，因岭得名。清嘉庆《庆元县志·山川》："梅树岭，县东八十里，陡长而峻。"聚落呈散状分布。31户，76人。据当地《全氏宗谱》载，始于元皇庆元年（1312），全氏置。清光绪《庆元县志》卷二："梅树，二都。"2007年村民迁至松源街道同德新村和濛洲街道同济新村。历史遗存有全氏宗祠、梅树廊桥。

山头栏　Shāntóulán　地处一山岗上，曾名山头岚，"岚""栏"方言同音，谐为今名。位于左溪镇政府西南9.3千米。聚落呈团块状分布。43户，103人。据当地《毛氏宗谱》载，始于清道光十年（1830），毛氏从青竹迁置。2007年村民迁至松源街道同德新村和濛洲街道同济新村。

梅树岭头　Méishùlǐngtóu　以坐落梅树岭巅得名。位于左溪镇政府西南9.2千米。聚落呈散状分布。7户，20人。2007年村民迁至松源街道同德新村和濛洲街道同济新村。

山　头　Shāntóu　坐落一小山岗上得名。位于左溪镇政府西南8.9千米。聚落呈团块状分布43户，125人。2007年村民迁至松源街道同德新村和濛洲街道同济新村。

【溪头角村】Xītóujiǎo Cūn　以驻地得名。位于左溪镇政府西南11.4千米。东、南与福建省寿宁县接壤，西接田寮村，北邻梅树村、木桥头村。辖2个自然村。63户，144人。土地总面积4.54平方千米，耕地面积206.70亩，林地面积6420.45亩。农林产品有稻米、香菇、木材、毛竹。原属梅树大队，1984年析置，设村民委员会，属青竹乡。1992年撤区扩镇并乡，左溪镇、青竹乡、竹坪乡合置称左溪镇，改属左溪镇。

溪头角　Xītóujiǎo　村委会驻地。地处田寮溪湾角得名。聚落呈带状分布。38户，90人。2007年村民迁至松源街道同德新村和濛洲街道同济新村。

印　坑　Yìnkēng　村以水名。位于左溪镇政府南10.9千米。聚落呈点状分布。25户，54人。2007年村民迁至松源街道同德新村和濛洲街道同济新村。

【田寮村】Tiánliáo Cūn　以驻地得名。位于左溪镇政府西南12.5千米。东邻溪头角村、福建省寿宁县界，南、西接岭头乡芳村村、苏湖村，北连梅树村。辖1个自然村。49户，123人。土地总面积4.31平方千米，耕地面积243.45亩，林地面积6071.25亩。农林产品有稻米、香菇、木材、毛竹。原属梅树大队，1984年析置，设村民委员会，属青竹乡。1992年撤区扩镇并乡，左溪镇、青竹乡、竹坪乡合置称左溪镇，改属左溪镇。

田　寮　Tiánliáo　据考昔系荒坡，清乾隆初高住人（今荷地镇）到此开荒造田，搭寮为家，因名。聚落呈点状分布。清光绪《庆元县志》卷二："田寮，二都。"2007年村民迁至松源街道同德新村和濛洲街道同济新村。

【竹坪村】Zhúpíng Cūn　以驻地得名。位于左溪镇政府东南6.6千米。东邻石塘村，南至江根乡江根村，西接留香村、青竹村，北连发竹村、白柘村。辖1个自然村。541户，1325人。土地总面积15.39平方千米，耕地面积1716.60亩，林地面积20511.75亩。农林产品有稻米，木材、毛竹、茶叶、吊瓜。1949年称竹坪农民协会（行政村），1956年与留香、大柘、石塘合称丰收农业生产合作社，1958年称丰收生产队，1961年析称竹坪大队，1984年复称竹坪行政村，设村民委员会，属竹坪乡。1992年撤区扩镇并乡，左溪镇、青竹乡、竹坪乡合置称左溪镇，改属左溪镇。2010年被评为市级生态文明村。

竹　坪 Zhúpíng 村居平坦山地，昔产竹，故名。聚落呈散状分布。据当地《胡氏宗谱》载，始于元至元元年(1264)，胡氏正十一公从官塘迁置。清光绪《庆元县志》:“竹坪，二都。”原为竹垟乡政府驻地。历史遗存有胡氏宗祠、碧泉寺。村内道路有龙后路、水渊路、新兴路、红旗路、育才路、乡府路等。

【石塘村】 Shítáng Cūn 驻地石塘新村。以原驻地石塘村得名。位于左溪镇政府东南6.4千米。东、南与江根乡后洋村、水寨村、江根村相邻，西接竹坪村，北连印浆村。辖1个自然村。130户，429人。土地总面积7.25平方千米，耕地面积295.20亩，林地面积9652.95亩。农林产品有木材、毛竹、香榧、香菇、吊瓜。1949年称石塘农民协会(行政村)，1956年与竹坪、留香、大柘合称丰收农业生产合作社，1958年称丰收生产队，1961年析称石塘大队，1984年复称石塘行政村，设村民委员会，属竹坪乡。1992年撤区扩镇并乡，左溪镇、青竹乡、竹坪乡合置称左溪镇，改属左溪镇。

石　塘 Shítáng 其村岩岗脉环绕，中央低落，形似池塘，故名。聚落呈团块状分布。据当地《郑氏宗谱》载，始于南宋嘉定年间(1208—1224)，郑氏从官塘(今官塘乡)迁置。清光绪《庆元县志》:“石塘，二都。”历史遗存有郑氏宗祠、石塘桥。2007年因水库建设村民迁置濛洲街道石塘新村。

【白柘村】 Báizhè Cūn 以驻地得名。位于左溪镇政府东南4.7千米。东邻印浆村、石塘村，南至竹坪村，西接发竹村，北连岱上村、石柱村。辖2个自然村。100户，256人。土地总面积3.71平方千米，耕地面积682.95亩，林地面积3966.75亩。农林产品有稻米、木材、毛竹、茶叶、吊瓜。1949年称大柘农民协会(行政村)，1956年与竹坪、留香、石塘合称丰收农业生产合作社，1958年称丰收生产队，1961年析称大柘大队，1984年复称大柘行政村，设村民委员会，属竹坪乡。1992年撤区扩镇并乡，左溪镇、青竹乡、竹坪乡合置称左溪镇，改属左溪镇。2000年更称白柘村。

白　柘 Báizhè 古谓大柘，村名来历有二说：一、昔有一富户，乐善好施，凡有求借者无不慷慨解囊，里人感德，美其为“白借”，因以名村。“借”“柘”方言同音，谐为白柘；二、原是柘木产地(一种贵重木材，树干高大，色白，质坚而细密)，村以物名。聚落呈散状及带状复合型分布。88户，226人。据当地《胡氏宗谱》载，始于明永乐年间(1403—1424)，胡氏从竹坪迁置。历史遗存有胡氏宗祠。村内道路有八一路、星光路、洋心路、向阳路等。

【印浆村】 Yìnjiāng Cūn 以驻地得名。位于左溪镇政府东5.7千米。东邻江根乡后洋村，南至石塘村，西接白柘村、石柱村，北连官塘乡坑下村。179户，425人。土地总面积5.08平方千米，耕地面积399.45亩，林地面积6439.50亩。农林产品有稻米、木材、毛竹、吊瓜。1949年属官塘乡称印浆农民协会(行政村)，1956年联欢农业生产合作社，1958年称联欢生产队，1961年划归竹坪公社，称印浆大队，1984年复称印浆行政村，设村民委员会，属竹坪乡。1992年撤区扩镇并乡，左溪镇、青竹乡、竹坪乡合置称左溪镇，改属左溪镇。

印　浆 Yìnjiāng 村委会驻地。原名印漳，因溪边二块岩石，形似旧时官府方印，故名。印浆乃“印漳”之谐音。聚落呈团块状分布。据当地《胡氏宗谱》载，始于南宋祥兴元年（1278），胡氏置。清光绪《庆元县志》卷二：“印章，二都。”历史遗存有胡氏宗祠。

【发竹村】 Fāzhú Cūn 以驻地得名。位于左溪镇政府南 3.4 千米。东邻白柘村，南至发竹村，西接青竹村、方村村，北连山后村。辖 1 个自然村。160 户，416 人。土地总面积 6.83 平方千米，耕地面积 523.65 亩，林地面积 9394.65 亩。农林产品有稻米，木材、毛竹、杏梅、吊瓜。1949 年称发竹农民协会（行政村），1956 年与山后合称红星农业生产合作社，1958 年称红星生产队，1961 年析称发竹大队，1984 年复称发竹行政村，设村民委员会，属竹坪乡。1992 年撤区扩镇并乡，左溪镇、青竹乡、竹坪乡合置称左溪镇，改属左溪镇。

发　竹 Fāzhú 昔产竹地，建村后村以物名。初名辖竹，后取“竹苞松茂”之义，比喻家族兴盛、发达，更用今名。聚落呈散状分布。据当地《胡氏宗谱》载，始于清康熙年间（1662—1722），胡氏置。清光绪《庆元县志》卷二：“辖竹，二都。”

【山后村】 Shānhòu Cūn 以驻地得名。位于左溪镇政府 1.7 千米。东邻岱上村，南至发竹村，西接方村，北连左溪村。辖 1 个自然村。103 户，216 人。土地总面积 2.42 平方千米，耕地面积 399.45 亩，林地面积 429.30 亩。农林产品有稻米，木材、毛竹、香菇、吊瓜等。1949 年称山后农民协会（行政村），1956 年与发竹合称红星农业生产合作社，1958 年称红星生产队，1961 年析称山后大队，1984 年复称山后行政村，设村民委员会，属竹坪乡。1992 年撤区扩镇并乡，左溪镇、青竹乡、竹坪乡合置称左溪镇，改属左溪镇。

山　后 Shānhòu 坐落银顶尖（1108 米）之后得名，聚落呈散状分布。据当地《胡氏宗谱》载，始于清光绪九年（1883），胡氏从左溪迁置。

【留香村】 Liúxiāng Cūn 以驻地得名。位于左溪镇政府南 7.1 千米。东邻江根乡江根村，南至福建省寿宁县界，西接木桥头村，北连竹坪村。177 户，432 人。土地总面积 8.22 平方千米，耕地面积 404.25 亩，林地面积 11590.50 亩。农林产品有稻米，木材、毛竹、香菇、茶叶、香榧、吊瓜。1949 年称留香农民协会（行政村），1956 年与竹坪、石塘合称丰收农业生产合作社，1958 年称丰收生产队，1961 年析称留香大队，1984 年复称留香行政村，设村民委员会，属竹坪乡。1992 年撤区扩镇并乡，左溪镇、青竹乡、竹坪乡合置称左溪镇，改属左溪镇。

留　香 Liúxiāng 村委会驻地。相传古时村人诚悦尚善，见有诉讼者路过，都劝罢讼息纷，言归于好，因此流芳后世，村名，亦由此得。聚落呈团块状分布。据当地《胡氏宗谱》载，始于元至正年间（1341—1368），胡氏置。清光绪《庆元县志》卷二：“留香，二都。”历史遗存有清代古建筑胡氏宗祠。村内道路有北山路、南大路等。

【木桥头村】 Mùqiáotóu Cūn 以驻地得名。位于左溪镇政府南 8.7 千米。东邻留香村，南至溪头角村，西接梅树村，北连青竹村。辖 1 个自然村。28 户，65 人。土地总面积 2.94 平方千米，耕地面积 67.65 亩，林地面积 4272.60 亩。农林产品有稻米，木材、毛竹、香菇、茶叶。1949 年称木桥头农民协会（行政村），1956 年并入留香，1961 年析称木桥头大队，1984 年复称木桥头行政村，设村民委员会，属竹坪乡。1992 年撤区扩镇并乡，左溪镇、青竹乡、竹坪乡合置称左溪镇，改属左溪镇。

木桥头 Mùqiáotóu 村委会驻地。村南有一木桥横跨小溪，因桥得名。聚落呈散状分布。据当地《胡氏宗谱》载，始于清乾隆十五年（1750），胡氏从留香迁置。2007 年村民迁至松源街道同德新村和濛洲街道同济新村。

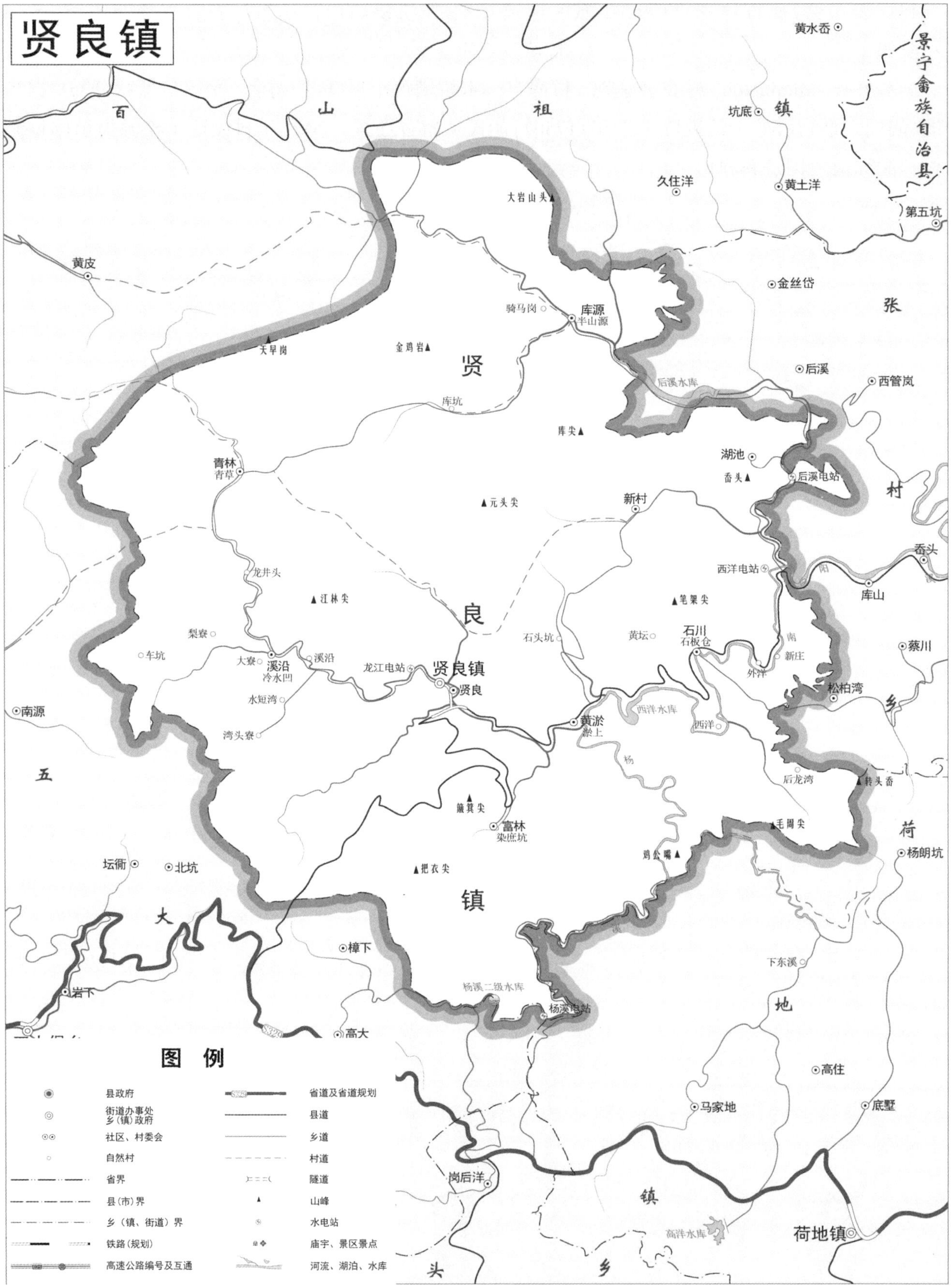

浙江省测绘与地理信息局　地图审核号：浙 S[2015]81 号　2014 年

第八章　贤 良 镇

第一节　政区概况

名称来历　以镇政府驻地得名。

地理环境　位于北纬 27°36′—27°42′，东经 119°10′—119°16′。地处庆元县中部偏东北，东与张村乡相邻，东南与荷地镇接壤，南、西南、西与五大堡乡相连，西北、北与百山祖镇交界。镇政府驻贤良村贤良街 39 号，距庆元县城 17 千米。境内地势高低起伏，山岭连绵，河流众多。地形以山地为主，山间溪流流经处有平缓河谷平地分布。最高峰仙洞尖，海拔 1555.5 米，最低处上交溪，海拔 420 米。森林资源丰富，杉、松、毛竹等茂盛，森林覆盖率为 89%。南阳溪、青林溪和库源溪流经境内，国家二级保护动物娃娃鱼栖息于溪流中。属亚热带季风性湿润气候，年平均气温 15.9℃，年均降雨量 1913 毫米。

政区沿革　明时属松源乡向方里。清时属松源乡二都。民国时属石湖乡。1958 年 12 月称石湖管理区，属新村人民公社。1961 年 8 月称石湖人民公社。1984 年 6 月复称石湖乡。1992 年 12 月石湖乡改为建制镇，称贤良镇。

政区划分　2014 年，辖贤良、黄淤、石川、新村、库源、湖池、青林、富林、溪沿 9 个村民委员会；下设 62 个村民小组。

人口与面积　2014 年，辖区有 2034 户 5174 人，其中农业人口 5045 人。总人口中，以汉族为主，达 5139 人，占 99.3%；有畲族、壮族、苗族、彝族、拉祜族 5 个少数民族，共 35 人，占 0.7%。辖区东西最大距离 10.1 千米，南北最大距离 12.16 千米，总面积 75.8 平方千米，其中耕地 370.17 公顷，林地 6548.07 公顷。

经济状况　贤良镇是典型的山区农业镇，资源丰富，经济以农业和旅游为主。随着农村产业结构调整，形成食用菌、吊瓜、药材、锥栗、茶叶、笋竹为重点农业主导产业。2003 年与省农业厅结对帮扶，大力扶持山地养殖、香菇标准化生产、毛竹示范园区、吊瓜基地、茶叶基地等，形成以食用菌生产为主，山地养殖、药材种植等为辅的效益农业之路，其中山地养殖、香菇标准化生产是县重点实施乡镇。2005 年，野生驯化四方竹种植成功，建立 2 个基地，带动 120 多户农户种植四方竹，累计种植面积 18.67 公顷；山地养羊由自然放养转向圈养，建立湖池、西洋和后龙湾等山羊圈养重点村，扶持了 70 户山羊养殖示范户，组建了山地养殖产销专业合作社，成立山地养殖行业协会。

2008 年起，推广香菇标准化生产，年产量 400-500 万段。食用菌品种不断增加，结构得到优化，发展长根菇、灰树花、竹荪等多元化种植。2014 年，生产香菇 434.3 万段，黑木耳 54 万段。完成富林示范林 4.67 公顷，贤良新村示范林 5.33 公顷。2014 年，农村经济总收入 5933.8 万元。农民人均纯收入 8846 元。

社会发展 2014 年，有文化艺术团体 1 个，文化馆(站)1 个，公共图书室 1 个；幼儿园 1 所，小学 1 所，九年义务教育覆盖率达 100%；各级各类医疗卫生机构 7 个；邮政局 1 处，电信服务网点 1 个。村村通电网、电话、有线电视、自来水。农村安全饮用水普及率 100%，农村卫生厕所普及率 98.2%。参加新型农村医疗保险 4745 人，参保率 95.09%，城乡居民养老保险 2367 人，参保率 47.43%。县道溪杉线穿境。2012 年 12 月 24 日，环境保护部授予贤良镇 2010—2011 年度国家级生态乡镇称号。

名胜旅游 境内有富林观音桥县级文物保护单位 1 处，石板仓桥头亭、库坑村范氏宗祠和双龙桥等古建筑 16 处。主要的旅游项目有亲水节和方竹笋采摘体验活动，景点有青龙山、凤凰山游步道等。

第二节 村及居民点

【贤良村】 Xiánliáng Cūn 以驻地得名。东邻黄淤村，南至富林村，西接溪沿村，北连库源村、新村村。辖 1 个自然村。230 户，730 人，土地总面积 17.20 平方千米，耕地总面积 799.95 亩，林地面积 23543.70 亩。农林产品有香菇、吊瓜、毛竹、茶叶。1949 年称贤良农民协会(行政村)，1956 年称贤良农业生产合作社，1958 年称富山生产队，1961 年称富山大队，1981 年按驻地更名为贤良大队，1984 年复称贤良行政村，设村民委员会，属石湖乡。1992 年撤区扩镇并乡后，石湖乡改设为贤良镇，属贤良镇。

贤　良 Xiánliáng 镇政府、村委会驻地。昔近山者称“岱根”，靠溪边为“洋凉”，皆以群峰挺秀，气候凉爽，河谷空旷而得名。初建时民居多聚于岱根，后逐向溪边拓展。“洋凉”亦被谐为贤良，意含善良、勤劳、俭朴。聚落呈团块及带状复合型分布。据当地《叶氏宗谱》载，始于明洪武十四年(1381)，叶氏辛五公置。早在清代，贤良已颇具影响，清乾隆三十八年至四十一年(1773—1776)，庆元知县熊珍曾来此多次，写有“萧萧风雨春寒积，朊朊郊原小麦抽，自愧平生无好状，相逢一醉复何求”的抒情诗句。清光绪《庆元县志》卷二：“贤良，二都。”历史遗存有清代古建筑南隆殿、民居。村内道路有贤良街、外田巷、水井弄等。

【富林村】 Fùlín Cūn 驻地染庶坑。以“富裕的山林”寓意得名。位于贤良镇政府南 2.2 千米。东邻黄淤村、荷地镇高住村，南至五大堡乡高大村，西、北与贤良村相连。辖 1 个自然村。97 户，275 人。土地总面积 4.83 平方千米，耕地面积 262.95 亩，林地面积 6645.60 亩。农林产品有香菇、吊瓜、毛竹、茶叶等。1949 年称富林农民协会(行政村)，1956 年称富林业农业生产合作社，1958 年隶属贤良生产队，1961 年析称富林大队，1984 年复称富林行政村，设村民委员会，属石湖乡。1992 年撤区扩镇并乡后，石湖乡改设为贤良镇，属贤良镇。

染庶坑　Rǎnshùkēng　染庶坑（一称芫荽坑），水，发源于北坑尖东麓，经淤上入南阳溪。村以水名。聚落呈散状分布。据当地《叶氏宗谱》载，于明洪武十四年（1381）叶氏辛三公从松阳迁置。清光绪《庆元县志》卷二："染庶坑，二都。"历史遗存有观音桥。

【湖池村】Húchí　Cūn　以驻地得名。位于贤良镇政府东北5.4千米。东、南、北与张村乡西管岚村、田头村、库山村、后溪相邻，西接新村村。辖1个自然村。114户，351人。土地总面积2.98平方千米，耕地面积605.40亩，林地面积3097.20亩。农林产品有香菇、吊瓜、毛竹、茶叶等。1949年称湖池农民协会（行政村），1956年称湖池农业生产合作社，1958年与新村并称新村生产队，1961年析称湖池大队，1984年复称湖池行政村，设村民委员会，属石湖乡。1992年撤区扩镇并乡后，石湖乡改设为贤良镇，属贤良镇。

湖　池　Húchí　因四周环山，村中有一池塘，故名。聚落呈散状分布。据当地《周氏宗谱》载，始于明成化十八年（1482）周氏从后溪（今张村乡）迁置。清光绪《庆元县志》卷二："湖池，二都。"历史遗存有清代古建筑永安社、古民居。

【黄淤村】Huángyū　Cūn　驻地淤上，以境内黄坛、淤上各取首字得名。位于贤良镇政府东1.7千米。东邻石川村，南至荷地镇高住村，西接贤良村、富林村，北连新村村。辖3个自然村。268户，831人，土地总面积9.07平方千米，耕地面积1051.05亩，林地面积10748.25亩。农林产品有香菇、吊瓜、毛竹、茶叶等。1949年称黄淤农民协会（行政村），1956年称黄淤农业生产合作社，1958年隶属富山生产队，1961年析称黄淤大队，1984年复称黄淤行政村，设村民委员会，属石湖乡。1992年撤区扩镇并乡后，石湖乡改设为贤良镇，属贤良镇。

淤　上　Yūshàng　村委会驻地。昔系砂砾淤积、杂草丛生的荒滩，成村后因名。聚落呈团块状分布。119户，371人。据当地《叶氏宗普》载，始于同治十年（1871），叶氏公全公置。清光绪《庆元县志》卷二："淤上，二都。"历史遗存有古民居。村内道路有淤上街、溪沿路、会堂弄等。

黄　坛　Huángtán　原是一处坡地，土黄，故名。位于贤良镇政府东2.8千米。聚落呈团块状分布。93户，284人。据当地《吴氏宗谱》载，始于明正德年间（1506—1521），吴氏伯二公从槽头村（今云和县）迁置。清光绪《庆元县志》卷二："黄坛，二都。"

石头坑　Shítókēng　石头坑，一称石岱坑，水名，发源于源头尖南麓，入南阳溪。村以水名。位于贤良镇政府东1.7千米。聚落呈团块状分布。58户，176人。聚落形成于明末清初，一世始祖凤二从坑底迁置。清光绪《庆元县志》卷二："石头坑，二都。"隶属于黄淤村。

【库源村】Kùyuán　Cūn　驻地库坑，以境内库坑、半山源各取一字得名。位于贤良镇政府北5.8千米。东邻张村乡金丝岱村、后溪，南至新村村、贤良村，西接青林村、百山祖镇黄皮村，北连百山祖镇久住洋村。辖3个自然村。197户，526人。土地总面积11.18平方千米，耕地面积486.90亩，林地面积15380.55亩。农林产品有水稻、香菇、吊瓜、毛竹、茶叶等。1949年称库源农民协会（行政村），1956年称库源农业生产合作社，1958年与新村合称新村生产队，1961年析称库源大队，1984年复称库源行政村，设村民委员会，属石湖乡。1992年撤区扩镇并乡后，石湖乡改设为贤良镇，属贤良镇。

半山源 Bànshānyuán 村委会驻地。地处后溪的中部，故名。聚落呈带状分布。56户，148人。聚落形成于清乾隆年间(1736—1795)，周氏从后溪(张村乡)迁置。

库　坑 Kùkēng 库坑，水。发源于元头尖北麓，村以水名。位于贤良镇政府北4.3千米。聚落呈带状分布。98户，274人。据当地《周氏宗谱》载，始于清康熙四十一年(1702)周氏从湖池迁置。清光绪《庆元县志》卷二："库坑，二都。"历史遗存有范氏宗祠、陈氏宗祠、吴氏宗祠、福兴殿。2007年起村民先后迁至松源街道同德新村和濛洲街道同济新村。

骑马岗 Qímǎgǎng 骑马岗，山名。村名因之。位于贤良镇政府北5.9千米。聚落呈散状分布。26户，64人。据当地《周氏宗谱》载，始于清乾隆年间(1736—1795)周氏从后溪(今张村乡)迁置。

【青林村】 Qīnglín Cūn 驻地青草。以境内林木资源丰富，树木常青得名。位于贤良镇政府西北4.4千米。东邻贤良村、库源村，南至溪沿村，西接五大堡乡梧桐洋村，北连百山祖镇黄皮村、桥陌村。辖2个自然村。110户，320人。土地总面积10.19平方千米，耕地面积438.0亩，林地面积14409.60亩。农林产品有水稻、香菇、吊瓜、毛竹、茶叶等。1949年称青林农民协会(行政村)，1956年称青林农业生产合作社，1958年称青林生产队，1961年称青林大队，1984年复称青林行政村，设村民委员会，属石湖乡。1992年撤区扩镇并乡后，石湖乡改设为贤良镇，属贤良镇。

青　草 Qīngcǎo 村委会驻地。传昔系草地，经冬不凋，四季常青，故名。聚落呈带状分布。82户，232人。据当地《叶氏宗谱》载，始于清乾隆四十八年(1783)，叶氏从贤良迁置。清光绪《庆元县志》卷二："青草，二都。"

龙井头 Lóngjǐngtóu 位于贤良镇政府西北3.2千米。原名石溪，其下有一水潭，俗称龙井，后世以井名村。聚落呈带状分布。28户，78人。据当地《叶氏宗谱》载，始于明崇祯十二年(1939)，叶氏置。

【石川村】 Shíchuān Cūn 驻地石板仓。因石板仓多遭火灾，为庇佑村民，故名石川，有流水相佑之意。位于贤良镇政府东3.3千米。东邻张村乡库山村、蔡川村、松柏湾村，南至荷地镇杨朗坑村，西接黄淤村，北连新村村。辖5个自然村。316户，873人。土地总面积6.34平方千米，耕地面积5898.0亩，林地面积6723.0亩。农林产品有水稻、香菇、吊瓜、毛竹、茶叶等。1949年称石川农民协会(行政村)，1956年称石川农业生产合作社，1958年石川生产队，1961年称石川大队，1984年复称石川行政村，设村民委员会，属石湖乡。1992年撤区扩镇并乡后，石湖乡改设为贤良镇，属贤良镇。

石板仓 Shíbǎncāng 村委会驻地。因村原本富庶，铺设了石板路和石板桥，且谷仓亦多，故名。聚落呈团块及带状复合型分布。102户，274人。据当地《吴氏宗谱》载，始于元至治二年(1322)，吴姓置。清光绪《庆元县志》卷二："石板仓，二都。"历史遗存有桥头亭。

西　洋 Xīyáng 田片名，村名沿之。位于贤良镇政府东3.6千米。聚落呈团块状分布。71户，229人。据当地《吴氏宗谱》载，始于明万历八年(1580)，吴姓从石板仓迁置。清光绪《庆元县志》卷二："西洋，二都。"

外　洋 Wàiyáng 因坐落于西洋以外而得名。位于贤良镇政府东4.0千米。聚落呈带状分布。59户，164人。据当地《吴氏宗谱》载，始于清嘉庆二十五年(1820)吴氏从石板仓迁置。清光绪《庆元县志》卷二:“外洋,二都。”

新　庄 Xīnzhuāng 原名田庄,后石板仓一财主迁置于此,更称新庄。位于贤良镇政府东 4.4 千米。聚落呈团块状分布。30 户,107 人。清光绪《庆元县志》卷二:“新庄,二都。”

后龙湾 Hòulóngwān 因坐落于横龙岗(山名)之后而得名。位于贤良镇政府东 4.8 千米。聚落呈散状分布。52 户,104 人。清光绪《庆元县志》卷二:“后龙湾,二都。”

【溪沿村】 Xīyán Cūn 驻地冷水凹。以原驻地溪沿得名。位于贤良镇政府西 2.3 千米。东邻贤良村,南、西至五大堡乡北坑村、南源村、梧桐洋村,北连青林村。辖 7 个自然村。115 户,342 人。土地总面积 6.98 平方千米,耕地面积 231.15 亩,林地面积 9922.20 亩。农林产品有水稻、香菇、吊瓜、毛竹、茶叶等。1949 年称富山农民协会(行政村),1956 年隶属青草农业生产合作社,1958 年隶属贤良生产队,1961 年称福山大队,1981 年按驻地更名溪沿大队,1984 年复称溪沿行政村,设村民委员会,属石湖乡。1992 年撤区扩镇并乡后,石湖乡改设为贤良镇,属贤良镇。

冷水凹 Lěngshuǐāo 村委会驻地。因地处凹地,树木葱郁,流水清冷,故名。聚落呈散状分布。5 户,15 人。1993 年,村民从大寮迁置。

溪　沿 Xīyán 坐落小溪畔得名。位于贤良镇政府西 1.9 千米。聚落呈团块状分布。26 户,60 人。始于清光绪六年(1880)叶氏从贤良分置。

车　坑 Chēkēng 车坑,水,村以水名。位于贤良镇政府西 4.0 千米。聚落呈带状分布。29 户,91 人。始于清嘉庆五年(1800)永强公从北坑村(今五大堡乡)迁置。

大　寮 Dàliáo 因人口多于邻近的利寮,故名。位于贤良镇政府西 2.5 千米。聚落呈团块状分布。13 户,50 人。

水短湾 Shuǐduǎnwān 昔名水墩湾,“短”“墩”方言近音,雅为今名。位于贤良镇政府西 2.1 千米。聚落呈带状分布。16 户,56 人。

水短湾头 Shuǐduǎnwāntóu 一称湾头寮。坐落水短湾上部,初为棚户,故名。位于贤良镇政府西 2.6 千米。聚落呈团块状分布。22 户,58 人。

梨　寮 Líliáo 原为棚户,旁有梨树,因物得名。位于贤良镇政府西 3.2 千米。聚落呈团块状分布。4 户,12 人。

【新村村】 Xīncūn Cūn 以驻地得名。位于贤良镇政府东北 3.5 千米。东邻张村乡库山村,南至黄淤村、石川村,西接贤良村,北连库源村。辖 1 个自然村。198 户,有 626 人。土地总面积 7.07 平方千米,耕地面积 1087.05 亩,林地面积 7750.95 亩。农林产品有水稻、香菇、吊瓜、毛竹、茶叶等。1949 年称新村农民协会(行政村),1956 年称新村农业生产合作社,1958 年称新村生产队,1961 年称新村大队,1984 年复称新村行政村,设村民委员会,属石湖乡。1992 年撤区扩镇并乡后,石湖乡改设为贤良镇,属贤良镇。

新　村 Xīncūn 据考昔称“十八寮”,棚户,零落分散。明洪武年间(1368—1398)周氏从后溪(今张村乡)迁此后,新房换旧棚,盎然成村,故名。后吴氏继入。聚落呈团块状分布。清光绪《庆元县志》卷二:“新村,二都。”历史遗存有古民居。

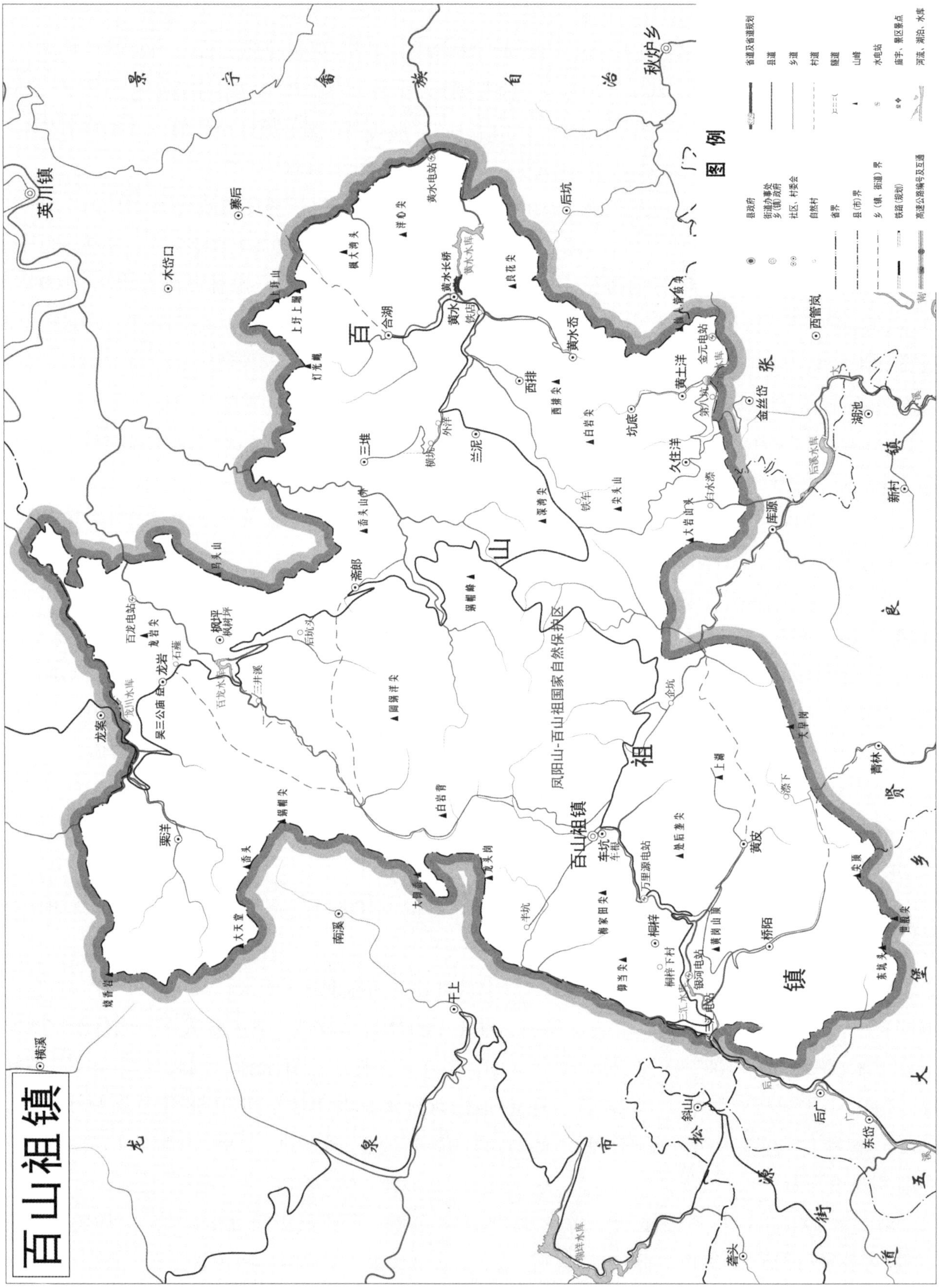

浙江省测绘与地理信息局　地图审核号:浙 S[2015]81 号　2014 年

第九章　百山祖镇

第一节　政区概况

名称来历　以境内最高峰百山祖得名。

地理环境　位于北纬 27°40′—27°51′，东经 119°08′—119°19′。位于县境东北部，东、东南与景宁畲族自治县和张村乡交界、南接五大堡乡和贤良镇、西邻龙泉市、北靠龙泉市和景宁畲族自治县。镇政府驻车坑村车根林学路 4 号，距庆元县城 18 千米。地形以山地为主，境内山峰林立、群峰挺秀，地势险峻、风光绮丽，山间盆地在海拔 900 米以上，是华东地区海拔最高的山区乡镇，百山祖主峰海拔 1856.7 米，为江浙第二高峰，镇政府所在地海拔 1138 米，平均海拔为 1089 米。龙泉凤阳山—庆元百山祖国家级自然保护区横亘其间，是华东地区最大的自然生物圈，森林覆盖率 90.6%，享有“绿色宝库”“珍稀动植物博物馆”之美称。有国家保护珍稀植物 39 种，其中百山祖冷杉是世界上 12 种最频危植物之一，全球仅存百山祖 3 株。百山祖是瓯江、闽江、赛江的发源地，素有“一水达三江”之说。属亚热带季风气候，冬暖夏凉，夏季最热月平均气温为 22.2℃。

政区沿革　明时属松源乡向方里。清时属松源一都、二都。民国时属枫合乡、乔竹乡。1950 年 10 月属乔东乡、枫合乡。1951 年枫合乡分设为斋郎、合湖乡，属斋郎乡、合湖乡、乔东乡。1956 年 7 月设后广乡，属后广乡、斋郎乡、合湖乡。1958 年称斋郎、合湖管理区。1961 年 12 月属后广、斋郎、合湖人民公社。1981 年后广析称黄皮管理区。1984 年 1 月黄皮管理区称车根乡，斋郎、合湖人民公社复称斋郎乡、合湖乡。1992 年 5 月车根乡和斋郎乡 2 个乡合并称百山祖乡。2013 年 5 月 31 日撤销百山祖乡和合湖乡建制，设立百山祖镇。

政区划分　2014 年，辖桥陌、黄皮、桐梓、车坑、斋郎、枫坪、龙岩、栗洋、合湖、三堆、西排、黄水岙、久住洋、坑底、黄土洋、黄水、兰泥 17 个行政村，31 个自然村，92 个村民小组。

人口与面积　2014 年，辖区有 3328 户 8063 人，其中农业人口 7918 人。总人口中，以汉族为主，达 8033 人，占 99.6%；有佤族、水族、壮族、侗族、苗族、彝族、布依族、拉祜族、哈尼族 9 个少数民族，共 30 人，占 0.4%。辖区东西最大距离 18.44 千米，南北最大距离 19.60 千米，总面积 190.26 平方千米，其中耕地 846.5 公顷，林地 17290.18 公顷。

经济状况　百山祖镇经济以特色农业和旅游为主。坚持绿色立镇、特色兴镇、旅游富镇的发展战略，借助省特扶项目契机，形成以菌、螺、菜为主，竹、栗、茶为辅的农业产业格局。按照“减量、提质、增效”的总要求，引导农户实施机械化、规模化、标准化生产食用菌。2014年，生产食用菌370万袋，种植高山蔬菜133.3公顷，毛竹林面积1354.7公顷。持续加大田螺养殖基地建设扶持政策。出台高山蔬菜产业、毛竹林劈山抚育和毛竹散种扶持政策。推广公司+基地+农户的发展模式。生态旅游蓬勃发展，已形成生态旅游、休闲度假、农家乐、斋郎红色旅游、龙岩香菇文化村为一体的旅游区，开发出了百山祖红米、红酒、金瓜子、小竹笋、合湖田螺为代表的特色产业。镇区驻地车根村已基本形成集餐饮、住宿、休闲、避暑、购物和旅游为一体的综合型省级农家乐特色村。2014年末，农业总产值9376万元，农民人均纯收入11629元。

社会发展 2014年，有文化站、广播电视站各2处，村文化活动中心12处，公共图书室3个；小学1所，九年义务教育覆盖率达100%；各级各类医疗卫生机构2个；邮政代办所2处，电信服务网点3个。村村通电网、电话、有线电视、自来水。农村安全饮用水普及率100%，农村卫生厕所普及率97.9%。县道兰斋线、出合线过境。2010年3月19日，环境保护部授予百山祖乡2010年国家生态建设示范区之“全国环境优美乡镇”称号。

名胜旅游 境内有全国重点文物保护单位处州廊桥组成之一的黄水长桥，县级文物保护单位吴三公墓、硅化石等5处。1935年红军挺进师曾抵镇境，有“斋郎战斗”指挥部旧址、主战场及纪念碑。旅游景点区有百山祖国家AAAA级旅游景区。

第二节　村及居民点

【车坑村】 Chēkēng Cūn 以下辖车根、半坑两自然村各取一字得名。东邻万里林林场，南至连黄皮桐梓村，西、北至龙泉市界。辖2个自然村。123户，183人。土地总面积11.20平方千米，耕地面积349.05亩，林地面积16013.25亩。农林产品有香菇、毛竹、厚朴等。1949年称车坑农民协会（行政村），1956年称车坑农业生产合作社，1958年称车坑生产队，1961年称车坑大队，1984年称车根行政村，设村民委员会，属车根乡。1992年撤区扩镇并乡，车根、斋郎两乡合置称百山祖乡，改属百山祖乡，村名复称车坑行政村。2013年百山祖乡、合湖乡合并设立百山祖镇，属百山祖镇。

车　根 Chēkēng 镇政府、百山祖景区接待中心、百山祖自然保护管理区、万里林场、村委员会驻地。昔名岙根，因地处百山祖南麓一山岙口得名，“车根”系从昔名演变而来。聚落呈带状分布。63户，94人。据考，始于元大德年间（1297—1307），为吴、刘、叶等氏肇基，现居民多姓毛，系明成化年间（1465—1487）从瑞洋（今龙泉市）迁入的毛氏后裔。县道兰荒线贯境。清光绪《庆元县志》卷二：“车根，二都。”村内道路有岩后路、林学路等。

半　坑 Bànkēng 因坐落半坑至梅岙的中途得名。位于百山祖镇政府西北2.4千米。聚落呈团块状分布。60户，89人。据当地《叶氏宗谱》载，始于明崇祯四年（1631），叶氏文玉公从龙泉市水竹洋村迁置。村内道路有半坑一至三弄。

【桐梓村】 Tóngzǐ Cūn 以驻地得名。位于百山祖镇政府西南2.6千米。东邻黄皮村，南至桥陌村，西接龙泉市界，北连车坑村。辖 2 个自然村。82 户，200 人。土地总面积 5.38 平方千米，耕地面积 250.35 亩，林地面积 7447.05 亩。林地 8370 亩，耕地 196 亩，农林产品有木材、稻米、茯苓、白术、香菇。原属车坑大队，1962 年析建桐梓大队，1984 年改称桐梓行政村，设村民委员会，属车根乡。1992 年撤区扩镇并乡，车根、斋郎两乡合置称百山祖乡，改属百山祖乡。2013 年百山祖乡、合湖乡合并设立百山祖镇，属百山祖镇。

桐　梓　Tóngzǐ　村委会驻地。一称半湾，古以盛产油桐得名。聚落呈团块状分布。57 户，140 人。据考始于明永乐年间(1403—1424)，吴氏置。现居民多姓叶，系清道光二十四年(1844)从半坑迁此的叶氏利九公后裔(据《叶氏宗谱》载)。清光绪《庆元县志》卷二："桐梓，二都。"2003 年始村民相继搬迁至松源街道同德新村和濛洲街道同济新村、洋墩新居。

桐梓下村　Tóngzǐxiàcūn　地处桐梓村之下得名。位于百山祖镇政府西南 3.0 千米。聚落呈散状分布。25 户，70 人。2003 年始村民相继搬迁至濛洲街道洋墩新居、同济新村和松源街道同德新村。

【黄皮村】 Huángpí　Cūn　以驻地得名。位于百山祖镇政府南 3.3 千米。东邻久住洋村、贤良镇库源村，南至桥陌村、贤良镇青林村，西接桐梓村，北连车坑村、万里林场。辖 2 个自然村。126 户，328 人。土地总面积 18.04 平方千米，耕地面积 540.60 亩，林地面积 25903.95 亩。农林产品有木材，香菇、稻米、茯苓、茶叶、笋干等。1949 年称黄皮农民协会(行政村)，1956 年称黄皮农业生产合作社，1958 年称黄皮生产队，1961 年称黄皮大队，1984 年复称黄皮行政村，设村民委员会，属车根乡。1992 年撤区扩镇并乡，车根、斋郎两乡合置称百山祖乡，改属百山祖乡。2013 年百山祖乡、合湖乡合并设立百山祖镇，属百山祖镇。

黄　皮　Huángpí　村委会驻地。传昔系草地，入冬后橙黄一片，故名。聚落呈团块及散状复合型分布。107 户，278 人。据考，王氏早在北宋景德年间(1004—1007)就来此定居，今尚留有"王家"遗址。后由吴伯高公于元至治三年(1323)从龙岩继入，经世代繁衍，村民多为吴氏后裔。村内有上下湖和风水林景点。清光绪《庆元县志》卷二："黄皮，二都。"历史遗存有新坟林摩崖石刻和古建筑吴氏宗祠。村内道路有横路上、下弄和洋上弄、坑下弄等。

企　坑　Qǐkēng　企坑，水名，发源于百山祖南麓，流经贤良镇入南阳溪，村以水名。位于百山祖镇政府东南 3.2 千米。聚落呈散状分布。19 户，50 人。

【桥陌村】 Qiáomò　Cūn　以驻地得名。位于百山祖镇政府西北 4.4 千米。东邻黄皮村、贤良镇青林村，南、西与五大堡乡北择村、甘山村、东坑村、后广村相连，北至桐梓村。辖 2 个自然村。103 户，316 人。土地总面积 15.26 平方千米，耕地面积 1007.10 亩，林地面积 21313.65 亩。农林产品有木材、稻米、茯苓、白术、香菇等。1949 年称桥陌农民协会(行政村)，1956 年称桥陌农业生产合作社，1958 年称桥陌生产队，1961 年称桥陌大队，1984 年复称桥陌行政村，设村民委员会，属车根乡。1992 年撤区扩镇并乡，车根、斋郎两乡合置称百山祖乡，改属百山祖乡。2013 年百山祖乡、合湖乡合并设立百山祖镇，属百山祖镇。

桥　陌　Qiáomò　村委会驻地。因岭得名。聚落呈团块状分布。103 户，316 人。据当地《吴氏宗谱》记载，始于明永乐二十二年(1424)，吴氏方业公从上仓(今松源街道)迁置。清嘉庆《庆元县志·山川》:“乔陌岭,县东三十里。”清光绪《庆元县志》卷二:“乔陌,二都。”历史遗存有水尾桥。村内道路有桥新路、山根路。

漈　下　Jìxià　村后有一岩漈(瀑布之俗称),村居其下,故名。位于百山祖镇政府南4.4千米。聚落呈点状分布。吴氏置。2003年始村民相继搬迁至濛洲街道洋墩新居、同济新村和松源街道同德新村。

【斋郎村】 Zhāiláng Cūn　以驻地得名。位于百山祖镇政府东北7.4千米。东邻三堆村,南、西至万里林场,北连龙岩村、枫坪村、景宁畲族自治县界。辖2个自然村。海拔1250米,是浙江省海拔最高的行政村之一。236户,648人。土地总面积12.94平方千米,耕地面积965.70亩,林地面积17289.75亩。农林产品有木材、香菇、稻米、高山蔬菜等。1949年称斋郎农民协会(行政村),1956年称和平农业生产合作社,1958年称和平生产队,1961年称斋郎大队,1984年称斋郎行政村,设村民委员会,属斋郎乡。1992年撤区扩镇并乡,车根、斋郎两乡合置称百山祖乡,改属百山祖乡。2013年百山祖乡、合湖乡合并设立百山祖镇,属百山祖镇。

斋　郎　Zhāiláng　村委会驻地。原称济川,相传在一次迎神庙会上,有道人忽至堂前称:“此地不宜叫济川,应称斋郎。”众问其故,答曰:“此地形似鱼塘,鱼能吃荤否?”言毕逸去。村人大惊,遂改之,出处离奇。原斋郎乡政府驻地,聚落呈团块状分布。219户,602人。据当地《叶氏宗谱》载,始于宋嘉祐年间(1056—1063)。明永乐二十一年(1423)叶氏安二公从细溪村(今景宁畲族自治县)继入。清光绪《庆元县志》卷二:“斋郎,二都。”1935年4月,由师长粟裕,政委刘英率领的中国工农红军挺进师抵境,在此与敌军展开了一次以少胜多的“斋郎战斗”。此战役是中国工农红军挺进师进入浙西南以来取得的第一个大胜战,被粟裕将军称为“关键性的一仗”。斋郎战斗的胜利,为建立浙西南革命根据地创造了条件,在中国革命战争史上具有重要意义。现斋郎村已辟为丽水市爱国主义教育基地。历史遗存有叶氏宗祠。村内道路有新建路和新建路一、二、三弄。

后坑头　Hòukēngtóu　后坑,流经三井溪入景宁畲族自治县,村居其首,故名。位于百山祖镇政府东北7.8千米。聚落呈团块状分布。17户,46人。据考始于明初,叶氏置,吴氏于清同治年间(1862—1874)从三井溪继入。清光绪《庆元县志》卷二:“后坑头,二都。”

【龙岩村】 Lóngyán Cūn　以驻地得名。位于百山祖镇政府北10.2千米。东邻枫坪村,南至斋郎村、万里林场,西接栗洋村,北连龙泉市界。辖3个自然村。189户,606人。土地总面积11.95平方千米,耕地面积1305.30亩,林地面积15078.45亩。农林产品有香菇、粮食、毛竹、高山蔬菜等。原属龙泉县建兴乡,1958年龙泉、庆元并县时划入斋郎公社,称兴龙生产队,1961年称兴龙大队,1982年按驻地更名龙岩大队,1984年复称龙岩行政村,设村民委员会,属斋郎乡。1992年撤区扩镇并乡,车根、斋郎两乡合置称百山祖乡,改属百山祖乡。2013年百山祖乡、合湖乡合并设立百山祖镇,属百山祖镇。

龙　岩　Lóngyán　村委会驻地。村后山岩起伏,形状似龙,故名。聚落呈团块状分布。123户,394人。据当地《吴氏宗谱》载,建村于北宋建隆年间(960—963),至子瑛公于嘉祐年间(1056—1063)从景宁卢源迁入合始盛。1958年从龙泉市划入。历史遗存有龙岩城门和吴三公墓。村内道路有龙岗路和龙南路。县道兰荒线贯境。

龙岩村为香菇鼻祖吴三公的故里，是香菇发源地。1989 年 9 月，联合国专家、国际热带菇类学会主席张树庭教授到庆元考察，挥笔题词："香菇之源。"1993 年 5 月，海峡两岸菇业联谊会台湾首席代表赖敏男博士，专程到龙岩村吴三公祠，瞻仰祭拜吴三公，称吴三公是"中华香菇之神"。1994 年 11 月国际研讨会期间，张树庭教授特别会见龙岩村菇民代表，并为吴三公祠题词："香菇之祖。"村里有吴三公祠、香菇文化展览馆、香菇文化碑廊、吴三公纪念亭、旧菇寮旧址开发等旅游景点。

石　薤 Shíxiè 因村形似薤，故名。位于百山祖镇政府背 10.1 千米。聚落呈散状分布。47 户，151 人。据《吴氏宗谱》载，始于南宋绍熙年间（1190—1194），龙岩村五公迁置。清光绪《庆元县志》卷二："石薤，二都。"

三井溪 Sānjǐngxī 三井溪，水，发源于百山祖镇白岩背北麓，注入景宁畲族自治县，村以水名。位于百山祖镇政府北 8.1 千米。聚落呈散状分布。19 户，61 人。据《吴氏宗谱》载，始于元天顺元年（1328），吴氏从石薤村迁置。清光绪《庆元县志》卷二："三井溪，二都。"

【栗洋村】 Lìyáng Cūn 以驻地得名。位于百山祖镇政府北 9.4 千米。东邻龙岩村、万里林场，南、西、北至龙泉市界。辖 1 个自然村。60 户，200 人。土地总面积 14.89 平方千米，耕地面积 292.20 亩，林地面积 21258.60 亩。农林产品有木材、香菇、毛竹、稻米，高山药材等。1949 年称栗洋农民协会（行政村），1956 年称吉兴农业生产合作社，1958 年称吉兴生产队，1961 年称吉兴大队，1981 年按驻地更称栗洋大队，1984 年复称栗洋行政村，设村民委员会，属斋郎乡。1992 年撤区扩镇并乡，车根、斋郎两乡合置称百山祖乡，改属百山祖乡。2013 年百山祖乡、合湖乡合并设立百山祖镇，属百山祖镇。

栗　洋 Lìyáng 昔产栗，因物得名。聚落呈带状分布。据当地《叶氏宗谱》记载，始于明万历三年（1575），叶氏置。清光绪《庆元县志》卷二："栗洋，二都。"清设梅岙隘，清嘉庆《庆元县志·武备志·关隘》："梅岙隘，二都栗洋，县东八十里。"早废。村内道路有进村路、秋淤路等。

【枫坪村】 Fēngpíng Cūn 以驻地得名。位于百山祖镇政府北 9.5 千米。东邻景宁畲族自治县界，南至斋郎村，西、北连龙岩村。辖 1 个自然村。103 户，316 人。土地总面积 5.17 平方千米，耕地面积 551.10 亩，林地面积 6730.20 亩。农林产品有香菇、毛竹、厚朴、高山药材等。原属斋郎，1962 年析称枫树坪大队，1984 年改称枫树坪行政村，设村民委员会，属斋郎乡。1992 年撤区扩镇并乡，车根、斋郎两乡合置称百山祖乡，改属百山祖乡，村名更称为枫坪行政村。2013 年百山祖乡、合湖乡合并设立百山祖镇，属百山祖镇。

枫树坪 Fēngshùpíng 传昔是处长满枫树的山坪，故名。聚落呈散状分布。据当地《吴氏宗谱》载，始于明永乐年间（1403—1424），吴氏樟公从龙岩村迁置。海拔 1200 米，是全省海拔最高村落。历史遗存有吴氏宗祠。

【合湖村】 Héhú Cūn 以驻地得名。位于百山祖镇政府东北 11.1 千米。东、北邻景宁畲族自治县界，南至黄水村，西接三堆村。辖 1 个自然村。396 户，1145 人。土地总面积 14.62 平方千米，耕地面积 1780.65 亩，林地面积 18652.05 亩。农林产品有香菇、高山田螺、毛竹等。1949 年称合湖农民协会（行政村），1956 年称合湖农业生产合作社，1958 年称合湖生产队，1961 年称合湖大队，1984 年复称合湖行政村，设村民委员会，属合湖乡。1992 年撤区扩镇并乡，仍属合湖乡，2013 年百山祖乡、合湖乡合并设立百山祖镇，改属百山祖镇。

合　湖 Héhú 聚落在蛤湖两岸，昔以水名，后世因其上游有数条小溪汇合，更为今名。聚落呈团块状分布。据当地《刘氏宗谱》载，始于宋乾道三年（1167），刘氏始祖七公从小济（今濛洲街道，早废）迁置。清光绪《庆元县志》卷二：“蛤湖，二都。”合湖是庆元“二都戏”和“木偶戏”的策源地。原为合湖乡政府驻地。历史遗存有管氏双穴墓地和平兴桥、民居。村内道路有中心路、徐山路和源头路等。

【三堆村】 Sānduī Cūn 以驻地得名。位于百山祖镇政府东北 9.3 千米。东邻合湖村，南至兰泥村，西接斋郎村，北连景宁畲族自治县界。辖 3 个自然村。288 户，836 人。土地总面积 10.89 平方千米，耕地面积 1229.55 亩，林地面积 13938.45 亩。农林产品有稻米、木材、毛竹、香菇、黑木耳等。1949 年称三堆农民协会（行政村），1956 年隶属合湖农业生产合作社，1958 年析称三堆生产队，1961 年称三堆大队，1984 年复称三堆行政村，设村民委员会，属合湖乡。1992 年撤区扩镇并乡，仍属合湖乡。2013 年百山祖乡、合湖乡合并设立百山祖镇，改属百山祖镇。

三　堆 Sānduī 村委会驻地。昔名山堆，地处岗墩得名。聚落呈团块及散状复合型分布。211 户，614 人。据当地《吴氏宗谱》载，始于元至正十一年（1351），吴氏始祖从上仓（今松源街道）迁置。清光绪《庆元县志》卷二：“山堆，二都。”历史遗存有古民居和永宁桥、永兴桥。村内道路有源头路、庙门弄等。

横　坑 Héngkēng 横坑，水，经外洋、铁店汇入蛤湖溪，村以水名。位于百山祖镇政府东北 8.8 千米。聚落呈散状分布。23 户，63 人。据当地《吴氏宗谱》载，始于元泰定二年（1325），吴氏始祖从大济（今濛洲街道）迁置。清光绪《庆元县志》卷二：“横坑，二都。”

外　洋 Wàiyáng 外洋，田片名，村名沿之。位于百山祖镇政府东北 9.1 千米。聚落呈团块状分布。54 户，159 人。据考始于清雍正四年（1726），吴氏从三堆迁置。

【黄水村】 Huángshuǐ Cūn 以驻地得名。位于百山祖镇政府 11.4 千米。东邻景宁畲族自治县界，南至黄水岙村，西接西排村，北连合湖村。辖 2 个自然村。159 户，502 人。土地总面积 7.46 平方千米，耕地面积 839.70 亩，林地面积 9028.95 亩，农林产品有稻米、木材、香菇、茯苓、毛竹、高山田螺等。1949 年称黄水农民协会（行政村），1956 年称黄水农业生产合作社，1958 年称胜利生产队，1961 年称黄水大队，1984 年复称黄水行政村，设村民委员会，属合湖乡。1992 年撤区扩镇并乡，仍属合湖乡。2013 年百山祖乡、合湖乡合并设立百山祖镇，改属百山祖镇。

黄　水 Huángshuǐ 村委会驻地。地处黄水溪与蛤湖溪汇合处。因黄水岙至黄水村这段溪称黄水，后世村以溪名。聚落呈团块状分布。141 户，449 人，据考始于唐景云元年（710），周、叶两氏肇基，早谢。今居民姓吴，据《吴氏宗谱》载，系明洪武年间（1368 年前后）从龙岩迁入的吴氏后裔。清光绪《庆元县志》卷二：“黄水，二都。”历史遗存有黄水长桥。

铁 店 Tiědiàn 传昔原是一间开设于清嘉庆二十一年(1816)的打铁店成村后，村以店名。位于百山祖镇政府东11.0千米。聚落呈散状分布。18户，53人。

【兰泥村】 Lánní Cūn 以驻地得名。位于百山祖镇政府东8.6千米。东邻黄水村、西排村，南至坑底村、久住洋村，西接万里林场，北连三堆村、合湖村。辖1个自然村。214户，652人。土地总面积10.75平方千米，耕地面积809.70亩，林地面积9028.95亩。农林产品有香菇、高山田螺，毛竹等。1949称兰泥农民协会(行政村)，1956年称兰泥农业生产合作社，1958年称兰泥生产队，1961年称兰泥大队，1984年复称兰泥行政村，设村民委员会，属合湖乡。1992年撤区扩镇并乡，仍属合湖乡。2013年百山祖乡、合湖乡合并设立百山祖镇，改属百山祖镇。

兰 泥 Lánní 昔名烂泥。后改称兰泥者：一、“烂泥”之省写；二、传说一次挖墙基时从黄土中偶然翻出一块蓝色的泥土，众奇之，便以土名村。聚落呈团块状分布。清光绪《庆元县志》卷二：“烂泥，二都。”1977年出土一块约1亿年前的硅化石。村内道路有桥头路、洋里路等。

【西排村】 Xīpái Cūn 以驻地得名。位于百山祖镇政府东9.5千米。东邻黄水村、黄水岙村，南至坑底村、黄土洋村，西接兰泥村，北连合湖村。辖2个自然村。53户，128人。土地总面积2.14平方千米，耕地面积331.35亩，林地面积2753.55亩，农林产品有稻米、木材、香菇、毛竹等。1949年称西排农民协会(行政村)，1956年隶属兰泥农业生产合作社，1958年隶属兰泥生产队，1961年析置西排大队，1984年复称西排行政村，设村民委员会，属合湖乡。1992年撤区扩镇并乡，仍属合湖乡。2013年百山祖乡、合湖乡合并设立百山祖镇，改属百山祖镇。

西 排 Xīpái 村委员会驻地。位于西排尖东麓。以山得名。聚落呈散状分布。43户，106人。

铁 车 Tiěchē 相传始祖原住景宁畲族自治县苏姑林村。因失落田产契约，讼争无效，发誓“好马不吃回头草”，带着家眷迁此。为教诫子孙不忘前车之鉴和如铁誓言，便以“铁车”名村，含意颇深。位于百山祖镇政府东6.9千米。聚落呈散状分布。10户，22人。

【黄水岙村】 Huángshuǐào Cūn 以驻地得名。位于百山祖镇政府东9.8千米。东邻景宁畲族自治县界，南、西至黄土洋村，北连西排村、黄水村。辖1个自然村。80户，228人。土地总面积2.19平方千米，耕地面积404.85亩，林地面积2662.35亩。农林产品有食用菌、毛竹、高山蔬菜等。1949年称黄水岙农民协会(行政村)，1956年称黄水岙农业生产合作社，1958年隶属双洋(黄土洋、久住洋简称)生产队，1961年析称黄水岙大队，1984年复称黄水岙行政村，设村民委员会，属合湖乡。1992年撤区扩镇并乡，仍属合湖乡。2013年百山祖乡、合湖乡合并设立百山祖镇，改属百山祖镇。

黄水岙 Huángshuǐào 黄水溪发源于此，故名。聚落呈散状分布。据当地《周氏宗谱》载，始于清乾隆二十八年(1763)，周氏从黄水迁置。

【黄土洋村】 Huángtǔyáng Cūn 以驻地得名。位于百山祖镇政府东9.2千米。东邻张村乡第五坑村、景宁畲族自治县界，南至张村乡金丝岱村，西接久住洋村，北连坑底村、西排村、黄水岙村。辖个2自然村。194户，480人。土地总面积4.46平方千米，耕地面积918.75亩，林地面积4724.10亩。农林产品有香菇、高山田螺，毛竹等。1949年称黄土洋农民协会(行政村)，1956年称黄土洋农业生产合作社，1958 年隶属双洋（即黄土洋、久住洋简称）生产队，1961 年析称黄土洋大队，1984 年复称黄土洋行政村，设村民委员会，属合湖乡。1992 年撤区扩镇并乡，仍属合湖乡。2013 年百山祖乡、合湖乡合并设立百山祖镇，改属百山祖镇。

黄土洋 Huángtǔyáng 村委会驻地。洋，田洋，因村处在较大黄壤坡地而得名。聚落呈团块状分布。178 户，436 人。据当地《周氏宗谱》载，始于清康熙四十三年（1704），周氏从后溪迁置。清光绪《庆元县志》卷二：“黄土洋，二都。”曾有“二都戏”剧团，农闲时巡回演出。历史遗存有周氏宗祠。村内道路有合作路、会堂路等。

第八坑 Dìbākēng 因坐落小溪侧畔，按水之序列得名。位于百山祖镇政府东 9.4 千米。聚落呈团块状分布。16 户，43 人。据当地《周氏宗谱》载，始于清康熙年间（1662—1722），周氏从张村乡金丝岱迁置，后迁回金丝岱，1904 年周氏又从金丝岱迁入重置。

【久住洋村】 Jiǔzhùyáng Cūn 以驻地得名。位于百山祖镇政府东 8.0 千米。东邻黄土洋村，南至张村乡金丝岱村、贤良镇库源村，西接黄皮村，北连兰泥村、坑底村。辖 2 个自然村。265 户，618 人。土地总面积 8.80 平方千米，耕地面积 949.95 亩，林地面积 11483.10 亩。农林产品有香菇、高山田螺，毛竹等。1949 年称久住洋农民协会，1956 年隶属双洋农业生产合作社，1958 年析称久住洋生产队，1961 年称久住洋大队，1984 年复称久住洋行政村，设村民委员会，属合湖乡。1992 年撤区扩镇并乡，仍属合湖乡。2013 年百山祖乡、合湖乡合并设立百山祖镇，改属百山祖镇。

久住洋 Jiǔzhùyáng 村委会驻地。周氏置，故昔称周住洋，后演为今名。聚落呈团块状分布。248 户，587 人。据考始于北宋开宝年间（968—975），周氏置。曾为闽东工农红军游击队根据地。清光绪《庆元县志》卷二：“久住洋，二都。”村内道路有上片路和下片路等。

白水漈 Báishuǐjì 白水漈，瀑布，村名因之。位于百山祖镇政府东 7.3 千米。聚落呈散块状分布。17 户，31 人。风景优美，有白水漈瀑布。

【坑底村】 Kēngdǐ Cūn 以驻地得名。位于百山祖镇政府东 8.8 千米。东、南邻黄土洋村，西接久住洋村，北连兰泥村、西排村。辖 1 个自然村。76 户，178 人。土地总面积 2.13 平方千米，耕地面积 151.20 亩，林地面积 2932.20 亩。农林产品有香菇、高山田螺，毛竹等。原隶属黄土洋大队，1984 年析置，设村民委员会，属合湖乡。1992 年撤区扩镇并乡，仍属合湖乡。2013 年百山祖乡、合湖乡合并设立百山祖镇，改属百山祖镇。

坑　底 Kēngdǐ 底，方言通里或内，因在溪的里面得名。聚落呈散状分布，散布于上、新、岗背、南垄、洋家畈、洋头、洋头湾等地片。历史遗存有古民居。

浙江省测绘与地理信息局　地图审核号:浙 S[2015]81 号　2014 年

第十章 淤上乡

第一节 政区概况

名称来历 以原乡政府驻地淤上村得名。

地理环境 位于北纬 27°31′—27°35′，东经 118°55′—119°02′。地处庆元县西南部，东与濛街道相邻，东南与安南乡接壤，南与隆宫乡相连，西、西北与屏都街道为邻，北与松源街道毗连。乡政府驻山根村山根公路 55 号，距庆元县城 9 千米。境内东西两翼多山、中部河谷宽阔，地势东西高中间低，平均海拔在 400 米以下。地形为河谷开阔地带，低丘缓坡分布其间。安溪自南向北由境内中部蜿蜒而过，山涧小溪密集，均从东西两侧汇入安溪，在屏都街道菊水村与松源溪汇合，故境内灌溉方便。气候属中亚热带季风气候，温暖湿润，四季分明，7 月、8 月光热条件最好，雨量在 100 毫米以上，9 月温度降低，光照充足，雨量较多，日差较大，有利于农作物有机质积累。

政区沿革 明时属从政乡云龙、登高、安庆里。清时属从政乡第三、第六、第七都。民国时称淤上乡。1958 年 12 月改称淤上管理区，属菊隆人民公社。1961 年 12 月称淤上人民公社。1984 年复称淤上乡。1992 年 5 月撤区扩镇并乡，淤上乡保留原辖区范围。

政区划分 2014 年，辖淤上、蒲潭、山根、石坝、外童、吾田头、涂坑、坑口、局下、长砻、塘根、高山湾 12 个村民委员会；下设 77 个村民小组。

人口与面积 2014 年，辖区有 3690 户 9240 人，其中农业人口 9193 人。总人口中，以汉族为主，达 9110 人，占 98.6%；有畲族、苗族、布依族、蒙古族、侗族 5 个少数民族，共 130 人，占 1.4%，其中畲族 114 人，占少数民族人口的 87.7%；苗族 7 人，占 5.4%。辖区东西最大距离 11.0 千米，南北最大距离 8.52 千米，总面积 57.8 平方千米，其中耕地 913.80 公顷，林地 4056.89 公顷。

经济状况 淤上乡经济以农业和工业为主，是全县粮食主要产地之一，唯一的农保示范区，素有“庆元粮仓”之称。粮食作物每年播种 1000 公顷，产量生产稳中有增。主要粮食作物为水稻。通过农业结构调整，逐渐形成以菌、烟、竹、茶为优势产业、其他产业共同发展的格局。1997 年淤上乡开始了烤烟试种，迅速在全乡发展壮大，到 2002 年种植烤烟 3720.4 亩，遍及全乡 12 个行政村，实现总产值 622.5 万元，人均单项产值 712 元。特色农产品知名品牌有富硒米、富硒莲、山地西瓜、草菇、夏香菇、甜橘柚、仔猪等。有 10 个专业合作社，“芸乡依”富硒米取得无公害及 QS 论证。有长砻、塘根、局下等毛竹园区。2014 年，粮食种植面积 796.1 公顷，其中富硒米 133.3 公顷；种植中药材 27.2 公顷、甜橘柚 33.3 公顷、蔬菜 153.3 公顷；种植食用菌 231 万段、草菇 6000 平方米。1992 年撤扩并后，淤上乡陆续出现了一些毛竹加工厂，产品有牙签、工艺品等。进入 21 世纪后，淤上乡工业发展步伐加快，企业数量、质量、规模都较以前有了较大的增长，家庭工业发展迅速，来料加工在该乡悄然兴起，有金圣竹木、乐福华竹木和真诚竹木三个乡属企业入驻庆元工业园区余村工业园。2014 年，全乡工业总产值 4.28 亿元，外贸出口 2632 万美元；招商引资 5848 万元，来料加工收入 1020 万元。2013 年 4 月 18 日，环境保护部授予淤上乡 2011 年度国家级生态乡镇称号。

社会发展 2014 年，有文化艺术团体 15 个，文化专业户 5 个，文化馆（站）1 个，村文化活动中心 13 个，农家书屋 7 个，公共图书（馆）室 17 个；幼儿园 3 所，小学 2 所，九年义务教育覆盖率达 100%；各级各类医疗卫生机构 2 个。村村通电网、电话、有线电视、自来水。农村安全饮用水普及率 100%，农村卫生厕所普及率 98.3%。参加新型农村医疗保险 8841 人，参保率 95.68%。龙后（S229）省道过境。

名胜旅游 境内陶土蕴藏丰富，有“陶乡”之称，传统手工业是陶瓷烧制，出产日用陶器，主要烧制风炉、花瓶、花盆、缸等。有县级文物保护单位苍岱银矿洞和樟坑窑址 2 处。主要旅游景点有翁山蓝莓观光园、黄沙洋农业园区、淤上荷塘和局下银坑洞等。

第二节 村及居民点

【山根村】 Shāngēn Cūn 少数民族村。以驻地得名。东邻外童村、淤上村，南至吾田头村，西接涂坑村，北连石坝村、屏都街道蔡段村。辖 4 个自然村。338 户，915 人，其中畲族 112 人。土地总面积 3.09 平方千米，耕地面积 1060.05 亩，林地面积 2643.60 亩。农林产品有稻米、柑橘、香菇、草菇、蔬菜等。1949 年称山根农民协会（行政村），1956 年与淤上、涂坑、吾田头并称淤上农业生产合作社，1958 年隶属淤上生产队，1961 年称山根大队，1984 年复称山根行政村，设村民委员会，属淤上乡。1992 年撤区扩镇并乡，仍属淤上乡。

山　根 Shāngēn 乡政府、村委会驻地。地处山脚得名。聚落呈团块状分布。198 户，455 人。据当地《夏氏宗谱》载，始于宋乾德年间（963—968），夏氏肇基。产陶器，山根因制陶而兴，因售陶而富，其制陶技艺历代相传，有重要的传承价值。清光绪《庆元县志》卷二：“山根，六都。”村内道路有岭岙路、坑沿路等。

黄泥弄 Huángnínòng 原为田片名，村名沿之。位于淤上乡政府西北 1.4 千米。聚落呈团块状分布。50 户，163 人。据当地《兰氏宗谱》载，始于清光绪八年（1882），兰氏从山根迁置。

黄泥弄新村 Huángnínòng Xīncūn 因邻近黄泥弄而得名。位于淤上乡政府西北 1.4 千米。聚落呈团块状分布。32 户，132 人。1965 年淳安县新安江水库移民迁置。

岭　岙 Lǐngào 一称岙下，村以地片名。位于淤上乡政府南 0.8 千米。聚落呈团块状分布。58 户，165 人。据当地《夏氏宗谱》载，始于清乾隆四十五年（1780），夏氏从山根迁置。产陶器。清光绪《庆元县志》卷二：“岙下，六都。”

【淤上村】 Yūshàng Cūn 以驻地得名。位于淤上乡政府东南 0.7 千米。东邻濛洲街道乌石岭村，南至塘根村、坑口村、吾田头村，西接山根村，北连外童村。辖 4 个自然村。457 户，1203 人。土地总面积 6.23 平方千米，耕地面积 1995.75 亩，林地面积 5808.0 亩。农林产品有水稻、莲籽、柑橘、香菇、烟草、蔬菜、毛竹、木材等。1949 年称淤上农民协会（行政村），1956 年与山根、涂坑、吾田头合称淤上农业生产合作社，1958 年称淤上生产队，1961 年析建淤上大队，1984 年复称淤上行政村，设村民委员会，属淤上乡。1992 年撤区扩镇并乡，仍属淤上乡。

淤　上 Yūshàng 村委会驻地。原称芸洲，在清光绪五年（1879）的一次特大洪水，河流改变，村庄被冲，村民在砂砾上重建家园，村遂改称今名。聚落呈团块状分布。214 户，750 人。据当地《吴氏宗谱》载，始于洪武八年（1375），吴氏置。清光绪《庆元县志》卷二："芸洲，六都。"历史遗存有古民居。村内道路有学富路、中心路等。

车　下 Chēxià 车，泛指旧时舂米之水碓，地处碓房之下得名。位于淤上乡政府东南 1.0 千米。聚落呈散状分布。27 户，97 人。据当地《吴氏宗谱》载，始于明景泰五年(1454)，吴氏置。清光绪《庆元县志》卷二："车下，六都。"

甘公坑 Gāngōngkēng 甘公坑，水名，发源于濛洲街道境内，入安溪，村以水名。位于淤上乡政府东 2.5 千米。聚落呈团块状分布。23 户，82 人。据考，始于明万历十二年（1533），甘氏置。清光绪《庆元县志》卷二："甘公坑，六都。"历史遗存有甘公坑桥。

店后山 Diànhòushān 店后山，山名，村名沿之。位于淤上乡政府南 1.1 千米。聚落呈团块状分布。31 户，130 人。1965 年淳安县新安江水库移民迁置。

【涂坑村】 Túkēng Cūn 驻地涂坑新村。以原驻地涂坑得名。位于淤上乡政府南 1.4 千米。东邻山根村，南至吾田头村、高山湾村，西接局下村，北连屏都街道蔡段村。辖 2 个自然村。115 户，339 人。土地总面积 3.62 平方千米，耕地面积 726.75 亩，林地面积 4124.70 亩。农林产品有水稻、香菇、烟草、蔬菜、毛竹、木材等。1949 年称涂坑农民协会（行政村），1956 年与山根、淤上、吾田头合称淤上农业生产合作社，1958 年隶属淤上生产队，1961 年析建涂坑大队，1984 年复称涂坑行政村，设村民委员会，属淤上乡。1992 年撤区扩镇并乡，仍属淤上乡。

涂坑新村 Túkēng Xīncūn 村委会驻地。地处涂坑村东，由涂坑人新置，故名。聚落呈带状分布。25 户，67 人。1982 年由涂坑村人迁置，高山湾村思麻、车坑、洋头人继入。

涂　坑 Túkēng 涂坑，水，发源于苍岱山麓，入安溪，村以水名。位于淤上乡政府西南 1.6 千米。聚落呈散状分布。149 户，366 人。据当地《叶氏宗谱》载，始于清顺治六年（1649），叶氏从学后（今松源街道）迁置。清光绪《庆元县志》卷二："涂坑，六都。"

【吾田头村】 Wútiántóu Cūn 以驻地得名。位于淤上乡政府南 2.0 千米。东邻淤上村、坑口村，南至蒲潭村，西接高山湾村，北连涂坑村、山根村。辖 1 个自然村。158 户，423 人。土地总面积 0.86 平方千米，耕地面积 423.0 亩，林地面积 482.85 亩。农林产品有香菇、烤烟、稻谷等，1949 年称吾田头农民协会（行政村），1956 年与山根、淤上、涂坑合称淤上农业生产合作社，1958 年隶属淤上生产队，1961 年析称吾田头大队，1984 年复称吾田头行政村，设村民委员会，属淤上乡。1992 年撤区扩镇并乡，仍属淤上乡。

吾田头　Wútiántóu　原称吴田头，因建村于吴氏祠田得名，“吴”“吾”同音，谐为今名。聚落呈团块状分布。据当地《叶氏宗谱》载，始于明天启三年（1623），叶氏从龙泉市瑞洋迁置。1965年淳安县移民70多人迁入。清光绪《庆元县名》卷二：“吴田头，七都。”历史遗存有古民居。

【石坝村】 Shíbà　Cūn　以驻地得名。位于淤上乡政府东北1.7千米。东、南邻外童村，西接山根村，北连屏都街道余村村、松源街道朱村村、薰坑村、薰山下村。辖4个自然村。226户，707人。土地总面积2.97平方千米，耕地面积1191.15亩，林地面积2236.05亩。农林产品有稻米、茶叶、香菇、草菇、木材等。1949年称石坝农民协会（行政村），1956年与外童合称石坝农业生产合作社，1958年称石坝生产队，1961年析置石坝大队，1984年复称石坝行政村，设村民委员会，属淤上乡。1992年撤区扩镇并乡，仍属淤上乡。

石　坝　Shíbà　村委会驻地。昔名石陂，“坝”“陂”通义，改为今名。聚落呈团块状分布。142户，394人。据当地《童氏宗谱》载，始于雍正三年（1725），童氏置。盛产草菇。清光绪《庆元县志》卷二：“石陂，六都。”

良鲤塘　Liánglǐtáng　原名洋里，以地处田洋里面得名，后因居民习于水塘养鱼，演为今名。位于淤上乡政府东北2.7千米。聚落呈团块状分布。26户，89人。据考始于明末，陈氏置。清光绪《庆元县志》卷二：“洋里，六都。”

洋　心　Yángxīn　以坐落田洋中心得名。位于淤上乡政府东北1.0千米。聚落呈团块状分布。27户，93人。始于清末，柳氏从林后（今濛洲街道）迁置。

老鼠山　Lǎoshǔshān　村以山名。位于淤上乡政府东北1.8千米。聚落呈散状分布。有31户，131人。盛产草菇。1965年淳安县新安江水库移民迁置。

【外童村】 Wàitóng　Cūn　以驻地得名。位于淤上乡政府东1.7千米。东邻濛洲街道乌石岭村，南至淤上村，西接山根村，北连石坝村、松源街道薰山下村。辖5个自然村。271户，823人。土地总面积4.53平方千米，耕地面积1143.75亩，林地面积5068.35亩。农林产品有稻米、烤烟、香菇、毛竹、木材等。1949年称外童农民协会（行政村），1956年隶属石坝农业生产合作社，1958年隶属石坝生产队，1961年析建设外童大队。1984年复称外童行政村，设村民委员会，属淤上乡。1992年撤区扩镇并乡，仍属淤上乡。

外　童　Wàitóng　村委会驻地。原名外桐，以地处内童村外得名。聚落呈带状分布。74户，218人。据当地《吴氏宗谱》载，始于明崇祯年间（1628—1644），童氏置，清康熙十一年（1672）吴氏从福建继入。清光绪《庆元县志》卷二：“外桐，六都。”

金　坑　Jīnkēng　金坑，水，源出薰山南麓，村以水名。位于淤上乡政府东3.0千米。聚落呈散状分布。1716年由散居山寮的村民迁置，现村民已迁居外童。村东北有金坑煤矿，20世纪70年代曾于此开采煤矿。

内　童　Nèitóng　以地处外童村之内，童氏肇基而得名。清初称底桐，清嘉庆后改内童。位于淤上乡政府东2.4千米。聚落呈带状分布。72户，210人。始于明崇祯三年（1630），童氏置。林木、毛竹资源丰富。清康熙《庆元县志》卷一:“底桐,六都。”

坑　边　Kēngbiān　村临金坑之畔,故名。位于淤上乡政府东0.9千米。聚落呈团块状分布。91户,251人。据当地《李氏宗谱》载,始于清顺治元年(1644),李氏置。清光绪《庆元县志》卷二:“坑边,六都。”

山根寺　Shāngēnsì　村以寺名。位于淤上乡政府东0.5千米。聚落呈团块状分布。31户,133人。1965年淳安县新安江水库移民迁置。为古寺遗址。清光绪《庆元县志·寺》:“真乘寺,六都山根,宋淳化二年(991)建。”

【局下村】 Júxià Cūn　以驻地得名。位于淤上乡政府西4.0千米。东邻涂坑村,南至高山湾村,西、北接屏都街道坪坑村、官山头村、蔡段村。辖2个自然村。150户,351人。土地总面积5.58平方千米,耕地面积621.90亩,林地面积7298.10亩。农林产品有稻米、香菇、毛竹、林木、烤烟等。1949年称局下农民协会(行政村),1956年与菖蒲洋、高山湾合称菖蒲洋生产队,1961年析称局下大队,1984年复称局下行政村,设村民委员会,属淤上乡。1992年撤区扩镇并乡,仍属淤上乡。

局　下　Júxià　村委会驻地。明代在苍岱开采银矿,因苍岱地盘较小,就在其东北的下湾坪开设了银矿加工厂,“工厂”古称“局”,1616年叶氏于此迁置后始称“局下”。聚落呈排屋状分布。据当地《叶氏宗谱》载,始于明万历四十四年(1616),叶氏从后田(今濛洲街道)迁置。清光绪《庆元县志》卷二:“局下,六都。”2009年以来,局下村按照整村拆除,统一规划,完善配套,建设花园式新村的思路,结合苍岱银坑洞旅游资源开发,以培育农家乐休闲旅游特色村的理念规划实施整村改造,目前,局下的村容村貌焕然一新,花园式村庄已逐渐成形。2011年获丽水市“美丽乡村”,2012年获丽水市“生态文明村”,2013年获浙江省“省级文明村”。

苍　岱　Cāngdài　据传古时曾有8个兄弟到此开荒拓地,在一山岗开垦了36担稻秧的田地,后因兄弟间合不来,遂迁居江西,清乾隆五十年(1785)柳氏迁入,续种36担稻秧田地,谷物年年丰收,成了柳氏的粮仓,“仓”“苍”同音,谐为今名。位于淤上乡政府西4.9千米。聚落呈团块状分布。8户,40人。原为古矿山,尚有矿洞遗址200余。现村民大多迁居屏都街道八都。清光绪《庆元县名》卷二:“苍岱,六都。”历史遗存有明代古遗址苍岱银矿洞。

【长砻村】 Zhǎnglóng Cūn　以驻地得名。位于淤上乡政府东南5.4千米。东、南邻安南乡山头洋村、黄竹村,西接塘根村,北连濛洲街道林后村。辖3个自然村。220户,646人。土地总面积3.94平方千米,耕地面积1248.75亩,林地面积3959.25亩。农林产品有稻米、香菇、毛竹、木材等。1949年称长砻农民协会(行政村),1951年属林后乡,1954年并小安乡,1958年划淤上乡称长砻生产队,1961年称长砻大队,1984年复称长砻行政村,设村民委员会,属淤上乡。1992年撤区扩镇并乡,仍属淤上乡。

长　砻　Zhǎnglóng　村委会驻地。昔名腾砻,方言“腾”“长”同音,谐为今名。聚落呈散状分布。189户,544人。据当地《陈氏宗谱》载,始于清乾隆十五年(1750),陈氏置,严氏于嘉庆后继入。清光绪《庆元县志》卷二:“腾砻,三都。”历史遗存有翁进庙、周氏宗祠等。

翁　山　Wēngshān　翁氏肇基。故名。位于淤上乡政府东南5.1千米。聚落呈散状分布。14户,

46 人。据当地《翁氏宗谱》载，始于清乾隆四十年（1775），翁氏置。清光绪《庆元县志》卷二："翁山，三都。"历史遗存有周氏宗祠。

横　溪　Héngxī　横溪，水，发源于岗尖东北麓，经坑口入安溪，村以水名。位于淤上乡政府东南 5.0 千米。聚落呈带状分布。17 户，56 人。据考始于清乾隆三十五年（1770），周氏置。清光绪《庆元县志》卷二："横溪，三都。"历史遗存有马氏仙宫。

【蒲潭村】 Pútán Cūn　以驻地得名。位于淤上乡政府南 3.4 千米。东邻坑口村，南至安南乡安溪村、隆宫乡里地村，西接高山湾村，北连吾田头村。辖 5 个自然村。469 户，1178 人，土地总面积 8.27 平方千米，耕地面积 1643.55 亩，林地面积 7666.05 亩。农林产品有稻米、茶叶、木材、毛竹、香菇等。1949 年称蒲潭农民协会（行政村），1956 年与坑口、徐墩、新村合称和平农业生产合作社，1958 年称蒲潭生产队，1961 年析称蒲潭大队，1984 年复称蒲潭行政村，设村民委员会，属淤上乡。1992 年撤区扩镇并乡，仍属淤上乡。

蒲　潭　Pútán　村委会驻地。因水得名。聚落呈团块状分布。371 户，996 人。据当地《范氏宗谱》载，始于明万历四十七年（1619），范氏从南阳（今张村乡）迁置。1965 年淳安县新安江水库移民 150 多人迁入。清光绪《庆元县志·山川》："蒲谭，县西三十里，流入龟田。"清属七都。历史遗存有古民居。村内道路有桥头路、墙头弄等。

樟　坑　Zhāngkēng　樟坑，水，发源于屏都街道菖蒲洋，入安溪，村以水名。位于淤上乡政府南 3.0 千米。聚落呈散状分布。144 户，444 人。据当地《夏氏宗谱》载，始于清康熙八年（1669），夏氏从苏麻迁置。清光绪《庆元县志》卷二："樟坑，七都。"历史遗存有清代古窑址。

山　头　Shāntóu　地处山巅，故名。位于淤上乡政府南 5.4 千米。聚落呈点状分布。2 户，4 人。据传清康熙五十九年（1720），吴氏置。1982 年村民迁置里地口。

里地口　Lǐdìkǒu　地处通往隆宫乡里地的路口，故名。位于淤上乡政府南 4.8 千米。聚落呈散状分布。30 户，110 人。1982 年由山头人迁置。

蒲潭安置小区　Pútánānzhì Xiǎoqū　地处蒲潭，主要安置塘根、长砻、坑口等村民因地质灾害而迁建的住宅小区，故名。位于淤上乡政府南 3.3 千米。聚落呈排屋状分布。小区始建于 2005 年，2009 年建成。占地面积 21317 平方米，共安置 258 户，900 多人。

【坑口村】 Kēngkǒu Cūn　以驻地得名。位于淤上乡政府南 3.3 千米。东邻塘根村，南至安南乡黄竹村，西接蒲潭村、吾田头村，北连淤上村。辖 2 个自然村。306 户，955 人。土地总面积 4.45 平方千米，耕地面积 1356.30 亩，林地面积 4401.90 亩。农林产品有稻米、茶叶、柑橘、毛竹、木材、香菇等。1949 年称坑口农民协会（行政村），1956 年与蒲潭、新村合称和平农业生产合作社，1958 年隶属蒲潭生产队，1961 年析称坑口大队，1984 年复称坑口行政村，设村民委员会，属淤上乡。1992 年撤区扩镇并乡，仍属淤上乡。

坑　口　Kēngkǒu　村委会驻地。地处横溪与安溪之汇合口得名。聚落呈团块状分布。177 户，555 人。据考始于清乾隆四十二年（1777），叶氏置。1965 年淳安县新安江水库移民迁入。清光绪《庆元县志》卷二："坑口，三都。"历史遗存有古民居。

徐　墩　Xúdūn　“徐”，方言眼前之意，因地处临近的土墩上，故名。位于淤上乡政府南2.7千米。聚落呈团状分布。66户，210人。据当地《夏氏宗谱》载，始于明天启年间（1621—1627）夏氏从思麻迁置。清光绪《庆元县志》卷二：“徐墩，三都。”历史遗存有古民居。

【塘根村】 Tánggēn Cūn　以驻地得名。位于淤上乡政府东南4.1千米。东邻长砻村、濛洲街道林后村，南至安南乡黄竹村，西接蒲潭村、吾田头村，北连淤上村。辖2个自然村。268户，844人。土地总面积4.15平方千米，耕地面积1501.65亩，林地面积3792.90亩。农林产品有稻米、毛竹、木材、香菇等。原属长砻大队，1984年析置，设村民委员会，属淤上乡。1992年撤区扩镇并乡，仍属淤上乡。

塘　根　Tánggēn　村委会驻地。地处庙宇下方，原称堂根，“堂”“塘”同音，谐为今名。聚落呈团块状分布。211户，654人。据当地《吴氏宗谱》载，始于清乾隆五年（1740），吴氏置。林木、毛竹资源丰富，产簸箕、扫帚。清光绪《庆元县志》卷二：“塘根，三都。”村内道路有新建洋一至四弄。

新　村　Xīncūn　因村落由山上迁置到田洋里，则相较于旧址改称新村。位于淤上乡政府东南3.8千米。聚落呈团块状分布。有57户，190人。据当地《叶氏宗谱》载，始于清乾隆四十一年（1776），叶氏置。林木、毛竹资源丰富，产簸箕、扫帚。清光绪《庆元县志》卷二：“新村，三都。”历史遗存有五定庙。

【高山湾村】 Gāoshānwān Cūn　以驻地得名。原驻地洋头，以高山湾自然村为主组成得名。位于淤上乡政府南3.0千米。东邻蒲潭村、吾田头村，南至隆宫乡里地村，西接屏都街道菖蒲洋村、坪坑村，北连局下村、涂坑村。辖2个自然村。147户，516人。土地总面积10.11平方千米，耕地面积794.40亩，林地面积13371.60亩。农林产品有稻米、香菇。木材、毛竹等。1949年称高山湾农民协会（行政村），1956年与局下、菖蒲洋（现属屏都街道）合称菖蒲洋农业生产合作社，1958年属菖蒲洋生产队，1961年析称高山湾大队，1984年复称高山湾行政村，设村民委员会，属淤上乡。1992年撤区扩镇并乡，仍属淤上乡。

高山湾　Gāoshānwān　村委会驻地。地处高山深谷，故名。聚落呈带状分布。100户，360人。原高山湾始于清乾隆年间（1736—1795），刘氏从荷地（今荷地镇）迁置。1977年由高山湾村下辖洋头、高山湾、岭头寮、车坑4自然村村民合置，村名沿用高山湾。清光绪《庆元县志》卷二：“高山湾，六都。”

思　麻　Sīmá　一称苏麻，昔为苎麻产地得名，“苏”“思”方言音近，谐为今名。位于淤上乡政府西南2.6千米。聚落呈带状分布。47户，156人。据当地《夏氏宗谱》载，始于明弘治十一年（1498），夏氏从山根迁置。林地面积广，森林资源丰富，产林木、毛竹。清光绪《庆元县志》卷二：“苏麻，六都。”

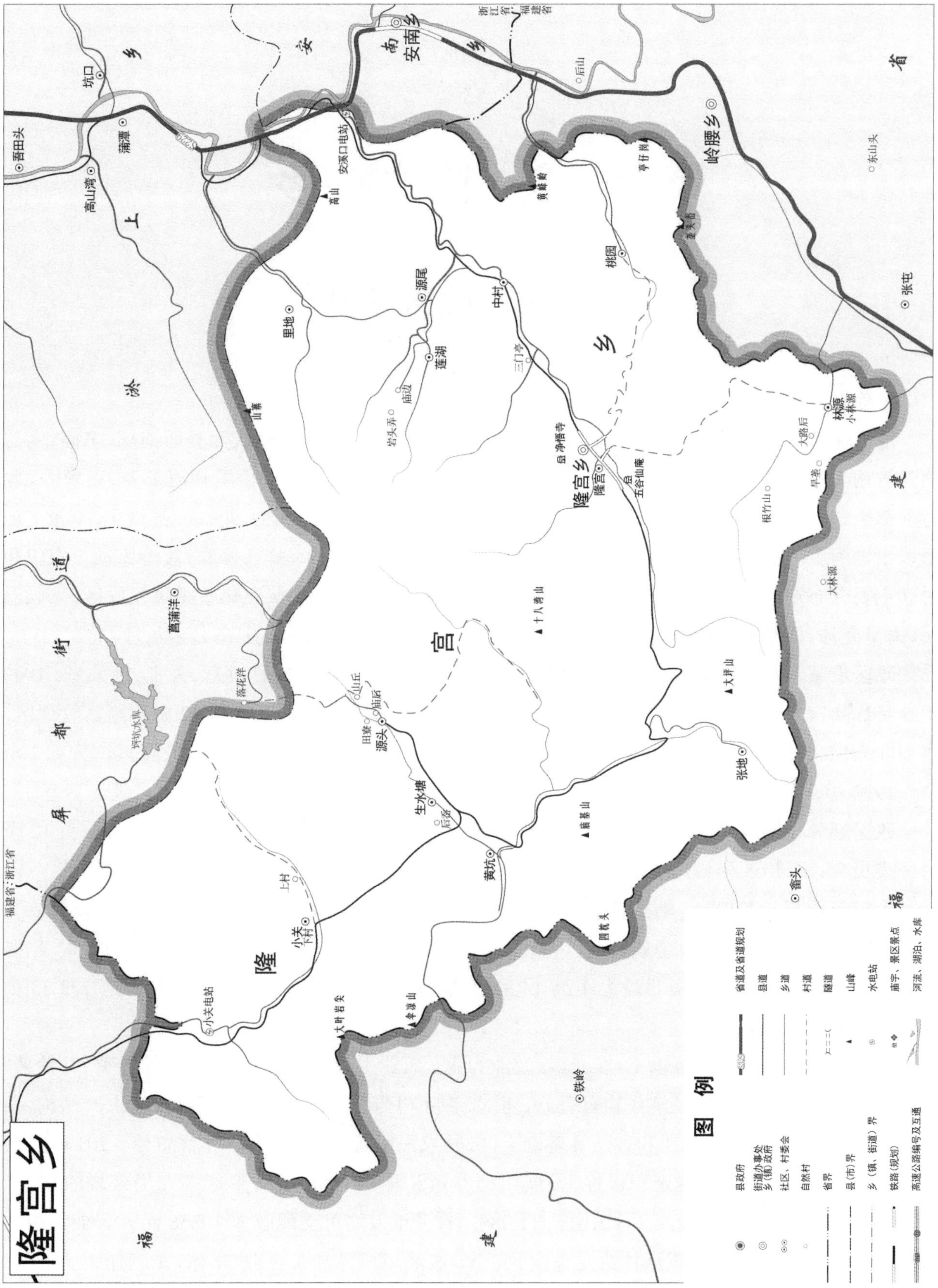

浙江省测绘与地理信息局　地图审核号:浙 S[2015]81 号　2014 年

第十一章　隆宫乡

第一节　政区概况

名称来历　以乡政府驻地得名。

地理环境　位于北纬27°27′—27°32′，东经118°51′—118°59′。地处庆元县西南部，东南、南与福建省南平市政和县铁山镇、岭腰乡接壤，西、西北毗连福建省南平市松溪县河东乡、茶坪乡，北与屏都街道、淤上乡相连，东北邻安南乡。乡政府驻隆宫村中心路66号，距庆元县城18千米。地形以山地为主，地势西北高，东南平缓。最高峰大毛堀海拔1400米，峰峦密布，峻岭纵横。农田和村落主要分布在溪沿和盆地，海拔480~700米。森林覆盖率81.2%。属亚热带季风气候区，气候温暖、雨量充沛、四季分明，降水量多在四至六月的梅雨季节，干旱期常发生在七至九月。

政区沿革　明时属从政乡安庆里。清时属从政乡第七都。民国时称桃宫、关张、桃关乡。1949年5月称隆宫乡。1951年析置黄坑乡。1952年黄坑乡并入隆宫乡。1958年12月称隆宫管理区，属菊隆人民公社。1961年12月改称隆宫人民公社。1983年12月隆宫公社分设隆宫、黄坑2个乡。1992年5月黄坑乡并入隆宫乡。

政区划分　2014年，辖隆宫、黄坑、莲湖、中村、小关、张地、源山、桃园、源尾、里地、源头12个村民委员会；下设65个村民小组。

人口与面积　2014年，辖区有2677户7946人，其中农业人口7889人。总人口中，以汉族为主，达7914人，占99.6%；有畲族、壮族、苗族、彝族、傈僳族5个少数民族，共32人，占0.4%。辖区东西最大距离16.6千米，南北最大距离14.82千米，总面积71.5平方千米，其中耕地733.33公顷，林地5805.02公顷。

经济状况　隆宫乡经济以工、农业、旅游业为主。农业主要种植水稻，旱地种植蕃薯、马铃薯、大豆、玉米和蔬菜等作物，经济作物有香菇、烤烟、茶叶和药材等。2002年，调整农业生产结构，在种植吊瓜、黑木耳、茶叶、锥栗和香菇等基础上，鼓励农民引进中药材、毛芋等新品种。2014年，落实支农帮扶政策，激发种养殖积极性，发展山地养殖和稻田养鱼项目，形成多元经济增收格局。2014年，农业总产值1.46亿元，同比增长11.28%，农民年人均可支配收入10858元。工业主要为竹木加工，2014年，有省级重点林业龙头企业3家，成品半成品加工企业21家，家庭加工企业410家，年粗加工毛竹330万株，工业产品有工艺竹筷、地板、砧板、茶果篮、凉席、碗垫、竹炭、竹油、竹粉、笋罐头等。2014 年，工业总产值 7.56 亿元，同比增长 23.92%。旅游主要以莲湖、里地农家乐乡村旅游为主。

社会发展　2014 年，有文化艺术团体 10 个，文化专业户 5 个，文化馆(站)1 个，公共图书室 1 个，村文化活动中心 1 个，农家书屋 6 个，村图书室 8 个；幼儿园 4 所，小学 1 所，九年义务教育覆盖率达 100%；各类医疗卫生机构 7 个。有电信企业 2 家，服务网点 2 个。村村通电网、电话、有线电视、自来水。农村安全饮用水普及率 100%，农村卫生厕所普及率 98.5%。县道蓬源线过境。

名胜旅游　境内有全国重点保护单位处州廊桥组成之一龙济桥；县级文物保护单位张地村何氏宗祠。莲湖村为“全国休闲农业与乡村旅游示范点”。

第二节　村及居民点

【隆宫村】 Lónggōng Cūn　以驻地得名。东邻中村村、桃园村，南接林源村，西至张地村、源头村、黄坑村，北连莲湖村。辖 2 个自然村。662 户，2170 人。土地总面积 12.31 平方千米，耕地面积 1669.0 亩，林地面积 13248 亩。农林产品有稻米、毛竹、木材、笋干、香菇、鲜笋、竹筷及其他相关竹制品等。1949 年称隆宫农民协会（行政村)，1956 年称隆宫农业生产合作社，1958 年称隆宫生产队，1961 年称隆宫大队，1984 年复称隆宫行政村，设村民委员会，属隆宫乡。1992 年撤区扩镇并乡，隆宫、黄坑两乡合置仍称隆宫乡，属隆宫乡。

隆　宫 Lónggōng　乡政府、村委会驻地。古名“龙宫”，以村后群峰起伏，宛若蟠龙得名，后因龙乃帝王之象征，为避讳，遂称今名，意含兴隆发达。聚落呈团块状分布。770 户、2234 人。考当地各姓谱牒，始于北宋庆历八年(1084)，陈氏肇基。元、明之后，继有何、吴、王、刘等姓迁入。隆宫原系毛边纸产地，据民国 36 年(1947)统计，毛边纸厂 30 余家，经济兴盛过一时，是庆元县九市镇之一(陈国钧:《庆元县情简编》)。中华人民共和国成立初，省手工业改造所曾派员帮助改良造纸技术，因经济效益不高，这一传统产业遂被淘汰。经济以农业和家族企业为主。历史遗存有全国重点文物保护单位处州廊桥组成之一的龙济桥、吴氏宗祠。村内道路有中心街、后坑洋路、溪边路、街头塔弄、村后弄、学堂后弄等。县道蓬源线过境。

三门亭 Sānméntíng　村以亭名。位于隆宫乡政府东北 1.1 千米。聚落形成于 1949 年，沿公路呈带状分布。22 户，81 人。

【里地村】 Lǐdì Cūn　以驻地得名。位于隆宫乡政府东北 4.3 千米。东邻淤上乡蒲潭村，南接源尾村、莲湖村，西至屏都街道菖蒲洋村，北连淤上乡高山湾村。辖 1 个自然村。117 户，287 人。土地总面积 4.26 平方千米，耕地面积 328 亩，林地面积 4846 亩。农林产品有稻米、毛竹、木材、笋干、香菇、鲜笋等。1949 年称里地农民协会(行政村)，1956 年与连湖、中村、桃坑合称友谊农业生产合作社，1958 年复称里地生产队，1961 年称里地大队，1984 年复称里地行政村，设村民委员会，属隆宫乡。1992 年撤区扩镇并乡，隆宫、黄坑两乡合置仍称隆宫乡，属隆宫乡。

里　地 Lǐdì　一称李地。村名源于肇基之人，“李”同“里”同音，谐为今名。聚落呈散状分布，周多梯田。117 户，287 人。据考始于元大德年间（1297—1307），李氏置，甘氏于明泰昌元年（1620）从石板仓（今贤良镇）迁入。清光绪《庆元县志》卷二："李地，七都。"历史遗存有甘氏宗祠、里地凉亭、民居等。村内道路有下村路、后门山岗路等。主要景点有白水漈。

【莲湖村】 Liánhú Cūn 以驻地得名，原称连湖村，2013 年更称莲湖村。位于隆宫乡政府东北 2.5 千米。东邻源尾村、中村，南接隆宫村，西至源头村，北连里地村。辖 3 个自然村。238 户，550 人。土地总面积 3.71 平方千米，耕地面积 479 亩，林地面积 4191 亩。农林产品有稻米、毛竹、木材、笋干、香菇、鲜笋等。1949 年称连湖农民协会（行政村），1956 年与里地、中村、桃园合称友谊农业生产合作社，1958 年称连湖生产队，1961 年称连湖大队，1984 年复称连湖行政村，设村民委员会，属隆宫乡。1992 年撤区扩镇并乡，隆宫、黄坑两乡合置仍称隆宫乡，属隆宫乡。

莲　湖 Liánhú 村委会驻地。吕氏置，古昔名吕源。胡氏迁此后，将部分沼泽开成良田，连成一片，始称连湖，2013 年 3 月更名为莲湖。聚落呈团块状排屋分布。213 户，468 人。据当地《胡氏宗谱》载，始于南宋端平三年（1236），吕氏首置，明成化元年（1465），胡氏从坑西继入。清光绪《庆元县志》卷二："连湖，七都。"2011 年实行了旧村改造，村庄环境和人居条件都得到了极大的改善，农家乐和乡村旅游已成为发展乡村经济的一大特色。历史遗存有莲湖桥、胡氏宗祠、古民居等。

庙　边 Miàobiān 村居庙旁，故名。位于隆宫乡政府东北 2.7 千米。聚落呈散状分布。25 户，82 人。据考始于清康熙三十七年（1698），吴氏置。清光绪《庆元县志》卷二："庙边，七都。"

岩头弄 Yántóunòng 因石得名。位于隆宫乡政府东北 2.7 千米。聚落呈散状分布。26 户，75 人。

【中村村】 Zhōngcūn Cūn 以驻地得名。位于隆宫乡政府东 2.3 千米。东邻安南乡安溪村、福建省政和县界，南接桃园村，西至隆宫村、莲湖村，北连源尾村。辖 1 个自然村。301 户，778 人。土地总面积 4.79 平方千米，耕地面积 570 亩，林地面积 6182 亩。农林产品有稻米、毛竹、木材、笋干、香菇等。1949 年称中村农民协会（行政村），1956 年与里地、连湖、桃园合称友谊农业生产合作社，1958 年称中村生产队，1961 年称中村大队，1984 年复称中村行政村，设村民委员会，属隆宫乡。1992 年撤区扩镇并乡，隆宫、黄坑两乡合置仍称隆宫乡，属隆宫乡。

中　村 Zhōngcūn 村委会驻地。因较邻近几个村，地处中心，规模大，人口多而得名。聚落沿公路呈带状分布。据当地《吴氏宗谱》记载，始于明宣德年间（1426 年前后），甘氏首置，吴氏则二公于清乾隆十八年（1753）从陈村（今南坑村）继入。清光绪《庆元县志》卷二："中村，七都。"县道蓬源线穿村而过。

【桃园村】 Táoyuán Cūn 以驻地得名。位于隆宫乡政府东 2.5 千米。东、南与福建省政和县接壤，西至隆宫村，北连中村村。辖 1 个自然村。252 户，707 人。土地总面积 5.16 平方千米，耕地面积 570 亩，林地面积 6227 亩。农林产品有稻米、毛竹、木材、笋干、香菇、鲜笋等。1949 年称桃坑农民协会（行政村），1956 年与里地、连湖、中村合称友谊农业生产合作社，1958 年称桃坑生产队，1961 年称桃坑大队，1981 年因与荷地公社桃坑大队同名，更名桃园大队，1984 年复称桃园行政村，设村民委员会，属隆宫乡。1992 年撤区扩镇并乡，隆宫、黄坑两乡合置仍称隆宫乡，属隆宫乡。

桃　园　Táoyuán　原名桃坑，水名，流入安溪，村以水名。为与大队名称一致，1981 年更为今名。聚落呈团块状分布。252 户，707 人。据当地《叶氏宗谱》记载，原为孙氏肇基。叶氏于明洪武三年（1370）从柿儿村（今濛洲街道周墩村省里）继入。地界福建省政和县。村内道路有桃园村南路、北路。清光绪《庆元县志》卷二："桃坑，七都。"历史遗存有古民居。

【林源村】 Línyuán Cūn　驻小林源，村名因之。位于隆宫乡政府南 3.4 千米。东、南、西三面与福建省政和县接壤，西北与张地村相邻，北接隆宫乡。辖 4 个自然村。149 户，477 人。土地总面积 3.87 平方千米，耕地面积 499 亩，林地面积 4211 亩。农林产品有稻米、毛竹、木材、笋干、香菇、鲜笋。1949 年称林源农民协会（行政村），1956 年称林源农业生产合作社，1958 年称林源生产队，1961 年称林源大队，1984 年复称林源行政村，设村民委员会，属隆宫乡。1992 年撤区扩镇并乡，隆宫、黄坑两乡合置仍称隆宫乡，属隆宫乡。

小林源　Xiǎolínyuán　村委会驻地。村名源于对应，因人口少于隔溪的政和县大林源村，故名。聚落呈团块状分布。106 户，413 人。地界福建省政和县。有庙后山风景林。清光绪《庆元县志》卷二："小林源，七都。"

根竹山　Gēnzhúshān　村以山名。位于隆宫乡政府南 2.9 千米。聚落呈散状分布。3 户，6 人。

大路后　Dàlùhòu　地处大路后，因名。位于乡政府南 3.2 千米。聚落呈带状分布。10 户，35 人。1995 年由大门底、桥头岗等村民迁置。

旱　垄　Hànlǒng　地处干旱的垄田上，故名。位于隆宫乡政府南 3.7 千米。聚落呈团块状分布。1984 年置。5 户，23 人。

【源尾村】 Yuánwěi Cūn　以驻地得名。位于隆宫乡政府东北 2.9 千米。东、南与中村村相邻，西至莲湖村，北连里地村。辖 1 个自然村。73 户，214 人。土地总面积 0.63 平方千米，耕地面积 223 亩，林地面积 463 亩。农林产品有稻米、毛竹、木材、笋干、香菇等。原属连湖大队，1984 年析置，设村民委员会，属隆宫乡。1992 年撤区扩镇并乡，隆宫、黄坑两乡合置仍称隆宫乡，属隆宫乡。

源　尾　Yuánwěi　地处通往莲湖村的田源之尾得名。聚落呈团块状分布。清光绪《庆元县志》卷二："源尾，七都。"

【黄坑村】 Huángkēng Cūn　以驻地得名。位于隆宫乡政府西 5.2 千米。东邻隆宫村，南接张地村，西至福建省政和县界，北连小关村、生水塘村。辖 1 个自然村。193 户，560 人。土地总面积 7.67 平方千米，耕地面积 560 亩，林地面积 8348 亩。农林产品有稻米、毛竹、木材、笋干、香菇、鲜笋等。1949 年称黄坑农民协会（行政村），1956 年与小关、生水塘、源头并称胜利农业生产合作社，1958 年析称黄坑生产队，1961 年称黄坑大队，1984 年复称黄坑行政村，设村民委员会，属黄坑乡。1992 年撤区扩镇并乡，隆宫、黄坑两乡合置仍称隆宫乡，改属隆宫乡。

黄　坑　Huángkēng　黄坑，水名，发源于大毛窟西南麓，流经黄坑村外时，因受黄铁矿石影响，水呈黄锈色，故名。村亦因溪而得名。聚落呈团块状分布，黄坑水穿村而过，村分两半，一在山边，一在溪畔。据当地《黄氏宗谱》载，始于北宋宣和年间（1119—1125），刘、程两氏置，后衰弱。今居民多为明万历十四年（1586）从福建省松溪县迁入之黄氏后裔。原为黄坑乡政府驻地。历史遗存有吴氏宗祠、古民居和黄坑隘。村内道路有旁山公路、旁溪路、前后路等。县道蓬源线过境。

【小关村】 Xiǎoguān Cūn 驻下村，以小关片村得名。位于隆宫乡政府西北6.8千米。东邻屏都街道菖蒲洋村，南接黄坑村，西、北与福建省政和县接壤。辖2个自然村。210户，619人。土地总面积11.97平方千米，耕地面积630亩，林地面积11890亩。农林产品有稻米、毛竹、木材、笋干、香菇等。1949年称小关农民协会（行政村），1956年与黄坑、生水塘、源头合称胜利农业生产合作社，1958年析称小关生产队，1961年称小关大队，1984年复称小关行政村，设村民委员会，属黄坑乡。1992年撤区扩镇并乡，隆宫、黄坑两乡合置仍称隆宫乡，改属隆宫乡。

小　关　Xiǎoguān　片村。系上、下小关村的统称。昔名罗树村，后因出了小官吏，改称小官；“官”“关”同音，加之地处浙闽边境，形势险要，俨似关口，衍称今名。据考始于后金（清）天命元年（1616），周氏置。县道蓬源线在村南侧过境。清光绪《庆元县志》卷二：“小关，七都。”

下　村　Xiàcūn　村委会驻地。地处小关片村下部得名。聚落呈团块状分布。118户，394人。

上　村　Shàngcūn　地处小关片村上部得名。位于隆宫乡政府西北6.6千米。聚落呈带状分布。92户，225人。

【生水塘村】 Shēngshuǐtáng Cūn 以驻地得名。位于隆宫乡政府西北4.9千米。东邻源头村，西、南与黄坑村相邻，北连小关村。辖2个自然村。154户，420人。土地总面积3.04平方千米，耕地面积283亩，林地面积5180亩。农林产品有稻米、毛竹、木材、笋干、香菇、鲜笋等。1949年称生水塘农民协会（行政村），1956年与黄坑、小关、源头并称胜利农业生产合作社，1958年称生水塘生产队，1961年称生水塘大队，1984年复称生水塘行政村，设村民委员会，属黄坑乡。1992年撤区扩镇并乡，隆宫、黄坑两乡合置仍称隆宫乡，改属隆宫乡。

生水塘　Shēngshuǐtáng　村委会驻地。一称沙塘。村成鱼形，早期人口不旺，村人疑是“沙不养鱼”之故，遂更为今名。聚落呈半环状分布。81户，194人。据当地《鲍氏宗谱》载，始于南宋淳祐元年（1241），鲍氏雷公置。有笋竹林两用基地。2010年获丽水市“生态文明村”称号。清光绪《庆元县志》卷二：“生水塘，七都。”县道蓬源线从村东南侧过境。

后　岙　Hòuào　地处生水塘一山岙之后，故名。位于隆宫乡政府西北5.1千米。聚落呈团块状分布。73户，226人。据考始于清嘉庆年间（1796—1820）。清光绪《庆元县志》卷二：“后岙，七都。”

【源头村】 Yuántóu Cūn 以驻地得名。位于隆宫乡政府西北4.4千米。东邻庆元林场，南接隆宫村，西至生水塘村，北连屏都街道菖蒲洋村。辖4个自然村。169户，429人。土地总面积3.63平方千米，耕地面积300亩，林地面积5554亩。农林产品有稻米、毛竹、木材、笋干、香菇等。矿产资源有石灰石、大理石等。1949年称源头农民协会（行政村），1956年与黄坑、小关、生水塘合称胜利农业生产合作社，1958年析称源头生产队，1961年称源头大队，1984年复称源头行政村，设村民委员会，属黄坑乡。1992年撤区扩镇并乡，隆宫、黄坑两乡合置仍称隆宫乡，改属隆宫乡。

源　头　Yuántóu　村委会驻地。因坐落田源之首得名。聚落呈散状分布。130户，276人。据考始于清康熙年间（1682年前后），刘氏置。产大理石、石灰石。名胜古迹有马七仙庙、红豆杉风景林。村内道路有庙后路。县道蓬源线穿村而过。

庙　后　Miàohòu　以坐落一古庙之后得名。位于隆宫乡政府西北 4.4 千米。聚落呈带状分布。30 户，120 人。地处中心，1976 年源头大队大会堂建此后，人口持续增加，曾为村委会驻地。

山　丘　Shānqiū　村以地片名。位于隆宫乡政府西北 4.4 千米。聚落呈散状分布。1 户，2 人。1984 年置，有石灰矿洞群，产大理石、石灰石。

田　寮　Tiánliáo　此处原有一寮棚，故名。位于乡政府西北 4.5 千米。聚落呈点状分布。8 户，31 人。

【张地村】 Zhāngdì Cūn　以驻地得名。位于乡政府西南 4.3 千米。东邻林源村、隆宫村，西、南福建省政和接壤，北连隆宫林场。辖 1 个自然村。224 户、667 人。土地总面积 6.78 平方千米，耕地面积 530 亩，林地面积 7368 亩。农林产品有稻米、毛竹、木材、笋干、香菇等。1949 年称张地农民协会（行政村），1956 年与张天合称双张农业生产合作社，1958 年 3 月张天划归福建省政和县，独称张地生产队，1961 年称张地大队，1984 年复称张地行政村，设村民委员会，属黄坑乡。1992 年撤区扩镇并乡，隆宫、黄坑两乡合置仍称隆宫乡，改属隆宫乡。

张　地　Zhāngdì　据当地《何氏宗谱》载，原名新何，于南宋咸淳八年（1272）由曾任庆元县巡城校尉何观保的四世孙何允中迁置。是时新何上方有一小村，何氏为方便往来，乃筑“上天岭”（一称张天岭，见清嘉庆《庆元县志·山川》：“张天岭，县西六十里。”）与其相接，并将新何更名张地，尊岭上的村为张天，寓意天长地久、永远睦邻之意。聚落呈团块状分布。224 户，667 人。清光绪《庆元县志》卷二：“张地，七都。”历史遗存有古民居等。有仙人足迹、仙人棋盘和水碾等古迹。

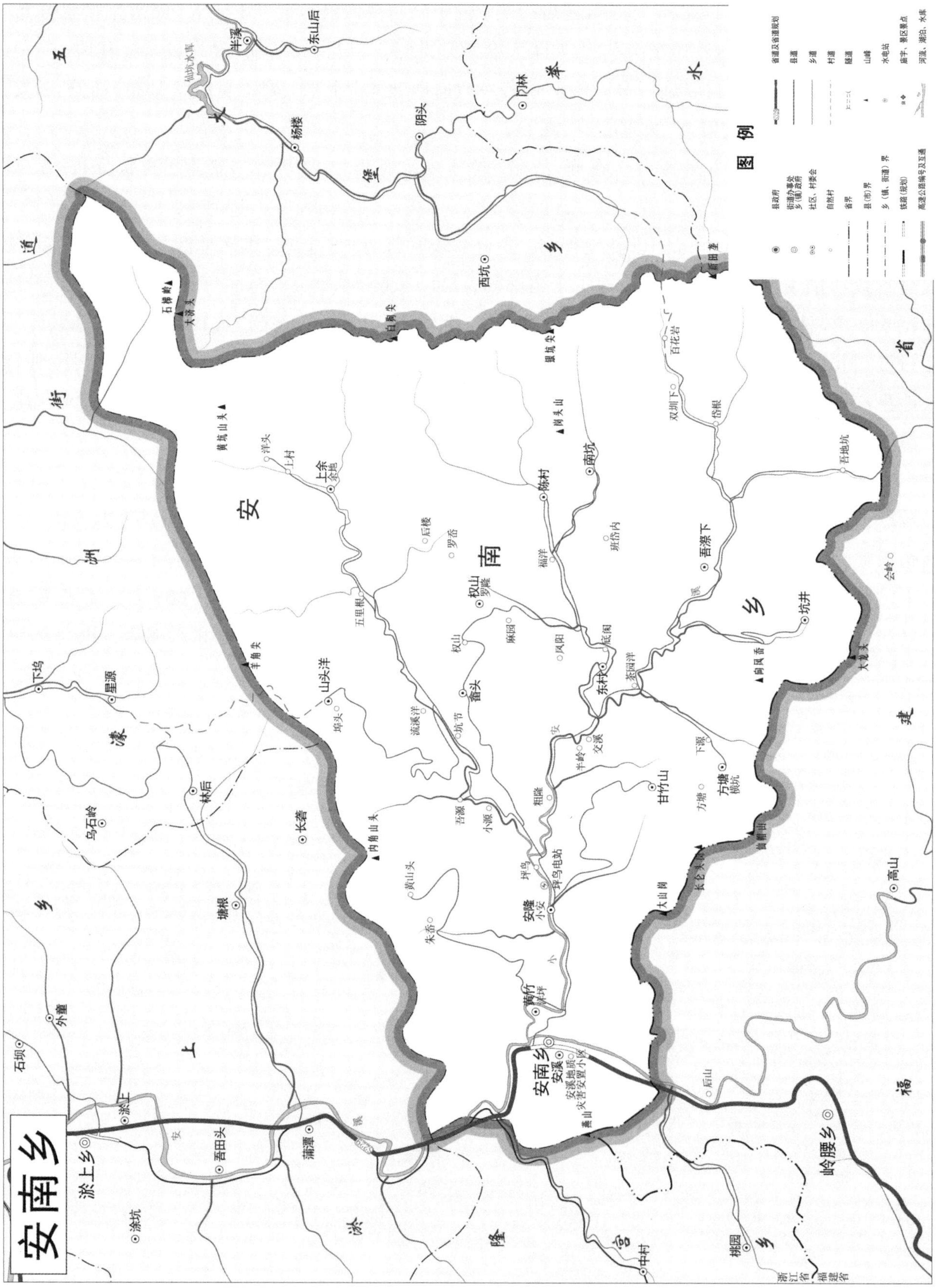

浙江省测绘与地理信息局　地图审核号：浙 S[2015]81 号　2014 年

第十二章　安　南　乡

第一节　政区概况

名称来历　由小安、南坑两乡合并而成，各取一字得名。

地理环境　位于北纬 27°28′—27°34′，东经 118°58′—119°06′。地处庆元县南部偏西，东连五大堡乡，东南与举水乡相邻，南与福建省南平市政和县岭腰乡接壤，西南与隆宫乡相连，西接淤上乡，北与濛洲街道毗邻。乡政府驻安溪村新建路 71 号，距庆元县城 13 千米。地势东北高，西南低，安溪、吾漈下溪从腹地穿过，两岸分布较多河谷盆地。气候属亚热带季风类型气候温暖、雨量充沛、四季分明，年平均气温 18.6℃，降水量多在 4—6 月的梅雨季节，干旱期常发生在 7—9 月。

政区沿革　明时属从政乡云龙、安庆里。清时属从政乡。民国时称上陈、安陈乡。1950 年 10 月分别析建小安乡、安南乡。1958 年 12 月并称安南管理区，属菊隆公社。1961 年 12 月改称安南人民公社。1981 年分设小安公社、南坑公社。1984 年 1 月复称小安乡、南坑乡。1992 年 5 月小安乡、南坑乡合并为安南乡。2006 年 1 月乡政府驻地由东村村迁至安溪村。

政区划分　2014 年，辖安溪、安隆、甘竹山、上余、畲头、山头洋、黄竹、东村、方塘、吾漈下、南坑、陈坑、权山、坑井 14 个村民委员会；下设 72 个村民小组。

人口与面积　2014 年，辖区有 3022 户 8114 人，其中农业人口 8056 人。总人口中，以汉族为主，达 8076 人，占 99.6%；有畲、彝、侗、壮、佤、拉祜、布依族 7 个少数民族，共 36 人，占 0.4%，其中畲族 17 人，占少数民族人口的 47.2%。辖区东西最大距离 12.8 千米,南北最大距离 11.0 千米，总面积 83.4 平方千米,其中耕地 716.44 公顷，林地 6496.55 公顷。

经济状况　安南乡地界浙闽两省，是庆元通往福建省的“南大门”，历为边贸重镇，是笋、竹、食用菌等农副特产的集散地，经济以农业、工业为主。境内林木资源丰富，是庆元县重点笋竹两用林基地之一。2002 年，建成福洋毛竹示范区和山头洋锥栗示范区。随着农业产业结构的调整，粮食作物在农业产业结构中的比例逐步下降，食用菌、毛竹、茶叶、锥栗和高山蔬菜等渐渐成为主导产业。2014 年，粮食播种面积 716.3 公顷，总产量 3995 吨。工业以竹木加工、竹筷加工等为主，安溪村设有安南工业园。2010 年，有竹制品家庭加工作坊 40 多家，规模以上企业 9 家，其中浙江安南炭业科技有限公司、庆元江源菇品有限公司、庆元绿尔佳食品有限公司和浙江英标菇品有限公司入驻庆县工业园区，2014 年，工业总产值 7.7 亿元，同比增长 14.93%。财政总收入 715 万元，同比增长 34.4%。

社会发展 2014 年，有文化艺术团体 8 个，文化（馆）站 1 个，村文化活动中心 14 个，公共图书室 1 个，广播电视站 1；幼儿园 3 所，小学 2 所；各级各类医疗卫生机构 5 个。2008 年，建成安南乡自来水厂，年供水 36 万立方米。村村通电网、电话、有线电视、自来水。农村安全饮用水普及率 100%，农村卫生厕所普及率 97.7%。参加新型农村医疗保险 7979 人，参保率 98.34%。龙后（S229）省道过境。2012 年 12 月 24 日，环境保护部授予安南乡 2010—2011 年度国家级生态乡镇称号。

名胜旅游 境内有福寿桥、坑井吴氏宗祠和吾漈下姚氏宗祠县级文物保护单位 3 处；安溪桥、半岭庙和陈村吴氏宗祠等古建筑 20 处；红军挺进师半岭会议和银坑湾银矿遗址 2 处。主要景点有安隆村“一溪两岸”景观、安隆生态休闲农家乐综合体、百花岩和岗头庙等。

第二节 村及居民点

【安溪村】 Ānxī Cūn 以驻地得名。东邻安隆村、黄竹村，南接政和县界，西至隆宫乡中村村、里地村，北连淤上乡蒲潭村。辖 2 个自然村。203 户，781 人。土地总面积 5.28 平方千米，耕地面积 949.7 亩，林地面积 5504.7 亩。农林产品有稻米、毛竹、香菇、茶叶、笋干、木材等。1949 年称安溪农民协会（行政村），1956 年与小安、黄竹并称安一农业生产合作社，1958 年析称安溪生产队，1961 称安溪大队，1984 年复称安溪行政村，设村民委员会，属小安乡，1992 年撤区扩镇并乡，小安、南坑两乡合置称安南乡，改属安南乡。2006 年 1 月乡政府驻地由东村村迁至安溪村。

安　溪 Ānxī 乡政府、村委会驻地。昔称下安溪，村名源出于水名。位于 54 省道与安东公路交会处，紧邻福建省政和县，素有庆元县“南大门”之称。聚落呈带状分布。清光绪《庆元县志·山川》：“安溪，县西南四十里，入芸洲。”历史遗存有安溪桥。村内道路有新建路、平安路等。

安溪地质灾害安置小区 Ānxīdìzhìzāihàiānzhì Xiǎoqū 因小区主要安置安南乡受地质灾害影响的村民而设置的，故名。小区位于安溪村东南面，54 省道与安溪之间的狭长地带上，聚落呈带状分布。小区于 2007 年开始建设，2011 年 1 月建成，主要为排屋建筑，共安置 219 户，911 人。

【安隆村】 Ānlóng Cūn 以辖区小安、粗隆两村各取一字而得名。位于安南乡政府东 1.7 千米。东邻畲头村、东村村，南接甘竹山村，西至安溪村，北连黄竹村。辖 5 个自然村。285 户，1009 人。土地总面积 5.76 平方千米，耕地面积 1419.9 亩，林地面积 6089.9 亩。农林产品有稻米、毛竹、香菇、茶叶、木材、笋、笋干等。1949 年分设小安、粗隆农民协会（行政村），1956 年与安溪、黄竹并称安一农业生产合作社，1958 年析称安隆生产队，1961 称安隆大队，1984 年改称安隆行政村，设村民委员会，属小安乡，1992 年撤区扩镇并乡，小安、南坑两乡合置称安南乡，改属安南乡。

小　安 Xiǎoān 村委会驻地。因地形与安溪相似，曾称“小安溪”，后演称小安。聚落呈带状分布。178 户，371 人。据当地《吴氏宗谱》载，始于明万历十年（1572），吴氏置。清光绪《庆元县志》卷二：“小安，三都。”村内道路有学校弄、溪沿路等。

粗　隆　Cūlóng　一称粗砻。濒临溪涧幽谷，怪石嶙峋得名。位于安南乡政府东3.4千米。聚落呈带状分布。46户，161人。据考始于清雍正年间（1723—1735），吴氏置。清光绪《庆元县志》卷二："粗隆，三都。"现村民已从老村迁置安东公路边，村名沿用。历史遗存遗存有清代古建筑民居。

交　溪　Jiāoxī　村中有两溪交汇，故名。位于安南乡政府东4.4千米。聚落呈带状分布。11户，69人。20世纪90年代，村民从原半岭自然村迁入。

坪　鸟　Píngniǎo　旁有一山，形似鸟，故名。位于安南乡政府东2.5千米，坐落安东公路边，聚落呈团块状分布。41户，250人。原是处草坪，1958年县林业局第八伐木场驻此，场撤后，1964年由粗隆吴文富始迁此建村。原为小安乡政府驻地。

小　源　Xiǎoyuán　坐落小田源上得名。位于安南乡政府东3.5千米。聚落呈散状分布。9户，56人。据考始于清康熙年间（1662—1722），陶氏置。清光绪《庆元县志》："小源，三都。"

半　岭　Bànlǐng　因坐落甘竹山岭之半得名。位于安南乡政府东4.0千米。聚落呈散状分布。据考始于清道光年间（1821—1850），清光绪《庆元县志》卷二："半岭，三都。"1935年3月，刘英、粟裕领导的红军挺进师抵境，并于此召开了红军挺进师战斗史上具有重要意义的会议——半岭会议。现村民已迁至本乡坪鸟、交溪等地。

【黄竹村】 Huángzhú Cūn　以辖区黄山头、竹下（现已废）两村各取首字得名。位于安南乡政府东0.5千米。东邻山头洋村，南接安隆村，西至安溪村，北连淤上乡蒲潭、塘根、坑口、长砻四个村。辖3个自然村，225户，744人。土地总面积7.76平方千米，耕地面积1081.4亩，林地面积8578.1亩。农林产品有稻米、毛竹、笋干、香菇、茶叶等。1949年分建黄山头、竹下农民协会（行政村），1956年与小安、安溪并称安一农业生产合作社，1958年析称黄竹生产队，1961称黄竹大队，1984年复称黄竹行政村，设村民委员会，属小安乡，1992年撤区扩镇并乡，小安、南坑两乡合置称安南乡，改属安南乡。

洋　坪　Yángpíng　村委会驻地。原称阴阳坪，后按谐音简称洋坪。聚落呈团块状分布。61户，344人。1972年由陈宗用、陈宗文两兄弟分别从朱岙、官岙迁置。村内道路有中心路等。

黄山头　Huángshāntóu　因山得名。位于安南乡政府东北3.0千米。聚落呈散状分布。9户，30人。据当地《林氏宗谱》载，始于明万历十五年（1587），林氏从北坑（今五大堡乡）迁置。清光绪《庆元县志》："黄山头，三都。"

吾　源　Wúyuán　原为一片田名，村名沿之。位于安南乡政府东北3.7千米，聚落呈散状分布。20户，120人。1980年后，黄山头村民迁置。现村民已迁置安南乡地质灾害安置小区，只留有祠堂和庙。

【上余村】 Shàngyú Cūn　驻地余地，取上村、余地2个村首字得名。位于安南乡政府东北8.6千米。东邻五大堡乡杨楼村，南接陈边村，西至权山村、山头洋村，北连濛洲街道下滩村。辖3个自然村。195户，681人。土地总面积9.92平方千米，耕地面积1252.2亩，林地面积10925.4亩。农林产品有稻米、毛竹、笋干、香菇等。1949年称上余农民协会（行政村），1956年与权山、山头洋并称光明农业生产合作社，1958年析称上余生产队，1961年称上余大队，1984年复称上余行政村，设村民委员会，属小安乡，1992 年撤区扩镇并乡，小安、南坑两乡合置称安南乡，改属安南乡。

余　地　Yúdì　村委会驻地。其名源出民间故事：传说一日，“黄七仙”路过于此，见山明水秀、竹木葱茏，不禁赞曰：“此乃风水宝地，卜居于此者，定衣食不愁，连年有余也。”故村以余地称之。聚落呈团块状和带状复合型分布。93 户，301 人。据当地《夏氏宗谱》载，始于明正德年间（1506—1521），夏氏置。清光绪《庆元县志》卷二：“余地，二都。”历史遗存有吴氏宗祠。

上　村　Shàngcūn　地处余地村之上得名。位于安南乡政府东北 9.1 千米。聚落呈散状分布。87 户，307 人。据当地《吴氏宗谱》载，始于清康熙五十一年（1712），吴氏置。清光绪《庆元县志》卷二：“上村，三都。”

洋　头　Yángtóu　村居田洋之上，故名。位于乡政府东北 9.4 千米。聚落呈散状分布。15 户，73 人。由上村、余地村民迁置。

【山头洋村】 Shāntóuyáng Cūn　以驻地得名。位于安南乡政府东北 6.0 千米。东邻上余村，南接权山村、畲头村，西至黄竹村、淤上乡长砻村，北连濛洲街道林后村。辖 4 个自然村。214 户，641 人。土地总面积 6.25 平方千米，耕地面积 968.0 亩，林地面积 6039.5 亩。农林产品有稻米、毛竹、笋干、茶叶、木材等。1949 年称山头洋农民协会（行政村），1956 年与上余、权山并称光明农业生产合作社，1958 年析称山头洋生产队，1961 年称山头洋大队，1984 年复称山头洋行政村，设村民委员会，属小安乡，1992 年撤区扩镇并乡，小安、南坑两乡合置称安南乡，改属安南乡。

山头洋　Shāntóuyáng　村委会驻地。山地开阔，梯田连垄，故名。聚落呈团块和散状复合型分布。140 户，399 人。据当地《陶氏宗谱》载，始于清康熙二十六年（1687），杨氏置。清光绪《庆元县志》卷二：“山头洋，三都。”村内道路有坑沿路等。

埠　头　Bùtóu　村左有一山，形似牛鼻，故昔名鼻头，埠头系“鼻头”之谐音。位于安南乡政府东北 5.8 千米。聚落呈散状分布。20 户，80 人。据考始于清康熙年间（1662—1722），柳氏置。清光绪《庆元县志》卷二：“埠头，三都。”

坑　节　Kēngjiē　村处坑尾（脚），故名。位于安南乡政府以东 4.5 千米，地处康庄公路旁，聚落呈散状分布，坐南朝北，北临小溪，四面环山。10 户，44 人。1982 年村民从山头洋、畲头迁置。

五里根　Wǔlǐgēn　原称五岭根，后因距山头洋、余地、权山、后洋等村各为五里，遂更称今名。位于安南乡政府东北 6.9 千米。聚落呈散状分布。44 户，118 人。据考始于明成化年间（1465—1487），刘氏置。清光绪《庆元县志》卷二：“五里根，三都。”

【畲头村】 Shētóu Cūn　以驻地得名。位于安南乡政府以东 5.1 千米。东邻权山村，南接东村村，西至安隆村，北连山头洋村。辖 2 个自然村。69 户，263 人。土地总面积 1.55 平方千米，耕地面积 377.1 亩，林地面积 1557.6 亩。农林产品有稻米、毛竹、香菇、笋干、木材。原属权山大队，1981 年始建畲头大队，1984 年改称畲头行政村，设村民委员会，属小安乡，1992 年撤区扩镇并乡，小安、南坑两乡合置称安南乡，改属安南乡。

畲　头　Shētóu　村委会驻地。原称墅头，后谐为畲头。聚落呈散状分布。35 户，155 人。据考始于清雍正年间（约 1728 年）。清光绪《庆元县志》：“墅头，三都。”

流溪洋　LiúLxī Yáng　系田片名，村名因之。位于安南乡政府东北 5.1 千米。聚落呈散状分布。15 户，64 人。据考村名原称流贵洋，后因水灾村庄被毁，1966 年权山村民重新迁置。1981 年划归畲头大队，1984 年属畲头村。

【甘竹山村】 Gānzhúshān Cūn　以驻地得名。位于安南乡政府东南 4.1 千米。东邻东村村，南接方塘村，西至政和县界，北连安隆村。辖 1 个自然村，91 户，295 人。土地总面积 2.48 平方千米，耕地面积 298.2 亩，林地面积 2905.1 亩。农林产品有稻米、毛竹、笋干、香菇、木材等。1949 年称甘竹山农民协会（行政村），1956 年与吾漈下、方塘并称光辉农业生产合作社，1961 年析建甘竹山大队，1984 年复称甘竹山行政村，设村民委员会，属小安乡，1992 年撤区扩镇并乡，小安、南坑两乡合置称安南乡，改属安南乡。

甘竹山　Gānzhúshān　一称根竹山，以盛产甘竹得名。聚落呈散状分布。据当地《瞿氏宗谱》载，始于明宣德年间（1426—1435），瞿氏置。清光绪《庆元县志》卷二："根竹山，三都。" 历史遗存有瞿氏宗祠。村内道路有中心路、村后路等。

【东村村】 Dōngcūn Cūn　以驻地得名。位于安南乡政府以东 5.4 千米。东邻陈村村、南坑村，南接吾漈下村、坑井村、方塘村，西至甘竹山村、安隆村，北连权山村。辖 3 个自然村，225 户，744 人。土地总面积 4.28 平方千米，耕地面积 716.4 亩，林地面积 4705.7 亩。农林产品有稻米、毛竹、笋干、木材、香菇、茶叶等。1949 年称弄头农民协会（行政村），1956 年与南坑、陈村并称灯塔农业生产合作社，1958 年析称弄头生产队，1961 年称弄头大队，1981 年因与四山公社砻头大队近音，按驻地更名东村大队，1984 年改称东村行政村，设村民委员会，属南坑乡，1992 年撤区扩镇并乡，小安、南坑两乡合置称安南乡，改属安南乡。

东　村　Dōngcūn　村委会驻地。古称中村，地处三都中心得名，后因与隆宫乡的中村重名，更为今名。聚落呈团块状分布。据考始于明崇祯四年（1631），吴氏置，继有叶、项等氏迁入。清光绪《庆元县志》卷二："中村，三都。"原为南坑乡、安南乡政府驻地。2006 年，安南乡政府驻地由东村迁至安溪。

福　洋　Fúyáng　其名含义是：福，幸福；洋，塘头洋。位于安南乡东 6.8 千米。聚落呈带状分布。92 户，346 人。1986 年由班岱外、弄头、竹后 3 个村居民迁置。村内道路有中心路、溪边路等。

底　闲　Dǐchǔ　闲，房屋，地处东村底片而得名。位于安南乡政府东 5.6 千米。聚落呈散状分布。6 户，18 人。1986 年由班岱外、弄头、竹后 3 个村居民迁置。

【陈村村】 Chéncūn Cūn　以驻地得名。位于安南乡政府东 7.9 千米。东邻五大堡乡西坑村，南接南坑村，西至东村村、权山村，北连上余村。辖 1 个自然村，91 户，331 人。土地总面积 4.98 平方千米，耕地面积 633.5 亩，林地面积 6388.2 亩。农林产品有稻米、毛竹、香菇、茶叶、笋、笋干等。1949 年称陈村农民协会（行政村），1956 年与弄头、南坑合称灯塔农业生产合作社，1958 年析称陈村生产队，1961 年称陈村大队，1984 年复称陈村行政村，设村民委员会，属南坑乡，1992 年撤区扩镇并乡，小安、南坑两乡合置称安南乡，改属安南乡。

陈　村　Chéncūn　原名上陈，据传因与一课税官吏讼争，为讨好县官，打赢官司，改称陈村，以示与姓陈的知县“同宗”。聚落呈带状分布。据当地《吴氏宗谱》载，始于明宣德六年（1431），童氏肇基。清光绪《庆元县志》卷二：“陈村，三都。”历史遗存有吴氏宗祠、古民居。

【南坑村】 Nánkēng Cūn　以驻地得名。位于安南乡政府东 8.1 千米。东邻五大堡乡西坑村，南接吾潦下村，西至东村村，北连陈村村。辖 2 个自然村，104 户，421 人。土地总面积为 4.53 平方千米，耕地面积为 513.9 亩，林地面积为 5638.5 亩。农林产品有稻米、毛竹、香菇、木材、笋干、鲜笋。1949 年称南坑农民协会（行政村），1956 年与弄头、陈村并称灯塔农业生产合作社，1958 年析称南坑生产队，1961 称南坑大队，1984 年复称南坑行政村，设村民委员会，属南坑乡，1992 年撤区扩镇并乡，小安、南坑两乡合置称安南乡，改属安南乡。

南　坑　Nánkēng　村委会驻地。因村南小溪得名。聚落呈团块状分布。80 户，304 人。据当地《吴氏宗谱》载，始于明正德元年（1506），吴氏置。清光绪《庆元县志》卷二：“南坑，三都。”

班岱内　Bāndàinèi　昔名班岱底，因坐落班岱山之内得名。位于安南乡政府东 7.2 千米。聚落呈散状分布。20 户，117 人。清光绪《庆元县志》卷二：“班岱底，三都。”历史遗存有班岱内村庙。

【权山村】 Quánshān Cūn　以村委会原驻地权山得名。位于安南乡政府东 7.1 千米。东邻陈村村，南接东村村，西至畲头村，北连山头洋村、上余村。辖 6 个自然村，192 户，465 人。土地总面积 5.48 平方千米，耕地面积 1112.7 亩，林地面积 5392.7 亩。农林产品有稻米、毛竹、茶叶、木材、笋干等。1949 年称权山农民协会（行政村），1956 年与上余、山头洋并称光明农业生产合作社，1958 年析称权山生产队，1961 年称权山大队，1984 年复称权山行政村，设村民委员会，属南坑乡，1992 年撤区扩镇并乡，小安、南坑两乡合置称安南乡，改属安南乡。

罗　隆　Luólóng　村委会驻地。村侧有小山形似铜锣，隆于田垄之中，故名。聚落呈散状分布。31 户，104 人。据考始于清康熙五年（1666），吴氏置。清光绪《庆元县志》卷二：“罗隆，三都。”

权　山　Quánshān　地处权山南麓，村以山名。位于安南乡政府东 5.8 千米。聚落呈散状分布。32 户，107 人。据考约建于明万历三十四年（1606），何氏正四公从青田县迁置。清光绪《庆元县志》卷二：“权山，三都。”历史遗存有福寿桥、刘氏宗祠。

后　楼　Hòulóu　初仅田后一幢楼房，因名。位于安南乡政府东 7.4 千米。聚落呈散状分布。60 户，214 人。据当地《吴氏宗谱》载，始于清顺治三年（1646），吴氏从举溪（今举水乡）迁置。清光绪《庆元县志》卷二：“后楼，三都。”

罗　岙　Luóào　地处一田螺形的山岙，曾名螺岙，谐为罗岙。位于安南乡政府东 7.1 千米。聚落呈散状分布。29 户，84 人。据当地《吴氏宗谱》载，始于雍正七年（1729），吴氏从举溪（今举水乡）迁置。清光绪《庆元县志》卷二：“罗岙，三都。”

麻　园　Máyuán　因当地原种植了很多的苎麻，故名。位于安南乡政府东 6.0 千米。聚落呈散状分布。25 户，98 人。据考始于清乾隆年间（1736—1795）。清光绪《庆元县志》卷二：“麻园，三都。”

凤　阳　Fèngyáng　原称下庄，以村庄位于山脚得名，1956 年，改称凤阳，因村所处地形似凤凰，故名。位于安南乡政府东 5.5 千米。聚落呈散状分布。15 户，38 人。1951 年村民从西坑（今五大堡乡)迁置。

【方塘村】 Fāngtáng Cūn　以村委会原驻地方塘得名。位于安南乡政府东南4.8千米。东邻坑井村,南、西至政和县界,北连甘竹山村、东村村。辖4个自然村,56户,383人。土地总面积2.88平方千米,耕地面积625.5亩,林地面积3160.2亩。农林产品有稻米、毛竹、木材、笋干、茶叶等。1949年称方塘农民协会(行政村),1956年与吾漈下、甘竹山并称光辉农业生产合作社,1958年析称方塘生产队,1961年称方塘大队,1984年复称方塘行政村,设村民委员会,属南坑乡,1992年撤区扩镇并乡,小安、南坑两乡合置称安南乡,改属安南乡。

横　坑　Héngkēng　村委会驻地。因水坑横贯村北得名。聚落呈散状分布。15户,50人。据当地《吴氏宗谱》载,始于明景泰年间(1450—1456)由吴氏从高山村(今福建省政和县)迁置。清光绪《庆元县志》卷二:"横坑,三都。"隶属于方塘村。历史遗存有清代古建筑民居。村内道路有庙门路等。

方　塘　Fāngtáng　一称塘下,因池塘得名。位于安南乡政府东南4.3千米。聚落呈散状分布。20户,60人。据当地《姚氏宗谱》载,始于明洪武年间(1368—1398),姚氏仁七公从上仓(今松源街道)迁置。清光绪《庆元县志》卷二:"塘下,三都。"村内道路有前进路等。

下　源　Xiàyuán　田片名,村名因之。位于安南乡政府东5.0千米。聚落呈团块状分布。24户,124人。1988年,村民从方塘迁置,与方塘、横坑呈三足鼎立之势。

茶园洋　Cháyuányáng　村旁有茶园,故名。位于安南乡政府东南5.2千米。聚落呈散状分布。6户,16人。由东村、方塘村村民迁置。村旁有白象庵。

【吾漈下村】 Wújìxià Cūn　以驻地得名。位于安南乡政府东南7.3千米。东邻五大堡乡西坑村、举水乡门林村,南接福建省政和县境,西至东村村、坑井村,北连南坑村。辖4个自然村,170户,607人。土地总面积13.49平方千米,耕地面积654.9亩,林地面积18340.8亩。农村产品有水稻、毛竹、笋干、香菇、茶叶、木材。1949年称吾漈下农民协会(行政村),1956年与方塘、甘竹山并称光辉农业生产合作社,1958年析称吾漈下生产队,1961年称吾漈下大队,1984年复称吾漈下行政村,设村民委员会,属南坑乡,1992年撤区扩镇并乡,小安、南坑两乡合置称安南乡,改属安南乡。

吾漈下　Wújìxià　村委会驻地。吾漈下,溪名,发源于香炉尖西麓。村临其畔,与水同名。聚落呈团块状分布。108户,400人。据当地《姚氏宗谱》载,始于明嘉靖十年(1531),叶氏置。今居民多姓姚,系明万历三十年(1602)从上仓(今松源街道)迁入之姚氏后裔。清光绪《庆元县志》卷二:"吾漈下,三都。"历史遗存有吾漈下亭、姚氏宗祠、民居。村内道路有吉祥路等。

百花岩　Bǎihuāyán　原名双圳下(水渠名,村名因之),1985年百花岩村民迁置后更称百花岩。位于安南乡政府东南9.7千米。聚落呈团块状分布。25户,73人。百花岩,地处百花岩山西南麓得名,地界福建省,形势险要,明、清设"白鹤隘"。清光绪《庆元县志·关隘》有记。1985年村民迁置双圳下。

岱　根　Dàigēn　因地处山脚得名。位于安南乡政府东南9.1千米。聚落呈散状分布。21户,

69人。据考始于清顺治年间（1644—1661），吴氏置。清光绪《庆元县志》卷二："岱根，三都。"

吾地坑 Wúdìkēng 村以水名。位于安南乡政府东南9.3千米，聚落呈散状分布。10户，37人。据考村落形成于民国初期。

双圳下 Shuāngzhènxià 圳，田边的水沟，因村位于上下两条水沟之下，故名。位于安南乡政府东7.5千米，聚落呈点状分布。3户，15人。据考清道光年间（1820—1850），吴氏从举水乡落岭村迁置。

【坑井村】 Kēngjǐng Cūn 以驻地得名。位于安南乡政府东南7.1千米。东邻吾滦下村，南接政和县界，西至方塘村，北连东村村。辖1个自然村，62户，247人。土地总面积3.06平方千米，耕地面积91.2亩，林地面积4117.5亩。农林产品有稻米、毛竹、木材、笋、笋干等。原属吾滦下大队，1984年析置，设村民委员会，属南坑乡，1992年撤区扩镇并乡，小安、南坑两乡合置称安南乡，改属安南乡。

坑　井 Kēngjǐng 地处坑边，周为高山，形似水井，故名。聚落呈团块状分布。据氏当地《吴宗谱》载，始于明嘉靖四十年（1516），吴氏置。清光绪《庆元县志》卷二："坑井，三都。"历史遗存有吴氏宗祠。村内道路有朝晖路、坑边路等。

浙江省测绘与地理信息局　地图审核号：浙 S[2015]81 号　2014 年

第十三章　五大堡乡

第一节　政区概况

名称来历　以乡政府驻地得名。

地理环境　位于北纬27°29′—27°42′，东经119°04′—119°14′。地处庆元县中部，东南与岭头乡接壤，南与举水乡相连，西南连接安南乡，西与濛洲街道毗连，西北临松源街道、北与龙泉市屏南镇，百山祖乡为邻，东北与贤良镇相邻。乡政府驻五大堡村过桥路2号，距庆元县城11千米。地势东北高，中西部低平。境内山峦连绵，溪涧密布，有同属于闽江水系的两条河流——后广溪、杨楼溪，两溪交汇于兰溪桥水库。地表水资源丰富，建有新后广电站、竹山电站、濛淤电站等已建电站7座。森林覆盖率为90.9%，属亚热带季风气候，四季分明，年平均气温17℃，年无霜期210天。

政区沿革　明时属松源乡向方里。清时属松源乡第一、二都。民国时期属濛石乡、济杨乡、乔竹乡。1951年属城厢区杨石、濛西、东乔、竹山乡。1956年属城厢区杨楼乡、新村区的濛西乡、后广乡。1958年12月属濛西、杨楼、后广管理区。1961年12月为濛西、杨楼、后广人民公社。1981年后广人民公社划出黄皮管理区。1984年濛西人民公社更名为五大堡乡，杨楼、后广人民公社分别复称杨楼乡和后广乡。1992年5月五大堡、杨楼、后广乡合并设立五大堡乡。

政区划分　2014年，辖五大堡、高大、樟下、北坑、坛衕、西川、岩下、大洪、黄石、濛淤、西坑、阴头、杨楼、东山后、半溪、后塝、南源、北择、梧桐洋、天平马、甘山、八洋、东坑、后广、下垵、东岱、西洋、盖竹28个村民委员会；下设112个村民小组。

人口与面积　2014年，辖区有4454户10442人，其中农业人口10361人。总人口中，以汉族为主，达10406人，占99.7%；有彝、畲、回、拉祜、藏、水、蒙古、壮族8个少数民族，共36人，占0.3%。辖区东西最大距离16.0千米，南北最大距离24.7千米，总面积162.9平方千米，其中耕地813.63公顷，林地14292.12公顷。

经济状况　五大堡乡经济以农业和旅游业为主。受交通、气候等要素制约，居民一直以务农为主。2001年以来，致力于农业产业结构调整，在以香菇为主基础上，寻找新经济增长点，重点培育种植锥栗、笋竹林、黑木耳、吊瓜和中草药材，逐渐走向多元化经营发展之路。2006年，30万段以上香菇标准化生产基地5个，全乡种植香菇1200万段，其中标准化生产700万段，占总量58.33%，吊瓜种植规模2300亩，建有5000亩中药材生态农业园区，500亩西川香榧基地。2010

年，全面改造毛竹低产林，修建竹林便道45千米。2014年，发展东坑等村清水鱼养殖和建设濛淤农家乐综合体；投资发展铁皮石斛、蓝莓等新兴产业推动农民增收转型；在西川、后广、西洋和杨楼等村发展农家乐。2000年以来，开展招商引资，异地办厂，先后创办镀锌厂、铅笔厂等，产值稳步提高。2014年，财政总收入1077.26万元，村集体经济总收入221万元，增长8.30%。

社会发展 2014年，有文化艺术团体4个，文化馆(站)1个，村文化活动中心2个，农家书屋11个，公共图书馆(室)12个，学校体育场1个，各类体育设施5处；幼儿园5所，小学1所，九年义务教育覆盖率达100%；医疗卫生机构2个。村村通电网、电话、有线电视、自来水。农村安全饮用水普及率100%，农村卫生厕所普及率98.6%。菊寿(S329)省道过境。2012年12月24日，环境保护部授予五大堡乡2010—2011年度国家级生态乡镇称号。

名胜旅游 五大堡乡地理位置优越，是连接县城与东部地区的通道，同时也是百山祖自然保护区旅游的必经之路，自然景观优美，菇乡文化浓郁。有全国重点文物保护单位西洋殿、处州廊桥组成之一兰溪桥；县级文物保护单位延陵房祠、北坑水尾桥2处；半溪村王氏民居、西坑村万一公庙等古建筑及近现代重要史迹及代表性建筑27处；杨楼矿址、樟下银矿洞、黄石银矿洞古遗址3处；纪念地有中国工农红军北上抗日先遣队濛淤桥战斗遗址和庆元革命老根据地县纪念碑。主要景点有西洋殿、兰溪桥、濛淤桥和西川古道等。

第二节 村及居民点

【五大堡村】 Wǔdàbǎo Cūn 以驻地得名。东邻岩下村、大洪村，南接黄石村，西至濛淤村，北连西川村。辖2个自然村。165户，425人。土地总面积2.33平方千米，耕地面积395.7亩，林地面积2626.5亩。农林产品有毛竹、香菇、黑木耳等。1949年称五大堡农民协会(行政村)，1956年称濛五农业生产合作社，1958年称濛五生产队，1961年称濛五大队，1981年改称五大堡大队，1984年复称五大堡行政村，设村民委员会，属五大堡乡，1992年撤区扩镇并乡，五大堡、杨楼、后广3乡合置称五大堡乡，仍属五大堡乡。

五大堡 Wǔdàbǎo 乡政府、村委会驻地。五大堡昔名玉船，地形像船得名。据考始于明初，全氏置，鼎盛时有过二三百户。后因筑了石拱桥和过河碇步，它似两条"铁链"把"玉船"拦住，使村况日下，至清初只剩十几户人家。乾隆初玉船村人为寻求神灵庇佑，与西川、石记岱、黄坪、北坑五村在村南建立社庙，村名亦更称"五社堡"，后改为"五大堡"。传说离奇，但反映了村的变迁。聚落沿公路呈带状分布。137户，353人。清光绪《庆元县志》卷二："五大堡，二都。"村内道路有平安路、过桥路、村中路等。

平　坛 Píngtán 因村前有一岩石，宽阔平正，方言岩称"坛"，故名。位于五大堡乡政府东南1.3千米。聚落呈带状分布。28户，72人。据当地《吴氏宗谱》载，始于清咸丰八年(1858)，吴发安首置。清光绪《庆元县志》卷二："平坛，二都。"

【坛衕村】 Tántòng Cūn 以驻地得名。位于五大堡乡政府东北2.9千米。东邻北坑村，南接岩下村，西至西川村，北连南源村。辖 1 个自然村。89 户，191 人。土地总面积 2.65 平方千米，耕地面积 313.1 亩，林地面积 3039.2 亩。农林产品有毛竹、锥栗等。1949 年属北塘农民协会（行政村），1956 年属西川农业生产合作社，1958 年属北坑生产队，1961 年属北坑大队，1981 年析置坛弄大队，1984 年改称坛弄行政村，设村民委员会，属五大堡乡，1992 年撤区扩镇并乡，五大堡、杨楼、后广 3 乡合置称五大堡乡，仍属五大堡乡，2011 年村名更称为坛衕行政村。

坛　衕　Tántòng　村的两侧，山石壁立，有如岩石垒起的一条胡同，故名。聚落呈散状分布。清光绪《庆元县志》卷二："坛弄，二都。"历史遗存有清代古建筑林氏宗祠。

【北坑村】 Běikēng Cūn　以驻地得名。位于五大堡乡政府东北 3.2 千米。东邻贤良镇贤良村，南接岩下村，西至坛衕村，北连南源村、贤良镇溪沿村。辖 1 个自然村。100 户，233 人。土地总面积 3.81 平方千米，耕地面积 319.5 亩，林地面积 4834.4 亩。农林产品有毛竹、锥栗、香菇等。1949 年属北塘农民协会（行政村），1956 年属西川农业生产合作社，1958 年称北坑生产队，1961 年称北坑大队，1984 年改称北坑行政村，设村民委员会，属五大堡乡，1992 年撤区扩镇并乡，五大堡、杨楼、后广 3 乡合置称五大堡乡，仍属五大堡乡。

北　坑　Běikēng　村委会驻地。北坑，水，发源于东坑尖东南麓，在梧桐洋附近与南坑水汇合同注松源溪。村以水名。聚落呈团块状分布。清光绪《庆元县志》卷二："北坑，二都。"

【西川村】 Xīchuān Cūn　因水得名。位于五大堡乡政府驻地以北 2.0 千米。东邻坛衕村，南接岩下村，西至八洋村，北连南源村。辖 4 个自然村。322 户，799 人。土地总面积 10.40 平方千米，耕地面积 1056.9 亩，林地面积 12734.3 亩。农林产品有毛竹、锥栗、香菇等。1949 年称西川农民协会（行政村），1956 年称西川农业生产合作社，1958 年称西川生产队，1961 年称西川大队，1984 年称西川行政村，设村民委员会，属五大堡乡，1992 年撤区扩镇并乡，五大堡、杨楼、后广 3 乡合置称五大堡乡，仍属五大堡乡。

西坑头　Xīkēngtóu　村委会驻地。西坑，一称西川，水，松源溪支流之一；头，水之源也。西川发源地得名。聚落呈团块状和带状复合形分布。168 户，418 人。清光绪《庆元县志》卷二："西坑头，二都。"历史遗存有崇安社庙。

新闲洋　Xīnchǔyáng　原系田片名，村名沿之。位于五大堡乡政府西 3.1 千米。聚落呈带状分布。64 户，160 人。1982 年西坑头人迁置。

塘　头　Tángtóu　因水塘得名。位于五大堡乡政府北 1.3 千米。聚落呈团状分布。36 户，90 人。胡氏从坑西迁置。清光绪《庆元县志》卷二："塘头，二都。"

西　排　Xīpái　原系地片名，村名沿之。位于五大堡乡政府西 0.7 千米。聚落呈散状分布。16 户，41 人。1982 年由塘头、西坑头人迁至。

【樟下村】 Zhāngxià Cūn　以驻地得名。位于五大堡乡政府驻地东 4.4 千米。东邻贤良镇富林村，南接高大村，西至岩下村，北连贤良镇贤良村。辖 1 个自然村。99 户，257 人。土地总面积 2.18 平方千米，耕地面积 177.6 亩，林地面积 12734.3 亩。农林产品有毛竹、锥栗、香菇等。1949 年属高大农民协会（行政村），1956 年属高大农业生产合作社，1958 年属高大生产队，1961 年属高大大队，1981 年析置樟下大队。1984 年改称樟下行政村，设村民委员会，属五大堡乡，1992 年撤区扩镇并乡，五大堡、杨楼、后广 3 个乡合置称五大堡乡，仍属五大堡乡。

樟　下 Zhāngxià 昔名嶂下，地势高峻，层峦叠嶂，故名，“嶂”与“樟”同音，雅为今名。聚落呈团块状分布。清光绪《庆元县志》卷二：“嶂下，二都。”

【岩下村】 Yánxià Cūn 以驻地得名。位于五大堡乡政府驻地东北 0.7 千米。东邻高大村，南接五大堡村，西至濛淤村，北连坛衕村。辖 1 个自然村。138 户，315 人。土地总面积 4.17 平方千米，耕地面积 305.3 亩，林地面积 5422.5 亩。农林产品有毛竹、锥栗、香菇等。1949 年称岩下农民协会（行政村），1956 年属濛五农业生产合作社，1958 年属濛五生产队，1961 年析置岩下大队，1984 年复称岩下行政村，置村民委员会，属五大堡乡，1992 年撤区扩镇并乡，五大堡、杨楼、后广 3 个乡合置称五大堡乡，仍属五大堡乡。

岩　下 Yánxià 村后悬崖峭壁，村居其下，故名。聚落呈带状分布。清光绪《庆元县志》卷二：“岩下，二都。”

【濛淤村】 Méngyū Cūn 以驻地得名。位于五大堡乡政府驻地南 2.1 千米。东邻五大堡村，南接黄石村，西至濛洲街道应岭尾，北连西川村。辖 4 个自然村。166 户，438 人。土地总面积 10.24 平方千米，耕地面积 539.85 亩，林地面积 13902.3 亩。农林产品有毛竹、锥栗、香菇等。1949 年属五大堡农民协会（行政村）。1956 年属濛五农业生产合作社，1958 年析称濛淤试验场，1961 年称濛淤大队，1984 年复称濛淤行政村，设村民委员会，属五大堡乡，1992 年撤区扩镇并乡，五大堡、杨楼、后广 3 个乡合置称五大堡乡，仍属五大堡乡。

濛　淤 Méngyū 村委会驻地。一称濛淤店。坐落于濛洲溪畔，故名。聚落沿公路呈团块状分布。97 户，256 人。村内道路有南、北路和桥头会等。

新　桥 Xīnqiáo 村以桥得名。位于五大堡乡政府西北 4.1 千米。聚落呈团块状分布。1 户，3 人。1993 年设立。

桥头汇 Qiáotóuhuì 村因桥得名。位于五大堡乡政府西 2.4 千米。聚落呈带状分布。16 户，41 人。1981 年西川人迁置。

野猪窝 Yězhūwō 野猪窝，山地名。村名因之。位于五大堡乡政府西北 3.1 千米。聚落呈散状分布。52 户，96 人。

【高大村】 Gāodà Cūn 以驻地得名。位于五大堡乡政府东 4.0 千米。东邻荷地镇马家地村，南接大洪村，西至岩下村，北连樟下村。辖 1 个自然村。142 户，317 人。土地总面积 8.04 平方千米，耕地面积 708.3 亩，林地面积 10758.0 亩。农林产品有毛竹、锥栗、香菇等。1949 年称高大农民协会（行政村），1956 年称高大农业生产合作社，1958 年称高大生产队，1961 年称高大大队，1984 年复称高大行政村，设村民委员会，属五大堡乡，1992 年撤区扩镇并乡，五大堡、杨楼、后广 3 个乡合置称五大堡乡，仍属五大堡乡。

高　大 Gāodà 昔名高漈，因瀑布得名。1961 年建立大队后，为村、队名称一致，始用今名。聚落公路呈带状分布。清光绪《庆元县志》卷二：“高漈，二都。”

【大洪村】 Dàhóng Cūn 以驻地得名。位于五大堡乡政府驻地东南 3.1 千米。东邻高大村，南接岭头乡杨家庄村，西至黄石村，北连岩下村。辖 2 个自然村。98 户，242 人。土地总面积 4.89 平方千米，耕地面积 295.1 亩，林地面积 6711.2 亩。农林产品有毛竹、锥栗、香菇等。1949 年属高大农民协会（行政村），1956 年属高大农业生产合作社，1958 年属高大生产队，1961 年属高大大队，1981 年析置大洪大队，1984 年改称大洪行政村，设村民委员会，属五大堡乡，1992 年撤区扩镇并乡，五大堡、杨楼、后广 3 乡合置称五大堡乡，仍属五大堡乡。

大　洪　Dàhóng　村委会驻地。据传村里曾有众多大财主，于是寄希望村里财富如同洪水般滚滚而来，故名“大洪”。聚落呈团块状分布。84 户，207 人。清光绪《庆元县志》卷二：“大洪，二都。”

榅　岙　Wēnào　因村旁原有许多榅树，故名，1881 年前后始称榅岙。位于五大堡乡政府东南 5.5 千米。聚落呈散状分布。14 户，31 人。

【黄石村】 Huángshí Cūn 驻地石记岱。以下辖石记岱和黄坪两自然村各取一字得名。位于五大堡乡政府南 1.6 千米。东邻大洪村，南接后垟村，西至半溪村，北连濛淤村。辖 3 个自然村。232 户，517 人。土地总面积 16.32 平方千米，耕地面积 884.4 亩，林地面积 21834.0 亩。农林产品有毛竹、锥栗、香菇等。1949 年称石记岱农民协会（行政村），1956 年以黄坪、石记岱两村取名黄石农业生产合作社，1958 年称黄石生产队，1961 年称黄石大队，1984 年复称黄石行政村，设村民委员会，属五大堡乡，1992 年撤区扩镇并乡，五大堡、杨楼、后广 3 个乡合置称五大堡乡，仍属五大堡乡。

石记岱　Shíjìdài　村委会驻地。昔因山径交错，恐行人迷途，常用石头作引路记号，故名。聚落呈团块状分布。132 户，295 人。清光绪《庆元县志》卷二：“石记岱，二都。”历史遗存有明代银矿洞。

黄坑湾　Huángkēngwān　黄坑，水，村居其湾流处，故名。位于五大堡乡政府南 3.7 千米。聚落呈散状分布。30 户，66 人。

黄　坪　Huángpíng　昔是山坪，长满黄茅（黄麻），故原称黄麻坪，黄坪乃旧名之简称。位于五大堡乡政府南 2.8 千米。聚落呈团块状分布。70 户，127 人。始于明洪武元年（1368），吴氏从寿宁县吴坑迁置。村内道路有大路、桥头路、兴旺路等。

【杨楼村】 Yánglóu Cūn 以驻地得名。位于五大堡乡政府西南 7.3 千米，东邻东山后村、半溪村，南接阴头村，西至安南乡上余村，北连濛淤村、濛洲街道下滩村。辖 2 个自然村。282 户，823 人。土地总面积 16.45 平方千米，耕地面积 1168.8 亩，林地面积 21834.0 亩。农林产品有毛竹、锥栗、香菇等。1949 年称杨楼农民协会（行政村），1956 年称战胜农业生产合作社，1958 年称战胜生产队，1961 年称杨楼大队，1984 年复称杨楼行政村，设村民委员会，属杨楼乡，1992 年撤区扩镇并乡，五大堡、杨楼、后广 3 个乡合置称五大堡乡，改属五大堡乡。

杨楼村　Yánglóu Cūn　村委会驻地。一称杨家楼，杨氏置，故名。聚落沿杨楼溪两岸呈团块状分布。275 户，802 人，清光绪《庆元县志》：“杨家楼，一都。”原杨楼乡政府驻地。历史遗存有明代古遗址杨楼矿址、清代古建筑延陵房祠、翁公圣殿、民居、上下亭。村内道路有杨楼街、杨英路、庙门路、学校路、祠堂弄、坑沿弄等。

英　坑　Yīngkēng　因地处阴凉之处，得名阴坑，“阴”“英”方言近音，谐为今名。位于五大堡乡政府西南 8.4 千米。聚落呈点状分布。7 户，21 人。

【半溪村】 Bànxī Cūn　以驻地得名。位于五大堡乡政府西南 5.9 千米。东邻后㙍村，南接东山后村，西至杨楼村，北连黄石村。辖 1 个自然村。50 户，168 人。土地总面积 4.68 平方千米，耕地面积 175.1 亩，林地面积 6474.8 亩。农林产品有毛竹、锥栗、香菇等。1949 年与东山后村合称东半农民协会（行政村），1956 年称东半农业生产合作社，1958 年析称半溪生产队，1961 年称半溪大队，1984 年改称半溪行政村，设村民委员会，属杨楼乡，1992 年撤区扩镇并乡，五大堡、杨楼、后广 3 个乡合置称五大堡乡，改属五大堡乡。

半　溪　Bànxī　因地处杨家楼溪全程之半得名。聚落呈团块状分布。清光绪《庆元县志》卷二："半溪，一都。"历史遗存有王氏古民居、庙堂。

【后㙍村】 Hòubèn Cūn　以驻地得名。位于五大堡乡政府南 5.3 千米。东邻岭头乡杨家庄村，南接举水乡月山村，西至半溪村，北连黄石村。辖 3 个自然村。89 户，228 人。土地总面积 9.08 平方千米，耕地面积 407.0 亩，林地面积 12502.8 亩。农林产品有毛竹、锥栗、香菇等。1949 年属东半农民协会（行政村），1956 年称达溪农业生产合作社，1958 年称达溪生产队，1961 年称达溪大队，1981 年按驻地更名后大队，1984 年改称后行政村，设村民委员会，属杨楼乡，1992 年撤区扩镇并乡，五大堡、杨楼、后广 3 个乡合置称五大堡乡，改属五大堡乡。

达　溪　Dáxī　村委会驻地。达溪，水，村名因之。聚落呈带状分布。49 户，116 人。1984 年，由田后壁和溪尾自然村迁置。

后　㙍　Hòubèn　村以田片名。位于五大堡乡政府南 5.4 千米。聚落呈团块状分布。34 户，86 人，1979 年从下湾迁置。

高　坪　Gāopíng　因村地处高处的坪地上，故名。位于五大堡乡政府南 4.8 千米。聚落呈带状分布。6 户，16 人。

【东山后村】 Dōngshānhòu Cūn　以驻地得名。位于五大堡乡政府南 6.7 千米。东邻后㙍村，南接举水乡门林村，西至杨楼村，北连半溪村。辖 1 个自然村。132 户，376 人。土地总面积 8.16 平方千米，耕地面积 485.7 亩，林地面积 11097.8 亩。农林产品有毛竹、锥栗、香菇等。1949 年与半溪合称东半农民协会(行政村)，1956 年称东半农业生产合作社，1958 年析称东山生产队，1961 年称东山大队，1981 年按驻地更名为东山后大队，1984 年改称东山后行政村，设村民委员会，属杨楼乡，1992 年撤区扩镇并乡，五大堡、杨楼、后广 3 个乡合置称五大堡乡，改属五大堡乡。

东山后　Dōngshānhòu　东山，山名。村处其后，故名。聚落呈团块状分布。清光绪《庆元县志》卷二："东山后，一都。"历史遗存有五谷仙庙、吴氏宗祠、观音堂。

【阴头村】 Yīntóu Cūn　以驻地得名。位于五大堡乡政府西南 9.2 千米。东邻东山后村，南接举水乡门林村，西至西坑村，北连杨楼村。辖 3 个自然村。86 户，245 人。土地总面积 4.35 平方千米，耕地面积 303.8 亩，林地面积 12502.8 亩。农林产品有毛竹、锥栗、香菇等。1949 年属杨家楼农民协会（行政村），1956 年属战胜农业生产合作社，1958 年属战胜生产队，1961 年析置阴头大队，1984 年改称阴头行政村，设村民委员会，属杨楼乡，1992 年撤区扩镇并乡，五大堡、杨楼、后广 3

个乡合置称五大堡乡，改属五大堡乡。

阴　头　Yīntóu　村委会驻地。一传昔是栗树林，曾称“栗头”，“栗”“阴”方言近音，谐为今名。聚落沿公路两侧呈点状分布。47 户，133 人。清光绪《庆元县志》卷二：“阴头，二都。”

山　坪　Shānpíng　地片名，村名因之。位于五大堡乡政府西南 8.5 千米。聚落沿公路呈带状分布。5 户，13 人。

黄泥隆　Huángnílóng　“黄泥隆”，土名，村名因之。位于五大堡乡政府西南 9.1 千米。34 户，99 人。迁置山坪。

【西坑村】 Xīkēng Cūn　以驻地得名。位于五大堡乡政府西南 10.7 千米。东、南与阴头村、举水乡门林村相邻，西至安南乡陈村村、南坑村。辖 6 个自然村。139 户，345 人。土地总面积 9.02 平方千米，耕地面积 668.7 亩，林地面积 12403.5 亩。农林产品有毛竹、锥栗、香菇等。1949 年属门林后（今举水乡）农民协会（行政村），1956 年析称西坑农业生产合作社，1958 年称西坑生产队，1961 年称西坑大队，1984 年改称西坑行政村，设村民委员会，属杨楼乡，1992 年撤区扩镇并乡，五大堡、杨楼、后广 3 乡合置称五大堡乡，改属五大堡乡。

西　坑　Xīkēng　村委会驻地。西坑，水。村名因之。聚落呈团块状分布。83 户，206 人。清光绪《庆元县志》卷二：“西坑，二都。”有近代建筑万一公庙。

西坑源　Xīkēngyuán　为西坑水之源，故名。位于五大堡乡政府西南 10.3 千米。聚落呈点状分布。11 户，27 人。

西坑湾　Xīkēngwān　因坐落于西坑的山湾处得名。位于五大堡乡政府西南 12.0 千米。聚落呈点状分布。14 户，34 人。

长湾尾　Zhǎngwānwěi　“长湾”，土名，因居于其尾得名。位于五大堡乡政府西南 11.8 千米。聚落呈团块状分布。12 户，30 人。

坑隆岗　Kēnglónggǎng　“坑隆岗”，土名，村名因之。位于五大堡乡政府西南 12.7 千米。聚落呈点状分布。16 户，39 人。

杨梅隆　Yángméilóng　因盛产杨梅而得名。位于五大堡乡政府西南 10.3 千米。聚落呈带状分布。3 户，9 人。

【后广村】 Hòuguǎng Cūn　以驻地得名。位于五大堡乡政府西北 10.6 千米。东邻东坑村，南接西洋村，西、北与松源街道砻头村，楼下村毗连。辖 1 个自然村。231 户，574 人。土地总面积 3.38 平方千米，耕地面积 203.0 亩，林地面积 4305.8 亩。农林产品有毛竹、锥栗、香菇等。1949 年称后广农民协会（行政村），1956 年称五星农业生产合作社，1958 年称五星生产队，1961 年称五星大队，1982 年更名后广大队，1984 年复称后广行政村，设村民委员会，属后广乡，1992 年撤区扩镇并乡，五大堡、杨楼、后广 3 乡合置称五大堡乡，改属五大堡乡。

后　广　Hòuguǎng　据传古时松源溪至此分成前、后两港（条），一次洪水把后面那港溪冲成平地，建成村落后，因名。方言“港”“广”同音，雅为今名。聚落呈团块状分布。据考当地各姓宗谱，始于清顺治十二年（1655），由吴春元、全茂玉、陈必英从桥陌迁置。清光绪《庆元县志》卷二：“后广，二都。”原为后方乡政府驻地，历史遗存有古民居、摩崖石刻。

【东坑村】 Dōngkēng Cūn 以驻地得名。位于五大堡乡政府北 10.4 千米。东邻百山祖镇桥陌村，南接西洋村，西、北连后广村。辖 2 个自然村。140 户，354 人。土地总面积 2.03 平方千米，耕地面积 371.0 亩，林地面积 2363.1 亩。农林产品有毛竹、锥栗、香菇等。原隶属后广大队，1984 年析置，设村民委员会，属后广乡，1992 年撤区扩镇并乡，五大堡、杨楼、后广 3 个乡合置称五大堡乡，改属五大堡乡。

处下洋 Chùxiàyáng 村委会驻地。原为田片名，村名沿之。聚落团块状呈分布。58 户，147 人。清光绪《庆元县志》卷二：“处下洋，二都。”

东　坑 Dōngkēng 东坑，水，发源于东坑尖北麓，村水通名。位于五大堡乡政府东北 10.0 千米。聚落呈带状分布。82 户，210 人。清光绪《庆元县志》卷二：“东坑，二都。”

【西洋村】 Xīyáng Cūn 以驻地得名。位于五大堡乡政府西北 10.1 千米。东邻东坑村，南接东岱村，西至下塅村，北连后广村。辖 1 个自然村。106 户，246 人。土地总面积 1.89 平方千米，耕地面积 159.8 亩，林地面积 2297.6 亩。农林产品有毛竹、锥栗、香菇等。原隶属后广大队，1984 年析置，设村民委员会，属后广乡，1992 年撤区扩镇并乡，五大堡、杨楼、后广 3 个乡合置称五大堡乡，改属五大堡乡。

西　洋 Xīyáng 西洋，田片名，村名沿之，聚落呈团块状分布。据当地《吴氏宗谱》记载，始于明初，原为散落棚户，清雍正七年（1729）吴文朝从后广迁此后始成村落。有全国重点文物保护单位西洋殿、兰溪桥。清光绪《庆元县志》卷二：“西洋，二都。”民国时曾一度为乔竹乡驻地。

【东岱村】 Dōngdài Cūn 以驻地得名。位于五大堡乡政府西北 10 千米。东邻甘山村，南接盖竹村，西至下塅村，北连后广村。辖 1 个自然村。84 户，231 人。土地总面积 1.84 平方千米，耕地面积为 129.6 亩，林地面积 2308.4 亩。农林产品有毛竹、锥栗、香菇等。原属后广大队，1984 年析置，设村民委员会，属后广乡，1992 年撤区扩镇并乡，五大堡、杨楼、后广 3 个乡合置称五大堡乡，改属五大堡乡。

东　岱 Dōngdài 东，方位；岱，山岳。地处东坑头东麓得名。聚落呈团块状分布。据当地《吴氏宗谱》载，始于明成化年间（1465—1487）吴氏可前公从龙泉市淤上村迁置。清光绪《庆元县志》卷二：“东岱，二都。”

【下塅村】 Xiàduàn Cūn 以驻地得名。位于五大堡乡政府西北 9.5 千米，东邻西洋村，南接盖竹村，西至松源街道班岱后村，北连后广村。辖 3 个自然村。72 户，166 人。土地总面积 2.76 平方千米，耕地面积 365.1 亩，林地面积 3416.0 亩。农林产品有毛竹、锥栗、香菇等。原属后广大队，1984 年析置，设村民委员会，属后广乡，1992 年撤区扩镇并乡，五大堡、杨楼、后广 3 个乡合置称五大堡乡，改属五大堡乡。

下　塅 Xiàduàn 村委会驻地。以田片得名。聚落呈点状分布。24 户，56 人。清光绪《庆元县志》卷二：“下塅，二都。”

外　洋 Wàiyáng 田片名，村名因之。位于五大堡乡政府西北 8.4 千米。聚落呈点状分布。18

户，41 人。据考始于清初，王氏从甘竹山迁置。清光绪《庆元县志》卷二："外洋，二都。"

鱼　口　Yúkǒu　相传早期民居建在一古庵门口，方言"庵""鱼"近音，雅为今名。位于五大堡乡政府西北 10.0 千米。聚落呈团块状分布。30 户，69 人。据当地《罗氏宗谱》载，始于清乾隆七年(1742)，罗名德公从江西吉安县高后村迁置。

【盖竹村】 Gàizhú Cūn　驻地东边。原名竹山，以盖竹片村和甘竹山自然村组成得名。位于五大堡乡政府西北 5.7 千米。东邻天平马村，南接八洋村，西至濛洲街道喜鹊村，北连东岱村。辖 5 个自然村。916 户，1428 人。土地总面积 11.95 平方千米，耕地面积 1313.6 亩，林地面积 15659.0 亩。农林产品有毛竹、锥栗、香菇等。1949 年称竹山农民协会(行政村)，1956 年称竹山农业生产合作社，1958 年称竹山生产大队，1961 年改称竹山大队，1982 年按驻地更名为盖竹大队，1984 年改称盖竹行政村，设村民委员会，属后广乡，1992 年撤区扩镇并乡，五大堡、杨楼、后广 3 个乡合置称五大堡乡，改属五大堡乡。

东　边　Dōngbiān　村委会驻地。原名盖竹，因地处大溪东岸，演为今名。聚落呈团块状分布。451 户，703 人。始建于南宋中期，至明嘉靖年间(1522—1566)又有刘、苏两姓从景宁、泰顺迁入。历史遗存有新进社庙。有盖竹路 1-6 弄、沙坑路。

西　边　Xībiān　因地处大溪西岸，故名。位于乡政府西北 6.9 千米。聚落呈团块状分布。221 户，344 人。始于明嘉靖年间(1522—1561)，黄氏从福建省长汀县迁至。

普化寺　Pǔhuàsì　一称上洋。普化寺，庙，建于宋天圣二年(1024)，清乾隆六十年(1795)湮于水。后人在其遗址建村，因以庙名。位于五大堡乡政府西北 7.4 千米。聚落呈团块状分布。91 户，142 人。清光绪《庆元县志》卷二："上洋，二都。"

溪　淤　Xīyū　原系洪水冲积地，故名。位于五大堡乡政府西北 6.8 千米。聚落呈分布。98 户，154 人。

洋　头　Yángtóu　洋头，田洋之首，方位得名。位于五大堡乡政府西北 7.3 千米。聚落呈团块状分布。55 户，85 人。1957 年由王家恕从甘竹山迁来。

【天平马村】 Tiānpíngmǎ Cūn　以驻地得名。位于五大堡乡政府北 5.4 千米。东邻南源村，南接八洋村，西至盖竹村，北连梧桐洋村。辖 2 个自然村。93 户，191 人。土地总面积 2.23 平方千米，耕地面积 231.8 亩，林地面积 2982.3 亩。农林产品有毛竹、锥栗、香菇等。原属盖竹大队，1984 年析置，设村民委员会，属后广乡，1992 年撤区扩镇并乡，五大堡、杨楼、后广 3 个乡合置称五大堡乡，改属五大堡乡。

天平马　Tiānpíngmǎ　村委会驻地。村以山名。聚落呈带状分布。59 户，122 人。1973 年置。

葱　岭　Cōnglǐng　葱岭，山岭名，村名因之。位于五大堡乡政府北 5.0 千米。聚落呈散状分布。34 户，74 人。

【梧桐洋村】 Wútóngyáng Cūn　以驻地得名。位于五大堡乡政府北 10 千米。东邻贤良镇溪沿村，南接南源村，西至天平马，北连北择村。辖 1 个自然村。123 户，297 人。土地总面积 6.46 平方千米，耕地面积 356.7 亩，林地面积 8925.6 亩。农林产品有毛竹、锥栗、香菇等。原属盖竹大队，1984

年析置，设村民委员会，属后广乡，1992 年撤区扩镇并乡，五大堡、杨楼、后广 3 个乡合置称五大堡乡，改属五大堡乡。

梧桐洋 Wútóngyáng 一称梧桐。因岭得名。聚落呈带状分布。清光绪《庆元县志·山川》:“梧桐岭，县东三十里，通景宁界。”原坐落湾谷中，耕作不便，民国 14 年(1925)迁至现址，村名沿之。清光绪《庆元县志》卷二:“梧桐，二都。”村内道路有会堂弄、溪沿路、新建路等。

【南源村】 Nányuán Cūn 驻地南坑。原名南坑村，1984 年因与安南乡的南坑行政村同名，故更名为南源村。位于乡政府北 4.9 千米。东邻贤良镇溪沿村，南接坛衕村，西至天平马村，北连梧桐洋村。辖 1 个自然村。106 户，249 人。土地总面积 3.51 平方千米，耕地面积 194.4 亩，林地面积 4916.3 亩。农林产品有毛竹、锥栗、香菇等。原属盖竹大队，1984 年析置，设村民委员会，属后广乡，1992 年撤区扩镇并乡，五大堡、杨楼、后广 3 个乡合置称五大堡乡，改属五大堡乡。

南　坑 Nánkēng 南坑，水，发源于北坑尖西北麓，经天平马入松源溪。村水通名。聚落呈带状分布。据当地《吴氏宗谱》载，始于明崇祯十五年(1642)，吴氏从举溪(今举水乡)迁置。

【北择村】 Běizé Cūn 以驻地得名。位于五大堡乡政府北 6.9 千米。东邻贤良镇青林村，南接梧桐洋村，西至甘山村，北连百山祖镇桥陌村。辖 1 个自然村。107 户，278 人。土地总面积 3.08 平方千米，耕地面积 230.6 亩，林地面积 4218.3 亩。农林产品有毛竹、锥栗、香菇等。原属盖竹大队，1984 年析置，设村民委员会，属后广乡，1992 年撤区扩镇并乡，五大堡、杨楼、后广 3 个乡合置称五大堡乡，改属五大堡乡。

北　择 Běizé 原名北坑，因重名，1984 年改称北择，有纪念本村王姓从景宁王宅村迁入之意，“宅”“择”方言相近，谐为今名。聚落呈团块状分布。清光绪《庆元县志》卷二:“北坑，二都。”

【甘山村】 Gānshān Cūn 驻地甘竹山。原名甘竹山，1984 年因与安南乡的甘竹山行政村同名，故更名为甘山村。以驻地得名。位于五大堡乡政府北 7.2 千米。东邻北择村，南接天马平村，西至盖竹村，北邻东岱村。辖 1 个自然村。41 户，85 人。土地总面积 0.98 平方千米，耕地面积 129.9 亩，林地面积 1212.3 亩。农林产品有毛竹、锥栗、香菇等。原属盖竹大队，1984 年析置，设村民委员会，属后广乡，1992 年撤区扩镇并乡，改属五大堡乡。

甘竹山 Gānzhúshān 王氏置，以盛产甘竹得名。聚落呈散状分布。晚晴至民国最盛时期，有过 300 余户，后因交通不便，大多移到盖竹等村居住。

【八洋村】 Bāyáng Cūn 以驻地得名。位于五大堡乡政府西北 5.0 千米。东邻西川村，南接濛淤村，西至应岭尾村，北连盖竹村。辖 2 个自然村。151 户，324 人。土地总面积 6.00 平方千米，耕地面积 314.7 亩，林地面积 7370.0 亩。农林产品有毛竹、锥栗、香菇等。原属盖竹村，1984 年析置，设村民委员会，属后广乡，1992 年撤区扩镇并乡，五大堡、杨楼、后广 3 个乡合置称五大堡乡，改属五大堡乡。

洋　心 Yángxīn 村委会驻地。洋心，田片名，村名因之。聚落呈带状分布。65 户，139 人。1954 年王克锐从甘竹山迁置。

八　洋 Bāyáng 原称“鸡窝棚”，不雅，引对面八丘洋(田片名)首尾二字更之。位于五大堡乡政府西北 4.8 千米。聚落呈散状分布。86 户，185 人。1974 年置。

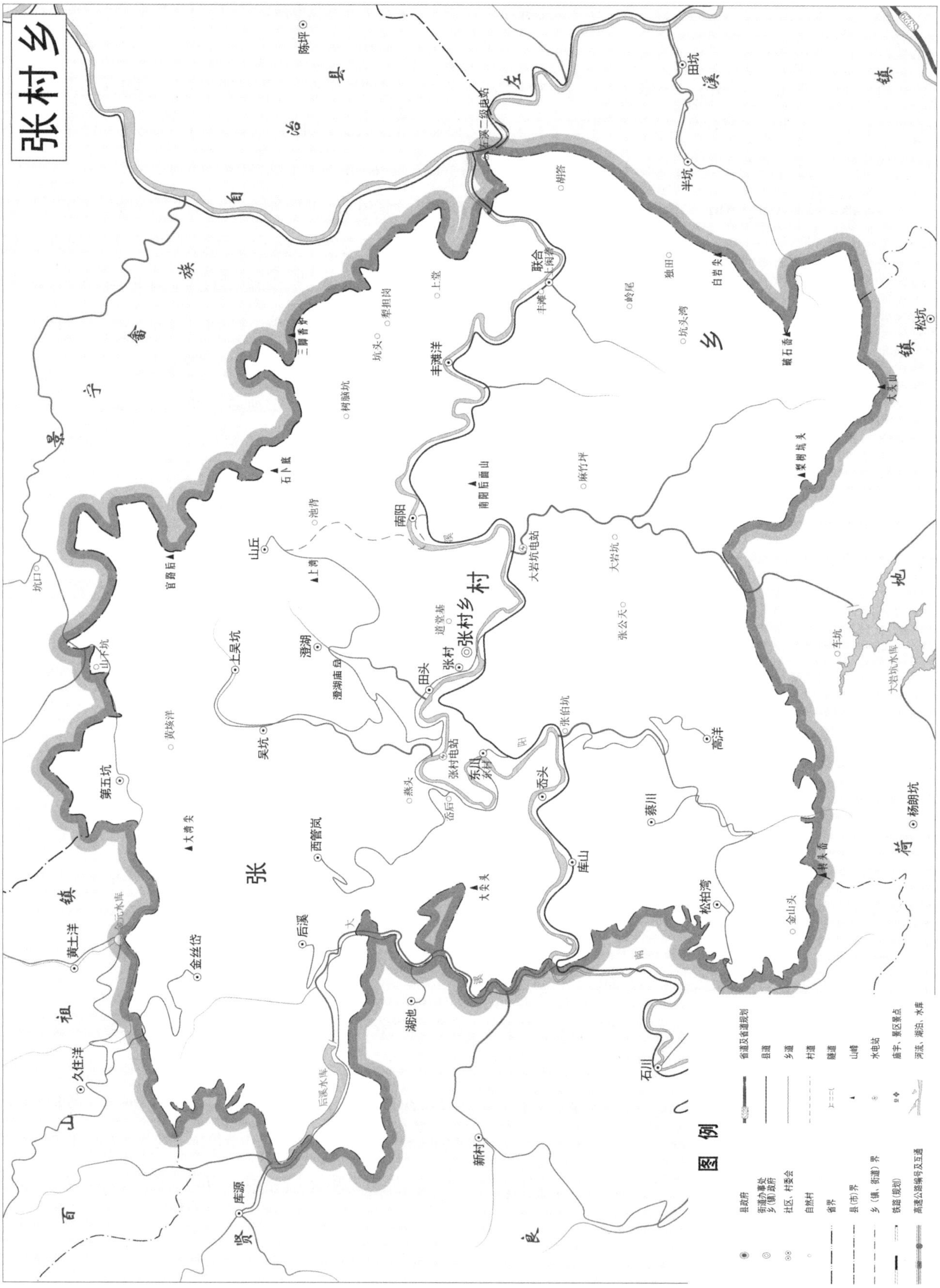

浙江省测绘与地理信息局　地图审核号：浙 S[2015]81 号　2014 年

第十四章　张　村　乡

第一节　政区概况

名称来历　以乡政府驻地得名。

地理环境　位于北纬 27°37′—27°43′，东经 119°14′—119°21′。地处庆元县东北部，东邻景宁畲族自治县秋炉乡，东南与左溪镇相邻，南与荷地镇接壤，西与贤良镇相连，西北接百山祖镇，北、东北仍与景宁畲族自治县秋炉乡毗连。乡政府驻张村村张村街 5 号，距庆元县城 25 千米。境内地势南北高，东西低，自西向东倾斜。南北乃百山祖、铁尖山余脉，峰峦起伏，峻岭连绵，山间盆地海拔在 700—850 米；东、西两侧地势平缓，南阳溪从其腹地穿过，气候较之南北山地温和。由于山岭海拔落差大，水力资源丰富，建有南阳一级和二级电站、后溪电站，总装机 5.3 万千瓦，其中南阳一级电站装机容量 3.6 万千瓦。矿产资源有铅、锌、银。属亚热带季风性气候，四季分明，降水量充沛，年平均气温 15.5C°，平均最高气温为 7 月份，平均 24—25.9 C°，适宜农作物生长。

政区沿革　清时属庆元县松源乡二都、景宁县四都。民国时属庆元县嵩洋乡，景宁县吴坑乡。1953 年 3 月吴坑乡划归庆元县。1956 年 10 月 2 个乡合并称张村乡。1958 年 12 月称张村管理区，属新村人民公社。1961 年 12 月称张村人民公社。1984 年 1 月复称张村乡，属新村区。1992 年 5 月撤区扩镇并乡，保留张村乡。

政区划分　2014 年，辖张村、吴坑、库山、田头、后溪、澄湖、蔡川、联合、岙头、南阳、东川、高洋、上吴坑、丰滩洋、松柏湾、金丝岱、第五坑、西管岚、山丘 19 个村民委员会；下设 68 个村民小组。

人口与面积　2014 年，辖区有 2695 户 6776 人，其中农业人口 6690 人。总人口中，以汉族为主，达 6708 人，占 99.0%；有畲族、彝族、侗族、土家族、拉祜族、布依族、佤族 7 个少数民族，共 68 人，占 1.0%，其中畲族 54 人，占少数民族人口的 79.4%。辖区东西最大距离 10.7 千米，南北最大距离 10.18 千米，总面积 66.3 平方千米，其中耕地 581.77 公顷，林地 5131.66 公顷。

经济状况　张村乡是典型的山区乡镇，素有“九山半水半分田”之称，主导经济为农业生产。随着农业产业结构的调整,传统农业以单一粮食和香菇生产为主，逐步转化为以食用菌、锥栗和毛竹为主导产业，同时发展香榧、吊瓜、山地西瓜、中药材和高山蔬菜等特色农业，形成菌、果、菜、竹等多品种特色产业。2010 年，标准化生产香菇 420 万袋、黑木耳 180 万袋，种植锥栗 480 公顷，香榧 40 公顷，吊瓜 110 公顷，中药材基地 100 公顷，高山蔬菜 66.67 公顷。2012 年，全乡农户年种植山地西瓜 1200 余亩，产值达 630 万元，种植速生香榧达到 700 多亩，种植红椒、小尖椒等高山蔬菜 532 亩，生产食用菌 318 万余袋。张村西瓜在县城范围内设立 4 家专卖店，还依托中国乡村百宝网销售西瓜，销售网络扩大到杭州、丽水、龙泉、景宁等 10 多个县市。2014 年，生态农业“瓜、菌、榧、蔬”四大产业稳健发展，建立三个精品示范基地，其中大棚蔬菜基地一个 3600 平方米，速生香榧 133 公顷，生产食用菌 485 万段。金后溪农业合作社发展油茶种植，跨乡域种植油茶 200 公顷；家庭农场成功试种非洲火参果、红参果和甜瓜；张村黄牛养殖专业户 10 户，存栏 400 头。20 世纪 90 年代乡镇企业主要从事竹木和山苍子油加工。2014 年，农村经济总收入 5878 元，农民人均收入 8890 元。

社会发展 2014 年，有文化艺术团体 1 个，文化馆（站）1 个，公共图书室 1 个；小学 1 所，九年义务教育覆盖率达 100%；各类医疗卫生机构 2 个。村村通电网、电话、有线电视、自来水。农村安全饮用水普及率 100%，农村卫生厕所普及率 98.2%。县道新杉线过境。

名胜旅游 境内有县级文物保护单位八角殿和岙头周家本宅 2 处；南阳村范氏宗祠、岙头村文昌阁和岙头村等古建筑和近现代重要史迹及代表性建筑 27 处。

第二节 村及居民点

【张村村】 Zhāngcūn Cūn 以驻地得名。东邻南阳村、联合村，南接荷地镇黄洋村，西至东川村、岙头村，北连田头村、澄湖村。辖 4 个自然村。276 户，683 人。土地总面积 10.85 平方千米，耕地面积 726.6 亩，林地面积 13467.2 亩。农林产品有水稻、香菇、黑木耳和吊瓜等。1949 年属景宁县吴坑乡，称张村农民协会（行政村），1953 年划庆元，1956 年称张村农业生产合作社，1958 年称张村生产队，1961 年称张村大队，1984 年复称张村行政村，设村民委员会，属张村乡，1992 年撤区扩镇并乡，仍属张村乡。

张　村 Zhāngcūn 乡政府、村委会驻地。村以氏名。聚落呈团块和带状复合型分布。164 户，406 人。建有锥栗园区和示范户，种植毛竹、山地西瓜、中药材、香榧、来料加工业。据当地《张氏宗谱》载，始于明嘉靖三年（1524），张十公从浙江省平阳县迁置。同治《景宁县志》卷一：“张村，四都。”村内道路有张村街、红领巾路等。

大岩坑 Dàyánkēng 大岩坑，水，南阳溪支流之一。村以水名。位于乡政府东南 2.5 千米。聚落呈散状分布。55 户，136 人。清光绪《庆元县志》卷二：“大岩坑，二都。”

道堂基 Dàotángjī 庵堂遗址，故名。位于张村乡政府东北 0.8 千米。聚落呈团块状分布。35 户，86 人。2017 年因地质灾害整村搬迁至松源街道同心新村。

张公天 Zhānggōngtiān 天者，高也。坐落大山头并为张氏所置得名。位于张村乡政府东南 2.0 千米。22 户，55 人。20 世纪 90 年代村民已搬迁至张村。

【田头村】 Tiántóu Cūn 以驻地得名。位于张村乡政府西北 0.6 千米。东邻张村村、澄湖村，南接东川村，西至西管岚村，北连吴坑村。辖 2 个自然村。113 户，299 人。土地总面积 1.94 平方千米，耕地面积 222.6 亩，林地面积 1615.7 亩。农林产品有食用菌、锥栗、山地西瓜等。原属张村大队，1984 年析置，设村民委员会，属张村乡，1992 年撤区扩镇并乡，仍属张村乡。

田　头　Tiántóu　村委会驻地。村居田洋之首，故名。聚落沿南阳溪呈带状分布。72 户，190 人。同治《景宁县志》卷二："田头，四都。"

岙　后　Àohòu　地处山岙之后得名。位于张村乡政府西 1.5 千米。聚落呈团块状分布。41 户，109 人。同治《景宁县志》卷一："岙后，四都。"

【金丝岱村】 Jīnsīdài Cūn　以驻地得名。原称金苏岱，2011 年更称金丝岱。位于张村乡政府西北 4.8 千米。东邻西管岚村、吴坑村，南接后溪村，西至贤良镇库源村，北连百山祖镇黄土洋村。辖 1 个自然村。147 户，334 人。土地总面积 2.88 平方千米，耕地面积 530.9 亩，林地面积 2993.0 亩。农林产品有食用菌、锥栗、毛竹等。1949 年属景宁县吴坑乡，称金苏岱农民协会，1953 年划庆元，1956 年与后溪、西管岚合称金溪农业生产合作社，1958 年改称金溪生产队，1961 年称金苏岱大队，1984 年复称金苏岱行政村，设村民委员会，属张村乡，1992 年撤区扩镇并乡，仍属张村乡。

金丝岱　Jīnsīdài　一称金狮岱、金苏岱，位于灵丘尖西北麓，为张村乡海拔最高的村落。因观其形势左旁狮子钟灵，故号称金狮岱。聚落呈团块状分布。居民多姓周、叶两姓，据当地《周氏宗谱》载，元至顺年间（1330—1333）周氏甲四公从西管岚黄垓徙居于此开基创业。又考当地《叶氏宗谱》，叶氏系清康熙七年（1668）从浙江省松阳县迁入之叶氏后裔。同治《景宁县志》卷一："金狮岱，四都。"2011 年更称金丝岱，仍"金狮岱""金苏岱"之谐音。

【后溪村】 Hòuxī Cūn　以驻地得名。位于张村乡政府西北 3.8 千米。东邻西管岚村，南接贤良镇湖池村，西至贤良镇库源村，北连金丝岱村。辖 1 个自然村。173 户，483 人。土地总面积 5.52 平方千米，耕地面积 512.0 亩，林地面积 6708.0 亩。农林产品有香菇、毛竹、锥栗和吊瓜等。1949 年属景宁县吴坑乡，称后溪农民协会（行政村），1953 年划归庆元县，1956 年与金苏岱、西管岚合称金溪农业生产合作社，1958 年称金溪生产队，1961 年析称后溪大队，1984 年复称后溪行政村，设村民委员会，属张村乡，1992 年撤区扩镇并乡，仍属张村乡。

后　溪　Hòuxī　因坐落小溪后得名。村委会驻地。聚落呈分布。据当地《吴氏宗谱》载，始于宋淳祐二年（1242），周氏置。吴氏于明嘉靖三年（1524）从浙江省青田县继入。散居本县各地周氏，多从这里分置。同治《景宁县志》卷一："后溪，四都。"历史遗存有周氏宗祠、后溪村庙。

【吴坑村】 Wúkēng Cūn　以驻地得名。位于张村乡政府以北 2.5 千米。东邻上吴坑村、澄湖村，南接田头村，西至西管岚村，北连第五坑村、景宁畲族自治县界。辖 3 个自然村。241 户，577 人。土地总面积 5.12 平方千米，耕地面积 948.6 亩，林地面积 5620.8 亩。农林产品有水稻、香菇、黑木耳、吊瓜等。1949 年属景宁县吴坑乡，称吴坑农民协会（行政村），1953 年划归庆元县，1956 年称吴坑农业生产合作社，1958 年称吴坑生产队，1961 年称吴坑大队，1984 年复称吴坑行政村，设村民委员会，属张村乡，1992 年撤区扩镇并乡，仍属张村乡。

吴　坑　Wúkēng　村委会驻地。吴坑，水，发源于吴坑尖东麓。村以水名，聚落呈带状分布。216户，516人。据当地《吴氏宗谱》载，始于宋咸淳六年(1270)吴氏百六公从松坑源第六洋(今福建省松溪县)迁置，现有张伯岱、吴坑岚、银掌岗村民相继迁入。历史遗存有吴氏宗祠、封锁桥。

黄垓洋　Huánggāiyáng　黄垓洋，田片名，村名沿之。位于张村乡政府北3.9千米。聚落呈团块状分布。25户，61人。

【上吴坑村】 Shàngwúkēng Cūn　以驻地得名。位于张村乡政府东3.0千米。东邻山丘村，南接澄湖村，西至吴坑村，北连景宁畲族自治县界。辖1个自然村。65户，171人。土地总面积1.82平方千米，耕地面积577.7亩，林地面积1911.5亩。农林产品有水稻，高山蔬菜、毛竹等。原属吴坑大队，1984年析置，设村民委员会，属张村乡，1992年撤区扩镇并乡，仍属张村乡。

上吴坑　Shàngwúkēng　地处吴坑上游得名。聚落呈团块状分布。同治《景宁县志》卷一:"上吴坑，四都。"

【第五坑村】 Dìwǔkēng Cūn　以驻地得名。位于张村乡政府北4.6千米。东、北与景宁畲族自治县毗连，南接吴坑村，西至百山祖镇黄土洋村。辖2个自然村。57户，134人。土地总面积为97.71公顷，耕地面积119.1亩，林地面积1273.1亩。农林产品有毛竹、锥栗，高山蔬菜等。原属吴坑大队，1984年析置第五坑行政村，设村民委员会，属张村乡，1992年撤区扩镇并乡，仍属张村乡。

第五坑　Dìwǔkēng　村委会驻地。以吴坑尖北麓之水坑序数得名。聚落呈散状分布。51户，120人。

山下坑　Shānxiàkēng　山下坑，水。村以水名。位于张村乡政府以北4.7千米。聚落呈团状分布。6户，14人。

【山丘村】 Shānqiū Cūn　以驻地得名。位于张村乡政府东北2.9千米。东、北与景宁畲族自治县毗连，南接南阳村，西至澄湖村、上吴坑村。辖2个自然村。126户，288人。土地总面积2.17平方千米，耕地面积671.4亩，林地面积2847.9亩。农林产品有香菇、高山蔬菜、吊瓜等。1949年称山丘农民协会(行政村)，属南阳乡。1955年并入张村乡。1956年与澄湖合称湖山农业合作社，1958年称湖山生产队，1961年析称山丘大队，1984年复称山丘行政村，设村民委员会，属张村乡，1992年撤区扩镇并乡，仍属张村乡。

山　丘　Shānqiū　村委会驻地。村名有二说：一、初只有竣七公一家寮棚，种有三丘水田，因名；二、村建在一块隆起的小山丘上，以地形取名。聚落呈散状分布。117户，267人。据当地《苏氏宗谱》载，始于南宋庆元元年(1195)，苏氏竣七公从山头村(今浙江省云和县)迁置。清光绪《庆元县志》卷二:"山丘，二都。"历史遗存有苏氏宗祠。

池　背　Chíbèi　昔名纸焙，谐音得名。位于张村乡政府东北2.5千米。聚落呈团块状分布。9户，21人。清光绪《庆元县志》卷二:"纸焙，二都。"

【西管岚村】 Xīguǎnlán Cūn　以驻地得名。位于乡政府西北3.0千米。东、北邻吴坑村，南接田头村，西至后溪村、金丝岱村。辖1个自然村。90户，224人。土地总面积2.08平方千米，耕地面积 282.6 亩，林地面积 2289.2 亩。农林产品有锥栗、毛竹、吊瓜、香菇等。1949 年属景宁县吴坑乡，称西管岚农民协会(行政村)，1953 年划归庆元县，1956 年与金苏岱、后溪合称金溪农业生产合作社，1958 年称金溪生产队，1961 年称西管岚生产大队，1984 年复称西管岚行政村，设村民委员会，属张村乡，1992 年撤区扩镇并乡，仍属张村乡。

西管岚　Xīguǎnlán　一称洗矿岚。地势高耸，终年山岚萦绕，故名。聚落呈带状分布。据当地《吴氏宗谱》载，始于明万历元年(1573—1620)，吴氏置。同治《景宁县志》卷一："洗矿岚，四都。"

【澄湖村】 Chénghú Cūn　以驻地得名。位于张村乡政府北 1.9 千米。东邻南阳村、山丘村，南接张村村、田头村，西至吴坑村，北连上吴坑村。辖 1 个自然村。123 户，297 人。土地总面积 2.22 平方千米，耕地面积 485.4 亩，林地面积 2036.9 亩。农林产品有水稻，高山蔬菜，吊瓜等。1949 年属景宁县吴坑乡，称澄湖农民协会，1953 年划归庆元县。1956 与山丘合称湖山农业生产合作社，1958 年称澄山生产队，1961 年析称澄湖大队，1984 年复称澄湖行政村，设村民委员会，属张村乡，1992 年撤区扩镇并乡，仍属张村乡。

澄　湖　Chénghú　昔村下有一水潭，清澈如镜，因名。聚落呈团块状分布。据当地《张氏宗谱》载，始于明万历四十年(1612)，张氏从张村迁置。同治《景宁县志》卷一："澄湖，四都。"历史遗存有张氏宗祠、澄湖庙等。

【南阳村】 Nányáng Cūn　以驻地得名。位于张村乡政府东 1.6 千米。东邻丰滩洋村、景宁畲族自治县界，南接联合村，西至张村村、澄湖村，北连山丘村。辖 3 个自然村。326 户，905 人。土地总面积 9.15 平方千米，耕地面积 1057.8 亩，林地面积 11400.6 亩。农林产品有水稻、香菇、黑木耳、高山蔬菜。1949 年属南阳乡，称南阳农民协会(行政村)，1956 年属张村乡，称南阳农业生产合作社，1958 年称南阳生产队，1961 年称南阳大队，1984 年复称南阳行政村，设村民委员会，属张村乡，1992 年撤区扩镇并乡，仍属张村乡。

南　阳　Nányáng　村委会驻地。村坐北朝南，临水而居。《谷梁传》"水北为阳，山南为阳"，故名。聚落呈团块状分布。292 户，811 人。据当地《范氏宗谱》载，始于明万历十五年(1587)，范氏文正公从石板桥(今福建省寿宁县)迁置。清光绪《庆元县志》卷二："南阳，二都。"历史遗存有范氏宗祠、古民居、古墓葬、陈氏宗祠等。

坑　头　Kēngtóu　高踞水坑之源得名。位于张村乡政府东北 4.1 千米。聚落呈散状分布。29 户，81 人。清光绪《庆元县志》卷二："坑头，二都。"2017 年，整村搬迁至松源街道同心新村。

犁担岗　Lídāngǎng　犁担岗，山，村名沿之。位于张村乡政府东北 4.2 千米。聚落呈散状分布。2017 年，整村搬迁至松源街道同心新村。

树脑坑　Shùnǎokēng　树脑坑，水，村以水名。位于乡政府东北 2.7 千米。聚落呈散状分布。

上　堂　Shàngtáng　村旁有座庙，此地形态美丽，寓意天堂得名。位于张村乡政府东 4.5 千米。聚落呈散状分布。2017 年，整村搬迁至松源街道同心新村。

【丰滩洋村】 Fēngtānyáng Cūn　以驻地得名。位于张村乡政府东 3.3 千米。东邻联合村，南与景宁畲族自治县毗邻，西、北与南阳村毗连。辖 2 个自然村。85 户，222 人。土地总面积 2.20 平方千米，耕地面积 150.2 亩，林地面积 2907.8 亩。农林产品有香菇、毛竹、锥栗、高山蔬菜等。原属南阳大队，1984 年析置，设村民委员会，属张村乡，1992 年撤区扩镇并乡，仍属张村乡。

丰滩洋 Fēngtānyáng 村委会驻地。一称风滩洋。昔田片名，村名沿之。聚落呈团块状分布。54 户，141 人。有清代古民居。

丰　滩 Fēngtān 地处南阳溪西岸，原系洪水冲成之溪滩，故名。位于张村乡政府东 4.2 千米。聚落呈团块状分布。31 户，81 人。

【联合村】 Liánhé Cūn 以驻地得名。因最初是由 6 个自然村组成，故名。位于张村乡政府东 4.3 千米。东邻左溪镇田坑村、半坑村，南、西接张村村，北连南阳村、丰滩洋村。辖 7 个自然村。172 户，421 人。土地总面积 6.49 平方千米，耕地面积 435.8 亩，林地面积 8808.5 亩，农林产品有香菇、木耳。1949 年属南阳乡，1956 年并张村乡。1958 年始组建生产队。1961 年称联合大队，1984 年改称联合行政村，设村民委员会。2014 年，村委会驻地由上砻迁驻联合，属张村乡，1992 年撤区扩镇并乡，仍属张村乡。

联　合 Liánhé 村委会驻地。以其为联合村驻地得名。聚落呈带状分布。4 户，10 人。1994 年，由岭尾、坑头湾、独田、上砻村民迁置。

上闲砻 Shàngchǔlóng 村委会驻地。相传原是舂米砻谷之地，成村后因之。位于张村乡政府东 3.9 千米。聚落呈团块状分布。54 户，131 人。据当地《范氏宗谱》载，始于清康熙五十九年（1720 年），范义辉从本乡南阳村迁置。2006 年，因受“桑美”台风影响，已整村搬迁至县城同济新村、同德新村、洋墩新居和本乡的联合。

岭　尾 Lǐngwěi 因坐落通往坑头湾的山岭之尾得名。位于张村乡政府东 4.4 千米。聚落呈散状分布。34 户，84 人。2003 年，村民已陆续外迁至本乡的联合等地。

胡　荅 Húdá 胡氏置村，村名因之。位于张村乡政府东 5.4 千米。聚落呈团块状分布。3 户，8 人。

独　田 Dútián 单独一田得名。位于张村乡政府东南 5.4 千米。聚落呈团块状分布。24 户，59 人。2009 年，因受“桑美”台风影响，迁至濛洲街道同济新村和本乡的联合等地。

坑头湾 Kēngtóuwān 坑头湾，水，南阳溪支流之一，村以水名。位于张村乡政府东南 4.4 千米。聚落呈散状分布。35 户，43 人。2009 年，迁至濛洲街道同济新村和本乡的联合等地。

麻竹坪 Mázhúpíng 昔盛长麻竹，村以物名。位于乡政府东南 2.4 千米。聚落呈散状分布。18 户，86 人。2007 年，因受“桑美”台风影响，已整村搬迁至县城同济新村、同德新村等地。

【蔡川村】 Càichuān Cūn 以驻地得名。位于张村乡政府西南 2.8 千米。东邻高洋村，南接松柏湾村，西至贤良镇石川村，北连库山村、岙头村。辖 1 个自然村。121 户，307 人。土地总面积 3.01 平方千米，耕地面积 352.4 亩，林地面积 3034.4 亩。农林产品有水稻、食用菌、高山蔬菜、毛竹等。1949 年属景宁县南阳乡，称蔡川农民协会（行政村），1956 年并张村乡，称蔡川农业生产合作社，1958 年称蔡川生产队，1961 年称蔡川大队，1984 年复称蔡川行政村，设村民委员会，属张村乡，

1992 年撤区扩镇并乡，仍属张村乡。

蔡　川 Càichuān 系蔡二公于明洪武元年(1368)从库头(今浙江省景宁畲族自治县)迁置，因名。今居民多姓陈。聚落呈团块状分布。清光绪《庆元县志》卷二："蔡公，二都。"历史遗存有陈氏宗祠。

【高洋村】 Gāoyáng Cūn 以驻地得名。位于张村乡政府南 3.0 千米。东、北与张村村、岙头村相邻，南接荷地镇杨朗坑村，西至蔡川村。辖 1 个自然村。71 户，157 人。土地总面积 2.70 平方千米，耕地面积 270.6 亩，林地面积 3552.3 亩。农林产品有香菇、毛竹、锥栗和吊瓜等。原属蔡川大队，1984 年析置，设村民委员会，属张村乡，1992 年撤区扩镇并乡，仍属张村乡。

高　洋 Gāoyáng 聚落呈团块状分布。清光绪《庆元县志》卷二："高洋，二都。"

【松柏湾村】 Sōngbǎiwān Cūn 以驻地得名。位于乡政府西南 4.1 千米。东、北邻蔡川村，南接荷地镇杨朗坑村，西至贤良镇石川村。辖 2 个自然村。85 户，225 人。土地总面积 1.26 平方千米，耕地面积 297.3 亩，林地面积 996.0 亩。农林产品有锥栗、毛竹、香榧、吊瓜、高山蔬菜。原属蔡川大队，1984 年析置，设村民委员会，属张村乡，1992 年撤区扩镇并乡，仍属张村乡。

松柏湾 Sōngbǎiwān 村委会驻地。因村后山有大片的柏树和松树得名。聚落呈团块状分布。62 户，164 人。清光绪《庆元县志》卷二："松柏湾，二都。"

金山头 Jīnshāntóu 金氏迁置，故名。位于张村乡政府西南 4.9 千米。聚落呈散状分布。23 户，61 人。

【岙头村】 Àotóu Cūn 以驻地得名。位于乡政府西南 1.7 千米。东邻张村村，南接蔡川村，西至库山村，北连东川村。辖 2 个自然村。144 户，399 人。土地总面积 2.08 平方千米，耕地面积 376.4 亩，林地面积 2259.6 亩。农林产品有水稻、香菇、黑木耳和吊瓜。1949 年称岙头农民协会(行政村)，属景宁县，1953 年划归庆元县，1956 年与库山、东村合称岙头农业生产合作社，1958 年称岙头生产队，1961 年称岙头大队，1984 年复称岙头行政村，设村民委员会，属张村乡，1992 年撤区扩镇并乡，仍属张村乡。

岙　头 àotóu 村委会驻地。地处通往张伯坑一山岙之口得名。聚落沿公路呈带状分布。116 户，322 人。据当地《周氏宗谱》载，始于清乾隆二十五年(1760)，周氏从后溪迁置。同治《景宁县志》卷一："岙头，四都。"历史遗存有文昌阁、古民居、古墓葬等。

张伯坑　张伯坑，水，南阳溪支流之一。村以水名。位于张村乡政府西南 1.4 千米。聚落呈散状分布。28 户，77 人。清光绪《庆元县志》卷二；"张伯坑，二都。"

【东川村】 Dōngchuān Cūn 以村委会驻地东村地处南阳溪东岸，溪谷宽阔，坦然平川而得名。位于张村乡政府西 1.0 千米。东邻张村村，南、西接岙头村，北连田头村。辖 1 个自然村。101 户，262 人。土地总面积 1.17 平方千米，耕地面积 335.3 亩，林地面积 886.2 亩。农林产品有毛竹、锥栗，高山蔬菜、吊瓜、香榧、山地西瓜等。原属岙头大队，1984 年析置，因与本县安南乡的东村行政村同名，1984 年 9 月，更名为东川行政村，设村民委员会，属张村乡，1992 年撤区扩镇并乡，仍属张村乡。

东　村　Dōngcūn　村委会驻地。一称中村。以地处南阳溪东岸得名。聚落呈团块状分布。同治《景宁县志》卷一:“中村,四都。”历史遗存有八角殿等。

【库山村】 Kùshān　Cūn　少数民族村。以驻地得名。位于张村乡政府西南 2.5 千米。东邻岙头村,南接蔡川村,西至贤良镇石川村、新村村,北连贤良镇湖池村。辖 1 个自然村。120 户,267 人。土地总面积 2.13 平方千米,耕地面积 374.3 亩,林地面积 2386.7 亩。农林产品有香菇、吊瓜等。原属岙头大队,1984 年析置,设村民委员会,属张村乡,1992 年撤区扩镇并乡,仍属张村乡。

库　山　Kùshān　因古时企望粮钱能有节余而得名,村委会驻地。聚落呈团块状分布。同治《景宁县志》卷一:“库山,四都。”历史遗存有吴氏宗祠。

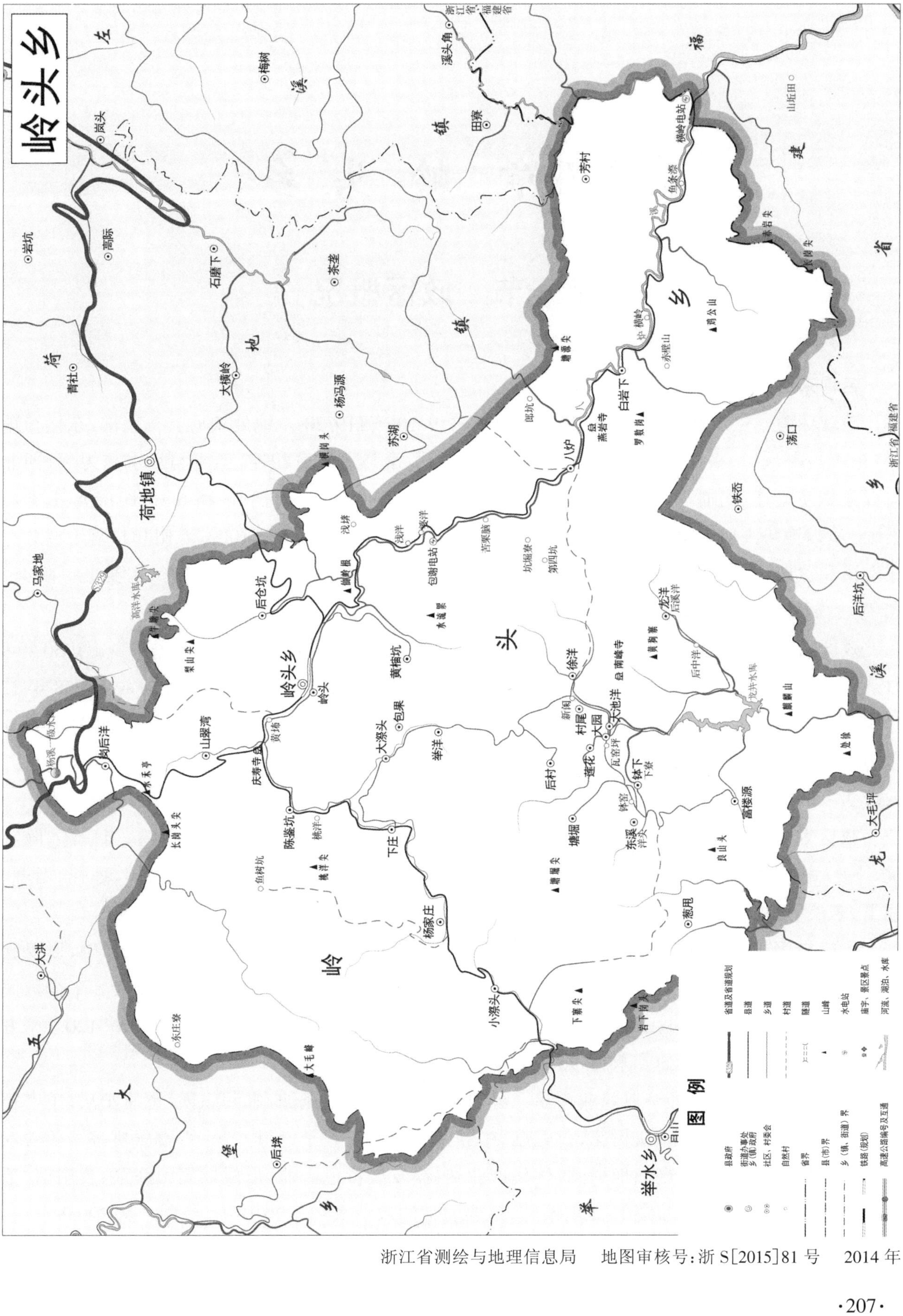

浙江省测绘与地理信息局　地图审核号:浙 S[2015]81 号　2014 年

第十五章　岭　头　乡

第一节　政区概况

名称来历　以乡政府驻地得名。

地理环境　位于北纬27°27′—27°35′，东经119°10′—119°20′。地处庆元县东南部，东接荷地镇，东南与左溪镇、福建省宁德市寿宁县托溪乡接壤，南与龙溪乡相连，西南与举水乡为邻，西北与五大堡乡毗连，北临贤良镇，东北与荷地镇相接。乡政府驻岭头村府前路6号，距庆元县城42千米。境内地势高低错落，峰峦密布，峻岭纵横，山间盆地海拔在600—1000，农田和村落主要分布在沿溪和盆地。属亚热带季风气候，年平均气温14.2℃，年总降水量2232.1毫米，主要集中在4—10月。森林覆盖率为80.4%。

政区沿革　明时属松源乡招贤里。清时属松源乡第一、第二都。民国时属漈东乡。1950年9月从荷黄乡划出岭头村及漈东乡的杨家庄等村设立岭头乡。1956年3月漈东乡并入。1958年12月称岭头管理区，属荷地人民公社。1961年12月称岭头人民公社。1984年1月，岭头人民公社分设为岭头、南峰2个乡。1992年5月南峰乡撤销后和苏湖乡的八炉、包谢、芳村、白岩下4个村并入岭头乡。

政区划分　2014年，辖岭头、后仓坑、黄坑、包谢、八炉、白岩下、芳村、山翠湾、岗后洋、陈鉴坑、下庄、杨家庄、小漈头、大漈头、包果、举洋、村尾、徐洋、后村、大池洋、龙洋、大园、莲花、塘堀、钵下、东溪、富楼源、葱甩28个村民委员会；下设90个村民小组。

人口与面积　2014年，辖区有4249户10357人，其中农业人口10170人。总人口中，以汉族为主，达10336人，占99.8%；有壮族、布依族、彝族、侗族、苗族、朝鲜族、白族、土家族8个少数民族，共21人，占0.2%。辖区东西最大距离16.6千米，南北最大距离14.82千米，总面积120.3平方千米，其中耕地1116.17公顷，林地9685.12公顷。

经济状况　岭头乡经济以农业为主。境内气候温和、雨量充沛，水网纵横，土质肥沃，出产稻米、大豆、番薯、木材、香菇、灰树花、杏鲍菇、牛肝菌、茶叶、山苍子、毛棕、吊兰、猕猴桃等。随着农业产业结构不断调整，立足当地资源，优化产业结构，发展特色产业，形成以高山蔬菜、食用菌、毛竹为主导，稻田养鱼、特禽养殖、高山茶叶、锥栗为辅的农业大乡。2010年，粮食产量390.2千克，发展食用菌800万袋，种植高山蔬菜466.7公顷，养殖高山田鲤鱼333.3公顷，抚育锥栗470公顷，抚育毛竹林 548.3 公顷。近年来，以“市级生态精品现代农业示范乡”为依托，不断扩大农业产业生产规模。通过岭头等村茭白种植，徐洋、东溪稻田养鱼，杨家庄、包果特禽养殖，杨家庄、小漈头和山翠湾等村油茶种植的示范基地作用，推进茭白、食用菌和毛竹三大主导产业和稻田养鱼、茶叶、特禽养殖、中草药、锥栗和油茶等六大特色产业发展。2014 年，茭白种植 300 公顷，食用菌种植 230 万段，稻田养鱼 98 公顷，百合种植 34 公顷。新建农民专业合作社 2 家、家庭农场 4 家。投资 8 万元建成占地面积 1000 平方米的官局茭白交易市场。受交通、地形等要素制约，工业发展十分缓慢，多以家庭加工业为主的作坊式生产。2003 年以来，引进工商资本新建小水电 4 座。2014 年，农村经济总收入 259 万元，农民人均纯收入 9730 元，粮食总产量 3807 吨。

社会发展　2014 年，有文化艺术团体 1 个，文化馆（站）1 个，村文化活动中心 11 个，公共图书馆（室）1 个；幼儿园 1 所，小学 1 所，初中 1 所，九年义务教育覆盖率达 100%；各级医疗卫生机构 5 个。村村通电网、电话、有线电视、自来水。农村安全饮用水普及率 100%，农村卫生厕所普及率 97.5%。岭荷线、岗双线等 4 条县道穿境。2012 年 12 月 24 日，环境保护部授予岭头乡 2010—2011 年度国家级生态乡镇称号。

名胜旅游　境内有省级文物保护单位庆元廊桥组成之一杨家庄村护龙桥；县级文物保护单位南峰寺、包果桥等 6 处；八炉村胡氏宗祠、会龙亭桥等古建筑和近现代重要史迹及代表性建筑 37 处；杨家庄银坑洞、龙洋银矿洞等古遗址 4 处。景点有龙井电站水库。

第二节　村及居民点

【岭头村】 Lǐngtóu Cūn　以驻地得名。东邻包谢村、荷地镇漈面村，南至黄榅坑村、包果村，西接大漈头村、陈鉴坑村，北连山翠湾村、后仓坑村。辖 2 个自然村。230 户，746 人。土地总面积 46.47 平方千米，耕地面积 912.15 亩，林地面积 4963.35 亩。农林产品有水稻、食用菌、木材、茶叶、锥栗、茭白、毛竹等。1949 年与后仓坑并称岭头农民协会（行政村），1951 年分出后仓坑自立农会，1956 年与后仓坑并称旭日农业生产合作社。1958 年又析称岭头生产队，1961 年称岭头大队，1984 年复称岭头行政村，设村民委员会，属岭头乡，1992 年撤区扩镇并乡，仍属岭头乡。

岭　头 Lǐngtóu　乡政府驻、村委会驻地。乡政府、村委会驻地。明称岭头，后称中村，清又复之。其名有二说法：一、地处应岭之上，故名；二、与杨桥村淆误，民谣：“地名怪事出前朝，张冠李戴太蹊跷，杨桥无桥岭上坐，岭头无岭留映桥。”聚落呈团块状分布。据当地《胡氏宗谱》载，始于明洪武元年（1368），胡氏从坑西村迁置。清光绪《庆元县志》卷二：“岭头，二都。”历史遗存有石拱桥、胡氏宗祠和村上桥。村内道路有府前路、原八路、上洋路 1–7 弄、下洋路 1–4 弄。

黄　坾 Huángbù　元置，黄氏肇基得名。位于岭头乡政府西北 0.8 千米。聚落呈散状分布。5 户，16 人。清光绪《庆元县志》卷二：“黄坾，一都。”县道岗双线过境。

【后仓坑村】 Hòucāngkēng Cūn　以驻地得名，位于岭头乡政府东 1.4 千米。东、北邻荷地镇漈面村、荷地村、马家地村，南至岭头村，西接山翠湾村。辖 1 个自然村。77 户，288 人。土地总面积

3.22平方千米，耕地面积680.25亩，林地面积3720.0亩。1949年隶属岭头，1951年分出，1956年并称旭日农业生产合作社，1958年析称后仓坑生产队，1961年称后仓坑大队，1984年改称后仓坑行政村，设村民委员会，属岭头乡，1992年撤区扩镇并乡，仍属岭头乡。

后仓坑 Hòucāngkēng 后仓坑，水，村以水名。聚落呈团块及散状复合型分布。据考始于明崇祯元年（1628），刘氏从荷地镇沿坑村迁置。历史遗存有会堂桥、会龙亭桥。村内道路有溪湾路等。

【大漈头村】 Dàjìtóu Cūn 以驻地得名，位于岭头乡政府西南1.8千米。东邻包果村、举洋村，南至后村村，西接下庄村、杨家庄村，北连陈鉴坑村、岭头村。辖1个自然村。139户，545人。土地总面积7.69平方千米，耕地面积1664.25亩，林地面积7532.85亩。1949年称大漈头农民协会（行政村），1956年与包果、洋头、黄坑合称包果农业生产合作社，1958年隶属包果生产队，1961年析称大漈头大队，1984年复称大漈头行政村，设村民委员会，属岭头乡，1992年撤区扩镇并乡，仍属岭头乡。

大漈头 Dàjìtóu 漈，瀑布，因水得名。聚落呈团块及散状复合型分布。据当地《吴氏宗谱》载，始于明洪武二年（1369），吴氏从大济（濛洲街道）迁置。清光绪《庆元县志》卷二："大漈头，一都。"有交溪桥与蛟龙桥。村内道路有溪沿路等。

【包果村】 Bāoguǒ Cūn 以驻地得名，位于岭头乡政府南1.7千米。东邻黄楮坑村，南至举洋村，西接大漈头村，北连岭头村。辖1个自然村。130户，416人。土地总面积1.75平方千米，耕地面积586.80亩，林地面积940.35亩。1949年称包果农民协会（行政村），1951年与洋头并称包果农会，1956年与大漈头、洋头、黄坑合称包果农业生产合作社，1958年称包果生产队，1961年析称包果大队，1984年复称包果行政村，设村民委员会，属岭头乡，1992年撤区扩镇并乡，仍属岭头乡。

包　果 Bāoguǒ 地处山岙，周山包裹，"裹""果"同音，谐为今名。聚落呈团块及散状复合型分布。据当地《吴氏宗谱》载，始于南宋祥兴二年（1279），吴氏从举溪（今举水乡）迁置。清光绪《庆元县志》卷二："包果，一都。"历史遗存有包果桥。村内道路有中心路、北兴路、学后弄和南洋路。

【黄楮坑村】 Huángzhòukēng Cūn 以驻地得名，位于岭头乡政府南1.7千米。东邻包谢村，南至举洋村，西接包果村，北连岭头村。辖1个自然村。113户，334人。土地总面积2.15平方千米，耕地面积568.50亩，林地面积2298.0亩。农林产品有水稻、食用菌、木材、茶叶、茭白等。1949年称黄楮坑农民协会（行政村），1956年与大漈头、洋头、包果合称包果农业生产合作社，1958年隶属包果生产队，1961年称黄楮坑大队，1984年复称黄楮坑行政村，设村民委员会，属岭头乡，1992年撤区扩镇并乡，仍属岭头乡。

黄楮坑 Huángzhòukēng 黄楮坑，水，八炉溪支流之一，村以水名。聚落呈散状分布。据当地《吴氏宗谱》载，始于明天顺元年（1457），吴氏从举溪（今举水乡）迁置。清光绪《庆元县志》卷二："黄楮坑，一都"。村内道路有新建路、幸福路、前进路、富裕路等。

【举洋村】 Jǔyáng Cūn 以驻地得名，位于岭头乡政府南2.4千米。东邻黄楮坑村，南至徐洋村，西接大漈头村，北连包果村。辖1个自然村。114户，275人。土地总面积0.55平方千米，耕地面积420.45亩，林地面积229.80亩。农林产品有水稻、食用菌、木材、茶叶、茭白等。1949年称洋头农民协会(行政村),1951 年与包果并称包果农会,1956 年与大漈头、包果、黄坑并称包果农业生产合作社,1958 年隶属包果生产队,1961 年析称洋头大队,1981 年改称举洋大队,1984 年复称举洋行政村,设村民委员会,属岭头乡,1992 年撤区扩镇并乡,仍属岭头乡。

举　洋　Jŭyáng　地处包果洋(田片名)上部,俗称包果洋头,因与江根乡洋头大队重名,1981 年更称今名,含"源于举溪,兴于洋头"之意。聚落呈团块状分布。据当地《吴氏宗谱》载,始于明洪武三年(1370),吴氏从举溪(今举水乡)迁置。清光绪《庆元县志》卷二:"洋头,一都。"2007 年始有部分村民迁至濛洲街道同济新村。历史遗存有古遗址银矿洞、蝙蝠洞。村内道路有北洋路、新洋路、南洋路等。

【小漈头村】 Xiăojìtóu　Cūn　以驻地得名,位于岭头乡政府西南 5.8 千米。东邻塘堀村,南至葱甩村,西接举水乡月山村,北连杨家庄村、五大堡乡后垟村。辖 1 个自然村。139 户,530 人。土地总面积 11.12 平方千米,耕地面积 958.20 亩,林地面积 14506.95 亩。农林产品有稻米、木材、香菇、茶叶、山苍子、水果、吊兰等。1949 年称小漈头农民协会(行政村),1956 年与杨家庄、下庄并称云丰农业生产合作社,1958 年隶属云丰生产队,1961 年析称小漈头大队,1984 年复称小漈头行政村,设村民委员会,属岭头乡,1992 年撤区扩镇并乡,仍属岭头乡。

小漈头　Xiăojìtóu　漈:瀑布,因水得名,人口较大漈头少,故以"小"而称之。聚落呈团块状分布。据考始于明天顺年间(1457—1464),陈氏肇基,吴氏于清康熙年间(1662—1722)继入。清光绪《庆元县志》卷二:"小漈头,一都。"历史遗存有水碓楼、际川社、吴氏宗祠、龙凤桥、民居。村内道路有洋心路、官下路等。

【杨家庄村】 Yángjiāzhuāng　Cūn　以驻地得名,位于岭头乡政府西南 4.3 千米。东邻陈鉴坑村、下庄村,南至塘堀村、小漈头村,西、北接五大堡乡后垟村、黄石村、大洪村。辖 3 个自然村。254 户,701 人,土地总面积 14.44 平方千米,耕地面积 1576.50 亩,林地面积 18870.0 亩。农林产品有稻米、木材、香菇、灰树花、茶叶、吊兰、山苍子等。1949 年称杨家庄农民协会(行政村),1956 年与小漈头、下庄并称云丰农业生产合作社,1958 年隶属云丰生产队,1961 年析杨家庄大队,1984 年复称杨家庄行政村,设村民委员会,属岭头乡,1992 年撤区扩镇并乡,仍属岭头乡。

杨家庄　Yángjiāzhuāng　村委会驻地。相传原是一家姓杨者田庄,村名因之。聚落呈团块状分布。223 户,615 人。据考村史较久,从一处水井井壁上刻的"洪武二十八年"(1395)字迹表明,当在元代就有此村。清光绪《庆元县志》卷二:"杨家庄,一都。"历史遗存有护龙桥、银矿洞、镜月庵。村内道路有文明街、松庄路、溪沿路等。

鱼树坑　Yúshùkēng　鱼树坑,水,村名沿之。位于岭头乡政府西 3.3 千米。聚落呈团块状分布。31 户,66 人。村民从杨家庄村迁置。历史遗存有明代摩崖石刻。

东庄寮　Dōngzhuāngliáo　昔为寮棚,故名。位于岭头乡政府西北 6.3 千米。聚落呈点状分布。5 户,20 人,村民从杨家庄迁置。

【下庄村】 Xiàzhuāng　Cūn　位于岭头乡政府西南 2.5 千米。东邻大漈头村,南至后村村、塘堀村,西接杨家庄村,北连陈鉴坑村。辖 1 个自然村。89 户,242 人。土地总面积 1.36 平方千米,耕地面积 455.25 亩，林地面积 1347.60 亩。农林产品有水稻、食用菌、木材、茶叶、茭白等。1949 年称下庄农民协会(行政村)，1956 年与小漈头、杨家庄称云丰农业生产合作社，1958 年称云丰生产队，1961 年析称下庄大队，1984 年复称下庄行政村，设村民委员会，属岭头乡，1992 年撤区扩镇并乡，仍属岭头乡。

下　庄　Xiàzhuāng　原是田庄，分上、下二处，故名下庄。聚落团块及呈带状复合型分布。据当地《吴氏宗谱》载，始于明崇祯二年(1629)，吴氏从举溪(今举水乡)迁置。清光绪《庆元县志》卷二："下庄，一都。"历史遗存有平安社庙。村内道路有岗西路、下东路、黄田路等。

【陈鉴坑村】 Chénjiànkēng Cūn　以驻地得名，位于岭头乡政府西 1.8 千米。东邻岭头村，南至大漈头村，西接杨家庄村，北连山翠湾村。辖 2 个自然村。113 户，338 人。土地总面积 2.65 平方千米，耕地面积 424.65 亩，林地面积 3238.95 亩。农林产品有稻米、香菇、木材、毛竹、茶叶等。1949 年称陈鉴坑农民协会(行政村)，1956 年与山翠湾、岗后洋并称官乐农业合作社，1958 年析称陈鉴坑生产队，1961 年称陈鉴坑大队，1984 年复称陈鉴坑行政村，设村民委员会，属岭头乡，1992 年撤区扩镇并乡，仍属岭头乡。

陈鉴坑　Chénjiànkēng　村委会驻地。陈鉴坑，水，村以水名。聚落呈团块状分布。72 户，222 人。据考始于明代中叶，陈、周二氏肇基；清嘉庆元年(1796)吴氏继入。清光绪《庆元县志》卷二："陈鉴坑，一都。"历史遗存有阙下桥。

桃　洋　Táoyáng　传昔是处桃树林，旁有小片田洋，故名。位于岭头乡政府西 2.0 千米。聚落呈团块状分布。41 户，116 人。据考始于清嘉庆二十五年(1820)，吴氏肇基。历史遗存有民居。

【山翠湾村】 Shāncuìwān Cūn　以驻地得名，位于岭头乡政府西北 2.1 千米。东邻后仓坑村，南至岭头村、陈鉴坑村，西接杨家庄村、五大堡乡大洪村，北连岗后洋村、荷地镇马家地村。辖 1 个自然村。109 户，286 人。土地总面积 5.34 平方千米，耕地面积 576.15 亩，林地面积 7070.25 亩。1949 年称山翠湾农民协会(行政村)，1956 年与陈鉴坑、岗后洋并称官乐农业生产合作社，1958 年析称山翠湾生产队，1961 年称山翠湾大队，1984 年复称山翠湾行政村，设村民委员会，属岭头乡，1992 年撤区扩镇并乡，仍属岭头乡。

山翠湾　Shāncuìwān　原称杉翠湾，同音得名。聚落呈带状分布。据当地《叶氏宗谱》载，始于明成化六年(1470)，叶氏从黄坾迁置。清光绪《庆元县志》卷二："杉翠湾，一都。"历史遗存有庆寿庵。

【岗后洋村】 Gǎnghòuyáng Cūn　以驻地得名，位于岭头乡政府北 3.7 千米。东邻荷地镇马家地村，南至山翠湾村，西、北接五大堡乡大洪村、高大村。辖 1 个自然村。61 户，183 人。土地总面积 3.86 平方千米，耕地面积 233.70 亩，林地面积 5146.20 亩。1949 年称岗后洋农民协会(行政村)，1956 年与陈鉴坑、山翠湾并称官乐农业生产合作社，1958 年析称岗后洋生产队，1961 年称岗后洋大队，1984 年复称岗后洋行政村，设村民委员会，属岭头乡，1992 年撤区扩镇并乡，仍属岭头乡。

岗后洋　Gǎnghòuyáng　因地处横山岗后的田洋中，故名。聚落呈团块状分布。据当地《叶氏宗谱》载，始于清康熙二年(1663)，叶氏从贤良迁置。清光绪《庆元县志》卷二："岗后洋，一都。"有贤康街、岗后路等。

【包谢村】 Bāoxiè Cūn 村委会驻濛洲街道同济新村。以原包谢村(今废)得名。东、北邻荷地镇苏湖村、漈面村，南至徐洋村、八炉村，西接黄榣坑村、岭头村。辖 3 个自然村。87 户，480 人。土地总面积 4.35 平方千米，耕地面积 615.45 亩，林地面积 5263.50 亩。农林产品有稻米、香菇、木材、毛竹、茶叶等。1949 年称包谢农民协会(行政村)，1956 年与苏湖并称苏包农业生产合作社，1958 年称包谢生产队，1961 年称包谢大队，1984 年复称包谢行政村，设村民委员会，属苏湖乡，1992 年撤区扩镇并乡，改属岭头乡。

浅　洋 Qiǎnyáng 原为田片名，村名沿之。位于岭头乡政府东南 3.0 千米。聚落呈团块状分布。1981 年从包谢迁置。2007 年始村民相继迁至濛洲街道同济新村。

婆　洋 Póyáng 原为田片名，村名沿之。位于岭头乡政府东南 3.1 千米。聚落呈团块状分布。1981 年从包谢迁置。2007 年始村民迁至濛洲街道同济新村。

浅　坋 Qiǎnbēn 原为田片名，村名沿之。位于岭头乡政府东 2.8 千米。聚落呈团块状分布。1981 年从包谢迁置。隶属于包谢村。2007 年始村民迁至濛洲街道同济新村。

【八炉村】 Bālú Cūn 以驻地得名。位于岭头乡政府东南 5.7 千米。东邻白岩下村、芳村村，南至龙溪乡荡口村、铁岙村，西接龙洋村、徐洋村，北连包谢村、荷地镇苏湖村。辖 4 个自然村。253 户，898 人，土地总面积 11.73 平方千米，耕地面积 775.35 亩，林地面积 15328.50 亩。农林产品有香菇、高山田螺，毛竹等。1949 年称八炉农民协会(行政村)，1956 年与白岩下、芳村并称炉岩农村生产合作社，1958 年称炉岩生产队，1961 年析称八炉大队，1984 年复称八炉行政村，设村民委员会，属苏湖乡，1992 年撤区扩镇并乡，改属岭头乡。

八　炉 Bālú 村委会驻地。古称双坑，明成化间官府在此设矿炼银，传最盛时有过八座熔炉，后世以炉名村。聚落呈带状分布。据当地《胡氏宗谱》载，始于南宋德祐元年(1275)，胡氏置。明、清设八炉隘。清光绪《庆元县志》卷二：“八炉，一都。”历史遗存有胡氏宗祠、风阁社。村内道路有八一、八二路等。县道岗双线过境。

第四坑 Dìsìkēng 以坐落第四坑(水名)边沿得名。位于岭头乡政府东南 4.6 千米。聚落呈散状分布。39 户，157 人。据传始于清道光初期胡氏从包谢村迁置。

坑堀寮 Kēngkūliáo 原为地片名，村名沿之。位于岭头乡政府东南 4.5 千米。聚落呈点状分布。7 户，33 人。村民从荷地镇黄沙迁置。

苦栗脑 Kǔlìnǎo 村舍建于苦栗树(一种常绿乔木)下，村以物名。位于岭头乡政府东南 4.1 千米。聚落呈点状分布。5 户，26 人。1910 年村民从塘堀迁置。

【芳村村】 Fāngcūn Cūn 以驻地得名，位于岭头乡政府东南 9.4 千米。东邻福建省寿宁县界，南至白岩村，西接八炉村，北连左溪镇田寮村、荷地镇苏湖村。辖 1 个自然村。56 户，184 人。土地总面积 7.53 平方千米，耕地面积 197.85 亩，林地面积 6285.75 亩。农林产品有稻米、木材、香菇、茶叶等。1949 年隶属白岩下，1956—1958 年隶属八炉，1961 年析称芳村大队，1984 年改称芳村行政村，设村民委员会，属苏湖乡，1992 年撤区扩镇并乡，改属岭头乡。

芳　村 Fāngcūn 村境傍山依水，前人曾写有“丛山披翠色，野草斗芳菲”诗句来描绘其秀丽景色，村名亦从中取。聚落呈散状分布。据当地《胡氏宗谱》载，始于清乾隆元年(1736)，胡氏贤一公从岭头迁置。2007 年始村民相继迁至濛洲街道同济新村。

【白岩下村】 Báiyánxià Cūn 以驻地得名，位于岭头乡政府东南，与福建省寿宁县接壤，西接八炉村，北连芳村。辖 4 个自然村。112 户，419 人。土地总面积为 10.51 平方千米，耕地面积 396.75 亩，林地面积 14739.15 亩。农林产品有香菇、高山田螺，毛竹等。香菇、毛竹、粮食、蔬菜等。1949 年与芳村合称白岩下农民协会（行政村），1956 年并八炉称炉岩农业生产合作社，1958 年称白岩下生产队，1961 年称白岩下大队，1984 年复称白岩下行政村，设村民委员会，属苏湖乡，1992 年撤区扩镇并乡，改属岭头乡。

白岩下 Báiyánxià 村后山岩石色洁白，村居其下，故名。聚落呈团块状分布。始于清嘉庆三年(1798)，胡氏从八炉迁置，清光绪《庆元县志》卷二：“白岩下，一都。”2007 年始村民相继迁至濛洲街道同济新村。

横　岭 Hénglǐng 因岭得名。位于岭头乡政府东南 8.3 千米。聚落呈点状分布。清光绪《庆元县志》卷一：“横岭，县东八十里，通寿宁县。” 2007 年始村民相继迁至松源街道同济新村。

鱼条漈 Yútiáojì 村以水名。位于岭头乡政府东南 10.2 千米。聚落呈散状分布。2007 年始村民相继迁至濛洲街道同济新村。

赤壁山 Chìbìshān 村以山名。位于岭头乡政府东南 8.1 千米。聚落呈点状分布。2007 年始村民相继迁至濛洲街道同济新村。

【大池洋村】 Dàchíyáng Cūn 以驻地得名，位于岭头乡政府南 5.2 千米。东邻村尾村，南至龙洋村，西接大园村、钵下村，北连莲花村。辖 1 个自然村。89 户，267 人。土地总面积 1.50 平方千米，耕地面积 284.25 亩，林地面积 1758.90 亩。农林产品有稻米、香菇、茶叶、木材、水果、山苍子、吊兰等。1949 年与大园、莲花、后村合称南峰农民协会(行政村)，1956 年称南峰农业生产合作社，1984 年析置，设村民委员会，属南峰乡，1992 年撤区扩镇并乡，南峰乡并入岭头乡，改属岭头乡。

大池洋 Dàchíyáng 四周山峦屏嶂，田园、本舍围在其中，犹如一口大池，故名。聚落呈团块状分布。据当地《吴氏宗谱》载，始于宋末，早期多以草棚散居。清咸丰六年(1856)，吴氏叔群公从包果迁此后方成村落。原为南峰乡政府驻地。清光绪《庆元县志》卷二：“大池洋，一都。”历史遗存有南峰祠。村内道路有新岭路等。

【徐洋村】 Xúyáng Cūn 以驻地得名，位于岭头乡政府南 4.6 千米。东邻八炉村，南至龙洋村，西接村尾村，北连举洋村。辖 1 个自然村。170 户，505 人。土地总面积 4.0 平方千米，耕地面积 762.30 亩，林地面积 4092.90 亩。农林产品有水稻、食用菌、木材、茶叶、茭白等。1949 年与村尾、后排合称徐洋农民协会（行政村），1956 年起隶属南峰大队，1984 年析置徐洋行政村，设村民委员会，属南峰乡，1992 年撤区扩镇并乡，南峰乡并入岭头乡，改属岭头乡。

徐　洋 Xúyáng 一称前洋。徐坑，水；洋，田洋，融水陆于一名。聚落呈团块状分布。据当地《吴氏宗谱》载，始于清乾隆年间(1736—1795)，吴光十一公从举溪(今举水乡)迁置。清光绪《庆元县志》卷二：“徐洋，一都。”村内道路有中心路等。

【大园村】 Dàyuán Cūn　以驻地得名，位于岭头乡政府南 5.2 千米。东邻龙洋村，南至龙溪乡兰头村，西接富楼源村，北连大池洋村。辖 2 个自然村。50 户，147 人，土地总面积 2.36 平方千米，耕地面积 138.75 亩，林地面积 3299.40 亩。农林产品有稻米、木材、香菇、茶叶、山苍子、水果、吊兰等。原属南峰大队，1984 年析置，设村民委员会，属南峰乡，1992 年撤区扩镇并乡，南峰乡并入岭头乡，改属岭头乡。

大　园 Dàyuán　村委会驻地。一称庵门。聚落呈团块状分布。39 户，107 人。清光绪《庆元县志》卷二："庵门，一都。"历史遗存有螃蟹山陈氏古墓、吉背岗吴氏墓。村内道路有溪沿路等。

瓦窑坪 Wǎyáopíng　瓦窑遗址，故名。位于岭头乡政府南 5.2 千米。聚落呈团块状分布。11 户，40 人。据当地《吴氏宗谱》载，始于清顺治年间（1644—1661），吴氏从举溪（今举水乡）迁置。清光绪《庆元县志》卷二："瓦窑坪，一都。"

【莲花村】 Liánhuā Cūn　以驻地得名，位于岭头乡政府南 5.0 千米。东邻村尾村、大池洋村，南至钵下村，西接塘堀村，北连后村村。辖 1 个自然村。48 户，160 人。土地总面积 0.80 平方千米，耕地面积 308.25 亩，林地面积 436.50 亩。农林产品有稻米、木材、香菇、茶叶、山苍子、水果、吊兰等。原属南峰大队，1984 年析置，设村民委员会，属南峰乡，1992 年撤区扩镇并乡，南峰乡并入岭头乡，改属岭头乡。

莲　花 Liánhuā　村旁有数座小山，形似出水莲花，故名。聚落呈团块状分布。据当地《吴氏宗谱》载，始于清乾隆八年（1743），吴氏从洋头村迁置。清光绪《庆元县志》卷二："莲花，一都。"村内道路有莲花路等。

【后村村】 Hòucūn Cūn　以驻地得名，位于岭头乡政府南 4.4 千米。东邻村尾村，南至莲花村，西接塘堀村，北连举洋村。辖 1 个自然村。45 户，135 人。土地总面积 1.08 平方千米，耕地面积 238.20 亩，林地面积 1082.25 亩。农林产品有水稻、食用菌、木材、茶叶、茭白等。原属南峰大队，1984 年析置，设村民委员会，属南峰乡，1992 年撤区扩镇并乡，南峰乡并入岭头乡，改属岭头乡。

后　村 Hòucūn　因地处大池洋之后而得名。聚落呈散状分布。据当地《吴氏宗谱》载，始于清嘉庆年间（1796—1820），吴氏置。清光绪《吴氏宗谱》卷二："后村，一都。"

【村尾村】 Cūnwěi Cūn　以驻地得名，位于岭头乡政府南 4.7 千米。东邻徐洋村，南至大园村、大池洋村，西接莲花村，北连后村村。辖 2 个自然村。86 户，230 人。土地总面积 1.19 平方千米，耕地面积 432.60 亩，林地面积 614.10 亩。农林产品有水稻、食用菌、木材、茶叶等。1949 年属徐洋农民协会（行政村），1956 年属南峰生产队，1984 年析置行政村，设村民委员会，属南峰乡，1992 年撤区扩镇并乡，南峰乡并入岭头乡，改属岭头乡。

村　尾 Cūnwěi　村委会驻地。地处后村之尾得名。聚落呈团块状分布。68 户，182 人。建于清道光年间（1821—1850），吴氏置。清光绪《庆元县志》卷二："村尾，一都。"村内道路有新建路、中心路等。

新　闲 Xīnchù　以新建房屋而得名。位于岭头乡政府南 4.6 千米。聚落呈团块状分布。18 户，48 人。吴氏置。

【龙洋村】 Lóngyáng Cūn 驻地后溪洋。原称后溪洋村，后因东溪龙井（瀑布）位于其村尾，故更称龙洋村。位于岭头乡政府南6.3千米。东邻八炉村，南至龙溪乡后洋坑村，西接大园村、大池洋村、村尾村，北连徐洋村。辖2个自然村。聚落呈团块状分布。144户，321人。土地总面积4.26平方千米，耕地面积451.80亩，林地面积5413.50亩。农林产品有稻米、木材、香菇、茶叶、山苍子、水果、吊兰等。1949年称后溪洋农民协会（行政村），1956年并称南峰农业生产合作社，1961年称后溪洋大队，1984年改称龙洋行政村，设村民委员会，属南峰乡，1992年撤区扩镇并乡，南峰乡并入岭头乡，改属岭头乡。

后溪洋 Hòuxīyáng 村居委会驻地。因坐落后溪（西溪支流之一）侧畔的田洋中得名。聚落呈团块状分布。127户，256人。据当地《吴氏宗谱》载，始于道光十一年（1831），吴氏从鱼川（今龙溪乡）迁置。

后中洋 Hòuzhōngyáng 村以田片名。位于岭头乡政府南6.8千米。聚落呈团块状分布。17户，65人。

【富楼源村】 Fùlóuyuán Cūn 以驻地得名。位于岭头乡政府南7.6千米。东邻大园村，南至龙溪乡大毛坪村、兰头村，西接举水乡照田村，北连东溪村、钵下村。辖1个自然村。104户，332人，土地总面积4.99平方千米，耕地面积710.10亩，林地面积5547.30亩。农林产品有稻米、木材、香菇、茶叶、山苍子、水果、吊兰等。1949年称富楼源农民协会（行政村），1956年与东溪、钵下、塘堀、葱甩合称东溪农业生产合作社，1958年称东溪生产队，1961年析称富楼源大队，1984年复称富楼源行政村，设村民委员会，属南峰乡，1992年撤区扩镇并乡，南峰乡并入岭头乡，改属岭头乡。

富楼源 Fùlóuyuán 昔村山田多，资源丰富，村民富裕，村中又有一座结构独特的众楼（现已毁于火灾），故名。聚落呈团块状分布。据考始于明万历元年（1573），由吴富四公裔孙吴昌义从举溪（今举水乡）迁置。清光绪《庆元县志》卷二"富楼源，一都。"历史遗存有福龙桥、永安社庙。

【钵下村】 Bōxià Cūn 以钵窑，下寮各取首字得名。位于岭头乡政府南5.9千米。东邻大园村，南至富楼源村，西接东溪村，北连塘堀村、莲花村。辖2个自然村。98户，381人。土地总面积2.39平方千米，耕地面积653.55亩，林地面积2510.10亩。农林产品有稻米、香菇、木材、毛竹、茶叶等。1949年称钵下农民协会（行政村），1956年隶属东溪农业生产合作社，1958年隶属东溪生产队，1961年析称钵下大队，1984年复称钵下行政村，设村民委员会，属南峰乡，1992年撤区扩镇并乡，南峰乡并入岭头乡，改属岭头乡。

钵　窑 Bōyáo 村委会驻地。钵，缸钵，陶器，产陶地得名。聚落呈团块状分布。35户，137人。据考始于清康熙元年（1662）鄢氏从江西南丰县鄢家村迁置。历史遗存有眠牛山吴氏古墓、云峰社庙。村内道路有中心路、溪沿路等。

下　寮 Xiàliáo 传昔系缸钵厂之柴草棚，地处钵窑之下，故名。聚落呈团块状分布。63户，244人。清光绪《庆元县志》卷二："下寮，一都。"

【东溪村】 Dōngxī Cūn 驻地洋头，以东溪片村得名。位于岭头乡政府南6.2千米。东邻钵下村，南至富楼源村，西接葱甩村，北连小漈头村、塘堀村。辖1个自然村。89户，328人。土地总面积 2.79 平方千米，耕地面积 735.45 亩，林地面积 3080.10 亩。农林产品有稻米、木材、香菇、茶叶、山苍子、水果、吊兰等。1949 年称东溪农民协会（行政村），1956 年与钵下、富楼源、葱甩、塘堀合称东溪农业生产合作社，1958 年合称东溪生产队，1961 年析称东溪大队，1984 年复称东溪行政村，设村民委员会，属南峰乡，1992 年撤区扩镇并乡，南峰乡并入岭头乡，改属岭头乡。

洋　头　Yángtóu　村委会驻地。以坐落东溪洋之源头得名。位于岭头乡政府西 3.3 千米。聚落呈团块及散状复合型分布。100 户，339 人，据当地《吴氏宗谱》载，始于清康熙元年（1662），吴氏绅十七公从举溪（今举水乡）迁置。清光绪《庆元县志》卷二：“洋头，一都。”历史遗存有东溪桥、举东桥、吴氏宗祠、烂泥坑亭。村内道路有龙源路 1–5 弄。

【塘堀村】 Tángkū　Cūn　以驻地得名，位于岭头乡政府南 5.0 千米。东邻后村村、莲花村，南至钵下村、东溪村、葱甩村，西接小漈头村，北连杨家庄村、大漈头村。辖 1 个自然村。123 户，392 人。土地总面积 2.72 平方千米，耕地面积 763.80 亩，林地面积 2860.20 亩。农林产品有稻米、蔬菜等。1949 年称塘堀农民协会（行政村），1956 年隶属东溪农业生产合作社，1958 年隶属东溪生产队，1961 年析称塘堀大队，1984 年复称塘堀行政村，设村民委员会，属南峰乡，1992 年撤区扩镇并乡，南峰乡并入岭头乡，改属岭头乡。

塘　堀　Tángkū　地处塘堀尖东麓，因山得名。聚落呈团块状分布。据当地《吴氏宗谱》载，始于清嘉庆二十五年（1820），吴氏置。清光绪《庆元县志》卷二：“塘堀，一都。”村内道路有村头、村尾路。

【葱甩村】 Cōngshuǎi　Cūn　村委会驻濛洲街道同济新村。以原驻地得名。东邻东溪村，南至举水乡照田村，西接月山村，北连小漈头村、塘堀村。辖 1 个自然村。50 户，158 人，土地总面积 2.35 平方千米，耕地面积 221.25 亩，林地面积 3100.35 亩。农林产品有稻米、香菇、木材、毛竹、茶叶等。1949 年称葱甩农民协会（行政村），1956 年隶属东溪农业生产合作社，1958 年隶属东溪生产队，1961 年析称葱甩大队，1984 年复称葱甩行政村，设村民委员会，属南峰乡，1992 年撤区扩镇并乡，南峰乡并入岭头乡，改属岭头乡。

葱　甩　Cōngshuǎi　原村委会驻地。昔名聪贯，后世讹为葱甩。位于岭头乡政府西南 7.6 千米。聚落呈团块状分布。据当地《吴氏宗谱》载，始于清咸丰八年（1858），吴氏从举溪（今举水乡）迁置。清光绪《庆元县志》卷二：“聪甩，一都。”2007 年村民迁至濛洲街道同济新村和松源街道同德新村。

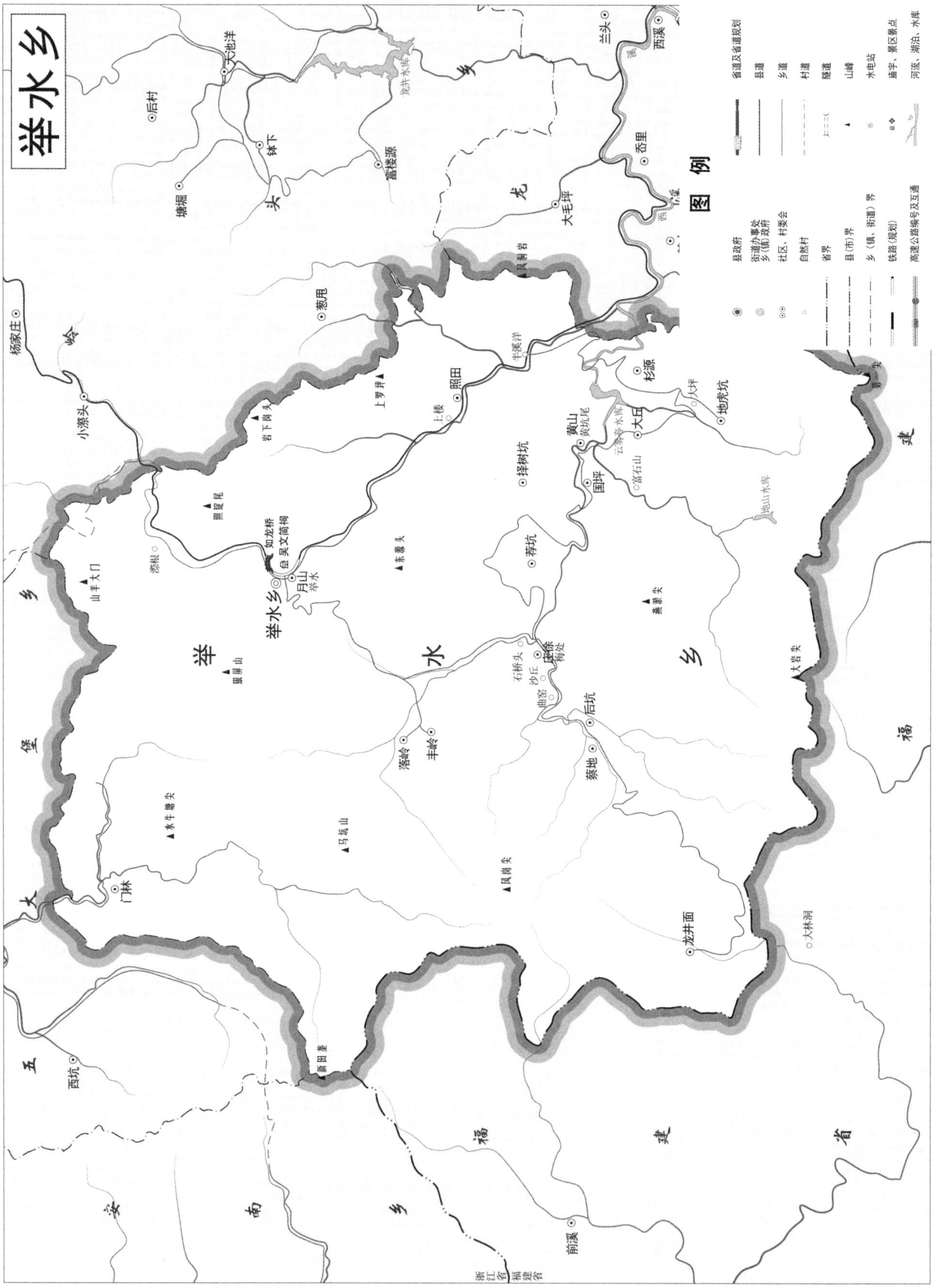

浙江省测绘与地理信息局　地图审核号：浙 S[2015]81 号　2014 年

第十六章　举　水　乡

第一节　政区概况

名称来历　以乡政府驻地得名。

地理环境　位于北纬27°25′—27°31′，东经119°06′—119°12′。地处庆元县南部，东与岭头乡、龙溪乡相邻，南、西南与福建省南平市政和县岭腰乡接壤，西与安南乡相连，西北、北与五大堡乡毗连，东北仍与岭头乡为邻。乡政府驻月山村环月街36号，距庆元县城18千米。地形以山地为主，地势西北高东南低，自北而南渐次迭降。北面以银屏山主峰可俯瞰全乡，往北连绵几千公顷的山林，成为与外界的一道天然屏障。河流除西溪外，尚有山涧小溪多条，沿溪分布有大片河谷盆地，其中落岭洋面积约2平方千米，素有“山顶平原”之称。属亚热带季风性湿润气候，四季分明，温暖湿润，年均气温13.4℃。

政区沿革　明时属松源乡招贤里。清时属松源乡第一都（上管）。民国时属举洋乡。1950年10月分置举水乡、落岭乡。1954年3月并称举水乡。1958年12月称举水管理区，属荷地人民公社。1961年12月称举水人民公社。1984年1月复称举水乡。1992年5月撤区扩镇并乡，保留举水乡。

政区划分　2014年，辖月山、照田、杉源、地虎坑、大丘、黄山、国坪、择树坑、荐坑、门林后、落岭、丰岭、庄徐，蔡地、后坑、龙井面16个村民委员会；下设63个村民小组。

人口与面积　2014年，辖区有2450户6226人，其中农业人口6161人。总人口中，以汉族为主，达6176人，占99.2%；有畲族1个少数民族，共50人，占0.8%。辖区东西最大距离10.2千米，南北最大距离11.6千米，总面积81.2平方千米，其中耕地708.53公顷，林地6623.41公顷。

经济状况　举水乡经济以农业和旅游为主。传统农业主要为种植水稻和香菇。随着农业产业结构调整，把农业综合开发作为振兴农村经济的突破口，培育高山蔬菜、有机茶叶、农业育种和观光农业四大主导产业。2014年，新建了落岭高山蔬菜基地，全乡高山蔬菜基地达3个共38.7公顷；建成20公顷农业观光园区1个；有机茶园3个共36.7公顷、标准化茶叶加工厂2个；锥栗园区4个共366.7公顷，其中346.7公顷通过省级无公害农产品产地认证，166.7公顷通过国家农业部无公害农产品认证）；油茶基地2个；种植高山茭白20公顷，西湖莼菜10公顷，珍稀中药材40公顷；稻田养鱼80公顷。乡村旅游蓬勃发展，2014年，有农家乐11家，日餐饮、住宿接待能力分别达500人和200人。2014年国庆黄金周期间，日均接待游客突破900人次。

年接待游客1.7万人次，旅游收入482.8万元。工业以竹木加工、来料加工为主。2014年，农民人均收入9000元。

社会发展 2014年，有文化馆(站)1个，公共图书室2个，村文化活动中心2个，农家书屋8个；幼儿园1所，小学1所，九年义务教育覆盖率达100%；各类医疗卫生机构1个。村村通电网、电话、有线电视、自来水。农村安全饮用水普及率100%，农村卫生厕所普及率98.5%。参加新型农村医疗保险5904人，参保率95.88%，城乡居民养老保险2690人。2010年3月19日，环境保护部授予举水乡2010年国家生态建设示范区之"全国环境优美乡镇"称号。2014年10月，月山村以其精品生态农业、独特的景观资源和典型的乡土文化荣获农业部颁发的"中国最美休闲乡村——民俗特色村"荣誉。

名胜旅游 境内有全国重点文物保护单位处州廊桥组成部分的如龙桥、来凤桥和步蟾桥；省级重点文物保护单位吴文简祠和庆元廊桥组成部分的白云桥；省级风景名胜区月山村。有荐元塔、举水崖葬群等古建筑和古墓葬21处。景点有杉树王、冰臼等。

第二节 村及居民点

【月山村】 Yuèshān Cūn 驻地举水，因山得名。东邻岭头乡小漈头村、葱甩村，南至照田村、择树坑村、荐坑村、庄徐村，西接落岭村，北连五大堡乡东山后村、后塝村。辖2个自然村。474户，1645人。土地总面积15.10平方千米，耕地面积2515.05亩，林地面积17419.50亩。农林产品有水稻、木材、香菇、茶叶、毛竹等。1949年称举水农民协会(行政村)，1956年称举水农业生产合作社，1958年称月山生产队，1961年称月山大队，1984年改称月山行政村，设村民委员会，属举水乡，1992年撤区扩镇并乡，仍属举水乡。

举　水 Jǔshuǐ 乡政府、村委会驻地。一称举溪。古称东庄，其名源于"举水以发祥于水之更举也"(见《吴氏宗谱》)。聚落呈团块状分布。468户，1621人。据考，吴氏远祖原居越之山阴(今绍兴)，至十二都巡公吴祎(唐大中大夫)遭董昌之乱，与兄吴祛(唐咸通进士，户部尚书，润州刺史)先遁栖括苍白岩(今丽水、青田间)，后卜迁瑞安库村。唐天祐四年(907)，吴祎再从库村徙迁到龙泉县松源乡(今属庆元县)。宋景德元年(1004)，吴翥第十世孙吴伉之子吴诩，年方八岁，随母李氏从松源上仓迁居东庄，成了举水的奠基人。清光绪《庆元县志》卷二："举溪，一都。"有全国重点文物保护单位处州廊桥的如龙桥，省级重点文物保护单位庆元廊桥的来凤桥、白云桥、步蟾桥、吴文简祠，县级文物保护单位云泉寺。先后荣获"中国历史文化名村""中国传统古村落""国家特色景观旅游名村""全国环境优美乡""农村基层文化建设群星奖""中国最美休闲乡村""国家级美丽宜居示范村试点村"等称号。历史遗存有马仙宫、荐元塔；有环月街、逢源街、白云街、胜境路和云泉路等。

漈　根 Jìgēn 以坐落岩漈(瀑布)之麓得名。位于举水乡政府北1.8千米。聚落呈团块状分布。6户，24人。

【地虎坑村】 Dìhǔkēng Cūn 以驻地得名。位于举水乡政府东南 6.6 千米。东邻龙溪乡转水村，南至福建省政和县界，西接大丘村，北连黄山村、杉源村。辖 2 个自然村。77 户，264 人。土地总面积 3.73 平方千米，耕地面积 621.0 亩，林地面积 4647.90 亩。农林产品有稻米、香菇、木材、茶叶等。1949 年与大丘、杉坑并称地杉农民协会（行政村），1958 年称地杉生产队，1961 年按地山尖（山名）改称地山大队，1984 年析置地虎坑行政村，设村民委员会，属举水乡，1992 年撤区扩镇并乡，仍属举水乡。

地虎坑 Dìhǔkēng 村委会驻地。一称豆腐坑。其名含义有二：一、村后有五条山岗，其麓水坑横流，形似五虎伏饮，故名；二、系豆腐坑的谐音。聚落呈散状分布。19 户，63 人。清光绪《庆元县志》卷二："豆腐坑，一都。"

大　坪 Dàpíng 村以地片名。位于举水乡政府东南 6.3 千米。聚落呈散状分布。58 户，201 人。

【杉源村】 Shānyuán Cūn 以驻地得名。位于举水乡政府东南 5.8 千米。东邻龙溪乡交溪村、转水村，南至地虎坑村，西接黄水村、大丘村，北连照田村。辖 1 个自然村。51 户，167 人。土地总面积 1.85 平方千米，耕地面积 369.30 亩，林地面积 2007.90 亩。农林产品有稻米、木材、香菇、锥栗等。原属地山大队，1984 年析置，设村民委员会，属举水乡，1992 年撤区扩镇并乡，仍属举水乡。

杉　源 Shānyuán 原名杉坑。昔为杉木林地，旁有小坑流水，故名。1984 年因与江根乡杉坑同名，更用今名。聚落呈散状分布。始于清嘉庆年间（1796—1820），吴氏从举水迁置。清光绪《庆元县志》卷二："杉坑，一都。"

【大丘村】 Dàqiū Cūn 以驻地得名。位于举水乡政府东南 5.4 千米。东邻地虎坑村、杉源村，南至福建省政和县界，西接国坪村，北连黄山村。辖 1 个自然村。41 户，132 人。土地总面积 1.90 平方千米，耕地面积 306.90 亩，林地面积 2372.25 亩。农林产品有稻米、香菇、木材等。原属地山大队，1984 年析置，设村民委员会，属举水乡，1992 年撤区扩镇并乡，仍属举水乡。

大　丘 Dàqiū 因村后一丘大面积水田得名。聚落呈散状分布。

【黄山村】 Huángshān Cūn 驻地黄坑尾。以下辖黄坑尾、富石山两自然村各取一字得名。位于举水乡政府南 4.7 千米。东邻杉源村，南至大丘村，西接国坪村，北连择树坑村。辖 2 个自然村。41 户，157 人。土地总面积 0.87 平方千米，耕地面积 133.20 亩，林地面积 988.35 亩。农林产品有稻米、香菇、木材等。1949 年与国坪、择树坑、富石山合称国坪农民协会（行政村），1956 年改称炉山农业生产合作社，1958 年称炉山生产队，1961 年称炉山大队，1984 年析置黄山行政村，设村民委员会，属举水乡，1992 年撤区扩镇并乡，仍属举水乡。

黄坑尾 Huángkēngwěi 村委会驻地。以坐落黄坑（水名）之尾得名。位于举水乡政府南 4.7 千米。聚落呈团块状分布。41 户，157 人。

富石山 Fùshíshān 一称磨石山，以盛产磨刀石得名，后因寓意美好，更称为富石山。位于举水乡政府南 5.2 千米。聚落呈散状分布。10 户，38 人。

【国坪村】 Guópíng Cūn 以驻地得名。位于举水乡政府南 4.5 千米。东邻大丘村、黄山村，南至福建省政和县界，西接庄徐村，北连荐坑村、择树坑村。辖 1 个自然村。36 户，122 人。土地总面积 2.72 平方千米，耕地面积 236.70 亩，林地面积 3673.65 亩。农林产品有稻米、木材、香菇等。原属炉山大队，1984 年析置，设村民委员会，属举水乡，1992 年撤区扩镇并乡，仍属举水乡。

国　坪 Guópíng 昔系一山间平地，相传葛氏肇基，故名，“国”与“葛”音近，谐为今名。聚落呈散状分布。清光绪《庆元县志》卷二：“葛坪，一都。”

【择树坑村】 Zéshùkēng Cūn 以驻地得名。位于举水乡政府南 3.7 千米。东邻照田村，南至黄山村、国坪村，西接荐坑村，北连月山村。辖 1 个自然村。94 户，314 人。土地总面积 2.44 平方千米，耕地面积 829.35 亩，林地面积 2059.95 亩。农林产品有水稻、木材、香菇、茶叶、毛竹等。原属炉山大队，1984 年析置，设村民委员会，属举水乡，1992 年撤区扩镇并乡，仍属举水乡。

择树坑 Zéshùkēng 原名泽坑，相传在挖掘房基时，出土许多柞木，“柞”“择”近音，谐为今名。聚落呈散状及带状复合型分布。据考始于清雍正年间（1723—1735），吴氏从举水迁置。清光绪《庆元县志》卷二：“泽坑，一都。”历史遗存有“百年木樨”、交龙桥。

【荐坑村】 Jiànkēng Cūn 以驻地得名。位于举水乡政府南 3.7 千米。东邻择树坑村，南至国坪村，西接庄徐村，北连月山村。辖 1 个自然村。110 户，360 人。土地总面积 3.42 平方千米，耕地面积 706.35 亩，林地面积 3155.85 亩。农林产品有稻米、木材、香菇等。1949 年称荐坑农民协会（行政村），1956 年后属炉山大队，1984 年析置，设村民委员会，属举水乡，1992 年撤区扩镇并乡，仍属举水乡。

荐　坑 Jiànkēng 荐，草荐。昔盛产席草，可制荐席，故名。聚落呈散状及带状复合型分布。据考始于清雍正十一年（1733）吴氏从举水迁置。清光绪《庆元县志》卷二：“荐坑，一都。”历史遗存有吴氏古墓、回山庙。

【落岭村】 Luòlǐng Cūn 以驻地得名。位于举水乡政府西南 2.7 千米。东邻月山村，南至丰岭村，西接福建省政和县界，北连门林村。辖 1 个自然村。302 户，1043 人。土地总面积 15.62 平方千米，耕地面积 1200.90 亩，林地面积 20680.05 亩。农林产品有稻米、木材、香菇、茶叶等。1949 年与丰岭合称落岭农民协会（行政村），1956 年称落岭农业生产合作社，1958 年称落岭生产队，1961 年称丰洋大队，1981 年改称落岭大队，1984 年复称落岭行政村，设村民委员会，属举水乡，1992 年撤区扩镇并乡，仍属举水乡。

落　岭 Luòlǐng 原为片村，系上村、村头、下村、梨树山 4 个自然村的统称。昔名洛岭，因岭得名。聚落呈团块状分布。据当地《吴氏宗谱》载，始于南宋祥兴二年（1279），季氏肇基。今居民多姓吴，系明正统三年（1438）继入之吴氏后裔。清光绪《庆元县志·山川》：“洛岭，县东七十里，崒嵂倚天。”境内平旷开阔，洛岭溪从其腹地穿过。四周山丘多为茶园，所产茶叶独具清香，素有“高山茶叶数落岭”之誉。2009 年建有药材基地，西湖莼菜基地。清光绪《庆元县志》卷二：“洛岭，一都。”历史遗存有吴富四墓、吴氏宗祠。村内道路有村中街、下河路、三柿路等。

【丰岭村】 Fēnglǐng Cūn 以驻地得名。位于举水乡政府西南 2.9 千米。东邻庄徐村，南至蔡地、龙井面村，西接、北连丰岭村。辖 1 个自然村。55 户，194 人，土地总面积 4.44 平方千米，耕地面积 283.95 亩，林地面积 5949.0 亩。农林产品稻米、香菇、木材、茶叶等。原属落岭大队，1984 年析置，设村民委员会，属举水乡，1992 年撤区扩镇并乡，仍属举水乡。

丰 岭 Fēnglǐng 因岭得名，系下村、梨树山 2 个自然村统称。聚落呈团块状分布。清光绪《庆元县志》卷二："下村，一都。"

【门林村】 Ménlín Cūn 以驻地得名。位于举水乡政府西北 4.9 千米。东邻落岭村，南至福建省政和县界，西、北接五大堡乡西坑村、阴头村、东山后村。辖 1 个自然村。33 户，96 人。土地总面积 7.10 平方千米，耕地面积 148.38 亩，林地面积 10251.90 亩。农林产品有稻米、香菇、木材、毛竹等。1949 年属杨楼乡称门林后农民协会（行政村）。1953 年划举水乡。1956 年称门林后农业生产合作社，1958 年称门林后生产队，1961 年改称门林大队，1984 年复称门林行政村，设村民委员会，属举水乡，1992 年撤区扩镇并乡，仍属举水乡。

门 林 Ménlín 一称门楼后，村口原有一座楼桥（廊桥），村居其后，故名，方言"楼""林"音近，谐为今名。聚落呈团块状分布。据当地《杨氏宗谱》载，始于清康熙五年（1666）杨氏置。门林大队建立后起用今名。清光绪《庆元县志》卷二："门楼后，一都。"历史遗存有门楼后桥楼、古庙。

【蔡地村】 Càidì Cūn 以驻地得名。位于举水乡政府西南 4.9 千米。东邻后坑村，南至福建省政和县界，西接龙井面村，北连丰岭村。辖 1 个自然村。102 户，364 人。土地总面积 4.30 平方千米，耕地面积 493.05 亩，林地面积 5284.50 亩。农林产品有稻米、香菇、木材等。1949 年称蔡地农民协会（行政村），1956 年与庄徐并称茶源农业生产合作社，1958 年称茶源生产队，1961 年析建庄徐、蔡后大队，1979 年合称茶源大队，1981 年更称蔡地大队，1984 年复称蔡地行政村，设村民委员会，属举水乡，1992 年撤区扩镇并乡，仍属举水乡。

蔡 地 Càidì 蔡氏肇基，故名。聚落呈带状分布。据考始于清乾隆年间（1736—1795），清光绪《庆元县志》卷二："蔡地，一都。"

【庄徐村】 Zhuāngxú Cūn 以 1961 年建庄徐大队得名，位于举水乡政府南 3.8 千米。东邻荐坑村、国坪村，南至福建省政和县界，西接后坑村、蔡地村，北连丰岭村、落岭村、月山村。辖 4 个自然村。128 户，472 人。土地总面积 5.99 平方千米，耕地面积 1123.5 亩，林地面积 5858.25 亩。农林产品有稻米、香菇、木材、锥栗等。1949 年以庄徐洋田片称庄徐农民协会（行政村），1956 年并蔡地，1961 年分出，1979 年重并，1984 年析置庄徐行政村，设村民委员会，属举水乡，1992 年撤区扩镇并乡，仍属举水乡。

梅 处 Méichù 村委会驻地。梅氏肇基得名。聚落呈带状分布。18 户，80 人。

曲 窑 Qǔyáo 原称窑曲，土改时更用今名。位于举水乡政府南 4.2 千米。聚落呈团块状分布。6 户，19 人。

沙 丘 Shāqiū 村址原为三丘水田，方言"三""沙"音近，谐为今名。位于举水乡政府南 3.9 千米。聚落呈团块状分布。46 户，172 人。

石桥头 Shíqiáotóu 原有石桥一座，村居桥头，故名。位于举水乡政府南 3.5 千米。聚落呈团块状分布。58 户，201 人。

【后坑村】 Hòukēng Cūn 位于举水乡政府西南 4.7 千米。东、北邻庄徐村，南至福建政和县界，西接蔡地村。辖 1 个自然村。68 户，275 人。土地总面积 4.69 平方千米，耕地面积 705.90 亩，林地面积 6081.30 亩。农林产品有稻米、木材、香菇等。原属蔡地大队，1984 年析置，设村民委员会，属举水乡，1992 年撤区扩镇并乡，仍属举水乡。

后　坑　Hòukēng　后坑，水，村以水名。聚落呈带状分布。

【龙井面村】 Lóngjǐngmiàn Cūn　少数民族村。以驻地得名。位于举水乡政府西南 7.4 千米。东邻蔡地村，南、西接福建省政和县界，北连丰岭村。辖 1 个自然村。20 户，40 人。土地总面积 2.45 平方千米，耕地面积 31.05 亩，林地面积 3585.75 亩。农林产品有稻米、香菇、木材、毛竹、茶叶等。原属蔡地大队，1984 年析置，设村民委员会，属举水乡，1992 年撤区扩镇并乡，仍属举水乡。

龙井面　Lóngjǐngmiàn　因村尾有一“龙井”，村居其上得名。聚落呈团块状分布。畲族聚居地。

【照田村】 Zhàotián Cūn　以驻地得名。位于举水乡政府东南 3.5 千米。东邻岭头乡富楼源村、龙溪乡大毛坪村，南至杉源村、龙溪乡交溪村，西接择树坑村，北连月山村、岭头乡葱甩村。辖 3 个自然村。132 户，448 人。土地总面积 4.58 平方千米，耕地面积 923.40 亩，林地面积 5335.055 亩。农林产品有稻米、香菇、木材等。1949 年称照田农民协会（行政村），1956 年并月山农业生产合作社，1958 年隶属月山生产队，1961 年隶属月山大队，1984 年复称照田行政村，设村民委员会，属举水乡，1992 年撤区扩镇并乡，仍属举水乡。

照　田　Zhàotián　村委会驻地。一称醮田。相传这里的地原为宗祠的祭田（俗称醮田），故名。照是“醮”的谐音。聚落呈带状分布。51 户，164 人。据当地《吴氏宗谱》载，始于明嘉靖二十九年（1550），吴三省公从举水迁置。清光绪《庆元县志》卷二：“醮田，一都。”建有东坑小水电站。历史遗存有吴太冲墓。

半溪洋　Bànxīyáng　田野平旷，濒水而居，故名。位于举水乡政府 4.5 千米。聚落呈团块状分布。39 户，126 人。

上　楼　Shànglóu　因聚落楼房地处照田上方，故名。位于举水乡政府南 4.7 千米。聚落呈带状分布。42 户，158 人。

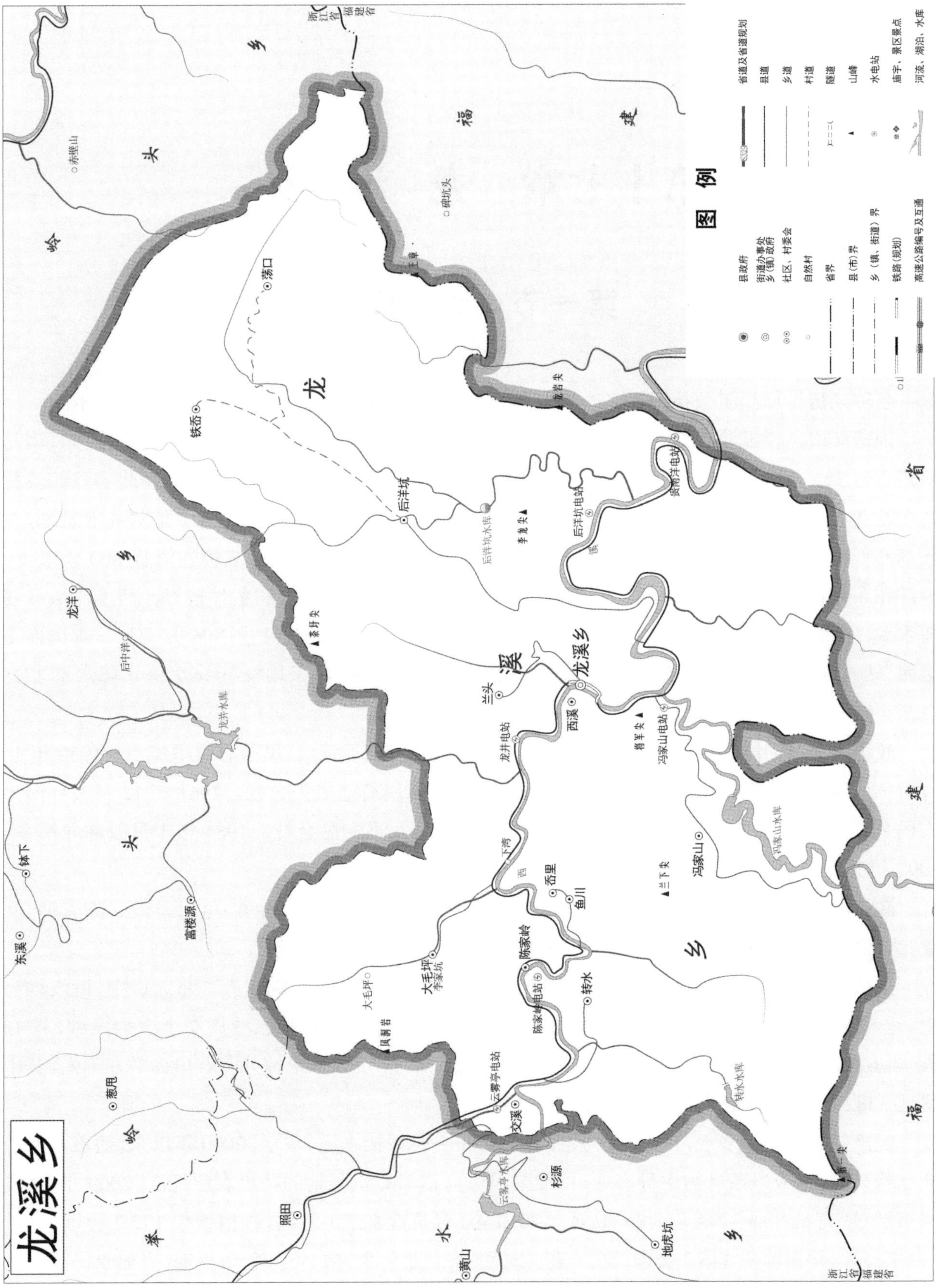

浙江省测绘与地理信息局　地图审核号:浙 S[2015]81 号　2014 年

第十七章 龙 溪 乡

第一节 政区概况

名称来历 原西溪公社因重名改为龙溪公社，后改为龙溪乡，以龙井水入境内西溪得名。

地理环境 位于北纬27°25′—27°29′，东经119°12′—119°18′。地处庆元县南部偏东，东、南与福建省寿宁县下党乡和政和县澄源乡相邻，西与举水乡接壤，北与岭头乡毗连。乡政府驻西溪村凤洋路20号，距庆元县城26.9千米。境内地形为丘陵地貌，海拔570—970米。地势高低悬殊，东北部和西南部有王章山、第一尖等山峰盘踞，峰峦叠嶂，峻岭纵横，相对高程在海拔800米以上。中部和东南部系河谷盆地，有西溪穿流期间，地势低平，气候温和，水利条件较好。西溪流域属赛江水系，发源于岭头乡大毛峰南麓，河道长26千米，水力资源理论蕴藏量2.06万千瓦。有杨梅垄水库、转水水库。属亚热带湿润季风气候，温暖湿润，雨量充沛，年平均气温16.2℃，年降水量1725毫米，年日照时数1918小时，无霜期238天。

政区沿革 明时属松源乡招贤里。清时属松源乡一都(上管)。民国时属举洋乡。1950年10月析称西溪乡，属荷地区。1958年12月称西溪管理区，属荷地人民公社。1961年12月改称西溪人民公社。1981年11月因与丽水西溪公社重名，更名龙溪人民公社。1984年1月改称龙溪乡。1992年5月撤区扩镇并乡，保留龙溪乡。

政区划分 2014年，辖西溪、后洋坑、铁岙、荡口、兰头、冯家山、岙里、鱼川、转水、陈家岭、交溪、大毛坪12个村民委员会；下设53个村民小组。

人口与面积 2014年，辖区有1822户4371人，其中农业人口4323人。总人口中，以汉族为主，达4358人，占99.7%；有畲族、朝鲜族、苗族、壮族、土家族、哈尼族、彝族7个少数民族，共13人，占0.3%。辖区东西最大距离10.0千米，南北最大距离7.38千米，总面积40.2平方千米，其中耕地338.54公顷，林地3062.87公顷。

经济状况 龙溪乡经济以农业为主，传统农业主要种植水稻、香菇。2000年以来，随着农业产业结构调整，形成以茶叶为主导产业，以锥栗、笋竹、稻田养鱼为辅的特色农业经济。2009年，龙溪绿茶通过“有机产品”“绿色食品”认证。2010年，有茶园253.3公顷，种植锥栗172.2公顷，毛竹172.1公顷，稻田养鱼146.7公顷。近年来，按照“茶产业为主，栗、竹、菌、鱼为辅，力促农民多元增收”的发展思路，推进农业主导产业转型升级，拓展产业发展模式，促进农业增效、农民增收。2014

年，加工精品茗优茶 0.7 吨、香茶 58.2 吨，产品远销杭州、上海和北京等大城市，产值 682.3 万元。西溪村食用菌生产基地，生产食用菌 100 万段，总产量 165.5 万段；冯家山高山茭白种植面积 4.33 公顷；稻田放养鱼苗 33.33 公顷，水库放养鱼苗 2 公顷；生猪、黄牛等特色养殖初显成效，年出栏猪、牛共 500 头。2000 年，西溪边贸市场开业，逢农历初三、十八，邻近乡镇群众、八方来客汇集西溪赶集，进行日用品、食品、农副产品、服装、猪仔、鸡鸭、药材、土特产品等商品交易。2014 年，经济总收入 3009.36 万元，人均纯收入 10370 元，同比增长 13.52%。

社会发展　2014 年，有文化艺术团体 2 个文化馆（站）1 个，村文化活动中心 2 个，公共图书馆（室）4 个；幼儿园 1 所，小学 1 所，九年义务教育覆盖率达 100%；各级各类医疗卫生机构 3 个；邮政代办所 1 处，电信服务网点 1 个。村村通电网、电话、有线电视、自来水。农村安全饮用水普及率 100%，农村卫生厕所普及率 97.1%。参加新型农村医疗保险 4218 人，参保率 97.1%。县道官下线过境，通福建省寿宁。

名胜旅游　境内有县级文物保护单位后洋坑村吴氏大祠、吴氏小祠 2 处；西溪村凤山圣殿、冯家山村吴氏宗祠等古建筑和近现代重要史迹及代表性建筑 16 处；大毛坪银矿洞群古遗址 1处。

第二节　村及居民点

【西溪村】 Xīxī Cūn　以驻地得名。东、南至福建省政和县界，西接冯家山村、岙里村，北连兰头村、后洋坑村。辖 1 个自然村。302 户，1045 人。土地总面积 9.06 平方千米，林地面积 10137.0 亩，耕地面积 891.30 亩。农林产品有水稻、香菇、茶叶、锥栗、毛竹等。1949 年称西溪农民协会（行政村），1956 年与兰头并称美满农业生产合作社，1958 年称美满生产队，1961 年析称西溪大队，1984 年复称西溪行政村，设村民委员会，属龙溪乡，1992 年撤区扩镇并乡，仍属龙溪乡。

西　溪　Xīxī　乡政府驻地。村委会驻地。地处西溪东岸，因溪得名。聚落呈团块状分布。据当地《杨氏宗谱》载，始于明成化六年（1470），杨氏置。清光绪《庆元县志》卷二：“西溪，一都。”历史遗留有杨氏宗祠、民居和古建筑凤山圣殿、民居。村内道路有凤祥路 1–5 弄。

【兰头村】 Lántóu Cūn　以驻地得名。位于龙溪乡政府北 0.8 千米。东邻后洋坑村，南、西接西溪村，北连岭头乡富楼源村、大园村。辖 1 个自然村。23 户，69 人。土地总面积 1.54 平方千米，耕地面积 207.45 亩，林地面积 2023.20 亩。农林产品有稻米、木材、毛竹、香菇、锥栗、茶叶等。1949 年称兰头农民协会（行政村），1956 年与西溪并称美满农业生产合作社，1958 年称美满生产队，1961 年析称兰头大队，1984 年复称兰头行政村，设村民委员会，属龙溪乡，1992 年撤区扩镇并乡，仍属龙溪乡。

兰　头　Lántóu　通往西溪之路称兰横路，村居其首，故昔称兰路头，后省称今名。聚落呈团块状分布。始于明永乐十一年（1413）。清光绪《庆元县志》卷二：“兰头，一都。”

【后洋坑村】 Hòuyángkēng Cūn　以驻地得名。位于龙溪乡政府东北 2.3 千米。东邻荡口村，南至福建省寿宁县界，西接西溪村、兰头村，北连铁吉村、岭头乡龙洋村。辖 1 个自然村。238 户，755

人。土地总面积 9.58 平方千米，耕地面积 961.50 亩，林地面积 11841.90 亩，农林产品有稻米、木材、香菇、茶叶等。1949 年称后洋坑农民协会（行政村），1956 年与荡口、铁吉岙合称团结农业生产合作社，1958 年称团结生产队，1961 年称团结大队，1981 年按驻地析称后洋坑大队，1984 年复称后洋坑行政村，设村民委员会，属龙溪乡，1992 年撤区扩镇并乡，仍属龙溪乡。

后洋坑 Hòuyángkēng 后洋坑，水，发源于岭头乡，入西溪，属交溪水系。村以水名。聚落呈散状分布。据当地《吴氏宗谱》载，始于明万历十二年（1584），吴氏置。清光绪《庆元县志》卷二："后洋坑，一都。"有清代古建筑吴氏小祠、永丰庙。

【铁岙村】 Tiěào Cūn 驻地濛洲街道洋墩新居。以原驻地铁岙得名。位于龙溪乡政府东北 4.8 千米。东邻荡口村，南至后洋坑村，西、北连岭头乡龙洋村、八炉村。辖 1 个自然村。20 户，50 人。土地总面积 0.32 平方千米，耕地面积 22.95 亩，林地面积 371.55 亩。农林产品有稻米、香菇、茶叶等。1949 年属苏湖乡，称铁吉岙农民协会（行政村），1956 年划归西溪乡，与后洋坑、荡口合称团结农业生产合作社，1958 年隶属团结生产队，1961 年隶属团结大队，1981 年按驻地析称铁吉岙大队，1984 年复称铁吉岙行政村，设村民委员会，属龙溪乡，1992 年撤区扩镇并乡，仍属龙溪乡，后按驻地省称铁岙村。

铁 岙 Tiěào 铁吉岙，山名，坐落八炉至后洋坑之间，村名因之，后省称铁岙。聚落呈点状分布。据当地《吴氏宗谱》载，始于明弘治七年（1494），吴氏置。现村民已相继迁置濛洲街道洋墩新居和同济新村。

【荡口村】 Dàngkǒu Cūn 村委会驻濛洲街道洋墩新居。以原驻地得名。位于龙溪乡政府 5.0 千米。东、北邻岭头乡白岩下村、八炉村，南至福建省寿宁县界，西接后洋坑村。辖 1 个自然村。37 户，122 人。土地总面积 2.60 平方千米，耕地面积 267.90 亩，林地面积 3129.0 亩。农林产品有稻米、香菇、茶叶等。1949 年称荡口农民协会（行政村），1956 年与后洋坑、铁吉岙称团结农业生产合作社，1958 年隶属团结生产队，1961 年隶属团结大队，1981 年按驻地析称荡口大队，1984 年复称荡口行政村，设村民委员会，属龙溪乡，1992 年撤区扩镇并乡，仍属龙溪乡。

荡 口 Dàngkǒu 一称坦排，田片名，村名因之。聚落呈散状分布。据当地《范氏宗谱》载，始于清乾隆七年（1742），范氏置。现村民已大多外迁。

【冯家山村】 Féngjiāshān Cūn 以驻地得名。位于龙溪乡政府西南 1.7 千米。东邻西溪村，南至福建省政和县界，西接鱼川村，北连岙里村。辖 1 个自然村。156 户，538 人。土地总面积 4.50 平方千米，耕地面积 879.15 亩，林地面积 735.75 亩。农林产品有稻米、木材、毛竹、香菇、茶叶、锥栗等。1949 年称冯家山农民协会（行政村），1956 年称红旗农业生产合作社，1958 年称红旗生产队，1961 年称红旗大队，1981 年按驻地改称冯家山大队，1984 年复称冯家山行政村，设村民委员会，属龙溪乡，1992 年撤区扩镇并乡，仍属龙溪乡。

冯家山 Féngjiāshān 原称蓬家山，方言"蓬""冯"同音，雅为今名。聚落呈团块状分布。据当地《吴氏宗谱》载，始于明崇祯三年（1630），冯氏置，清乾隆年间（1736—1795）吴氏继入。清光绪《庆元县志》卷二："蓬家山，一都。"历史遗存有社庙。有冯赤路、环北路等。

【鱼川村】 Yúchuān Cūn　以驻地得名。位于龙溪乡政府西 2.0 千米。东、南至冯家山村，西接转水村，北连陈家岭村、岙里村。辖 1 个自然村。117 户，444 人。土地总面积 1.88 平方千米，耕地面积 405.0 亩，林地面积 5121.0 亩。农林产品有稻米、木材、茶叶等。1949 年称鱼川农民协会(行政村)，1956 年与大毛坪、陈家岭、云雾亭、转水、岙里合称葫芦农业生产合作社，1958 年称葫芦生产队，1961 年析称鱼川大队，1984 年复称鱼川行政村，设村民委员会，属龙溪乡，1992 年撤区扩镇并乡，仍属龙溪乡。

鱼　川 Yúchuān　一称鱼窟。传昔村下小溪多鱼，村名因之。聚落呈团块状分布。清光绪《庆元县志》卷二："鱼川，一都。"历史遗存有吴氏上祠、吴氏下祠。

【大毛坪村】 Dàmáopíng Cūn　驻地李家坑。以原驻地大毛坪得名。位于龙溪乡政府西北 3.1 千米。东、北邻岭头乡富楼源村，南至岙里村、陈家岭村，西接举水乡照田村。辖 2 个自然村。95 户，311 人。土地总面积 3.32 平方千米，耕地面积 415.20 亩，林地面积 284.66 公顷。农林产品有稻米、木材、毛竹、香菇、茶叶等。1949 年称大毛坪农民协会(行政村)，1956 年与鱼川、陈家岭、云雾亭、转水、岙里合称葫芦农业生产合作社，1958 年称葫芦生产队，1961 年析称大毛坪大队，1984 年复称大毛坪行政村，设村民委员会，属龙溪乡，1992 年撤区扩镇并乡，仍属龙溪乡。

李家坑 Lǐjiākēng　村委会驻地。李家坑，水，西溪支流之一。村以水名。聚落呈团块及散状复合型分布。27 户，57 人。

大毛坪 Dàmáopíng　昔是山坪，常有老虎出没，方言称"虎"为"毛"，故名。位于龙溪乡政府西北 3.5 千米。聚落呈团块状分布。68 户，254 人。据当地《叶氏宗谱》载，始于明建文二年(1400)，叶氏置。清光绪《庆元县志》卷二："大毛坪，一都。"闽东红军游击根据地。历史遗存有明代银矿洞群古遗址。

【交溪村】 Jiāoxī Cūn　以驻地得名。位于龙溪乡政府西 4.0 千米。东邻陈家岭村，南至转水村，西接杉源村，北连大毛坪村、举水乡照田村。辖 1 个自然村。36 户，94 人。土地总面积 0.69 平方千米，耕地面积 63.0 亩，林地面积 793.05 亩。农林产品有稻米、木材、毛竹、锥栗等。原名云雾亭。1949 年称云雾亭农民协会(行政村)，1956 年与鱼川、陈家岭、转水、岙里、大毛坪合称葫芦农业生产合作社，1958 年隶属葫芦生产队，1961 年析称云雾亭大队，1968 年交溪村建成后改称交溪大队，1984 年复称交溪行政村，设村民委员会，属龙溪乡，1992 年撤区扩镇并乡，仍属龙溪乡。

交　溪 Jiāoxī　地处举溪和山坑溪交汇处得名。聚落呈团块状分布。1968 年从云雾亭迁置。

【转水村】 Zhuǎnshuǐ Cūn　以驻地得名。位于龙溪乡政府西 3.0 千米。东邻鱼川村，南至福建省政和县界，西接举水乡杉源村，北连交溪陈家岭村。辖 1 个自然村。62 户，204 人。土地总面积 3.96 平方千米，耕地面积 240.75 亩，林地面积 5121.0 亩。农林产品有稻米、木材、香菇、毛竹等。1949 年称转水农民协会(行政村)，1956 年与大毛坪、陈家岭、云雾亭、鱼川、岙里合称葫芦农业生产合作社，1958 年隶属葫芦生产队，1961 年析称转水大队，1984 复称转水行政村，设村民委员会，属龙溪乡，1992 年撤区扩镇并乡，仍属龙溪乡。

转　水 Zhuǎnshuǐ　溪水从村左流经陈家岭，又从村右迂回，故名。聚落呈团块状分布。据当地《吴氏宗谱》载，始于清顺治七年(1650)，吴氏置。清光绪《庆元县志》卷二："转水，一都。"

【陈家岭村】 Chénjiālǐng Cūn 以驻地得名。位于龙溪乡政府西 2.7 千米。东邻岙里村，南至鱼川村、转水村，西接交溪村，北连大毛坪。辖 1 个自然村。35 户，99 人。土地总面积 0.93 平方千米，耕地面积 177.75 亩，林地面积 957.90 亩。农林产品有稻米、毛竹、茶叶、锥栗等。1949 年称陈家岭农民协会(行政村)，1956 年与鱼川、转水、云雾亭、大毛坪、岙里合称葫芦农业生产合作社，1958 年隶属葫芦生产队，1961 年析称陈家岭大队，1984 年复称陈家岭行政村，设村民委员会，属龙溪乡，1992 年撤区扩镇并乡，仍属龙溪乡。

陈家岭 Chénjiālǐng 村民委员会驻地。因岭得名。聚落呈团块状分布。清光绪《庆元县志·山川》："陈家岭，县东一百二十里，寿宁界。"

【岙里村】 Àolǐ Cūn 以驻地得名。位于龙溪乡政府西 1.9 千米。东邻西溪村，南至冯家山村、鱼川村，西接陈家岭村，北连大毛坪村。辖 2 个自然村。165 户，527 人。土地总面积 1.82 平方千米，耕地面积 546.15 亩，林地面积 1611.0 亩。农林产品有稻米、木材、香菇、毛竹、茶叶等。1949 年称岙里农民协会(行政村)，1956 年与鱼川、转水、云雾亭、陈家岭、大毛坪合称葫芦农业生产合作社，1958 年隶属葫芦生产队，1961 年析称岙里大队，1984 年复称岙里行政村，设村民委员会，属龙溪乡，1992 年撤区扩镇并乡，仍属龙溪乡。

岙　里 Àolǐ 村委会驻地。因地通往鱼川村的一山岙得名。聚落呈团块及散状复合型分布。208 户，514 人。据当地《吴氏宗谱》载，始于明嘉靖九年(1530)，吴氏置。村内道路有吴氏宗祠、村尾庙。

下　湾 Xiàwān 地片，村名因之。位于龙溪乡政府西北 1.8 千米。聚落呈带状分布。20 户，47 人。

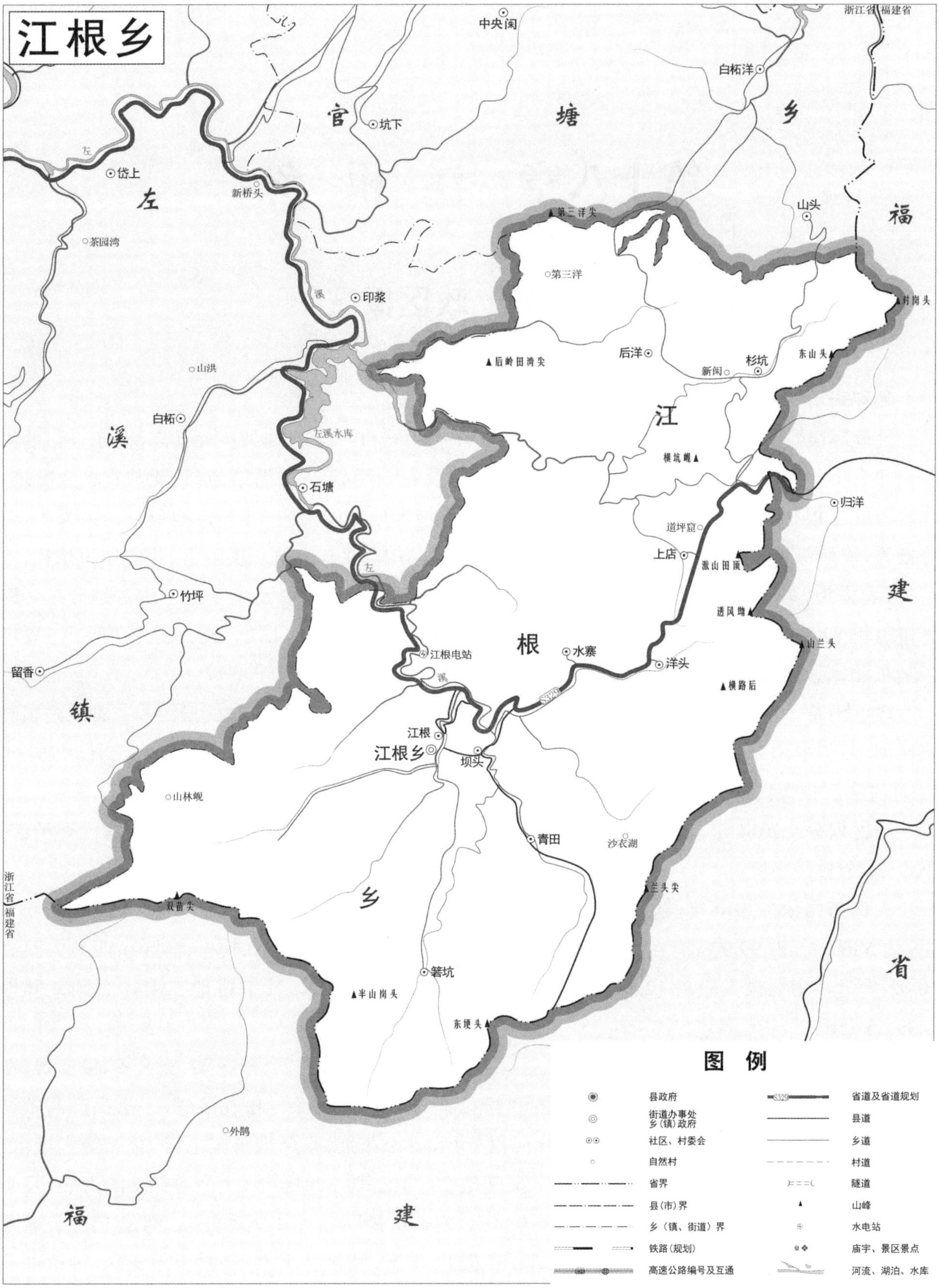

浙江省测绘与地理信息局　地图审核号：浙 S[2015]81 号　2014 年

第十八章　江　根　乡

第一节　政区概况

名称来历　江根乡以乡政府驻地得名。

地理环境　位于北纬27°30′—27°37′，东经119°23′—119°29′。地处庆元县东部，东、南、西南与福建省宁德市寿宁县坑底乡、大安乡、鳌阳镇、托溪乡交界，西与左溪镇为邻，北与官塘乡毗连。乡政府驻江根村中央路8号，距庆元县城39千米。境内地势由南向北倾斜，地形以山地为主，奇峰挺秀，峻岭纵横。南部的白鹤仙岩顶，海拔1505米，为本县"东南第一屏障"。其他如腹蛇林、双苗尖、大林头、第三洋尖诸峰，海拔亦在1300米以上，余脉盘亘全境，至全乡呈中山台地分布。森林覆盖率82.5%。属季风性湿润气候，温暖湿润，年平均气温15.5℃，四季分明，夏凉冬暖。主要风口是东北风和西南风，最大风力可达八级以上。

政区沿革　明景泰三年（1452）由青田县划入，属松源乡向方里。清时属松源乡二都。民国时属江坝、江竹乡。1950年10月析设江根乡。1958年12月称江根管理区，属荷地人民公社。1961年12月改称江根人民公社。1984年1月复称江根乡。1992年5月撤区扩镇并乡，保留江根乡。

政区划分　2014年，辖江根、箬坑、青田、坝头、水寨、洋头、上店、杉坑、后洋9个村民委员会；下设77个村民小组。

人口与面积　2014年，辖区有2272户5863人，其中农业人口5812人。总人口中，以汉族为主，达5860人，占99.9%；有苗、拉祜、佤族3个少数民族，共3人，占0.1%。辖区东西最大距离10.02千米，南北最大距离12.82千米，总面积58.17平方千米，其中耕地524.41公顷，林地4639.56公顷。

经济状况　龙溪乡经济以农业为主。主要经济作物有花菜、香菇、松花菜、美人茭、象茭等，在每个实施村都建立了漂浮育苗基地，创建了"松花菜—玉米""白菜—松花菜"等一批高产高效种植模式。2004年，成立县扶云菜业合作社江根分社，将松花菜、花菇销售至上海、福州等大城市。2010年，开发小竹笋基地55.07公顷，水干果基地20.73公顷。2014年，生产香菇245万袋，反季节高山松花菜复种200公顷，以毛竹抚育为重点，对867公顷毛竹林抚育开发，创建13.3公顷毛竹高效示范基地，新开毛竹林道路1.4千米，修建12千米，硬化2千米；鼓励土地流转，种植油茶85.2公顷；杉坑村成立种养专业合作社，承包流转农田20公顷，稻田养殖泥鳅、高山田螺、高山田鲤鱼等立体养殖，初见成效。2014 年，农民人均收入 9440 元，同比增长 9.9 元。2012 年 12 月 24 日，环境保护部授予江根乡 2010—2011 年度国家级生态乡镇称号。

社会发展　2014 年，有文化艺术团体 1 个，文化站 1 个，村文化活动中心 16 个，公共图书室 17 个；幼儿园 1 所，小学 1 所，九年义务教育覆盖率达 100%；各级各类医疗卫生机构 5 个；农村信用社营业点 1 处。村村通电网、电话、有线电视、自来水。农村安全饮用水普及率 100%，农村卫生厕所普及率 98.2%。参加新型农村医疗保险 4745 人，参保率 95.09%，城乡居民养老保险 2367 人，参保率 47.43%。菊寿(S229)省道过境。环境保护部授予江根乡 2010—2011 年度国家级生态乡镇称号。

名胜旅游　龙溪乡地处浙闽边界，是庆元县的“东大门”。有县级文物保护单位青田庵、坝头吴氏宗祠 2 处；江根村上旁山洋民居、青田村管氏大祠等古建筑和近现代重要史迹及代表性建筑 22 处。

第二节　村及居民点

【江根村】 Jiānggēn Cūn　以驻地得名。东邻坝头村，南至箬坑村、福建省寿宁县界，西、北连左溪镇留香村、竹坪村、石塘村。辖 2 个自然村。479 户，1302 人。土地总面积 13.0 平方千米，耕地面积 1051.35 亩，林地面积 17438.40 亩。农林产品有稻米、木材、毛竹、香菇、茶叶等。1949 年称江根农民协会（行政村），1956 年称江根农业生产合作社，1958 年称江根生产队，1961 年称江根大队，1984 年复称江根行政村，设村民委员会，属江根乡，1992 年撤区扩镇并乡，仍属江根乡。

江　根 Jiānggēn　乡政府驻地。村委会驻地。昔名冈根，方言“冈”“江”同音，谐为今名。聚落呈团块及散状复合型分布。461 户，1231 人。据当地《吴氏宗谱》载，始于明成化二十三年(1487)，吴茂七公从本乡坝头村迁置。清光绪《庆元县志》卷二：“岗根，二都。”历史遗存有清代古建筑胡氏宗祠、凉亭、暗坑桥、古民居。村内道路有中央路。

山林岘 Shānlínxiàn　地处林木茂盛的山岭而得名。位于江根乡政府西 3.3 千米。聚落呈散状分布。18 户，71 人。为全乡最高居民点，常年云雾缭绕。

【箬坑村】 Ruòkēng Cūn　位于江根乡政府南 3.1 千米。东、南、西与福建省寿宁县毗邻，北连青田村、坝头村、江根村。辖 1 个自然村。164 户，532 人。土地总面积 5.48 平方千米，耕地面积 493.65 亩，林地面积 7249.35 亩。农林产品有稻米、木材、毛竹、香菇、茶叶等。1949 年称箬坑农民协会（行政村），1956 年称箬坑农业生产合作社，1958 年称箬坑生产队，1961 年称箬坑大队，1984 年复称箬坑行政村，设村民委员会，属江根乡，1992 年撤区扩镇并乡，仍属江根乡。

箬　坑 Ruòkēng　箬坑，水名，发源于白鹤仙岩顶北麓，经坝头入左溪，村名因之。聚落呈团块及散状复合型分布。据当地《胡氏宗谱》载，始于明洪武年间(1368—1398)，叶氏置，胡氏于清道光二年(1822)从竹坪继入。清光绪《庆元县志》卷二：“箬坑，二都。”历史遗存有吴氏宗祠。

【青田村】 Qīngtián Cūn　以驻地得名。位于江根乡政府东南 1.7 千米。东、南邻福建省寿宁县界，西接箬坑村，北连坝头村。辖 1 个自然村。190 户，586 人。土地总面积 5.13 平方千米，耕地面积 1475.85 亩，林地面积 4768.95 亩。农林产品有稻米、木材、毛竹、香菇、茶叶等。1949 年称青田农民协会（行政村），1956 年与坝头并称庆丰农业生产合作社，1958 年析称青田生产队，1961 年称青田大队，1984 年复称青田行政村，设村民委员会，属江根乡，1992 年撤区扩镇并乡，仍属江根乡。

青　田 Qīngtián 因村周多梯田，禾苗葱郁时，田地间一片青绿，故名。聚落呈团块及散状复合型分布。据当地《管氏宗谱》载，始于北宋熙宁元年（1068），管传三公从龙泉大白岸迁置。村民精木艺，善制曲，闻名遐迩。清光绪《庆元县志》卷二："青田，二都。"历史遗存有管氏小祠、青田庵、水尾桥。

【坝头村】 Bàtóu Cūn 以驻地得名。位于江根乡政府东 0.7 千米。东邻福建省寿宁县界，南至青田村，西接江根村，北连水寨村、洋头村。辖 2 个自然村。239 户，723 人，土地总面积 5.38 平方千米，耕地面积 841.95 亩，林地面积 5614.35 亩。农林产品有稻米、木材、毛竹、香菇、茶叶等。1949 年称坝头农民协会（行政村），1956 年与青田合称庆丰农业生产合作社，1958 年析称坝头生产队，1961 年称坝头大队，1984 年复称坝头行政村，设村民委员会，属江根乡，1992 年撤区扩镇并乡，仍属江根乡。

坝　头 Bàtóu 村委会驻地。昔名坝川，以溪中多水坝见称。聚落呈团块状分布。196 户，582 人。据当地《吴氏宗谱》载，始于北宋建中靖国元年（1101），吴氏始祖从泰顺县漈头村迁置。昔村民多靠石艺为生。清光绪《庆元县志》卷二："坝头，二都。"历史遗存有吴氏宗祠、碇步桥、坝头桥。

沙衣湖 Shāyīhú 昔为沼泽，形似蓑衣，湖名蓑衣湖，后世为便于书写，同音字简之。位于江根乡政府东南 2.7 千米。聚落呈散状分布。43 户，141 人。清乾隆十三年（1748），吴氏起烈从坝头迁置。

【水寨村】 Shuǐzhài Cūn 以驻地得名。位于江根乡政府东北 2.2 千米。东邻上店村、洋头村，南至坝头村，西接左溪镇石塘村，北连后洋村。辖 1 个自然村。153 户，459 人。土地总面积 7.52 平方千米，耕地面积 795.45 亩，林地面积 642.14 亩。农林产品有稻米、木材、毛竹、香菇、茶叶等。1949 年称水寨农民协会（行政村），1956 年与洋头、上店并称水寨农业生产合作社，1958 年析称水寨生产队，1961 年称水寨大队，1984 年复称水寨行政村，设村民委员会，属江根乡，1992 年撤区扩镇并乡，仍属江根乡。

水　寨 Shuǐzhài 四周山峦屏嶂，旧时常为绿林所据，故名。聚落呈团块状分布。据当地《郑氏宗谱》载，始于南宁建炎二年（1128），郑氏置。第三次国内革命战争时期（1945—1949）为闽东游击队驻地。清光绪《庆元县志》卷二："水寨，二都。"有近代建筑郑氏宗祠。

【洋头村】 Yángtóu Cūn 以驻地得名。位于江根乡政府东 3.1 千米。东邻福建省寿宁县界，南至坝头村，西接水寨村，北连上店村。辖 1 个自然村。336 户，884 人。土地总面积 5.18 平方千米，耕地面积 1016.85 亩，林地面积 5186.10 亩。农林产品有稻米、木材、毛竹、香菇、茶叶等。1949 年称洋头农民协会（行政村），1956 年与水寨、上店合称水寨农业生产合作社，1958 年析称洋头生产队，1961 年称洋头大队，1984 年复称洋头行政村，设村民委员会，属江根乡，1992 年撤区扩镇并乡，仍属江根乡。

洋　头 Yángtóu 村委会驻地。地处田洋之首，故名。聚落呈散状分布。据当地《吴氏宗谱》载，始于北宋大观元年（1107），先由郑氏肇基，吴氏于道光二十六年（1846）从湖边洋（今左溪镇）继入。

清光绪《庆元县志》卷二:“洋头，二都。”历史遗存有社庙。村内道路有龙岗路、虎坑路、凤山路。

【上店村】 Shàngdiàn Cūn　以驻地得名。位于江根乡政府东北 4.1 千米。东邻福建省寿宁县界，南至洋头村，西接水寨村，北连后洋村、杉坑村。辖 2 个自然村。172 户，436 人。土地总面积 3.12 平方千米，耕地面积 704.70 亩，林地面积 3199.05 亩。农林产品有稻米、木材、毛竹、香菇、茶叶等。1949 年称上店农民协会(行政村)，1956 年与洋头、水寨并称水寨农业生产合作社，1958 年析称上店生产队，1961 年称上店大队，1984 年复称上店行政村，设村民委员会，属江根乡，1992 年撤区扩镇并乡，仍属江根乡。

上　店　Shàngdiàn　村委会驻地。因坐落通往福建省寿宁县之古道上，旧设有上、下两间店铺，村由上店拓展而成，故名。聚落呈散状分布。169 户，422 人。据当地《吴氏宗谱》载，始于南宋咸淳二年(1266)，吴氏从城内(今松源街道)迁置。清光绪《庆元县志》卷二:“上店，二都。”

道坪窟　Dàopíngkū　村以田片名。位于江根乡政府东北 4.6 千米。聚落呈散状分布。3 户，14 人。

【杉坑村】 Shānkēng Cūn　以驻地得名。位于江根乡政府东北 6.7 千米。东邻福建省寿宁县界，南至上店村，西接后洋村，北连官塘乡山头村。辖 2 个自然村。110 户，336 人。土地总面积为 3.66 平方千米，耕地面积 552.15 亩，林地面积 4376.85 亩。农林产品有稻米、木材、毛竹、香菇、茶叶等。1949 年称杉坑农民协会(行政村)，1956 年与后洋并称联丰农业生产合作社，1958 年析称杉坑生产队，1961 年称杉坑大队，1984 年复称杉坑行政村，设村民委员会，属江根乡，1992 年撤区扩镇并乡，仍属江根乡。

杉　坑　Shānkēng　村委会驻地。杉坑，水名，源于村东北，经印浆入左溪，村临其畔，故名。聚落呈散状分布。98 户，275 人。据当地《周氏宗谱》载，始于明嘉靖二十九年(1550)，周氏置。清光绪《庆元县志》卷二:“杉坑，二都。”历史遗存有周氏宗祠、杉坑桥。

新　闲　Xīnchù　闲，房屋，因新房得名。位于江根乡政府东北 6.5 千米。聚落呈团块状分布。12 户，61 人。

【后洋村】 Hòuyáng Cūn　以驻地得名。位于江根乡政府北 6.2 千米。东邻杉坑村，南至上店村、水寨村，西接左溪镇石塘村、印浆村，北连官塘乡白柘洋村、坑下村。辖 2 个自然村。148 户，490 人。土地总面积 9.66 平方千米，耕地面积 934.20 亩，林地面积 12128.25 亩。农林产品有稻米、木材、毛竹、香菇、茶叶等。1949 年称后洋农民协会(行政村)，1956 年与杉坑并称联丰农业生产合作社，1958 年析称后洋生产队，1961 年称后洋大队，1984 年复称后洋行政村，设村民委员会，属江根乡，1992 年撤区扩镇并乡，仍属江根乡。

后　洋　Hòuyáng　村委会驻地。以坐落田洋之后得名。聚落呈散状分布。132 户，425 人。据当地《郑氏宗谱》载，始于明天顺五年(1461)，郑氏心严公从箬沃(今官塘乡)迁置。清光绪《庆元县志》卷二:“后洋，二都。”

第三洋　Dìsānyáng　村辖区内有三片田洋，以坐落于第三片田洋而得名。位于江根乡政府北 6.9 千米。聚落呈散状分布。人口 16 户，65 人。据当地《胡氏宗谱》载，始于清乾隆四十六年(1781)，胡氏从印浆(今左溪镇)迁置。

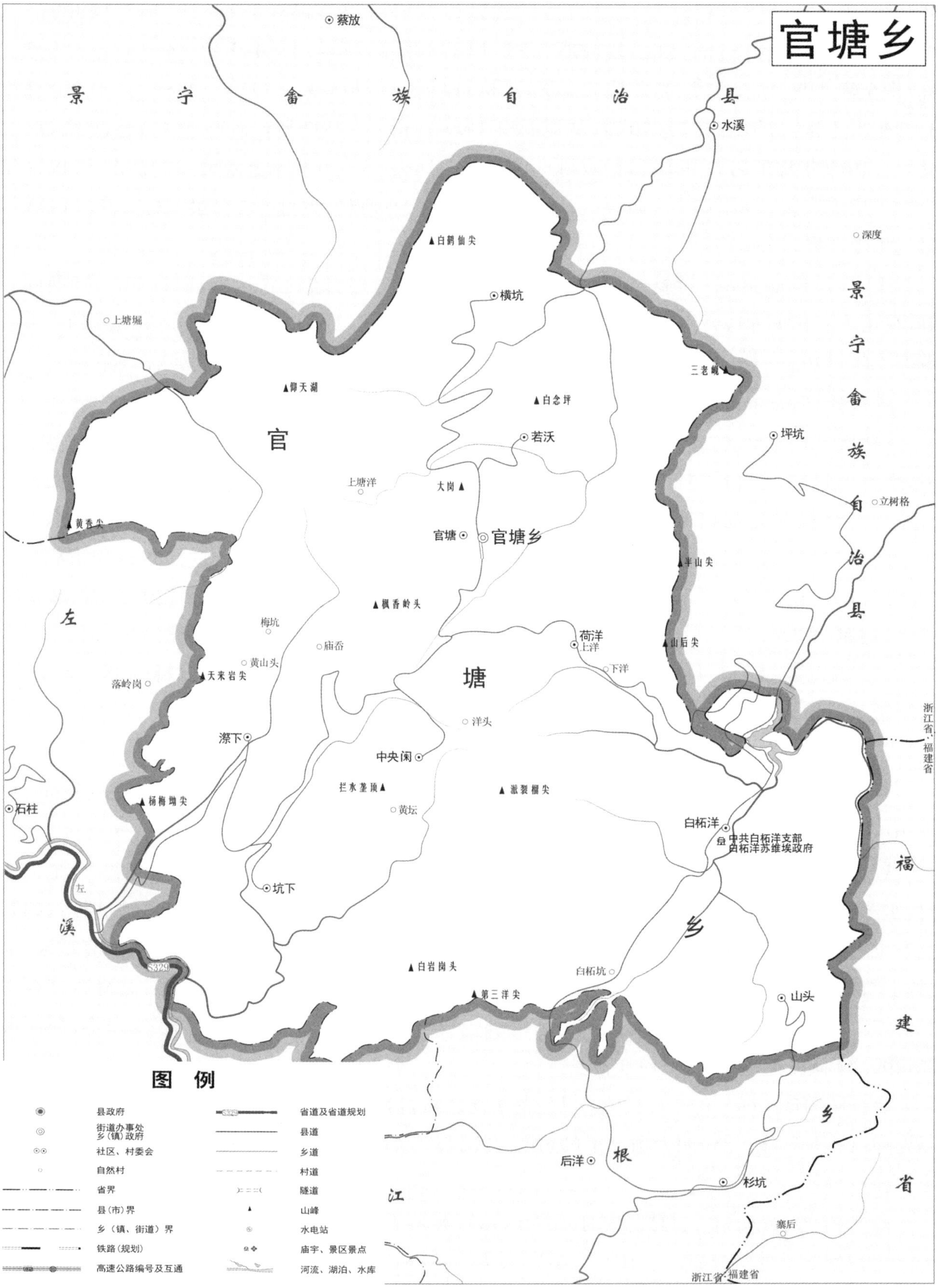

浙江省测绘与地理信息局　地图审核号：浙 S[2015]81 号　2014 年

第十九章　官　塘　乡

第一节　政区概况

名称来历　官塘乡以乡政府驻地得名。

地理环境　位于北纬27°37′—27°51′，东经119°24′—119°29′。地处庆元县东部，东与景宁畲族自治县家地乡、福建省寿宁县坑底乡相邻，南与江根乡接壤，西南、西与左溪镇相连，西北、北与景宁畲族自治县毛垟乡、大地乡毗邻，东北仍连景宁畲族自治县家地乡。乡政府驻官塘村兴塘路6号，距庆元县城40千米。地势高峻，山峦叠嶂，海拔1300米以上的山峰有黄秀尖、仰天湖、三洋尖、黄山尖等，山间盆地海拔均在千米以上，有“庆元高原”之称。森林覆盖率88.8%。河流都是山涧小溪，源于诸山之麓，经左溪或直接流入景宁境内。属亚热带气候，温暖湿润，雨量充沛。由于地形、海拔等因素，垂直气候层次明显，全年平均气温13℃，最高气温为7月，平均气温23℃，最低气温为1月，平均气温0℃。年降水量1161毫米，降水日数196天，年日照时数1728.5小时。

政区沿革　明景泰三年（1452）由青田县划入，属松源乡向方里。清时属松源乡第二都。民国时属嵩洋乡。1951年7月嵩洋乡析置官塘乡，属荷地区。1952年5月属江根区。1956年7月属荷地区。1958年12月称官塘管理区，属荷地人民公社。1961年12月称官塘人民公社。1984年1月复称官塘乡。1992年5月撤区扩镇并乡，官塘乡保留至今。

政区划分　2014年，辖官塘、若沃、横坑、荷洋、白柘洋、山头、中央处、坑下、滁下9个村民委员会；下设35个村民小组。

人口与面积　2014年，辖区有1066户2934人，其中农业人口2909人。总人口中，以汉族为主，达2927人，占99.8%；有布依、侗、拉祜、苗族4个少数民族，共7人，占0.2%。辖区东西最大距离8.2千米，南北最大距离26.30千米，总面积55.7平方千米。其中耕地面积362.2公顷，林地4896.96公顷。

经济状况　官塘乡经济以农业为主，村民一直主要从事务农。传统农作物有水稻、蕃薯和香菇等，受气候、地形等要素制约，农业投入较低，仅维持简单再生产。2002年以来，随着农业产业结构调整，逐渐从单一粮食生产走向多元化经营发展之路，形成香菇、毛竹、蔬菜为主，养殖业为辅的产业格局。2010年，建成高效毛竹示范基地5个，共67公顷，推广竹腔施肥，改造毛竹低产林130公顷，年采伐毛竹10万株，收入稳步提高。近年来，围绕发展抓产业，抓好产业促发展，推动乡域现代农业发展，加快新农村建设。2014 年，标准化生产香菇 260 万段；荷洋村新建高山蔬菜基地 1 个；种植高山冷水茭白 16.75 公顷、高山油茶 80.4 公顷、套种毛豆 31.49 公顷；白柘洋、官塘两村扩种百合 4.02 公顷；建立漈下、白柘洋村 10.05 公顷高效毛竹林园区 2 个，完成白柘洋、荷洋村 2 个 10.05 公顷毛竹林示范基地建设；特色养殖户 50 家，高山生态羊存栏 500 只，菜牛存栏 200 头。受交通、地形等要素条件制约，工业发展十分缓慢，多以家庭加工为主的作坊式生产。2003 年以来，引进工商资本新建小水电 4 座，工业产值稳步提高。2014 年，农业总产值 2405 万元，同比增长 11.23%。农村经济总收入 1790 万元，增长 17.08%。农民人均纯收入 6380 元，增长 12.34%。

社会发展　2014 年，有文化艺术团体 2 个，文化馆(站)1 个，公共图书馆(室)1 个，村文化活动中心 9 个，建筑面积 50 平方米，广播电视站 1 个；幼儿园 1 所，小学 1 所，九年义务教育覆盖率达 100%；各级各类医疗卫生机构 9 个。村村通电网、电话、有线电视、自来水。农村安全饮用水普及率 100%，农村卫生厕所普及率 98.2%。参加新型农村医疗保险 4745 人，参保率 95.09%，城乡居民养老保险 2367 人，参保率 47.43%。县道东桥线过境。

名胜旅游　境内有横坑村叶氏宗祠、普济殿等古建筑和近现代重要史迹及代表性建筑 14 处；庆元第一个党支部——中共白柘洋支部及白柘洋苏维埃政府成立地旧址。主要景点有仰天湖、龙洞和高塘水库等。

第二节　村及居民点

【官塘村】 Guāntáng Cūn　以驻地得名。东邻若沃村、荷洋村，南至中央闲村，西接漈下村、左溪镇黄岗村，北连横坑村、景宁畲族自治县界。辖 2 个自然村。275 户，916 人。土地总面积 14.94 平方千米，耕地面积 1785.0 亩，林地面积 19162.7 亩。农林产品有香菇、高山蔬菜、田鲤鱼等。1949 年称官塘农民协会(行政村)，1956 年称官塘农业生产合作社，1958 年称官塘生产队，1961 年称官塘大队，1984 年复称官塘行政村，设村民委员会，属官塘乡，1992 年撤区扩镇并乡，仍属官塘乡。

官　塘　Guāntáng　乡政府驻地。村委会驻地。昔名双凤洋，明嘉靖八年(1529)村人胡倖中乙丑科进士，官居行人(专司册封、传旨事宜)，在此建造了官邸(今遗址尚存)始称“官堂”，后谐为“官塘”。聚落呈团块及散状复合型分布。254 户，835 人。据考周、郑、胡诸氏于北宋开宝年间(968—976)先后到此肇基。清光绪《庆元县志》卷二：“官塘，二都。”历史遗存有吴氏宗祠、古民居及古墓葬吴氏家族墓群等。村内建有兴塘路、育才路、官塘街。县道东桥线至境。

上塘洋　Shàngtángyáng　原系田片名，村名沿之。位于官塘乡政府西北 1.4 千米。聚落呈散状分布。21 户，81 人。

【若沃村】 Ruòwò Cūn　以驻地得名。位于官塘乡政府北 1.3 千米。东邻景宁畲族自治县界，南、西至官塘村，北连横坑村。辖 1 个自然村。68 户，175 人。土地总面积 4.08 平方千米，耕地面积 217.95 亩，林地面积 5671.20 亩。农林产品有香菇、高山蔬菜、田鲤鱼等。1949 年称若沃农民协会

(行政村)，1956 年称若沃农业生产合作社，1958 年称若沃生产队，1961 年称若沃大队，1984 年复称若沃行政村，设村民委员会，属官塘乡，1992 年撤区扩镇并乡，仍属官塘乡。

若　沃　Ruòwò　昔名若澳。聚落呈散状分布。据考始于明永乐年间(1403—1424)，郑氏从官塘迁置。清光绪《庆元县志》卷二:"箬澳二都。"

【横坑村】 Héngkēng　Cūn　以驻地得名。位于官塘乡政府北 3.0 千米。东、西、北与景宁畲族自治县毗邻，南接若沃村、官塘村。辖 1 个自然村。105 户，360 人。土地总面积 4.21 平方千米，耕地面积 571.50 亩，林地面积 5322.15 亩。农林产品有香菇、高山蔬菜、田鲤鱼等。1949 年称横坑农民协会 (行政村)，1956 年称横坑农业生产合作社，1958 年称横坑生产队，1961 年称横坑大队，1984 年复称横坑行政村，设村民委员会，属官塘乡，1992 年撤区扩镇并乡，仍属官塘乡。

横　坑　Héngkēng　横坑，水，村以水名。聚落呈团块及散状复合型分布。据当地《叶氏宗谱》载，始于元元统元年(1333)，叶氏置。清光绪《庆元县志》卷二:"横坑，二都。"历史遗存有叶氏宗祠、古民居。

【荷洋村】 Héyáng　Cūn 驻地上洋。以片村荷洋得名，传昔村民喜养鹅、鸭，曾称"鹅洋""荷""鹅"近音，谐为今名。位于官塘乡政府东南 1.7 千米。东邻景宁畲族自治县界，南至白柘洋村，西接中央闲村，北连官塘村。辖 2 个自然村。90 户，253 人。土地总面积 4.28 平方千米，耕地面积 697.95 亩，林地面积 5121.30 亩。农林产品有香菇、高山蔬菜、田鲤鱼等。1949 年称荷洋农民协会(行政村)，1956 年称荷洋农业生产合作社，1958 年称荷洋生产队，1961 年称荷洋大队，1984 年复称荷洋行政村，设村民委员会，属官塘乡，1992 年撤区扩镇并乡，仍属官塘乡。

上　洋　Shàngyáng　村委会驻地。坐落荷洋上部得名。聚落呈散状分布。60 户，148 人。据考始于明崇祯三年(1630)，胡氏从官塘迁置。

下　洋　Xiàyáng　坐落荷洋下部得名。位于官塘乡政府东南 2.0 千米。聚落呈团块状分布。30 户，105 人。据考始于明崇祯三年(1630)，胡氏从官塘迁置。

【白柘洋村】 Báizhèyáng　Cūn　以驻地得名。位于官塘乡政府东南 4.2 千米。东、北邻景宁畲族自治县界，南至山头村、江根乡后洋村，西接坑下村、中央闲村、荷洋村。辖 2 个自然村。151 户，407 人。土地总面积 10.37 平方千米，耕地面积 646.05 亩，林地面积 14358.45 亩。农林产品有香菇、笋干、高山蔬菜等。1949 年称白柘洋农民协会(行政村)，1956 年称白柘洋农业生产合作社，1958 年称白柘洋生产队，1961 年称白柘洋大队，1984 年复称白柘洋行政村，设村民委员会，属官塘乡，1992 年撤区扩镇并乡，仍属官塘乡。

白柘洋　Báizhèyáng　村委会驻地。昔称"百只羊"，相传旧时村中某人养羊百只，杀掉一只，仍有百只，日日如此，村名由此谐得。聚落呈团块及散状复合型分布。86 户，302 人。据考始于明崇祯元年(1628)，胡氏从官塘迁置。白柘洋是闽东党组织派中共党员最早进入庆元开展革命活动的地方，也是庆元人民革命的发源地。1933 年 11 月，成立了庆元县第一个红色政权组织——白柘洋村苏维埃政府。1934 年 12 月，建立了庆元县第一个党组织——中共白柘洋村党支部。清光绪《庆元县志》卷二:"白柘洋，二都。"历史遗存有古民居、真仙宝殿。

白柘坑 Báizhèkēng 白柘坑，水，发源于第三洋尖东南麓，村临其畔，因名。位于官塘乡政府南 5.5 千米。聚落呈团块状分布。16 户，59 人。

【山头村】 Shāntóu Cūn 以驻地得名。位于官塘乡政府东南 6.3 千米。东邻景宁畲族自治县界，南至江根乡杉坑村、后洋村，西接、北白柘洋村。辖 1 自然村。21 户，69 人。土地总面积 1.46 平方千米，耕地面积 142.05 亩，林地面积 1808.40 亩。农林产品有香菇、笋干、高山蔬菜等。原属白柘洋农业生产合作社，1958 年析称山头生产队，1961 年称山头大队，1984 年改称山头行政村，设村民委员会，属官塘乡，1992 年撤区扩镇并乡，仍属官塘乡。

山　头 Shāntóu 坐落于山巅而得名。聚落呈散状分布。据考始于明崇祯元年（1628），吴氏从官塘迁置。地处浙闽两省交界，素有“鸡鸣两省”之说。清光绪《庆元县志》卷二：“山头，二都。”

【中央闲村】 Zhōngyāngchù Cūn 以驻地得名。位于官塘乡政府南 2.8 千米。东邻荷洋村，南至坑下村，西接漈下村，北连官塘村。辖 3 个自然村。73 户，191 人。土地总面积 2.69 平方千米，耕地面积 367.35 亩，林地面积 3407.55 亩。农林产品有香菇、高山蔬菜等。1949 年称中央闲农民协会（行政村），1956 年称中央闲农业生产合作社，1958 年称中央闲生产队，1961 年称中央闲大队，1984 年复称中央闲行政村，设村民委员会，属官塘乡，1992 年撤区扩镇并乡，仍属官塘乡。

中央闲 Zhōngyāngchù 村委会驻地。地处官塘、漈下、坑下、荷洋之中心点，故名。聚落呈团块状分布。据当地《吴氏宗谱》载，始于清嘉庆元年（1796），吴氏从坝头（今江根乡）迁置。清光绪《庆元县志》卷二：“中央，二都。”

黄　坛 Huángtán 地片名，村名因之。位于官塘乡政府南 3.4 千米。聚落呈散状分布。13 户，46 人。

洋　头 Yángtóu 地处田洋之上，故名。位于官塘乡政府南 2.2 千米。聚落呈散状分布。9 户，32 人。1978 年村民从中央迁置。

【坑下村】 Kēngxià Cūn 以驻地得名。位于官塘乡政府西南 4.9 千米。东邻白柘洋村，南、西至左溪镇印浆村、石柱村，北连漈下村、中央闲村。辖 1 个自然村。108 户，232 人。土地总面积 8.88 平方千米，耕地面积 666.60 亩，林地面积 12062.55 亩。农林产品有香菇、高山蔬菜、笋干等。1949 年称坑下农民协会（行政村），1956 年称坑下农业生产合作社，1958 年称坑下生产队，1961 年称坑下大队，1984 年复称坑下行政村，设村民委员会，属官塘乡，1992 年撤区扩镇并乡，仍属官塘乡。

坑　下 Kēngxià 地处山坑之下，故名。聚落呈团块状分布。据当地《陈氏宗谱》载，始于清咸丰十年（1860），陈氏置。清光绪《庆元县志》卷二：“坑下，二都。”历史遗存有陈氏宗祠。

【漈下村】 Jìxià Cūn 以驻地得名。位于官塘乡政府西南 3.6 千米。东邻中央闲村，南至坑下村，西接左溪镇石柱村、黄岗村，北连官塘村。辖 4 个自然村。93 户，233 人。土地总面积 4.86 平方千米，耕地面积 338.55 亩，林地面积 6540.15 亩。农林产品有香菇、笋干等。1949 年称漈下农民协会（行政村），1956 年称漈下农业生产合作社，1958 年称漈下生产队，1961 年称漈下大队，1984 年复称漈下行政村，设村民委员会，属官塘乡，1992 年撤区扩镇并乡，仍属官塘乡。

漈　下 Jìxià 村委会驻地。村后有一岩漈(瀑布的俗称),村居其下,因名。聚落呈散状分布。30户,106人。据考始于明初,清嘉庆二十二年(1817),陈氏永置公从黄泥荡(今左溪镇)继入。清光绪《庆元县志》卷二:“漈下,二都。”

梅　坑 Méikēng 梅坑,水,村名因之。位于官塘乡政府西南2.5千米。聚落呈散状分布。14户,52人。

黄山头 Huángshāntóu 因坐落山巅而得名。位于官塘乡政府西南2.9千米。聚落呈团块状分布。12户,43人。

庙　岙 Miào'ào 昔称马岙,传说村旁有匹石马夜里常来田间寻食稻谷,因名,后因地处庙旁,更称庙岙。位于官塘乡政府西南2.2千米。聚落呈散状分布。9户32人。1986年,由黄山头人迁置。

第三编

人工建筑

第一章 交 通

第一节 道 路

【县城】

石龙街 Shílóng Jiē 位于县城中部。原名东西大街，1981 年改称石龙街，因西起石龙山脚得名。东西走向，东起大济路，西至星光路。沿线与横城（南、北）路、云鹤路、松源街相交。长 1560 米，宽 17—20 米。1983 年始建星光路至农业银行段，2000 年从农业银行延伸至大济路。混凝土和柏油路面，混凝土彩砖人行道，人行道树为悬铃木和樟树。沿途经县政府、百大超市、电影院、建设局、中医院等单位。是县城主要的商贸街道。

濛洲街 Méngzhōu Jiē 以庆元县别名“濛洲”得名。东西走向，东起周墩路，西至星光路。沿线与松源街、云鹤路、兴贸路、祥云路、横城南路、大济路相交。长 2680 米，宽 6—30 米。柏油和混凝土路面，花岗岩火烧板人行道，人行道树为樟树。1995 年始建，分三阶段建设，到 2010 年建成。沿途有建设银行、中国银行、公安局、财政局、公共服务中心、市民广场、庆元中学、国际大酒店等单位，为县城区东西向主干道。

横城南路 Héngchéng Nánlù 以横穿县城及处石龙街南侧得名。南北走向，南起菊寿（S329）省道，北至石龙街。沿线与濛洲街、市场路、石龙街相交。长 650 米。宽 9—30 米。2000 年动工建设，2003 年竣工。混凝土路面，花岗岩火烧板人行道，人行道树为樟树。沿途有聚丰佳园、金诚大酒店、市民广场，农业银行等单位。为县城区南北向主干道。

横城北路 Héngchéng Běilù 以横穿县城及处石龙街北侧得名。南北走向，南起石龙街，北至濛洲桥。沿线有横城北路（一、二、三、四）弄。长约 250 米，宽约 10 米。柏油路面。始建于 1984 年。沿途有县新闻中心、司法局、玉田社区等单位。

江滨路 Jiāng bīn Lù 以地处沿松源溪南岸而得名。东西走向，东起石龙街与星光路交汇点，西至阁门岭大桥。沿线与菇源路、希望路等路相交。长 2370 米，宽 15—26 米。1989 年动工建设，1990 年竣工。柏油路面，花岗岩火烧板人行道，人行道树为杨柳、广玉兰、樟树等。沿途经过生态公园、西大桥、北门工业园、污水处理厂等。为县城区江滨风景道路，也是进入县城的主要通道。

大济路 Dàjì Lù 因通往大济而得名。南北走向，南起庆元汽车站，北至县道反洋线。沿线与濛洲街、石龙街、后田街等相交。长 1140 米，宽 6—30 米。混凝土路面，花岗岩火烧板人行道，人行

道树为樟树。沿途经过道路运输管理局、和家园、数字影院等。为县城主要纵向道路。

兴贸路 Xìngmào Lù　沿街多为商铺，有商贸兴盛之意，故名。位于城区中心。1995 年动工建设，1997 年竣工。南北走向，南起云山路，北至石龙街，沿线与霞岥路、濛洲街、市场路等相交。全长 590 米，宽 16—17 米，混凝土路面，混凝土彩砖人行道，人行道树是樟树，沿途经过中国银行、农贸市场等单位。

祥云路 Xiángyún Lù　以古代"濛洲八景"之巾子祥云得名。位于城区中心。1995 年动工建设，1997 年竣工。南北走向，南起菊寿(S329)省道，北至石龙街，沿线与霞岥路、濛洲街、市场路等相交。长 610 米，宽 16 米，混凝土路面，混凝土彩砖人行道，人行道树为樟树，沿途经过聚丰佳园等。

云鹤路 Yúnhè Lù　以道路西侧的云鹤山得名。位于城区中心。1983 年动工建设，2004 年拓宽改造。北至石龙街，沿线与霞岥路、濛洲街、市场路等相交，向南转西至庆元县职业中学，长 770 米，宽 12—15 米，混凝土路面，混凝土彩砖人行道，人行道树为樟树，沿途经过移动公司、县文广新局、人民银行、土管局、信用联社、电信局等单位。

星光路 Xīngguāng Lù　因通往星光而得名。位于星光溪东侧。1984 年动工建设。北起石龙街，西至枭桥，长 1300 米，宽 10—12 米，混凝土路面，混凝土彩砖人行道，人行道树为杜英。沿途经过县卫生局、消防大队、看守所等单位。

菇源路 Gūyuán Lù　以庆元是香菇发源地而得名。位于县城区西面。2002 年动工建设，分阶段建设，2004 年竣工。东西走向，东起西大桥头，西至拱瑞堂，长 1100 米，宽 16—17 米，混凝土路面，混凝土彩砖人行道，人行道树为樟树，沿途经过城关镇派出所、江滨小学等单位。

市场路 Shìchǎng Lù　以道路旁设有农贸市场而得名。位于城区中心。1995 年动工建设，分阶段建设，2004 年竣工。东西走向，东起横城南路，西至云鹤路，全长 570 米，宽约 12 米，混凝土路面，混凝土彩砖人行道，人行道树为樟树、广玉兰，沿途经过县广电局、农贸市场等单位，是县城主要的商贸街道之一。

教场路 Jiāochǎng Lù　以古时该地段设有兵马训练场而得名。位于城区西北部。1991 年动工建设，1992 年竣工。东西走向，东起西桥路，西至新建路，全长 500 米，宽约 17 米，混凝土路面，混凝土彩砖人行道，人行道树为樟树，沿途经过县香菇市场等单位。是县城较早开发建设的街道之一。

新建路 Xīnjiàn Lù　以新建设之路得名，位于城区西北部。1993 年动工建设，1994 年竣工。东西走向，东起濛洲桥，西至阁门岭大桥，沿线分布着新建路一至十弄。全长 3650 米，宽 11—25 米，柏油路面，混凝土彩砖人行道，人行道树为樟树，沿途经过县香菇市场、交警大队等单位。是县城较早开发建设的街道之一。

松源街 Sōngyuán Jiē　因庆元古称松源而得名，位于城区中心。1980 年建成，原名南北大街，1981 年改称松源街，1988 年进行了扩建。南北走向，南起云鹤路，北至新建路，沿线与石龙街、濛洲街相交。长 560 米，宽 10—18 米，柏油路面，混凝土彩砖人行道，人行道树为樟树，沿途经过县交通局，菇城剧院、工贸大楼等单位。是边接城区南北两岸的主要通道。

济川路 Jìchuān Lù　以县古城墙设有济川门而得名。原为小路，2007 年扩建。南北走向，南

起菊寿(S329)省道,北至云鹤路,长330米,宽约18米,混凝土路面,混凝土彩砖人行道,人行道树为樟树。

云山路 Yúnshān Lù 以途经云鹤路和山徐路得名。2004年建成,东西走向,东起菊寿(S329)省道,西至云鹤路,全长390米,宽约13米,混凝土路面,混凝土彩砖人行道,人行道树为樟树,沿途经过早市批发市场。

霞帔路 Xiápèi Lù 以古代"濛洲八景"之"霞帔丽日"得名。1995年建成,东西走向,东起祥云路,西至云鹤路,长380米,宽约15米,混凝土彩砖人行道,人行道树为樟树。

龙洲西路 Lóngzhōuxī Lù 以其连通的石龙街和濛洲街各取一字及所处方位得名。2002年建成,南北走向,南起濛洲街,北至石龙街,长260米,宽约18米,混凝土路面,混凝土彩砖人行道,人行道树为樟树。

龙洲中路 Lóngzhōuzhōng Lù 以其连通的石龙街和濛洲街各取一字及所处方位得名。2004年建成,南北走向,南起濛洲街,北至石龙街,长230米,宽约18米,混凝土路面,混凝土彩砖人行道。

希望路 Xīwàng Lù 以其所处区域内的原希望小学得名。始建于2004年,2007年建成,东西走向,东起江滨路,西至石龙山脚,长340米,宽约15米,混凝土路面,混凝土彩砖人行道。

工业路 Gōngyè Lù 因道路位于北门洋工业园旁,故名。南北走向,北起江滨路,南至石龙山脚,长320米,宽约15米,混凝土路面,混凝土彩砖人行道。

学后路 Xuéhòu Lù 因村而得名。1987年建成,东起松源街,向西转北至西桥路,长550米,宽约8—13米,混凝土路面,混凝土彩砖人行道,沿途经过县人民医院等单位。道路两旁分布着学后路一至四弄。

咏归路 Yǒngguī Lù 因路边有咏归桥,故名。东西走向,东起陵园路,西至菇源路,长300米,宽约3—6米。原为县城与西面乡镇的重要通道,经咏归路直通古道可达屏都、淤上、竹口等乡镇,后因县城改造,咏归路的前段改为江滨路,后段接到菇源路,长度大为缩短,交通的重要性已被菇源路和江滨路替代。道路两旁分布着咏归路一至十三弄。

后田街 Hòutián Jiē 横贯后田片各村得名。1983年由后田老街改建而成,东起福林新村,西接石龙街,长1300米,宽6—9米,人车合流,混凝土路面。

竹坑路 Zhúkēng Lù 南起薰皁桥,北至石龙山,长75米,宽8米,混凝土路面。

金山大道 Jīnshān Dàdào 位于屏都综合新区,取名"金山大道",一是与浙江省"绿水青山就是金山银山"的生态发展思路相吻合,体现庆元生态文明;二是屏都综合新区将是庆元未来经济总量最大的生产地,是庆元一块产金流银之重地;三是"金山大道"犹如一个口号,激励入园企业励精图治,把企业做大做强。长3387米,宽20—52米。2014年建成,混凝土路面。

兴园路 Xìngyuán Lù 位于屏都综合新区,取名兴园路,有振兴屏都综合新区之意。长3068米,宽16米。2014年建成。

翠竹路 Cuìzhú Lù 位于屏都综合新区,竹是高雅、纯洁、虚心、有节的精神文化象征,是君子的化身,又因竹制品产业已成为庆元的特色产业,故取名翠竹路。长678米,宽16米。2014年建成,混凝土路面。

创新路 Chuàngxīn Lù 位于屏都综合新区，创新是企业发展的灵魂，为鼓励企业不断创新，故取名“创新路”。长646米，宽16米。2014年建成，混凝土路面。

创业路 Chuàngyè Lù 位于屏都综合新区，为鼓励入园企业积极创业，取名创业路，体现了屏都综合新区入园企业家们兢兢业业的创业精神。长1272米，宽16米。2014年建成，混凝土路面。

庆元县城区部分巷弄一览表

表3-1-1

名　称	起　点	终　点
东门巷	东起云鹤路	西至松源街
宅东巷	北起下宅巷	南至下宅巷
上仓巷	北起府后街	南至宅南巷
宅南巷	东起下宅巷	南至云鹤路
弦歌坊巷	北起石龙街	西至星光路
苏公桥巷	北起后田街	东至大济路
梧桐巷	南起后田街	西至姚家巷
大坂洋巷	北起后田街	南至大坂洋
牌坊弄	东起弦歌坊巷	西至星光路
百岁弄	南起城北路	北至石龙山
下吾井弄	西起弦歌坊巷	南至濛洲街
水门弄	南起弦歌坊巷	北至星光路
山根弄	南起城北路	西至石龙山
廊下弄	东起城北路	西至石龙山
春牛弄	南起后田街	北至溪沿路
锦水弄	北起后田街	南至大坂洋
解放弄	东起姚家巷	北至溪沿路
林堂弄	南起后田街	北至溪沿路
书堂坪弄	北起后田街	南至大坂洋
黄下楼弄	南起后田街	北至溪沿路
登云弄	东起江滨路	西至会堂弄
会堂弄	南起城北路	西至石龙山

【屏都街道】

八都中心街 Bādū Zhōngxīn Jiē 位于八都村中心，故名。东西走向，东起八都大桥路，西至八都大街，长 700 米，宽 8 米。1989 年，受洪灾后扩建为中心街，1996 年建成，混凝土路面。

八都大街 Bādū DàJiē　位于八都北侧，为菊寿（S329）省道经过八都的部分路段。东西走向，东起庆元林场，西至菊水村，长约 1200 米，宽约 12 米。1990 年拓建，混凝土路面。

【黄田镇】

东西村中心街 Dōngxīcūn Zhōngxīn Jiē　位于东西村中心，故名。南北走向，北起龙后（S229）省道，南至大坑村路口，长约 1000 米，宽约 24 米，混凝土路面。始建于 1995 年，2005 年建成。沿途有黄田镇政府、派出所、邮政、司法所、幼儿园、浙江可信竹木有限公司。

曹岭老街 Cáolǐng LǎoJiē　位于曹岭村旧区域，故名。长 1200 米，宽 5 米。1992 年进行硬化。

【荷地镇】

荷地街 Hēdì Jiē　道路为菊寿（S329）省道经过荷地村的部分路段，故名。南北走向，道路分为街南和街北。长约 1500 米，宽 12 米，1973 年建成。柏油路面。沿途经村委会、原供销社、车站、信用社、粮管所、派出所、镇政府、土管所、邮政、电信、供电所、荷地小学、广电站、荷地中学、养路站、路政队。

【左溪镇】

左溪机关路 Zuǒxī Jīguān Lù　位于左溪北岸，左溪镇各机关单位大都分布于道路沿线得名。东西走向，西起变电所，东至镇中心小学，长 860 千米。柏油路面。

【贤良镇】

黄淤村淤上街 Huángyūcūn Yūshàng Jiē　位于黄淤村淤上，故名。为村内主要通道。1975 年新杉线穿村而过，后形成此街。起点新村中学，终点黄淤村村尾，长 1050 米，宽 6 米。原为碎石路面，2005 年改为柏油路。

贤新路 Xiánxīn Lù　位于贤良村，1975 年新杉线穿村而过，后形成此路。起点贤良村半底坑，终点小料厂，长 1200 米，宽 6 米。原为碎石路面，2005 年改为柏油路。

贤良街 Xiánliáng Jiē　位于贤良村中心，起点贤良桥头，终点镇政府老宿舍，混凝土路面，长 600 米，宽 4.5 米。

【淤上乡】

淤上村中心路 Yūshàngcūn Zhōngxīn Lù　位于淤上村中心，故名。长约 300 米，宽约 2.5 米。原为石彻路，上世纪 90 年代改建为水泥路。

【隆宫乡】

隆宫乡溪头路 Lónggōngxiāng Xītóu Lù　位于隆宫村头，故名。1980 年新建，南北走向，南起灯头洋，北至灯头山，长 260 米，宽 3 米。柏油路面。

隆宫村中心路 Lónggōngcūn Zhōngxīn Lù　位于隆宫村中心,故名。1957 年建成，东西走向，东起长桥，西至水井沿，长 1000 米，宽 8 米。柏油路面。

隆宫村街头塔弄 Lónggōngcūn Jiētóutǎ Nòng　位于隆宫村，弄口有塔得名。东西走向。东起水槽头，西至街头塔，长 200 米，宽 3 米。柏油路面。

隆宫村溪边路 Lónggōngcūn Xībiān Lù　位于隆宫村溪边，故名。隆宫村古老街之一。南北走

向。南起水井沿，北至龙济桥，长 200 米，宽 3 米，混凝土路面。

【安南乡】

安溪村新建路　Anxīcūn Xīnjiàn lù　位于安溪村，1996 年由龙后（S229）省道改造修建，故名。南北走向，北起临溪廊桥，南至松溪县岭腰村后山。长约 3000 米，宽 10 米，混凝土路面。

【岭头乡】

岭头村岭头街　Lǐngtóucūn Lǐngtóu Jiē　位于岭头村，故名。东西走向，西起村头、东至村尾。沿溪而建。长 1000 米，宽 5 米，混凝土路面。

岭头村府前路　Lǐngtóucūn Fǔqián Lù　因其为岭头乡政府所在道路，故名。1998 年建成，长 500 米，宽 5 米，混凝土路面。

【举水乡】

月山村逢源街　YuèShānCūn Féngyuán Jiē　因古时举水又称逢源得名。南北走向，南北两端与环月街相接，长 320 米，宽 8 米，石彻路面。

月山村环月街　YuèShānCūn Huányuè Jiē　位于月山村，因道路沿溪环绕月山村，故得名。南北走向，北起村头，南至村尾，长约 900 米，宽 8—14 米，石彻路面。

落岭村村中街 Luòlǐngcūn Cūnzhōng Jiē　位于落岭村中而得名。东西走向，东起村头，西至村尾，长约 700 米，宽约 8 米。

【龙溪乡】

西溪村凤洋路　Xīxīcūn Fèngyáng Lù　位于龙溪村，因村头庙和大洋得名。1993 年修建，南北走向，南起庙下，北至学校，长 500 米，宽 6 米，混凝土路面。

第二节　公　　路

【国道】

龙庆高速公路　Lóngqìnggāosù Gōnglù　长深（G25）高速公路浙江境内南段，经龙泉小梅镇曹岭进入庆元县境，庆元公路以此进入国家高速公路网和浙江干线公路网。2010 年始建，2013 年建成，路基宽 26 米，全线长 21.214 千米，设互通立交两处，服务区 1 处，管理所一处。

【省道】

龙后公路　Lónghòu Gōnglù　S229（原 54 省道）龙泉至后山桥公路，1938 年始建，1982 年建成。庆元境内段起点为庆元与龙泉交界处，途经黄田镇、竹口镇、松源街道、淤上乡、安南乡，终点为安溪乡后山桥，与福建省政和县政岭公路衔接。沥青混凝土路面，道路等级二级、三级，宽度 8 米。全长 48.41 千米。

菊寿公路　Júshòu Gōnglù　S329（原 55 省道）菊水至寿宁，1938 年始建，1987 年建成。起点为菊水，与省龙后线 K69+700 处相连接，经庆元县城过境线过五大堡乡、荷地镇、左溪镇、江根乡到福建省寿宁县坑底村。沥青混凝土路面，道路等级二级、三级，宽度 7.5 米，全长 103.84 千米。

【县道】

后会公路 Hòuhuì Gōnglù 简称后会线，后岭背至会溪线路，1977 年始建，1983 年建成。起点为松源街道四山砻头村，经班岱后、上庄、底村到会溪村。沥青混凝土路面，四级公路。宽 5 米，长 27 千米。

小曹公路 Xiǎocáo Gōnglù 简称小曹线，小梅至曹岭线路，1938 年始建，1940 年建成。起点为曹岭村桥头，终点为曹岭村尾，与省道龙后线 K38+800 处相连接，途经曹岭村中，水泥混凝土路面，二级道路，长 0.64 千米。

兰荒公路 Lánhuāng Gōnglù 简称兰荒线，兰溪桥至荒村线路，1976 年始建，1989 年建成。起点兰溪桥，与菊寿线 K22+500 处相连接，经盖竹、后广、车根、出水岙、斋郎、枫坪、龙岩、栗洋，止于龙泉荒村，庆元段终点百山祖镇龙岩村，是庆元通往龙泉的主要通道之一，也是百山祖与凤阳山风景区的连接线，沥青混凝土路面，四级公路。宽 5 米，长 63.95 千米。

柏小公路 Bǎixiǎo Gōnglù 简称柏小线，柏渡口至小黄南线路，1957 年始建，1983 年建成。起点庆元柏渡口，与龙后线 K46+800 处相连接，途经双沈村、李村、姚村、双坞村、双井村、岭上村、朱黄村，终点龙泉小黄南，是庆元通往龙泉的主要通道之一，庆元段终点黄田镇朱黄村。沥青混凝土路面，四级公路，6.5 米宽，长 18.5 千米。

岭荷公路 Lǐnghé Gōnglù 简称岭荷线，岭头至荷地线路，1979 年始建，1981 年建成。起点岭头，经后仓坑村、后洋亭、漈面村到荷地，与菊寿线 K53+300 处接线，沥青混凝土路面，四级公路。宽 5 米，长 7.9 千米。

岗双公路 Gǎngshuāng Gōnglù 简称岗双线，岗后洋至双港桥线路，1977 年始建，1988 年建成。起点岗后洋，与菊寿线 K45+500 处相连接，经山翠湾、官局、岭头、包谢、苦栗脑、八炉、鱼条漈，与福建寿宁公路连接，沥青混凝土路面，四级公路。宽 5 米，长 24.18 千米。

官下公路 Guānxià Gōnglù 简称官下线，官局至下党线路，1975 年始建，1994 年建成。起点官局，经陈鉴坑、桃洋、下庄、杨家庄、小漈头、月山、照田、半溪洋、云雾亭、陈家岭、西溪至寿宁下党，沥青混凝土路面，四级公路。宽 5 米，长 35.63 千米。

生炉公路 Shēnglú Gōnglù 简称生炉线，生水塘至炉下线路。1985 年始建，1995 年建成。起点与蓬源线 K17+310 处相连接，起自隆宫乡生水塘村，途经小关村，终点炉下电站大坝与福建松溪公路连接，沥青混凝土路面，四级公路。宽 5 米，长 8.44 千米。

后大公路 Hòudà Gōnglù 简称后大线，后田至大济线路，1978 年 12 月始建，1981 年 3 月建成。起点后田洋墩，与反洋线 K6+468 处接线，终点大济村，沥青混凝土路面，四级公路。宽 5 米，全长 2.71 千米。

枫曹公路 Fēngcáo Gōnglù 简称枫曹线，2014 年由县道枫堂至上洋与村道曹岭到上洋两条线路合并提级，1985 年始建，1991 年建成。起点枫堂，沿溪右岸经练泥堆、岩后、大淤、蔡双、双港潭、三坑、龙口、上洋、高山、桐山，终点曹岭村，与龙泉县小梅至曹岭公路相连接，沥青混凝土路面，四级公路。宽 5 米，合并后全长 23.58 千米。

出合公路 Chūhé Gōnglù 简称出合线，出水岙至合湖线路，1988 年始建，1993 年建成。起点出水岙与兰荒线 K38+700 处接线，经兰泥至合湖，沥青混凝土路面，四级公路。宽 5 米，长 14.44 千米。

左交公路 Zuǒjiāo Gōnglù 简称左交线，左溪至交溪口线路，1979 年始建，2001 年建成。起点左溪村与菊寿线 K74+450 处接线，经庙洋、坊铺洋、田坑（对岸）、湖边洋至溪口，终点交溪口，与溪杉线 K67+986 处相连接，沥青混凝土路面，四级公路。宽 4.5 米，全长 7.32 千米。

蓬源公路 Péngyuán Gōnglù 简称蓬源线，蓬桥至源头线路，1963 年始建，1964 年建成。起点蓬桥桥头与龙后线 K84+800 处接线，起自蓬桥，经漈下坑、中村、隆宫、黄坑岭、黄坑、生水塘至源头村。终点源头村中，与专用公路源石线相连接，沥青混凝土路面，四级公路。宽 5 米，长 18.5 千米。

新松公路 Xīnsōng Gōnglù 简称新松线，新窑至松溪线路，1966 年始建，1967 年建成。起点新窑，与省道龙后线 K60+580 处相接，过新窑与福建松溪公路相连接，水泥混凝土路面，二级公路。宽 12 米，长 1.04 千米。

水坝公路 Shuǐbà Gōnglù 简称水坝线，水尾桥至坝头线路，1987 年始建并建成。起点水尾桥，与菊寿线 K94+900 处相连接，过江根乡，终点坝头村，与菊寿线 K95+350 处相连接，沥青混凝土路面，四级公路。路宽 5 米，长 1.78 千米。

枫竹公路 Fēngzhú Gōnglù 简称枫竹线，枫堂至竹下线路，1996 年始建，当年建成。起点枫堂，与枫官线 K0+067 处相连接，过竹中村，终点竹下村，与枫官线 K2+280 处相连接，水泥混凝土路面，三级公路，公路宽 5 米。长 1.44 千米。

安砖公路 Anzhuān Gōnglù 简称安砖线，安溪至砖厂线路，1966 年始建，当年建成。起点安溪村，与龙后线 K86+200 处相接，终点砖厂，与龙后线 K84+400 处相接，过安溪村中，水泥混凝土路面，四级公路，宽 6 米，长 1.154 千米。

反洋公路 Fǎnyáng Gōnglù 简称反洋线，反岙至洋心桥线路，1938 年始建，1940 年建成。起点反岙，与菊寿线 K6+900 处相接，途经会溪村、松源镇新建路、洋墩，到洋心桥，与菊寿线 K15+050 处相接，沥青混凝土路面，路宽 10 米，二、三级公路。全长 9.09 千米。

祝会公路 Zhùhuì Gōnglù 简称祝会线，祝家洋至会溪线路，2005 年始建，2007 年建成。起点祝家洋，与菊寿线 K7+600 处相接，途经龙山大桥到会溪，与反洋线 K1+820 处相接，沥青混凝土路面，二级公路。路宽 9 米，全长 0.61 千米。

龙星公路 Lóngxīng Gōnglù 简称龙星线，龙山至星光路线路。2005 年始建，2007 年建成。起点龙山隧道出口，与菊寿线 K9+600 处相接，终点星光路，与庆星线 K1+550 处相接，是省道菊寿线进入县城的匝道，沥青混凝土路面，四级公路。路宽 6.5 米，全长 0.519 千米。

西上公路 Xīshàng Gōnglù 简称西上线，西边至上大坑村线路，1938 年始建，1940 年建成，起点为西边村，与龙后线 K44+600 处相连接，终点为上大坑村，与龙后线 K45+800 处相连接，途经西边村中，沥青混凝土路面，三级公路。路宽 8.5 米,全长 1.41 千米。

大阙公路 Dàquè Gōnglù 简称大阙线，大泽至阙家田线路，1938 年始建，1940 年建成。起点为大泽村，与龙后线 K48+350 处相接，终点为阙家田村，与龙后线 K49+200 处相连接，沥青混凝土路面，三级公路。宽 8.5 米，长 1.73 千米。

枫官公路　Fēngguān Gōnglù　简称枫官线，枫堂至官山线路，1996 年始建，当年建成。起点为枫堂村，与龙后线 K52+250 处相接，终点为竹口镇，与龙后线 K55+000 处相连接，沥青混凝土路面，三级公路。宽 8.5 米，长 3.12 千米。

黄村公路　Huángcūn Gōnglù　简称黄村线，黄坛村头至村尾线路。起点为黄坛头村，与龙后线 K58+000 处相接，穿过黄坛村，终点为黄坛村尾，与龙后线 K58+600 处相连接，沥青混凝土路面，三级公路。长 0.76 千米。

菊八公路　Júbā Gōnglù　简称菊八线，菊水至八都线路，原为省道菊寿线，2007 年菊寿线改线后，降级为县道，菊八线起点为菊水河口桥头，与龙后线 K70+880 处相接，过菊水村，终点为八都村，与菊寿线 K1+700 处相连接，水泥混凝土路面，二级公路。宽 9.5 米，长 1.5 千米。

坝大公路　Bàdà Gōnglù　简称坝大线，坝头至寿宁大熟线路，2005 年始建，2006 年建成，起点为菊寿线 K95+900，沿坝头村、下青田、上青田至青田岙，终点大熟（浙闽交界处），与福建寿宁县洋边至大熟公路相接，沥青混凝土路面，二级公路。宽 8.5 米，长 3.56 千米。

庆喜公路　Qìngxǐ Gōnglù　简称庆喜线，庆元县城至喜鹊岙公路，起点为县道反洋线终点与省道菊寿线 K15+100 交汇处，向北跨越松源溪，通过喜鹊岙隧道后与兰荒线竹山二桥相接。沥青路面，路基宽 9 米，行车道 7.5 米，公路全长 4.64 千米，2008 年始建，2012 年建成，是庆元至百山祖公路改建工程的新建路段，该线路建成后庆元县城至百山祖景区缩短了 11 千米。

举龙公路　Jǔlóng Gōnglù　简称举龙线，举水至龙井面线路，2014 年由乡道举落线与村道落岭洋至龙井面两条线路合并提级，起点为举水，与官下线 K14+900 处相接，途经举水村、落岭村、庄徐、后坑、蔡地，终点龙井面与福建省政和县锦屏乡连接。连接举水乡及福建省政和县岭腰乡、锦屏乡。水泥混凝土路面，四级公路。路宽 4.5 米，全长 20.1 千米。

洋朱公路　Yángzhū Gōnglù　简称洋朱线，洋垄至朱黄线路，2014 年由乡道洋良线与村道朱黄—良官田两条线路合并提级。起点洋垄，与柏小线 K1+800 处相接，经中济、陈边、上济、湖头、仙庄、龙济、良官田、麻岭后村，终点朱黄村。连接县道柏小线及龙泉市四源乡及八都镇。沥青混凝土路面，四级公路。路面宽度 5 米，全长 24.5 千米。

东桥公路　Dōngqiáo Gōnglù　简称东桥线，东塘至新桥头线路，1979 年动工，1982 年建成。起点为景宁东塘，庆元境内段起点是官塘村，经漈下,终点为新桥头，与菊寿线 K80+500 处相接，路宽 4.5 米，全长 14.55 千米。

溪杉公路　Xīshān Gōnglù　简称溪杉线，交溪口至杉树湾线路，1972 年始建，1983 年建成。起点为景宁与庆元交界的交溪口，经南阳、张村、岙头、黄淤、贤良至杉树湾，四级公路。路宽 6 米，长 38.55 千米。

【乡道】

底平公路　Dǐpíng Gōnglù　简称底平线，底村至平坦岙线路。2014 年由村道底村至千岗坑林场、千岗坑林场至深鸟、深鸟至九漈、三溪至九漈及乡道平三线五条线路提级合并而成，起点底村，终点平坦岙，通往巾子峰国家级森林公园，途经村庄有会溪、底村、石井、千岗坑、深鸟、九漈、三溪、平坦岙。水泥混凝土路面。三级、四级公路。宽 4.5—6 米，长 37.8 千米。

黄杨公路 huángyáng gōnglù 简称黄杨线，黄沙至杨桥线路，起点为黄沙，与菊寿线 K55+200 处相接，经岩坑，终点杨桥村。水泥混凝土路面，四级公路。宽 4.5 米，长 4.71 千米。

印竹公路 Yìnzhú Gōnglù 简称印竹线，印浆至竹坪线路，1981 年始建，1982 年竣工。起点印浆，与菊寿线 K85+350 处相接，经白柘，终点竹坪。水泥混凝土路面，四级公路。4.5 米宽度，长 6.4 千米。

埠后公路 Bùhòu Gōnglù 简称埠后线，埠留桥至后洋亭线路。2014 年由乡浦青线、村道永青林场至木桥头、村道永青林场至双苗尖、村道苏湖至上洋湖、乡道后苏线部分路段提级合并而成，起点为埠留桥，与菊寿线 K71+600 处相接，终点青竹。途经埠留桥、木桥头、青竹、上洋湖、苏湖、后洋亭。连接左溪镇、荷地镇、岭头乡及双苗尖风景名胜区和风力发电站。连接省道龙后线、县道岭荷线。水泥混凝土路面，四级公路。宽度 4.5 米，全长 34.48 千米。

下东公路 Xiàdōng Gōng lù 简称下东线，下庄至东溪线路，1978 年始建，1980 年建成。起点下庄村，与官下线 K4+300 处相接，经包果、举洋、徐洋、大池洋，终点东溪村。四级公路，沥青贯入式路面，宽 4.5 米，长 10.20 千米。

濛杨公路 Méngyáng Gōnglù 简称濛杨线，濛淤至杨楼线路，1974 年始建，1979 年建成。起点濛淤，与菊寿线 K26+100 处相接，经达溪、半溪、东山后，终点杨楼。沥青混凝土路面，四级公路。宽 4.5 米，长 12.28 千米。

庆星公路 Qìngxīng Gōnglù 简称庆星线，庆元至星光线路，1979 年始建，1980 年年底完工。起点县城石龙街北门桥头，经星光路、下庄亭至下坞，终点星光村。沥青表处路面。四级公路。宽 5 米，长 5.87 千米。

安中公路 Anzhōng Gōnglù 简称安中线，安溪至中村线路，1971 年始建，1973 年建成。起点安溪村，与龙后线 K86+200 处相接，经小安、坪鸟、粗隆至东村，终点中村。沥青表处路面，四级公路。宽度 5 米，长 7.25 千米。

交吾公路 Jiāowú Gōnglù 简称交吾线，交溪至吾漈下线路，1971 年始建，1973 年建成。乡道交吾线起点为交溪，与安中线 K6+235 处相接，终点为吾漈下，水泥混凝土路面，宽度 5 米，山岭重丘四级公路，线路全长 3.68 千米。

后桃公路 Hòutáo Gōnglù 简称后桃线，后山桥至桃园线路，1977 年始建，1981 年建成。起点为后山桥，与福建省政和公路交界，终点桃园。沥青混凝土路面，四级公路。宽 5 米，长 3.66 千米。

黄铁公路 Huángtiě Gōnglù 简称黄铁线，黄坑至铁岭线路，1965 年始建，1966 年建成。起点为黄坑，与蓬源线 K16+140 处相接，终点铁岭。沥青混凝土路面，四级公路。4.5 米宽度，长 0.94 千米。

庆坑公路 Qìngkēng Gōnglù 简称庆坑线，庆元至坑西线路，1981 年始建，1982 年建成。起点县城新建路，与反洋线 K4+015 处相接，终点坑西。沥青混凝土路面，四级公路。宽 5.5 米，长 0.53 千米。

后后公路　Hòuhòu Gōnglù　简称后后线，后广桥至后广村线路，1976年5月始建，1977年建成，起点为后广桥，与兰荒线K11+800处相接，终点后广村，水泥混凝土路面，四级公路。宽4.5米，长0.34千米。

竹中公路　Zhúzhōng Gōnglù　简称竹中线，竹口至中济线路，2014年由村道竹中-下济、中济-下济两条公路提级合并而成，起点竹口镇竹中村，终点黄田镇中济村，经过竹中村、下济村、中济村，连接竹口镇、黄田镇。水泥混凝土路面，四级公路。宽5.5米，长6.6千米。

【专用公路】

源石公路　Yuánshí Gōnglù　简称源石线，源头至石灰矿线路，1980年1月建成。源石线是水泥厂专用线，起点为源头，与蓬源线终点处相接，终点石灰矿，粒料加固土路面，宽4.5米，长2.49千米。

黄新公路　Huángxīn Gōnglù　简称黄新线，黄坛至新窑线路，1971年12月建成。化肥厂专用线，起点新窑，与龙后线K55+650处相接，终点黄坛，与龙后线K56+550处相接。粒料加固土路面，宽4.5米，长1.72千米。

【村道】

洋墩大坑公路　Yángdūndàkēng Gōnglù　起点洋墩，与县道反洋线相接，终点大坑，水泥混凝土路面，准四级公路，宽4.5米，长2.99千米。2006年始建，当年建成。

大济道岗公路　Dàjìdàogǎng Gōnglù　起点大济，与县道后大线相接，终点道岗，水泥混凝土路面，准四级公路，4.5米，长2.1千米。2006年始建，当年建成。

田墩洋心公路　Tiándūnyángxīn Gōnglù　起点田墩，与县道后大线相接，终点洋心，水泥混凝土路面，准四级公路。宽4.5米，长0.25千米。2004年始建，当年建成。

白象周墩公路　Báixiàngzhōudūn Gōnglù　起点白象，与县道后大线相接，终点周墩，水泥混凝土路面，准四级公路。4.5米宽度，长1千米。2004年始建，当年建成。

洋心喜鹊公路　Yángxīnxǐquè Gōnglù　起点洋心，与县道反洋线相接，终点喜鹊，水泥混凝土路面，准四级公路。宽4.5米，长1.73千米。2005年始建，当年建成。

后田下滩公路　Hòutiánxiàtān Gōnglù　起点后田，与县道后大线相接，终点下滩，水泥混凝土路面，准四级公路。4.5米宽度，长4.36千米。2006年始建，当年建成。

采石场西演公路　Cǎishíchǎngxīyǎn Gōnglù　起点采石场，与县道后大线相接，终点西演，水泥混凝土路面，准四级公路。宽4.5米，长1.54千米。2007年始建，当年建成。

朱山桥上源公路　Zhūshānqiáoshàngyuán Gōnglù　起点朱山桥，与县道后会线相接，终点上源，水泥混凝土路面，准四级公路。宽4.5米，长1.5千米。2004年始建，2005年建成。

过境线岙后公路　Guòjìngxiànàohòu Gōnglù　起点过境线，与省道S329线相接，终点岙后，水泥混凝土路面，准四级公路，宽4.5米，长0.75千米。2005年始建，当年建成。

下坞星源公路　Xiàwùxīngyuán Gōnglù　起点下坞，与乡道庆星线相接，终点星源，水泥混凝土路面，准四级公路，宽4.5米，长0.844千米。2004年始建，当年建成。

星源乌石岭公路 Xīngyuánwūshílǐng Gōnglù 起点星源，与乡道庆星线相接，终点乌石岭，水泥混凝土路面，准四级公路。宽4.5米，长6.3千米。2006年始建，当年建成。

黄田五二村公路 Huángtiánwǔèrcūn Gōnglù 起点黄田，与省道S329线相接，终点五二村，水泥混凝土路面，准四级公路。宽4.5米，长1千米。2006年始建，当年建成。

五都余村公路 Wǔ dōuyúcūn Gōnglù 起点五都，与省道S329线相接，终点余村，水泥混凝土路面，准四级公路。宽4.5米，长4.49千米。2003年始建，当年建成。

乌石岭林后公路 Wūshílǐnglín hòu Gōnglù 起点乌石岭，与乡道庆星公路相接，终点林后，水泥混凝土路面，准四级公路。宽4.5米，长4.378千米。2006年始建，当年建成。

西边东边公路 Xībiāndōngbiān Gōnglù 起点西边，与省道S229线相接，终点东边，水泥混凝土路面，准四级公路。宽4.5米，长1.26千米。2010年始建，当年建成。

西边黄坞公路 Xībiānhuángwù Gōnglù 起点西边，与省道S229线相接，终点黄坞，水泥混凝土路面，准四级公路，宽4.5米，长0.97千米。2006年始建，当年建成。

枫树桥葛田公路 Fēngshùqiáogětián Gōnglù 起点枫树桥，与省道S229线相接，终点葛田，水泥混凝土路面，宽4.5米，准四级公路，线路全长0.93千米。2005年始建，当年建成。

枫树桥美丘公路 Fēngshùqiáoměiqiū Gōnglù 起点枫树桥，与省道S229线相接，终点美丘，水泥混凝土路面，准四级公路，宽4.5米，长1.9千米。2008年始建，当年建成。

下坞双井公路 Xiàwùshuāngjǐng Gōnglù 起点为下坞，与县道柏小线相接，终点双井，水泥混凝土路面，准四级公路，宽4.5米，长0.61千米。2005年始建，当年建成。

洋垄双沈公路 Yánglǒngshuāngshěn Gōnglù 起点洋垄，与县道柏小线相接，终点双沈，水泥混凝土路面，准四级公路，宽4.5米，长3.46千米。2005年始建，当年建成。

李村严源殿公路 Lǐcūnyányuándiàn Gōnglù 起点李村，与县道柏小线相接，终点严源殿，水泥混凝土路面，准四级公路，宽4.5米，长1.37千米。2007年始建，当年建成。

洋垄双溪公路 Yánglǒngshuāngxī Gōnglù 起点洋垄，与县道柏小线相接，终点双溪，水泥混凝土路面，准四级公路，宽4.5米，长2.29千米。2005年始建，当年建成。

岙头殿台湖公路 Aotóudiàntáihú Gōnglù 起点岙头殿，与县道柏小线相接，终点台湖，水泥混凝土路面，准四级公路，宽4.5米，长5.08千米。2005年始建，当年建成。

岭坤仙庄公路 Lǐngkūnxiānzhuāng Gōnglù 起点岭坤，与乡道柏劳线相接，终点仙庄，水泥混凝土路面，准四级公路，宽4.5米，长2.34千米。2005年始建，当年建成。

陈边黄源底公路 Chénbiānhuángyuán dǐ Gōnglù 起点陈边，与乡道柏劳线相接，终点黄源底，水泥混凝土路面，准四级公路，宽4.5米，长1.86千米。2005年始建，当年建成。

龙济崔上公路 Lóngjì cuīshàng Gōnglù 起点龙济，与乡道柏劳线相接，终点崔上，水泥混凝土路面，准四级公路，宽4.5米，长3.98千米。2005年始建，当年建成。

蔡双陈龙溪公路 Càishuāngchénlóngxī Gōnglù 起点为蔡双，与县道枫上线相接，终点陈龙溪，水泥混凝土路面，4.5米宽度，准四级公路，线路全长6.27千米。2005年始建，当年建成。

良秋竹连坪公路 Liángqiūzhúliánpíng Gōnglù　起点良秋桥，与省道S229线相接，终点竹连坪，水泥混凝土路面，准四级公路，4.5米宽度，长1.00千米。2004年始建，当年建成。

平岭岗平岭岗村公路 Pínglǐnggǎng pínglǐnggǎngcūn Gōnglù　起点平岭岗，与省道S229线相接，终点平岭岗村，水泥混凝土路面，准四级公路，宽4.5米，长0.97千米。2006年始建，当年建成。

龙口后楼公路 Lóngkǒuhòulóu Gōnglù　起点龙口，与县道枫上线相接，终点后楼，水泥混凝土路面，准四级公路，宽4.5米，长4千米。2008年始建，当年建成。

双港潭上坑公路 Shuānggǎngtánshàngkēng Gōnglù　起点双港潭，与县道枫上线相接，终点上坑，水泥混凝土路面，准四级公路，宽4.5米，长6.54千米。2004年始建，当年建成。

茶场岙薰坑公路 Cháchǎngàoxūnkēng Gōnglù　起点茶场岙，与村道五石线相接，终点薰坑，水泥混凝土路面，准四级公路，宽4.5米，长0.28千米。2006年始建，当年建成。

岩头坪洋公路 Yántóupíngyáng Gōnglù　起点岩头，与省道S329线相接，终点坪洋，水泥混凝土路面，准四级公路，宽4.5米，长4.3千米。2008年始建，当年建成。

岱根赤坑洋公路 Dàigēnchìkēngyáng Gōnglù　起点岱根，与村道庆岱线相接，终点赤坑洋，水泥混凝土路面，准四级公路，宽4.5米，长2.80千米。2003年始建，当年建成。

林化厂落花洋公路 Línhuàchǎngluòhuāyáng Gōnglù　起点林化厂，与省道S229线相接，终点落花洋，水泥混凝土路面，准四级公路，宽4.5米，长29.33千米。2005年始建，2006年建成。

庆元林场余村公路 Qìngyuánlínchǎngyúcūn Gōnglù　起点庆元林站，与省道S229线相接，终点余村，水泥混凝土路面，宽4.5米，长1.98千米。2003年始建，当年建成。

坑里官山头公路 Kēnglǐguānshāntóu Gōnglù　起点坑里，与省道S229线相接，终点官山头，水泥混凝土路面，准四级公路，宽4.5米，长5.17千米。2005年始建，当年建成。

茶场薰山下公路 Cháchǎngxūnshānxià Gōnglù　起点茶场，与省道S229线相接，终点薰山下，水泥混凝土路面，准四级公路，宽4.5米，长1.78千米。2004年始建，当年建成。

林业站杨朗坑公路 Línyèzhànyánglǎngkēng Gōnglù　起点荷地镇林业站，与省道S329线相接，终点荷地镇杨朗坑，水泥混凝土路面，准四级公路，宽4.5米，长6.49千米。2006年始建，当年建成。

苏湖坪头公路 Sūhúpíngtóu Gōnglù　起点苏湖，与乡道后苏线相接，终点坪头，水泥混凝土路面，准四级公路，宽4.5米，长6.145千米。2006年始建，当年建成。

底墅高住公路 Dǐshùgāozhù Gōnglù　起点为底墅，与村道林杨线相接，终点为高住，水泥混凝土路面，准四级公路，宽4.5米，长5.13千米。2006年始建，当年建成。

洋边青社公路 Yángbiānqīngshè Gōnglù　起点洋边，与省道S329线相接，终点青社，水泥混凝土路面，准四级公路，宽4.5米，长0.73千米。2006年始建，当年建成。

洋边塘尾公路 Yángbiāntángwěi Gōnglù　起点洋边，与省道S329线相接，终点塘尾，水泥混凝土路面，准四级公路，宽4.5米，长0.62千米。2006年始建，当年建成。

桃坑洋高际公路 Táokēngyánggāojì Gōnglù 起点桃坑洋，与省道S329线相接，终点高际，水泥混凝土路面，准四级公路，宽4.5米，长0.88千米。2004年始建，当年建成。

黄沙大岩公路 Huángshādàyán Gōnglù 起点黄沙，与省道S329线相接，终点大岩，水泥混凝土路面，准四级公路，宽4.5米，长4.19千米。2005年始建，当年建成。

官塘横坑公路 Guāntánghéngkēng Gōnglù 起点官塘，与县道东塘线相接，终点横坑，水泥混凝土路面，准四级公路，宽3.5米，长7.41千米。2005年始建，当年建成。

车头洋马家地公路 Chētóuyángmǎjiādì Gōnglù 起点车头洋，与省道S329线相接，终点马家地，水泥混凝土路面，准四级公路，宽4.5米，长0.96千米。2004年始建，当年年底建成。

杨桥黄洋公路 Yángqiáohuángyáng Gōnglù 起点杨桥，与乡道黄洋线相接，终点黄洋，水泥混凝土路面，准四级公路，宽4.5米，长2.54千米。2004年始建，当年建成。

杨桥桃坑公路 Yángqiáotáokēng Gōnglù 起点杨桥，与乡道黄杨线相接，终点桃坑，水泥混凝土路面，准四级公路，宽4.5米，长6.6千米。2008年始建，当年建成。

官塘若沃公路 Guāntángruòwò Gōnglù 起点官塘，与县道东塘线相接，终点若沃，水泥混凝土路面，准四级公路，宽4.5米，长3.5千米。2009年始建，2010年建成。

胡闲洋大横岭公路 Húcuyángdàhénglǐng Gōnglù 起点胡闲洋，与县道东塘线相接，终点大横岭，水泥混凝土路面，准四级公路，宽4.5米，长3.61千米。2006年始建，当年建成。

上交溪后溪公路 Shàngjiāoxīhòuxī Gōnglù 起点上交溪，与县道溪杉线相接，终点后溪，水泥混凝土路面，准四级公路，宽4.5米，长5.8千米。2005年始建，2008年建成。

后溪桥库源公路 Hòuxīqiáokùyuán Gōnglù 起点后溪桥，与村道上后线相接，终点库源，水泥混凝土路面，准四级公路，宽4.5米，长4.2千米。2005年始建，当年建成。

关门岙古岭坑公路 Guānménàogǔlǐngkēng Gōnglù 起点关门岙，与省道S229相接，终点古岭坑，水泥混凝土路面，准四级公路，宽4.5米，长0.5千米。2008年始建，当年建成。

张伯坑高洋公路 Zhāngbókēnggāoyáng Gōnglù 起点张伯坑，与县道溪杉线相接，终点为高洋，水泥混凝土路面，准四级公路，宽4.5米，长5.6千米。2009年始建，2010年建成。

半岭岱根公路 Bànlǐngdàigēn Gōnglù 起点半岭，与省道S329线相接，终点岱根，水泥混凝土路面，准四级公路，宽4.5米，长5.1千米。2009年始建，2010年建成。

湖边岭尾枧头公路 Húbiānlǐngwěijiǎntóu Gōnglù 起点湖边岭尾，与县道左交线相接，终点枧头，水泥混凝土路面，准四级公路，宽4.5米，长7.9千米。2005年始建，2006年建成。

坊铺洋鱼鱿公路 Fāngpùyángyúxian Gōnglù 起点坊铺洋，与县道左交线线相接，终点鱼鱿，水泥混凝土路面，准四级公路，宽4.5米，长5.4千米。2009年始建，2010年建成。

桥头石柱公路 Qiáotóushízhù Gōnglù 起点桥头，与省道S329线相接，终点石柱，水泥混凝土路面，准四级公路，宽4.5米，长2.54千米。2008年始建，当年建成。

岱岭尾岱上公路 Dàilǐngwěidàishàng Gōnglù 起点岱岭尾，与省道S329线相接，终点岱上，水泥混凝土路面，准四级公路，宽4.5米，长2.9千米。2007年始建，2008年建成。

青竹半岭公路　Qīngzhúbànlǐng Gōnglù　起点青竹，与乡道浦青线相接，终点半岭，水泥混凝土路面，准四级公路，宽 4.5 米，长 2.98 千米。2006 年始建，当年建成。

永青林场木桥头公路　Yǒngqīnglínchǎngmùqiáotóu Gōnglù　起点永青林场，与乡道浦青线相接，终点木桥头，水泥混凝土路面，准四级公路，宽 4.5 米，长 8.2 千米。2005 年始建，2006 年建成。

山头梅树公路　Shāntóuméishù Gōnglù　起点山头，与村道青木线相接，终点梅树，水泥混凝土路面，准四级公路，宽 4.5 米，长 1.96 千米。2005 年始建，2006 年建成。

大溪沿印浆公路　Dàxīyányìnjiāng Gōnglù　公路起点大溪沿，与省道 S329 线相接，终点印浆，水泥混凝土路面，准四级公路，宽 4.5 米，长 1.62 千米。2005 年始建，当年建成。

岱岭尾发竹公路　Dàilǐngwěifāzhú Gōnglù　起点岱岭尾，与省道 S329 线相接，终点发竹，水泥混凝土路面，准四级公路，宽 4.5 米，长 11.3 千米。2009 年始建，2010 年建成。

竹坪留香公路　Zhúpíngliúxiāng Gōnglù　起点竹坪，与乡道印竹线相接，终点留香，水泥混凝土路面，准四级公路，宽 4.5 米，长 2.87 千米。2004 年始建，当年建成。

黄淤新村公路　Huángyūxīncūn Gōnglù　起点黄淤，与县道溪杉线相接，终点新村，水泥混凝土路面，准四级公路，宽 4.5 米，长 8.51 千米。2005 年始建，2006 年建成。

贤良青林公路　Xiánliángqīnglín Gōnglù　起点贤良，与县道溪杉线相接，终点青林，水泥混凝土路面，准四级公路，宽 4.5 米，长 9.54 千米。2003 年始建，2004 年建成。

石柱黄岗公路　Shízhùhuánggǎng Gōnglù　起点石柱，与省道 S329 线相接，终点黄岗，水泥混凝土路面，准四级公路，宽 4.5 米，长 6.76 千米。2010 年始建，当年建成。

杉树湾樟下公路　Shānshùwānzhāngxià Gōnglù　起点杉树湾，与县道溪杉线相接，终点樟下，水泥混凝土路面，准四级公路，宽 4.5 米，长 1.7 千米。2005 年始建，当年建成。

石川蔡川公路　Shí chuāncàichuān Gōnglù　起点石川，与县道溪杉线相接，终点蔡川，水泥混凝土路面，准四级公路，宽 4.5 米，长 10.2 千米。2006 年始建，2008 年建成。

岭头黄榴坑公路　Lǐngtóuhuángjiukēng Gōnglù　起点岭头，与县道岗双线相接，终点黄坑，水泥混凝土路面，准四级公路，宽 4.5 米，长 2.97 千米。2005 年始建，当年建成。

金钟湖池公路　Jīnzhōnghúchí Gōnglù　起点金钟，与村道上后线相接，终点湖池，水泥混凝土路面，准四级公路，宽 4.5 米，长 2.30 千米。2005 年始建，当年建成。

东溪富楼源公路　Dōngxīfùlóuyuán Gōnglù　起点东溪，与乡道下东线相接，终点富楼源，水泥混凝土路面，准四级公路，宽 4.5 米，长 3.17 千米。2004 年始建，当年建成。

大池洋龙洋公路　Dàchíyánglóngyáng Gōnglù　起点大池洋，与乡道下东线相接，终点龙洋，水泥混凝土路面，准四级公路，宽 4.5 米，长 4.39 千米。2004 年始建，当年建成。

村尾徐洋公路　Cūnwěixúyáng Gōnglù　起点村尾，与乡道下东线相接，终点徐洋，水泥混凝土路面，准四级公路，宽 4.5 米，长 0.63 千米。2006 年始建，当年建成。

村尾后村公路　Cūnwěihòucūn Gōnglù　起点村尾，与乡道下东线相接，终点后村，水泥混凝土路面，准四级公路，宽 4.5 米，长 1.78 千米。2004 年始建，当年建成。

莲花钵下公路 Liánhuābōxià Gōnglù 起点莲花，与乡道下东线相接，终点钵下，水泥混凝土路面，准四级公路，宽4.5米，长0.68千米。2006年始建，当年建成。

奶圳百丈公路 Nǎizhènbǎizhàng Gōnglù 起点奶圳，与村道林落线相接，终点百丈，水泥混凝土路面，准四级公路，宽4.5米，长6.1千米。2008年始建，2009年建成。

万年桥西川公路 Wànniánqiáoxīchuān Gōnglù 起点万年桥，与省道S329线相接，终点西川，水泥混凝土路面，准四级公路，宽4.5米，长5.14千米。2003年始建，2004年建成。

五大堡黄石公路 Wǔ dàbǎohuángshí Gōnglù 起点五大堡，与省道S329线相接，终点黄石，水泥混凝土路面，准四级公路，宽4.5米，长7.43千米。2005年始建，2006年建成。

后会线班岱后公路 Hòuhuìxiànbāndàihòu Gōnglù 起点后会线92K处，与县道后会线相接，终点班岱后，水泥混凝土路面，准四级公路，宽4.5米，长1.2千米。2010年始建，当年建成。

万年桥坛衕公路 Wànniánqiáotánnòng Gōnglù 起点万年桥，与省道S329线相接，终点坛衕，水泥混凝土路面，准四级公路，宽4.5米，长1.18千米。2005年始建，当年建成。

五大堡大洪公路 Wǔdàbǎodàhóng Gōnglù 起点五大堡，与省道S329线相接，终点大洪，水泥混凝土路面，准四级公路，宽4.5米，长6.2千米。2007年始建，2008年建成。

杨楼门林后公路 Yánglóuménlínhòu Gōnglù 起点为杨楼，与乡道濛杨线相接，终点为门林后，水泥混凝土路面，宽4.5米，准四级公路，线路全长9.49千米。2005年始建，2006年建成。

半溪东山后公路 Bànxīdōngshānhòu Gōnglù 起点半溪，与乡道濛杨线相接，终点东山后，水泥混凝土路面，准四级公路，宽4.5米，长1.07千米。2004年始建，当年建成。

新桥西坑公路 Xīnqiáoxīkēng Gōnglù 起点五大堡乡新桥岭亭，与村道杨门线相接，终点西坑，水泥混凝土路面，准四级公路，宽4.5米，长2.56千米。2004年始建，当年建成。

达溪后垟公路 Dáxīhòuben Gōnglù 起点五大堡乡达溪，与乡道濛杨线相接，终点后垟，水泥混凝土路面，准四级公路，宽4.5米，长5.49千米。2005年始建，2006年建成。

后广东坑公路 Hòuguǎngdōngkēng Gōnglù 起点五大堡乡后广，与县道兰荒线相接，终点东坑，水泥混凝土路面，准四级公路，宽4.5米，长0.74千米。2005年始建，当年建成。

洋心北择公路 Yángxīnběizé Gōnglù 起点洋心，与县道兰荒线相接，终点北择，水泥混凝土路面，准四级公路，宽4.5米，长4.66千米。2004年始建，当年建成。

山根外童公路 Shāngēnwàitóng Gōnglù 起点淤上乡山根，与省道S229线相接，终点外童，水泥混凝土路面，准四级公路，宽4.5米，长2.99千米。2005年始建，当年建成。

苍岱黄泥弄公路 Cāngdàihuángnínòng Gōnglù 起点苍岱，与省道S229线相接，终点黄泥弄，水泥混凝土路面，准四级公路，宽4.5米，长8.36千米。2005年始建，2006年建成。

岭岙背涂坑公路 Lǐngàobèitúkēng Gōnglù 起点岭岙背，与省道S229线相接，终点涂坑，水泥混凝土路面，准四级公路，宽4.5米，长1.57千米。2006年始建，当年建成。

蒲潭长砻公路 Pú tánzhǎnglóng Gōnglù 起点蒲潭，与省道S229线相接，终点长砻。水泥混凝土路面，准四级公路，宽4.5米，长7.28千米。2005年始建，2006年建成。

吾田头公路 Wútiántóu Gōnglù 起点吾田头，与省道S229线相接，终点吾田头，水泥混凝土路面，准四级公路，宽4.5米，长0.16千米。2005年始建，当年建成。

山根淤上公路 Shāngēnyūshàng Gōnglù 起点山根，与省道S229线相接，终点淤上，水泥混凝土路面，准四级公路，宽4.5米，长2.38千米。2007年始建，当年建成。

吾漈下公路 Wújìxià Gōnglù 起点吾漈下，与乡道交吾线相接，终点吾漈下村，水泥混凝土路面，准四级公路，宽4.5米，长0.70千米。2006年始建，当年建成。

福洋陈村公路 Fúyángchéncūn Gōnglù 起点福洋，与村道东南线相接，终点陈村，水泥混凝土路面，准四级公路，宽4.5米，长1.4千米。2004年始建，当年建成。

茶园洋方塘公路 Cháyuányángfāngtáng Gōnglù 起点茶园洋，与乡道交吾线相接，终点方塘，水泥混凝土路面，准四级公路，宽4.5米，长3.24千米。2004年始建，当年建成。

坪鸟上余公路 Píngniǎoshàng yú Gōnglù 起点坪鸟，与乡道安中线相接，终点上余，水泥混凝土路面，准四级公路，宽4.5米，长9.26千米。2004年始建，当年建成。

流溪洋山头洋公路 Liúxīyángshāntóuyáng Gōnglù 起点流溪洋，与村道坪上线相接，终点山头洋。水泥混凝土路面，准四级公路，宽4.5米，长6.69千米。2006年始建，2007年建成。

坪鸟坑口洋公路 Liúxīyángshāntóu yáng Gōnglù 起点坪鸟，与村道坪上线相接，终点坑口洋，水泥混凝土路面，准四级公路，宽4.5米，长13.56千米。2004年始建，2005年建成。

张村吴坑公路 Zhāngcūnwúkēng Gōnglù 起点为张村，与县道溪杉线相接，终点吴坑，水泥混凝土路面，准四级公路，宽4.5米，长8.46千米。2005年始建，2006年建成。

田头澄湖公路 Tiántóuchénghú Gōnglù 起点田头，与村道张吴线相接，终点澄湖。水泥混凝土路面，准四级公路，宽4.5米，长2.11千米。2005年始建，2006年建成。

中村莲湖公路 Zhōngcūnliánhú Gōnglù 起点中村，与县道蓬源线相接，终点莲湖，水泥混凝土路面，准四级公路，宽4.5米，长2.17千米。2004年始建，当年建成。

吾漈下坑井公路 Wújìxiàkēngjǐng Gōnglù 起点吾漈下，与乡道交吾线相接，终点坑井，水泥混凝土路面，准四级公路，宽4.5米，长4.22千米。2006年始建，当年建成。

小安甘竹山公路 Xiǎoāngānzhúshān Gōnglù 起点小安，与乡道安中线相接，终点甘竹山。水泥混凝土路面，准四级公路，宽4.5米，长6.67千米。2006年始建，当年建成。

半溪洋地虎坑公路 Bànxīyángdìhǔkēng Gōnglù 起点半溪洋，与县道官下线相接，终点地虎坑，水泥混凝土路面，准四级公路，宽4.5米，长7.78千米。2005年始建，2006年建成。

田头东川公路 Tiántóudōngchuān Gōnglù 起点田头，与村道张吴线相接，终点东川，水泥混凝土路面，准四级公路，宽4.5米，长4.39千米。2006年始建，当年建成。

杉源黄坑尾公路 Shānyuánhuángkēngwěi Gōnglù 起点为杉源，与村道半地线相接，终点为黄坑尾，水泥混凝土路面，准四级公路，宽4.5米，长0.46千米。2007年始建，当年建成。

落岭洋龙井面公路 Luòlǐngyánglóngjǐngmiàn Gōnglù 起点落岭洋，与乡道举落线相接，终点龙井面，水泥混凝土路面，准四级公路，宽4.5米，长11.08千米。2006年始建，当年建成。

大坪大丘公路 Dàpíngdàqiū Gōnglù 起点大坪，与村道半地线相接，终点大丘，水泥混凝土路面，准四级公路，宽4.5米，长1.89千米。2007年始建，当年建成。

江根箬坑公路 Jiānggēnruòkēng Gōnglù 起点江根，与县道水坝线相接，终点箬坑，水泥混凝土路面，准四级公路，宽4.5米，长4.88千米。2006年始建，当年建成。

坝头青田公路 Bàtóuqīngtián Gōnglù 起点坝头，与省道S329线相接，终点青田，水泥混凝土路面，准四级公路，宽4.5米，长2.58千米。2006年始建，当年建成。

上店后洋公路 Shàngdiànhòuyáng Gōnglù 起点上店，与省道S329线相接，终点后洋，水泥混凝土路面，准四级公路，宽4.5米，长8.24千米。2006年始建，当年建成。

外洋三堆公路 Wàiyángsānduī Gōnglù 起点外洋，与县道出合线相接，终点三堆，水泥混凝土路面，准四级公路，宽4.5米，长5千米。2009年始建，当年建成。

铁车岙黄土洋公路 Tiěchēàohuángtǔyáng Gōnglù 起点铁车岙，与县道出合线相接，终点黄土洋，水泥混凝土路面，准四级公路，宽4.5米，长9.45千米。2006年始建，2007年建成。

久住洋金丝岱公路 Jiǔzhùyángjīnsīdài Gōnglù 起点久住洋，与村道铁黄线相接，终点金丝岱，水泥混凝土路面，准四级公路，宽4.5米，长4.2千米。2007年始建，2008年建成。

西排公路 Xīpái Gōnglù 起点西排亭，与县道出合线相接，终点西排，水泥混凝土路面，准四级公路，宽4.5米，长2.8千米。2007年始建，2008年建成。

赤溪口后洋坑公路 Chìxīkǒuhòuyángkēng Gōnglù 起点赤溪口，与县道官下线相接，终点后洋坑。水泥混凝土路面，准四级公路，宽4.5米，长4.75千米。2006年始建，当年建成。

西溪兰头公路 Xīxīlántóu Gōnglù 起点西溪，与县道官下线相接，终点兰头，水泥混凝土路面，准四级公路，宽4.5米，长4.5千米。2006年始建，当年建成。

陈家岭岙里公路 Chénjiālǐngàolǐ Gōnglù 起点陈家岭，与县道官下线相接，终点岙里。水泥混凝土路面，准四级公路，宽4.5米，长1.96千米。2005年始建，当年建成。

交溪转水公路 Jiāoxīzhuǎnshuǐ Gōnglù 起点交溪，与县道官下线相接，终点转水，水泥混凝土路面，准四级公路，宽4.5米，长2.71千米。2005年始建，当年建成。

半山桥大毛坪公路 Bànshānqiáodàmáopíng Gōnglù 起点半山桥，与县道官下线相接，终点大毛坪，水泥混凝土路面，准四级公路，宽4.5米，长4.53千米。2005年始建，2006年建成。

西溪冯家山冯公路 Xīxīféngjiāshānféng Gōnglù 起点西溪村尾，与县道官下线相接，终点冯家山，水泥混凝土路面，准四级公路，宽4.5米，长4.76千米。2005年始建，当年建成。

栗洋桥栗洋公路 Lìyángqiáolìyáng Gōnglù 起点栗洋桥，与县道兰荒线相接，终点栗洋，水泥混凝土路面，准四级公路，宽4.5米，长1.65千米。2005年始建，当年建成。

枫坪公路 Fēngpíng Gōnglù 起点枫坪，与县道兰荒线相接，终点枫坪村，水泥混凝土路面，准四级公路，宽4.5米，长0.21千米。2006年始建，当年建成。

回头湾黄皮公路 Huítóuwānhuángpí Gōnglù 起点回头湾，与县道兰荒线相接，终点黄皮。水泥混凝土路面，准四级公路，宽4.5米，长3.93千米。2004年始建，当年建成。

回头湾桥陌公路　Huítóuwānqiáomò Gōnglù　起点回头湾，与县道兰荒线相接，终点桥陌，水泥混凝土路面，准四级公路，宽 4.5 米，长 4.15 千米。2004 年始建，当年建成。

黄皮半坑村公路　Huángpíbànkēngcūn Gōnglù　起点黄皮，与县道兰荒线相接，终点半坑村，水泥混凝土路面，准四级公路，宽 4.5 米，长 10.6 千米。2010 年始建，当年建成。

官塘白柘洋公路　Guāntángbáizhèyáng Gōnglù　起点官塘，与县道东桥线相接，终点白柘洋，水泥混凝土路面，准四级公路，宽 4.5 米，长 10.2 千米。2008 年始建，2009 年建成。

杉坑山头公路　Shānkēngshāntóu Gōnglù　起点杉坑，与村道上后线相接，终点山头，水泥混凝土路面，准四级公路，宽 4.5 米，长 4.8 千米。2006 年始建，年底建成。

漈坑公路　Jìkēng Gōnglù　起点漈下，与县道东桥线相接，终点坑下，水泥混凝土路面，准四级公路，宽 4.5 米度，长 2.16 千米。2006 年始建，当年建成。

石中公路　Shízhōng Gōnglù　起点石大坑岙，与县道东桥线相接，终点中央闲，水泥混凝土路面，准四级公路，宽 4.5 米，长 1.65 千米。2007 年始建，当年建成。

三高公路　Sāngāo Gōnglù　起点三溪，与乡道平三线相接，终点高漈，水泥混凝土路面，准四级公路，宽 4.5 米，长 3.71 千米。2004 年始建，当年建成。

砻头楼下公路　Lóngtóulóuxià Gōnglù　起点砻头，与县道后会线相接，终点楼下，水泥混凝土路面，准四级公路，宽 4.5 米，长 4 千米。2008 年始建，当年建成。

三溪九漈公路　Sānxījiǔjì Gōnglù　起点三溪，与乡道平三线相接，终点九漈，水泥混凝土路面，准四级公路，宽 4.5 米，长 4 千米。2005 年始建，2006 年建成。

莲花塘堀公路　Liánhuātángkū Gōnglù　起点莲花，与乡道下东线相接，终点塘堀，水泥混凝土路面，准四级公路，宽 4.5 米，长 1.05 千米。2004 年始建，当年建成。

梧桐洋南源公路　Wútóngyángnányuán Gōnglù　起点梧桐洋，与村道洋北线相接，终点南源，水泥混凝土路面，准四级公路，宽 4.5 米，长 1.1 千米。2004 年始建，当年建成。

五都石坝公路　Wǔ dōushíbà Gōnglù　起点五都，与村道五余线相接，终点石坝，线水泥混凝土路面，准四级公路，宽 4.5 米，长 4.45 千米。2004 年始建，当年建成。

张屯林源公路　Zhāngtúnlínyuán Gōnglù　起点张屯，与福建省道 S204 线相接，终点林源，水泥混凝土路面，准四级公路，宽 4.5 米，长 3.17 千米。2006 年始建，当年建成。

南坑班岱内公路　Nánkēngbāndàinèi Gōnglù　起点南坑，与村道东南线相接，终点班岱内，水泥混凝土路面，准四级公路，宽 4.5 米，长 1 千米。2006 年始建，当年建成。

林场岙张地公路　Línchǎngàozhāngdì Gōnglù　起点林场岙，与县道蓬源线相接，终点张地，水泥混凝土路面，准四级公路，宽 4.5 米，长 5.15 千米。2005 年始建，当年建成。

里地口里地公路　Lǐdìkǒulǐdì Gōnglù　起点里地口，与省道 S229 线相接，终点里地村，水泥混凝土路面，准四级公路，宽 4.5 米，长 2.89 千米。2005 年始建，当年建成。

楼下斜山公路　Lóuxiàxiéshān Gōnglù　起点楼下，与村道垄楼线相接，终点斜山，水泥混凝土路面，准四级公路，宽 4.5 米，长 2.8 千米。2007 年始建，当年建成。

蔡地后坑公路 Càidìhòukēng Gōnglù 起点蔡地，与村道落龙线相接，终点后坑，水泥混凝土路面，准四级公路，宽 4.5 米，长 0.48 千米。2007 年始建，当年建成。

庄徐择树坑公路 Zhuāngxúzéshùkēng Gōnglù 起点庄徐，与村道落龙线相接，终点择树坑，长 3.56 千米。2004 年始建，当年建成。

择树坑黄山公路 Zéshùkēnghuángshān Gōnglù 起点择树坑，与村道庄择线相接，终点黄山，水泥混凝土路面，准四级公路，宽 4.5 米，长 2.2 千米。2008 年始建，当年建成。

柏小朱黄公路 Bǎixiǎozhūhuáng Gōnglù 起点柏小公路，与县道柏小线相接，终点朱黄，水泥混凝土路面，准四级公路，宽 4.5 米，长 1.65 千米。2007 年始建，当年建成。

澄湖山丘公路 Chénghúshānqiū Gōnglù 起点澄湖，与村道田澄线相接，终点山丘，水泥混凝土路面，准四级公路，宽 4.5 米，长 3.6 千米。2007 年始建，2008 年建成。

良秋黄坛公路 Liángqiūhuángtán Gōnglù 起点良秋，与村道良竹线相接，终点黄坛，水泥混凝土路面，准四级公路，宽 4.5 米，长 1.89 千米。2007 年始建，当年建成。

田坑桥半坑公路 Tiánkēngqiáobànkēng Gōnglù 起点田坑桥，与县道左交线相接，终点半坑，水泥混凝土路面，准四级道路，宽 4.5 米，长 2.54 千米。2006 年始建，当年建成。

田头西管岚公路 Tiántóuxīguǎnlán Gōnglù 起点田头，与村道田东线相接，终点西管岚，水泥混凝土路面，准四级道路，宽 4.5 米，长 8 千米。2010 年始建，当年建成。

柏渡口崔家田公路 Bǎidùkǒucuījiātián Gōnglù 起点柏渡口，与省道 S229 线相接，终点崔家田，水泥混凝土路面，准四级道路，宽 4.5 米，长 5.6 千米。2006 年始建，2010 年建成。

龙后线黄坛公路 Lónghòuxiànhuángtán Gōnglù 起点龙后线，与省道 S229 线相接，终点黄坛，水泥混凝土路面，准四级道路，宽 4.5 米，长 6.6 千米。2007 年始建，2008 年建成。

吴坑上吴坑公路 Wú kēngshàngwúkēng Gōnglù 起点吴坑，与村道张吴线相接，终点上吴坑，水泥混凝土路面，准四级道路，宽 4.5 米，长 2.5 千米。2010 年始建，当年建成。

洋坪黄竹公路 Yángpínghuángzhú Gōnglù 起点洋坪，与乡道安中线相接，终点黄竹，水泥混凝土路面，准四级道路，宽 4.5 米，长 7.6 千米。2007 年始建，2008 年建成。

黄水黄水岙公路 Huángshuǐhuángshuǐào Gōnglù 起点黄水，与县道出合线相接，终点黄水岙，水泥混凝土路面，准四级道路，宽 4.5 米，长 4.5 千米。2007 年始建，当年建成。

黄土洋坑底公路 Huángtǔyángkēngdǐ Gōnglù 起点黄土洋，与村道铁黄线相接，终点坑底，水泥混凝土路面，准四级道路，宽 4.5 米，长 1.5 千米。2008 年始建，当年建成。

东村方塘公路 Dōngcūnfāngtáng Gōnglù 起点东村，与村道茶方线相接，终点方塘，水泥混凝土路面，准四级道路，宽 4.5 米，长 2.2 千米。2010 年始建，当年建成。

白柘洋白柘坑公路 Báizhèyángbáizhèkēng Gōnglù 起点白柘洋，与村道官白线相接，终点白柘坑，水泥混凝土路面，准四级道路，宽 4.5 米，长 10.3 千米。2009 年始建，2010 年建成。

苏湖上洋湖公路 Sūhúshàngyánghú Gōnglù 起点苏湖，与村道苏坪线相接，终点上洋湖，水泥混凝土路面，准四级道路，宽 4.5 米，长 6.5 千米。2009 年始建，2010 年建成。

大坑东西村公路　Dàkēngdōngxīcūn　Gōnglù　起点大坑，与省道 S229 线相接，终点东西村，水泥混凝土路面，准四级道路，宽 4.5 米，长 1 千米。2010 年始建，当年建成。

良官田龙头山公路　Liángguāntiánlóngtóushān　Gōnglù　起点良官田，与乡道柏劳线相接，终点龙头山，水泥混凝土路面，准四级道路，宽 4.5 米，长 15.2 千米。2009 年始建，2010 年建成。

西溪出林公路　Xīxīchūlín　Gōnglù　起点西溪，与村道西冯线相接，终点出林，水泥混凝土路面，准四级道路，宽 4.5 米，长 5.5 千米。2010 年始建，当年建成。

薰山下薰坑公路　Xūnshānxiàxūnkēng　Gōnglù　起点熏山下，与村道茶薰线相接，终点薰坑，水泥混凝土路面，准四级道路，宽 4.5 米，长 1.5 千米。2010 年始建，当年建成。

会溪底村公路　Huìxīdǐcūn　Gōnglù　起点会溪，与县道反洋线相接，终点为底村，水泥混凝土路面，准四级道路，宽 4.5 米，长 2.3 千米。

枫三蔡双公路　Fēngsāncàishuāng　Gōnglù　起点枫三，与县道枫上线相接，终点蔡双，水泥混凝土路面，准四级道路，宽 4.5 米，长 5.4 千米。2010 年始建，当年建成。

局下奶圳公路　Jiúxiànǎizhèn　Gōnglù　起点局下村，与村道苍黄线相接，终点奶圳，水泥混凝土路面，准四级道路，宽 4.5 米，长 11.4 千米。2010 年始建，当年建成。

九漈至上坑村公路　Jiǔjìzhìshàngkēngcūn　Gōnglù　起点为九漈，与村道三九线相接，终点为上坑村，水泥混凝土路面，道路等准四级，路宽 4.5 米。线路全长 10.5 千米。2010 年始建，当年建成。

第三节　桥　　梁

【道路桥梁】

庆元大桥　Qìngyuán　Dàqiáo　位于县城中心，跨松源溪。5 孔石台石墩钢筋混凝土空腹式双曲拱结构，长 104.8 米，宽 6 米，载重 13 吨。1968 年建，1980 年拓宽至 9 米，增设人行道。为连接县城南北交通主要桥梁。

后田大桥　Hòutián　Dàqiáo　位于后田区域县道反洋线 K6+850 处，桥跨组合 2 孔 6.8 米，桥梁上部结构为钢筋混凝土板，下部结构为浆砌块石、U 形台。长 18.9 米，宽 13.7 米，1971 年 8 月建。

西大桥　XīDàqiáo　位于县城西面得名。跨松源溪，钢筋混凝土桩基，钢筋混凝土梁板结构。钢筋混凝土 6 孔平梁桥。南接西桥路，北连江滨路。长 113 米，宽 14 米，1990 年 11 月动工，1992 年 1 月竣工。

周墩桥　Zhōudūn　Qiáo　一称上洋桥，位于周墩村，故名。跨松源溪，南接周墩村，北连县道反洋线。原系木板桥，清嘉庆年间（1796—1820）建，光绪《庆元县志》卷一有记。1985 年改建为 3 孔石台石墩钢筋混凝土空腹式双曲拱结构，长 86 米，宽 5 米，载重 13 吨。现已车辆限行。

城东大桥　Chéngdōng　Dàqiáo　位于县城东面，故名。跨松源溪，南接濛洲街，北接阳光水岸和洋墩新居。桥长 125 米，道路引桥 286 米，主桥采 20+80+20 飞燕式中承式钢管混凝土拱桥，桥面宽 14.5 米，引桥部分 15 米。2009 年年底始建，2012 年建成。

阁门岭大桥 Géménlǐng Dàqiáo 位于县城西面阁门岭，故名。南接江滨路，北连县道反洋线。宽 18 米，长 88 米。钢筋混凝土桩基，钢筋混凝土梁板结构。2003 年始建，2004 年建成。

登云桥 Dēngyún Qiáo 一称北门桥，因位于古县城的云龙门，故名。跨金溪，南接石龙街和星光路，北连江滨路，长 20 米，宽 8 米。原系木桥，明嘉靖十五年（1536）建，历经万历、康熙、民国三次重修。1984 年改建为钢筋混凝土球面扁壳结构。

五都大桥 Wǔdōu Dàqiáo 一称金村桥，位于五都，故名。跨松源溪。清乾隆年间（1736—1795）建，屡毁于水。光绪《庆元县志》卷一有记。1986 年改建为 5 孔钢筋混凝土双曲拱桥，长 136 米，宽 5.36 米,载重 15 吨。现桥面已改建为廊桥，车辆限行。

水门桥 Shuǐmén Qiáo 一称太平桥，位于古县城水门，故名。跨金溪，东接星光路，西连城北路。原系木桥，始建于元至正十年（1350），屡毁于水。1984 年改建为单孔石拱桥，长 15 米，宽 3.8 米。光绪《庆元县志》卷一有记。

廊下桥 Lángxià Qiáo 位于县城廊下，故名。跨金溪，东接星光路，西连廊下弄。原为过河碇步，1983 年改建成为钢筋混凝土跨平梁板桥，长 15 米，宽 6 米。光绪《庆元县志》卷一有记。

兴福桥 Xìngfú Qiáo 一称薰阜桥，位于古县城薰阜门外。跨金溪，南接星光路，北连竹坑路。始建于明嘉靖四十二年（1563），屡毁于水。1986 年改建成 2 孔石拱桥，长 15 米，宽 10 米。

濛洲桥 Méngzhōu Qiáo 以庆元古称濛洲得名。位于县城北面，跨松源溪。南接横城北路，北连县道反洋线。为木拱廊桥，长 114.37 米，净跨 80.64 米，宽 5.4 米，分别有 9 组三节苗，8 组五节苗组成，南北桥台花岗岩铺装。始建于 2007 年 11 月，2009 年 9 月建成。

【公路桥梁】

枫树桥 Fēngshù Qiáo 位于省道龙后线 K43+549 处。桥跨组合 1 孔 7.1 米，桥梁上部结构为钢筋混凝土空心板梁，下部结构为浆砌块石、U 形台。长 12.6 米，宽 10 米，1967 年年初动工兴建，1967 年 11 月建成。

四友亭桥 Sìyǒutíng Qiáo 位于省道龙后线 K47+446 处。长 12.7 米，宽 9.8 米，桥跨组合 1 孔 6 米，桥梁上部结构为石拱桥，下部结构为浆砌块石、U 形台。建于 1969 年 8 月。

枫堂中桥 Fēngtáng ZhōngQiáo 位于省道龙后线 K52+429 处。长 64 米，宽 9 米，桥跨组合 3 孔 20 米。桥梁上部结构为钢筋混泥土空心板梁，下部结构为重力式 U 形台。2005 年动工，2006 年建成。

桥头中桥 Qiáotóu ZhōngQiáo 位于省道龙后线 K53+509 处。长 52 米，宽 9 米，桥跨组合 2 孔 16 米。桥梁上部结构为钢筋混凝土空心板梁，下部结构为重力式、U 形台。2005 年动工，2006 年建成。

竹下大桥 Zhúxià Dàqiáo 位于省道龙后线 K54+962 处，竹口镇竹下村，桥跨组合 9 孔 20 米。桥梁上部结构为钢筋混凝土空心板梁，下部结构为重力式、U 形台。长 184 米，宽 9 米。2005 年始建，2006 年建成。

新窑桥 Xīnyáo Qiáo 位于省道龙后线 K60+325 处。长 9.3 米，宽 13 米，桥跨组合 1 孔 6 米，桥梁上部结构为钢筋混凝土板，下部结构为重力式墙式桥台。1967 年动工，1967 年 11 月建成。

相对桥 Xiàngduì Qiáo 位于省道龙后线 K65+848 处。长 32.6 米，宽 10.4 米，桥跨组合 1 孔 18 米，桥梁上部结构为石拱桥，下部结构为浆砌块石、U 形台。1967 年动工，1967 年 11 月建成。

菊水桥 Júshuǐ Qiáo 位于省道龙后线 K69+803 处。长 24 米，宽 9.4 米，桥跨组合 2 孔 10.2 米，桥梁上部结构为钢筋混凝土板，下部结构为重力式墙式桥台。1968 年 9 月建成。

后口桥 Hòukǒu Qiáo 位于省道龙后线 K70+940 处（菊水）。桥跨组合 6 孔 16 米，桥梁上部结构为石拱桥，2010 年拼宽 3.5 米部分采用钢筋混凝土板拱，下部结构为浆砌块石、U 形台。长 118.4 米，宽 11 米。建于 1978 年 10 月。

坑里小桥 Kēnglǐ Xiǎoqiáo 位于省道龙后线 K72+398 处，屏都街道坑里村。1 孔，跨径 16 米，沥青混凝土桥面，桥梁上部结构为箱形梁，下部结构为桩（柱）式墩台、双柱框架式桥台。长 22 米，宽 12 米。2010 年始建，2013 年建成。

黄泥弄中桥 Huángnínòng Zhōngqiáo 位于省道龙后线 K74+654 处，淤上乡山根村黄泥弄。1 孔，跨径 20 米，沥青混凝土桥面，桥梁上部结构为箱形梁，下部结构为桩（柱）式墩台、双柱框架式桥台。长 26 米，宽 12 米。2010 年始建，2013 年建成。

店后山大桥 Diànhòushā Ndàqiáo 位于省道龙后线 K77+535 处，淤上乡淤上村店后山，跨安溪。5 孔，跨径 20 米，沥青混凝土桥面，桥梁上部结构为箱形梁，下部结构为桩（柱）式墩台、双柱框架式桥台。长 105 米，宽 12 米，2010 年始建，2013 年建成。

蒲潭大桥 Pútán Dàqiáo 位于省道龙后线 K79+317 处，淤上乡蒲潭村，跨安溪。6 孔，跨径 20 米，沥青混凝土桥面，桥梁上部结构为箱形梁，下部结构为桩（柱）式墩台、双柱框架式桥台。长 126 米，宽 12 米，2010 年始建，2013 年建成。

蓬桥一号大桥 Péngqiá yīhào Dàqiáo 位于省道龙后线 K81+442 处，淤上乡蒲潭村，跨安溪。5 孔，跨径 20 米，桥梁上部结构为箱形梁，下部结构为桩（柱）式墩台、双柱框架式桥台。沥青混凝土桥面，长 106 米，宽 12 米，2010 年始建,2013 年建成。

蓬桥二号中桥 Péngqiáoèrhào Zhōngqiáo 位于省道龙后线 K82+025 处。长 68 米，宽 12 米，桥跨组合 3 孔 20 米，桥梁上部结构为箱形梁，下部结构为桩（柱）式墩台、双柱框架式桥台。2010 年始建，2013 年建成。

蓬桥三号中桥 Péngqiáosānhào Zhōngqiáo 位于省道龙后线 K83+259 处。长 26 米，宽 12 米，桥跨组合 1 孔 20 米，沥青混凝土桥面。桥梁左幅建于 1987 年 12 月，上部结构为石拱桥，下部结构为浆砌块石、U 形台，右边拼宽部分始建于 2010 年 10 月，2013 年 12 月建成，上部结构为简支箱形梁，下部结构为桩（柱）式墩台、双柱框架式桥台。

菊水小桥 Júshuǐ Xiǎoqiáo 位于省道菊寿线 K0+269 处。长 34 米，宽 9 米，桥跨组合 2 孔 10 米，桥梁上部结构为石拱桥，下部结构为浆砌块石、U 形台，桥梁上部结构为 20 米预应力空心板梁，下部结构为双柱式墩及桩接盖梁式桥台。始建于 2005 年 7 月 1 日，2007 年 6 月 20 日建成。

上淤桥 Shàngyū Qiáo 位于省道菊寿线 K3+847 处。长 14.4 米，宽 9.6 米，桥跨组合 1 孔 6 米，桥梁上部结构为石拱桥，下部结构为浆砌块石、U 形台。建于 1967 年 12 月。

祝家洋大桥 Zhùjiāyáng Dàqiáo 位于省道菊寿线 K7+169 处。桥跨组合 7 孔 20 米，桥梁上部结构为钢筋混凝土现浇空心板梁，下部结构为双柱框架式桥台。长 155 米，宽 10.5 米。始建于 2003 年 9 月 1 日，2006 年 12 月 10 日建成。

星光溪桥 Xīngguāngxī Qiáo 位于省道菊寿线 K9+717 处，跨星光溪。桥跨组合 3 孔 20 米，桥梁上部结构为钢筋混凝土现浇空心板梁，下部结构为双柱框架式桥台。长 74.6 米，宽 14 米。始建于 2003 年 9 月 1 日，2006 年 12 月 10 日建成。

下滩溪桥 Xiàtānxī Qiáo 位于省道菊寿线 K13+102 处，跨下滩溪。桥跨组合 1 孔 16 米，桥梁上部结构为钢筋混凝土现浇空心板梁，下部结构为双柱框架式桥台。长 25.2 米，宽 14 米。始建于 2003 年 9 月 1 日，2006 年 12 月 10 日建成。

应岭尾桥 Yīnglǐngwěi Qiáo 位于省道菊寿线 K17+025 处。长 14.5 米，宽 7.3 米，桥跨组合 1 孔 6.5 米，桥梁上部结构为石拱桥，下部结构为浆砌块石、U 形台。建于 1972 年 7 月。

新桥 Xīnqiáo 位于省道菊寿线 K22+445 处，长 50.1 米，宽 7.6 米，桥跨组合 2 孔 18 米，桥梁上部结构为石拱桥，下部结构为浆砌块石、U 形台。建于 1972 年 12 月，1977 年建成。

五大堡桥 Wǔdàbǎo Qiáo 位于省道菊寿线 K28+591 处。长 9.1 米，宽 8.9 米，桥跨组合 1 孔 5 米，桥梁上部结构为石拱桥，下部结构为浆砌块石、U 形台。建于 1972 年 7 月。

鲤鱼桥 Lǐyú Qiáo 位于省道菊寿线 K45+226 处。长 23.9 米，宽 9.1 米，桥跨组合 1 孔 10 米，桥梁上部结构为石拱桥，下部结构为浆砌块石、U 形台。建于 2000 年 6 月。

车头洋桥 Chētóuyáng Qiáo 位于省道菊寿线 K47+862 处。长 38 米，宽 8.15 米，桥跨组合 2 孔 13 米，桥梁上部结构现浇空心板梁，下部结构为钢筋混凝土单柱墩 U 形台。老桥是 1973 年 5 月建成，新桥于 2007 年 9 月在老桥左侧新建，2008 年 4 月建成。

万年桥 Wànnián Qiáo 位于省道菊寿线 K31+529 处。桥跨组合 1 孔 5 米，桥梁上部结构为石拱桥，下部结构为浆砌块石、U 形台。长 15 米，宽 14.6 米，建于 1964 年 12 月。

桃坑桥 Táokēng Qiáo 位于省道菊寿线 K59+689 处。桥跨组合 1 孔 5.4 米，桥梁上部结构现浇空心板梁，下部结构为钢筋混凝 U 形台。长 18.1 米，宽 10.5 米。原是一涵洞，2006 年受“桑美”台风影响，公路被冲断，为修建公路时新建的桥梁。

胡闸洋桥 Húchùyáng Qiáo 位于省道菊寿线 K62+604 处。桥跨组合 1 孔 16 米，桥梁上部结构为石拱桥，下部结构为浆砌块石、U 形台。长 32.7 米，宽 11.2 米，建于 1979 年 6 月。

蒲楼桥 Púlóu Qiáo 一称埠留桥，位于省道菊寿线 K71+571 处。长 30.5 米，宽 10 米，桥跨组合 1 孔 16 米，桥梁上部结构为石拱桥，下部结构为浆砌块石、U 形台。始建于 1976 年 6 月。2005 年在原址上拆除重建。2006 年受“桑美”台风影响，上游桥台被冲毁，2006 年 11 月修复。

岱岭尾桥 Dàilǐngwěi Qiáo 位于省道菊寿线 K75+982 处。桥跨组合 1 孔 10 米，桥梁上部结构现浇空心板梁，下部结构为钢筋混凝土 U 形台。长 18.3 米，宽 8.1 米，原有老桥是石拱桥，建于

1980 年 7 月。2006 年受“桑美”台风冲毁，2008 年 5 月，在原址上新建。

石塘桥　Shítáng Qiáo　位于省道菊寿线 K88+606 处。长 23.7 米，宽 8.7 米，桥跨组合 1 孔 13 米，桥梁上部结构为石拱桥，下部结构为浆砌块石、U 形台。建于 1980 年 10 月。2010 年对桥台、侧墙、桥面等部位进行了维修加固。

水尾桥　Shuǐwěi Qiáo　位于省道菊寿线 K94+952 处。桥跨组合 1 孔 13 米，桥梁上部结构为石拱桥，下部结构为浆砌块石、U 形台。长 23 米，宽 8.7 米，建于 1987 年 11 月。2010 年对桥台、侧墙、桥面等部位进行了维修加固。

坝头桥　Bàtóu Qiáo　位于省道菊寿线 K95+953 处。桥梁总长 28.7 米，桥面全宽 7.9 米，桥跨组合 1 孔 20 米，桥梁上部结构为石拱桥，下部结构为浆砌块石、U 形台。建于 1987 年 11 月。

归洋桥　Guīyáng Qiáo　位于省道菊寿线 K103+797 处。桥跨组合 1 孔 5 米，桥梁上部结构为石拱桥，下部结构为浆砌块石、U 形台。长 12.6 米，宽 8.1 米，建于 1987 年 11 月。

和山桥　Héshān Qiáo　位于县道后会线 K110+520 处。长 9.5 米，宽 6.5 米，正一交通道，桥跨组合 1 孔 5 米，桥梁上部结构为钢筋混凝土板，下部结构为浆砌块石、墙式桥台。建于 1988 年 12 月。

朱山桥　Zhūshān Qiáo　位于县道后会线 K110+740 处。长 12.6 米，宽 6.5 米，正一交通道，桥跨组合 2 孔 5 米，桥梁上部结构为钢筋混凝土板，下部结构为浆砌块石、墙式桥台。建于 1988 年 10 月。

洋心桥　Yángxīn Qiáo　位于县道兰荒线 K2+737 处。正一交通道，桥跨组合 2 孔 5 米，桥梁上部结构为钢筋混凝土板，下部结构为浆砌块石、墙式桥台。长 14.8 米，宽 8 米，建于 1982 年 12 月。

竹山二桥　Zhúshān èr Qiáo　位于盖竹村，为县道兰荒线上桥梁。3 孔，跨径 20 米，沥青混凝土桥面，长 70.04 米，桥面宽 7.5 米，2009 年始建，2010 年建成。

竹山一桥　Zhúshānyī Qiáo　位于盖竹村，为县道兰荒线上桥梁。3 孔，跨径 20 米，沥青混凝土桥面，长 67.74 米，宽 8.5 米，2009 年始建，2011 年建成。

西洋小桥　Xīyángxiǎo Qiáo　位于县道兰荒线 K11+5905 处。长 23.04 米，宽 8.5 米，桥跨组合 1 孔 13 米，桥梁上部结构为空心板梁，下部结构为桩（柱）式墩台、双柱框架式桥台。始建于 2009 年 3 月，2013 年 11 月建成。

东坑小桥　Dōngkēngxiǎo Qiáo　位于县道兰荒线 K12+806 处。长 25.04 米，宽 9.9 米，桥跨组合 1 孔 13 米，桥梁上部结构为空心板梁，下部结构为桩（柱）式墩台、双柱框架式桥台。始建于 2009 年 3 月，2013 年 11 月建成。

铜锣湾一号中桥　Tóngluówānyīhào Zhōngqiáo　位于后广村，为县道兰荒线上桥梁。3 孔，跨径 16 米，沥青混凝土桥面，长 58.04 米，桥面宽 10 米。2009 年始建，2013 年建成。

铜锣湾二号中桥　Tóngluówānèrhào zhōngqiáo　位于后广村，为县道兰荒线上桥梁。3 孔，跨径 16 米，沥青混凝土桥面，长 57.04 米，宽 10 米。2009 年始建，2013 年建成。

处下坑中桥　Chùxiàkēng zhōngqiáo　位于后广村，为县道兰荒线上桥梁。4 孔，跨径 20 米，沥青混凝土桥面，长 85.08 米，宽 7.5 米，2009 年始建，2013 年建成。

垄头尖一号中桥　Lǒngtóujiānyīhào Zhōngqiáo　位于桐梓村，为县道兰荒线上桥梁。3 孔，跨径13米，沥青混凝土桥面，长45.04米，宽7.5米。2010年始建，2012年建成。

垄头尖二号中桥 Lǒngtóujiānèrhào Zhōngqiáo 位于桐梓村，为县道兰荒线上桥梁。5孔，跨径13米，沥青混凝土桥面，长74.04米，宽9.2米，2009年始建，2013年建成。

盘龙地桥 Pánlóngdì Qiáo 位于县道兰荒线K44+034处。长32米，宽7米，桥跨组合1孔16米，桥梁上部结构为石拱，下部结构为浆砌块石、墙式桥台。建于1987年12月。

斋郎桥 Zhāiláng Qiáo 位于县道兰荒线K54+101处。长8.6米，宽7.2米，桥跨组合1孔5米，桥梁上部结构为石拱，下部结构为浆砌块石、墙式桥台。建于1987年11月。

枫坪桥 Fēngpíng Qiáo 位于县道兰荒线K55+809处。长20米，宽8.5米，桥跨组合1孔10米，桥梁上部结构为石拱，下部结构为浆砌块石、墙式桥台。建于1994年12月。

三景溪桥 Sānjǐngxī Qiáo 位于县道兰荒线K56+141处。正一交通道，桥跨组合1孔13米，桥梁上部结构为石拱，下部结构为浆砌块石、墙式桥台。长22.7米，宽10.6米。建于2002年6月。

龙岩桥 Lóng yán Qiáo 位于县道兰荒线K59+452处。长10.3米，宽8.1米，桥跨组合1孔6米，桥梁上部结构为石拱，下部结构为浆砌块石、墙式桥台。建于1985年，是龙岩村中的一座小桥，2002年公路改扩建时，在老桥基础上重修。

下滩桥 Xiàtān Qiáo 位于县道兰荒线K61+798处。长18.7米，宽6.5米，桥跨组合1孔7.4米，桥梁上部结构为钢筋混凝土桥，下部结构为垂力式墙式桥台。始建于2006年10月，2007年10月建成。

梅芳坑桥 Méifāngkēng Qiáo 位于县道兰荒线K63+452处。长28米，宽9米，桥跨组合1孔18米，桥梁上部结构为石拱，下部结构为片石混凝土、墙式桥台。始建于2006年10月，2007年10月建成。

柏际桥 Bǎijì Qiáo 位于县道柏小线K0+040处。长31米，宽6.6米，正一交通道，桥跨组合2孔10米，桥梁上部结构为石拱，下部结构为片石混凝土、墙式桥台。建于1970年9月。

后仓坑桥 Hòucāngkēng Qiáo 位于县道岭荷线K1+976处。长10.6米，宽7.4米，桥跨组合1孔6米，桥梁上部结构为石拱，下部结构为片石混凝土、墙式桥台。建于1981年6月。

漈面桥 Jìmiàn Qiáo 位于县道岭荷线K7+072处。长16米，宽6.2米，桥跨组合1孔8米，桥梁上部结构为石拱，下部结构为片石混凝土、墙式桥台。始建于1981年6月。2010年对该桥梁进行了加固改造，并设置了钢筋砼护栏。

官局桥 Guānjú Qiáo 位于县道岗双线K5+712处。长12.5米，宽7.5米，正一交通道，桥跨组合1孔7米，桥梁上部结构为石拱，下部结构为片石混凝土、墙式桥台。建于1977年5月。

下坑桥 Xiàkēng Qiáo 位于县道岗双线K9+940处。长9.5米，宽7.5米，正一交通道，桥跨组合1孔8米，桥 梁上部结构为石拱，下部结构为片石混凝土、墙式桥台。建于1979年2月。

百剑龙桥 Bǎijiànlóng Qiáo 位于县道岗双线K12+980处。长31米，宽8.5米，桥跨组合1孔16米，桥梁上部结构为钢筋混凝土板拱，下部结构为片石混凝土、墙式桥台。建于2007年。

八炉桥 Bālú Qiáo 位于县道岗双线K15+167处。长32米，宽7.8米，正一交通道，桥跨组合1孔16米，桥梁上部结构为石拱，下部结构为片石混凝土、墙式桥台。建于1980年10月。

黄连坑桥 Huángliánkēng Qiáo 位于县道岗双线K21+317处。长32米，宽8.5米，桥跨组合1孔16米，桥梁上部结构为钢筋混凝土板拱，下部结构为片石混凝土、墙式桥台。建于1980年10月。2007年对桥梁进行了加固修复改造。

棋盘岭桥 Qípánlǐng Qiáo 位于县道官下线K10+746处。长19米，宽6.5米，桥跨组合2孔6米，桥梁上部结构为石拱，下部结构为片石混凝土、墙式桥台。建于1977年9月。

双门桥 Shuāng mén Qiáo 位于县道官下线K19+069处。长11.5米，宽6.5米，桥跨组合1孔6米，桥梁上部结构为石拱，下部结构为片石混凝土、墙式桥台。建于1978年4月。

半山桥 Bànshān Qiáo 位于县道官下线K25+582处。长14.5米，宽6.4米。桥跨组合1孔6米，桥梁上部结构为石拱，下部结构为片石混凝土、墙式桥台。建于1978年4月。

东坑桥 Dōngkēng Qiáo 位于县道官下线K26+978处。长15.4米，宽6.5米。桥跨组合1孔10米，桥梁上部结构为石拱，下部结构为片石混凝土、墙式桥台。建于1978年5月。

西溪桥 Xīxī Qiáo 位于西溪县道官下线K28+580处。长42米，宽6.6米。桥跨组合3孔12米，桥梁上部结构为石拱，下部结构为片石混凝土、墙式桥台。建于1994年2月。

赤溪桥 Chìxī Qiáo 位于县道官下线K29+400处。长40.8米，宽6.5米，桥跨组合2孔15米，桥梁上部结构为钢筋混凝土板拱，下部结构为片石混凝土、墙式桥台。建于1994年2月。

景宁坑桥 Jǐngníngkēng Qiáo 位于县道官下线K30+814处。长36米，宽8.5米，桥跨组合1孔16米，桥梁上部结构为石拱，下部结构为片石混凝土、墙式桥台。建于2002年11月。

生水塘桥 Shēngshuǐtáng Qiáo 位于县道生炉线K0+394处。长12米，宽7米，正—交通道，桥跨组合1孔6米，桥梁上部结构为石拱，下部结构为片石混凝土、墙式桥台。建于1995年7月。

小关村头桥 Xiǎoguāncūntóu Qiáo 位于县道生炉线K3+188处。长9米，宽7米，桥跨组合1孔5米，桥梁上部结构为石拱，下部结构为片石混凝土、墙式桥台。建于1995年7月。

东大桥 Dōngdà Qiáo 位于县道后大线K0+174处。长119米，宽14.5米，桥跨组合5孔(主跨1孔23.6米，边跨4孔23.45米)。桥梁上部结构为钢筋混凝土板、箱形梁，下部结构为钢筋混凝土、多柱框架式台。建于1996年11月。

大济桥 Dàjì Qiáo 位于县道后大线K1+805处，正—交通道，桥跨组合2孔5米，桥梁上部结构为石拱，下部结构为片石混凝土、墙式桥台。长17.8米，宽6米，建于1982年12月。

岩后桥 Yánhòu Qiáo 位于县道枫上线K3+305处。长16.6米，宽8.5米，桥跨组合1孔8米，桥梁上部结构为石拱，下部结构为片石混凝土、墙式桥台。建于1987年10月。2010年对该桥进行了加固维修。

陈龙溪桥 Chénlóngxī Qiáo 位于县道枫上线K6+370处。长19米，宽6.5米，桥跨组合3孔5.7米，桥梁上部结构为钢筋混凝土板，下部结构为浆砌块石、墙式桥台。建于1988年4月。

双港潭桥 Shuānggǎngtán Qiáo 位于竹口镇双港潭村县道枫上线上。长20米，宽7.9米，桥跨组合1孔10米，桥梁上部结构为钢筋混凝土板拱，下部结构为浆砌块石、墙式桥台，最大跨度

10 米。始建于 1987 年，1988 年建成。

垄口溪桥 Lǒngkǒuxī Qiáo 位于县道枫上线 K10+222 处。长 18 米，宽 9.5 米，桥跨组合 2 孔 6 米，桥梁上部结构为桥梁上部结构为石拱，下部结构为浆砌块石、墙式桥台。建于 1988 年 5月。

上洋桥 Shàngyáng Qiáo 位于竹口镇上洋村县道枫上线上。长 8.4 米，宽 5.6 米，桥跨组合 1 孔 5.8 米，桥梁上部结构为钢筋混凝土板，下部结构为浆砌块石、墙式桥台。始建于 1991 年，1991 年建成。

黄岗岭脚桥 Huánggǎnglǐngjiǎo Qiáo 位于县道左交线 K0+255 处，长 56 米，宽 8.5 米，桥跨组合 2 孔 20 米，桥梁上部结构为钢筋混凝土板、箱形梁，下部结构为块石、墙式桥台。建于 2004 年 5 月。

交溪口桥 Jiāoxīkǒu Qiáo 位于县道左交线 K7+166 处。长 42 米，宽 8.1 米，桥跨组合 1 孔 30 米，桥梁上部结构为石拱，下部结构为块石、墙式桥台。建于 1983 年 10 月。

隆宫桥 Lónggōng Qiáo 位于县道蓬源线 K6+744 处。长 11.8 米，宽 10 米，桥跨组合 1 孔 6 米，桥梁上部结构为钢筋混凝土板，下部结构为浆砌块石、U 形台。建于 1964 年 5 月。

岭上桥 Lǐngshàng Qiáo 位于县道蓬源线 K13+225 处。长 18 米，宽 7.9 米，桥跨组合 1 孔 6 米，桥梁上部结构为石拱桥，下部结构为浆砌块石、U 形台。建于 1964 年 7 月。

黄坑桥 Huángkēng Qiáo 位于县道蓬源线 K16+184 处长 23 米，宽 7.1 米，桥跨组合 1 孔 10 米，桥梁上部结构为石拱桥，下部结构为浆砌块石、U 形台。建于 1964 年 6 月。

新窑桥 Xīnyáo Qiáo 位于竹口镇新窑村县道新松线上。长 77.4 米，宽 7.8 米，桥跨组合 4 孔 15 米，桥梁上部结构为石拱桥，下部结构为浆砌块石、U 形台。建于 1967 年 11 月。2009 年对该桥进行了加固改造，浇筑了钢筋砼护栏。

江根桥 Jiānggēn Qiáo 位于县道水坝线 K0+711 处。长 16 米，宽 10 米，正一交通道，桥跨组合 1 孔 9 米，桥梁上部结构为石拱桥，下部结构为浆砌块石、U 形台。建于 1987 年 11 月。

竹口桥 Zhúkǒu Qiáo 位于县道枫竹线 K0+937 处。长 11.3 米，宽 6.2 米，桥跨组合 1 孔 5 米，桥梁上部结构为钢筋混凝土板，下部结构为浆砌块石、U 形台。建于 1967 年 12 月。

会溪桥 Huìxī Qiáo 位于会溪村，县道反洋线 K0+836 处。长 28.8 米，宽 10.5 米，桥跨组合 3 孔 6 米，桥梁上部结构为钢筋混凝土板，下部结构为浆砌块石、U 形台。建于 1968 年 6 月。

铜矿桥 Tóngkuàng Qiáo 位于县道反洋线 K3+820 处。长 20 米，宽 9.2 米，桥跨组合 2 孔 6 米，桥梁上部结构为钢筋混凝土板，下部结构为浆砌块石、U 形台。建于 1964 年 10 月。

后田桥 Hòutián Qiáo 位于县道反洋线 K6+850 处。长 18.9 米，宽 13.7 米，桥跨组合 2 孔 6.8 米，桥梁上部结构为钢筋混凝土板，下部结构为浆砌块石、U 形台。建于 1971 年 8 月。

洋心桥 Yángxīn Qiáo 位于县道反洋线 K8+750 处。长 102 米，宽 7.7 米，桥跨组合 4 孔 20 米，桥梁上部结构为石拱桥，下部结构为浆砌块石、U 形台。建于 1981 年 12 月。

龙山大桥 Lóngshān Dàqiáo 位于县道祝会线 K0+300 处。长 220 米，宽 8.5 米，桥跨组合 11

孔20米，桥梁上部结构为钢筋混凝土现浇空心板梁，下部结构为双柱框架式桥台。始建于2003年9月1日，2006年12月10日建成。

匝道桥　Zādào Qiáo　位于县道龙星线K0+423处。长23.5米，宽9.5米，桥跨组合1孔16米，桥梁上部结构为钢筋混凝土现浇空心板梁，下部结构为双柱框架式桥台。始建于2003年9月1日，2006年12月10日建成。

西边桥　Xībiān Qiáo　位于县道西上线K1+248处。长14.1米，宽11.7米，桥跨组合1孔6米，桥梁上部结构为石拱桥，下部结构为浆砌块石、U形台。建于1958年8月。

枫堂桥　Fēngtáng Qiáo　位于竹口镇枫堂县道枫官线上。长58米，宽6.4米，正—交通道，桥跨组合3孔15米，桥梁上部结构为双曲拱桥，下部结构为浆砌块石、U形台。始建于1967年，1967年建成。

竹下桥　Zhúxià Qiáo　位于县道枫官线K2+020处。长14米，宽12.7米，桥跨组合2孔5.7米，桥梁上部结构为钢筋混凝土板，下部结构为浆砌块石、U形台。建于1992年11月。

坝头溪桥　Bàtóuxī Qiáo　位于县道坝大线K0+681处。长59.9米，宽8.5米，正—交通道，桥跨组合1孔40米，桥梁上部结构为空腹式石拱桥，下部结构为浆砌块石、U形台，扩大桩基础。2004年4月底完成了施工图设计。始建于2005年7月1日，2006年12月建成。

五都大桥　Wǔdōu Dàqiáo　位于五都工业园区、县道岩祝线K1+997处。跨松源溪，长188.1米，宽12米，桥跨组合9孔20米，桥梁上部结构为空心板梁，下部结构为桩(柱)式墩台、双柱框架式桥台。始建于2009年3月，2013年1月建成。

田墩大桥　Tiándūn Dàqiáo　位于田墩村，县道庆喜线K0+575处。长165.1米，宽10米，桥跨组合8孔20米，桥梁上部结构为空心板梁，下部结构为桩(柱)式墩台、双柱框架式桥台。始建于2009年3月，2013年10月建成。

坑里桥　Kēnglǐ Qiáo　位于县道坝里线K0+138处。长14米，宽10.2米，原省道龙后线上桥梁，2013年龙后线改建后调整为县道桥梁。桥跨组合1孔6米，桥梁上部结构为石拱桥，下部结构为浆砌块石、U形台。建于1968年7月。

黄泥弄桥　Huángnínòng Qiáo　位于县道黄泥弄线K0+170处。长17.1米，宽11.3米，原省道龙后线上桥梁，2013年龙后线改建后调整为县道桥梁。桥跨组合2孔5.7米，桥梁上部结构为钢筋混凝土板，下部结构为浆砌块石、墙式桥台。建于1967年12月。

吾田头桥　Wú tiántóu Qiáo　位于县道淤蒲线K2+934处。长11米，宽10.6米，原省道龙后线上桥梁，2013年龙后线改建后调整为县道桥梁。桥跨组合1孔6米，桥梁上部结构为石拱桥，下部结构为浆砌块石、U形台。建于1967年11月。

樟坑桥　Zhāngkēng Qiáo　位于县道淤蒲线K4+177处。长18.3米，宽8.4米，原省道龙后线上桥梁，2013年龙后线改建后调整为县道桥梁。桥跨组合1孔7米，桥梁上部结构为钢筋混凝土板，下部结构为浆砌块石、墙式桥台。建于1986年12月。

举水桥　Jǔshuǐ Qiáo　位于县道举龙线K0+018处。长15米，宽8.2米，原乡道举落线，2014

年线路提升变更为县道桥梁。桥跨组合1孔13米，桥梁上部结构为石拱，下部结构为浆砌块石、墙式桥台。建于1982年7月。

新桥头桥 Xīnqiáotóu Qiáo 位于县道东桥线K70+200处。长40米，宽7.1米，桥跨组合3孔11米，桥梁上部结构为石拱，下部结构为浆砌块石、墙式桥台。建于1981年11月。

交溪口桥 Jiāoxīkǒu Qiáo 位于县道溪杉线K67+989处。长45米，宽8.1米，桥跨组合1孔30米，桥梁上部结构为石拱，下部结构为浆砌块石、墙式桥台。建于1983年4月。

丰滩桥 Fēngtān Qiáo 位于县道溪杉线K70+476处。长9.7米，宽8米，桥跨组合1孔5米，桥梁上部结构为石拱，下部结构为浆砌块石、墙式桥台。建于1999年12月。

大岩坑桥 Dàyánkēng Qiáo 位于县道溪杉线K74+798处。长31.2米，宽8.5米，桥跨组合1孔8米，桥梁上部结构为整体现浇混凝土板，下部结构为钢筋混凝土、墙式桥台。建于1979年11月,后因水库蓄水影响，路面抬高，在原址上拆除老桥重建新桥。2009年建成。

张伯坑桥 Zhāngbókēng Qiáo 位于县道溪杉线K80+900处。长15.8米，宽8米，桥跨组合1孔6米，桥梁上部结构为石拱，下部结构为浆砌块石、墙式桥台。建于1979年11月。

外洋桥 Wàiyáng Qiáo 位于县道溪杉线K86+300处。长40.8米，宽7.5米，正一交通道，桥跨组合2孔15米，桥梁上部结构为石拱，下部结构为浆砌块石、墙式桥台。建于1978年10月。

贤良桥 Xiánliáng Qiáo 位于县道溪杉线K92+712处。长21.8米，宽7米，桥跨组合1孔16米，桥梁上部结构为石拱，下部结构为浆砌块石、墙式桥台。建于1975年7月。

贤良铪桥 Xiánliánghā Qiáo 位于县道溪杉线K92+736处。长13.4米，宽7米，跨组合2孔(1-5.5+1-5.4)米，桥梁上部结构为钢筋混凝土板，下部结构为浆砌块石、墙式桥台。建于1975年1月。

山后溪桥 Shānhòuxī Qiáo 位于乡道浦青线K6+700处。长29米，宽9米，桥跨组合1孔20米，桥梁上部结构为石拱，下部结构为浆砌块石、墙式桥台。建于1987年8月，2006年在“桑美”台风中被冲毁，2007年在原址上重建新桥。

下庄桥 Xiàzhuāng Qiáo 位于乡道下东线K0+039处。长11.4米，宽5.6米，桥跨组合1孔6米，桥梁上部结构为石拱，下部结构为浆砌块石、墙式桥台。建于1980年11月。

瓦窑坪桥 Wǎ yáopíng Qiáo 位于乡道下东线K7+904处。长14米，宽11.8米，桥跨组合1孔8米，桥梁上部结构为石拱，下部结构为浆砌块石、墙式桥台。建于1980年11月。

黄坑桥 Huángkēng Qiáo 位于乡道濛杨线K4+845处。长14米，宽6.5米，桥跨组合1孔8米，桥梁上部结构为石拱，下部结构为浆砌块石、墙式桥台。建于1978年10月。

达溪桥 Dáxī Qiáo 位于乡道濛杨线K5+958处。长16米，宽7米，桥跨组合1孔10米，桥梁上部结构为石拱，下部结构为浆砌块石、墙式桥台。建于1978年10月。

交溪桥 Jiāoxī Qiáo 位于乡道安中线K6+107处。长20米，宽5.8米，桥跨组合1孔10米，桥梁上部结构为石拱，下部结构为浆砌块石、墙式桥台。建于1972年8月。

安溪桥 Anxī Qiáo 位于乡道安中线K0+105处。长39.9米，宽6.8米，桥跨组合3孔10米，桥梁上部结构为钢筋混凝土板，下部结构为浆砌块石、墙式桥台。建于 1973 年 2 月。

后广桥 Hòuguǎng Qiáo 位于乡道后后线 K0+014 处。长 32 米，宽 6.5 米，桥跨组合 2 孔 10 米，桥梁上部结构为石拱，下部结构为浆砌块石、墙式桥台。建于 1974 年 12 月。

第四节 隧 道

【高速公路隧道】

半山丘隧道 Bànshānqiū Suìdào 位于黄田镇半山丘龙庆高速公路上，连体式，长 450 米，宽 10.75 米。始建于 2010 年，2013 年建成。

黄潭隧道 Huángtán Suìdào 位于黄田镇黄潭龙庆高速公路上，分离式,左洞 745 米，右洞 715 米，宽 10.75 米。始建于 2010 年，2013 年建成。

大泽隧道 Dàzé Suìdào 位于竹口镇大泽村龙庆高速公路上，连体式，长 195 米，宽 10.75 米。始建于 2010 年，2013 年建成。

鱼塘尾隧道 Yútángwěi Suìdào 位于竹口镇鱼塘尾龙庆高速公路上，连体式，长 508 米，宽 10.75 米。始建于 2010 年，2013 年建成。

新城隧道 Xīnchéng Suìdào 位于竹口镇新窑龙庆高速公路上，跨越浙闽两省，接福建省的松溪至建瓯高速，分离式，左右隧道分别是 1022 米和 998 米，始建于 2010 年，2013 年建成。

【二级公路隧道】

大泽隧道 Dàzé Suìdào 位于竹口镇大泽村，在省道龙后线上。入口桩号 K48+487。长 265 米，宽 10 米，净高 5 米。2006 年龙后二级改建时新建，2007 年建成。

新窑隧道 Xīnyáo Suìdào 位于竹口镇新窑村，在省道龙后线上。入口桩号 K62+989。全长 255 米，宽 10 米，高 5 米。2006 年龙后二级改建时新建，2007 年建成。

马蹄岙隧道 Mǎtí ào Suìdào 位于竹口镇新窑村马蹄岙。在省道龙后线上，入口桩号 K64+139。隧道全长 778 米，净宽 8.5 米，净高 5 米。1990 年 8 月龙庆公路改造时新建，1996 年 8 月建成通车。

汇隆隧道 Huìlóng Suìdào 位于省道龙后线汇隆处，入口桩号 K65+895。隧道全长 234 米，宽 8.5 米，高 5 米。1990 年 8 月龙庆公路改造时新建，1996 年 8 月建成通车。

淤上隧道 Yūshàng Suìdào 位于淤上乡淤上村，省道龙后线菊水至后山桥段，入口桩号 K77+867。长 939 米，宽 10 米，净高 5 米。2010 年动工，2013 年建成通车。

蒲潭隧道 Pútán Suìdào 位于淤上乡蒲潭村，省道龙后线菊水至后山桥段，入口桩号 K81+611。长 358 米，宽 10 米，净高 5 米。2010 年开工，2013 年建成通车。

蓬桥隧道 Péngqiáo Suìdào 位于淤上乡蓬桥电站附近，省道龙后线菊水至后山桥段，入口桩号 K82+838。全长 348 米，净宽 10 米，净高 5 米。2010 年开工，2013 年建成。

菊隆隧道 Júlóng Suìdào 位于屏都街道，省道菊寿线起点上，入口桩号 K0+557。隧道全长

580 米，净宽 10 米，净高 5 米。端墙式洞口，直墙式单心圆拱。2006 年龙后二级改建时新建，2007 年建成通车。

翔龙隧道 xiánglóng suìdào 位于松源街道石龙山，省道菊寿线上。原名“龙山隧道”。入口桩号 K7+937。全长 1325 米，净宽 9 米，净高 5 米。端墙式洞口，直墙式单心圆拱。2003 年始建，2007 年建成通车。

西洋隧道 Xīyáng Suìdào 位于五大堡乡西洋村，在县城至百山祖公路上。单洞式，长 155 米，净宽 9.5 米，净高 5 米。始建于 2009 年，2013 年建成通车。

喜鹊隧道 Xǐquè Suìdào 位于濛洲街道喜鹊村,县城至百山祖公路上。单洞式，长 1800 米，宽 9.5 米，高 5 米，二级公路标准。始建于 2009 年，2013 年建成通车。

庆寿隧道 Qìngshòu Suìdào 位于庆元县与寿宁县交界处，隧道分属于庆元县与寿宁县，属庆元境内部分称庆寿隧道，属寿宁境内部分称寿庆隧道。庆寿隧道在县道坝大线终端，连接坝头村到寿宁县，入口桩号 K3+246。隧道长 692.78 米，其中庆元县境长 310.28 米，福建寿宁县境长 382.5 米。端墙式洞口，直墙式单心圆拱。始建于 2005 年，2009 年建成通车。

巾子峰隧道 Jīnzǐfēng Suìdào 位于松源街道巾子峰公路上。长 1225 米，宽 9 米，单洞式，始建于 2009 年，2013 年建成。

第五节 汽 车 站

庆元县汽车站 Qìngyuánxiàn Qìchēzhàn 位于濛洲街道大济路 166 号。原旧址在松源街道学后路，建于 1956 年，1983 年迁建至松源街道新建路，2005 年又迁建至现址。二级站，占地面积 31250.35 平方米，建筑面积 13280.95 平方米。始建于 2004 年 5 月，2005 年 12 月建成。

隆宫客运站 Lónggōng Kèyùnzhàn 位于隆宫乡隆宫村。占地面积 265.3 平方米，建筑面积 314.1 平方米。始建于 2001 年 5 月，2011 年 5 月重建。

黄坛客运站 Huángtán Kèyùnzhàn 位于竹口镇黄坛村。占地面积 2840 平方米，建筑面积 299.55 平方米，三级站，主要运营线是一、二级客运网络。始建于 2014 年。

竹口客运站 Zhúkǒu Kèyùnzhàn 位于竹口镇竹下村。占地面积 612.8 平方米，建筑面积 176 平方米，主要运营线是二、三级客运网络。始建于 1994 年，1995 年建成。

黄田客运站 Huángtián Kèyùnzhàn 位于黄田镇东西村。占地面积 2000 平方米，建筑面积 820 平方米，主要运营线是二、三级客运网络。始建于 2007 年，2008 年建成。

安溪客运站 Anxī Kèyùnzhàn 位于安南乡安溪村。占地面积 2473.18 平方米，建筑面积 986.61 平方米，主要运营线是二、三级客运网络。始建于 2009 年，2010 年建成。

左溪客运站 Zuǒxī Kèyùnzhàn 位于左溪镇左溪村。占地面积 1000 平方米，建筑面积 150 平方米，主要运营线是二、三级客运网络。始建于 2004 年 8 月，2006 年 5 月建成。

第二章　水利　电力

第一节　水库(山塘)

兰溪桥水库 Lánxīqiáo Shuǐkù　位于濛洲街道应岭尾村。以库区内原有的兰溪桥得名,坝高53.5米,长174.4米,面宽5米,总库容1617万立方米,能控制松源溪上游235平方千米的集雨面积。1977年12月动工,1984年6月建成。

马蹄岙水库 Mǎtíào Shuǐkù　位于松源溪下游的马蹄岙峡谷中,截拦松源、安溪两水。坝高40.5米,总库容530万立方米,坝型属浆砌石重力坝,是一座以发电为主,同时还担负着下游福建省松溪县1340公顷农田灌溉任务的综合型水库。1966年6月动工,1972年2月建成发电。

左溪一级水库 Zuǒxīyījí Shuǐkù　位于左溪镇境内。坝型为抛物线双曲变厚拱,坝高63米,坝长169米,总库容1545万立方米,集雨面积143.71平方千米。建于2006年12月。

左溪二级水库 Zuǒxīèrjí Shuǐkù　位于左溪镇境内。坝型为翻板坝,坝高16.5米,总库容61万立方米,集雨面积229.3平方千米。建于2007年。

百龙水库 Bǎilóng Shuǐkù　位于百山祖镇境内。坝型为砼拱坝,坝高34米,总库容75万立方米,集雨面积20.3平方千米。建于1958年。

岙头山塘 Aotóu Shāntáng　位于竹口镇竹下村。坝高9.37米,坝长31.18米,坝身为黏土心墙坝,总容积4.19万立方米,集雨面积0.25平方千米。建于1958年。

半岭山塘 Bànlǐng Shāntáng　位于左溪镇半岭村。坝型为均质土坝,坝高6.52米,分为主坝和副坝,总库容0.42万立方米,集雨面积0.12平方千米。1958年岱根、半岭两村合建。

侧坪洋水库 Cèpíngyáng Shuǐkù　位于五大堡乡西川村。坝型为黏土心墙堆石坝,坝高15.08米,总库容10.5万立方米,集雨面积0.202平方千米。建于1984年。

长垄山塘 Zhǎnglǒng Shāntáng　位于淤上乡塘根村与长砻村之间,原为长砻电站水库,后电站报废,坝型为均质土坝,坝高18.95米,坝长54.5米,总库容3万立方米,集雨面积3.91平方千米。建于1975年。

大奔林水库 Dàbēnlín Shuǐkù　位于松源街道大济村。坝高10.62米,坝长72.33米,坝身为均质土坝,总容积2.62万立方米,集雨面积0.4平方千米。建于1987年。

地山水库 Dìshān Shuǐkù 位于举水乡大丘村。坝型为黏土心墙堆石坝，坝高 17.5 米，总库容 10 万立方米，集雨面积 0.568 平方千米。建于 1984 年。

冯家山水库 Féngjiāshān Shuǐkù 位于龙溪乡冯家山村。坝型砼拱坝，坝高 47 米，坝轴长 113.4 米，总库容 452.9 万立方米，集雨面积 228.7 平方千米。建于 2005 年。

贵南阳水库 Guìnányáng Shuǐkù 位于龙溪乡西溪村贵南阳下游约 200 米处的西溪上。坝型为抛物线型砼双曲拱坝，坝高 23.7 米，坝轴长 123.1 米，总库容 160 万立方米，集雨面积 179.7 平方千米。建于 2004 年。

黄水水库 Huángshuǐ Shuǐkù 位于百山祖镇黄水村。坝型为混合线双曲砼拱坝，坝高 44 米，总库容 205 万立方米，集雨面积 27.4 平方千米。建于 2004 年。

黄坛山塘 Huángtán Shāntáng 位于官塘乡坑下村。坝型为均质土坝，坝高 6.21 米，坝长 34.91 米，总库容 1.56 万立方米，集雨面积 0.16 平方千米。建于 1958 年。

蛟塘山塘 Jiāotáng Shāntáng 位于官塘乡官塘村。坝型砼面板坝，坝高 10.59 米，坝长 52.51 米，总库容 4.74 万立方米。建于 1979 年。

金元水库 Jīnyuán Shuǐkù 位于百山祖镇黄土洋村秋炉坑主流上。坝型为砼双曲拱坝，坝高 26.1 米，坝顶长度 64.2 米，总库容 37.79 万立方米，集雨面积 7.33 平方千米。建于 2006 年。

南门水库 Nánmén Shuǐkù 位于松源街道南门村。坝高 11 米，面宽 4.5 米，坝身为均质土坝，总库容 10.5 万立方米，集雨面积 0.3 平方千米。建于 1958 年。

南阳二级电站水库 Nányángèrjídiànzhàn Shuǐkù 位于张村乡后溪村。坝型为翻板坝，总库容 63.9 万立方米。建于 2006 年。

三汇水库 Sānhuì Shuǐkù 位于百山祖镇桐梓村。坝型为双曲拱坝，坝高 44.5 米，坝轴长 69.8 米，总库容 40.3 万立方米，集雨面积 18.5 平方千米。建于 2004 年。

西洋水库 Xīyáng Shuǐkù 位于贤良镇石川村西洋。坝型为混合线型双曲拱坝，坝高 37.5 米，坝顶长度 96 米，总库容 92.5 万立方米，集雨面积 49.5 平方千米。建于 2005 年。

杨溪水库 Yángxī Shuǐkù 位于岭头乡岗后洋村。杨溪一级为坝型为混凝土拱坝，坝高 16.6 米，坝长 50 米，总库容 18 万立方米，集雨面积 13.8 平方千米；杨溪二级坝型为双曲拱坝，坝高 31.25 米，坝长 71.3 米。总库容 66.47 万立方米，集雨面积 23.1 平方千米。2006 年 1 月建成。

云雾亭水库 Yúnwùtíng Shuǐkù 在举水乡黄山村黄坑尾下游约 1.6 千米处。坝型均质土坝，坝高 33 米，总库容 96.77 万立方米，集雨面积 38.3 平方千米。2003 年动工建设，2006 年 3 月建成。

择树坑山塘 Zéshùkēng Shāntáng 位于举水乡择树坑村。坝型均质土坝，坝高 14.91 米，坝长为 53.77 米，总库容 3.18 万立方米，集雨面积 0.56 平方千米。建于 1958 年。

转水山塘 Zhuǎnshuǐ Shāntáng 位于龙溪乡转水村。坝型为均质土坝，坝高 10.13 米，坝轴长 62 米，总库容 4.5 万立方米，集雨面积 1.2 平方千米。建于 1976 年。

第二节 防洪工程

县城防洪堤 Xiànchéng Fánghóngdī 位于县城松源溪之上，为县城的防洪设施。始建于清代，经多次修缮和扩建，截至2013年已有上游起于周墩桥，下游至阁门岭大桥，左岸全长5.1千米，右岸分两段各为1.7千米的防洪堤，中段途经县城风景区，1989年进行拓宽、加固和增设护栏，植上林木，融公路、防洪、风景于一体，成了别具特色的堤防。

庙下防洪堤 Miàoxià Fánghóngdī 位于黄田镇竹口溪上。起点东西村，终点庙下，北至全长1.6千米。建于1980年。

可信路口防洪堤 Kěxìnlùkǒu Fánghóngdī 位于黄田镇竹口溪上，起点黄坞村枫树桥，终点浙江可信竹木有限公司。左右岸各1.3千米。

葛田村防洪堤 Gětiáncūn Fánghóngdī 位于黄田镇竹口溪上，起点葛田村碓桥，终点54省道公路。左右岸各0.8千米。

古岭坑防洪堤 Gǔlǐngkēng Fánghóngdī 位于黄田镇竹口溪上，起点古岭坑村桥，终点葛田路口桥防洪堤。左右岸各1.35千米。

曹岭防洪堤 Cáolǐng Fánghóngdī 位于黄田镇梅溪上，起点曹岭村观音桥，终点南源坑口防洪堤。全长0.3千米。

李村防洪堤 Lǐcūn Fánghóngdī 位于黄田镇竹口溪上，起点李村桥益昌门口，终点乌坛亭坝，全长1.5千米。

姚村防洪堤 Yáocūn Fánghóngdī 位于黄田镇竹口溪上，起点姚村庄头梅电站，终点庄头梅，全长1.3千米。

中济防洪堤 Zhōngjì Fánghóngdī 位于黄田镇中济村内的上济溪上。河流右岸共0.4千米。

陈边防洪堤 Chénbiān Fánghóngdī 位于黄田镇上济溪上，起点陈边村上赖桥头，终点半岭亭桥头，河流右岸全长1.3千米。

上济防洪堤 Shàngjì Fánghóngdī 位于黄田镇上济溪上，起点上济村老乡政府桥头，终点于鲍可正房，河流右岸全长0.4千米。

湖头防洪堤 Hútóu Fánghóngdī 位于黄田镇湖头村，起点湖头村金广岭头，终点上济和尚庙坝，右岸全长0.2千米。

安溪防洪堤 Anxī Fánghóngdī 位于安溪溪上，建于2009年，起点安溪村头，终点安溪村尾桥，位于河流左岸，全长1.3千米，防洪标准为20年一遇。

左溪村防洪堤 Zuǒxīcūn Fánghóngdī 位于左溪村左溪两岸，起点左溪村头，终点左溪村尾桥，两岸堤宽3.5米、高8米，全长0.62千米，建成于2007年。

岙头渠道 Aotóu Qúdào 位于张村乡岙头村，东西走向，起点库山堰坝，渠道长2.5千米，受益田 5.3 公顷。

南阳村渠道 Nányángcūn Qúdào 位于张村乡南阳村，渠道长 2.3 千米，灌溉村尾 3.3 公顷良田，原为村中一电站的引水渠，电站已报废。

八都官坝 Bādōu Guānbà 位于屏都街道八都。古时由官家出钱建造，故名。2006—2007 年，改建为混凝土梁分格的干砌石坝，堰坝长度 160 余米，顶宽 1.5 米，连基础高度为 3.5 米。引水分两条渠道横贯八都村，是八都村重要的生活和消防水源，同时灌溉村尾稻田。

蛮澳水坝 Mánào Shuǐbà 位于松源街道五都。因所拦水入蛮澳，故名。堰坝长度 120 余米长，高度为 3.5 米, 顶宽 1.5 米，引入的水经由蛮澳灌溉，是五都、朱村、余村重要的生活和消防水源。渠道长 9 千米，受益田 226 公顷。

黄真溪堰坝 Huángzhēnxī Yànbà 位于黄田镇柏渡沿村头。又名湖坛亭陂。2009 年，经县农发办改建为翻板坝，坝上为桥，长度为 20 余米，高度为 2.5 米，下游受益田为 13 公顷。

后广堰坝 Hòuguǎng Yànbà 位于五大堡乡竹山电站水库大坝下游，有三坝。2008 年，经县水利局改建为埋石砼重力坝，长度为 43 米，基础高度为 3.5 米。

竹山堰坝 Zhúshān Yànbà 位于五大堡乡下塅村外洋和下塅之间。有四坝，堰坝长 37 米，基础高度为 3.3 米。灌溉稻田为上洋与盖竹河对面的近 47 公顷良田。

蔡段水坝 Càiduàn Shuǐbà 位于屏都街道蔡段村头。2006 年，经县水利局改建为埋石砼重力坝，堰坝长度近 90 米，连基础高度为 4.5 米，主要用于蔡段村外 18.7 公顷稻田。

第三节　发电站及设施

【水电站】

兰溪桥水电站 Lánxīqiáo Shuǐdiànzhàn 位于松源溪上游应岭尾村，截拦濛淤、后广两水，集雨面积 235 平方千米，库容 1230 万立方米。大坝为混凝土重力坝，高 55.5 米，长 174 米，坝底厚 42 米，顶宽 5 米，设计装机容量 4×1600 千瓦，年均发电量 1700 万千瓦时。1977 年 12 月动工，1984 年 6 月建成，总投资 1544.27 万元，汛期蓄洪防洪，电站 1 座，灌溉 1533 公顷农田。

马蹄岙电站 Mǎtíào Diànzhàn 位于松源溪下游马蹄岙，原装机 3 台，3750 千瓦，1987 年扩建，装机容量增至 4×2000 千瓦+2×5000 千瓦。电站由拦河坝、引水隧道、地下厂房等组成。拦河坝为水泥浆砌块石重力坝，坝高溢流段 27 米，非溢流段 37 米，坝顶长 135 米。集雨面积 738 平方千米，正常容量 130 万立方米，径流量 8.7 亿立方米，设计水头高 52 米，平均流量 26.7 米 ^{3}/秒。1964 年动工，1971 年建成。

庆元县水电站一览表

表 3-2-1

名　称	所在位置	动工时间(年)	建成时间(年)
新后广电站	五大堡乡后广村	2004	2006
云雾亭电站	龙溪乡交溪村	2004	2005
蓬桥电站	淤上乡蒲潭村	1966	1967
金元电站	百山祖合湖村	2002	2006
漈盘岭电站	举水乡举水村	1973	1975
杨溪电站	岭头乡杨溪	2000	2006
四洋电站	五大堡乡下塅村	2002	2004
蔡段电站	屏都街道蔡段	2002	2005
南坑电站	安南乡坑口	1983	1983
大岩坑电站	张村乡南阳	2000	2002
龙井电站	张村乡西溪村	2004	2010
后溪电站	张村乡后溪村	2005	2007
张村电站	张村乡张村	1984	1984
横岭电站	岭头乡横岭	2005	2008
后洋坑电站	龙溪乡后洋坑	1994	2004
包谢电站	岭头乡包谢村	1977	1978
左溪电站	左溪镇左溪村	2003	2007
陈家岭电站	龙溪乡陈家岭	1993	1996
贵南洋电站	龙溪乡石梯坑	2002	2005
岭坤电站	黄田镇岭坤村	1979	1980
冯家山电站	龙溪乡赤溪口	2002	2005
官塘电站	官塘乡漈下村	1995	1995
龙江电站	贤良镇青草村	2003	2004
高山坑电站	淤上乡吾田头	2004	2006
黄水电站	百山祖镇黄水村	2003	2005
岩后电站	竹口镇岩后村	1976	1978
竹山电站	五大堡乡竹山	2003	2005
仙坑电站	五大堡乡仙坑	2006	2008
濛桥电站	五大堡乡濛淤村	2000	2006

续表 3-2-1

名　称	所在位置	动工时间（年）	建成时间（年）
杨楼电站	五大堡乡杨楼村	1980	1983
濛淤电站	五大堡乡濛淤村	2001	2003
安溪电站	安南乡坪鸟村	2005	2007
江根电站	江根乡江根村	1979	1980
万里林场电站	百山祖镇车根村	1992	1995
万里源电站	百山祖镇桐梓村	2003	2006
银河电站	百山祖镇桐梓村	2004	2005
三汇电站	百山祖镇桐梓村	2000	2004
桥陌电站	百山祖镇桥陌村	1975	1978
平坦电站	五大堡乡五大保村	1976	1980
兰溪桥电站	松源街道应岭村	1982	1984
马蹄岙电站	屏都街道马蹄岙	1970	1972
山后坑电站	竹口镇山后坑村	2000	2003
黄坑岙电站	隆宫乡张地村	1963	1967
小关电站	隆宫乡小关村	1981	1984
际下坑电站	隆宫乡中村	1973	1977
安溪口电站	隆宫乡安溪村	2004	2008
坪鸟电站	安南乡坪鸟村	2003	2007
黄真一级电站	竹口镇姚村	1978	1980
黄真二级电站	黄田镇桩头梅村	1972	1974
漈角电站	荷地镇漈面村漈角	1975	1977
大潭门电站	左溪镇青竹村	2015	2017
左溪二级电站	左溪镇左溪村	2003	2007
竹坪电站	左溪镇竹坪村	2003	2005
西洋电站	贤良镇西洋村	2004	2005
南阳二级电站	张村乡南阳村	2003	2007
百龙电站	百山祖镇枫树村	2001	2002
桐山电站	黄田镇桐山村	2001	2003
白柘洋电站	官塘乡白柘洋村	1983	1988
龙桥电站	龙溪乡西溪村	1978	1980
炉山电站	举水乡黄山村黄坑尾	1975	1979

【变电站】

濛洲220千伏输变电站　Méngzhōu220kVShū Biàndiànzhàn　位于濛洲街道大坑村，线路全长81.5千米，采用动力伞和无人机架线，选用先进的GIS设备，实现电网的智能化管理，是丽水第一座智能变电站。占地面积10000平方米，总投资3.2亿元。2012年1月动工建设，2013年9月18日竣工。

庆元110千伏变电站　Qìngyuán110kV Biàndiànzhàn　位于松源街道陶洲汇，占地面积10875平方米，建筑面积837.88平方米。1997年12月建成。

白象35千伏变电站　Báixiàng35kV Biàndiànzhàn　位于濛洲洲街道白象村1号，占地面积6056.2平方米，建筑面积1251.43平方米。

百山祖35千伏变电站　Bǎishānzǔ35kV Biàndiànzhàn　位于百山祖镇境内，1999年建成，2006年被超强台风“桑美”冲毁，2007年4月重建投产。

城北35千伏变电站　Chéngběi35kV Biàndiànzhàn　位于濛洲街道同济新村，2006年建成，占地面积2205.64平方米，建筑面积256.68平方米。

荷地110千伏变电站　Hédì110kV Biàndiànzhàn　位于荷地镇荷地村后庄山，2006年11月建成，占地面积7021.9平方米，建筑面积1161.43平方米。

黄田35千伏变电站　Huángtián35kV Biàndiànzhàn　位于黄田镇柏渡口，1993年建成，占地面积5720平方米，建筑面积1010米。

举水35千伏变电站　Jǔshuǐ35kV Biàndiànzhàn　位于举水乡月山村，2002年建成，占地面积1672.4平方米，建筑面积341.16平方米。

蓬桥35千伏变电站　Péngqiáo35kV Biàndiànzhàn　位于淤上乡里地口，蓬桥电站旁，1987年建成，占地面积5665.5平方米，建筑面积720.76平方米。

左溪35千伏变电站　Zuǒxī35kV Biàndiànzhàn　位于左溪镇左溪村，1994年建成，2006年被超强台风“桑美”冲毁，2007年5月重建。占地面积3923.9平方米，建筑面积297.24平方米。

城郊供电营业所　Chéngjiāo Gòngdiànyíngyèsuǒ　位于濛洲街道石龙街46号，1999年10月成立，后迁移至新建路130号，占地面积1291.4平方米，建筑面积4302.52平方米。

竹口供电营业所　Zhúkǒu Gòngdiànyíngyèsuǒ　位于竹口镇竹口，占地面积890平方米，建筑面积1156平方米。1979年建成，1999年农电体制改革改站建所，改名竹口供电营业所。

荷地供电营业所　Hédì Gòngdiànyíngyèsuǒ　位于荷地镇荷地村南路26号，1987年建成，占地面积176平方米，建筑面积664.09平方米。

左溪供电营业所　Zuǒxī Gòngdiànyíngyèsuǒ　位于左溪镇左溪村头机关路6号，占地面积2664平方米，建筑面积3022.7平方米。1993年3月建成，2006年8月10日超强台风“桑美”冲毁，2007年10月新建。

第三章 建 筑

第一节 酒店 民宿

国际大酒店 Guójì Dàjiǔdiàn 位于濛洲街道濛洲街201号。占地面积7300平方米，主体建筑为12层，建筑面积15000平方米。2005年5月成立。

圣发商务酒店 Shèngfā Shāngwùjiǔdiàn 位于濛洲街道石龙街269号。2010年成立。

新世纪大酒店 Xīnshìjì Dàjiǔ diàn 位于濛洲街道春澜北巷2号。占地面积500平方米，建筑面积4000平方米。2000年成立。

廊桥大酒店 Lángqiáo Dàjiǔdiàn 位于濛洲街道石龙街174号。2009年成立。

香溢大酒店 Xiāngyì Dàjiǔdiàn 位于濛洲街道濛洲街188号。2000年成立。

节节高宾馆 Jiējiēgāo Bīnguǎn 位于濛洲街道龙洲西路8号。2006年成立。

西演度假山庄 Xīyǎn Dùjiǎshānzhuāng 位于濛洲街道西演村新中路1号。距县城以东3千米，占地面积10500平方米，建筑面积4680平方米。2010年成立。

海阔天空休闲会所 Hǎikuòtiānkōng Xiūxiánhuìsuǒ 位于濛洲街道云鹤路48号。占地面积1555平方米。2008年成立。

天上人间娱乐会所 Tiānshàngrénjiān Yúlèhuìsuǒ 位于濛洲街道大济路166号，庆元车站主楼3楼。占地面积4000平方米，建筑面积2600多平方米，内设KTV包房21个。2008年成立。

三山根艺文化博览园 Sānshāngēnyìwénhuà Bólǎnyuán 位于屏都街道菊水街168号。占地面积2651.24平方米，建筑面积812.02平方米。2005年创办。

庆元县农家乐(民宿)一览表

表3-3-1

乡镇(街道)	农家乐(民宿)	地 址
濛洲街道	廊桥渔村山庄	濛洲街道大毛湾圩1号
	西演人家	濛洲街道西演村16号
	阿志农家乐	濛洲街道喜鹊村39号
	镜山大味王	濛洲街道洋墩村13号
	半亩方塘山庄	濛洲街道大济老道岗村
	西演农家小院	濛洲街道西演村

续表 3-3-1

乡镇（街道）	农家乐（民宿）	地　　址
濛洲街道	乡野人家	濛洲街道田墩村 88 号
	永康农家乐	濛洲街道洋心村 15-4 号
	老农民农家乐	濛洲街道应岭尾 17-1 号
	畲家小院	濛洲街道西演村 8 号
	田墩农家乐	濛洲街道田墩村 13 号
	竹味缘农家乐饭庄	濛洲街道西演村 18 号
	寻客栈民宿有限公司	濛洲街道大济村老乡政府
	周墩农家	濛洲街道周墩路四弄 39 号
松源街道	会溪饭店	松源街道会溪工业园路
	横山农家乐	松源街道五都五八路 146 号
	美味溪鱼馆	松源街道会溪工业园路 23 号
	龙山休闲农家乐	松源街道岙后村 4 号
屏都街道	三山根博园	屏都街道菊水街 168 号
	乐耕农家乐饭庄	屏都街道岱根村 1 号
	八都农家菜馆	屏都街道八都大街 135 号
黄田镇	欧迪农家乐	黄田镇工业园区 1 号
	香樟人家农家乐	黄田镇黄坞村里村 78 号
竹口镇	林记饭庄	竹口镇新窑村新东路 123 号
	逍遥谷山庄	竹口镇新窑村新东路 128 号
	浙闽特色农家乐驿站	竹口镇新窑村新东路 135 号
	爱英溪鱼馆	竹口镇新窑村新东路 120 号
	鲜味农家乐	竹口镇竹上村大桥头
	黄坛农家饭庄	竹口镇黄坛村龙庆路 28 号
	新窑农家饭庄	竹口镇新窑村新东路 124 号
	村里人家农家乐	竹口镇黄坛村祠堂后路 13 号
	舒心农家乐	竹口镇新窑村新东路 30 号
	康佰嘉餐馆	竹口镇竹口新路 38 号
左溪镇	山水农家	左溪镇左溪村 100 号
百山祖镇	虎啸度假山庄	百山祖镇车根村 68 号
	山源人家度假山庄	百山祖镇车根村林学路 6 号
	百山人家农家乐	百山祖镇车坑村学路 4 号

续表 3-3-1

乡镇（街道）	农家乐（民宿）	地　址
百山祖镇	三江源农庄	百山祖镇车根村林学路 3 号
	车根农家乐	百山祖镇车根村岩后路 21 号
	红宝斋农家乐	百山祖镇斋郎村新建路 25 号
	吴三公菇乡风情农家乐	百山祖镇龙岩村龙岗路 39 号
	聚福人家民宿农家乐	百山祖镇车根村林学路 39 号
	山涧小聚餐馆	百山祖镇车根村林学路 15 号
	百山祖圣发大酒店有限公司	百山祖镇车根村（综合接待楼）
	香香农家乐	百山祖镇车根村岩后路 12 号
	栗洋农家乐	百山祖镇栗洋村秋淤路 3 号
	黄皮彩鲤农家乐	百山祖镇黄皮村洋上弄 6 号
	百山祖顶峰农家乐	百山祖车根村岩后路 18 号
贤良镇	懒猪窝民宿	贤良镇贤新路朝阳新村
	水世界农家乐	贤良镇贤良村
五大堡乡	后广农家乐	五大堡乡东坑村溪淤 23 号
	农家小院休闲山庄	五大堡乡盖竹山上洋村 21 号
	上阳人家餐馆	五大堡乡竹山村上洋 12 号
	东岱农家乐	五大堡乡东岱村 3 号
	西川农家乐	五大堡乡西川村 24 号
	西洋山庄	五大堡乡西洋村 200 号
岭头乡	菇乡农家乐	岭头乡岭头村岭头街 29 号
淤上乡	新安江人家农家乐	淤上乡淤上村店后 28 号
安南乡	浙闽风情农家乐（临溪山庄）	安南乡安溪村临溪山庄 1 号
隆宫乡	兴家园民宿	隆宫乡莲湖村
	老村长农家乐	隆宫乡莲湖村
	大和山庄	隆宫乡莲湖村
	新安农家乐	隆宫乡源尾村
举水乡	溪岸图度假客栈	举水乡月山村白云路 16 号
	云屏山居农家乐	举水乡环月街 64 号
	人顶野茶农家乐	举水乡月山村逢源街 52 号
	5 号客栈	举水乡月山村逢源街 5 号
	百万苍农家乐	举水乡举水老粮站

续表 3-3-1

乡镇(街道)	农家乐(民宿)	地　址
举水乡	宏苑莱农家乐	举水乡月山村逢源街 49 号
	月山客栈	举水乡月山村逢源街 50 号
	逢源农家乐	举水乡月山村逢源街 51 号
	龙湫清舍农家乐	举水乡月山村王家路一弄 6 号
	含弘农家乐	举水乡月山村胜境路 4 号
龙溪乡	鹰峰农家乐	龙溪乡鹰峰茶厂

庆元县旅行社一览表

表 3-3-2

序　号	旅行社	地　址
1	职工疗休养服务有限公司	濛洲街道大济路 166 号庆元车站一楼
2	旅游集散中心有限公司	濛洲街道大济路 166 号庆元车站一楼
3	濛洲旅行社有限公司	濛洲街道丽晶城 1、2 幢商铺 01-2 铺
4	廊桥旅行社有限公司	濛洲街道聚丰佳园商铺 57 号
5	菇城旅行社有限公司	松源街道菇市二路 19 号

第二节　公园　广场　场馆

濛州公园　Méngzhōu Gōngyuán　位于松源溪南岸，庆元大桥西侧。以庆元古称濛洲得名。占地面积 1.2 公顷，设中心岛、亲水平台、花岗石拱桥、健身场、鹅卵石花岗石游步道等设施，绿化有杨柳、樟树，广玉兰、梅树、月季、桃树等。始建于 2003 年，2005 年 5 月竣工。2010 年增设了健身器材，2011 年建成了鹅卵石亲水平台和廊桥博物馆。

生态公园　Shēngtài Gōngyuán　位于石龙山麓。以庆元为“全国生态环境第一县”得名。占地面积 1 公顷，主要建筑有牌坊、科普画廊、二十年巨变、荐元廊、半景亭、中心健身场、健身区、公厕及游步道等。绿化有桂花、香樟、草坪，安装有庭园灯、舞台灯、景观灯。2005 年 3 月动工建设，2007 年 6 月竣工，2010 年 12 月，对原坐落于公园内的党校改建成中国庆元香菇博物馆。

市民广场　Shìmín Guǎngchǎng　位于濛洲街和横城南路交叉口西南侧，地处县城中心。占地面积 0.8 公顷，绿化面积 2350 平方米，主要设施有水幕电影、音乐喷泉、露天舞台、健身设施等。2011 年县财政局以南的空地实行改造，建了儿童乐园。2002 年 12 月动工，2003 年 8 月竣工。

庆元县体育馆　Qìngyuánxiàn Tǐyùguǎn　位于濛洲街道石龙街 54 号，占地 0.2 公顷，建筑面积 1300 平方米，座位 1200 个。1987 年始建，1988 年 12 月落成。

第三节　宗教场所

庆元教堂 Qìngyuán Jiāotáng　位于县城南面菊寿线(S329)边。清光绪二十三年(1897)，姚立求在龙泉加入基督教，为庆元最早的教徒。次年，基督教牧师奔德(德国人)在后田街尾设立传教公所。民国 9 年(1920)教徒发展至 400 余名，在石龙街耶稣堂弄设立聚会点，后移到南门村樟树下，改传教公所为耶稣堂。聚会点也由县城扩展到美源、八都、竹口等地。民国 25 年(1936)后又陆续在城内、八都、安溪、洋头、美源等建立耶稣堂。“文化大革命”时被关闭，1982 年恢复活动，2008 年迁建至下山徐菊寿线(S329)边上，占地面积 3000 多平方米。

庆元县基督教堂一览表

表 3-3-3

教　堂	位　　置	建立时间	占地面积(平方米)	建筑面积(平方米)
八都教堂	屏都街道八一村下吾	1927 年	1000	2800
菊水教堂	屏都街道菊水村	1993 年	184	450
黄田教堂	黄田镇东西村	1999 年	150	520
竹口教堂	竹口镇竹中村	1991 年	150	530
安溪教堂	安南乡安溪村	1927 年	120	230
合湖教堂	百山祖镇合湖村	2003 年	100	150
举水教堂	举水乡月山村	1994 年	210	230

第四编

名胜古迹

第一章　古　迹

第一节　古　井

官　井　Guān jǐng　位于松源街道濛洲街，明天顺年间（1457—1464）凿，官井于清康熙八年（1669）重修。清嘉庆十三年（1808）又募修，清咸丰四年（1854）六月又重修。1955 年政府拨款在井上部盖起屋亭，1984 年拆去屋亭，改浇水泥栏杆。井口直径 1.95 米，深 2.85 米。井居县府前，故间称官井。1984 年 12 月被列入第二批县级文物保护单位。

北门下吾井　Běiménxiàwú Jǐng　位于松源街道下吾井弄 5 号旁，清代凿，井亭已毁。为水泥圆形井，取水区域为方形，均用水泥浇铺。井深 8 米，井圈内直径 1.4 米，取水区域宽 3.6 米，占地面积 13.6 平方米。

南门井　Nánmén Jǐng　位于松源街道九曲弄 22 号旁。明代凿，由一整块石头凿成。井圈下部圆形，上部侧凿成长方形，内圆直径 0.41 米，上部外边长分别为 0.65 米和 0.69 米。井圈高度 0.46 米，深约 10 米。

张家弄古井　Zhāngjiānòng Gǔjǐng　位于松源街道张家弄，宋代凿，深 12.50 米，自井底至井口均以河卵石砌成圆筒型井壁。井面采用两块石墁铺设，中心微高于四周。井口 0.5 米，井唇 0.015 米。

吴宅井　Wúzhái Jǐng　位于濛洲街道吴宅弄 22 号，占地面积 16 平方米，井深约 4 米，井壁用卵石砌筑，井口用一大石头雕凿呈圆形，大石长 1.60 米、宽 1.40 米、口径 0.45 米，占地面积 16.154 平方米。现已废弃。

仓间井　Cāngjiān Jǐng　位于濛洲街道姚家巷 53 号。井壁卵石，井面两块条石，井深约 3.70 米，内雕凿圆形。占地面积 5.28 平方米。

大济古井　Dàjì Gǔjǐng　位于濛洲街道大济井头弄 5 号西侧，建于宋代，1977 年重修，井口约 2.55 平方米，占地面积约 16 平方米，井深约 2.4 米。

黄坛古井　Huángtán Gǔjǐng　位于竹口镇黄坛村下村大路 19 号后面，占地面积约 30 平方米，卵石和条块石垒砌，直径 1.1 米，井壁块石砌筑，井面用 14 块条石铺墁。

岭根井　Lǐnggēn Jǐng　位于濛洲街道大济村天府路 9 号后。宋代建成，井深约 10 米，占地面积约 16 平方米。圆形井壁用鹅卵石堆砌成呈瓮状，井口边缘以若干块长短不一的条石铺墁，形成边长 2.80 米左右的正方形，井口内直径 1.20 米。

第二节　亭、台、碑、塔

弦歌坊亭　Xiángēfāng Tíng　位于松源街道西门村至石龙寺的半岭中，始建于清咸丰二年(1852)，占地面积约20平方米。亭面阔三开间，明间为通道，两次间设美人靠。外檐明间进深方向和面阔方向同时减柱造，内金柱做通柱，直通上檐，金柱外侧设置雕花牛腿，承托上层撩檐柱，上重檐至下檐间四面饰雕花。上层天花板距地面高6米，下层楼板距地面高3.50米。前后额枋各悬挂木匾。每根立柱有木刻对联。鼓式石柱础。屋面施方椽、望板，小青瓦合铺，翼角起翘，重檐歇山顶。

地头翁亭　Dìtóuwēng Tíng　位于松源街道上仓巷85号旁，史料记载为清光绪二十年(1894)建。占地面积约14平方米。通面阔3.5米，通进深3.9米，布局呈正方形。四角柱做通柱，直至上檐檩。二层楼内设四垂莲瓜柱，作金柱直通上金檩。垂莲柱两侧置束腰栏杆。中为藻井。屋面施方椽，望板，小青瓦合铺，屋顶悬山造。底层为行人通道。

下坞庙亭　Xiàwùmiào Tíng　位于濛洲街道下坞村庙亭路上，始建于清同治二年(1863)，呈东西、南北走向，占地面积29.63平方米，建筑三开间，明间为通道，两次间设长凳供行人小憩，东南向设栏杆，两端额枋上承瓜柱再承金檩，两金柱间施五架梁上承瓜柱和三架梁，屋面施方檩、小青瓦合铺。

春风亭　Chūnfēng Tíng　位于濛洲街道应岭头古道上，始建于清代，长6米，宽4.4米，占地面积26.4平方米。建筑三开间，明间为通道，两次间设长凳供行人小憩，用材颇大，卵石地面，东西辟门，五架梁月梁形制作挖底，上承三架梁和瓜柱，屋面两坡顶施方椽、望板、小青瓦合铺。1955年重修。

桂兰亭　Guìlán Tíng　位于屏都街道八三村至洋背古道上，两门额上镶嵌砖质阳刻“桂兰亭”三字得名，占地38.15平方米，亭面阔三开间，进深三开间，明间为通道，两次间设长条木凳，夯土地面。四周为夯土墙，东南、西北山墙辟门，墙尖为老虎栋，两门额上镶嵌砖质阳刻“桂兰亭”三字。中心间西南面辟方窗供采光。梁架为九檩四柱，屋面方椽、小青瓦、硬山两坡顶。

同善亭　Tóngshàn Tíng　位于濛洲街道吴宅村至下滩村、杨楼村、安溪村等地的古道上，建于清光绪二十三年(1897)，占地面积41平方米，进深3间6.75米，面阔3间3.85米，明间为通道，两次间设长凳供行人小憩，梁架为9檩4柱，五架梁背置瓜柱上承三架梁，三架梁上承随脊枋和脊檩，四周为夯土墙，东西辟门，屋面施方椽、小青瓦合铺，屋顶硬山造。

烂泥坑亭　Lànníkēng Tíng　位于岭头乡东溪村至举水古道上，建于清光绪二十二年(1896)，进深1间，面阔3间，卵石铺墁，明间为通道，两次间设长凳供行人小憩。梁架为九檩四柱，五架梁上承两瓜柱再承三架梁，三架梁上施脊檩，亭东西两面辟门，屋面施方椽、小青瓦合铺。

杨楼村上下亭　Yánglóucūnshàngxià Tíng　位于五大堡乡杨楼村至安南乡古道山坳处，距杨楼村约4千米处。始建于清光绪二十一年(1895)。呈正方形,建筑占地面积约30平方米,面宽进深均三间,明间为通道。次间设板凳供行人休憩,东西面辟门,门以简单木板泥土垒砌,抬梁穿斗混合式梁架,明间减柱造。五架梁及明间栏额,屋面两坡顶,小青瓦阴阳合铺。

通济桥亭 Tōngjì Qiáotíng　位于屏都街道八都溪沿路39号对面水渠上,始建于清光绪六年(1880),占地面积约53平方米。由八柱减柱造构成,亭外侧四柱构成,各檐柱外侧出刻花牛腿斜撑挑檐枋,内四柱直通二层升起重檐歇山顶,桥亭一层设四方形藻井,四角施垂柱,东西方向设桥凳供休憩,二层四面辟窗,九檩四柱,抬梁式梁架,桥亭北侧增二柱与墙体连接构成路亭。

朱村李氏凉亭 Zhūcūn Lǐshì Liángtíng　位于屏都街道朱村路22号民居东北侧,始建于清代,临溪而建,占地面积约23平方米,面宽一间,进深七檩三柱。穿斗式梁架,进深方向三柱设美人靠。外侧施风雨板,形制较简单。

吾漈下亭 Wújìxià Tíng　位于安南乡吾漈下村姚氏宗祠旁,始建于清代,临溪而建,整体呈正方形,占地面积约88平方米。进深面宽均三间。屋顶重檐歇山顶,翼角起翘。北面辟门,南面设山墙,东面隔木板,西侧为附属建筑。亭内顶部设八角形藻井,四周设垂柱,各部件形制简朴,鼓墩式石柱础。

下头门亭 Xiàtóumén Tíng　位于竹口镇竹中村后窑许14号旁,始建于清乾隆四十三年(1778),占地面积约21平方米。据梁上题记建于清乾隆四十三年(1778)。布局用六根木柱组成,正亭四柱,略呈长方形。正北侧增二柱加隔板,呈45°外八字形。两柱间刻画栏额连接,正南侧二角柱间设二扇可开启木门扇。以栏额枋为门楣,木门二侧设二只石鼓墩。东西两侧山墙均设美人靠。顶上设置天花板横置枋组成十字叉,将天花板隔为四块。屋面为七檩四柱,硬山顶。

白鹤堰亭 Báihèyàn Tíng　位于濛洲街道吴宅村至下滩村等地古道上,建于清代,占地面积43.5平方米,白鹤堰亭进深3间,长6.87米,面阔3间3.50米,明间为通道,两次间设木凳,卵石地面,梁架为9檩4柱,五架梁月亮形制做挖底上承三架梁和脊檩,屋面施方椽、小青瓦合铺,屋顶硬山。

扎脚亭 Zhājiǎo Tíng　位于屏都街道坪坑村至百丈龙凤庵古道上,建于清同治十二年(1873),占地47.8平方米。建筑面阔三开间,明间为通道,两次间设长凳供行人小憩,地面小石块铺墁,有圆形、菱形等几何图案,腰鼓形石柱础。梁架为4柱9檩,五架梁为月梁形制做挖底上承两瓜柱再承三架梁,三架梁承瓜柱再承随脊枋,屋面施方椽、望板、小青瓦合铺,四周块石垒砌。

朱村水尾亭 Zhūcūnshuǐwě Tíng　位于松源街道朱村村水尾,距村约100米,建于清代,占地65平方米,建筑一字排开三开间,南向次间为通道,北向次间为五都官堰之水渠,梁架为穿斗结构,石鼓檄柱础当心间西向设神龛,梁架为四柱7檩,五架梁前后单步,三架梁承随脊枋背置一瓜柱上承脊檩,屋面施方椽、望板、小青瓦合铺。

上沈凉亭 Shàngshěn liángtíng　位于黄田镇双沈村上沈18号旁,清同治六年(1867)建造,占地面积约66.25平方米,明间抬梁式,五架梁为后期更换,背置两瓜柱上承三架梁再承金檩,三架梁挖底，背置一瓜柱上承随脊枋再承蝴蝶木和脊檩，两次间穿斗梁架，双步梁两端雕龙须纹，南北向设美人靠供行人小憩，上部施一层风雨板，屋面施方椽、小青瓦合铺，两坡顶。

江根凉亭 Jiānggēn Liángtíng 位于江根乡江根村头，建于清代，占地面积30平方米，凉亭外墙是用块石头、卵石垒砌。南向墙体用块石砌筑，南向设板壁夯土墙。凉亭面阔三开间，进深三间，两次间设长凳。地面用卵石铺设，中间用较大的卵石铺设成长条形与两侧的古驿道相连。梁架为4柱9檩，五梁廊背置二瓜柱承和金柱和三架梁，三架梁背置一瓜柱承随脊枋和脊檩。屋面两坡顶，施方椽，小青瓦合铺，设雕花驼墩斗拱，雕花额枋与檩条间设一斗三星。

桥头亭 Qiáotóu Tíng 位于贤良镇石川村石板仓溪沿，建于清宣统元年(1909)，占地面积26.25平方米，为一字排开三开间建筑，二层结构，地面为块石垒砌，共16柱，柱子直接顶在地面上，当心间用木板隔开设两层，一层三面开窗，北向辟门，重檐歇山顶，下檐设丁头拱，上檐施两重丁头拱，设方椽、小青瓦合铺，屋面翼角起翘，设壬水板。

挑水岭亭 Tiāoshuǐlǐng Tíng 位于濛洲街道大济村迎旨门街9号北侧，始建于民国14年(1925)，占地面积约183平方米。原为当地御敌瞭望所用。挑水岭亭为二层结构，进深二间，面宽三间。明间设垂帘藻井，明间二楼以四根垂莲柱为内金柱，直通上金檩，构成上重檐。屋面为重檐歇山顶。

林后瓦山岙亭 Línhòuwǎshān'ào Tíng 位于濛洲街道林后村到翁山村路中间，始建于民国，占地面积约32平方米。九檩四柱，抬梁式梁架。进深和面宽方向均为减柱造。四周夯泥土墙。梁架及栏额枋均布满人物故事彩绘。

培阑亭 Péilán Tíng 位于竹口镇后坑桥南约400米，竹口至大泽村古驿道上，建于民国16年(1927)，占地面积43平方米，四周行泥墙，内外粉饰石灰，无木柱。屋顶以三组五架梁，三架梁组成，七檩双坡顶，2间结构，随梁枋及金檩均有题记。

张氏凉亭 Zhāngshì Liángtíng 位于屏都街道朱村路15—16号中间，东、南、北三向通路，占地28平方米，民国建筑。凉亭东西向一字排开三开间，东向第一间三向通路，面阔三开间，明间为通道，次间设长凳，西向第一、二间设美人靠，梁架为四柱九檩，五架梁前后带单步，背置两瓜柱承三架梁和金檩，三架梁承随脊枋背置一瓜柱再承脊檩，屋面施方椽、望板、小青瓦合铺。

薰山下光裕亭 Xūnshānxiàguāngyù Tíng 位于松源街道薰山下村中心路13号北侧，建于民国11年(1922)，东、西、南、三向通路，占地面积约52平方米，主体建筑为二层结构，重檐歇山顶，块石地面，石鼓墩柱础，柱子梁架不规则，按地势而建，二楼四角各设增柱，角梁穿插二柱上承檐檩至发戗，西向辟窗供采光，屋面施方椽、小青瓦合铺，翼角发戗起翘。

墩根亭 Dūngēn Tíng 位于濛洲街道大济村小济水尾，清嘉庆十七年(1812)重建，面积29.2平方米，泥木结构，正方形。光绪《庆元县志·建置志·亭阁》有记。2004年，车站、运管所建设用地征用时被拆除。

白鹤亭 Báihè Tíng 位于濛洲街道下滩路旁，长方形，面积54平方米，泥木结构。建置年代不明，光绪《庆元县志·建置志·亭阁》有记。

黄田亭　Huángtián Tíng　位于濛洲街道大坑村黄田亭洋，正方形，面积25平方米，泥木结构。光绪《庆元县志·建置志·亭阁》有记。清道光五年（1825）重建，清同治九年（1870）后田姚铺昌独修。

兰芳亭　Lánfāng Tíng　位于松源街道坑西村西源路东边，长方形，面积39平方米，泥木结构民国21年（1932）建。

上源亭　Shàngyuán Tíng　位于松源街道牛路洋村上源，长方形，面积24平方米，泥木结构。民国36年（1947）建。

平岗亭　Pínggang Tíng　位于濛洲街道下坞村，面积30平方米，石木结构。民国8年（1919）建。

五社亭　Wǔshè Tíng　位于张村乡高洋村岭头社堂洋内，洪武七年（1374）建造。占地面积35平方米，高度约4米，石木结构，四周均用石头砌成，顶为木头建造。

黄坑隘　Huángkēng Ai　位于隆宫乡黄坑村至福建省松溪古道上。始建于清咸丰十年（1860），知县何福恩饬董捐造，以资保卫。民国6年（1917）建成，留有敌楼、瞭望台等遗址。

新岭亭　Xīnlǐng Tíng　位于龙溪乡鱼川村东南部的新岭，始建于1910年10月，1911年建成，高6米、宽5米、长10米，四周泥木结构，亭顶瓦片铺成。

新坪亭　Xīnpíng Tíng　位于龙溪乡陈家岭村，处庆元、寿宁、政和三县交通要道。高4.5米、长6米、宽4米，地基等基础部分为石头砌成，上面用泥土人工夯实成泥墙，内部用圆木柱子搭建顶上用瓦片封顶而成。建于光绪年间。

杨梅垄亭　Yángméilǒng Tíng　位于龙溪乡西溪村，为方便西溪村与冯家山村往来行人歇息而建。

半岭亭　Bànlǐng Tíng　位于岭头乡八炉村以北1.5千米，长方形，主体高度为3.2米，泥木结构。光绪三十年（1907）前后建。

光山亭　Guāngshān Tíng　位于岭头乡八炉村以西2千米，长方形，高3.4米，土木结构。光绪三十年（1907）前后建。

郎坑桥亭　Lángkēng Qiáotíng　位于岭头乡八炉村以东2千米，长方形，主体高度为3.2米，土木结构。光绪三十年（1907）前后建，

上湾亭　Shàngwān Tíng　位于岭头乡包谢村边上湾岭半岭中，以上湾岭得名。清代建筑，长方形，石木结构。

包果亭　Bāoguǒ Tíng　位于岭头乡岭头村至包果途中。长方形，土木结构，主体高度为3.5米。1982年重修。

牛荡亭　Niúdàng Tíng　位于岭头乡大池洋村，处原滌东乡（今属岭头乡）至龙溪乡后洋坑、福建省寿宁、政和两县的必经之路上。二层半，高5米。1954年建。

岙岭亭　Aolǐng Tíng　位于岭头乡杨家庄村。长方形，高5米，宽6米，长8米，土木结构，建于清代。

百七亭　Bǎiqī Tíng　位于岭头乡大池洋村。建于清代，长方形，高5米，宽6米，长8米，土木

结构。

岭尾亭　Lǐngwěi Tíng　位于岭头乡后仓坑村,民国12年(1923)建。长方形,面积30平方米,泥木结构。

鸟坑亭　Niǎokēng Tíng　位于岭头乡塘堀村,长方形,高5米,宽4.5米,长6.5米,土木结构。

半边亭　Bànbiān Tíng　位于岭头乡小漈头村。长方形,高5米,土木结构。1945年吴天起在建亭一半时儿子出生,故称其为半边亭。

洋溪亭　Yángxī Tíng　位于岭头乡杨家庄村,长方形,宽3.5米,长8米,土木结构。

应岭亭　Yīnglǐng Tíng　位于濛洲街道应岭尾村的古驿道上。清乾隆四十五年(1780),张氏祖公建。

八角亭　Bājiǎo Tíng　位于五大堡乡濛淤村,清康熙二十八年(1689)建,清乾隆三十九年(1774)重修。长方形,面积42平方米,土木结构。

水凹亭　Shuǐāo Tíng　位于五大堡乡新洋至西川老村古道上。清乾隆四十二年(1777)里人张从翰建。石木结构。

岭头亭　Lǐngtóu Tíng　位于五大堡乡五大堡村到西川村塘头的古道上。1995年建。

水堀亭　Shuǐkū Tíng　位于五大堡乡西坑头村,清乾隆四十二年(1777)建。因旁有一汪泉水,供过路人饮用,故名。正方形,面积25平方米,石木结构。

新田岗亭　Xntiángang Tíng　位于五大堡乡新洋至西川村的路上,清乾隆五十九年(1794)建。因其坐落的田片称"新田岗",故名。

岩界亭　Yánjiè Tíng　位于五大堡乡平坛村,民国13年(1924)建。长方形,面积32平方米,石木结构。

葫芦亭　Húlú Tíng　位于五大堡乡新处洋至西川村的路上,清嘉庆二十一年(1816)建。因其坐落的山场称"葫芦山",故名。长方形,面积30平方米,石木结构。

桥头亭　Qiáotóu Tíng　位于左溪镇青竹村中心大街丫字路口,为二层六角仿古亭阁式建筑。始建于清代。

石鼓墩弄大门台　Shígǔdūnnòng Dàméntái　位于濛洲街道后田街75号,石鼓墩弄入口处,建于清代,建筑采用6柱,东西各三柱,进深3柱6檩,有木质和石质柱础,南北向挑檐枋上施一斗三升上承脊檩,双步梁背置一斗三升上承金檩,西向挑檐枋上承瓜柱再承檐檩,屋面施方椽、小青瓦合铺,两坡顶。

中济文昌庙古戏台　Zhōngjì Wénchāngmiào Gǔxìtái　位于黄田镇中济村,始建于清代,坐南朝北,占地面积约74平方米,面阔三开间,进深五柱十一檩,明间前古戏台,两次间为通道,明间后以两次间后向均重修。明间上设藻井,台前二檐柱牛腿,镂雕人物,台月,屋面翼角起翘,原处庙正堂坐北朝南部分倒塌,后人于1997年捐款重建,新砌砖墙,以粉石灰,外门水泥砂浆。

乐助碑　Lèzhù Bēi　位于岭头乡大漈头村尾。为建造交龙桥的资助碑。

奉禁碑　Fèngjìn Bēi　位于隆宫乡张地村新阙下25号左侧,立于清道光十一年(1831),正面刻有“特授处州府庆元县正堂加六级随带加一级祀禄十二次記六次”“道光十一年十一月”“叩禁丐匪事□柒都□□在村民吴壬松吴富章何秀清等呈称一切□等□一□□接闽界田少山多人贫土瘠，村民少田耕种往往在山搭蓬篷种□粮营生安业使无匪频□□田山俱□勤□□□来有一种外事生面乞丐日则在村强讨，夜则乘机□窃甚至至孤村小产以及种山住蓬被其强讨不可，有外来游匪乞丐在境强讨滋事”。碑高1.50米，宽0.76米，厚0.13米，下部约30厘米被埋。碑文风蚀严重，部分文字清晰。碑文详细记录了当年的历史场景。

敬宝练公墓道碑　Jìngbǎoliàngōng Mùdàobēi　位于荷地镇桃坑村至杨桥老路中，碑正文为“敬宝练公墓道”篆刻阴文大字。右上款为“金夫人不能为先人觅一抔土而欲来世出贤子孙也难我桃坑峦坟山林木壮丽中正一穴坐向己亥形似金钗国朝正德丁卯安厝五世祖芳敬宝公妣吴氏六世祖考公海公妣胡氏因见山秀穴宜于嘉靖己未将四世祖妣江氏从大岩坑迁而厝焉以迄于今支派渐衍又且龙雄穴大集众□妥是□十一月初九未时再附厝七世祖考廷富贵宫八世祖考叔浩智公妣胡氏涑九世祖考计悬公计俸义公妣胡氏一配佑公夫既卜云其吉侈希终焉永缄乃为之志曰赫赫佳成既多受祉佑启我后人俾尔昌尔炽”楷书阴文小字。左下款为“□大明天启七年仲冬月谷旦裔孙十世明十一世国十二世文仝立”楷书阴文小字。明天启七年(1627)，碑身纵1.46米、横0.67米、厚0.12米;底座纵0.4米，横0.88米、厚0.38米。碑亭，坐西南朝东北，除西南面外均块石垒砌，单开间，三根檩条直接架于石坎上，屋面方椽、小青瓦合铺，两坡顶。

荐元塔　Jiànyuán Tǎ　坐落于月山村南部水尾的梅花岭巅，与步蟾桥遥遥相对。据《吴氏宗谱》法释:“荐者推荐也，元者状元也，意为书乡之帮耳。”塔名源此。建于清康熙元年(1662)，基座高2.5米，占地40平方米，砖砌，原为7层，每层高2米，紫瓦顶盖，巍峨挺拔，清咸丰五年(1855)遭雷击。系县内仅有的一座古塔。先人建塔借此激励后人行善勤学，取“自古文章出状元”而名为荐元塔，又名“文明塔”。

第三节　遗　　址

古城墙　Gǔchéng Qiáng　位于松源街道西门村星光路，明代古迹，长32米，高3.5米，是县城内仅存的城墙古迹，自下至上各层块石的高、长度不相等，高度分别为46厘米、40厘米、36厘米，长度分别为96厘米、87厘米、72厘米，古城墙北侧即为护城河。清光绪版《庆元县志》载:该古城墙始建于明代嘉靖丙午岁(1546)，因水灾于嘉靖四十一年(1562)重修，万历十六年(1588)增筑，崇祯十五年(1642)重修。

北城门　Běichéngmén　位于松源街道西面古道上。建筑年代不详，占地面积97.32平方米，海拔371米，东西走向。用条石垒砌，拱券部分用3块条石垒砌，下部内用5块条石砌筑。长8.54米，宽2.66米，高2.60米，内高其中下部1.3米，上部1.3米。东端第三块和第七块卷石与其他做法不一，北城门布局规整，是全县唯一一座古城门。

龙岩城门　Lóngyán Chéngmén　位于百山祖镇龙岩村村尾，龙岩至龙泉市卓案际村古道上。

占地面积 15.53 平方米。古道呈南北走向，南为龙岩村，洞口呈拱形，宽 2.28 米，高 2.33 米，进深 3.25 米。拱券由 24 块大小不一的梯形块石组成。其上方块石垒砌。

蝙蝠洞 Biānfú Dòng 位于岭头乡龙洋村水尾的岩壁上。分布面积 20 平方米，洞口朝东，至溪约 30 米，内分左右洞，有人工开凿迹象。右洞深 5.70 米，宽 4.40 米，高约 3.60 米，左洞深约 3.60 米，宽约 3.30 米，高 1.60 米。

炼泥碓窑址 Liànnídùi Yáozhǐ 位于竹口镇岩后村炼泥碓，为元、明代龙泉窑址，遗物分布面积达 1 万平方米，堆积厚度达 4 米。早期曾采集到的遗物标本有碗、盘、炉、灯盏、瓶、罐等碎片，灰白胎，以玻璃质釉色居多，也有少量豆青、菊瓣、水波、云纹，炉有八卦炉、竹笋炉、鼎式炉等，窑具有匣钵、泥质垫饼。在窑址内采集到有少量青花瓷品。在邻近窑址北侧溪沿处有一个水碓。

下济青花瓷窑址 Xiàjì Qīnghuācí Yáozhǐ 位于黄田镇下济村南侧山坡。遗物分布面积约 7500 平方米，堆积密集，采集到的遗物有碗、盘、盏、盖罐等，胎色白，质地细腻致密，釉色略泛青，釉面光滑泛光，釉下青花纹饰柔和，绘人物故事、花果、水波、弦纹、点线纹、吉祥语等，有的器物外底绘印图记款。窑具有匣钵、泥质垫饼，器底有沙点痕。

樟坑瓷窑址 Zhāngkēngcí Yáozhǐ 位于淤上乡蒲潭村樟坑外山东北侧山脚，清代古迹，分布面积约 5000 平方米，残存大量青花瓷碗碎片、垫、竹饼，山脚大部分地面被开垦为机耕路，裸露大量瓷器器具，碎片均为瓷碗碎片，为清代碗窑。碗以撇口，敞口居多，白胎之地，较硬，略有气孔，釉色微泛青，少泛灰绿，釉面光滑泛光，外底无釉，釉下青花纹简单，绘花单一，窑具仅见瓷质垫饼。2011 年 1 月被列入县级第七批文物保护单位。

新窑青瓷窑址 Xīnyáo Qīngcí Yáozhǐ 位于竹口镇新窑村后门山 24 号门口，明代古迹。1 号窑址占地面积约 1000 平方米，窑床朝东，窑壁砖砌，堆积层较厚(2—8 米)，大部分为碗，高足杯。碗有多式，施青绿、青灰釉，有的内底印花，圈足内外施，外底部分无釉，大部分内底大于圈足，敞口。高足杯也多式，高低大小均有，施青绿釉，柄为竹节纹。窑具为 M 形匣钵。2 号窑址烧造年代为明代至元末，占地面积约 600 平方米，堆积厚 3—5 米，不见窑床，从堆积物看，主要是烧碗，有多式，敞口居多，内底大于圈足，圈足内未施釉，青灰釉居多。窑具同用 M 形匣钵。1982 年 9 月被列入县级第一批文物保护单位。

黄坛缸钵窑 Huángtán Gāngbōyáo 位于竹口镇黄坛村缸钵窑山，清代古迹，主要烧制缸钵，面积约 2500 平方米，有窑床，朝南，主要烧制缸钵。中华人民共和国成立后烧制瓦片，堆积厚达 1—5 米，暴露地表大都为素面缸钵片、唇口，在公路边有窑壁和砖块痕迹。

黄坛青瓷窑址 Huángtán Qīngcí Yáozhǐ 位于竹口镇黄坛村大路 29 号宅门口，唐代古迹，未见窑床，堆积约 2 米，堆积暴露地面有瓶罐等器物残片多式，撇口外翻，素面，分布面积约 1000 平方米，肉眼看到小部分堆积和瓷片。1982 年 9 月被列入县级第一批文物保护单位。

潘里垄黑釉盏窑址 Pānlǐlǒng Hēiyòuzhǎn Yáozhǐ 位于竹口镇竹上村潘里垄山上，为 1 号点，分布范围约 3 平方千米。龙窑形式，依山而建，窑床部位明显凹陷，朝东南，长约 40 米，宽约 3

米，龙窑首尾之间，高差约 3 米。两侧的废品堆积较厚，且明显高于地面。地表的器物标本判断，主要烧制黑釉盏。黑釉盏口沿有多种形式，其釉色多黑漆光亮、呈乌黑、青黑或紫褐等色调。各类黑盏的共同特征是：阔口小足，形如漏斗，胎体厚重，质地较粗糙，腹底部及足部露胎。窑变的产品中，以兔毫盏多见，毫纹有金黄、黑泛黄、泛白等几种，其特征与建瓯、建阳出产的建盏几乎完全相同。窑具有漏斗形和 M 形匣钵及大量的垫饼等。其制品类型类似闽北建瓯的建窑，即两宋时期负有盛名的黑釉"建盏"，烧造年代约为南宋时期。2 号点距 1 号点约 100 米，主要烧制盏，无其他精工碎片，窑具以漏斗形为主，未见窑床，堆积约 8 米，面积约 1000 平方米。2011 年 1 月被列入省级第六批文物保护单位。

竹口窑址 Zhúkǒu Yáozhǐ　位于竹口镇竹上村。烧造于元明时期，占地面积约 2000 平方米，未见窑床，2—15 米堆积，暴露地表有碗、洗等器物瓷片，碗有多式，大部分内底大于 1 圈足，内外施釉，窑具有垫饼和 M 形匣钵，垫饼居多。1982 年 9 月被列入县级第一批文物保护单位。

大窑龙泉窑遗址（上垟窑址） Dàyáolóngquán Yáoyízhǐ（Shàngyang Yáozhǐ）　位于竹口镇上垟村上垟溪沿线两岸山坡，属龙泉窑系，分布范围约 10 万平方米，以溪流为纵轴线，根据窑炉及产品的分布状况，可分为 8 处窑址，已暴露堆积断面厚处达 5 米。从出土的大量器物标本上判断，上垟窑址的发展历史大致可分为四个时期，其中二、三期为兴盛时期。第一期为北宋早期，产品以碗、罐、钵为主；第二期为北宋中期至北宋晚期，器物以碗为大宗，次之有盘、碟、盏托等；第三期为南宋时期。遗物最为丰富，产品以碗、盘、碟为大宗，次之有瓶、粉盒、盖罐、鬲式炉等，胎色呈灰白、施青黄釉，碗底印"金玉满堂"等款识；第四期从南宋末至元代，产品有盘、碗、碟、洗、瓶等。窑床都为斜坡或龙窑，依山而建，窑体庞大；窑具有匣钵、垫珠、垫圈、垫饼、筒形支座等。上垟与大窑两地南北毗邻，古同属龙泉管辖，且上垟为龙泉窑器物的一个重要的水路交通贸易点。2013 年 3 月被列入国家级第七批文物保护单位。

大石梯银坑洞 Dàshítī Yínkēngdòng　位于濛洲街道大济村大石梯山山路旁，存有两个明代废弃银坑洞，分布面积不详。编号为 1 号洞、2 号洞。1 号洞系横六矿洞，洞口宽 1.4 米，高 3.5 米，入洞后三穴而分。洞内有洞。最深者约 11 米。洞口见有明确的"火爆法"探矿遗迹。洞口留有大量废弃的矿石。2 号洞位于一号洞上方。洞口宽约 0.5 米，高约 3 米，系竖六坑洞，洞内情形不详。洞顶距地面较浅。顶上开有天窗。

杨家庄银坑洞 Yángjiāzhuāng Yínkēngdòng　位于岭头乡杨家庄村大王庙山谷中。距杨家庄村约有 2 千米。规模较小，共有五处洞口，分东西南北排布，洞内相连。

官山头银矿洞 Guānshāntóu Yínkuàngdòng　位于屏都街道官山头村北山上，距村庄约 100 米，银矿洞开采于明清时期，洞口朝南，前方为悬崖，左右皆为毛竹林。银矿洞主洞入口高约 1.40 米，宽约 1.20 米，矿洞内空间开阔，最高有 20 多米，岔道众多并且有多个层次，不同层次间相互贯通。洞内岩壁上有铁黄、铁红、银白、黑色等颜色，据推测为爆破所致。整个矿洞从入口到出口约 500 米，矿洞内盘枝错节，险象环生。

八炉银矿古迹 Bālú Yínkuàng Gǔjì　位于岭头乡八炉村边路垃头路上 4 米处，开凿于明代，洞口朝西，洞深 6.50 米，宽 1.40 米，高 1.75 米。

陈家岭银坑洞 Chénjiālǐng Yínkēngdòng 位于龙溪乡陈家岭村至举水公路边东侧，坐南朝北，洞口杂草丛生，外部隐约可见 2 处大小不一矿洞，石壁上可见采矿痕迹，右侧小洞口底部被乱石及泥土填封，左侧为大洞口，宽 3 米左右，高约 8 米，深 15 米左右，洞内开凿多处不规则矿洞，底部因山势缘故有大量积水，银坑洞位于龙溪公路边，开公路的过程中掩埋部分矿洞。分布面积约有 100 平方米。

杨楼矿址 Yánglóu Kuàngzhǐ 位于五大堡乡杨楼村延坑湾山上，开采于明清时期，矿址朝西南，有人工开采痕迹，有铁红、褐色、紫红、黑色等颜色相间，矿址与其他旷洞有所区别，在岩壁横上有一处 10 厘米宽的人工开凿痕迹，长约 10 米，现有探矿者标记“H6-H11”等记号。矿址四周杂草、林木葱郁，距此上方还有一矿洞，往下开采约 5 米之深。

樟下银矿洞 Zhāngxià Yínkuàngdòng 位于五大堡乡樟下村长湾上山虎对面，距村庄约 1.5 千米，开采于明代。矿洞地面为双洞口，洞内相连，洞口一 1.20 米×2.0 米，洞口二 1.20 米×2.70 米。洞深从地面往下可测范围约 8.5 米，深不可测，洞口四周林木葱郁。

大毛坪银矿洞群 Dàmáopíng Yínkuàngdòngqún 位于龙溪乡大毛坪村山上，距村庄约 700 米，矿洞群整体朝南，开采于明清时期，分为上洞、中洞和下洞。中洞作为连接上下的核心其规模较大，洞口宽 150 厘米×170 厘米，洞内岩壁上有爆破迹象，呈现铁黄、黑褐、铁红等颜色，洞深不可测，洞空间开阔为 450 厘米×200 厘米不等，可供矿工们休憩与自由活动；在距洞口 20 米处，另分出一个岔道，大小约为 80 厘米×120 厘米，可供矿工弯腰前进，通道深不可测，有积水。矿洞位于峭壁下。

黄石银矿洞 Huángshí Yínkuàngdòng 位于五大堡至黄石村古道上，开采于明正统年间，洞口朝北，有内洞和外洞之分，大洞长约 10.50 米，宽 5.5 米，高 6.00 米。小洞深不可测，可通往山顶，洞壁上有黑、紫、黄等颜色。

苍岱银矿洞 Cāngdài Yínkuàngdòng 位于淤上乡局下村苍岱西山腰上，开采于明成化年间，矿洞洞口均朝东，其中 1 号矿洞深 15 米处有 3 个分洞；2 号矿洞洞深 6 米，狭窄；3 号矿洞洞口高 3 米、宽 2 米、深 5 米；4 号矿洞洞口高 4 米，宽 0.6 米，深不可测。2011 年 1 月被列入县级第七批文物保护单位。

龙洋银矿洞 Lóngyáng Yínkuàngdòng 位于岭头乡龙洋村银顶尖山上，距村庄 1.5 千米，洞口朝南，高约 5 米，宽为 0.5—0.8 米不等，洞内积水，无法进入查探。洞四周树木丛生。

银坑湾银矿 Yínkēngwān Yínkuàng 位于安南乡陈村东南 10 千米的银坑湾和东坑湾，明代。第一号矿洞位于银坑湾半山腰的最高处，洞口有一株大树，该矿洞外部有 10 米是露天洞口，洞口宽 2 米，两侧岩壁高约 15 米，深度 18 米。矿洞形似山峡。第二号矿洞位于一号洞下方约 160 米，洞口高 1.8 米，宽 1.5 米。矿洞内部宽敞，深 16 米，宽 6 米、高 9 米，地面往上 25°坡度，16 米尽头向南 90°转弯处有一露天洞口，形似天窗，经过 90°转弯的横洞，高 6 米、宽 7.10 米、长 13 米，13 米尽头处有一口水井，井口 4 米方圆，井的最南可看到一洞，洞高约 3 米、宽 1.5 米，因水很深，四周悬壁，人无法进入。第三号矿洞位于第二号洞南下侧 20 余米，洞口高 2 米、宽 3.5 米、深 10 余米，里头狭窄，只能一人出入。第四号矿洞与第三号矿洞平列，两洞相距约 6 米，洞口较小，纵横 0.9 米。形似露天水井，洞下岩壁坡度很陡。第五号矿洞位于银坑湾东南方向 20 华里东坑湾处，该洞口高 3 米、宽 2 米，洞内地面往下 40°坡度，进去 8 米是水塘，水塘深处 3 米，浅处 2 米，宽 2 米，长 12 米，两侧均是岩壁。

大济古驿道 Dàjì Gǔyìdào 又名“金甃街”，位于县城南门至大济村迎旨门街，始建于北宋，是古时大济村通往县城的主要交通要道，全长 2.5 千米。路面全部采用长 23 公分、宽 7 厘米、厚 3.5 厘米的条砖逐一紧密墁砌。古驿道以条砖紧密横砌，竖砌压边，路面呈虹面。线条清晰，造型古朴典雅、防滑性能良好。古驿道上有三座凉亭，第一座为“接官亭”(又称继贤亭)，占地 28.80 平方米，位于大济村西北面村口处，基本保存完好。第二座为“上亭”，位于古驿道岭头，占地面积为 27.80 平方米，屋面瓦片部分脱落，泥墙局部残损。第三座为“下亭”，位于半山腰，占地面积为 34.80 平方米。2005 年 3 月列入省级第五批文物保护单位。

黄坛九曲金街 Huángtán Jiǔqǔ Jīnjiē 位于竹口镇黄坛村下村内，始建于明、清。共有九个弯道，长约 400 米，保存较为完整的有近百米。驿道以青砖竖式墁砌成几何曲折纹图案，外围用卵石补墁。青砖路面宽 0.9—1 米不等，砖长 20 厘米、宽 7.5 厘米，厚 5 厘米。

大济古地道 Dàjì Gǔdìdào 位于濛洲街道大济村，分布于大济村落约 2 平方千米的地下，现发现七处古地道口。古地道两壁下部分用鹅卵石砌墙基，上部分用青砖错缝纵叠砌筑，顶部用若干块扇面形拱砖并列砌筑相互挤紧，形成高 1.8 米、宽 1.6 米的拱圈，古地道有通往部分房屋内与通往村落边缘地带两种形式，在圣旨门街达德堂宅东向的花园里就有 2 处清晰地看到古地道的构造,两处古地道之间相隔 9 米，道口都朝东，地道两壁下部分用鹅卵石砌基础，顶部用香蕉砖错缝纵间叠砌，成拱券。进入地道 2 米处已用卵石封堵，地道高 1.63 米，宽 1.94 米。厨房里有一个长方形的地道口，朝北，长 2.40 米，宽 1.40 米。据《吴氏宗谱 •吴伸传》记载，部分古地道建于明万历年间。1998 年 6 月列入第五批县级文物保护单位。

马蹄隘 Mǎtíai 位于濛洲街道下滩村至杨楼村、上余村的古道上。170 平方米，呈南北走向。隘楼上部已于 2000 年前倒塌，基础部分和石坎部分保存较好。古道穿隘楼而过，道口宽 1.56 米，高 2.78 米，长 10.4 米，道口两壁用卵石砌筑，上方南北端用石板铺筑，南向夯土墙上残留枪眼 3 处，其中 1 处保存较好，眼口内径 20 厘米×20 厘米，外径 20 厘米×10 厘米。此隘是一处古代军事防御设施，始建于清代，隘楼多处损毁，仅存北向石坎、夯土墙和通道。

廻龙山道贯庵 Huílóngshān DàoGuànān 位于濛洲街道大济村廻龙山西北侧半山腰上，坐西北朝东南。庵所处人迹罕至，现已废弃，惟以基存。古迹内杂草丛生，遗留有部分墙体，围墙四至仍依稀可见。庵内现存两块石碑。一块有基座，位于庵门前。另一块没有基座，位于庵后围墙外。两石碑均为外地村民所立。碑文均为阴刻，书法不工、夹杂错别字。字迹漫漶，难以通读。据碑文记载又名“胜隐庵”。建于清嘉庆四年(1799)。

三济寺正殿 Sānjìsì Zhèngdiàn 位于黄田镇上济村，又称胜因寺。始建于清代，正殿古迹占地面积196平方米，台基平面长宽均为14米，坐北朝南，面阔、进深各三间。台基边缘铺阶条石，阶条石内与檐柱之间鹅卵石墁地，柱架平面内为三合土地墁。柱顶石均为正方形，四金柱柱顶石稍大。八角莲花柱础四个、抹角四方柱础五个、鼓墩式柱础若干。其中，八角莲花纹柱础为金柱柱础，壁刻铭文，字迹模糊。寺毁于1984年，现仅留正殿造地，即正殿台基平面和散落的部分附属物。

茶木淤菇寮 Chámùyū Gūliáo 位于百山祖镇车根村茶木淤山上，百山祖自然保护区内，距百山祖镇政府8千米，系菇民先祖隐山劈柴，人工种植培育香菇的场所，存古迹有2处，相距30米，2号古迹位于南侧，由于年代久远，其他生产生活遗迹不明显。1号古迹坐南朝北，现只存石坎部分，基厚60厘米，残留高度50厘米，呈大方形，占地面积55.35平方米，古迹内部长满灌木和竹笋林，通长12.3米，宽4.5米，古迹四周地势平坦，处山腰部位，西北侧有溪流穿过，2号古迹现墙体明显，破败不堪，块石错缝干砌，面块石，占地面积26.19平方米，门置于东北山墙左侧，现存石墙0.8—1.3米高低不等，厚度60厘米。两处古迹是先代菇民生产生活留下的生活印迹。

吴三公故居遗址 Wúsāngōng Gùjū Yízhǐ 位于百山祖镇龙岩村中。吴三公为龙岩村人，生于宋高宗建炎四年(1130)，他在生产生活的过程中总结出“砍花法”和“惊蕈术”，被奉为人工栽培香菇的鼻祖。吴三公故居历经百年的变迁，现仅存宅基古迹，为一占地面积约40平方米的草坪，地面已无任何原故居遗物残留。1994年10月，吴三公研究会与龙岩村委会一起在故居古迹上立碑以示众人。2011年1月被列入县级第七批文物保护单位。

五都官堰 Wǔdōu Guānyàn 位于松源街道五三村五都溪沿路101号南墙外至五都店，堤坝斜长约200米，宽30—100米不等。堤坝由块石和卵石砌筑，其大小和形制不一。堤坝始建于明清，现存建筑为民国时期修建。

第四节 古民居

慎修堂 Shènxiū Táng 位于濛洲街道大济村奉祀官路3号。建于清道光二十九年(1849)，坐南朝北，占地面积460多平方米，石雕大门楼设在檐墙间，整体布局分二进。大门前设曲尺通道，通道末端设三门八字形木牌楼。前堂：五开间，鸳鸯厅带前廊，明间中柱前设二柱直通上金檩，横向设三门，将明间隔为鸳鸯厅，前厅为抬梁穿斗混合式梁架七檩三柱。后厅亦为抬梁穿斗混合式梁架，十檩四柱。梁为月梁形制，梁架以角背、斗拱承托，额枋挖底雕花，两端承以镂雕雀替，后檐柱上装置雕花牛腿，承托撩檐枋檩。两次、梢间为穿斗式梁架，两梢间外侧设通道与前后廊交接，形成回廊。前堂至正堂之间设月台，月台两侧设天井及东西厢房、各一间，位于月台对应面饰雕花格扇门。正堂五开间，鸳鸯厅带前后廊，明间中柱后增设二柱直通上金檩，横向装木板壁，两侧设一门，前厅为抬梁穿斗混合式梁架十二檩五柱，梁架从角背、斗拱承托，额枋挖底雕花，两端部承以镂雕雀替，前檐柱上装雕花牛腿，承托撩檐枋檩。后厅为抬梁穿斗混合式梁架，六檩三柱。两次、梢间穿斗式梁架，两梢间外侧设通道，与前后廊交接处之山墙，各辟一拱券门通往墙外厨房间以及屋后附属建筑。2011 年 1 月列入县级第七批文物保护单位。

立德堂 Lìdé Táng　位于濛洲街道大济村名登天府路 3 号后。建于清代，坐南朝北，占地面积为 426.58 平方米，有大门（厢房）、正堂、后堂。大门设在东厢房前，砖质，明间条石门槛枕石，上方匾式四方砖上刻字，檐下施“丁”字栱。东西厢房施格扇，中为天间。正堂，方砖墁地，石柱础鼓墩，明间抬梁穿斗混合式，施十一檩五柱，屋面复水做法，中柱间设生死门将明间隔断，梁背施斗栱，角背雀替雕花，屋面施方椽、望板、小青合铺。

世德堂 Shìdé Táng　位于濛洲街道大济村大理祠巷 6 号。建于明代，占地面积 526.45 平方米，坐南朝北，由前厢房、正堂、后厢房组成，三合院式，悬山造。东西厢房做法较简，中间为天井，卵、条石铺墁。正堂，五开间带前廊，大门设在东侧廊头，方砖地面，木质柱础，明间抬梁穿斗混合式，中柱间设六开门将明间隔断。整座建筑为十五檩七柱，雀替镂雕，屋面复水做法，施方椽、望板，小青瓦合铺。世德堂布局规整，结构合理，梁架做法考究。

树德堂 Shùdé Táng　位于濛洲街道大济村陈宅巷 11 号，清道光五年（1825）建成，占地面积约 479 平方米，坐南朝北，整体布局呈长方形，三合院布局，建筑沿中轴线由北向南依次为大门楼、天井、正堂。板壁栏额处悬挂“树德堂”木匾。

寿德堂 Shòudé Táng　位于濛洲街道大济村陈宅巷 15 号，清代建筑。坐南朝北，占地面积 502 平方米。建筑为三合院式，呈不规则长方形，沿中轴线由北向南依次为砖砌门楼、天井、正堂。天井两侧为东西厢房。宅内留有匾，匾上有“寿德堂”三字。

华萼堂 Huáè Táng　位于濛洲街道大济村大理祠巷 10 号，坐南朝北，占地面积 136 平方米，清代建筑。布局整体呈正方形，沿中轴线由北向南依次为门楼、天井、正堂、后天井。砖砌门楼，形制较简，门楼前设一向西石阶至空坪。正堂面阔三开间，进深五柱带回廊。整座民居为二层楼结构，两侧马巷设楼梯至二楼。方砖地面，鼓墩式石柱础。屋面施方椽，望板，小青瓦合铺。四周山墙为老虎栋。该建筑为主楼的附属楼，曾作为私塾。主楼早年被焚毁，民居前空地即为主楼所在位置。宅内留有匾，匾上有“华萼堂”三字。

庆德堂 Qìngdé Táng　位于濛洲街道大济村陈宅巷 19 号，始建于道光十三年（1833），坐南朝北，三合院式，占地面积约 286 平方米。正堂面宽三开间，进深 5 柱，明间为抬梁式结构，前金柱廊额作挖底，两端雀替已脱落，中间悬挂“双节流芳”木匾，檐柱外侧饰两组刻花牛腿，两次间系两层楼结构，前后厢房与两次间相连接，前西厢房原隔扇和上屋板壁已被改建。前东厢房有半间为大门通道。前东厢房有半间为大门通道，建筑坐南朝北，左侧厢房在民国期间后期因为居住缘故扩建至檐柱，东后厢房于 1965 年兄弟分家改建。后金柱廊额上挂“庆德堂”牌匾。

光裕堂 Guāngyù Táng　位于濛洲街道大济村大理祠巷 3 号，明代建筑，因多次修建，坐南朝北平面呈不规则长方形，正堂五开间，进深五柱带前后廊，与两山墙内侧空间（俗称马弄）组成回廊。明间抬梁穿斗混合式，梢间穿斗式，东西厢房与次梢间梁架连接，硬山顶。地面大部分用水泥浇筑。除正堂、明间基本保持原装之外，其余结构因多次修建，面貌变化不一。前左侧厢房在民国期间后期因为居住缘故扩建至檐柱，后右侧厢房因为兄弟分家后房屋不够用拆建部分，宅内留有匾，匾上有“光裕堂”三字。

怀德堂 Huáidé Táng 位于濛洲街道大济村大理祠巷15号南侧，始建于清嘉庆十年(1805)，建筑坐南朝北，占地面积约670平方米。正堂面宽五开间，进深五柱带前后廊。以方砖墁铺地面，明次间为抬梁穿斗混合式梁架，额枋处挂“义重桑榆”牌匾。梢间为二层楼建筑，两山墙内设通道，俗称“马弄”，与前后廊构成回字廊。鼓墩式石柱础，屋面施方椽，望板，小青瓦合铺，硬山顶结构。后金柱间栏额上悬挂“怀德堂”牌匾，上书“清嘉庆乙丑年”。

聚德堂 Jùdé Táng 位于濛洲街道大济村迎旨门街12号。始建于清代，坐西南朝东北，占地面积422.88平方米，三合院式，砖质大门，门外设抱鼓石一对，门额四方砖上阳刻“瑞气盈门”字样，檐下设斗拱，内侧雕“云蒸霞蔚”四字。门内为甬道，卵条石砌筑，两侧为天井厢房。正堂，五开间带回廊，方砖地面，石鼓墩柱础，施十五檩七柱，明间抬梁穿斗混合式，金柱前后复水做法，二层楼，雀替、梁背雕刻精细，屋面施方椽、望板、小青瓦合铺。聚德堂布局规整、结构独特。附属建筑，大门台，东西走向，施六柱七檩，方砖地面，石鼓墩柱础，梁架保存一般，屋面两坡顶，施方椽、小青瓦合铺。

萃德堂 Cuìdé Táng 位于濛洲街道大济村迎旨门街10号。始建于清代，坐南朝北，四合院式，均为方砖地面，石鼓墩柱础，夯土马头墙，屋面方椽、望板、小青瓦合铺。倒座，用四柱六檩，中轴设生死门，三架梁背施一斗三升上承脊檩，梁架之间施竹篾板，雀替镂空雕，屋面复水做法。东西厢房不规整，因地而建，东厢破损，西厢改建。正堂，明间抬梁穿斗混合式，三开间，施五柱十四檩，五架梁和三架梁上施斗拱，梁枋雕花，屋面复水做法，两中柱间设生死门。后天井设中轴线上，两侧为厢房，设条石踏跺二阶至后堂，后堂梁架与厢房连接，四开间，梁架较简单。萃德堂布局规整，因地势而建，做法考究，大门、厢房已改建，檐檩部分更换，后堂厢房格扇花心破损。

成德堂 Chéngdé Táng 位于濛洲街道大济村名登天府路2号对面。建于清道光十三年(1833)，坐南朝北，占地面积361.46平方米，四周夯土马头墙，木质大门台，方砖地面，石鼓墩柱础，门口设踏跺垂带，双开大门，上槛施门簪雕花，两柱上施挑檐枋，承挑檐檩和垂莲柱，内设五架梁和三架梁，五架梁背施斗拱上承三架梁，屋面施方椽、望板、小青瓦合铺。进入正堂甬道前再设砖质大门，条石门槛门枕，甬道卵石铺墁，两侧为天井和东西厢房。厢房檐柱与正堂明间檐柱梁架相接，背施一斗三升，做法科学考究。正堂，五开间带回廊，方砖地面，石鼓墩柱础，明间抬梁穿斗混合式，施六柱十六檩，五架梁与三架梁上雕花并设斗拱。两中柱间设生死门将明间隔断。屋面复水做法，施方椽、望板、小青瓦合铺。

慎德堂 Shèndé Táng 位于濛洲街道大济村名登天府路2号对面。建于清代，坐南朝北，占地面积为419.94平方米，由砖雕大门、厢房、正堂、后厢房组成。砖雕大门，大门两侧与上下门槛为条石砌筑，其他部位均为砖质，门上方阳刻“瑞靄祥云”四个大字，左右雕花，檐下施丁字斗拱，内壁雕刻“五福临门”字样。甬道中央方砖铺墁条石包边，天井两侧为东西厢房。正堂，五开间带前廊，方砖地面，石鼓墩柱础，明间抬梁穿斗混合式，复水做法，梁与驼峰花纹连为一体，牛腿雀替雕花，线条流畅，做工精细。后天井与正堂设一道六开格扇门，屋面施方椽、望板、小青瓦合铺。

经德堂 Jīngdé Táng 位于濛洲街道大济村迎旨门街2号。始建于清代，占地面积246.13平方米，建筑坐西南朝东北，由大门台、倒座、厢房、正堂组成，四合院式。大门台，木质，方砖地面，石鼓墩柱础，两柱间设双开门，上槛施雕花门簪，老檐枋卯接垂莲柱，内壁上槛施斗拱承托三架梁，屋面施方椽、望板、小青瓦合铺。倒座，方砖地面，两侧间设砖质大门，东侧设木门进入明间至正堂。倒座和正堂明间为抬梁穿斗混合式，梁架复水做法，檩下都施“丁”字拱。正堂，面阔三开间，明间两金柱设生死门，屋面方檩，望板，小青瓦合铺。

明德堂 Míngdé Táng 位于濛洲街道大济村迎旨门街6号。建于清代，20世纪90年代东西厢房向天井处移位改建，坐南朝北，由砖质大门、门厅、厢房、正堂组成，四合院式。砖砌大门，石质门枕门槛，门楣设铁质乳钉纹，上方雕四个大字，檐下施斗拱和其他纹饰。门厅，面阔三开间，施七檩三柱，方砖地面，中柱间增设两柱，设生死门，屋面复水梁架。厢房，格扇门做工较简，中为天井条石卵石铺墁，正堂，面阔三开间，方砖地面，石鼓墩柱础，梁架施十三檩六柱，抬梁穿斗混合式，梁架、栏额枋、雀替雕刻花鸟、鱼凤纹样。后为小天井，两侧置木梯至二楼，屋面复水做法。

懿德堂 Yìdé Táng 位于濛洲街道大济村名登天府路10号。建于清代，地面积699.28平方米，坐南朝北，主要建筑有倒座、厢房、正堂组成，四周为夯土马头墙。倒座，前设砖质大门，三开间，明间中柱间设双开门，金柱与檐柱施双开门至次间。方石地面，石鼓墩柱础，梁架施七檩三柱，三架梁背施斗拱，屋面复水做法，施方椽、望板、小青瓦合铺。厢房，东西各施格扇门，中为甬道条石铺墁，天井卵石铺墁。正堂，三开间带回廊，方砖地面，石鼓墩柱础，明间梁架五柱十六檩，抬梁穿斗混合式，五架梁与三架梁背施斗拱，中柱间设生死门将明间隔离。雀替、枋头雕花，无牛腿装饰，屋面复水做法，施方椽、望板、小青瓦合铺。

积德堂 Jīdé Táng 位于濛洲街道大济村井头弄2号。始建于清光绪三十三年(1907)，坐南朝北，整体建筑呈不规则长方形，占地面积约260平方米。正堂面宽五开间，进深五柱带前廊。明次间为抬梁穿斗式梁架结构，梢间为二层楼建筑，五架梁、月梁、驼墩上饰刻花图案。地面以及天井被屋主填满以水泥浇筑，屋内较多地方装修改建。砖砌门亭上饰斗拱，亭上匾额上书“恩迎北阙”四字，宅内留有匾，匾上有“积德堂”三字。

修德堂 Xiūdé Táng 位于濛洲街道大济村大理祠巷1号。约建于道光二十九年(1849)，坐南朝北，宅四周筑夯土墙，东西山墙为“屏风墙”，宅前屋后为“包檐墙”。整体布局分二进，中轴线自北至南依次为八字大门楼、倒座、月台、正堂、后天井。厢房梁架与前后堂梢间梁架连接。正堂面阔五开间，鸳鸯厅带前后廊，明间中柱后增设二金柱直通上金檩，横向装置木板壁，两侧各设一门，将明间分隔为鸳鸯厅，前厅为抬梁穿斗混合式梁架十二檩五柱，梁为月梁形制，梁架饰雕花图案，梁架间以角背、斗拱承托，额枋挖底雕花，两端承以镂雕雀替，合式梁架七檩三柱。两次、梢间为穿斗式梁架，两梢间外侧亦设通道，与前后廊末端交接处之山墙辟一拱券门，通往墙外厨房间。鼓墩式刻花石柱础分三式。宅内留有匾，匾上有“修德堂”三字。

达德堂 Dádé Táng　位于松源街道五二村叶阙弄18号后。始建于清光绪元年(1875)前后，整体布局分二进，中轴线自北至南为曲尺门道、大门楼、倒座、月台、正堂、后小天井。大门楼石雕大门楼设置在前檐墙间，门楼前面设置曲尺门道，门道末端设置八字木牌楼，门楼后面连接前堂。倒座五开间，鸳鸯厅带前廊，设三门。两次、梢间为穿斗式二层楼梁架，两山墙内侧设置通道(俗称马弄)、马弄与前后廊末端交接形成回廊，前堂至后堂之间设月台，月台两侧设天井及东西厢房。东西厢房各设一间，位于月台对应面设雕花格扇门，厢房梁架与前后堂梢间的梁架连接。正堂面阔六开间，鸳鸯厅带前后廊，明间中柱后增设二柱，直通上金檩，横向分别装置木板壁，两侧各设一门，将明间分隔为鸳鸯厅，前厅为抬梁穿斗混合式梁架、十二檩五柱，后厅亦为抬梁穿斗混合式梁架，六檩四柱。堂明间悬挂“达德堂”“名昭彤管”两块牌匾。

聿新堂 Yùxīn Táng　位于濛洲街道大济村季家弄7号。建于明万历初期，建筑坐南朝北，占地面积635平方米，由砖质大门楼、前厢房、前堂、后厢房、后堂，两组三合院组成。砖质大门楼，条石门槛门枕，门楣设铁质鼓钉，重檐两坡顶，下檐置四攒木质斗拱，上檐施三只丁头拱。天井两侧为厢房，甬道条砖陡铺，两边条石墁铺。前堂方砖墁地，设木柱础和石鼓墩柱础两式，明间抬梁减柱造，施六柱十檩，柱头、梁背置斗栱上承金檩，后侧板壁上方悬挑“别驾第”牌匾，屋面施方椽、望板、阴阳瓦合铺。后堂梁架与前堂基本一致。

玉洁冰清宅 Yùjiébīngqīng Zhái　位于濛洲街道大济村迎旨门街20号。建于明正德十五年(1520)，坐南朝北，占地面积381.06平方米，由八字木大门、东西厢房、正堂组成。八字木大门，朝东，设在东厢房前，寓意喜气东来，用四柱，石鼓墩柱础，双开大门设铁质门拔和门环，门楣设门簪，两檐柱栏额、雀替、牛腿雕花，刻有狮子、文房四宝等图案。大门梁架与厢房相连，厢房为通道，厢房各施六扇木格扇门，雕花较简，并施铁质门拔和门环。正堂，面阔五开间，进深七柱带前后廊，方砖地面，设木柱础和石柱础。明间抬梁穿斗混合式，中柱设六开门将明间隔为前后厅，上方复水做法。屋面施方椽、望板、小青瓦合铺，南面东西各设一小门。两侧房内有一古地道口，口朝北，设九级踏跺前往地道。

狄教堂 Díjiāo Táng　位于濛洲街道大济村济中路33号。始建于清代，坐南朝北，占地面积567.10平方米，三合院式。大门台，卵石地面，柱子顶在横枋木上，柱上施二层“丁”字栱，上承穿插枋再承檐檩。两柱间设双开门，上施门簪雕花。屋面施方椽、小青瓦合铺。甬道，条石铺墁，天井卵石砌筑，两侧厢房方砖墁地，梁架与正堂相接。正堂，面阔七开间，进深两开间带前后廊，一层楼，地面方砖铺墁，明间木柱顶在柱顶石块上，次梢尽间柱子直接顶在柱顶石上。明间梁架抬梁穿斗混合式，做法较简，屋面复水做法，两中柱间设门与明间隔断。明间单开门做法特殊，门框内分五节门心板，为典型的明代做法。

齿德堂 Chǐdé Táng　位于濛洲街道大济村济中路23号。建于明代，坐南朝北，占地面积

374.60 平方米，主要建筑有大门台、正堂、后厢房。大门台，方砖地面，石鼓墩柱础，施五檩三柱，中柱间施门，上方施门簪，梁架做法较简，屋面两坡顶施，方椽、小青瓦合铺。正堂，面阔五开间带后廊，方砖地面，设木柱础和石柱础，明间梁架抬梁穿斗混合式，做法较简，施六柱十三檩，两中柱间设门将明间隔断，屋面两坡顶施方椽、望板、小青瓦合铺。后厢房梁架与正堂相接，做法较简。

裕德堂　Yùdé Táng　位于濛洲街道大济村迎旨门街 14 号。建于民国，坐西南朝东北，占地面积 218.31 平方米，大门设在东侧厢房前，砖砌，做法较简。厢房为通道，设六扇格窗窗，花心施长方格图案，梁枋与前后堂连接。前厅与正堂做法一致，方砖墁地，鼓墩式石柱础，面阔三开间，五架梁背置斗拱上承三架梁和金檩，三架梁背施一斗三升承脊檩，雀替、马腿雕花，线条粗犷，屋面施方椽、望板、小青瓦合铺。裕德堂布局规整，梁架做法考究，雕刻线条流畅。

挹清楼　Yìqīnglóu　位于濛洲街道大济村吴大理祠正前方，“挹清楼” 为明刑部主政吴杰官厅，现有“挹清楼”是当时内眷居住的地方，其他建筑民国初毁于火，建置弘治年间。坐北朝南，占地面积约 550 平方米，气势比较恢宏。门口饰“名登天府”牌坊，民居前厅悬挂有 6 块牌匾,梁架为抬梁穿斗混合式结构，柱径约 28 厘米，整座房屋明间均为二层楼木构，明间楼上层设鸳鸯顶，整座房屋均设望板，前后径深七柱带前后廊，面宽七开间，屋面为小青瓦阴阳合铺硬山顶形式。宅内留有匾，匾上有“挹清楼”三字。

一鉴园　Yījiànyuán　位于濛洲街道大济村迎旨门街 25 号。建于清代，坐北朝南，占地面积 290.52 平方米，由大门、谷仓、民宅、店铺组成。砖质大门，双开门，设门拔和门环。进入大门为壁照后为天井。壁照一端梁架架设在大门上，一端穿插两柱上，屋面方椽、小青瓦合铺。东侧为名宅（现已经改建），面目全非。谷仓，一楼设谷仓六间，梁架做法特殊，依地势而建，并设楼梯与二楼相连。二楼设店铺，三间，梁架与过路廊梁架相连，构造繁杂。二楼垂莲柱，设美人靠，柱杆雕有“回”字。

【松源街道】

庆元县松源街道文物一览表

表 4–1–1

序号	名　称	地址及位置	类　别	年　代	面积（平方米）
1	北门村水门弄 12 号民居	松源街道北门村水门弄 12 号	古建筑	清	165
2	北门村水门弄 6 号民居	松源街道北门村水门弄 6 号	古建筑	清宣统二年（1910）	422
3	北门村下吾井 7 号民居	松源街道北门村下吾井 7 号	古建筑	清	205
4	北门村下吾井弄 20 号民居	松源街道北门村下吾井弄 20 号	古建筑	清	116.76
5	北门村下吾井弄 4 号民居	松源街道北门村下吾井弄 4 号	古建筑	清光绪十八年（1892）	1380
6	北门村弦歌坊巷 14 号民居	松源街道北门村弦歌坊巷 14 号	古建筑	明	475.5

续表 4-1-1

序号	名　称	地址及位置	类　别	年　代	面积（平方米）
7	城北村百岁弄 12 号民居	松源街道城北村百岁弄 12 号	古建筑	清	424.7
8	城北村会堂弄 17 号民居	松源街道城北村会堂弄 17 号	古建筑	明	232
9	南门村濛洲街 92 号民居	松源街道南门村濛洲街 92 号	近现代重要史迹及代表性建筑	民国17 年（1928）	192
10	南门村上仓巷 19 号民居	松源街道南门村上仓巷 19 号	古建筑	清	134
11	南门村上仓巷 65 号民居	松源街道南门村上仓巷 65 号	古建筑	明	620
12	南门村上仓巷 7 号民居	松源街道南门村上仓巷 7 号	近现代重要史迹及代表性建筑	民国	120
13	南门村上仓巷 88 号左侧民居	松源街道南门村上仓巷 88 号左侧	古建筑	清光绪二十三年（1897）	494
14	南门村下宅巷 12 号民居	松源街道南门村下宅巷 12 号	古建筑	清	395
15	南门村下宅巷 28 号民居	松源街道南门村下宅巷 28 号	古建筑	清	513
16	西门村濛洲街 38 号民居	松源街道西门村濛洲街 38 号	古建筑	明	399
17	西门村濛洲街 58 号民居	松源街道西门村濛洲街 58 号	古建筑	清	174.24
18	西门村濛洲街 74 号民居	松源街道西门村濛洲街 74 号	古建筑	明	395
19	西门村弦东弄 6 号民居	松源街道西门村弦东弄 6 号	古建筑	清	199.68
20	西门村弦歌坊 64 号民居	松源街道西门村弦歌坊 64 号	近现代重要史迹及代表性建筑	民国元年（1912）	350
21	西门村弦歌坊 68 号民居	松源街道西门村弦歌坊 68 号	古建筑	清光绪二十四年（1898）	518
22	西门村弦歌坊 77 号民居	松源街道西门村弦歌坊 77 号	近现代重要史迹及代表性建筑	民国	168
23	西门村弦歌坊巷 47 号民居	松源街道西门村弦歌坊巷 47 号	古建筑	明永乐十三年（1415）	780
24	西门村弦歌坊巷 65 号民居	松源街道西门村弦歌坊巷 65 号	古建筑	清	190
25	五二村五都叶阙弄 1 号民居	松源街道五二村五都叶阙弄 1 号	古建筑	明	429
26	五二村五都叶阙弄 23 号民居	松源街道五二村五都叶阙弄 23 号	古建筑	明	303
27	五二村五二弄 28 号民居	松源街道五二村五二弄 28 号	古建筑	清	782
28	五二村五二弄 31 号民居	松源街道五二村五二弄 31 号	古建筑	清	209
29	五二村五二弄 34 号民居	松源街道五二村五二弄 34 号	古建筑	清	389
30	五二村叶阙弄 18 号后民居	松源街道五二村叶阙弄 18 号后	古建筑	明	1016
31	五三村五都五二弄 32 号民居	松源街道五三村五都五二弄 32 号	古建筑	清	706
32	五三村五都溪沿路 115 号民居	松源街道五三村五都溪沿路 115 号	古建筑	明	641
33	五三村五都溪沿路 77 号民居	松源街道五三村五都溪沿路 77 号	古建筑	清	181
34	五三村五都叶阙弄 30 号民居	松源街道五三村五都叶阙弄 30 号	近现代重要史迹及代表性建筑	民国	275
35	五三村五二弄 55 号民居	松源街道五三村五二弄55 号	古建筑	清	295

续表 4-1-1

序号	名　　称	地址及位置	类　别	年　代	面积（平方米）
36	五三村五熏路东一弄 38 号民居	松源街道五三村五熏路东一弄 38 号	古建筑	清	230
37	五四村五都五余路 102 号民居	松源街道五四村五都五余路 102 号	古建筑	清	1200
38	五四村五都五余路 95 号民居	松源街道五四村五都五余路 95 号	古建筑	清	524.2
39	五四村五都五余路 96 号民居	松源街道五四村五都五余路 96 号	古建筑	明	460
40	五一村村头弄 9 号民居	松源街道五一村村头弄 9 号	古建筑	清	367
41	五一村五都村头弄 18 号民居	松源街道五一村五都村头弄 18 号	古建筑	清	166.25
42	五一村五都村头弄 19 号民居	松源街道五一村五都村头弄 19 号	古建筑	清	242.5
43	五一村五都村头弄 6 号民居	松源街道五一村五都村头弄 6 号	古建筑	清	276.6
44	五一村五都庙后弄 3 号民居	松源街道五一村五都庙后弄 3 号	古建筑	清	352.5
45	五一村五都溪沿路 92 号民居	松源街道五一村五都溪沿路 92 号	古建筑	明	203.85
46	五一村五二弄 36 号民居	松源街道五一村五二弄 36 号	古建筑	清	466
47	五一村五熏路东一弄 3 号民居	松源街道五一村五熏路东一弄 3 号	古建筑	清	255
48	五一村叶阙弄 41 号民居	松源街道五一村叶阙弄 41 号	古建筑	清	338
49	五二村五都五二弄 2 号民居	松源街道五二村五都五二弄 2 号	古建筑	明	234.7
50	五二村五都五二弄 6 号对面民居	松源街道五二村五都五二弄 6 号对面	古建筑	清	391
51	五二村五都叶阙弄 12 号民居	松源街道五二村五都叶阙弄 12 号	古建筑	清	312.15
52	朱村路 3 号民居	松源街道朱村路 3 号	古建筑	清	283
53	朱村五都五薰路西一弄 39 号民居	松源街道朱村五都五薰路西一弄 39 号	古建筑	清	455
54	朱村五都五薰路西一弄 50 号后民居	松源街道朱村五都五薰路西一弄 50 号后	古建筑	清	183
55	底村 89 号民居	松源街道底村 89 号	古建筑	清	288.7
56	会溪村 32 号旁民居	松源街道会溪村 32 号旁	古建筑	清	345
57	会溪村 9 号民居	松源街道会溪村 9 号	古建筑	清道光二十七年（1847）	208
58	会溪村叶增友民居	松源街道会溪村坑头	近现代重要史迹及代表性建筑	民国	379.5
59	坑头村吴金火民居	松源街道会溪村坑头	古建筑	清	252.5
60	九漈村 50 号民居	松源街道九漈村 50 号	古建筑	清	167
61	九漈村 52 号民居	松源街道九漈村 52 号	古建筑	清	190
62	九漈村 52 号旁民居	松源街道九漈村 52 号旁	古建筑	清	106
63	上庄村 30 号民居	松源街道上庄村 30 号	古建筑	清	243.33
64	上庄村 30 号隔壁民居	松源街道上庄村 30 号隔壁	古建筑	清	242
65	上庄村 32 号民居	松源街道上庄村 32 号	古建筑	清	426.80
66	上庄村 45 号民居	松源街道上庄村 45 号	古建筑	清	464.6

续表 4-1-1

序号	名　称	地址及位置	类　别	年　代	面积（平方米）
67	上庄村焦坑村 39 号民居	松源街道上庄村焦坑 39、40、43 号	古建筑	清	535
68	焦坑村下堂民居	松源街道上庄村焦坑	古建筑	清	255

【濛洲街道】

庆元县濛洲街道文物一览表

表 4-1-2

序号	名　称	地址及位置	类　别	年　代	面积（平方米）
1	大坂洋村锦水桥弄 10 号民居	濛洲街道大坂洋村锦水桥弄 10 号	古建筑	清	310
2	大坂洋村锦水桥弄 3 号民居	濛洲街道大坂洋村锦水桥弄 3 号	古建筑	清	212.9
3	大坂洋村锦水桥弄 8 号民居	濛洲街道大坂洋村锦水桥弄 8 号	古建筑	清	317
4	大坂洋村锦水桥弄 9 号民居	濛洲街道大坂洋村锦水桥弄 9 号	古建筑	清	228
5	大济村陈宅巷 11 号民居	濛洲街道大济村陈宅巷 11 号	古建筑	清道光五年（1825）	479
6	大济村陈宅巷 15 号民居	濛洲街道大济村陈宅巷 15 号	古建筑	清	502
7	大济村陈宅巷 19 号民居	濛洲街道大济村陈宅巷 19 号	古建筑	清道光十三年（1833）	286
8	大济村大理祠巷 10 号民居	濛洲街道大济村大理祠巷 10 号	古建筑	清	136
9	大济村大理祠巷 15 号南侧民居	濛洲街道大济村大理祠巷 15 号南侧	古建筑	清嘉庆十年（1805）	670
10	大济村大理祠巷 1 号民居	濛洲街道大济村大理祠巷 1 号	古建筑	清道光二十九年（1849）	500
11	大济村大理祠巷 3 号民居	濛洲街道大济村大理祠巷 3 号	古建筑	明	266
12	大济村大理祠巷 6 号民居	濛洲街道大济村大理祠巷 6 号	古建筑	明	526.45
13	大济村奉祀官路 3 号民居	濛洲街道大济村奉祀官路 3 号	古建筑	清	463.24
14	大济村环村西路 11 号民居	濛洲街道大济村环村西路 11 号	古建筑	明	380
15	大济村环村西路 7 号民居	濛洲街道大济村环村西路 7 号	古建筑	清	250
16	大济村季家弄 1 号民居	濛洲街道大济村季家弄 1 号	古建筑	明万历初期	635
17	大济村济中路 14 号民居	濛洲街道大济村济中路 14 号	古建筑	清	240.92
18	大济村济中路 23 号民居	濛洲街道大济村济中路 23 号	古建筑	明	374.60
19	大济村济中路 33 号民居	濛洲街道大济村济中路 33 号	古建筑	明	567.10
20	大济村济中路 34 号民居	濛洲街道大济村济中路 34 号	古建筑	清	182.6
21	大济村井头弄 2 号民居	濛洲街道大济村井头弄 2 号	古建筑	清光绪三十三年（1907）	260
22	大济村井头弄 3 号民居	濛洲街道大济村井头弄 3 号	古建筑	清	275
23	大济村名登天府路 10 号民居	濛洲街道大济村名登天府路 10 号	古建筑	清	699.28
24	大济村名登天府路 2 号对面民居	濛洲街道大济村名登天府路 2 号对面	古建筑	清道光十三年（1833）	361.46

续表 4-1-2

序号	名　　称	地址及位置	类　别	年　代	面积（平方米）
25	大济村名登天府路 3 号后民居	濛洲街道大济村名登天府路 3 号后	古建筑	清	426.58
26	大济村吴杰民居	濛洲街道大济村吴谏议祠正前方	古建筑	明弘治年间（1488—1505）	550
27	大济村迎旨门街 10 号民居	濛洲街道大济村迎旨门街 10 号	古建筑	清	299.26
28	大济村迎旨门街 12 号民居	濛洲街道大济村迎旨门街 12 号	古建筑	清	422.88
29	大济村迎旨门街 14 号民居	濛洲街道大济村迎旨门街 14 号	近现代重要史迹及代表性建筑	民国	218.31
30	大济村迎旨门街 19 号民居	濛洲街道大济村迎旨门街 19 号	古建筑	清	419.94
31	大济村迎旨门街 20 号民居	濛洲街道大济村迎旨门街 20 号	古建筑	明正德十五年（1520）	381.06
32	大济村迎旨门街 24 号民居	濛洲街道大济村迎旨门街 24 号	古建筑	清	255
33	大济村迎旨门街 25 号民居	濛洲街道大济村迎旨门街 25 号	古建筑	清	290.52
34	大济村迎旨门街 2 号民居	濛洲街道大济村迎旨门街 2 号	古建筑	清	246.13
35	大济村迎旨门街 6 号民居	濛洲街道大济村迎旨门街 6 号	古建筑	清	276.66
36	大济村迎旨门街达德民居	濛洲街道大济村迎旨门街南侧	古建筑	清光绪元年（1875）	658
37	后碓村后田街 235 号民居	濛洲街道后碓村后田街 235 号	古建筑	清	177
38	后碓村后田街 239 号民居	濛洲街道后碓村后田街 239 号	古建筑	清	142
39	后碓村后田街 316 号民居	濛洲街道后碓村后田街 316 号	近现代重要史迹及代表性建筑	民国	517
40	后碓村苏公桥巷 2 号民居	濛洲街道后碓村苏公桥巷 2 号	近现代重要史迹及代表性建筑	民国 12 年（1923）	430
41	后碓村苏公桥巷 38 号民居	濛洲街道后碓村苏公桥巷 38 号	近现代重要史迹及代表性建筑	民国	509
42	街尾村石鼓墩弄 17 号民居	濛洲街道街尾村石鼓墩弄 17 号	近现代重要史迹及代表性建筑	民国	480.4
43	林后村周氏民居	濛洲街道林后村村道边	古建筑	清	407.15
44	林后村柳氏宗祠	濛洲街道林后村村道上	古建筑	清光绪三十三年（1907）	357.42
45	林后村百树下民居	濛洲街道林后村村内	古建筑	清	382
46	上叶村上叶弄 2 号民居	濛洲街道上叶村上叶弄 2 号	古建筑	清	213.22
47	上叶村上叶弄 7 号民居	濛洲街道上叶村上叶弄 7 号	近现代重要史迹及代表性建筑	民国	393.8
48	吴宅村后田街 191 号民居	濛洲街道吴宅村后田街 191 号	近现代重要史迹及代表性建筑	民国	221.77
49	吴宅村吴宅弄 12 号民居	濛洲街道吴宅村吴宅弄 12 号	近现代重要史迹及代表性建筑	民国	342
50	吴宅村吴宅弄 1 号民居	濛洲街道吴宅村吴宅弄 1 号	古建筑	明	233.31
51	吴宅村吴宅弄 25 号民居	濛洲街道吴宅村吴宅弄 25 号	古建筑	清	275.86

续表 4-1-2

序号	名　称	地址及位置	类　别	年　代	面积（平方米）
52	吴宅村吴宅弄 5 号民居	濛洲街道吴宅村吴宅弄 5 号	近现代重要史迹及代表性建筑	民国 7 年（1918）	380
53	吴宅村梧桐巷 11 号民居	濛洲街道吴宅村梧桐巷 11 号	古建筑	清	459.16
54	吴宅村吴氏谷仓	濛洲街道吴宅村梧桐巷 24 号	近现代重要史迹及代表性建筑	民国	632
55	吴宅村梧桐巷 27 号民居	濛洲街道吴宅村梧桐巷 27 号	古建筑	明	395
56	吴宅村梧桐巷6 号民居	濛洲街道吴宅村梧桐巷 6 号	近现代重要史迹及代表性建筑	民国	190.85
57	吴宅村梧桐巷 8 号民居	濛洲街道吴宅村梧桐巷 8 号	古建筑	清咸丰三年（1853）	305.8
58	姚家村解放路 14 号民居	濛洲街道姚家村解放路 14 号	古建筑	明	599
59	姚家村姚家巷 1 号民居	濛洲街道姚家村姚家巷 1 号	古建筑	明、清	657
60	姚家村姚家巷 46 号民居	濛洲街道姚家村姚家巷 46 号	近现代重要史迹及代表性建筑	民国	238.14
61	姚家村姚家巷 64 号民居	濛洲街道姚家村姚家巷 64 号	古建筑	清	297
62	姚家村姚家巷 8 号民居	濛洲街道姚家村姚家巷 8 号	古建筑	清	362

【屏都街道】

庆元县屏都街道文物一览表

表 4-1-3

序号	名　称	地址及位置	类　别	年　代	面积（平方米）
1	八二村八都溪沿路 69 号民居	屏都街道八二村八都溪沿路 69 号	近现代重要史迹及代表性建筑	民国 8年（1919）	308
2	八二村八都溪沿路 78 号对面民居	屏都街道八二村八都溪沿路 78 号对面	古建筑	清	428
3	八二村八都溪沿路 94 号民居	屏都街道八二村八都溪沿路 94 号	古建筑	明	170
4	八二村八都中间弄 11 号民居	屏都街道八二村八都中间弄 11 号	古建筑	明	281.7
5	八二村八都中间弄 16 号民居	屏都街道八二村八都中间弄 16 号	近现代重要史迹及代表性建筑	民国	216
6	八二村八都中间弄 1 号民居	屏都街道八二村八都中间弄 1 号	古建筑	清	495
7	八二村八都中间弄 4 号民居	屏都街道八二村八都中间弄 4 号	古建筑	清咸丰元年（1851）	367
8	八三村八都新阙弄 29 号民居	屏都街道八三村八都新阙弄 29 号	古建筑	明	143
9	八三村中心街 92 号民居	屏都街道八三村中心街 92 号	古建筑	明	100
10	八一村八都溪沿路 24 号民居	屏都街道八一村八都溪沿路 24 号	古建筑	清	273
11	八一村八都溪沿路 27 号民居	屏都街道八一村八都溪沿路 27 号	古建筑	清	283
12	八一村八都溪沿路 29 号民居	屏都街道八一村八都溪沿路 29 号	古建筑	清	261

续表 4-1-3

序号	名　称	地址及位置	类　别	年　代	面积（平方米）
13	八一村八都溪沿路29号隔壁民居	屏都街道八一村八都溪沿路29号隔壁	古建筑	清	200
14	八一村八都溪沿路30号民居	屏都街道八一村八都溪沿路30号	古建筑	清光绪二十年(1894)	615
15	八一村八都溪沿路37号民居	屏都街道八一村八都溪沿路37号	近现代重要史迹及代表性建筑	民国	120
16	八一村八都溪沿路43号民居	屏都街道八一村八都溪沿路43号	古建筑	清	285
17	八一村八都溪沿路84号民居	屏都街道八一村八都溪沿路84号	古建筑	清	418
18	八一村八都中心街7号民居	屏都街道八一村八都中心街7号	古建筑	清	420
19	八一村小塘弄7号民居	屏都街道八一村小塘弄7号	古建筑	明	687
20	屏都镇洋背村13号民居	屏都街道洋背村13号	古建筑	清	637
21	余村老街二弄6号旁民居	屏都街道余村老街二弄6号旁	古建筑	清	667
22	余村老街三弄4号民居	屏都街道余村老街三弄4号	古建筑	清	325
23	余村老街三弄8号民居	屏都街道余村老街三弄8号	近现代重要史迹及代表性建筑	民国	409
24	余村老街75号民居	屏都街道余村老街75号	古建筑	清	595
25	余村溪沿路13号民居	屏都街道余村溪沿路13号	古建筑	清	153
26	余村溪沿路15号民居	屏都街道余村溪沿路15号	古建筑	清光绪二十六(1900)	370
27	余村溪沿路16号旁民居	屏都街道余村溪沿路16号旁	近现代重要史迹及代表性建筑	民国	120
28	余村溪沿路20号前民居	屏都街道余村溪沿路20号前	古建筑	清	705
29	余村溪沿路3号民居	屏都街道余村溪沿路3号	近现代重要史迹及代表性建筑	民国	246
30	余村溪沿路5号民居	屏都街道余村溪沿路5号	古建筑	清	245
31	余村溪沿路62号民居	屏都街道余村溪沿路62号	古建筑	清	673
32	余村溪沿路75号民居	屏都街道余村溪沿路75号	近现代重要史迹及代表性建筑	民国	219
33	余村樟树弄6号旁民居	屏都街道余村樟树弄6号旁	古建筑	清	1892
34	薰山下村李氏宗祠	屏都镇薰山下村村头	古建筑	清	177.7
35	薰山下村石马湾路1号前民居	屏都镇薰山下村石马湾路1号前	古建筑	清	300
36	薰山下村中路19号北侧民居	屏都镇薰山下村中路19号北侧	古建筑	清	483

【竹口镇】

庆元县竹口镇文物一览表

表 4-1-4

序号	名　称	地址及位置	类　别	年　代	面积（平方米）
1	阙家村阙正大民居	竹口镇大泽村阙家	近现代重要史迹及代表性建筑	民国	946.6
2	阙家村阙家 5 号民居	竹口镇大泽村阙家 5 号	近现代重要史迹及代表性建筑	民国	725
3	大泽村上村路上 10 号民居	竹口镇大泽村上村路上 10 号	古建筑	清	503
4	大泽村陈土根民居	竹口镇大泽村中	古建筑	清	427
5	黄坛村下村大路 19 号民居	竹口镇黄坛村下村大路 19 号	古建筑	明	513
6	黄坛水井	竹口镇黄坛村下村大路 19 号后面	古建筑	清	30
7	黄坛村下村大路 24 号民居	竹口镇黄坛村下村大路 24 号	古建筑	明	197
8	新窑村后门山 28 号民居	竹口镇新窑村后门山 28 号	近现代重要史迹及代表性建筑	民国	254
9	新窑村后门山 29 号民居	竹口镇新窑村后门山 29 号	近现代重要史迹及代表性建筑	民国	403
10	新窑村老街弄 15 号民居	竹口镇新窑村老街弄 15 号	近现代重要史迹及代表性建筑	民国 36 年（1947）	464
11	新窑村老街弄 16 号旁民居	竹口镇新窑村老街弄 16 号旁	近现代重要史迹及代表性建筑	民国	210
12	新窑村凉亭弄 7 号民居	竹口镇新窑村凉亭弄 7 号	近现代重要史迹及代表性建筑	民国	237
13	新窑村桥下弄 11 号民居	竹口镇新窑村桥下弄 11 号	近现代重要史迹及代表性建筑	民国	263
14	新窑村新二弄 8 号民居	竹口镇新窑村新二弄 8 号	近现代重要史迹及代表性建筑	民国	356.25
15	新窑村学后弄 7 号民居	竹口镇新窑村学后弄 7 号	近现代重要史迹及代表性建筑	民国	394
17	新窑村窑西弄 20 号民居	竹口镇新窑村窑西弄 20 号	近现代重要史迹及代表性建筑	民国	364
18	竹上村杨承通民居	竹口镇竹上村神童墓碑旁	古建筑	清	192
19	竹中村后窑许 17 号民居	竹口镇竹中村后窑许 17 号	古建筑	清	119
20	竹中村后窑许 28 号民居	竹口镇竹中村后窑许 28 号	古建筑	清	442
21	竹中村后窑许 29 号民居	竹口镇竹中村后窑许 29 号	古建筑	清	327

【黄田镇】

庆元县黄田镇文物一览表

表 4-1-5

序号	名　称	地址及位置	类　别	年　代	面积（平方米）
1	曹岭村老街 99 号民居	黄田镇曹岭村老街 99 号	近现代重要史迹及代表性建筑	民国	217
2	葛田村 78 号民居	黄田镇葛田村 78 号	古建筑	清	1043
3	葛田村 82 号前民居	黄田镇葛田村 82 号前	近现代重要史迹及代表性建筑	民国	189.52
4	葛田村沈正兴民居	黄田镇葛田村	古建筑	清	513
5	葛田村李先达民居	黄田镇葛田村	古建筑	清	688
6	黄坞村里村 69—71 号民居	黄田镇黄坞村里村 69—71 号	古建筑	清	620
7	李村 101 号民居	黄田镇李村 101 号	古建筑	清	627.5
8	李村胡长春民居	黄田镇李村	古建筑	清	714
9	良官田村后垄路 9 号民居	黄田镇良官田村后垄路 9 号	古建筑	清	353.88
10	柏渡沿村蔡建其民居	黄田镇双沈村柏渡沿	古建筑	清	563
11	双沈村蔡建山民居	黄田镇双沈村	古建筑	清	319
12	洋垄村 45 号民居	黄田镇洋垄村 45 号	古建筑	清	635
13	洋垄村周祖勋民居	黄田镇洋垄村	古建筑	清同治十三年(1874)	717
14	姚村后路6 号民居	黄田镇姚村后路 6 号	古建筑	明	298

【荷地镇】

庆元县荷地镇文物一览表

表 4-1-6

序号	名　称	地址及位置	类　别	年　代	面积（平方米）
1	大岩村范氏民居	荷地镇大岩村中心	古建筑	清	905.80
2	荷地村溪沿路 6 号民居	荷地镇荷地村溪沿路 6 号	古建筑	清	406.77
3	荷地村溪沿路 7 号民居	荷地镇荷地村溪沿路 7 号	古建筑	清	650
4	荷地村溪沿路 8 号民居	荷地镇荷地村溪沿路 8 号	近现代重要史迹及代表性建筑	民国	543
5	岩坑村刘章益民居	荷地镇岩坑村	古建筑	清	323.86

【左溪镇】

庆元县左溪镇文物一览表

表 4–1–7

序号	名　称	地址及位置	类　别	年　代	面积（平方米）
1	青竹村胡氏民居	左溪镇青竹村仓楼下弄 4 号	古建筑	清	484
2	田坑村坊铺洋 10 号民居	左溪镇田坑村坊铺洋 10 号	古建筑	清	582

【贤良镇】

庆元县贤良镇文物一览表

表 4–1–8

序号	名　称	地址及位置	类　别	年　代	面积（平方米）
1	湖池村 11 号旁民居	贤良镇湖池村 11 号旁	古建筑	清	229.24
2	湖池村周成明民居	贤良镇湖池村中心	古建筑	清	278
3	黄淤村黄坛 11 号旁民居	贤良镇黄淤村黄坛 11 号旁	古建筑	清	352.24
4	黄淤村黄坛 12 号后民居	贤良镇黄淤村黄坛 12 号后	古建筑	清	370.81
5	黄淤村黄坛村 2 号民居	贤良镇黄淤村黄坛 2 号	古建筑	清	388.56
6	黄淤村黄坛云蒸霞蔚民居	贤良镇黄淤村黄坛	古建筑	清同治五年（1866）	729.83
7	黄淤村黄坛瑞气盈门民居	贤良镇黄淤村黄坛	古建筑	清	376.71
8	贤良村贤良街 33 号民居	贤良镇贤良村贤良街 33 号	古建筑	清	330.60
9	新村村 7 号旁民居	贤良镇新村村 7 号旁	古建筑	清	549.57

【百山祖镇】

庆元县百山祖镇文物一览表

表 4–1–9

序号	名　称	地址及位置	类　别	年　代	面积（平方米）
1	合湖村瑞霭吾庐民居	百山祖镇合湖村	古建筑	清	0.5
2	坑底村 31 号民居	百山祖镇坑底村 31 号	古建筑	清	246
3	龙岩村龙南路 20 号民居	百山祖镇龙岩村龙南路 20 号	近现代重要史迹及代表性建筑	民国	219.26
4	三堆村上村弄 4 号民居	百山祖镇三堆村上村弄 4 号	古建筑	清	370

【淤上乡】

庆元县淤上乡文物一览表

表 4-1-10

序号	名　称	地址及位置	类　别	年　代	面积（平方米）
1	高山湾村思麻 13 号民居	淤上乡高山湾村思麻 13 号	古建筑	清	158
2	坑口村徐墩 25 号民居	淤上乡坑口村徐墩 25 号	古建筑	清	202
3	徐墩村 20 号民居	淤上乡坑口村徐墩村 20 号	古建筑	清	563.75
4	蒲潭村大会堂弄 13 号民居	淤上乡蒲潭村大会堂弄 13 号	古建筑	清道光十七年（1837）	444
5	山根村坑沿路 30 号民居	淤上乡山根村坑沿路 30 号	近现代重要史迹及代表性建筑	民国 3 年（1914）	325.2
6	吾田头村33 号民居	淤上乡吾田头村 33 号	古建筑	清	506
7	吾田头村 37 号民居	淤上乡吾田头村 37 号	古建筑	清	243.83
8	淤上村中心路 23 号民居	淤上乡淤上村中心路 23 号	近现代重要史迹及代表性建筑	民国	202
9	淤上村中心路 24 号民居	淤上乡淤上村中心路 24 号	近现代重要史迹及代表性建筑	民国	218
10	淤上村中心路 2 号民居	淤上乡淤上村中心路 2 号	近现代重要史迹及代表性建筑	民国	413.6
11	淤上村中心路 31 号民居	淤上乡淤上村中心路 31 号	古建筑	清	639
12	淤上村中心路一弄 7 号民居	淤上乡淤上村中心路一弄 7 号	古建筑	明	180

【隆宫乡】

庆元县隆宫乡文物一览表

表 4-1-11

序号	名　称	地址及位置	类　别	年　代	面积（平方米）
1	黄坑村 41 号民居	隆宫乡黄坑村 41 号	古建筑	清	643
2	黄坑村溪沿路 10 号民居	隆宫乡黄坑村溪沿路 10 号	古建筑	清	132
3	黄坑村溪沿路 26 号民居	隆宫乡黄坑村溪沿路 26 号	近现代重要史迹及代表性建筑	民国	423
4	黄坑村溪沿路 9 号民居	隆宫乡黄坑村溪沿路 9 号	古建筑	清	429.5
5	里地村后山路12 号前民居	隆宫乡里地村后山路 12 号前	近现代重要史迹及代表性建筑	民国	227
6	里地村后山路 13 号民居	隆宫乡里地村后山路 13 号	古建筑	清	250
7	里地村后山路 14 号民居	隆宫乡里地村后山路 14 号	古建筑	清	166
8	里地村后山路 15 号民居	隆宫乡里地村后山路 15 号	近现代重要史迹及代表性建筑	民国	277
9	连湖村中心路 33 号民居	隆宫乡连湖村中心路 33 号	近现代重要史迹及代表性建筑	民国	160

续表 4-1-11

序号	名　称	地址及位置	类　别	年　代	面积（平方米）
10	生水塘村生水塘 18 号民居	隆宫乡生水塘村生水塘 18 号	古建筑	清	572
11	桃园村北路 100 号民居	隆宫乡桃园村北路 100 号	古建筑	清	650
12	桃园村南路 35 号民居	隆宫乡桃园村南路 35 号	古建筑	清同治七年(1868)	625
13	张地村 23 号民居	隆宫乡张地村 23 号	古建筑	清	165
14	张地村 26 号民居	隆宫乡张地村 26 号	古建筑	清	440

【安南乡】

庆元县安南乡文物一览表

表 4-1-12

序号	名　称	地址及位置	类　别	年　代	面积（平方米）
1	粗隆村 18 号民居	安南乡安隆村粗隆新村路 18 号	古建筑	清	638
2	粗隆村 18 号隔壁民居	安南乡安隆村粗隆新村路 18 号隔壁	古建筑	清	528
3	陈村 42 号民居	安南乡陈村 42 号	古建筑	清	363
4	陈村吴文一民居	安南乡陈村村头	古建筑	清	152.85
5	方塘村横坑老阙路 3 号民居	安南乡方塘村横坑老阙路 3 号	古建筑	清	215.6
6	吾际下村吉祥路 16 号民居	安南乡吾际下村吉祥路 16 号	古建筑	清	130
7	吾际下村老阙路 15 号民居	安南乡吾际下村老阙路 15 号	古建筑	清	179

【五大堡乡】

庆元县五大堡乡文物一览表

表 4-1-13

序号	名　称	地址及位置	类　别	年　代	面积（平方米）
1	半溪村 11 号民居	五大堡乡半溪村 11 号	古建筑	清	103
2	半溪村王氏民居	五大堡乡半溪村东侧	古建筑	明	418
3	后广村 75 号民居	五大堡乡后广村 75 号	古建筑	清光绪三十三年(1907)	159
4	五大堡村过桥路 7 号民居	五大堡乡五大堡村过桥路 7 号	古建筑	清	625.39
5	杨楼村村头弄 1 号民居	五大堡乡杨楼村村头弄 1 号	古建筑	清	147.82
6	杨楼村坑沿弄 13 号旁民居	五大堡乡杨楼村坑沿弄 13 号旁	古建筑	清	162
7	杨楼村坑沿弄 7 号民居	五大堡乡杨楼村坑沿弄 7 号	古建筑	清	116.4

【张村乡】

庆元县张村乡文物一览表

表 4-1-14

序号	名称	地址及位置	类别	年代	面积（平方米）
1	岙头村 18 号民居	张村乡岙头村 18 号	近现代重要史迹及代表性建筑	民国	500
2	岙头村 19 号民居	张村乡岙头村 19 号	古建筑	清	394
3	岙头村 23 号后民居	张村乡岙头村 23 号后	古建筑	清	176.1
4	岙头村 60 号民居	张村乡岙头村 60 号	近现代重要史迹及代表性建筑	民国	155
5	岙头村 17 号民居	张村乡岙头村岙头 17 号	古建筑	清	742
6	岙头村 58 号民居	张村乡岙头村岙头 58 号	古建筑	清	468
7	岙头村金新忠民居	张村乡岙头村村头	古建筑	清	257.1
8	风滩洋村风滩 1 号民居	张村乡风滩洋村风滩 1 号	古建筑	清	400
9	南阳村路上 29 号旁民居	张村乡南阳村路上 29 号旁	近现代重要史迹及代表性建筑	民国	422
10	南阳村路下 52 号民居	张村乡南阳村路下 52 号	古建筑	清	600
11	南阳村路下 76 号民居	张村乡南阳村路下 76 号	古建筑	清	555
12	南阳村路下 18 号民居	张村乡南阳村南阳路下 18 号	古建筑	清	469

【岭头乡】

庆元县岭头乡文物一览表

表 4-1-15

序号	名称	地址及位置	类别	年代	面积（平方米）
1	桃洋村吴氏民居	岭头乡陈鉴坑村桃洋中	近现代重要史迹及代表性建筑	民国	283
2	小际头村官下路 24 号旁民居	岭头乡小际头村官下路 24 号旁	近现代重要史迹及代表性建筑	民国	455

【龙溪乡】

庆元县龙溪乡文物一览表

表 4-1-16

序号	名称	地址及位置	类别	年代	面积（平方米）
1	西溪村风洋路二弄 38 号民居	龙溪乡西溪村风洋路二弄 38 号	古建筑	清	322.98
2	西溪村风洋路二弄 38 号后民居	龙溪乡西溪村风洋路二弄 38 号后	古建筑	清	484.43
3	西溪村风洋路 33 号民居	龙溪乡西溪村风洋路 33 号	近现代重要史迹及代表性建筑	民国28 年(1939)	360

【江根乡】

庆元县江根乡文物一览表

表 4-1-17

序号	名　称	地址及位置	类　别	年　代	面积（平方米）
1	坝头村 52 号民居	江根乡坝头村 52 号	古建筑	清嘉庆二十三年(1818)	716
2	江根村上旁山洋民居	江根乡江根村中	古建筑	清咸丰元年(1851)	766
3	江根村中央路 8 号民居	江根乡江根村中央路 8 号	近现代重要史迹及代表性建筑	民国	777
4	江根村祖阙 28 号民居	江根乡江根村祖阙 28 号	古建筑	清	725

【官塘乡】

庆元县官塘乡文物一览表

表 4-1-18

序号	名　称	地址及位置	类　别	年　代	面积（平方米）
1	白柘洋村 23 号民居	官塘乡白柘洋村 23 号	古建筑	清	371.70
2	白柘洋村 36 号民居	官塘乡白柘洋村 36 号	古建筑	清	605.78
3	官塘村后坑路 12 号民居	官塘乡官塘村后坑路 12 号	近现代重要史迹及代表性建筑	民国 8 年(1919)	679.1
4	官塘村后坑路 13 号民居	官塘乡官塘村后坑路 13 号	古建筑	清	1211.58
5	官塘村后坑路 3 号民居	官塘乡官塘村后坑路 3 号	古建筑	清	440
6	横坑村 29 号民居	官塘乡横坑村 29 号	古建筑	清	516.06
7	横坑村 38 号民居	官塘乡横坑村 38 号	古建筑	清	601.05

第五节　寺观　庙宇

【松源街道】

拱瑞堂　Gǒngruì Táng　位于松源街道菇源路尾。始建于北宋期间，祀五显神，原庙在盖竹，邑人何文魁、吴标请建于此，清顺治五年僧明光及清同治九年重修，每年春秋二祭；同治十三年在大门左石门洞上建造护障亭。“文化大革命”期间被拆，1987 年重建。有石大门、大雄宝殿、五显灵官庙、徐夫人庙、千手观音庙、吴三公庙、真武庙、庆龙寺、三善庙（蔡伯庙）、阁门岭、观音堂、菇源阁、观鱼池等。占地面积 12993 平方米，砖木结构，建筑面积达 5380 平方米。

慈照寺　Cízhào Sì　位于松源街道底村村边。始建于唐乾符二年(875)由僧觉正募建，明正德二年(1507)僧惠袍重建，清乾隆二十九年(1764)僧广灏再重修，于“文化大革命”时被毁，2005 年重建。寺内留有明嘉靖七年(1528)凿制石水槽、石脚盆，庆元烧香斋娘走八寺中的第二大寺。建筑面积600平方米。

石龙寺　Shílong Sì　位于松源街道石龙山下，唐乾符年间（874—879），邑人吴马刘舍址建。嘉靖三十七年（1538）邑人安庆募修，顺治十七年（1660）重修，清乾隆三十四年（1769），清咸丰四年（1854）吴僧普静募修。1994年重建，砖木结构，上下二栋，建筑面积2100平方米。

东岳宫　Dōngyuè Gōng　位于松源街道黄塘岗下，始建于元延祐二年乙卯岁次（1315），明隆庆四年庚午岁次（1570）重修，清嘉庆十三年戊辰岁次（1808）再次重修，道光十六年丙申（1836）重建下堂。中华人民共和国成立初期被毁，1979年重建。建有奈何桥、万岁殿堂、观音堂等建筑。建筑面积1500平方米。

马夫人庙　Mǎfūrén Miào　位于松源街道南门洋上方的桔山嘴，原名“护应马氏真人庙”，始建于宋宝庆元年（1225），明洪熙元年（1425）重建，弘治年间（1488—1505）重建，明天启元年（1611）重建内外堂，清嘉庆十年（1805）重修，清道光九年（1829）扩建。解放初期被毁，1987年重建。建筑面积达610多平方米。

上庄马夫人庙　Shàngzhuāngmǎfūrén Miào　位于松源街道上庄村西侧。坐西朝东，占地面积约260平方米。供奉马夫人神像，两次间另设小神龛，供奉元帅公、吴三公等神像。

薰山文昌庙　Xūnshānwénchāng Miào　位于松源街道薰山下村北约0.75千米。始建于清顺治二年（1645），2005年迁建于薰山山麓。土木结构，建筑面积约600平方米。

底村社庙　Dǐcūnshè Miào　位于松源街道底村水尾林旁。始建于光绪二十九年（1903），整体建筑占地面积约130平方米，坐西南朝东北。

五都观音堂　Wǔdōu Guān yīntáng　位于松源街道五一村五薰路东一弄28号西面。始建于清道光十五年（1835）前后，坐北朝南，建筑面积约190平方米。

上余仙宫　Shàngyú Xiāngōng　位于松源街街道五四村上余村尾，距村庄约300米。建于清嘉庆五年（1800），占地面积77.62平方米。

发主公庙　Fāzhǔgong Miào　位于松源街道上庄村坑头平路洋。始建于清同治十年（1871），以供奉的佛祖名称命名，坐北朝南，占地面积102.25平方米。

周大夫庙　Zhōudàfū Miào　位于松源街道上庄村老鼠山尾，建于清道光十一年（1831），座南朝北，占地面积140平方米。

卢福神庙　Lúfúshén Miào　位于松源街道朱村村尾。始建于清道光十年（1830）。占地面积约124.4平方米。坐西朝东。由砖砌大门楼与正殿组成。

马士真仙庙　Mǎshìzhēnxiān Miào　又名五谷仙庙、马七真仙庙，坐落四都九堡，现坑西村，猛虎山尾半山岙上，建于道光十五年（1835），后被毁重建，并将改名“真仙宝殿”。

【濛洲街道】

孔　庙　Kǒngmiào　位于濛洲街道松源溪南岸，原为学府用。始建于宋庆元三年（1197），明崇祯五年（1632）迁建。现存正殿及配殿部分。正殿坐北朝南，面阔三开间，占地面积约278平方米，整体呈长方形结构，多处改建，先外墙为砖块混砌，且四周施以玻璃窗及铁窗。地面水泥浇注，覆盆式石柱础,抬梁穿斗混合式梁架。屋面施方椽,望板,阴阳合瓦。殿东南侧为配殿。配殿原有七开间带廊,占地面积约279平方米。1984年12月被列入县级第二批文物保护单位。

大济庙 Dàjì Miào 位于濛洲街道大济村,又称卢福神庙或扁鹊庙。始建于元至正年间(1341—1368),清康熙十一年(1672)重建,清乾隆六十年(1795)重修。系古代大济村先民纪念神医扁鹊而建。扁鹊又号卢医,民间医学鼻祖,称其为"福神"。庙宇坐东朝西,占地面积2300多平方米,建筑面积1600平方米,总体布局分四进,由戏台、厢房、中堂、前殿、后殿组成。庙内有檀木雕制的"卢大相公"神像和铸造于清嘉庆九年(1804)的铜钟。在正堂的香案前还有100支处方号签筒,大部分都是用药和保健处方。元朝年间建仙宫百子庵下堂,"文化大革命"时遭破坏,1991年重建,占地面积达1000多平方米。2005年3月卢福神庙被列入省级第五批文物保护单位。

平水王殿 Píngshuǐwáng Diàn 位于濛洲街道乌石岭村至淤上乡甘公坑村路上。清代建筑,坐北朝南,占地面积约75平方米。

马侍郎庙 Mǎ shì láng Miào 位于濛洲街道后碓村后田街209号,始建于清道光十五年(1835),残留建筑坐北朝南。

古楼庙 Gǔlóu Miào 位于濛洲街道洋心村S329(55省道)边上。始建于清代,占地168平方米,整座建筑坐北朝南,

胜隐庵 Shèngyǐn An 原坐落下管回龙山。建于清嘉庆三年(1798),2003年迁建造至大坂洋山官山梨湾,即马侍郎东首。

元帅宫庙 Yuánshuàigōng Miào 原位于东隅后田。始建于明(世宗)嘉靖二年(1523),清嘉庆五年(1800)重修。曾用作铸锅厂房和集体谷点。1984年建广播局被征用。

【屏都街道】

安禅寺 Anchán Sì 位于屏都街道八都,始建于唐光启元年(885),宋初毁,宋淳熙七年(1180)重建,后经明嘉靖四十二年(1563)、清康熙四十七年(1708)、道光十一年(1831)修建,1988年修复扩建。有占地面积2000多平方米,建筑面积1280平方米。寺内尚保存有宋淳熙七年十月和明成化三年(1467)三月铸的一鼎大铁钟,1993年7月列入县级第四批文物保护单位。

横栋庵 Héngdòng An 位于屏都街道余村。始建于明朝成化年间,"文化大革命"期间遭损坏,2003年重修。建有"三宝殿",塑有马夫人、马七仙、管家佛等。建筑面积达1600平方米。

龙凤庵 Lóngfèng An 位于屏都街道百丈山上,原名为百丈庵,后改名为龙凤庵。顺治十年(1653),僧体明重建,清乾隆二十年重修,清乾隆五十八年、清嘉庆十九年、清道光三年多次重修。1988年4月列入县第四批文物保护单位。与松溪县毗邻,海拔1243米。土木结构,三幢,占地面积达6600多平方米。

庄严寺 Zhuāngyán Sì 位于屏都街道蔡段村,始建于唐中和二年(882),宋大观三年(1109)、明宣德九年建法堂,景泰五年僧惠袍建钟楼,道光十一年(1831)僧悟本重修,1985年重建,2005年再修。2008年新建钟豉综合楼,总占地面积4169平方米,建筑面积3500平方米。

陈夫人宫 Chénfūrén Gōng 位于屏都街道八都村白马山上，始建于宋朝年间，1980 年重建，为土木结构，面积不足百平方米。2001 年重修，2006 年扩建。建筑面积 187 平方米。

正信堂 Zhèngxìn Táng 位于屏都街道八二村中，始建于康熙二十年(1681)，清嘉庆四年重修，“文化大革命”期间遭破坏，1997 年重建。建筑面积达 600 多平方米。

建山寺 Jiànshān Sì 位于屏都街道菊水村丰山。始建于大清同治四年，民国 11 年(1922)重修，在“文化大革命”期间遭破坏，后因公路建设需要，故移到建山外边的丰山上。建筑面积达 1200 多平方米。

卢佛庙 Lúfó Miào 位于屏都街道菊水村后街 41 号，始建于清乾隆年间(1736—1795)。坐东北朝西南，占地面积约 162 平方米。

百丈庵 Bǎizhàng An 位于屏都街道百丈山上，又称龙凤庵。土木结构，三幢，建筑占地面积约 1046 平方米。顺治十年(1653)，僧体明重建，清乾隆二十年重修，清乾隆五十八年、清嘉庆十九年、清道光三年多次重修。龙凤庵大门用石板砌筑，庄严形似牌坊，系清光绪五年(1879)建造，1988 年 4 月列入县第四批文物保护单位。寺庙与松溪县毗邻，自古为两县民众信奉之寺庙。

福慧堂 Fùhuì Táng 位于屏都街道余村东向距村 500 米田野中。建于清道光年间，1994 年翻修。

【竹口镇】

大觉寺 Dàjiào Sì 位于竹口镇竹中村，始建于宋咸平七年(1004)，僧定金建，明天顺二年僧戒铨修，“文化大革命”时期遭到严重破坏，1992 年重修。建筑面积 671 平方米。

亭湖庙 Tínghú Miào 位于竹口镇黄坛村南山脚。建于清道光九年(1829)，坐南朝北，面积 375.22 平方米。

吴三公殿 Wúsāngong Diàn 位于竹口镇竹下村。建于清嘉庆九年(1804)，坐东南朝西北，占地面积约 144 平方米。

陈五官殿 Chénwǔguān Diàn 位于竹中村后窑陈是历代人祭拜陈五官的庙宇。该殿占地面积 900 余平方米，建筑面积 261 平方米。

陈泰卿社殿 Chéntàiqīng SheDiàn 位于竹上村，占地面积 280 余平方米，建筑面积 238 平方米，建造年代久远。

【黄田镇】

更心仙殿 Gèngxīnxiān Diàn 位于黄田镇曹岭村台湖山山麓，始建于南朝北魏大同二年(547)，民国 6 年(1917)被毁，民国 30 年(1941)重修，“文化大革命”期间遭破坏，1992 年重修，建筑面积 2800 平方米。

龙头山庙 Lóngtóushān Miào 位于庆元、龙泉、松溪、浦城四县市的界山龙头山顶，始建于南宋景炎年间(1276—1278)，明朝武宗正德年间(1506—1521)重修，明万历三年(1575)又重修，清康熙十四年(1675)重建，清嘉庆二十三年(1818)再修。民国 16 年(1927)毁于兵火。1980—1981 年重建，建筑面积 420 平方米。

文武帝庙 Wénwǔdì Miào 位于黄田镇姚村。始建于清康熙初期，道光二十六年（1846）重建，民国2年（1912）重修。占地面积350平方米。

天堂祖殿 Tiāntángzǔ Diàn 位于黄田镇桐山村。清代建筑，坐南朝北，占地面积约160平方米。

卢相公庙 Lúxiànggōng Miào 位于黄田镇双沈村中。始建于清代，建筑占地面积约337平方米。

五谷仙庙 Wǔgǔxiān Miào 位于黄田镇陈边村老竹林。始建于清道光十五年（1835），坐北朝南，建筑占地面积约280平方米。

【荷地镇】

庆云庵 Qìngyún An 位于荷地镇底墅村的松花岭、岁云岭和蜈蚣岭三岭之间的莲花山中。始建于明朝嘉靖戊午年间（1558），康熙丙辰遭耿逆毁之，乾隆戊辰之夏重建。民国时期设立初小及中学数十载，20世纪50年代为荷地中学食堂，“文化大革命”期间遭破坏，1985年重修。2003—2005年进行维修。2012年扩建，占地面积近1000平方米。

【左溪镇】

碧泉寺 Bìquán Sì 位于左溪镇竹坪村通往白柘村公路上。始建于宋朝年间，1921年重修。占地352.1平方米。

石柱庙 Shízhù Miào 位于左溪镇石柱村东南向山脚下。建于清光绪二十九年（1903），坐东北朝西南，占地面积25平方米。

马仙庙 Mǎxiān Miào 位于左溪镇黄岗村水尾。清代建筑，坐北朝南，占地面积约203平方米。

枧头马仙宫 Jiǎntóumǎ xiān Gōng 位于左溪镇枧头村水尾，始建于清代，枧头村至湖边村古道上，清代单体建筑。坐北朝南，占地面积约69平方米。

伏龟神庙 Fúguīshén Miào 位于青竹村村口，始建于清朝康熙年间，占地300余平方米，2016年重建。

【贤良镇】

南隆庙 Nánlóng Miào 位于贤良镇贤良村水尾。建于清光绪四年（1878），1995年维修。

观音堂 Guānyīn Táng 位于贤良镇贤良村夹金桥头，南阳溪畔，建于2012年，总占地1200平方米。

【百山祖镇】

大帝庙 Dàdì Miào 坐落于百山祖镇斋郎村水口廊桥处。始建明万历四十四年（1616），祀奉马仙及土神像。占地在300平方米。

【淤上乡】

五谷仙庙 Wǔgǔxiān Miào 坐落于淤上乡狮子岩，始建于清朝道光十五年（1835），“文化大革命”期间遭到破坏，1987年重建。建筑面积达600多平方米。

乌峰庵 Wūfēng An 坐落于淤上乡坑口村上岗尖，顺治五年（1648），由僧胜白、慧猛募捐建造。占地面积450平方米。道光十年僧涌年理修，并建楼房。同治十二年经坛越后裔吴承益、吴承谦等倡修上下三幢下堂及火间。“文化大革命”期间遭到破坏，1978年重建。

蔡尚书庙　Càishàngshū Miào　位于淤上乡蒲潭村，1926 年被烧毁，1994 年重建。五代十国时宋太祖赵匡胤年间，蔡枚为蒲潭村人，在朝中任左丞相兼兵部尚书，后被奸臣所害，后人为纪念他，故塑神供奉。共 500 平方米。

五定庙　Wǔdìng Miào　位于淤上乡塘根村新村。脊檩上记载建于清道光二十五年（1845），占地面积约 56 平方米。

翁进庙　Wēngjìn Miào　位于淤上乡长砻村翁山。清咸丰八年（1858）建，占地 169 平方米。

【隆宫乡】

净悟寺　Jìngwù Sì　位于隆宫乡后田弯,始建于唐乾符元年（874），明万历元年重修，“文化大革命”期间遭到严重破坏，1982 年重修。占地面积 2310 平方米，建筑面积 1880 平方米。

五谷仙庵　Wǔgǔxiān An　隆宫乡隆宫村村头堂湾亭的对面，面积范围五亩多。

回龙庙　Huílóng Miào　位于隆宫乡黄坑村尾，至今已有 150 多年。

【安南乡】

岗头寺　Gǎngtóu Sì　位于安南乡岗头山上，始建于清咸丰七年（1857），“文化大革命”期间遭破坏，1995 年重建。占地面积 2000 平方米，建筑面积达 1133 平方米。

半岭庙　Bànlǐng Miào　位于安南乡安隆村半岭。建于清代，占地 145.8 平方米。

班岱内庙　Bāndàinèi Miào　位于安南乡南坑村班岱内。建于清光绪二十七年（1901），占地面积 83 平方米。

百花岩庵　Bǎihuāyán An　位于安南乡吾际下村百花岩，占地面积 500 平方米，建筑面积 370 平方米。

观音禅院　Guānyīnchán Yuàn　位于安南乡黄竹村黄山头，原禅院始建于清代康熙年间，占地面积 256 平方米，建筑面积 192 平方米。

【五大堡乡】

西洋殿　Xīyáng Diàn　位于五大堡乡西洋村松源溪畔，又名松源殿、吴判府殿，始建于宋咸淳元年（1265），清乾隆三年（1738）扩建，清光绪元年（1875）重建，系龙、庆、景三县菇民为纪念香菇鼻祖吴三公而建。总建筑面积 816.2 平方米，每年农历三月十七和七月十七至十九为龙泉、庆元、景宁三县菇民朝拜菇神的进香期，云集诸方山货，举行戏剧表演，是“香菇之源”的象征。

普化寺　Pǔhuà Sì　位于五大堡乡盖竹村上洋，宋天圣二年（1024）建，清乾隆六十年（1795）被水坍没，光绪十二年（1886）重建，1993 年重修，2007 年改建。占地面积 741 平方米。

半溪庙堂　Bànxīmiào Táng　位于五大堡乡半溪村庙后林上。始建于清代，占地面积 60.4 平方米。1988 年重修。

观音堂　Guānyīn Táng　位于五大堡乡五大堡村。建于清宣统三年（1911），占地面积 190.83 平方米。2007 年翻修。

五谷仙庙　Wǔgǔxiān Miào　位于五大堡乡东山后村水尾，始建于清同治十一年（1872），占地面积约 96 平方米。

崇安社庙 Chóngānshè Miào 位于五大堡乡西川村内。建于清同治癸酉年(1873),占地面积159.5平方米。

源隆庵 Yuánlóng An 据历史考实及《庆元县志》记载,此庵于清代顺治十七年(1660)王姓文智公后代第六世裘孙王京维,又名王国傺及僧东荣亲手建造此庵。占地面积300多平方米,于1988年修造,1997年年初按原来形状修复。

惠福寺 Huìfú Sì 位于五大堡乡濛淤村杨楼溪(濛淤段)畔,始建于公元2011年。占地250.1平方米。

【张村乡】

文昌阁 Wénchāng Gé 位于张村乡岙头村水尾桥旁。建于清光绪三十二年(1906),坐东南朝西北,占地面积288平方米。

八角殿 Bājiǎo Diàn 位于张村乡东川村西面。原殿宇始建于明万历三年(1575),清道光二十四年(1844)重修。2009年,申报省级文物保护单位2010年1月1日不幸遭受一场大火洗劫,2011年,八角殿完成火灾后的修缮。1985年11月被列入县级第三批文物保护单位。

澄湖庙 Chénghú Miào 位于张村乡澄湖村澄湖水尾。始建于清乾隆五十二年 (1787),占地面积约171平方米。

【岭头乡】

南峰寺 Nánfēng Sì 位于岭头乡大池洋村。始建于南宋咸淳二年 (1266),明崇祯十五年(1642)扩建正殿;清乾隆十年(1745)重建,民国6年(1917)增建下殿;民国26年(1937)兴建钟鼓楼,1987年修复。寺内有明洪武四年(1372)的大铁钟。建筑面积1400多平方米,占地面积约890平方米。1985年11月列入县级第三批文物保护单位。

庆寿庵 Qìngshòu An 位于岭头乡山翠湾村村尾。建于清代,占地面积241.77平方米。

平安社庙 Píngānshè Miào 位于岭头乡下庄村水尾公路旁。建于光绪七年(1881),1999年修缮。

云峰社庙 Yúnfēngshè Miào 位于岭头乡钵下村水尾。始建于清同治九年(1870)。

凤阁社 Fènggé Shè 位于岭头乡八炉村八一路20号东端。建筑面积240平方米,清代建筑。

镜月庵 Jìngyuè An 位于岭头乡杨家庄村后山上。始建于明朝中期,寺院占地面积约400平方米,大清道光二十年重新建造。

燕岩寺 Yànyán Sì 位于岭头乡八炉村东面。始建于清乾隆年间,寺院占地面积约500平方米。1913年燕岩寺不幸失火,寺院楼阁、树木佛像等统统化为灰烬。1914年重新建,1924年有温州泰顺县德高望重的老和尚曾新植为该寺住持方丈,把寺务管理得井井有条。

【举水乡】

云泉寺 Yúnquán Sì 位于举水乡月山村,古代举溪八景之一的"云泉晓钟"。始建于南宋理宗年间(1260—1270),明崇祯五年(1632)和清顺治十七年(1660)重修,1986年又修,1994年再修。坐西南朝东北,占地面积约600平方米,建筑面积1500平方米。1993年7月列入县级第四批文物保护单位。

马仙宫　Mǎxiān Gōng　位于举水乡月山村小学旁。始建于清代，坐东朝西，占地面积约121平方米。

廻山庙　Huíshān Miào　位于举水乡荐坑村中心。始建于清乾隆五十一年（1786），1994年维修，1997年油饰。

门林后庙　Ménlínhòu Miào　位于举水乡门林后村头，始建于清道光二十八年（1848），建筑占地面积约164平方米。

【龙溪乡】

岙里村尾庙　Aolǐcūnwěi Miào　位于龙溪乡岙里村尾，脊檩题记建于清乾隆五十六年（1791），占地面积约176平方米。

凤山圣殿　Fèng shān sheng Diàn　位于龙溪乡西溪村头雄凤山上。始建于清代，坐北朝南，进深6.25米，面阔6.10米，占地面积约43平方米。

永丰圣殿　Yǒngfēngshèng Diàn　位于龙溪乡后洋坑村尾。建于清光绪十二年（1886）坐东朝西，占地面积176.7平方米。

社　庙　Shèmiào　位于龙溪乡冯家山村中心。建于清光绪七年（1881），占地面积121平方米。

【江根乡】

青田庵　Qīngtián An　位于江根乡青田村水尾，原名福善祠。大宋建中靖国元年（1101）肇基始祖吴开从太顺新浦乡库村迁居江根坝头村后，其第九代孙吴茂七公为纪念先祖于1319年建造福善祠，清康熙三十六年（1697）重建，“文化大革命”期间遭破坏，1984年修复。建筑平面呈长方形，占地面积2668平方米，建筑面积630平方米。1985年11月列入县级第三批文物保护单位。

后洋老庙　Hòuyánglǎo Miào　位于江根乡后洋村。始建于明崇祯四年（1631），后洋老庙外部结构形式类似墓葬。

【官塘乡】

鼎岳寺　Dǐngyuè Sì　位于官塘乡官塘村五华里，始建于北宋至和二年（1055），清朝道光年间失火后重修，“文化大革命”期间遭破坏，1996年重修。占地面积2000平方米，建筑面积1500平方米。

真仙宝殿　Zhēnxiānbǎo Diàn　位于官塘乡白柘洋村村口。建于清光绪九年（1883），坐北朝南，占地面积124.13平方米。

第六节　古　　墓

胡纮墓　Húhóng Mù　位于松源街道和山小学旁。墓葬遭工程建设破坏，墓底残长4—5米，墓底宽2.3米，墓地散落砖块，规格不一，有红色油漆，有残留棺椁木条，花岗岩石条，石条长1.9米，宽0.4米，厚0.25米，石条有企口，共计10条花岗岩石条，清理7枚铁质棺材钉。

胡纮(1137—1203),字应期,庆元县松源镇坑西村人。南宋高官。嘉泰三年,癸亥(1203)十月,因病卒于家中,终年67岁,死后宁宗皇帝御赐墓葬十八穴,享受侍郎致仕荫恩待遇。乙丑(1205)十二月二十五日与妻令人入土合葬于魏溪之原慈照寺前(今和山小学)。

2014年3月16日17时许,庆元县职业成人学校基建项目施工方施工过程中挖到古墓葬,庆元县文物管理办公室接城镇派出所工作人员电话后,立即向分管领导进行了汇报,文物办、文物监察大队工作人员赶赴事发现场,发现现场一墓葬破坏严重,仅存墓底。庆元县文物管理办公室立即组织人员对墓葬进行保护和清理,清理7枚铁质棺材钉,将墓志铭搬至办公室。庆元县文物管理办公室主任及时认真研读墓志铭,发现该墓葬就是胡纮墓和其夫人墓(技术上得到了省考古所郑嘉利老师的支持),这一重大发现后,积极向有关领导汇报,制定保护措施,在和山小学楼墙上安装监控摄像头,墓地周围拉起警戒线,雇用2人24小时看守,同时向省文物局紧急报告。

胡纮的墓葬怎么一件文物都没有?文物去哪里了?针对这一疑惑,县公安部门成立了专案组,2014年6月13日县公安部门公布胡纮墓盗墓案告破。追缴1个梅瓶、1个梅瓶盖子、3个象形纽盖罐、2个罐盖、半个青花盘和金腰带1支。经鉴定,胡纮夫妇墓共出土8件国家一级文物。

胡纮墓志铭 Húhóng Mùzhìmíng　铭文为:宋通议大夫华文阁待制胡公纮,字幼度,生于绍兴丁巳之三月。自上世□□五季乱,为龙泉著籍,至父彦光,始以儒学教公。年未冠,已头角崭然,见于□□□。己卯举乡书,庚辰入太学,擢癸未进士第,授迪功郎,中丙戌儒学官,分教会(稽),再主金陵学,淳熙戊戌,関陞从事郎,己亥随使出疆,回授文林郎,继为楚之录椽,以庆典循儒林郎边赏,转承直郎,丁未用剡荐,改奉议郎,宰饶之鄱阳,以光庙登极恩,转承议郎磨勘,转朝奉郎,癸丑秩满,以县最除进奏院。今上登极,转朝散郎,乙卯迁司农寺簿,越三月,改秘书郎,又二月,除监察御史,排击奸伪,风望凛然。丙辰春,转朝请郎,夏,除太常少卿,历左右史兼玉牒检讨,以忠鲠结知。丁巳权工部侍郎兼实录院修撰。遇郊赐开国食邑,戊午除权礼侍,秋,转朝奉大夫,冬,试吏部侍郎,赐金带,己未参典文衡,去浮取实,以言(谂)归里,冬,奉祠命,庚申起知夔府,改知和州,转朝散大夫,复帅东广属,傜寇猖(獗),公荡平之,辛酉以功进华文阁待制,壬戌丐祠,得请磨勘,转朝请大夫,居,无(祇)召赴行在,公自知与时落落,抗章力辞。言者因复排之,由是放意林泉,虽忧时悯俗,不能去怀,然,无复用世之心矣。嘉泰癸亥十月,以微疾请老,转朝议夫。夫致仕竟以疾终,享年六十有七。讣闻天子,赠通议大夫。公娶吴氏封令人。子二人,长绅卿,授承务郎,娶蔡氏,先公而卒;次正卿,魁铨闱授修职郎,松溪簿,娶何氏;女三人,长适吴元琰,次黄极,季永兴主簿项得一;孙女二人,曰院,曰居。初,令人葬釜山,不利,今以开禧乙丑十二月庚申,与公合葬于魏溪之原。公立朝,大节当在国史,行有述,志有铭文,有集行于世,姑抚其始终之梗概,以纳诸土宫。悲夫,铭石之藏,其与天地相为长久也欤!孤哀子正卿泣血谨书。

胡纮妻吴令人墓 Húhóngqīwúlìngrén Mù　位于松源镇和山小学旁。墓室高2米,底宽2米,长3米。墓底及四周用青砖砌成,墓底砖土相接处有少量木炭层相间其中,墓顶部花岗岩石条封盖，石条之上封盖木炭，混入少量黏土，上部用正方形青砖拱砌，再封土回填夯实。墓顶青砖距离地表 0.6—1 米，墓地坡度 15°。墓中有墓碑，长 47 厘米，宽 34 厘米，厚 8.5 厘米，正面研磨光滑，光洁度高、有亮光，石碑为含泥钙质灰岩，富含可溶性碳酸盐矿物，由于墓室内有水，在地下水作用下，历经八百年，溶蚀现象严重，碑石正面溶痕明显，碑石侧面溶沟凹陷，是一块易溶解碑石，碑石空白没有铭文碑记，但有明显溶蚀痕迹。墓室内留有约 2.5 公斤水银，有 10 多枚比较完好铁质棺材钉，还有吊放棺材用的铁质吊环钉。

2014 年 3 月，浙江省文物考古队与庆元县文管办对胡纮墓进行考古发掘，遵从男左女右习俗，继而在相邻右侧找到其妻墓葬，是夫妻合葬墓。两墓头端部相隔距离 40 厘米，胡纮墓坐东偏南朝向西北，妻子墓坐向东朝西，两墓葬坐向夹角 15°。墓底高度相等，均为竖式回填墓葬，据当地有老者讲述，墓地原为荒芜坡地，于 1958 年生产队集体开垦成水稻田。公安、媒体、群众在场打开胡纮妻吴令人墓葬，内存单层红棺材，棺材底和盖还比较完好，油漆鲜红，双侧中有一侧腐烂严重，另一侧有残留木板，墓室内有积水，水深 30 厘米，污泥 20 厘米，墓室头用青砖砌有 9 个龛台，分为三排，每排三个。棺材头到棺材尾均有女性首饰宝物，从头到脚均戴有精美金银珠宝安葬饰品，头部有头饰金钗，胸部有金牌，手脚均有饰品。出土随葬品有空白墓志碑、龙泉窑青瓷、铜镜、水晶杯、金霞帔坠子等文物 28 件，实为珍贵。其中国家一级保护文物 6 件、国家二级保护文物 6 件、三级国家保护文物 6 件、一般保护文物 10 件。

墓葬的坐落，后有真武远山来龙，前有朱雀球山，山案重重，视野开阔，左右生双纱，青龙白虎齐拱卫，周围有正弓腰带水环绕迂回，仰望峻秀巾子峰，雄秀高耸，祥云系绕，可谓福地呈祥，瑞气蔚蒸。

吴氏祖茔墓　Wúshìzǔ Mù　位于濛洲街道大济村湖漪山中。安葬时间南宋至清代，墓地分布面积约 200 平方米。由半圆形的围墙以块石砌成，圆径 9.8 米，盗墓者将墓碑打断废弃至墓室内，碑文斑驳，文字不辨，墓前为拜坛，拜坛由香糕砖铺成，香糕砖长宽高规格分别为 19.5 厘米、7.4 厘米。

祠堂山明代吴氏祖茔　Cítángshān míngdàiwúshìzǔ　Mù　位于濛洲街道大济村吴大理祠巷北部，安葬于明嘉靖十二年（1533）、嘉靖三十年（1551），吴氏祖茔墓园规模较大，结构完整，形制特殊，多数墓葬有明确的纪年，占地面积约 2200 平方米。墓园内共有五座明代墓，为后期族人迁葬至此，由西向东依次为“嘉靖十二年吴氏墓”“夏氏墓”“吴公、姚氏合葬墓”“福八学士吴公墓”“伯敬三吴公墓”，每座墓墓碑犹存。墓地周围设围墙，墓上以卵石铺砌，墓前共有 4 级坟坛，每级台阶高 40 厘米，宽 3.5 厘米。坟坛前设有半月形“风水池”，池壁以卵石砌成，长22 米，半径为 11.5 米，坟墓周围有 5 株古树。

房恒公墓　Fánghénggōng　Mù　位于濛洲街道大济村卢佛神庙南侧，安葬于清嘉庆十五年（1810），占地面积约 20 平方米。墓呈半圆形，以块石堆砌，有三圈墓领，最上一圈墓领分布 5 根望柱，墓顶种植一株 300 余年古樟，墓碑宽 35 厘米，高 86 厘米，两侧用方砖围护，碑上隐约为：“清故考妣延陵郡恒善公坟，清嘉庆十五年十一月吉旦。”两侧铺方砖，有三级祭坛，纵宽 130 厘米，高 15 厘米。

螃蟹山古墓 Pángxièshāngǔ Mù 位于岭头乡大园村螃蟹山内，安葬于明万历十二年(1584)，墓碑阴刻“明故媲从延陵郡俭廿二安人陈氏之坟”，右边刻有“明万历十二年甲申岁十二月吉奠”等字样，神道柱6支，其中中间两支短柱，约在1984年前后被盗，1985年吴氏后裔对其进行修复，道柱上都雕凿2条线纹。

吉背岗古墓 Jíbèigǎnggǔ Mù 位于岭头乡大园村吉背岗山上，安葬于明万历二十五年(1597)，占地面积约为25平方米。分台阶四层，台阶外围铺设方形条石，并在第一、二和四层台阶上设六根神道柱，神道柱上四根上部为菱形，下两根上部为弦纹。墓碑位于第四层台阶上，碑上部为官帽形制，碑中央有阴刻“故考延陵郡伦廿二学士吴公之坟”字样，右边有阴刻“明万历二十五年丁酉岁十二月初四日吉葬”字样。

钵下古墓 Bōxiàgǔ Mù 位于岭头乡钵下村眠牛山上，葬于明天启三年，墓葬为台阶式，有墓碑一方，神道柱四根，台阶四层，每层台阶用长条石板砌筑，长宽高分别为0.75米、1.30米、0.12米。

照田吴太冲墓 Zhàotiánwútàichōng Mù 位于举水乡照田村上楼屋后，占地面积约130平方米，整个墓葬外表均用精打细磨的条石、块石进行考究砌筑，并在墓堂当中设置七级条石台阶，每级台阶高约20厘米，长达1.5—2米。宽约3米，在最高级台阶上设墓桌，有在墓桌上用条石构筑一座牌楼式石墓亭，墓亭内置一方墓碑，阴刻“吴太冲之墓”“明万历甲午年”等字样。墓四周设望柱8根。

南阳大坟 Nányáng Dàfén 位于张村乡南阳村东南面。始建于明，清嘉庆十八年二次葬并重新修筑。占地面积约271平方米。四周筑石堋围墙，墙头铺石盖板，围墙前中央设石质长方门，门脊石刻“双龙戏珠”图案。墓园中央设墓室祭坛，石结构。龛式墓碑，碑文阴刻，碑首“高平郡”，碑文正文“明故祖志高公仝妣周氏合墓”。右上款“宗爱公仝妣吴氏、荣十公仝妣胡氏”，左下款“□□公仝妣吴氏、嘉庆十八年春派下孙众立”。两侧石柱楹联，左联“祖德源流远”，右联“宗枝庆泽长”。墓上首刻有阴阳八卦图案。

刘知新坟园 Liúzhīxīnfén Yuán 位于松源街道五都村溪沿路68号右侧，始建于宋，占地面积30平方米，圆形用两层卵石垒砌，坟前设一墓碑，高0.92米，宽0.44米，厚0.18米，分布面积92.33平方米。

吴三公母之墓 Wúsāngōngmǔ Mù 位于五大堡乡西洋村，西洋殿后山上，年代不详，占地面积66.8平方米，墓室自南向北分设三级，皆用鹅卵石垒砌。墓宽7.6米，长为11.2米。第二级为拜台，较窄。第三级分设望柱五根。墓背倚青山，据家谱记载，吴三公母为刘氏。

吴蔡尧墓 Wúcàiyáo Mù 位于举水乡照田村春坑上，石刻墓碑为屋檐式，脊为龙嘴，檐口刻圆形勾头图案，衬石刻如意菱形等图案。碑设三块，中碑阴刻楷书大字为“明延陵郡—吴公坟”，左碑阴刻楷书小字“辛山行龙亥脉入首坐白乾□结仙人大坐形”，右碑阴刻楷书小字“万历巳未年八月十七日□孝男兴孝、朝、国、□仝立”。碑下部设四级扇面衬砌石条台阶，第一至第三级台阶两端各设一根神道柱。安葬于明万历四十七年(1619)。

吴富四墓 Wúfùsì Mù 位于举水乡落岭村杉树王上方，葬于明弘治二年，台阶式，共四层，用卵石砌筑而成。墓身长满杂草，略显荒芜，墓前有两棵杉树，树龄719年。墓为三角形，有2根神道柱和一通墓碑，碑文有"高祖考延陵郡富四府君吴公九原"，右边有"大明弘治己酉在杨玄末孙立"等字样。

荐坑古墓 Jiànkēnggǔ Mù　位于举水乡荐坑村屋后，葬于明天启壬戌二年，神道柱八根，台阶五层。每层坎壁用卵石砌筑，平面用条石铺墁，碑上部为官帽式，碑室雕兽面，碑文有"天启壬戌二年仲二冬日庚申吉旦，明故考妣延陵郡吴儀五公吴氏安人二位之墓"字样。墓碑部位四周为圆形，用小卵石砌筑，碑通高1.80米，宽0.4米，其中底座宽0.63米，高0.5米。第一阶神道柱与台阶中间设三阶条石踏跺，布局规整。

吴三公墓 Wúsāngōng Mù　位于百山祖龙岩村五叶兰花山上，占地面积约30平方米，建于南宋年间。用卵石砌筑，墓碑前施三阶踏步，碑文阴刻"□□吴三公之墓……"字样，字迹不清，较难辨认。吴三公为南宋人，据初步判断，该墓为宋代墓，南向有两穴墓葬，其中一穴吴三公之父吴十五公墓，西向、北向为山坳。吴三公，名煜，因其兄弟多人，其排行列第三，被菇民尊为吴三公。宗谱载："吴氏祖先于唐代由山阴（今绍兴）迁至庆元"，吴三公于宋建炎四年（1130）三月一十七日出生在龙、庆、景之交的龙岩村，因其在兄弟中排行第三，故称三公。2011年1月列入县级第七批文物保护单位。

许绍琳墓 Xǔshàolín Mù　位于竹口镇竹中村洋源墩上。安葬于明代，占地面积约32.84平方米，墓拜台为夯土地面，墓门为卵、块石砌筑，两侧有神道柱4根，上部为棱形和椭圆形，墓身砌筑两层规整的鹅卵石，卵石边有一单砖铺墁，靠西壁立一墓碑，碑中央有"明故考许绍琳公之墓"字样。碑高80厘米,宽46厘米，厚13厘米。

陈嘉猷墓 Chénjiāyóu Mù　位于竹口镇竹口老公路18号杨先庆宅北墙外，墓地为卵石砌筑，有一砖雕墓碑，碑上阴刻"宋神童尚书陈嘉猷公之坟、裔孙众立"。占地面积约40平方米，原址有待进一步考证。

吴禋墓 Wúyīn Mù　位于竹口镇大泽村东山脚，为屏都吴姓知县的墓葬，拜台上首立墓碑，墓碑呈屋檐式，屋顶檐口刻勾头图案，主碑碑文中部"明故显□□□之墓"，右"考儒林郎吴公"，左"妣孺人叶氏"。两侧碑文有"万历拾捌年岁次庚寅……祀南盖、益……"等字样。占地面积达1000余平方米，由石牌坊、墓道、主陵墓等部分构成。石牌坊面阔三开间，高3.65米，明间与次间高差0.68米。柱子为抹角方柱，柱上按抱鼓石，明次间各按三层穿插枋。明间上额枋刻"彩凤呈祥"，中额枋刻"明故有圳阁知竹溪吴公坟道"，落款"孝男吴益、吴盖仝立"下额枋刻"波浪云海"图案，承以雀替。次间额枋刻如意纹。墓道距主墓陵约30米，主陵墓外围呈半圆形，墓下部设扇面形衬砌石条台阶，可辨有六级，台阶陡板上刻连环式四出钱纹，每阶层两端设方形神道柱。台阶上部设圆形拜台，拜台缘砌弧形条石，拜台地面以若干同心圆组成。

兰花心山古墓 Lánhuāxīnshāngǔ Mù　位于黄田镇李村严源殿兰花心山上，安葬于明代，为夫妻合葬墓，墓已被人为盗掘，墓的周边共有六七处被挖掘，有两根神道柱倒塌，墓碑松动，块石开裂。是典型的明代古墓葬，占地面积约186平方米，坐东南朝西北，墓形葫芦状。墓共分六级，每级边缘均用块石垒砌，一、二级为半圆形制，落差约3米，第三级始设神道柱，柱高约1.6米，长宽为21厘米，每级柱头均不同，依次为规则正方形、莲花座、狮子戏球、八角切割球体。墓碑设在第六级东南向，该级造型别致，条石、块石堆砌成圆形，神道柱设在西北向，并于此处开口，与第五级相连，与该级圆状墓形中心水平面铺设圆形石块，并用条石围绕该圆形石块。

吴福珦墓 Wúfúxiàng Mù 位于荷地镇底墅村西北真武山中，安葬于明嘉靖十年(1531)。占地面积约320平方米，坐西北朝东南，地上部分由拜台、台阶组成。拜台为圆形，直径3.95米，外两圈墁砌石条，内圈卵石砌成微凸地面，上首立墓碑。拜台下设八级扇面形衬砌块石台阶，第三、四阶层及拜台入口两端设方形神道柱。据底墅《吴氏宗谱》记载："吴福珦字世珍，号高峰，恩选贡元福建莆田县少尹，于明嘉靖十年正月二十九日卒，配近氏公氏仝厝屋后真武山。"

吴氏家族古墓群 Wúshìjiāzúgǔ Mùqún 位于官塘乡官塘村吴氏家祠后山脚。安葬于明代、清代，吴氏家庭墓群墓群整体坐西朝东，均为明清时期所立，墓地较为集中，共计13座。占地约200平方米，其多数墓碑被灰土覆盖，现只有两个墓碑完全裸露在外面。其一，位于墓地的中心位置，为该村始祖，墓碑上有："先祖伯环公，敬蒲公二位墓，合族裔孙仝立。"立于正德元年。其左下方有一块墓碑，上有"嘉庆二十五年……"等字样。其二，位于墓地的南侧。另北向两块墓碑有一半裸露在外面，分别有同治二年和乾隆廿九年等字样。其余墓碑落款有"康熙戊午年、道光十年"等。

荷洋胡氏族墓 Héyánghúshìzú Mù 位于官塘乡荷洋村口民房处后山上，安葬于明代，墓葬地面上部结构台阶条石，神道柱等均局部坍塌。面积约200平方米，属于明代荷洋村胡氏祖墓，共有两座，做东南朝西北。其中一座碑有"安定郡明五府君渊公之冢"碑文，墓园内设条石台阶，台阶两端设有神道柱，神道柱雕刻有花纹，高1.5米，方形宽200厘米。

合湖彭城郡星字管公双穴墓 Héhúpéngchéngjunxīngzìguǎn gōngshuāngxué Mù 位于百山祖镇合湖村马林山上，安葬于明天启三年(1623)。合湖彭城郡星字管公双穴墓，占地面积30平方米，双穴墓，由明天启彭城郡星字管公墓与清康熙彭城郡星字管公嫣人吴氏燕娘墓组成。明代墓保存基本完整，清代墓于2009年4月被盗。星字管公墓为明天启三年(1623)，设墓碑一方，神道柱四根，地面原条石铺墁，现已破坏。碑文阴刻"天启三年闰拾月拾玖日厝""彭城郡星字管公墓""孝男刘士蒙、士华、士科祝"字样。星字管公嫣人吴氏燕娘墓为康熙十年(1671)，碑文阴刻"康熙拾年拾月日厝""彭城郡星字管公嫣人吴氏燕娘墓"，"孝男刘士蒙、士华、士科"字样。

岙头张氏娘墓 Aotóuzhāngshìniáng Mù 位于张村乡岙头村田坪山上，安葬于清宣统三年(1911)。坐西南朝东北，占地面积约105平方米。主要建筑由条块石砌筑，屋檐式墓葬，墓地布局为葫芦形状，拜堂分二阶外壁有驳坎，下阶为夯土地面，上阶为块石铺墁，两侧为条块石砌筑，高55—75厘米，墓身为屋檐式，下层三块石板上阳刻"藏气聚"三个大字，上层分三开间，明间金柱为圆柱形，柱子与柱础连为一体，柱上阳刻"吉穴山环宫以""雀城水绕潭长"，额枋挖底，中部方块外凸阳刻"望月"二字，两端雕刻人物图案。明间后壁下方雕刻一香炉，上部阳刻"宣统三年孟冬月吉旦""坐坤向艮""皇清(显页)妣张氏娘之墓"等。两侧方柱上均阳刻"山环□瑞气""水绕映华堂"。两端浮雕松鹤、花瓶和文房四宝图案，歇山屋顶有一翼角做榫卯连接可活动。屋脊雕龙嘴鱼身图案，墓首用块石铺砌，中央一官帽式石头雕云纹。

练氏六四公墓 Liànshìliùsìgōng Mù 位于荷地镇杨桥村与黄洋村界山，因该墓葬为练氏六四公先祖之坟，故名。据《练氏家谱》记载：600 年前，先祖练氏六四公从大岩坑迁入杨桥黄洋，逝后葬于金钗岗。2009 年重新修建。占地面积 0.067 公顷，砌石修筑，竖石质墓碑一块，墓园林木葱郁。

飞凤型吴氏崇五公墓 Fēifèngxíngwúshìchóngwǔgōng Mù 位于荷地镇荷地村。为吴氏崇五公先祖之坟。据《吴氏家谱》记载：明洪武十九年（1386）冬，荷地放肇基始祖崇五公逝世，安葬荷地山后塘。2011 年重新修建此墓。占地 130 平方米，墓形交椅坟，由族胞自行设计，自行施工而成。上首为三行圆领的坟色，中间是一座长 9.20 米，高 2.10 米的墓套，由一块碑、四对柱，六支梁，十五块雕刻画板组合而成，墓底为 41 平方米的墓坪，水流河绿化带环绕四周。

第七节 摩崖石刻

迴龙山道贯庵摩崖石刻 Huílóngshāndàoguànān Móyá shíkè 位于濛洲街道大济南侧廻龙山山腰西北侧的裸露岩石上。刻于清、近代。镌刻较深，一块文字上镌“停仙岩”三字，竖书，落款“吴铨臣题”，阴刻、楷书，字径约 20 厘米。岩面宽 80 厘米，高 105 厘米。第二块镌“流无穷观”，由左至右横书，落款“运光题”。字迹清晰。

后广村摩崖石刻 Hòuguǎngcūn Móyáshíkè 位于五大堡乡后广村至安南乡楼下村古道边内侧一突出巨岩石壁上。刻于清乾隆二十五年（1760），隐约可见阴刻不规整字体“乾隆二十五年十月日□下村□路玉节”共约十六字，石刻题记人无考，应为开乡道时工人或路人所刻。石壁周边杂木丛生，摩崖石刻前约 15 米为山川瀑布。

黄皮新坟林摩崖石刻 Huángpíxīnfénlín Móyáshíkè 位于百山祖黄皮村新坟林山腰南侧通往当地先祖墓葬路边一突出巨岩上，刻于清嘉庆十七年（1812），石块北面被打磨出约 1 平方米正方形面积，阴刻行书“岭峻山高步云梯而直上，星环宿聚登月窟以遥观，壬申秋”，落款为“月山题并书”，字体工整苍劲。石刻上方约 2 米处有一较小岩壁被打磨出直径约 20 厘米圆形，中刻“明月”两个大字，落款月山题。题记人有家谱可查，为嘉庆年间人物，碑刻为其遣情舒怀之诗句，意境优美。

鱼树坑摩崖石刻 Yúshùkēng Móyáshíkè 位于岭头乡杨家庄村鱼树坑岗后湾山上，距村约 600 米，刻于明正统二年（1437），朝北，约 1 平方米，距村约 600 米，有十三个大字“吴氏杨仝人在正统二年十月□”字样，字径 4.5 厘米×5.5 厘米，竖式排立，据测该处石刻应为先人划定山界时所刻。

陂岭亭摩崖石刻 Bēilǐngtíng Móyáshíkè 位于黄田镇中济村北侧半岭亭桥西桥头石壁上，刻于南宋端平三年（1236），摩崖高 2.20 米、宽 1.50 米，刻行书五行，前四行均为 12 字，末行 9 字，字径 10 厘米。刻文规整，字迹较清楚。据民国《庆元志稿》载：“端平丙申春，春水大至，荡无孑遗，溪流漫平，描用勿殖，里人赖梦松□即旧址勒石。”赖梦松系中济村赖氏四世祖。2011 年 1 月列入县级第七批文物保护单位。

第八节 古廊桥

【国家级文物保护古廊桥】

兰溪桥 Lánxī Qiáo 兰溪桥位于五大堡乡西洋村西洋殿旁，始建于明万历二年（1574 年），清乾隆五十九年（1794）重建。东南、西北走向，因原址在下游“兰溪桥水库”储水区内，1984 年按原貌迁建。长 48.12 米，宽 5 米，净跨 36.8 米，拱高 9.8 米，有廊屋 19 间。西北端距西洋殿 35 米。木拱架由圆木纵横穿插、拼接组成单孔。外观呈八字形，内由数十根粗大圆木纵横卯接组合而成。廊屋面阔三开间，梁架为九檩四柱。桥面铺墁河卵石，屋面重檐歇山顶。两侧设挡风板三层，依次叠垂状如桥裙，古朴典雅，廊屋两端立面设封火墙，墙脊为老虎栋。引桥设踏跺，踏跺两侧构筑八字墙。是全国单孔跨度最大的木拱廊桥。1997 年列为第四批省级文物保护单位。2013 年 3 月列入第七批全国重点文物保护单位。

咏归桥 Yǒngguī Qiáo 位于松源街道咏归路，横跨在竹坑溪与松源溪交汇口上，传说取名“泳龟桥”。后来文人取《论语》“浴乎沂，风呼舞兮，咏而归”始得“咏归桥”之名。桥始建于元大德十年（1306），民国 13 年（1924）群众捐资重建，1983 年重修。东西走向，由木拱架和廊屋两部分组成。木拱架单孔八字形，净跨 21.50 米，矢高 8 米，内由数十根粗大圆木纵横组合卯接，形成架设廊屋的拱架平面，其上建造桥屋。廊屋全长 38.75 米, 有廊屋 8 间，面阔三开间 5.5 米，明间为桥之通道，两次间设长木凳，卵石桥面。梁架用九檩四柱，柱子直接顶在桥面卵石上。五架梁扁形，上承三架圆木梁，五架梁上墨绘花鸟、山水字画等图案。中心间脊檩上有墨书题记。东端设“补天阁”，檐下悬“补天阁”三字牌匾。西端为凉亭，三面辟门。中心三间为重檐歇山顶。桥身外壁鳞叠三层风雨板，并在对应面开启圆方形窗。屋面施方椽、望板、小青瓦合铺。2013 年 3 月列入第七批全国重点文物保护单位。

如龙桥 Rúlong Qiáo 位于举水乡月山村南侧，横跨于举溪，南北走向，始建于明天启五年（1625）。木拱架单孔，外观呈八字形，廊屋，全长 28.20 米，宽 5.05 米，南北走向，计九间，北端建三重檐歇山顶钟楼，当心间与南端桥颈皆为重檐歇山顶，南端设桥亭，三面辟门，由西往东穿过桥亭是去闽古道。当心间深 4.15 米，朝西设一神龛，神龛上悬“如龙桥”古匾，桥身外壁自檐口至拱架外壁全部鳞叠铺钉挡雨板，并在桥屋栏杆上部开启几何形小窗。顶部施藻井。屋面施方椽、望板，小青瓦合铺。系迄今发现有确切纪年的最早的木拱廊桥，1997 年维修。2001 年 6 月列入第五批全国重点文物保护单位。是全国迄今有确切纪年，现存寿命最长的木拱廊桥。1998 年维修。

来凤桥 Láifèng Qiáo 位于举水乡月山村环月路东侧，始建于清道光年间（1821—1850），系石拱廊屋桥，东南、西北走向，石拱券由条石横向错缝垒砌叠成半月状，拱跨 16.7 米，矢高 6.10 米。石拱两端桥头堆砌桥台。廊屋有十一间，面阔三间九檩四柱，明间为通道，两侧次间设桥凳，当心间西南侧设神龛，神龛间与两侧各间设美人靠，桥檐口至拱架鳞叠铺钉二层风雨板，上层风雨板开辟几何小窗。三架梁及五架梁瓜柱上均穿挖底题记随脊枋。地面墁铺不规则块石，屋面两坡顶。2000 年加固，2013 年 3 月列入第七批全国重点文物保护单位。

步蟾桥　Bùchán Qiáo　位于举水乡月山村水尾，始建于明永乐年间(1403—1424)，民国六年(1917)重建，步蟾桥系大跨度石拱廊桥，由石拱券和廊屋两部分组成，东北、西南走向，石拱券半圆形单孔，拱跨 16.40 米，矢高 8 米，用人工开凿的条块石垒筑而成。廊屋全长 50.20 米，有廊屋 18 间，面阔三开间 5.20 米，明间为桥之通道，中轴线与桥边铺条石，其余部位铺块石。梁架用九檩四柱，柱子直接顶在桥面上。廊屋当心间和东西桥头各一间分设三个重檐歇山顶桥亭，当心间施八角藻井和雕花垂莲柱，东南向次间设神龛供奉平水王大禹，其上额书“步蟾桥”古匾。桥身外鳞叠两层风雨板，上层开启几何图案窗，有花瓶、桃、扇、梅花等图案，形态各异。屋面施方椽、望板、小青瓦合铺。2013 年 3 月列入第七批全国重点文物保护单位。

袅　桥　Niǎoqáo　位于松源街道西门村星光路南端，横跨在竹坑溪上，东西走向, 面积 120 平方米，始建于明万历三十二年(1604)，清乾隆三十四年(1769)重修。木拱架单孔，外观呈八字形，拱跨 14.50 米，矢高 4.10 米。拱架由两层拱骨及苗木系统组成，下层拱骨(俗称三节苗)并列 7 组，上层拱骨并列 6 组。两桥台外壁设端竖排架，并列 6 根，在端竖排架与牛头之间安插剪刀苗，其上架设横贯全桥的纵平梁。纵平梁并列 7 组，平梁端部燕尾榫分别落入端竖排架顶部横枋木和五节苗的上牛头的纳榫槽，五节苗平苗与两端纵平梁结合形成联通的水平支撑，纵平梁平面和五节苗平苗上铺设桥面板。廊屋长 28.63 米，宽 3.6 米，设廊屋 11 间，面阔三间，明间为通道，两次间设长木板凳。拱坡桥面，拱架桥面部分铺设木板，木板长 4 米，地面引桥卵石铺墁。次间檐柱设木板封钉栏杆，桥身外壁鳞叠封钉风雨板。梁架九檩四柱，三架梁童柱上承蝴蝶木托脊檩，五架梁童柱承托上金檩，金柱承下金檩，檐柱上承檐檩，穿檐柱枋木构承托挑檐檩。廊屋东端建桥亭，内置四根金柱，金柱间距 2.4 米,外设四根檐柱，檐柱间距 3.6 米。东面僻门，西桥头南面设泥墙辟门，高度触及下重檐角，桥亭重檐攒尖顶，施鹅颈椽卷棚八角藻井。屋面依次施望板、方椽、小青瓦合铺。2013 年 3 月列入第七批全国重点文物保护单位。

龙济桥　Lóngjì Qiáo　位于隆宫乡隆宫村街头塔弄 28 号旁，东北、西南走向，由伸臂叠梁式木拱架和廊屋组成。叠梁木拱架净跨 4.90 米、高 3.60 米。桥台外壁由伸臂梁和横枋木十字交叉重叠，逐级层层挑出以支撑纵平梁系统。在纵平梁系统上横铺桥面板垫枋木，再纵铺桥面板，形成架设廊屋的构架平面。廊屋全长 20.90 米，设廊屋六间，面阔三间 5 米，梁架为九檩四柱。明间为通道，两次间设长木板凳，美人靠。中心间重檐歇山顶，内施锅形螺旋式如意斗拱藻井，在天花板中部开启圆孔，露出层叠斗拱，构成外方内圆。廊屋两侧鳞叠一层风雨板。屋面依次施方椽、望板、小青瓦。2013 年 3 月列入第七批全国重点文物保护单位。

后坑桥　Hòukēng Qiáo　位于竹口镇竹上村枫堂以北 2 千米处，横跨在大泽流往竹口溪河上。始建年代不详，清康熙十年(1671)知县程维伊鼎建，光绪十一年(1885)重建，东西走向，由木拱架和廊屋两部分组成。木拱架单孔，净跨 28.5 米，外观呈八字形，内由数十根粗大圆木纵横组合卯接，形成架设廊屋的拱架平面，其上横铺面板，建造桥屋。廊屋全长 36.2 米, 设廊屋 15 间，面阔三开间 5.45 米，明间为桥之通道，两次间设长板凳。梁架用九檩四柱，桥屋两侧鳞叠铺钉挡风雨板，分上、中、下三层，在上层开启几何形小窗，以供采光及眺望。屋面通施方椽、望板、小青瓦合铺。第一次文物普查确定为革命遗址“红军桥”，1982 年 9 月列入县级文物保护单位。2001 年大修。2005 年 5 月 15 日荣获“联合国教科文组织亚太地区文化遗产保护卓越奖”。2013 年 3 月列入第七批全国重点文物保护单位。

黄水长桥 Huángshuǐ Chángqiáo 位于百山祖镇合湖黄水村村水尾，全国现存廊屋最长的单孔木拱桥，始建于清乾隆十九年（1754），清同治十一年（1872），1994 年维修，2003 年因建电站，整体升高 1.7 米。南北走向，横跨黄水村尾溪流南北两岸，木拱架为单孔，净跨 17.45 米，矢高 8.7 米，外观呈八字形，内由数十根粗大圆木纵横组合卯接，形成架设廊屋的拱架平面，其上横铺面板，建造桥屋。桥全长 54.3 米，面阔 4.90 米，设廊屋 21 间。桥屋两侧鳞叠铺钉挡三层风雨板，在上层开启几何形小窗，以供采光及眺望，屋面施方椽、望板、小青瓦合铺。在浙西南诸多廊桥中，引桥部分占了全桥长的三分之二，极为罕见。2013 年 3 月列入第七批全国重点文物保护单位。

甫田桥 Fǔtián Qiáo 位于濛洲街道大济村北部村尾，始建于宋，明万历年间重修，清顺治十八年（1661）重修，清道光七年（1827）再修，民国 26 年（1937）重建，廊屋梁架为九檩四柱，中心间脊檩上有“中华民国 26 年丁丑岁大济大理祠吴贞明 120 代子孙重新建造”题记，木拱架拱跨 9.50 米，矢高 4.20 米。拱架由两层苗木系统组成，下层拱架的三节苗并列 9 组，上层拱架的五层苗并列 8 组。桥台外壁端竖排架有 8 根，三节苗牛头之间安插剪刀苗。纵平梁并列 9 组，平梁端部燕尾榫分别落入端竖排架顶部横枋木、五节苗上的牛头，纵平梁与三节苗紧贴牢靠，五节苗平苗与两端纵平梁结合形成联通的水平支撑，纵平梁和五节苗平苗上横铺桥面板，其上铺沙土，再砌筑卵石。廊屋长 16.5 米，宽 4.4 米，设廊屋 5 间，桥身外壁封钉风雨板。2013 年 3 月列入第七批全国重点文物保护单位。

半路亭桥 Bànlùtíng Qiáo 一称查洋桥，位于黄田镇中济村北侧。始建于元至正年间，清嘉庆二十三年（1818）复建，民国 36 年（1947）重建。木拱架单孔八字形，拱跨 21.20 米、矢高 5.20 米。由数组圆木纵横交错卯接而成。三节苗并列九组，五节苗并列八组，端直排架并列九组，在五节苗牛头与平梁之间又立一组小排架支撑纵平梁，在端直排架两侧天门柱与三节苗、五节苗牛头间各安插一组剪刀苗。纵平梁并列九组，两端部以燕尾榫分别落入端直排架的顶部横枋木上和五节苗的牛头上。五节苗平苗与两端纵平梁三部分段接组合形成自两岸联通平稳的水平支撑。在纵平梁平面上均匀放置横垫木，再铺钉桥面板，架设廊屋。廊屋全长 28.80 米、面宽 4.90 米，设廊屋九间，面阔三间，明间为通道，两次间设长木凳、栏杆，中心间南面设神龛，供奉观音像。梁架较高，用九檩四柱，重檐两坡顶，中心间重檐歇山顶，内施望板。屋面方椽、小青瓦合铺。五架梁、三架梁为月梁形制，梁头雕龙须纹。挑檐枋、牛腿等部件雕花卉图案。桥身两侧栏杆至木拱架外壁各鳞叠封钉一重挡雨板，桥廊中部三间下重檐下又封钉一层挡雨板，并在中心间北面挡雨板处开启扇形小窗。2013 年 3 月列入第七批全国重点文物保护单位。

【省级文物保护古廊桥】

白云桥 Báiyún Qiáo 位于举水乡月山村云泉路旁。始建于清光绪二十八年（1902），为平梁廊屋桥，南北走向，东临公路，南侧为云泉寺，块石垒砌桥台建立在两侧岩壁上，纵平梁跨 5.75 米，矢高 3.5 米，由 8 根圆木并列组成，平梁下设八字形木撑架，廊屋三间，全长 8.34 米，宽 3.72 米，重檐歇山顶，桥身两侧自檐口至木拱架外壁鳞叠四层风雨板，地面为青砖及鹅卵石墁铺。明间设通道，次间设美人靠。当心间设神龛。顶部设藻井。白云桥是一座小巧袖珍的桥，重檐歇山顶，翼角飞翘，甚为别致，白云桥依山石而建，桥面中间铺砌成人字图案，两侧用鹅卵石拼砌成铜钱状。2011 年 1 月列入第六批省级文物保护单位。

杨家庄护龙桥 Yángjiāzhuānghùlong Qiáo　位于岭头乡杨家庄村水尾。始建于清嘉庆二十五年（1820），木平梁廊桥，南北走向，溪水由西至东流经该桥。有纵平梁 7 根，净跨 7 米，矢高 2.15 米，桥长 27.75 米，宽 5.12 米。廊屋梁架为九檩四主，中心间脊檩上墨书“大清嘉庆廿五年庚辰岁次□”等题记。设廊屋十一间，明间为通道，两次间设长板凳，中心间东侧设神龛，两侧外壁鳞叠两层风雨板，上层开启几何窗。北端第四间至第三间桥面铺钉木板，其余均为小石块，柱子端部设块石。屋面施方椽，小青瓦，两坡顶。2011 年 1 月列入第六批省级文物保护单位。

济川桥 Jìchuān Qiáo　位于黄田镇上济村中，建于清康熙三十六年（1697），桥当心间随脊枋上有“大清康熙三十六年丁丑岁次仲春月……鼎新建造”等墨书题记。廊两侧外壁鳞叠封钉二层档雨板，上层开启几何形小窗，当心间北面挡雨板挖成如意形。系伸臂叠梁式廊桥，东南、西北走向。桥下部建叠梁式伸臂木拱架，上部架设廊屋。叠梁式木拱架净跨 16 米、矢高 2.80 米。桥台外壁直立一组木柱，并列六根（现改建为石砌基础），上下以枋木帽固，在顶部枋木上再架设一组伸臂梁，并列七根，在其上再叠一组横枋木，并列了三根，再又由其上架设一组伸臂梁，并列 11 根，其上再叠一组横枋木，并列四根。另再由两岸桥台外壁架设横贯全桥的纵平梁系统，并列十五根，两端部落入叠梁伸臂系统的顶部横枋木上。伸臂梁与横枋木十字重叠，逐级层层挑出以支承纵平梁系统。在纵平梁系统上横铺桥面板垫木，上再铺钉桥面板，再建廊屋。廊屋全长 21.50 米、面宽 4.70 米，设廊屋七间，面阔三间，明间为通道，两次间设美人靠。当心间南面设神龛。梁架为九檩四柱，抬梁形式，结构较简。施方椽、小青瓦，两坡顶。2011 年 1 月列入第六批省级文物保护单位。

【县级文物保护古廊桥】

双门桥 Shuāngmén Qiáo　位于濛洲街道大济村村中心，始建于宋天圣二年（1024），1992 年 12 月 11 日重新修建。是全国有史料记载时间最早的木拱桥之一，比《清明上河图》中的虹桥还要早 100 多年,保存着北宋时期桥梁的原始特征，颇具宋代遗风。结构独特，两端各建造了一座木牌坊，桥连芳坊、双坊护桥，取“双桂联坊”，即“一门双进士”之寓意。木拱架单孔，外观呈八字形，拱跨 11.05 米，矢高 4.05 米。第一系统（三节苗）并列七组和第二系统（五节苗）并列六组铆接与两岸相通成平稳的拱骨平面。廊屋全长 12.35 米，有廊屋 5 间，面宽 4.31 米，三开间，明间做通道，两次间设桥凳，可供行人小歇。除桥两端外，其余各缝梁架结构均相同。九檩四柱，五架梁扁作挖底，两肩不卷杀，两端施雀替。金柱与檐柱之间设穿枋，穿枋穿过檐柱承托挑檐檩，五架梁背置二根方形短柱，承托三架梁和金檩，三架梁亦为月梁状，扁作挖底。三梁架中置一组斗拱承托脊檩，横向设蝴蝶木。三架梁、五架梁及顺檩枋等木构件底部原有丰富的墨书题记，其内容多为募建缘首、建桥工匠、捐款捐资人名及“风调雨顺、国泰民安”等吉祥语。五架梁两侧分别饰扇形、圆形、长方形彩绘西游记人物故事图案。廊屋两侧通体鳞叠铺钉风雨板，风雨板分上、中、下三部分，分护廊屋及木拱架。当心间北侧设置两个神龛，一个供奉临清社主，另一个供奉观音和金童、玉女。桥两端设三门为歇山顶出檐深远，屋面施小青瓦，用望板，两山施博风板。2007 年 5 月列入第六批县级文物保护单位。

钵下东溪桥 Bōxiàdōngxī Qiáo 位于岭头乡钵下村。始建于清嘉庆二十三年(1818)，由木平梁和廊屋构成。木平梁用六根圆木架设在东南、西北两岸桥台上，矢高 1.75 米，净跨 7.13 米。桥长 21.56 米，宽 4.38 米，廊屋 9 间，明间为桥之通道，两次间设长凳供行人小憩，中间至西北端，4 间桥面平梁施木板，东北向设 2 间神龛。梁架为 9 檩 4 柱，五架梁上置两瓜柱再承三架梁，三架梁上置一瓜柱上承随脊枋和脊檩，脊檩上题有建造年代。桥外壁鳞叠两层风雨挡板，上层开启多种几何图案。2011 年 1 月列入第七批县级文物保护单位。

大际头蛟龙桥 Dàjìtóujiāolóng Qiáo 位于岭头乡大际头村水尾，南北走向，纵平梁并列 6 支，跨 8.6 米。廊屋十一间，长 26.4 米，宽 4.4 米，面阔三开间，明间为通道，两次间设长木凳。廊屋内平梁净跨部分铺钉桥面板，余为块石地幔。桥身两侧鳞叠封钉两层风雨板，上层风雨板处开启几何窗。梁架为九檩四柱，结构较简。两坡顶。桥北起第六间设神龛，脊檩上有建桥题记。2007 年 5 月列入第六批县级文物保护单位。

包果桥 Bāoguǒ Qiáo 位于岭头乡包果村村尾。始建于清乾隆十一年(1746)，南北走向，包果溪自东向西穿桥而过，系木平梁廊桥，净跨 11.3 米，矢高 2.3 米，由五根圆木组成，木平梁由五根圆木架于两侧桥台上，平梁下增设八字排架。桥台用块石垒筑，桥长 18.15 米，宽 4.25 米，设廊屋八间，原有 11 间，南侧二间于 20 世纪 80 年代修公路时拆除。廊屋面阔三开间，明间为通道，两次间设长板凳，北侧第四间西侧设神龛，该间脊檩上书年号题记。廊屋两侧鳞叠封钉两层风雨板，上层开启几何窗。梁架为九檩四柱，屋面施方椽，小青瓦合铺，两坡顶。2007 年 5 月列入第六批县级文物保护单位。

福寿桥 Fúshòu Qiáo 位于安南乡杈山村后楼五岭根至后楼村古道上，又名后楼坑桥。始建于清代，南北走向，系石拱及平梁廊桥。桥长 11.4 米，宽 3.45 米，有廊屋五间，面阔三间，九檩四柱。二侧次间设桥凳，当心间西侧设神龛，桥廊两侧檐下至栏杆处鳞叠封钉一层风雨板，风雨板上开启扇形小窗。明间抬梁式，三架梁梁头做成“龙头”状，中间置顺檩枋，梁背置一大斗承托脊檩，顺梁方向用蝴蝶木。屋面施方椽、小青瓦，两坡顶。石拱券净跨 3.40 米、矢高 2.50 米，靠上游拱券填三根枰梁，跨 4.60 米。石拱及平梁并存。2007 年 5 月列入第六批县级文物保护单位。

北坑水尾桥 Běikēngshuǐwěi Qiáo 位于五大堡乡北坑村水尾，北坑至五大堡村的老路上。木平梁廊桥，建于清乾隆十五年(1750)，南北走向，由木平梁和廊屋组成。木平梁由五根粗大圆木架设于两岸桥台上，桥台块石垒砌。净跨 2.15 米，矢高 2.9 米，坑水自东向西穿桥而过。平梁之下垫置枕木，上部平铺木板，形成架设廊屋的构架平面。廊屋全长 19.82 米，设廊屋九间，面阔三开间 3.71 米，明间为桥之通道，次间设长木凳供行人小憩。除当心间和南向三间外，其余方砖地面，柱子直接顶在桥面上。当心间西向设神龛，供奉观音。五架梁扁式挖底，背置两瓜柱承三架梁和金檩，三架梁背施一斗三升承脊檩，脊檩上有“旹大清乾隆拾伍年……”墨书题记。其余各间五架梁扁式挖底，中间背置一瓜柱承脊檩，瓜柱与金柱间设双步梁，双步梁背置瓜柱承金檩。桥身两侧鳞叠封钉两层风雨板，上层开启形态各异的几何形窗。屋面施方椽、小青瓦合铺，两坡顶。1974 年翻修。2011 年 1 月列入第七批县级文物保护单位。

外村桥 Wàicūn Qiáo 位于荷地镇底墅村村口，据清同治五年版底墅村《吴氏宗谱》记载：“自宋代以来已有此桥，后被洪水冲毁，崇祯十一年重建，称其为崇德桥，道光二十八年又重建，并增建天仙宫殿……”系石拱券廊屋桥，东北、西南走向。歇山顶，翼角起翘，正脊吻龙嘴。桥身外壁鳞叠封钉二层风雨板，在上层风雨板处开启若干圆形小窗。通进深 14 米、面宽 7 米建筑内设为鸳鸯厅，东南厅作桥廊，西北厅为天仙宫殿。建筑整体梁架为十三檩五柱，设中柱通脊檩。两厅梁架共用檐柱，桥廊为八檩四柱，天仙宫殿为六檩二柱。桥廊青石墁地，天仙宫殿为方砖墁地。屋面方椽、望板、小青瓦。桥廊计设五间，面宽三间 4.20 米。明间为通道，东南侧次间设木板凳。明间五架梁挖底，梁背置雕花角背，承三架梁，三架梁为月梁形制，梁背置雕花驼峰、一斗三升式斗拱，承脊檩。桥廊内柱额枋与金檩之间用雕花月梁连接隔架科一斗三升式做法。天仙宫殿五开间，明间设神龛，梢间为厢房，封钉木板壁，为进香者更衣之室。2007 年 5 月列入第六批县级文物保护单位。

黄洋护龙桥 Huángyánghùlong Qiáo 位于荷地镇黄洋村水尾，始建于清代，系木平梁廊桥，东南西北走向，木平梁 10 余根，矢高 2 米，净跨 2.5 米，溪水自南向北贯桥而过，木平梁上铺卵石，形成桥面。廊屋长 19.50 米，设廊屋九间，面阔三开间 4.25 米，明间为桥之通道，两次间设长板凳供行人小憩，卵石桥面，石鼓墩柱础，梁架为四柱九檩，五架梁挖底背置两瓜柱上承随金枋和金檩，瓜柱间设三架梁，三架梁背置一瓜柱上承随脊枋再承蝴蝶木和脊檩。中心间重檐歇山顶，角柱上施二攒斗拱，重檐壁上施彩绘人物图案，墨书“光”字样，另一面彩绘花、鸟、鹿等图案，重檐下层内设藻井，彩绘“双凤朝阳”图案。中心间和东北端第一间设神龛，桥身两侧檐柱设板壁，外壁鳞叠封钉二层风雨板，上层开启几何形小窗。屋面施方椽，小青瓦合铺。2007 年 5 月列入第六批县级文物保护单位。

桃坑接龙桥 Táokēngjiēlóng Qiáo 位于荷地镇桃坑村水尾，始建于清光绪二十九年(1903)，东西走向，面积 66 平方米，接龙桥系平梁式廊屋桥，平梁净跨 2.20 米，高 1.70 米，设廊屋五间，长 12.20 米，面宽三间 4.75 米，明间为通道，南面中心三间设神龛，西端第二间桥面铺钉木板，余均夯土地面，柱子端部垫长方木，两次间外壁鳞叠铺钉风雨板，上层开启几何形小窗，檐柱上施丁字拱承托撩檐枋、撩檐檩。梁架为九檩四柱，内柱额枋与金檩之间用单步梁连接隔架科一计三升做法。桥内梁枋彩绘双凤朝阳、三国人物故事、花草等图案，在神龛西侧壁上墨书“旹在戊申仲庆秋月”字样。屋面方橼、小青瓦、两坡顶。2011 年 1 月列入第七批县级文物保护单位。

富林观音桥 Fùlínguānyīn Qiáo 位于贤良镇富林村水尾，系石拱廊桥，建于清光绪二十三年(1897)，西北、东南走向，由石拱和廊屋组成。石拱券为块石垒砌而成，共用 26 块梯形石头组成拱形，其拱跨5.2米，矢高3.6米，溪水自西南向东北穿桥而过。廊屋全长35.41米，设廊屋13间，面阔三开间6.4米，明间为桥之通道，两次间设长凳供行人小憩，当心间施重檐歇山顶，并于东北向设神龛供奉观音娘娘和金童玉女。梁架为九檩四柱，五架梁背置两瓜柱承三架梁和金檩，三架梁背置一瓜柱承随脊枋和脊檩。桥身两侧鳞叠封钉二层风雨板，上层开启几何形窗，供采光和通风。屋面方椽、望板、小青瓦合铺。卵石垒砌墙体，整座桥梁架墨书题记丰富。2007年5月列入第六批县级文物保护单位。

寨后坑桥 Zhàihòukēng Qiáo　位于竹口镇新窑村山后坑，为石拱廊桥。建于民国11年(1919)，南北走向，由石拱与廊屋组成。石拱由数十块块石垒砌而成，两岸桥台卵石砌筑，矢高3.80米，拱跨7.60米，溪水自东向西穿桥而过。廊屋全长25米，宽4.6米，设廊屋7间，卵石桥面，南北第一间东西向至古道。梁架为九檩四柱，名间为桥的通道，两次间设长板凳供行人小憩，五架梁扁式作挖底，上承两董柱再承三架梁和金檩，三架梁扁式，背承一董柱，董柱下部承随脊枋，上部承蝴蝶木和脊檩，中心梁架做法特殊，雕刻精美，西向神龛，东向设美人靠，桥身两侧外壁檐柱间施两层风雨板。屋面方椽，小青瓦合铺。2007年5月列入第六批县级文物保护单位。

官局桥 Guānjú Qiáo　位于岭头乡岭头村黄垳，县城到龙溪乡及岭头乡的三岔路口。官局又为"银官局"，据脊檩记载建于大清光绪六年(1880)。西南东北走向，为木平梁廊桥，桥长11.8米，面阔4.5米，净跨2.9米，矢高3.8米。有木平梁4根，直径70—80厘米，廊屋面阔三开间，九檩四柱。明间为通道，两次间村民添建了竹制美人靠。东北侧第二间廊屋设神龛，供奉观音。廊屋下半部一层风雨板，屋面施望板，小青瓦合铺，歇山顶。

塘堀水尾桥 Tángkūshuǐwěi Qiáo　位于庆元县岭头乡塘堀村水尾。始建于清代，东北、西南走向，清代建筑。石拱券用38块扇形块石垒砌而成，矢高2.80米，净跨4.20米。桥长20.80米，设廊屋7间，面阔三开间3.84米，明间为桥之通道，两次间设长板凳供行人小憩，梁架为9檩4柱，五架梁背施瓜柱上承三架梁，三架梁背再施瓜柱上承脊檩，中心间南次间设神龛，桥身两侧外壁鳞叠两层风雨板，上层开启几何形图案，屋面施方椽、望板小青瓦合铺。

乌石岭新桥 Wūshílǐngxīn Qiáo　位于濛洲街道乌石岭村至淤上乡淤上村甘公坑古道上。建于清光绪二十一年(1895)，南北走向，占地面积75.05平方米。木平梁廊桥，由13根圆木架设在两岸桥台上，桥台用块石垒筑，净跨3.68米，矢高3.05米。桥长17.64米，设廊屋五间，面阔三开间，明间为桥之通道，两次间设长凳供行人小憩。梁架四柱九檩，五架梁承瓜柱和三架梁。中心间西向加两金柱设神龛，脊檩有"旹大清光绪二十一年……"题记。桥身外壁麟叠两层风雨板。屋面施方椽、小青瓦合铺。

择树坑交龙桥 Zéshùkēngjiāolong Qiáo　位于举水乡择树坑村水尾处，清同治十年(1871)新建，东西走向，系木平梁廊桥。桥长11米，宽3.5米，净跨4.3米，矢高1.9米。桥台用块石垒砌，由11根圆木架设在两侧桥台上。共有廊屋4间，面阔3开间，明间为通道，两次间设板凳，廊屋为九檩四柱。西侧第二间南侧设神龛，枋上施彩绘。

鱼川垅桥 Yúchuānlong Qiáo　位于龙溪乡鱼川村水尾，建筑约为清代，1995年、1998年、

2008年三次重修。系石拱廊屋桥，拱券石错缝叠砌，跨11.70米，矢高3.80米，东西走向，全长20.15米，面阔3.95米，为三开间，九檩四柱，明间为通道，次间设长板凳，两侧檐柱栏杆处鳞叠封钉挡风雨板。桥设廊屋九间，北面西侧入第三间与南面西侧入第五间设神龛，供奉观音佛像。屋顶施方椽，青瓦，两坡顶。

园山阙桥 Yuánshānquè Qiáo 位于安南乡黄竹村朱岙至洋坪古道上。始建于清道光十年（1830），南北走向，系石拱廊桥，桥长12米，宽4米，矢高1.5米，拱跨2米，共有廊屋5间。廊屋为九檩四柱，明间为通道。廊屋两侧风雨板无存，每间脊檩下随脊檩均有题记。

下源桥 Xiàyuán Qiáo 位于安南乡方塘村下源。系木平梁廊屋桥，始建于清光绪十二年（1886），南北走向。桥面下纵铺木梁十一根，净跨7.80米、矢高3.80米。廊屋全长13.28米、面宽4米，设廊屋五间，面阔三间，明间为通道，次间设木板凳、栏杆。桥面中轴线上用青砖墁砌成曲折形图案，余均为卵石地面。梁架为九檩四柱，结构较简，中心间随脊枋上有墨书题记。

莲湖桥 Liánhú Qiáo 位于隆宫乡莲湖村中心路46号对面。建于清同治十一年（1872），清代石拱廊桥，东北至西南走向，连湖溪水由东南至西北穿流而过，桥头东北侧为村中心公路。桥长7.75米，宽3.4米，矢高2.25米，拱跨4米。有廊屋四间，七檩四柱，明间设通道，两侧次间设美人靠，当心间随脊檩上有年代题记，石拱券由二十六块条石构成半月形拱券，上铺砌卵石承桥面，屋面两坡顶。

丁埠桥 Dīngbù Qiáo 位于竹口镇新窑村窑西弄14号前闽江上游支流的竹口溪间，始建于清代，东北至西南走向，自下游向上游上升的大坝表面斜坡约27°，递增至大坝凸脊（装置丁埠齿的部位），约9米面宽，然后又从凸脊采用5°下降斜坡，再往上游垒砌，约达6米面宽终止。形成一座贯穿两岸长60余米、面宽15米，占地面积900多平方米，外观呈乌贼骨状之拦溪大坝，作为丁埠桥之基础。丁埠桥总长54.4米，计88个丁埠齿，每个丁埠齿当中选用一块经石匠加工的长方形块石，作为埠心石，其两侧各附砌一块比埠心石稍小，略低10厘米。

甘公坑桥 Gāngōngkēng Qiáo 位于淤上乡淤上村甘公坑村要道上。始建于清光绪五年（1879），南北走向，为木平梁廊桥，下有木平梁9根，梁径约28厘米。桥矢高5.5米，净跨5.35米，现存桥长约10米，宽3.6米，原桥长15米。原有廊屋五间，北侧二间已塌，存廊屋面阔三开间，明间为通道，梁架为九檩四柱，明间抬梁式。廊屋当心间可见原设有神龛，当心间对面设美人靠，地面小方板横铺，廊屋风雨板上有几何窗。屋面施方椽，小青瓦合铺，梁上画部分彩绘。

吴坑封锁桥 Wúkēngfēngsuǒ Qiáo 位于张村乡吴坑村吴坑水尾口，始建于清光绪二十一年（1895），2008年修缮更换腐坏方椽，添建东侧山墙。西侧神龛梁架部分构件更换。为木平梁廊桥，东西走向，桥长约18米，宽约4.56米，共有廊屋6间。有木平梁6根，因桥木平梁处水平向略微倾斜，净跨分别为5.8米和3.5米。西侧桥头设神龛，供观音。西尽廊屋脊檩上注明建于清光绪二十一（1895）。廊屋九檩四柱，明间为通道，两次间设木条供行人休憩。2008年维修。

后溪水尾桥 Hòuxīshuǐwěi Qiáo 位于张村乡后溪村到张村村的古道上，有木梁7根，桥长6.7米，宽3.6米，净跨5.3米，矢高6米，共有廊屋3间。廊屋面阔三开间，明间为通道，两次间设木板凳，廊屋两侧有一层风雨板，平梁上直接铺木板供行人行走，梁架为九檩四柱，屋面施方椽，小青瓦合铺。

黄坪桥 Huángpíng Qiáo 位于五大堡乡黄石村黄坪村口。清代建筑，系木平梁廊桥，占地面积77.54平方米，南北走向，由木平梁和廊屋组成。木平梁由七根粗大圆木架设于两侧桥台上，桥台块石砌筑。平梁之下垫设枕木，上部铺设木板，形成架设廊屋的构架平面。净跨9.5米，矢高2.7米，坑水自西向东穿桥而过。廊屋全长16.93米，设廊屋七间，面阔三开间4.58米。明间为桥之通道，溪次间设长木凳，东侧中心三次间设美人靠，供行人小憩。中心间五架梁，背置两瓜柱承三架梁和金檩，三架梁背置驼墩瓜柱上承脊檩和随脊枋。其余各间五架梁，背施三瓜柱承金檩和脊檩。北侧第一间金柱内移，三架梁，西侧设通道。20世纪40年代，因村失火此间曾改民房。桥身两侧设木栏杆。屋面两坡顶，方椽、望板、小青瓦合铺。

秆谷桥 Gǎn gǔ Qiáo 位于举水乡月山村水尾，建于清末，南北走向，由石拱和廊屋构成。石拱除西向用长条石板铺墁外均用扇形块石砌筑而成，矢高1.85米，净跨2.82米。廊屋全长6.87米，面阔2.92米，设廊屋3间，桥面卵石铺墁，明间为桥之甬道，梁架为9檩4柱，桥身外壁檐柱上鳞叠二层风雨挡板，上层中心间开几何图形小窗供采光和行人眺望，屋面施方椽、小青瓦合铺。

半山桥 Bànshān Qiáo 位于龙溪乡大毛坪村路口，建于清道光二十七年(1847)，呈东西走向，由石拱券和廊屋组成。石拱券用扇形块石垒砌而成，拱跨7.60米，矢高5.20米。廊屋全长12.80米，宽4.10米，设廊屋5间，面阔三间，明间为桥之通道，两次间设长凳供行人小憩，南向中心间设神龛，梁架为9檩4柱，脊檩上题有“旹大清道光贰拾柒年□次丁未应□月□未良旦甲午时陞栋大吉”题记。桥身两侧鳞叠两层风雨挡板，屋面施枋椽、小青瓦合铺。

五石桥 Wǔshí Qiáo 位于安南乡陈村。系石拱廊桥，始建于清代，东西走向，石拱跨7.00米、矢高5.40米。廊屋全长17.10米、面宽3.33米。设廊屋七间，面阔三间，明间为通道，次间设长木板凳，中心间南侧设神龛，北向设美人靠。桥两侧檐柱间设栏杆，檐口下至栏杆处鳞叠封钉一层风雨板。梁架为9檩4柱，明间抬梁式，五架梁扁作挖底，两端部承以丁字拱，五架梁背置抹角方柱，承金檩。三架梁亦挖底，背置短柱，承脊檩。顺梁方向用蝴蝶木稳固。屋面施方椽、小青瓦。2000年重修。

洋里桥 Yánglǐ Qiáo 位于淤上乡石坝公路与良鲤塘康庄公路交叉处，始建于清乾隆五十四年(1789)，同治十一年(1872)重修，系木平梁廊桥，南北走向，占地面积57平方米，由木平梁、廊屋组成。由13根圆木架设在两端桥台，桥台为块石垒砌，平梁之上垒25厘米卵石，再打40厘米夯土。桥面用砖铺成“人”字形图案，桥设廊屋五间，明间为通道，次间设板凳供行人小憩，梁架为四柱九檩，柱下垫方木，五架梁背置两瓜柱承三架梁和金檩，三架梁背置一瓜柱承随脊枋和脊檩，当心间随脊枋上有“大清同治拾壹年壬申歲次拾月贰拾日各村勘完重修佛桥大吉”墨书题记；当心间西向设神龛，桥两侧夯土墙；屋面两坡顶，施方椽、小青瓦合铺。

余地桥 Yúdì Qiáo 位于安南乡上余村余地水尾。始建于清嘉庆二十三年(1818)，清同治九年(1870)迁建于此地，为罕见的曲尺桥，后于2004年在北端新建2间廊屋，为“T”形桥，主要由石拱和廊屋组成。系石拱廊桥，东西北向，石拱，矢高 7 米，净跨 8.6 米，溪水系北向南贯桥而过。廊屋面阔 3.72 米，东西向全长 24.4 米，设廊屋 7 间，中心间西侧设神龛。北向 6 米，设廊屋 2 间，桥面阔三开间，明间为通道，梁架为九檩四柱，明间抬梁式，五架梁扁作挖底，梁枋上有“大清嘉庆念叁年……鼎新建造”“大清同治玖年……重新建造”等墨书题记。桥面卵石墁地，桥身两侧鳞叠铺钉一层风雨板，板上开启扇形小窗，屋面两坡顶，施方椽、小青瓦合铺。

安溪桥　Anxī Qiáo　位于安南乡安溪乡上游约 1500 米处，建于清嘉庆四年(1799)，系木拱廊桥，东南西北走向，由木拱架和廊屋组成。木拱架由五节苗、三界苗、丛横梁、端树排架、剪刀苗等组成，五节苗并列八组，三界苗并列九组，丛横梁九组，端树排架八组(含天门柱)，剪刀撑 2 组等构件铆接而成至两岸相通平稳的拱骨平面，矢高 7.6 米，净跨 32 米，溪水自西南向东北穿桥而过。廊屋全长 41.36 米，设廊屋 15 间，面阔三开间 4.75 米，明间为桥之甬道，两次间设长木凳供行人小憩，中间 15 间桥面为木板铺设，柱子直接顶在桥面上，桥面为缓坡状，梁架为 9 檩 4 柱，五架梁做挖底背置二瓜柱上承金檩，横向间施三架梁，纵向施随金枋，三架梁背置一瓜柱上承蝴蝶木再承脊檩，纵向再设随脊枋，中心间脊檩上题有“旹大清嘉庆肆年己未岁贰月拾玖日午时穀旦重建”字样，桥身两侧檐柱外壁鳞叠三层风雨板，上层开启几何形图案，供采光和远眺，屋面施方椽、小青瓦合铺。

下村桥　Xiàcūn Qiáo　位于黄田镇曹岭村南 2 千米处，始建于清代，系石拱廊桥，东南、西北走向，占地面积 65.46 平方米，建于清代。下部建小跨度石拱，以卵石垒砌，拱跨 2.40 米、矢高 2.50 米。廊屋设五间，全长 15.05 米，宽 4.35 米。桥面阔三间，明间为通道，两次间设木板凳，檐柱间原设有栏杆(已毁)，桥廊两侧原设有风雨板(已毁)。桥面卵石铺墁。廊屋梁架九檩四柱，三架梁、五架梁扁作挖底，三架梁背置瓜柱、蝴蝶木吻脊檩。施方椽、小青瓦。两坡顶。

半路福星桥　Bànlùfúxīng Qiáo　位于荷地镇半路村水尾。建于清道光十二年(1832)，系木平梁廊屋桥，东北西南走向，占地面积 90.5 平方米，由木平梁和廊屋组成一体。木平梁并列十九根，矢高 1.8 米，净跨 3.8 米，溪水自西北向东南贯桥而过。廊屋全长 17.3 米，设廊屋七间，面阔三开间 4.5 米，块石地面，柱子直接顶在块石上，明间为桥之通道，两次间设长木板凳。梁架为九檩四柱，五架梁扁式、挖底，背置驼峰上承童柱再承三架梁，随金枋，顶金檩，三架梁背置驼峰上承一童柱再承随脊枋、蝴蝶木和脊檩，中心三间梁架穿插枋上施斗拱，东南向施神龛，五架、三架梁随金枋等构件上施水墨画。中心间重檐歇山顶。桥身两侧檐柱外壁鳞叠封钉两层雨板，上层开启如意窗等，屋面施方椽、小青瓦合铺，两坡顶。

石塘桥　Shítang Qiáo　位于左溪镇石塘村南侧古道上，距村庄约 2500 米。石塘桥系木平梁廊桥，建于清代，东北西南走向，由木平梁和廊屋构成。木平梁由六根圆木架设在桥台上，桥台由块石砌筑而成，矢高 4 米，净跨 4 米，溪水自西北向东向穿桥而过。廊屋全长 6.34 米，设廊屋三间，面阔三开间 2.7 米，明间为通道，两次间设长凳供行人小憩，桥面铺设木板，柱子直接抵在桥面木板上，梁架为四柱九檩。五架梁匾式作挖底，背置两瓜柱上承三架梁和金檩，三架梁背置一爪柱上承脊檩和随脊枋，随脊枋上题有“大清……拾叁年……”，中心间西北向设神龛，屋面两坡顶，施方椽，小青瓦合铺。

青田观音桥 Qīngtiánguānyīn Qiáo 位于江根乡青田村水尾，建于清雍正年间（1723—1735），东南、西北向，由石拱券和廊屋构成。石拱由块石垒砌而成，净跨6.8米，矢高2.70米，溪水自西南方向朝北穿桥而过。廊屋全长10.7米，设廊屋4间，面阔三开间3.6米，明间为通道，两次间设长凳供行人小憩，梁架为四柱九檩，五架梁扁式，背置两瓜柱承三架梁和金檩，三架梁背置一瓜柱承随脊枋和脊檩。当心间脊柱上题有建造年代已模糊不清，东北向悬挂“观音桥”木质牌匾，穿插枋上承两个雕花斗拱，桥身两侧鳞叠封钉两层风雨板，并开启几何图形供采光，屋面歇山顶，施方椽，小青瓦合铺，翼角飞戗起翘。

坝头桥 Bàtóu Qiáo 位于江根乡坝头村水尾，系石拱廊桥，建于清嘉庆十四年（1809）南北走向，由石拱券和廊屋组成。石拱券块石垒砌，拱跨12米，高6米，溪水自西向东贯流而过。廊屋全长9.40米，设廊屋三间，面阔三开间4.30米，桥面中央为条石，两侧为块石墁铺。明间设通道，两次间设木凳供行小憩，梁架为九檩四柱，中心间脊檩上有“□龙飞嘉庆拾肆年岁仲吕月辛卯时建造”墨书题记，桥身两侧外壁鳞叠两层风雨板，上层开启几扇小窗，屋面施方椽，小青瓦合铺，歇山顶。

江根暗坑桥 Jiānggēnànkēng Qiáo 位于江根乡江根村西北向，距村庄为1.5千米。系木平梁廊桥，建于清代，东北、西南走向，由木平梁和廊屋组成。木平梁由5根较为粗大的圆木架设在两端桥台。桥台用块石垒砌，净跨5.7米，矢高2.00米，溪水自西北向东南穿桥而过。廊屋全长8.37米，设廊屋3间，面阔三开间3.76米，明间为通道，两次间设长凳供行人小憩。梁架为九檩四柱，柱子直接架设在桥面木板上，五架梁背置二瓜柱，上承三架梁和金檩，三架梁背置一瓜柱承随脊枋与脊檩，桥身两侧鳞叠封钉两层风雨板，屋面为两披顶施方椽，小青瓦合铺。

库坑双龙桥 Kùkēngshuānglong Qiáo 位于贤良镇库源村库坑水尾，系木平梁廊桥，建于清代，占地面积134.78平方米，东南西北走向，由木平梁和廊屋组成。木平梁由9根较为粗大的圆木直接架设在两端桥台上，桥台为块石垒砌，净跨9.8米，矢高4.00米，溪水自西南向北穿桥而过。廊屋全长23.96米，设廊屋7间，面阔三开间4.7米，明间为通道，两次间设长凳供行人小憩。梁架为四柱九檩，五架梁背置二瓜柱承三架梁和金檩，三架梁背置一瓜柱上承随脊枋和脊檩。西北端第一、二间及东南端第一间桥面为块石铺设，其余各间桥面用木板铺设，梁架直接架设在桥面上。桥身两侧鳞叠封钉两层风雨板，上层开启几何形状，供采光和通风。当心间与西向第三间设神龛，供奉神灵，屋面双坡顶，施方椽，小青瓦合铺。

平兴桥 Píngxìng Qiáo 位于百山祖镇合湖村中心，建于清同治二年（1863），东北、西南走向，由木平梁和廊屋组成。木平梁并列六根，净跨8.75米，矢高1.75米，桥面净跨内铺木板，溪水自西北向东南贯桥而过。廊屋全长11.60米，设廊屋5间，面阔三开间4.40米，明间为桥之通道。梁架为九檩四柱，五架梁扁式，两端雕龙须，背置二瓜柱再承三架梁，三架梁背置一瓜柱上承随脊枋和脊檩，两次间金柱间穿插枋两端均雕龙须纹。中心间东南面次间设神龛，脊檩有“旹同治二年……重新建造”等墨迹题记。桥两端第一间东南与西北面为通道，村民生活劳动必经此地。桥身两侧檐柱上分别鳞叠封钉二层风雨板，上层已毁，下层内钉栏板，屋面施方椽、小青瓦合铺，两坡顶。

狮马桥　Shīmǎ Qiáo　位于贤良镇新村村水尾，建于清道光十七年（1837），东北、西南走向，占地面积 67.56 平方米，由木平梁和廊屋组成。木平梁由 13 根方木搭设在两侧桥台上，桥台块石垒砌，平梁之下垫设枕木，上部块石铺墁，形成架设廊屋的构架。桥净跨 3.56 米，矢高 2.11 米。廊屋全长 12.15 米，设廊屋七间，面阔三开间 4.25 米，明间为桥之通道，次间设长木凳。梁架为九檩四柱，柱子直接顶在块石之上，五架梁方形挖底，背置两瓜柱上承三架梁和金檩，三架梁方形，背置瓜柱上承脊檩和随脊枋。瓜柱下置驼墩，柱与瓜柱、瓜柱与瓜柱间设驼峰。当心间东北侧和西南侧第一间设神龛。桥两侧列跌封钉两层风雨板，上层开启形态各异的几何形窗，供采光和通风。东北端桥头和西南第二间为通道。屋面方椽、望板、小青瓦合铺。

龙凤桥　Lóngfèng Qiáo　位于岭头乡小漈头村至举水乡古道上，石拱廊桥，始建于清乾隆五十四年（1789），民国 28 年（1939）重修。东北至西南走向，桥长 17.8 米，矢高 4.5 米，拱跨 3.9 米。面阔 4 米。石拱由块石垒砌，做工精美。廊屋共有 7 间，面阔三开间，明间为通道，两次间设板凳。廊屋两侧鳞叠两层风雨板，风雨板上开几何窗。廊屋为九檩四柱。西南侧第三间设神龛。

乌石岭村尾桥　Wūshílǐngcūnwěi Qiáo　位于濛洲街道乌石岭村水尾，建于 1969 年，呈东北、西南走向，占地面积 35.29 平方米，由石拱和廊屋组成。石拱由 26 块扇形块石砌筑而成，拱跨 2.83 米，矢高 3.00 米。桥长 10.44 米，设廊屋三间，面阔三开间，块石地面，无柱础，明间为桥之通道，两次间设长板凳，梁架为四柱九檩，桥身外壁两侧鳞叠一层风雨板，屋面方檩、小青瓦合铺两坡顶，两端设夯土桥。

半岱阙下桥　Bàndàiquèxià Qiáo　位于濛洲街道半岱村（老村）村口，建于 1946 年。呈南北走向，由木平梁、廊屋组成。木平梁 16 支，净跨 3.62 米，矢高 3.9 米。桥长 18.77 米，设廊屋 7 间，面阔三开间 3.66 米，块石地面，明间为桥之通道，两次间设木厚板供行人小憩，中心廊屋西次间设神龛，梁架四柱九檩，五架梁上施随脊枋和随金枋。桥身外壁设风雨板。屋面施方檩、小青瓦合铺两坡顶。

应岭尾阙桥　Yīnglǐngwěiquè Qiáo　位于濛洲街道应岭尾村水尾，始建于民国 29 年（1940），脊檩上题有“中华民国二十玖□”等，随脊枋上有“复造日现任庆元县县长吴醒耶官星高照”。东西走向，由石拱券和廊屋组成。石拱用 30 余块扇形块石砌筑而成，拱跨 4.8 米，矢高 4.5 米，溪水自南向北穿桥而过。廊屋全长 10.60 米，面阔 3.10 米，明间为桥之通道，两次间设板凳，梁架为九檩四柱，五架梁、三架梁为月梁形制作挖底 。

上余村尾桥　Shàngyúcūnwěi Qiáo　位于松源街道五都上淤村尾路边，始建于 1964 年。南北走向，桥长 10.21 米，设廊屋 3 间，面阔三开间 3.38 米，明间为通道，两次间设长凳供行人小憩，东西檐柱下部施栏杆，上部施风雨挡板。梁架为九檩四柱，五架梁背施瓜柱上承金檩和三架梁，三架梁上设一瓜柱再承脊檩，脊檩上题有“公元一九六四年□”22 个字。屋面施方椽、小青瓦合铺，两坡顶。

会龙亭桥　Huìlóngtíng Qiáo　位于岭头乡后仓坑村水尾，由会龙亭和会龙亭桥组成，建于民国 12 年（1923），占地面积 33 平方米，呈东西走向。桥长 24.6 米，宽 2.50 米，拱跨 7.50 米，矢高5.00

米。亭进深两间 4.90 米，面阔三间 3.60 米，明间为通道，两次间放长木凳供行人小憩。五架梁作挖底，上承三根瓜柱，瓜柱下部施随金枋，上部顶脊檩、金檩，次间无金柱，屋面施方椽、小青合铺。

陈鉴坑阙下桥 Chénjiànkēng Quèxiàqiáo 位于岭头乡陈鉴坑村水尾水坑上，系木平梁廊桥，始建于民国，南北走向，由木平梁和廊屋组成。桥长 16.9 米，设廊屋 7 间，面阔开三间 4.3 米，明间为桥通道，两次间放长凳供行人小憩南端第一间和北端第二间西向与古道相连，卵石地面，部分柱子顶在横枋木上。梁架为 9 檩 4 柱，五架梁上置三根瓜柱，上承随金枋、随金檩、随脊枋、随背檩，中心间东向。次间放神龛。屋面施方椽、小青瓦合铺。桥身两侧外有两层风雨板。

会堂桥 Huìtang Qiáo 位于岭头乡后仓坑村溪湾路 10 号旁，建于 1963 年。建筑占地面积约 185 平方米。会堂桥为木平梁廊桥，西南至东北走向，桥长 13.42 米，宽 18.3 米。净跨 4 米。共有廊屋 12 间，面阔有三间。西北侧四间用木墙隔开作为储藏室。其余八间贯通。桥身用木板横铺，东北侧桥基用水泥浇注。

班岱后村头桥 Bāndàihòucūntóu Qiáo 位于松源街道班岱后村上村尾，又名上村桥。始建于民国 5 年（1916），东北、西南走向，为石拱廊桥，村溪自东南向西北穿流而过，桥石拱部分由 50 厘米左右条石堆砌成半月形状拱券，在其上铺鹅卵石、块石构成水平桥面，廊屋部分五开间，明间作为通道，次间设木板凳，当心间升起歇山顶中亭，西北侧次间设神龛，屋面施椽，铺瓦片。桥长 13 米，宽 4 米。净跨 3.7 米，矢高 2.5 米。

永宁桥 Yǒngníng Qiáo 位于百山祖镇合湖三堆村水尾。始建于明成化二十一年（1485），为石拱廊桥，东北西南走向，石拱拱跨 4.54 米，尖高 3.06 米，拱券用不规则块古垒砌，廊屋面阔三开间，明间为通道，两次间设长板凳，廊屋长 14.78 米，宽 4.24 米，共有廊屋七间，当心间设一面水神龛，已无供佛，梁架九檀四柱，歇山顶，两侧鳞叠两层雨板，上层风雨板控出对称葫芦形儿制窗。

砻头水尾桥 Lóngtóushuǐwěi Qiáo 位于松源街道砻头村水尾，建于民国，面积 87 平方米，南北走向，建筑由石拱和廊屋两部分组成。石拱用扇形块石垒砌，矢高 2.60 米，净跨 5.60 米，溪水自西向东穿桥而过。廊屋全长 16 米，五间，面阔 5 米，三开间，明间为通道，两次间设长板凳供行人小憩，中心西次间施美人靠，东次间设神龛。梁架为 9 檩 4 柱，无架梁背施瓜柱上承三架梁，三架梁背施瓜柱上承脊檩，瓜柱上施“丁”字拱。桥身两侧外壁鳞叠两层风雨板。1998 年进行全桥大修。

门林后桥楼 Ménlínhòu Qiáo 位于举水乡门林后村水尾，系木平梁廊桥。双层结构，建于民国 21 年（1932），东南、西北走向，坑水自西南向东北穿村而过。东南桥头为通村石阶小路。木平梁由 18 根圆木组成，架设于两侧桥台之上，桥台块石垒筑，平梁之上用块石平铺，形成架设廊屋的构架平面。廊屋两层结构，全长 14 米，设廊屋 5 间，面阔三开间 4.72 米，一层为桥之通道。西北面小路侧桥头设一楼梯通往二层。柱子直接顶在地面上，当心间两金柱间增设一柱，梁架为抬梁穿斗混合式，脊檩上有“……民国贰拾壹年……”墨书题记。二层西北次间为走廊。屋面方椽、小青瓦合铺。

渡龙桥 Dùlóng Qiáo 位于百山祖镇龙岩村过坑溪上。始建年代不详，1969 年原址重建，占地面积 85.48 平方米，东北、西南走向，由木平梁和廊屋组成。桥西南端为龙岩社庙。木平梁：由 12 根圆木架设在两侧桥台上，桥台块石垒砌。净跨 2.13 米，矢高 2.5 米。廊屋全长 21.37 米，廊屋 7

间，面阔三开间4米，明间为桥之通道，次间设长木凳供行人小憩。桥面块石墁铺，柱子直接顶在桥面上。梁架九檩四柱，明间五架梁背置三瓜柱承金檩和脊檩，瓜柱间设单步梁。桥身两侧设木栏板。西侧第一间和当心间设通道。屋面方椽、小青瓦合铺，两坡顶。

桥陌水尾桥　Qiáomòshuǐwěi Qiáo　位于百山祖镇桥陌村水尾，建于民国20年（1931），东西走向，主要由木平梁与廊屋构成。木平梁由15根圆木横架在东西两岸，净跨9.30米，矢高2.30米，两岸桥堍均用块石错逢垒砌，溪水自南向北贯桥而过。廊屋全长17.54米，梁架为9檩4柱，设廊屋6间，面阔三间，明间为桥之通道，两次间设长板凳，桥面除东西端桥头半间为卵石外，其他均为木板，桥身两侧鳞叠两层风雨板并开启多种几何图形，屋面施方椽、小青合铺。

梅树桥　Méishù Qiáo　位于左溪镇梅树村水尾，建于民国元年（1912），系石拱廊桥，南北走向，由石供券和廊屋组成。石拱券由块石垒砌而成，拱跨2.5米，矢高1.7米。廊屋全长21.8米，设廊屋9间，面阔三开间3.65米，明间为通道，两次间设长凳供行人小憩。梁架为九檩四柱，五架梁雕龙须纹、匾式作挖底上置二瓜柱承三架梁和金檩，三架梁背置一瓜柱承脊檩和随脊枋。梁架上墨书题记丰富。当心间重檐歇山顶，东面设神龛，上悬挂“慈光普照”木质匾额，桥身两侧外壁鳞叠封钉两层风雨板，上层开启几何形小窗。屋面方缘、小青瓦，两坡顶。

转水桥　Zhuǎnshuǐ Qiáo　位于左溪镇梅树村，建于清光绪二十四年（1898），东西走向，该桥系木平梁廊桥，木平梁净垮7.4米，矢高2.26米，两岸桥头块石垒砌，五根木平梁铺于两岸桥头上，桥上设廊屋。廊屋，全长11.37米，面阔三开间3.4米，明间为通道，两次间设长凳供行人小憩，两侧檐柱间铺钉栏板，栏板外壁鳞叠封钉一层风雨板；桥面铺钉木板，梁架为9檩4柱，五架梁背置蝙蝠木大斗承三架梁，三架梁背置一大斗吻脊檩，挑檐柱上置一大斗承檐檩。桥内木匾上有“旹大清光绪贰拾肆年□”等墨书题记，屋面两坡顶，施方椽、小青瓦合铺。

永兴桥　Yǒngxìng Qiáo　位于百山祖镇三堆村尾。始建年代较早，东北、西南走向，由木平梁和廊屋组成。木平梁纵平梁并列5根，架设在三堆溪两岸桥台上，矢高6.45米，净跨5.86米，溪水自东南向西北贯桥而过。平梁下垫设枕木，上铺桥面板，形成架设廊屋的构架平面。廊屋全长24.64米，设廊屋11间，面阔三开间4.90米，明间为桥之通道，两次间设长木凳供行人小憩，梁架为九檩四柱，桥东北、西南第一、二间为小块石墁地，其他五间铺桥面板，柱子直接顶在桥面和卵石上，五架梁扁式、挖底，背置两瓜柱上承随金枋和三架梁再承金檩，三架梁扁式、挖底，背置一瓜柱，下部承随脊枋，上部施蝴蝶木再承脊檩。中心间西北面设神龛供奉观音佛，桥身两侧设栏杆，上部施一层风雨板。屋面施方椽、小青瓦合铺，两坡顶。

竹坪桥　Zhúpíng Qiáo　位于左溪镇竹坪村，南北走向。长36.9米，矢高9米，面阔4.48米，有廊屋17间。又名蜈蚣桥，始建年代不详，重建于清道光二十二年（1842），为木拱廊桥，2006年“桑美”超强台风中被毁，同年10月按原貌动工兴建，2007年10月27日竣工。

濛淤桥　Méngyū Qiáo　位于五大堡乡濛淤村，东西走向，始建于元至正年间（1341—1370），久废，明嘉靖五年（1526）邑人叶亨重建，后坏于水，清嘉庆十四年（1809）邑人后田吴昌兴倡建，1986年重修，1995年毁于火灾，2011年原址原貌重建。全长35米，净跨28.2米，矢高8米，面阔4.5米。

阜梁桥 Fùliáng Qiáo 位于竹口镇竹中村沿弄头。又名抱梁桥，始建于明永乐九年（1411），明嘉靖十一年（1532）和万历四年（1576）两次民间捐资重修，清道光二年（1822）两次重建，桥长40米、桥宽5米、高6米、廊屋13间。1969年被拆除，2011年5月动工重建。

夹金桥 Jiájīn Qiáo 位于贤良镇贤良村村尾。清乾隆三十年（1765）建，桥长35米，面阔5米，2个桥跨各约15米，桥头建有魁星楼，桥上供奉观音佛，是古时庆元至张村、景宁、寿宁方向的交通要道。1974年因公路建设被拆除，2001年重建。

庙后桥 Miàohòu Qiáo 位于龙溪乡西溪村，建于清代，桥净跨4米，矢高2.2米，桥长6.6米，宽8.45米，面宽两间，梁架穿斗结构，屋面瓦片阴阳合铺。

杉坑桥 Shānkēng Qiáo 位于江根乡杉坑村水尾，建于清光绪三十年。桥台为块石垒砌，净跨8.3米，高3.8米。廊屋全长24米，设廊屋9间。面阔三开间5.05米，明间为桥之通道，梁架为四柱九檩，五架梁背置二瓜柱上承三架梁和金檩，三架梁设瓜柱下承驼墩和随脊柱，上承角背和脊檩。

吴坑新桥 Wúkēngxīn Qiáo 位于张村乡吴坑村，桥长9米，面阔3.5米，净跨4米，东西走向，有廊屋3间。

澄湖水尾桥 Chénghúshuǐwěi Qiáo 位于张村乡澄湖村水尾，东西走向，木平廊梁桥。净跨3.3米，矢高1.6米，全长15.35米，面阔4.05米，有廊屋3间。

殿桥 Diàn Qiáo 位于百山祖镇合湖村，又名高升桥，始建年代不详，1974年重建，全长22.45米，净跨12.5米，矢高4.5米，面阔4.7米，有廊屋9间。

野岙桥 Yěào Qiáo 位于松源街道四山班岱后村，据脊檩书原桥建于清代，后毁于火，2006年重建。

斋郎水尾桥 Zhāilángshuǐwěi Qiáo 位于百山祖镇斋郎村水尾，拱跨2.3米，矢高3米，桥长13.7米，宽4.3米，有廊屋5间。

吾漈下文昌桥 Wújìxiàwénchāng Qiáo 位于安南乡吾漈下村，建于2001年，拱跨13.1米，矢高6.35米，桥长17.7米，宽3.76米，设廊屋5间，中心间设神龛。

石门桥 Shímén Qiáo 位于屏都街道坑里村，拱跨7米，矢高2.5米，桥长17米，宽4米。

黄坑桥 Huángkēng Qiáo 位于天隆宫乡黄坑村，又名回龙桥，始建于清嘉庆壬申年，原为木拱廊桥，1952年水毁，1993年在原址上重建为石拱廊桥，拱跨12米，矢高6.5米，桥长27.95米，面阔4.02米，设廊屋9间。

上坑阙下桥 Shàngkēngquèxià Qiáo 位于竹口镇上坑村村口，始建于清代，1991年烧毁，同年重建为石拱屋廊桥。拱跨6.3米，矢高5米，桥长25.7米，宽4.34米，廊屋9间。

复兴桥 Fùxìng Qiáo 位于黄田镇姚村，始建于清代，原为木拱廊桥后因水毁火烧，两度修建后为石拱廊桥，净跨13米，矢高3米，桥长26.7米，桥宽6米，有廊屋7间。

小关水尾桥 Xiǎoguānshuǐwěi Qiáo 位于隆宫乡小关村水尾，始建于明代农历丁亥十月十七日，水毁于1953年6月，2007年9月重建为水泥平梁廊桥，拱跨8米，矢高4.5米，桥长28.7米，面阔3.8米，设廊屋9间。

隆宫接龙桥 Lónggōngjiēlong Qiáo 位于隆宫乡隆宫村，始建于清末，原为木平梁廊桥，20 世纪 50 年代毁于火灾，2000 年重建为旱桥，桥长 19.4 米，面阔 4.9 米，廊屋 6 间。

观洋桥 Guānyang Qiáo 位于安南乡陈村，始建于清代康熙年间，原为木平梁廊桥，1999 年改建为水泥平梁廊桥。净跨 6.3 米，矢高 4.7 米，桥长 19.75 米，面宽 3.85 米，设廊屋 7 间。

南坑桥 Nánkēng Qiáo 位于安南乡南坑村，始建于清代，原为木平梁廊桥，2003 年在原址上重建为水泥平梁廊桥，桥长 15.4 米，宽 4.3 米，有廊屋 7 间。

庙潭桥 Miàotán Qiáo 位于安南乡安溪村，古时为草桥，2007 年改建为水泥平梁廊桥，桥长 48 米，宽 4.8 米，矢高 14 米，设廊屋 16 间。

八字门桥 Bāz mén Qiáo 位于隆宫乡张地村，原为八字门亭，2001 年改建为水泥平梁廊桥，桥长 5 米，宽 4 米，矢高 2 米。

横岭桥 Hénglǐng Qiáo 位于荷地镇大横岭村水尾，始建年代不详，民国 37 年（1948）重建，原系木平梁廊桥，2006 年毁于“桑美”台风，2009 年重建为水泥平梁廊桥，净跨 8.7 米，矢高 4 米，桥长 15.4 米，宽 5.27 米，设廊屋 7 间。

猫奔桥 Māobēn Qiáo 位于黄田镇姚村到台湖村公路北侧，始建于清乾隆四十年（1775），原为木拱廊桥，1962 年改为水泥平梁廊桥，净跨 3.5 米，矢高 2.5 米，全长 12 米，面宽 4.5 米，有廊屋 3 间。

龙庆桥 Lóngqìng Qiáo 位于曹岭村尾龙泉市小梅镇村头，始建年代不详，原为木拱廊桥，清乾隆四十二年（1777）重建，更名为“通福桥”，光绪三十年（1904）改名为“寿川桥”，该桥 5 跨 36 间，全长 140 米，高 14 米，面宽 5 米，1949 年 5 月被烧毁，2011 年重建为水泥廊桥。

九漈安处桥 Jiǔjìānchù Qiáo 位于松源街道九漈村水尾至竹口村古道上，建于清代，东西走向，溪水自南向北穿桥而过。桥长 13.50 米，宽 3.87 米，矢高 3.90 米，净跨 6.20 米。石拱部分块石砌筑，桥面两侧条石铺墁，中央卵石铺墁，桥东端至村，西端北面条石踏跺，直到竹口古道。

高漈山尖桥 Gāojìshānjiān Qiáo 位于松源街道高漈村至龙泉市水竹洋村古道上，系石拱桥，建于清光绪二十一年（1895）。东西走向，拱券用块石垒砌而成，桥台部分用卵石垒砌，矢高 4.56 米，净跨 8.70 米，溪水自南向北穿桥而过。桥长 28.10 米，面阔 4.30 米，桥面砌筑规整，东端通往龙泉市水竹洋村，西端桥头建一凉亭供行人小憩，并通往高际村。凉亭匾上有记，此桥为龙庆两县人民出资建造，以桥中为界，东为龙泉，西为庆元。

八字桥 Bāzì Qiáo 位于松源街道砻头村水尾。始建于清代，南北走向，面积 9 平方米，全长 4.25 米，宽 2.20 米，矢高 2.0 米，净跨 3.80 米。

思溪桥 Sīxī Qiáo 位于五大堡乡后广村至龙泉梅杏下老路上，距后广村 5 千米，清代建筑，占地面积 118 平方米，东西走向，长 23.57 米，宽 5.03 米，拱跨 10 米，矢高 5.9 米。拱券由 63 块梯形石头相互咬接，其上左右由卵石垒筑。桥面中部平坦，中央部位块石一字排开，两侧用小块卵石拼成“人”形几何图案，中央处用块石做“回”图案，整个桥面美观大方，做工精细。

八字撑石板桥 Bāzìchēngshíbǎn Qiáo 位于岭头乡大漈头村。始建于明代，东西走向，桥长 5.44 米，东岸净跨 1.54 米，西岸净跨 2.10 米，矢高 1.70 米。石板桥共用 7 块条石砌筑，溪中央用两块条石“八”字形嵌入河床，上部架一横条石梁，桥面则用四块条石架设，条石一端架在两岸石坎上，另一端架在石梁上。

大漈头交溪桥　Dàjìtóujiāoxī Qiáo　位于岭头乡大漈头村至桃洋村老路上。南北走向，始建于清代，溪水由西至东流经该桥,桥系单孔石桥，桥身长 12 米，宽 2.4 米，矢高 5 米，拱跨 7.2 米，北侧有 5 级台阶。桥基两旁用块石堆砌小石坝，拱券用鹅卵石以及较有规则块石砌筑成半月形状再在之上铺卵石。

徐洋双砂桥　Xúyángshuāngshā Qiáo　位于岭头乡钵下村徐洋村中心。始建于清咸丰七年(1857)，呈东南西北走向。桥长 6.65 米，宽 2.50 米，矢高 3.20 米，净跨 4.60 米，共有 34 块扇形块石砌筑而成。

东溪村举东桥　Dōngxīcūn jǔdōng Qiáo　位于岭头乡东溪村村头。始建于清咸丰元年(1851)，南北走向，下东公路沿桥旁而过，为一石拱桥。桥长 8.35 米，宽 2.96 米，拱跨 4.7 米，高 2.8 米，形石块垒筑。

金石桥　Jīnshí Qiáo　位于左溪镇左溪村水尾，始建于清道光二年(1822)，系石拱桥，东西走向，西侧为左溪镇，东侧至景宁，拱券下部用条石错缝砌筑，桥身用块石垒砌。桥长 39 米，宽 5.8 米，西侧桥头有五块村民捐建款项的石碑。20 世纪 50 年代已毁。

村尾新阙桥　Cūnwěixīnquè Qiáo　位于岭头乡村尾村新闲。始建于清代，桥东西走向，矢高 1.60 米，净跨 5.2 米，桥长 6.18 米，宽为 1.01 米。下部为八字石条支撑一条石梁，上部六块石板驾于其上，水流穿桥而过。西侧桥台为石块垒筑。

岭头上桥　Lǐngtóushàng Qiáo　位于岭头乡岭头村至包果村古道上。建于清代，南北走向，桥长 22.40 米，宽 4.99 米，矢高 7.00 米，拱跨 12.00 米。桥身用数十块块石堆砌而成，横跨于岭头溪两崖上，拱券部分为扇形状，其他部分则不规则，块石大小不一。北桥台设 16 台阶踏步，南端设 10 阶踏步，中间为平面椭圆形，东西两侧设花坛。

上垟碇步桥　Shàngyángdìngbù Qiáo　位于竹口镇上垟村大处至和平路上，始建于清代，东西走向，东岸为大屋，西岸为和平村，碇步共有 45 块石头嵌入河床，形成至两岸相通折桥梁，步间距 30—40 厘米，高约 30 厘米。

青田石拱桥　Qīngtiánshígong Qiáo　位于江根乡青田村上村水尾，始建于清代，东西走向，长 19.7 米，宽 4.1 米，石拱券利用 58 块块石砌筑而成，拱跨 9.85 米，矢高 5 米，桥面用块石垒砌而成。

箬坑石拱桥　Ruòkēngshígong Qiáo　位于江根乡箬坑村水尾，建于清代，东南、西北走向，石拱由块石拼接，错缝而垒砌成。块石平整规则，最外圈为 40 块块石组成，拱跨 6.72 米，矢高 5.0 米，两端桥台均用块石垒砌。桥面全长 21.8 米，宽 4.4 米，桥面两侧为长条石铺设，中间为卵石铺设。

下坑石拱桥　位于岭头乡岭头村下坑至苏湖古道上，建于民国 11 年(1922)，呈东西走向，桥长 3 米，宽 2.8 米，矢高 3 米，拱跨 5.9 米，拱用 27 块块石砌筑二层。

福龙桥　位于岭头乡富楼源村中心路边。建于清光绪元年(1875)，南北走向，拱用扇形块石垒砌而成,桥长 5.70 米，宽 2.65 米，矢高 1.70 米，净跨 3.10 米。

第二章　文物保护单位与非物质文化遗产

第一节　文物保护单位

庆元县文物保护单位一览表

表 4-2-1

级别	文物名称	地址	年　代	面积（平方米）
全国重点文物保护单位	如龙桥	举水乡月山村	明	143
	兰溪桥	五大堡乡西洋村	清	241
	后坑桥	竹口镇竹上村枫堂	清	174
	黄水长桥	百山祖镇黄水村	清	500
	半路亭桥	黄田镇中济村	民国	110
	步蟾桥	举水乡月山村	民国	284
	来凤桥	举水乡月山村	清	165
	龙济桥	隆宫乡隆宫村	清	136
	甫田桥	濛洲街道大济村	民国	114
	袅桥	松源街道西门村	清	120
	咏归桥	松源街道城北村	民国	214
	西洋殿	五大堡乡西洋村	清	1300
	上垟窑址	竹口镇上垟村	五代—元	100000
省级文物保护单位	吴文简祠	举水乡月山村	清	700
	大济古驿道	大济村至南门村	明、清	2500
	卢福庙	濛洲街道大济村	清	2300
	潘里垄瓷窑址	竹口镇竹上村潘里垄	南宋	3000
	黄坛季氏宗祠	竹口镇黄坛村	清	624
	杨家庄护龙桥	岭头乡杨家庄村	清	142
	白云桥	举水乡月山村	清	53
	济川桥	黄田镇上济村	清	101
	坑井吴氏宗祠	安南乡坑井村	明	155

续表 4-2-1

级别	文物名称	地址及位置	年代	面积
	吾漈下姚氏宗祠	安南乡吾漈下村	南宋	378
	胡纮夫妇墓	松源街道底村村	南宋	
县级文物保护单位	黄坛窑址	竹口镇黄坛村	唐	1000
	竹口窑址	竹口镇竹口村	元.明	2000
	新窑窑址	竹口镇新窑村	明	1600
	硅化石(树化石)	百山祖镇烂泥村	1 亿年前	3
	孔　庙	松源街道石龙街	明	510
	官　井	松源街道濛洲街	明	29
	南峰寺	岭头乡大池洋村	清	890
	青田庵	江根乡青田村	清	656
	八角殿	张村乡东川村	清	567
	革命烈士陵园	松源街道石龙街	现代	20000
	百丈庵	屏都街道坪坑村百丈山	清	1046
	云泉寺	举水乡月山村	明	600
	安禅寺	屏都街道八三村	宋	800
	大济古地道	濛洲街道大济村	待考	未知
	延陵房祠	五大堡乡杨楼村	清	192
	双门桥	濛洲街道大济村	1992 年	54
	包果桥	岭头乡包果村	清	88
	蛟龙桥	岭头乡大漈头村	清	162
	护龙桥(黄洋)	荷地镇黄洋村	清	83
	寨后坑桥	竹口镇新窑村	民国	116
	观音桥(富林)	贤良镇富林村	清	227
	福寿桥	安南乡权山村	清	35
	外村桥	荷地镇底墅村	清	98
	黄皮吴氏宗祠	百山祖镇黄皮村	清	748
	小漈头吴氏宗祠	岭头乡小漈头村	清	328
	小漈头水碓楼	岭头乡小漈头村	清	26
	后洋坑吴氏大祠	龙溪乡后洋坑村	清	326
	后洋坑吴氏小祠	龙溪乡后洋坑村	清	115
	张地何氏宗祠	隆宫乡张地村	清	284
	竹中许氏宗祠	竹口镇竹中村	清	426

续表 4-2-1

级别	文物名称	地址及位置	年　代	面　积
县级文物保护单位	坝头吴氏宗祠	江根乡坝头村	清	436
	黄沙张氏宗祠	荷地镇黄沙村	民国	360
	九漈沈氏宗祠	松源街道九漈村	民国	138
	钵下东溪桥	岭头乡钵下村	清	95
	北坑水尾桥	荷地镇桃坑村	清	66
	樟坑瓷窑址	淤上乡樟坑村	清	5000
	吴三公墓	百山祖镇龙岩村	宋(传)	30
	吴三公故居遗址	百山祖镇龙岩村	宋(传)	40
	红军挺进师斋郎战斗指挥部旧址	百山祖镇斋郎村	民国	542
	慎修堂	濛洲街道大济村	清	464
	大济孔繁豪墓地	松源镇大济村	民国	50
	吴大理祠	濛洲街道大济村	清	426
	吴谏议祠	濛洲街道大济村	清	985
	陂岭亭摩崖石刻	黄田镇中济村	南宋	4
	大岩大屋	荷地镇大岩村	清	905
	岙头周家本宅	张村乡岙头村	清	468
	苍岱银矿洞	淤上乡局下村	明	5000
	底村农会旧址	松源街道底村村	清	393
	修永堂	濛洲街道后碓村	民国	80

第二节　非物质文化遗产名录

【国家级非物质文化遗产名录】

2008—2009 年，列入国家级非物质文化遗产名录项目共一批次 1 个项目。

中国木拱桥传统营造技艺　2009 年 9 月 30 日，中国木拱桥传统营造技艺被联合国教科文组织正式批准列入急需保护的非物质文化遗产名录。庆元木拱桥传统营造技艺入选联合国教科文组织非物质文化遗产名录。2009 年 9 月 30 日，由庆元和泰顺、屏南、寿宁四县联合申报的“中国木拱桥传统营造技艺”被联合国教科文组织相关会议上被正式批准列入急需保护的非物质文化遗产名录。联合国教科文组织在其官网的“中国木拱桥传统营造技艺”专页中对其如此评价：“营造这些桥梁(木拱桥)的传统设计与实践，融合了木材的应用、传统建筑工具、技艺、核心编梁技术和榫卯接合，以及一个有经验的工匠对不同环境和必要结构力学的了解……这种传统的衰落缘于最近几年的快速城市化、木材的减少和现有建筑空间的不足，这些原因结合起来，威胁到了这项技艺的传承与生存。”

【省级非物质文化遗产名录项目】

2007—2013年，列入浙江省非物质文化遗产名录项目共三批次9个项目。

传统戏剧　菇民戏。

传统舞蹈　庆元唱灯。

传统技艺　编梁木拱桥传统营造技艺、大济古村落营造技艺、香菇砍花技艺。

传统体育　香菇功夫。

民　俗　菇神庙会、菇民习俗、端午走桥习俗。

【市级非物质文化遗产名录项目】

2007—2013年，列入丽水市非物质文化遗产名录项目共5批次29个项目。

民族语言　庆元方言。

民间文学　香菇传说、菇寮白、忖忖乌传说。

传统戏剧　菇民戏、提线木偶戏 。

传统舞蹈　庆元唱灯、庆元马灯舞。

传统音乐　香菇山歌、庆元山歌。

传统美术　百事吉剪纸。

传统体育　庆元香菇功夫。

传统技艺　木拱桥传统营造技艺、香菇砍花技艺、大济古村落营造技艺、铁皮石斛采摘及制作工艺、黄粿制作技艺、红曲米制作技艺、明笋干制作技艺、毛边纸传统制作技艺 。

民　俗　菇神庙会、端午走桥习俗、造桥习俗、菇寮奉师傅习俗、卢福神庙药签、卢福神庙会、建房与上梁习俗、菇民习俗、庆元婚宴习俗。

【县级非物质文化遗产名录项目】

2006—2013年，列入庆元县非物质文化遗产名录项目共4批次100个项目。

民间文学　香菇传说、忖忖乌传说、庆元方言、八修公的传说、马夫人的传说、山岱造反的传说、花脸白脸的传说、仙磨米的传说、翁二公的传说、三千官的传说、榅糯官的传说、白岭头的传说、杨文广浸安溪的传说、如龙来凤的传说、木郎的故事。

民间舞蹈　唱灯、马灯、花鼓戏、踏七星、梅花舞、花杆舞、大岩渔灯、舞龙、舞狮、三堆香树舞。

传统戏剧　二都戏、提线木偶 。

民间音乐　民间小调、山歌（庆元山歌）吹打、香菇山歌。

杂技与竞技　香菇功夫。

民间美术　木雕、陶器、漆画、刺绣、银首饰加工传统技艺、竹编、三堆剪纸（三堆百事吉剪纸）。

传统手工技艺类　木拱廊桥、香菇手工技艺、家酿红酒技艺、黄粿制作工艺、大济古村落营建技艺、黑咸笋制作技艺、小竹笋腌制技艺、手工炒茶技艺、毛边纸传统制作工艺、红粬传统制作工艺、草鞋编制技艺、铁皮石斛的采摘及制作技艺、草席编织技艺、石拱桥建造技艺、犁头铸造技艺、烧梅制作技艺、麻糍制作技艺、棕衣编织技艺、蒸笼（吊箩）制作技艺、明笋制作技艺、纸帘制作技艺（毛边纸制作工具）、水碓建造技艺、走油肉的制作工艺、山粉的制作技艺、段木银耳栽培传统技艺、传统箍桶手工技艺、合湖田螺稻田养殖传统技术。

传统医药　卢福神庙药签、治蛇伤民间偏方。

民间知识　民间气象观测。

民　俗　春社（社粿节）、乌米饭、还戏（菇民习俗）、菇寮白（菇山话）、菇寮奉师傅民俗、吃新习俗、造桥习俗、建房上梁习俗、送鸡酒、做产顿、做粿印（婚嫁习俗）、踏路牛（婚嫁习俗）、菇民新春砍银树习俗、屏都元宵灯会、新年焖年猪习俗、八角殿庙会、三堆庙会、卢福神庙会、吴三公祭祀、拜树娘、菇民习俗、江根墟日、迎新年蒸糖糕习俗、大济元宵灯会、端午走桥习俗、百丈庙会、马天仙祭祀、南峰寺香期、庆元婚宴习俗、祭茶神、端午习俗、菇神庙会。

第三章　风景名胜

第一节　风景名胜区

【百山祖 AAAA 级景区】 位于百山祖镇境内，浙江省第二高峰，誉为“百山之祖”。海拔1856.7 米，属武夷山系洞宫山脉。景区分布森林景观等主要景点十余处，保存着大面积呈自然原生状态的森林生态系统和大量的野生生物物种。1985 年 8 月 7 日成立百山祖自然保护区，1992 年 10 月 27 日，成立浙江省凤阳山—百山祖国家自然保护区。

景区森林覆盖率高达 91.6%，负氧离子浓度高达 20 万个/立方厘米，是普通城市的百余倍。是华东地区最大的自然生物圈。已知种子植物 173 科 828 属 2005 种，蕨类植物 36 科 82 属 236 种，苔藓 62 科 149 属 327 种，大型森林真菌 47 科 123 属 376 种，有脊椎动物 254 种，昆虫 256 科1364 属 2204 种。国家一级保护植物有百山祖冷杉、南方红豆杉、伯乐树、莼菜 4 种；国家二级保护植物有福建柏、闽楠、鹅掌楸、厚朴、凹叶厚朴、毛红椿、香果树、榉树、蛛网萼等 20 种。国家一级保护动物有云豹、豹、黑麂、白鹳、金雕、白颈长尾雉、黄腹角雉、华南虎等 8 种；国家二级保护动物有猕猴、穿山甲、黑熊等 47 种。百山祖冷杉 1987 年被国际物种保护委员会(SSC)公布列为世界最濒危的 12 种植物之一，是第四世纪冰川气候的残遗物种；同时保存下来的还有南方铁杉、江南油杉、长叶榧等针叶树和木兰科、八角科、金缕梅科等植物组成的古老植物群。是华南与华东植物区的连接地带，是研究森林植被群落演替的理想场所；也是一处十分难得的研究森林生态和生物多样性场所。百山祖国家 AAAA 景区获得“丽水十佳养生避暑休闲戏水目的地”荣誉。景区从建设到运营始终践行着低碳旅游理念。建设材料“低碳化”、基础设施“低碳化”。

杜鹃谷 Dùjuān gǔ　古道游线杜鹃花烂漫，开满山谷。其中猴头杜鹃一般生长在海拔 1000 米左右的山上。花期 5 月中、下旬，开花时八九朵花簇聚一束，开得密密匝匝，俊俏秀美，令人心旷神怡，是为杜鹃之珍品。

清风廊 Qīngfēng láng　百山祖游线的节点。木结构建筑，造型典雅，亭廊结合，四周屋檐上雕刻冷杉果实及华南虎啸图案，精雕细刻，形象生动，造型逼真，坐在此处，远处清风徐徐而来，故名。

百瀑沟 Bǎi pù gōu　生态绿色长廊，像一幅集山、水、潭、石于一体的立体画面。因区内有大小瀑布百余处，故称“百瀑沟”。走进百瀑沟，首先映入眼帘的是奇形怪状的植物，或参天大树，或藤蔓缠绕，万木葱茏，嫩绿新黄，色彩缤纷，沟内溪谷开合自然，沟壑纵横，可谓沟沟瀑布，处处美景，其瀑布分布密度之高，山、林、水、石组合之巧妙，堪称绝景。

悬空步廊 Xuánkōng bùláng　百瀑沟入口“之”形栈道下方，是一座气势非凡矗立在岩壁上的悬空步廊，玻璃平台悬挑长 3 米，宽 2 米，由 12 块厚度为 1.2 厘米的钢化玻璃双层黏结而成，立柱与上部工字钢梁端连接，并且通过仿生手段制成三根方木架立在岩壁上，站在平台上远眺，犹如云中漫步，感官与视觉上都有别样的体验。

飞虹桥 Fēihóng qiáo　铁索桥长 22 米，宽 1.5 米，底部木板铺面，下有五根钢索连接在两边的岩壁上，宛如一道飞虹横跨，故名。站在桥中，正好面对悬空步廊，是一处极佳的摄影点。

凤凰瀑 Fènghuáng pù　清丽、壮观且有凤凰展翅之势，故名凤凰瀑。壁上千仞，水帘从头顶倾下，直冲一泓圆圆的清潭，状如天井，四周青枝绿叶，折光照映水雾，寒气袭人，游人可步入晶帘之后，贴崖而过，如入水帘洞中。

鹊　桥 Què qiáo　为长 13 米，宽 1.5 米布满红丝带的索桥，桥的下方还有两座瀑布隐于山中，与鹊桥交相辉映，少了气势，多了秀气，别有一番风味。

三曲瀑 Sānqǔ pù　瀑虽不高，但在婉转错落的峡谷中，水流三转迂回，如同一幕玉珠水晶串成的垂帘直入潭中。故名三曲瀑，顺着岩壁而下的山水，清澈而明快，犹如抛珠溅玉，宛如白鹭上下争飞，奇峰异石形态万千，碧潭飞瀑气势磅礴，构成了三曲瀑“绿、秀、险、奇”的四大特点。

飞来石 Fēi lái shí　三块石头如从天而降，鬼斧神工般巧妙地叠在一起，当地人称之为三叠石。三块巨石其实并不是完全紧贴，石与石之间的缝隙还清晰地透出一指宽的光线。三石三沓，欲坠不坠，这究竟是人为而至，还是大自然力量造就，至今尚未得知。据专家介绍，飞来石是由于河床变化及风化侵蚀形成，依然矗立是因为物理重心让这块石头的三部分处于平衡状态，所以三叠石一直都没有崩塌。

步云桥 Bùyún qiáo　造型别致的树洞桥，桥洞树干苍劲，虬曲自然，气如蛟龙，枝托的造型刚劲有力，层次得当，亦假亦真。步云二字意味平步青云，前途似锦。

翡翠瀑 Fěicuì pù　曲径幽深的瀑布，山岩上平软的水波滑过石块，与周围的表面树木交相辉映，犹如翡翠般的晶莹剔透。瀑布周边峰峦叠翠，颇有一番意味。

九曲瀑 Jiǔqǔ pù　伫立在三峰之间，四周层峦叠嶂，绿树挺拔，溪水纵横，集奇峰、怪石、清泉、碧池为一体。瀑布折复绕山，曲曲折折，或循崖而下，或悬空抛落，或如舌状抛出，体态多变，途中经崖石碰击，水花飞溅，十分壮观，形成“曲曲山回转，峰峰水抱流”的九曲之胜。

虎啸瀑 Hǔxiào pù　位于观景台下方，瀑布奔腾直下，喷珠溅玉，声响如雷，犹如华南虎啸响彻山林，极为壮观，其水击石壁的恢宏气势，以及山涧落差自然形成的水流奔腾之相，在山谷间形成震天回响之声。

卧龙瀑 Wòlóng pù　卧龙二字与瀑底的巨石有关，站在桥上望潭底，巨石犹如龙头，抬头远眺，站在龙吟桥上远远望去，烟波浩渺，瀑布飞流而下，真是“水底有龙掀巨浪，岸旁无雨挂彩虹”。卧龙瀑虽未集雄险为一身，但潭底卧龙之说为其增加了不少神秘色彩。潭口的烟雨长廊桥长 15

米，宽 4.6 米，净高 5.76 米，为木拱廊桥，整座廊桥屋面回翼角高翘，造型雅朴、讲究，结构科学，工艺精巧。

垂帘瀑 Chuílián pù　似千万串银珠沿壁而落，组成一张轻柔可卷的水珠帘，瀑布如珠似帘，得名。

玲珑飞瀑 Líng lóng fēi pù　远远望去，那洁白的水帘飘然而下，洋洋洒洒，如身材纤细的娇羞妙龄女子，若隐若现。再往前几步，便是其上半部分，亦是精巧玲珑，因此其号称景区内身材最纤细的瀑布，既有水量丰沛、气韵万千的恢宏，又有柔细飘逸、楚楚依人的温柔，整条瀑布移步换景，婀娜多姿。

鸳鸯瀑 Yuānyāng pù　两道瀑布均匀泻下，玲珑秀丽，瀑下小潭清澈可爱。

回望阁 Huíwàng gé　阁楼为木结构建筑，单岩歇山顶，斗拱重叠，设计古朴典雅，与周围环境浑然天成，同时此处也是最佳摄影点，站在阁中，举目远眺，远处美景尽收眼底。

捧月亭 Pěngyuè tíng　为六角亭，是庆元民间廊桥手工艺人的一份杰作，整座亭小巧玲珑，六柱单岩，雕刻精美。在亭的下方还有一条小瀑布叫飞龙瀑，瀑布旁边有几个巨大石坎犹如仙人的脚印。

印象百山祖 Yìnxiàng bǎishānzǔ　种植庆元特色菇类，有竹荪、灵芝、椴木菇、茶树菇、杏鲍菇、灰树花等，馆内还布置了古代“砍花法”栽培香菇的菇山场景及菇民生活的菇寮复原模型，在百山祖展示香菇文化。占地面积 143 平方米。

生态百年之路 Shēngtàibǎinián zhīlù　路面石雕展现了：从 1910 年到 2010 年，世界各国已经消失的动物。以人们熟悉的绝种和濒危动物作为浮雕，嵌于路上，警示后代，让大家认识到保护自然与保护动物已经迫在眉睫。

百年生态纪念墙 Bǎiniánshēngtài jìniànqiáng　纪念墙采用浙南民居照壁的形式，用砖刻艺术制作百年生态纪念墙，重点展示中国、浙江、庆元的绝种和濒危动植物。照壁，是中国传统建筑特有的部分。明朝时特别流行，称之为“萧墙”。

低碳体验屋 Dītàntǐyàn wū　低碳体验屋。建筑面积 320 平方米，为两层，正面为钢结构玻璃墙，墙内种植耐寒喜阴的植物，可以起到保温作用。中空部分为烟道，利用烧灶余热加温以增加室温，同时烟道的热空气流动用无动力抽风机，实现自然抽风对流。炉灶的加热则来自两部分，主要有沼气供给，另外用森林的杂草和树叶加入沼气池产生沼气，杆枝用来烧炉灶生产豆腐，豆腐的豆渣用来喂猪，豆壳则用来施肥，做到循环利用低碳环保。体验屋的屋顶为双层玻璃顶，中部为凹槽，夏季时抽地下水从凹槽处喷下，形成瀑布推动水碓转轮。冬季时玻璃顶用于收集太阳能加热室内，水碓通过涡轮带动水磨制豆腐。

【巾子峰景区】　位于庆元县城西北部，距县城 10 千米，以景区内最高的山峰得名。是以峡谷为骨架，森林为肌肤，森林教育为精髓的国家 AAAA 级旅游景区，面积 24.55 平方千米。作为浙江庆元国家森林公园的核心部分，巾子峰先后获得首批浙江绿谷十大峡谷、浙江省生态文化基地、浙江省生态环境教育示范基地、浙江最美森林、浙江十大秀谷等荣誉称号。2018 年被评为中国森林健康养生50佳，入选中国森林旅游美景推广计划。

巾子峰森林4A级景区主景观为三峡一谷，全线由原始古道及枕木铺设的5.6千米游步道贯通；景区森林景观资源丰富，条件优越，特色鲜明。森林覆盖率高达98%，有2000多平方米观景平台，可饱赏华东地区保存最完整的13510亩原始常绿阔叶次生林的壮丽景观。最高峰巾子峰海拔1563米，可总揽群山，远眺两省三县。巾子峰以打造中国南方最自然的国家森林公园为目标，将自然生态文化与休闲养生文化、人文历史文化融合一体，让游客体验自然“森”呼吸，休闲养生“林”距离。

巾子峰森林公园以“幽、秀、雄、奇、古”为特色，景区内资源丰富，繁茂葱郁的森林植被，美不胜收的溪谷瀑潭，诡异峻伟的奇峰绝壁，宏大绝美的天象景观，形成一幅幅意趣横生的优美画卷。古濛洲八景之一的“巾子祥云”更是久负盛名，清代田嘉修赋诗“巾子祥云出岫来，千岗峡谷入画中”，赞叹了巾子峰如画的美景。

巾子峰森林公园内沟谷纵横、溪涧交错，林木丛生，鸟禽灵动，常年云雾缭绕，宛若仙境。区域内森林覆盖率高达98%，生物种类多样，木本植物共计88科251属547种，有钟萼木、南方红豆杉两种国家一级珍稀濒危植物、11种省级珍稀濒危植物以及华东六省一市罕见的万亩天然次生阔叶林带；鸟兽类动物共计17目27科38种，国家一级保护动物4种，二级保护动物7种。高浓度的负氧离子以及适宜的气候条件，更是使这里成为避暑消夏，养生度假的好去处。

公园内有五十余处景点，主要景观景点有丽水十大峡谷之一的“千岗峡”，自古以来闻名遐迩的巾子峰“天象五绝”——巾子祥云、巾子佛光、巾子晨曦、巾子夕阳、巾子雾凇，不论是在春夏秋冬还是明晦晨昏都能欣赏到美丽的风景；犹抱琵琶半遮面的淑女瀑在不同的角度有着不同的风采；还有集幽、秀、雄、险于一身，泉、瀑、溪、潭于一谷的十二飞瀑，以一年中十二个月份的别称命名，使瀑布秀美的风景之外，别添诗意。在巾子峰，春赏百花，夏享凉风，秋观朗月，冬望寒雪，四季分明，享玩巾子峰不分四季。

巾子峰森林公园人文历史底蕴深厚，巾子峰有一山双进士之称，北宋状元刘知新、南宋进士胡纮的墓地都在巾子峰范围内；中国历史上著名的长寿老人，166岁时曾被乾隆皇帝授予六品顶戴的蓝祥老人就在巾子峰烧炭为生；山岱岗曾发生过九龙山起义。人文景点有眼光寺、蓝翁亭、槐英亭、攀桂亭等。

巾子峰 Jīnzi fēng　一称锦山，位于县城西侧，距县城18千米，海拔1561米，是公园的最高峰，由一对并肩峙立的姐妹峰组成，形如两把齐天利戟，直刺云天，故人称其“峰攒神剑手云霄”。巾子峰沟谷众多，溪涧交错，漂潭绝壁，常年云雾环绕。巾子峰年均气温17.2℃，最高月平均气温26.9℃，最低月平均气温7℃，年降水量1689毫米。巾子峰以云见奇，形如神仙穿梭其中，山下晴空万里，峰顶云雾缭绕，扑朔迷离，时而身披薄纱，显遮面凝眸之神，时而体裹絮被，现脱俗仙风之态，时而云清雾散，露清新骄养之容，气象万千。春看百花争艳，夏观云雾茫茫，秋望晴空明月，冬眺林海雪原。登峰俯瞰，山川历历，城乡点点，阡陌纵横，风景无限。云雾欲散还聚之时，天际的“佛光”随之呈现，大自然展现出如此神秘的现象，令人为之惊叹不已，无怪乎人们称其为“巾子祥云”。

杨梅岭 Yángméi lǐng 为长达1.8千米的山岭，两侧的阔叶林中散生着众多的野生杨梅林。每当夏季，树冠浑圆、树形优美的绿丛中，果实累累，暗香浮动，仿佛召唤着人们前去采摘、品尝。

寿仙谷 Shòuxiān gǔ 以寿星文化为主题，从听泉台到桃花廊，全长1200米，据文献记载，166岁高龄参加乾隆“千叟宴”的蓝祥曾在巾子峰烧炭，因而植入寿星文化。景点有淑女瀑、凤凰瀑、蓝翁亭、不借亭、永寿桥（吊桥）等。

福缘谷 Fúyuán gǔ 全长1200米，以巾子峰洞天福地的传说赋予福文化主题。取名福缘谷，区内主要景点有神龟祈福、五福玉音、多喜亭、怡然亭、息心亭等。

登云峡 Dēngyún xiá 游线由下而上，峡谷较陡，形如登天，万里蓬山云路从此开始，该区块主要展示科举文化的主题，主要有十二飞花、云影湖、步云亭、槐英亭、状元文化公园等景点十余处。

十二飞花（也称巾峰十二钗）Shíèr fēihuā 登云峡十二级娇小如美女的瀑布，以花喻美，故称十二飞花，或称巾峰十二钗。以一年十二个月代表的花名命，由下而上，分别称为：1.梅花瀑，2.杏花瀑，3.桃花瀑，4.牡丹瀑，5.石榴瀑，6.莲花瀑，7.葵花瀑，8.桂花瀑，9.菊花瀑，10.芙蓉瀑，11.茶花瀑，12.水仙瀑。

合港云居 Hégǎng yúnjū 因寿仙谷、福缘谷、登云峡三条水系汇聚于此，赋予福禄寿“三星聚会”的文化内涵。该区块具有森林民宿功能，区内有合港四桥、翠微潭、紫云花径、春晖湖等景点十余处。

【大济进士村】 位于庆元县城东南大济村，是唐音、宋桥、明清古居“三朝文化”荟萃地。自宋天圣二年（1024）至宋宝祐四年（1256）的230年间，陆续出现了25名进士及非进士出身涉足仕途者一百余人，加上明朝的一位进士共26位，故有“进士村”美誉。2000年列入浙江省历史文化保护区，2010年列入中国历史文化名村。宋代著名思想家朱熹、明朝著名哲学家王阳明先生和清康熙年间名儒陆珑琪慕名到过大济讲学。民国时期，孔子南宗第七十四代奉祀官孔繁豪恭护孔子夫妇圣像，曾避隐于大济，死后葬在大济仙宫山。丰富的历史文化积淀，使这个方圆一千米的村落，至今仍完好保存着古地道、扁鹊庙、双门桥、金甃街、迎旨门、明清古民居、古墓群等名胜古迹十余处。

扁鹊庙 Biǎnquè miào 又称“卢福神庙”，祭祀神医扁鹊。史书记载：北宋仁宗皇帝重视发展医学，封扁鹊为“神应侯”，并下令各地立庙祭祀。当时在朝中任“大理寺评事”的大济进士吴縠告老回乡，响应朝廷号召，在家乡建造扁鹊庙，纪念神医扁鹊。扁鹊庙前方是大戏台，每逢佳节，都要在这儿演出庆元的地方剧种二都戏。左右厢房是古代有身份地位的人看戏的地方，遵循男尊女卑、男左女右的原则，分别列坐左右。中间则是普通老百姓站着看戏的地方。大堂古朴大方，两边摆放着全副仪仗。神坛上的扁鹊木像，手足一如常人，能屈能伸。在香案前还有一个处方号签筒，里面装有100支签码。这100支签码，大部分都是用药处方签，经专家、学者研究论证，确认这些药签用药分量适当、具有充分的医学道理。扁鹊庙后面是佛教场所大雄宝殿，正中供奉的是“三世佛”。四周的十八罗汉，分别为降龙、伏虎、笑狮、骑象、坐鹿、布袋、芭蕉、长眉、欢喜、沉思、过江、探手、

托塔、挖耳、看门、开心、举钵和静坐罗汉。这十八罗汉出自青田的一位泥塑家之手，一个个罗汉形象栩栩如生，经络分明，衣袖临风，是中国传统泥塑工艺和西方雕塑艺术完美结合的产物。更为珍贵的是此处与杭州灵隐寺的塑像是出自同一名师之手，据说这是大师的绝笔之作。

双门桥 Shuāngmén qiáo　我国有史料记载时间最早的木拱桥之一，比清明上河图中的虹桥还要早 100 多年。原是村口的风水桥，名“临清桥”。宋天圣二年（1024），兄长吴榖成为大济的第一位进士；宋景祐元年（1034），弟弟吴毂又中进士。十年内兄弟双双金榜题名，一时名震乡里。族人合议，决定在临清桥的两端各建造了一座木牌坊，以宣扬和激励后人，取名“双桂连坊”，即“一门双进士”之寓意，临清桥便改名为“双门桥”。双门桥是造桥木拱桥的代表，它的拱架结构与后来的木拱桥稍有区别，是从八字撑桥的基础上发展起来的。最为突出的特点是三节苗和五节苗相间交错排列，形成拱形木架梁。

古地道 Gǔ dìdào　大济村的地底下方圆 0.02 平方千米内分布着一个庞大的古地道群，呈网络状，相互贯通。经勘查目前已发现地道口有 7 处，用青砖筑成拱形的门洞就是古地道口。

古民居 Gǔ mínjū　明清时代的民居，巧妙利用大济南高北低的地形，一层坐南朝北，二层却利用回廊转朝南，整座建筑是前院套后院，大院套小院，统分结合，相得益彰。布局合理、墙高院深、工艺精湛、威严壮观，充分考虑防火、防风等安全因素，并兼顾观光、通行、实用。主要有修德堂、慎修堂、玉洁冰清、聿新堂、达德堂。

吴氏宗祠 Wúshì zōngcí　始建于宋皇祐元年（1049），至今已有 960 多年历史。门上方有“大理吴氏中宅祠堂”匾，“大理”二字源于宋王朝嘉封吴毂为大理寺评事，宋景祐元年（1034）又赐封其父吴崇煦为大理寺评事而得名。“中宅”二字意为吴氏后代繁荣昌盛，兴旺发达，以表尊敬祖辈。

大理吴氏中宅祠堂占地面积 600 多平方米，规模宏大，整体布局呈长方形，面阔五开间。务本堂是专门用来供放祖先牌位和处理宗族事情的场所。左右壁上的“四箴”（父子箴、夫妇箴、兄弟箴和朋友箴）是清代康熙年间大名儒——当湖陆珑琪在大济“日涉园”讲学时所书。

金甃街 Jīnzhòu jiē　从大济引旨门街，经接官亭，一条约 2.5 千米长、1.5 米宽石砌山路可通往庆元县城南门的官路，这就是“金甃街”，又称“秀才路”。因山而建，差不多一半为上山路，一半为下坡路。路面用巴掌大小青砖砌成（墁砌），经专家考证，为宋代烧制的“香糕砖”，砌出的图案或像“人”形，或像古“铜钱”形，做工精美，美观又牢固。

【月山风景区】　位于庆元县城东南 57 千米，海拔 820 米，举水乡政府所在地。境内峰峦叠嶂，山川景色秀丽清幽。月山村后山形如半月，村前溪水曲似银钩，村庄坐落其间，如同山环水抱的一轮圆月，故名月山。如龙桥、步蟾桥、来凤桥等六座古廊桥形如长虹卧波，亭台楼阁错落有致，展现出一幅“小桥、流水、人家”，恬然而优美的画卷，置身其中，宛若人间仙境。被誉为“庆邑之冠冕”。

月山村自古系闽浙通衢，有古道和福建省的寿宁、福安、政和以及浙江省的泰顺、平阳等县相通。明清时期一度人才辈出，人口繁衍，经济发达，商店林立，一派繁荣景象，并因此建立了“一都上管”，明末至民国初又改称为“逢源镇”“举水市”。崇文尚礼，尊儒重教之风，令许多文人雅士流连吟诵，美文雅韵，见诸繁帙。景宁潘云著文称"……采风问俗……必首推吴氏而以东庄为最"，这里的东庄即举水旧称；浏阳邹公至举溪，见民风醇厚，士风彬雅，在《游举水偶咏》中有"延陵礼让风常在，莫谓山城少太和"的赞美之词；邑侯关学优盛赞月山村为"濛洲第一庄"；邑侯王恒赞举水之美景曰："极目在高楼，山半碧，水如钩。扶舆钟毓真灵秀，兼艮之山，合坎之流。回环曲抱天然凑，待高秋桂花香透，群向广寒游。"月山村风光优美，民风淳朴，历史文化积淀深厚，自然景观和人文景观非常丰富，以"举溪八景""二里十桥"而闻名。现今举水境内有全国木拱廊桥中唯一的国家级文物保护单位如龙桥、省级文物保护单位吴文简祠以及县级文物保护单位来凤桥、步蟾桥、白云桥。并有耕坑桥、云泉寺、华光庙、马仙宫、圣旨门、荐元塔、复旦亭、望月亭等名胜。莲花山上的两株号称杉树王、闻名全国的"月山春晚"、造型奇特的石臼石洞及冰臼奇观。

月山晚翠 Yuèshān wǎncuì　月山村背靠一片半圆状的竹林，村庄民居也为半月形，溪水环绕，两个半月组成半翠半苍的圆月。黄昏时分，半月形的村庄已是炊烟袅袅，半月形的竹山显得格外宁静，山上那苍老的古松群和茂密的修竹，紧围着村庄，后山上的林木在淡淡的晚霞的映照下，显得格外明净，如水的月光洒在树叶上，还透出鲜翠斑驳的影子，那些漂亮的楼台像是在月山这面金镜里，苍松翠竹像是栽在这美丽的画图中，附近的如龙桥、来凤桥，似乎让人们对这仙乡月境更近了。

"八老爷"吴懋修追随鲁王反清复明，兵败后隐居故里，开始热衷于家乡的建设事业和著书立说。据说月山村后山上原来只是些稀稀落落的毛竹、松树之类，在吴文简祠竣工典礼上，吴懋修提出村庄的风景（水）规划：让半月形后山长满毛竹，并在半月边围种植松树，继而向后龙脉延伸至岗顶，形成游龙戏珠的格局。为了让全村群众重视此事，他宣布：后山竹林一律不许人畜入内损坏，犯者必罚，如有猪牛上山者则杀猪"散规"（按户分肉，以示惩戒）。谁知第二天早上就有人来报，后山竹林内有一头大肥猪正在拱笋，吴懋修着即派人去逮猪宰杀。这时又有人来报，这头猪正是老爷家的，吴懋修更是坚决果断："是我家的更应宰杀！"其实是他故意让家人放猪上山，然后再来"从我做起"的。由于"八老爷"这种模范作用，后山的苍松翠竹很快就繁茂起来。此后几百年，世事沧桑，治乱多变，半月山上的毛竹林始终未被人毁坏过，逐渐成为"月山晚翠"这一美景。

云泉晓钟 Yúnquán xiǎozhōng　云泉寺在月山村的西面，古树参天，花木掩映，危楼突兀，环境幽美，几百年来闻名遐迩。有诗赞：云泉寺由大雄宝殿、华光庙和观音阁及钟鼓楼联构而成，占地三亩多，建筑面积1600多平方米，它的来历还是一个谜，相传云泉寺是明末清初由吴懋修首倡修建的，寺内大雄宝殿右侧菩萨厅的梁上也有"建于大清顺治十七年"（1660）等字样，这与吴懋修兵败归隐故里的年代亦相吻合。但目前寺内的铁钟上铸有"明万历三十二年"（1604）的字样，比顺治十七年早了半个世纪。再从举水村《吴氏宗谱》记载看，在吴氏宗族第九代传人吴延岳（约出生于1205年）的事迹中有"公舍落岭东源尾等田，入云泉寺出家，法名如山"。此后经过多次的修建或扩建，规模不断扩大，内容不断增加，直到中华人民共和国成立前夕，它是庆元县东乡规模最为宏大、气势最为雄伟、保护最为完好的一座大寺庙。

云泉寺山门，迎面白粉墙上有"白云深处"几个大字，颇有"山门不闭待云封"的意境。观音阁的左侧有一座高耸的三层塔式钟鼓楼，著名景点"云泉晓钟"就是此处。据说当年晨钟敲响时，洪亮的钟声传出十余里。清澈甘甜的泉水从银屏峰流经该寺山门，它有一细流从幽洞经大雄宝殿后墙穿入至厨房前，然后从华光殿前面的放生池下喷涌而出，更给本庙增加天然景色。经郭公堂右侧有二侧门通往华光殿，该殿塑五显大帝神像，堂前有戏台、鱼池、回廊。过去每年一度举行盛大的大帝会，请来戏班演戏。据说这种别具一格的布局是当年吴懋修与南明弘光帝败退到福州时，聆听了福州鼓山寺方丈指教后设计的。

文奎高阁 Wénkuí gāogé　又称逢源书院，建于康熙元年(1662)，由里人吴如公倡建，清嘉庆十一年(1806)吴念祖捐修。由文昌阁和奎楼组成，文昌阁曲水回廊，奎楼供奉文曲星像，整体建筑端庄、典雅，飞檐翘角，据《吴氏家谱》记载，清监生吴怀德(1841—1916)于1911年废除科举制度后捐资改办为逢源镇高等小学，学校由乡贤吴师竹任校长。吴师竹早年毕业于丽水国语学校，所设的课程有修身、国语、算术、历史、地理、格致、体操、图画等。曾是全县最早国文教育的学校，还设立女子教学班。

宝塔东耸 Bǎo tǎ dōng sǒng　荐元塔，与步蟾桥遥遥相对。桥侧有一石岭，蜿蜒崎岖通往荐元塔，岭中有一亭，名曰"听鹿亭"(现仅存遗址)。相传古时村里有一老者喂养一只梅花鹿，鹿居此亭中，人驱不惧。老人以哨子引鹿，梅花鹿便知主人送食来，就会下山来，亭即得名于此。该塔六面，转角处都有一木柱竖在塔身塔砖内，塔内心有一巨柱，各层片都有木枋横贯塔身内外连着巨柱，外承腰檐，内安层板。塔内墙壁上多诗画，多系佛学经典和劝人勤学的文学典故。塔体用大仑砖砌筑，每层拱角外挑，塔基以块石垒砌制作，底层设一拱券门，门高1.5米，宽0.55米，每面隔层设一拱券窗口，塔檐翘角处系风铃，环塔栽梅柳，建筑格式颇具唐风。清咸丰五年(1855)遭雷击，塔顶二层被击毁，今剩五层。

银屏西峙 Yínpíng xīzhì　银屏山，亦称云屏山、岩斗山，主峰海拔1300余米，其岩巍屹，山中危岩峭壁，壑谷幽深，雾霭缭绕，四面陡峭，但顶部却很平坦。攀援其顶，可观日出，可听松涛。环顾四周，群山景色尽收眼底，极目远眺，周围可见巾子峰、福安的木场庵。在崖壁之上有称之为"仙草"的铁皮石斛和灵芝。

龙湫灵液 Lóngqiū língyè　云泉寺外，峭壁奇岩，鬼斧神工。山谷中，有一帘瀑布一波三折似从云霄中垂挂下来，从四五十米的石崖上腾空飞跃，喷薄出轻雾袅袅，龙潭里银珠溅跃，如珠落玉盘，把四周景色渲染得犹如一首醉人的山水诗，又仿佛是美妙的交响曲。清澈的山泉义无反顾地奔腾而下汇于举溪。龙潭深不见底，传说有龙隐潜其中，故叫"龙湫"。

虎胜奇岩 Hǔshèng qíyán　位于村首数百米。峭峻兀峙，形如斑虎伏山中，其四周有欲腾空而起的"天灯岩"、惟妙惟肖的"船岩"、锋利无比的"刀锋岩"、耸人听闻的"棺材岩"，怪石嶙峋，景象各异。云雾起时，忽隐忽现，恍如蓬莱仙境。岩缝中有一股清澈的泉水溢出，壁崖上有酷似甲骨文的"天书"，但民间相传"谁人识得此天书，宝藏洞门自然开"。崖壁上还真有看似一道门的石洞。"天灯岩"石壁底部有一石洞，石洞顶壁上有酷似龙鳞的七色石，五彩斑斓，像是彩龙附身。在壁下有一条狭长的一线天可望到山顶，可容一人匍匐前进，是上山的唯一通道，山上有野生铁皮石斛。

杉树王 Shānshù wáng　杉树王距月山村2.5千米莲花山上(周围的山像花瓣一样层层抱合，酷拟一朵莲花，得名“莲花山”，现已劈成茶园，修通通景公路)，有两株古杉树，长在“花蕊”处。大的一株高35米，经围5.55米，材积37立方米，全国第二位，浙江省第一位，另外一株略小。树龄700余年，虽多次遭受风雪雷电袭击，仍枝繁叶茂，像两柄倚天宝剑直刺苍穹，又像一对恩爱夫妻长相厮守，交相辉映。

冰臼群 Bīngjiùqún　举水乡绵延10余千米三条高山河谷中(后坑村溪谷一带)，有大量冰斗、冰川漂砾、冰碛砾石、冰蚀洼地和数百个冰臼(众多“口小、肚大、底平”石坑，酷似中国古代用于舂米的石臼)等第四纪冰川遗迹，大多呈河谷冰臼形态，量多面广(河谷冰臼群)，有的冰臼直径约6米、垂直深度12米以上，保存基本完好，是我国首次发现、最大规模的火山岩区第四纪冰川遗迹(火山岩区冰川遗迹)。

月山春晚 Yuèshān chūnwǎn　1981年春节，举水乡月山村举办的月山春晚，是中国最早的春晚，比央视还早了两年。已举办34届，反映了纯朴的农业文化、农村文化。

【双苗尖风景区】　位于洞宫山脉东南麓闽浙交界的江根乡境内，距县城90千米。以高山草甸、高山奇石、高山湿地而闻名。主峰含竹岘、同江根乡若坑村白鹤仙岩顶(榧子峰)两峰相望，故名。两尖之间及周围山坡均为草地，局部砂石裸露成片状，双苗尖数十平方千米的山岗缓坡，杜鹃遍野，形态各异的奇石星罗棋布，它们或形如走兽，或貌似飞禽，或酷似人像。在层层相叠中摇摇欲坠，或在集石成林中摆起“迷魂阵”；或清高孤立自成一体，并凌空飞架成天桥。有“神鬼显灵”“神剑劈石”等扑朔迷离的神话传说。在北侧山谷，还有一片面积15公顷左右的高山湿地，湿地中央有一泉终年喷涌，积水成潭，清澈见底。草因水而茂盛，水因草而涵养，彼此相互依存，相得益彰。每逢春夏之交，双苗尖高山草甸上百花齐放，百鸟争鸣，牛群游牧于山顶，或低头吃草，或散漫行走，它们与山花奇石相映成趣，景致悠然旖旎。

双苗尖 Shuāngmiáo jiān　双苗尖主峰含竹岘与白鹤仙岩顶(榧子峰)对峙相望。双苗尖主峰含竹岘海拔1626米，白鹤仙岩顶(榧子峰)海拔1525.1米，两座山像两棵茁壮成长的树苗，因而得名。榧子峰，光绪《庆元县志》卷一载:“榧子峰，为冈(江)根水头最高顶。上有铁香炉，风雨久侵，愈见光润，系万历年间飞来……”在双苗尖主峰，举目远眺，四下峰峦起伏，青山云海望不到边。是观日出的好去处。

大草甸 Dàcǎo diàn　山峰上的草甸，一大片高山湿地。草甸是红军训练场。又叫红军寨。1945年闽东特委派出一支游击队到这里搭棚扎营，队长沈宗文、指导员江作宇、宣金堂任群众工作组长，余三江是分队长兼文化教员，陈桂芳(绰号陈秥老)还配有一个机枪班。全队80余人，营房搭在米箩圩头山上。山林岘村的叶齐嬉老大娘等村民经常为红军游击队送米送盐送饭送药品。草甸在1960年为预防美蒋特务直升机在此降落，省军区曾在这里设有防空哨，派过武工队在此驻守，故这里草甸又叫飞机场。

六浪漈 Liùlàng jì　又叫鹿狼漈、六郎漈。“漈”就是悬崖。这里的漈，其实就是瀑。六浪漈，分六级，每级都好几丈高。水从上面冲下来，打在台阶上，飞起浪花，又冲向下一级……如此连续冲下飞起六次，才到漈底。

冶银洞 Yěyín dòng　是古人开采银矿的遗址，多开在棋盘塔山，有数十个。相距有近有远，洞有大有小，有高有低。高的有两层楼高，低的要弯着腰才能进去。洞内四通八达，有的还有楼上楼下，上下洞相连。有几个洞，进去一段路是平坦的，里面会突然下深，下面还有水，深不见底，丢下石块，好久才能听到响声。有的洞横向很深，这个洞进去，另一个洞出来。洞内非常潮湿、黑暗，是成千上万只蝙蝠生活的家园。

百丈漈 Bǎizhàng jì　是在龙井的下游，比六浪漈要高，不分级，只一个漈，下半漈是垂直的，上半漈还向外悬，与漈名相符，足有百丈之高，很是惊险。只得在漈尾观赏，绝不许到漈头去冒险观望。水从漈头飞出，就悬空落地，起溅白花。

【上洋湖风景区】　位于荷地镇苏湖村西北。高山湖泊，周围树木林立，湖畔水草茂盛，风景秀美。湖光景色优美秀丽，岸边松林茂盛，百草斗绿，其间又点缀着各色草木，远山近水与晴空融为一色，犹如幅巨大的彩色画卷。上洋湖一年四季美景纷呈，尤以天高气爽的秋天最为宜人。春日，湖上暖风吹拂，绿枝轻摇，微波荡漾；夏日，湖中青菡迷人，葱绿片片，嫣红点点；秋日，湖中芦花飞舞，水鸟翱翔；冬日，湖面虽暂失碧波，但银装素裹，分外妖娆。

【西洋殿休闲度假区】　位于百山祖西南麓五大堡乡西洋村，又称松源殿、菇神庙。西洋殿与浙江省重点文物保护单位“兰溪桥”珠联璧合，较好地展示了庆元的香菇文化和廊桥文化，已成为庆元的著名景观，景区内溪水环绕，林木葱郁，曲径通幽，酷似陶渊明笔下的桃源仙境。度假区总体面积约 13.3 公顷，主要功能区块分为景观游览区、吴公祠朝圣区、廊桥工艺探寻区、田园风光游览区。800 多年前，龙岩村人吴三公发明了香菇栽培技术，逐渐发展成为龙庆景三县菇民赖以生存的传统产业，明洪武皇帝特许龙庆景三县菇民制菇专利，吴三公因此被当地菇民膜拜为“菇神”。龙庆景三县菇民为感念香菇鼻祖吴三公，于南宋咸淳元年（1265）集资兴建西洋殿，几经修建，成为全国最大的菇神庙。

第二节　风景名胜点

中国庆元香菇博物馆 Zhōngguó qìngyuán xiānggū bówùguǎn　位于松源街道生态公园内，总占地面积 2380 平方米，总建筑面积 9852 平方米，项目总投资 1850 万元，是一家以香菇陈列为主体的专业性、综合性相结合的博物馆。以收集、保管、研究、陈列、展览有关香菇栽培综合科学、历史等方面的文物和标本为基本职能，馆内设有香菇之源、香菇之路、香菇之韵、香菇之问、香菇之歌五个主体功能展厅及临时展厅、休憩接待、情境体验、菇民戏台、外景等附属设施。

第一单元香菇之源展厅通过各种图表、器物、人物塑像、场景等手段，重点反映了 800 多年前，出生于庆元龙岩村的农民吴三发明了香菇人工栽培技术——砍花法，并传授给庆元、龙泉、景宁三县民众，开创了世界人工栽培香菇的先河；第二单元香菇之路展厅主要讲述了庆元香菇从明朝到新中国成立前所经历发展的道路。第三单元香菇之韵展厅通过场景模拟、山歌互动等方式展示独具特色的香菇文化。第四单元香菇之问展厅以展示菌类标本、知识互动等方式，介绍了蕈菌的学理常识、食用价值和药用价值等。第五单元香菇之歌展厅通过多媒体的手段讲述了庆元香菇所经历发展的道路，反映了香菇产业不断开拓创新、转型升级。是我国首家香菇专题性博物馆，为丽水市爱国主义教育基地。

中国庆元廊桥博物馆 Zhōngguó qìngyuán lángqiáo bówùguǎn　位于松源街道濛洲公园内，总面积约 3000 平方米，以廊桥为主题，集收藏、展示、宣传、教育、研究于一体，是弘扬传承庆元廊桥文化的重要窗口。2011 年 12 月 2 日正式开馆。为中国廊桥研究会庆元基地、省级非遗宣传展示基地、浙江省爱国主义教育基地、丽水市第一批社会科学普及基地、木拱桥传统营造技艺传承教学基地。

中国庆元廊桥博物馆建筑形态古朴典雅，采用“桥馆合一”的建筑理念，以单孔木拱廊桥外观诠释廊桥文化，并提炼风雨板、几何窗、藻井等廊桥元素与古典建筑风格协调统一。场馆整体既注重功能布局，又兼顾庆元廊桥之特点，造型飞檐翘角、雄浑大气；色调凝练沉稳、古朴庄重。

中国庆元廊桥博物馆陈列以“中国廊桥之乡”——庆元为切入点，兼具包容性及开放性，将中国木拱廊桥作为世界文化遗产加以展示，并以非物质文化遗产博物馆的角度，充分展现木拱廊桥的奇特技艺。同时，以庆元及周边地区廊桥遗存与廊桥文化为个案，重点剖析廊桥与自然、廊桥与人文的关系，以此全方位、多角度展示庆元廊桥丰富的文化内涵。

中国庆元廊桥博物馆基本陈列主题定名为“人间彩虹，梦幻廊桥”，分为序厅、历史篇——梦回廊桥、技艺篇——巧夺天工、自然篇——人间彩虹、人文篇——情有独钟、保护篇——牵手廊桥和结语七个部分，在陈列布展中突出庆元廊桥历史悠久、廊桥数量最多、技艺传承最完善等特点，并辅以多媒体投影、视频、音频播放；触摸查询及互动；大屏幕投影成像、三维动画、3D 投影无缝拼接技术等高科技手段，同时制作诸多形制各异的廊桥模型，使实物资料陈列与现代化艺术陈列手段有效结合，以此提升廊桥博物馆的展陈水平。

百山祖自然博物馆 Bǎishānzǔ zìránbówùguǎn　位于百山祖镇车根村，总面积 710 平方米，其中展厅部分为 540 平方米。2003 年建成，2011 年改建，收藏百山祖自然保护区分布的动植物的标本 1000 余件。整个展馆分为序厅、保护区自然概况、森林生态系统、动植物资源、科研与监测、保护与管理和领导关怀等七个单元，采用标本展出、图文展板、场景再现、多媒体解说和观众互动等展示手法，系统地介绍了保护区丰富的自然资源和生态文化。

银坑硐矿山地质公园 Yínkēngdòng kuàngshān dìzhìgōngyuán　位于淤上乡苍岱村后山上。以洞穴景观为主要特色，并有茂林修竹，奇花异草。银坑洞以“险、深、奇”独秀江南。整个景区有大小洞穴 1000 多个，其中较大的有 200 多个，是一个巨大的洞穴群。据《庆元县志》上记载：“银坑洞，在淤上乡苍岱村，明代，有大小矿洞 200 余个。”

小蓬莱亭 Xiǎopénglái tíng　位于松源街道咏归桥东，1987 年建成，亭高 3 米，钢筋混凝土歇山盖顶，由 4 支方形石柱支撑，三面临水，扶栏悬挑，设计小巧，别具匠心，系古“小蓬莱”亭之复原。光绪《庆元县志》卷一有记。三面临水，四周敞开，视野开阔。

濛洲桥 Méngzhōu qiáo 位于濛洲街道横城北路。长 114.67 米，两墩三跨，净跨 80.8 米，有廊屋 39 间，中部设立楼阁，桥两端设立桥亭，廊屋宽 5.4 米，九檩四柱两面坡屋顶。采用传统营造技艺建造，2006 年动工，2008 年建成。

象山宝塔 Xiàngshān bǎotǎ 位于松源街道会溪村象山。塔高 9 层 75.036 米，按照宋代宝塔风格加上现代建筑技艺设计建造，底座大回廊占地面积 300 多平方米，共 9 层，总高度 75.036 米，规模蔚为壮观。2007 年 4 月 8 日开工建设。传说，明朝庆元有个叫姚良的大官，曾想在庆元建个宝塔，后因种种原因未建成，留下了一个荒塔基，就是象山宝塔的基地。2008 年建成。

黄坑和谐亭 Huángkēng héxiétíng 位于隆宫乡黄坑溪中央。2008 年 10 月建成，占地 20 平方米，亭直径约为 6 米。

隆宫子孙亭 Lónggōng zǐsūntíng 位于隆宫乡政府驻地以北 150 米，净悟寺旁。2009 年 8 月建成，直径为 8 米，占地 30 平方米。因亭旁边有座净悟寺，命名为子孙亭，寓意保佑隆宫的子孙后代兴旺发达，健康平安。

小关小康亭 Xiǎoguān xiǎokāngtíng 位于隆宫乡小关村古树公园内，2007 年 12 月建成，占地面积 25 平方米，直径 6 米。小关村为省级新农村建设小康示范村，故名。

张地将军亭 Zhāngdì jiāngjūntíng 位于隆宫乡张地以北 1 千米，距黄坑 3 千米。1985 年 8 月建立，泥木结构，主要作用为等车、避雨等。张地有石将军传说，为纪念其威武神气的石将军，故名。

观豳亭 Guānbīn tíng 位于举水乡月山村村尾，建于清朝，2007 年筹资重建。豳出于《诗经·国风》中的《国风·豳风·七月》，反映了一年四季的劳动生活，此亭建在田中，可观看农民在田间的农作，故名。

复旦亭 Fùdàn tíng 位于举水乡月山村村中白云桥附近，系本村先祖、明兵部司务吴懋修隐归故里倡建的，2001 年村民在原址上筹资重建。因村形如月，需佐之以日，一日为旦，取日月长明之义，故名复旦。

揽翠亭 Lǎncuì tíng 位于举水至落岭公路上，可俯览整个月山村。2010 年兴建，揽有怀抱之意，此亭又是“月山晚翠”的观看点，故取名揽翠。

龙凤亭 Lóngfèng tíng 位于龙溪乡西溪村至兰头村公路上，西溪村往南 100 米处，龙凤亭各取龙溪、凤山一字得名，东面临山，西面环水。2006 年 10 月建成，占地面积 15 平方米，高约 3.5 米。

红心亭 Hóngxīn tíng 位于黄田镇崔上村张翼路，高 9 米，占地面积 30 多平方米，周围有两个纪念碑，2007 年投资 8 万元建成，以纪念革命先烈，故取名红心亭。

聚心亭 Jùxīn tíng 位于黄田镇黄坞村尾，村委会毗邻，四周都是居民房屋。2007 年 11 月村民捐资兴建。

黄坞亭 Huángwù tíng 位于黄田镇黄坞村尾，村委会毗邻，四周都是居民房屋。2007 年 11 月村民捐资兴建。

双溪村母子亭 Shuāngxīcūn mǔzǐtíng 位于黄田镇双溪廊桥右上边，桥下康庄（垟垄至双溪段）公路通过。2006 年 3 月兴建，总投资 8.6 万元，民工出勤 1300 工日，2008 年 3 月竣工桥上有观音佛母雕像，故名。

山头垄八角亭 Shāntóulǒng bājiǎotíng　位于黄田镇山头垄村尾，高 10 米，占地面积 20 多平方米，四周是山和田。始建于民国 10 年(1921)6 月，2010 年进行整修。

敬老亭 Jìnglǎo tíng　位于五大堡乡杨楼村，原来是一座木桥，2003 年村民自愿捐款建造。

怀念亭 Huái niàn tíng　位于百山祖镇斋郎村村头，2002 年建成。全县党员为纪念斋郎战役中英勇捐躯的红军先烈集资建立的。

最偏远行政村碑 Zuìpiānyuǎn xíngzhèngcūn bēi　位于官塘乡山头村外 60 米，碑高 6—7 米。山头村东和福建省寿宁县相邻，北与景宁接壤，距离庆元县城 113 千米，离省城有 500 多千米，是浙江省最偏远的行政村。

文昌桥 Wénchāng qiáo　位于濛洲街道大济村，长 16 米，宽 5 米，廊屋 5 间。2009 年 10 月建成，民间集资建造。

慈照桥 Cízhào qiáo　位于松源街道底村村，2008 年兴建。廊屋八间，造型独特，桥与东侧桥亭间设穿心门，二间升起三重檐歇山顶，施藻井，花岗石墁铺地面，两端桥亭及桥面当心升起重檐歇山顶，为典型的仿古建筑。

孔夫子桥 Kǒngfūzǐ qiáo　位于濛洲街道大坑村，2011 年兴建。净跨 23 米，矢高 7 米，桥长 48 米，面宽 6 米，廊屋 11 间，现代仿古石拱廊桥。

岙下桥 Aoxià qiáo　位于濛洲街道大坑村，原木平梁廊桥毁于风灾，1995 年重建，石拱廊桥。

双溪桥 Shuāngxī qiáo　位于黄田镇双溪村水口,1994 年兴建，长 19.65 米，面阔 5 米，廊屋 5 间。

第三节　自然保护区

百山祖国家级自然保护区 Bǎishānzǔ guójiājí zìránbǎohùqū　位于百山祖镇境内，总面积 10880.1 公顷，属武夷山系洞宫山脉，最高峰百山祖海拔为 1856.7 米。保护区内保存着大面积呈自然原生状态的森林生态系统和大量的野生生物物种。1992 年 10 月 27 日国务院批准将原庆元县百山祖和龙泉市凤阳山两个省级自然保护区合并扩建，升格为浙江凤阳山—百山祖国家级自然保护区。随后设立浙江凤阳山—百山祖国家级自然保护区管理局，下设百山祖管理处和凤阳山管理处。

浙江庆元国家森林公园 Zhèjiāng qìngyuán guójiā sēnlíngōngyuán　位于庆元林场境内。2010 年 12 月经国家林业局批准成立庆元国家级森林公园，定名为浙江庆元国家森林公园。2000 年 12 月，经浙江省林业厅批准成立浙江庆元巾子峰省级森林公园。2010 年 12 月，经国家林业局批准升级为浙江庆元国家森林公园。公园面积 2455.7 公顷，由巾子峰片区块、白坎区块、百丈峡区块三个独立区块组成。公园主要以森林植被景观、溪谷瀑潭和奇峰绝壁美景及高山湿地等景观。

庆元县兰溪桥自然保护小区 Qìngyuánxiàn lánxīqiáo zìránbǎohù xiǎoqū　位于濛洲街道东北部和五大堡西北部，距离县城 7 千米。小区面积 279.4 公顷，保护小区内有兰溪桥水库一座，以地得名。2001 年 4 月 2 日庆元县人民政府批准建立，2001 年 11 月 15 日浙江省林业局确认为省级重点自然保护小区。保护小区内有兰溪桥水库，以地得名。

庆元县马蹄岙红榜群落自然保护小区 Qìngyuánxiàn mǎtíào hóngkǎoqúnluò zìránbǎohù xiǎoqū　位于屏都街道菊水村西北方向，距菊水村约 3 千米。小区面积 308.3 公顷，保护小区内有马蹄岙水库一座，以地得名。2001 年 4 月 2 日庆元县人民政府批准建立，2001 年 11 月 15 日浙江省林业局确认为省级重点自然保护小区。保护小区内有兰溪桥水库，以地得名。

庆元县冷水垮自然保护小区 Qìngyuánxiàn lěngshuǐwān zìránbǎohù xiǎoqū　位于松源街道上庄村，距县城约 9 千米，小区面积 123 公顷。2001 年 4 月 2 日庆元县人民政府批准建立，2001 年 11 月 15 日浙江省林业局确认为省级重点自然保护小区。

庆元县黄坛墓庵山闽楠自然保护小区 Qìngyuánxiàn huángtánmùānshān mǐnnán zìránbǎohù xiǎoqū　位于竹口镇黄坛村，距县城约 27 千米，小区面积 9.6 公顷。2001 年 4 月 2 日庆元县人民政府批准建立，2001 年 11 月 15 日浙江省林业局确认为省级重点自然保护小区。

庆元县上洋南方红豆杉自然保护小区 Qìngyuánxiàn shàngyáng nánfānghóngdòushān zìránbǎohù xiǎoqū　位于竹口镇上洋村，距县城约 48 千米，小区面积 2.5 公顷。2001 年 4 月 2 日庆元县人民政府批准建立，2001 年 11 月 15 日浙江省林业局确认为省级重点自然保护小区。

庆元县傍山福建柏自然保护小区 Qìngyuánxiàn bàngshān fújiànbǎi zìránbǎohù xiǎoqū　位于岭头乡杨家庄村，距县城约 45 千米，小区面积 3.5 公顷。2001 年 4 月 2 日庆元县人民政府批准建立，2001 年 11 月 15 日浙江省林业局确认为省级重点自然保护小区。

庆元县白柘洋自然保护小区 Qìngyuánxiàn báizhèyáng zìránbǎohù xiǎoqū　位于官塘乡白柘洋村，该村地处庆元县东北部，距县城约 97 千米。1934 年 12 月，中国共产党在该村建立了庆元县第一个党支部。保护小区是在第一党支部纪念林的基础上建立起来，小区面积 30 公顷。2001 年 4 月 2 日庆元县人民政府批准建立，2001 年 11 月 15 日浙江省林业局确认为省级重点自然保护小区。

庆元县班岱后南方铁杉自然保护小区 Qìngyuánxiàn bāndàihòu nánfāngtiěshān zìránbǎohù xiǎoqū　位于松源街道班岱后村，距县城约 12 千米，小区面积 25.6 公顷。2001 年 4 月 2 日庆元县人民政府批准建立，2001 年 11 月 15 日浙江省林业局确认为省级重点自然保护小区。

第五编 专业部门

第一章　企　业

第一节　工业园区

五都工业园区 Wǔdōu Gōngyèyuánqū　位于松源街道，距县城 4.5 千米，占地面积 33.3 公顷。2009 年 6 月建成，有 10 多家规模较大的企业入驻，其中有浙江双枪竹木有限公司、奥盛特汽车零部件、奥杰特、大成等公司。主要产业类型为竹木制品、竹碳加工、汽摩配、彩印、食用菌深加工、水干果加工等。产值 28554 万元，工业税收 580 多万元。

北门工业园区 Běimén Gōngyèyuánqū　位于县城西部 0.5 千米，占地面积 18.7 公顷。主要产业类型为电子类和汽配类。有 9 家规模较大的企业，如瑞翔电机、欧派电装、麦高电子等公司，年工业产值 35707 万元，工业税收 500 多万元。

梦天工业园区 Mèngtiān Gōngyèyuánqū　位于濛洲街道县城东部 1 千米，占地面积 13 公顷。1989 年 9 月建立，有 3 家企业，规模大、历史长的是梦天木业有限公司，主要产业类型是木门、食用菌深加工、铅笔等。年工业产值 39500 万元，工业税收 1200 多万元。

东山垟工业园区 Dōngshānyáng Gōngyèyuánqū　位于县城西北部 4.5 千米，占地面积 16 公顷。创立于 2008 年，有 10 多家企业，主要产业类型是食品加工、铅笔、竹木加工。其中有斯大食用菌、江源菇品、绿尔佳食品、英标菇品、飞越制笔等主要企业，年工业产值 41747 万元，工业税收 400 多万元。

第二节　企业单位

浙江双枪竹木有限公司 Zhèjiāngshuāngqingzhúmùyǒuxiàn Gōng sī　位于松源街道会溪工业园路 57 号。有庆元、杭州、龙泉三大加工基地占地面积约 13 公顷，员工 1000 多名，年加工能力 3 亿多元。系浙江省竹制品协会会长单位，公司产品通过 ISO 9001 国际质量体系认证，通过美国 FDA、欧盟食品级环保测试。是筷子、砧板、牙签行业的领军企业。公司成立于 1995 年 7 月 15 日。“双枪”商标于 2007 年 10 月 19 日被认定为中国驰名商标。 2009 年，双枪公司被评定为国家级高新科技企业。

浙江梦天木业有限公司 Zhèjiāngmèngtiānmùyèyǒuxiàn Gōngsī　位于濛洲街道梦天工业园 1

号。占地面积5.7公顷，拥有钢结构标准化厂房建筑面积4.5万多平方米，有员工1200多人，形成年产45万套实木复合门的生产能力。是国内最早一家致力于研发、生产、销售木质复合门的知名企业。创办于1989年9月，称庆元县玻璃钢厂，注册资金30万元，员工22人，建筑面积400平方米，年产值100万元。1995年1月，更名为庆元县梦天实业有限公司，注册资金265万元，员工130人，建筑面积6000平方米，年产值600万元。2001年9月，更名为浙江梦天木业有限公司，注册资金800万元，员工480人，建筑面积55000平方米，产值5000万元。2008年3月，获得中国驰名商标称号。2010年，获得中国家居消费口碑榜金奖。

浙江三禾竹木有限公司 Zhèjiāngsānhézhúmùyǒuxiàn Gōngsī 位于庆元工业园区五都工业园香蕈大道3号，占地面积2公顷，标准化厂房19000平方米，主要产品有筷子、砧板、牙签（果叉）系列、垫子系列和果盘系列等。公司系浙江省“山海协作”工程重点项目，由宁波江海经贸有限公司和浙江庆元方圆工艺品有限公司于2004年1月合资创办。

浙江可信竹木有限公司 Zhèjiāngkěxìnzhúmùyǒuxiàn Gōngsī 位于黄田镇中心街街头，是一家专业生产竹胶合模板的企业，占地3公顷，拥有7条国内最先进的竹胶合模板生产线，年产竹胶模板350万平方米。主营竹胶合模板，其中包括了桥梁板、弧形板、铝合金专用模板、钢框模板等一系列中高档的建筑模板。

浙江天竹工贸有限公司 Zhèjiāngtiānzhúgōngmàoyǒuxiàn Gōngsī 位于庆元工业园区五都工业园香蕈大道8号，占地面积4公顷。公司创建于1997年，生产筷子、砧板、碗、铲、勺、盒等产品，占地面积4万多平方米，有员工1000余人。

浙江久灵笔刷有限公司 Zhèjiāngjiǔlíngzibǐyǒuxiàn Gōngsī 位于竹口工业园1号。占地面积1公顷。1999年成立，主要生产铅笔、化妆笔及口红、唇油等彩妆产品。其中公司主打的“飞雁”牌铅笔和“宁雪”牌化妆品已是浙江省知名商标，“飞雁”牌2B铅笔还被中国制笔协会指定为考试专用笔。

浙江富来森林产品有限公司 Zhèjiāngfùláisēnlínchǎnpǐn yǒuxiàn Gōngsī 位于屏都街道菊水村，占地面积4.3公顷，主要生产复合木门、空气净化门。2008年5月成立。

浙江昌达实业有限公司 Zhèjiāngchāngdáshíyèyǒuxiàn Gōngsī 位于屏都街道菊水工业园区2号，主要生产特种瓦楞纸、纸板制造、纸制品、纸箱。2008年成立。

浙江攀首文具有限公司 Zhèjiāngpānshǒuwénjù yǒuxiàn Gōngsī 位于屏都街道菊水街103号。占地面积0.52公顷，建筑占地3732平方米，建筑面积5190平方米。主产铅笔等文具，2000年5月成立。

浙江鸿星文具有限公司 Zhèjiānghóngxīngwénjùyǒuxiàn Gōngsī 位于竹口工业园西区8号，占地面积0.33公顷，厂房建设24000平方米，主要生产铅笔橡皮擦。2000年创办，2003年5月通过ISO 9001:2000国际质量体系认证，公司产品获得欧洲EN71-9标准证书和美国ASTM-4236安全证书，拥有自主品牌和自营进出口权。现有厂房2万平方米，工人200余人，年产3.5亿支铅笔。

浙江大成汽摩部件有限公司 Zhèjiāngdàchéngqìmóbùjiàn yǒuxiàn Gōngsī 位于庆元工业园

区五都工业园香蕈大道 25 号。占地面积 1.1 公顷，建筑面积 6900 多平方米。主要生产“温驰”牌摩托车手把闸门开关、电门锁和汽车零部件等系列产品。1996 年创建。

庆元县梦圆竹木制品有限公司　Qìngyuánxiànmèngyuánzhúmù zhìpǐnyǒuxiàn Gōngsī　位于屏都街道菊水街 101 号，占地面积 0.75 公顷，建有花园式厂房 6000 平方米，主要生产竹凉席、工艺筷、竹砧板、竹家具板等竹制工艺品。1994 年创建。

浙江春尔工程塑料有限公司　Zhèjiāngchūněrgōngchéngsù liàoyǒuxiàn Gōngsī　位于五都工业园香蕈大道 11 号，占地面积 1 公顷，标准化厂房 6817 平方米，是一家生产工程塑料的企业，产品广泛用于工艺装饰品、日用品、电气、汽车配件及建筑装饰用品等。2007 年创办。

浙江节节高炭业有限公司　Zhèjiāngjiējiēgāotànyèyǒuxiàn Gōngsī　位于庆元工业园区五都工业园香蕈大道 7 号，占地面积 1 公顷，标准化厂房 15000 平方米。是生产竹炭及其保健制品的综合型企业，产品有净化系列、汽车用品系列、足品系列、工艺、礼品系列、家纺系列、洗护系列、原炭系列、纤维系列八大系列 300 多个品种。2002 年 7 月成立。

浙江博源彩印包装有限公司　Zhèjiāngbóyuáncǎiyìnbāozhuāngyǒuxiàn Gōngsī　位于庆元工业园区五都工业园曙光路 4 号，占地面积 0.8 公顷。公司拥有日本小森丽色龙对开四色机、单色机、自动上光机、自动糊盒机、压痕机、覆膜机等全套设备，集印刷、设计、模具制作于一体。1999 年成立，2004 年改称浙江博源彩印包装有限公司。

庆元县绿尔佳食品有限公司　Qìngyuánxiànlǜěrjiāshípǐn yǒuxiàn Gōngsī　位于庆元县工业园区东山垟工业园 3 号，是一家专业生产、研发、加工、销售各种食药用菌细粉及干品、菌菇精品小包装的现代化企业，生产保健食品、面制品、调味品、生物制品配料。成立于 2004 年。

庆元县绿园食品有限公司　Qìngyuánxiànlǜyuánshípǐnyǒuxiàn Gōngsī　位于庆元工业园区东山垟工业园 3 号，是一家专业从事各种食用菌超微细粉、食用菌干品、食用菌罐头、食用菌提取物及其他农副土特产出口的农业龙头企业。1998 年成立。

浙江元康食品有限公司　Zhèjiāngyuánkāngshípǐnyǒuxiàn Gōngsī　位于庆元工业园区五都工业园曙光路 9 号，占地面积 0.2 公顷，标准化厂房 10000 平方米，主要新产品有：食用菌系列产品，香菇粒、片、条、丝，银耳，银耳羹，食用菌罐头等。1997 年成立。

浙江百兴食品有限公司　Zhèjiāngbǎixìngshípǐnyǒuxiàn Gōngsī　位于庆元工业园区五都工业园香蕈大道 5 号，占地面积 0.9 公顷，标准化厂房 5400 平方米，主要产品有百山祖菇酱系列、菌菇小菜系列、馋嘴菇系列、有机野生系列产品。1996 年成立。

浙江庆元欧迪实业有限公司　Zhèjiāngqìngyuánōudíshíyè yǒuxiàn Gōngsī　位于黄田镇工业区 1 号，占地面积 3 公顷。是一家集化妆品、铅笔、橡皮的研发、制造、销售服务为一体的大型综合性企业，年生产能力 3 亿多元，拥有自营进出口权。由成立于 1982 年的原浙江省庆元浙南铅笔有限公司更名而来。

庆元县贝斯特软化板有限公司　Qìngyuánxiànbèisītèruǎn huàbǎnyǒuxiàn Gōngsī　位于竹口镇竹下工业区，占地面积 0.2 公顷，标准化厂房 1500 平方米，主要生产软化铅笔板。是县民政办福利企业，省重点出口软化板企业。2004年7月创办。

浙江省庆元永昌电器有限公司 Zhèjiāngshěngqìngyuányǒng chāngdiànqìyǒuxiàn Gōngsī 位于庆元工业园区五都工业园曙光路6号，占地面积0.5公顷，标准化厂房7000平方米。主要生产水位开关、连接器、线束等。是一家集研发、生产、营销于一体的连接系统方案提供商。

浙江江源菇品有限公司 Zhèjiāngjiāngyuángūpǐnyǒuxiàn Gōngsī 位于庆元工业园区东山垟工业园2号，占地面积0.8公顷，标准化厂房、车间6300平方米，主要经营香菇、木耳等食用菌系列产品的培植、生产、加工、销售。

庆元县飞越制笔有限公司 Qìngyuánxiànfēiyuèzhìbǐyǒuxiàn Gōngsī 位于庆元县工业园区东山垟工业园7号，占地面积0.7公顷，标准化厂房，建筑4000多平方米。创办于2002年6月，2008年由洋墩搬到现址。

浙江安南炭业科技有限公司 Zhèjiāngānnántànyèkējìyǒuxiàn Gōngsī 位于庆元工业园区东山垟工业园4号，地面积1.2公顷，主要生产竹炭鞋垫、竹炭床垫、竹炭凉席、除臭炭包等竹炭系列产品。公司与浙江林学院合作，是一家集竹炭新产品开发与生产加工于一体的科技型农业龙头企业，创建于2004年。

浙江永丰木业有限公司 Zhèjiāngyǒngfēngmùyèyǒuxiàn Gōngsī 位于庆元工业园区五都工业园香蕈大道6号，占地面积1.3公顷，现代化标准厂房10200平方米。主要生产竹木制品、家具、装潢材料制造、木门及门框、竹木砧板等产品。创建于1995年11月。

浙江瑞庆汽车零部件有限公司 Zhèjiāngruìqìngqìchēlíng bùjiànyǒuxiàn Gōngsī 位于庆元工业园区五都工业园香蕈大道29号，占地面积3公顷，主要生产各类车型的汽缸盖以及滤清器。是一家专业从事滤清器汽缸盖的研制和开发的现代化企业。创于2008年。

浙江国亨滤纸有限公司 Zhèjiāngguóhēnglǜzhǐyǒuxiàn Gōngsī 位于庆元工业园区东山垟工业园6号，主要生产优质汽车滤纸。2007年创办。

浙江光辉工具有限公司 Zhèjiāngguānghuīgōngjùyǒuxiàn Gōngsī 位于庆元工业园区东山垟工业园10号，占地面积2.9公顷，厂房10750平方米。是国内专业的可调节螺旋夹钳主要生产企业之一，是一家集开发、生产和销售为一体的外向型企业。成立于1998年10月，称庆元县光辉木制五金工艺厂。2008年7月搬入现址。

丽水缙庆金属制造有限公司 Lìshuǐjìnqìngjīnshǔzhìzào yǒuxiàn Gōngsī 位于庆元工业园区东山垟工业园11号，占地面积1.3公顷，厂房2400平方米。从事五金表面处理电镀加工。创立于2007年。

庆元县菇星节能机械有限公司 Qìngyuánxiàngūxīng iēnéng jīxièyǒuxiàn Gōngsī 位于庆元工业园区东山垟工业园8号，占地面积0.7公顷。创建于1996年，前身为庆元县菇星节能机械研究所。2007年进入现址。

庆元县红树实业有限公司 Qìngyuánxiànhóngshùshíyèyǒuxiàn Gōngsī 位于屏都街道菊水街117号，占地面积1.5公顷，厂房9600平方米，主要生产瓦楞纸箱、纸板、彩印包装、纸制品（礼品袋、纸筒)。是丽水市最大的集生产、销售、运输为一体的包装龙头企业。1997 年创立庆元县纸箱厂;2000 年 3 月更名。

浙江鑫光工贸有限公司　Zhèjiāngxīnguānggōngmàoyǒuxiàn Gōngsī　位于庆元工业园区东山垟工业园 5 号,占地面积 1.5 公顷,厂房 2 万多平方米。新建路 65 号和会溪工业园 17 号有分公司,是一家以开发、生产和销售筷子、砧板、竹家具、工艺品的新兴企业。有员工 400 余人,研发人员 60 多人。创立于 2001 年。

庆元县菇城正扬气体有限公司　Qìngyuánxiàngūchéngzhèngyángqìtǐyǒuxiàn Gōngsī　位于松源街道会溪工业园路 8 号,内设有大型的地下储气罐,主要为城区及周边地区提供液化气销售。2008 年,由正扬经贸公司与菇城液化气公司合并而成。

浙江三江源农业发展有限公司　Zhèjiāngsānjiāngyuánnóng yèfāzhǎnyǒuxiàn Gōngsī　位于庆元县工业园区东山垟工业园 1 号,占地面积 0.6 公顷,厂房 4229.52 平方米,是一家集农产品种养、加工、销售为一体的市级农业龙头企业,主要经营庆元名、特、优农副产品。创立于 2004 年 4 月 16 日,原名庆元县三江源农业发展有限公司,2007 年 4 月 24 日石龙街 25 号搬迁至现址,2007 年 5 月 8 日更名。

庆元县万成实业有限公司　Qìngyuánxiànwànchéngshíyèyǒuxiàn Gōngsī　位于庆元工业园区五都工业园曙光路 8 号,占地面积 0.5 公顷,主要产品有天堂山锥栗、吊瓜子、金瓜子等坚果系列及食用菌系列。1998 年创建,2009 年扩建。

浙江大山合菇业有限公司　Zhèjiāngdàshānhégūyèyǒuxiàn Gōngsī　位于濛洲街道梦天工业园 2 号。占地面积 1 万平方米,建筑面积 1.3 公顷。主要生产真菌提取物、植物提取物、破壁灵芝孢子粉及胶囊;食用菌调味品、干鲜果品、蔬菜、土畜产品等农副产品。1995 年 2 月成立。

浙江庆元县新华书店有限公司　Zhèjiāngqìngyuánxiànxīnhuáshūdiànyǒuxiàn Gōng sī　位于松源街道石龙街 38 号, 建筑面积 2355.11 平方米。1955 年 5 月成立,1973 年由府后街迁入现址。2003 年 1 月改名。

庆元县邮政局　Qìngyuánxiànyóuzhèng Jú　位于濛洲街道濛洲街 190 号,占地面积 4509.28 平方米,建筑面积 3775.62 平方米。1975 年 11 月,复县后恢复邮电局,从云鹤路 1 号迁石龙街 40 号。1998 年 9 月,邮电分营,成立邮政局。2000 年 10 月,搬迁至濛洲街 190 号。

2014 年年底庆元县金融机构一览表

表 5-1-1

序号	单　　位	地　　址
1	中国人民银行庆元县支行	濛洲街道云鹤路 20 号
2	中国工商银行股份有限公司庆元支行	松源街道石龙街 32 号
3	中国农业银行股份有限公司庆元县支行	濛洲街道石龙街 96 号
4	中国银行股份有限公司庆元县支行	濛洲街道濛洲街 160 号

续表 5-1-1

序号	单　　位	地　　址
5	中国建设银行股份有限公司庆元支行	濛洲街道云鹤路 18 号
6	中国农业发展银行庆元县信贷组	濛洲街道濛洲街银泰丽晶城 21-1 号
7	中国邮政储蓄银行股份有限公司庆元县支行	濛洲街道濛洲街 190 号
8	浙江庆元农村商业银行股份有限公司	濛洲街道云鹤路 3 号
9	浙江庆元泰隆村镇银行股份有限公司	濛洲街道横城南路 17 号
10	浙江稠州商业银行股份有限公司丽水庆元小微企业专营支行	濛洲街道石龙街 118 号
11	中国人民财产保险股份有限公司庆元支公司	濛洲街道云鹤路 21 号
12	中国人寿保险股份有限公司庆元县支公司	濛洲街道沁心园 A 幢(C41\C23)号及二楼 1、2 号
13	中国人寿财产保险股份有限公司庆元县支公司	濛洲街道沁心园商铺 5 幢 C14 号及 2 楼商住房
14	中国太平洋财产保险股份有限公司庆元支公司	濛洲街道云鹤路 26 号
15	中国人民人寿保险股份有限公司庆云县支公司	濛洲街道聚丰佳园商铺 50 号、51 号一楼、二楼
16	中国银河证券股份有限公司庆元濛洲街证券营业部	濛洲街道濛洲街 160 号中行三楼

第二章　实体单位

第一节　党政机关

庆元县党政机关一览表

表 5-2-1

名　　　称	位　　置
中国共产党庆元县委员会	松源街道石龙街 32 号
庆元县人大常委会	松源街道石龙街 32 号
庆元县人民政府	松源街道石龙街 32 号
中国政协庆元县委员会	松源街道石龙街 32 号
庆元县人民法院	濛洲街道濛洲街 199 号
庆元县人民检察院	濛洲街道濛洲街 203 号
中共庆元县纪律检查委员会	松源街道石龙街 32 号
中共庆元县委组织部	松源街道石龙街 32 号
中共庆元县委宣传部	松源街道石龙街 32 号
庆元县新闻中心	濛洲街道横城北路 6 号
中共庆元县委统一战线工作部(民宗局)	松源街道石龙街 32 号
中共庆元县委政法委员会	松源街道石龙街 32 号
庆县直属机关工作委员会	松源街道石龙街 32 号
庆元县编委办	松源街道石龙街 32 号
中共庆元县委老干部局	松源街道竹坑路 67 号
中共庆元县委党校	濛洲街道松源街 63 号
中共庆元县委信访局	松源街道石龙街 32 号
庆元县委农村工作办公室	濛洲街道松云巷 16 号
庆元县档案局	松源街道石龙街 32 号
庆元县创建办	濛洲街道横城北路 10 号
庆元县精神文明委员会办公室	濛洲街道横城北路 10 号

第二节 群众团体

庆元县群众团体一览表

表 5-2-2

名　　　　称	位　　置
庆元县总工会	松源街道咏归路 10 号
共青团庆元县委员会	松源街道石龙街 32 号
庆元县妇女联合会	濛洲街道祥云路 1 号
庆元县科学技术协会	濛洲街道松源街 63 号
庆元县残疾人联合会	濛洲街道云鹤路 28 号
庆元县工商业联合会	濛洲街道横城北路 10 号
庆元县文学艺术联合会	松源街道濛洲街 132 号

第三节 政府机构

庆元县政府机构一览表

表 5-2-3

名　　　　称	位　　置
庆元县发展和改革局	松源街道石龙街 9 号
(庆元县统计局)	松源街道石龙街 32 号
庆元县经济商务局(招商局)	濛洲街道松源街 63 号
庆元县教育局	濛洲街道石龙街 31 号
庆元县科学技术局(地震局)	濛洲街道松源街 63 号
庆元县公安局	松源街道濛洲街 91 号
(县交警大队)	松源街道新建路 48 号
庆元县民政局	濛洲街道横城南路 18 号
庆元县司法局	濛洲街道横城北路 8 号
庆元县财政局(地税局)	濛洲街道濛洲街 198 号
庆元县人力社保局	松源街道石龙街 32 号
(县社保局)	松源街道石龙街 32 号
庆元县国土资源局	濛洲街道云鹤路 5 号
庆元县建设局	濛洲街道石龙街 70 号
庆元县交通运输局	松源街道松源街 6 号
(庆元县公路管理局)	松源街道松源街 8 号
(庆元县道路运输管理局)	濛洲街道大济路 168 号

续表 5-2-3

名　　　　称	位　　置
庆元县农业局	濛洲街道石龙街 25 号
(庆元县食用菌管理局)	松源街道新建路 138 号
(庆元县畜牧兽医局)	濛洲街道龙湫路 76 号
庆元县林业局	松源街道教场路 86 号
(庆元县公安局森林分局)	松源街道教场路 86 号
(庆元林场)	屏都街道八都大街 18 号
庆元县水利局	松源街道石龙街 7 号
庆元县文化广电新闻出版局(体育局)	濛洲街道云鹤路 24 号
庆元县卫生和计划生育局	松源街道星光路 4 号
(庆元县红十字会)	松源街道星光路 4 号
(庆元县人民医院)	松源街道学后路 34 号
(县中医院)	濛洲街道石龙街 72 号
庆元县审计局	濛洲街道市场路 6 号
庆元县安全生产监督管理局	濛洲街道濛洲街 197 号
庆元县环境保护局	濛洲街道云鹤路 3 号
庆元县市场监督管理局(工商局、食药监局)	濛洲街道濛洲街 197 号
庆元县质量技术监督局	濛洲街道龙洲西路 15 号

第四节　县属单位

庆元县县属单位一览表

表 5-2-4

名　　　　称	位　　置
庆元县风景旅游局	濛洲街道松源街 63 号
庆元县人民政府行政审批(公共资源)中心	濛洲街道市场路 3 号
庆元县工业园区管理委员会	松源街道石龙街 7 号
庆元县国有资产营运有限公司	濛洲街道龙洲西路 15 号
庆元县广播电视台	濛洲街道祥云路 4 号
浙江省庆元县供销合作社联合社	濛洲街道石龙街 48 号
丽水市住房公积金管理中心庆元分中心	濛洲街道石龙街 58 号
庆元县人民防空办公室	濛洲街道石龙街 25 号
庆元县社会服务管理指挥中心	濛洲街道大济路 168 号

第五节　省市属单位

庆元县省市属单位一览表

表 5-2-5

名　　称	位　　置
百山祖管理处	松源街道济川路 97-1 号
庆元县国税局	濛洲街道濛洲街 179 号
庆元县供电局	濛洲街道濛洲街 201 号
庆元县邮政局	濛洲街道濛洲街 190 号
庆元县烟草局	濛洲街道濛洲街 188 号
庆元县气象局	濛洲街道小济路 11-1 号
中国移动庆元分公司	濛洲街道云鹤路 30 号
中国联通庆元分公司	濛洲街道云鹤路 2 号
浙江省庆元广播转播台	濛洲街道大济洋路东六弄 35 号

第六节　乡（镇）街道办事处

庆元县乡（镇）街道办事处一览表

表 5-2-6

名　　称	位　　置
庆元县人民政府濛洲街道办事处	濛洲街道后田街 1 号
庆元县人民政府松源街道办事处	松源街道新建路 126 号
庆元县人民政府屏都街道办事处	屏都街道八都大街 239 号
竹口镇人民政府	竹口镇竹下村老公路 75 号
黄田镇人民政府	黄田镇东西村中心街 1 号
荷地镇人民政府	荷地镇荷地村街南路 16 号
左溪镇人民政府	左溪镇左溪村机关路 9 号
贤良镇人民政府	贤良镇贤良村贤良街 39 号
百山祖镇人民政府	百山祖镇车根村林学路 8 号
淤上乡人民政府	淤上乡山根村山根公路 57 号
隆宫乡人民政府	隆宫乡隆宫村中心街 300 号
安南乡人民政府	安南乡安溪村新建路 71 号
五大堡乡人民政府	五大堡乡大堡村过桥路 2 号

续表 5-2-6

名　　　称	位　　置
张村乡人民政府	张村乡张村村张村街 5 号
岭头乡人民政府	岭头乡岭头村府前路 6 号
举水乡人民政府	举水乡月山村环月街 36 号
龙溪乡人民政府	龙溪乡西溪村凤洋路 20 号
江根乡人民政府	江根乡江根村中心路 8 号
官塘乡人民政府	官塘乡官塘村兴塘路 6 号

第七节　其他团体

庆元县其他团体一览表

表 5-2-7

名　　　称	位　　置	成立时间
庆元县香菇研究会	松源街道教场路 8 号	2009 年 12 月
庆元县工商行政管理学会	濛洲街道濛洲街 197 号	2004 年 12 月
庆元县知识界人士联谊会	松源街道石龙街上 2 号	2007 年 7 月
庆元县温州商会	濛洲街道横城北路 10 号	2008 年 4 月
革命老区开发建设促进会	濛洲街道横城南路 18 号	2007 年 11 月
庆元县竹产业行业协会	松源街道教场路 86 号	2007 年 12 月
庆元县餐饮业协会	濛洲街道濛洲街 201 号	2007 年 11 月
庆元县农家乐协会	濛洲街道祥云路 1 号	2006 年 11 月
庆元县慈善总会	濛洲街道横城北路 8 号	2005 年 12 月
庆元县农民专业合作社	濛洲街道石龙街 48 号	2005 年 11 月
古廊桥保护与开发协会	濛洲街道云鹤路 24 号	2005 年 12 月
庆元县计划生育协会	松源街道石龙街 32 号	2002 年 10 月
庆元县教育学会	濛洲街道石龙街 31 号	2002 年 10 月
庆元县消费者协会	濛洲街道濛州街 197 号	2002 年 10 月
庆元县食用菌协会	松源街道新建路 138 号	2002 年 10 月
庆元县农学会	濛洲街道石龙街 25 号	2002 年 10 月
庆元县农产品经纪人协会	濛洲街道石龙街 48 号	2008 年 8 月
庆元县质量技术监督协会	濛洲街道龙洲西路 15 号	2002 年 10 月
庆元县预防医学会	松源街道工业路 18 号	2002 年 10 月
庆元县中医学会	濛洲街道石龙街 72 号	2002 年 10 月

续表 5-2-7

名　　称	位　　置	成立时间
庆元县医学会	松源街道学后路 34 号	2002 年 10 月
庆元县福利企业协会	濛洲街道横城南路 18 号	2004 年 10 月
庆元青少年科技教育协会	濛洲街道濛洲街 63 号	2002 年 10 月
庆元县离退休教师协会	濛洲街道石龙街 31 号	2002 年 10 月
庆元县药学会	濛洲街道石龙街 66 号	2002 年 10 月

第八节　林农畜场

庆元林场 Qìngyuán Línchǎng　场部设在屏都街道八都大街 18 号。1954 年 12 月成立浙江省庆元县八都林场。1957 年 8 月 8 日，与和山森林经营所合并，改名为庆元县庆元林场。庆元林场下设千岗坑、大洋、白岭头、卢峰、隆宫、八都共 6 个林区，经营总面积达 5835.6 公顷，其中千岗坑林区面积 1031.1 公顷，大洋林区面积 1535.5 公顷；白岭头林区面积 1511.5 公顷；卢峰林区面积 796.7 公顷；隆宫林区面积 7857 公顷；八都林区面积 175 公顷。

庆元县万里林场 Qìngyuánxiànwànlǐ Línchǎng　场部设在百山祖镇车根村林学路 1 号，创建于 1958 年 10 月，下设茶木淤、百山祖、车根、出水岙、五岭坑、大湾栏、十九源 7 个林区。经营总面积 3832 公顷。

庆元县实验林场 Qìngyuánxiànshíyàn Línchǎng　场总部设在松源街道新建路 140 号，前身为庆元县营林公司，创建于 1982 年，1986 年县林科所并入营林公司，2009 年 1 月 4 日，经浙江省林业厅批准，庆元县营林公司正式转为国有林场，并命名为庆元县实验林场。下设城郊、洋岁、竹口、白沙、交溪门、南阳 6 个林区和 1 个国家珍贵树种良种基地(长坑林木良种繁育基地)。经营面积 7400 公顷，分布于庆元县黄田镇、竹口镇、淤上乡等 14 个乡镇，黄坛、大泽、新窑、下济等 128 个行政村。

庆元县永青国有林场 Qìngyuánxiànyǒngqīngguóyǒu Línchǎng　林场总部设在松源街道新建路 9 号。由 1988 年成立的庆元县郊林林业产业站林场及 1998 年成立的庆元县竹口林业产业站林场、新村林业产业站林场、荷地林业产业站林场、菊隆林业产业站林场等 5 个独立核算的林业产业站林场和 1993 年成立的庆元县竹业公司合并组建成的国有林场，并于 2014 年 11 月 20 日正式挂牌成立，命名为庆元县永青国有林场。庆元县永青国有林场下辖城郊、竹口、菊隆、荷地、新村、左溪、小安 7 个林区。经营面积 13413.3 公顷，分布在庆元县 19 个乡镇 126 个行政村范围内部分集体林和国有林。

庆元县种畜场 Qìngyuánxiàn Zhǒngchùchǎng　位于濛洲街道市场路 2 号，前身为 1952 年成立的国营庆元农场。1955 年 9 月，温州市 100 余名社会青年下放庆元，与农场合并成立温州专区第一垦荒高级社，后更称庆元县种畜场，从事繁育良种猪畜。1962 年 4 月场部设周墩村省里，面积

3.3 公顷。

庆元县良种繁育场 Qìngyuánxiànliángzhǒngfányù Chǎng　位于濛洲街道洋心村庙下 1 号，1977 年 2 月成立。经营面积 24.4 公顷。

庆元县农垦特产场 Qìngyuánxiànnóngkěntèchǎn Chǎng　位于竹口镇黄坛村桥头路 7 号，1980 年 4 月创建，经营面积 33.7 公顷。

浙江省庆元茶场 Zhèjiāngshěngqìngyuán Cháchǎng　位于松源街道薰山下村。1980 年 3 月成立。

第三章　教育　文化　卫生

第一节　教　　育

【中等教育】

浙江省庆元中学　Zhèjiāngshěngqìngyuán Zhōngxué　位于濛洲街道濛洲街218号，前身称庆元县立简易师范学校，民国31年(1942)创建，1949年改为庆元县立初级中学。1958年增设高中班，改称浙江省庆元中学，10月庆元并入龙泉县，校名又改为龙泉县庆元中学。1966年，“文化大革命”开始，学校停止招生。1969年9月，恢复招收初中生，并改名为龙泉县红旗第二中学。1971年，重设高中部，招收高中学生37人。1972年1月，复名龙泉县庆元中学。1975年，庆元复县，恢复原校名浙江省庆元中学。1981年，为省80所重点中学之一。理化生实验室、计算机、语音、劳技、音美等专用教室和教学生活设施，按省一级重点中学要求配置。2002年8月，学校由石龙街搬迁至濛洲街。2014年年底，拥有教学班级45个，在校学生2139人，教职工180人，其中专任教师154人。校园占地面积88866平方米，校舍面积42021平方米，有图书74051册。

庆元县职业高级中学　Qìngyuánxiànzhíyègāojí Zhōngxué　位于松源街道云鹤路98号，前身是1983年9月开办，并附设于城郊中学的职业高中班。1984年3月创办职业中学，仍附设在庆元二中，1986年8月迁至现址，1988年正式挂牌庆元县职业高级中学，2002年8月，县城教育资源整合，二中迁址，校舍全部并入该校。2004年2月，列为省二级重点中等职业学校；2006年12月，列为省一级重点职业学校；2011年5月，列为国家级重点中等职业学校。2014年，有教学班级47个，在校学生2002人，教职工人163人，其中专任教师142人。有图书45400册，计算机630台。占地面积77855平方米，其中绿化用地面积10000平方米、运动场地面积8000平方米。校舍建筑面积47189平方米。

庆元县濛州高级中学　Qìngyuánxiànméngzhōugāojí Zhōngxué　位于松源街道云鹤路98号。创办于2011年，与县职业高级中学同一校址，同一套校班子。2014年，有教学班级12个，在校学生425人，教职工42人，其中专任教师22人。占地面积7000平方米，校舍面积1800平方米，有图书1万册。

【义务教育】

庆元县第二中学　Qìngyuánxiàndìèr Zhōngxué　位于濛洲街道石龙街33号，前身为创办于

1979年8月的城郊中学。1983年9月，开办附设职业高中班。1984年3月，改称庆元县第二中学。1986年8月，附设职业高中班与该校分离独立建校。2002年8月，县城教育资源整合，从云鹤路98号迁现址。2004年9月，列为浙江省示范性初中。2014年，有教学班级30个，在校学生1474人，教职工116人，其中专任教师104人。占地面积22649平方米，校舍建筑面积7299平方米，有图书51405册。

庆元县第三中学　Qìngyuánxiàndìsān Zhōngxué　位于濛洲街道周墩路1号，原为城郊、万里林两区联办的农村初级中学，称郊林中学。2004年，升格为县直属第三所普通中学。2006年9月，创办于1989年11月的新村二中(后改称五大堡中学)并入该校。2011年，创办于1976年的新村中学于并入该校。2014年，有教学班级36个，在校学生1774人，教职工128人，其中专任教师118人。占地面积31494平方米，校舍面积19670平方米，有图书64349册。

庆元县菊隆中学　Qìngyuánxiànjúlóng Zhōngxué　位于屏都街道八都大街203号，1976年9月创办于菊水村对面的山坳(犬头山)，1976年至1979年，在连办三届高中后转办初中，1983年筹建新校舍，1984年8月迁入现址，1992年改称为庆元县屏都镇中学。1996年又改名为庆元县菊隆中学，2002年8月隆宫中学并入菊隆中学，是屏都镇、隆宫乡、淤上乡、安南乡联办的省示范性农村初中。2014年年底，有教学班级26个，在校学生1038人，教职工95人，其中专任教师86人。占地面积34867平方米，校舍面积21134平方米，有图书37060册。

庆元县荷地中学　Qìngyuánxiànhédì Zhōngxué　位于荷地镇荷地村山后路11号，前身是荷地区中心小学附设初中，创办于1958年9月，1959年竹坪小学附设初中班合并成荷地区初级中学，校址在底墅庆云庵，称龙泉县荷地初级中学，1962年迁址到荷地村后烛山，1972年增设高中部，称为龙泉县荷地中学，1975年8月改称庆元县荷地中学，1986年学校迁建到荷地村山后垟(现校址)。1989年10月改称荷地镇中学，1992年复称为庆元县荷地中学，2003年江根中学并入。2004年9月，高中部停办，改为初级中学。2014年底，有教学班级6个，在校学生183人，教职工34人，其中专任教师27人。校园占地面积17588平方米，校舍面积11182平方米，有图书10187册。

庆元县黄田镇中心学校　Qìngyuánxiànhuángtiánzhènzhōngxīn Xuéxiào　初中部位于黄田镇柏渡口新村8号，小学部位于黄田镇东西村新街62号，1950年创办曹田乡东西村小学，1961年称黄田人民公社小学，1973年增设初中部称黄田乡中心学校，1992年黄真乡、三济乡、黄田乡合并为黄田镇，称黄田镇中心学校，1994年9月黄田镇中学(原称竹口二中)开始招生。2006年9月，中、小学合并为黄田镇中心学校，为九年一贯制学校。2014年底，中学部教学班级6个，在校学生177人，教职工28人，其中专任教师26人；小学部教学班级12个，在校学生402人，教职工44人，其中专任教师39人。总占地面积17569平方米，校舍建筑面积8547平方米，有图书22031册。

庆元县竹口镇中心学校　Zhúkǒuzhènzhōngxīn Xué xiào　位于竹口镇竹下村老公路122号，创建于清光绪三十三年(1907)四月，初称竹口镇高初两等小学堂。民国5年(1916)，易名县立第二高等小学，民国29年(1940)，改称竹口镇中心国民学校。1953年改称竹口区第一中心学校，1993年改称竹口镇中心小学。竹口中学于1974年兴建，翌年9月开始初中、高中招生。2004年9

月，高中部停办，改为初级中学；2006年9月，与竹口镇中心小学合并成九年一贯制学校，称竹口镇中心学校。2014年年底，中学部拥有教学班级5个，在校学生123人，教职工32人，其中专任教师29人；小学部有12个教学班级，在校学生440人，教职工38人，其中专任教师36人。总占地面积26532平方米，校舍建筑面积9113平方米，有图书18175册。

庆元县岭头乡中心学校 Qìngyuánxiànlǐngtóuxiāngzhōngxīn Xuéxiào 位于岭头乡岭头村尾，1938年创办于水尾庵，1949年后称岭头初小，1970年新建校舍，称岭头村完全小学、岭头公社中心小学、岭头乡中心小学。1984年创办岭头中学，2004年8月中小学合并成岭头乡中心学校，为九年一贯制学校。2014年年底，中学部拥有教学班级3个，在校学生54人，教职工18人，其中专任教师12人；小学部有教学班级6个，在校学生80人，教职工15人，其中专任教师12人。总占地面积12765平方米，校舍面积6260平方米，有图书9222册。

庆元县实验小学 Qìngyuánxiànshíyàn Xiǎoxué 位于松源街道上仓巷39号，清光绪三十三年(1907)三月由松源书院改设官立高初两等小学堂。1912年改为县立第一高等小学，1933—1949年先后改称县立第一中心小学、庆元县松源中心小学、城厢镇中心小学、处州中学附属小学、庆元简师附属国民实验小学。1949年11月改称庆元县实验小学，1952年至1978年8月先后改称庆元县城区中心小学、城关镇中心小学、龙泉县庆元公社小学、庆元公社中心小学、庆元区校、龙泉县庆元区中心小学、庆元区“五七”小学。1978年9月改称庆元县中心小学，1992年5月，命名为庆元县实验小学。2014年底，有教学班级30个，在校学生1432人，教职工95人，其中专任教师87人。占地面积19575平方米，校舍面积7857平方米，有图书45095册。

庆元县第二实验小学 Qìngyuánxiàndìèrshíyàn Xiǎoxué 位于濛洲街道林堂弄26号，前身为城厢镇中心国民学校，民国34年(1945)9月创办。1949年11月，并入实验小学，称实验小学后田分部。1958年，独立建校，曾先后易名玉田小学，庆元公社小学。1978年，更名为城郊区中心学校。1986年3月，改称松源镇小学。1992年5月，改称松源镇第一小学。2013年更名为庆元县第二实验小学。截至2014年年底，有教学班级24个，在校学生1178人，教职工75人，其中专任教师70人。占地面积17880平方米，校舍面积7519平方米，有图书31135册。

庆元县江滨小学 Qìngyuánxiànjiāng bīn Xiǎoxué 位于松源街道菇源路69号。1996年8月，城郊区校更名为松源镇第二小学，其中心学校设在县委党校内，1999年9月，团市委“希望工程”捐款建设校舍，改称为松源镇希望小学。2005年9月扩建，更名为庆元县松源镇江滨小学。2013年，改为庆元县江滨小学。2014年底，有教学班级46个，在校学生2239人，教职工119人，其中专任教师109人。占地面积14964平方米，校舍面积19790平方米，有图书49081册。

庆元县城东中心学校 Qìngyuánxiànchéngdōngzhōngxīn Xuéxiào 位于濛洲街道周墩路1号，2007年，边建设边借用三中教室招收一年级6个班222名学生开始办学。2008年9月搬入新教学楼，并扩大到20个班级。此后每年扩4个班，最终达到36个教学班规模。硬件建设于2010年基本结束。2014年年底，有教学班级36个，在校学生1768人，教职工91人，其中专任教师88人。占地面积31495平方米，校舍面积19850平方米，有图书40076册。

庆元县屏都小学 Qìngyuánxiànpíngdōu Xiǎoxué 位于屏都街道八都中心街192号。1913年，创建区立槎溪初级小学，校址设于槎溪村尾(今八都)“兴仁殿”侧。1935年，改称区立槎溪中心国民小学。1940年和1946年，分别改名为安仁镇中心国民学校、安庆乡第一中心国民小学。1950年，称於上区第一中心学校。1953年，改称八都区第一中心小学。1958年，更名为菊水公社小学。“文化大革命”期间改称东风小学，1976年又称菊隆区校。1992年，改名屏都镇中心小学。2013年，更名为庆元县屏都小学。2014年年底，拥有教学班级19个，在校学生877人，教职工63人，其中专任教师57人。校园占地面积10281平方米，校舍面积7831平方米，有图书22856册。

庆元县大济小学 Qìngyuánxiàndàjì Xiǎoxué 位于濛州街道大济环村北路12号。大济进士村办学历史悠久，宋代有“豹隐书屋”、元代为“济川学社”、明代办在“文昌阁”、清代迁至“日涉园”，民国2年(1913)在现址的福善堂庵里办新式小学。1950年2月，是庆元县36所完小之一，称大济乡中心小学。1975年增设初中班，1992年，改称松源镇大济辅导小学，2013年，称为庆元县大济小学，属城东小学教育集团。2014年年底，有教学班8个，在校学生304人，教职工23人，其中专任教师20人。占地面积4974平方米，绿化面积395平方米，校舍面积3231平方米，有图书6702册。

庆元县下坞小学 Qìngyuánxiànxiàwù Xiǎoxué 位于濛洲街道下坞村。1935年创建于黄田湾庙，解放后称为星光公社学校。1992年8月，更名为下坞辅导小学。2014年底，有教学班级6个，在校学生68人，教职工15人，其中专任教师12人。占地面积3007平方米，校舍面积1287平方米，有图书3679册。

庆元县和山小学 Qìngyuánxiànhéshān Xiǎoxué 位于松源街道底村村。创办于1934年，设在普照寺内，1971年增办附设初中，1972年迁入现址，1992年改为松源镇和山辅导小学。2014年年底，有教学班级7个，在校学生185人，教职工21人，其中专任教师18人。占地面积3447平方米，校舍面积2359平方米，图书4298册。

庆元县五都小学 Qìngyuánxiànwǔdōu Xiǎoxué 位于松源街道五都溪沿路46号，原称五都乡中心小学，1992年更名为屏都镇五都辅导小学，2004年，五都四个村归并到松源镇管辖，更名为松源镇五都辅导小学。2014年年底，称庆元县五都小学，有教学班级6个，在校学生295人，教职工24人，其中专任教师20人。占地面积3340平方米，校舍面积2245平方米，拥有图书6835册。

庆元县坑西小学 Qìngyuánxiànkēngxī Xiǎoxué 位于松源街道坑西村西源路69-1号，1970年创办和山乡坑西小学，1992年，改称松源镇坑西小学。2014年年底，有教学班级6个，在校学生158人，教职工19人，其中专任教师18人。占地面积795平方米，校舍面积490平方米，有图书2550册。

庆元县荷地镇中心小学 Hédìzhènzhōngxīn Xiǎoxué 位于荷地镇荷地村南路18号，民国元年(1912)创办国民荷地初级小学，1940年称荷地联立国民学校，1949年称荷地小学。1950年改称荷地乡中心学校，1958—1983年，曾称荷地管理区、荷地公社中心小学和五七小学。1984年改称荷地乡中心小学，1989年10月又称荷地镇中心小校。2006年秋季，底墅、杨桥、苏湖三所辅导小学并入。2014 年底，有教学班级 6 个，在校学生 150 人，教职工 25 人，其中专任教师 21 人。占地面积 11370 平方米，校舍面积 3478 平方米，有图书 9537 册。

庆元县左溪镇中心小学 Qìngyuánxiànzuǒxīzhènzhōngxīn Xiǎoxué 位于左溪镇左溪村机关路 10 号，1945 年于老祠堂创办国民学校，1949 年改称左溪初级小学，搬至左溪廊桥头的祠堂，1958 年兴建简易校舍，1970 年增附设初中班。1986 年搬入新教学楼，曾称左溪公社中心学校、左溪乡中心学校。1992 年改为左溪镇中心学校，2002 年撤销附设初中，改名为左溪镇中心小学。2014 年年底，有教学班级 6 个，在校学生 99 人，教职工 17 人。占地面积 7612 平方米，校舍面积 3826 平方米，有图书 2656 册。

庆元县贤良镇中心小学 Qìngyuánxiànxiánliángzhènzhōngxīn Xiǎoxué 位于贤良镇贤良街 44 号。创办于民国 9 年(1920)，称“养正书斋”，后迁于叶氏宗祠，曾称贤良初级民国小学，1949 年后称贤良民办小学、新村区中心小学、石湖公社学校、新村区校、石湖乡中心学校，1992 年更名贤良镇中心小学。2014 年年底，拥有教学班级 4 个，在校学生 44 人，教职工 10 人，其中专任教师 10 人。校园占地面积 3146 平方米，校舍面积 2335 平方米，有图书 1255 册。

庆元县淤上乡中心小学 Qìngyuánxiànyūshàngxiāngzhōngxīn Xiǎoxué 位于淤上乡学富路 27 号。前身为私立承志初级小学，创办于民国 28 年(1939)，校址设淤上村庙堂。1949 年改称淤上乡中心学校。1958—1961 年曾称淤上管理区、淤上公社中心学校，2001 年 8 月，撤附设初中，改为淤上乡中心小学。2014 年年底，拥有教学班级 6 个，在校学生 230 人，教职工 27 人，其中专任教师 20 人。占地面积 5175 平方米，校舍面积 2813 平方米，有图书 9993 册。

庆元县淤上乡圣雄希望小学 Qìngyuánxiànyūshàngxiāngshèngxióngxīwàng Xiǎoxué 位于淤上乡蒲潭村，创办于民国 29 年(1940)，称蒲潭初小，1949 年改称淤上乡蒲潭小学。2003 年 9 月，林圣雄先生捐资重建，更名为圣雄希望小学。2014 年年底，有教学班级 5 个，在校学生 84 人，教职工 13 人，其中专任教师 13 人。占地面积 3200 平方米，校舍面积 1142 平方米，有图书 4736 册。

庆元县安南乡中心小学 Qìngyuánxiànānnánxiāngzhōngxīn Xiǎoxué 位于安南乡东村村 18 号，1956 年创建于陈村，称为南坑乡完全小学，1959 年迁到安溪村，称为安南公社中心学校，1971 年迁到现址，1981 年改为南坑公社中心学校，1984 年改为南坑乡中心学校，1992 年改名为安南乡中心学校。2000 年撤销附设初中，改名为安南乡中心小学。2014 年年底，有教学班级 6 个，在校学生 82 人，教职工 18 人，其中专任教师 15 人。占地面积 2391 平方米，校舍面积 1644 平方米，有图书 3568 册。

庆元县安南乡小安小学 Qìngyuánxiànānnánxiāngxiǎoān Xiǎoxué 位于安南乡小安村学校路 19 号，1955 年创建于小安村，1981 年改名为小安公社中心学校，1984 年复称为小安乡中心学校，1992 年改名为安南乡小安辅导小学。2014 年年底，有教学班级 6 个，在校学生 132 人，教职工 13 人，其中专任教师 11 人。占地面积 2292 平方米，校舍面积 1279 平方米，有图书 6728 册。

庆元县张村乡中心小学 Qìngyuánxiànzhāngcūnxiāngzhōngxīn Xiǎoxué 位于张村乡张村村红领巾路 12 号，1945 年创办于张姓祠堂，1952 年移址到张村老民房。1957 年新建校舍，改为张村公社中心学校，1971 年 9 月增附设初中，改称张村乡中心学校，1997 年撤附设初中，改称为张村乡中心小学。2014 年年底，有教学班级 5 个，在校学生 47 人，教职工 12 人，其中专任教师 11 人。占地面积 3538 平方米，校舍面积 2305 平方米，有图书 3979 册。

庆元县隆宫乡中心小学　Qìngyuánxiànlónggōngxiāngzhōngxīn Xiǎoxué　位于隆宫乡隆宫村中心街 19 号，前称桃宫乡中心国民学校，1949 年改称隆宫乡中心学校，1970 年增附设初中，更名为隆宫乡中心学校，1986 年中小学分离独立办学，改称为庆元县隆宫乡中心小学，2009 年 12 月迁至原中学校址。2014 年年底，有教学班级 12 个，在校学生 325 人，教职工 32 人，其中专任教师 28 人。占地面积 6133 平方米，校舍面积 4384 平方米，有图书 12441 册。

庆元县举水乡中心小学　Qìngyuánxiànjǔshuǐxiāngzhōngxīn Xiǎoxué　位于举水乡月山村环月街 72 号，前身为清宣统三年（1911）成立于文昌阁的逢源书院，后称逢源镇高等小学堂。民国 11 年（1922）秋，易名举水区立国民小学，民国 36 年（1947）改称举洋乡中心国民学校。1959 年，附设农业初中 1 个班，改称举水公社小学。1961 年停办附设农业初中，改称举水乡小学。1987 年增设附设初中 4 个班，改称举水乡中心学校。2002 年 7 月附设初中停办，改称举水乡中心小学。2014 年年底，有教学班级 5 个，在校学生 13 人，教职工 8 人，其中专任教师 7 人。占地面积 3344 平方米，校舍面积 2625 平方米，有图书 910 册。

庆元县江根乡中心小学　Qìngyuánxiànjiānggēnxiāngzhōngxīn Xiǎoxué　位于江根乡江根村旁山洋路 29 号，清光绪三十四年（1908），成立私塾。民国 16 年（1927）设江根初级国民小学。1949 年改为江根乡初级小学。1958 年改称江根乡完全小学。1961 年改为江根公社中心学校，设在江根村祖处仓楼。1966 年曾改为红旗小学。1979 年改名江根乡中心学校，增设附设初中。1984 年中小学分开独立办学，小学部命名为“江根乡中心小学”。2004 年迁入原江根中学校舍。2014 年年底，有教学班级 6 个，在校学生 31 人，教职工 12 人，其中专任教师 9 人。占地面积 2338 平方米，校舍面积 2281 平方米，有图书 3656 册。

庆元县官塘乡中心小学　Qìngyuánxiànguāntángxiāngzhōngxīn Xiǎoxué　位于官塘乡官塘村育才路 8 号，创办于民国 8 年（1919），时称国民初级小学，民国 27 年（1938）改名嵩洋乡中心国民学校。1949 年称嵩洋乡中心学校，1950 年改称官塘乡中心学校，1958 年设附设初中，1958—1961 年曾称官塘管理区、官塘公社中心学校。1970 年恢复附设初中，称官塘乡中心学校，2002 年撤附设初中，改称官塘乡中心小学。2014 年底，有教学班级 6 个，在校学生 44 人,教职工 9 人，其中专任教师 8 人。占地面积 3098 平方米，校舍面积 1720 平方米，有图书 3826 册。

庆元县五大堡乡中心小学　Qìngyuánxiànwǔdàbǎoxiāngzhōngxīn Xiǎoxué　位于五大堡乡新处洋村。五大堡乡中心小学于 2006 年 9 月由五大堡村迁到现址。2014 年年底，有教学班级 6 个，在校学生 207 人，教职工 46 人，其中专任教师 38 人。占地面积 17553 平方米，校舍面积 4180 平方米，有图书 9009 册。

庆元县龙溪乡中心小学　Qìngyuánxiànlóngxīxiāngzhōngxīn Xiǎoxué　位于龙溪乡西溪村凤阳路 49 号。1950 年为西溪小学。1958—2002 年，曾称西溪管理区、西溪人民公社、龙溪乡中心学校。

2002 年附设初中停办，改称为龙溪乡中心小学。2014 年年底，有教学班级 3 个，在校学生 4 人，教职工 8 人，其中专任教师 6 人。占地面积 4336 平方米，校舍面积 1398 平方米，有图书 2968 册。2014 年撤校。

庆元县教师进修学校 Qìngyuánxiànjiāoshījìnxiū Xuéxiào 位于濛洲街道松源街 63 号。创办于 1980 年 1 月。曾先后借用县小、上仓巷九曲弄老房、县委党校、职中等地办公。1992 年 4 月县教研室、电教站并入县教师进修学校，迁入沈炳麟先生资助建造的新校舍庆同楼。1993 年 11 月被省教委发文批准为省备案教师进修学校，享有中等师范学校同等待遇。1997 年 9 月县教研室、电教站、教师进修学校又拆分独立办公。2010 年校址改建为县实验幼儿园，教师进修学校搬入县菇城宾馆内办公。

【学前教育】

庆元县中心幼儿园 Qìngyuánxiànzhōngxīn Yòuéryuán 位于松源街道竹坑路 45 号，前身为 1956 年创办于上仓弄的县机关幼儿园，1958 年幼儿园停办，1980 年复办。1986 年 9 月搬迁到现址，2005 年 9 月，教育局接管，更名为中心幼儿园。占地面积 6103 余平方米、建筑面积 3985 平方米，户外活动场地 3600 余平方米。2010 学年，投入 420 万元按省一级幼儿园建设标准进行改造。有 10 个教学班，360 名幼儿，教职工 37 人。

庆元县实验幼儿园 Qìngyuánxiànsh yàn Yòuéryuán 位于松源街道云山路 11 号。1989 年创办于印刷厂二楼，称新苗幼儿园，1996 年迁入山徐开办苗苗幼儿园。2011 年拆建原电大、进修学校校舍新建，为省一级幼儿园。园舍占地面积 3524 平方米，建筑面积 3470 平方米。

庆元县濛洲实验幼儿园 Qìngyuánxiànméngzhōushíyàn Yòuéryuán 位于县城濛洲街 223 号，2015 年创办，地面积 6609 平方米，总建筑面积 5507.20 平方米，绿地面积 2313.26 平方米。为省二级示范性幼儿园。为省二级示范性幼儿园。

庆元县幼儿园一览表

表 5-3-1

名　　称	位　　置	创办年份
娃哈哈幼儿园	松源街道学后路 65 号	1995
春晖幼儿园	松源街道学后路 67 号	1994
菇城幼儿园	濛洲街道银行巷 22 号	1993
佳佳乐幼儿园	濛洲街道霞帔路 68 号	1999
小铃铛幼儿园	濛洲街道祥云路 10 号	1996
西门幼儿园	松源街道星光路 47 号	1992
蓝天幼儿园	松源街道菇源路一弄 1 号	1996
红领巾幼儿园	濛洲街道横城北路一弄 5 号	1999
小天使幼儿园	松源街道新建路 9 弄 9 号	2000

续表 5-3-1

名　　称	位　　置	创办年份
城东幼儿园	濛洲街道白象村 39 号	2005
大拇指幼儿园	濛洲街道书堂坪弄 26 号	1996
明星幼儿园	濛洲街道龙湫路 1 弄 4 号	1998
育苗幼儿园	松源街道希望路 5 弄 24 号	1997
阳光幼儿园	松源街道江滨路塑料城南北巷 18 号	2008
蓝猫幼儿园	濛洲街道洋墩 172 号	2002
绿茵幼儿园	濛洲街道市场路 64 号	1997
贝贝幼儿园	濛洲街道石龙新街 216 号	2004
蓝精灵幼儿园	濛洲街道石龙新街二弄 8 号	2002
朝晖幼儿园	黄田镇中心街 29 号	1984
小星星幼儿园	黄田镇陈边村上赖环路 12 号	1990
朱黄幼儿园	黄田镇朱黄村 12 号	1998
阳光幼儿园	黄田镇中际村塴下路 11 号	1993
姚村幼儿园	黄田镇姚村	1992
小天使幼儿园	竹口镇竹下村老公路 110 号	1997
蓝天幼儿园	竹口镇竹下村花桥下 3 号	2005
新窑幼儿园	竹口镇新窑村窑西弄 23 号	2001
黄坛村幼儿园	竹口镇黄坛村祠堂后路	2005
丫丫幼儿园	屏都街道八都大街 228 号	1998
佳佳幼儿园	屏都街道八都中心街 91 号	1998
金苹果幼儿园	屏都街道菊水村菊水街 41 号	2008
贝贝家幼儿园	松源街道朱村村五余路 40 号	2008
荷地镇中心幼儿园	荷地镇荷地村南路 18 号	1992
左溪镇中心幼儿园	左溪镇左溪村机关路 10 号	1995
贤良镇中心幼儿园	贤良镇贤良街 44 号	2006
岭头乡中心幼儿园	岭头乡岭头村	1999
竹山幼儿园	五大堡乡盖竹村盖竹路 2 号	1999
杨楼幼儿园	五大堡乡杨楼村学校路 15 号	1999
西洋幼儿园	五大堡乡西洋村 3 号	2003
梧桐洋幼儿园	五大堡乡天平马村 26 号	2003
五大堡幼儿园	五大堡乡五大堡村过桥路 14 号	1996

续表 5-3-1

名　　称	位　　置	创办年份
蒲潭幼儿园	淤上乡蒲潭安置小区 14 幢 1 号	1995
伟超幼儿园	淤上乡蒲潭村桥头路 37 号	2001
喜之郎幼儿园	淤上乡蒲潭村公路 22 号	2002
淤上幼儿园	淤上乡淤上村中心二弄 25 号	2005
润苗幼儿园	安南乡安溪村新建路 23 号	2006
星星幼儿园	安南乡安村溪沿路 16 号	1989
新世纪幼儿园	安南乡东村村	2003
张村乡中心幼儿园	张村乡张村村红领巾路 12 号	1988
培新幼儿园	隆宫乡中村村下桥路 16 号	1982
小关幼儿园	隆宫乡小关村上村 5 号	2003
红太阳幼儿园	隆宫乡隆宫村中心街 22 号	2004
新苗幼儿园	隆宫乡隆宫村中心街 90 号	2005
龙溪乡中心幼儿园	龙溪乡西溪村凤阳路 49 号	2008
江根乡中心幼儿园	江根乡江根村祖处路 1 号	2009
举水乡中心幼儿园	举水乡月山村环月街 72 号	2006
官塘乡中心幼儿园	官塘乡官塘村育才路 8 号	1999

第二节　文　　化

庆元县图书馆　Qìngyuánxiàn Túshūguǎn　位于松源街道濛洲街 132 号。清光绪三年(1877)成立松源书院，清宣统元年(1909)设立藏书楼，地址文昌阁，民国改称图书馆。1919 年姚文林创办公共图书馆，抗日战争前夕图书馆并入民众教育馆。1950 年建文化馆，设图书室。有藏书 1 万余册，后经并县和“文化大革命”，仅剩 0.51 万册。1979 年 5 月建立图书馆，1982 年在松源镇石龙街新建馆舍 380 平方米，藏书 8.20 万余册，1995 年迁入县文化中心三楼，2000 年 9 月 19 日在石龙街 43 号老馆舍三楼建成丽水市首家公共图书馆电子阅览室。

庆元县文化馆　Qìngyuánxiàn Wénhuàguǎn　位于松源街道濛洲街 132 号，前身建于民国 20 年 (1931)7 月的庆元民众教育馆，馆址设城东文昌阁。1949 年在城内马夫人庙成立文化馆。1954 年改称庆元县文化馆。1958 年，改称龙泉县庆元文化馆。1975 年恢复。1995 年建县文化中心大楼。

庆元县广播电视台　Qìngyuánxiàn Guǎngbōdiànshìtái　位于濛洲街道街道祥云路 4 号。占地面积 2300 平方米，1950 年创建庆元县收音站，1956 年建立庆元县广播站，1958 年设龙泉县广播站庆元分站，1975 年重建庆元县广播站，1980 年成立庆元县广播事业管理局，1992 年升格为庆元县广播电视局，2001 年，与文化局、体育局合并为庆元县文体广电局，2005 年，实行局台分设，组建庆元县广播电视台。

庆元县文化单位一览表

表 5-3-2

文化单位	位　　置	建立时间
庆元县青少年宫	松源街道石龙街 3 号	2005 年
庆元县文物管理委员会	松源街道石龙街 1 号	1979 年
庆元县体育中心	濛洲街道石龙街 54 号	2002 年
庆元县文学艺术联合会	松源街道濛洲街 132 号	1986 年
精神文明委员会办公室	濛洲街道横城北路 10 号	1994 年
庆元县政协文史办公室	松源街道石龙街 32 号	1985 年
庆元县新闻中心	濛洲街道横城北路 6 号	2004 年
庆元县艺术中心	濛洲街道松源街 63 号	2000 年
庆元县电影公司	濛洲街道石龙街 52 号	1980 年
电影发行放映公司	濛洲街道石龙街 52 号	1975 年
庆元县工人文化宫	松源街道咏归路 10 号	1997 年
荷地广播电视中心站	荷地镇荷地村尾山后路 1 号	2005 年
屏都镇广播电视中心站	屏都街道八都大街 149 号	2005 年
松源广播电视中心站	濛洲街道后田街 1 号	2005 年
五大堡广播电视中心站	五大堡乡盖竹村盖竹路 2 号	2005 年
竹口广播电视中心站	竹口镇老公路 75 号	2005 年
左溪广播电视中心站	左溪镇机关路 8 号	2005 年
松源文化站	濛洲街道石龙街 39 号	1980 年
屏都文化站	屏都街道八都大街 241 号	1980 年
竹口文化站	竹口镇中心街 10 号	1980 年
荷地文化站	荷地镇南山路 1 号	1980 年
庆元电影院	濛洲街道石龙街 52 号	1979 年
竹口电影院	竹口镇竹中村	1976 年
屏都电影院	屏都街道八都大街	1976 年
荷地电影院	荷地镇荷地村	1976 年

第三节 卫 生

庆元县人民医院 Qìngyuánxiànrénmín Yīyuàn 位于松源街道学后路 34 号。前身为县立诊疗所，始建于 1938 年，院址设县民教馆藏书楼，1940 年迁至公园坪，改为庆元县卫生院，1949 年 7 月改称庆元县人民政府卫生院，1951 年迁至水门弄星光路 4 号，1956 年 6 月更名为庆元县人民医院，1958 年 11 月更名为龙泉县第二人民医院，1963 年称龙泉县庆元人民医院，1975 年 8 月恢复庆元县人民医院，1978 年 8 月迁入现址。2009 年 9 月改扩建住院大楼和新建污水处理中心，2010 年 7 月新建门诊综合大楼。占地 19110 平方米，建筑面积 28501.3 平方米，二级甲等综合性医院。2014 年年底，医护人员 320 人，床位 280 张，年门急诊 34.58 万人次，业务总收入 16098.52 万元，固定资产总值达 1.67 亿元。

庆元县中医院 Qìngyuánxiànzhōng Yī yuàn 位于濛洲街道石龙街 72 号，1984 年 5 月设立庆元县中医院老干部医务室，1986 年 3 月建病房综合楼，1988 年 3 月对外开诊，更名为庆元县中医院，1997 年 3 月兴建门诊大楼，2011 年 4 月改造门诊大楼、病房楼和医技楼。占地面积 3380 平方米，总建筑面积 13834 平方米，二级甲等中医医院。2014 年，医护人员 181 人，病床 250 张。年门诊 11.58 万人次，业务收入 5293.39 万元，固定资产 3979 万元。

庆元县疾病预防控制中心 Qìngyuánxiàn Jíbìngyùfángkòngzhìzhōngxīn 位于松源街道菇源路工业路 18 号，1956 年 5 月成立卫生防疫站，1958 并县期间撤销，1975 年年底恢复后与县卫生局合署办公，1977 年迁于北门村租民房，翌年 9 月迁于星光路 4 号，2001 年 6 月分设疾病预防控制中心，2008 年 7 月迁于现址。占地 2000 平方米，建筑面积 2400 平方米。

庆元县计划生育宣传技术指导站 Qìngyuánxiàn Jìhuáshēngyùxuānchuánjìshù zhǐdǎozhàn 位于濛洲街道云鹤路 27 号。始建于 1984 年 3 月，属县计划生育委员会（后改称为人口和计划生育局）的下属全民事业单位，在府后街租用民房办公，1992 年迁至现址建成的办公用房。占地面积 810.39 平方米，建筑面积 1390.9 平方米。2010 年 5 月 13 日划归县卫生局管理。

庆元县妇幼保健所 Qìng yuán xiàn Fù yòu bǎo jiàn suǒ 位于濛洲街道云鹤路 27 号。前身为庆元县妇幼保健站，附设于县卫生院，1956 年迁往后田耶稣堂旧址，1958 年并县时撤销，1975 年复县后恢复，设在卫生局内，1989 年 11 月更名为庆元县妇幼保健所，2010 年 11 月迁往现址，与庆元县计划生育宣传技术指导站合署办公。

庆元县医疗机构一览表

表 5-3-3

名　称	位　置	占地（平方米）
卫生监督所	松源街道星光路 4 号	卫生局内
爱国卫生运动委员会办公室	松源街道星光路 4 号	卫生局内

续表 5-3-3

名　　称	位　　置	占地(平方米)
乡镇卫生院会计核算中心	松源街道星光路 4 号	卫生局内
竹口中心卫生院	竹口镇中心街 2 号	807
屏都中心卫生院	屏都街道八都新处弄 6 号	812
荷地中心卫生院	荷地镇荷地村新建路 46 号	3511
左溪中心卫生院	左溪镇左溪村左溪街 78 号	486
贤良中心卫生院	贤良镇贤良街 16 号	760
城区社区卫生服务中心	濛洲街道黄下楼弄 34 号	760
黄田镇卫生院	黄田镇东西村	1766
五大堡乡卫生院	五大堡乡五大堡村 28 号	225
岭头乡卫生院	岭头乡岭头村府前路 8 号	824
张村乡卫生院	张村乡张村村	773
淤上乡卫生院	淤上乡山根村	150
安南乡卫生院	安南乡安溪村	1597
百山祖镇卫生院	百山祖镇车根村林学路 8 号	1011
隆宫乡卫生院	隆宫乡隆宫村溪沿路 30 号	912
举水乡卫生院	举水乡月山村	910
龙溪乡卫生院	龙溪乡西溪村凤阳路 14 号	157
江根乡卫生院	江根乡江根村中央路 18 号	621
官塘乡卫生院	官塘乡官塘村官塘街 18 号	889
合湖社区卫生服务站	百山祖镇合湖村中心路 52 号	215
城区石龙社区卫生服务站	松源街道星光路 4 号	200
城区新建社区卫生服务站	松源街道新建路 130 号	200
城区濛洲社区卫生服务站	濛洲街道龙湫路 30 号	400
竹口镇新窑社区卫生服务站	竹口镇新窑村	379
黄田镇三济社区卫生服务站	黄田镇上济村	1272
竹山社区卫生服务站	五大堡乡盖竹村	178

第四节　福利单位

庆元县殡仪馆　Qìngyuánxiàn Bìny guǎn　位于濛洲街道星光路 200 号，占地面积 34500 平方米，主体建筑面积 877 平方米。2002 年创建。

庆元县中心敬老院 Qìngyuánxiànzhōngxīn Jìnglǎoyuàn 位于松源街道底村村 96 号。占地面积 5014 平方米，建筑面积 3028.83 平方米。有 138 张床位，2004 年 9 月创建。

庆元县屏都中心敬老院 Qìngyuánxiànpíngdōuzhōngxīn Jìnglǎoyuàn 位于屏都街道八都中心街。占地面积 1721 平方米，建筑面积 2294 平方米，有 120 张床位，2005 年 9 月创建。

庆元县荷地中心敬老院 Qìngyuánxiànhédì zhōngxīn Jìnglǎoyuàn 位于荷地镇荷地村。占地面积 1451.5 平方米，建筑面积 1049 平方米，有 50 张床位，2004 年 6 月创建。

庆元县左溪中心敬老院 Qìngyuánxiànzuǒxīzhōngxīn Jìnglǎoyuàn 位于左溪镇左溪村。占地面积 2500 平方米，建筑面积 1480 平方米，有 51 张床位，2004 年 8 月创建。

第六编

自然地理实体

第一章　河流 瀑布 湖泊

第一节　河　　流

庆元县境之内有大小溪流1071条，较大的是松源溪、安溪、竹口溪、南阳溪、左溪、西溪、八炉溪。分布在东部地区的南阳溪、左溪向东流入欧江，西部地区的松源溪、安溪、竹口溪向西南流入闽江，东南部的西溪、八炉溪向东南注入福安江。庆元有“水流两省达三江”之说。

松源溪 Sōngyuan Xī　一称大溪，在县境中部。外流河，发源于百山祖西北麓，流经百山祖、五大堡乡、松源街道、濛洲街道，接纳杨楼溪、梧桐溪、濛西溪（濛洲溪）、下滩溪、大济溪（济川）、金溪（竹坑溪）、坑西溪、魏溪、安溪（芸洲溪）9条支流，出马蹄岙经福建省松溪县入闽江。流程59千米，流域面积454平方千米。沿溪建有兰溪桥电站和马蹄岙电站。

竹口溪 Zhúkǒu Xī　位于县城西北，发源于县西北52千米的龙头山（海拔1348.9米）和台湖山（海拔1114.9米）西南麓，至竹口集西边、岩后各条支流经新窑村与松源溪汇合，注入福建省松溪，为闽江上游支流之一。流程29千米，流域面积284平方千米，常年流量10.53立方米/秒，可开发水力资源装机容量6010千瓦，是庆元县北部地区的干流。自北向南流经崔家田、大泽、竹口、良秋、黄坛、新窑。

左　溪 Zuǒxī　位于县境东部，发源于荷地镇际角村，沿途接纳来自江根、官塘、岭头、荷地、左溪数十条支流，在张村乡交溪口与南阳溪汇合出伏岩口，同注景宁县境，属瓯江水系，流域面积255平方千米，常年平均流量12.59立方米/秒，可开发水力资源装机容量1.69万千瓦，溪上建有多座电站。左溪上游多为海拔1000米以上的山峰，峡谷深切，水流湍急，流至左溪村后始趋平缓，渐见有小块河谷盆地出现，河宽增至50—120米，平均水深0.6米。

安　溪 Anxī　位于县境西南部。发源于浙闽边界洞宫山庆元境内的凤岗尖麓，南流过龙井面后，在第四坑口出，注入福建省政和县，长度1.8千米，流域面积1.396平方千米。光绪《庆元县志·山川》：“安溪，县西南四十里流入芸洲。”

西　溪 Xī xī　位于县境东北，距县城71千米，长1.73千米，流域面积0.007平方千米。内流河，光绪《庆元县志》卷二：“西溪，一都。”

濛淤溪 Méngyū Xī　位于县境中部。流经五大堡乡，注入县城松源河。内流河，长2.042千米，流域面积0.00976平方千米。

南阳溪 Nányang Xī 位于县境东北部。流经张村乡,交溪口与左溪汇合。长 27.63 千米,流域面积 1.49 平方千米。

庆元县主要溪流一览表

表 6-1-1

名 称	位 置	长度(千米)	流域面积(平方米)
贤良溪	位于贤良镇中部,流经贤良村	2.686	14500
小林源	位于隆宫乡南部,流经林源村	4.25	28000
里 溪	位于隆宫乡东北,流经里地村	1.02	3800
源头坑	位于隆宫乡西北,流经源头村	0.81	2500
小关坑	位于隆宫乡西北,流经小关村	5.67	4100
山后坑	位于竹口镇南部,流经新窑村山后坑	9	900
岱根坑	位于屏都街道东北,流经洋背村	2.42	12000
涂 坑	位于淤上乡西部,流经涂坑村	4	26000
甘公坑	位于淤上乡东部,流经淤上村甘公坑	0.58	1320
樟 坑	位于淤上乡南部,流经樟坑村山根	5.996	43300
塘根坑	位于淤上乡东南,流经塘根村	0.914	3140
里地坑	位于隆宫乡东北,流经里地村	5.374	37500
隆宫溪	位于隆宫乡中部,流经隆宫村	1.19	3600
小安溪	位于安南乡西部,流经安隆村小安	15.25	38400
小源坑	位于安南乡西部,流经安隆村小源	0.866	2700
东北坑	位于松源街道中部,流经底村村东北坑	3.45	20000
星源坑	位于濛洲街道西南,流经星源村	3	3700
大济溪	位于濛洲街道中部,流经大济村	6.43	8000
外桥坑	位于濛洲街道中部,流经大济村	5	6000
后广溪	位于五大堡乡东北,流经后广村	0.71	2000
班岱后坑	位于松源街道东北,流经班岱后村	6.427	5000
桥陌坑	位于百山祖镇西南,流经桥陌村	4.3	28400
黄皮坑	位于百山祖镇南部,流经黄皮村	3.82	23800
黄田溪	位于黄田镇东南,流经东西村	8.04	7000
曹岭坑	位于黄田镇东南,流经曹岭村	2.89	16000
山田坑	位于竹口镇	3.011	17100
龙井坑	位于竹口镇	4.947	33600
杨梅隆坑	位于五大堡乡南部,流经西坑村杨梅隆	5.29	36900
黄 坑	位于隆宫乡西部,流经黄坑村	1.027	3800

续表 6-1-1

名 称	位　　置	长度（千米）	流域面积（平方米）
古岭坑	位于黄田镇东部，流经古岭坑村	5.309	37000
后洋坑	位于龙溪乡东北，流经后洋坑村	7.657	64930
麒麟坑	位于岭头乡南部，流经龙溪乡入西溪	2.527	13393
赤 溪	位于龙溪乡南部，流经冯家山村	1.967	9246
东 坑	位于岭头乡南部，流经龙溪乡入西溪	29.58	95800
举水溪	位于举水乡北部，流经月山村	1.51	6610
梅 坑	位于官塘西南	6.38	47600
落岭坑	位于举水乡西部，流经漈下村梅坑	4.547	30925
八炉溪	位于岭头乡东南，流经八炉、白岩下等村	25	92000
黄水坑	位于百山祖镇东部，流经黄水村	4.28	28280
黄 水	位于百山祖镇东部，流经黄水村入景宁	0.92	3160
高嵩坑	位于左溪镇北部，流经高嵩坑村	3.708	23170
田 坑	位于左溪镇北部，流经田坑村	4.17	31000
石磨下坑	位于荷地镇东南部，流经石磨下村	3.85	24000
山后坑	位于左溪镇中部，流经山后坑村	1.19	4675
坑下坑	位于官塘乡西南，流经坑下村	7.011	57493
牛劲溪	位于左溪镇东部，流经印浆村入江根乡	1.0327	1100
竹坪溪	位于左溪镇东南，流经竹坪村	1.336	5610
江根坑	位于江根乡中部，流经江根村	3.023	1700
大岩坑溪	位于张村乡东南部，流经南阳村大岩坑	11.894	13000
高洋坑	位于张村乡西南部，流经高洋村	1.292	5337
后 溪	位于张村乡以西北部，流经后溪村	1.529	6654

第二节　瀑布　湖泊

九剿际瀑布 Jiǔjiǎojì Pùbù　位于岭头乡芳村以东，距村 15 千米的闽浙边界上，最大落差 110 米，最大宽度 10 米。

石岩龙井瀑布 Shíyánlóngjǐng Pùbù　位于荷地镇苏湖村东南，距村 2.5 千米，原名“洋口际”。瀑布上游有水缸潭、米老潭、田鸭潭。最大落差 18 米，最大宽度 10 米。

荷地门岩银瀑布 Hédìményányín Pùbù　位于荷地镇荷地村东南 2 千米，最大落差 50 米，最大宽度 15 米。

黄沙际下瀑布 Huángshājìxià Pùbù 位于荷地镇黄沙村北面0.5千米左右，在黄沙村和半路村之间，最大落差110米，最大宽度14米。

龙湫瀑布 Lóngqiū Pùbù 位于举水乡银屏山脚下，距举水村0.5千米左右。传说有龙隐潜其中，故名“龙湫”，最大落差10米，最大宽度2米。

陈家岭电站瀑布 Chénjiālǐngdiànzhàn Pùbù 位于龙溪乡陈家岭村以南50米处，修建陈家岭电站后形成的瀑布，故得名。瀑布最大落差150米，最大宽度5米。

竹林坑瀑布 Zhúlínkēng Pùbù 位于龙溪乡转水村西南方向，距转水村约1千米。最大落差30米，最大宽度10米。

交龙际瀑布 Jiāolóngjì Pùbù 位于岭头乡大漈头村尾400米。瀑布上游有一座交龙桥，故名。最大落差25米，最大宽度15米。

东溪龙井瀑布 Lóngjǐng Pùbù 位于岭头乡东溪村。《庆元县志》记载:“东去百里，赤岩三井，有100米瀑布。”有传说红龙在此地得名，最大落差40米，最大宽度6米。

杨家庄洋溪飞瀑 Yángjiāzhuāngyángxī Fēipù 位于岭头乡政府西南12千米的洋溪林场，瀑布离杨家庄村4.5千米。最大落差50米，宽度有3米。

小际头瀑布 Xiǎojìtóu Pùbù 位于岭头乡小漈头村，离村1.5千米，高度80米。最大落差80米，最大宽度2.5米。

九瀑峡神龙瀑 Jiǔbàoxiáshénlóng pù 位于松源街道九际村九瀑峡谷中，最大落差35米，最大宽度15米。

东坑头瀑布 Dōngkēngtóu Pùbù 位于五大堡乡东坑村东坑头1.2千米处，最大落差45米，最大宽度12米。

百丈瀑布 Bǎizhàng Pùbù 位于屏都街道坪坑村境内的百丈风景区，与福建省松溪县交界，距离松源县城39千米。百丈山以有悬崖高于“百丈”而得名，最大落差350米，最大宽度20米。

际下瀑布 Jìxià Pùbù 位于官塘乡漈下村，最大落差30米，最大宽度10米。水潭6米多深。

白水漈飞瀑 Báishuǐjì Fēipù 位于百山祖镇久住洋村白水漈。最大落差25米，最大宽度15米。

水鸭塘瀑布 Shuǐyātáng Pùbù 位于百山祖镇车坑村以东4千米。水鸭塘瀑布，传昔水鸭常出没，故名。

新寮坑瀑布 Xīnliáokēng Pùbù 位于百山祖镇车坑村以东2千米。

白岩背瀑布 Báiyánbèi Pùbù 位于百山祖镇车坑村以北1千米。瀑布前有一岩石名为白岩，故名。

木勺坑瀑布 Mùsháokēng Pùbù 位于百山祖镇车坑村半坑以北1千米。

碗笼坑瀑布 Wǎnlóngkēng Pùbù 位于左溪镇桃坑村下，半天岭边，最大落差10米，最大宽度

3 米。水潭 6 米多深。

大潭门瀑布 Dàtánmén pùbù 位于左溪镇青竹村以西 3 千米的梅树溪，流到青竹大峡谷，出现大潭门瀑布，百余尺的清流腾空直冲峡谷，水花四溅，颇为壮观。

三门漈瀑布 Sānménjì Pùbù 位于左溪镇青竹村以东 1 千米的岗后仙人翘上，为三级瀑布。

上洋湖 Shàngyáng hú 位于荷地镇苏湖村以东 6.4 千米，面积 1.3 公顷，古时湖边有庵堂，七座小山绕湖。高峰出平湖，环山翠杉松。四面青山怀抱，一泓碧波清如镜，七星罗例面前山，万象归收湖底影，而得名。

第二章　山峰　古道

第一节　山　　峰

百山祖　Bǎishānzǔ　位于百山祖镇中部，车坑村东北方向约 3.3 千米。属洞宫山脉，海拔 1856.7 米，为庆元县第一高峰，浙江省第二高峰，号称“百山之祖”，故名。山上有三江之源与百山之祖两块大碑，建有瞭望台，还有国家一级保护植物冷杉。据清光绪《庆元县志•舆地志•山川》记载，百山祖“逶迤深广，林木荫翳”，为东部诸山之主体。其余脉延伸至城郊、新村、荷地、左溪，与福建省北部的鹫峰山脉相接，是浙江省西南部重要山体。

巾子峰　Jīnzǐ Fēng　位于松源街道西部，底村村西北方向约 3.4 千米，主峰海拔 1561 米。光绪《庆元县志》卷一记载：“巾子峰，在锦山上，两峰对峙，高不可攀”，前人以“巾子祥云”列入“濛洲八景”。属于洞宫山脉，山体悬崖绝壁、奇石壑幽、流水潺潺。地表植被由杉树、松树、毛竹、灌木林组成。

龙头山　Lóngtóu Shān　位于黄田镇西北部，俗名鸾峰山，属仙霞岭山脉，海拔 1349 米。龙头山为浙闽两省的界山，地处庆元、龙泉、松溪三县市的交会点，有“抬脚跨两省，举目望四县”之称谓。2001 年，山顶设有浙闽线 8 号界碑。据古《松溪县志》载：“延亘二百余里，传有飞仙乘白鸾栖其上，上有石坛，坛东有龙穴。”清《庆元县志》称：“山峰峭立，为浙闽诸山之源。”竹口溪发源其南麓，山中有多条古驿道，是古时人们通往龙泉、浦城、松溪的主要通道。山体地表植被主要有杉树、灌木林，山顶尤以杜鹃花为著，山下遍植毛竹。

白象山　Báixiàng Shān　位于县城东北部，距县城约 3 千米，山形状似象，故名。属洞宫山脉，海拔 499.1 米，山体地表植被主要有松树、杉树、灌木林。

石龙山　Shílóng Shān　位于县城西，山形状似龙，故名石龙山。光绪《庆元县志》卷一载：“石龙山，县西数百步，蟠踞若龙，伏而复起，登临眺望，一邑之胜在目。”旧称松源第一山，属洞宫山脉，海拔 602.5 米，山体地表植被主要有杉木、松木，顶部多为灌木林。

天堂山　Tiāntáng Shān　位于黄田镇西部，仙庄村岭坤正北方向 0.7 千米，1990 年版《庆元县地名志》记载：“在县城西北 52 千米的三济乡西北部，主峰海拔 612.5 米，南麓有岭坤水库。”因地势较高，故叫天堂山。属仙霞岭山脉，山体地表植被多为毛竹、松树、杉树及灌木林。

白马山　Báimǎ Shān　位于黄田镇南部，中济村西南方向约 3 千米，远看若马，故名。光绪《庆元县志》卷一载：“白马山，十都中济。”与福建省松溪县以岗分水为界，现山顶有白鹤仙庙，山中有古驿道，是古代通往松溪渭田的主要通道。属仙霞岭山脉，海拔 916 米，山体地表植被多为毛竹、杉树及灌木林。

仰天湖　Yǎngtiānhú　位于官塘乡西北，官塘村西北方向约 2.5 千米，山顶有湖，名仰天湖，山以湖名。1990 年版《庆元县地名志》记载："在县东 89 千米的官塘乡西北部，主峰海拔 1574 米,其巅有水。"民国 21 年《庆元县志•山川》稿载："湖广十数丈，深亦数丈，春夏不盈，秋冬不竭，水草丛生，鸥鹭成群，夏秋游玩，最足爽人心目。"仰天湖属洞宫山脉，山体地表植被多为杉木、松木及灌木林。

杨雨尖　Yángyǔjiān　位于左溪镇南部，青竹村的东方向约 1.9 千米，因山高，常有小雨飞扬得名。属洞宫山脉，海拔 1462 米，山体地表植被多为杉木、松木及灌木林。

百丈山　Bǎizhàng Shān　位于屏都街道西南，半岭村正南方向约 0.9 千米，光绪《庆元县志》卷一载："百丈山，悬崖孤峭，屹立高耸。"故名，前人以"百丈龙湫"列为"濛洲八景"。山上建有百丈庵，有脱身岩、百丈龙湫等景点。属仙霞岭山脉，海拔 1243 米，山体地表植被多为杉木、松木及灌木林。

大毛堀　Dàmáokū　位于屏都街道南部，菖蒲洋村大毛堀西南方向约 0.9 千米，1990 年版《庆元县地名志》载："在县西南 11 千米庆元林场东南部。"毛，方言虎，昔为老虎栖息地，故名。属洞宫山脉，海拔 1400.1 米，山体地表植被多为松木及灌木林。

天堂山　Tiāntang Shān　位于百山祖镇东部，兰泥村东北方向约 0.5 千米。传说香菇鼻宗"吴三公"的妻子就安葬在此山中，人们为了对吴三公的纪念，把其妻的死叫上天堂，故名"天堂山",属洞宫山脉，海拔 1129 米，山体地表植被多为杉木、松木及灌木林。

双苗尖　Shungmiáojiān　又称含竹岘。位于江根乡西南，江根村西南方向 4 千米，有高、低两座山头相对，故名双苗尖，南面为寿宁县地界，山中多奇石，有前人开采银矿时遗留的银坑洞。属洞宫山脉，海拔 1626 米。

银坑尖　Yínkēngjiān　位于安南乡东部，陈村村正东方向 2.3 千米，是与五大堡乡的界山，山上留下大大小小的银坑洞几十处。洞里有蝙蝠栖息。属洞宫山脉，海拔 1290.1 米，山体地表植被多为毛竹、杉木、松木及灌木林。

黄泥后尖　Huángníhòujiān　位于松源街道东部，班岱后村西北方向约 0.9 千米，以其所处地理方位得名。属洞宫山脉，海拔 1550.5 米，山体地表植被为杉树、松树、灌木林。

火头尖　Huǒtóujiān　位于松源街道砻头村正南方向约 1 千米。山顶上曾有一个香炉，是村民烧香拜佛求雨所用，曾因烧香不小心引起火灾，故名"火头山"。主峰突兀，众山拱伏，北对砻头村，南对西洋殿。属洞宫山脉，海拔 1514.1 米，山体地表植被为杉树、松树、灌木林。

洋　岗　Yáng gǎng　位于松源街道北部，高漈村西南方向约 2 千米。属洞宫山脉。海拔 1502.1 米，山体地表植被由杉树、松树、灌木林组成。

山菜洋　Shāncàiyáng　位于松源街道东北，楼下村东北方向约 0.8 千米。山顶开阔平坦，野山菜疯长，故名。属洞宫山脉，海拔 1297.4 米，山体地表植被为杉树、松树、灌木林。

高斜尖　Gāoxiéjiān　位于松源街道东北，垄头村西北方向约 0.7 千米。山体高大，危峰兀立，形似倾斜，故名。北面是龙泉市地界。属洞宫山脉，海拔 1369 米，山体地表植被为杉树、松树、灌木林。

黄泥仙尖 Huángníxiānjiān 位于松源街道东部，班岱后村正西方向约 1 千米，传说古时有神仙下凡，落脚到山顶，故名。属洞宫山脉，海拔 1477.2 米，山体地表植被为杉树、松树、灌木林。

天雷拗 Ti ā nl é in è 位于松源街道东部，班岱后村东南方向约 1.7 千米，很久以前有一棵大松木被雷电击毁，自此因名天雷拗。属洞宫山脉，海拔 1212.7 米，山体地表植被为杉树、松树、灌木林。

毛腰尖 Máoyāojiān 位于松源街道北部，九际村正南方向约 1.4 千米，传昔有老虎出没，庆元方言称虎啸为“毛腰”，故名。属洞宫山脉，海拔 1332 米，山体地表植被为杉树、松树、灌木林。

猪章山 Zhūzhāng Shān 位于松源街道东北，楼下村正南方向约 1.1 千米。因山中多野猪，庆元方言称野猪为“野猪章”，故名。属洞宫山脉，海拔 1304.2 米，山体地表植被为杉树、松树、灌木林。

黄蜂寨 Huángfēngzhài 位于濛洲街道北部，大坑村正东方向约 1.5 千米。过去山中扎过山寨，山上多黄蜂，故名黄蜂寨。属洞宫山脉，海拔 941.6 米，山体地表植被为杉树、松树、灌木林。

铁锅尖 Tiěguōjiān 位于濛洲街道平岗村后，周墩村平岗东约 1.3 千米。山川景色秀丽清幽，山顶状似铁锅，故名铁锅尖。属洞宫山脉，海拔 856.9 米，山体地表植被主要有松树及灌木林。

黄泥寨 Huángnízhài 位于濛洲街道中部，大济村西南约 1.2 千米。山顶有古寨遗址，故名黄泥寨。属洞宫山脉，海拔 671.6 米，山体地表植被主要有松树、杉树及灌木林。

狮子岩 Shīzǐyán 位于濛洲街道西南，下坞村东北方向约 1.3 千米。奇峰高踞，宛若卧狮，故名。属洞宫山脉，海拔 833.9 米，山体地表植被主要有杉木、松木及灌木林等。

仙山尖 Xiānshānjiān 位于濛洲街道东部，半湾村东南方向 2.4 千米，传说古代有一个人名叫黄士公，去山上砍柴时，看到有二个仙人在下棋，途中仙人给他吃了个桃子，看了仙人下了三盘棋，回家就三年过去，后来黄士公就成了半仙，以后那片大山就叫仙尖，与安南乡分水为界。属洞宫山脉，海拔 1300.7 米，山体地表植被主要有松树、阔叶树混交林，古树参天。

羊角尖 Yángjiǎojiān 位于县城南部源头村正南方向约 2 千米，两峰对峙，形似羊角，故名羊角尖。属洞宫山脉，海拔 1162.6 米，山体地表植被主要有松树、阔叶树混交林，古树参天，系原始次生林。

平湾山 Píngwān Shān 位于竹口镇西北，大泽村正北方向约 0.8 千米，因山峰西面一山湾地势整片较平而得名。仙霞岭山脉，海拔 532.2 米，山体地表植被主要有毛竹及灌木林。

五虎楼 Wǔhǔlóu 位于竹口镇西北，大泽村西南方向约 1 千米，传昔有老虎出没，故名。东为竹口溪，南望后坑桥，北有大泽村。属仙霞岭山脉，海拔 565.4 米，山体地表植被主要有松木、杉木。

米筛会 Mǐshāihuì 位于竹口镇中部，岩后村正东方向约 1.8 千米，四周山岗如圆形汇聚，整片山场较平较大，形似米筛而得名。属洞宫山脉，海拔 826.3 米，山体地表植被多为灌木林。

东山寨 Dōngshānzhài 位于竹口镇竹口村正东方向约 0.8 千米，古有寨卡，故名。属洞宫山脉，海拔 560.9 米，山体地表植被多为灌木林。

金斗湾 Jīndòuwān 位于竹口镇东南，岩后村东南方向约 3.4 千米，山有洞穴，形似斗，故名。属洞宫山脉，海拔 1258.6 米，山体地表植被多为灌木林。

青峰山 Qīngfēng Shān 位于竹口镇南部，黄坛村正东方向3.8千米。因山峰清秀而得名。1990年版《庆元县地名志》记载：在县城西北32千米的竹口镇南部，峰顶有白鹤岩，相传五代时有一童子游于此，跨鹤而去。其麓有青峰庵，今废。光绪《庆元县志》卷一记载："前列秀峰，后拥屏山，夏不知暑。"属洞宫山脉，海拔1220.3米，山体地表植被多为灌木林。

台湖山 Táihú Shān 位于黄田镇北部，台湖村正东方向约2.7千米。因山顶如平台并有一小湖，故名。光绪《庆元县志》卷一载："山势峻大，群峰环拱，地界黄南。"柏渡溪发源于北麓。横跨庆元县和龙泉市，为两县交界地。宋太平兴国元年(976年)曾建觉林寺于此，今废。山头有古刹"台湖宫"，建于南朝，距今1400余年，历代修葺，清同治六年(1867年)又重新修复，民国时常为红军停靠之地，而被土豪所毁，现已重修。山上周围多奇形怪石，有仙壁、仙床、仙街、仙枕头、仙人洞、仰天猫、千丈崖、石棋盘等天然胜景。主峰中结有一小盘地，冲出一道清泉，积而成湖，山中有古驿道，是古时这一带人通往龙泉的主要通道。属仙霞岭山脉，海拔1112米，山体地表植被多为毛竹、松树、杉树及灌木林。

黄畲寨尖 Huángshēzhàijiān 位于黄田镇西北，朱黄村黄畲西北方向约0.6千米，山上有古驿道，为通往龙泉、浦成的主要通道。海拔1090.4米，属仙霞岭山脉，山体地表植被多为毛竹、松树、杉树及灌木林。

处后尖 Chùhòujiān 位于黄田镇北部，双坞村东北方向约0.8千米，坐落房子后面而得名。山上有古驿道，古时为这一带人通往龙泉查田等地的主要通道，从下坞村至双坑村路上的岙部有一吴三公亭。属仙霞岭山脉，海拔751.9米，山体地表植被多为毛竹，有少量杉木、松木。

帮 山 Bāngshān 位于黄田镇西部，崔上村西南方向约0.8千米，西面与松溪县以岗分水为界，山上原有个千斤寺，古时考取功名的人比较多，故叫帮山。革命纪念地崔上村坐落其东北。属仙霞岭山脉，海拔889米，山体地表植被多为毛竹、松树、杉树及灌木林。

天罗寨 Tiānluózhài 位于黄田镇东部，美丘村东向约1千米，靠近通往龙泉市之古道，昔有哨卡，故名。山的四周都有古驿道，是古时龙泉和庆元的交通要道。属仙霞岭山脉，海拔695.5米，山体地表植被多为毛竹、杉树及灌木林。

荒天坪 Huāngtiánpíng 又称荒田坪。位于黄田镇东部，黄坞村东南约1.6千米，山顶平整如田，因没有水而不能种植，故名。东北有古驿道，是古时大坑村通往龙泉方向的主要通道。属仙霞岭山脉，海拔763米，山体地表植被多为毛竹、松树、杉树及灌木林。

西边山 Xībiān Shān 位于黄田镇东南，东西村正西约0.3千米。近西边村，故名。山的北面凹部有一古驿道，是古时东西村通往双溪村的必经之路。属仙霞岭山脉，海拔560.4米，山体地表植被多为毛竹、松树、杉树及灌木林。

十八凸 Shíbātū 位于黄田镇东南，东西村东向约2.5千米，与竹口镇以岗分水为界，因山脊多，山高陡险，主山脊上有十八个凸，故名。山中东北方向有古驿道，是古时上大坑村通往三坑、高山、上垟等地的主要通道。山上建有十八凸老仙庙。属仙霞岭山脉，海拔885.5米，山体地表植被多为松树、杉树及灌木林。

夫人尖 Fūrénjiān 位于竹口镇东北，蔡双村东南约 2.5 千米。有小梅通往庆元县的古道。属洞宫山脉，海拔 851.2 米，山体地表植被多为松树、杉树及灌木林。

天庆山 Tiānqìng Shān 位于竹口镇东北，上垟村东南方向约 1.9 千米，与龙泉市以岗分水为界。山中原有个叫“天庆”的村，因村得名。属洞宫山脉，海拔 1179.5 米，群峰叠嶂，危岩兀立，山体地表植被主要为灌木林。

仙掌山 Xiānzhǎng Shān 位于竹口镇东北，龙口村东北约 3.1 千米，传说有仙经过，留有痕迹，故名。属洞宫山脉，海拔 1212.7 米。地表植被有松树、杉树，主要是灌木林。

外岗寨 Wàigǎngzhài 位于竹口镇西部，平岭岗村正西方向约 2.5 千米，古时设有寨卡，故名外岗寨，与松溪县以岗分水为界，有古驿道，是福建通往浙江的要道。属洞宫山脉，海拔 616 米，山体地表植被有阔叶树，多为松树、杉树。

棋　山 Qíshān 位于竹口镇南部，新窑村东南方向约 2.2 千米，传说古代有仙人在山中岩石上下棋，故称棋山，南山脚下有马蹄岙水库、电站。属洞宫山脉，海拔 863.5 米。山体地表植被主要是杉木。

烧香岩 Shāoxiāngyán 位于百山祖镇西北，栗洋村西北 3.3 千米，西、北面是龙泉市地界。山巅之上有一用石头碓砌而成的马氏夫人庙，常有人上山烧香拜佛，故名。属洞宫山脉，海拔 1842 米, 地表植被主要有阔叶树，多为松树、杉树。

大天堂 Dàtiāntáng 位于百山祖镇西北，栗洋村西南约 2.5 千米，烧香岩与锅帽尖之间，与东南向的小天堂相对应，南面龙泉市地界。因山体高大，似通天庭，故名。属洞宫山脉，海拔 1838 米, 地表植被主要是松树。

锅帽尖 Guōmàojiān 位于百山祖栗洋村南向 2.3 千米，山顶圆如锅，故名。瓯江发源于其南麓，是龙泉市地界，山上有古驿道。属洞宫山脉，海拔 1770.5 米，地表植被主要是松树。

马头山 Mǎtóu Shān 位于百山祖镇北部，枫坪村东向约 1.1 千米，山势如奔马，昂首蓝天，故名。东面是景宁县地界。属洞宫山脉，海拔 1610.8 米，山体地表植被多为杉木、松木及灌木林。

龙岩尖 LóngyánJiān 位于百山祖镇北部，龙岩村东北 1.1 千米，山居龙岩村后，故名。属洞宫山脉，海拔 1610.5 米，山体地表植被多为杉木、松木及灌木林。

深湾尖 ShēnwānJiān 位于百山祖镇中部，西排村铁车西北约 1.11 千米。山中有一条很深的湾，故名。属洞宫山脉，海拔 1557.7 米。山体地表植被多为杉木、松木及灌木林。

洋心尖 Yángxīnjiān 位于百山祖镇东北，合湖村东向约 2 千米，以山地片名。海拔 1298.4 米，属洞宫山脉，山体地表植被多为杉木、松木及灌木林。

西排尖 Xīpáijiān 位于百山祖镇东部，西排村南面约 0.7 千米。山以村名。属洞宫山脉，海拔 1436 米。山体地表植被多为毛竹、杉木、松木及灌木林。

锅帽尖 Guōmàojiān 位于百山祖合湖村西面。山状如铁锅盖在山顶上，故名。属洞宫山脉,海拔 1555.2 米，山体地表植被多为杉木、松木及灌木林。

鸵鸟尖 Tuóniǎojiān 位于百山祖镇东南， 久住洋村西北方向 1.2 千米。属洞宫山脉， 海拔

1487.1 米，山体地表植被多为杉木、松木及灌木林。

石狮尖　Shíshījiān　位于百山祖镇东南，坑底村东向约 0.9 千米。山状如狮，故名。属洞宫山脉，海拔 1377 米，山体地表植被多为杉木、松木及灌木林。

处后湾　Chùhòuwān　位于百山祖镇东南，黄上洋村东北方向约 0.6 千米。坐落在黄土洋村后，故名。属洞宫山脉，海拔 1252.2 米，山体地表植被多为杉木、松木及灌木林。

白岩背　Báiyánbèi　位于百山祖镇西部，车坑村正北方向约 3.4 千米。属洞宫山脉，海拔 1678.6 米，山体地表植被多为杉木、松木及灌木林。

梅家田尖　Méijiātiánjiān　位于百山祖镇西南，车根村西向约 1.2 千米，属洞宫山脉，海拔 1434.2 米。山体地表植被多为杉木、松木及灌木林。

上　湖　Shànghú　位于百山祖镇南部，黄皮村东北约 1.3 千米，属洞宫山脉，海拔 1453.1 米。山体地表主要植被多为杉木、松木及灌木林。

印坑头　Yìnkēngjiān　位于贤良镇西部，青林村西向约 2 千米，坐落于印坑的坑头，故得名。岗顶与五大堡乡、百山祖镇分水为界。山脚下有一岩洞叫仙洞。山下有一条青林村至县城的古驿道，过往众多，沿途建有凉亭。属洞宫山脉，海拔 1552.8 米，山体地表主要是阔叶树混交林。

同坑尖　Tóngkēngjiān　位于贤良镇西北，青林村东北约 1.8 千米，山脚开过铜矿，以谐音得名。岗顶与百山祖镇分水为界。山上有古驿道，古时为半山源通往县城要道，沿途有亭，开矿遗址。属洞宫山脉，海拔 1516.1 米，山体地表植被多为杉木、松木及灌木林。

滐　斜　Jìxié　一称笔架山。位于贤良镇东部，新村东南约 0.8 千米。属洞宫山脉，海拔 959 米。光绪《庆元县志》卷一载:“笔架山，二都黄坛。”山体地表主要有锥栗、杉树、松树。

香炉尖　Xiānglújiān　位于贤良镇西南，溪沿村西南约 0.8 千米，一称品山，光绪《庆元县志》卷一载“三峰围秀，俨如品字”，故名。岗顶与五大堡乡分水为界。属洞宫山脉，海拔 1334.3 米，山体地表主要有阔叶树、杉木、松木。

库　尖　Kùjiān　位于贤良镇东北，库源村库坑东向约 1.6 千米。坐落于库坑村对面，故名。属洞宫山脉，海拔 1390.2 米。山体地表植被主要有杂木、杉木、松木、毛竹。

元头尖　Yuántóujiān　位于贤良镇中部，库源村库坑南向约 1.4 千米，以坑的“源头”谐音得名。属洞宫山脉，海拔 1411.2 米。山体地表植被多为杉木、松木及灌木林。

东坑头　Dōngkēngtóu　位于五大堡乡西北，东坑村东南约 3 千米，松源溪支流东坑发源于其北麓，山以水名，故名。山上有瀑布及古时采银矿所留的矿洞。属洞宫山脉，海拔 1426.2 米，山体地表植被多为毛竹林。

西坑尖　Xīkēngjiān　位于五大堡乡西北，天平马村西向约 1.3 千米，山上有寺庙、石柱。属洞宫山脉，海拔 1099.7 米，山体地表植被多为松木及灌木林。

官路后　Guānlùhòu　位于张村乡北部，上吴坑村东北约 0.5 千米，因位于庆元至景宁古道之北侧，故名。属洞宫山脉，海拔 1038.2 米，山体地表植被多为杉木、松木及灌木林。

灵　丘　Língqiū　位于张村乡西北，金丝岱村东南约 0.6 千米，传说有丘田较大，驻有神灵，故名。属洞宫山脉，海拔 1167.8 米，山体地表植被多为杉木、松木及灌木林。

吴坑尖 Wúkēngjiān 位于张村乡西北，吴坑村西向约 0.8 千米，山以村名。属于洞宫山脉，海拔 1186.5 米。山体地表植被主要是灌木林。

石卜底 Shíbodǐ 位于张村乡东北，山丘村东向约 0.8 千米，当地有块石头像卜字形状，故名。山上有古驿道，沿途有亭，为古时张村通往景宁的主要通道。属洞宫山脉，海拔 1149.9 米，山体地表植被多为杉木、松木及灌木林。

大尖头 Dàjiāntóu 位于张村乡西部，岙头村西北约 1 千米，据说此山有两座山峰，这个是大的山峰而得名。东麓有古刹八角殿。属洞宫山脉，海拔 931.8 米，山体地表植被多为杉木及灌木林。

铁　尖 Tiějiān 位于张村乡南部，高洋村东向约 1 千米。据说有铁矿，山形较尖，故名。光绪《庆元县志》卷一记载：发红山，二都高洋。属洞宫山脉，海拔 1266.4 米，山体地表植被多为杉木、松木及灌木林。

仙　山 Xiānshān 位于五大堡乡西部，濛淤村西南约 3 千米，传昔有仙人在山尖下棋博弈，以此得名。属洞宫山脉，海拔 1505.6 米，山体地表植被多为杉木、松木及灌木林。

北坑尖 Běikēngjiān 位于五大堡乡东北，北坑村东北约 0.8 千米，山以北坑村得名。岗顶与贤良镇分水为界，山上有石路、凉亭。属洞宫山脉，海拔 1266 米，山体地表植被多为松树、杉树、毛竹。

把衣尖 Bǎyījiān 位于贤良镇南部，富林村西南约 1.1 千米，山状如畚箕，以谐声得名。属洞宫山脉，海拔 1435.9 米。山体地表植被有松木、杉木、阔叶树、毛竹。

磨石尖 Móshíjiān 位于荷地镇西北，马家地村西北约 1.6 千米。山状似磨刀石，故名。属洞宫山脉，海拔 1305.8 米，山体地表植被多为杉木、松木及灌木林。

雷公尖 Léigōngjiān 位于五大堡乡东部，大洪村西南 1.4 千米，传每到雨天，空中有一片云，雷声不断，当地人认为有雷神在此居住，因此得名。属洞宫山脉，海拔 1199.4 米。山体地表植被多为阔叶混交林。

大毛峰 Dàmáofēng 位于五大堡乡东南，后垮村东向约 1.4 千米，传昔有老虎栖息于此，庆元方言称虎作“毛”，故名。东面是岭头乡地界。属洞宫山脉，海拔 1453 米，山体地表植被主要有松木兼阔叶混交林。

东山尖 Dōngshānjiān 位于五大堡乡南部，东山后村西南 1.3 千米，山以村名，属洞宫山脉，海拔 1146 米，山体地表植被多为松木及灌木林。

白狗尖 Báigǒujiān 在五大堡乡西南，西坑村西北 1.4 千米，传昔有白狗栖息，故名。山体宽广深翳，其脉穿及安南乡小安，与安南乡以岗分水为界，山上有古驿道。属洞宫山脉，海拔 1420.2 米，山体地表植被多为松木及灌木林。

黄秀尖 Huángxiùjiān 位于官塘乡西北，官塘村西向约 4.1 千米。呈东西走向，山势高耸，巨岩嵯峨，与仰天湖隔山相望，互为崎角。属洞宫山脉，海拔 1588.1 米，山体地表植被多为杉木、松木及灌木林。

道士岗顶　Dàoshìgǎngdǐng　位于左溪镇北部，田坑村西北约 0.9 千米。属洞宫山脉，海拔 939.8 米，山体地表主要植被多为杉木、松木及灌木林。

大风门　Dàfēngmén　位于左溪镇南部，留香村西向约 1.4 千米，北面与杨雨尖山相连，东面山脚是留香村，西望青竹村，南去木桥头村。属洞宫山脉，海拔 1505.6 米，山体地表植被多为毛竹、杉木、松木及灌木林。

角堂尖　Jiǎotángjiān　位于左溪镇南部，留香村东南向约 0.9 千米，此山峰从远处看形同一个牛角。属洞宫山脉，海拔 1288.7 米，山体地表植被多为毛竹、杉木、松木及灌木林。

银顶尖　Yíndǐngjiān　位于左溪镇中部，山后村西向约 0.3 千米,顶峰岩石呈银白色，故名。属洞宫山脉，海拔 1108.7 米。山体地表植被多为杉木、松木及灌木林。

白鹤仙岩顶　Báihèxiānyándǐng　位于江根乡南部，箬坑村西南 2.4 千米，传说有神仙骑仙鹤路过留下一大岩石，故名。西面和南面为寿宁县地界，山中有奇石，建有庙。属洞宫山脉，海拔 1525.1 米，山体地表植被多为毛竹、杉木、松木及灌木林。

第三洋尖　Dìsānyángjiān　位于江根乡北部，后洋村第三洋北向 1 千米，山以村名。与官塘乡、左溪镇以岗分水为界。属洞宫山脉，海拔 1398.7 米，山体地表植被多为毛竹、杉木、松木及灌木林。

大林头　Dàlíntóu　位于江根乡东部，洋头村东北 1.3 千米，树木成林，故名。东面为寿宁县地界，有古道从山麓穿过。属洞宫山脉，海拔 1411.8 米，山体地表植被多为毛竹、杉木、松木及灌木林。

卜蛇林　Boshélín　位于江根乡南部，青田村东南 2 千米，此山多蝮蛇出没得名。东南面为寿宁县地界。属洞宫山脉，海拔 1415.1 米，山体地表植被多为毛竹、杉木、松木及灌木林。

斜坑尖　Xiékēngjiān　位于荷地镇西北，杨朗坑村上东溪西向约 0.7 千米。山峰北麓有一条坑自山斜至小东溪，故得名。属洞宫山脉，海拔 1284.5 米，山体地表植被多为杉木、松木及灌木林。

真武尖　Zhēnwǔjiān　位于荷地镇中部，底墅村北边约 0.4 千米，又名底墅西山。一山脊形似蛇，又一座小山，其形似龟，一蛇一龟象征“真武大帝”的左膀右臂，故名。属洞宫山脉，海拔 1234.1 米，山体地表植被多为杉木、松木及灌木林。

大角尖　Dàjiǎojiān　位于荷地镇中部，塘尾村东向约 0.8 千米，高际、塘尾、梅树湾大三角之中心，故名。属洞宫山脉，海拔 1246.3 米，山体地表植被多为杉木、松木及灌木林。

大　山　DàShān　位于荷地镇西南，际面村西向约 1.2 千米，群山环拱，一峰独秀。站在顶峰一览众山小，故名。与岭头乡以岗分水为界。属洞宫山脉，海拔 1333.5 米，山体地表植被多为杉木、松木及灌木林。

横岗头　Hénggǎngtóu　位于荷地镇南部，杨冯源村西边约 0.8 千米，横卧于荷地镇之南，故名。属洞宫山脉，海拔 1344.7 米，山体地表植被多为杉木、松木及灌木林。

人顶尖　Réndǐngjiān　位于荷地镇西部，马家地村南向约 1.4 千米，山体上留有古人开采银矿，故名。(方言“人”与“银”同音)，属洞宫山脉，海拔 1276.7 米，山体地表植被多为杉木、松木及灌木林。

大头山　Dàtóushān　位于荷地镇东北，松坑村西北约 1 千米，因此山体高大雄伟，故名。与张村乡以岗分水为界，属洞宫山脉，海拔 1545.7 米，山体地表植被主要有松木、杉木、阔叶混交林等。

桃洋尖　Táoyángjiān　位于岭头乡西北，陈鉴坑村桃洋西向约 0.7 千米。靠近桃洋村，故名。属洞宫山脉，海拔 1362.5 米，山体地表植被多为杉木、松木及灌木林。

梨山尖　Líshānjiān　位于岭头乡北部，山翠湾村东北 1.3 千米，因盛产陈梨（“猕猴桃”土名“陈梨”），故名。与荷地镇以岗分水为界。属洞宫山脉，海拔 1379.9 米，山体地表植被多为杉木、松木。

塘堀尖　Tángkūjiān　位于岭头乡西南，塘堀村西向 1.1 千米，山以村名。属洞宫山脉，海拔 1454.8 米，山体地表植被多为杉木、松木及灌木林。

黄狗寨　Huánggǒuzhài　位于岭头乡南部，大池洋村东南约 1.3 千米。山顶有古寨遗迹，故名。属洞宫山脉，海拔 1137.6 米，山体地表植被主要有松木、杉木等。

鸡公尖　Jīgōngjiān　位于荷地镇南部，坪头村东北 0.4 千米。山形如公鸡得名。属洞宫山脉，海拔 1069 米，山体地表植被多为毛竹、杉木、松木及灌木林。

七十岗　Qīshígǎng　位于荷地村南部，苏湖村东向约 2 千米，大小山岗星罗棋布，故名。属洞宫山脉，海拔 1263.2 米，山体地表植被多为杉木、松木及灌木林。

长塔尖　Chángtǎjiān　位于荷地镇南部，苏湖村东南约 3 千米。凌空挺拔，高耸似塔，故名。属洞宫山脉，海拔 1411.6 米，山体地表植被多为杉木、松木及灌木林。

塘源尖　Tángyuánjiān　位于岭头乡东南，白岩下村北向约 1 千米，以村命名。洞宫山脉，海拔 1156.2 米，山体地表主要植被多为杉木、松木及灌木林。

鸡公山　Jīgōngshān　位于岭头乡东南，赤壁山村东南约 0.9 千米，此山状似一只鸡，故名。东南为寿宁界。属洞宫山脉，海拔 1210.4 米，山体地表植被多为杉木、松木及灌木林。

香炉峰　Xiānglúfēng　位于举水乡西北，门林村西南约 4.2 千米，传有古人在此设香炉奉拜天神，故名。山那边为政和界，属洞宫山脉,海拔 1597.5 米，山体地表植被多为灌木林。

凤岗尖　Fēnggǎngjiān　位于举水乡西部，落岭村西南约 2.5 千米，山形像凤凰，原称凤凰尖（原落岭村叫凤洋），后人由于口语方便，逐步称为凤岗尖。1990 年版《庆元县地名志》记载：在县东南 57 千米举水乡西部。主峰海拔 1577 米。西溪出其东麓，安溪出其西麓，向有“左右逢源”之说。属洞宫山脉，海拔 1577.5 米，山体地表植被多为松木。

水牛塘尖　Shuǐniútángjiān　位于举水乡西北，门林村东南约 1.2 千米。山下有水塘，牛常放饮于此，故名。属洞宫山脉，海拔 1295.7 米。山体地表植被多为松木。

第一尖　Dìyījiān　位于举水乡东南，地虎坑村南向约 2 千米，为举水乡南部诸山之首，故名第一尖。1990 年版《庆元县地名志》记载：在县东南 57 千米举水乡东南部，主峰海拔 1456.1 米。属洞宫山脉，海拔 1295.7 米。山体地表植被多为松木。

老鹰岩　Lǎoyīngyán　位于龙溪乡北部，后洋坑村西向 0.6 千米，山状如鹰，故名。1990 年版《庆元县地名志》载：“在县东南 71 千米的龙溪乡北部，主峰海拔 1135.6 米。”属洞宫山脉，山体地表植被多为灌木林。

王　章　Wángzhāng　位于龙溪乡东北，后洋坑村东向约 1.2 千米，相传此地出来的人将来是要当帝王将相的。而后洋坑人称此地为黄章，后取名王章。与寿宁县以岗分水为界。属洞宫山脉，海拔 1304 米，山体地表植被多为灌木林。

将军尖 Jiāngjun1jiān 坐落龙溪乡西部，转水村南约 0.9 千米，危峰挺秀，雄姿屹立，又称石将军。属洞宫山脉，海拔 1130.5 米，山体地表植被多为灌木林。

兰下尖 Lánxiàjiān 位于龙溪乡中部，鱼川村南向约 0.8 千米，属洞宫山脉，海拔 1063 米，山体地表植被多为杉木、松木及灌木林。

屏风山 Píngfēng Shān 位于屏都街道中部，菊水村南向约 0.5 千米。山形状似屏风，故名。属洞宫山脉，海拔 471.6 米，山体地表植被多为毛竹、杉木、松木及灌木林。

山岗尖 Shāngǎngjiān 位于松源街道东北，坪洋村西北约 1.4 千米。属洞宫山脉，海拔 712.6 米，山体地表植被多为毛竹、杉木、松木及灌木林。

薰 山 Xūnshān 位于松源街道南部，薰山下村东北约 1.2 千米，属洞宫山脉，海拔 1132.2 米。光绪《庆元县志》卷一载："薰山，峭削凌空，壁立千仞，为邑屏障。"清·康熙庆元知县程维伊《薰山》诗："极目薰山丽，逶迤陟翠微，经春山作黛，积雨石生灰。壁峭扪萝磴，树深认竹扉。仙桥何处渡，冉冉白云飞。"山体地表植被系原始次生林，多为毛竹、杉木、松木及灌木林。

山岗尖 Shāngǎngjiān 位于淤上乡南部，坑口村山岗东南约 0.9 千米，别名乌蜂山，光绪《庆元县志》卷一载"乌蜂山，有梵公庙，进庙者身不洁，蜂即拥至"，故名。与安南乡岗分水为界。山凹有一座非常壮观的山岗庙。常年香火旺盛。属洞宫山脉，海拔为 1108.5 米，山体地表植被多为杉木、松木及灌木林。

羊角山 Yángjiǎo Shān 位于安南乡西部，安溪村西向约 0.8 千米，山形像羊角，故名。属洞宫山脉，海拔 774 米，山体地表主要为人工杉木林，少部分毛竹。

四枕头 Sìzhěntóu 位于隆宫乡中部，黄坑村西南 1 千米，山体起伏形似四个枕头，故名。一称凤凰山，光绪《庆元县志》卷一记载："凤凰山，飞翥比翼，高入云汉。"与政和县、松溪县以岗分水为界。属洞宫山脉，海拔 1171.7 米，山体地表植被多为毛竹、杉木、松木及灌木林。

花岩山头 Huāyánshāntóu 位于松源街道中部，上庄村焦坑东北 1.1 千米，山顶形似人的额头，古称下额头，谐音花岩头。属洞宫山脉，海拔 1130.2 米，山体地表植被主要为天然阔叶林，山脚多为毛竹林。

奎类尖 Kuílèijiān 位于松源街道中部，上庄村焦坑东南 1.1 千米，形似傀儡头，谐音奎类尖。属洞宫山脉，海拔 966.2 米，山体地表植被多为松木及灌木林。

捣臼山 Dǎojiùshān 位于松源街道中部，会溪村东南约 0.7 千米，形似捣臼，故名。属洞宫山脉，海拔 513.4 米，山体地表植被多为毛竹、杉木、松木、灌木林及人工造林。

半天岩 Bàntiānyán 位于濛洲街道北部，大坑东北 1.3 千米，由于山顶距大坑村落差有 600 多米，站在大坑村向东望就像在半空中，故名。属洞宫山脉，海拔 1013.9 米，山体地表植被多为松木及灌木林。

山林岗 Shānlíngǎng 位于濛洲街道东北，喜鹊村东北约 1.7 千米，在古时森林十分茂盛，故名。属洞宫山脉，海拔 971.7 米，山体地表植被多为杉木、松木及灌木林。

虎尾巴 Hǔwěibā 位于濛洲街道东北，喜鹊村东向约 1.3 千米，远看像老虎尾巴，故名。属洞宫山脉，海拔 929.1 米，山体地表植被多为杉木、松木及灌木林。

东边山 Dōngbiān Shān 位于松源街道东南，西门村西南约 0.9 千米，以方位得名。属洞宫山脉，海拔 558.4 米，山体地表植被多为杉木、松木及灌木林。

洋坑圩 Yángkēngxū 位于淤上乡东北，外童村东北 2.8 千米。古时山下有一小神殿，名为洋坑殿，故名。属洞宫山脉，海拔 996.7 米，山体地表植被多为杉木、松木及灌木林。

铁顶尖 Tiědǐngjiān 位于松源街道南部，薰山下村东南 2 千米，形似铁钉，故名。属洞宫山脉，海拔 912.7 米，山体地表植被多为毛竹、杉木、松木及灌木林。

旱龙岗 Hànlónggang 位于濛洲街道中部，大济村东北约 1.3 千米，山脚下有大片农田，因水源有限，十年九旱，故名。山脚有县城至下滩村的古驿道，沿途有同善亭、白鹤下亭。属洞宫山脉，海拔 553.2 米，山体地表植被多为杉木、松木及灌木林。

粗坑岙尖 Cūkēngàojiān 位于松源街道北部，九漈村东北约 1.1 千米。属洞宫山脉，海拔 1315 米，山体地表植被多为毛竹、杉木、松木及灌木林。

低坳岗头 Dīàogǎngtóu 位于松源街道西北，深鸟村西北约 0.7 千米，与竹口镇以岗分水为界。山峰有山坳较平，又比对面山峰低，故名。山上有凉亭。属洞宫山脉，海拔 1010.5 米，山体地表植被多为杉木、松木及灌木林。

黄坑凹 Huángkēngāo 位于屏都街道北部，洋背村黄坑西北约 1.7 千米，山以村得名。属洞宫山脉，海拔 848.8 米，山体地表植被多为松木及灌木林。

观音橱 Guānyīnchú 位于屏都街道北部，洋背村岱根西北约 2.1 千米，属洞宫山脉，海拔 1114 米，山体地表植被多为松木及灌木林。

梨　脑 Línǎo 位于松源街道西部，坪洋村东北约 1.4 千米。属洞宫山脉，海拔 1311.1 米，山体地表植被多为松木及灌木林。

西　边 Xībiān 位于屏都街道西部，白岭头村官山西向约 0.9 千米，因山峰位于官山西边，故名。与松溪县以岗分水为界。属洞宫山脉，海拔 762.8 米，山体地表植被多为松木及灌木林。

处后山 Chùhòu Shān 位于屏都街道西部，白岭头村东向约 0.9 千米，坐落于白岭头村后，故称处后山。属洞宫山脉，海拔 1201.3 米，山体地表主要有杉木、松木及灌木林。

寮　岗 Liáogǎng 位于屏都街道东部，余村村东南 2.2 千米，与淤上乡以岗分水为界。又称寮岗，以山上昔有山寮得名。属洞宫山脉，海拔 625.1 米，山体地表植被主要有松木及灌木林。

凉　岗 Liánggǎng 位于松源街道南部，朱村东南约 1.3 千米，海拔 625.1 米。入山感觉冰爽凉快，故得名。属洞宫山脉，海拔 556.2 米，山体地表植被多为杉木、松木及灌木林。

大平山 Dàpíng Shān 位于屏都街道南部，菖蒲洋村西北约 0.7 千米，山峰大而较平坦，故称大平山。属洞宫山脉，海拔 1226.5 米，山体地表植被多为毛竹、杉木、松木及灌木林。

仙砇岗 Xiānshíxuángǎng 位于竹口镇东北，后楼村东北约 1.1 千米，古时岗顶上有庙，传说有仙人设坛于岗顶讲法，而得名。属洞宫山脉，海拔 821 米，山体地表植被多为灌木林。

粗垄湾　Cūlǒngwān　位于竹口镇东北，上垟村东向约 1 千米，因山上多有溪涧幽谷，怪石嶙峋，故名。界龙泉市南镇，有古窑址。属洞宫山脉，海拔 998.3 米，山体地表植被多为灌木林。

木候离　Mùhòulí　位于竹口镇东北，龙口村东向约 2.7 千米，北与仙掌山相对。属洞宫山脉，海拔 885.1 米，山体地表植被多为灌木林。

天堂尖　Tiāntángjiān　位于竹口镇东北，龙口村东向约 4.1 千米，山峰景美如天堂，故名。与龙泉市以岗分水为界。属洞宫山脉，海拔 1291.7 米，山体地表植被多为灌木林。

小岗尖　Xiǎogǎngjiān　位于竹口镇西北，大泽村阙家东北约 0.7 千米，山峰位于山岗头之上，与大岗尖相比较小，故名小岗尖。南与大岗尖相连。属仙霞岭山脉，海拔 547.5 米，山体地表主要植被多为毛竹及灌木林。

大岗尖　Dàgǎngjiān　位于竹口镇西北，大泽村阙家东向约 0.7 千米。山峰位于山岗头之上，与小岗尖相比较大，故名大岗尖。属仙霞岭山脉，海拔 541.1 米，山体地表植被主要有杉木、毛竹。

牛角尖　Niújiǎojiān　位于竹口镇西北，大泽村阙家东南约 0.8 千米。因山体形似牛角，故名。红军北上抗日先遣队在此战斗过。属仙霞岭山脉，海拔 574 米，山体地表植被多为灌木林。

上后岗　Shànghòugǎng　位于竹口镇西部，竹上村枫堂西北约 1.5 千米。山峰位于后坑桥后面山岗，故名上后岗。红军北上抗日先遣队在此战斗过。属仙霞岭山脉，海拔 473 米，山体地表植被主要是杉木。

瓦窑山　Wǎyáo　Shān　位于竹口镇西部，竹上村枫堂西面约 0.2 千米，古时山中建有瓦窑，故名。有古窑址。属仙霞岭山脉，海拔 328 米，山体地表植被主要有杉木、毛竹。

大岗山　Dàgǎng　Shān　位于竹口镇东北，龙口村东南约 1.8 千米，山峰因比旁边山岗大，故名。属洞宫山脉，海拔 770.2 米。山体地表植被多为灌木林。

烧香尖　Shāoxiāngjiān　位于竹口镇东部，上坑村东向约 2.7 千米。古时上坑村常有火灾，村民到该山峰去烧香保平安，故名。属洞宫山脉，海拔 1363 米，山体地表植被多为灌木林。

菩萨凸　Púsàtū　位于竹口镇西部，上坑村东南约 1.8 千米。山峰圆而大，如菩萨之大肚，故名。属洞宫山脉，海拔 1029 米，山体地表植被多为灌木林。

鱼塘尾　Yútángwěi　位于竹口镇西部，竹中村西面约 0.9 千米，北有古亭，因山位于当地鱼塘后面，故名。属仙霞岭山脉，海拔 422 米，山体地表植被主要有杉木、毛竹。

砼　湾　Tǔxuánwān　位于竹口镇西部，竹下村西面约 1.3 千米。属仙霞岭山，海拔 862 米，山体地表植被主要是杉木、毛竹。

吴高尖　Wúgāojiān　位于竹口镇西部，平岭岗村西北约 1 千米。传说该山古时属一个叫"吴高"的人，故名。属仙霞岭山，海拔 438 米，山体地表植被主要有阔叶树、杉木、毛竹。

上坑底　Shàngkēngdǐ　位于竹口镇中部，竹上村东向约 1.4 千米，与下坑底相对应，故名。属洞宫山脉，海拔 528.5 米，山体地表植被主要有杉木、毛竹。

下坑底　Xiàkēngdǐ　位于竹口中部，竹上村东向约 1 千米。与上坑底相对应，故名。属洞宫山脉,海拔 573 米,山体地表主要植被多为灌木林。

上山堂 Shàngshāntáng 位于竹口镇西南,平岭岗村东向约 1.1 千米。属洞宫山脉,海拔 408.5 米,山体地表植被主要有橘、梅、李等水果树。

书 堂 Shūtáng 位于竹口镇中部,竹下村东南方向约 2 千米,古时山中有寺庙,有先生讲学,故名。山中建有“望城寺”。属洞宫山脉,海拔 503 米,山体地表植被多为杉木及灌木林。

昌埔塘岗 Chāngpǔtánggǎng 位于竹口镇西南,黄坛村北向约 0.8 千米,“昌埔”为“菖蒲”谐音,因产菖蒲得名。属洞宫山脉,海拔 354 米。山体地表植被主要有锥栗、李树等水果树。

双 尖 Shuāngjiān 位于竹口镇南部,竹下村东南 3.2 千米。因山上并耸两座山峰,故名。属洞宫山脉,海拔 1163.2 米。山体地表植被多为灌木林。

金斗湾尖 Jīndòuwānjiān 位于竹口镇东南,竹下村东南 6 千米,西与金斗湾相连。属洞宫山脉,海拔 1258.6 米,山体地表植被多为灌木林。

社垛岗 Shèduǒgang 位于竹口镇西南,新窑村北面约 0.6 千米,社殿后面之山岗,故名社垛岗。属洞宫山脉,海拔 394 米,山体地表植被多为灌木林。

安洋岗 Anyánggǎng 位于竹口镇南部,新窑村东北约 3.6 千米。属洞宫山脉,海拔 1035.4 米,山体地表植被多为灌木林。

石 鳅 Shíqiū 位于竹口镇南部,新窑村山后坑东北约 1.3 千米。山中有一岩壁圆而滑如鳅,故名。属洞宫山脉,海拔 876.2 米,山体地表植被多为灌木林。

天堂湾 Tiāntángwān 位于竹口镇东南,新窑村山后坑东北 3 千米。因山峰高大,看似直通天庭,故名。属洞宫山脉,海拔 1155.2 米,山体地表植被多为松木及灌木林。

仙人殿沟 Xiānréndiàngōu 位于竹口镇东南,新窑村山后坑东北 4 千米。属于洞宫山脉,海拔 1356 米,山体地表植被多为杉木、松木及灌木林。

社殿尖 Shèdiànjiān 位于黄田镇西北,朱黄村西南 0.7 千米,因处于朱黄村十八社社殿对面,故名。有通往良官田、下济、汤源等地的古驿道。属仙霞岭山脉,海拔 872 米,山体地表植被主要是毛竹。

半山尖 Bànshānjiān 位于黄田镇西北,龙济村东北约 1 千米。属仙霞岭山脉,海拔 842.8 米,山体地表植被主要是毛竹。

大堂安 Dàtángān 位于黄田镇西部,仙庄村西向约 1 千米。山顶古有大堂古基,故名。属仙霞岭山脉,海拔 706 米,山体地表植被主要有毛竹、杉木。

棋盘石坛 Qípánshítán 位于黄田镇西部,仙庄村西南约 1.1 千米。传说古时有五仙在此山头相遇,并在此下棋,故名。山上有古驿道至松溪县渭田镇。属仙霞岭山脉,海拔 784.4 米,山体地表植被多为毛竹、杉木、松木及灌木林。

大塘基 Dàtángjī 位于黄田镇北部,台湖村东南约 1.3 千米。山上原有一个寺庙,现只剩古基,故名。山中有古驿道,是葛田村通往叶乡、姚村的主要通道。属仙霞岭山脉,海拔 955.6 米,山体地表植被多为灌木林。

亲家伯尖 Qīnjiābójiān 位于黄田镇中部，姚村西南约 1.3 千米。古代该山为亲家伯所有，故名。属仙霞岭山脉，海拔 591.2 米。山体地表植被主要是毛竹、杉木。

真武坐堂 Zhēn wǔ zuò táng 位于黄田镇中部，葛田村西北 1.4 千米。山形似真武佛，故名。山中有古驿道，是附近村民古时通往台湖村、李村、叶乡的主要通道。属仙霞岭山脉，海拔 685 米，山体地表植被多为毛竹、杉木、松木及灌木林。

水竹凹山 Shuǐzhúāo Shān 位于黄田镇中部，葛田村西北约 1.1 千米。山中有古驿道，山顶下凹部有四美亭。属仙霞岭山脉，海拔 666.3 米，山体地表植被多为毛竹、杉木、松木及灌木林。

灯盏架 Dēngzhǎnjià 位于黄田镇东北，曹岭村西南约 2.7 千米，山的顶部平坦如盘，而峰尖如被点燃的火焰，故名。属仙霞岭山脉，海拔 970.4 米，山体地表植被主要是杉木、松木、灌木林。

狮子尾 Shīzǐwěi 位于黄田镇东北，曹岭村东南约 0.4 千米。山的形状似狮子的尾巴，故名。山东西各建有一座佛庙，属仙霞岭山脉，海拔 400 米，山体地表植被主要有杉木。

冬瓜山 Dōngguā Shān 位于黄田镇西部，湖头村西南约 1.3 千米，山形似冬瓜，故名。属仙霞岭山脉，海拔 570.8 米，山体地表植被主要是毛竹。

处周寨 Chùzhōuzhài 位于黄田镇中部，双沈村西北约 1.1 千米，因坐落处周寮村后面，古时山顶上有寨卡，故名。山顶有一庵。属仙霞岭山脉，海拔 553 米，山体地表植被主要是毛竹。

房柱山 Fángzhù hān 位于黄田镇中部，陈边村东 0.9 千米。房柱山与石柱寨相对，传说两兄弟各造一座房子，一座用石做柱子，一座用木头做柱子，用石做的山头叫石柱寨，用木柱做的山头叫房柱山，山中建有哪吒庙，有奇石夫妻岩，有古驿道通往三济、渭田。属仙霞岭山脉，海拔 605.1 米，山体地表植被有杉木、毛竹等。

山楼尖 Shānlóujiān 位于黄田镇东南，东西村西南约 0.3 千米，该山像一个大的香炉，故名“香炉尖”，谐音“山楼尖”。山脚古驿道是三济和黄真村民通往龙泉的主道，路边有一凉亭。属仙霞岭山脉，海拔 459 米，山体地表植被主要是毛竹、杉木、松木。

枫源山 Fēng yuan Shān 位于黄田镇南部，中际村西南约 1.1 千米。传说中济村五兄弟分别在凉伞寨、石柱寨、枫源山、五虎楼占山为王，老三占枫源山为寨，属仙霞岭山脉，海拔 593.1 米，山体地表植被主要是毛竹，杉木。

绕天窟 Ràotiānkū 位于黄田镇南部，下济村西向约 1.1 千米，因山体中间有个窟窿面朝天空得名。西面为福建省松溪县地界。属仙霞岭山脉，海拔 541 米，山体地表植被主要是杉木、松木、灌木林。

孩儿山 Háiér Shān 位于淤上乡西北，局下村东北约 0.8 千米，因山形似小孩，故名。与屏都镇以岗分水为界。属洞宫山脉，海拔 665.7 米，山体地表植被多为杉树、松树。

燕坑顶 Yànkēngdǐng 位于淤上乡西部，局下村东南约 0.7 千米，因两边有坑，山形状像燕子，故名。属洞宫山脉，海拔高为 859.8 米。山体地表植被多为杉木、松木及灌木林。

野猪章 Yězhūzhāng 位于淤上乡西部，局下村西南约 1.8 千米，古时人烟稀少，野猪众多，故名。有老房屋的遗址，有小路直至百丈庙。属洞宫山脉，海拔为 1112.1 米，山体地表植被为茂盛的阔叶混交林和松木林等。

油麻井　Yóumájǐng　位于淤上乡西北，涂坑村西北约 0.7 千米，传说农民每年要烧山，用来种植油麻。山顶端像一口井，故名。与屏都镇以岗分水为界。属洞宫山脉，海拔 637.5 米，地表植被以毛竹林和杉木林为主。

官　山　GuānShān　位于淤上乡北部，涂坑村东北约 1.1 千米。山突兀于众山环绕之中，远看像一顶官帽，故名。属洞宫山脉，海拔为 652.3 米。山体地表植被多为毛竹、杉木、松木及灌木林。

岩峰尖　Yánfēngjiān　位于淤上乡东部，淤上村东南约 2.1 千米。山顶有一块凸出的石头，故名。属洞宫山脉，海拔为 774.6 米，山体地表植被为杉木林。

大叶岩尖　Dàyèyánjiān　位于隆宫乡西北，小关村西南约 1.4 千米，与松溪县以岗分水为界。属洞宫山脉，海拔 1104.8 米，山体地表植被主要为灌木林。

伞凉山　Sǎnliángshān　位于隆宫乡北部，小关村西南约 1.4 千米，与松溪县以岗分水为界。属洞宫山脉，海拔高 1109.2 米，山体地表植被主要为松木及灌木林。

山　寨　Shānzhài　位于隆宫乡北部，里地村西北约 1.3 千米，传说古时候有兄弟二人，武功高强，因见强人欺负弱小，打抱不平而犯下命案，遭官府追缉避难至此。见山顶有一巨石，鞍部地势平坦，适合修炼武艺，就在那里筑寮居住，打猎练武，侍候老母。山上有寮基和墙趾。属洞宫山脉，海拔高 948 米，山体地表植被为天然阔叶混交林。

庙堂山　Miàotang Shān　位于隆宫乡东部，连湖村东南约 0.7 千米，因山脚下古时有座庙堂，故名。属洞宫山脉，海拔高 744.4 米，山体地表植被为毛竹林。

庙基山　Miàojī Shān　位于隆宫乡西部，黄坑村南向约 1.1 千米。古时山峰的西面山湾有一座庙堂，得名。属洞宫山脉，海拔 1081.2 米，山体地表植被多为毛竹及灌木林。

十八湾山　Shíbāwān Shān　位于隆宫乡中部，隆宫村西北约 2 千米，因山峰中有一条山沟延绵全长近 10 千米，溪流弯弯曲曲绕过了 18 道湾，故名“十八湾山”。属洞宫山脉，海拔 1083 米，山体地表植被多为毛竹及灌木林。

高　山　GāoShān　位于隆宫乡东北，里地村东南约 1.3 千米，因该山峰耸立于安溪、里地坑、际下坑三条溪谷和连湖村平地之中，高耸突兀而得名。属洞宫山脉，海拔 755.8 米，山体地表植被多为毛竹、松木及灌木林。

大坪山　Dàpíngshān　位于隆宫乡南部，张地村东向约 0.7 千米，因周围山包地势平坦而得名。山下是古驿道。属洞宫山脉，海拔高 956.4 米，山体地表植被多为毛竹林。

乌鸦岗　Wūyāgǎng　位于隆宫乡东部，隆宫村东向约 1.3 千米。传说古时候，这山常有响动，而一发生响动，村里就要出事，要么有人去世，要么发生火灾，像“乌鸦嘴”，故名。属洞宫山脉，海拔高 824 米，山体地表植被多为松木、毛竹、阔叶混交林。

黄峰岭　Huángfēnglǐng　位于隆宫乡东部，桃园村东北约 1.4 千米，山中有至政和的古驿道。属洞宫山脉，海拔 651 米，山体地表植被多为杉树、松树。

亭仔岗　Tíngzǎigǎng　位于隆宫乡东部，桃园村东南约 1.3 千米。有通往福建的驿道和山寨旧址，曾有人结伙在此抢劫，山寨就筑在山顶上，一条马道直通山下白亭仔岙。属洞宫山脉，海拔802.4米，山体地表植被多为杉树、松树。

垄头岙 Lǒngtóuào　位于隆宫乡东南，桃园村南向约1千米，因地处桃园村处后垄湾头，故名。有通往政和的古驿道。属洞宫山脉，海拔724.8米。山体地表植被多为毛竹及灌木林。

黄坑山头 Huángkēngshāntóu　位于安南乡东北，上余村东北约2.7千米，黄坑，水，山以水得名。属洞宫山脉，海拔1371.3米，山体地表植被多为灌木林。

燕　山 Yànshān　位于安南乡西部，安溪村西南约1.1千米，因山体形似燕子而得名。与隆宫乡以岗分水为界。属洞宫山脉，海拔835米，山体地表植被主要为杉木林。

内角山头 Nèijiǎoshāntóu　位于安南乡北部，黄竹村黄山头东北约0.8千米，与淤上乡以岗分水为界。属于洞宫山脉，海拔952.2米，山体地表植被主要为毛竹林。

坑尾尖 Kēngwěijiān　位于安南乡西部，黄竹村黄山头南向约0.8千米，坐落于山坑的坑尾，故名。古时为安南通往松源的主要通道，沿途有亭、瞭望台、观音堂等。属洞宫山脉，海拔862米，山体地表植被多为毛竹、杉木、松木及灌木林。

寨　尖 Zhàijiān　位于安南乡中部，权山村南向约0.7千米。山上原设有山寨(瞭望台)，故名。据说因古时过往的行人较多，就有强人占山为王，在山上设立山寨，向过往的路人收取过路费。属洞宫山脉，海拔957.6米，山体地表植被多为毛竹、杉木、松木及灌木林。

沟　山 Gōushān　位于安南乡西南，安隆村东南约1.7千米。山中有水沟(坑)多，故名。属洞宫山脉，海拔885米，山体地表植被多为毛竹及灌木林。

处后岗 Chùhògǎng　位于安南乡东部，权山村后楼东北约0.9千米。坐落后楼村后，故得名。属洞宫山脉，海拔962.5米，山体地表植被主要有毛竹、杉木林。

岗头山 Gǎngtóushān　位于安南乡东部，陈村村东向约1千米。山上建有岗头山庙和岗头山亭，山上矗立“仙挂榜”奇石。属洞宫山脉，海拔1045.1米，山体地表植被多为毛竹及灌木林。

银坑尖 Yínkēngjiān　位于安南乡西部，南坑村东向2千米，山上留有古人开采银矿的坑洞，故名。山上留下大大小小的银坑洞几十处，洞里栖息有蝙蝠、燕子等。与五大堡乡以岗分水为界。属洞宫山脉，海拔1290.1米，山体地表植被多为毛竹、杉木、松木及灌木林。

大山岗 Dàshāngǎng　位于安南乡西南安隆村南向约1.7千米，周边的山较之该山都显得低矮，故名大山岗。相传该山有一石柱直通天庭，北宋时，杨文广路过，觉得碍事，就挥剑砍断石柱，故石柱上有剑痕。解放战争中，山顶上建有红军哨所，站在哨所上，庆元县城和政和、松溪敌情一览无余。属洞宫山脉，海拔1016.4米，山体地表植被多为毛竹、杉木、松木及灌木林。

长仑头岗 Chánglúntóugǎng　位于安南乡西南，甘竹山村西南约1.2千米，山周围有群山相连，是群山的通名，故名。与政和县以岗分水为界。属洞宫山脉，海拔1063.2米，山体地表植被主要为杉木林，有少部分毛竹。

仙帽山 Xiānmào Shān　位于安南乡西南，方塘村西南约1.1千米，传说古时候有神仙经过此地摘下帽子歇息，故名。与政和县以岗分水为界。属洞宫山脉，海拔1063.2米，山体地表植被主要为毛竹林。

向风岙 Xiàngfēngào 位于安南乡南部，坑井村西北 1.2 千米，向风岙为岙里山群的通名。属洞宫山脉，海拔 1022 米，山体地表植被多为毛竹及灌木林。

大龙头 Dàlóngtóu 位于安南乡南部，坑井村西南约 0.8 千米，山似龙头形，故名。与政和县以岗分水为界。属洞宫山脉，海拔 1227.1 米，山体地表植被多为毛竹、杉木、松木及灌木林。

新田垄 Xīntiánlǒng 位于安南乡东南，吾漈下村岱根东向约 2 千米，与举水乡以岗分水为界，属洞宫山脉，海拔 1439.9 米。山体地表植被多为灌木林。

子武坵山 Zǐwǔqiū Shān 位于五大堡乡西北，西洋村正南方向 1 千米。属洞宫山脉，海拔 965 米，山体地表植被多为毛竹、杉木、松木及灌木林。

世般尖 Shìbānjiān 位于五大堡乡北部，北择村北向约 1.7 千米，山上有一片树林，名世般林，故名。与百山祖镇以岗分水为界。属洞宫山脉，海拔 1438 米，北泽村最高山峰，山上盛产山蛙。山体地表植被多为灌木林。

尖　顶 Jiāndǐng 位于五大堡乡北部，北择村东北约 2.7 千米，因山峰挺拔，形似刀尖，故名。与百山祖镇以岗分水为界。属洞宫山脉，海拔 1539.2 米，山体地表植被多为松木及灌木林。

大　岗 Dàgǎng 位于五大堡乡北部，北择村北向约 0.7 千米，从世般尖到该山有一条很长的岗，故名。属洞宫山脉，海拔 925.3 米，山体地表植被多为毛竹及灌木林。

全　岗 Quángǎng 位于五大堡乡东北，南源村东北约 1.3 千米，远处看去似船，以“船”谐音命名。与贤良镇以岗分水为界。属洞宫山脉，海拔 1122.2 米，山体地表植被多为毛竹、杉木、松木及灌木林。

高山岗 Gāoshāngǎng 位于五大堡乡中部，南源村南向 1.7 千米。因山体高大，故名。属洞宫山脉，海拔 1201.1 米，山体地表植被主要有松木兼阔叶混交林。

金武山 Jīnwǔ Shān 位于五大堡乡北部，盖竹村东向约 0.9 千米，属洞宫山脉，海拔 870.2 米，山体地表植被多为杉木、松木及灌木林。

大济头 Dàjìtóu 位于五大堡乡西南，杨楼村西北约 3 千米，山有峭壁，当地人称大岩漈得名。与松源镇以岗分水为界，山上有峭壁。属洞宫山脉，海拔 1288.2 米,山体地表植被多为毛竹、杉木、松木及灌木林。

蜘蛛山 Zhīzhū Shān 位于五大堡乡西南，杨楼村北向约 3.1 千米，因山体形似蜘蛛，故名。属洞宫山脉，海拔 1471.5 米，山体地表植被多为毛竹、杉木、松木及灌木林。

寮　后 Liáo hòu 位于五大堡乡南部，东山村东向约 0.9 千米，该山在东山村老村房后，故名寮后。属洞宫山脉，海拔 1067 米，山体地表植被多为杉木、松木及灌木林。

良花山 Liánghuā Shān 位于五大堡乡南部，后塝村北向约 1 千米，该山状似观音底座，当地人多称之为莲花，谐音“良花”，故名。属洞宫山脉，海拔 1045 米，山体地表植被多为杉木、松木及灌木林。

梅花洋山 Méi huā yang Shān 位于五大堡乡东部，大洪村南向约 2 千米，因山上多有梅花，故名。山上有古驿道、“蜡烛亭”。属洞宫山脉，海拔 1329.3 米，山体地表植被主要有杉木、松木。

金鸡岩　Jīnjīyán　位于贤良镇北部，库源村库坑东北约 1.1 千米。山峰下有一耸立岩石形状酷似金鸡，故名。属洞宫山脉，海拔 1214 米，山体地表植被多为杉木、松木及灌木林。

天早岗　Tiānzǎogǎng　位于贤良镇西北，青林村正北约 1.9 千米，该山峰每天见到太阳较早的山岗，故名。属洞宫山脉，海拔 1488.2 米，山体地表植被多为杉木、松木及灌木林。

龙背山　Lóngbèi Shān　位于贤良镇西北，青林村东南约 0.7 千米。山脉形似龙卧，山峰位于龙背，故名。属洞宫山脉，海拔 1187 米，山体地表植被多为毛竹、杉木、松木及灌木林。

江林尖　Jiānglínjiān　位于贤良镇西部，溪沿村北向约 1 千米。传说有个叫叶江林的人在山峰下开荒种地，后人就将叶江林住所后面的山峰，称之为“江林尖”。属洞宫山脉，海拔 1183.6 米，山体地表植被多为毛竹、杉木、松木及灌木林。

簸箕尖　Bòjījiān　位于贤良镇南部，富林村西北约 0.6 千米，山形状像簸箕，故名。有通往庆元的古驿道。属洞宫山脉，海拔 1159.9 米，山体地表植被多为毛竹、杉木、松木及灌木林。

笔架尖　Bǐjiàjiān　位于贤良镇东部，黄坛村正北方向约 0.7 千米。山体形状似古代写字放毛笔的笔架，故得名。属洞宫山脉，海拔 851 米，山体地表植被多为毛竹、杉木、松木及灌木林。

鸡公嘴　Jīgōngzuǐ　位于贤良镇东南，石川村西洋西南约 2 千米。山头形似公鸡头，故名。属洞宫山脉，海拔 859.1 米，山体地表植被主要是阔叶林。

鸡公山　Jīgong Shān　位于贤良镇东南，石川村西洋南向约 1.3 千米，山形像公鸡，故名。与荷地镇以岗分水为界。属洞宫山脉，海拔 1035.1 米，山体地表植被多为毛竹、杉木、松木及灌木林。

毛周尖　Máozhōujiān　位于贤良镇东南，石川村西洋东南方向约 1.5 千米，山峰似猫头鹰，且山顶有一奇石似猫头鹰的脚肘，以谐音得名。与荷地镇以岗分水为界。属洞宫山脉，海拔 1095.1 米，山体地表植被多为杉木、松木及灌木林。

岙　头　Aotóu　位于贤良镇东部，湖池村南向约 0.3 千米。岙头，地片名，山名沿之。属洞宫山脉，海拔 779 米，山体地表植被主要是杉木。

大湾尖　Dàwānjiān　位于张村乡北部，金丝岱村东向约 1.4 千米，有个湾比较大，故名。有古驿道，沿途有亭。属洞宫山脉，海拔 1093 米，山体地表植被多为杉木、松木及灌木林。

山岭尖　Shānlǐngjiān　位于张村乡北部，上吴坑村东北约 0.8 千米，山峰位于山岭之上，故名。山上有通往景宁的古驿道。属洞宫山脉，海拔 1077.8 米，山体地表植被多为杉木、松木及灌木林。

百尖岗　Bǎijiāngǎng　位于张村乡北部，吴坑村西南约 0.8 千米。山峰多山尖，故名。属洞宫山脉，海拔 876.8 米，山体地表植被主要有锥栗及阔叶混交林。

上　湾　Shàngwān　位于张村乡东北，山丘村西南约 0.7 千米。属洞宫山脉，海拔 988.3 米，山体地表植被主要有锥栗和阔叶混交林。

前坑山　Qiánkēng Shān　位于张村乡中部，张村村南向约 0.7 千米。坐落于山坑的前方，故名。属洞宫山脉，海拔 725.5 米，山体地表植被多为杉木及灌木林。

三脚香炉　Sānjiǎoxiānglú　位于张村乡东北，丰滩洋村北向约 2 千米。山峰像三只脚的香炉，故名。与景宁县以岗分水为界，山上有古驿道，为张村通往景宁畲族自治县的主要通道。属洞宫山脉，海拔 1013.1 米，山体地表植被多为杉木、松木及灌木林。

南阳后面山 Nányánghòumiàn Shān 位于张村乡东部，南阳村东南约 0.6 千米。坐落于南阳村后，故名。属洞宫山脉，海拔 821.6 米，山体地表植被多为杉木、松木及灌木林。

湾　曹 Wāncáo 位于张村乡南部，高洋村西向约 0.4 千米。属洞宫山脉，海拔 935.4 米，山体地表植被多为毛竹、杉木、松木及灌木林。

百千岙 Bǎiqiānào 位于张村乡西南，松柏湾村东南约 0.8 千米，山峰有很多山岙，故名。山上有古驿道。属洞宫山脉，海拔 1050.4 米，山体地表植被多为毛竹及灌木林。

赞　头 Zàn tóu 位于张村乡南部，高洋村南向约 1 千米，与荷地镇以岗分水为界，山上有古驿道。属洞宫山脉，海拔 1031.5 米，山体地表植被多为杉木、松木及灌木林。

小铁尖 Xiǎotiějiān 位于张村乡南部，高洋村东向约 1.1 千米。据说有铁矿，山形较尖，比铁尖低，故名小铁尖。属洞宫山脉，海拔 1208.4 米，山体地表植被多为杉木、松木及灌木林。

梨树坑头 Líshùkēngtóu 位于张村乡东南，联合村南向约 2.5 千米，与鸡公岩相连。山上有坑，长有众多梨树，故名。属洞宫山脉，海拔 1426.5 米。山体地表植被多为杉木、松木及灌木林。

破石岙 Pòshíào 位于张村乡东南，联合村东南约 2.7 千米，与左溪镇以岗分水为界。相传该山有一条石龙，北宋时杨文广路过此地，挥剑砍断石龙,故名破石岙。属洞宫山脉，海拔 1493.5 米，山体地表植被多为杉木、松木及灌木林。

大仰岙 Dàyǎngào 位于百山祖镇西部，车坑村半坑北向 2.7 千米，与龙泉市以岗分水为界。因山体高大，要仰首才见，故名。属洞宫山脉，海拔 1654.3 米，有古驿道，山体表面植被主要是阔叶混交林。

龙头岗 Lóngtóugǎng 位于百山祖镇西部，车坑村半坑西北约 1.3 千米。山形似龙头，故名。属洞宫山脉，海拔 1634.6 米，山体地表植被主要是松木。

马块山 Mǎkuài Shān 位于百山祖镇西部，车坑村半坑村南向约 0.7 千米。属洞宫山脉，海拔 1259.8 米，山体地表植被多为杉木、松木及灌木林。

仰当尖 Yǎngdāngjiān 位于百山祖镇西南，桐梓村西北约 0.7 千米。高大，要仰首才见，故名。属洞宫山脉，海拔 1375 米，山体地表植被多为杉木、松木及灌木林。

高高尖 Gāogāojiān 位于百山祖镇西南，桐梓村东北约 0.4 千米。与周边许多山岗相比，此岗最高，故名高高尖。属洞宫山脉，海拔 1344 米，此山山石耸立，一层叠一层，山石壮为奇观。山体地表植被多为杉木、松木及灌木林。

垄头尖 Lǒngtóujiān 位于百山祖镇西南，桐梓村西向约 0.9 千米，山顶形似龙头，谐音垄头尖。属洞宫山脉，海拔 1084 米，山体地表植被多为毛竹、杉木、松木及灌木林。

黄岗山顶 Huánggǎngshāndǐng 位于百山祖镇西南，桐梓村南向约 1.2 千米，黄岗，地片名，山名沿之。属洞宫山脉，海拔 1269.2 米，山体地表植被主要为阔叶混交林、杉木。

黄湾山尖 Huángwānshānjiān 位于百山祖镇西南，黄皮村西北约 1.2 千米，黄湾，地片名，山名沿之。属洞宫山脉，海拔1319米，山体地表植被多为杉木、松木及灌木林。

处后垄尖　Chùhòulǒngjiān　位于百山祖镇西南，黄皮村北向约1.2千米。黄皮村后最高的尖，故名处后垄尖。属洞宫山脉，海拔1469米，山体地表植被主要是松木、阔叶混交林，

岙头山外　Aotóushānwài　位于百山祖镇北部，斋郎村北向约1.1千米，岙头，地片名，山名沿之。山上有古驿道，建有哨所，曾经是红军在斋郎的军事放哨之地，边上有岙头亭。属洞宫山脉，海拔1371米，山体地表植被多为杉木、松木及灌木林。

阔锅洋尖　Kuòguōyángjiān　位于百山祖镇北部，斋郎村西南约2.7千米。山顶形似锅，且较宽阔，故名。属洞宫山脉，海拔1734.4米，山体地表植被主要是阔叶混交林。

灯光岘　Dēng guāng xiàn　位于百山祖镇东北，合湖村西北约2千米，传说山上有一颗夜明珠，会发光，故名灯光岘。是合湖乡境内最高点，是与景宁县的交界点。属洞宫山脉，海拔1507.2米，山体地表植被多为杉木、松木及灌木林。

岗头岭　Gǎngtóulǐng　位于百山祖镇东北，合湖村北向约1.5千米。山上有条很长的山岭，一直通向山顶得名。有古驿道通往景宁县秋炉。属洞宫山脉，海拔1433米，山体地表植被多为杉木、松木及灌木林。

大坪头　Dàpíngtóu　位于百山祖镇东北，合湖村西向约1千米，山顶比较平，故名大坪头。属洞宫山脉，海拔1386米，山体地表植被多为杉木、松木及灌木林。

十八田洋　Shíbātiányáng　位于百山祖镇北部，三堆村西南约1.3千米，上中有一片田，刚好十八丘，故名“十八田洋”。属洞宫山脉，海拔1343.3米，山体地表植被多为杉木、松木及灌木林。

乌头山　Wūtóu Shān　位于百山祖镇北部，三堆村西南约1.4千米，传说此山峰上有一大群乌鸦在这筑巢得名。属洞宫山脉，海拔1317米，山体地表植被多为杉木、松木及灌木林。

天顶尖　Tiāndǐngjiān　位于百山祖镇东北，合湖村西向约1千米。相传天大旱，到此山顶求雨较灵，故名天灵尖，谐音“天顶尖”。属洞宫山脉，海拔1287米，山体地表植被多为杉木、松木及灌木林。

枫大湾头　Fēngdàwāntóu　位于百山祖镇东北，合湖村东北约2千米。山特别高，山上风大，谐音“枫大”。属洞宫山脉，海拔1194.8米，山体地表植被多为杉木、松木及灌木林。

北　山　Běishān　位于百山祖镇东北，黄水村西北约1.4千米。山位于村的西北部得名。属洞宫山脉，海拔1252.9米，山体地表植被多为杉木、松木及灌木林。

马塆山头　Mǎwānshāntóu　位于百山祖镇东北，黄水村北向约0.4千米，古代传说刮风时在山上能听到马叫的声音，故名。属洞宫山脉，海拔1113.1米，山体地表植被多为杉木、松木及灌木林。

良花尖　Liánghuājiān　位于百山祖镇东部，黄水村南向约1千米，此山形状如同一朵浪花，“浪花”谐音“良花”，故名良花尖。属洞宫山脉，海拔1252米，山体地表植被多为杉木、松木及灌木林。

尖头山　Jiāntóu Shān　位于百山祖镇东部，西排村铁车正南方向约1千米，山顶特别尖，故名“尖头山”。属洞宫山脉，海拔1480.8米，山体地表植被多为杉木、松木及灌木林。

白岩尖 Báiyánjiān 位于百山祖镇东部，坑底村西北方向约 1.2 千米。相传古时该山有一块形似狮子的巨大白色岩石，故名“白岩尖”。相传唐朝时期的薛仁贵打了败仗经过此地，他发现这块白色巨大的石“狮子”会叫，他以为是笑他打败仗，因而一宝剑就砍下去，后来这儿的风水就被他破了，这块白色的巨大石“狮子”叫也不叫了，而且白色变成了黑色。属洞宫山脉，海拔 1440.5 米，山体地表主要植被多为杉木、松木及灌木林。

婆窠山 Pókē Shān 位于百山祖镇东南，久住洋村西北约 2 千米。传说久住洋村的开祖太婆叫“窠”，死后就安葬在此山中，故名“婆窠山”。属洞宫山脉，海拔 1356.2 米，山体地表植被多为杉木、松木及灌木林。

大岩山头 Dàyánshāntóu 位于百山祖镇东南，久住洋村正西方向约 2 千米，山顶有块大岩石，故名大岩山头。属洞宫山脉，海拔 1268.9 米，山体地表植被多为杉木、松木及灌木林。

仙人管鼓尖 Xiānrénguǎngǔjiān 位于百山祖镇东南，黄土洋村正东方向约 1 千米，山顶有一块石头像一个人，旁边有一块石头像一个鼓，故名“仙人管鼓山”，与景宁畲族自治县以岗分水为界。属洞宫山脉，海拔 1217.8 米，山体地表植被多为杉木、松木及灌木林。

棋盘山 Qípán Shān 位于荷地镇北部，杨朗坑村东北约 1.4 千米。山形似棋盘，故名棋盘山。属洞宫山脉，海拔 1047.5 米，山体地表植被多为杉木、松木及灌木林。

各功湾岗头 Gègōngwāngǎngtóu 位于荷地镇北部，杨朗坑村西向约 0.9 千米。山因地片名而得名。属洞宫山脉，海拔 1238.5 米。山体地表植被多为松木及灌木林。

转头岙 Zhuǎntóuào 位于荷地镇北部，杨朗坑村西北约 1.1 千米。此山正好处于杨朗坑村转弯路上，故名。与贤良镇以岗分水为界。属洞宫山脉，海拔 1117.5 米，山体地表植被多为杉木、松木及灌木林。

豹山寨 Bàoshānzhài 位于荷地镇北部，黄洋村西南约 0.7 千米，传说此山上经常有虎豹出现而得名。属洞宫山脉，海拔 1099.7 米，山体地表植被多为杉木、松木及灌木林。

新田岙 Xīntiánào 位于荷地镇北部，杨朗坑村南向约 0.7 千米，因此山上新开垦了一块田而得名。属洞宫山脉，海拔 1198.1 米，山体地表植被多为杉木、松木及灌木林。

猪章尖 ZhūzhāngJiān 位于荷地镇北部，大岩村西北约 1.6 千米，山上有块大草坪经常有野猪出现而得名。属洞宫山脉，海拔 1202.2 米，山体地表主要有杉树、松树等。

天罗坪 Tiānluópíng 位于荷地镇北部，大岩村正西方向约 0.7 千米，山上有块很大的草地而得名。属洞宫山脉，海拔 1042 米，山体地表植被多为杉木、松木及灌木林。

大　山 Dàshān 位于荷地镇北部，大岩村西向约 1.6 千米，山的山体特别庞大，故名。属洞宫山脉，海拔 1203.4 米，山体地表植被主要有杉树、松树。

对　竹 Duìzhú 位于荷地镇北部，大岩村西北约 1.1 千米。古代此山的山脚下有个水车，用竹片取水，故名。属洞宫山脉，海拔 1140.7 米，山体地表植被多为杉木、松木及灌木林。

双峰尖 Shuāngfēngjiān 位于荷地镇西北，高住村朱岭坑西北约 1.2 千米。双峰并立，故名双峰尖。属洞宫山脉，海拔 1247.7 米，山体地表植被多为杉木、松木及灌木林。

新田林 Xīntiánlín 位于荷地镇西北，高住村朱岭坑西向约 0.6 千米。山旁有块山田刚开垦得名。属洞宫山脉，海拔 1122.5 米，山体地表植被多为杉木、松木及灌木林。

岗头山 Gǎngtóu Shān 位于荷地镇西部，马家地村西向约 0.4 千米。因此山高而得名。属洞宫山脉，海拔 1133.4 米，山体地表植被多为毛竹、杉木、松木及灌木林。

门前山 Ménqián Shān 位于荷地镇西部，高住村西南约 1 千米。在村庄对面，故名门前山。属洞宫山脉，海拔 1195 米，山体地表植被多为杉木、松木及灌木林。

平头将 Píngtóujiāng 位于荷地镇西部，马家地村东北约 0.6 千米。传说此山呈将军形，被杨文广削首，首级在马家地水尾，故名。属洞宫山脉，海拔 1175.8 米，山体地表植被多为杉木、松木及灌木林。

处后岗 Hòugǎng 位于荷地镇西部，马家地村东向约 0.5 千米。马家地村后故名。属洞宫山脉，海拔 1211.3 米，山体地表植被多为杉木、松木及灌木林。

炊天饭甑 Chuītiānfànzèng 位于荷地镇西部，马家地村南向约 0.5 千米。沿用庆元话“手掌”“饭砧”的谐音，而得名。属洞宫山脉，海拔 1160.7 米，山体地表植被多为杉木、松木及灌木林。

守牛山 Shǒuniú Shān 位于荷地镇东部，杨桥村南向 1 千米。传说古代山上杂草丛生，人们把牛羊都放养在这得名。属洞宫山脉，海拔 1131.1 米，山体地表植被多为杉木、松木及灌木林。

猪母石 Zhūmǔshí 位于荷地镇西部，马家地村西向约 1.5 千米。山上有个湖中间的石上有个猪脚印而得名。属洞宫山脉，海拔 1341.7 米，山体地表植被多为毛竹、杉木、松木及灌木林。

鸡公山 Jīgong Shān 位于荷地镇中部，高际村西南约 0.9 千米，山形像公鸡，故名鸡公山，属洞宫山脉，海拔 1238.8 米，山体地表植被多为杉木、松木及灌木林。

猛虎林 Měnghǔlín 位于荷地镇南部，苏湖村正北约 0.2 千米。山形似猛虎，故名猛虎林。属洞宫山脉，海拔 1102 米，山体地表植被多为杉木、松木及灌木林。

大众林 Dàzhònglín 位于荷地镇南部，苏湖村东南约 0.8 千米。此山因全村人所有而得名。属洞宫山脉，海拔 1103.6 米，山体地表主要有松树、杉树、毛竹等。

上兰尖 Shànglánjiān 位于荷地镇南部，苏湖村东南方向约 1.1 千米。属洞宫山脉，海拔 1208.5 米，山体地表植被多为杉木、松木及灌木林。

谷公坪 Gǔgōngpíng 位于荷地镇南部，苏湖村正南约 1.4 千米。属洞宫山脉，海拔 1208.1 米，山体地表植被多为杉木、松木及灌木林。

灯盏窟 Dēngzhǎn kū 位于荷地镇南部，茶垄村正南约 0.9 千米。山形似灯盏得名。属洞宫山脉，海拔 1310.5 米，山体地表植被多为杉木、松木及灌木林。

蔡红山 Càihóng Shān 位于岭头乡北部，岗后洋村正北约 1.6 千米。山上有一种泥土是红色的，传说这种泥土可以用来制作陶瓷，故名。属洞宫山脉，海拔 1166.2 米，山体地表植被多为杉木、松木及灌木林。

处后山尖 Hòushānjiān 位于岭头乡北部，岗后洋村东南约 0.7 千米，位于岗后洋村后山之山峰，故名。属洞宫山脉，海拔 1304 米，山体地表植被多为杉木、松木及灌木林。

长岗头尖 Chánggǎngtóujiān 位于岭头乡北部，岗后洋村西南约1.4千米。山岗较长，故名。属洞宫山脉，海拔1328米，山体地表植被多为杉木、松木及灌木林。

蜡烛塘尖 Làzhútángjiān 位于岭头乡北部，山翠湾村正西约0.7千米。中间有一口塘，两边有山峰很尖像蜡烛，故名蜡烛塘尖。属洞宫山脉，海拔1242米，山体地表植被多为杉木、松木及灌木林。

牛塘尖 Niútángjiān 位于岭头乡北部，后仓坑村西北约2千米。过去是养牛山，故名。属洞宫山脉，海拔1556.3米，山体地表植被多为杉木、松木及灌木林。

良伞岗头 Liángsǎngǎngtóu 位于岭头乡北部，后仓坑村北向约1千米。山像一把撑开的雨伞，故名凉伞岗头。属洞宫山脉，海拔1196.8米，山体地表植被多为杉木、松木及灌木林。

庙后岗头 Miàohòugǎngtóu 位于岭头乡北部，后仓坑村西向约0.4千米。山峰位于后仓坑村庙后，故名。属洞宫山脉，海拔1161.8米，山体地表植被主要有杉树、松树等。

仙岭根 Xiānlǐnggēn 位于岭头乡东北，岭头村东南约1.3千米。传说山上曾经有位神仙居住过，故名。属洞宫山脉，海拔984.1米，山体地表植被主要有杉树、松树等。

水流累 Shuǐliúlèi 位于岭头乡东部，包谢村西向约1.3千米。传说古代这里是没有山的，是经过长年累月水流累积而成的，故名。属洞宫山脉，海拔1133米，山体地表植被多为杉木、松木及灌木林。

墓珠岗 Mùzhūgǎng 位于岭头乡东部，包谢村西南约8千米。当地方言把眼睛叫"目珠"，而此山上有两块大石头像一双动物的眼睛，故名。属洞宫山脉，海拔1156米，山体地表植被多为杉木、松木及灌木林。

炉坪岗 Lúpínggǎng 位于岭头乡东部，包谢村南向约1.1千米。山上有个草坪像个炉子而得名。属洞宫山脉，海拔1077.6米，山体地表植被多为杉木、松木及灌木林。

田湾尖 Tiánwānjiān 位于岭头乡东部，包谢村第四坑西北约0.8千米。山上只有一片田地坐落在此山的山岙上而得名，属洞宫山脉，海拔1140.7米，山体地表植被多为杉木、松木及灌木林。

太公山 Tàigong Shān 位于岭头乡东部，包谢村第四坑西北向约0.5千米。第四坑包谢村的太公墓在此山，故名。属洞宫山脉，海拔1129.2米，山体地表植被多为杉木、松木及灌木林。

狮子岩 Shīziyán 位于岭头乡东部，包谢村第四坑东南约0.4千米。山形像狮子，故名。属洞宫山脉，海拔1069米，山体地表植被多为杉木、松木及灌木林。

包处尖 Bāochùjiān 位于岭头乡东部，八炉村北向约1千米，包谢处后最高的尖，故名。与荷地镇以岗分水为界。洞宫山脉，海拔1083.4米，山体地表植被多为杉木、松木及灌木林。

企柳岗 Qǐliǔgǎng 位于岭头乡东南，八炉村西北约0.4千米。"企柳"是当地一种植物，形状圆圆的，而该山的形状正如此，故名。属洞宫山脉，海拔982米，山体地表植被多为杉木、松木及灌木林。

天岗尖 Tiāngǎngjiān 位于岭头乡东南，八炉村西南约1千米。山峰尖尖的像把枪所以人们叫它"枪岗"，而后时间长了，人们又叫之为"天岗尖"。属洞宫山脉，海拔1201.8米，山体地表植被多为杉木、松木及灌木林。

石头山 Shítóu Shān 位于岭头乡东南，包谢村第四坑东南约1.4千米。山上有很多石头形态像人头而得名。属洞宫山脉，海拔1126米，山体地表植被主要有杉树、松树等。

坳头尖 Aotóujiān 位于岭头乡东南，包谢村第四坑西南约1.5千米, 山处于最高的山岗上，站在山尖上可以看到三个村子而名。北与石头山相连。属洞宫山脉，海拔1156.2米，山体地表植被主要有杉树、松树等。

下寨尖 Xiàzhàijiān 位于岭头乡西部，小漈头村正南约1.3千米。原来有山寨，故名下寨尖。属洞宫山脉，海拔1295.3米，山体地表植被主要有杉树、松树等。

雷公山 Léigōng Shān 位于岭头乡中部，杨家庄村东南方向约1.4千米，古代这山上有棵松树被雷击倒而得名。属洞宫山脉，海拔1367.3米，山体地表植被主要有杉树、松树等。

铜锣尖 Tóngluójiān 位于岭头乡南部，大池洋村西南约0.5千米。此山形状如同铜锣而得名。属洞宫山脉，海拔990米，山体地表植被主要有杉树、松树等。

良山头 Liángshāntóu 位于岭头乡南部，富楼源村西北约1千米。山头位于富楼源村正前面把该村挡住而得名。属洞宫山脉，海拔1208.8米，山体地表植被主要有杉树、松树等。

处 徐 Chùxú 位于岭头乡南部，富楼源村东南约2千米。当地的方言把房子叫“处”“徐”是前面的意思，而此山岗正好位于人们居住的房子的前面，故得名。属洞宫山脉，海拔1130.5米，山体地表植被多为杉木、松木及灌木林。

麒麟山 Qílín Shān 位于岭头乡南部，富楼源村东南约1.4千米。人们想象形态似麒麟，故名。属洞宫山脉，海拔1001米，山体地表植被多为杉木及灌木林。

高高尖 Gāogāojiān 位于岭头乡南部，龙洋村正南约2千米。此山峰较高，故名高高尖,属洞宫山脉，海拔1220.1米，山体地表植被主要有杉树、松树等。

银顶尖 Yíndǐngjiān 位于岭头乡东南，龙洋村正东约0.8千米。古代人们在此开采过银矿故名。属洞宫山脉，海拔1282米，山体地表植被主要有杉树、松树等。

日合坳 Rìhéào 位于岭头乡东南，龙洋村东南约1.5千米。山峰很高，人们站在山脚往上看像与天相连而得名。属洞宫山脉，海拔1224.4米，山体地表植被多为杉木、松木及灌木林。

后门山顶 Hòuménshāndǐng 位于岭头乡东南，八炉村正南约1.1千米。八炉村后最高山顶，故名，属洞宫山脉，海拔1145米，山体地表植被多为杉木、松木及灌木林。

罗数岗 Luóshùgǎng 位于岭头乡东南，白岩下村西南约0.7千米。八炉有古墓叫罗数墓，故名。属洞宫山脉，海拔957.2米，山体地表植被主要是松树、阔叶混交林。

长岗尖 Chánggǎngjiān 位于岭头乡东南，白岩下村赤壁山东南约2.8千米，山岗很长而得名。与福建省寿宁县以岗分水为界。属洞宫山脉，海拔1380.1米，山体地表植被多为松木及灌木林。

赤岩尖 Chìyánjiān 位于岭头乡东南，白岩下村鱼条漈西南约1.7千米。山光秃秃的很少树木，而“赤”当地方言是光的意思，故名。属洞宫山脉，海拔1258米，山体地表植被多为松木及灌木林。

山羊大门 Shānyángdàmén 位于举水乡北部，月山村漈根西北约 1.2 千米，山峰的岩壁陡峭，下方有个岩洞，古时经常有“山羊”出没，故名。属洞宫山脉，海拔 1332 米，山体地表植被主要树种有黄山松、阔叶混交林。

照锭尾 Zhàodìng wěi 位于举水乡东北，月山村漈根东南约 0.9 千米，两个山峰遥相呼应故名。属洞宫山脉，海拔 1209 米，山体地表植被多为松木及灌木林。

银屏山 Yinpíng Shān 位于举水乡北部，月山村西北约 1.1 千米，此山形状如同刚开屏的孔雀而得名。属洞宫山脉，海拔 1488.5 米，山体地表植被多为松木及灌木林。

徐　山 Xúshān 位于举水乡北部，月山村西北约 0.3 千米。“徐”当地话为前面的说法，而此山刚好在村的前面，故名，属洞宫山脉，海拔 1051 米，山体地表植被主要有松树、锥栗、阔叶混交林等。

新场圩 Xnchǎngxū 位于举水乡北部，月山村西南约 1 千米。属洞宫山脉，海拔 1156.1 米，山体地表植被多为松木及灌木林。

东源头 Dōngyuántóu 位于举水乡中部，月山村正南约 1.4 千米。属洞宫山脉，海拔 1092.2 米，山体地表植被多为松木及灌木林。

马坑山 Mǎkēng Shān 位于举水乡西部，落岭村西北约 1.3 千米。古代有传说此山上一群野马在此栖息而得名。属洞宫山脉，海拔 1431.2 米，山体地表植被多为松木及灌木林。

半山岗 Bànshāngǎng 位于举水乡中部，落岭村东南约 0.9 千米，此山上有座亭在半山腰叫半山亭，山因亭得名。属洞宫山脉，海拔 1153.2 米，东山体地表植被主要为毛竹、锥栗、阔叶树。

茅草坪 Máocǎopíng 位于举水乡中部，落岭村正东约 1.4 千米，原是荒山，只长茅草，不长树木，故名。属洞宫山脉，海拔 1083.1 米，山体地表植被树种有松树、阔叶树、锥栗。

上罗坪 Shàngluópíng 位于举水乡中部，照田村正北约 1.2 千米，地势比较平坦，地形都像一面锣，故名。东望葱甩村，南望大丘下村，西望东源头，北连岩下岗头。属洞宫山脉，海拔 1125.1 米，山体地表植被多为松木及灌木林。

荐坑尖 Jiànkēngjiān 位于举水乡西南，蔡地村西南约 1.4 千米，山东北方向有一条坑称“上坑”，谐音“荐坑尖”。属洞宫山脉，海拔 1372.4 米，山体地表植被多为松木及灌木林。

大岩尖 Dàyánjiān 位于举水乡南部，后坑村正南约 3 千米，北向有一块大岩石耸立在山中，故名。与福建省政和县以岗分水为界，北面山脚有万年冰臼。属洞宫山脉，海拔 1469.2 米，山体地表植被多为松木及灌木林。

燕淤尖 Yànyūjiān 位于举水乡南部，后坑村东南地约 1.6 千米。周山起伏，犹如燕窝，故称此山峰为“燕淤尖”。属洞宫山脉，海拔 1332 米，山体地表植被多为松木及灌木林。

牛荡栏尖 Niúdànglánjiān 位于龙溪乡北部，兰头村正北约 1.1 千米，以地片名得名。牛荡栏山东望老鹰岩，属洞宫山脉，海拔 1129.3 米，山体地表植被多为阔叶混交林。

茶圩尖 Cháxūjiān 位于龙溪乡北部，后洋坑村西北约 1.4 千米，古时山脚有一圩，种植茶叶，故名。属洞宫山脉，海拔 1260.4 米，山体地表植被以阔叶混交林为主。

观音岩 Guānyīnyán 位于龙溪乡东北，后洋坑村北向约 1.4 千米，山上有块岩石，人称观音岩，故名。与岭头乡以岗分水为界，属洞宫山脉，海拔 1135.6 米，山体地表植被以阔叶混交林为主。

十八岗头 Shíbāgǎngtóu 位于龙溪乡东北，后洋坑村东北约 1.1 千米。山岗较多，故名十八岗头。属洞宫山脉，海拔 1051 米，山体地表植被以阔叶混交林为主。

庙 林 Miàolín 位于龙溪乡东北，后洋坑村东向约 0.2 千米。古时山中建有一座庙，故名庙林。属洞宫山脉，海拔 793 米，山体地表植被以茶叶为主，兼有毛竹，阔叶树。

风洞岩 Fēngdòng yán 位于龙溪乡西部，大毛坪村西北约 0.5 千米。山中有一岩石像装蜂蜜的桶，蜂桶谐音风洞，故名风洞岩。属洞宫山脉，海拔 1183 米，山体地表植被以松树、阔叶混交林为主。

李龙尖 Lǐlóng jiān 位于龙溪乡东部，后洋坑村南向约 1 千米。属洞宫山脉，海拔 917 米，山体地表植被以阔叶混交林为主。

水公隆湾头 Shuǐgōnglóngwāntóu 位于左溪镇北部，高嵩坑村东北约 1.2 千米。属洞宫山脉，海拔 1316 米，山体地表植被有杉树、松树、阔叶林等。

门前山 Ménqián Shān 位于左溪镇北部，高嵩坑村正西约 1 千米。村的对面山，故名。属洞宫山脉，海拔 870.1 米，山体地表植被多为毛竹、杉木、松木及灌木林。

双 塘 Shuāng táng 位于左溪镇北部，高嵩坑村东南约 3 千米。山上自然生有二个凹，故名为双塘。属洞宫山脉，海拔 1341 米，山体地表植被多为杉木、松木及灌木林。

鬼洞岩 Guǐdòngyán 位于左溪镇北部，高嵩坑村东南约 2.3 千米。传说有一个山洞透到黄岗，故名为鬼洞岩。属洞宫山脉，海拔 1506.2 米，山体地表植被多为毛竹、杉木、松木及灌木林。

真武山头 Zhēnwǔshāntóu 位于左溪镇北部，鱼鮵村东北约 1.3 千米。山形似真武坐堂，故名为真武山头。属洞宫山脉，海拔 1247.3 米，山体地表植被多为毛竹、杉木、松木及灌木林。

观音尖 Guānyīnjiān 位于左溪镇北部，鱼鮵村东北 0.7 千米。远看此山似观音佛，故名。属洞宫山脉，海拔 1028.6 米，山体地表植被多为杉木、松木及灌木林。

山翠岙头 Shāncuìàotóu 位于左溪镇北部，黄岗村正南约 0.6 千米。属洞宫山脉，海拔 1030.4 米，山体地表植被多为毛竹、杉木、松木及灌木林。

白岩尖 Báiyánjiān 位于左溪镇西北，半坑村西南约 1 千米，山上有块白色的岩石，故名。与张村乡以岗分水为界。属洞宫山脉，海拔 1233 米，山体地表植被多为杉木、松木及灌木林。

暗棚尖 Anpéngjiān 位于左溪镇西北，半坑村西南约 0.5 千米。属洞宫山脉，海拔 861 米，山体地表植被多为杉木、松木及灌木林。

新山岗 Xīnshāngǎng 位于左溪镇西北，半坑村正南约 1.3 千米。属洞宫山脉，海拔 1207 米，山体地表植被多为毛竹、杉木、松木及灌木林。

马鞍岗 Mǎāngǎng 位于左溪镇西北，田坑村正南约 1.5 千米。又称马鞍岗，山岗似马鞍，故名为马安岗。属洞宫山脉，海拔 1089.8 米，山体地表植被多为毛竹、杉木、松木及灌木林。

上罗齿岗 Shàngluóchǐgǎng 位于左溪镇北部，田坑村南约 0.6 千米。属洞宫山脉，海拔 756.9 米，山体地表植被以阔叶树为主，松树、杉树有一小部分。

将军岘 Jiāngjun1xiàn 位于左溪镇中部，岱上村西北约 1 千米。属洞宫山脉，海拔 902.2 米，山体地表植被多为毛竹、杉木、松木及灌木林。

岱坳尖 Dàiàojiān 位于左溪镇东北，岱上村东北约0.9千米。离岱上村较近的一个坳尖，故名。属洞宫山脉，海拔844.9米，山体地表植被多为杉木、松木及灌木林。

高高岗 Gāogāogǎng 位于左溪镇西南，半岭村正南约0.8千米。属洞宫山脉，海拔1073米，山体地表植被多为杉木、松木及灌木林。

铁锄岗 Tiěchúgǎng 位于左溪镇中部，白柘村东北约1.7千米。属洞宫山脉，海拔1130.4米，山体地表植被多为杉木、松木及灌木林。

八角尖 Bājiǎojiān 位于左溪镇东部，印浆村西南约1千米。属洞宫山脉，海拔965米，山体地表植被多为杉木、松木及灌木林。

石塔坳岗 Shítǎàogǎng 位于左溪镇东部，印浆村正北约0.6千米。山内有岩重叠，自然形成似塔，故名。属洞宫山脉，海拔870.1米，山体地表植被多为松木及灌木林。

长岭排尖 Chánglǐngpáijiān 位于左溪镇中部，白柘村西南约1.3千米。属洞宫山脉，海拔1170.2米，山体地表植被多为杉木、松木及灌木林。

和尚尖 Héshàngjiān 位于左溪镇东部，白柘村正南约1.4千米。白柘庵后，故名为和尚尖。属洞宫山脉，海拔1088.2米，山体地表植被多为杉木、松木及灌木林。

隆坳尖 Lóngàojiān 位于左溪镇东部，白柘村东北约1千米。属洞宫山脉，海拔978米，山体地表植被多为杉木、松木及灌木林。

旁　山 Páng shān 位于左溪镇东部，石塘村正西方向1千米。村旁边，故名。属洞宫山脉，海拔931米，山体地表植被多为毛竹、榧树、杉木、松木及灌木林。

小排岘 Xiǎopáixiàn 位于左溪镇东部，石塘村东北约1.3千米。属洞宫山脉，海拔1062.4米，山体地表植被多为杉木、松木及灌木林。

毛峰窠 Máofēngkē 位于左溪镇东部，石塘村东南约1.1千米。“毛”，庆元方言指老虎，毛峰窠，即为有老虎出没的山峰。属洞宫山脉，海拔818米，山体地表植被多为杉木、松木及灌木林。

大尾顶 Dàwěidǐng 位于左溪镇东部，印浆村东南约0.7千米。“尾顶”，庆元方言，意为最后面，大尾顶，即为后面的山顶。属洞宫山脉，海拔985.8米，山体地表植被多为杉木、松木及灌木林。

大湾岗头 Dàwāngǎngtóu 位于左溪镇西南，梅树村山头正北约0.7千米。山以地片得名。属洞宫山脉，海拔1243.1米，山体地表植被多为毛竹、杉木、松木及灌木林。

大头尖 Dàtóujiān 位于左溪镇南部，木桥头村西南约1千米，山头大，故名。南望永青林场。属洞宫山脉，海拔1341米，山体地表植被多为毛竹、杉木、松木及灌木林。

外坑岗 Wàikēnggǎng 位于左溪镇东南，竹坪村西北约1.2千米。于村外第一支坑，故名为外坑岗。属洞宫山脉，海拔1192米，山体地表植被多为毛竹、杉木、松木及灌木林。

泥树溜尖 Níshùliūjiān 位于左溪镇东南，竹坪村正西约1.3千米。属洞宫山脉，海拔1334.2米，山体地表植被多为毛竹、杉木、松木及灌木林。

竹水湾尖 Zhúshuǐwānjiān 位于左溪镇东南，留香村正北约1.3千米。属洞宫山脉，海拔

1391 米，山体地表植被多为毛竹、杉木、松木及灌木林。

望天楼尖 Wàngtiānlóujiān 位于左溪镇东南，留香村正南约 1.9 千米。山高，山顶上原有村落，故名。属洞宫山脉，海拔 1391 米，山体地表植被多为毛竹、杉木、松木及灌木林。

大风门 Dàfēngmén 位于左溪镇西南，溪头角村西北约 1.6 千米。因山岙风大，而得名大风门。属洞宫山脉，海拔 1428 米，山体地表植被多为毛竹、杉木、松木及灌木林。

东岗头 Dōnggǎngtóu 位于左溪镇西南，溪头角村西约 0.7 千米，村东面而得名。与福建省寿宁县以岗分水为界。属洞宫山脉，海拔 989 米，山体地表植被多为毛竹、杉木、松木及灌木林。

柴林尖 Cháilínjiān 位于左溪镇东部，石塘村东北约 2.1 千米。主要为村民的柴木林之地，故名。属洞宫山脉，海拔 1198 米，山体地表植被多为毛竹、杉木、松木及灌木林。

半岭田山尖 Bànlǐngtiánshānjiān 位于江根乡北部，后洋村第三洋东向约 0.8 千米。以田片名沿之，故名。属洞宫山脉，海拔 1175.2 米，山体地表植被多为毛竹、杉木、松木及灌木林。

后岭田湾尖 Hòulǐngtiánwānjiān 位于江根乡北部，后洋村西南约 2 千米。以田片名沿之，故名。属洞宫山脉，海拔 1104.1 米，山体地表植被多为杉木、松木及灌木林。

对岗头 Duìgǎngtóu 位于江根乡东北，杉坑村东北 2 千米，山上有两个山峰面对面，故名。与福建省寿宁县以岗分水为界。属洞宫山脉，海拔 1384.2 米，山体地表植被多为毛竹、杉木、松木及灌木林。

东山头 Dōngshāntóu 位于江根乡东北，杉坑村东北 1 千米，于村的东面，故名东山头。与福建省寿宁县以岗分水为界。属洞宫山脉，海拔 1241.8 米，山体地表植被多为杉木、松木及灌木林。

五叶兰花 Wǔyèlánhuā 位于江根乡东北，杉坑村正南 0.4 千米，山中产兰花，故名五叶兰花。属洞宫山脉，海拔 1133 米，山体地表植被多为毛竹、杉木、松木及灌木林。

横坑岘 Héngkēngxiàn 位于江根乡东北，杉坑村西南 1.3 千米。“坑”本地话叫路，有条路横切此山而得名。属洞宫山脉，海拔 1100.4 米，山体地表植被多为杉木、松木及灌木林。

金荒嘴 Jīnhuāngzuǐ 位于江根乡西部，江根村西北 1.4 千米。“金荒”方言公鸡之意，因此山形同公鸡嘴而得名。属洞宫山脉，海拔 1190.7 米，山体地表植被多为毛竹、杉木、松木及灌木林。

磨石尖 Móshíjiān 位于江根乡西南，山林岘村正南 0.7 千米。山中出产磨刀石，故名磨石尖。属洞宫山脉，海拔 1453.1 米，有石矿，山体地表植被多为毛竹、杉木、松木及灌木林。

水窟尖 Shuǐkūjiān 位于江根乡中部，水寨村西北 1.4 千米。山脚有个水窟，故名水窟尖。属洞宫山脉，海拔 1241.1 米，山体地表植被多为毛竹、杉木、松木及灌木林。

姜湾头 Jiāngwāntóu 位于江根乡中部，水寨村西北 0.9 千米。此山形同姜块，故名。属洞宫山脉，海拔 1254 米，山体地表植被多为杉木、松木及灌木林。

大岩头顶 Dàyántóudǐng 位于江根乡东部，上店村东北 2 千米，山中有块大岩石，故名大岩头顶。与福建省寿宁县以岗分水为界。属洞宫山脉，海拔 1164.2 米，山体地表植被多为杉木、松木及灌木林。

派山田顶 Pàishāntiándǐng 位于江根乡东部，上店村东北 0.6 千米，相传山神发挥神力劈开山体，方便村民造田，故名。与福建省寿宁县以岗分水为界。属洞宫山脉，海拔 1269.8 米，山体地表植被多为毛竹、杉木、松木及灌木林。

众山顶 Zhòngshāndǐng 位于江根乡东部，上店村正东 0.5 千米。因此山归全村人所有而得名，属洞宫山脉，海拔 1297.2 米，山体地表植被多为毛竹、杉木、松木及灌木林。

五谷仙顶 Wǔgǔxiāndǐng 位于江根乡东部，上店村东南 0.7 千米。传说山中有奇石是仙人的化身，能保五谷丰登，故名五谷仙顶。属洞宫山脉，海拔 1299.8 米，山中有奇石，山体地表植被多为毛竹、杉木、松木及灌木林。

燕窝尖 Yànwōjiān 位于江根乡中部，水寨村正南 1 千米。因山体如同燕窝，故名。属洞宫山脉，海拔 1183.2 米，山体地表植被多为毛竹、杉木、松木及灌木林。

白岩后 Bànxījiān 位于江根乡中部，洋头村西南 0.8 千米。属洞宫山脉，海拔 1246 米，山体地表植被主要有毛竹、杉树、松树及阔叶混交林。

半溪尖 Bànxījiān 位于江根乡中部，坝头村正南 0.4 千米。地处坝头至青田的溪流之半得名。属洞宫山脉，海拔 997 米，山体地表植被多为毛竹、杉木、松木及灌木林。

松树林顶 Sōngshùlíndǐng 位于江根乡东南，青田村正东 1 千米。古时山林为茂密的松树林，故名松树林顶。属洞宫山脉，海拔 1155.9 米，山体地表植被主要是松树。

兰头尖 Lántóujiān 位于江根乡东南，东青田村东南 2 千米，古代人们称之为兰头岗，今沿之兰头尖，故名。与福建省寿宁县以岗分水为界。属洞宫山脉，海拔 1183 米，山体地表植被多为毛竹、杉木、松木及灌木林。

东埂头 Dōnggěngtóu 位于江根乡南部，箬坑村东南 1 千米，箬坑村的东边，故名东埂头。与福建省寿宁县以岗分水为界。属洞宫山脉，海拔 1409.8 米，山体地表植被多为毛竹、杉木、松木及灌木林。

尖峰下 Jiānfēngxià 位于江根乡南部，箬坑村南向 1.3 千米。因峰顶尖，故名尖峰下。属洞宫山脉，海拔 1343.2 米，山体地表植被多为毛竹、杉木、松木及灌木林。

米箩窟 Mǐluókū 位于江根乡南部，箬坑村南 1.6 千米，山中有窟，形似米箩，故名米箩窟。与福建省寿宁县以岗分水为界。属洞宫山脉，海拔 1430.7 米，山中有窟，窟中有石，形似米箩。山体地表植被多为毛竹、杉木、松木及灌木林。

半山岗头 Bànshāngǎngtóu 位于江根乡南部，箬坑村西南 1 千米。山处于箬坑村半高处而得名，属洞宫山脉，海拔 1380.4 米，山体地表植被多为毛竹、杉木、松木及灌木林。

白鹤仙尖 Báihèxiānjiān 位于官塘乡北部，横坑村西北约 1 千米。传说白鹤仙到这山峰，见此处风景优美，就留驻山峰上，尖峰上塑一尊白鹤仙，故名。属洞宫山脉，海拔 1373.3 米，山体地表植被多为松木及灌木林。

三老岘 Sānlǎoxiàn 位于官塘乡东北，若沃村东北约 2.3 千米，山位于庆元、景宁、青田三县交界故名。与景宁畲族自治县以岗分水为界。属洞宫山脉，海拔 1281.3 米，山体地表植被多为松木及灌木林。

白念坪　Báiniànpíng　位于官塘乡北部，若沃村北向约 0.5 千米。山上有个很大的坪，古人在此开垦，留为纪念得名。属洞宫山脉，海拔 1074.2 米，山体地表植被多为松木及灌木林。

大　岗　Dàgǎng　位于官塘乡北部，若沃村西南约 0.8 千米。山体庞大得名。属洞宫山脉，海拔 1158.3 米，山体地表植被多为杉木、松木及灌木林。

半山尖　Bànshānjiān　位于官塘乡东部，官塘村东向约 2.3 千米，处于庆元与景宁畲族自治县以岗分水为界而得名。属洞宫山脉，海拔 1221.2 米，山体地表植被多为杉木、松木及灌木林。

枫香岭头　Fēngxiānglǐngtóu　位于官塘乡中部，官塘村西南约 1.3 千米。山上有很多风香树得名。属洞宫山脉，海拔 1202 米，山体地表植被多为杉木、松木及灌木林。

金　竹　Jīnzhú　位于官塘乡东部，荷洋村西北约 0.4 千米。山上有种竹子叫金竹得名。属洞宫山脉，海拔 1163 米，山体地表植被多为杉木、松木及灌木林。

北山排　Běishānpái　位于官塘乡中部，荷洋村西向约 1.1 千米。此山坐南朝北得名，属洞宫山脉，海拔 1309.9 米，山体地表植被多为杉木、松木及灌木林。

天来岩尖　Tiānláiyánjiān　位于官塘乡西部，滐下村西北约 1 千米。山上有块大石头，石头下面可容纳三四十人，故名。与左溪镇以岗分水为界。属洞宫山脉，海拔 1295.2 米，山体地表植被多为杉木、松木及灌木林。

庙坳尖　Miàoàojiān　位于官塘乡中部，中央闲村西北约 1.1 千米。坐落于庙岙村外，故名庙坳尖。属洞宫山脉，海拔 1196.3 米，山体地表植被多为毛竹、杉木、松木及灌木林。

拦水垄顶　Lánshuǐlǒngdǐng　位于官塘乡中部，中央闲村西南约 0.5 千米。山横挡中央处村西南方向，故名，属洞宫山脉，海拔 1277.1 米，山体地表植被多为杉木、松木及灌木林。

派裂榴尖　PàilièliúJiān　位于官塘乡中部，中央闲村东南约 1 千米。山以地片名得名。属洞宫山脉，海拔 1379 米，山体地表植被多为松木及灌木林。

山后尖　Shānhòujiān　位于官塘乡东部，荷洋村正东约 1 千米，坐落在荷洋村后面得名，与景宁畲族自治县以岗分水为界。属洞宫山脉，海拔 1146 米，山体地表植被多为杉木、松木及灌木林。

杨梅坳尖　Yángméiàojiān　位于官塘乡西部，滐下村西南约 1.2 千米，山上多杨梅树，故名。有官塘村通往左溪的古驿道。属洞宫山脉，海拔 1039 米，山体地表植被多为松木及灌木林。

沙坳尖　Shāàojiān　位于官塘乡西南，坑下村西北约 0.9 千米。山脚下有个很深的山坳得名。属洞宫山脉，海拔 1023 米，山体地表植被多为杉木及灌木林。

白岩岗头　Báiyángǎngtóu　位于官塘乡南部，坑下村东南约 2 千米，山体上有大白岩石，故名。属洞宫山脉，海拔 1190.2 米，山上有龙井，山体地表植被多为杉木、松木及灌木林。

第二节　古道（山岭）

庆元县城到龙泉小梅驿道　Xiànchéngdàolóngquánxiǎoméi　Yìdào　庆元县城至龙泉县城，经五都、八都、竹口、黄田、曹岭、龙泉、丽水直达省府杭州乃至京城，境内路程 45 千米。据康熙《庆元县志》记载，元末明初有驿铺七处。其中位于县西贤坊的（现登云桥西端）总铺、松源街道五都村的金村铺、屏都街道八都村的水南铺、竹口镇寨后坑村的黄荆铺、竹口镇平岭岗村的梓亭铺、竹口镇大泽村的大泽铺、黄田镇枫树桥村的枫桥铺。

庆元至福建松溪古道 Qìngyuánzhìfújiànsōngxī Gǔdào 庆元县城经五都、八都、菊水、马蹄岙、蜈蚣岭入松溪县境。境内路程20千米。沿途比较繁华。水路自新窑放排入闽江可至福州，公路开通后废弃。故此道是古时人们山货和粮食进口的重要通道。

庆元至福建政和古道 Qìngyuánzhìfújiànzhènghé Gǔdào 庆元县城经五都、淤上、蒲潭、安溪，翻越岭腰入政和县境。境内路程25千米。清光绪《庆元县志》记载："安溪汛兵七名。"途中有龟田隘、蓬桥。

庆元至福建寿宁古道 Qìngyuánzhìfújiànshòuníng Gǔdào 庆元县城经应岭、五大堡、岭头、石磨下、梅树岭、竹坪、江根进入寿宁县境，境内路程75千米。或从岭头经八炉入寿宁，境内路程45千米。还可由寿宁出西溪至泰顺，或由寿宁经斜滩到福安。是庆元东部地区的重要交通线，古时也称庆元的盐道。

庆元至福建浦城古道 Qìngyuánzhìfújiànpǔchéng Gǔdào 庆元县城古驿道经柏渡口、洋垄、汤源和黄杜源（现属龙泉）入浦城县境，境内路程55千米，抗日战争时期，江西广丰一带的食盐，要从庆元转运出口。

庆元到龙泉古道 Qìngyuándàolóngquán Gǔdào 庆元县城经和山、上庄、深鸟、双港潭、曹岭入龙泉境，境内路程30千米。

庆元到景宁古道 Qìngyuándàojǐngníng Gǔdào 庆元县城经喜鹊岙、梧桐洋、青草、贤良入景宁县境吴坑乡（今为张村乡）。境内路程45千米，途中有喜鹊隘、兰溪桥廊桥、青草石拱桥，过景宁可达杭州。另一条路是从左溪至交溪口，入景宁县境。交溪口是左溪与南阳溪交汇处，雨季水道可放木、竹排。

仙岩双苗古道 Xiānyánshuāngmiáo Gǔdào 江根乡箬坑村向西经仙岩，到达双苗尖，穿插福建寿宁边境到木桥头，终点在庆元左溪梅树村。蜿蜒于浙南闽东部交界处的山峦之间。

百丈浏阳古道 Bǎizhàngliúyáng Gǔdào 淤上乡局下村经古银坑洞到达金凹，向西过百丈山，达福建松溪县境内的浏阳寺。

西川香古道 Xīchuānxiāng Gǔdào 濛洲街道的下滩村经杨楼到西坑，至香炉尖，向西插福建政和境内，再到安南乡的吾漈下。跨越浙闽两省松源、五大堡、岭头、举水、安南、福建岭腰六个乡镇。

应 岭 YīngLǐng 位于濛洲街道应岭尾村后，距县城东5千米，是通往荷地、江根等地的必经之路，有"横矗云际，状如列戟"之称。岭长4千米，岭头、岭中设有凉亭，清嘉庆七年（1802年）修。保存完整。

半天岭 Bàntiān Lǐng 位于荷地镇杨桥村口，距县城45千米，在杨桥村与左溪交界处，是通往左溪的要道，岭长5千米，有"层峦壁立，一线凌云"之称。

梅树岭 Méishù Lǐng 位于荷地镇石磨下，距县城40千米。是荷地到江根的必经之路。岭长

2.5 千米。

蜈蚣岭　Wúgong Lǐng　位于竹口镇新窑村南部，距县城西北 25 千米，经马蹄岙，是通往福建省松溪县的古道之一。

磨手岭　Móshǒu Lǐng　县城内经濛洲街道下坞至安溪、福建政和的山道，距县城西 10 千米处，岭长 5 千米，庆元到福建之要道，尤陡峭。古人云："高入云际，自下而上积九百余丈，登陟者侧足仅二尺许，猱攀蚁缘一步一顿，行者苦之。"清道光七年（1827 年），邑监生姚园独缘砌筑，并建亭阁，置茶田备茶水供行人茗饮。

杨家楼岭　Yángjiālóu Lǐng　又称石梯岭，位于五大堡乡杨楼村西北部，距县城东 13 千米，岭长 10 千米，是去杨家楼和举水的道路。有"丹崖飞瀑"之称。有描述此岭的民谣："杨家楼杨家楼，有天无日头，有碓无水流。上岭秆割额，下岭岩磕头。"

青草岭　Qīngcǎo Lǐng　位于贤良镇距县城东 25 千米内，岭长 2.5 千米，是通往新村、合湖等地的山路。

寨后岭　Zhàihòu Lǐng　屏都街道屏都建山到新窑一段驿道，距县城 18 千米，岭长 2.5 千米，是后田姚承恩于道光六年（1826 年）独援，用砖砌而成，赴郡达闽，往来称便。

班岱后岭　Bāndàihòu Lǐng　位于松源街道班岱后，距县城东北 5 千米处。

派石坑岭　Pàishíkēng Lǐng　位于南坑乡境内，距县城 10 千米，岭长 2.5 千米，是从下滩至上村入政和县的另一条路。该岭地势险峻，上有派石亭。

五大堡岭　Wǔdàbǎo Lǐng　位于五大堡乡境内，距县城东 15 千米，岭长 7.5 千米，是通往贤良镇的道路，由于道路在深谷中盘旋升高，故有"岩危月到迟疑早，峻岭风生暑觉寒"的赞叹。

半湾岭　Bànwān Lǐng　位于五大堡境内，从五大堡经大洪、半湾到榅岙，岭长 5 千米，是从县城到江根、福建寿宁的主要道路。

饭甑笼岭　Fànzènglong Lǐng　距县城 10 千米处，岭长 2.5 千米，是松源街道上庄通往九漈的通道。

梧桐岭　Wútóng Lǐng　五大堡乡梧桐洋村到贤良镇青草岭头，距县城东 15 千米处，岭长 7.5 千米，是通往贤良镇和景宁县的道路。

桥陌岭　Qiáomò Lǐng　又称云梯岭，百山祖南部，从后广村经桥陌到百山祖，距县城东 15 千米处，岭长 7.5 千米，清乾隆三年（1738 年）修筑，其中用块石砌筑的 3888 阶级步，约 2 千米，由于山岭陡峭，在岭尾、半岭、岭头设三个凉亭。

坝头岭　Bàtóu Lǐng　位于江根乡境内，1890 年江根村吴日颂独缘重修从江根枫香岭尾至左溪梅树村路段，其中坝头岭长 300 米，宽 1.6 米，共 481 级，步宽 0.45 米，每级均用三块条石铺成，面平如砥，砌筑极为精工。

牛鼻头岭　Niúbítóu Lǐng　县城内通往曹岭的山路，距县城 25 千米，岭长 2.5 千米。

第三章　岩石　洞穴　矿

第一节　岩　　石

螃蟹岩　Pángxiè Yán　又称蟹岩，因外形极似螃蟹而得名，位于左溪镇印浆村。岩高数十丈，凌空壁立，光洁无比，上有左右两孔，如同眼睛；中有一岩孔，峙于两边，状若蟹之双钳，以形象似蟹而见奇。

龟　卵　GuīLuǎn　又称半磨岩，因外形极似龟卵得名，位于县城以东 80 千米左溪镇竹坪村和尚帽山上。龟卵为二石相加，上石为椭圆形，高二丈，围径约三丈，下石呈圆珠形，略小于上石。一人以手摇，石动，数人以手摇，石亦动。虽沾着岩皮不多，然风吹雨蚀，永无变动。实为一奇景。

虎胜奇岩　Hǔshèng Qíyán　位于举水乡月山村村首东 1 千米处。虎胜奇岩峭峻兀峙，形如斑虎伏山中，其四周有欲腾空而起的“天灯岩”、惟妙惟肖的“船岩”、锋利无比的“刀锋岩”、耸人听闻的“棺材岩”，怪石嶙峋，景象各异。岩缝中有一股清澈的泉水溢出，壁崖上有酷似甲骨文的“天书”，“天书”是古人雕刻还是天然形成，有待于考察研究。崖壁上还真有看似像一道门的石洞。

后坑冰臼群　Hòukēng Bīngjiùqún　位于举水乡与月山村相邻的后坑村溪谷地带，距离后坑村 1 千米左右。形态酷似古代用于舂米的石臼而得名。冰臼属于罕见的地质遗迹，属于河谷冰臼，距今已有约 200 万至 300 万年，是古冰川融化成水后沿冰川裂隙自上而下以滴水穿石的方式冲蚀基岩产生的。

苏湖石人　Sūhú Shírén　位于荷地镇苏湖村南 3 千米境内，海拔 1130 米，因石头形象酷似人而得名。自然形成，极目远眺，眼界开阔，怪石嶙峋，景色优美。

荷地仙人石　Hédì Xiānrénshí　位于荷地镇荷地村海拔 1400 多米的山顶上，周围有 100 多亩缓坡，坡上有许多露天石头。

黄洋村十八特岗　Huángyángcūnshíbā Tègǎng　位于荷地镇荷地村东北 15 千米，原名四畔山，以黄洋村、张村大岩坑村、杨桥村、左溪半坑村四村毗邻的中心点得名，该山面积广，故取山之最高峰为名，称十八特岗。

高大红泥山　Gāodà Hóngníshān　位于五大堡乡高大村境内，海拔 1116 米，整座山的土质都是火红色，因此取名红泥山。

第二节　洞　穴

银坑洞矿址　Yínkēngdòngkuàngzhǐ　位于左溪镇枧头村村尾，洞高2米，宽2米，深不可测。

源头山丘石灰矿洞　Yuántóushānqiū Shíhuīkuàngdòng　位于隆宫乡源头村，长期开发后形成一系列石灰矿洞穴群。源头东北2.5千米，村民将矿洞里面的矿石开发炼成石灰，用于建筑和农用肥料。经过开发后形成830、840、850、860、870、880等一系列石灰矿洞群。

陈家岭采银洞　Chénjiālǐng Cǎiyíndòng　位于龙溪乡陈家岭村公路旁，距离村委楼50米处。

后斜银坑洞　Hòuxié Yínkēngdòng　位于龙溪乡西溪村后斜片山腰处。

大于银坑洞　Dàyú Yínkēngdòng　位于龙溪乡鱼川村金山山场的山腰处。距村6千米。

大王庙银坑洞　Dàwángmiào Yínkēngdòng　位于岭头乡西南10千米的杨家庄村大王庙山场，距杨家庄村2.5千米。高2米，宽2米，深不见底，走近洞口寒气逼人。

八炉村桃湾洞　Bālúcūn Táowāndòng　位于岭头乡八炉村西南2千米。

八炉村善塘淤洞　Bālúcūn Shàntángyūdòng　位于岭头乡八炉村西南3千米处，海拔860米。洞穴宽度1.5米，高度2.5米，长度70米。

苍岱银坑洞　Cāngdài Yínkēngdòng　位于淤上乡局下村苍岱，原为古矿山，尚有矿洞遗址200余个，洞大小不同，大洞高7米，宽4米，小洞只有0.55米，宽0.55米。银坑洞为明代采矿遗址。

金坑煤洞　Jīnkēng Méidòng　位于淤上乡外童村金坑。金坑煤洞从1972年开采，1975年停采。1988年由个人承包开采，不到一年又停采，1991年采煤直到1994年。煤洞四周山峰，有竹林及杂木属凹形地里环境，有三个大洞高3米，宽2.5米，深近百米，最深有百多米，洞内有小洞，高1.5米，宽1米，深几十米，该煤矿煤源不多，系煤包。

西银坑洞　Xīyínkēng Dòng　位于官塘乡横坑村西2千米，先前开银矿时，洞边有一条溪(坑)，故称溪银洞，后因矿洞在村西，故改称西银坑洞。西银坑洞四周都是悬崖峭壁，长满奇木异草，有稀有植物黄杨木、黄连等，石壁上还长着岩菇。

仰天湖龙井　Yǎngtiānhú Lóngjǐng　位于官塘乡西北，距乡政府2.7千米的仰天湖东面的悬崖峭壁上。井洞四壁光滑，离洞口6米左右就有一潭清澈见底的水，传说当时是被龙钻掉，洞底深不可测，人难进入。龙井的来历传说非常神奇，说是寿宁、景宁一带人一遇干旱天，就到这个龙井求雨，只要洗一下手，当天就会下雨，且每次都是有求必应。

银坑笼洞　Yínkēnglong Dòng　位于官塘乡横坑村西约1.5千米，在通往景宁的古道边，是先前人们采银矿时留下的银坑洞，现洞口基本被埋，只能看到一点小洞。上辈人讲，这个洞非常神奇，深不可测，石头扔进去不见响声，可站在洞口能听到景宁县毛垟村和炉西村洗碗的声音。

银掌坑洞　Yínzhǎngkēng Dòng　位于张村乡田头村西0.9千米，在银掌岗南麓，岙后公路边上。洞高0.7米，宽1.7米，深度不详。

第三节　矿

水泥厂大理石矿　Shuǐníchǎng Dàlǐshíkuàng　位于隆宫乡源头村东北约 0.3 千米，矿区面积 6 公顷，主要矿产为水泥用大理岩。原称国营石灰矿，1972 年并入龙泉县水泥厂，1975 年改称庆元县水泥厂石灰矿，1986 年改称庆元县水泥厂大理石矿。2008 年后暂停采矿，矿区主要为庆元县水泥厂生产水泥用大理岩。

铅锌矿　Qiānxīnkuàng　位于县城松源街道以北 1.8 千米的老鹰岩附近。矿石储量 164 万吨，铅锌金属总量 4.87 万吨。1987 年根据地质勘察报告，探明有铅锌金属总量 48705 吨，1991 年组建国有庆元县铅锌矿进行生产，开采方式以露天和地下为主，建有日处理能力 150 吨选矿厂，在 1992—2002 年间，共产出铅锌金属 1.5 万吨，2003 年 4 月停产,2010 年完成治理。

官坳铅锌矿　Guānào Qiānxīnkuàng　位于安南乡权山村后楼东约 1 千米，1995 年由铅锌矿开机耕路通到矿区。

荷地稀土矿　Hédì Xītǔkuàng　位于荷地镇底墅村，1997 年庆元县经委和第七地质大队合作开采，后因技术资金等问题停产。

曹岭多金属矿　Cáolǐng Duōjīnshǔkuàng　位于黄田镇曹岭村西南约 1.7 千米。2011 年由银丰矿业公司取得勘查权，处于勘查阶段。

茶亭银矿　Chátíng Yínkuàng　位于贤良镇库源村茶亭。2010 年由力友公司取得探矿权，正在探矿前期筹备工作。

陈边铅锌矿　Chénbiān Qiānxīnkuàng　位于黄田镇陈边村西南约 1.5 千米。2008 年由青田恒新铜业有限公司拍卖取得，处于探矿阶段。

杨楼矿区铅锌矿　Yánglóukuàngqū Qiānxīnkuàng　位于五大堡乡杨楼村。呈长方形，2005 年浙江省国土厅授予省第七地质大队在五大堡杨楼一带进行探矿，处探矿阶段。

铁吉岙一带金矿　Tiějíàoyīdài Jīnkuàng　位于岭头乡龙洋村及龙溪乡铁吉岙村一带。浙江省国土厅授予省地勘矿业技术有限公司勘查，处于勘查阶段。

隆宫黄金矿点　Lónggōng Huángjīnkuàngdiǎn　位于隆宫乡小关村，2006 年由省国土厅授予省第七地质大队勘查，处于勘查阶段。

桉树坳铅锌矿　Anshùào Qiānxīnkuàng　位于安南乡权山村东约 1 千米，原有老洞 7 个，宽 1—10 米，深 5—20 米为多方铅矿，含锌矿，估计金属储量 0.8 万吨。桉树坳铅锌矿在 1992—2003 年，由县铅锌矿对桉树坳铅锌矿进行勘查，后来未进行开采。

源头锡铅锌矿　Yuántóu Xīqiānxīnkuàng　位于濛洲街道半岱至源头一带。原有老洞 18 个，采样调查部分地段锡最高含量达 1070 每吨矿含银 217 克，铅锌 3.38 克，矿体 0.02—40 米，

上村锡铅锌矿　Shàngcūn Xīqiānxīnkuàng　位于安南乡上余村余地东南约 0.5 千米。长约 1—

5 千米，土壤化探，异常元素为锡、铅、锌。

官山头金银矿 Guānshāntóu Jīnyínkuàng　位于屏都街道官山头村和淤上乡局下村苍岱一带，1982 年第七地质大队发现并命名为“苍岱遗址”。原有老洞 18 个，断续分布 2.5 千米，开采长度 100 米。深约 60 米，洞宽 0.7—2 米。

竹坪金银矿 Zhúpíng Jīnyínkuàng　位于左溪镇竹坪村，1980 年第七地质大队发现，1980 年丽水地质大队对矿点进行取样检查，最高每吨矿石含金 0.21 克，银 350 克。

西溪银矿点 Xīxī Yínkuàngdiǎn　位于龙溪乡后洋坑村。开采时间久远，存有后蛇、半路坑老洞 31 个，矿洞多有燕子栖息，场景甚为壮观。

岗后洋银矿 Gǎnghòuyáng Yínkuàng　位于岭头乡岗后洋村，1966 年物探队发现编号 41，异常面积 1 万平方米，异常元素主要为银，最高每吨含银 3 克，并有老洞 100 余个，浅部矿藏已被古人掏尽。

溪沿银矿点 Xīyán Yínkuàngdiǎn　位于百山祖镇兰泥村南约 1 千米的溪沿至湾头一带，1980 年丽水地质队对 14 处老洞及石英脉采样化验。其中一个样长 0.6 米，每吨含银 157 克，其余在 6 克以下。

铜银寨铜矿 Tóngyínzhài Tóngkuàng　位于松源街道坪洋村铜钱寨，距五都 2 千米，1982 年第七地质大队发现经槽探样品分析含铜量少于 0.71，无工业开采价值。

茶梅淤锡矿 Cháméiyū Xīkuàng　位于百山祖林场茶梅淤林区，1969 年发现。蚀变破碎带走向 320 米，长 200 余米，宽 2.5 米，含锡 0.57—1.99，水系重砂样最高达 1000 多粒，并有硅化带多条。体中含镉量大多在 0.01—0.05%。

金坑煤矿 Jīnkēng Méikuàng　位于淤上乡外童村金坑，矿区为凹地，四周多为山峰，矿区表层由竹林及杂木覆盖，呈凹状，有三个大洞高 3 米，宽 2.5 米，深近百米，最深有百多米，洞内有小洞高 1.5 米，宽 1 米，深几十米，矿区煤源不多，系煤包。已发现 3 个大煤包，发热量 3000—6224 大卡/克，储量约 1000 吨。从 1972 年开采到 1975 年停采。1988 年由个人承包开采，不到一年就停采，1991—1994 年由淤上乡政府组织民工开采，1995 年后停止开采。

第七编

地名管理

第一章　地名管理机构与职责

第一节　机构设置

1981 年，地名办从公安局析置，属县政协下设的一个办公室。

1981 年 3 月，县革委会召开第一次全县地名工作会议，成立县地名普查领导小组，开展地名普查工作。

1982 年 3 月 31 日，将地名普查领导小组改为县地名委员会。地名委员会办公室设在社企局三楼。

1982 年 12 月，庆元县人民政府发文《关于编纂〈庆元县地名志〉和加强地名管理工作的通知》。

1997 年 11 月，地名办由县政协移交给县民政局管辖。

2003 年 5 月，通过相关会议确定县城门牌管理职能属民政局，具体由县城建局实施。

2003 年 7 月，县城区门牌管理职能和实施工作由县民政局下设的地名办负责管理。

2010 年底，开展全县第二次地名普查工作，成立县地名委员会。

第二节　职责范围

庆元县地名委员会作为地名管理工作的协调机构，主要负责协调全县各类地名管理工作。其下设办公室，职责是：贯彻执行国家关于地名工作的方针、政策、法规；负责县地名委员会的日常工作；承办县政府审批的地名命名和更名事项；审核全县各类地名的命名和更名的申报，公布标准地名；收集和整理地名资料，管理地名档案；编制地名规划并组织实施；设置和管理地名标志；指导专业部门的地名管理工作；编辑地名图书，审核各类公开或者内部出版物中的地名；组织地名学术研究，提供地名咨询服务；推行与监督标准地名的使用；对违反地名管理的违法行为提出处罚建议，并办理相关的具体事宜。

第三节　地名管理

地名管理是政府履行社会管理职能的一项基础性工作。1949 年 5 月庆元解放后，境内的地名管理工作逐步得到加强，但在“人民公社化”时期和“文化大革命”期间，地名管理工作一度中断，随意命名与变更地名现象较为突出。其后经过1981年的第一次全县地名普查，1993年的地名补查和资料更新，基本查清了境内地名的现状、来历、沿革和含义，逐步纠正了前期滥改的地名，以及历史遗留下来的重名及含义不妥的地名。2005年开展了为期3年的全县门牌（楼）清理整顿工作。2007年起，根据省地名工作会议的统一部署，开展了以地名规范、地名标志、地名规划、数字地名四个专项事务的地名公共服务工程建设。民政局认真制定地名公共服务工程的5年实施方案，整体推进地名公共服务工程各项工作的全面开展。至2009年，基本完成地名公共服务工程四项专项事务建设任务。

自此之后，庆元县的地名管理工作逐步进入规范化、标准化的管理阶段。

第二章　地名管理的实施

第一节　地名法规建设

从1981年成立县地名普查领导小组后，随着行政区划调整以及城市建设，经济和社会的快速发展，地名的变动也极为频繁，地名管理机构不但对城镇地名实施了有效的日常管理，而且对众多农村地名不断加大管理力度。

1982年3月，县政府公布《关于地名有关问题的通知》，如需新命名、更名的大队、居委会名称，须向县地名办公室索取申报表，经县政府审批公布生效，未经审批的名称不予承认。

1993年8月，根据国务院《地名管理条例》和浙江省《地名管理实施办法》，县政府制订、公布《庆元县地名管理细则》，并贯彻执行。

1995年2月，县政府转发《浙江地名管理办法的通知》，为推行地名标准化管理，又更进一步。

1996年8月，县政府公布《庆元县地名委员会关于认真贯彻〈浙江省地名管理办法〉加强我县地名管理实施意见》，严肃法规，认真贯彻执行省政府56号令，进一步加强地名管理。

2003年12月1日公布《庆元县地名管理办法》。根据《庆元县地名管理办法》（庆政令〔2003〕第11号）的有关要求，规范了全县地名命名更名的审批程序和市区的门牌管理。严格遵照《城乡地名标牌》GB 17733.1—1999标准制作地名标志，并按照相关规定设置地名标志。

第二节　地名标志设置

庆元县地名标志设置工作始于1982年。当时地名办还是属县政协下设的一个办公室。时年12月庆元县人民政府发文《关于编纂〈庆元县地名志〉和加强地名管理工作的通知》，其中要求按照标准名称设置路牌和门牌。至1996年5月，全县市区设置路牌96块，弄牌164块，楼牌13块，编制装订门牌3145块。

1997年11月，地名办由县政协移交给县民政局管辖。1998年，县城门牌管理工作从县民政局交由公安部门管理。由于城区建设的变化，为户籍管理的需要，对市区门牌号进行了重新编制，至1999年8月，公安部门在城区又重新装订5290块门牌，同时在农村各乡镇设置门牌36895块，农户大部分装订了门牌。

2003年5月，通过相关会议确定县城门牌管理职能属民政局，具体由县城建局实施。直到2003年7月才确定县城区门牌管理职能和实施工作由县民政局下设的地名办负责管理。

2003年，在曹岭至县城公路沿线设置村碑17块、铁质村牌50块。

2004年，在县城设置街路牌92块，其中在主要街道设置75块美观大方且带有广告特色街路牌，同时设置巷弄牌116块，单元牌21块，幢牌19块，门牌1252块。

2005年设置门牌350块，并发放相应的门牌证；2006年，编制装订单元牌62块，幢牌27块；门楼牌974块，并发放相应的门牌证。

2007年，编制装订单元牌86块，幢牌56块，门楼牌1618块，并发放相应的《门牌证》。

2008年，编制装订门楼牌107块，并发放相应的门牌证。

2009年，编制装订单元牌77块，幢牌217块，门楼牌3442块，并发放相应的《门牌证》。

第三节　数字地名建设

根据浙江省民政厅《关于转发国家地名数据库建设指导意见的通知》(浙民区〔2006〕261号)和《关于进一步做好国家地名数据库建设指导意见》(浙民区〔2006〕263号)要求，庆元县开展了县级国家数据库建设。2007年，全面完成地名数据库建设，录入地名各种信息1482条；2007年11月，完成《庆元县地名网站》建网工作。

2008年3月27日，县发改局组织县民政局、建设局、交通局、工业园区、旅游局、文史志办、县史志办、松源镇政府的领导、专家和社会知名人士共计14人，参加评审《庆元县地名总体规划(2007—2020年)》。

2008年8月，丽水市专家组论证通过《庆元县地名总体规划(2007—2020年)》，并上报庆元县政府及市民政局批准实施。

为保持与庆元县总体规划以及经济社会发展规划相协调，庆元县地名规划期限分为近期(2007—2010年)，远期(2011—2020年)。

2010年底，通过全县第二次地名普查工作，对原有国家地名数据库进行了修改和充实。

第三章　地名普查

第一节　地名普查工作

第一次地名普查

根据国务院《关于地名命名、更名的暂行规定》(国发〔1979〕305 号文件)和浙江省人民政府《关于开展地名普查工作的通知》(浙政〔1980〕113 号文件)精神,庆元县于 1980 年 12 月全省第一次地名工作会议后,组建了由民政、水利、公安、邮电、交通、城建等部门领导参加的县地名委员会。

第二次地名普查

根据《丽水市人民政府办公室关于印发丽水市第二次地名普查工作实施方案的通知》(丽政办发〔2011〕5 号)的文件要求,2012 年 3 月 29 日,县政府成立了以分管副县长为组长,县属 22 个单位及全县 19 个乡镇为成员单位的第二次地名普查工作领导小组;4 月 13 日,县政府办公室下发了《庆元县第二次地名普查工作实施方案》,4 月 18 日,召开了地名普查工作部署会,对地名普查工作进行了动员部署,明确了各相关成员单位的分工和职责。组织全县地名普查员(联络员)业务培训会。县财政落实了普查经费 30 万元。

第二次全省地名普查工作,共采集 11 个大类,39 个子类的地名信息 3656 条,其中行政区域名称 20 条,非行政区域名称 41 条,群众自治组织名称 352 条,居民点名称 724 个,交通运输设施名称 471 条,水利、电力设施名称 94 条,纪念地、旅游景点名称 576 条,建筑物名称 102 条,具有地名意义的单位名称 510 条,陆地水系名称 113 条,陆地地形名称 455 条,地名标志 127 条,历史地名 71 条。标绘 1:1 万纸质地图 3 幅,制作地名标志登记表 101 张。

第二节　地名补查与资料更新

1994 年 3 月,庆元县开始进行地名补查更新工作,至 1996 年年底,共制作了第二代各类成果表 1731 张,其中行政区划和居民点名称 1179 条,各类专业部门名称 76 条,名胜古迹和人工建筑名称 193 条,自然地理实体名称 214 条。废止地名 69 条。填写村名表 77 张,36 万余字,标注 1:50000 地形图一套,标绘镇区平面图 7 幅。

第三节　地名命名与更名

依据国务院《地名管理条例》《浙江省地名管理办法》和《庆元县地名管理办法》(庆政令〔2003〕第11号),庆元县地名办依规定对市区的街、路、巷、弄、广场、小区等进行命名和更名。

1996年,命名兴贸路、祥云路、霞帔路、龙湫路、小济路、西桥路、江滨路、菇源路、济川路、菇市一路、菇市二路、菇市三路,同时将原府后街更名为濛洲街;1997年,命名西源路、市场一巷、市场二巷、市场三巷、银行巷、双潭巷、槎水巷、槎水北弄、槎水南弄、春澜北巷、春澜南巷、梅岙巷、百丈巷、夜月巷、巾子一巷、巾子二巷、社环路;同时将槎水巷更名为市场南路;2004年,命名希望路、工业路、阳光路、新苗巷、新苗二巷、幸福巷、塑料南巷、塑料东巷、振兴巷、园林巷、希望路一、二、三、四、五、六、七、八弄、八五弄、龙洲东路、龙洲中路、龙洲西路、石龙街一、二、三、四、五弄、酒厂巷、酒厂二巷、酒厂三巷、松云巷、洋墩路32条新道路;2008年,命名曙光路。

2002年,命名新建社区、咏归社区、石龙社区、濛洲社区、玉田社区;2003年,命名松源新居;2005年,命名聚丰佳园、文昌苑、洋墩新居、江滨花苑;2007年,命名金诚佳苑、银泰·丽晶城、同德新村、同济新村、石塘新村、沁心园商住;2008年,命名瑞丰房产;2009年,命名龙山苑。

第四章　地名文献

第一节　《庆元县地名志》(1990 年版)

《庆元县地名志》(1990 年版)是以 1981 年第一次地名普查资料为基础编纂而成的地名志书。时间断限,上不封顶,下限断至 1987 年。1983 年开始编纂,当时计划 1985 年出版,后来由于政社分设,全县的行政单位名称和区划都发生变化,所以先出打印版,后出修订版。

1981 年,县委、县府领导布置各机关单位、各乡镇开始地名普查,1983 年地名委员会主持开始志书编纂,参加编纂的人员有 11 名:编辑是赖善卿、吴升、姚德纯、全尚水 4 人;汉语拼音:姚德纯、王林生 2 人;摄影:余绪、姚家飞等 5 人。县统计局、档案局、气象局、文化局、交通局、教育局、水电局、广播电视局、党史办等单位提供大量资料。

《庆元县地名志》(1990 年版)为 16 开本。全志分全县综述、行政区划和镇乡村概况、专业部门、名胜古迹及革命纪念地、人工建筑、自然地理实体、地名诗词(附摩崖石刻)、地名文件共八卷,60 万字,55 页插图,共收入 1837 个地名。

《庆元县地名志》(1990 年版)是庆元有史以来第一部地名工具书。考证了全县地名的来历、含义和演变更替过程;系统、客观地反映对庆元各地的自然环境、经济状况、文化风物以及历史沿革,具有一定的学术价值和实用价值。

第二节　地图出版

《庆元县地图》2002 年年初开始着手编制,其间因 2003 年的松源镇和屏都镇行政区划调整及 2006 年的安南乡政府驻地迁移而多次中断,及至 2006 年 10 月才正式出版,印数 5000 张,该图由庆元县民政局与浙江省测绘大队以标准名称标注 1:75000 比例尺联合绘制而成,地图版面绘有庆元县政区图、毗邻县市、图例及松源镇平面图。

《庆元县交通旅游图》2003 年 1 月出版,印数 5000 张,由庆元县民政局与浙江省测绘大队联合编制。该图绘有庆元县政区图和庆元县城区图;版面插有庆元县部分企业名录;庆元县简介及介绍庆元的部分风景名胜和文物古迹。

《庆元县地名总体规划(2007—2020 年)》2008 年 3 月完成初稿,2008 年 8 月通过县、市两级专家组论证通过，并于2008年年底上报县政府及市民政局批准实施。规划以彰显“菇乡文化、生态庆元”为总体思路，以提高地名公共服务水平、提升城市文化品位为目标，从庆元县的人文地理特点、地名历史和现状城市发展等方面出发，科学设计地名系统，使城市地名管理工作走上科学化、标准化、规范化轨道。

第八编

地名文化

第一章　区域文化

第一节　香菇文化

庆元是“香菇之源”，一个香菇开史的地方。八百多年前南宋时期，香菇始祖吴三公，点燃了庆元演绎香菇传奇的焰火，让庆元成为香菇开史之地。“色如鹅掌味如蜜，滑如莼丝无点涩。伞不如笠钉胜笠，香留齿牙麝莫及。菘羔楮鸡避席楫，餐玉菇芝当却粒。”一朵朵美丽菌伞，就是庆元悠久、醇厚的香菇文化。1989年国际热带菇类学会主席、香港中文大学教授张树庭赴庆元实地考察后，拜祭吴三公，并亲笔题写“香菇之源”。1995年国务院发展研究中心授予庆元“世界人工栽培香菇最早”“全国最大的香菇生产地和集散地”两项中华之最。2002年庆元香菇正式获得国家原产地产品保护。2010年6月4日，全国首个“食用菌产业基地”正式落户庆元。

八百多年来，香菇产业一直是庆元人民赖以生存的传统产业，菇民足迹遍布全国11个省200多个市县，庆元香菇以“历史最早、产量最高、市场最大、质量最好”闻名于世。庆元香菇由“砍花法”开始，历经了“段木纯菌丝接种法”“代料栽培法”和“高棚层架栽培花菇法”三次重大技术变革。如今庆元已成为饮誉全球的“中国香菇城”。食用菌种类繁多，人工栽培的特色珍稀品种有灰树花、草菇、杏鲍菇、姬松茸等30多个。

中国香菇城　庆元是世界人工栽培香菇的发源地，被称为中国香菇城，是全国最大的香菇生产基地与集散中心。庆元20万人口中，有近四分之一的人从事香菇相关行业。从事食用菌行业的企业200多家，规模企业20余家，县级以上龙头企业17家；2012年行业总产值达到20多亿元，占农业总产值的一半以上。共有出口食用菌生产加工企业9家，出口备案基地23个，总面积达1000亩，全县近七成菇农纳入龙头企业的管理范围。2014年12月20日，新香菇市场投入试运营，具备市场物流区、总部经济区、配套公寓区、香菇文化广场、香菇大楼及新城商业区六大区块；具备农产品交易、农产品展示展销、旅游购物、电子商务、物流冷藏、食用菌加工、全国食用菌价格指数发布、金融、会议、餐饮服务等功能。

庆元香菇　是浙江省农业厅区域名牌农产品和中国食用菌行业第一个获得国家原产地保护产品。2003年获准注册证明商标。全县共有32家企业500个系列产品获得了“庆元香菇”证明商标的使用权，有80亿枚证明商标标志用于香菇产品上，产品销往国内各大中城市和日本、东南亚、欧美等60多个国家和地区。2012年，中国农产品区域公用品牌价值评估数据显示：“庆元香菇”品牌价值为 45 亿元，位列全国农产品品牌第 13 位，居全国食用菌类品牌首位，成为名副其实的中国食用菌第一品牌。2013 年，“庆元香菇”在渤海商品交易所挂牌。渤海商品交易所的香菇品类交收平台开通线上交易，实现传统产业的转型升级。2014 年，“香菇文化”被列为第二批中国重要农业文化遗产，成为农业部公布的 20 个传统农业系统之一。

菇神庙会 每年农历三月十七日（吴三公生日）和农历的七月十六至十九日，是龙、庆、景三县菇民的“菇神庙会”。外出制菇的菇农回乡过节还愿，云集西洋殿等菇神庙，共同祀奉香菇鼻祖吴三公及诸神。庙会期间，菇民进行技术交流、菇民联络、欢庆丰收、练拳习武等活动。后来演变为文艺演出、看电影、传授香菇生产新技术等，使整个菇神庙会充满了清新、高雅的文化气氛。还吸引不少国内外文化艺术工作者前来采风观光。

香菇节 1992 年起，庆元县每年举办“中国·庆元香菇文化节”。秉承“香菇引路、以菇会友、拓宽市场、发展经济”的办节宗旨，通过专家论坛、产品展销、项目推介、参观考察、书画摄影、文艺盛宴等形式，广泛宣传、推介庆元香菇文化，在展示“中国香菇第一城”建设成就、对外交流合作、科技创新动态的同时，推动了国内外食用菌行业的发展壮大，促进了香菇产业文化内涵的挖掘、提升及香菇产业的转型升级，提高了“中国香菇第一城”的知名度和美誉度。

菇寮白 菇民足迹遍及大江南北，身处异乡，生活于深山幽谷之中，孤立无援，缺乏安全感，把香菇生产寄托于神灵的保佑，所以有意避讳。另外，由于做香菇是穷困的菇民们最主要的谋生手段，为了不丢掉自己的饭碗，香菇生产技术从不轻易外泄。交流时加以保密，慢慢地就创造出了一套独特的“菇寮白”（又称“蕈山话”或“山寮话”）。

生产用语：香佬（香蕈）、做蕈（做香蕈）、横（柴刀）、龙（锯子）、邦（斧头）、粘树（砍树）、蟹花（砍花）、皮相树（枫树）、红章（红拷）、白章（白拷）、檀冲（檀香）。

生活用语：呼天（吃饭）、呼什（吃饱）、呼平碗（吃稀饭、吃粥）、汪老（猪肉）、柴林（鱼）、芝老（油）、咸沙（盐）、水欢（豆腐）、歌（生病）、过旦（过节）、飞纸（写信）、有甫缸（有客）。

动物名称：落爽（老鼠）、长久冲（松鼠）、山吊不（山鸡）、山鹰（鸟）、野乌背（野猪）、葡楼（老虎）、地羊（犬）、仓天（牛）。

其他还有锯老（有贼）、红个(火)、有呐佬（天晴）、沙屯姜（天雨）、横白佬、下白佬（下雪）、白佬旦（霜）、硬良（冰）、孟（天黑）。

香菇山歌 菇民世代在深山老林中劳作，创作了大量充满菇乡风情的歌谣、谚语和传奇故事，借以抒发制菇苦乐。制菇技术就编成山歌或菇寮白（蕈山话）来演唱，各种祭祀活动增多，也产生了大量的山歌。

香菇功夫 菇民为适应常年野外生活、劳作的艰苦环境，防止深山里飞禽猛兽侵袭，抵御歹徒强抢豪夺，不但从小练拳习武，强身健体，而且巧妙地挥舞起身边的扁担、板凳、斧头、柴刀等工具，渐渐地就演绎成香菇功夫，有菇山拳、扁担功、板凳功等。

散光饼 菇民春耕回乡时，带着积攒一冬的银两回家，路途艰险，在信息不通的时代，遇害后家人也无从知晓。相传一菇民外出做菇，其妻与人私通，到家后被合谋杀害，时隔多年村民们也无人知晓。后来，菇民回家都要带些福建的特色小饼（“光饼”），在进村时散发给村里的小孩，广告自己已经安全回家。后来，三月菇客返家时节，菇客向小孩散光饼、小孩上门接光饼的习俗，热闹了一个个乡村。

菇民戏 也称“二都戏”，源于菇民最集中的二都，流传至龙泉、景宁、云和以及福建省的松溪、政和、三明等地区。大约起始于明朝中叶，当时，菇民从江西、福建学会了赣剧、评弹的一些唱段，再加上掺杂一些庆元的方言，经过几辈人的口口相传，形成了用庆元土话为唱腔，集歌、舞、剧为一体的多声腔板腔体的戏剧。据记载，剧目有180多个，产生过广泛的社会影响。

做麻糍 麻糍，是菇民为了节省路费，节约时间，带到路上食用的食品。上菇山前，都要做麻糍，将锤打黏的糯饭捏成团状，贴在箬叶上压平风干，其数量按外出人数和路程远近而定，一般每人每天准备2—3只。途中就是夜宿村外的庙堂、凉亭，三餐也能果腹。麻糍吃法也很方便，如在饭店里，就加水放盐煮着吃，在路上野外则拾柴烧火堆煨着吃。

上 寮 即上菇山做菇。菇寮以竹木、茅草为材料，高3米、宽3米、长约6米的一字形茅屋。菇民每年进山，都要选吉日“奉高登”（也叫“过节”“奉师傅”），摆香案，设供筵，虔奉神佛。然后再开展生产。

做 樯 树木砍倒后，根据树种、树龄、树木大小的不同，用斧头在树上砍出深浅不一、疏密不同的缺口，香菇孢子落进缺口后菌丝萌发，称做樯、砍花。然后“遮衣”“开衣”营造温湿的自然环境，菇菌就会生长、发育、出菇。次年再“惊蕈”，又长出一批香菇来。从“砍花”到长出香菇，一般须8道工序，历经3年。千百年来，这一做菇技艺一直是龙、庆、景三县农民维系生存的“独门技法”，外人学不会。

刹 寮 是菇民下山前的最后仪式。一帮人一起下山回家，一些人在前面先走，留一个人在最后，等灶中的火灭后，把锅等用具放好，埋放，再点香，转身往后退，退出寮外四、五米后，转身把香插下，然后一直往前走，不准回头。

过 旦 菇民在菇寮种菇时，都要在菇寮的吴三公神位前和山魈庵（在离菇寮约1里的山岙口，以三块巨石叠成，）祭神称“过旦”。

告别饭 菇民上山种菇，要选择逢三、六、九的吉日出门。离家的头天晚上，全家大小要吃“告别饭”。告别饭由家中的长者主持，饭前焚香点烛，由长者斟酒举杯，上对“皇天”，下对“地府”，泼酒祷告，预祝菇民开门大吉大利，平安回家。

落 寮 也叫落棚，菇民回家称落寮，一般日期秘而不宣，要在远离菇山的地方商定日期，然后不能表露落寮迹象。落寮日的黎明，菇民互不搭话，各自收拾用具、衣物，挑着就走。落寮中留有一老菇民，等其他菇民“落寮”后，翻倒饭锅，锁上寮门，匆匆赶上先行的菇民。一路上不能回头看寮，也不能说话，等走出菇山五里路后，才能说话。表面上避“寮神”追赶，实为怕人暗害。

香菇农谚 庆元菇民在选树、砍花、惊蕈等香菇生产过程中，积累了很丰富的经验，形成种菇谚语。

百菇宴 庆元“百菇宴”中的菜品已有近500道之多。以食用菌为主料，荤素搭配，采用炸、熘、爆炒、熏炖、烩蒸等多种手法，创造出上百种口味，口感、色香、味形均臻上乘的佳肴。

菇民区 1953年县人民政府的《菇情调查》载，当时全县42个乡中有25个乡属"菇民区"。其中荷地、杨桥、濛东、岭头、西溪、八炉、东山、石湖、东乔、斋郎、青竹、四山、三坑、竹山14个乡菇民最多，占总人口的74%；举水、落岭、濛西、合湖、南阳、杨石6乡次之，占总人口的60%；和山、周墩、竹坪、南坑、左溪5乡稍少，占总人口的43%。由于菇民的生产地在外省，生产方式又如同候鸟般的冬去春回，60年代前，政府对"菇民区"实行特殊"政策"，如征兵要比非菇民区提前2个月，一般都在菇民上菇山之前结束；学校则只放"冬假"不放暑假；菇民区的乡村干部每当菇季到来之即一部分留家组织老弱妇幼搞好防火、治安，另一部分则派赴外省去各个菇民分会领导香菇生产。

"香菇节"吴三公祭文

2013年

维公元二零一三年，岁在癸巳；时逢阳月，序属小春。天降祥瑞，地现升平。庆元阖邑民众暨海内外菇业人士，谨以少牢馈食之礼；珍馐清酌之献。设坛墠于松源菇殿，致祭吾香菇始祖吴三公之灵曰：

嗟夫！巍巍百山，斯峰乃祖；浩浩三江，是水其源。地之灵兮，村建龙岩；人之杰兮，天毓吴公。伏惟公创奇术，法称砍花。深山操斧，滋生香菇。继烈山氏之业迹，运斤添耕耘之农事；承后稷氏之劳作，植菇增稼穑之获得。于是乎艺传千年之巧技，蕈飘万里之芳香。市场繁茂，经济辉煌。若夫吾公之功，丰哉伟哉；吾公之勋，悠哉久哉！

今夫社会和谐，民生稳固；寻梦菇乡，养生庆元；濛洲胜境，蒸蒸日上；松源福地，欣欣向荣。斯时也，先河首创，恒以缅怀；后继开拓，奋然激发。至若福祚久驻，荫德长存；公之功勋，旷世永铭。

兹谨掬告奠。

伏维

尚飨

2014年

洞宫山脉，连绵千里，百山之祖，三江发源。

巍峨百山，腹孕龙岩，建炎四年，降生吴昱。

兄弟六人，排行第三，少即聪颖，名动八乡。

山中岁月，细心发现，倒木伤处，香菇有长。

大胆设想，认真模仿，几经冬夏，终得奇方。

斧之丁丁，砍树剁花，棒之笃笃，催菇惊樯。

开创先河，菇业肇兴，遂为始祖，万古流芳。

亦师亦道，传授菇术，举家迁徙，定居西洋。

菇术传播，造福邑民，乡民感恩，尊为三公。

洪武初年，国师刘基，进贡香菇，请封朱皇。

龙心大悦，钦封三县，种菇专利，世代相延。
三县菇民，跋山涉水，筚路蓝缕，以启山林。
数人一伙，判山签约，历经艰辛，菇业兴旺。
菇民济济，庆元六万，景宁四万，龙泉两万。
十三省区，遍种香菇，香溢四海，惠泽普天。
二十世纪，技术革新，菇民兴富，百业薪添。
六十年代，人造菇木，星火燎原，全县发展。
一九八七，省委书记，铁瑛挥毫，香菇之乡。
一九八九，菇界巨擘，树庭题词，香菇之源。
九十年代，建设市场，举办节会，全国效仿。
农业产值，农民收入，地方财税，各超一半。
廿一世纪，春风浩荡，庆元香菇，再创辉煌。
地域产品，中国驰名，品牌价值，四十万万。
一二零八，八月十三，三公驾鹤，七九寿享。
一二六五，邑人吴标，梦遇三公，恩泽浩荡。
菇民建庙，名为显灵，又名判府，菇神名响。
依水得名，称松源殿，因地得名，宝殿西洋。
菇神庙会，菇民云集，交流技艺，祭拜始祖。
菇山行话，神妙莫测，严守秘技，口口相传。
菇寮立神，护佑平安，十四廿九，礼拜焚香。
菇民戏曲，独树一帜，菇区歌谣，乡野传唱。
菇民对联，香菇功夫，香菇谚语，异彩纷呈。
一九九三，日本学者，港台专家，朝拜三公。
千秋菇源，形成共识，香菇开史，举世仰望。
二零一一，宝岛新社，恭请菇神，福祉圣传。
二零一三，追本溯源，有司发文，奉为始祖。
三国会长，学者专家，政界民间，盛举共襄。
始祖朝圣，已然唱响，从今而往，永续发扬。
香菇始祖，威灵显赫，神光普照，风调雨顺。
两岸菇民，文化交流，共祭菇神，祈求吉祥。
两岸菇民，心手相连，同兴菇业，共谋发展。
两岸一家，天下太平，合作共赢，繁荣富强。
岁月悠悠，恩泽邈邈，少牢之礼，伏惟尚飨。

天运岁次甲午年七月十七日

台湾新社区农会敬拜吴三公疏文

风调雨顺　国泰民安

天运岁次甲午年七月十七日

拜谒菇神参香团全体敬拜疏文

敬拜菇神 吴祖师爷

伏以：

庙奉三公俎豆芳，人来顶礼沐祥光。

身骑黑虎威风甚，手执金鞭气势昂。

谒祖虔祈扶稼穑，参香默祷保安康。

菇民愿乞菇神佑，岁岁丰收大吉祥。

谨据：

浙江省庆元县五大堡乡西洋殿

菇神吴三公祖庙西洋殿

参香团由新社区菇神管理委员会筹备会主任委员李锦荣率同菇民等十三名

奉闻：

谨疏以文条陈上表愿心香传达祈有所成

谒菇神参香团全体敬拜上申

天运岁次甲午年七月十七日

2015 年

启禀：香菇始祖吴三公西洋殿祖庙众神

伏以：天地造化大吉昌 日月运转正时良

韩国代表来朝圣，中韩菇民共祭拜。

两岸宫庙叙缘会，与会代表一起拜。

三国菌菇研讨会，参与代表一同拜。

善男信女来敬香，祈求安康福无疆。

今由庆元县食用菌协会与韩国《食用菌月刊》杂志社共同举办中韩菇民共祭香菇始祖吴三公典礼。

庆元县食用菌协会及庆元菇民代表：

韩国《半月刊食用菌》杂志社社长金大谦、韩国食用菌生产者协会副会长文相英、韩国食用菌生产者协会顾问朴商勋、韩国功能性食用菌协会种权、金主浩、朁永燮、李起势、朴学柱、郑昌烈等十二人

参加两岸菇神宫庙叙缘交流会之台湾圣普宫、紫明宫、庆元龙岩吴三公公祠、龙泉凤阳山菇神庙、下田菇神庙、垟顺灵应社。景宁包坑口菇神庙等代表

参加中日韩桑黄、牛樟芝、灵芝生产与产品研讨会全体代表
参加吴三公庙会众善男信女等
虔备：全猪、五谷、水果、香烛
恭请菇神吴三公鉴纳众弟子之仪礼
恭祝吴三公祖庙西洋殿香火旺盛
福望：神灵福庇全体菇界人士、善男信女个个元辰光彩
家家安顺 人丁兴旺 男添百福 女纳千祥
四时平安 八节有庆 阖家平安 万事如意
大家五谷丰收发财 平安富贵年年来
奉闻：仅此祭文 条陈上表 心香传达 祈有所成
参加中韩菇民共祭香菇始祖吴三公典礼全体敬拜上申

天运岁次乙未年七月十五日

2016年

时维丙申年己亥月丁酉日乙巳时
齐集庆元县父老乡亲、各界人士及应邀嘉宾，公祭于香菇始祖吴三公灵前曰：

天之苍苍，兴我扶桑；处州西南，福地庆元。
菇祖之乡，唯我龙岩；吴氏大族，讳昱以降。
鸿蒙亘古，奇术首创；砍花惊蕈，普惠四方。
泽被后世，功德无量；传技授艺，美名远扬。
始祖伟绩，传诵八荒；菇神美名，万世流芳。
先贤昭德，众民景仰；恩公懿范，光大发扬。
社会和谐，国泰民安；欣逢盛世，百业兴旺。
辐辏菇城，四海贾商；利来利往，熙熙攘攘。
感恩戴德，溯本追源；谨供牺牲，聊表众望。
祈佑黎民，永保安康；心诚意切，伏惟尚飨。

2017年

维，公元二〇一七年，岁次丁酉，序属流金，值万木葱茏，和风送爽，安居乐业，天下太平。各界人士及应邀嘉宾齐集庆元西洋殿，谨以牲醴果品雅乐，致祭于香菇始祖吴三公，曰：

伟哉三公，建炎四年，诞于龙岩，伯仲叔季，排序第三。少即聪慧，敢作敢当，尔后稍长，百事亲尝。地域偏僻，谋生困难，苦心劳形，励志图强。砍花做菇，首现南山，斧背惊樯，声动八方。新劈天地，菇业兴旺，百姓感戴，千古流芳。开香菇之历史，肇万民之幸福。惠我邑民，功在千秋，众生仰望，名播四海，经百代而馥郁，历千秋而辉煌。

我美丽庆元，行云浩浩，百山巍巍，胸襟开阔，目光高远；空气纯净，山泉澄澈，生态一流，润肺

清心。国菇养生，远销海外。带动经济，品牌第一。龙庆景三县，做菇专有皇封；吴三公一人，德行恩泽世代。民心牢记，八百年香菇辉煌历史；天地作证，千万家踏上致富征途。国泰民安，海晏河清。信乎庆元香菇，品牌坚挺，世代延续，如雨后春笋，生机无限，必将前程万里。

长长岁月，悠悠人心。菇神诞生于斯，庆元由此生辉。“三县”战略不断推进，经济发展焕然一新。大花园建设如火如荼，最美花骨朵沐浴和风。庆元人民，继往开来，勠力同心，携手并肩，共建家园，展望美丽庆元之伟大前程。为表吾辈之豪情壮志，奋斗雄心，谨酹椒浆，灵其鉴祀，以告慰我中华民族香菇始祖吴三公之赫赫威灵。愿祖佑我，光大菇业，造福桑梓，日新月强！

丹心祭告，伏惟尚飨。

第二节　廊桥之乡

庆元境内，谷深涧幽，溪流纵横。先人就逢山开路，遇水架桥，因地制宜建造了各种形式的桥梁，至今仍然保护完好。镶嵌于山水间的古廊桥，或凿石为梁，或叠木为拱，或横跨悬崖峭壁之上，或静卧小溪碧波之上，与周围的青山绿水融为一体，构成了一幅幅精美的画卷。“一桥飞架，势若长虹。卧浪凌波，重檐翘角，巧夺天工。”形状各异的观景窗，山、水因窗型的构造，似画似影，别致的风韵，凝聚古人的智慧。

中国廊桥之乡　据清光绪《庆元县志》记载，自宋朝以来修建的各式廊桥230多座，如今境内尚存各类廊桥100多座。宋、元、明、清各朝代建造的木拱廊桥齐全，国保、省保、县保俱全，简直就是一座木拱廊桥的“天然博物馆”。2008年，中国民间文艺家协会主席、作家冯骥才实地考察走访了庆元的多座廊桥，给予了充分的肯定和高度的赞誉，颁发“中国廊桥之乡”牌匾。2009年，中国木拱桥传统营造技艺被联合国列入急需保护的非物质文化遗产名录。

走　桥　每逢五月初六，浙闽香客，头插红花，脸抹脂粉，身着唐装，脚穿花鞋，挑着粽子、馒头、香纸，结伴前往，点香上廊桥。在廊桥中间设供桌摆上祭品，上香祭拜。然后，走桥人手持十双香，肩挂六个粽子，唱着吉祥小调，跳着传统祭祀舞蹈，以边走边舞的形式往返桥头桥尾十个来回，每走两个来回，从廊桥上往河里各扔一只粽子。走完十趟，再到桥下河边烧香祭拜，并将祭品扔入河中。最后，走桥人回到廊桥上再次烧香祭拜，燃放鞭炮，带着桥上祭拜后的祭品回家与家人共同分享，意寓子孙兴旺、福禄无边。既祷告廊桥平安，又祈求风调雨顺。

上　梁　在整个建桥过程中，通常都会伴随着一些“建桥礼仪”，借此保佑工程顺利进行和建桥者的安全。其中颇具特色的就是“上梁仪式”：上三节苗正中间的一根平苗，是整个建桥过程中最重要的。日子要选黄道吉日，并举行隆重的祭拜仪式。在这一天，上平苗时刻一到，鸣放花炮，被选中的“好命人”抬起平苗，在主绳墨的主持下，将这根平苗用红布包起来，悬挂“七宝袋”以及一些庆元特有的祭祀物件，开始“喝梁”。上梁时，要设香案拜祭，保佑工程的顺利完工。

开　桥　廊桥竣工时，需请人第一次走过去，这个过程称“踏桥开走”。桥董事选乡村中三代同堂并夫妻双全，有一定名望且家庭富裕的二位男性长者现场携若干人开桥，开走之人可随意说些吉利话，如：风调雨顺、五谷丰登、户户平安、村村兴旺、添丁发财、造桥师傅名扬四海等。

桥　市　廊桥是绝好的社交娱乐之处。人们在此驻足歇担，遮风避雨，避暑乘凉，甚至成为人们易换物资的肄市。如中济村的济川桥和姚村的复兴桥上的“桥市”便是热闹非凡，每天村民们在桥上买卖蔬菜瓜果和鸡鸭鱼肉，一片繁忙和欣欣向荣的景象。人们在这里交心、通婚、通商，多少代来，人们弹奏着和谐的音符。

桥　艺　庆元传统造桥工艺精湛，其“三节苗”“五节苗”“剪刀苗”的木撑拱构架建造技术非常成熟，科学地解决了受力问题。设计上考虑了功能的完备，又兼顾外形美感，科学、艺术价值极高。

木拱架部分：用数十根粗大圆木，纵横交错成拱。交叉木、“青蛙腿”固定左右，受力均匀，用“牛头”榫接“三折边”“五折边”，整个拱架酷似“喜鹊窝”。木拱架与廊屋连接部分：用桥两端四根“将军柱”（也叫天门柱），从木拱架底垫木直通廊屋顶部，使廊屋与木拱架浑如一体，重心下移至底，稳定重心。

桥面部分：桥面板上先铺箬叶，箬叶上铺木炭，木炭上再铺箬叶后平铺砂石料，其上再砌鹅卵石或香糕砖，具有通风、散气、防腐功效。桥屋部分：桥上搭盖廊屋，廊、楼、亭、殿、阁等应有尽有，中心间设神龛，廊屋中为通道，两侧设桥凳，具有交通、休闲、祭祀等功能。挡风板上设各种几何图形的窗口，与自然风景相和谐。

第三节　生态文明

庆元素有“浙南林海”的美誉。群山守望，绿树相伴。森林覆盖率高达 86%以上。境内雨量充沛，河流众多，八条河流分别流入瓯江，闽江，赛江，故有“水流两省达三江”之说。独特的地形和水文地理环境形成亚热带季风中一个特殊的区域，林海氤氲，生机盎然，荟萃了大量珍稀动植物资源，生态植被极为丰富。被誉为天然珍稀动植物园、华东古老植物的摇篮。冬无严寒，夏无酷暑，秀山绿水，造就了庆元生态第一县的美誉。

中国生态环境第一县　2004 年，国家环境监测总站在《中国生态环境质量评价研究》中，根据卫星遥感数据和生态环境现状调查数据，从生物丰度、植被覆盖、水网密度、土地退化、污染负荷五个方面，计算出全国各地的生态环境质量指数，庆元在全国 2348 个县（市、区）生态环境质量指数 EQI 排序名列第一，是名副其实的中国生态环境县。

2013 年，庆元共有效监测环境空气质量 355 天，优良天数占 98.87%。2014 年庆元执行新的空气质量标准。第一季度空气自动监测点检测项目为：城区颗粒物（粒径小于等于 2.5μm）（PM2.5）、城区颗粒物（粒径小于等于 10μm）（PM10）、城区臭氧、城区二氧化硫、城区一氧化碳、城区二氧化氮等主要污染物。监测结果显示，庆元县空气质量名列全市前茅，负氧离子监测最高值达到 20.4 万个/立方厘米，平均值保持在（6000—7000）个/立方厘米。城区环境空气质量有效监测 151 天，达标天数为 141 天，其中优级天数为 75 天。

中国避暑胜地 庆元气候宜人宜居、自然景观优美、文化底蕴深厚、游客满意度高。常年平均气温为18℃,7月平均温度保持在27℃，其中百山祖平均温度只有22℃，负氧离子最高值达到20.04万个/立方厘米，是世界卫生组织界定“空气清新”标准的200多倍，是华东地区少有的避暑休闲之地。在“美丽中国——全国特色生态旅游城市创建与发展”评比中，从全国220多个候选城市中脱颖而出，2014年12月6日命名为“中国避暑荣获胜地”。

全国最美生态旅游示范县 在“美丽中国·首届全国特色生态旅游城市创建与发展”评比中，庆元以百山祖景区为核心，结合黄皮湿地、月山村、西洋殿等一批优质旅游资源。经过层层推荐及严格的筛选，庆元是浙江省唯一入选10个“全国最美生态旅游示范县”之列，从全国200多个候选城市中脱颖而出，2013年11月30日命名为“全国最美生态旅游示范县”。

百山祖云雾 庆元独特的地形和水土，造就了百山祖林海氤氲、气象万千、风光绮丽的美景，云海时如蛟龙翻滚，时如烈马狂奔，风平浪静之时，又好像姑娘害羞的脸上蒙着一层薄薄淡淡的面纱，茫茫云海，蔚为壮观，人在云上走，形似神仙游。一轮红日初升，像一团火球，与云海辉映交融。

百山祖冷杉 1963年11月18日，吴鸣翔上百山祖顶峰采集考察，因下雨而进入海拔1760米的小山岙处躲雨，猛然发现，前边有株大树不同寻常：似松非松，大树皮色灰黄，当晚进行研究整理。这些看上去与华东黄杉有几分相像的标本，他就在采集记录中写下“华东黄杉”的名称。然后，他又觉得树的模样还是有些特别之处，就冒出过“是不是冷杉”的想法。转而又想，照当时学术界的普遍看法，在东南沿海低于海拔2500米的地方不可能有冷杉存在。最后请教省林科所专家，世界最濒临灭绝的12种植物物种之一“百山祖冷杉”就此闻名于世。

吴鸣翔经过人工授粉、采球果、播种、出苗、移栽，反复研究，终于在2000年3月，人工种植冷杉成功。小苗被分别移植到了不同海拔高度、不同位置的五个地方，进行迁地保护。移栽后的百山祖冷杉实生苗大部分存活下来，百山祖冷杉终于有了“亲生子”。

第四节　革命老区

中共白柘洋支部、白柘洋苏维埃政府 1933年秋，张立贵以探亲为名，到官塘一带秘密活动，吴先模听了外甥张立贵宣讲，对革命表示赞同和支持。接着，到白柘洋村岳父吴先熙家，向群众宣讲革命道理，动员群众勇敢地参加革命。长期遭受封建地主剥削和压迫、过着极端贫困生活的白柘洋村群众，认识到只有组织起来走革命道路，才有出路。交代积极分子胡正理、吴先振等人，多做些宣传发动工作，但要注意行动保密。回到寿宁，向上级党组织汇报。11月，张立贵与寿宁党员陈庆重再次到白柘洋村，与胡正理、吴先振等商量成立村苏维埃政权。召集全村各户开会，宣传革命道理，提出“打土豪、分田地”口号，动员群众参加革命，开展游击战争。由于胡正理、吴先振事先做了宣传工作，已有相当思想基础，各户主都表示支持革命，推选胡正理、吴先振、吴先锦、吴志瑞、吴先椿、吴先蕃、吴志端等7人组成村苏维埃政府。这是庆元东部第一个村级红色政权，标志着中国共产党在庆元播下了革命种子。1934 年 12 月，建立中共白柘洋支部，为庆元东部第一党支部，书记胡正理。

挺进师半岭会议　中国工农红军挺进师进入浙闽地区后，一直遭敌人围追堵截，处于被动挨打境地。红军日夜行军作战，得不到休整，部分指战员思想也比较混乱，有的主张集中优势兵力打阵地战，打几个大胜仗，威慑敌军，扩大影响；有的主张分散打游击，保存实力，再扩展根据地；有的甚至产生畏难退缩思想和急躁情绪，认为浙江省是蒋介石老家，反动势力强大，白色恐怖较其他省严重，红军在浙江难以立住脚跟，不如折回闽北坚持斗争。需要寻找一个适当的地方休整，分析时局，统一思想认识，统一步调，鼓舞斗志，掌握战略战术主动权。

原拟在隆宫寻找一秘密地点召开会议，因行踪暴露，于 1935 年 3 月 29 日离开隆宫往安南方向而去。经安溪到粗砻村稍作休息，发动群众抄没殷富地主家财物，继续前行 1 千米到达半岭村宿营。半岭村位于庆元西南边陲，与福建政和县高山村相距 2.5 千米，地处偏僻，居山腰，居高临下，上山路较陡，易守难攻，可守可退，一旦发生意外，可退到高山村。国民党军队执行属地管理，只要把红军赶出省、县境，一般不追赶，这也是游击区选建在边界区域的一个重要原因。师部决定在此召开入浙后首次最高领导机构会议——师政治委员会会议（师政委会），作驻守防卫部署后，各纵队立即分头做群众工作。

30 日下午，师政治委员刘英主持召开师政委会，刘英、粟裕、黄富武、宗孟平、王维信、姚阿宝、刘达云、洪家云、方志富等委员参加会议，各纵队队长及有关人员列席。半岭会议是红军挺进师历史上一次具有重要意义会议，总结一个多月来在浙闽边转战经验和教训，初步统一在浙江开展游击战、开辟根据地的思想认识，制定比较符合斗争实际的行动方针，提出集中敢打硬仗、分散能打游击战和做群众工作目标。

斋郎战斗　中国工农红军挺进师转战浙闽边景宁、泰顺、寿宁等县，浙江保安一团李秀和王逢欣独立营、闽保马洪琛二团及史宏烈新十师，跟踪追击，伺机合击挺进师。1935 年 4 月 20 日，挺进师在寿宁县上村遭马洪琛闽保二团偷袭，特派员姚阿宝失踪，电台等通信器材丢失，部队被冲散，后在官塘、杉坑（现属江根乡）等地集中起来。到西管岚村（时属景宁吴坑乡）宿营，邻村大刀会企图袭击红军，被红军政治攻势瓦解，没有发生战斗。

23 日，粟裕、刘英率挺进师 500 余人从福建寿宁进入庆元斋郎村，决定利用有利地形、群众支持等有利条件，精心组织、指挥一次战斗，打退敌人追击，鼓舞士气，改变被动局面，站住脚跟，开辟根据地。

尾追敌人有东北方向“浙江保安一团”李秀部 1200 余人（主力），西南方向“闽保二团”马洪琛部 1000 余人，还有王逢欣部，东面和东南面的反动地方武装大刀会门徒上千名，共 3000 余人。粟裕、刘英实地考查，仔细分析敌我态势，决定在牧牛场伏击敌人。

28 日，敌浙保一团和独立营、闽保二团，在庆景边境上千名大刀会徒配合下，大刀会打先锋，从景宁英川、烂泥村、龙泉梅岙下三个方向（战斗时烂泥、梅岙下之敌观战未动）向挺进师发起围攻。6 时许，大刀会法兵从岙头淤冲杀上来，红军劝降不成，被迫还击，法兵倒下一片，滚下山逃命而去。团长李秀率领浙保一团抵达离牧牛场2.5千米黄麻岭，遭到挺进师引诱分队痛击。引诱队边打边往牧牛场撤退，浙保一团紧追不舍，8时多，向牧牛场侧面大砻岭头红军阵地发起进攻。挺进师以逸待劳，居高临下，打退敌人十多次冲锋。太阳快落山时，红军冲下山去，追歼残敌。李秀被打伤一只手，率残部仓皇逃命。闽保二团领教过红军厉害，到距斋郎15千米的梅岙下时，知道战事不妙，朝天放了几枪，连忙溜之大吉。激战一天，歼敌500多名（击毙敌人300多人、俘虏200余人），伤无数，缴获步枪100多支，机枪多挺，子弹万余发。政委会委员、宣传科科长王维信等26位红军牺牲，重伤3人。

竹口战斗 1934年8月30日，红军先遣队离开庆元县城，继续北上，行至福建省松溪县岭源（与庆元交界），从地图上发现方向不对，又折回庆元境内新窑。浙江省保安处长俞济时得悉庆元失守，电请蒋介石核准，调回在福建省浦城县围剿闽北苏区的浙江保安第三团，会同丽水警察大队、庆元县保卫团等部，由浙江保安二支队司令官杜志成指挥，在竹口一线阻拦堵截先遣队北上。中午，先遣队竹口遇敌，发生遭遇战，在瓦窑山一带激战10多小时，击溃敌人。击毙敌营长1名，连长2名，俘敌200多人，缴获迫击炮2门，轻重机枪10余挺，长短枪400余支。敌军何世澄带7名残兵，逃窜至龙泉县，在天妃宫自杀身亡。中华苏维埃共和国机关报《红色中华》1934年9月4日及时报道，称赞竹口战斗的胜利“是先遣队自瑞金出发以来，缴获最多，最为成功的一役，是先遣队野战歼敌的范例”。

久住洋反击战 1937年10月19日，阮英平、陈挺率闽东红军一纵队到甘竹山村（五大堡乡），范式人、金信江、范义生率二队到西坑头（五大堡乡西川村）打土豪。在甘竹山村会合，去久住洋村休整。22日晨，处州保安处参谋长、时任庆元县长周廷勋妻弟——邵才率300余人经后溪村，连夜来到久住洋坟林附近。久住洋村周友勋为红军侦察员带路去后溪侦察敌情，脚绊到石头，发出声音，被敌人乱枪打死。埋伏在此的闽东红军在当地群众配合下，奋起反击，击毙邵才等8人，俘虏18人，缴枪20多支，子弹千余发，红军牺牲2人。红军政工干部吴显文书写捷报，张贴在附近村庄、凉亭。给敌人以有力打击，庆元当局关闭城门半个月。

庙岙伏击战 1948年8月29日，为了打击胡辉反动气焰，张翼施以“引蛇出洞”计，故意派人到保长、保队副家杀猪，让他们逃去向胡辉报告，把驻举溪保安警察一个中队诱入荐坑村庙岙伏击，打死敌人1人，俘虏3人，打伤敌分队长陈宝堂，缴枪数支，子弹千余发。但因机枪故障，不能发射子弹，大部分敌人逃跑。

长湾战斗 1947年5月，中共闽浙赣区党委游击纵队二支队在长湾村（现属龙溪乡）岗后山扎营休整，与浙南特委取得联系。19日上午，队长余三江带警卫员到后洋坑村做举鱼乡（现龙溪乡、举水乡）乡长吴耀南统战工作，吴请余吃中饭。席间，突然枪声大作，闽保四团一大队长陈国标率兵进犯长湾。游击队政委江作宇指挥部队反击，把保安大队副黄某某击成重伤。敌恼羞成怒，撤走时放火烧了长湾村，遁回福建。

黄畲战斗 1937年1月，红军闽北独立师三纵队在黄畲村（黄真一带）休整。驻龙泉八都敌五十二师一五四旅三〇八团兵分两路前来包围袭击。因敌众我寡，红军阵亡10余人，撤至松溪县古同一带。

第二次斋郎战斗　1935年9月9日，红四纵队在斋郎活动，刚吃过中饭，浙保第一大队从烂泥方向追至斋郎双际下，被红军哨兵发现，红军主力速向水口集中，居高临下，阻击敌人，发生第二次斋郎战斗，毙伤敌中队长以下多人。

袭击竹口镇保安队　1936年12月，闽北独立师三纵队（纵队长周汝春）驻扎三济乡，侦察到竹口驻浙江保安队一个连。不久，周汝春率领3个支队100余人，从松溪边境黄沙村直逼竹口镇，袭击保安队，俘敌兵10余名，缴枪数支。余敌向竹口镇后面山上逃跑。三纵队经松溪旧县，绕道回到下济。

余村地下交通站　1938年6月，中共庆元县特别支部建立余村交通站，也是中共庆元县委、县工委联络的交通站，站长由中共余村支部书记范兴利兼任，交通员吴光洋、艾学成等，受常住余村的县委组织部长汪金更领导。范兴利、吴光洋、艾学成等到中共处属特委受训。党内到庆元人员，先到余村，再由余村交通站护送到县委。外出人员从县城送到余村，再由余村交通站护送到竹口或上源（现属龙泉）交通站。1939年6月，县工委以县民众教育馆工友名义调范兴利进城，负责与全县农村各支部联络工作。1940年11月，县工委书记、负责人因身份暴露，先后撤离。离庆元前，将党内文件等转移到余村，由吴光洋负责装入麻袋，背到野外埋存。

仙庄地下交通站　1934年12月，黄立贵率闽北红军58团在浙闽边仙庄村一带活动。1935年12月马细妹（1938—1941年任中共松溪县委书记）来仙庄村箍桶，暗中把沈世达等发展为交通员，建立仙庄交通站。后来，中共建松政特委、中共闽浙边地委均在仙庄建立交通站。在国民党军“清剿”中，沈世达、周朝炎等人先后被杀害，仙水寮交通联络点被烧毁。1948年1月，仙庄村交通员及革命家属79人被敌人抓捕，关押于小梅集中营，20多人被杀。2001年，在仙庄村村口建立仙庄革命老区纪念碑，高2.5米，上有闽浙边济纵队三支队长张国荣手书。

三堆地下交通站　1935年，挺进师四纵队在三堆设立资助站，吴思澄任站长，由于敌人重兵转剿浙西南根据地，四纵队与挺进师部失去联系，也未能与挺进师留下的三纵队九支队取得联系，决定向闽北根据地转移。10月13日，由吴思澄、吴思健、吴文资3名交通员带路，经万里林西去。吴思澄等回途遇敌追兵。吴思健逃脱，吴思澄、吴文资被俘，在三堆村被严刑拷打，逼迫招供红军去向和与红军有关系人员。14日早上，押到合湖村，绑于桥头桉树下，继续施酷刑。他们坚贞不屈，严守秘密，被折磨到下午5时壮烈牺牲。

红军墓　龙岩村口的三县道路交会点，矗立着一座红军墓。1935年5月2日，斋郎战斗后，挺进师由龙岩村吴金养妹、吴恩顺做向导，开赴龙泉、遂昌、松阳等县边境地区开辟根据地，留下3名伤员在三井溪村对面山上养伤，由一卫生员照料，群众为其搭了一个草棚。不久，村里土霸吴某某与敌探李八妹（龙泉瑞洋人）勾结，带敌人杀害红军伤员（其中一重伤员病故）和卫生员，并危害红军向导吴金养妹，吴恩顺逃往异乡幸免于难。中华人民共和国成立后，红军遗骨被埋在龙岩。

浙江省第二难童保育院　1942年8月，浙江省第二难童保育院500余名难童从遂昌县赤岸迁往福建松溪县大布。因难童多患疟疾，缺医少药，8月25日，经院长戚铮音（女）与庆元县当局洽商，迁至竹口镇下济村化成寺。庆元派卫生院陈石子到保育院工作。1942 年冬，中共党员、新四军干部冯雪峰（化名冯福春，曾任中央苏维埃政府候补执委）、郭敬唐等 10 余人被安排到保育院治病疗伤或隐蔽。1943 年 3 月，冯雪峰随保育院迁往云和县小顺。

石龙山革命烈士陵园 位于松源街道北门村石龙山上，由革命烈士纪念碑、烈士墓、革命文物纪念馆、管理用房、军人公墓组成。烈士碑 1982 年立，高 10.03 米、宽 1.5 米。用方形石块垒积而成。陵园内主要安葬土地革命时期至解放战争时期在庆元牺牲的烈士遗骸，共 185 名。陈列革命文物和烈士遗物 600 余件。全国人大常委会原副委员长叶飞为陵园大门题词“革命烈士永垂不朽”。1979 年始建，1982 年立碑。1985 年列为县级重点保护单位和县级爱国主义教育基地，1995 年为地级爱国主义教育基地，1985 年 11 月列入第三批县级文物保护单位，2002 年列为省级烈士纪念建筑物保护单位。

底村农会旧址 位于松源街道底村村 41 号前。面积 392.86 平方米。主要建筑由倒座、厢房、正堂组成。倒座五开间，明间为二层楼，有照墙，大门设在明间东北向，门额上题“为人民服务”字样。倒座明间有两口消防井，井盖用 5 块石板平铺。厢房西北各一间，对应面施 6 扇隔扇，中为天井甬道，梁架与倒座正堂相接。正堂五开间带前廊，梁架抬梁式减柱造，五架梁、三架梁双步梁上雕花，梁架复水做法，马头墙老虎栋两坡顶。2011 年 1 月列入第七批县级文物保护单位。

红军挺进师斋郎战斗指挥部旧址 位于百山祖镇斋郎村北侧，建于民国。占地面积 542.2 平方米，为门厅、厢房、正堂构成的四合院。明间为通道，南侧辟砖质大门，条石门枕门槛，上部四方砖阳刻“俭德传家”四字，门前设照墙，单坡顶，硬山造。尽间梁架与厢房相接。东西两间厢房，上下两层结构，上层施挑廊，并设栏杆，两厢房中设天井甬道，卵块条石铺墁。正堂五开间，进深三间，七柱十六檩，明间穿斗前带双步，两次间分别为粟裕、王永瑞、刘英、黄富成卧室。2011 年 1 月列入第七批县级文物保护单位。

红军战斗工事旧址 位于竹口镇竹上村枫堂自然村对面。地形优越，视野开阔，易守难攻。1 号红军作战旧址工事为椭圆形一圈战壕，宽约 2.2 米，高 2 米，中心点直径约为 12 米，距离汇合溪流公路约 150 米直线距离。2 号点位于一号正北面直线距离约 165 米，仅仅残留约 50 厘米高的工事遗存。

黄坑隘 位于隆宫乡黄坑村至福建松溪古道上离黄坑村西南侧 2 千米，据光绪三年版《庆元县志》记载，始建于清咸丰十年（1860 年），东北、西南走向，为浙江省与福建省省界。占地约 300 平方米，现石砌部分仅存 85 平方米。由块石垒筑而成，道口高 2.61 米，宽 1.25 米，进深 5.1 米，进深分为两级，约在 1.87 米处设一道城门，上下设条石门槛，两壁设门框眼，仅存石砌部分，大门缺失。西南道口上方置一石匾额阴刻“黄坑関”。

崔上革命纪念碑 位于黄田镇崔上村中心路上。1986 年，为纪念第二次国内革命战争以来为人民革命事业英勇捐躯的先烈，立崔上革命纪念碑。碑高 6.20 米，宽 1.18 米，厚 0.7 米，座阔 2.16 米，深 1.65 米，高 1.6 米。

竹口战斗纪念碑　位于竹口镇竹上村桥头山上。1985 年 11 月，为纪念 1934 年中国工农红军北上抗日先遣队与国民党浙江保安团在竹口镇竹上村桥头山作战中牺牲的红军战士，立碑占地面积约 200 平方米。碑座第一层长 16.7 米，宽 16.5 米，第二层长 8.5 米，宽 7.0 米，碑身通用花岗石，下部四面镶嵌光面大理石，上部正面阴刻中国工农红军北上抗日先遣队“竹口战斗纪念碑”。背面阴刻主要事迹。

中共白柘洋支部、白柘洋苏维埃政府旧址　2012 年 7 月，县委、县政府在官塘乡白柘洋立碑纪念。正面碑文：一九三三年秋，中共福建省寿宁县特别支部派陈庆重、张立贵到庆元东部地区,发动群众参加革命，发展党员，为建立苏维埃政府作组织准备。一九三四年十二月，在白柘洋村召集党员会议，建立中共白柘洋村支部，胡正理任书记，隶属于中共福(安)寿(宁)县委领导。同时，成立农民协会等群众组织，配合游击队开展武装斗争。背面碑文:一九三三年十一月，张立贵、陈庆重召集白柘洋村各户开会，会上推选胡正理、吴先振、吴先锦、吴志端、吴先椿、吴先蕃、吴志瑞(适)等七人组成村苏维埃政府，胡正理为主席，吴先振为交通委员，吴先锦为军事委员，吴志端为粮食委员，其他分别为情报、经济、生产、肃反委员。白柘洋村苏维埃政府是庆元县东部第一个村级红色政权。

中国工农红军北上抗日先遣队攻克荷地区署遗址　2012 年 7 月，县委、县政府在举水乡月山村立碑纪念。碑文:一九三四年八月二十七日晨，红军先遣队先头部队占领荷地区署驻地举溪村，国民党区长带一个班沿落岭方向逃跑，图谋阻击的县保安团一个分队及数十名大刀会徒退入碉堡。先遣队致信碉堡守敌，劝其停火，红军围而不攻。之后，红军在村中开展党的政策方针宣传，次日向县城进发。

中国工农红军北上抗日先遣队占领庆元县城纪念碑　2012 年 7 月，县委、县政府在松源街道府后街立碑纪念。碑文: 一九三四年八月二十八日下午四时，红军先遣队连克周墩、后田碉堡，第一师沿大阪洋山脚进占城南门制高地，第二师从后田街直下城东门，一举攻克庆元县城。先遣队司令部设于县政府内，一师、二师分驻城里和后田，三师驻守周墩。先遣队进城后，宣传党的宗旨和抗日主张，发动群众，镇压反动分子。三十日拂晓离开县城，继续北上。

中国工农红军北上抗日先遣队竹口战斗遗址　2012 年 7 月，县委、县政府在竹口镇立碑纪念。碑文:一九三四年八月三十日下午一时，红军先遣队侦察部队在竹口后坑桥与国民党浙江保安三团、丽水保安警察大队和庆元县保卫团遭遇。四时许，先遣队在对面山、瓦窑山、官山一带与敌激战，战斗持续八九个小时，共毙敌三百余人，俘虏二百余人，缴获迫击炮两门，轻重机枪十余挺，长短枪二百余支及弹药无数。二十多名红军指战员在战斗中牺牲。九月一日，又在后坑桥附近活捉国民党庆元县长张致远。竹口战斗的胜利是先遣队自瑞金出发以来，缴获最多、最为成功的一役，是红军野战歼敌的范例。

闽北红军庆浦独立营端掉上济“三乡联防队”据点遗址　2012 年 7 月，县委、县政府在黄田镇上济村立碑纪念。碑文: 一九三五年二月，庆浦独立营营长周汝春、政委叶全兴率二百多人进入庆元三济乡上济村，由该村交通员鲍世芳引路，攻打设在上济村大土豪鲍某某家的国民党“三乡

（三济、黄真、四源）联防队”据点。因敌据点房屋坚固，红军初战失利，牺牲三人。数日后，独立营乘敌据点内兵力空虚之机攻克了该据点。

中国工农红军挺进师半岭会议遗址 2012年7月，县委、县政府在安南乡半岭村立碑纪念。碑文：一九三五年三月三十日至四月一日，红军挺进师在庆元安南乡半岭村召开入浙后首次师政委会会议。刘英、粟裕、黄富武、宗孟平、王维信等政委会委员，各纵队队长、政委及有关人员参加会议。师政委刘英主持会议。会议内容有：针对部队畏难情绪，加强思想政治工作；根据形势和游击战特点调整战略；总结群众工作经验；调整部队编制、配备；决定在庆元、景宁、寿宁、泰顺之间开展游击战，建立革命根据地。

中国工农红军挺进师四纵队合湖村还击战遗址 2012年7月，县委、县政府在百山祖镇合湖村村尾立碑纪念。碑文：一九三五年九月二十八日，挺进师四纵队在队长王裔山、政委李凡林率领下到庆景边境活动。黄湖镇反动镇长刘某得知红军入境后，率一百余名大刀会徒在合湖村伏击红四纵队。红军侦察排长和一名战士牺牲。红四纵队被迫还击，击毙大刀会法师及会徒二十四人。

仙庄交通站旧址 2012年7月，县委、县政府在黄田镇仙庄村立碑纪念。碑文：一九三四年十二月，黄立贵率闽北红军五十八团在庆元活动。一九三五年十二月，中共党员马细妹化装成箍桶匠来到仙庄村建立交通站，将沈世达等发展为交通员。而后中共建松政特委、中共闽浙边地委均使用此交通站，该站一直坚持到解放。十五年间，交通员沈世达等人先后牺牲，仅一九四七年底仙庄村就有七十九人被敌人关押。

中国工农红军挺进师四纵队三堆交通站遗址 2012年7月，县委、县政府在百山祖镇三堆村立碑纪念。碑文：一九三五年，挺进师四纵队在三堆村发展吴思健、吴文资等人为交通员，建立交通站，吴思澄为站长。交通站为红军收集情报、治伤员、购物做了大量工作，十月十三日，带领红四纵队穿越万里林，在返回途中遇敌，吴思健脱险，吴思澄、吴文资被捕，次日在合湖村尾英勇就义。

中国工农红军挺进师和闽东独立师茶园湾战斗遗址 2012年7月，县委、县政府在左溪镇岱上村茶园湾立碑纪念。纪念碑碑文：一九三六年二月八日上午，驻扎在茶园湾的挺进师和闽东独立师二百余人，遭尾追的敌一六六旅所部偷袭，红军牺牲二人，受伤一人，撤出战斗。是夜，红军返回寻找伤员和留村物资，村民胡恒星、练美礼等人，帮助红军抬伤员、挑物资，送至十里外的现左溪镇桥头村，又由桥头村交通员转送至官塘。

胡英山起义地遗址 2012年7月，县委、县政府在岭头乡八炉村立碑纪念。碑文：一九三六年，闽东独立师二纵队在庆元活动。岭头乡大刀会首领胡英山在与红军的接触中接受了革命思想，经政委龚恒余等人争取教育，二月率部四十余人起义，被编为二纵队二分队（松政庆中心县委游击队）。一九三七年二月，胡英山率分队在政和白鸽湾活动时遭数倍国民党军包围，胡英山等人被俘，后英勇就义。

闽北红军独立师三纵队黄畲战斗旧址 2012年7月，县委、县政府在黄田镇朱黄村黄畲村立碑纪念。碑文：一九三六年冬至一九三七年一月，叶全兴率闽北独立师三纵队在庆元活动，一月十九日进入庆元县三济乡黄畲村休整，遭到驻扎龙泉八都的国民党五十二师一五四旅三〇八团两路合围。因敌众我寡，突围中有 10 余名红军牺牲，部队撤至松溪县古衙一带。

闽东红军独立师一、二纵队久住洋反击战遗址　2012 年 7 月，县委、县政府在百山祖镇久住洋村立碑纪念。碑文:一九三七年十月，为了以打促谈，闽东独立师一、二纵队分别在庆元甘竹山、西坑头发动群众，打土豪，而后转至久住洋村集结休整。二十一日，处州保安处参谋长邵才率处州保安队与云和县警察独立分队共三百余人进占后溪村，伺机偷袭。红军侦知敌人动向后，将兵力部署在木岱洋、外淤、水牛塘等敌必经之路，利用地形进行伏击。邵才被击毙，敌人大败而逃。久住洋伏击战的胜利有力打击了国民党的反共气焰，促进了国共和谈。

吴显文就义地旧址　2012 年 7 月，县委、县政府在岭头乡南峰寺立碑纪念。碑文:吴显文，又名吴荣，中共党员，一九〇六年三月出生，庆元县贤良镇新村村人。一九二二年毕业于景宁县高等小学，随父到苏区江西黎川开设香菇行。一九三四年投奔革命，加入闽东红军独立师，跟随闽东特委叶飞等领导人转战闽浙边。一九三七年十一月，代表闽东特委与国民党庆元县当局洽谈合作抗日未果，返途经南峰寺时被当地反动民团扣押，十二月十五日被害于南峰寺东一千米处。

寿政庆县独立营驻地旧址　2012 年 7 月，县委、县政府在隆宫乡隆宫村立碑纪念。碑文: 一九三八年三月，闽东红军主力北上抗日，留守的寿政庆县独立营活动于庆元、寿宁、政和等地。经国民党特务唆使，当地大刀会头子林熙明，于三月十八日至十九日率三百余名会徒先后偷袭独立营隆宫村驻地和寿政庆中心县委政和新康口驻地，杀害独立营营长范江富和中心县委书记范振辉等六十余人，寿政庆中心县委及其独立营由此解体。

中共庆元县特别支部成立地旧址　2012 年 7 月，县委、县政府在松源街道咏归桥立碑纪念。碑文:1938 年 5 月，中共浙江临时省委书记刘英选派中共云和县特支书记施平到庆元，以国民党庆元县政府民政科长的职务为掩护，筹建县级党组织。6 月初某天晚，施平等党员以饭后散步的形式来到咏归桥，召开秘密会议，成立中共庆元县特别支部，施平任书记，金更、梅占魁为委员，直属省委领导。两个月后，在此基础上建立了庆元县委。

中共庆元县委余村交通站旧址　2012 年 7 月，县委、县政府在屏都街道余村村立碑纪念。碑文:1938 年 12 月，中共庆元县委决定建立余村交通站，余村支部书记范兴利兼任站长，交通员有吴光洋、艾学成等人。该站直接受县委派驻余村的县委委员、组织部长金更的领导，负责全县基层党组织的联络和接送领导人等重要交通任务。

中共庆元县委驻地遗址　2012 年 7 月，县委、县政府在庆元二中孔庙立碑纪念。碑文:1938 年 8 月，中共庆元县委在公园坪成立，施平任县委书记，金更任县委委员兼组织部长，史风任县委委员兼宣传部长，陈忍任县委委员兼竹口区委书记，县委归中共处属特委领导。后又增设青年部、妇女部，陈麒章任县委委员兼青年部长，雷敏任妇女部长。县委成立后，培养一批骨干力量，发展党员 100 余人，领导后方抗日救亡运动。

庆北游击队成立地遗址　2012 年 7 月，县委、县政府在黄田镇东丝湾立碑纪念。碑文:三济乡是闽北红军的游击根据地。该乡周朝顺为反抗国民党剥削和压迫组织了一支农军。1939 年 4 月，中共建松政特委派松东区委书记董生有将这支农军改编为“庆北游击队”，周朝顺任队长，董生有为党代表。这支队伍很快从 20 余人发展到近百人，活动于庆元、龙泉、建瓯、浦城等地。1942 年春，周朝顺及游击队骨干 15 人被诱捕杀害于县城外公园坪。

浙江省第二难童保育院驻地旧址 2012 年 7 月，县委、县政府在黄田镇下济村立碑纪念。碑文:1942 年 8 月，省第二难童保育院五百多名难童从松阳县赤岸迁往福建松溪县大布。因难童多患疟疾，缺医少药，经院长戚铮音(女)与庆元县当局洽商，8 月 25 日迁至三济乡下济村化城寺。庆元当局派陈石子医生到保育院协助工作。年底，左翼作家、中共党员冯雪峰、郭敬唐等 10 余名党员被安排到保育院治病或隐蔽。1943 年 3 月，保育院迁往云和县小顺。

中共福建省委游击队山林岘驻地遗址 2012 年 7 月，县委、县政府在江根乡山林岘立碑纪念。碑文:一九四五年五月，福建省委常委左丰美、委员沈宗文、王一平率省委游击队近百人到庆元寻找浙南特委，驻扎在江根山林岘龟背山等地，并在江根、官塘、竹坪、张村、苏湖、龙溪等地开展游击活动，还在部分村发展党组织，建立江根区抗日救国农会和妇女会。十一月下旬，由于未能与浙南特委取得联系，游击队撤离，留下吴开栋(庆元左溪人)协助郑金元、吴顺明组建“庆东游击队”，坚持庆元的革命活动。

中共福建省委游击队八角殿战斗旧址 2012 年 7 月，县委、县政府在张村乡八角殿立碑纪念。碑文: 一九四五年，来庆寻找浙南特委的福建省委游击队为扩大影响，以期引起浙南特委的注意，经省委常委左丰美等领导研究决定，利用庙会的机会冲击八角殿。八月十四日，队长沈宗文率三十余人冲进八角殿，将正在赌博的当地乡长及景宁县参议员周某等六人抓获。此后，部队转移至黄连坑驻扎。

中共福建省委游击队黄连坑驻地遗址 2012 年 7 月，县委、县政府在岭头乡鱼条漈公路边立碑纪念。碑文:一九四五年八月八角殿战斗后，左丰美、沈宗文率福建省委游击队转移至黄连坑休整，继续寻找浙南特委。时值酷暑，许多队员患上疟疾，革命群众吴顺明请来草医吴显其医治。机枪班长范小顾(政和人)病重牺牲，其他队员经二十多天的治疗，全部康复。在此期间，鱼条漈交通站负责游击队的后勤、通信等工作

庆东游击队成立地遗址 2012 年 7 月，县委、县政府在江根乡水寨村立碑纪念。碑文:一九四五年十一月下旬，福建省委游击队撤离前留下队员吴开栋(庆元左溪人)，协助郑金元、吴顺明等以结盟兄弟会组织名义，训练当地三十多位贫苦农民，在水寨村胡椒栏组建“庆东游击队”，队长郑金元。游击队活动于江坝、嵩塘、双竹等地。一九四六年五月二十日，二十九名队员先后被捕。二十三日，郑金元、吴顺明等十五人被押解至县城，后八人惨死于狱中，七人到庆元解放才出狱。

闽浙赣游击纵队二支队长湾反击战遗址 2012 年 7 月，县委、县政府在龙溪乡西溪村长湾村立碑纪念。碑文:一九四七年三月，余三江率二支队到长湾村岗后山上驻扎，再次试图与浙南特委取得联系。十九日上午，余三江到后洋坑村做国民党乡长的争取工作。中午，二支队长湾村驻地遭到敌闽保四团一大队的偷袭。政委江作宇率队反击，重伤敌保安大队附黄某，取得反击战的胜利。敌人烧毁长湾村后溃逃回福建。战斗中，游击队员吴元寿(龙溪冯家山人)牺牲，多人受伤。

中共闽浙边地委崔上驻地遗址 2012 年 7 月，县委、县政府在黄田镇崔上村立碑纪念。碑文:

一九四七年五月,闽浙边地委领导陈贵芳、叶风顺、池云宝与张翼、程宗波、张国荣等在崔上会合。从此,地委机关长驻崔上,领导闽浙边游击战争,组建闽浙边游击纵队,创建以崔上为中心的闽浙边游击根据地。十二月,遭"闽浙剿匪指挥部""清剿",地委暂时撤离崔上。一九四八年六月,崔上游击根据地恢复,继续领导闽浙边游击战争,一直坚持到庆元解放。

闽浙边游击纵队曹岭、小梅战斗遗址　2012 年 7 月,县委、县政府在黄田镇曹岭村立碑纪念。碑文: 一九四七年九月二十六日,陈贵芳、张翼率闽浙边游击纵队一百三十余人,在崔上等地二百多名民兵和群众的配合下,利用小梅特务大队调防的空隙,巧袭曹岭、小梅两镇国民党武装。俘虏龙泉县自卫队和警察五十二人,处决警察所长张某,缴获大量枪支弹药,布匹三千三百余丈,筹款一亿多元,破仓分粮数千担。

中共闽浙边地委地虎坑整风会议遗址　2012 年 7 月, 县委、县政府在举水乡地虎坑立碑纪念。碑文:崔上根据地失陷后,地委和游击队主力转移到地虎坑等地。一九四八年一月,在地虎坑召开整风会议。学习贯彻省委《为广泛开展群众性游击战争,恢复与建立民主根据地的决议》;统一思想,发动群众;消除吴贵昌叛变投敌的危害;将游击纵队整编为三个支队。地虎坑整风会议提高了干部、战士的政治思想觉悟,加强了党的建设。

闽浙边游击分队转水村驻地遗址　2012 年 7 月,县委、县政府在龙溪乡转水村立碑纪念。碑文: 一九四八年三月,闽浙边地委和游击纵队兵分三路行动。张翼、叶风顺率一部驻扎在转水村,在举水、江根、隆宫、屏都、黄田等地发动群众,组织武装,打击反动势力,扩大游击区,坚持庆元的革命斗争。

中国工农红军北上抗日先遣队濛淤桥战斗遗址　2012 年 7 月,县委、县政府在五大堡濛淤桥头立碑纪念。碑文:一九三四年八月二十八日,红军先遣队挺进庆元县城。午后,后续部队炊事班到达濛淤桥附近,与从石记岱尾追而来的国民党丽水保安分处军士分队和庆元保安一中队遭遇,发生激战,毙敌军官一名,士兵多名,俘虏多名,白军大乱,弃枪而逃。红军战士二人牺牲,多人受伤。

济下交通站旧址　2012 年 7 月,县委、县政府在黄田镇龙济村立碑纪念。碑文:一九三九年初,中共建松政特委创建济下交通站,站长周林枝。该站是特委的主要交通站,特委领导陈贵芳等曾在此隐蔽。一九四七年春,闽浙边地委进驻崔上后,发展保长吴岩生、保队附谢立长为交通员,此站是地委的前卫交通站和物资中转站,一直坚持到庆元解放。

中国工农红军挺进师斋郎战斗战场遗址　2012 年 7 月,县委、县政府在分别在水口、牧牛场、岙头淤立碑纪念。

第二章　地名艺文

第一节　地名诗词楹联

【地名楹联】

绝顶豁明眸，天开云日；清音穿俗耳，泉出山林。

——题百山祖廊桥（王漱居）

萍末来，仗澄明秋水；林端过，休撩乱春云。

——题清风廊（薄松涛）

云矗冷杉，问寰球有几？迹谈猛虎，知举世无多。

——题回望阁（叶志深）

舍外鸟鸣，座中客语；清风捎信，明月牵情。

——题缘来驿站（虞克有）

倩秋月春花迎客；看吞云吐雾游龙。

——题烟雨长廊(吴永飞)

夹谷群峰积翠；悬空一瀑飞银。

——题百山祖廊桥(傅祖民)

天赐宝，菇香飘四海；世传奇，民富忆三公。

——题印象百山祖(傅瑜)

璧浸清溪里；诗浮绿谷中。

——题捧月亭(李青葆)

巧术凝香通四海之财；神灵济世赐万民以福。

灵地祥光兴妙技，名山瑞气毓奇人。

——菇神殿柱联

跨虎东西南北拯救菇民安乐；腾云浙闽赣皖发展香菇经营。

——菇神牌位联

阁高观四海；菇香达五洲。

——菇源阁

吴公创菇菇术传四海；庆元香菇菇香飘五洲。

三公栽菇越千年；庆元腾飞裕万家。

由龙岩卜居而后远近感德；自西洋登殿以来遐迩沾恩。

花生宝炬千行振鼎祖殿气绕金鞭；香袅玉炉一道扶炎神灵光威黑虎。

身跨黑虎威镇一方；手握金鞭灵昭四境。

云照东土民康物阜万姓同沾;灵显西洋疫逐瘟驱千秋共仰。

门迎碧水兴癸涌祥云；力封青山玩时跨黑虎。

祈龙诛魅千秋月简峙松源；常枭擒蛟三尺青萍强梓里。

手创香菇一方沾恩泽；身骑黑虎随地庇人家。

——西洋殿

威镇庆元第一灵；堂开拱瑞光千载。

——拱瑞堂

手执金鞭利吾民；身骑黑虎恩光泽。

——龙岩村吴三公祠

朱皇亲封龙庆景；国师讨来种香菇。

——菇神庙、菇寮

杨春开物祥；世界接人天。

圣出西洋香菇母；爱国护民保安康。

——香菇母二夫人庙

弘扬菇乡传说；振兴庆元经济。

——毛留荣

忆往昔，伐树砍花，开衣惊樯，首辟旧法脱贫路；

看今朝，接种压块，段木袋栽，续开科技致富门。

上下几百年，发明制菇术为乡民开拓谋生道路；

纵横数万里，改善经营策替祖国发掘创汇资源。

艺传后人，浙江菇农遍四海；名扬国际，庆元香菇飘五洲。

——朱上智

山川毓秀桃花源头应在此；天地钟灵香菇鼻祖生于斯。

——龙泉·林世荣

云川地灵草烈旷前代；菇神人杰功泽披后世。

——刘国安

庆元香府菇香稻谷肥；三公棠荫菇熟丰年长

——藏穆

吴公创栽香菇传四海；庆元腾飞菇香飘五洲。

香菇之源三公功德；蕈菌为甫庆元增辉。

吴公种菇千年；庆元推菇世界。

——卯晓岚

三公伟绩流传千古；庆元腾飞富裕万家。

——张庭坚

香菇发祥地龙岩有幸；山珍集散地庆元独尊。

——唐楷鉴

百山山珍味鲜香溢名扬海内外，一业业成源远流长功德昭春秋。

——叶志琛

龙岩竞秀天降吴三垂千古，虎崮光华地出菇宝富万民。

——司徒梅珍

砍花法中华瑰宝源自龙岩，惊蕈术恩泽东瀛功归吴三。

——龙泉·张寿橙　台湾·赖敏男

祖师祖祠祖传秘术,龙岩龙柏龙腾福地。

——黄立鹏

【巾子峰楹联】

巾子峰景区管理处委托庆元县诗词与楹联学会创作景区楹联，县诗词与楹联学会通过中国楹联学会、浙江省诗词与楹联学会组织全国楹联名家为巾子峰景区撰联：

(一)接待中心：峰上沐霞光、林籁、谷风，享之神仙不易；

此间多寿徵、福缘、禄气，来者雨露均沾。

（北京　刘太品）

(二)栖霞山庄：四时云榻聆禽语；万丈霞辉染客衣。

（浙江　应绿霞）

(三)御风亭：倏尔步云登宝辇；快哉驾我以长风。

（浙江　楼立剑）

(四)溯游榭：君子所思无断续；伊人宛在足流连。

（浙江　尚佐文）

(五)蓝翁亭：鹤算领衔千叟宴；龙溪享寿万年春。

（甘肃　王家安）

(六)不借亭：到此且停双不借；几人来作小游仙。

(七)小合港祯瑞亭：祯气如流一巾水；瑞云欲抱四围山。（湖南　吕可夫）

(八)桃花廊：花前直待三千岁，人面犹留第一春。　（江西　曾小云）

(九)紫薇廊：花径重来犹有迹；巾山一坐不知年。　（山西　温本理）

林泉好向青山老；廊庑遥分紫气多。　（辽宁　宋少强)

（十）大合港紫云亭：四季闲云常作客，一方圣地尽生辉。（浙江　叶志深）

（十一）和合长廊：谷敞虚怀容大雅；廊依化境带和风。（辽宁　杨晓雁）

一诚所至三星聚；二气相生万类和。（浙江　李牧童）

（十二）喜鹊桥：雨过新铺青玉案；虹飞欲渡鹊桥仙。（福建　李忠云）

好梦如圆三五月；佳音又报百千声。（浙江　楼立剑）

（十三）大合港玄通桥：诗筇漫倚听泉响，云径遥悬引鹤翔。（河北　康永恒）

玄古人文催谢屐；通明花径接云衢。（广东　左万青）

（十四）步云亭：时至横空飞彩练；我来信步上青云。（浙江　朱荣军）

（十五）槐英亭：亭外槐黄催举子；望中山翠待行人。（山西　温本理）

（十六）兰榭湖：光铺白开妆镜；峰影浮青上晓鬟。

（十七）攀桂亭：两道文光齐北斗；一山秀色毓南州。

（十八）山岱岗游客中心：云路首登龙虎榜；棠阴足慰凤凰栖。（浙江　李利忠）

（十九）多喜亭：跌宕清音传乐事；连绵福水畅幽怀。（浙江　应绿霞）

（二十）怡然亭：仙山容我静；尘世任人忙。

【地名对联】

荷地莲花生水塘；梅处梅树落花洋。

江根转水岭头，八都大济；石坝回龙洋心，元城小安。

竹山青楼廊下梅树横山后；杨桥凉亭塘边莲花绕芳村。

翠竹出如钻,钻子钻天；香蕈生似钉,钉儿钉地。

【地名对韵】

山对水，柳对杨，九际对八洋。月山对菊水，大济对上庄。薰山下，牛路洋。青竹对黄岗。余村孵小鸭，坝头筑石墙。日照美丘冬日暖，风吹巾子夏天凉。香蕈兰汤，瑶池神仙民宿聚，廊桥桂酒，天堂宫女御炉香。（彭荣根）

鹰对燕，岭对岗，水寨对石塘。蒲潭对石坝，西演对南阳。黄源底，白柘垟，下庄对上仓。黄坑明笋贵，曹岭码头航。楚楚斋郎方上轿，翩翩桐梓始梳妆。万里林中，瑞霭薄纱隐宝藏，百山祖上，祥云彩绣显神光。（彭荣根）

光对暗，暖对凉。大济对斋郎。香菇对木耳，跳鹿对山羊。八角殿，二厅房。木板对泥墙。克甸新技术，胡紘著文章。巾子峰祥云誉满，百山祖冷杉名扬。拱瑞堂边，木拱廊桥传世界；咏归路上，唐朝古语流他乡。（吴清泉）

【古代地名诗词】

纮公衣锦荣归诗

新安　朱熹

笃志寒窗用小心，修藏灯火费精神。五车书史胸中蕴，一旦青云足下生。

官居侍制声名显，职佐郎中姓氏馨。谢却圣恩归故里，锦衣束带耀门庭。

石龙记

胡纮

松源古名乡，石龙起层峦。水涣龙鳞碧，山回虎豹蹲，来脉疑千里，结在一方天，旷坦人豪富，山势转磐桓，烟树青山外，斧音白云间，千年丹顶鹤，飞去复飞还，关关唱春鸟，潺潺送客滩，槛处辉花萼，砌上茂芸兰，举目江山尽，情生宇宙间，开渠灌南坎，稼美积万仓，樵山与鱼水，高卧且加餮，优淤舒化日，此乐有余年。

古风七律

胡纮

括地图兴锦秀奇，石龙山下可幽栖，

悠悠碧水门前绕，叠叠银屏宅外围。

棋局延宾消白日，诗书教子习清时，

江村自有无穷兴，何必朝中挂紫衣。

注：本文载于岭头乡八炉等村的家谱。涣，在水流的冲刷下，人们失去的是污垢，换来的是清新。用一个词来概括“涣”卦，那就是“洗礼”。餮，餮富，餮图富贵，功业可立就。坎，低洼的地方。

致仕松源诗

胡纮

不因王爵茂嘉封，跋涉云山几万重。

来到江南为始祖，后人千载仰家风。

自　吟

胡纮

功名事业足吾心，优老还乡却称荣。

居家无倦勤经史，且把文章课后人。

胡侍郎宅

王勉

过目都成诵，藏书不在多。

他年经略使，当日教官科。

锦共金鸡割，绅随绣豹拖。

故乡宜置县，毕竟意云何。

胡侍郎墓

季垣

举步入深山，相逢几株树。
借问此何坟，云是侍郎墓。
蔓草含春烟，荒城渍秋露。
俯仰深徘徊，不觉夕阳暮。

石龙山

叶祥

石龙何蹲踞，不飞向天去。
一口汲龟川，吟卧薰峰边。
问仙何年始，钟鼓挂龙耳。
高高龛之前，松亦老多年。
松子落无数，其声疑骤雨。
壁磴净无尘，苔花秀冬春。
汲泉烹石髓，搴芳拾霜蕊。
水云气味酸，鹿虎共眠餐。
龙头明月小，龙尾烟云绕。

松源川

吴王宾

川势百千曲，涛呼万古清。
松老云气结，龙脉不断声。
谁作济川手，渡予一叶轻。
岸远水同阔，风恬浪正平。
竹里人家小，晴峰插天明。
沙边鸥鸟宿，朝暮与谁盟。

云鹤堂

知府　高超

我来云鹤随，我去云鹤依。
川水清且浅，夹岸都成村。

石龙山

知县 关学优

登山山兀峰，蹑石石嶙峋。
恍惚龙变化，随屈复随伸，
龙首昂百尺，俯瞰城之瘭。
龙尾曳千丈，环围河之漘。
有时云欲起，石怒裂其根。
有时涎乍吐，山净湿无尘。
问松何年种，都忘汉与秦。
松老龙亦老，片片垂苍鳞。
岂知龙有窟，别开洞中春。
山石自今古，赏识曾几人。

登半天岭

王元衡

高峰插苍天，标奇五岳外。
攀缘登绝顶，始识乾坤大。
呼吸帝座通，仿佛闻仙籁。
俯瞰波汹涌，百川若交会。
日出万象澄，清风扫埃盖。
乃知非波涛，下方云霭霭。

巾 子 山

徐道源

八月二十有五日，云起薰山甚奇特。
烟收四望碧天晶，忽见空中呈无色。
初如饮涧一长虹，倏变彩桥三道直。
北山税驾固不疑，亦是乡闾好消息。
春风早晚状元归，先是祥光动尘陌。
后来接武应有人，寄语吾侪勤着力。

松 源 山

季灯

环城山做障，松源山更奇。虬松老岁月，

不辨秦汉昔。古柯疑化石，千霄云影碧。
亭亭积翠绿生烟，斜曛返照幻苍赤。
一泓澄澈寒潭空，林际残阳倒影红。
千村烟火傍山麓，一曲清歌调晚风。
君不见古来名胜洵多美，物色无人终尔尔。
又不见子厚当年好探奇，名山终古称知己。
我来登眺复衔环，一派松荫入望来。
陶然共醉松山下，新月盈盈照晚回。

百丈山

吴韵光

百丈高峙城以北，霞屋云楼深莫测。
千峰万峰插层霄，长天倒映青红色。
我来振衣越其麓，绝顶摩天一极目。
崖泉飞雨白日寒，烟火点点皆群伏。
惟有层岩香露新，当年蜕化玉为人。
蛾眉不受人间妒，菜肴山中别有春。
一自青虬入丹府，镜色埋秋光无主。
石磴犹留旧带痕，林梢仿佛霞裾舞。
君不见，名媛几许藏金屋，百岁星霜掣电速。
但见蒿邱卧麋鹿，何如身乘彩云归，名伴山青与水绿。

白马山

吴王眷

东山矗矗奔云下，行客传呼为白马。
云生毛鬃向风嘶，霜蹄蹴踏花满野。
山花烂熳穿林绿，锦鞚雕鞯驰骏足。
隔溪啼鸟奏清声，梦回马上闻新曲。
吾闻兹白之马来，西方万里一息恣。
腾骧局促辕下讵足数，胡不追风逐电如飞黄。

将军岭

吴勣

天上何年落将军，凭高踞险势凌云。

无边壁垒萧萧合，四顾旌旗冉冉熏。
我今且随将军度，黄茅白苇纷无数。
坠马岩深踏寒云，落魄涧晓迷烟雾。
一湾过尽复一湾，回头不见岭南山。
忆昔战败马陵道，而今且过鹿门关。
将军对我默无言，衔枚疾走真可怜。
汗流浃背犹未及，道逢树数口流涎。
我愿将军聊驻马，岂愿将军数举鞭。
行尽六步与七步，直徙关头分去路。
将军送尽望来人，坐镇烟岚亿万古。

登半天岭

季学勤

古云地之去天，亿万七千里奇。荒唐之说殊可疑。
谁将寻丈细揣量，上穷碧落下平陂。
岭名半天复何据，只言峻绝无等夷。
积雨新晴秋气爽，同心数子抠衣上。
前见履底后见顶，石级岹嶙时据掌。
凭高四望迥无垠，众山崩屶罗儿孙。
缥缈恍闻仙乐奏，翕忽如见云旗翻。
吾闻宗动之天为最高，刚风日夜鸣调刁。
此岭已在天之半，森疏万木声萧萧。
神寒骨冷不可以久驻，如何久垓之上恣游遨。

五 言 律

知县　程维伊

极目薰峰丽，透迤徙翠微。
经春山作黛，积雨石生衣。
壁峭扪萝磴，树深认竹扉。
仙桥何处渡，冉冉白云飞。

百 丈 山

吴潭

烟萝封谷口，转忆武陵源。

峭壁云光幂，回溪雪浪翻。
钟声清俗虑，鸟影破烟昏。
地僻堪留憩，遥天挂月痕。

登石龙山绝顶

知县　李肇勋

岩花野草露漙漙，绝壁蒙笼竹万竿。
携杖尚夸腰脚健，振衣直逼斗牛寒。
数声清磬来丹府，一片闲云掩石坛。
漫道仙凡终自隔，于今拔宅可同看。

游石龙山

知县　程维伊

嶙峋怪石象疑龙，直驾青云接九重。
一抹斜阳明远岫，千竿修竹列孤峰。
林间好鸟风前啭，岩畔繁花雨后浓。
景色流连吟不尽，归来遥听暮村钟。

前　题

知县　王恒

九日登石龙山丰乐亭步李公韵

两度登高到此台，倚栏身欲近三台。
论文旧有词宗客，选胜新饶武库才。
地值丰年欣俗厚，时逢令节喜樽开。
满前康乐堪误目，况是黄花泛酒杯。

天 马 山

程维伊

天马岧峣佳气殊，象形宜人锐灵图。
腾骧欲骋追风足，蹀躞宁同伏枥驹。
云彩缤纷疑锦障，花光烂熳拟流苏。
道林过此应心赏，买隐何嫌山径纡。

濛淤桥

张恪忠

峰峦环抱锁溪声，百丈流虹饮涧横。
我欲招寻题柱客，长门恰喜倩长卿。

梅树岭

毛九经

岧峣峻岭郁冥濛，高倚遥天一线通。
拾级盘纡云路近，凌巅凭眺碧霄空。
横临绝涧形逾峭，直绕崇山势独雄。
行客无须愁载渴，梅林已熟翠烟中。

巾子祥云

吴元栋

巾峰佳气合，表瑞协昌期。
云结三春彩，桥连两岫奇。
宝车飞漠漠，仙杖炫离离。
征求前朝事，于今欲见之。

霞帔丽日

吴元栋

仙佩何年化，云山万古留。
形齐天帔落，色空日光浮。
磅礴余文绮，晶明射翠楼，
不须频着履，相对兴偏幽。

百丈龙湫

吴元栋

百丈仙灵地，龙湫许独寻。
蓝拖三井外，气接五湖深。
绝巘浮青霭，寒光泻碧浔。
崇朝云乍合，溥泽应商霖。

双潭石印

吴元栋

燕尾交流碧，中浮大篆形。
波涵双带绿，澜涌一拳青。
洛水曾为纽，龙湾早化星。
千秋同海石，砥柱协川灵。

石龙烟净

吴启甲

日射晴光远，灵岩宿雾收。
天衢连秀色，云路豁青眸。
竹底人烟净，龛前树影稠。
点尘曾不染，结想莫辞投。

云鹤松阴

吴启甲

山郭静朝晖，长松拥翠微。
风涛奔涧水，苔径接禅扉。
树暗云常住，堂空鹤未归。
盘桓情未已，青磐出林稀。

梅坳夜月

吴启甲

忽见梅花发，坳头月正团。
幽光呈皓魄，泠艳沁冰魂。
群木声逾静，空山水自湍。
徘徊留玩赏，应作广寒看。

槎水春澜

吴启甲

浩浩烟槎水，春来锦浪生。
桥低新雨足，沙护旧痕平。
树影依堤密，鸥群列岸轻。
浑疑星汉近，最是绿洲行。

竹坑溪

渡口临门晚系舟，当炉止宿憩重楼。
参差竹树垂帘暗，袅娜香烟下榻幽。

竹口溪

清流曲曲抱城西，夹岸猗猗竹影低。
秀色满前餐不尽，当年犹号古金溪。

石龙潭

龙潭碧影静涵虚，龟石浑疑洛出书。
更羡清秋明月夜，一泓深处漾芙蕖。

题举水庄

两道长虹夹碧波，泉声处处应弦歌。
俗同渤海浇风易，世有澹台古道多。
知我催科愁不了，任人输赋意如何？
延陵礼让今犹在，莫谓山城少太和。

庚寅季夏偕友人王纪常济川访胜宿吴氏半亩园即事

山城不下陈蕃榻，止宿延陵半亩园。
雨为情殷留客履，蛙缘夜静闹乡村。
三三径辟殊难认，乙乙思抽要细论。
最是关心槐子熟，西泠旧事话黄昏。

题姚村水口

通途曲折倚崇山，近隔村前二里间。
突兀狮头腾浪涌，盘桓象鼻叠峰圆。
常闻不雨溪声急，却喜非春树色斑。
水口生来装好景，钟灵毓秀拟仙梵。

题松源川

一望松源势沆瀣，春光霭霭十分浓。
庭前古柏巢飞鹤，岸上高桥起卧龙。
济水资灵灵间毓，苍山拱秀秀频钟。
藏书万卷推先哲，此日何人步往踪。

题济川古柏

空山古柏种何年，劲干离奇尚崭然。
百尺高完金石质，一枝秀挺雪霜天。
多经岁月苍苔厚，不让松筠晚节坚。
羡汝大材梁栋器，须知到此老弥妍。

题上管庄

濛洲钟秀地，到此拟仙乡。　翠耸山屏列，青萦水带长。
农皆勤稼墙，士亦勉贤良。　不愧延陵胄，询为邑乘光。

咏济川形胜

欲访济川胜，溶溶春水浮。　山色四围绕，古洞深且幽。
或如虎蟠磴，或如龙惊湫。　前哲多遗咏，磨崖碑可搜。
行行路盘转，忽见村落稠。　弦歌鲁文学，人物晋风流。
牌坊共祠宇，遗迹永千秋。　我今聊叙述，所望名贤酬。

咏松源形胜

松源胜地接龙泉，枕倚薰山带济川。
六隘坚牢奇且阻，三乡铁瓮断犹连。
石成龟印双潭里，瀑壮龙渊百丈巅。
千里峦从青霭插，半天岭向白云穿。
栝州屏翰西南障，闽峤畿疆远近联。
井里村庄岩谷畔，衣冠人物古皇前。
家多图籍淳风著，邑有弦歌雅化宣。
览迹问图何处是，云林石谷笔难传。

举溪篇

阴阳风雨重考卜，壑涧相承定昭穆。
分封吴地在会稽，移来松源历唐末。
宋初敦琢肇东庄，是名举溪长攸筑。
地当半月一弦新，对面笔架暗随郁。
云屏西峙耸赤霞，龙岗锁匙称密复。
山环水抱如转圈，六桥飞挂渡泓伏。
文明杰阁见在田，燃藜仿佛拟天绿。
水口荐元塔势高，还有梅花亭听鹿。

虎圣岩踞张壮观，晴空常看喷珠瀑。
一亭复旦一尊光，恰齐来凤如龙淑。
念祖构祠祀春秋，缵绪祈求聚巨族。
瓜瓞保兹永绵绵，家传礼经年世读。

月山晚翠

半月烟居半月山，松篁荫翳抱东环；
余霞淡映林梢净，素魄光浮藓翠斑。
郁郁楼台金镜里，苍苍松竹画图间；
桥横桂阙仙槎近，缓步登岭兴自闲。

云 泉 寺

百尺危楼倚碧峰，经童拂曙扣洪钟；
惊飞华表新归鹤，唤醒南阳旧卧龙；
响逐泉声穿竹径，音随断霭出云封；
乍闻顿觉尘心悟，却欲霞楼访赤松。

文奎高阁

杰构巍峨一壮观，逢源书院偶凭栏。
云飞嶂岫连天碧，阁聚星光带月寒。
壁诏遥通胶序水，藜光远映紫薇坛。
文缠牛斗奎还拱，秀毓英贤佩玉珊。

荐 元 塔

兀突玲珑宝塔高，凌云文犖耸江皋；
前临举水遥岑府，后控敖阳爽气豪。
恰是星躔罗巽位，排来秀曜峙东曹；
知君定是擎天柱，宿雨餐风势不挠。

银屏西峙

清•王恒

西山峭壁独崭然，屹似银屏翠色鲜。
春草生时图有画，秋云霭处淡含烟。
石扉深锁江村秀，地障关藏水月圆。

疑是巨灵伸一掌，移来镇此不穷年。

龙湫灵液

名山灵窟有龙湫，天际飞来喷瀑流，
万点明珠光溅月，一条素练冷涵秋；
虹霓贯日惊神鬼，蜃气腾空射斗牛。
为傍朗星胡侍讲，封来三井壮南州。

虎胜奇岩

怪石狰狞踞险洞，形如斑虎伏山中；
欲成豹变文章美，先受钟灵气势雄。
月映双瞳明迅电，雷鸣一啸起寒风；
搜奇无限登临兴，引我遐思入冥朦。

道光己亥八月宿岭头寺

不道松源一载余，沱岩危机又驱余。
山田气暖秋皆稔，水碓声喧巧自如。
小憩招提询土俗，遥怜儿女续家书。
年来晴雨从人愿，鼠雀浇风愧未除。

【当代地名诗选】

过秦楼·访三公故里

龙泉·叶放

龙岩金秋，有菇溢香，过访三公故里。
曲溪环带，神姿仙态，依然叠绿滴翠。
香菇始祖吴三，惊蕈砍花，泽披后世。
传历代日盛，宴中贡品，遐迩誉驰。
曾见说，朱皇钦赐，龙庆景民，栽培香菇专利。
离乡背井，夜宿荒林，种菇甘苦谁识?
三公遗风今存，敢为人先，乐此不疲。
赞千秋山珍，再造龙岩福地。

减字木兰花

吴宗祥

餐风饮露，数九寒天浑不顾。
几处惊雷，朵朵菌苞次第开。
三公绝艺，飞越中州荣故里。
席上珍馐，自有清香万古留。

浣溪沙·菇神庙抒意

叶培根

林海苍茫亦卧龙，菇神吴氏号三公，辉煌史迹显奇功。
跃马横戈兴大业，溯源追本驾长风，宏韬远略路路通。

到菇城

丽水·黄师联

沉芳滴翠雁云横，谷暖林穷鸣啼鸟。
道曲犹如行梦境，路遥方识是菇城。
菌花馥郁三山外，异客喧声四五更。
长史斑痕今落尽，明楼一派酒旗迎。

濛洲颂

余绪

濛洲沃野正苍悠，诗友争吟乐未犹。
巧扮河山变故土，干群协力尽风流。
濛洲沃野正苍悠，林茂菌肥笑丰收。
香菇竹荪如潮涌，百里松源富村稠。
濛洲沃野正苍悠，深山幽谷喇叭幽。
曾报合湖通公路，又道龙庆浇柏油。
濛洲沃野正苍悠，乡镇企业奋不休。
去岁产值超一亿，喜看今年创新优。

百山祖下景更新

徐培金

改革春风菇乡兴，三公闻讯亦起敬。
依靠科技虎添翼，百山祖下景更新。

松源吟

谢力群

青山袅娜入云霄，雾绕峰峦素练飘。
莽莽谷风翻竹浪，滔滔碧水带春潮。
龙飞鹤舞添形胜，笋嫩菇香乐富饶。
我把松源比西子，淡妆浓抹更多娇。

颂歌献给国际香菇研讨会

吴升

秋高气爽露华清，结彩张灯喜满城。
海外专家行盛会，寰中学者结联盟。
庆元菇品甲天下，国际菌研高水平。
美誉随风香万里，宏扬绪业发云程。

颂“菇神之母”

丽水•樊寿康

勤劳无逸事，孝敬妯娌赞。
教子吴三公，菇术传四方。
西洋殿后墓，庙建古道旁。
中华国风传，刘氏美名扬。

题香菇陈列馆

施平

别梦依稀五七春，菇农泪洒闽山林。
今访故城菇遍地，老人含首笑盈盈。
若问水源起何处，战斗红旗血报春。

（1938 年任中共庆元县委书记，退休前任上海市八届人大常委会常务副主任，83 岁重返庆元时作。）

【黄亚洲地名诗选】

登攀百山祖

喘气，拄杖，向祖母报到
云雾顺着脖子下行，凝成脊背上的汗滴
我就是愿意把百山祖的祖，叫作

祖母的祖
原谅我，祖母
我从海拔一千六百的林场才开始徒步
这虔诚，有点打折
由于人迹罕至，每一块石阶的苔藓都很厚
苔藓还学会了爬树
爬上去，又垂下来，蛛网一样扑我的脸庞
百山祖的登顶，一直没向游人开放
据说是植物种群保护的缘故，而今对一位诗人，却破了例
祖母你心真好
这么多的珍稀古树，大大方方挽着我走路：
百山祖冷杉、红豆杉、伯乐树、银杏、浙江楠
我随意取过一根手杖
都是贵重苗木
海拔 1856.7 米，百山祖之巅，果然是个温暖的圆丘
这就是祖母啊，日夜哺育着浙江的子孙
这一刻，祖母，能认我吗
也把我认作你的一棵珍稀树种？
甚至，也将我当作一座山，纳入
你的麾下？
这些年，我确实萌生了狼子野心
我已经将自己镂出了沟壑挂上了瀑布
不是一座山，我也不敢
向百山祖靠拢

别看我现在是一副熊样
气喘吁吁，苔藓一脸
背脊上云雾渐凉，成为野心家的冷汗
百山祖啊，我的祖母
你不收我，又何苦生我，直叫我
枉枉走世间一遭！

咏归桥

过桥之时，我就设想我是一个元代的汉人

当然拒绝歌咏，只藏怒于心
我过桥，头上有廊，哪怕遮挡一阵子风雨也好
但我也能听出，那不是雨水的敲打
那是蒙古马蹄
桥虽建于元代，那个不堪的年份
但感谢岁月，岁月有情
狼牙棒终于被汉家河水，磨成卵石
我又设想，我是一个被《共产党宣言》点燃的人
我要记住 1938 年 5 月 11 日，我就在这桥面来回散步
“中共庆元县特别支部”在散步中秘密成立
选施平为书记
那岁月血雨腥风，我一直藏怒于心
今天又来走桥
我甚至想邀请施平老书记也来走走
知道他现居上海，高龄 108
据说他的孙子名唤施一公，是个教育家，很著名
因此我今天想歌咏过桥，我已知道
我将归去哪里，也知道我那颗曾经怒火中烧的心
已平复如桥下卵石，吟于
舒缓的五线谱
只是廊桥无言，它最听不得著名二字
流水如同朝代，如同行板，如同歌
它听惯了

双门桥

桥名的更改是有道理的，那一刻
流水同意了，鹅卵石也同意了
每一块桥板都同意了，连路过的飞鸟也同意了
中国历来官本位
一切都让位于权威的荣耀
吹进松源盆地的山风同意了，全村的贤达同意了
吴老先生当然更加同意了
吴崇煦老先生的两个儿子了不得啊
一门两进士啊

一是吴毅，宋天圣二年登进士
二是吴毅，宋景祐元年登进士
于是临清桥撑不住了
它必须改名双门桥了
亲近文学没有用，靠拢朝廷才荣光啊
中国取名，学问大啊
这个全体举手热气腾腾的决议里
怀藏着华夏的火焰
河里的波纹与卵石都同意了
连河中每一根纤细的水草，都柔顺地弯下腰了
我也表示同意，用相机啪啪鼓掌
向庆元最早的一座廊桥致敬
公元1049年，那时候
就很讲政治了

月山古村

我要注视这个村子枕着的那座山
那座月牙形的山，甚至，我要发现那是一把月牙铲
是反抗者鲁智深用过的
我是在庆元县廊桥博物馆的沙盘上，发现的这个山村
这个头枕武器的反抗者
来凤桥、步蟾桥、如龙桥、秆谷桥、白云桥
五座廊桥扼守于村子的两侧与下方
多么英武，五个戴头盔的勇者
谁告诉我吴懋修这个响当当的名字？
谁告诉我他无数次兵败，最后，只得潜回
自己老家海拔八百的崇山峻岭？
果然是条汉子，南明的兵部司务
整个国家都梳上了辫子，就他，用他的月牙铲与廊桥
掺和溪水
塑了一个小中国
他作文，学佛，并不显露月牙铲的锋芒
尽管脑袋日日枕着
他的锋芒全在他的文字与阿弥陀佛里，但他

坚持在庆元，拥有
自己的中国
退无可退，退入深山老林，再退入文字，甚至
再退入杨柳净瓶
你还能叫一个中国人怎么样！
谁告诉我，进入一颗中国心，只须走过
五座廊桥？
注视浙江南部的这份原则与这份美丽，真的让我
泪流满面

西洋殿

祀奉吴三公的鼓声又按时敲响
第一线的生产者成群结队而来，站满殿堂
站满坪场，站满山坡，站满森林
整个庆元都站着
他们都是香菇的嫡传，他们都是吴三公的子孙
他们共同的名字是庆元
如果历史是一根倒下的树木，或许
唯有香菇，能叫历史不朽
祀奉吴三公的殿堂坐落在庆元的西洋村
一种技艺在这里开花，结出的果子，成为了
中国的重要产业
成为庆元、龙泉、景宁三县人民的温饱和富足
祀奉吴三公是必要的，他太用心了
他发现了树木上的伞状物，接着，发明了
神奇的“砍花”“惊蕈”种菇法
他手巧，把每天升起于浙南的太阳，制成了
菇的形状
吴三公已经走入了宋代的深处，而香菇
还摆在我每天的餐桌上，因此
广义的说，我也是菇民
虽说，我在这座殿堂只停留了一刻钟，但
每个雨天，只消我举着伞柄
那就是祀奉

大济村，扁鹊庙

扁鹊神像一直注视着我，是在目察我的五色么
我走左他看左
我走右他看右
今日进庙，像是挂了专家门诊
意外地在这里遇见扁鹊，那么
我也来个望闻问切，我问扁鹊，你老先生怎么就
跑来了浙南庆元大济村？
后来弄清了，原来就是吴毅，庆元的第一个进士
他对宋仁宗说，我要抱走扁鹊爷的神位，回家乡祀奉
宋仁宗答应了，答应得龙颜大悦
宋仁宗特别推崇制定脉经的扁鹊，封其“卢福神”
当然也很满意吴毅的仁心
圣旨口一开，一桩好事就成了
这一刻我与扁鹊互观五色，一下子
彼此都明了了
我承认他是神仙，他承认我是病人
我的喜怒都在脸上，其实
这个世道更多的病，纵然扁鹊也头痛的
这一点，扁鹊听了就同意
就譬如一拍脑袋便来的圣旨口
圣旨口一开，连扁鹊老儿自己都得马上卷铺盖
从汴京跑到庆元
从吃馒头改成喝稀饭

观音堂大桥

胡光祥

雁引飞虹第一桥，瓯龟足鼎九重霄。
龙头辕驭南源渡，凤尾屏开东麓娇。
苍宇观音安萏坐，红尘知己顺风邀。
连心脉脉提高速，何畏天涯坎坷遥。

【叶余新地名诗选】

消逝中的古村落

月挂柳杉村口边，小溪清韵似当年。
门庭野草扑面绿，荒径春花绽眼前。
桑美移民离井户，进城集聚到庆元。
亡狐丘首怜桑梓，代马依风梦故园。

百山祖顶峰远眺

武夷余脉尽，山祖立洞宫。
云海飞白浪，长天映日红。
分流瓯赛闽，总览庆景龙。
浩浩风生处，泠泠百瀑松。

古村行致天下游子

人去楼空繁华不再，无情岁月墙体剥蚀。
瓦漏椽腐井径长草，长茅披村田园荒芜。
曾经村中成长少年，离家之后老大难回。
故乡草木常在脑海，儿时伙伴长驻心中。
人生如云随风飘荡，老家影像来去从容。
不经世事不谈经验，未历艰辛难识人生。
魂牵梦萦故乡山水，魅力古村一世同行。

回龙村农家乐

回龙腾碧水，最美三丘田。
垂柳飞花渡，翠竹映月边。
山居归素朴，尘洗返天然。
远瞩云行处，倏忽雨雾间。

青龙山森林公园

贤良青龙山，气清蓝天湛。　古木参天起，色彩四季换。
栲树挺且直，青冈硬又壮。　乌衣喜结子，苦槠清凉伴。
枫王傲天地，木荷云里钻。　植物几千种，蘑菇品类繁。
明朝始保护，至今七百年。　已经修石路，宽阔又牢固。

直上青龙顶，曲径通幽处。原始大森林，天然氧气城。
清心又润肺，亲历感受深。白鹇林梢飞，黑白有相间。
松鼠枝头跃，顾盼最可爱。更有猕猴群，突然现眼前。
十里青龙峡，四季野果香。流泉化飞瀑，清幽铺满路。
春来草木长，青翠到天边。夏至花草盛，蝉噪峡更幽。
堪怜三秋景，林相如彩贝。三九厉严寒，冰冻裂长天。
围炉听传说，村中增暮寒。至此言未尽，亲历享自然。

青竹十题

毛昌成

题记：青竹村山后溪数公里的原始大峡谷一直延伸到双苗尖，峡谷深邃、瀑布悬逸、山潭清郁、崖石峻奇。

木龟头岗

仙遗神龟凌峰秀，云腾山耸画里流。
春花夏雾诗意浓，秋月冬雪景色幽。

大潭门

百尺瀑布水连潭，清流飞降云霞宽。
客称花果水帘洞，却是瓯江源头滩。

三门漈

百丈赤壁下溪滩，九天飞瀑入深潭。
石棺峡谷藏三漈，重叠水帘似白帆。

仙人翘

悬崖翘上赏清溪，云移风动仙境栖。
远观双苗景色妙，近看峡谷岩石奇。

岩猪

八戒取经修正果，佳境避暑住石屋。
懒管世间世俗事，千年岁月一呼噜。

乌沙井

万年石臼涌仙水，两象交牙水连环。

幽谷石街清泉浪，乌沙奇井蛟龙欢。

蜂桶岩

任你红尘岁月久，溪山峭壁瓮自秀，
云动风动峰不动，草朽木朽桶不朽。

龙岗

传说仙姑戏抓土，七彩沙漠藏风情。
疑似西北砂砾地，却是江南绝佳景。

狮 子 岩

双苗归来山岚峰，巨狮长吼峡谷中。
岙下岭环似彩帐，深谷水绕若盘龙。

咏第八坑村景

周明全

百涧连绵水幽响，千峰聚会云苍茫。
旱龙抬头接云端，狮子仰天卧高岗。
冬瓜谷堆叠顶峰，铜锣牛轭峦众山。
石印一方村前镇，秀地八坑世代昌。

游龙头山

叶帮谷

赤地鸾峰跨二省，极观闽浙四邑屯。
山泉汩汩滋生物，嫩笋醇醇味百君。
百年杜鹃迎远客，万亩竹海惠民薪。
昔时信女爬泥岭，今日游人坐驾临。

第二节　地名美文

【古代地名美文】

咏归桥记

庆元僻处万山之中，一水环注，界乎县治之北，学宫之南。凡游官之车马，市民之携挈，行旅之担荷，越是溪者惟筏竹代渡而已。至于春夏涨浮，奔流跳浪，争趋疾渡者，有蹶踏倾复之患；黉宫师儒，往来昕夕，其虑尤切。天顺庚辰秋，钦差中贵臣罗公常谒学宫，视其溪阻，谓众曰："水有溪梁，民不患涉，亦王政之一端。况学宫间阻，而劳师儒管理方式来涉渡乎！"遂损资抡材，鸠工伐石，邑之民士欢趋乐助。经始于是年八月，落成于十二月，长跨若干步，横架四十一间，高结檐牙，以蔽风雨，所用缗帛以千计。倚势吞波，鲸飞虹卧，凡车马之行，携挈之便，担荷之安，无有蹶踏倾复之患者皆公赐也。师儒来游来歌，恍若风乎舞雩之咏，因题其桥曰"咏归"。庆元知县张宣等来请曰："昔汴州作东西水门，而昌黎有记，柳州作东亭，而宗元有文。今按节斯土，桥梁既成，颂公之德，非文何以传后乎？"予塞其请而记之，使百世之下，因其文而推其德，莫不知公之所以得济斯人者，千百世而未艾也。天顺四年冬十一月庚子。

济川图赋

瓯闽分土，松源志乡。汉魏兮鸿蒙，唐宋兮启疆。宁宗锡寓，氏族方张。人繁物夥，山回泽藏。地钟其瑞，氤氲莽苍。人挺劂灵，豹隐鸾翔。阴霞帔，阳堆谷，岸屿纡其皇陆。前白莲，后白鹤，旃檀拂于阿曲。乃若天马 于霄汉，冠顶巍峨于亭毒，积源于层嶂重峦之巅，迸泉于削玉悬崖之隘，触石喷泄，怒涛奔派，然后汇为清泓，转为回澜，分燕渚，出龙潭，千溪万壑，而西为赴海之湍，此济川之可望而溯也。回龙内扃，捍门锁黛，东曰仙桃，茂木郁葱，黄公逢之羽化，丹鼎寄乎仙踪。西曰薰锦对峙丰隆，异乐随乎天仗，三桥架于长空。市恒耸文笔之奇，辅垒顿卷旗之峰，环四面而揖拱，合二水以朝宗。其土则丹青白附，其石氏 ，其卉木则蕙圃蘅兰射干芎劳，其异类则鸳鹇腾远，谢豹 ，众物居之，不可胜纪。其游观则曲栏危榭，怪石芳池，云承绮栋，霓 绣栌，清泉湛于中庭，肉芝产乎疏篱情畅意怡，东皋西畦。原隔曼衍，篱缕潢淤。夏熟黄云，秋殖高庚。于时瑁筵修髓，剑佩珠履，清风满座，雄谭挥麈，此人文汇征之盛作也，望济之儒绅俊髦有之；四衢九达，跨闽带浙，自 黄童，雁行胪列，男举趾，妇辟卢，宛邱之鹭羽不值，怀春之吉士何慕。敦本尚行，相友相助，晏息蚤作，株守其户，此淳庞古始之遗俗也，望济之父老子弟有之。于戏！斯民也，时浇独醇，时宄独贤，岂其本性之殊异，夫亦风气之相沿。尝悲蜃市之楼台不久，琼璃之盎瓶不坚，时浇时宄，孰与望济之葆庞抱扑而喁喁乎？《击壤》之《尧天歌》曰："高岫兮神栖，危构兮云齐，素封兮连畦。风异苞兮异趾，芝有苗兮椿有荑。溪含碧兮天上下，山凭空兮月东西。后贤接武兮擅英奇，龙腾蚪踊兮耀云逵。树德兮发山川之灵秀，人杰兮际元会之昌期。"

镜山赋并序

暮春之月，百草萋萋，顾望有怀，不能自遣，乃步出东门，至于后田，沿溪行。水光泓澄，鲦鱼出没于清潭，历历可数。土人曰，镜溪也。岸多大杞，纷敷蔚蔼，夏月清凉，扬素波以濯足，荫垂阴以为盖。徘徊相佯，游精域外，行里许，过丁步，上沙洲，见群峰，嵯峨壁立，中有小山焉，平圆如镜之在架上，土人曰，此镜山也。山路迂回迤逦，有亭翼然，楼阁差参，随势下上，绿苔分径，苍苓对室，佳木美卉，葱茏翠密。每晴开曙景天风黛，俯听镜潭之清冷，目眺 市之鳞萃，不楚苍茫，恍然在目。

噫！是山也，高不出群峰之上，而独以镜名其体，是阴阳之炉铸，化工之熔范，有私于造物者矣！乃为之赋曰：视形责影，能见形容。视人行事，能知吉凶。镜之为用，万象昭融。拂拭期明，座垢乃蒙。岂若兹山，不藉磨砻。至静德刚，含物化光。凝耀炯炯，散彩洋洋。不将不迎，应物无方。同实录于良史，随善恶而是彰。魍魉逢之而立辨，魑魅匿影以潜藏。山鸡见而起舞，海鸟集而翱翔。惟镜之明，可以鉴形；惟镜之清，可以洗心。清本不浊，明岂能昏？不浊不昏，故能笼百态，烛无垠，上洞玉清，下长彻太宁，日月骈曜，星辰列陈。大哉镜乎！岂徒章山之铜，铸而成质，抑亦大块元气。结而为山者乎？是以君有镜以平政，临下必简，臣有镜以励节，在邦必闻。若夫山不称岳，谷不出云，屯千古，泯灭谁论。玉镜沉埋，蔓草纵横。禽鸟栖阳，熊虎屈阴。寒泉悬涌，浚湍流带。林薄丛笼，幽蔚隐蔼。东方曼倩，见面称曰：惚兮恍其中有象，杳兮冥其中有精，洞碧空其何际，湛清潭其绝底，鸾舞翩于瞳胧，龙怒鳞于清此。淮南王曰：旨哉！大夫之物体也。

【当代地名美文】

庆元赋（以“江南诗画，美丽花园”为韵）

吴宗祥

群雄逐鹿，闽越分疆，镇称于两国，名皆为松乡。宋承皇祚，庆邑名扬。接仙岭之余脉，有武夷之正梁，藏清芬以朝山祖，挟碧水而达三江。

至若百山云海，三井冰潭，似仙人之阆苑，驰美誉于江南。海日初升，泄霞光于万里；云波荡起，遮青顶若春蚕。拟流槎而泛月，如冯虚以乘骖。清溪凝碧，天光映蓝，游九寨嗟无色，览三井犹正酣。抑或逢女神而失措，遇甘泉而觉贪也。

若夫柳岸含悲，应是情多之辈；廊桥遗梦，终非肠断之时。如长虹来汲水，与明月而成诗，欣七夕之初渡，羡牛女之佳期。至于名重五洲，菇香四野，曾鸹躁于东瀛，喜正源于华夏。三公弄斧，传三县福音；国师上疏，留千年佳话。有多糖之奇效，以菇为粮；临舞殿而生辉，于斯如画。

观其天资祥瑞，必有鸿儒；地势钟灵，多藏俊美。知新两优释褐，元鼎蜚声；胡纮一表当朝，文魁伏陛。济水吴兴，两宋辞丽。春闱风起，岂止双桂连坊？《梁集》笔精，始信宰丞门第。南孔文昌，皆因弦歌之地也。

夫以山川之胜，文脉之华，生态立县，慈孝齐家，清波流韵，玉树生花。驰政声于百越，施福禄于千山，安居乐业，此万世之家园也。

兰溪桥赋（以“绝色无双”为韵）

苏绍康

庆元廊桥，寰球一绝[①]。有廊桥曰兰溪，骄天然之风骨。久涵气象，衍明清之雅风；长滞云烟，生希夷以妙笔[②]。架长虹于两岸，彩柱起霞；浩积水于千年，游人凝碧。故虽曰人工，岂非神力！

若夫霏霏轻烟，杲杲初日。桥盈淑气，野呈殊色[③]。初疑幻镜，见万象而深深；又若壶中，览三山而的的[④]。既似瀑布之界石门，又如蓬莱之浮山邑[⑤]。至若风袅月明，烟笼雾集。月上屋而旁飞，云沿溪而下出。闲凭华槛，指天外之霞飞；偷窥仙人，循云间之鹤迹。恍惚逐轻烟，随逸客[⑥]。佩若木，餐玉液。停羽仪于琼楼，观仙圣之图籍⑦。醒乎向来之梦，失以所携之书。然则丽色依旧，仙客杳无。虽仙境难求，而仁德通衢。

伊昔庆元菇农因赌而典地，兰溪义士舍钱又弃冈⑧。遂建兰溪桥以戴德，铭感恩心而流芳⑨。此恩情暖，为天下双⑩。故曰以恩为水，以德为梁。水流上善，固似金汤。以此济民则民富，兴国则国强也。

注释：

①庆元廊桥，现存 97 座，且质量优，为天下一绝。

②希夷：虚寂玄妙的境界，也指道。

③霏霏：雨雪烟云盛密貌。杲杲：明亮貌。淑气：天地间神灵之气。

④三山：蓬莱等三座仙山。的的：清楚分明的样子。

⑤石门：青田县的石门飞瀑。山邑：庆元县。

⑥逸客：此借指仙人。

⑦若木：远古书名，神仙居住地方种植的树木。

⑧冈：高起的土坡，这里借指被典当的良田。

⑨传说有一个庆元菇商在兰溪赌博后落难，他用家乡的清溪潭抵债，但那兰溪人帮他还了赌博账，却没要他的良田。庆元菇商致富后，为感恩那个兰溪人而在家乡建造了一座廊桥，命名为“兰溪桥”。

⑩此恩情暖，为天下双。双：追随。《文子·符言》：“恶少爱众，天下双。”

双门桥赋（以“坊贵无双”为韵）

一村廿六进士，大济举世无双。舅甥同登，兄弟同榜；四子同科，双桂联坊。李刚宋瑞之德馨，贤母尚教；临清莆田之桥立，水口呈祥。勤学尚贤，终能功成名就；出将入相，然后匡世安邦。非惟风水之力，更耀善育之光也。

囊昔吴公，育人以德，尚教以智。置豹隐洞之书堂，育崇煦公之贤子。未及十载，双贤题金榜以名；声播千秋，双门腾社庙之地。乃至三都合流，双坊增势。无不唯教是崇，唯桥是贵也。以此告诫长辈，善教为百世之根；昭示后生，优学则四海可济。此乃双门独有，别桥则无。信造化之殊物，非人间之宝珠也。

以道为水，以贤为梁。开能通仁流义，闭可防洪济荒。丽水之梁者刘相，庆元之梁者吴郎。叹其聚人心于社庙，昭功德以牌坊。桥能向心聚德，焉不千古流芳。

古岭“应岭岚”

姚德泽

“应岭岚”乃是昔日由县城通往东部地区的一条交通要道。起于“应岭尾”，途经“应岭头”和“应岭头亭”等小村庄和中途的五座凉亭，止于“濛淤桥”头。全长约十三华里。是昔日商贾旅行和人事交往的一条必经之路。这条山路是用山岭的开筑者的名字来命名的。原称为“膺岭岚”，后被讹称为“应岭岚”。

“应岭岚”中之“应岭”开筑于南宋初年。至今已有870余年的历史了。开筑者是从江苏丹阳南迁浙南的胡訢之六世孙、庆元胡氏人家首迁城西北“坑西”的定居者、庆元历史名人胡紘之祖父胡膺。于是就用开筑者的名字定了名叫“膺岭”。据说在筑岭竣工日还竖立有“建岭志碑”于岭巅，后因故留存在某凉亭之下。至于“膺岭”又在何时被讹称为“应岭”，已是不以得知。估计至少要早在明清之际。

在开筑山岭的同时，人们还陆续在岭上附建了多座凉亭之类的建筑物。起先是在“应岭尾”有一座“观音堂”，往上是一座“半岭亭”。在“应岭”之巅是一座“应岭头亭”。往东顺着下坡的途中还列着“护荫亭”“八角亭”等共五座凉亭。以备人们旅途中的休憩之设。

古岭以块石、依着山体作“之”字形砌筑而成小径。径之上下均是合抱的古木矗立：高干参天，浓枝翳日。古道穿林而越。人之所行，拾级而上。此时即使是炎夏的烈日当空，而行人犹有阴暗、清凉之感。正可谓是“远上寒山石径斜”了。此时置身于莽莽的密林中，抬头难见天日，唯耳际可闻的是啁啁的鸟语和唧唧的虫鸣。侧耳远听，犹可听到隐藏在林间的小涧之涓涓细流所韵奏出的叮咚声。此时的行人已是筋疲力乏，气喘汗挥，自然有着作一小憩之期望了。然而就在此时，林际中确实是“有亭翼然”：在那山之半，岭之边隐藏着一座小亭于悬崖之下。小亭号称为“半岭亭”，亭柱之间设木枋，可作为凳子以让人释重而坐。此时，偶尔有凉风掠过，人们开襟迎风，汲泉解渴，慢慢的，暂时的疲劳能够得以缓解。

小憩了一阵子之后是需开步前程，这下可得再增添“能量”了。原来，过了“半岭亭”之后，上一半的岭可比不得下一半，而是更陡了。于是，步行得更加放缓了速度。依然是吃力了一番之后，似乎久久盼不到达岭巅。在将达岭巅之际，其风景又别是一番：原来，达岭巅之际是一段两面都是峭壁，中间仅有一线可通的峡谷石磴，此石磴陡得可观。这时候：“白云生处有人家”之诗意会在你的眼中呈现了。原来，在岭巅上立着的是一座号称为“应岭头亭”的小凉亭，而凉亭边则隐藏着数间茅屋瓦舍，这是一处号称为“应岭头”的小山庄。这时候，你站在岭巅的“应岭头亭”前，向东、西两面昂首远方放眼，那真是“一览众山小”了。

“应岭头”所住的是四五家朴实、淳厚的山民。他们传宗接代地在那里开发山林，种植经济作物，偶尔也有小块的小梯田任其作耕耘。山民家还附设有“客床”，供在旅途中误了行程的行人备宿。你白日里在此经过，可入其舍去讨口水喝。如果真的在傍晚里误了旅途的话，可以“宾至如归”地在他那里美美地睡上一宵。

往东而行则自然是下坡而行了。石磴依然是作“之”字形之状逶迤而建，然其坡度毕竟比西侧缓平了许多。虽然也是在密林中穿行，满耳也还是啁啁的鸟语和唧唧的虫鸣，但不知不觉穿出了密林。在“护荫亭”中作过小憩后，竟得以感觉到了天宽地阔的景象而到达了岭根的“八角亭”。

饮过了“八角亭”中由山农烧泡的“山草凉茶”后，顺着弯弯的石磴缓缓而下即到了“濛水”之滨。在耳听着潺潺的流水声中上了“濛淤桥”。

“濛淤桥”是首创于元代至元年间的一座木拱廊桥。在历史上，此桥屡毁屡建，而在我这记忆中所述的那一座桥，则是在清嘉庆十四年(己巳•1809年)，由后田人吴昌兴所复建的桥。桥架为杉圆木拱搭而成。桥面作甍盖于廊之构建。廊屋作开间宽度不等的十三间之设施，中设一阁，作重檐歇山顶，四面戗脊翘然。桥内上自藻井下至枋梁全作书画绘制。一件件书法、美术作品皆出自名家之手，都是艺术精品。在欣赏了字画后，作凭栏小憩，翘首爽清风、仰遏云，低头听溅溅的流水，斯时也，其快可知！

在历史上，“应岭”乃至“应岭岚”及其岭畔的凉亭之类建筑物曾几经自然损害，然又得到及时的修复。在《庆元县志》中有着明确记载的就有：“嘉庆七年(壬戌•1802年)，张仁伯、吴日才、吴文喜等同修”和“余标、余槐同建”之类的记载了。至于平常的一些小修理，自然大多未上史册了。

二十世纪五六十年代里。“龙庆公路”开通到了“五大堡”，人们放弃了在这山径小路上步行。山上小村舍的山民们全部迁移下山。上山砍伐的木头在搬运木头下山时，村民将木头放在岭上往下拉，千斤重的古木在石磴上拉过，致使石砌结构坍塌，凉亭坍塌了。接着自然就是岭面蓬蒿满径，莽草丛生。最终到了人们根本无法穿越的地步。于是，“应岭岚”在人们的心目中消失。

在百废俱兴之年头，有好心人恢复此古岭及风景。就交通的角度来说：今日恢复“应岭岚”之设施已是完全失去了意义，但从风景旅游地的古景点建设来说，很有必要。重现古驿道于人间，让现代的“驴友”们在此“行驴走马”，不亦快哉！

青竹赋

陈永生

青山脉脉藏画意，竹海粼粼蕴华章。飞瀑流泉莺唱晓，峡谷奇岩凤朝阳。

古村青竹，瓯江之源，毗邻寿宁，洪武启航；村中两姓，胡源官塘，毛自毛洋，先后肇创：勘山界，选地方，青石榔，盖新房。尧天舜日，各表齐芳。风水宝地，人和地谐，传说神仙造湖港；两姓联姻，永裕其昌，子孙繁衍人丁旺。

六百春秋，岁月沧桑。历史沿革几经变，芳名青竹永流香。耕读传家久，文脉渊源长；钟灵毓秀，黛瓦灰墙；民风淳厚，寸善片长；世致中和，刚健自强。石门古宅，志士情怀坦荡；民居弄巷，仁人懿德高尚。西河旧家，刻凤雕梁；南极映辉，古色古香。东真武，高怀澹泊自馨香；南黄龙，顺以天然多雅量；西飞凤，夫妻比翼共翱翔；北双龟，月朗梦圆戏鸳鸯。

氤氲瑞气，旖旎春光。村生泊长，特色成彰。后溪鎏金润蓝田，前山藏玉韵流芳。双苗尖，精美石头会说话；仙迹岩，巨石罅隙披绿装。石门阁，烟霞尽入新诗行；银杏谷，松青柏翠野果香。龙脊岗，霞辉黄沙泛红毯；炒豆岗，日照峰峦着霓裳。三山景色美，一派好风光。

改革翻新历，民众奔小康。东风裁锦绣，北斗焕文章。步斗踏罡，致富修路网；辨物居方，睿智圆梦想。

连天碧树绕村旁，云海烟霞涌晓阳。四面青山抱，地形荷花状。春桃秋菊初点缀，家禽仙鸟鸣乐章。土能生福，地自纳祥。勤劳耕耘，种地垦荒；巾帼不逊色，并肩齐心帮。碓臼湾　鲤鱼湾　后隆湾，湾湾梯田粮满仓。洋头岭　乾步岭　掌处岭，岭岭连天衢通畅。菇业扩张，果硕畜臧。茶芽淡绿微黄，翠叶嫩色新香。春华夏秀，秋收冬藏。人人致富，家家兴旺。

喜借高峰观旷远，乐赏细水汇瓯江。鹤山殿，修竹环绕，鹤冲天处寿星长；伏龟社，檐角挑月，庇佑民生百世昌；宗祠堂，千古流芳，先祖功德后辈仰。儒学载德，村运无疆。盛世家风裕，古村教育强。尊师重教，无数师长蕴芬芳；兴学育人，曾出文武状元郎。热血满腔，笔耕舌种，浇灌满园桃李；真情一片，言传身教，育出代代栋梁。设奖励学子，勇争题红榜。政客廉官，措置有方；巨富豪商，善贾四方；文人墨客，笔力独扛；能工巧匠，秀出班行；才子佳人，儿女情长。十佳青年，创业自强；道德模范，德沐家乡；公关警察，央视展光芒；顶尖人才，青竹软件王。三百六十行，行行有勇将。空谈误国，实干兴邦；壮志创业绩，豪情赋文章；开怀歌盛世，纵笔点春光。文化礼堂，精神家园，历历微型博物馆。村歌传唱，激情荡漾，人人大气显荣光。

慈善公益，名声远扬。集腋成裘，聚沙成塔，捐钱出力，扶贫助残。爱幼花掀浪，敬老成时尚。遇仙桥，巧运斧斤匠心造，精施矩尺换新妆。村名昉，气势雄伟立村口，楹联寓意呈瑞祥。公众微信，编播新闻，配发美图，事中写趣，信息灵通财源广；便民服务，真情温暖，下情上达，上情下达，言路通畅正气扬。

青梗秉节，竹海苍茫。图腾柳杉，成对成双；见证村史，迎来送往。春光播福，臻和致祥。人随时代，事顺潮流，彩云追月，赤子登界游方；魂牵梦绕，情有独钟，乡愁永驻，前程锦绣辉煌。

九张机·庆元行吟

吴宗祥

一张机，百山灵秀数晨曦，一团鲜焰凌云起，
霞光万道，穿涛搏浪，云海显神奇。
两张机，仙姑遗镜在山溪，当年应是临妆地，
青葱掩映，碧波三井，景色更迷离。
三张机，西洋祖殿仰神仪，砍花惊蕈传高技，
福绵三县，名扬万里，百代作宗师。
四张机，廊桥遗梦几人知？分明银汉彩虹会，
遥猜织女，清幽阆苑，还是爱扶犁。
五张机，官家总把隆恩垂，春闱策试登科第，
钟鸣鼎食，接官迎旨，大济美名驰。
六张机，龙头山上一声鸡，鸡鸣两省多雄伟，
茫茫竹海，杜鹃红遍，红露湿人衣。
七张机，上洋窑址说青瓷，瓯江古渡曾为市，
船歌阵阵，征帆点点，瓷路始于兹。
八张机，农家俚语有唐辞，吴门避祸南奔日，

烟溪清境，卜居吉地，始祖是吴禕。

九张机，千年古邑焕新姿，一篇吟罢多沉醉，

松源河畔，百山祖下，还与后人期

三井溪赋

吴宗祥

武夷东延，盘结为峰，名曰“百山祖”。朝云若海，晚霞成朱，山衔落日，澄映冰壶。珍禽张羽，群兽相呼，花气薰人，嘉木不孤。开三江之沃流兮，实生态之特区；览东南之形胜兮，显华东之一隅。

山之西麓，一水奇绝，集细涓而成溪，攀巉岩如堆雪，经年水石相激，“龙井”生焉，三井相联，是为三井溪。每当春和景明，山花盛开，百鸟相悦，彩蝶徘徊，看云雾缥缈兮，若群玉之仙台，幸东君之独厚兮，拥芬芳以入怀。每遇山洪暴发，天河顿倾，山花敛容，愁猿哀鸣，垂素练以千寻兮，溅珠玉而飞星，泄急湍于深潭兮，绽丛菊之琼英，挟猛浪以奔岩兮，似春雷之乍惊。秋冬之时，层林尽染，寒潭凝碧，天光云影，如施锦帛，泉水泠泠，如鸣琴瑟。

是时也，丽江黯然，九寨无色，举匏尊以畅饮兮，味沁心而甘洌，听《流水》之遗响兮，为世间所独绝，携情侣来悠游兮，结草庐于石窟，让心灵去私奔兮，顾营营于不屑。 呜呼，谢公不传，郦元未访，如此美景，千载谁赏？

岱根见证

正良　光春

名叫“岱根”的村子，恐怕是全国二百多万个村子中同名者较多的一个，光属地的庆元县就有四个之多。可见，岱根作为村名，是很让人喜爱的。岱，山岳；根，山脚，岱根为坐落群峰之麓之意。可以说，凡名为岱根的村子，也都是群山怀抱中的美丽乡村。

水　槽

而我们的左溪镇岱根村，比别的岱根村更为可爱，除去山环水绕地肥物丰等共性外，还有别的岱根所没有的特大木水槽。岱根水槽之大之老，在周围十里八村中是出了名的。我们这代人，小时候难得出门，一旦外出，听到我是岱根的，外乡人都会啧着嘴说：“岱根有个大水槽！”年长后，去看望当兵的儿子，有幸一见龙游古民居大财主家的大水槽大水碓，与我们村的还是不能同日而语的。此后，我更怀念老家的大水槽了。

从我能记事的时候起，我就听到村里的老人们说，他们能记事时水槽就在那了。老水槽伴我长大，天天见面，一直没变，一直静默：表面布满坑洼，长满青苔，太阳一晒，还能闻到松木的香味。我时常在想：在没有机械的年代，先人们是怎么将这庞然大物从山高路陡的山上，搬运并架设到池塘上边？那该是怎样宏大的工程？水槽不就是先人的化身？不就像开山辟地，架桥铺路，造屋筑堡的先人？造福子孙而居功不傲！

水槽是用一整段巨大的松木劈空而成的，高 1.5 米，长 9 米。数百年来，像一位巨人横卧在村头胡姓祠堂前的池塘上空。水槽的引水是用整根毛竹凿通内节作水管，用小段木头凿空两向作接头和弯头。“水管”沿石板路边，将几里外的山泉水一路引来，日夜不停地流注到水槽里的，供全村 500 多老少使用后，再从水槽的另一端溢出。流水不腐——山泉水比现今的“自来水”更为鲜活。

村里的大门墩和水槽头，是孩子们最爱去的地方；也是大人们最忙碌的地方。无数个清晨，无数个深夜，水槽头都有勤劳的身影，他们要挑好一天的用水，白天好去劳作。所以，有贪图更新鲜的山泉的，就在水槽头前排队去接“水龙头”中刚淌出的水。一入秋收时节，刨番薯丝的大大小小木桶，把大门墩和水槽头挤得过路都要侧身。因为刨番薯丝要用到大量的水，人们为就近取水，都看搬到这里来工作。整个收冬的夜晚，竹篾、松精火堆火把，照亮了半个村子的上空。

露天横躺的大水槽，每过一段时间槽底就会有沉淀。村里凡能理事的汉子，都会主动地淌进池塘，用斧子背从下面往上反锤水槽底部中央的巨大木楔子，直至木楔子松动拔出，放走水槽里的陈水，冲刷槽底，清洗四壁，再楔入木楔重新蓄水。清洗水槽的整个过程，总少不了围观与帮忙的大人小孩。其间笑声不断，很是热闹。此时我才懂得：水槽为什么要架空塘上？原来是为了便于清洗呀，对先人的敬佩又增一层！

时易事迁，改革开放后，村民富裕起来了，到水槽来挑水的人反而少了。陆续有人家用上塑料软管引水到家，有人家造新房往外搬，对水槽的亲密接触日渐减少。二十世纪九十年代末，村里装上自来水，水槽辉煌不再，因缺了水的滋润，这巨人说倒就倒。成了附近乡亲心中的记忆。

后来，用乳汁养育了一代代岱根子民的水槽头，用宽阔胸怀拥抱岱根乡亲的大门墩，成为村里康庄公路的停车场。村里年轻人开始向城市进军，2018 年整村搬迁到县城同心新村，只留下村口柿儿树那风水林守望着古老的山水，翘首盼望愿意回来探望他老人家的新城里人。

老　井

二十世纪七十年代初，岱根有四兄弟为造新房在弄头挖山平基。将毕，竟有一泓清泉涌出！梦泉遇泉皆为福兆，四家人为此喜上眉梢，并立即筑好简易井口。次日舀出泉水品尝时，泉水清澈甘甜，回味无穷。那年冬天，井水竟冒着热气！这井泉水冬暖夏凉，后来，房子造好后，就都是在此井里取水。很养人。一学子初中毕业时，视力检测是 1.2，暑假喝了二个月的老井泉水，到庆元读高中，恢复到 1.5。究其原因，大家认为大约是饮用此泉水之故。

本世纪初，大家相继离开弄头老屋进城居住。老屋慢慢破旧荒芜，老井虽也随之掩没草丛，但仍不分昼夜，日复一日，静静流淌。去年，岱根村民避地质灾害搬迁到庆元同心新村居住，全村老屋也是随之拆除，老井又深埋在残椽碎瓦之中。12 月“富宇农场”在弄头老屋左边新建并竣工，老井也得以重新整理，泉水又开始滋养故土新人。老井取“钱财如粪土、仁义值千金”之意，名为“仁义老井”。雕刻石碑立在井边。“仁和山泉清久远，义勇谦恭福绵长”。老井与石碑，从此交相辉映，相伴日月星辰，记载着浓浓的历史，承载着深深的回忆。

【作家写庆元】

从一座山深入

许成国

一座山

那个早晨我们去的是百山祖，走进一个叫作“百瀑沟”的峡谷。山势越来越陡，峡谷也越来越深。大地在这里形成一道深广的褶皱。在这褶皱里，左边是矗立的山，右边是耸峙的峰，空间呈一个倒立的金字塔。在这片侏罗纪时代形成的火成岩上，绿色以铺天盖地的姿态将千万年的时光倾泻。此刻，我喜悦于自己的足印，也留在这座大山恒久的字典里。

大山的名字就镌刻在一尊硕大的块石上——“百山祖”，金黄的体色，殷红的字墨，背后是笼着白纱的青峰，葱郁若墨的森林和一道横卧在涧溪上的廊桥。有这个小满和芒种交会的时节，它将自己广阔无际的绿以处女般的方式盛开，与我相约。

我们深入1400米的高山腹地，潮气弥漫，水汽浸润，整座山飘荡在云雾中，山与水相依，林与石相连，瀑与潭相牵，构成了一幅绝妙的凡世仙境图。顺着百瀑沟下来，抬头是荫翳，低头是灵溪。枝叶纷披，溪流淙淙。谷溪开合纵横，瀑布垂帘百余，藤蔓缠绕，万木葱茏。山借助于岁月的手，用四季的往复描述着千万年的轮回，用草木的荣枯照亮岁月的成长。在那些飞泻的瀑布中、攀升的藤蔓中、挺直向上的枝干中，我看到了一种生命的信念，一种自然生态的大美。

那是一种润泽的美。百山祖是一个绿色的深矿，此刻，山峦半笼在云雾中，翠绿铺陈在我的眼前。葱郁的色调从枝叶上分泌出来，不知是树林成就了雨雾，还是雨雾成就了树林。每一棵树、每一棵草都湿着，潮湿着枝干，潮湿着茎叶，也潮湿着自己的视野，那视野里蕴含着一种柔润，散发着一种味道——那是负氧离子的香味，在蒙蒙的水汽里濡湿、上升。细瞅每一片树叶，都像是一面透明的镜子，透着绿的、青的光。这些植物根联络着根，叶纷披着叶，长长细细，疏枝横斜，簇拥在一起，青青翠翠，葱葱郁郁，让整座山都浓得化不开。

那是一种灵魂的美。水是山的血液，流淌于山的每一道肌理中，这一段飞湍如白练，那一段铺展如轻纱。这一泉深深浅浅，清澈见底；那一潭微波粼粼，纯净若无。凤凰瀑上合下开，急湍奔流，玉珠水晶，有凤凰开屏之魅。三曲瀑婉转错落，水流三转迂回，有抛珠溅玉之美。虎啸瀑奔腾直下，回声訇响，如华南虎啸聚山林，令人震撼。整条百瀑沟在山谷间蜿蜒行，或垂直入潭，或顺岩壁铺泻，或淙淙，或汩汩，与奇峰异石相映，形成了“绿、秀、险、奇”之大观。那是大地的脉动，也是百山祖的魂魄。白瀑沟以自己的灵魂和生息，在峰谷层峦中，在飞瀑碧潭中证明了一个真谛：人本自然，人应复归自然。

那是一种澄澈的美。百瀑沟是闽江支流松源之源头，这里的溪水呈现出一种透明的本质，再深的溪、再深的潭都能见到底。说她清澈，清澈之中泛着灵动；说好灵动，灵动之中涵着纯真。这是大自然最美的馈赠，也是大自然至高的纯粹，一如《罗摩伽经卷》中所说：“于树根下出琉璃水，香净柔软流遍姝洹。”行走在这条幽深的溪谷中，我能感到一种来自自然深处浓浓的爱，那爱是如此厚重，如此绵密而悠长。此刻，她以沉静来接纳我，以澄明来拥抱我，让我一时忘记了自己来自另一种尘世，喧闹和欲望都归于沉默。我凝视远山，远山静默如金；我倾听大山深处的风声，没有风声，只有来自百山祖深处的精魂，穿过泥土和草木，直抵我的心尖。

从百瀑沟下来，路边不时闪出一丛野花来，星星一般，在雨气里绽放。此时，百山祖景区负氧离子监测屏显示：负氧离子42572个/立方厘米，等级8级，温度17.2℃，湿度93.5%RH。下到谷底，杂树葱茏，水珠滴翠，更有山花闪现，一朵如半月，一簇如白云，一丛如繁星，青丽，可人。我似乎看到了百山祖那个阳光而俊美的眉眼，那个青春而亮丽的品性，我的心情变得无比惬意、通透。

也许，对百山祖而言，我只是一个地理的过客，一个时间的穿越者，我看到的只是她的一个侧面，一个美人的腰围和裙摆，但我还是触摸到了她温顺与柔美。妩媚不是她的本质，纯澈和高贵才是她的品性。站在这个五月的早上，穿行于这个绿色的岛，看眼前蔚蓝色涌动的海，我想起五百里外自己的三弄老家，那个曾经出没黄鼬和金头蜈蚣的山坡，那个嬉水时激溅着水花的池塘，我深深感到：远离乡村是一种怎样永远的痛，绿水青山的消失让多少游子在他乡奔波，也让多少异客在田园的回望中煎熬。一个叫何思源的人在给百山祖的题词中说："自然和谐天人共喜，举棋护绿立誓自许，珍爱百山永志不渝。"是的，山青水秀的生态是一颗不息的心，能将往昔的灵魂紧攥在怀念的路上，从春天到秋天，从岛屿到沙漠，让那些走在城市道路上的人们一次次回眸。而百山祖这块莺飞草长的土地，正是留给绿色文明的一个生态符号，一个现代文明不可放弃的血脉样本。

那正是一块我找寻许久的净土。

一个村

在浙西的山野里，村庄埋藏了太多的时光，以独处的方式见证自己的成长。她是潮湿的空气中那叶沁着露珠的芽草，是宗祠的庭院里那棵孤独的松柏，是老旧的屋檐下老人那双混浊而迷蒙的目光。

村庄并不遥远，就在这百山祖脚下；村庄却是深邃的，离今天已有千年的时光。此刻，2015年小满时节的一个午后，我与30名来自舟山这块波浪家园的文友们一道，走进大济村，去寻访一个未曾谋面的梦。

时间是一个薄情的大师，用风雨的水墨将大济村涂抹得斑驳黯旧，黄泥墙颓败剥落，一颗颗碎石裸露在空气中，有的斑白如霜，有的土黄似卵。一路走来，随处可见落满灰尘的门枋，门庭已然苍老，灰砖寥落，把人的思绪推向更为深处的时光。只有石臼依然青白，在潮湿的空气里透出岁月坚守的厚度。有农夫静坐在陈家巷的石墩上，就一个，没有第二个，沉默如城市广场里的雕塑。他的脚下是砾石铺成的巷道，蜿蜒沉寂，没有尽头。巷道两旁的老宅露出深深的伤痕，像是来自百年，又像是穿越百年，立在潮湿的岁月里。

如果不是向导介绍，有谁想得到，这隅于山峦坡地的大济村，竟是吴敬梓在《儒林外史》中多次提到的"进士村"。这个不足300人的小村，自宋代至明代，竟然涌现出26名进士，成为名副其实的"进士村"。有资料说：北宋时，村子里出了一个进士叫吴桓，他的长女后来就是当朝宰相李纲的母亲，他的长子吴彦申成为李纲的舅舅，舅甥二人在政和二年（1112年）同登进士。再后来，吴彦申的墓志铭就是李纲所作。该是人杰地灵、书香文脉的绵长吧，才使得这大济村“代有人才出”；该是风和水秀、崇文尚礼的厚德吧，才使得大济村松柏万年长，吴氏成为历史上的名门望族。而此刻的我，只能从那块“延陵世泽”石坊横匾中，看到这个吴氏家族曾经的兴旺和现今的落寞。

想象在那么一天，大济村吴氏先祖的一个堂屋里添置了一张雕花婚床，那婚床上坐了一个端庄的、会持家的女人，婚床前是一对大红花烛，花烛里跳动的是新婚之夜的甜蜜和快乐。不久，这个村庄多了一个个垂髫的少年，多了一首首动人的诗章，在那幽静竹林边，在那涧溪潺潺的堂屋里书声琅琅：“关关雎鸠，在河之洲；窈窕淑女，君子好逑……”再后来，历经了几多寒窗几多风光，从省城会试的院堂里传来金榜报喜的锣声，那锣声经久不息，回荡在村口，回荡在家族祠堂的上空。

现今在大济村，古匾、石碑、墙刻随处可见。“务本堂”是大济村吴氏的宗宅祠堂，庭院里松柏繁茂，厅堂里牌位静默。它建于宋仁宗嘉祐年间，至今已经历了1000年的风雨沧桑。那一年，大济村始祖吴崇煦的儿子，一个叫吴縠的进士，被赐封为“大理寺评事”。而“聿新堂”为明万历十二年(1584年)所营造，前后两组三合层院结构，里面有白石书字三字：“别驾第”，飞檐翘角，气势非凡；还有天井里的参天古柏，人字形的过道用拇指大的青色鹅卵石嵌成。“达德堂”是清同治年间所建，雕梁画栋还在，黯旧的尘色中流传着一个母亲含辛茹苦的故事：张氏新婚不久就失去夫君，可肚子里正怀着他的孩子。她顽强地挺了过来，抚养孩子长大。那个叫吴文奎的孩子不负厚望，考取了功名。更让人感叹的是，张氏宅心仁厚，秉性温良，虽家庭困窘，但仍经常周济邻里，其“达德”之名广为传颂。堂内有一块“名昭彤管”的匾额，既是这位儿子对自己母亲的倾情褒扬，也留下了儿子对于母亲的诚挚怀想。

这些石基石础，这些青砖黑瓦，将大济村的生活血脉紧紧萦绕，苦难与快乐、伤痛与喜庆都在里面点亮，这是一个村庄曾经的梦，一个村庄世代人的梦想。它连着百山祖森林的根，连着百山祖上空的星星。这样的梦、这样的星空，使得大济村人度过了风雨的时光，哪怕是洪涝，哪怕是旱灾，即使身在异乡，即使牵着马儿走在乡试的路上，他们的额头都顶着祖先的嘱托，心里缀满了自己娘亲那道慈祥的目光。

在时光的隧道里，很多村庄都在城市的速度里飞奔，迷失在斑斓的欲望里，离开了自己本来的面目。因为深居大山之中，大济村依然还存在于自己的岁月里，独立在那里，草木、稻谷和香菇在阳光的照耀下，坚守着自己生生不息的成长，舒展片片叶脉，绽放枝头花朵，散发幽幽馨香。也许，很多时候大济村很是普通，易被人们所忽视，但当我深入其中，走近她，凝视她，我感到她是一粒种子，在乡村的泥土里将时光收藏，她的萌芽、生长、成熟和老去，都紧紧连着岁月的根，连着大地的芳香。

今天在百山祖的脚下，人们依然在古旧的屋檐下平静地生活，连着那些鸡埘、柴草、畜粪、锈犁和石磨，唯有门前的荒草、庭中的老树和牌匾静默着，将各自的心思揣摩，不知这风尘里是昏聩颟顸的乱世敕令还是广开言路的太平召书。贫困已然远去，生活有了一种从容和悠闲的意义所在，水稻扬花了，玉米抽穗了，辣椒挂上了红彤彤的铃铛，黄瓜缠绕着表葱葱的藤蔓，而香菇则似一顶顶灰色的小圆帽，见证着这片土地的滋润和肥沃。而我看到的则是一个村庄对于传统文化的默默守望，一个乡村对于久远血脉的苦苦瞻望，还有那些百年前一个个书香与学子缠绕的故事，一个个乡村与天涯相互思恋的天堂。

一个人

野地里往往少有人迹，因为偏远，因为荒凉，但也有例外。这里房屋零星散落，梯田弯曲纵贯，已然一片田园、一个村庄，成为让人牵记的故乡。

村庄就安卧在百山祖脚下，四面群山环立，竹林点翠染绿，野花星星点点，周围田地里种植的多为菌蕈，似黑色的精灵，一夜间就冒出来，在潮湿的原木堆里开出润泽的花。若侧耳倾听，似雨打轩窗一样，我隐隐能听到茎叶在田畴里拔节的声响。生命的繁衍是如此繁复、强大，日复一日，夜复一夜。那是村庄和田野的厮守，是村庄和生命的厮守，也是村庄和岁月的厮守。

这样的厮守已延续了 1000 年。在千年的厮守中，村民们延续着刀耕火种的传统，又是狩猎，又是采集野生植物，将生活的艰辛打磨。他们日出暮归，风餐露宿，在布谷鸟的鸣啾中播下种子，在秋风的金黄中收割苦乐，黑亮的鲜菇渐成人们果腹与生活交换的必需品，而村庄也在植物的繁荣和枯落中变化、成长，兴旺或者衰落，栖居或者迁移。

800 年前的一天，龙岩村一个名叫吴三公的人，放下咸涩的盐担，用目光丈量了这块土地，撸起裤脚，清理砾石，整除荆棘；然后拓土筑篱，荷锄扶犁；继而搭寮制菇，将刀斧砍剁后的阔叶树伐倒于地，在每一个清晨和黄昏，看溪泉滋养菌子的根茎，看朝露润泽菌子的菇叶。吴三公守着龙岩的那些山地，踏山做樯。他在原木上剁花，将香菇的前生和来世育于手掌，从厚厚的茧中抚育出农业文明的瑰宝——“剁花法”。他用心灵感知菌子的生长习性，从“剁花法”到“遮樯术”，让香菇在原木上密密麻麻，让山地欣欣向荣。我回望先民刀耕火种的历史，觉得吴三公制菇的意义一如河姆渡的先民将黍谷在田地里播种，将猪圈在家园里圈养。他真正成就了香菇之神“吴三公”的美名，也写就了庆元“香菇之乡”的历史。那个夜晚，清月朗照，夜风温煦，吴三公点起一炷清香，举起一杯家酿的清酒，祭奠家祖，祈盼明天升起的阳光。

这一段栽培史的开始，也是这个叫吴三公的祖先给庆元留下的开拓。从那时起，龙岩村的草庐上升起了炊烟，窝棚里响起了牛羊的哞咩，闲弃的泥土开始紧紧拥抱种子，菌子在丰沛的大地上着苗、萌发，一如稻禾在春秋的氤氲里拔节、抽穗、扬花。这样的耕作沉浸了几百年，往复了几百年，大地上多了一行与有关香菇的词语，比如“菇商”“菇行”“菇栈”，也多了“朱皇钦封龙庆景，国师讨来做香菇”的菇民歌谣。菇民们成群结队穿草鞋，挑箩头，一路上煨麻糍，喝山泉，用一双脚板闯荡天涯，让香菇走出庆元、丽水，走向福建、江西、安徽。但无论走到哪里，他们的眼神满是这个村庄的草草木木，心中都连着一个“菇神”的名字“吴三公”，那名字连着一座叫作“百山祖”的大山，一条叫作“庆元”的文化血脉。

吴三公就守着百山祖下这片土地，看松源溪流从村庄的绿树上漫过，看飘荡的雨雾从菇菌的根茎上流走，看菇蕈最后凝成了自己一生的荣耀。他是笑着离开这个人世的，是笑着归寂于这块土地的，他一生的心血都化成了香菇的精灵，他生命的意义，全都融入百山祖的土地上，成为庆元不朽的传唱:“斧之丁丁,做樯剁花,棒之笃笃,催菇惊樯……”再后来,龙岩、后广和盖竹一带的人们开始祀奉吴三公,在西洋村松源溪畔矗立起一座特别的庙——西洋殿,全国最大的菇神庙;也有了一座特别的桥,全国单孔跨度最大的明代廊桥——兰溪桥。此刻,2015 年 5 月的小满时节,这座西洋殿、这座兰溪桥就矗立在我的眼前;风水开阳之处,山势巍峨,丛林俊秀,绿水环绕,个体生命的守望在这里凸显出特别的意义,一如在细长的叶片、鼓实的谷粒上所凝结成的稻作文明。

湿润是一种气候,地处浙西南的庆元正蕴藉了这种风生水起的特性,在一年又一年的轮回里,植物的生长始终保持了一种不竭的生命力。越过千万年的光阴,我看见菌菇吮吸着天地之精气滋长,将生活的平淡与艰辛扛在肩上。我看见,无数个早晨和黄昏,这片土地上的生民披着斜阳,在山野与谷地间,在枝叶与花朵中,将生活的期盼和坚守播下,期待季节的回馈,而那一刻,吴三公正伫立在云朵中,痴痴地俯视这片土地,拈须而笑,而他的背后,正站着后稷、伏羲、神农氏……

亲近百瀑沟

复达

游览了百瀑沟,你一定深深地感受到它是那般亲近吧。

从接近山顶的车根步行而下,也就半个多小时,我们却整整走了两个钟头,都因为一路的瀑布,一路的悠然,一路的亲近。

电瓶车在百山祖的山坡上不知盘旋了几个来回,下车的时候,那瀑声便隐约地回旋在心际,欣喜的意绪一下子弥漫出来。

一条幽深的峡谷就呈现在满眼葱绿之中,仿佛望不到底,一级连着一级,一段转接一段,时而顺直,时而曲弯,时而平缓,时而陡峭,时而短小,时而阔长,时而掩映在绿荫之下,时而裸露在灰褐的石丛之间,那白绸似的瀑水若隐若现,变化不断。这样的沟壑中,瀑布连绵,瀑声不绝,也很自然的了。

钟爱水的你不由尽情地雀跃一下,拍起了手。那喜悦之情,在瀑布的面前彻底地燃放了出来。

一处处的瀑布就在你的惊喜中坦然地演绎着,激荡着,令你禁不住地想投身其中,与瀑布来个亲密接触。

凤凰瀑就在眼前,清丽,壮观。看不见凤凰的身姿,凤凰展翅的态势却在飞流的激扬中活灵灵地呈现,仿佛在煽动,在飞舞,一定令你想象起凤凰飞翔的形姿了吧。

抬头望,三曲瀑藏在婉转错落的峡谷中。那水流,三转迂回般,如同一幕玉珠水晶串成的垂帘,直入潭中。抛珠溅玉的飞瀑碰撞着奇峰异石,跌落出一种气势磅礴的神采,惊奇中含着一番秀丽,不能不让你驻足愣愣地观望。

那虎啸瀑轰然而鸣,犹如华南虎在咆哮,啸声响彻山林,雄壮,粗犷。看那瀑布,似乎有些单薄,缺乏一种壮阔的气势,却颇有不顾一切的气概,带着点奔放不羁的野性,无拘无束地奔腾激越,充满倾泻不尽的激情。你是不是感受到男人也该如此?

百瀑沟的瀑布自是当推卧龙瀑。站在观景台上,瀑布那雄健激昂的步伐已飞泻而下,擦身而过，任谁都拦截不住。飞扬的雨丝轻盈飘拂，给人一种舒适的凉意。伫立廊桥下潭边的石墩上，望那瀑布，就在山间的一个缺口处翻滚而下，两边的攀岩植物葱茏浓密，仿佛从天际倾泻而泻，雄浑，壮美。你不由张开双臂，像要将自己置身瀑布之中，一脸的灿烂。

你知道，我品赏过加拿大与美国之间那气势雄伟的尼亚加拉大瀑布，巴西壮阔宏大的伊瓜苏大瀑布，都曾被深深地震撼，也感叹过黄山的人字瀑、雁荡山的大龙湫，然而，要说山峦叠翠，瀑瀑相连，错落有致，又变化万千，似乎只有百瀑沟独有。那瀑布，或如白练垂挂，娟秀，低吟，或如白缎飘拂，轻柔，舒缓，或如白晶溅珠，雄浑，哮吼。瀑声不绝，山谷回鸣，让人难以想象。与你一样，我的心里也是激情连连，早已沉浸在那变幻不断的瀑布之中。

一道绵长蜿蜒的沟谷，一路激越清扬的瀑布，百瀑沟，是不是有百瀑？我未曾数过，但一路回鸣耳边的瀑声从未中断，犹如大风降临时海滩上的波涛，一浪浪的涛声密集相连，绝无喘气似的，令人感觉何止百瀑？

一种回肠荡气的感受有没有在你心底升起？一种畅快淋漓的舒爽有没有灌注全身？一种血脉贲张的激怀有没有豪放地奔涌而来？

哦，那或许是只有男人才拥有的情感。我知道，更诱惑你的，还是瀑水的清洌明澄。

一处处的潭犹如一面面的明镜，就镶嵌在山岙间，或深或浅，或大或小，形态不一，水的清澈却似出同一涌泉。往下看，潭如虎爪，几枚粗壮的虎脚印深陷潭边，潭中一石犹如虎的脚掌，这不就是虎脚潭吗？形象神似，惟妙惟肖。当然卧龙潭最大最深，也最有名。一帘急湍的瀑布下，潭中的水翻涌出透彻的白沫。水波渐渐平缓下来后，清亮出一番剔透的情状，令你禁不住又俯下身去，掬一下。是不是还想在潭中游泳抑或戏水？潭边的一块巨石犹如卧龙，仿佛抬头远眺。卧龙潭该是由此得名吧。据说此潭是香菇鼻祖吴三公的歇脚之处，便有了一种更深的韵味。还有一些叫不上名的潭，浅浅的，潭底枯褐的竹叶、黄灿灿的沙砾清晰可见，那水便如透明状，毫无杂色，一次次地引诱着你，与它们相亲相近。

你终究是抵不住诱惑，不由脱掉鞋子，卷起裤脚，机灵地将一根竖立在潭边的枯枝拔出来，当作手杖，无威又开怀地涉入潭中。水清凉，你说好舒服。弯下腰，掬水而吮，你说有点甘甜。你就捋起了水，一下又一下，沉浸在水的明媚里，悠扬，自在，尽心，仿佛将工作的压力、人际的苦恼全都随水的流动、水的恬淡而烟消云散。水面起了波澜，泛出一圈圈微微漾动的波纹，轻逸、率性，如你的笑靥。这样的情景里，一样的引诱着我，欲想跃入潭中，与你一起戏水，尽情地感受水的舒卷、水的爽美。

望着那终日流泻的瀑布，忽想这瀑水从何而来？山，大多鼓突，看不出有集雨的迹象。要是只下一阵雨，一天的水流过后，想来也该悄无声息了。山顶有没有积水的区域？远眺，也是尖尖的模样，只有群峰跌宕。这只能说明百山祖的雨水丰沛。因为丰沛的雨水，给瀑布注入了源源不断的源水，使得瀑布昼夜不停地吟唱吧。当然，也离不开山上丰富的植被，让落下的雨水积蓄起了能量，渐渐地渗透出来。脉脉细流也汇成瀑布的因子，飞流直下，成为瀑，泻成潭。

也难怪，这位于庆元县的百山祖，海拔虽只一千八百多米，却是瓯江、闽江、福安江的发源地，素称“三江之源”，被誉为“百山之祖”。这样的山，自是古树参天，万木葱郁，峰峦叠翠，峡谷幽深。森林之茂密，植被之丰厚，便可想而知。映现沟谷两旁的浓绿，一团团，一簇簇，起伏连绵，形成一个绿意盎然的深壑。沟中的瀑布，就映现在绿色的扇屏中一般，将绿的意象深深地烘托出来。怎不令人悠然？不令人畅怀？不让人产生一番柔情？你是不是这般感受到的？

沟壑中的山路沿着瀑布，忽左忽右，时陡时平，有的石块筑就，有的木板铺设，缓缓下延。当然还有横跨沟谷的小桥，有木头架构，也有网片悬索，抬头低头皆见瀑布。一路的小道，也呈一路的风景。一边是山坡，一边是瀑水，人行其间，就有一种景致，让你慢悠悠地轻漾出闲庭信步的心绪。或者行走在树林、竹林里，细细的树木、竹枝像是夹道相迎，令你油然涌起一种亲近感，不由轻轻地摩挲它们一下。一棵粗壮的树根部弯曲着，似挡住了路，只一人可行，就抱抱它，依偎一下。不经意间，一条婴儿手臂般粗细的藤蔓凌空而架，游走树林中，不知起点，也不知爬向哪里，却又静静地映在眼前。你不禁一愣，又抚摸一下藤蔓，轻盈一笑。

你说，这百瀑沟真够原始的，自然的。

百瀑沟的瀑布分布密谋之高，又将山、水、林、瀑、潭巧妙地组合，堪称绝景，自是原始的、自然的，当然也是生态的。如此，才更令你钟情，深情地投身于亲近之中，将一路悠游的心情轻扬在沟谷里，流淌着柔美、畅爽的音韵。

快到景区出口时，小路平直起来，一块块的长方形石板镶嵌其间。只见起先的石板上镌刻着：“大自然是万物的家园。百年之中，大自然已经失去很多。善待自然就是善待人类自己。”原来，接下来的是一段“百年生态之路”。数一数，三十余块石板，每一块上面雕刻着 70 世纪初以来世上已灭绝的动物，包括我国的新疆虎、中国犀牛、高鼻羚羊、小齿灵猫等。一幅幅的图景，给人们以警示，也是一种宣示，呼唤人们要善待物种，保护生态。就走在石板的边沿，轻轻地迈动脚步，唯恐在灭绝的动物身上再踩上重重的一脚。

瀑声渐渐消隐，心里回绕的依旧是百瀑沟那原始、自然的景致，那般令人悠哉，令人亲近。让人亲近的景致，也最令人由衷地去亲近它。亲近，就该呵护，像善待自己的眼睛一样。要不，就会如已灭绝的动物，连亲近的机会都无法找寻。

若干年后，你是不是还想再去百瀑沟，重温那眼前的情致？

清泉与大地的和唱

汪群

是大地把爱给了清泉？还是清泉把爱给了大地？

庆元，浙江丽水市的一个山区县，肥沃的大地和丰盈的清泉，恰如一对琴瑟和鸣的夫妻，相依相携，幸福绵长。

来到庆元，是浙江刚进入梅雨季节的日子，尽管亚热带季风气候明显有点儿闷热，但美丽的山水，带给我们更多的是美好的心情和浓浓的兴致。

在庆元，我们看不到冒着浓烟的工厂，也没有看到河里流淌着混浊污水，空气里更没有各种刺鼻难忍的异味。

那天，我们来到距县城27公里，位于五大堡乡又名西坑头的西川村。行进的途中，艳阳还是高照，朗朗晴空飘忽着伸手可触、如棉花般的云朵，苍穹清丽透彻，看上去湛蓝得似一面明镜，深邃而又悠远；不经意间，老天爷又会转换起了角色，拉起了层出不穷、片片旋转的乌云谜团，犹如舞女轻盈的身姿飘然而至，动人心魄；随之而来的，又会是一阵不紧不慢、哗啦啦的轻柔雨点，像一曲美妙的歌声传到了我们的耳畔。刹那间，天空中又升腾起了白雾一片，我们看不清远山和天际，犹如欣赏着一幕变幻莫测的朦胧情景剧，飘飘然，恍若坠入了人间仙境。

我在想，飘逸着的夏雨和云雾，或许是在互诉衷肠，情绵绵意绵绵，又或许是在张扬个性，在告诉我们，这里常年雨水充沛，带给大地的绿意是丰盈润泽的，老百姓的日子也是祥和喜乐的。

当雨雾完全散去时，如同翻开了一幅明媚清丽的山水画卷，我所看到的每一条溪涧、每一张河床，流淌着的水总是清澈透亮，我的愉悦从心底里发出，我的情怀也融入了这里的山山水水。

在庆元，初夏的感觉真好。山里清风微凉，它明显地夹裹着江南那种特有的浓重的水分子气息，使人倍觉神清气爽，更深刻地体验到了夏季里那种湿漉漉、清爽爽的感觉。

面前的山路是湿的，崖壁是湿的，枝叶也是湿的，空气还是湿的。我的心境在这里轻轻地荡漾着，思绪无边地蔓延开去，也难免有点儿潮湿了。

庆元是中国“廊桥之乡”。这里多山多水决定了这里多桥。在庆元的那些日子里，我似乎有了一种穿越时空，浓重而又历久弥新的历史文化味道：在这一座座廊桥上，让我浮想联翩，脚步慢了，眼睛亮了，心绪开了，如同走进了一幕幕刻骨铭心的画面，《爱在廊桥》《廊桥遗梦》《守望廊桥》《永远的廊桥》……

庆元，又是“中国香菇城”。这座“城”，其实是当地的基建农用泥巴、树木“垒筑”的，不是吗？放眼望去，阡陌间、田畴里，那黑黑幽幽一片，一个挨着一个，又与庄稼稍显得“另类”，像鲁迅故里的一艘艘乌篷船，既普普通通，又实实在在。但这些普通、这些实在，菇农们恰恰“演绎”着、“酝酿”着的是一种特别的芳香，和一幕幕耐人寻味的故事。

我们来到通往香菇鼻祖吴三公庙宇西洋殿的兰溪桥，它是一座八字形单孔木拱廊屋桥，桥面以卵石墁砌，层层叠叠，错落有致，古朴厚重。我站在上面，如同站于大地之稳固，我对古人的这种智慧与胆魄肃然起敬，赞叹不已。这座桥的廊屋多达19间，可谓匠心独运，妙趣横生，从每个廊屋里看外面都是一幅风光旖旎的山水画。相传，古时有一兰溪人游历庆元，见此地群峰拱揖，四水归堂，是块风水宝地，遂将其父偷葬于此，故将此地也命名为兰溪。可见，碧水蓝天，与人们的漫漫岁月总会是长相厮守，与日月同存，与天地共荣。

举水乡的月山村，它的后山修竹连绵形如半月，村前碧绿的溪水曲如银沟，村庄坐落其间，如同山环水抱的一轮圆月，这个村又以“举溪八景”和“二里十桥”闻名于世。如龙桥、来凤桥、步蟾桥、白云桥等，造型独特，风格各异，给人印象深刻。行走间，我留意到，在一座座古朴而洁净的廊桥屋里，两侧都置有一条条用巨木锯开的长木凳，上面都会坐有休闲的人，男女抑或老少，他们聊着天，或下着棋，骨子里散发出安逸舒适的幸福快乐。我遇见这样的情景，通常都会掏出相机对着他们取景，他们大多会悄悄移开脸庞，嘴里说着些什么，后来经询问，才知道他们是在说：“我们老了，拍照不好看了。”这样的纯朴善良，很让我酸楚隐隐：我什么时候才能真正地静下心来，也能过上这样的生活？

这里的古廊桥，还成了庆元乡村的“剧场”“书场”，又是各种民间表演活动的舞台。如“端午走桥”，是庆元一项传统的民俗活动，它融合了民间歌舞艺术、服饰艺术和祈祷仪式，与古廊桥情景交融，浑然一体。品读一座座廊桥的历史文化，我觉得在当地的百姓心头，他们亲吻山水为生命依存，热爱廊桥为人生好梦，热恋大地为亘古福祉。岁月里的他们，循循追逐的幸福梦境，总是在这里绵绵不断地演绎。

在一个叫百山祖的山脚，我见地面上竖有一块负氧离子监测的电子显示屏，显示出 6 月 11 日的一些指标：负氧离子：41962 个/立方厘米；等级：8 级，极有利；温度：21.2℃；湿度：91.1%RH。这些指标连劳作的山农都会讲得清清楚楚的。在旁一位 70 多岁的当地老人这样告诉我：“今天的负氧离子还不是最高的，高的时候会达到 20 多万个呢！”

我们在这里坐上了观光游览车，夏天里见驾驶员还穿着一件深蓝色的厚重的制服，好生奇怪。车一启动，就拐进了一条神秘山道，旋即而至的是一股阴冷的“弄堂风”直扑胸膛，我此时觉得双肩好像完全裸露在了外面。忽然想起，事先准备的一件外衣还留在了客车上呢，遗憾至极。在我身后的杭州诗人嵇亦工看我还没有穿上带来的外衣，觉得不可思议：“汪群，你的外衣呢？”他这样的一问，犹如寒战再次猛然袭来。

山色空蒙，一步一景，如梦似幻，送入耳边的沙沙声是飘逸而来的清新云雾，吸入口里清清凉，它似一剂迷药将我的魂魄也勾了过去，周身仿佛一下子有了“热量”，也就没有先前的那种愁肠百结了。

山更陡峭，路更湿滑了，为安全起见，我们在“清风廊”下了车。这个“廊”也就是一座仿古代的木结构亭子，坐北朝南，场地也较开阔，可同时容纳诸多游客在此歇息观景。它的背山处林木深深，遮天蔽日，往上看，直贯而下的一条银瀑不知从何处喷涌而泻，在树木的掩映下如一条条跃动的白鲢忽隐忽现。站在这里目视正南方，视野宽广深远，如置身于一览无遗的瞭望台。远处云雾缭绕，波澜起伏的山脉一时明又一时暗，似龙腾虎跃般跳跃，犹如一幅立体动感的美妙画卷。

“前面就是百瀑沟了！”不知是谁发出的吆喝声，我正要循声望去，脚步早已不自觉地踏了过来。忽然，雷鸣般的水声直灌头顶，送入耳际的是轰隆隆哗啦啦乱作一团的声响，瞬间，大家的惊呼声、欢笑声也被毫不留情的瀑布声给淹没了……

卷入了百瀑沟，让我想起了家乡安吉天荒坪水电站那半山腰上的“藏龙百瀑”——它是生长在浙北地区罕见的瀑布群，但它大大小小的瀑布中最大的落差也只有几十米，可谓小家碧玉了。可在这浙南地区的庆元，我遇见的瀑布沟，给我的直觉是气势磅礴，飞珠泻玉，蔚为壮观。如凤凰瀑，它似一条从天上滑落而下的银河，看不到其出自的源头，又望不尽其奔向的终点。它偎依着艰陡的山脉直壁，那样的激情豪放，似一匹匹雄壮威武的骏马，日夜兼程，奔腾不息，流淌不尽。

此时，我的脑海里也随之飞起了一对对璀璨艳丽的金凤凰，我猜想：他们一定会在庆元的古廊桥上，窃窃私语，话古论今；在香菇的茅草屋里，谈笑风生，酝酿甜蜜；在连绵起伏的竹海深处，载歌载舞。

我终于明白，庆元大地的万般风韵和妖娆多情，是天地间清泉与大地的和唱，它们会永远结合在一起，糅合在一起，你中有我，我中有你。大地和清泉，满载着庆元人的骄傲，怀揣着庆元人的希望，朝着太阳升起的地方，坚定地走出去，豪迈地走向世界！

三 井 溪

吴少云

在百山祖众多的景点中，三井溪早已名声在外。龙井的神奇，溪水的清澈，岩石的灵动，溪流的幽静，等等，都是关于三井溪诱人的美谈。

三井溪的风景在井

三井溪的井，是三井溪的诱惑。井，当地人称龙井，三井即上龙井、中龙井、下龙井。上龙井坐落三井溪村头方向，离村有五六百米。上龙井的具体位置，在一段三级跳溪段的中级。从三井溪村溯源而上，一段平坦的溪流之后，突然就立起一级峭壁，峭壁顶端的平级，就是上龙井。这是极其短促的一级，短促到只容下一个上龙井。龙井的上方，又立起更高的一级峭壁，高度有二三十米。跃上这一级峭壁，又开始一段平缓的溪流。

上龙井呈圆形，冰臼之痕非常明显，整个井面似乎就在峭壁凹陷处，井壁光洁，井水淡蓝，深不见底。上方的瀑布倾泻而下，隆隆作响。因为井较深，偌大的水瀑注入井中，只有水帘下方溅起一层水花。这些白色细碎的水花，很快又被井水吞没了。因此，上龙井的井面，整体看仍是平静的。上龙井的出口是两条被水流冲刷得圆滑光洁的水槽，井水从槽里流出，向下一级峭壁倾泻，又形成一帘瀑布。两瀑夹一井，是上龙井最具特色的景观。

中龙井和下龙井似乎有一些争议：一说中龙井在石壁山山脚，下龙井在两段平坦溪流中间的陡峭处；一说陡峭处是中龙井，下龙井在中龙井下游的又一个稍稍陡峭的地方。两种说法似乎没有定论，即便到了现场，也很难判定孰真孰假，谁对谁错。因为，从下游往上，从有争议的第一井开始，不是三井，而是四井；又因为，第一和第三井之轮廓，没有第二和第四井明显。第二和第四井，井口浑圆，井壁陡峭，水瀑冲入井底，发出隆隆之声，井之形态一目了然。而第一和第三井，初看像水潭，再看不是潭，细看才看出了井的端倪。还因为，三井溪把井的数字局限为三，看的人自然而然就根据自己的感观，在第一和第三之间作一个取舍。偏爱第一者舍其三，偏爱第三者舍其一。

龙井，即冰臼，是第四纪冰川遗迹，距今已有200万至300万年。那时候，三井溪等地方，冰天雪地，地表全被厚厚的冰层覆盖，冰层厚度达到40米到100米。后来，气候回暖，冰川融化，水沿冰川裂隙自上而下冲蚀基岩，滴水穿石，滴出了今日我们看到的一个一个光洁的、圆乎乎的龙井。此为一说。还有另一说，认为是地壳运动，岩浆四处喷溅。因为岩浆质量的差异，或堆积过程中偶尔形成一些气泡，在千百万年风雨侵蚀过程中，那些岩质疏松的石头被逐渐风化，然后被雨水冲刷，或气泡破裂，逐渐形成了形形色色的石臼。两种说法，到底哪一种更准确，也没有定论。许多自然之谜，在真正破译之前，所有的答案都只能是猜想，而不是定论。石臼之谜也不例外。

三井溪那些龙井，看似死的，其实都是活的，它们都在缓慢地长大。有人曾在上龙井游泳时，从井底捡到滚圆如球、打磨一新的球石。不难想象，这是一块不停转动的岩石，是推动井状变化的媒介。千百万年来，当上游那些浮动的石头，被山洪不断地向下游推移，有朝一日，一些浮石就滚落龙井之中。那些分量轻的，在龙井里转几圈依然被洪水冲走，偶尔有几颗分量重的落入井底之后，因为井沿的阻拦，再也不能自行离开龙井了。它们就在水流冲击的作用力下，不断地在龙井之中转动起来，在碰撞、摩擦井壁的过程中，也不断地在磨平自身的棱角，逐渐就磨成了圆球。而井壁也在摩擦的过程中，缓慢地一点点扩大。

三井溪的井，虽然大小形状各有不同，但有一点却极其相似，那就是水下的井壁恰像尖底锅的锅底，呈锥形向井底均匀地倾斜。不会水性的人，是不能试探龙井的，因为龙井里没有可供立足的地方，一伸脚，说不定就已滑落井底。这种形状，非常切合水流转动石球作用力的结果，也印证了石井逐渐扩大的猜想。

三井溪的气质在水

三井溪的水，在三井溪以外的任何地方是看不到的。那种极致的清澈、透明、纯净、柔和，是水之极品；那翩翩的风度、秀逸的模样、至纯的禀赋，构成了三井溪楚楚动人之气质。

视见三井溪之水，第一感觉是怦然心动。水是最寻常之物，如果不是亲眼所见，很难相信一个人能为水而怦然心动。来到三井溪，看到清澈透明的溪水，忍不住，你就要弯下腰，用手轻轻地抚摸；忍不住，你就要用手掬起一把，美美地喝上几口；忍不住，你就要跳入水中，心情舒畅地游一番。

因为清澈，三井溪的水只有两种颜色——淡蓝色和无色。水在那些深井，那些小水潭，呈现的是蓝色，那种如晴空一般的淡蓝色；而在浅表之处，它就透明了，什么颜色也没有。你所能看见的，就是那些躺在水底的大岩石或小石子的颜色。

在三井溪玩水，我无意中有了两个发现。一是三井溪没有泥沙，无论溪面或水底，除了大大小小的石子外，没有见过泥沙，甚至很少看到细沙。毫无疑问，这正是造就三井溪无论晴雨都保持一溪清流的根源所在。二是三井溪没有鱼，我向当地村民专门请教过这个问题，他们稍有迟疑，还有轻叹，但不说没有鱼，而说鱼不多。我又一次去溪里仔仔细细地看，还是没有，奇怪，就连小鱼苗的影子也没见到。或许，这就是所谓水至清则无鱼吧。但愿如此。

三井溪坐落百山祖东麓，从锅帽尖发源流经三井溪段，溪床不大，流程不远，但水流却异常丰沛。用当地村民老吴的话说，除了发大水，溪水全年都差不多。虽然老吴这样说，但我心里不是很相信。都说易涨易落山坑水，三井溪这种山坑，水流怎么可能保持全年不变呢？

带着这样的疑问，我请教了余久华先生。他是生态学专家，在百山祖工作多年，对百山祖的地理气候状况非常了解。他告诉我，老吴的话是真的。因为，百山祖的气候是一种非常特殊的气候。通常的气候状态，温度与湿度总是成正比的，低温低湿，高温高湿，但百山祖却是一个低温高湿的地方。形成这种特殊气候的主要成因，是百山祖独特的地理位置。凤阳山、百山祖及武夷山系，像一块大屏风立于太平洋西岸，它挡住了从太平洋吹拂而来的暖湿气流。那些暖湿气流，遇阻而向高空升腾，遇冷而形成了峰面雨。峰面雨，是一种地域范围狭窄的雨，有时，晴雨之间仅隔一点点距离。三井溪处于大屏风之侧，就成了峰面雨经常光顾之地。百山祖科技人员多年测量数据显示，锅帽尖南侧的茶木淤、三井溪一带，年均降雨量达3000多毫米，曾有突破4000毫米的纪录，比台湾地区的年均降雨量还要大。

原来如此。三井溪源头降雨量如此之大，三井溪水流旱季不旱，长年丰沛，一点也不足为奇了。

三井溪的灵魂在石

如果三井溪只有天然的龙井，只有清澈的溪水，那么三井溪就像一个缺乏灵魂的美女，唯有一副顺眼的容貌，却少了百看不厌的动人魅力。

三井溪是石头之溪。多雨的南方，水流丰沛的河流屡见不鲜，但在溪面散落如此之多的石头的溪流并不多见。如果按体积计算，三井溪的石头远远多于溪水。但对三井溪来说，石头不但不是累赘，反而是溪的灵魂。因为，三井溪的石头，无论连成山体，或孤立溪面，无论大如犀牛，或小如沙粒，无论摆在溪的边缘，或卧于溪的中央，无论暴露于溪水之上，或潜伏溪水之下，无论方正挺立，或斑驳塌陷，它们似乎都不大不小，不胖不瘦，不偏不倚，恰到好处。

水底那些色彩斑斓的小石子，因为有三井溪清净无比的溪水养着，小石子就跟上了漆似的颗颗显得格外清新亮丽；溪边那片从山脚延伸而出的石头，裂缝的灰黑与底色的灰白，形成了无数的网格状纹理，远远望去，就像一幅墨迹淡雅、线条简约的钢笔画；那些整体的岩石溪床，浮石全部洗净流光了，剩下的只有光洁如玉的石板。薄薄的水流随石板的微微凹凸而轻轻起伏，从石板表面漂过，恰像一袭透明的丝质之物款款滑过；那些散落各处大大小小、形状各异的岩石，横竖正侧，远近高低，每个人都可尽情地打开想象空间，随心所欲地让它们变美女，变老人，变乌龟，变水牛……

三井溪的韵味在静

这样的酷暑，置身三井溪，让凉风吹散一身暑热，让清水洗尽一腔浮躁，尽情享受三井溪独有的清凉，细心体味三井溪独特的韵味，这是一件非常值得的事。在三井溪边坐下，当你渐渐滤去龙井的神奇、溪水的清澈、岩石的灵动之后，最终就会归落一个静字。玩在三井溪，走马观花是不够的，它更适合慢慢地、静静地玩味。慢慢地走溪，慢慢地玩水，静静地观井，静静地看石。让人在慢中静下来，在静中慢下去。静身，静心，不动，不语，在静中领悟人生的另一种意境。三井溪的树木和植被是静的，没有刀斧之役，没有锄耙之灾，甚至很少足迹入侵。因为静，它们完全按照自己的生存规律，静静地繁衍、生长、发展，因为静，树木繁茂生长，植被完好无损。三井溪的石头是静的，无论是屹立不动的岩石，或是在溪流里缓慢前移的浮石，抑或是在石井里不断滚动的石球，它们总是以静的姿态屹立着、移动着、滚动着，以千万年甚或亿万年的时光跨度，执着地、心平气和地履行既定的使命。三井溪的龙井是静的，那些隆隆击水之声，融入万籁俱静的深山峡谷，只不过是静的伴奏和衬托。其实，三井溪奔流不息的溪水，它的骨子里也是静的。因为，无论暴雨滂沱，或是朗朗晴空，三井溪的水总是那么清澈纯净。水是清静之物，最怕闹腾，一闹就混，就黄，就浊。三井溪这一溪清流，是静成全的。

那天，我站在三井溪的木板桥头看水，一老汉从对岸背一捆柴火走过桥来。他穿一件灰色衬衫，头发有些长，但胡子却很干净，一定是早刮的，一定刮得非常认真。经过我时，他朝我轻轻地点了一下头，沉静，简洁，礼貌。

我问，四面是山，到处是树，您怎么背回一捆料柴火呀？

他说，一样烧火，一样做饭。

说完，他又轻轻点了一下头，走了。

那一刻，我似乎突然懂得，绅士不一定都是西装革履，三井溪边背柴禾的农民也是可以的。

行走庆元山水间

陈利生

庆元，一个美丽而又吉祥的名字。

于我而言，庆元始终是一个醉人的梦。恍惚间，我常常沿着幽深的山径，在一朵朵香菇的氤氲中，走进一个关于庆元的温润梦境……

对庆元的初始印象，源于大学时代的同窗赵君。当年，我任由赵君在身边滔滔不绝地介绍着，我理解他对家乡的感情，我相信他对庆元山水的渲染。因为在我的眼前，分明幻化出了一朵朵芬芳的香菇，一座座精致的廊桥，展现着亦今亦古的厅观……

在苍茫的浙南山野，在芸芸众生的熙熙攘攘里，庆元依然有一种淳朴而甘冽的韵味。“春虚寒雨石门泉，远似虹霓近若烟”，山城的婉约，廊桥的风流……那些古诗词中的庆元，每每读之，总让我陶醉不已。

没有过多的惊奇，没有过多的刺激，有的只是平静和朴实，这就够了。赵君的热情相邀，终于让我梦想成真。

庆元，我来了。满眼的绿色和满脸的真诚，使我对庆元顿生好感。我信服了，不论风光和人文，庆元一点也不输于作为邻居的龙泉、景宁和仙居。森林覆盖率86%的庆元，被誉为浙江绿色屋脊、绿谷之源，使这座小城毫无悬念地坐上了“中国生态环境第一县”的交椅。

“我带你去一个好地方，洗洗肺哦！”赵君说得颇有点神秘，一下子把我的胃口给吊了起来。

在这个蓝天白云就是美景的雾霾天里，遇见百山祖，简直就是一种福分。原来，这就是“洗肺”的好去处。百山祖，顾名思义为“百山之祖”，是瓯江、闽江、赛江的发源地，素称“三江之源”。

百山祖，让我发现了另一个清纯干净的世界。在这里，岁月静好，仿佛隔绝了红尘；在这里，山风也是有声音的，它细长，温暖而又轻松，像一条柔软的青藤，缠着我们，缠着缓慢的时光……

在浙闽交界之地，竟藏着这样一座“天然氧吧”，让我惊喜不已。沿盘山公路蜿蜒而上，在清水迭出的山谷溪涧里，我们尽情享受着“森林浴”。不时有一挂挂飞瀑映入我们的眼帘，一路纵歌，或低吟，或咆哮……湍急如从天而降的“蛟龙”，那是一种力量的宣泄呀！舒缓如云似雾的纱曼，婀娜多姿，却给人以另一番视觉享受。

你看，那枝蔓藤绕的原始森林中，那些在丛林中昂首伫立的活化石冷杉，不正是百山祖的珍宝吗？那一汪蓝如翡翠的潭水，那不断从地下冒出的涌泉，是否就是瓯江、闽江的源头活水？我们平心静气地做着深呼吸，放飞着旖旎、洁净的情怀。

“百山祖的云海和日出还要美呢！”赵君一边比画，一边兴奋地说，“那个云雾上来了，不理了，有时像骏马奔腾，有时又薄如轻烟！”可惜，这样壮观的景象，我是无缘见到了。

探秘瓯江源，徒步百山祖，行走其间，真有一种“沉醉不知归路”的迷失感……在山间，我们看到一簇一簇盛开的山花，仿佛涌动的时间就要被我偷听到……我想说，这些诗意的片段，都成了我生命里的景致。

尘世真好，做个庆元人更好。

一座有灵魂的山城，在于对历史文化的认知和传承。在庆元，不说那朵小小的菌伞撑起了庆元的一片天，也不说800多年的建县史，单说那个“中国廊桥之乡”的美誉，其所承载的厚重文化，便足可说明这片土地的神奇。

庆元廊桥素以“三最”闻名于世：数量最多、时间最早、质量最高。其中木拱廊桥是世界桥梁史上绝无仅有的一个品类，如今在我国保存下来的为数极少，堪称当世一绝，曲折萦纡的大小河道在环绕间彼此交汇，与纵横密布的廊桥交织成一片古韵浓浓的天堂。那些镶嵌于群山之间，无声无息，如梦似幻的廊桥，就是飘落在庆元大山中的仙子。

水为山之魂，水为桥之侣。远远望去，桥身的影子倒映在溪流之中，宛若长虹卧波，与周围的青山绿水融为一体。踩着晨露，我们凝神静气地走过一座座风雨沧桑的古廊桥：寿命最长的木拱廊桥“如龙桥”、单孔跨度最大的木拱廊桥“兰溪桥”、廊屋最长单孔木拱廊桥“黄水长桥”、记载时间最早的木拱廊桥“莆田桥和双门桥”……

一座座廊桥，如同一个个风雅的居士，优雅地伫立于清风朗月间。置身于庆元的山水烟岚中，品读那一座座楼阁高耸的廊桥，耳畔总能听到那些来自宋元明清的传说……将山水的韵致一点点地镌刻进庆元人的灵魂深处，让人一辈子也走不出它的牵挂。

是画？是歌？看廊桥溢彩，斗拱勾檐，无关澹涵高远。如诗！如梦！看倒影流光，清波印月，只向江流问古今。今天，我清逸的心，穿行于历史的画廊中，心情沐浴在唐风宋雨里。面对廊桥，我的内心突然变得很“柔软”。是啊，“柔软”之于我们的生命多么重要，比如山水的滋润，比如文明的熏陶。

如果说廊桥是庆元的眼睛，那么，与廊桥相连的古村落则是庆元脱俗的灵魂。

有人说，探究庆元历史，可以从认识大济古村开始。一点没错，这个依山傍水的古村很不简单，从宋代到明代竟陆续涌现出26名进士，被誉为“进士村”。在一个当时常住人口仅300人的小村，如此科举成就着实让人惊叹。

“五步一楼，十步一阁：廊腰缦回，檐牙高啄；各抱地势，钩心斗角；长桥卧波，未云何龙……”在大济，我们见到了始建年代最早的两座木拱廊桥，青砖铺就的古道从桥下延伸，接官亭、迎旨门、扁鹊庙保存竟如此完好，还有聿新堂、立德堂、修德堂等众多古民居。徜徉于村中这些明清院落，空气中幽幽弥漫着诗书礼仪的气息。

岁月流转，故人也远，多少风尘，都渐渐湮没于浙南山水之中。纪念智慧老人，历经数百年历史风云，静观小村沧海桑田，见证着村人的离合悲欢。大济古村，在已然斑驳的尊荣和华丽中，面对我们的到访，只是神秘地莞尔一笑。

在庆元，有两个足以令人流连忘返的小村子，一个是大济，另一个就是月山村。因了她的厚重文化，因了她的外粗内秀，我们是一定要去看看的。走到村口，一股醇厚的传统气息扑面而来，一切似乎是那么的熟悉又是那么的陌生。

同样崇尚儒学，月山村也是培育读书种子的地方。据载，历代来这个小村名列仕籍者，居然多达 200 余人，令人刮目相看。家庭读书人多了，文化积淀便一代一代厚重起来。有了文化便滋生儒雅，于是，月山晚翠、云泉晓钟、龙凤两桥、文奎高阁、宝塔东耸、银屏西峙、龙湫灵液、虎胜奇岩等举溪八景应运而生。现存于月山村的廊桥就有五座之多。因为文化，小小月山村声名远播，文人墨客们纷至沓来……

一个深山清幽的所在，加之古色古香的廊桥，有情有义的庆元，注定会演绎出很多浪漫的故事。且看廊桥上的那首《点绛唇》："常忆五月，与君依依解笑趣，山青水碧，人面何处去。人自多情，吟吟水边立。千万缕，溪水难寄，任是东流去。"一座廊桥，藏着古今多少事！这不，几百年过去了，举溪之上遥遥相守的"如龙"和"来凤"两桥，似有说不尽的恩爱，相看两不厌啊！

两个远离繁华、深居浙南山区腹地的小山村，竟积淀了如此深厚的传统文化，并保存得如此完整。我着实惊诧，它们就是活着的中国南方农耕文化博物馆。

"走！荡街去"赵君豪爽地邀我去逛老街。一个"荡"字，尽显庆元人那种悠闲自在的生活。步入一家店铺闲吧，喝着店主递来的绿茶，尝着庆元特产黄粿，好不快哉！这时，店主一句顺口溜把大家给逗乐了："葡萄干、鲍鱼干，不如庆元香菇干。天有情，地有情，不如庆元人民好心情！"

是啊！庆元很美，美在她的自然干净，美在她的清淡寻常。庆元的魅力，在于拥有山的伟岸、桥的柔美，兼之人的气度。

没有什么比得上廊桥更富温情，没有哪里比得上庆元更有滋味。我与你的这一场尘缘，邂逅于行听古道的晚风正浓时。当再一次深情回眸，竟发现，这就是我的心灵故乡！

印象百山祖

吴燕萍

"百山祖。"

头一回听到这个名字，脑中出现的是崇山峻岭、群山绵延的景象。既然名为"百山皆下品，群山我为祖"，定当大气恢宏，气度不凡。于是出发之前，没有百度，更没攻略。我希望自己是在完全没有预知的前提下，突然闯入另一世界里，让世界以崭新的面貌闪亮于眼前，让旅途中所有的想象在美景中展露无遗，或许这样的旅行方有意义。

隐隐青山避暑胜地

有些路你不走下去，就不知道有多美。

看着车子飞奔于国道，两边青山渐渐往后隐去。一个个静静坐在靠窗的位置，心中的期待也更加迫切。对于“山”，我总是有着一种别样的情愫。我总是在想，“山”大约是一个简单又饱满的词。说它简单，从笔画上看，不过三画而已；从形状上看，天下所有山这面貌又几乎大同小异。可是，山又是那么容易引人遐想的一个词，山的那边，有太多的秘密等待我们去发现。而在文学的天地里，又怎能少了山的身影。

你听那个隐士陶渊明是如何吟唱着关于山的歌曲：

“结庐在人境，而无车马喧。问君何能尔，心远地自偏。采菊东篱下，悠然见南山。山气日夕佳，飞鸟相与还。此中有真意，欲辩已忘言。”

在陶渊明的这首《饮酒》里，仿佛看到这位隐士，就那么随手采一把菊花，信步走来，不觉之中，见到南山时的那种悠闲。如今由“南山”引申开去，仿佛又有许多可以勾起你无限思绪的东西。或许山的伟大就在于此，它不再是一个简单固定的意象，它是个能撩拨人内心情绪的圣手。

踏入百山祖的那一刻，我的心异常平静。丝丝的细雨从灰蒙蒙的天空飘洒而下，落在我的身上，顿生阵阵凉意。我忍不住拉扯下衣角，环抱自己。本想用来防晒的衣服，此刻正好成了绝佳的御寒用品。原以为夏天出行，烈日当空，穿梭于暑气之中，游兴会减。可是到了百山祖才发现，仿佛置身于另一个世界里。这里没有酷暑与骄阳，更不必大汗淋漓。唯有丝丝清凉，沁人心脾。在折叠的山间缠绕迂回，踏步而歌。没过多久，脚底便慢慢地泛出丝丝暖意，直至遍布全身，有温暖而无灼热之痛。恰如小酒微醺的感觉，有醉意而无烂如泥之苦痛，这样的感觉，最是尽兴。

百山祖是安静的。它让人远离俗世尘嚣，抛开烦琐杂事，让每个人的内心安静下来。什么都可以管，什么都可以不管，天地之间，只剩下内心，与青松、岩石为伴，与山泉、草木为伍，天地苍茫而寂寥，万物安静而美好。

突然想起文友介绍说，百山祖定位是避暑胜地，我忍不住想要开启点赞模式，真的是太恰如其分了。在百山祖的字典里，大约是没有“盛夏”的概念，有的只是清凉与静气。空气特别清新，负氧离子特别多，轻轻地吸一口，感觉满满都是舒服。在这清清凉凉的世界里，避的不仅仅是暑气，更有尘世间种种的喧嚣。岁月，原来可以这么静好。在百山之中尽享美景，我似乎觉得自己身上也沾了百山的仙气，有些飘飘然的样子。

汩汩隐隐青山避暑胜地

养心山水间，醉美百山祖。

这是我听到的关于百山祖颂歌中最为动情的。养生之外，还得养心。的确，在百山祖，养眼、养生、养心，你完全值得拥有。

一走进百山祖，在隐隐的青山之中，便夹杂着汩汩清泉，水的存在，让原来就云雾缭绕的山脉，多了一种灵动之美。所谓山青水更秀，水秀山更青。山山水水，总是相依相伴。山与水从来都是密不可分的。百山祖属洞宫山系，主峰百山祖海拔 1856.7 米，被誉为“百山之祖”，是瓯江、闽江、赛江发源地，素称“三江之源”。原来不仅“百山我为祖”，而且“三江亦为源”！

作为三江之源，百山祖无论溪水、涧水，还是飞流而下的瀑布，无不透露出这样一种亲切的味道：可亲可近，不离不弃。它始终围绕在你身边，整个行程下来，它一直都在。你瞧，那个名唤“凤凰瀑”的，边上立着一块温馨提示牌，寥寥数语，让人顿生温暖的感觉。抬头再看那挂瀑布，远望像凤凰展翅，凌空跃起，长长的水流就像瀑布的拖尾，潺潺而下。近观，在峭立的悬岩中，流水哗哗而下。飞溅的水珠像轻盈的舞者般，跃入草丛，扑入潭中，悄悄躲藏后，再也寻不见。

百山祖的路十八弯，百山祖的瀑布也跟着曲曲弯弯。在婉转错落中迂回，瀑布就如曼妙的女子，仪态万千。她时而轻歌、时而曼舞，总是深情地萦绕在山的一旁。走过四季，走过风霜，潇潇洒洒，一路高歌，一路吟唱。

出了谷，下了坡，还有无数的瀑布相随。因为水的灵动，让山更富有魅力；而因为山的雄姿，也使水更加温柔相伴。《老子》中说，“上善若水，水善利万物而不争”。水有滋养万物的德行，它使万物得到它的利益，而不与万物发生矛盾、冲突。水又至善至柔，与人无争却又容纳万物。人生之道，莫过于此。

百山祖用它的宽厚，迎接着每一位前来的游客。在如此安静的深山里，伴着流水淙淙，看着天上云卷云舒，或许，日子就是在这样的惬意中，慢慢地走过。

枝枝叶叶总关情

天地山水，皆有魂魄，而草木花石，当属永恒之精魂。

沿着山间的台阶慢慢而下，我听见了山涧溪水清脆地撞击岩壁，欢快而跳跃；我闻到了泥土草木散发出的阵阵幽香，清新而迷人。一路走，一路看，那些叫不出名的花儿，小巧而淡紫色的花瓣，像一盏盏盛满了琼浆玉液的托盘，给山间带来了生机。

我知道，百山祖又是博大的。由于地势较高，坡度又在，百山祖的植被也异常丰富。那一棵棵矗立着的树，那深深的绿意中，似乎每一棵又有所不同。单是科类，就有杜鹃科、木兰科、壳斗科等。那么多的植被，看得人眼花缭乱，好在很多树上都挂着身份牌。于是我可以慢慢查找，细细区别。比如那棵树干粗粗的、外皮则规则龟裂的树，竟有个好听的名字叫“甜槠”，甜槠属壳斗科。若不是亲眼所见，简直不敢相信，“名”与“树”很难相符。还有个名唤“多脉青冈”的，也属壳斗科。树干有几分相似，树皮同样粗糙，只是没了裂纹，也难怪会是一家子。

慢慢走，一路欣赏美景，一路说说笑笑，同行中的两个开心果，总是在不经意间逗得大家发出阵阵爽朗的笑声。就这么不知不觉中，来到了这个称谓“古道杜鹃谷”的地方。因为盛夏，杜鹃花已没了踪影，可是杜鹃的精魂仿佛依然还在。

在台阶的转角，一棵如胳膊般粗壮的树枝，探出长长的枝干，原来它的名字叫鹿角杜鹃。弯弯的枝干，是有几分鹿角的样子。几步之外，还有棵同样以动物命名的杜鹃科树木“马醉木”，难道是马儿都要醉了的树木吗？或者是马儿也想徜徉于成片的杜鹃花丛中吧。你瞧，在这盛夏之际，马醉木牵出几条细小的树枝，密密麻麻交错一起，像是千年老妖的触须，在那纠结难缠的藤条与枝枝蔓蔓中留下一片片的阴凉。

不经意间，看见香冬青绿绿的树叶丛中，点缀着白色的花朵。因有了点点鹅黄花蕊的衬托，这些白花在雨水中越发显得清逸脱俗，呈现花中仙子的美姿。一阵微风吹来，有花朵轻轻飘落，落在山间的小溪里，随着流水缓缓漂移，那远看的样子，又似出水的芙蓉，兀自在水里轻轻摇曳。

无论是哪一棵树，还是那不知名的草，既有水的灵气，又有山的博大，让每一位来访者，有种寻隐者不遇的深邃，一不小心与古老的时光撞个满怀。

悠悠古韵香菇魂

天赐宝，菇香飘四海；世传奇，民富忆三公。

在百山祖山脚，路边陈列的木头上，直观地展示着朵朵的香菇，原来百山祖还是世界人工香菇的发祥地。据说关于香菇的发现，还有一个美丽却哀伤的故事，因为这个故事，让迷人的香菇也如创始人吴三公一样，显得特别神秘。在这翠谷山林之中，在这养心的绝妙去处，大自然也孕育出了天地间的精华，滋生出了香菇这一“植物皇后”。“香菇之乡”的美名，让庆元的名声也传播四方。

在山脚的小屋，见木桩上有诗一首：“昼出耕田夜织麻，村庄儿女各当家。童孙未解供耕织，也傍桑阴学种瓜。”原来，再美的山，也是要接地气的。小小一首诗，勾画了浓浓的乡间人家烟火之气，透露出小儿的天真纯朴与童真之趣，让人心生亲切。却在不觉中勾起许多往事，在心中泛起阵阵涟漪。简简单单的场景，却将历史铸成永恒，这便是“印象百山祖”带来的思考。历史与文化，慢慢在这儿积淀、繁衍，从而逐渐形成了山美、水美、文化更美的百山祖独特的艺术魅力。

天地有大美而不言，四时有明理而不议。

于是我想，如果说，“群山绵延，绿意滋生，云雾缭绕，空气清新”是大自然赋予天下苍生最好的礼物的话，那么，“山中有真意，入山是修行；万物通性灵，参详方可知”，则是每个人内心自省的不同认知。它可以在每个人心中留下印记，恰如百山之祖。要不然，为什么离开百山祖那么多天了，我的内心里即始终记挂着，留宿百山祖前一晚上看见的满天繁星呢？

山中何所有，涧中多飞瀑。
何恋而不返，养心天地间。

城底述旧

姚绥

岁月如歌，人生如梦。人总是自觉不自觉地会怀旧。一件旧物，一张旧照片，一部老电影，都会让人的思绪回到了往日的岁月时光里。怀旧是一份坦然，古往今来，春花秋月，晨钟暮鼓，史海钩沉，令人感慨良多。

薰洋，古松源乡驻地。南宋庆元三年（1197 年）庆元设县时被首任县官富嘉谋选中为县治所在地，成了县治的政治、文化中心，改称“城里”。庆元方言“里”与“底”读音似乎有点相同，最终被完全叫成了“城底”。松源曾称濛洲却被忽略，人们习惯把松源的两大区块直称为城底、后田。

旧时城底主街有前街、后街、东门街、北门街等，街道地面砖石铺就。连甍结栋的木板壁临街店铺，商贩云集，买卖兴旺，财源茂盛。漫步于此偶有古香余韵之感。各条老街两旁分布着许多纵横交错的卵石巷道，或长或短，或宽或窄，古朴清幽。巷、弄两旁的泥墙黑瓦宅院，错落有致。受风雨剥蚀，墙面留下岁月的痕迹，年轮的印记。寻常百姓人家精致的砖砌大门，厚重的门扇开启、关闭时发出的“吱嘎”声。盘旋在房顶上那袅袅炊烟，映现了这里的兴盛。老街、巷弄显得斑驳陆离，幽深而质朴，让人有不尽的遐思。

为防匪寇侵扰，明朝嘉靖二十五年（1546年）时任知县陈泽主持修筑城底城墙，城墙周长2000余丈。开有四门：东称“丰山门”、南称“济川门”、西称“薰阜门”、北称“云龙门”。嘉靖四十一年续修时，又增开太平门和小水门。每座城门都建有城楼，环城设12个窝铺，供兵丁驻守。城墙的北面临松源溪，西面濒竹坑溪。东面和南面无溪则凿城池引水，深一丈，宽二丈，俗称“护城河”。

县衙署设在城底中心，坐北朝南。衙门呈八字形，面朝前街，两边分置钟、鼓，上有谯楼。衙门内东侧是官仓，西侧是监狱。二进是仪门，门内设大堂，大堂前的甬道中间立有“戒石亭”。甬道两边各有一口大池塘，既是景观又防火患。大堂上挂“明镜高悬”匾额，为县官升堂办案地方。左、右两侧是官府各职能人员的办公处。三进是县官及吏员、衙役的公寓，有便门通至后街。1973年庆元县恢复县制，1974年古衙署整体拆除，改建为多幢县委宿舍。

自南宋庆元三年（1197年）置县至1949年民国止，历任庆元县官有史可考者233名。封建时代许多官员在其任职的官署、衙厅有撰题对联的习惯，以表明其官风、心迹、抱负、政愿等。堪称典范的是清朝嘉庆十八年（1813年）知县吕璜，他撰题挂在大堂的对联是：

我也曾为冤枉，痛入心来，敢糊涂忘了当日？

汝不必逞机谋，争个胜去，看终究害了自家。

吕璜（1777—1839）字礼北，号月沧，广西永福人，清代文学家。上联是指自己曾遭受冤枉坐了15年冤狱，昭雪平反后考取进士，当了县官，不敢糊涂忘记了当日所受痛苦。下联是警告那些贪赃枉法的人，不必奸诈逞能，否则终究要害了自己。史书记载，吕璜在庆元当了一年多的县官，虽然时间不长，但他诚信办事，公正廉洁，明决果断，确实为老百姓做了不少好事，深受庆元百姓爱戴，人们称他“神宰”。离任时，万民送别，不忍离去。吕璜离开庆元先后在奉化、镇海、钱塘等地任知县，后升任福建延平知府。

环绕城底街坊四周的水渠，系明朝万历七年（1579年）知县陈九功负责建造，因此又称官堰。供城底居民生活饮用、洗涮所需和预防火患。其水源来自城底西门外的竹坑溪，在马蹄岩筑坝拦水入渠。外围渠道总长有3里多，水自马蹄岩坝随渠道流至城底弦歌坊。弦歌坊设有水闸，调节水流向城底东、西向水渠。水源充足，长年不竭。官堰自古以来至二十世纪五十年代均有专人管理，及时疏浚。官堰水经城墙洞口流出后灌溉城墙外的水田，再排入松源溪。1978年城底老街道进行扩建改造，官堰被盖上了水泥板，成了排水阴沟，完成了它为城底居民服务了400多年的历史使命。目前保持原状的只有弦歌坊至西门外原来就很狭窄的一段。

位于老街的官井直径1.96米、深3米，始建于明朝天顺年间。其水质清澈味甘，冬夏汲之不竭，是城底居民主要饮用水源。

城底有着深厚的历史文化内涵和许多自然景观，古濛洲八景中就有石龙烟净、云鹤松阴、双潭石印、霞帔丽日四个景点在城底的周围，可谓别有洞天。离城咫尺，以悬崖峭壁，怪石嶙峋为奇的石龙山，耸立于县城北门外。暮春时节，烟雨初霁，山色如洗，登临其境，顿觉“树梢烟浮碧，嚣尘净此间”。古时为游览胜地，文人墨客常来此咏怀酬唱。1978 年县人民政府将此山辟为革命烈士陵园，今茂林修竹，亭阁掩映，游人不绝。

球山在城底咏归桥头，低矮圆浑，形状似球得名。山顶上建有如意楼，依山傍崖有九曲岭，系游人登山之径。山的北面悬崖峭壁间刻有著名书法家郭仲选先生的“濛洲胜境”手书。与咏归桥一步之遥的山脚登山处有一块大石碑刻有篆体书法“球崮倚虹”四字，与咏归桥相映成趣（因登山改道，此碑被撤）。庆元知名人士，乡土文学家姚德泽先生曾题“球崮倚虹”诗一首，意境深远。诗曰：

松源处处武陵畴，料数斯山景最幽。
桥卧双潭观龟泳，岭盘九曲眺龙游。
翠苍互映隐琼阁，朱碧浑凝簇锦球。
应是娲皇熔彩石，溅飞一滴落濛洲。

濛洲公园在松源溪南岸，原是一片溪滩，1984 年辟为公园。东有大桥横架，西有石龙潭、咏归桥和“小蓬莱”亭相依，现有廊桥博物馆增色。地处城底中心，是人们晨间或茶余饭后最好的去处。位于原党校内的“生态公园”是以园林观光、休闲、健身为主的多功能型的城市山地公园，园内有香菇博物馆。体现了“山中有城，城中有山”的构思立意。公园景色优美，面对波光粼粼的松源溪。山的伟岸，石的气势，水的灵韵，林的秀色构成了山光水色，五彩缤纷的景致，与诗画般的意境。

东门古城墙外东侧的护城河上，有一座石板桥，宽约一米，长约七米，名称“仁养桥”（旧址是现石龙街与云鹤路交界处，20 世纪 70 年代末拆除）是过去东区通往北区的必经之道，据说元朝末年吴国公朱元璋占领处州后，常与元朝福建守将陈友定发生战争。有一次朱元璋兵败，从福建只身逃经此处。后面追兵很紧，难以逃脱，就隐匿在两旁芦苇丛生的这座小石桥下面。追兵没有发觉，从桥上走过，朱元璋幸免于难，所以这座小桥被称为“人下桥”。后来朱元璋做了明朝开国皇帝，谁也不敢冒犯皇帝的威严。为了忌讳朱元璋的那次旧事，庆元人就用谐音方法把“人下桥”改称为“仁养桥”。

坐落在前街与北门街交叉处弦歌坊的“木牌楼”系清朝咸丰年间复建，古香古色。20 世纪 80 年代旧城改造时已被迁移到西门外石龙寺岭尾，得到了妥善保护。庆元自古以来廊桥遍溪，城底也有四座分别静卧在松源溪石龙潭上的“咏归桥”和横跨在竹坑溪上的“登云桥”“太平桥”“袅桥”。如今松源溪上的“咏归桥”、竹坑溪上的“袅桥”得到很好保护，古韵含香，蔚为大观。而“太平桥”“登云桥”早已被改建成了现代石拱桥和水泥桥，已成“廊桥遗梦”。

抗日战争时期浙江省丽水等地相继沦陷，1942 年国民党浙江政府及省级机关相继从云和迁到素称“地虽弹丸，势如铁瓮”的庆元山城。随着省级党、政、军机关以及中央、中国、交通、农民四家省级银行和省合作金库等各界的迁入，庆元成了抗战的大后方。省政府主席黄绍竑的临时“公馆”设在城底山头坪。大量军、政机关人员和家属如潮水般涌进，使原本安谧平静的城底顿时沸腾起来。到处可看到衣着华丽，穿戴时尚的小姐、太太和身材魁梧，胸佩勋章的军官和政府公职人员们穿梭在街头巷尾。给长期处于闭塞的庆元山城带来了色彩斑斓，呈现出一片战争中的“繁荣”。整个城底东门街、北门街、前街、后街店铺生意火爆，摊贩遍及各个角落，波及城外东向的后田街。人流如潮，喧嚣嘈杂，空前热闹。同年，日军退出丽水，省政府机构和各界人员相继回到云和。城底还原了平和宁静，可谓昙花一现。

解放后，随着社会的进步，城底已失去了古朴厚重的身影，取代的是钢筋水泥结构的现代化建筑，旧貌已换新颜。若想寻觅点古韵气息，除北门至西门老街(现弦歌坊巷)还可依稀感受到曾经的沧桑，以及南门上仓巷里的姚氏宗祠等屈指可数的几幢明、清古建筑能让人怀旧外，其他已少有踪迹。

往事如烟，一场场尘世旧梦，刻录下岁月的记忆，也储存了怀旧永恒。每一次的记忆无论是经意还是不经意，总是像汩汩流淌的泉水，时常在你的脑海中涌动。怀旧似残花滴落，又似春风再生。

第三节　地名轶事

大济一门双进士

自北宋年间，大济村吴姓肇基始祖定居这个青山环绕，山涧叮咚的福地之后，他的两个儿子就在十年内分别得中进士，此后，大济吴氏的文运便一发不可收，仅仅两宋250年间，就有26人进士及第，获得了令人咋舌的荣誉。当时，以“一门双进士”成为佳话的大济吴氏，更是获得了皇上的恩准，得以在村中的济溪之上修建廊桥，以纪念文运之盛，这座后来被命名为“双门桥”。

月山村传说

据传，月山村最早称为东庄，吴诩的母亲李氏，原居松源，公元1000年，因丈夫吴伉不幸病故，于宋景德元年带着8岁的幼子吴诩，来到东庄搭寮居住，艰苦度日。东庄的对面是金乡，金姓颇繁，时有凌弱之举。一日，李氏浣纱上游，遇仙人指点，吴氏渐盛，此后故名举溪，为吴氏发祥之地。李氏教诲子孙，要以金姓恃强欺贫、导致家族衰落为前车之鉴，继承和弘扬先祖忠厚善良家风，积善行德，文章济世。以至举水奠基以来，文德武功，代有显人，名列仕籍者多达200余人。可谓文人鹊起，仕宦蝉联，一度被誉为“庆邑之冠冕”。

吴懋修与举溪八景

据县志记载，吴懋修(1603—1674)字乐进，号如山、玉山，其父吴希点曾任福建省连城和广东省惠来知县。吴懋修自幼随父在外习武诵经，崇祯十七年明亡，前往福建投奔鲁王，任兵部司务，曾与刘忠藻联手攻打庆元县城。兵败后隐居故里，著书立说，规划建设了月山晚翠、云泉晓钟、龙凤两桥、文奎高阁、宝塔东耸、银屏西峙、龙湫灵液、虎胜奇岩的“举溪八景”和吴氏宗祠，立下规矩，保存了这些景观。深得村民爱戴，被后人尊称为“八老爷”。

如龙和来凤

传说来凤桥和如龙桥同时建造，且如龙和来凤是两个青年男女的名字。千年前，举溪两岸分别住着吴、陈两大家族，一年大旱，吴陈两家为争举溪之水入田灌溉而大动干戈，从此结下宿怨。又是一个可怕的旱年，两家人为溪水拿着刀棍对峙两岸，火拼一触即发。就在这关键时刻，有人想出了让两族武功最好的吴如龙和陈来凤比武夺水的办法，结果吴如龙和陈来凤各胜一场，平分溪水。第二年的八月十五，举溪两岸喇叭声声，吴陈两家喜气洋洋，吴如龙、陈来凤在乡亲们的祝福中，结为夫妻。为了纪念这喜庆的日子，吴陈两家决定修建如龙桥和来凤桥，让后世子孙和和睦睦，恩恩爱爱。两座桥相连着一个美丽的爱情故事，一对勇敢善良正直无私的年轻人，永远留在了村人的心上。

西边村“填井”

黄田镇政府驻地西边村，昔名“长蝉街”。它坐落得不偏不倚，正好是三济、黄真、竹口等地到曹岭、小梅去的中心。由于山货土产都要运往曹岭集散，来往行人络绎不绝，确是个热闹所在，沿着村街开设着鳞次栉比的店铺，因而得了个“五里长垟街”之名。

且说这地方水井特别多，大的、小的、深的、浅的、方的、圆的，清的、浑的俱全，从村头到村尾，一共有 36 口。有了这么多的水井，使村上的群众吃、喝、洗涤，施肥灌溉都方便极了。可是，有一年来了个阴阳先生，他指南指北指东西用罗盘“括”了一大阵，就信口雌黄地说：“这个村啊像条船，如今你们掘了这么多的水井，“船”就漏了底啦，得赶快把它填了，否则人丁不发”。

群众哗然了。大家唯恐“船”沉人逝，就一齐来填井，填呀填的一连填了 34 口，眼看全村的水井都快要被填光啦，这时有位老人忙出来阻止说：“不能再填呀，如有火灾，从村外取水，远水怎能救得近火？”这才留下了两口，至今还在。

然而，井被填了，村庄并不见兴旺。月易星移，“五里长蝉街”也不称其为“街”了。人们只好将它与“东边”的村对称，改村名为“西边”。尤其是洗件衣服，都要赶到村外小河里去，吃喝用水也得用毛竹筒从远处接来，十分不便。入家后悔地说：“上了阴阳先生的当啦！”

一岭隔了两天地

话说元朝至正年间，本县南乡毗邻福建政和县边境，有个小村叫新何。因是宋末曾任庆元县巡城校尉的何观宝第四世孙何允中在此肇基而得名。这新何村四面都是高山，中间是块盘地，村子就像坐在井底一样。真是无巧不成书，好像是造物者有意安排，在新何村的头上却傲然高踞着另一个村庄，引颈张望，大有仰人鼻息之慨。新何村的何娃子孙哪肯屈居人心，就下了决心说：“不怕你高在天边，也要搭座鹊桥把你连接起来。于是就筑了一条陡长的，石岭，直上那个村，这条岭就叫“上天岭”，并把新何村更名张地，上面那个村就叫张天，把天地连在一起。如今，张天虽已划归政和县了，但它好像与张地是孪生兄弟一对，人们习惯地把两村连在一起叫“张天张地”，陌生人一听还以为是同一个村呢！

铁车的誓言

在峰峦起伏的合湖乡西面，有个小村叫铁车，这“铁车”两字，很不像个地名，原来它有一段辛酸的故事。

相传这个村的开祖太公原住云和苏姑林，是个老实庄稼汉。有一年冬天，家中丢失了仅有的两间破屋和几亩薄田的契据，他原以为是妇女不识字，当作废纸烧掉了，叫大家不要声张出去就是。

这样风平浪静地过了半年，看看年关就要到了，正当他们暗自庆幸的时候，忽然邻村一个财主家的管家带着一帮狗腿在过年那天突然来到他家，说是凭契管业，这房子是他家主人的，逼着太公搬家还田。太公拼着老命也不肯把这祖辈留下的产业丢掉，就据情据理跟他打起官司来。

俗话说：“只有牛轭入衙门，没有竹竿进官府。”在旧社会，穷人打官司是包输的，何况契据又落在别人手里呢，结果太公把房屋田地全输掉了。

这天上掉下的灾难，逼得他怨气冲天。他发誓“好马不吃回头草”，带着老婆儿孙离开苏姑林，到这山沟里搭起了个茅草寮住下，租地种田，重新创业，并将所居之地取名“铁车”，意思是“誓言为铁石，决不蹈前辙”，告诫子孙要永远接受这个教训。

兴一个底墅，灭十八个村

相传南宋淳熙年间，我县东部底墅村还是一片杂草丛生的草莽地，周围环列着栏下坑、上堂、隘边、闲坛丘等18个小村。这些小村人口虽然不多，但家家户户都有饲养牲畜的习惯，特别喜欢养鸡。在商品经济不发达的封建社会，穷人养鸡也是一条生财之道。但由于种种原因，年年总有不少鸡被糟蹋了，乡亲们只好归咎于“命运不好”。

一天，一户人家的大母鸡忽然失踪，过了两个月，有人发现这只母鸡带着一群滚圆肥壮的小鸡在草莽水边欢叫。人们跑来一看，原来这母鸡已找到比村里更适于生活的“安乐窝”，它已在这里“安家立业”休养生息了。

住在附近的吴百六公，是个精于堪舆之术的人，从肥壮的小鸡身上得到了启发，认定这里必是“发祥”之地，对繁殖后代将大有好处，于是带头盖起草房，在这儿定居下来，住了几年，果然人畜兴旺，邻村的人，也像遇到了宝似的，纷纷迁来。就成了一个村庄。因为这个村坐落1 8个村里面，开基时又多是茅屋草房，就取名底墅。

这底墅也果真是个好地方呢。从南宋建村，历经元、明、清，着实出了不少有名人物，如明朝万历间的吴文源（又叫响九公）在福建丰城当过知县，由于勤政爱民，备受当地群众尊崇。此外还有不少贡生，监生以及被封建官府视为德高望重的“介宾”。星移斗换，底墅在岁月递增中一天天兴旺起来，终于成为今天拥有一千多人口的大村。而当日周围18个小村，早给历史长河淹没了。因此一直到现在还流传着这样一句话：“兴一个底墅，灭十八个村”。

留香村留“香”后世

庆元县东部，有个80多户人家，近500入口的山村叫留香，这个美好的村名是怎样得名的呢？

原来在交通闭塞的古代。这个村是竹坪通往县城的必由之道。从元代至元年间这里就住着胡氏的祖辈，当时他们从来往行人中，看到不少人因打官司弄得倾家荡产，妻离子散；或者终年奔波，不得安宁。胡氏祖辈向以行善为乐，他们想到了“冤家宜解不宜结”的古训，就利用本村优越的地理位置，向为了打官司而经过本村的人展开了排忧解纷的工作。留双方住下来，殷勤招待，苦口婆心地好言劝导，使双方深自反省，释怨罢讼，言归于好。不少“冤家”在至诚感动之下还变成了“亲家”，因而博得了远村近邻的赞誉，大家给这个村取了个美名叫“留香”，意思是让它留芳名于后世。至今留香人谈起自己的村名，无不为祖先的善行而自豪。

“抱梁桥”和陈嘉猷

横跨竹口溪上的阜梁桥，建于明永乐九年(1411)，可是当地群众却称之为“抱梁桥”，把它跟北宋礼部尚书陈嘉猷挂上了钩，流传着一个移花接木的神奇故事。

民间传说陈嘉猷生下三天就会说话，四岁就能与中了秀才的叔叔对对联，把叔叔喜得心里乐滋滋的。六岁那年叔叔带他上街游戏，忽听得鼓乐喧天，人们都涌向街头，原来是新造的那座上盖廊屋的闲桥今天举行开桥大典，特地请了城里一位有学问的老先生来题名书匾。叔叔就携带陈嘉猷去看热闹。只见人头攒动，拥挤不堪。他两人挤呀挤的，一直挤到里面，只见桥当中摆着一条方桌，桌上横着一块红漆匾额，旁边放着文房四宝，老先生正手握大狼毫，饱蘸浓墨，在匾上比比画画，一时却难以落笔。旁观者屏息凝神，挠头抓腮，好像在替老先生着急。这时忽听人群中有人大叫一声：“还不快写，让大家久等！”老先生猛吃一惊，手中大狼毫差点落在地上。回过头来，只见是一个孩童踮着脚尖，伸长脖子在人缝里催他呢。顿时涨红了脸。愤愤地说：“你有本领，你来写！”“嗒”的一声把狼毫大笔摔在桌上。这可让大家慌了神，叔叔连忙打躬作揖向老先生赔罪。老先生气得吹胡子，瞪眼睛，全不理睬。大家你一声，我一句，责怪小孩多嘴。岂知陈嘉猷一脸稚气，笑嘻嘻地说：“我写就我写，只是我人矮写不着。”事到如今，叔叔也只好破罐子破摔了，就把只有平桌高的陈嘉猷抱起来写。只见他握笔一挥，龙飞凤舞，“抱梁桥”三个苍劲行书，跃然展现在人们面前，博得四周掌声雷动，在鼓乐和鞭炮声中，挂上了这块六岁孩童书写的桥匾，这座桥就被命名为“抱梁桥”后来陈嘉猷在南宋绍兴年间由神童科登乙丑榜进士，官至礼部尚书，死后墓葬竹上村伏石岭，在竹下村还留下“神童井”“神童故里”等古迹。陈尚书6岁题桥匾在竹口一带长期传为美谈。还有人说解放后这座桥被拆毁时还见到了那块匾。只是陈嘉猷死于南宋嘉定六年(1212)，“抱梁桥”建于他死后198年，题匾当然不可能。故事虽属误传，但我们中华民族五千年的文明史，有相当部分瑰丽篇章是劳动人民用丰富的想象力塑造出来歌颂自己心目中的民族精英的，6岁神童题桥名不也是其中一例吗？

白柘洋原名“百只羊”

官塘乡的白柘洋村是我县最早建立党组织和村苏维埃政权的老根据地。早在1938年白柘洋人就为党的事业作出了贡献，它的光荣事迹已载入庆元史册，传之后世。可是白柘洋村名由来的一段神奇传说，却鲜为人知。

据《庆元县地名志》记载："白柘洋昔名百只羊，后谐为今名。"那是怎么一回事呢？

相传很久以前，这个村的水口是一处"生龙口"，两边对峙的高山，合拢难分。村里六畜兴旺，有一户人家养了一百只羊，他每天杀掉一只，可是第二天一数仍然是一百只。

这个奇迹被村民认为是永远昌盛吉兆，于是就把村庄叫作百只羊。

后来村里来了一个游方道士，听村里人谈起水口两山掘开又合，出门要翻山越岭，真是奇怪。道士听了顿萌恶念，说这是妖魔作怪，要把人困在村里，永无出头。村人慌了神，连忙请他"搭救"。他神秘地说："只要在三更半夜，用白犬血来祭，妖魔就被镇住了。"村人信以为真，就照办了。后来两山果然分出一条通道，无须爬山越岭了。但那户人家养的百只羊却保不牢了，杀一只，少一只，百日之后，一头也不留了。其他人家的牲畜也弄得多灾多难起来。直到现在，村里老年和青年人都会讲这故事，还骂那道士断子绝孙，破了村里的"生龙口"。从那时起，村名就按近音谐为白柘洋了。

双井村真有两口井

黄田镇有个双井村，因村里有两口井而得名，这原是含义明了，无可厚非的事。然而这两口井近在咫尺，却一口清来一口浊，泾渭分明，故事就由此开始了。据说双井村原叫无水村，村中掘地三丈，不见清泉。只有地主老财金百万家园子里的一口井，清澈见底，可以饮用。乡亲们琢磨那园子外面，必有水源，多次想在园墙外掘一口井，可是金百万是个石头也要榨出油来的人，说那块地是他家的龙脉，谁敢动它一根毫毛。乡亲们恨得牙根儿痒痒，没办法只好从远处挑水饮用。

有一天，这为富不仁的金百万又来了鬼点子。他带领一帮狗腿，爬上附近白泥岭山上的半山亭，在那里摆出文房四宝做起"山契"来。指手画脚，信口开河："上至岗，下至田，左派湾，右分水"，把望不到头的郁郁山林都写进"山契"之内，由他管业。想到开心之处，不觉哈哈大笑做起诗来："竹子绿，子孙万代续；竹山阔，子孙万代发。"正在自鸣得意，忽听后面有人接着说："要死无须点香求；发瘟不怕大栏牛。"转身一看，原来是村里一位瘦老头在回敬他。这下子把他气得发疯，跳起来，两拳打过去，老头跌破头颅，死于非命。

平日恨透了他的全村群众，一听出了人命案，就一齐涌到他家里，要他偿命，并向官府告发。这下子金百万慌了手脚，一面指点家人把平日聚敛的金银暗中埋掉，一面躺在床上唉声叹气。没几天就连惊带吓，一命呜呼了。不多久，又一场大火把他家的房子全部烧光，变成瓦砾场，真是"善有善报，恶有恶报"。乡亲们见当日的"禁区"已成焦土，就动手在园外挖井，挖到5尺多深，忽然冲上来一股恶臭味儿，大家捏着鼻子，仔细一看，原来是挖着了一窖银子。那银子比腐尸还臭，挖出的井水也被污染得混浊不堪。群众不得已，只好把那口浑井用来洗衣物，那口清泉拿来饮用，这两口近在咫尺一清一混的井虽然早已变成废井，可是这个故事却随着地名一直流传下来。

斋郎村名道士取

斋郎村位于我县百山祖乡，建村于明成祖永乐二十一年(1423年)，村名原称济川。据说村里一次迎神赛会，锣鼓喧天，百姓云集。正在热闹之时，忽然来了一个道士，走到法堂之上对众人说："你们这个村应该叫斋郎，才会兴旺发达。"大家问他什么道理？他说："村形像口鱼塘，鱼是吃斋的呀"，一说完就飘然而去了。于是村人便依着道士意见，把济川改为斋郎。

生水塘村曾名沙塘

隆宫乡的生水塘村，过去原叫沙塘，住着几户姓鲍的人家。鲍家住在这里已好几代，总是门衰祚薄，代代孤丁。上了年纪的人，有的说是祖坟未葬对，有的说是这个村坐字不利，众说纷纭，莫衷一是。一天来了一个阴阳先生，大家就请他推算阴阳，勘察祖坟，还是找不出原因。后来他忽有所悟地说："我看还是你这村名不好。"大家连忙问他啥道理。他说："你们姓鲍，是一种鱼，鱼住在沙塘里怎能发达？"大家一听觉得有道理。忙问："该叫什么呢？"阴阳先生扳着指头，慢条斯理地说："那就把村名改为生水塘吧！活水养鱼保证你子孙满塘(堂)。"从此沙塘改称生水塘，子孙果然繁衍昌盛，现在已成为60多户，330多人的大村了。

名实相符的东溪十八村

吴锡梁

在中国历史上，"十八"这个数字一直都很受重视，用十八来命名的也特别多，如"十八罗汉""十八变""十八般武艺"，等等。这大概是"十八"是"九"的倍数。《易经》上就有"十有八变而成卦"的说法。但习惯的"九"与"十八"一般都是泛指数字的多数，因此往往是虚指。而我们庆元的东溪十八村却既有它的地理特征又有名副其实。

首先要弄清楚为什么要叫"东溪十八村"？

东溪由竹岭坑、塘底洋坑，徐洋溪三条小溪流组成，注入举溪，为西溪源头，因地处举溪东部，故称东溪。东溪流经大池洋之后，在交溪潭直下"赤岩三井"，因其壁立如瓮，飞瀑溅玉，构成天然美景，使东溪声名倍增。

说来也是天工巧合，在这片四周高山中间低的洼地范围内竟密集着东溪、富楼沅、下寮、钵窑、塘堀、下洋、后村、莲花、瓦窑坪、大园、大池洋、处后排、村尾、溪旁、全阙、徐洋、后溪洋、后钟洋等十八个村庄，这十八村以乡政府大池洋为中心，最远的相距5华里，最近不到半华里，共有人口4000左右，虽然各有其名，而习惯上却统称为"东溪十八村"，十八村的群众到外地，问他家居何处？总是说"东溪十八村"，这习惯的凝聚力竟冲破了时间与空间的界限，一直沿用到现在。

奇怪的是，尽管人事沧桑，历史巨变，十八村在漫长的历史长河中，历经风雨，有的村已经消失，有的地方建起新村，如原有一个大坪村并入东溪，原来的新屋废掉了，却又在塘堀附近以及村尾与徐洋之间新建下洋、金处两村，还是不少于十八个村，因此《庆元县地名志》称之为"东溪片村"。

东溪十八村既是分散的村落，又是一个整体，它具有牢固的习惯聚力。历史上，这里因是地处闽浙边境之地，常有匪徒骚扰，东溪十八村人民组织了防御队，每户派一壮丁参加，听到匪警就背着土铳、长矛、木棒等，由各村首领带领，仗着大旗，吹起号角，浩浩荡荡，环绕十八村示威游行，土匪闻风也就不敢轻易冒犯，因此在那时乱世，十八村人从未遭受过匪徒蹂躏。如今十八村人民在共产党领导下，更是团结一致，共同走致富的道路，过着甜美的日子。

庆元地名拾趣

郑士补

一、以数字开头的地名如：半岱、头陀、双沈、三济、四山、五都、七保、八炉、十二丘、九漈、十三井、十八卡、百山祖、千岗坑、万里林。

二、以颜色开头的地名如：赤坑、朱村、黄田、乌石岭、青竹、白象、兰头、金坑、银掌岗。

三、以姓氏命名的地名如：吴坑、姚村、李村、葛田、黄坛、杨桥、包谢、徐洋、蔡段、范源、周墩、陈边、朱岙、张村、涂坑、孔沟、翁山、余村、罗岙、阙家、崔上、林后、苏湖、毛源、方塘、曹岭、陈家岭、潘同坞、钟石淤、祝家洋、马家地、冯家山、雷山头、甘竹山、严源殿、管山头。

四、以动物命名的地名如：老鼠山、猫奔、龙溪、蛤湖、燕头、龟山、马蹄岙、猪坑背、白蛇窟、鸡嘴山、鱼条漈、凤凰山、喜鹊岙、野猪窝、猛虎林、鸳鸯岙、白马山、狮子坑、老鸹岩、龙缺角、大毛堀。

五、以树木为首命名如：松源、栗洋、桑坑、竹坪、茶坪、杉树湾、梅树岭、仙桃山，棕榈坑、梧桐洋、梨树山、杨梅垄、樟树下、榧子峰、山柿湾、松柏湾、枫树坪、柏渡口、桐梓。

六、以花卉命名的地名如：荷地、菊水、桃坑、梅处、莲花。

七、以方位命名的地名如：上济、中济、下济、东边、南西坑、西演、北择、高祭、底墅、前坑、后广、内庄、外童、里地、上庄、中村、下洋、东岸、西边、南峰、北坑。

八、以物品命名的地名如：铁锅尖、风炉岙、石磨下、犁壁山、笔架山、钵窑、曲窑、豆腐园、蓑衣湖、葫芦潭背、天平马、车坑

还有以寺庙、大、小等等命名的，因数目不多，这里就不多述。

第三章　地名知识

第一节　地名释义

庆元县沿革考

庆元历史悠久，从境内出土的石斧、石镯表明，早在新石器时代就有人类在此生活和繁衍。

康熙《庆元县志·舆地》载:“庆元本古扬州域，周为七闽地，春秋时为吴越东平乡。”故夏、商、周三代均为越地，战国后期楚灭越，属楚。

秦统一中国，建立郡县制，越王勾践后裔亡诸据闽中称王，秦废亡诸，以其地为闽中郡。

汉时属扬州刺史部的会稽郡，为回浦县地。三国及晋均属扬州，南北朝宋、齐、梁、陈四代属东扬州(或扬州)，隋开皇九年(589年)属处州(开皇十二年改括州、大业三年改永嘉郡)。

唐武德七年(624年)以前属括州总管府(武德七年改总管府为都督府，贞观元年废都督府隶江南道括州)。次年，遂昌并入松阳，为松阳县地。至开元二十一年(733年)属江南东道的括州(天宝元年改缙云郡)，乾元二年(759年)属浙江东道的括州，为龙泉县松源乡。

五代时，《十国春秋·地理表》称“松源，初为处州东乡”，实际上是龙泉县松源乡。王审知据闽，夺松源乡之半，另建松源镇，后升为松源县(即现松溪县)属建州。钱镠出兵守住一半，仍称松源乡，治濛洲(即现庆元县城)，属处州龙泉县。

宋宁宗庆元三年(1197年)，吏部侍郎胡纮奏请故居松源乡置县，获准，赐纪年为县名。此为置县之始，属两浙东路的处州。

元属江淮行省(至元二十一年改浙江行中书省)处州路(至正十九年改安南府，旋又改处州府)。

明洪武三年(1370年)，撤销庆元县，置庆元巡检司，治查田(现属龙泉)。十三年(1380年)复置，属浙江承宣布政使司的处州府。

清属浙江省处州府(宣统三年改浙江省为浙江军政府、改处州府为处州军政分府)。

民国元年(1912年)废州、府、厅、道，直属浙江省都督府。民国3年(1914年)恢复道制，属瓯海道(治永嘉)。民国16年(1927年)废道，直属浙江省政府。民国24年(1935年)属浙江省第九行政督察区(治丽水)。民国37年(1948年)改第六行政督察区，同年又改第七行政督察区。

1949年5月17日和平解放，7月5日建立庆元县人民政府，属丽水专员公署。1953年丽水专区撤销，改属温州专区。1958 年 11 月撤销庆元县制，并入龙泉。1973 年 7 月 17 日经国务院批准，恢复县制，1975 年 8 月 15 日庆元县革命委员会开始办公，属丽水地区革命委员会。1981 年 7 月庆元县革命委员会改称庆元县人民政府，属丽水地区行政公署。

庆元县异名考

庆元，古名薰洋，因居薰山下得名。濛洲、松源，均源于县治之旧名（见《中国地名大辞典·各县异名表》）。

古时，庆元城内一带称濛洲，它是由野塘、野宅、上仓、坑、后田、后碓、竹坑、廊下、杭桥、潭头、石龙下 11 个村所组成的片村名。这些村庄，以野塘为中心，相距只有百十米，最远的也不超过 1 公里。因地处濛洲溪（今濛淤溪）与盖竹溪（今梧桐溪）汇合口下方的河谷盆地，因水得名。

唐乾元二年（759 年）置龙泉县，将濛洲连同周围大片地方划归龙泉县作为一个乡，其区域大致包括今福建省松溪县的茶坪、河东、旧县、渭田、溪东、松源 5 个乡 1 个镇；政和县的遂应场；庆元县的濛洲、松源、屏都、百山祖、五大保、贤良、张村，以及荷地区的一部分。因境内有松源溪横贯于中部腹地，“古时沿溪多乔松，有百里松荫之称”（康熙《松溪县志》），是“松溪”之发源地（见明《一统志》），故又有松源之名。

五代时王审知据闽夺去松源乡一半（属松溪县、政和县部分）建松源镇，治旧县，南唐升为县，后改名松溪县，属建州；吴越王钱镠派兵抵卫，守住一半（即属庆元部分），仍称松源乡，治濛洲，属处州龙泉县。因此直到现在，福建省松溪县的治所和庆元县的治所都同称松源镇。

南宋庆元三年（197 年）庆元置县，择原松源乡的治所濛洲为县治，而人们囿于历史习惯，仍延称旧名，如清知县熊珍《过贤良村》诗“三年薄宦到濛洲，故国茫茫忆旧游”就是一例。久之, 濛州和松源就成为庆元县的异名。

庆元县古城简介

据清康熙、嘉庆、光绪三种《庆元县志》记载，庆元县城系首任县令富嘉谋择定和开始建置的。富氏于南宋庆元四年（1198 年）三月到任，即着手衙署、县学、官仓、监狱、教场的建设，约用三年时间，至嘉泰元年（1201 年）方告完成。其时民居少而分散，除新筑的东、西两条曲尺形街道及衙署旁边有一些民居外，南面分布有下宅、上仓、野塘三个居民点，西面分布有竹坑、廊下、杭桥、竹林头、潭头、石龙下六个居民点，城东二三里处还有坑、后田、后确三个居民点。学宫原在北面的渎田村，明隆庆元年（1567 年）迁到城内东门，崇祯四年（1631 年）又改迁到东门外，今孔庙就是原学宫之旧址。

宋、元时期，庆元县城人口稀少，以原有的自然村划分十七个坊，作为基层行政单位，直至明隆庆后，才并为儒效、桂香、兴贤、弦歌四坊。清乾隆后，因东面吴宅、姚家、大坂洋、下叶等新村相继出现，后田逐步连成一片。根据这一布局，就把原来的四坊并称为东隅和西隅，下置管理户口和治安官员。这一建制，直沿用到中华民国保甲制度建立。

庆元县城，历史上多次毁于战乱。一次是元至元十五年（1278年）为张三八（龙泉县人）的抗元义军所毁；一次是元至正二十年（1360年）被处州元军守将石抹宜孙在与明军争夺庆元的战斗中所毁；一次是清顺治四年（1647年）被闽寇雷时鸣劫城时所毁。虽然每次烧的都是衙门官署，但弹丸之地，铁蹄所至，人民的生命财产岂有不遭涂炭！

庆元县的衙署，自清康熙三年（1664）由知县程维伊重建后，历经嘉庆元年（1796年）、道光八年（1828年）和光绪二年（1876年）三次扩建，直到民国都保持原清代格局。按中轴线排列，共分三进：一进前为大门，大门外是照墙，大门上是谯楼，大门里面东侧为官仓，西侧为监狱；二进前是仪门，门前有“戒石亭”，入内是庭园，东侧为吏、户、礼、仓四司的吏房和捕房，西侧为兵、刑、工、承发四司的吏房，庭园后为大堂；三进为知县和典史的官邸。

县城的城墙，是明嘉靖二十五年（1546年）知县陈泽主持筑造的，规模很小，以衙署为中心，圈进原来的下宅、上仓、野塘、竹林头以及杭桥一部分地，周长约200丈、高1.8丈、厚1.4丈，分1560个垛。至嘉靖四十一年（1562年），知县周绅又将南城改筑到云鹤山上，加长城墙60余丈，扩大了城内的范围，故县衙位置偏北。城墙原开四门，东称丰山门（初名寿宁，仁丰），南称济川门，西称薰阜门，北称云龙门，次年又在西北增开太平门（又名水门），后又增开小水门。城门上建有城楼，东南两面还加建了敌楼，环城建有12座窝铺（守卫士兵歇宿之所）。城的北面临松源溪，西面是金溪，东南面凿有城池（护城河），深一丈、宽二丈。此后城墙曾多次遭水毁，其中最严重的是明万历十六年（1588年），两城被冲毁70余丈，清乾隆三十五年（1770年）西北城又被水冲90余丈，但水过之后都做了修复。直到1949年庆元解放，县城一直都保持着这种格局。

居住地地名来历与演变

赖善卿

俗话说“一方水土，养一方人”，在庆元建县的800多年的历史发展过程中，生活在这块土地上的人们日出而作，日入而息，逐渐沉淀成了有庆元特色的乡土文化，这种乡土文化涵盖了庆元的诸多方面，包括物质的、非物质的一些文化遗产，这些文化遗产至今构成了庆元人民精神生活的一个组成部分，在全县人民的高度重视下，更多的文化遗产得以继承、保护和发扬光大。在庆元县众多的文化遗产方面，庆元地名因其极具地域性、历史性、持久性、渐进性的特点而独树一帜，如果深入分析这些地名的名称、来历、含义，就更能全面和深层次地反映庆元的历史沿革、民俗风情、传说故事、古建遗存，名人传记、家族族谱、传统技艺等，同时还可为语言、地理、历史、民族等学科的研究提供参考价值，在这里我从历史和现状的角度浅析庆元地名的发展状况。

一、庆元县地名的历史发展概况。

（一）隋代—元代

从历史资料表明：庆元的村庄发展是比较缓慢的。隋代全县只有13个村及其地名（野塘、野宅、上仓、坑、后田、后碓、竹坑、廊下、杭桥、潭头、石龙下、渎田、大济），唐代添建6个村（上赖、桐山、桃坑、黄水、黄坛、举水），五代添建2个村（竹口、黄洋），历时近400年，全县只增加8个村。在宋代的320年中，除添建有43个村庄外(其中在宋宁宗庆元三年建县后是26个村)，还出现许多小村变为大村的情况。由此可见，截至宋代为止，庆元全县有史可查的村及其地名只有64个，如再加上无历史可查的部分，充其量也超不过150个自然村。这说明当时庆元还是一个地广人稀、景象荒凉的山区；同时也说明，是到宋代庆元的乡村和人口才有较大的发展。而之所以这样，当然与建县(庆元是从南宋1197年始建县)也有一定的关系。可是，到元代经历的98年中，发展又缓慢下来，在这期间的98年中，只添建18个村，这可能与当时民族矛盾尖锐和政治、社会的不稳定有着很大的关系。

(二)明代—光绪三年(1877年)

明代，是庆元村庄和人口发展最盛时期，在277年间，共添建112个村，人口也发展到6974户，19754人。但到了清代，庆元县的村庄和人口的发展又出现了起落，这主要是由于明、清两军在庆元的争夺而形成的战祸，导致庆元人口流失，土地荒芜，全县的村庄和人口都大大减少。这种状况直到雍正以后，特别是在乾隆、嘉庆时期，社会安定，才得到较快的发展，据史料统计，清朝中叶以后，全县添建了127个村，加上原有的和无史可查的自然村，到光绪三年(1877年)全县共有村庄及其地名685个，人口约7万余人。

(三)光绪三年(1877年)——新中国成立

从光绪三年到1949年的晚清和中华民国时期，全县添建63个村庄，共计是748个村庄及其地名。但据有史可查，属于民国时期添建的村庄仅仅只有3个(梧桐洋、魏溪、曹岭)，人口也一直处于减少趋势。综观这一时期之所以建村不多和人口骤减原因，主要是灾荒、鼠疫连年不断，征兵、派夫有增无减。当然，还有另一原因是到民国时期，全县村庄按自然地理条件分布的状况已基本定局，即使有所发展，其形成也主要是并小村为大村，扩大原有的规模而已。

(四)新中国成立后

中华人民共和国成立后，由于社会安定和人民生活水平的提高，人口多向大村和交通沿线集中，由此出现了较多的废村，而这些废村的人口通过迁移和重新聚集，又形成了新的村庄，到目前统计：庆元县现辖20个乡镇，345个行政村，5个社区，724个自然村，人口199505人(2007年度统计)。

二、庆元县地名生成缘由浅析

庆元县地名的生成缘由是多种多样的，一方面与庆元所处的地理环境有很大的关系，由于庆元是一个山区县份，所以地名以地理实体为基本要素命名的地名占了很大的一部分；另一方面从庆元的历史发展过程来看，庆元人口大多是由外地迁入的，由此很多村的地名往往是由村庄的肇基者的姓氏来命名的；此外庆元还是一个交通闭塞的山区，与外面的联系较少，也因此保留了很多原生态的庆元方音方字，而这些方音方字也成了地名命名的一个组成部分。具体概括起来庆元地名的生成源由主要有以下7种类型：

(一)以地理实体为基本要素构成的地名有534条，占总数的71.6%。

庆元地当瓯南闽北之交，东北为洞宫山脉所盘踞，西南乃仙霞岭余脉之延伸，全境层峦叠嶂，沟壑纵横，山地占总面积的85.4%，因此起名为坑（小水沟）、为头（山头、水头）、为洋（山域较广阔的小丘陵）、为源（山源、水源）者就特别多。据统计全县有89个与“坑”有关的地名，如大坑、上坑、横坑等；有45个与“洋”有关的地名，如大坂洋、高洋、山头洋等；有44个与“头”有关的地名，如湖头、洋头、山头等；有20个地名分别为“源”“坞”“垄”等，如上源、下坞、山头垄。此外尚有以土堆命名的“墩”，以弯曲山地形命名的“湾”，以山岗命名的“岗”，以茅屋命名的“寮”，以小块平地命名的“坛”“坪”，以溪边泥沙汇集命名的“淤”，以山林雾气命名的“岚”，以出入通道命名的“口”，以周围高、中间低的山形命名的“岙”（凹、坳），以山岭石级命名的“岭”，以聚居地命名的“村”“庄”，等等。像这一类以地形、地貌特征取名的自然村，尤以东部高山地区最为典型，那里山多，仅以坑为名的就有52个村。

（二）以方位取名的有77个，占13.3%。

方位为地名要素之一，有简朴易懂的特点，在特定范围之内使人一看就明白。庆元地名冠以方位的，以上、下最多，计39个，如上庄、下滩等；其次是东、西、南、北，如东边、西排、南峰等29个；此外，尚有内、外、中、后、尾等。

（三）以物取名的有39个，占5.2%。

某一在当地较著名的建筑物或动植物被取代为村名的也较普遍。如淤上乡的山根寺、（五大堡乡）的普化寺、黄田镇的严源殿，即以寺庙名取代村名；此外尚有大毛（老虎）堀、甘竹山、茶园、梅树、炼泥碓是宋代捣炼瓷土的地方，现在也没人炼了，可地名都仍然沿用下来。这既真实地记叙村名来历，又给人们研究各个历史阶段的变迁，提供了“活化石”。

（四）以方音、方字取名的有37个，占4.8%。

方音地名，既非词源隐晦，也非人为雅化，而是受地理环境影响与某一地域的特殊语言所形成；方字则是劳动人民在生产实践中的创作。庆元地接闽北，受其影响，有一些闽北方言掺杂其中。这些流俗词源应用于地名的有“崔”“岩”“漈”等，尤其是“漈”，在浙闽方言中指的是瀑布，而庆元山区，山涧瀑布很多，人们就以漈（含济）来反映这种自然现象，如高漈、漈下、龙济、大济等，计有20条地名源出于“漈”。以地方字取名的有（chǔ 处）、（bèn 笨）、（bèng 蹦）、（xiǎng 响）、（zhóu 宙）等，如庆元方言称房子为“闲”，于是有新、底、中央等地名；有相当面积的田洋称“埲”，于是有高“埲”、旱“埲”等地名；“�”系指较多的竹木，亦可作植物的单位名称，于是黄田镇一个地处茂密竹林之下的小山村就取名为“竹”。又如庆元方言鱼产子称“鲩”，树木称“槠”、因而亦有“鱼鲩”“黄槠坑”等村名。

（五）以姓氏取名的有35个，占4.5%。

所谓姓氏地名，是指那些构成地名的专名部分因姓而命名的地名而言，这些村的地名往往以该村的肇基者的姓氏而命名。有的村至今仍保持原取名姓氏占多数的如姚家、吴宅、李家、陈边、阙家等，但大多数村经过历史变迁仅知肇基者之姓而不见其人，如曹岭、上赖、杨家庄、蔡川、余村等，都只是留下姓氏供人探索而已。

（六）以词源隐晦、含义不清而谐音雅化的地名计有23个，占3%。（其中雅化的10个，含义不清的 13 条。）

地名有历史的延续性、继承性，有的地名含义虽然在产生的时候是有其特殊意义的，而且也为群众所认可。但随着社会的发展，它的本来意义已不适于后来时代的需要，因而被人们加以谐音雅化，这在庆元的地名中，也屡见不鲜。如屏都镇的草古地，原名叶村，是明代著名的矿工起义领袖叶宗留的故里，起义军失败后，被明廷夷为废墟，变成“抄家地”，后雅为草古地。又如竹口镇的赤毛畲（现已废村），原名犬姆（母狗）畲，荷地镇的杨冯源，原名杨婆源，均以庸俗而雅化。还有一类地名，词源隐晦，含义不清，如岭头乡的葱甩、官塘乡的若沃、左溪镇的白柘、张村乡的胡答、举水乡的庄徐，等等。

（七）还有一类地名含义玄妙、离奇，甚至近乎神话，如黄坑乡的生水塘，斋郎乡的斋郎，相传是道士、阴阳先生从风水角度取名的；竹口镇的大泽是出自“两山夜合，被镇成潭”的故事。然而也不乏词意典雅的地名，如举水（举水乡）得名于“水之更举”、留香（左溪镇）源于“祖上积德”；芳村（岭头乡）则更是富有诗意了。杨桥与岭头则更有意思：杨桥无桥；岭头无岭。许是古人取名似的，五行缺什么补什么吧，缺桥名中补上桥，缺岭名中补上岭。

总之，庆元各居民点地名，可以说是琳琅满目，妙趣横生，它既显示了地域特点，也充分反映了前人的聪明智慧，是先祖留给我们的“活化石”，只要我们细加剖析研究，就可管窥庆元发展的历史脉络，这对于更进一步全面了解庆元是大有收益的。

庆元地名中的“垟”

吴存灿

庆元人取地名喜欢用“垟”字。生活中很多人都写成“洋”，不少正式的文件和公开的资料也写作“洋”。其实庆元地名中的“洋”，都应该写作“垟”。一个是大海里的“洋”，一个是大山中的“垟”；一个是水，一个是土，完全是两回事。《说文解字》：未收垟字。《康熙字典》：垟，《广韵》与章切，《集韵》余章切，从土洋声。土精也，《易说》泰山失金鸡，西岳失玉垟。又土怪也，《史记·孔子世家》季桓子穿井获一土缶，其中有羊，问于仲尼，曰，以丘所闻，土之怪则羵羊也。或作羊。《辞源》：未收垟字。《辞海》：垟，用于地名，浙江乐清县有翁垟。《现代汉语词典》：垟，方言，田地。多用于地名，如翁垟、黄垟，都在浙江。《新华字典》：垟，方言，田地。多用于地名，翁垟：在浙江省乐清。

从以上辞书对“垟”字的解释，不难发现，早期的“垟”字，解为“土精”也好，释为“土怪”也好，其实就是“羊”字，因为藏于土中，所以叫“垟”。《孔子家语》和《康熙字典》说得很明白，“其中有羊”，“或作羊”。作为“田地”解的“垟”，是个后起字，多用于地名，浙江南部的温州、丽水等地使用十分频繁。在山区，常用“垟”来命名山间的田地。所以温州、丽水等地区带“垟”字的地名非常多。温州等沿海地区还常用“垟”字来命名海边由滩涂变来的田地。根据辞书的释义，结合我县的实际使用情况，“垟”字在庆元地名中的含义可概括为“山间连片低平的田地”。“田垟”是一个并列式的合成词，指的就是连片的田地。庆元还有“垟田”的叫法，区别于“山田”“岗田”“墒田”。小时候常听见长辈们说“垟田壮，岗田衰”，“垟田好种作，岗田无水流”等农谚。

有两个地名值得单独探讨一下：一个是“薰垟”，一个是“西垟”。《庆元县志》记载，首任县令富嘉谋来到庆元，首要任务就是确定县治所在地。经过认真踏勘，最终选定薰垟这个地方筑城墙，建县衙。“薰垟”就是现在庆元县城所在地，这是庆元最大的“垟”，现在“薰垟”已经完全变成了“新房”。全县第二大垟，恐怕要数举水乡的落岭垟。龙岩吴氏宗谱记载：“吴三公，讳昱，旧称习法祖师，卒归神道，多著灵异，至今祀像西垟，实行见传述灵迹志。”很明显，古时候这里

庆元带“垟”字的村名很多，带“垟”字的土名更多。仅以官塘乡为例，用“垟”字命名的村子有上塘垟、白柘垟、荷垟，其中荷垟又分为上垟和下垟；带“垟”字的土名有垟头、垟心、垟尾、外垟、浅垟、掌垟、下寮垟、派堂垟等。全县其他地方带“垟”字的土名就更多了，一时无法全面统计。有田的地方才叫“垟”，没田的地方不叫“垟”。所以“垟”其实就是“田”，但“田”不一定能叫“垟”。

全县带“垟”字的村名共68个，松源镇：垟墩、垟心、竹垟、赤垟、大坂垟、牛路垟、祝家垟；屏都镇：垟背、坪垟、菖蒲垟、落花垟；黄田镇：下垟；竹口镇：垟源、垟淤、黄井垟；荷地镇：垟边、黄垟、栗树垟、胡处垟；左溪镇：湖边垟、坊铺垟；百山祖镇：栗垟、外垟、垟头、久住垟、黄土垟；贤良镇：外垟、西垟；五大堡乡：西垟、外垟、八垟、垟心、垟头、新处垟、梧桐垟、处下垟；岭头乡：桃垟、举垟、浅垟、徐垟、龙垟、后溪垟、垟头、岗后垟、大池垟、后中垟；张村乡：高垟、久垟、风滩垟；淤上乡：垟头、垟心；安南乡：垟坪、后垟、垟头、福垟、山头垟、流溪垟；举水乡：半溪垟；龙溪乡：温垟、贵南垟；江根乡：垟头、后垟、第三垟；官塘乡：荷垟、上垟、下垟、白柘垟、上塘垟。雷同的也不少，如垟头、垟心、上垟、下垟、外垟、西垟等使用频率相当高。

二都戏的由来

二都戏发源于庆元的二都（现在归左溪镇）的黄岗村，创始时间大概是明末清初。当时仅是一种宗教文化活动。开始时形式比较简单，后来有人觉得这种唱不像唱、念又不像念的口白太单调了，便加上了一些小调句，再配上西洋乐器，内容就丰富了起来。但如此的小调内容是没有第一人称的，也没有故事情节，终究还是成不了气候。当时黄岗村里有一个贡生叫陈祖言，就日夜琢磨这个事。说来事有凑巧，这段日子，村里来了一位艺人，后来才知道他叫田功伟，是杭州长兴县（今属湖州市属县）铁板桥头人。原来他是打猎云游到黄岗村。是个戏曲迷，陈祖言认识他后，觉得是知音，相见恨晚。于是田功伟就在村里居住了下来。从此俩人配合默契，谱曲填词，并配上故事形象，不断完善，就这样，二都戏成了一个完整的剧种。有人把戏写出来了，但还要有人演有人看。到了这个时候，黄岗村的陈祖鳌就组织了一班人试演这个戏，一经演出，村民们居然喜欢得不得了。顺理成章，久而久之，规模就扩大了。接着，附近几个村庄相继成立了“锦福昌”“三星”“永昌”等戏班，演出活动一下子就扩展到了龙泉、云和、遂昌、景宁、泰顺等周边的县市。南到福建，北到江西，二都戏一直繁荣到了民国20年。

二都戏的演员都是菇民。菇民们冬天上菇山，春天种田，夏秋两季农闲时就演戏。有一年元宵节，既是菇民又是艺人的著名二都戏演员陈祖鳌，被一个戏班请去在福建建宁府演《辕门斩子》，一夜之间轰动了整个建宁府。第二天就有一县官指名非要看陈祖鳌的戏，但陈祖鳌第二天一早就

回到菇山去了，弄得那个戏班无处找人，下不了台，结果只好悄悄地走了。

民国 18 年，曾经有福建的北路剧团到庆元的荷地，和当地二都戏戏班斗台，二都戏戏班只一阙《断桥相会》，就将北路剧团打败了，结果北路剧团演不下去，只好打道回府了。

庆元方言

吴式求

发音　庆元方言的声调特别丰富。普通话共有四个声调，闽语、粤语声调素称复杂，一般也只不过 7 个至 9 个声调，而庆元话竟有 10 个之多。在庆元方言中不存在浊音清化现象，“古八声”一个也不缺。所有平声字和仄声字的音韵和念法，大都遵循古代的语音规范，很少乱套，堪称“中古音”的活样板，故被誉为“古音”的活化石。

语汇　1.大量运用古代单音节的词语。如“燕子”“茄子”“桌子”“窗子”“鞋子”“袜子”“儿子”“女儿”，这些带“子”的普通话语词，在庆元话中，就都不再带“子”，只需说“燕”“茄”“桌”“窗”“鞋”“袜”“儿”“囡”就够了。

2.保存的古音和古字特别多：如“镜子”，庆元话称作“照”，照镜子称“照照”。这个“照”，同样是古语，这一古语词的来源至少可以追溯到六朝时期。又如：“大小”的“大”字，念“堕”；“昏过去了”叫“懵去了”；“肮脏”叫“龌龊”，“屁股”说“朏臀”；“吃饭”为“咥饭”；“田螺”的“螺”读“累”；“明天”的“明”念“芒”；“森林”的“林”“婪”，等等。这些只能在《诗经》《史记》《集韵》等古书上找到的古字和古音，在别的方言地区早已消失了，在这里却随处可见。

3.拥有大量地方色彩浓郁的俗语成语，十分幽默而且风趣生动，试举几例：“等羹浇饭”形容需求迫切；“面皮粗桶板”形容厚颜无耻；“眸昣（眼泪）流成溪”形容极度悲痛；“花猪莫笑乌猪”形容彼此一样，“水流坝下”形容无法挽回；“手下接咥（吃）”形容靠人接济度日；“移丧嫁祸”形容逃避责任；“粥湿糊流烂”形容环境稀烂黏湿；“鸭多弗生卵”形容光靠人多无益；

4.形容词前 加“很”“极”“非常”等几个表示程度的副词，数量有限，变化通常比较少。庆元话则独树一帜，表现得特别出神入化，丰富多彩。比如“很硬”称“铁硬”，“很软”称“鞭软”，“很重”称“砧重”，“很轻”称“屁轻”，“很稳定”称“宅稳”，“很大”称“天大”，“很黑”称“墨乌”，“很白”称“雪白”，“很紧”称“鼓紧”，“很苦”称“药苦”，“很甜”称“甘甜”，“很香”称“喷香”“很穷”称“丐穷”，“很滑”称“鳅滑”或“鳗滑”，“很冷”称“冰冷”，“很暖”称“灰暖”，“很酸”称“桔酸”“醋酸”等。

语法　1.人物称谓自成一格，与普通话有很大区别，例如“小孩”称“细侬”，“少女”称“囡崽”，“妇女”称“宅眷”，“老人”称“老成侬”，“成 年 男 人”统 称“山 里 侬”，“成年女人”统称“阙里侬”。

2.比喻很有特点。例如说人脸皮厚，称“面皮粗桶板般厚”，这儿的粗桶是指大型马桶，因古人大便叫“出粗”；说人笑得不严肃，称“笑起山里栖般”，山里嘻是传说中一种可怕的动物，会用双手抓住人，对着人咧嘴狂笑一直笑到晕去，醒来时再用爪抓人；形容人啰唆，称为“嫌七谭八”；形容忘记了，称“一际都吞到腹底去了”；“做人不自在，自在不做人”比喻人生总会有很多不如意的事，总会遇到麻烦事；“鳅有鳅路，鳝有鳝路，蛤蟆无路跳过步”比喻各有各的门道，各有各的活法；“吃糕不吃饼”形容一个人吃软不吃硬；“无牛用犬拖犁”形容将就应付；“舌无骨由人拔”形容是非不分、没有主见；“天天星（星星）捉配酒”形容吹牛讲大话；“碰着状元喊姐夫”讽刺势利小人；“佛咥（吃）馒头钟受锤”形容代人受过；“千年田地八百主”形容世事变幻无常；“做犬弗识自身生毛”形容做人没有自知之明；“乌鸭白鸭抓着就杀”形容不分青红皂白。

庆元苍岱古银矿

胡恒鹏

庆元地处环太平洋地壳板块构造带中的浙江余姚至广东大浦次级深大断裂上，一亿多年前地下岩浆沿断裂带喷溢形成火山带。有的岩浆猛烈地喷上天空，烈焰万丈，浓烟滚滚，形成了空落相凝灰岩类岩石；有的岩浆成熔融体随地形流动冷凝成了流纹岩类岩石；而有的岩浆却残留在裂缝、火山通道、火山穹隆里而凝结成了侵入岩类的花岗岩及脉岩等；有些岩石经后期热动力物理化学作用形成变质岩类；已有的岩石经风化流水搬运却又在异地形成了陆相沉积岩类的砂砾岩、沙岩、泥岩等，而海相沉积形成了石灰岩类，经变质作用成了大理岩。庆元县境内这些岩类均具全。而矿物质组分是随岩浆从地球深处带到地表富集于地层中，通过地质成矿作用形成有价值的矿藏。容矿空间大，储藏矿量就大，反则就小。火山喷发停歇后经地球内外力综合作用，使区域地块抬升，经风化、流水作用雕琢出了这方精美的地貌景观。这就是庆元地质地貌及矿产的前世今生。

正因为这一地质成矿背景，庆元有着许多裂隙充填型金银矿脉，又由于山高坡陡覆盖土层薄，矿脉裸露地表容易被发现，庆元成了古人寻宝发财之地。

庆元，明代曾一度被称为“银都”。围绕着银矿开采演绎出了许许多多可歌可泣的故事。而今，大规模开矿的历史早已淡出人们的视线，但我们还能经常看到满山遍野留下一个个废弃的银矿洞，以及为被荒草覆盖的冶炼遗址，无声地诉说这着过往银矿业的辉煌。

据省地质队野外实地调查，松源镇老鹰岩锌铅矿、大济源头锌铅矿、半岱古银矿，屏都镇铜钱寨、金村；庆元有举水乡银屏山、龙井面；龙溪乡铁蕨坳，贵南洋；岭头乡岗后洋、八炉、陈鉴坑；五大堡乡北坑、石纪岱、阴头；贤良镇半溪、半山源茶亭；张村乡坳后、库山、蔡川；官塘乡横坑、中央处、银坑窿；左溪镇坑窿面、银仓岩、石壁银坑洞、留香银坑洞；江根乡 山林砚；安南乡官坳、陈村，榅树岙；隆宫乡小关、源头；淤上苍岱、官山头；黄田镇葛田坑、龙头山、桐（铜）山等矿场，有大小矿洞上千个。庆元成了中国古代矿业基地。

庆元县浅地表矿藏几乎被古人挖掘殆尽，但却给后人留下许多深部找矿信息。

地下采矿自古就是危险行业，《庆元县志》记载：矿徒们为了生计，在采矿场“肝脑涂地”命丧黄泉。每处遗址都隐藏着劳苦矿徒丧命与泪水的故事，银窝夺宝并非易事。

据省地质队实地调查，县内矿洞数量最多是岭头乡岗后洋至陈鉴坑一带，有106个大小深浅不一的古洞，而单个洞深及规模从目前能进入了解到的情况看，要算淤上乡苍岱村后山古矿洞。可谓深不见底。

庆元八都一带古代曾经是火山带中的其中一个火山口，由于年代久远已不能保存火山口完整全貌，人们把要素不全的老旧火山口称之为“破火山口”。这个破火山口至今还留有遗迹，站在屏都工业园区观看，从反澳、五都小学、洋坪、庆元林场、菊水、坑里村以远有一条逶延弧形山脉，这是典型的火山口环形构造。金坑，官山头等周边炭质沉积岩是该火山洼地的产物，基底是侵入岩，而巾子峰至苍岱村后的高山是火山喷发物堆积的空落相凝灰岩。苍岱矿场正处于这个火山构造边缘上，其成矿与火山构造相关。

据二十世纪八十年代省地质大队实地调查：从官山头至苍岱一带有文字记录的古矿洞 58 处，山险林密，有些洞难以走近寻找编录。据民间传说：古矿洞洞中有洞，总数有 200 多个，也许两种说法都对，民间把古矿洞中的洞中洞也算进去了，可能是统计口径问题。

苍岱村后有个名叫大洞的古矿洞，洞口宽 6 米，高 10 多米，采矿主硐均为沿脉掘进，狭长幽深；沿洞行进，洞内时而狭小，时而宽敞，窄小的地方只容一人侧身通过，宽敞的地方可容数百上千人。沿主洞旁侧不断有支洞出现，有左穿洞、右穿洞，上山洞、下山洞，支洞中又分叉洞，洞连洞，洞套洞，形态上有平洞、斜洞、竖洞，从功能上分还有通风洞、排水洞，运输洞、探矿洞、采矿洞。进入洞中让人大开平生眼界，令人在感悟中脑洞大开。

从空间上说俨然是一个洞穴系统，采硐纵横交错，不同层位矿硐相互贯通，这一矿洞的复杂性没有亲临其境是难以体验的，置身山洞其中，使人分不清东西南北，完全失去方向感。再加其内山洞层层叠叠，穿来弯去，又因洞内空气稀少缺氧，至今还没人能探测到古洞端头，搞不清整个洞穴系统情况，是名副其实的地下迷宫。游人如盲目入洞，失联、迷路，甚至发生意外的可能并不是空穴来风；人们称其为神秘的古矿洞。

古人把大量的采矿废渣回填入洞内采空区，行人踩踏在其上，脚下有空荡音回响，说不准会有一脚踩塌的可能，可谓步步惊心，时时提防。古人把矿渣回填矿洞中，一是节省运输成本，二是充实采空区能对围岩起支撑防塌作用，一举两得，足见古人非常睿智。

苍岱古矿洞不光给我们留下了矿洞遗址，而且给我们留下了非常珍贵的有关古代洞内开矿工艺技术历史信息。令人惊奇的是洞中居然还设有选矿场，不同粒径的碎矿遗渣堆积在矿洞内，粒径分层明显、层次清晰，这在中国采矿遗迹中是十分罕见。在洞内选矿可能一是为节省运输成本，二是省去搭建选矿场所费用。至于其矿石破碎方法，矿石破碎后不同粒径如何分选，其工艺已无据可考，留给我们的是无尽的遐想，有人说是风选、有人说是筛选、还有人说是水选……总之古人聪明至极。

破岩是开矿的核心技术，古代没有雷管烈性炸药，苍岱这些山洞中坚硬岩石古人是如何开拓的呢?据史料记载：古人是用火爆法爆破岩石的，其方法是用火将岩石烧热，再突然浇水和醋使岩石温度骤然降低，利用岩石热胀冷缩这一物理性质使岩石爆裂酥松，循序渐进，积年累月不断拓展地下空间。当我们走进矿洞，可看到岩壁上留有众多锅底状光滑凹坑，传说这就是火爆坑遗迹。

凹坑表面好像是磨出来的一般非常光滑，是磨还是烧，留给后人无限的想象空间。

关于火爆法破岩一说迷惑还是有的，比如：形态弯曲，狭窄深长的山洞，里面空气流通性差，古代靠自然通风空气稀薄，氧气稀缺，特别是独头坑道尤甚。现在考察人员进入山洞深处气喘吁吁，蜡烛也难以点燃，何况大火烧爆岩石需要大量的氧气？还有人们又是怎么进去浇水冷却岩石的呢？这些山洞留给了现代人很多迷惑难解的开拓工艺谜团。

古代没有现代动力设备鼓风机进行通风，人在自然通风情况下是很难在空气稀少洞内进行工作。矿洞达到一定深度后必须要有人工方法进行通风，古代用通风方法有如下几种：一是浅洞用自然通风；二是设一木板质或是砖泥通风管至工作面，在端头设多人拉动的风柜向洞内鼓风；三是打通风洞，利用洞内外温度差所造成的空气比重差原理达到空气流通；四是在风管端头适度加温取得温度差加速空气流动。

洞内烧爆岩石时的冷却浇水，选矿生产环节等都而要用水，矿场所用之水是从比工作面稍高的远处高地涂坑用毛竹当水管引流的，用松木等凿洞作为毛竹与毛竹相连接的接头，接头缝隙塞入棉花、糯米粉、石灰、黄豆粉、麻根、猪肝糊等进行胶粘密封。

当人们走进矿洞，随时可看到有木炭粉、碎炭，块炭和未完全炭化的木炭头，这些木炭来源主要是用火爆法烧岩石时残留下来的，可算是珍贵生产遗物，当然堆积在表层的有些木炭不排除是后期兵荒马乱人们逃难时藏匿山洞活动遗留物，通过用同位素碳 14 来测定核衰变，便可知道这些木炭的遗留时间，从而可获得人们当时不同时期在洞内生产活动时间。

在上山洞下口水池边，还能发现一些五颜六色碗瓷碎片，据考证是不同时代瓷器 ，这些瓷片告诉我们，山中这些规模宏大，系统复杂，深不可测的洞并不是短时间开拓形成的，历经唐、宋、元、明四个朝代开发形成，而今成了庆元最古老的人类生产活动历史遗址之一。

在苍岱洞壁上还隐约能看到龛台，偶尔还能发现陶盏碎片，这洞壁龛台是放照明油灯盏的地方，可知古人沿洞点油灯照明，照明灯所用的油一般是茶油，因为茶油类燃料燃烧时所冒出黑烟相对松明竹片之类少，燃烧比较充分，对洞内空气污染少，常被古人用在洞内照明，此外矿工常在头上戴油灯照明，谓之“挑头”。

苍岱矿场洞内积水是经常遇到的事，山洞内因积水无法进入，洞内情况就成谜了，在上山洞中就有一个很深的洞中平洞积水，人们称作其为“水洞”，人要蹚着齐胸深的积水才能进入该洞，曾在水洞中发现铁锄等多件生产工具，此洞人还可仰卧乘坐竹排划游进入。当然：洞内积水情况非常复杂，如果不明情况捅漏了矿场内积水，会造成透水事故，在现代矿场施工中因对古代矿场情况不了解，捅了龙王宫，人被突如其来的积水淹死惨剧常有发生。

在大洞下方悬崖大瀑布左侧有一近代探矿洞，一大股清泉汩汩不停流出，即使是旱季也不间断，用水文地质术语谓之为地下构造水。它不同于地表径流山泉水，受地表气候影响小，所以能长流不断，大山深部构造裂隙发育，富含地下构造裂隙水。水质如何要看矿物质元素化验结果，如果水中铅、银含量超标就对神经系统是有害的。

在苍岱村后去大洞的古道旁边的岩石上，铭刻着“成化十五年九月”的崖刻，这是当时开矿的人用采矿工具铭刻的纪年时间，说明当时有人在此采矿。这一崖刻是一处文物遗存，后人应该精心保护。其实仔细观察周围石壁还有一些崖刻，只是时间久了字迹模糊不清，固然也模糊这里的曾经历史。

苍岱村有几家农户家中遗存有古代石磨，这是古人磨矿石用的，古人将精选过的矿石进行粉碎研磨成细粉制成灰团入炉冶炼提取真金白银。石磨是碎矿器具，石磨在众多古矿场地均已消失得无影无踪，苍岱村从古代一直能将石磨保存至今已实属难得，古石磨是珍稀矿业历史遗存文物，人们要保护好这几件文物。

漫步在苍岱村中，可看到民房土墙上有很多炉渣镶嵌在其中，据当地村民说：村庄开挖房基地下全是炉渣，堆积如山，可见苍岱村是一处矿石的冶炼遗址。这里曾经炉火通红，银花飞溅，是华光闪耀令人神往的地方。庆元能保存有这样一处完好的矿物加工遗址确实不可多得。

苍岱村公路下方水沟边还挖到过白色粉状土，其实这是用水选矿遗留矿末细粉，是选矿场遗物，给我们留下了矿石粉碎粒径和当时破碎方法分析依据，很可能当时不光是磨同时还采用水碓碎矿，以至这些矿粉残留在水沟旁边。

这里的村庄地名与采矿历史有关，矿场所在的苍岱、局下、官山头等村名，都是古代开矿遗留下来的地名。官山头：在古代矿业政策宽松时，矿场有官府开办，也有私人开办，分设公与私采矿权证，相互间有明确矿界，官府经营的采矿山场称作“官山”。而“头”是形容官山的端头之意。也就是说此地是官府所管辖采矿山场的端头之所在地。局下：首先要从局字说起，“局”缘起古代矿业管理机构。明朝永乐年间官府设立金场局、银场局等机构负责管理金属矿业。比较大的矿场设局是国家管理矿山的专设机关，其中有监、务、场、坑、冶等机构，其中监和务是政府管理机关，而场、坑、冶是生产单位(企业)。监之处必有冶，务之处必有场，场之处必有坑，有冶必有炉。从局下地名可知这里的矿场规模是比较大的，故在此设局，“局下”地名沿用至今。涂坑：从字义上分析涂坑这一地名有两种解读，一是此地原先是“涂氏”居住谓之“涂坑”，二是“屠坑”谐称“涂坑”。因为明朝叶宗留领导矿工起义曾在这一带激烈厮杀，在“涂坑”相互屠杀血流成河不是没有可能，后人忌“屠”而谐音“涂”。草古地：传说这里本称作叶村，是矿工起义领袖叶宗留出生地，叶宗留起义失败后，全村被抄家灭村，因而称作“抄家地”，庆元方言谐音为“草古地”。“苍岱”：与矿冶有关。“苍”：是苍茫。“岱”：是山岱、岱峦，岱在下，峦在上。此处的“岱”也许与“黛”字是有关联的，远山如黛，黛即青黑色，黛岑指青黑如黛的山峰。黛烟：指青黑色的烟。古语中常形容眉毛如黛，说“远山含黛，近水含烟”，就是讲远处的山青黑颜色。“远黛苍茫”指的是远处山的影子模模糊糊的，并不是说天要傍晚了，而是形容白天山影也是青黑蒙蒙的。而“苍岱”意为黛烟蒙蒙，远黛苍茫之地。那么这“苍岱”怎么会黛烟苍茫呢？正是众多炼矿之炉的炉烟升腾飘荡笼罩着这片山岱，呈现出如诗如画的黛色苍茫之景象。这就是“苍岱”村名深蕴历史文化的溢美之解。可见这里的众多地名与古代采矿紧密相关，蕴含着久远的历史文化意义。

其实“菊水”也可能是“局水”，且“举水(溪)”也可能是“局水(溪)”因为古这些地方都是产矿的地方，旧县志载“矿坑有十”，其中银屏坑在举水，可能被后人谐音了。根据《龙泉县志》记载，庆元矿业开采可追溯到唐代。

苍岱矿场仅是庆元古矿场的其中代表之一，古人开矿历史虽然离我们渐行渐远，但我们是从历史走来的，让我们走近矿场，解读历史，感悟这方深厚的历史文化遗存，保护好历史遗迹，让这方古老的采矿历史文化滋润一方土地。

庆元境内多瓷器窑址

赖善卿

庆元古瓷器生产历史悠久，从唐代一直延续到清代。境内瓷窑众多，从唐代窑址黄坛窑，至清末樟坑窑，各个时期的瓷窑都有分布。唐代黄坛窑是庆元最早的瓷器窑址，是丽水地区最早的瓷窑址之一，是目前能确定的最早的龙泉窑遗址，是龙泉窑的鼻祖。元明时期是庆元制瓷业的辉煌时期，受对外贸易发展的刺激，作为主要出口商品的瓷器需求量大增，庆元境内古代窑业生产亦达到了空前的规模，竹口镇成了这一时期新的制瓷中心。明代中后期竹口镇的竹口窑，更是达到了鼎盛时期，竹口溪两岸“瓷窑林立，烟火相望”，规模庞大、产品种类丰富、制作技艺独树一帜，无论是产量还是种类，都要优于其他同期龙泉窑系古窑场。明晚期龙泉窑虽然开始走向衰落，但是庆元窑业依然窑火兴旺，从炼泥碓开始沿竹口溪一直到新窑都林立着大小各异，品类不同的窑址，在民间有“十里窑厂”之称。并形成独具特色的“竹口窑”特征，装饰繁缛而华丽、釉色匀润而厚重、种类丰富而多彩、器型复杂而多变，成为传统龙泉窑最后的绝唱。青瓷、黑釉瓷、青花瓷等在内的庆元制瓷业，是浙江乃至全国古代制瓷业的重要组成部分。黄坛窑生产的多角罐、碗等都是龙泉窑瓷器的先驱产品，还有黑釉瓷器、青花等，尤其是黑釉瓷器的生产，窑址位于庆元县竹口镇上村潘里垄，目前纯烧的窑址仅见于庆元，是浙江地区唯一专门烧制高质量黑釉瓷器的窑址，可谓浙江制瓷业的“黑珍珠”。

抗战期间的庆元盐市

赖善卿

抗日战争期间，庆元县曹岭、后田的盐市曾极一时之盛。曹岭一条狭窄的老街，从龙庆大桥至岭背，盐店鳞次栉比，多至30余家；公开挂牌的“食盐公卖店一，积盐几十，几百包（篾篓装每包300市斤），小本经营的则一包、二包……”挑盐的脚夫，川流不息，运盐的商贩，摩肩接踵，梅溪之中，运盐舟楫每天都有几十只、上百只。后田街自马侍郎庙至义民街（今玉田供销社至街头枫林庵旧址）都开起了盐店，摆起了盐摊，每日来往买卖食盐的人成群结队，街道拥挤，交通梗阻。商旅既盛、饭铺、旅店也从十数家增至数十家，还常有客满之患。此时经营食盐的不仅是江西上饶、广丰与福建寿宁及江山等县的肩贩；本县官商、富户、农工以至妇女只要小有资本都用来参与食盐买卖，一时间，庆元的商业呈现了前所未有的繁荣景象。

一、奇迹来于运输流向反常。民国26年抗战军兴，杭嘉湖相继陷敌，浙西盐场全部为敌人所占有，食盐产量锐减，并以浙赣铁路不通，陆路运输艰难；民国30年4月至33年7月，温州前后三次沦陷，瓯江水运时断时续，造成食盐流向反常，浙盐原是用船运入曹岭的，后来改为从泰顺运至庆元东区，闽盐也迂回由寿宁斜滩经庆元转销江西，使处于穷乡僻壤的庆元成为上饶、广丰及江山盐贩云集之地，盐市因而兴起。

二、私盐泛滥。民国27年下半年，食盐供应日趋紧张，而私商唯利是图，囤积居奇，盐价日益腾升，居民以缺盐为虑。庆元县政府乃制定《战时食盐收买统制办法》，实行"计人口授盐"（《庆元县供销社志》），责令县合作联合社依照全县人口数额向温州配运官盐，转配于各乡镇。由各乡镇按月按口收集盐款，到县联社缴费配领，分发境内居民，名曰公盐。居民食盐虽有了保障，价格也比私盐低数倍，但配额毕竟有限，且受时间约束，一般农民经济拮据，素无积蓄，往往难以应急，觉得还是有钱时随时购买私盐来得方便。各乡镇长看到了这动向，就与乡内外的商贾、富户互相联络，不向居民收取公盐价款，直接私自集资向县联社缴款购领公盐，以高价转售给居民和外来盐贩，垄断居奇；有的甚至无须筹集购款，将配领盐额卖给县联社职员或其他富商，转手之间，牟取暴利，"计口授盐"因而中止，而私盐从此泛滥市场。福建省的寿宁盐商听说庆元食盐畅销江西各地，就比肩接踵把食盐贩运到庆元的后田、新窑、曹岭等地倾销。温州沦陷后公盐、商盐来源断绝，贩运私盐的人就更多，盐市也更加混乱，或囤购寿宁私盐，或直接到政和瑞应场等处抢购囤积，乘时出售，以博厚利。

民国31年夏，金华沦陷，两浙盐务管理局内迁庆元，抢运来官盐数万袋（麻袋装，每袋205市斤），庆元"计口授盐"制度既废，民间不再向盐管局配购，所储官盐除有限额供应机关外，大量积压。盐管局人就开动脑筋与当地商民勾结，假借开设"食盐公卖店"名义，报本局批准，缴纳有限的税金，向本局依照官价配领官盐，名为供应民间，实则贱取于官，以高价出售给江西上饶、广丰商贩和本地商民，盐局人员从中暗坐股份，均沾利润，皆大欢喜。此种官倒，任意垄断操纵，恣意扰乱市场，其破坏能量实为私商所望尘莫及，一时间盐价如脱缰野马，不可收拾，每市斤食盐由7市斤大米递增至12市斤，有些偏僻地方14斤米才能换1斤盐，私盐泛滥成灾，贫苦农民苦不堪言。

三、物极必反。当时交通不便，运输多为肩挑，饶、广商贩嫌肩挑有限，多改用旧式独轮车（俗称羊角车），一车可运200市斤。经营食盐例需纳税，私运为法律严禁，于是官府所设的缉私税卡应运而生，由此弊端丛生，最初是外来部队冒充盐兵在运输途中拦截，敲索，继而本县军警以及各乡警备班以至流氓地痞群起效尤，遍设关卡，盐贩一经查获，重则设收入"官"，轻则罚款，只好俯首帖耳，听任宰割，由此加重负担，则又补偿于民。私盐贩怕被缉究，曾一度裹足不前，盐市冷淡。两浙盐务局来庆元后，睹此情况，以浙东盐场全部沦陷，而私盐市场又无税可收，衡量得失，因此特准庆元私盐流通，就在庆元后田苏公桥设置查验卡，派员坐镇，同时布告经营私盐商贩到卡登记缴税，给付官盐税照；其匿不报税者一经查获即予以没收，并配备武装盐兵20名到各地巡逻，于是私盐贩取得了合法地位，可持税照通行无阻，不再遭受敲诈勒索。一时间"食盐公卖店"如雨后春笋，应时而出，私盐一变而为公盐，这可以说是物极必反吧？然而穷苦老百姓还是吃高价盐度日，蒙受不到半点恩惠。同时还由此产生副作用，留下了一个后遗症。

民国31年庆元县长朱馥桂因建造县府办公厅经费不足，受到"查验卡"登记缴税的启发，因此在小猪身上做起文章来，巧立名目，委托城内富户吴朝觐在后田盐贩稠集处设立过秤所，代买卖小猪的双方过秤，向双方索取若干手续费，还开创了商店代客称盐收费的先例。更有甚者，少数豪绅竟袭此陋规在后田小猪市场公然开设牙行代客过秤收费，无端 增加广大群众不少额外负担，一直流毒数年之久。

四、盐市的衰落

庆元盐市以民国 30 年至民国 32 年上半年为最盛时期，瓯江通航时盐商集中曹岭，温州沦陷后聚集后田。以后因盐管局科税过重，饶、广商贩无利可牟，来者渐稀：寿宁及本县各乡经营者因销路冷淡也多歇业，盐市每况愈下。到民国 32 年 6 月，后田鼠疫复发，死亡累累，外商遂告断绝，查验卡门可罗雀。疫势平后寿宁商贩虽继续运盐来，但多售于本市，查验卡无税可收也就裁撤了。等到抗日战争胜利，两浙盐务局回迁杭州时将留下的数仓官盐就地变价出售，食盐供应得到缓解；盐运恢复后，食盐已非奇货，这种轰动一时的不正常盐市也就成为历史陈迹了。

庆元的马氏群仙庙

胡恒鹏

马仙神迹遍布马仙文化传播区域，马仙的民间信仰比较普遍。浙南、闽东、闽北及闽西大大小小的马仙庙宇很多，不计其数。这些地方有的是马仙居处，有的是得道飞升处，有的是修行之地，有的是炼丹采药处，处处弥漫着神化色彩，大量奉祀马仙的文字记载和宫庙的建造向人们展示了马仙神迹故事。

《浙江通志》马氏二女篇载：依《名人录》“马氏庆元人。姐妹及笄，父母将嫁之。不肯。问其故，曰：‘红颜易老，吾欲以金丹驻之耳！’遂结庐於百丈山头，每夜辄登山石上，焚香度世。忽感真人密授口诀，姐妹按法修炼，丹成。俱白日乘鸾飞去。至今山巅有剪刀、镜台遗迹。”

明冯梦龙《 寿宁待志》载：“庆元，当地名山百丈山是马仙修炼之所，香火十分旺盛。 百丈山在庆元县西北三十里，五代时马仙二女修炼于此，丹成仙去，邑人于其地立祠祀之。 ……至百丈庵，浙闽男女进香者日以百计，香烟如雾，金身为之黑。炉不容则焚于岩口 ……”

传说“马五娘”和“马七娘”姐妹俩在庆元“百丈山”中修炼的消息传到了邻近的松溪、政和。听说“马仙”长得非常漂亮。松溪、政和、庆元三个地方长官来到“百丈山”中向马仙求婚，都很想将天生丽质楚楚动人的马仙娶为妻。“马仙”对三位长官说：“你们三位从各自的地方做一条路通到‘百丈山’，谁的路先通到这里就嫁给谁。”岂知，松溪地方官竟有点“妖法”，真的在一昼夜时间砌好了一条道路通到“百丈山”。当松溪长官来迎娶时，“马仙”竟在“脱身岩”上飞仙而去。至今还在“脱身岩”上留下了她的“履迹”（同时也留下了松溪地方长官来拉她时留下的“靴迹”）和“剪刀”“镜台”的“神仙遗迹”。

《庆元县志》卷之十一仙释，清林步瀛修史恩绪纂清光绪三年刻本。详细记载马仙母亲死后，葬于百丈山之西涧。 ……”马仙母亲墓上世纪被淹于水电水库下，今移到山上。

（注：《处州香菇文化》185 页吴三公与马仙争殿址载：传说庆元后广西洋松源殿（西洋殿）址古

时是马仙殿址，所以会有吴三公埋铜钱记物和马仙插金钗争殿址的故事传说。）

庆元是马氏群仙神迹聚集地，庆元县有百丈岩马仙庵，张村马仙八角殿、合湖黄洋马氏仙宫、南门洋马夫人庙、上余村马仙宫、举水月山村马氏行宫、菊水卢佛神庙、左溪马仙宫和娘娘宫、坑里马仙庙、朱村卢佛神庙、淤上横溪村马仙宫、黄田双溪村卢相公庙、白柘洋村真仙宝殿、黄岗村马仙宫、枧头马仙宫、石柱村马仙宫庙、后溪村马仙宫庙、张村马仙宫（八角殿）、合湖黄洋马氏仙宫等二十多处，马仙文化神迹众多。（注：清版《庆元县志》载：古代庆元县城内有一座显圣的“马氏行祠”，可算是庆元城内最为古老的马仙文物遗记。）从《庆元县志》《浙江通志》记载可知，马仙是群仙的统称，父亲马公死后葬于泰顺县罗洋（阳），病卒未成仙；母亲卢氏死后葬于庆元百丈山，因鸟屎掉落碗内未成仙；马五娘在庆元百丈山升仙，坑西村建“马五仙宫”；马六娘在景宁鸬鹚修成仙，在景宁建“鸬鹚殿”；马七娘在庆元百丈山升仙，在庆元百丈山建“马七仙庙”；舅舅卢相公在庆元行医济世成仙，在大济建“卢福神庙”；舅母毛氏成仙，在大济建“毛氏夫人庙”；兄弟马四郎成仙，在庆元城东建“马侍郎庙”（后来被人谐称作马侍郎）及马氏姐妹的手下“叶大元帅”也成仙后从昴山迎来，在庆元城南建“元帅公庙”，龙泉昴山中唐前（龙泉公元 759 年建县）是属松阳之地，至今昴山上有马仙庙，是道教马仙胜地。从而可见马仙是一个族群，逐个修炼成仙。因此庆元地域内现存的以上神庙均是纪念马氏群仙，有很多关于马仙传说故事。

一村 26 进士

赖善卿

位于庆元县城东南的大济村，自古称为“城厢三处”，三面环山，风景优雅，清代的文人曾以“崖泉翻雪浪，石滑傲冰霜”的壮丽诗句描绘这里的悬崖瀑布，大济村就是得名于这“崖泉”的。村附近有小漈和白水漈（方言称瀑布，）白水漈大于小漈，因此以大漈名村，“漈”“济”同音，雅为大济，又含经邦济世之大意。

大济建村于隋代，原有罗，潘、华诸姓在此居住，隋、唐以来一直是默默无闻。到了北宋景德三年（1006 年）松源吴氏五世祖吴崇煦卜居于此之后，由于子孙繁盛，人才辈出，才以崭新面貌登上历史舞台，成为庆元有名的“进士村”。

从宋仁宗天圣二年（1024 年）吴崇煦的长子吴毂在吴氏自唐末避乱松源、历五代 120 年间科举久已绝响的情况下破天荒地考取了第一个进士之后，时隔 10 年吴毂的胞弟吴毅又登景祐元年（1034 年）甲戌科进士；此后吴氏子孙科第连绵，在宋代就出了 24 名进士，加上明代的 1 名，共 25 名，占全县 31 进士的 80%，单从宋仁宗天圣二年至徽宗宣和六年（1024—1124 年）的百年之间接踵联登的就有 17 人。其中两人同榜的有吴畀、吴蝈；四人同科的有吴彦申、吴逵、吴兢、吴枢。

这在当时全县人口不到 2 万人，大济还是一个只有二三百人口小村的时候，不能不说是一个奇迹，比起文化发达地区也毫不逊色。

大济的进士有几个特点：一是他们都是吴氏宗族，他们之间有这祖孙、父子、叔侄、兄弟的血统关系，有一脉相承的家学渊源。如吴榖吴毂是同胞兄弟；吴畀与吴翊是吴榖的儿子、与吴毂是叔侄关系，吴淇、吴枢是堂叔侄，他们是吴榖的裔孙，吴兢、吴桓、吴彦申是父子，吴人可是重孙，是吴榖胞弟吴毂后裔，千丝万缕真说不清。据大济《吴氏宗谱》记载，为了培养子孙成才，吴崇煦特地在附近豹隐洞建造了一座书室，聘请名师，教育儿子吴榖兄弟读书，以尊崇儒业，注重忠孝节义的封建伦理观念为主旨，因此这些进士都能秉承家教，留得好名传后世。

二是重气节，为官清正。从清代各版《庆元县志》里可以看出大概，吴枢于宋靖康间应召出使金国议和，不畏鼎镬，竭力抗争，出色地完成使命，名列《两浙名贤录》和《浙江通志》；吴兢在建炎元年任江西会昌县令时奉命招抚叛军，不畏利刃加颈，终使贱人归顺朝廷，祀为乡贤；吴畀于熙宁年间出任夹州教授，拒接大学士翁彦琛举荐，甘居下僚；吴懿德在嘉泰年间任新会县令，清廉正直，身受冻馁，靖海盗、罢息钱，深受百姓爱戴，县民立祠祀之；吴彦申是宋高宗宰相李纲的亲娘舅，两人年龄相差20岁，李纲自幼在外祖父吴桓身边与彦申在一起，情谊最笃，两人同科登进士后，彦申始终洁身自守，不事夤缘，卒子南昌县丞任内，李纲为他撰《墓志铭》盛赞吴氏“大德不堕”。

三是多数爱好文学，擅长著述，列入《庆元县志•文学》的有7人，如吴毂著有《豹隐集》4卷、吴畀著《鹤斋集》20卷行世。还有吴榖、吴彦申、吴巳之等都有著作，可惜早已散失。于此可知大济吴氏非但泽沛桑梓，而且对国家也是有贡献的。

大济村进士多，留下的文物胜迹也多，称得上是“文物之乡”。在方圆不到1公里的小村范围内，就有为兄弟、叔侄连科登榜而建的“双桂坊”“桂香坊”，因子贵父荣貤赠而建的大理坊，“鸿胪坊”；有官居要职和赞扬读书风气的“名登天府坊”“崇儒坊”；还有奉旨旌表节孝的“诏旌完节坊、节孝坊”，这些标志着一代风流的牌坊，建筑庄严宏伟，题字都出于名家手笔，气韵劲遒，具有较高的文物价值。

大济的街道和房屋建筑，也独具一格。如以砖石图案铺地的“金甃街”，就是当时专为迎接皇帝圣旨而设的“圣旨街”；还有街道两旁的官邸庭院结构，有门口蹲石狮的，有门外设上马石的。有厅堂设公案的，有堂前设转蓬（尊客舆马止于此）的，处处显示了封建王朝的森严景象。还有许多标志着科举功名的“桅杆”……以及清初著名学者陆陇其曾应邀讲学的“日涉园”以及为吴榖、吴毂兄弟联登而改名的“双门桥”等。民国30年孔子南宗七十四代奉祀官孔繁豪曾奉命携带手雕楷木孔子及夫人偶像到大济避难鸿胪坊内4年，民国34年10月病亡，其遗骨也埋在大济仙宫山麓；又给大济的绚丽河山增添了一些光彩。

庆元名产毛边纸

赖善卿

一、毛边纸业的兴起

庆元县地处山区，毛竹资源丰富，早在清嘉庆年间，就有人开始以未去皮的嫩竹，用外地运来的劣质淹料，制造卫生纸和烧纸，以后逐步改良为代白纸和黄纸。这种纸成本低，设备简单，操作方便，纸质粗糙，多用于封建迷信活动，销路不广。

至道光年间，从福建汀州等地学得先进技术，开始制造书写用的毛边纸。毛边纸纹理细致，纸质洁白、柔软，适用于毛笔书写，具有经久不变、浸水不褪色、便于长期存放的优点。在近百年的时间里，特别是抗战期间，行销本省各地，占有相当市场，据调查，极盛时期(抗战胜利前后)被称为“竹乡”的三济、黄真等地设有纸厂56所，隆宫、黄坑、小安等地有纸厂94所，全县共有150余所，工人750多人，年产毛边纸1万多担，按当时每担值稻谷600市斤计算，是本县除香菇、笋干外，南、北乡人民的一宗主要经济收入，对繁荣本县市场，活跃农村经济起到了重要作用。

二、毛边纸制造过程

制造一张毛边纸要经过十二道工序：①削竹丝：芒种过后嫩竹发出二至三个嫩枝时砍下，劈成约2米多长3指宽的竹片，削去青皮，每2支半嫩竹平均约可削成竹丝(片)担。②淹料：把长短一致的竹片放进纸塘，铺平，逐层撒上五至六成石灰、压实，将塘水灌满，不让竹片露出水面。③洗竹丝：三个月后排水，将竹片洗净。④漂竹丝：洗净后仍放塘里漂白，每天换清水一次，至少漂30塘水(漂30天)，然后将水排干，使竹片在露天之下日晒雨淋，霉烂。⑤拣料：将霉烂的竹丝拣去杂质，装进特制的竹箩，每天拣料一担，当日用完。⑥踏料：拣来的料放进长形的料槽；踏料工人一手挽槽上的绳子，一手持短棒，一踏一顿，口唱山歌，从槽头到槽尾来回践踏多遍，直至竹料成渣为止。这也就是原始的“打浆”方法。⑦配料：粗料踏成纸渣，放进纸槽，再加入捣烂的道生根(一种有黏性的树根，产自竹口镇陈龙溪一带)，加水捣拌，澄清。⑧舀纸：舀纸的纸帘，用篾丝编成，过漆(产自本县蒲潭，桃坑一带)，形如席子。舀时帘头、帘尾各一人，由师傅掌帘头，将纸槽里微稠的纸浆舀一张在纸架上放一张，舀完一槽为止。⑨榨纸：将舀好的纸张放进纸榨，纹紧，榨出水分。⑩焙纸：纸焙如砖墙，内空：一头进柴火，一头通风，外刷石灰，光滑异常。焙纸工人将榨去水分的纸横置于旁，用碗片钝面在右上角划一道痕，分开纸张，右手掰纸左手持刷，逐张刷在纸焙上，干燥后取下。⑧切纸：焙干燥后捡去“破张”“缺张”榨得服帖，再按一定规格切边，盖上字号，有的还加盖“提净足尾”的红印，表示完美无缺。⑥包装：最初用竹箬，后用笋壳捆装，外加篾篓，以免损坏。

每道工序都密切关系到纸质好坏，砍竹最好二个枝；淹料灰放六成五；漂竹丝要塘塘清水；拣料要精选提纯；踏料要细致，配料照标准；舀纸要均匀，焙纸看火候。切纸要提净；包装要平整。闻名全县的头档纸吴平利号老板告诉我，他就是不惜工本，不惮劳瘁严格掌握这些关键的，所以他的纸价格要比三档纸高三分之一，为同行所公认，假冒不了。至今他家里存放的毛边纸还是洁白如三十年前。

三、工人生活待遇

一个纸厂一般只设一个槽，两个槽称双槽厂。一个槽配5个技术工人(拣料、舀纸、焙纸)，背纸柴的是粗工。工资按每百刀纸抽五刀计算(有些地方用米折价)，帘头为一等，焙纸为二等，踏料为三等，帘尾为四等，拣料为五等，等与等之间工资相差一至二成。膳食由厂主供给，主食按劳资成约特别规定大米每元50市斤，副食品照市价计算。每月初一、十五献师父(立蔡伦为师)时吃肉一次。工人每天做料二槽，产纸9刀，每刀初时为196张，后减为180张（每刀重约6市斤），每天劳动9小时始能完成任务。毛边纸工人多数是泰顺人，虽有技术，但在旧社会并未为人所尊重。

四、毛边纸的没落

办个毛边纸厂，要有千元（银圆）以上资本，还要供应工人生活膳食，同时毛边纸本身又存在表面有纤毛，易于渗水，纸张薄，成本高的缺点。解放后随着公路通车，质地精良的机制纸日益增多；毛竹成为国家重要物资，不愁没有出路，因而毛边纸就很自然趋于没落了。目前除了张地村还有私人设的小纸厂产代白纸、黄纸、卫生纸运销福建建瓯、穆洋一带市场及有小量见于自由市场外，已无多大销路。

香菇行

解放前庆元县设在外省的香菇行，虽然对菇民有严重的剥削行为，但客观上对组织香菇生产、沟通销售渠道等方面都起到了积极的作用。在长期的调查过程中，采访了当时的菇行老板吴建为（现已去世）、梅福（现已去世）、吴献贤等老先生，取得了比较全面的数据，现整理如下，以供有关部门参考。并望知情者予以补充及校正。

据不完全统计，民国30年（1941）至解放时（1949），庆元县设在福建、江西、安徽等省的菇行共有250多间，而以福建省的建瓯、洋口、永安等地最多，约占五分之四。菇行的主要业务是代客买卖、储藏、保管香菇，从中按营业额向山客（卖方）收2%、向水客（买方）收5%的信托手续费（又称行佣或佣金），同时须向政府缴纳牌照税、营业税、印花税和所利得税等。一间菇行在条件较好的情况下，每年经销香菇约5000斤，按当时币值每100斤售价80—100元计算，年收入350元左右，除去开支，盈利并不很厚。但他们多靠"吃盘抛盘""刹价压级"以及"利上加利"等办法额外捞取更大的收入。

菇行老板要在菇民中有一定信誉；在销售产品方面要有广阔门路；还要为菇民排难解纷以及解决生活上的一些实际困难，才能生意兴隆，有利可图。实际上解放前的菇行老板一般是有一定的社会地位与经营经验的地方士绅和殷富。因他们与菇民利益相关，没有菇民也就没有他们的利益，所以在某种场合下，他们也会挺身而出保护菇民，实际上也就是树立自己的威信和保护自己的利益。如解放前夕发生建瓯县政府向菇民征收高达10%的营业税，按当时建瓯年经营香菇15万斤计算，就要损失1.50万斤香菇价值。又如十年内战期间，国民党实行封锁政策，计口授盐，光泽县菇民分配不到食盐，严重影响生活。后来经菇行老板梅福等出面向当地税务机关和政府提出抗议，几经交涉，取得胜利，在菇民中产生良好影响。

菇民与菇行之间互相依存的关系也是历史所形成。菇行也深知"皮之不存，毛将焉附"这个道理，因此，他们必须极力去笼络菇民感情，每年元宵和二月初二两节，菇民要到菇行聚会，在市场上进行菇业交流会。菇行要置办盛筵招待。平日菇民到菇行里，要安排膳宿，伙食是半价收取，宿房费免收，唯恐招待不周，捞不到生意。

菇行一般租赁当地民房，雇用管账员、炊事员各一人。当时香菇都是远销九江、汉口等地，为了掌握信息，及时销售产品，以便赢得较大利润，还聘有专人驻九江等地传递信息，因此菇行的开支也是不小的。

在旧社会，菇民没有菇行从中调度，产品销售就有困难；菇行没有菇民支持，也就建立不起来。因此在当时政府只知道收税而对菇民利益毫不关心的情况下。使庆元香菇行得以历久不衰，一直延续到解放。

菇民与红军

竹口镇竹下村94岁老人叶远德，回忆起当年在菇山与红军的交往时的往事，神采奕奕，滔滔不绝。

1945年，我22岁，走了5天才到福建光泽县深山中做菇寮。寮旁有一条小道，解放前游击队经常往来。有一次，20个游击队员来到菇寮，他们穿着普通老百姓的衣服，肩膀上挎背着装大米的干粮袋。他们来到菇寮很友善，要点茶喝，有时也会在菇寮借锅灶煮饭，煮的米都是自己带来的，吃的菜也是带来的咸菜。从来不要我们的香菇，更不会冒犯。离开的时候，会将留下的痕迹清除干净，比如香烟头啊，线头啊，纸屑什么的，扔到灶膛里烧毁。因为担心被国民党军队发现，会连累菇民。又一次，来了七八十个人，在菇寮附近安营，他们带有锯子、柴刀、斧子等工具和绳子等用品，搭建临时寮棚的动作很熟练，到傍晚的时候，一个可以住宿几十个人的寮棚就搭好了，用随身带来的铁锅烧起饭来。他们从不告诉自己的名字，也没听说谁是当头的(据资料，那一时期浙闽一带的游击队应该是陈贵芳领导的队伍)。

福建光泽县这一带是与江西红色苏区毗邻，民间交往较多，群众觉悟高，红军在江西建立苏维埃政权的时期，好多年轻人都去江西参加了红军，因此致使许多人被国民党当局杀害。我去做香菇的时候，虽然离红军建立苏区已经10多年过去了，但他还目睹了光泽菇山附近很多地方田地荒芜，房屋空置，甚至一些房子内白骨成堆，阴森可怕的场面至今记忆犹新。

到了我在菇山的第三个年头，已是解放战争时期。有一次，游击队员告诉我，共产党领导的解放军不久将会解放你的家乡了，劳动人民可以当家作主了。当时我也不懂，但等到第二年春天香菇收成完后，回到庆元，家乡真的已经解放了。后来家里分到了田地，我在家种田，也就没有再去菇山了。

可见，庆元人外出做菇，初步接受革命思想，也是庆元成为革命老区的原因之一。

庆元蓑衣

蓑衣俗称“棕蓑”，通体以棕片制成，无袖，重三四斤。有上下分摆式和整件连接式两种款式，庆元、龙泉两地的农民喜欢上下分摆式，因为比起后者，前者穿上后动作灵便，不妨碍劳动。

蓑衣的制作工艺复杂，编一件蓑衣需要十多道工序，费时3天工夫。首先，把从棕树上割下的棕皮用铁刷刷洗，使棕毛平顺、干净。清理好附着的碎物和杂质后，作防腐处理、晒干。然后把棕皮剪裁成一片片棕片当衣料。另外，还要从棕皮中抽出一根根棕丝，捻成一条条棕线，作缝衣线。

编蓑衣从领口开始，将棕片一片挨一片排列好，然后用棕线一针一线缝合连成片，自上而下制成斗篷的形状。下摆的棕毛要自然垂悬，领口与衣襟用薄嫩的棕皮包边细缝。最后缀上系带和扣子，一件可遮风避雨、里面光洁外面平整、结实美观的蓑衣才算制作完成。编一件蓑衣，需要大小不同的6根约长20厘米的撬针、剪刀、油角(装菜油，用以润滑撬针)、棕线。而撬针如今市场上找不到了。府后街的赵发角还在坚守这一手艺。蓑衣通风吸汗，就是下大雨，穿上蓑衣，里面的衣服也不会湿。

福建浙江村

1989年，由于福建省松溪县坪坑水库建设的需要，坪坑村整村89人搬迁至福建松溪县河东乡大布村一个叫“葫芦山”的地方另建村庄，村名变更为“坪坑新村”，仍属庆元管辖，被人们称为“福建松溪境内的庆元村”。新村整齐的平房，雪白的外墙，宽阔的水泥路，漂亮的公厕和两层的村委会大楼前，12副运动健身器材和一张乒乓球桌，成了浙江对外宣传的一个窗口。

中国铅笔生产基地

庆元竹口镇的铅笔产业素有盛名，起步于20世纪80年代，形成了铅笔、笔芯、橡皮头、软化板、印刷包装等一系列完整的生产产业链，共有铅笔企业25家，有着“久灵笔刷”和“鸿星文具”等铅笔著名品牌、“贝斯特软化板”铅笔软化板生产品牌以及“联兴笔业”笔芯品牌，是铅笔制造一条龙的特色产地，产量达到35亿支，占全国铅笔总产量的25%，产品95%以上出口。铅笔产业年产值达7亿元。产品98%以上出口远销欧美、东南亚等国家和地区。庆元铅笔行业于2010年3月被中国轻工业联合会、中国制笔协会授予“中国铅笔生产基地”称号。

中国竹制品产业基地

庆元是中国竹制品产业基地。庆元毛竹资源十分丰富，现有竹林面积达33万亩，毛竹经济在庆元经济中有着举足轻重的地位，占全县农业总产值约41%。2013年，登记注册的竹产业加工企业有600余家，其中2000万元以上规上企业48家，亿元以上企业6家；竹产业年产值达38.39亿元，同比增长28%，从业人数2.1万人；产品销往全国100多个大中城市，竹筷、竹砧板行业占领国内市场达到60%以上。

竹厨具生产工艺和自动化程度较高，年产竹工艺筷22亿双，在国内终端市场占据了3/4份额。竹制品形成竹筷、竹菜板两大主导系列产品的“筷、板”产业格局，许多产品成为精美的旅游商品。双枪公司、九川竹木等企业每年能卖出26亿多双竹筷，占全国三分之二市场份额，席卷全国市场之下。双枪公司建立竹材研究院，与西安交大等科研院校合作，减少原材料的消耗，减少对传统路径的依赖，提高竹产业加工水平；九川竹木因为做好了竹家具，这家新兴企业拥有产品专利150多项；还有11家企业获得国家级高新技术企业。产品远销欧美、日韩、中东及中国台湾、香港等国家和地区。

博物馆之城

1997年，庆元自创建了第一座博物馆——香菇博物馆之后，廊桥博物馆、百山祖自然博物馆、铅笔博物馆、竹筷文化博物馆、民俗博物馆、方言博物应运而生，渐渐成为“博物馆之城”。百山祖自然博物馆成为了解自然生态知识的重要阵地，也成了对广大群众开展生态环境教育、生态道德教育、生态文明教育的重要场所；廊桥、香菇博物馆成为“丽水市第一批社会科学普及基地”，廊桥博物馆还是“浙江省非物质文化遗产宣传展示基地”。

庆元这个人口只有20万余人的山城小县，创办了7座蕴含历史文化和地方特色的香菇、廊桥、大自然等内容的博物馆，成为一座名副其实的“博物馆之城”。每2.9万常住人口就可以拥有一座博物馆，这一数据远远领先于全国60万人拥有一座博物馆的水平，还超越了发达国家平均每5万人拥有一座博物馆的水平。

历史名村黄淤村

红墙之窗花砖雕，黛瓦之青苔翠绿里。整个村落顺着山坳地势，呈一字形延伸，东西窄短，南北狭长。据史料记载，黄淤村始建于明正德年间（1506—1521年），为吴氏伯二公从槽头村（今云和县）迁置。因肇基处原是一处黄土质坡地，故名“黄淤”。500多年来，黄淤人才辈出。在清代，只要考取秀才、举人和进士等功名后，其族人便可为其竖石旗杆，以显示家族荣耀。现今仍遗存着同治五年（1866年），吴连相考取“贡生”后，族人为其所竖的石旗杆旧迹。吴连相胆识过人，饱读诗书，满腹谋略，其中最让后人引以为耀的便是他思维敏捷、据理力争，为乡亲们打赢温州一码头的管理权属的官司，为庆元提供了很大的方便，吴连相因此成为当地名声大噪的“讼师”。

历史名村西川

西川，又名西坑头，因其村西的一条山川而得名。村子群山环抱，山势连绵起伏。房子依山而建，都以当地本质坚硬、耐水防腐性强的树干和黏性黄土为原料建成。西川村,一个透着边塞风情的名字，很难想到是大山腹地的一个村名。青山绿竹间，黄泥房格外惹眼。因为西川古树、古房、古道、古亭，成为人们热门的寻古问幽之地。吸引省内外画家到西川采风。远看整个村落，像拉萨的布达拉宫，难怪有画家称这里是“南方的布达拉宫”。房子层叠有致，有的三间合围，兀立山岭；有的屋顶相连，层级而上；有的雕梁刻画，颇为精细。那些石刻和木雕上的文字和图案，虽然没法一时去考究它们的价值，但足以感觉到当时房子主人的文化气质，感受到村落大户人家曾经的显赫。沧桑融入建筑，岁月记录文明。西川共有这样的黄泥房近200间，这种传统的泥瓦房，在丽水山区很常见。但中间没有夹杂着突兀的瓷砖水泥楼，规模又那么大的古村落，并不多见。进村，在一槽又一槽、一凹又一凹的地块里，随处可见生长旺盛的玉米，抑或红小豆。那些玉米一株株壮得粗如臂膀，玉米叶子宽厚硕长，杆上挂着一嘟噜又一嘟噜的豆角，整个庄稼地里湿漉漉的，有的嫩玉米棒顶端，还挂着一绺又一绺粉红色或棕黄色的玉米胡子，散发出一股股甜丝丝的芬芳。山高林密，只有山里人知道土地的珍贵。正是靠这见缝插针的功夫，养育一代又一代西川人。

第二节　历史名人

吴枢(1080—1138)，字时发，大济村(今属庆元县松源镇)人。自幼刚强，好学不倦。北宋政和二年(1112 年)登进士，官任嘉兴县令。北宋靖康元年(1126 年)，金兵入侵，京师汴梁危急。宋钦宗下诏征召有胆识者使金议和。吴枢应召，在金营痛斥彼等“侵我疆土，荼我生灵”“背信弃义”。金人大怒，欲用鼎镬烹之。吴枢面无惧色，竭力抗争，令其不敢轻妄下手。羁留一年后放回。建炎二年，福建叶侬作乱，兵据福州，朝廷命吴枢前往招抚。叶侬素慕吴枢气节，甘受招抚，名声更著。不久病故。其好友徽州通判羊永德闻耗，用“忆前人，千古常山舌”之句为其作像赞，比喻他有唐代颜杲卿的坚贞气节。墓葬五都魏溪猛虎山。邑人祀为乡贤。

刘知新(约 1080—1142)，字元鼎，庆元县松源镇五都番墺村人，宋徽宗大观元年(1107 年)状元。据《钦定四库全书·山堂肆考》记载：“大观状元，宋刘知新，处州龙泉县(北宋时庆元属龙泉)人。县有灵溪里谚：‘沙州到寺上，龙泉出宰相，沙州到寺前，龙泉出状元。’徽宗大观中，何执中为相，知新作状元。”清人钱大昕《十驾斋养新录》也记述刘知新是宋徽宗大观状元。处州府《栝苍彙纪》及现存清代历次编纂的《庆元县志》均记载：“刘知新，字元鼎，少颖敏，淹贯经史，游太学有声，大观初廷试第一，知绵州，政尚慈祥，所著诗文多士奉为轨范，蔡翊曰：‘读元鼎文，如拾璧蓝田，触手尽难捐之宝。’为时所重如此，见邑文学。”

现在刘知新故里尚有状元墓及刘知新宅遗址，宋淳熙年间至清乾隆年间，五都建有刘知新祠，并入祭庆元孔庙，原在五都故里建状元坊。明嘉靖二十一年(1816 年)，庆元知县程绍颐迁建松源镇(菇城剧院附近)，明清历任庆元县令多有修缮。明代庆元训导王勉(萧山举人)写的一首《刘状元坊》诗：“谁卜薫山兆，文章第一流。英声蜚大学，芳荫护绵州。轨范传多士，科名许状头(状元)。蓝田遗璧在，虹彩耀千秋。”刘知新中状元后，出知绵州。据《直棣绵州志》序言提到：“有明之季遭寇变而文献绝，乾隆前无州志参阅。”故刘知新在绵州的政绩无可考究，曾有人怀疑刘知新状元身份，认为刘知新系大观元年(1107 年)进士(李邦彦榜)，不是第一名。但《宋史》李邦彦传中载：“李邦彦大观二年(1108 年)上舍生及第。”不和刘知新同榜，应以国史《宋史》为准。处州《栝苍彙纪》和旧《庆元县志》人物传中都载明，刘知新是大观初(元年)“廷试第一”。刘知新状元身份可以得到有力佐证，他是古处州难得的状元，科举史上一颗耀眼的明星。

胡 紘(1137—1203)，字应期，松源街道坑西村人。南宋绍兴七年(1137 年)三月，生于龙泉县松源乡双股岭下(今庆元县坑西村旧小学校址)。自幼颖悟好学，博学强记，才华出众。早年就读于石龙寺私塾。旧县志载：“家贫无置书钱，有贩者求售，读遍还之即不忘。”南宋隆兴元年(1163 年)胡紘登进士后，得到刑部尚书京镗举荐，任都进奏院司农寺主簿、秘书等职。先后担任过，经略史(帅：武官)、监察御史、实录院修撰、同知贡举、主考宏词，工部，礼部、吏部三个部的侍郎等 35 个要职，涉足 8 省与朝廷，带使团出访日本。

宋宁宗庆元年间韩侂胄打击政敌的政治事件。绍熙末，宋宁宗赵扩由赵汝愚和韩侂胄拥立为帝。赵汝愚出身皇族 ,韩侂胄是外戚。赵汝愚为相,收揽名士,想有一番作为。朱熹是当时著名学者,被召入经筵,为皇帝讲书。韩侂胄与赵汝愚不和,图谋排斥赵汝愚,先后起用京镗、何澹、刘德秀、胡纮等人。韩侂胄当政,斥朱熹道学为"伪学"。禁毁理学家的"语录"一类书籍,科举考试稍涉义理之学者,一律不予录取。庆元三年,将赵汝愚、朱熹一派及其同情者定为"逆党",开列"伪学逆党"党籍,凡五十九人,包括周必大等。名列党籍者受到程度不等的处罚,凡与他们有关系的人,也都不许担任官职或参加科举考试,史为庆元党禁。

外戚知阁门事韩侂胄自持议立宁宗有功,排斥上丞相赵汝愚与侍讲朱熹,利用胡紘与朱熹有宿怨,命时为监察御史的胡紘起草奏章,弹劾赵汝愚"唱引伪徒、谋为不轨、乘龙授鼎,假梦为符"。初,赵汝愚尝梦孝宗授以汤鼎,背负白龙升天,后翼宁宗以素服登大宝,盖其验也;韩侂胄斥朱熹为"伪学罪首",兴起"庆元党禁"。当时满朝言官,无人敢劾朱子。胡紘正要上疏弹劾朱熹,圣旨下来,胡紘官升太常少卿。当时不在其位是不得言其政的,于是他把奏疏交给升为监察御史的沈继祖,由沈上疏。(见《四朝闻见录》卷四"庆元党"条,上海古籍《宋元笔记小说大观》4964—4966 页。)

胡紘颇有胆识,以一个权力集团的利益攻击另一个权力集团,参与"庆元党禁",反对在他看来道貌岸然的朱熹"道学",引起术界的争论和研究,其意义也是重大的。

胡纮是南宋历史名臣,《宋史》有传。他反对赵汝愚、朱熹"存天理,灭人欲"的"理学", 倡导以正统的孔孟之道治国思想,是"庆元党禁"的风云人物。为官清正廉明,家风纯朴,口碑甚好。精研道学"太极",著书五十三篇;钻研历法,推行《统天历》,将在中国使用了长达七百年的回归年长度的 365.2428 日,精确为 365.2425 日,比欧洲格里历早 400 年。精通诗词,行有述、志有文、有集行于世,留下了"只鸡樽酒"等典故。

胡紘在庆元置县中,曾亲具奏章极力请命,是建县功臣。旧志载:"时冬官二卿胡公紘,松源人也,为丞相京祈公所推重,首言建邑便,祈公深然之,冬十一诏可:赐名庆元。"庆元三年(1197 年),因庆元离县治龙泉太远,殊多不便,民众请求建县,州县奏表于朝,纮亦具奏章极力支持,同年十一月,宁宗诏准,并以年号赐"庆元"为县名。

南宋庆元四年任吏部侍郎,赐金带。嘉泰元年(1201 年),因"坐同知贡举、考宏词不当而罢",享受皇朝侍郎致仕荫恩带职待遇。嘉泰三年(1203 年),卒于庆元县家里。宁宗皇帝闻讣,赐"予通议大夫",御赐墓葬十八穴。开禧元年(1205 年)与妻令人入土合葬于魏溪之原慈照寺前(今和山小学旁)。2014 年 3 月出土胡纮墓志铭石碑。

吴三公(1130—1208)原名吴煜。百山祖镇龙岩村人。1994 年,在龙岩村发现的明万历《吴氏宗谱》记载:"生于宋高宗建炎四年(1130 年)三月十七日,娶刘氏香蕈。"兄弟六人,他排行第三,就名叫吴三。

吴三少年时代就身高强壮,练就一身好武功,同时跟随做道士的父亲学习道术,传说他与乡亲们一起挑盐时堕入深渊,拜五显神为师,受点化掌握了菇术。实际上,他与乡亲们常年行走在龙庆古道的茶木圩一带(古时茶木圩属龙岩村范围)。在烧炭和采集野生菌蕈过程中,发现倒下的阔叶树皮层刀斧砍伤处会出菇,他就和乡亲们搭棚建寮砍树试验,发现多砍多出,有的却砍后不出，发声长叹后用刀斧猛击敲打，数日后却遍树出菇，用枝叶遮盖了的树出菇更多。通过一段时间的实践，初步总结了砍花、遮衣、惊蕈等制菇的特殊技艺。茶木圩这一带因此留下了许多菇寮遗址。其中一个寮址最大，乡亲们最早看到出菇，高兴地叫“倡花了，倡花了”。因而得名倡花寮，此寮址至今还在，连石臼都在。后人就把这一带称为“香菇湾”，流传800多年，被载入了《庆元县地名志》。

十二世纪下半期，吴三携母亲妻儿沿龙庆古道到西洋、盖竹（今竹山）一带制菇并传播菇术。菇术首先在吴三公后裔中传播。他们大都分布龙庆景各地，多数在庆元东部，主要是沿龙岩去福建斜滩的道路附近，并逐步向福建省和江南各省拓展。清乾隆年间，三县菇民达15万人，9万以上是庆元人。

吴三母亲刘氏和妻子刘香蕈诚实善良，热情待人。婆媳两人在西洋村古道旁搭棚设茶摊，还煎菇足汤为乡亲治病。吴三公在母亲去世后就把她安葬在附近山脚下。乡亲们为感恩她们婆媳两人，即在茶摊旧址建了二夫人庙。此庙至今尚存。庙前的对联：“圣出西洋香菇母，爱国护民保安康。”反映了数百年来菇民对香菇母的虔诚崇拜和无限信仰。

十三世纪初，步入老年的吴三，由于儿子小七在盖竹制菇时从树上跌下不幸死亡，悲痛欲绝，卧床不起，即被抬回龙岩村。吴三于南宋嘉定元年（1208年）八月十三日离开人世。据明万历宗谱载：“公葬乌龙墓，与父隔壁，吴处兰花形。”吴处五叶兰花的墓地至今尚存。除了清明节扫墓外，每年农历三月十七日（生日）和八月十三（祭日）龙岩村民都要到吴三公祠隆重祭拜，数百年来成为固定习俗。西洋殿的习俗则定每年6月16—18日为香期，外出制菇的菇农回乡过节还愿。

吴三去世后五十多年，即南宋淳熙元年（1265年），根据《庆元县志》记载，盖竹村（今竹山）菇民吴标梦见吴三公父子，后就在村口建灵显庙，开始举行菇神庙会。明初刘伯温国师向朱元璋讨封，龙、庆、景三县取得独营香菇专利，明前期菇业有了发展。由于道教盛行，吴三于“明神宗万历三年，敕封为判府相公”。元朝显灵庙五显神被迎请到县城拱瑞堂。西洋村菇民集资在吴三生前为母守墓行孝棚址建吴判府庙，此遗址如今仍在。清乾隆年间，菇业大发展，祀奉吴三的菇民增多，庙小拥挤，三县菇民集资扩建时，将庙迁建至溪边古道旁，即现存西洋殿，清光绪元年（1875年）被毁后重建，保存至今。西洋殿楹联和道藏记载吴三是龙岩村人。“手创香菇一方沾恩泽，身骑黑虎随地庇人家”。

南宋嘉定二年（1209年），何澹编修《龙泉县志》时，用185字记叙、总结了香菇的栽培技术。明朝年间制菇术传到了东瀛，因龙庆景属处州府，日本称香菇为“处蕈”，即认为处州是世界香菇的发源地。1989年原国际热带菇类学会主席张树庭题词“香菇之源”。1994年12月又为龙岩村吴三公祠题词“香菇之祖”。许多国家的学者都到西洋殿祭拜吴三。台湾省学者赖敏男称吴三为“中华香菇之神”，并于1995年专程到龙岩村吴三公祠祭拜吴三。1991年开始，庆元县连续多年举办香菇节。2005年，庆元县政府编辑出版了香菇文化系列丛书，举行仪式隆重公祭吴三公。龙岩村建香菇文化陈列馆和香菇诗文碑廊，在庆元县城建全国唯一的香菇博物馆。

吴三公最早制菇地在庆元县茶木圩香菇湾，传播菇术最早也是在庆元县西洋、盖竹一带。有万历宗谱、香菇湾的倡花寮、显灵庙、西洋殿、香菇母墓和二夫人庙等遗迹的存世。

叶宗留（1404—1448）庆元叶村人（现屏都街道的草古地），出身贫苦，幼年丧父，随叔父在宣平读私塾，稍长习武，立志“刀劈人间不平事，枪打世上不平人”。流落到处州（今浙江丽水）当过府署皂隶，因不堪受压迫，于正统七年（1442 年）十二月，与处州人叶希八、陈善恭等带领数百名流民到福建福安，私自开宝峰场（今寿宁南）银矿。闽浙一带山区多银矿，是明朝封闭的禁区，地方官吏经常派巡卒搜山驱逐入山开矿的流民。因叶宗留带领的人多，地方官府便上报了朝廷，明廷命福建、浙江两省派兵搜捕。叶宗留即据守要地，铸造兵器，武装自卫。明朝官府早就颁令严禁“偷开坑穴”“私煎银矿”，违者“处以极刑”，家属发配边疆，“如有不服追究者，即调军剿捕”。（《明英宗实录》卷四十九）。叶宗留对官府的禁令不予理睬。九年七月，福建参议竺渊、兵马指挥佥事刘海率千余官兵进剿。叶宗留即领导矿工武装起义，对抗官兵。起义军诱敌深入，以设埋伏、挖陷阱等手段大败官兵，擒杀竺渊，箭伤刘海。起义军首战告捷，闽北各坑场矿工纷纷响应，附近有些贫苦农民也到矿区参加起义军，起义军的势力迅速发展到仙霞岭铜塘山一带。十年十二月，江西承宣布政使司命广信（今上饶）府和铅山县的官兵进剿。起义军抢先攻占了官兵必经的永丰（今广丰）县城，并乘官兵抵城下立足未稳，出城袭击，歼敌过半，官兵残部逃回。此后，起义军活动于闽浙赣三省边境山区，采取流动战术对付官兵的“搜剿”。官军“东剿则西走，南搜则北移”，常于隘路设伏杀伤官兵，有利则主动出击，多次粉碎了明军的“进剿”。正统十一年（1446 年）春，起义军发展到数千人，叶希八等一致推举叶宗留为领袖，称“大王”。三月，明廷见地方官兵镇压不力，“贼势滋蔓”，命御史柳华提督闽浙赣三省兵马合力“征剿”。柳华到福建后，一面派兵“进剿”，一面令各府县，在城镇巷道首尾建隘门（上有重屋），在乡村建望楼，置金鼓器械在上面，把居民编为总小甲，由总小甲长带领轮流值宿在隘门、望楼上，进行瞭望和警戒。起义军在永丰、浦城、庆元、政和、福安一带与官军周旋，相机杀敌，多次给官兵予重创。柳华终因“搜剿”无功，被弹劾问罪。正统十二年二月以后，矿工起义军遍掘了政和少阳坑、少亭坑和闽北其他坑场银矿，所获不足费用。叶宗留认为，“与其取于山，劳而不获，孰若取于人，一举而有余”，遂带领义军打出矿区，攻陷了政和县城和各大乡镇。九月，叶宗留带领起义军回庆元，“召龙泉良葛山人叶七为教师，训练武艺”，并吸收了千余名青壮年充实队伍。十二月，叶宗留挥军南下，一举攻克浦城。十三年正月，攻陷建阳，沿途又有大批农民参加，队伍已达近万人，遂进军闽北重镇建宁（今建瓯）。由于官吏潜逃，便顺利占领了府城。为了遏阻明军入闽，起义军一部越过铜塘山进入江西，占领了闽赣交通要道上的车盘岭，屡挫官兵的进攻。不久，叶宗留率起义军主力转战浙南。这时，叶宗留的好友陶得二在处州领导千余农民响应起义，起义军声势更大，控制了闽浙赣三省边境地区和交通要道。

正统十三年（1448 年）二月，在矿工起义的推动下，邓茂七领导佃农在沙县西南的陈山寨起义。邓茂七原名邓云，建昌（今江西南城）人，佃农出身，“勇悍自智”，因杀死恶霸地主，逃到福建宁化县投靠陈政景，化名茂七。福建地主对农民进行残酷剥削，茂七常聚集佃户谋划抗租斗争，被当地官府察觉，便转移到沙县。柳华在闽督剿叶宗留矿工起义军时，各地组织总小甲，茂七被推为巡警总甲，“时郡邑长吏受富民贿，纵其多取田租，倍征债息。小民赴愬无所”。沙县佃户遭受剥削尤为严重，交租必须送到地主指定的地点，称为“送租”，逢年过节还要向地主奉献鸡鸭之类的物品，名为“冬牲”。邓茂七利用总甲的身份，号召废除“冬牲”，拒绝“送租”，要地主自行收租。附近农民纷纷响应。地主们即向官府投诉，县衙派兵丁缉捕，茂七拒捕，并打死了来捕的兵丁。随后，沙县县令亲带三百名官兵进行围捕，茂七组织佃农武装抵抗，杀了县令和巡检，三百名官兵几乎被杀尽，并“劫其富民，尽杀之”。于是，邓茂七率众占据陈山寨，正式宣布起义，自称“铲平王”，设官属，歃血誓众，宣布要铲平天下的不平。当时，靠贿赂宦官王振上台的福建左布政使宋彰，“浸鱼贪恶，民不能堪”（《明史》卷一百六十五《丁瑄传》）。因此，邓茂七起义后附近各县贫苦农民“皆举金鼓器械应之”“远近至者，皆附其党”，西有陈政景领导的宁化农民响应起义，东有蒋福成领导的尤溪万余炉丁（炼铁工人）和农民声援。起义军以沙县、尤溪为根据地，建立地方政权，积极向外扩展势力。四月，邓茂七带领农民军主力，从间道北上占领杉关，攻克光泽，顺北屯溪而下，陷邵武，入顺昌，农民军所到之处，官吏、豪绅纷纷逃匿。同时，宁化农民军进攻连城、汀州（今长汀）等地。邓茂七与蒋福成便联合进逼延平（今南平），八闽震动。正统十三年八月，明英宗命御史丁瑄驰闽“剿抚”，并以都督刘聚为总兵，都督陈荣为副总兵，陈诏（一作韶）、刘德新为左右参将，佥都御史张楷监军，率重兵随后入闽，以解延平之危。丁瑄一到延平，即命同知邓洪率兵二千往沙县征剿，遭到邓茂七、蒋福成联合反击，全军覆没。丁瑄又改变手法，派人前去招降，要农民军“解散，得免死”。邓茂七坚定地说：“吾岂畏死求免者！吾取延平，据建宁，塞二关，传檄南下八闽，谁敢窥焉！”遂杀来使。延平守城御史张海急忙派都指挥张某带兵四千前去阻击。农民军于王台南部双溪口隘路上设伏待敌。以20余人隐藏在两侧村店中，大部队埋伏于就近山上。当官兵大队人马已过，殿后都指挥将至之际，村店中的农民军突然举排栅塞道，迅速把都指挥及数名从兵擒杀了。等官兵前驱发觉回援，山上伏兵从侧面冲下掩杀，一举歼敌数千。邓茂七便乘胜进围延平府城。张海再次上城诱降，未能得逞。接着双方大战于城外，农民军连斩明军都指挥范真、指挥彭玺二将，官兵不敢再战，闭城固守待援。

正统十三年九月，张楷率南京、江西、浙江八千官兵及数百名蒙古骑兵向福建进军。邓茂七派人与叶宗留联系，商讨协同对明军作战问题。叶宗留即派重兵扼守闽赣边境要道，阻止明军入闽。张楷派遣刘德新率偏师由建昌入邵武，自率主力由浙江经广信入闽北。张楷至广信时，其前锋陈诏与矿工起义军交战，败死。张楷遂逗留不敢进。至十一月，张楷怕朝廷追究，才命都督陈荣、指挥戴礼率兵二千进攻铅山的黄柏铺。叶宗留亲率起义军与明军激战，不幸中矢牺牲（当时明军不知）。起义军退入山中，推举叶希八为领袖，继续坚持斗争。叶希八派人从铅山、弋阳绕道入闽，与邓茂七取得联系，并分兵四百，加入邓茂七领导的农民军。叶希八除留部分兵力扼控车盘岭外，主力迂回山岭之间，伺机歼敌。不久，明军前来搜山，叶希八在玉山十二都设伏，杀死了陈荣、戴礼和大批明军，为叶宗留报了仇。

在矿工的支援和配合下，邓茂七继续围攻延平，派部将黄琴、刘宗、罗海扼控建阳、邵武等要寨，以防明军南下。同时分兵出击。一路由陈敬德、吴都总带领，连克德化、永春、安溪，直抵闽中沿海重镇泉州府，于城南五陵坡（一作古陵坡）活捉率兵来战的知府熊尚初。一路指向闽西，由将乐、连城，攻达上杭。此外，还以二千名义兵北攻建宁府，遭到建宁知府张瑛的袭击，败绩退回。农民军出击时，沿途焚烧衙门，破牢释囚，开仓济贫，深得受苦民众的拥护，数月之间连克二十余州县，队伍发展到十余万人，建立了十九寨三十六营，对明王朝在东南的统治构成很大威胁。

正统十四年二月，明英宗闻报，下诏严斥刘聚、张楷"进军日久，全无实效"，"再不用心，必杀不宥"。同时，又命宁阳候陈懋为征南（一作平夷）将军，保定伯梁瑶、平江伯陈豫为副将军，都督同知范雄、都督佥事董兴为左右参将，刑部尚书金濂参赞军务，太监曹吉祥、王瑾、陈梧监军，统率京营和江浙兵四万，配备神机铳、炮火器，入闽"征剿"。滞留广信的张楷，因刘德新已破杉关，入光泽，占邵武，才从间道入闽北，与刘会攻建阳。此时，农民军由于黄琴叛变投敌，并为官军诱杀了刘宗、罗海等义军将领，明军终于打通了南下的通道。

南部的农民军在杨福的带领下，接连攻陷了漳浦、南靖、长泰、龙岩等地，于进攻漳州时被明军守将卫指挥顾斌击退。邓茂七久攻延平不下，遂移兵北攻建宁。当时，张楷已率兵抵建宁，金濂的大军也将入闽，形势对农民军不利，邓茂七便主动撤兵退守陈山寨一带。二月，由于潜伏农民军内部的叛徒张由孙、罗汝先的引诱，邓茂七再次率兵进攻延平。当农民军从溪南渡河时，明军埋伏在溪北的铳、炮突然齐发。农民军伤亡数百，溃退下来。明军指挥刘福又率埋伏在附近的官兵掩击，在混战中邓茂七不幸中流矢阵亡。

邓茂七牺牲后，形势急转直下。驻守沙县的农民军推举邓茂七的侄子邓伯孙为领袖，率农民军余部据守陈山寨、后洋、贡川、九龙山等地。继续抗击官兵。张楷、金濂一面分兵进剿，一面派叛徒招降，并施展离间计使邓伯孙杀了农民军骁将张留孙，使邓伯孙陷于孤立。三月，九龙山等据点相继失守。五月，陈山寨最后陷落，邓伯孙被捕遭害，农民军将士二百余人殉难。至此邓茂七领导的农民起义被镇压下去。

叶希八、陶得二领导的矿工起义军，在明军入闽后转战浙南，屡败官兵，围困处州达数月之久。后张楷回师浙南，起义军受挫，于景泰元年（1450 年）进攻武义、永康失利，陶得二被俘就义。这支起义军也告失败。

叶宗留、邓茂七领导的矿工和农民起义，是明朝中叶较大规模的农民起义。他们联合反对封建统治的斗争，在中国农民战争史上具有重大的意义。

姚梁（1736—1765）字甸之，号佃芝。"姚门教"祖师姚文宇的六世孙。浙江庆元人。世居县城东隅的姚家村。生于清乾隆元年（1736 年）十月初九日。由科举出身后终生宦迹仕途。从有关资料得知：他在嘉庆七年（1802 年）前后还在世，至少活了六十六岁。

姚梁的祖父姚大霈是姚文宇长孙姚轼的第三子。姚梁的父亲名叫姚必时。必时娶妻陈氏乃温州永嘉人。后又纳妾张氏。姚梁及其兄姚宋均嫡母陈氏所生。姚梁原配王氏，继娶王氏。他共生育三子一女。之后，子女们亦随父宦迹天涯，最后在异地他乡定居并衍生后裔。

姚梁少小聪颖过人，读书时吸收能力特强，过目成诵。民间中有说他"眼观九行，过目不忘"之传说。据说他“未弱冠即游庠”，曾受知于浙江学政窦光鼐。于乾隆二十四年(1759)以“勤学饬躬，文行兼优”之美誉得其“保举充贡”。乾隆三十年(1765)参加顺天乡试时，以优异成绩得中第三名。乾隆三十四年(1769)己丑科会试之际中式第五十名。殿试时中二甲第二十名，赐进士出身。

姚梁在乾隆三十七年(1772)正月由“宗人府主事”一职入直为“军机处”的“汉军机章京”。当时，他年仅三十七岁，正值壮年。这件由一介书生来任职于清皇朝鼎盛时期的最高机要部门之高层文职人员，可谓是他毕生中在黄金时期所遇到的最荣耀的事了。这件重大事迹在家族的宗谱中有载，记作“军机处行走”。

除了任“军机章京”这一要职之外，姚梁终生都是在京都或地方上任文职官员。首先是中进士之后即在京任“内阁中书”及“宗人府主事”等。在任、离“军机章京”之后改任地方官员。他的一生中任职繁多：诸如任“方略馆纂修”“礼科主事”，亦参与翰林院的修编。曾任“礼部仪制司员外郎”，后改任“吏部验封司员外郎”，“刑部湖广司员外郎”，“饶州府知府”等。一度“官至四川按察使”和“川东分巡兵备道”，兼辖“重、夔、忠、达、酉”等处。历任“江西，广西提刑按察使司”等。至于有着明确纪年的则有：乾隆三十五年(1770年)以内阁中书任庚寅科顺天乡试同考官。乾隆三十六年(1771年)以内阁中书任辛卯科顺天乡试同考官。乾隆三十九年(1774年)以宗人府主事任甲午科陕西乡试副主考。乾隆四十二年(1777年)以宗人府主事任丁酉科广西乡试副主考。乾隆四十二年(1777年)以宗人府主事任山东省学政等。姚梁还得过三次“大夫”级别的封赠。其中，乾隆三十五年敕封“奉直大夫”。乾隆四十五年诰封“中宪大夫”和乾隆五十年诰封“通议大夫”。同时，他的夫人也得到“孺人”“恭人”和“淑人”之类的晋封。姚梁任官时，为官清正。《括苍彙纂》说他“清廉耿介，毫不苟取”。任饶州时，民立生祠祀之。

吴崇岳(1120—1204)俗家姓吴，法名崇岳，以籍贯为号称“松源崇岳”。他就是庆元县人氏——南宋名僧吴崇岳。

宋高宗绍兴二十四年(1154年)，时年二十三岁的吴崇岳到本县天明寺(天铭寺)出家。不久告别天明寺，另赴他乡寻访名师，开始了漫长的游学生涯。吴崇岳首先来到了临安灵严寺，拜见了妙空禅师。妙空禅师系浙江秀水(今嘉兴)人，是当时很有影响的高僧，建炎初年，慈圣皇后赐法号“佛海”。韩世忠表请灵严寺为功德院，邀其为主事。

吴崇岳离别妙空禅师后，由径山住持奚宗杲(后来鼎鼎大名的大慧杲禅师)介绍到蒋山(南京)求教应庵法师。吴崇岳在应庵法师的悉心指点下，勤奋学习佛学，为他今后成为一代宗师打下坚实的基础。过了四五年时间，时三十三岁的吴崇岳认为自己处在游学的黄金时期。于是在宋孝宗隆兴二年(1164)告别应庵，乘船由海路南下福建，来到福州鼓山乾元寺，拜见号称“乾元木庵”的安永禅师，进行学术交流，进一步开展佛学研究。安永法师是当时福建很有影响的高僧，吴崇岳从他那里得到了很多教益。

在福建逗留一年后，吴崇岳回到了浙江。他来到衢州府江山县西的西山，拜见了鸟巨寺住持密庵法师。密庵接见吴崇岳后，性情相投。密庵每有所问，吴崇岳都能顺口答复，且见解相近，密庵很欣赏他。

吴崇岳大半辈子都是烟蓑雨笠、芒鞋破钵，在众山门踏进踏出，故有“鞋香楚地，笠重吴天”的云游僧之说。吴崇岳拜访密庵之后，就一直相随。后来密庵由乌巨寺改驻锡蒋山的华藏寺，再奉旨改住径山及灵隐，吴崇岳作为得力助手一直随伺左右。尤其是在灵隐寺，吴崇岳遵密庵师命，接任佛堂主座的要职。宋宁宗庆元三年（1197 年）奉旨到平江府（今苏州市）澄照寺当了住持方丈，成了密庵的法嗣，是“密庵咸杰”派下的传人。

吴崇岳在灵隐寺任住持方丈四年，灵隐寺佛事大兴。他说法讲道，大显身手，其声誉达到了极点。庆元六年，他上书退居东庵，得到皇帝的恩准。宋宁宗嘉泰二年（1202 年）偶因小疾圆寂，时年七十一岁。寺僧为他建“瘗身塔”，埋骨于灵隐寺后北高峰下平坦之处。

吴崇岳佛学造诣高深，与之说法讲道或登门求教的僧侣、文人学士很多，与曾从“野庵道钦”受学的妙堪及名士陆游交情最厚。吴崇岳圆寂后，陆游为他撰写塔铭文。

在中国佛教派门中，吴崇岳属于临济宗义玄传人，是杨歧禅的八世法嗣，又与“破庵祖先”同是“密庵咸杰”传人，是两派较盛的派系。在他的四五世法嗣中，还有多位日本僧人（蒋维乔《中国佛教史》）。可见，其教门之盛不仅在国内有一定影响，而且在海外也有传人。

吴彦钦 南宋名相李纲之母吴彦钦是李纲的母亲，“括苍剑川”人，生于宋仁宗嘉祐三年（1058 年），终于宋徽宗建中靖国元年（1101 年）正月初七日，享年四十四岁。于同年三月十八日葬于“常州无锡县开元乡历村湛岘山之原”。其故里在今庆元县城南郊的大济村。

吴彦钦嫁到李家后，生育过四男三女。从史料看，她在宋神宗元丰六年（1083 年）廿六岁时生下长子李纲。次子李维、季子李经和四子李纶皆入仕。除了李纲外，李纶也颇具文才，在宦场中很有影响。他还为长兄李纲撰写过行状，总结了李纲的一生。据说，他还是其大舅父吴彦申的女婿。吴彦钦的三个女儿中，长女早夭，次女嫁杭州奉议郎张端礼，三女嫁衢州迪功郎周彬。

李纲之父李夔是个中大夫、充右文殿修撰，故称“李修撰”。他又曾受赠太师和追封为“卫国公”，同时其妻室也晋封为“韩国夫人”。故史料中吴彦钦总是以“韩国夫人”这个称呼出现。

吴彦钦逝世时，长子李纲年仅十九岁。由于其大舅父吴彦申与当时的“师事二程”、对传播理学有很大影响的理学家杨时（即“龟山先生”，将乐人）有交情，故由舅父请杨时为其母撰写了一篇《令人吴氏墓志铭》。铭文中，虽大多是溢美之词，然亦不乏翔实的历史资料，弥为可贵。李纲在母亲下葬时，曾手书“释氏《妙法莲华经》”七卷置于棺椁中。庐墓时，又曾“手植松柏数十万。”宣和三年（1121 年）五月十七日，李纲之父李夔病故，时年李纲三十九岁。他于当年八月将父亲的灵柩运至无锡，在母亲的坟墓中同穴下葬。

吴彦钦兄弟三人，吴彦申很可能是她的大弟弟。李纲在自己的著作集中收有一篇为其舅父吴彦申撰写的《故南昌县丞吴君墓志铭》，文中对吴彦申的生平作过叙述。吴彦举可能是她的二弟，宋高宗绍兴十年（1140 年）五十八岁的李纲逝世，其舅父吴彦举犹在受补荫授职亲属之列，可见吴彦举的年岁要比其姐轻得多。吴彦钦至少还有一个妹妹，但其妹生平，包括名字、生卒、婚嫁、生育等均欠详。从李纲所撰写的《祭姨母吴宜人文》中“我母居长，夫人处中”之言来看，可推知吴彦钦在娘家是长女。

姚安世（约1714—1781），又名匡其，字馨韶，庆元县松源镇东门村人。自少习医，素性豪爽，好打抱不平，曾因指引灾民冲击县衙，逼县官开仓赈济，而被诬为“煽惑罪”，流放省垣。后经友人营救保释，留居杭州，潜心攻研医学。适值巡抚夫人病危，出榜招医。姚安世揭榜前往，投以汤药，病情顿有起色，不数日即痊愈，巡抚大喜，用马车送其还乡，一时医名远扬，誉满乡里，给穷人治病不取报酬，求医者接踵而至。姚安世对医治疑难杂症，常用简易手术或汤药治愈，乡众尊称“馨韶爹”讹称“青樵颠”，至今民间还传着许多有关他治病的逸事。终年67岁。清嘉庆七年（1802年）拔贡余恺作墓志铭：“先生品，百炼钢；先生学，千金囊；先生之药万变良。”“先生壮，精而强；先生老，寿而康；先生既死道弥光。”

第三节　历史事件

赤膊岭之战　清顺治五年（1648年）十月，南明军队反攻庆元，陷城。十一月初三日，清兵松溪援兵至，激战于城池内。是役，军民死亡七八百名，焚屋毁物不可胜数，是本县有史以来最惨烈的一场战事。之后，清廷加强了庆元城的防卫。六年九月，南明将冯生舜再度攻庆元，清千总李定国迎战，相遇于大济赤膊岭，一场鏖战在山岭间展开。南明军斩杀李定国，攻城三昼夜，后因清军政和援兵至，南明兵败退，战事结束。

山岱造反　清同治七年（1868年），庆元连续发生水旱灾害，农村凋敝，民不聊生。是年八月，吴昌彬、吴昌新兄弟俩和朱继统利用“斋教”发动农民起义。他们以山岱村（已废，遗址在四山乡）为根据地，在九漈、陈龙溪等村建立教坛，以“代天行事”为口号，刺绣“日月龙凤”旗，秘密制造兵器，号召农民只有打倒官府，才能死里求生。各地饥民纷纷响应，很快就组成一支近500人的起义队伍，原定九月十六日发难，但事机失密，县衙提前于九月十一日派兵前来镇压。义军仓促应战，在上庄岭顽强坚持了两天，后因孤军无援，退回山岱村凭险据守。十四日拂晓，官兵援军赶到，双方从清晨鏖战至晌午，终因寡不敌众，义军全部壮烈牺牲，村庄亦被官兵夷为平地。

第四节　历史地名

松源街道

塘　边　Táng biān　西门村下辖自然村。因村旁有3口池塘得名。位于松源街道办事处西南2.2千米。民国初张姓从南门村迁置。现人口已迁出，遂废置。

龙井面　Lóng jǐng miàn　西门村下辖自然村。因村边山上有一帘高约40多米的瀑布，其下有一深潭，故名“龙井”。1978年迁鹭鸶岙，遂废置。

铁顶尖　Tiědǐngjiān　西门村下辖自然村。村以山名。1978年迁鹭鸶岙，遂废置。

洋坑殿　Yángkēngdiàn　西门村下辖自然村。传说古时山上有个金丝笼，旁有亭，形似宫殿，故名。1978 年迁鹭鸶岙，遂废置。

天主堂　Tiānzhǔtang　岙后村下辖自然村。1968 年迁东北坑，遂废置。

石　井　Shíjǐng　岙后村下辖自然村。1968 年迁东北坑，遂废置。

岩塔背　Yántǎbèi　岙后村下辖自然村。1968 年迁东北坑，遂废置。

天堂山　Tiāntángshān　岙后村下辖自然村。1968 年迁牛路洋，遂废置。

湾　头　Wān tóu　岙后村下辖自然村。1968 年迁上源，遂废置。

横　栏　Hénglán　坑西村下辖自然村。因村旁有条横路通往坑西，故名。1971 年迁入坑西，废村。

鸟　住　Niǎozhù　坑西村下辖自然村。1971 年迁入坑西，遂废置。

石竹湾　Shízhúwān　坑西村下辖自然村。田片名，村名沿之。位于松源街道办事处西北 1.3 千米。现人口已迁出，遂废置。

坑　头　Kēng tóu　五二村下辖自然村。1971 年迁五二村，遂废置。

铜钱寨　Tóngqiánzhài　坪洋村下辖自然村。1970 年迁坪洋，遂废置。

濛洲街道

黄　塘　Huángtang　黄象村辖自然村。地处黄堂岗巅，谐音得名。1980 年后因村民迁往白象、洋墩，遂废置。

黄　稳　Huángwěn　黄象村辖自然村。原名黄坞，谐音得名。1980 年迁白象。

道　贯　Dàoguàn　下坞村下辖自然村。1964 年迁半岱村，遂废置

赤　洋　Chìyang　下坞村下辖自然村。原为田片名，村名沿之。位于濛洲街道办事处西南 5.5 千米。现人口迁入下坞。遂废置。

横山后　Héngshānhòu　喜鹊村下辖自然村，1986 年迁犁壁山，遂废置

喜鹊岙　Xǐquèào　喜鹊村下辖自然村。清为汛地，设有“喜鹊隘”。光绪《庆元县志·武备志·关隘》：“喜鹊隘，二都，县东十里。”1985 年迁大毛湾，遂废置。

凸　丘　Tūqiū　下滩村下辖自然村。1986 年迁下滩庙，遂废置。

岗　尾　Gǎngwěi　下滩村下辖自然村。1984 年迁下滩，遂废置。

南山下　Nánshānxià　下滩村下辖自然村，1984 年迁下滩，遂废置。

徐　坑　Xúkēng　下滩村下辖自然村。1984 年迁下滩，遂废置。

新　田　Xīntián　下滩村下辖自然村。1980 年迁十二丘，遂废置。

畲客地　Shēkèdì　下滩村下辖自然村。1984 年迁田墩，遂废置。

屏都街道

岙　下　Ao xià　白岭头村下辖自然村。地处张源坑岭山岙下，故名。位于屏都街道办事处西

南 4.6 千米。现人口外迁，遂废置。

瓦　窑　Wǎyáo　坪坑村下辖自然村。位于屏都街道办事处西南 7.5 千米。1989 年，因造水库，村民迁至福建省松溪县大布坪坑新村，遂废置。

竹口镇

大松坑　Dàsōngkēng　岩后村下辖自然村。1961 年迁炼泥碓，遂废置。光绪《庆元县志》卷二有记。

后　坑　Hòukēng　大泽村下辖自然村。1975 年迁大泽，遂废置。

黄社坑　Huángshèkēng　新窑村下辖自然村。1979 年迁新窑，遂废置。光绪《庆元县志》卷二有记。

过坊湾　Guòfāngwān　黄坛村下辖自然村。1985 年后已无居民，遂废置。

白岩下　Báiyánxià　黄坛村下辖自然村。1985 年迁入鱼塘湾，遂废置。

天　庆　Tiānqìng　上垟村下辖自然村。1986 年迁入坛门、横坑，遂废置。

山柿湾　Shānshìwān　上垟村下辖自然村。1986 年迁曹岭，遂废置。

岩坑头　Yánkēngtóu　崔家田下辖自然村。岩坑，水，村居其首，故名。二十世纪九十年代迁至崔家田村黄潭。

黄田镇

岭　上　Lǐng shàng　朱黄村下辖自然村。1984 年迁朱坞，遂废置。

后山寮　Hòushānliáo　双坞村下辖自然村。1984 年迁庄头梅，遂废置。

大　岗　Dàgǎng　中济村下辖自然村。1972 年迁墈下。遂废置。

黄沙栏　Huángshālán　下济村下辖自然村。1969 年迁下济，遂废置。

梅　坑　Méikēng　下济村下辖自然村。1965 年迁下济，遂废置。

西　源　Xīyuan　下济村下辖自然村。1967 年迁下济，遂废置。

关门岙　Guānménào　曹岭村下辖自然村。庆元林场关门岙分场和浙江庆元欧迪实业有限驻地此。现已废置。

田　坑　Tiánkēng　黄源底村下辖自然村。人口外迁，遂废置。

荷地镇

梅　坑　Méikēng　石磨下村下辖自然村。1968 年迁桥头，遂废置。

茶　亭　Chátíng　石磨下村下辖自然村。1970 年迁石磨下，遂废置。

上东溪　Shàngdōngxī　杨朗坑村下辖自然村。2007 年后迁至县城同德、同济新村。

下东溪　Xiàdōngxī　杨朗坑村下辖自然村。2007 年后迁至县城同德、同济新村。

左溪镇

武　林　Wǔchùlín　青竹村下辖自然村。相传武氏肇基得名。1987 年迁入青竹，遂废置。

佛塔下　Fótǎxià　青竹村下辖自然村。坐落佛塔山下得名。1987 年迁入青竹，遂废置。

反　丘　Fǎn qiū　青竹村下辖自然村。1982 年移至山后溪沿建方村。2007 年后搬迁至县城同德、同济新村，遂废置。

田　岗　Tián gang　方村村下辖自然村。曾名田寮，1981 年更用今名。1982 年移至山后溪沿建方村。2007 年后搬迁至县城同德、同济新村，遂废置。

湖　里　Húlǐ　方村村下辖自然村。1982 年移至山后溪沿建方村。2007 年后搬迁至县城同德、同济新村，遂废置。

猛虎林　Měnghǔlín　方村村下辖自然村。有古坟称"猛虎跳墙"，因坟得名。1982 年移至山后溪沿建方村。2007 年后搬迁至县城同德、同济新村，遂废置。

坟　岗　Féngang　方村村下辖自然村。村以山名。1982 年移至山后溪沿建方村。2007 年后搬迁至县城同德、同济新村，遂废置。

元　城　Yuánchéng　方村村下辖自然村。村以山名。1982 年移至山后溪沿建方村。2007 年后搬迁至县城同德、同济新村，遂废置。

派　头　Pàitóu　印浆村下辖自然村。1986 年迁印浆，遂废置。

石　壁　Shíbì　因去左溪的路上有陡峭悬崖壁立，故名。位于镇政府西南 2.5 千米。25 户，102 人。聚落呈团块状分布。清乾隆二十五年，胡氏崇圭公从左溪枧坑头上荒田坪迁入。1989 年始迁入左溪。1994 年全部迁完。遂废置。

口　坑　Kǒukēng　坐落于口坑溪尾，因水得名。位于镇政府西南 2.5 千米。11 户，30 人。聚落呈条带状分布。1980 年迁入左溪溪至青竹溪交界处的埠留桥。后沿用口坑村名。因 2006 年遭受"桑美"台风灾害，整村被冲毁，变成溪滩。遂废。2007 年整村搬迁至县城同济和同德新村。

大溪沿　Dàxīyán　因坐落于溪流沿岸得名。位于镇政府以东 11 公里，4 户，14 人。隶属于印浆行政村。后迁入大村，遂废。

双港淤　Shuānggǎngyū　村以地片名。位于左溪镇政府以东 11 公里，2 户，5 人。村民已外迁，遂废。

山　洪　Shānhóng　村以地片名。位于左溪镇政府东南 4.3 千米。聚落呈散状分布。12 户，30 人。后迁入大村，遂废。

贤良镇

路　后　Lùhòu　青林村下辖自然村。1968 年迁青草，遂废置。

下　洋　Xiàyang　黄淤村下辖自然村。1958 年迁淤上，遂废置。

沿　坑　Yánkēng　库源村下辖自然村。濒临库坑，故名。清乾隆五十五年(1790 年)，周氏从张村乡后溪迁置。1982年迁山丘田，隶库源村。2008年搬迁至县城同德、同济新村。

百山祖镇

冲 坑 Chōngkēng 黄皮村下辖自然村。冲坑，水，为企坑支流之一，村以水命名。村民已外迁，遂废置。

横 山 Héngshān 黄水村下辖自然村。1974年迁黄水，遂废置。

淤上乡

石竹淤 Shízhúyū 蒲潭村下辖自然村。人口外迁，遂废置。

佃 坪 Diànpíng 塘根村下辖自然村。据考始于清康熙年间(1662—1722年)，林氏置。传昔是晒谷坪，俗称簟坪，建村后沿之。“簟”“佃”同音，谐为佃坪。光绪《庆元县志》卷二:“佃坪，三都。”人口外迁，遂废置。

油山头 Yóushāntóu 塘根村下辖自然村。据考始于顺治五年(1648年)游氏置，故名。“油”“游”同音，谐为今名。光绪《庆元县志》卷二:“游山头，三都。”人口外迁，遂废置。

山 岗 Shāngǎng 坑口村下辖自然村。村以山名。据考始于顺治十年(1653年)，吴氏置。光绪《庆元县志》卷二:“山岗，七都。”2003年前后迁至坑口。

隆宫乡

燕 后 Yànhòu 隆宫村下辖自然村。1985年迁隆宫，遂废置。

山头岗 Shāntóugang 隆宫村下辖自然村。2009年迁隆宫，遂废置。

外 炉 Wàilú 小关村下辖自然村。1977年迁小关，遂废置。

牛塘湾 Niútángwān 中村村下辖自然村。1983年迁中村，遂废置。

□下坑 Jìxiàkēng 中村村下辖自然村。1983年迁中村，遂废置。

安南乡

竹 后 Zhúhòu 东村村下辖自然村。原建于明万历年间(1573-1620年)，光绪《庆元县志》卷二有记。1986年迁入福洋，遂废置。

弄 头 Nòngtóu 东村村下辖自然村。建于清乾隆年间(1736-1795)，陈氏置。光绪《庆元县志》卷二有记。1986年迁入福洋，遂废置。

班岱外 Bāndàiwài 东村村下辖自然村。光绪《庆元县志》卷二有记。1986年迁入福洋，遂废置。

南坑周 Nánkēngzhōu 南坑村下辖自然村。2007年迁南坑。

黄泥洋 Huángníyáng 黄竹村下辖自然村。2008年迁安溪地质灾害安置小区。

朱 岙 Zhūào 黄竹村下辖自然村。据考始于明隆庆五年(1511年)，朱氏置。故名。有清代古建筑园山阙桥。现村民迁洋坪，遂废置。

五大堡乡

应岭头　Yīnglǐngtóu　濛淤村下辖自然村。位于应岭之首，故名。1972 年迁濛洲街道应岭尾村，遂废置。

龙　山　Lóngshān　濛淤村下辖自然村。原住 1 口老人，1973 年故，遂废置。

八角亭　Bājiǎotíng　濛淤村下辖自然村。因亭得名。1969 年迁野猪窝，遂废置。

仙　山　Xiānshān　濛淤村下辖自然村。因山得名。1970 年迁濛淤，遂废置。

榅岙亭　Wēnàotíng　大洪村下辖自然村。村以亭名。迁榅岙，遂废置。

仙　坑　Xiānkēng　黄石村下辖自然村。1968 年迁濛淤，遂废置。

寮　徐　Liáoxú　杨楼村下辖自然村。1976 年迁英坑，遂废置。

下　湾　Xiàwān　后村下辖自然村。1972 年迁后，遂废置。

溪　尾　Xīwěi　后村下辖自然村。人口外迁，遂废置。

田后壁　Tiánhòubì　后村下辖自然村。人口外迁，遂废置。

东　坪　Dōngpíng　西坑村下辖自然村。1959 年迁阴头，遂废置。

兰溪桥　Lánxīqiáo　甘山村下辖自然村。因桥得名。1983 年迁盖竹，遂废置。

西　山　Xīshān　坛衙村下辖自然村。人口外迁，遂废置。

张村乡

金树坑　Jīnshùkēng　丰滩洋村下辖自然村。1958 年迁丰滩洋，遂废置。

久　洋　Jiǔyang　丰滩洋村下辖自然村。人口迁丰滩洋，遂废置。

坑　底　Kēngdǐ　丰滩洋村下辖自然村。人口迁丰滩洋，遂废置。

双　岗　Shuānggang　松柏湾村下辖自然村。早称“双岗寮”，后改称“双岗”。1958 年迁松柏湾，遂废置。

燕　头　Yàntóu　田头村下辖自然村。人口迁田头、岙后，遂废置。

银掌岗　Yínzhǎnggang　吴坑村下辖自然村。村以山名。人口迁吴坑，遂废置。

张伯岱　Zhāngbódài　吴坑村下辖自然村。人口迁吴坑，遂废置。

岭头乡

溪　旁　Xīpáng　村尾村下辖自然村。与村尾隔溪相对。2004 年前后迁村尾，遂废置。

后　排　Chuohòupái　村尾村下辖自然村。，房屋；排，聚落之形状。以居民傍山散列得名。光绪《庆元县志》卷二：“后排，一都。”2004 年前后迁村尾与新，遂废置。

清　楼　Qīnglóu　白岩下村下辖自然村。2007 年迁县城同济新村，遂废置。

郎　坑　Lángkēng　八炉村下辖自然村。一称蒲洋。郎坑，水，发源于七十岗南麓，入八炉溪，村以水名。系荷地镇苏湖村胡氏之后裔，150 年前从苏湖村分到郎坑。人口迁八炉与苏湖，遂废置。

张公山　Zhānggōngshān　八炉村下辖自然村。村以山名。据考始于清乾隆四十五年(1780年),胡氏从八炉村迁置。人口迁八炉,遂废置。

大　窑　Chudàyáo　包谢村下辖自然村。原为田名,村名沿之。1981年从包谢迁置。2007年迁县城同济新村,遂废置。

坑沿店　Kēngyándiàn　包谢村下辖自然村。原为田名,村名沿之。1981年从包谢迁置。2007年迁县城同济新村,遂废置。

陈坑寮　Chénkēngliáo　小漈头村下辖自然村。1982年置,人口外迁,遂废置。

举水乡

范　闲　Fànchu　大丘村下辖自然村。1958年迁入大丘,遂废置。

对岭头　Duìlǐngtóu　大丘村下辖自然村。1958年迁入大丘,遂废置。

龟　山　Guīshān　庄徐村下辖自然村。1966年迁沙丘,遂废置。

大　地　Dàdì　荐坑村下辖自然村。原名大地寮,1981年简为今名。人口外迁,遂废置。

江根乡

后前园　Hòuqiányuan　上店村下辖自然村。人口迁上店与道坪窟,遂废置。

官塘乡

后柘头　Hòuzhètóu　白柘洋村下辖自然村。一称"漈头"。人口外迁,遂废置。

温潭口　Wēntánkǒu　白柘洋村下辖自然村。因坐落温潭(水潭名)的入口处得名。2003年因修建温潭口水电站整村搬迁至白柘洋,遂废置。

附录

地名文件选编

区划管理文件

国务院关于行政区划管理的规定

（国发〔1985〕8号）

第一条　为了加强行政区划的管理，根据《中华人民共和国宪法》和《中华人民共和国地方各级人民代表大会和地方各级人民政府组织法》的有关规定，制定本规定。

第二条　行政区划应保持稳定。必须变更时，应本着有利于社会主义现代化建设，有利于行政管理，有利于民族团结，有利于巩固国防的原则，制订变更方案，逐级上报审批。

第三条　省、自治区、直辖市的设立、撤销、更名，报全国人民代表大会审议决定。

第四条　下列行政区划的变更由国务院审批：

（一）省、自治区、直辖市的行政区域界线的变更，省、自治区人民政府驻地的迁移；

（二）自治州、县、自治县、市、市辖区的设立、撤销、更名和隶属关系的变更以及自治州、县、自治县、市人民政府驻地的迁移；

（三）自治州、自治县的行政区域界线的变更，县、市的行政区域界线的重大变更；

（四）凡涉及海岸线、海岛、边疆要地、重要资源地区及特殊情况地区的隶属关系或行政区域界线的变更。

第五条　县、市、市辖区的部分行政区域界线的变更，国务院授权省、自治区、直辖市人民政府审批；批准变更时，同时报送民政部备案。乡、民族乡、镇的设立、撤销、更名和行政区域界线的变更，乡、民族乡、镇人民政府驻地的迁移，由省、自治区、直辖市人民政府审批。

第六条　行政公署、区公所、街道办事处的撤销、更名、驻地迁移，由依法批准设立各该派出机关的人民政府审批。

第七条　变更行政区划向上级人民政府报告的内容应包括：变更的理由、范围，隶属关系，政治经济情况，人口和面积数字，拟变更的行政区域界线地图，以及县级和县级以上人民政府（含行政公署）的报告或意见等。

第八条　各级民政部门分级负责行政区划的管理工作。各级民政部门在承办行政区划变更的工作时，应根据情况分别同民族、人事、财政、外事、城乡建设、地名等有关部门联系洽商；在承办民族自治地方的行政区划变更的工作时，应同民族自治地方的自治机关和有关民族的代表充分协商拟定。各级民政部门，应建立完整的行政区划档案。

第九条 本规定由民政部负责解释。

第十条 本规定自发布之日起施行。

一九八五年一月十五日

浙江省人民政府关于乡镇等行政区划管理有关问题的通知

（浙政发〔1999〕40号）

各市、县人民政府，丽水地区行政公署，省民政厅：

为了进一步加强我省行政区划管理工作，根据国务院有关规定，省政府决定：乡、民族乡、镇的设立、撤销、更名和行政区域界线的变更，县、市、市辖区的部分行政区域界线的变更（其中自治县行政区域界线的变更由国务院审批），乡、民族乡、镇人民政府驻地的迁移，均由所在县（市、区）人民政府上报市（地）人民政府（行政公署）审核，再由市（地）人民政府（行政公署）上报省人民政府审批。

浙江省人民政府

一九九九年三月三日

界线管理文件

行政区域界线管理条例

（国务院令第353号）

第一条 为了巩固行政区域界线勘定成果，加强行政区域界线管理，维护行政区域界线附近地区稳定，制定本条例。

第二条 本条例所称行政区域界线，是指国务院 或者省、自治区、直辖市人民政府批准的行政区域毗邻的各有关人民政府行使行政区域管辖权的分界线。

地方各级人民政府必须严格执行行政区域界线批准文件和行政区域界线协议书的各项规定，维护行政区域界线的严肃性、稳定性。任何组织或者个人不得擅自变更行政区域界线。

第三条 国务院民政部门负责全国行政区域界线管理工作。县级以上地方各级人民政府民政部门负责本行政区域界线管理工作。

第四条　行政区域界线勘定后，应当以通告和行政区域界线详图予以公布。省、自治区、直辖市之间的行政区域界线由国务院民政部门公布，由毗邻的省、自治区、直辖市人民政府共同管理。省、自治区、直辖市范围内的行政区域界线由省、自治区、直辖市人民政府公布，由毗邻的自治州、县（自治县）、市、市辖区人民政府共同管理。

第五条　行政区域界线的实地位置，以界桩以及作为行政区域界线标志的河流、沟渠、道路等线状地物和行政区域界线协议书中明确规定作为指示行政区域界线走向的其他标志物标定。

第六条　任何组织或者个人不得擅自移动或者损坏界桩。非法移动界桩的，其行为无效。行政区域界线毗邻的各有关人民政府应当按照行政区域界线协议书的规定，对界桩进行分工管理。对损坏的界桩，由分工管理该界桩的一方在毗邻方在场的情况下修复。因建设、开发等原因需要移动或者增设界桩的，行政区域界线毗邻的各有关人民政府应当协商一致，共同测绘，增补档案资料，并报该行政区域界线的批准机关备案。

第七条　行政区域界线毗邻的任何一方不得擅自改变作为行政区域界线标志的河流、沟渠、道路等线状地物；因自然原因或者其他原因改变的，应当保持行政区域界线协议书划定的界线位置不变，行政区域界线协议书中另有约定的除外。

第八条　行政区域界线协议书中明确规定作为指示行政区域界线走向的其他标志物，应当维持原貌。因自然原因或者其他原因使标志物发生变化的，有关县级以上人民政府民政部门应当组织修测，确定新的标志物，并报该行政区域界线的批准机关备案。

第九条　依照《国务院关于行政区划管理的规定》经批准变更行政区域界线的，毗邻的各有关人民政府应当按照勘界测绘技术规范进行测绘，埋设界桩，签订协议书，并将协议书报批准变更该行政区域界线的机关备案。

第十条　生产、建设用地需要横跨行政区域界线的，应当事先征得毗邻的各有关人民政府同意，分别办理审批手续，并报该行政区域界线的批准机关备案。

第十一条　行政区域界线勘定确认属于某一行政区域但不与该行政区域相连的地域或者由一方使用管理但位于毗邻行政区域内的地域，其使用管理按照各有关人民政府签订的行政区域界线协议书有关规定或者该行政区域界线的批准机关的决定执行。

第十二条　行政区域界线毗邻的县级以上地方各级人民政府应当建立行政区域界线联合检查制度，每 5 年联合检查一次。遇有影响行政区域界线实地走向的自然灾害、河流改道、道路变化等特殊情况，由行政区域界线毗邻的各有关人民政府共同对行政区域界线的特定地段随时安排联合检查。联合检查的结果，由参加检查的各地方人民政府共同报送该行政区域界线的批准机关备案。

第十三条　勘定行政区域界线以及行政区域界线管理中形成的协议书、工作图、界线标志记录、备案材料、批准文件以及其他与勘界记录有关的材料，应当按照有关档案管理的法律、行政法规的规定立卷归档，妥善保管。

第十四条 行政区域界线详图是反映县级以上行政区域界线标准画法的国家专题地图。任何涉及行政区域界线的地图,其行政区域界线画法一律以行政区域界线详图为准绘制。国务院民政部门负责编制省、自治区、直辖市行政区域界线详图;省、自治区、直辖市人民政府民政部门负责编制本行政区域内的行政区域界线详图。

第十五条 因对行政区域界线实地位置认定不一致引发的争议,由该行政区域界线的批准机关依照该行政区域界线协议书的有关规定处理。

第十六条 违反本条例的规定,有关国家机关工作人员在行政区域界线管理中有下列行为之一的,根据不同情节,依法给予记大过、降级或者撤职的行政处分;致使公共财产、国家和人民利益遭受重大损失的,依照刑法关于滥用职权罪、玩忽职守罪的规定,依法追究刑事责任:

(一)不履行行政区域界线批准文件和行政区域界线协议书规定的义务,或者不执行行政区域界线的批准机关的决定的;

(二)不依法公布批准的行政区域界线的;

(三)擅自移动、改变行政区域界线标志,或者命令、指使他人擅自移动、改变行政区域界线标志,或者发现他人擅自移动、改变行政区域界线标志不予制止的;

(四)毗邻方未在场时,擅自维修行政区域界线标志的。

第十七条 违反本条例的规定,故意损毁或者擅自移动界桩或者其他行政区域界线标志物的,应当支付修复标志物的费用,并由所在地负责管理该行政区域界线标志的人民政府民政部门处1000元以下的罚款;构成违反治安管理行为的,并依法给予治安管理处罚。

第十八条 违反本条例的规定,擅自编制行政区域界线详图,或者绘制的地图的行政区域界线的画法与行政区域界线详图的画法不一致的,由有关人民政府民政部门责令停止违法行为,没收违法编制的行政区域界线详图和违法所得,并处1万元以下的罚款。

第十九条 乡、民族乡、镇行政区域界线的管理,参照本条例的有关规定执行。

第二十条 本条例自2002年7月1日起施行。

行政区域界线界桩管理办法

(民政部令第36号)

第一条 为了加强行政区域界线界桩的管理和保护,根据《行政区域界线管理条例》的规定,制定本办法。

第二条 行政区域界线界桩,是由行政区域毗邻的各方人民政府共同埋设的,用于指示行政区域界线实地位置的标志物。

第三条 县级以上各级人民政府民政部门根据职责分工分级负责各级行政区域界线界桩的管理工作。

行政区域毗邻的县级人民政府民政部门具体承担各级行政区域界线界桩（以下简称“界桩”）的管理和保护工作。

第四条　行政区域界线协议书或者有关各方人民政府达成的其他协议中未明确界桩管理责任方的，有关各方人民政府民政部门应当签订协议予以明确，经有关各方人民政府批准后实施，并报该行政区域界线批准机关的民政部门备案。

第五条　界桩管理的依据：

（一）毗邻双方人民政府签订的行政区域界线勘界协议书及其附图、界桩成果表；

（二）毗邻双方人民政府民政部门签订的行政区域界线、界桩管理协议或者签发的行政区域界线、界桩管理文件；

（三）毗邻各方人民政府或者民政部门签订的行政区域界线交会点协议书及其附件；

（四）行政区域界线联合检查工作报告；

（五）有关界桩变动的协议书或者文件；

（六）界桩登记表。

第六条　县级以上各级人民政府民政部门在界桩管理工作中，应当明确职责分工，按照规定程序移动或者增设界桩、及时修复或者恢复损坏的界桩、查处损坏界桩的行为，确保界桩位置准确、埋设牢固、明显易见、注记清晰、档案完备。

第七条　界桩埋设后，任何组织和个人不得擅自移动或者损坏。

因建设、开发项目确需移动界桩的，建设、开发单位应当提出申请，由行政区域界线毗邻的任何一方人民政府民政部门报经各有关人民政府协商一致。

界桩移动、埋设和测绘的费用由建设、开发单位承担。

第八条　需要增设界桩时，毗邻双方人民政府民政部门应当协商一致，确定增设界桩的数量和埋设位置，明确界桩管理责任方，共同提出方案报该行政区域界线批准机关的民政部门批准后实施。

第九条　对主体完整、边角轻微损坏的界桩应当修复；对基座松动但主体完整的界桩应当在原地加固扶正。

第十条　对丢失或者严重损坏、修复困难的界桩，应当重新制作，并根据下列情形在原地恢复埋设或者移位埋设：

（一）双立、多立界桩和位于行政区域界线上的单立界桩，按照界桩成果表和登记表的记载在原地予以恢复；无法在原地恢复的，由双方就近选定适当位置移位埋设。

（二）不在行政区域界线上的单立界桩，由双方就近在行政区域界线上选定适当位置埋设或者改设为双立界桩埋设。

（三）行政区域界线交会点单立界桩无法在原地恢复的，可以改设为双立或者多立界桩埋设。

（四）重新制作、埋设的界桩，其标注年份为重新埋设时的年份。

第十一条　移动、增设、修复或者恢复界桩，应当在毗邻行政区域各方人民政府民政部门人员在场的情况下，由负责管理该界桩的一方组织实施。

第十二条 移动、增设或者恢复界桩，应当按照勘界测绘技术规定的有关要求，制作、埋设界桩，测定界桩坐标，填写界桩成果表和登记表，拍摄界桩照片。

第十三条 负责界桩管理工作的地方各级人民政府民政部门应当建立本级界桩日常管理档案，每年向毗邻行政区域人民政府民政部门通报界桩管理情况。

移动、增设或者恢复界桩后，由负责管理的一方将有关界桩变动的文件、资料整理归档，并送毗邻各方保存一套，同时报该行政区域界线批准机关及其民政部门备案。

第十四条 负责管理界桩的县级人民政府民政部门可以聘请当地居民为界桩维护员。

第十五条 界桩维护员应当适时检查所维护的界桩，清除界桩周围杂草、淤泥和遮挡物，刷新界桩注记，保持界桩整洁，明显易见，做好检查记录，制止损坏界桩的行为。

界桩维护员发现界桩松动、移动、丢失、损坏时，应当及时报告负责管理该界桩的县级人民政府民政部门。

第十六条 界桩管理经费由界桩管理责任方按照国家有关规定从同级行政区域界线管理经费中列支。

第十七条 故意损毁或者擅自移动、增设、修复、恢复界桩以及指使他人故意损毁或者擅自移动、增设、修复、恢复界桩的，按照《行政区域界线管理条例》第十六条、第十七条的规定处罚。

因过失造成界桩损坏的，过失人应当及时报告界桩所在地任何一方县级人民政府民政部门。

第十八条 乡、民族乡、镇的行政区域界线界桩的管理和维护参照本办法执行。

第十九条 行政区域界线依法变更后，原行政区域界线上的界桩即行废止，由有关各方人民政府民政部门共同组织销毁。在变更后的行政区域界线上设立新界桩，应当按照勘界的有关规定进行。

第二十条 本办法自2008年9月1日起施行。

浙江省行政区域界线管理办法

（省政府第232号）

第一条 为了加强行政区域界线管理，预防行政区域界线附近地区纠纷发生，维护社会稳定，根据《行政区域界线管理条例》（以下简称《条例》）及其他有关法律、法规，结合本省实际，制定本办法。

第二条 本办法适用于本省县级以上行政区域陆域界线（以下简称“界线”）的管理。乡、民族乡、镇行政区域界线的管理，参照本办法的有关规定执行。国家另有规定的，从其规定。海域行政区域界线的管理，按照国家有关规定执行。

第三条 界线管理应当遵循合法性原则，维护界线的权威性、稳定性。

第四条　界线由毗邻的县级以上人民政府共同管理。上级人民政府应当加强对下级人民政府界线管理的协调、指导；毗邻的县级以上人民政府应当加强沟通、协作，建立界线联合检查、报告制度和涉界纠纷应急处理机制。

第五条　县级以上人民政府民政部门主管本行政区域界线管理工作，履行下列职责：

（一）具体实施本行政区域界线的勘定、变更；

（二）负责界线的日常管理及界线的联合检查；

（三）协调、指导下级民政部门的界线管理工作；

（四）协调、处理界线纠纷；

（五）其他应当承办的界线管理事项。

第六条　县级以上人民政府发展改革、财政、公安、国土资源、测绘、水利、农业、林业、海洋与渔业、建设、规划、交通、旅游、民族宗教、监察等部门，应当按各自职责做好界线管理相关工作。

第七条　县级以上人民政府应当将界线管理所需经费列入同级财政预算，予以保障。

第八条　行政区域毗邻的县级以上人民政府共同组织勘定界线，签订界线协议书，并按《条例》规定的权限报请批准。依法勘定后的界线，由省人民政府以通告和界线详图予以公布。因行政区划调整需要变更界线的，按照《条例》第九条规定执行。

第九条　界线的实地位置标定，以界桩和作为界线标志的线状地物以及界线协议书中明确规定作为指示界线走向的其他标志物为准。界线协议书未规定的任何标志物，不得作为界线走向的依据。

第十条　依法设立的界桩，任何组织或者个人都不得擅自移动、增减、损坏。作为界线标志的河流、沟渠、道路等线状地物以及界线协议书规定的其他标志物，任何组织和个人不得擅自改变。

第十一条　依法设立的界桩毁坏、松动、移位的，根据界线协议书规定，分工管理该界桩的一方应当在毗邻方在场的情况下复原。界桩点位、线状地物或者其他标志物因自然原因或其他原因发生重大变化的，毗邻的县级以上人民政府民政部门应当共同组织有界线测绘资质的单位按照勘界测绘技术规范进行测绘、记录，并根据实际情况易址设立或者新设界桩，或者确定新的其他标志物，并上报原批准该界线的人民政府备案。除界线协议书另有约定的外，应当保持界线协议书划定的界线位置不变。

第十二条　毗邻的县级以上人民政府应当每五年共同组织一次界线联合检查。界线联合检查计划由毗邻的县级以上人民政府共同的上一级人民政府民政部门制定，有关人民政府应当按计划要求实施。界线联合检查结果，由毗邻的县级以上人民政府共同报送批准该界线的人民政府备案。发生影响界线实地位置认定的事件时，应当及时组织临时联合检查。

第十三条　界线联合检查应当完成下列主要事项：

（一）实地察看界桩的变化和维护情况以及其他标志物的变化情况；

（二）检查跨界生产、建设、经营等活动中依法履行审批手续、遵守界线审批文件和界线协议书的情况；

（三）对检查中发现的问题，现场能够纠正的，应当立即纠正；现场不能纠正的，共同商定处置办法，及时纠正；

（四）其他共同商定的检查事项。

第十四条 民政部门应当加强对界桩的管理、维护，加强对线状地物、其他标志物的巡检；根据工作需要，可以聘请界线管理员，委托其对界桩、线状地物或者其他标志物进行日常巡视和报告有关情况。聘请界线管理员，民政部门应当与受聘人签订委托书，明确管护的区间、标志物位置以及权利、责任。

第十五条 属于某一行政区域但不与其相连接的地域，或者由一方使用管理但位于毗邻行政区域内的地域，其管辖、使用、管理应当按照界线协议书有关规定或者批准该界线的人民政府的决定执行。

第十六条 生产、建设、经营用地需要横跨界线的，应当事先征得毗邻的县级以上人民政府同意，分别办理审批手续，并报批准该界线的人民政府备案。邻近界线进行生产、建设、经营，对毗邻的另一方的环境和资源可能产生较大影响的，应当按照国家有关规定办理审批手续，并报批准该界线的人民政府备案。因生产、建设、经营，造成界桩、线状地物及其他界线标志物毁坏或者发生重大变化，应当按本办法第十一条规定采取相关措施，有关费用由该业主承担。

第十七条 因界线实地位置认定不一致引发的争议，由毗邻的县级以上人民政府根据界线协议书有关规定协商处理；协商不成的，由其上一级人民政府协调；协调不成的，由省人民政府依法裁决。与界线相关的资源管理纠纷，由有关人民政府及其主管部门根据界线协议书有关规定及相关法律、法规规定调查处理。

第十八条 各级民政部门应当按照档案管理法律、法规、规章的规定，建立界线档案管理制度，确保行政区域界线档案安全。在界线勘定、维护、检查、变更等过程中形成的界线档案资料，应当按照国家和省有关档案管理规定立卷、归档、保管、移交、验收。行政区域界线档案管理工作接受同级档案行政管理部门的指导、监督和检查。

第十九条 界线档案管理机构应当按照电子政务要求，加强界线档案的利用服务工作，为政府土地、资源普查和其他相关行政管理工作无偿提供基础性数据。界线档案管理机构应当向社会提供界线档案的查询、咨询及其他利用服务，法律、法规规定应当保密的除外。

第二十条 界线详图是国家专题地图，由批准界线的人民政府民政部门会同测绘行政主管部门组织编制，其他任何组织和个人不得编制。编制、出版或者展示、登载各类地图，涉及界线的，其界线画法按照有关法律、行政法规的规定执行。

第二十一条 违反本办法规定的行为，按照《条例》和其他有关法律、法规、规章的规定追究法律责任。

第二十二条 本办法自2007年9月1日起施行。

地名管理文件

地名管理条例

国发〔1986〕11号

第一条　为了加强对地名的管理，适应社会主义现代化建设和国际交往的需要，制定本条例。

第二条　本条例所称地名，包括：自然地理实体名称，行政区划名称，居民地名称，各专业部门使用的具有地名意义的台、站、港、场等名称。

第三条　地名管理应当从我国地名的历史和现状出发，保持地名的相对稳定。必须命名和更名时，应当按照本条例规定的原则和审批权限报经批准。未经批准，任何单位和个人不得擅自决定。

第四条　地名的命名应遵循下列规定：

（一）有利于人民团结和社会主义现代化建设，尊重当地群众的愿望，与有关各方协商一致。

（二）一般不以人名作地名。禁止用国家领导人的名字作地名。

（三）全国范围内的县、市以上名称，一个县、市内的乡、镇名称，一个城镇内的街道名称，一个乡内的村庄名称，不应重名，并避免同音。

（四）各专业部门使用的具有地名意义的台、站、港、场等名称，一般应与当地地名统一。

（五）避免使用生僻字。

第五条　地名的更名应遵循下列规定：

（一）凡有损我国领土主权和民族尊严的，带有民族歧视性质和妨碍民族团结的，带有侮辱劳动人民性质和极端庸俗的，以及其他违背国家方针、政策的地名，必须更名。

（二）不符合本条例第四条第三、四、五款规定的地名，在征得有关方面和当地群众同意后，予以更名。

（三）一地多名、一名多写的，应当确定一个统一的名称和用字。

（四）不明显属于上述范围的、可改可不改的和当地群众不同意改的地名，不要更改。

第六条　地名命名、更名的审批权限和程序如下：

（一）行政区划名称的命名、更名，按照国务院《关于行政区划管理的规定》办理。

（二）国内外著名的或涉及两个省（自治区、直辖市）以上的山脉、河流、湖泊等自然地理实体名称，由省、自治区、直辖市人民政府提出意见，报国务院审批。

（三）边境地区涉及国界线走向和海上涉及岛屿归属界线以及载入边界条约和议定书中的自然地理实体名称和居民地名称，由省、自治区、直辖市人民政府提出意见，报国务院审批。

（四）在科学考察中，对国际公有领域新的地理实体命名，由主管部门提出意见，报国务院审批。

（五）各专业部门使用的具有地名意义的台、站、港、场等名称，在征得当地人民政府同意后，由专业主管部门审批。

（六）城镇街道名称，由直辖市、市、县人民政府审批。

（七）其他地名，由省、自治区、直辖市人民政府规定审批程序。

（八）地名的命名、更名工作，可以交地名机构或管理地名工作的单位承办，也可以交其他部门承办；其他部门承办的，应征求地名机构或管理地名工作单位的意见。

第七条 少数民族语地名的汉字译写，外国地名的汉字译写。应当做到规范化。译写规则，由中国地名委员会制定。

第八条 中国地名的罗马字母拼写，以国家公布的“汉语拼音方案”作为统一规范。拼写细则，由中国地名委员会制定。

第九条 经各级人民政府批准和审定的地名，由地名机构负责汇集出版。其中行政区划名称，民政部门可以汇集出版单行本。出版外国地名译名书籍，需经中国地名委员会审定或由中国地名委员会组织编纂。各机关、团体、部队、企业、事业单位使用地名时，都以地名机构或民政部门编辑出版的地名书籍为准。

第十条 地名档案的管理，按照中国地名委员会和国家档案局的有关规定执行。

第十一条 地方人民政府应责成有关部门在必要的地方设置地名标志。

第十二条 本条例在实施中遇到的具体问题，由中国地名委员会研究答复。

第十三条 本条例自发布之日起施行。

一九八六年一月二十三日

地名管理条例实施细则

（民发〔1996〕17号）

第一章 总 则

第一条 根据《地名管理条例》（以下简称《条例》）的规定，制定本实施细则。

第二条 凡涉及地名的命名与更名、地名的标准化处理、标准地名的使用、地名标志的设置、地名档案的管理等行为，均适用本细则。

第三条 《条例》所称自然地理实体名称，包括山、河、湖、海、岛礁、沙滩、岬角、海湾、水道、地形区等名称；行政区划名称，包括各级行政区域和各级人民政府派出机构所辖区域名称；居民地名称，包括城镇、区片、开发区、自然村、片村、农林牧渔点及街、巷、居民区、楼群（含楼、门号码）、建筑物等名称；各专业部门使用的具有地名意义的台、站、港、场等名称，还包括名胜古迹、纪念地、游览地、企业事业单位等名称。

第四条 地名管理的任务是：依据国家关于地名管理的方针、政策和法规，通过地名管理的各项行政职能和技术手段，逐步实现国家地名标准化和国内外地名译写规范化，为社会主义建设和国际交往服务。

第五条 国家对地名实行统一管理、分级负责制。

第六条 民政部是全国地名管理的主管部门。其职责是：指导和协调全国地名管理工作；制定全国地名工作规划；审核地名的命名和更名；审定并组织编纂全国性标准地名资料和工具图书；指导、监督标准地名的推广使用；管理地名标志和地名档案；对专业部门使用的地名实行监督和协调管理。

第七条 县级以上民政管理部门(或地名委员会)主管本行政区域的地名工作。其职责是：贯彻执行国家关于地名工作的方针、政策、法律、法规；落实全国地名工作规划；审核、承办本辖区地名的命名、更名；推行地名的标准化、规范化；设置地名标志；管理地名档案；完成国家其他地名工作任务。

第二章 地名的命名与更名

第八条 地名的命名除应遵循《条例》第四条的规定外，还应遵循下列原则：

(一)有利于国家统一、主权和领土完整。

(二)反映当地人文或自然地理特征。

(三)使用规范的汉字或少数民族文字。

(四)不以外国人名、地名命名我国地名。

(五)人民政府不驻在同一城镇的县级以上行政区域名称，其专名不应相同。一个县(市、区)内的乡、镇、街道办事处名称，一个乡、镇内自然村名称，一个城镇内的街、巷、居民区名称，不应重名；国内著名的自然地理实体名称不应重名；一个省、自治区、直辖市行政区域内，较重要的自然地理实体名称不应重名；上述不应重名范围内的地名避免使用同音字。

(六)不以著名的山脉、河流等自然地理实体名称作行政区域专名；自然地理实体的范围超出本行政区域的，亦不以其名称作本行政区域专名。

(七)县、市、市辖区不以本辖区内人民政府非驻地村镇专名命名。

(八)乡、镇、街道办事处一般应以乡、镇人民政府驻地居民点和街道办事处所在街巷名命名。

(九)新建和改建的城镇街巷、居民区应按照层次化、序列化、规范化的要求予以命名。

第九条 地名的更名除应遵循《条例》第五条的规定外，凡不符合本细则第八条(四)、(五)、(七)、(八)项规定的地名，原则上也应予以更名。需要更改的地名，应随着城乡发展的需要，逐步进行调整。

第十条 地名命名、更名的审批权限按照《地名管理条例》第六条(一)至(七)项规定办理。

第十一条 申报地名的命名、更名时，应将命名、更名的理由及拟废止的旧名、拟采用的新名的含义、来源等一并加以说明。

第十二条 地名的命名、更名由地名管理部门负责承办。行政区域名称的命名、更名，由行政区划和地名管理部门共同协商承办。专业部门使用的具有地名意义的名称，其命名、更名由该专业部门负责承办，但应事先征得当地地名管理部门的同意。

第三章 地名的标准化处理

第十三条 凡符合《地名管理条例》规定，并经县级以上人民政府或专业主管部门批准的地名为标准地名。

第十四条 标准地名原则上由专名和通名两部分组成。通名用字应反映所称地理实体的地理属性(类别)。不单独使用通名词组作地名。具体技术要求，以民政部制定的技术规范为准。

第十五条 汉语地名中的方言俗字，一般用字音(或字义)相同或相近的通用字代替。对原有地名中带有一定区域性或特殊含义的通名俗字，经国家语言文字工作委员会审音定字后，可以保留。

第十六条 少数民族自治地方及民族乡名称，一般由地域专名、民族全称(包括“族”字)和相应自治区域通名组成。由多个少数民族组成的民族自治地方名称，少数民族的称谓至多列举三个。

第十七条 少数民族语地名的译写(一)少数民族语地名，在各自民族语言、文字的基础上，按其标准(通用)语音，依据汉语普通话读音进行汉字译写。对约定俗成的汉字译名，一般不更改。

(二)多民族聚居区的地名，如不同民族有不同的称谓并无惯用汉语名称时，经当地地名管理部门征得有关少数民族的意见后，选择当地使用范围较广的某一语种称谓进行汉字译写。

(三)少数民族语地名的汉字译写，应尽可能采用常用字，避免使用多音、贬义和容易产生歧义的字词。

(四)有文字的少数民族语地名之间的相互译写，以本民族和他民族规范化的语言文字为依据，或者以汉语拼音字母拼写的地名为依据。

(五)少数民族语地名译写的具体技术要求，以民政部商同国务院有关部门制定的或经民政部审定的有关规范为依据。

第十八条 国外地名的汉字译写

(一)国外地名的汉字译写，除少数惯用译名外，以该国官方语言文字和标准音为依据；有两种以上官方语言文字的国家，以该地名所属语区的语言文字为依据。国际公共领域的地理实体名称的汉字译写，以联合国有关组织或国际有关组织颁布的标准名称为依据。

(二)国外地名的汉字译写，以汉语普通话读音为准，不用方言读音。尽量避免使用多音字、生僻字、贬义字。

(三)国外地名专名实行音译，通名一般实行意译。

(四)对国外地名原有的汉译惯用名采取“约定俗成”的原则予以保留。

(五)国外地名译写的具体技术要求，以国家地名管理部门制定的外国地名译名规范为依据。国外地名的译名以国家地名管理部门编纂或审定的地名译名手册中的地名为标准化译名。

第十九条 中国地名的罗马字母拼写

(一)《汉语拼音方案》是使用罗马字母拼写中国地名的统一规范。它不仅适用于汉语和国内其他少数民族语，同时也适用于英语、法语、德语、西班牙语、世界语等罗马字母书写的各种语文。

(二)汉语地名按《中国地名汉语拼音字母拼写规则(汉语地名部分)》拼写。

(三)少数民族的族称按国家技术监督局制定的《中国各民族名称的罗马字母拼写法和代码》

的规定拼写。

（四）蒙、维、藏语地名以及惯用蒙、维、藏语文书写的少数民族语地名，按《少数民族语地名汉语拼音字母音译转写法》拼写。

（五）其他少数民族语地名，原则上以汉译名称按《中国地名汉语拼音字母拼写规则（汉语地名部分）》拼写。

（六）台湾省和香港、澳门地区的地名，依据国家有关规定进行拼写。

（七）地名罗马字母拼写具体规范由民政部商同国务院有关部门负责修订。

第四章　标准地名的使用

第二十条　各级地名管理部门和专业主管部门，应当将批准的标准地名及时向社会公布，推广使用。

第二十一条　各级地名管理部门和专业主管部门，负责编纂本行政区域或本系统的各种标准化地名出版物，及时向社会提供法定地名。其他部门不得编纂标准化地名工具图书。

第二十二条　机关、部队、团体、企业、事业单位的公告、文件、证件、影视、商标、广告、牌匾、地图以及出版物等方面所使用的地名，均应以正式公布的标准地名（包括规范化译名）为准，不得擅自更改。

第二十三条　对尚未公布规范汉字译写的外国地名，地名使用单位应根据国家地名管理部门制定的译名规则进行汉字译写。

第五章　地名标志的设置

第二十四条　行政区域界位、城镇街巷、居民区、楼、院、自然村屯、主要道路和桥梁、纪念地、文物古迹、风景名胜、台、站、港、场和重要自然地理实体等地方应当设置地名标志。一定区域内的同类地名标志应当力求统一。

第二十五条　地名标志的主要内容包括：标准地名汉字的规范书写形式；标准地名汉语拼音字母的规范拼写形式。在习惯于用本民族文字书写地名的民族自治区域，可依据民族区域自治法有关文字书写规定，并列该民族文字规范书写形式。

第二十六条　地名标志的设置和管理，由当地地名管理部门负责。其中街、巷、楼、门牌统一由地名主管部门管理，条件尚不成熟的地方，地名主管部门应积极取得有关部门的配合，共同做好标志的管理工作，逐步实现统一管理。专业部门使用的具有地名意义的名称标志，由地名管理部门协调有关专业部门设置和管理。

第二十七条　地名标志的设置和管理所需费用，当地人民政府根据具体情况，可由财政拨款，也可采取受益单位出资或工程预算费列支等方式筹措。

第六章 地名档案的管理

第二十八条　全国地名档案工作由民政部统一指导，各级地名档案管理部门分级管理。地名档案工作在业务上接受档案管理部门的指导、监督。

第二十九条　各级地名档案管理部门保管的地名档案资料，应不少于本级人民政府审批权限规定的地名数量。

第三十条 地名档案的管理规范，应执行民政部和国家档案局制定的有关规定。

第三十一条 各级地名档案管理部门，要在遵守国家保密规定原则下，积极开展地名信息咨询服务。

第七章 奖励与惩罚

第三十二条 各级地名管理部门应当加强地名工作的管理、监督和检查。对擅自命名、更名或使用不规范地名的单位和个人，应发送违章使用地名通知书，限期纠正；对逾期不改或情节严重、造成不良后果者，地名管理部门应根据有关规定，对其进行处罚。

第三十三条 地名标志为国家法定的标志物。对损坏地名标志的，地名管理部门应责令其赔偿；对偷窃、故意损毁或擅自移动地名标志的，地名管理部门报请有关部门，依据《中华人民共和国治安管理处罚条例》的规定予以处罚；情节恶劣、后果严重触犯刑律的，依法追究刑事责任。

第三十四条 当地人民政府对推广使用标准地名和保护地名标志作出贡献的单位和个人，应当给予表彰或奖励。

第八章 附 则

第三十五条 各省、自治区、直辖市人民政府可根据本细则，制定本行政区域的地名管理办法。

第三十六条 本细则由民政部负责解释。

第三十七条 本细则自发布之日起施行。

一九九六年六月十八日

浙江省地名管理办法

（浙江省人民政府令第309号）

第一章 总 则

第一条 为了加强地名管理，实现地名的规范化、标准化，方便人民群众生产生活，适应经济社会发展的需要，根据有关法律、法规的规定，结合本省实际，制定本办法。

第二条 本办法适用于本省行政区域内的地名管理工作。海域地名的管理，国家和省人民政府另有规定的，从其规定。本办法所称地名，是指为社会公众指示具有特定方位或者地域范围的地理实体名称。

第三条 地名管理工作应当遵循规范化、标准化的要求，兼顾历史和现状，尊重群众意愿，保持地名的相对稳定和延续，保护和传承优秀的地名文化，提高公共服务水平。

第四条 县级以上人民政府应当加强对地名管理工作的组织领导，建立健全地名管理工作协调机制，将地名管理工作所需经费列入本级财政预算。乡（镇）人民政府、街道办事处应当按照规定职责做好地名管理相关工作。

第五条 县级以上人民政府民政部门是地名主管部门，负责本行政区域地名工作的统一管理;具体工作可以委托依法设立的地名管理工作机构承担。县级以上人民政府交通运输、住房和城乡建设、农业、林业、水利、旅游、环境保护、工商行政管理、公安等有关主管部门负责本部门职责范围内的地名管理工作。县级以上人民政府财政、国土资源、文化、档案管理等其他有关部门按照各自职责做好地名管理相关工作。

第六条 县级以上人民政府及其民政部门应当组织调查地名文化遗产，建立地名文化遗产保护名录,采取有效措施予以保护。

第七条 县级以上人民政府及其民政部门和有关主管部门在地名管理工作中，应当建立健全公众参与、专家咨询等工作机制,听取公众和专家的意见。

第二章 地名规划与命名标准

第八条 城市、镇应当编制地名规划。城市地名规划由设区的市、县(市)民政部门组织有关部门编制,报本级人民政府批准后公布实施。镇地名规划由镇人民政府组织编制,经县(市、区)民政部门审核后,报县(市、区)人民政府批准后公布实施。地名规划应当包括规划原则、地名体系及其空间布局、道路名称、地名标志、地名文化遗产保护等内容。

第九条 地名规划应当以城市、镇总体规划明确的内容作为规划依据。城市、镇详细规划涉及地名命名的,应当与地名规划确定的名称相衔接;规划编制部门应当征求同级民政部门意见。工业、农业、水利、交通、土地利用、旅游等专项规划,涉及地名命名的,应当与地名规划确定的名称相衔接;有关主管部门应当征求同级民政部门意见。

第十条 地名的命名应当符合地名规划的要求,反映当地历史、文化、地理等特征,含义健康,不得损害国家主权、领土完整和公共利益。

第十一条 地名的命名应当一地一名。一地多名、一名多写的,应当进行标准化处理。

第十二条 地名的命名应当名实相符。派生地名应当与主地名相协调;含有行政区域、区片或者道路(含街、巷、桥梁、隧道、轨道交通线路,下同)名称的,应当位于该行政区域、区片范围内或者该道路沿线。乡(镇)人民政府、街道办事处名称不得使用非乡(镇)人民政府驻地、非街道办事处所在街巷名称。具有地名意义的车站、港口、码头、机场、水库等名称应当与所在地名称一致。使用大厦、公寓、花园、庄园、别墅、中心、苑、居等通名的住宅小区(楼)、建筑物,应当具备与通名相适应的占地面积、总建筑面积、高度、绿地率等条件和功能。住宅小区(楼)、建筑物通名的使用标准由省民政部门制定。

第十三条 一般不以人名作地名。禁止以国家领导人的名字以及外国的地名和人名作为地名。

第十四条 下列地名不得重名,并避免使用近似、易混淆的名称:

(一)省内行政区域和重要自然地理实体名称;

(二)同一县(市、区)内的社区、村(居)民委员会辖区名称;

(三)同一乡(镇)内的自然村名称;

(四)同一城市、镇内的道路、住宅小区(楼)、建筑物名称。

第十五条 地名用字应当使用规范汉字，避免使用生僻或者易产生歧义的字。汉语地名的罗马字母拼写，应当按照《汉语拼音方案》和《中国地名汉语拼音字母拼写规则》执行。少数民族地名和外国语地名的汉字译写，按照国家有关规定执行。

第三章 地名命名、更名和销名程序

第十六条 山、河、湖、内陆岛屿等自然地理实体需要命名的，由县级以上人民政府民政部门予以命名；跨行政区域的，由相邻各方的民政部门报共同的上一级民政部门予以命名。

第十七条 行政区域名称，由申请设立行政区划的人民政府提出，报有审批权的人民政府在依法批准设立行政区划时一并确定。社区、村（居）民委员会辖区名称，由申请设立社区、村（居）民委员会的乡（镇）人民政府或者街道办事处提出，经县（市、区）民政部门审核后，报县（市、区）人民政府在依法批准设立社区、村（居）民委员会时一并确定。工业区、开发区、保税区、风景名胜区、自然保护区等名称，由申请设立该区的行政机关提出，经有关主管部门征求同级民政部门意见后，报有审批权的行政机关在依法批准设立该区时一并确定。自然村名称，由乡（镇）人民政府或者街道办事处提出申请，经县（市、区）民政部门审核后，报县（市、区）人民政府审批。

第十八条 铁路、公路、航道、港口、渡口、车站、机场、水库、堤坝、海塘、水闸、电站、通讯基站、公园、公共广场等具有地名意义的专业设施名称，由建设单位或者有关专业主管部门征求同级民政部门意见后，报有审批权的专业主管部门在依法批准建设专业设施时一并确定。

第十九条 新建道路，地名规划已确定名称的，建设单位或者有关主管部门在申请立项时应当使用地名规划确定的名称，并在建成交付使用前向设区的市、县（市）民政部门办理正式命名手续；未确定名称的，建设单位或者有关主管部门应当在申请立项时提出道路预命名方案并征求设区的市、县（市）民政部门意见后确定和使用预命名的名称，在建成交付使用前向设区的市、县（市）民政部门办理正式命名手续。已建道路无名的，由设区的市、县（市）民政部门予以命名。设区的市、县（市）民政部门在道路命名前应当将命名方案向社会公示，并征求有关主管部门意见。

第二十条 住宅小区（楼）、公开销售的建筑物以及其他需要命名的大型建筑物名称，由建设单位提出申请，报设区的市、县（市）民政部门审批。建设单位申请发布涉及住宅小区（楼）、建筑物地名的广告，申请办理商品房预售许可证、房地产权属证书以及门（楼）牌的，应当向有关主管部门出示地名批准文件。已建住宅小区（楼）、建筑物未命名，其所有权人或者物业所在的业主大会要求命名的，分别由所有权人或者其委托管理的单位、业主大会或者其授权的业主委员会提出申请，报设区的市、县（市）民政部门审批。

第二十一条 申请住宅小区（楼）、建筑物命名的，应当提交下列材料：

（一）建设用地和建设工程规划许可文件及总平面图；

（二）拟用地名的用字、拼音、含义的说明；

（三）其他与申请命名相关的材料。设区的市、县（市）民政部门应当自收到申请之日起10个工作日内作出审批决定。对符合要求的名称，应当予以批准，并出具批准文件；对不符合要求的名称，应当不予批准，书面告知申请人并说明理由。但是，征求利害关系人及有关方面意见或者进行协调所需的时间除外。

第二十二条　门(楼)牌号码由县(市、区)民政部门或者乡(镇)人民政府、街道办事处按照国家和省有关规定统一编制。

第二十三条　地名确定后无特殊理由不得更名。地名损害国家主权、领土完整和公共利益的,或者含义不健康的,或者有本办法第十四条规定重名情形的,应当更名。地理实体因改造、拆除,其名称与改变后状态明显不符的,可以更名。专有部分占建筑物总面积三分之二以上且占总人数三分之二以上的业主同意,并提供业主大会决议的,住宅小区(楼)、建筑物可以更名。

第二十四条　地名更名程序按照地名命名的相关规定执行。对本办法第二十三条第二款规定的情形,地名所在地设区的市、县(市、区)民政部门应当发出地名更名通知书,有关单位或者个人应当自收到通知书之日起2个月内办理地名更名手续。

第二十五条　因自然地理实体变化、行政区划调整和城乡建设等原因而不使用的地名,由县级以上人民政府民政部门根据职责予以销名。

第二十六条　地名文化遗产保护名录中在用地名的更名应当严格控制;不使用的地名,县级以上人民政府民政部门和有关主管部门应当采取就近移用、优先启用、挂牌立碑等措施予以保护。地名文化遗产保护名录涉及的地理实体拆除重建或者迁移后重新命名的,应当优先使用原地名。

第二十七条　有关主管部门按照本办法第十七条第三款、第十八条、第二十三条的规定对地名进行命名、更名的,应当在命名、更名后10个工作日内报同级民政部门备案;民政部门发现备案的地名不符合规定要求的,应当要求或者建议审批机关予以纠正。

第二十八条　县级以上人民政府民政部门和有关主管部门应当及时向社会公布命名、更名和注销的地名信息,同时抄告同级公安、住房和城乡建设、工商行政管理、测绘与地理信息、邮政等相关管理部门。

因行政机关依照职权主动作出地名命名、更名和注销决定,致使公民、法人和其他组织的居民身份证、营业执照、房地产权属证书等证照和批文的地名信息需要作相应变更的,县级以上人民政府民政部门和有关主管部门应当根据公民、法人和其他组织的申请,在各自职责范围内免费为其提供出具相关地名证明或者换发证照和批文等服务,但法律、行政法规另有规定的除外。

第四章　标准地名的使用和监督

第二十九条　依法命名、更名的地名为标准地名。本办法实施前已经使用并由县级以上人民政府民政部门编入地名录(志、图)或者地名数据库的地名,视同标准地名。县级以上人民政府民政部门和有关主管部门应当采取措施,宣传、推广和监督使用标准地名。

第三十条　下列情形使用的地名应当是标准地名:

(一)地名标志、交通标志;

(二)地图、电话号码簿、交通时刻表、邮政编码簿等出版物;

(三)国家机关、企业事业单位、人民团体制发的公文、证照及其他法律文书;

（四）媒体广告、户外广告；

（五）其他应当使用标准地名的情形。

第三十一条 重要自然地理实体、行政区域界位、社区、村（居）委员会辖区、风景名胜区、自然保护区、专业设施、道路等，应当按照国家和省规定的有关标准设置地名标志。

第三十二条 道路、门（楼）牌地名标志由设区的市、县（市、区）民政部门或者乡（镇）人民政府、街道办事处负责设置和管理。其他地名标志由提出地名命名申请的单位或者有关主管部门负责设置和管理。属于建设项目的地理实体地名标志，应当在建设项目竣工验收前设置完成。

第三十三条 任何单位和个人不得涂改、遮盖、损毁或者擅自设置、移动、拆除地名标志。因施工等原因确需移动、拆除地名标志的，应当事先征得设置单位或者管理单位同意，并在施工结束前恢复原状，所需费用由工程建设单位承担。地名标志管理单位应当保持地名标志的清晰和完好，发现损坏或者字迹残缺不清的，应当及时予以更新。

第三十四条 县级以上人民政府民政部门应当建立本行政区域的地名数据库，及时更新地名信息，保证地名信息的真实、准确。县级以上人民政府民政部门和有关主管部门应当加强地名信息协作，实现地名信息资源共享。县级以上人民政府民政部门和有关主管部门可以通过设立地名网站、地名信息电子显示屏、地名问路电话等方式，向社会提供地名信息服务。

第三十五条 县级以上人民政府民政部门和有关主管部门负责出版本行政区域或者本系统的标准地名出版物。其他任何单位和个人不得出版标准地名出版物。

第三十六条 县级以上人民政府民政部门和有关主管部门应当按照国家和省有关规定，建立健全档案管理制度，加强地名档案的收集、整理和保存工作，维护地名档案的完整、系统和安全。县级以上人民政府档案管理部门应当加强对地名档案管理工作的指导和监督。

第五章　法律责任

第三十七条 单位和个人违反本办法规定，有下列行为之一的，由县级以上人民政府民政部门予以行政处罚，法律、法规另有规定的，从其规定：

（一）擅自命名或者更名住宅小区（楼）、建筑物名称的，责令其停止使用、限期改正；逾期不改正的，撤销其名称，并对经营性的违法行为处1万元以上5万元以下的罚款，对非经营性的违法行为处2000元的罚款。

（二）未按照规定使用标准地名的，责令限期改正；逾期不改正的，对经营性的违法行为处1万元以上5万元以下的罚款，对非经营性的违法行为处2000元的罚款。

（三）擅自编制或者更改门（楼）牌号码的，责令限期改正；逾期不改正的，对个人处500元的罚款，对单位处2000元的罚款。

第三十八条 涂改、遮挡、损毁或者擅自设置、移动、拆除地名标志的，由县级以上人民政府民政部门和有关主管部门按照各自职责责令限期改正；逾期不改正的，处500元以上2000元以下的罚款；造成经济损失的，应当依法赔偿。法律、法规另有规定的，从其规定。

第三十九条 行政机关及其工作人员违反本办法规定，有下列行为之一的，由有权机关责令改正；情节严重的，对直接负责的主管人员和其他直接责任人员依法给予处分：

（一）未按照规定权限和程序实施地名命名、更名审批的；

（二）未按照规定职责设置和管理地名标志的；

（三）违法收费的；

（四）其他滥用职权、玩忽职守、徇私舞弊的行为。

第六章　附　　则

第四十条　本办法自2013年2月1日起施行。

浙江省门牌管理规定

第一条　为了加强全省门牌设置管理工作，实现门牌编制、设置的科学化、标准化和规范化，根据国家有关规定和《浙江省地名管理办法》，制定本规定。

第二条　本规定适用于全省行政区域内门牌的编制、设置和管理工作。

第三条　本规定所称门牌，是指建筑物编码名称标志，包括门牌、楼牌、楼单元牌、楼层牌和室户牌等。

第四条　浙江省民政厅主管全省门牌管理工作；各县（市、区）民政部门或乡（镇）人民政府、街道办事处负责本辖区内的门牌编制、设置和管理工作，具体职责和分工由各市、县（市、区）民政部门规定。

第五条　经门牌管理单位编制、设置的门牌是法定地名标志物。任何单位和个人不得擅自编制、设置、变更、拆除或者损毁门牌。

第六条　全省范围内各类单位建筑物和个人住宅均应编制、设置门牌。门牌实行一牌一证制度。门牌证是门牌的副本，是户籍登记、房地产确认地址、工商登记和邮电通讯管理等查核标准地名（地址）的重要依据。

第七条　需要编制、设置门牌的新建建筑物，应在交付使用前，由建设单位或产权所有人向所在地门牌管理单位提出编制、设置门牌的申请，门牌管理单位应在收到申请要求10个工作日内完成。如遇特殊情况不能编制，应向申请人作出说明，并编制临时门牌。

对在建或规划中的道路两侧建筑物，市、县（市、区）民政部门应根据实际情况做好门牌的规划编制工作。

第八条　因地理实体、地名发生变化等原因而需要变更门牌，由当事人持门牌证向所在地门牌管理单位办理相关手续，门牌管理单位审核同意后，在3个工作日内予以更换门牌证并及时更换门牌。

第九条　门牌和门牌证遗失、破损或变更户主时，应及时到门牌管理单位申报补发或更换。

第十条　门牌编制应科学、有序。门牌编码可采用序数编码或量化编码（也称距离编码）进行。采用序数编码的，从路（街、巷）起点起，每户一号；采用量化编码的，以路（街、巷）起点到门户中心线距离量算，每2米为一个号。按照自东向西、自南向北，左单右双的原则编号。

第十一条 门牌的规格样式、文字书写和设置安装应符合国家相关规定和标准。门牌证由门牌管理单位按照省民政厅统一规定的样式印制。

第十二条 门牌管理单位应为本辖区内的门牌建立档案；市、县（市、区）民政部门应及时将门牌编制、设置有关资料汇总归档、保管，并视情向有关单位和个人提供查询服务。

第十三条 门牌管理工作实行定期检查制度。市、县（市、区）民政部门负责对本辖区内的门牌设置、管理工作进行定期检查。省民政厅对全省门牌设置、管理工作进行抽检。

第十四条 门牌设置、管理所需经费应当列入本级财政预算。

第十五条 对违反本规定有关条款的单位和个人，按国家和省有关规定予以处罚。

第十六条 各市、县（市、区）民政部门应根据本规定，制定门牌管理的实施细则。

第十七条 本规定自二〇一三年五月一日起正式施行。

庆元县地名管理办法

庆政办发〔2014〕169号

第一章 总 则

第一条 为了加强地名管理，实现地名的规范化、标准化，方便人民群众生产生活，适应经济社会发展的需要，根据《地名管理条例》和《浙江省地名管理办法》等规定，结合本县实际，制定本办法。

第二条 本办法适用于本县行政区域内地名管理及其相关工作。本办法所称地名，是指为社会公众指示具有特定方位或者地域范围的地理实体名称，包括：

（一）县、乡（镇）、街道行政区域名称、社区、村等名称；

（二）自然村、片村、住宅区、街（路）、巷（弄）、区片等名称；

（三）具有地名意义的农场、林场、牧场、渔场、专业市场、矿区等名称；

（四）公路、桥梁、隧道、铁路、铁路站、汽车站、货运枢纽站、停车场、城市公共交通站点、立交工程、渡口、码头、水库、水渠、堤坝、井、发电站等名称；

（五）8层以上的标志性高层建筑物、大型建筑物、亭、台、碑、塔等名称；

（六）公园、广场、大型游乐场、体育场、工业园区、风景名胜区、旅游度假区、自然保护区、企事业单位、名胜古迹、纪念地、廊桥、文物保护单位等名称；

（七）山、山岭、洞穴、河流、湖泊、瀑布、泉等自然地理实体名称。

第三条 地名管理工作应当遵循规范化、标准化的要求，兼顾历史和现状，尊重群众意愿，保持地名的相对稳定和延续，保护和传承优秀的地名文化，提高公共服务水平。

第四条　县人民政府应当加强对地名管理工作的组织领导，建立健全地名管理工作协调机制，将地名管理工作所需经费列入县财政预算。乡（镇）人民政府、街道办事处应当按照规定职责做好地名管理相关工作。

第五条　县民政部门是地名主管部门，负责本行政区域地名工作的统一管理，具体工作由县地名委员会办公室承担。发改、财政、住建、国土资源、市场监督管理、交通运输、公安、经商、农业、林业、水利、旅游、环境保护、文广新、教育、邮政、档案等有关主管部门按照各自职责做好地名管理相关工作。

第六条　县人民政府及其民政部门应当组织调查地名文化遗产，建立地名文化遗产保护名录，采取有效措施予以保护。

第七条　县人民政府及其民政部门和有关主管部门在地名管理工作中，应当建立健全公众参与、专家咨询等工作机制，听取公众和专家的意见。

第二章　职责分工

第八条　民政部门应当履行下列地名管理职责：

（一）负责贯彻执行地名管理的法律、法规、规章；

（二）负责组织本行政区域地名规划编制和审核；

（三）负责制止和处罚地名违法行为；

（四）负责地名的命名、更名、销名工作；

（五）公布标准地名，监督管理标准地名的使用；

（六）组织编撰标准地名资料、地名书刊、地名图；

（七）收集、整理、鉴定、保管地名档案；

（八）开展地名信息公共服务；

（九）指导有关部门、乡（镇）人民政府、街道办事处的地名管理工作。

第九条　有关部门按照各自职责，做好地名管理相关工作：

（一）发改部门：在基建项目立项及审批中涉及地名命名的，负责督促建设单位或者有关主管部门到民政部门办理地名预命名手续；

（二）住建部门负责落实：

1.市政道路、桥梁等名称的申报工作；

2.在办理产权登记或者审批事项中涉及市政道路、桥梁、住宅区、建筑物名称的，应当凭民政部门确认预命名的名称或者已命名的名称办理；

3.在办理建设用地规划许可证、核准总平面图、发放建设工程规划许可证时涉及道路、建筑物名称的，应当凭民政部门确认预命名的名称或者已命名的名称办理；

4.协助民政部门做好地名规划的编制工作；

5.协助民政部门做好地名标志设置、监管及规范工作。

（三）国土资源部门：在办理土地使用权登记和建设项目用地复核验收时涉及道路、建筑物名称的，应当凭民政部门确认预命名的名称或者已命名的名称办理；

（四）公安部门：负责在户籍登记管理、交通指示牌设置中坚持使用标准地名；

（五）交通运输部门：负责落实交通设施中的公路、桥梁等名称的申报工作，并根据标准地名规范设置桥梁、交通、公共交通站点标志；

（六）市场监督管理部门：在办理企业工商注册时坚持使用标准地名；审批房地产媒体广告、户外广告时涉及房地产项目名称的，应当查验标准地名批准证明；

（七）教育部门：负责按照国家语言文字要求对各类标准地名用字和拼注的规范使用情况进行督查；

（八）财政部门：负责地名工作日常和专项业务工作经费、

地名标志设置和维护等经费的落实及监督；

（九）环境保护部门：负责在环保项目评价、审批中坚持使用标准地名；

（十）文广新部门：协助做好地名文化遗产保护工作；

（十一）档案部门：负责对地名档案管理工作的指导和监督；

（十二）邮政部门：负责新建住宅区的通邮地名核查，并以民政部门提供的标准地名为申请人办理通邮手续；

（十三）经商部门：负责在工业、商贸项目管理服务中坚持使用标准地名；

（十四）农业、林业、水利、旅游等部门：各自负责本部门职责范围内的农业、林业、水利设施和景点等专业地名申报或审批及设标等管理工作。

第十条 乡（镇）人民政府负责辖区职责范围内地名命名（更名）申报和门牌证发放等有关工作，并在民政部门的指导下做好地名标志设置管理工作；街道办事处协助民政部门做好辖区内门牌证发放、地名标志设置等管理工作。

第十一条 新闻媒体在各类新闻或信息发布时应使用标准地名；在发布房地产媒体广告时涉及房地产项目名称的，应当查验标准地名批准证明；未提供标准地名批准证明的，不予发布。

第三章 地名规划与命名标准

第十二条 城市、镇应当编制地名规划。城市地名规划由县民政部门组织有关部门编制，报县人民政府批准后公布实施。镇地名规划由镇人民政府组织编制，经县民政部门审核后，报县人民政府批准后公布实施。地名规划应当包括规划原则、地名体系及其空间布局、道路名称、地名标志、地名文化遗产保护等内容。

第十三条 地名规划应当以城市、镇总体规划明确的内容作为规划依据。城市、镇详细规划涉及地名命名的，应当与地名规划确定的名称相衔接；规划编制部门应当征求同级民政部门意见。工业、农业、水利、交通、土地利用、旅游等专项规划，涉及地名命名的，应当与地名规划确定的名称相衔接；有关主管部门应当征求同级民政部门意见。

第十四条 地名的命名应当符合地名规划的要求，反映当地历史、文化、地理等特征，含义健康。

第十五条 地名的命名应当遵守下列规定：

(一)不得使用有损国家主权、领土完整和公共利益的词语;

(二)不得使用带有封建迷信色彩、违背社会公德或者可能产生其他不良社会影响的词语;

(三)一般不以人名作地名,禁止以国家领导人的名字以及外国的地名和人名作地名;

(四)未经有关主管部门的同意,不得使用专业或者行业名称。

第十六条 地名由专名和通名两部分组成。地名的命名应当一地一名。一地多名、一名多写的,应当进行标准化处理。

第十七条 地名的命名应当名实相符,派生地名应当与主地名相协调。

(一)含有行政区域、区片或者道路(含街、巷、桥梁、隧道、轨道交通线路,下同)名称的,应当位于该行政区域、区片范围内或者该道路沿线;

(二)乡(镇)人民政府、街道办事处名称不得使用非乡(镇)人民政府驻地、非街道办事处所在街巷名称;

(三)具有地名意义的车站、港口、码头、机场、水库等名称应当与所在地名称一致。

第十八条 住宅小区(楼)、建筑物的命名,应当具备与通名相适应的占地面积、总建筑面积、高度、绿地率等条件和功能:

(一)小区:指总建筑面积在3万平方米以上或居住人口3000人以上,以住宅为主,有生活休闲、商业网点、文体卫生等配套服务设施的住宅区。达不到以上量化指标的住宅区或在较大的小区内还要分块命名的,可选用“园”“院”“苑”“居”“庭”“坊”“楼”“阁”“公寓”等作通名;

(二)公寓:指单一高层住宅楼或占地范围较小的住宅楼群。其占地面积一般应在3000平方米以上、1万平方米以下,或总建筑面积在5000平方米以上、5万平方米以下的建筑物、建筑群;

(三)别墅、庄园:指拥有花园的园林式低层高级住宅区。一般总建筑面积应在5000平方米以上,其花圃、绿化面积应不低于占地面积的35%;

(四)山庄:指依山而建、环境优雅的低层高级住宅或高级宾馆,其绿化和休闲用地面积不得小于总用地面积的50%;

(五)花园:指占地面积1.5万平方米以上,或总建筑面积10万平方米以上,绿化面积占总用地面积的40%以上,集中休闲绿地面积不得少于2000平方米的住宅区;

(六)城:指封闭式或半封闭式的大型商贸建筑物(群),占地面积一般应在5万平方米以上;

(七)广场:一般指供市民休闲的具有一定规模的公共场地。当广场指具有配套公共场地的建筑物(群)时须兼具3个条件:1.其占地面积应在8000平方米以上或总建筑面积在4万平方米以上;2.具有2000平方米以上的整块公共场地;3.在通名前应冠以功能性词语,如XX商务广场、XX娱乐广场、XX假日广场等;

(八)大厦、大楼、商厦:大厦是指高层或者大型楼宇,其高度应在8层以上或总建筑面积在7000平方米以上;达不到上述量化指标,但在当地又属突出建筑物,并具有地名意义的,可称为大楼;以商贸为主或低层为商场、高层为办公用房的高层建筑物,也可称为商厦;使用大楼、商厦作为通名的量化指标下限可根据实际情况确定;

（九）商务楼、写字楼：建筑层数在8层以上或总建筑面积在8000平方米以上，以商务办公为主的大型楼宇；

（十）商场（中心）：指某种功能在一个区域或者某一行业中居主导地位且最具规模的建筑物（群）。其占地面积一般不少于6000平方米或建筑面积在2万平方米以上；

（十一）宾馆、饭店、酒店：指以住宿、餐饮、娱乐为主要功能的楼宇或楼群。对达不到上述命名标准的建筑物、住宅小区（楼）不单独命名，但应当予以门牌编号。

第十九条 道路通名使用原则

1.道路通名确定为：大道、大街、路、街、巷、弄等；

2.道路通名分为三个等级：大道（大街）、路（街）、巷（弄）；

3.道路通名的使用标准：

（1）“大道”（大街）：符合使用“大道”（大街）通名的高规格交通主干道，红线宽度一般在30米、长度2000米以上，且其景观在城市道路网中属格外靓丽，可代表城市道路建设高水平和高品位的道路，使用“大道”或“大街”；

（2）“路”、“街”：红线宽度一般在10米以上的道路，使用“街”或“路”为通名；

（3）“巷”或“弄”：红线宽度一般在10米以下的生活便道，使用“巷”或“弄”。

4.道路分段原则和分段通名：

（1）长度超过5000米的大道（大街），可以适当分段，方法为：在统一的大道名称（包括专名和通名）后，以方位词（南、中、北；东、中、西）区分段位，并在其后加“段”字，如XX大道中段；

（2）长度超过3000米的路（街），也可以以方位词（南、中、北；东、中、西）区分段位，并在其后加“路（街）”字，如XX中路；

（3）如系道路延伸部分，可以按延伸方向，在通名前加方位词。如往北延伸的，可以称“XX北路”，往南延伸的，可以称“XX南路”。

第二十条 下列地名不得重名，并避免使用近似、易混淆的名称：

（一）县内乡（镇）、街道和重要自然地理实体名称；

（二）县内的社区、村（居）民委员会辖区名称；

（三）同一乡（镇）、街道内的自然村名称；

（四）县城区、镇内的道路、住宅小区（楼）、建筑物及广场、公园名称。

第二十一条 地名用字应当使用规范汉字，避免使用生僻或者易产生歧义的字。汉语地名的罗马字母拼写，应当按照《汉语拼音方案》和《中国地名汉语拼音字母拼写规则》执行。少数民族地名和外国语地名的汉字译写，按照国家有关规定执行。

第四章 地名命名、更名和销名程序

第二十二条 山、河、湖等自然地理实体需要命名的，由县民政部门予以命名；跨行政区域的，由相邻各方的县民政部门报市民政部门予以命名。

第二十三条 行政区域名称，由申请设立行政区划的人民政府提出，报有审批权的人民政府在依法批准设立行政区划时一并确定。社区、村(居)民委员会辖区名称,由申请设立社区、村(居)民委员会的乡(镇)人民政府或者街道办事处提出,经县民政部门审核后,报县人民政府在依法批准设立社区、村(居)民委员会时一并确定。工业区、开发区、保税区、风景名胜区、自然保护区等名称,由申请设立该区的行政机关提出,经有关主管部门征求同级民政部门意见后,报有审批权的行政机关在依法批准设立该区时一并确定。自然村名称,由乡(镇)人民政府或者街道办事处提出申请,经县民政部门审核后,报县人民政府审批。

第二十四条 铁路、公路、车站、停车场、桥梁、隧道、水库、堤坝、水闸、电站、通讯基站、纪念地、遗址、公园、市场、公共广场等具有地名意义的专业设施名称,由建设单位或者有关专业主管部门征求同级民政部门意见后,报有审批权的专业主管部门在依法批准建设专业设施时一并确定。

第二十五条 新建道路,地名规划已确定名称的,建设单位或者有关主管部门在申请立项时应当使用地名规划确定的名称,并在建成交付使用前向县民政部门办理正式命名手续;未确定名称的,建设单位或者有关主管部门应当在申请立项时提出道路预命名方案并征求县民政部门意见后确定和使用预命名的名称,在建成交付使用前向县民政部门办理正式命名手续。

已建道路无名的,由县民政部门予以命名。县民政部门在道路命名前应当将命名方案向社会公示,并征求有关主管部门意见。

第二十六条 住宅小区(楼)、公开销售的建筑物以及其他需要命名的大型建筑物名称,建设单位或者有关主管部门应当在申请立项时提出建筑物预命名方案并征求县民政部门意见后确定和使用预命名的名称,在建成交付使用前,由建设单位提出申请,报县民政部门审批。

建设单位申请发布涉及住宅小区(楼)、建筑物地名的广告,申请办理商品房预售许可证、房地产权属证书以及门(楼)牌的,应当向有关主管部门出示地名批准文件或核准依据。已建住宅小区(楼)、建筑物未命名,其所有权人或者物业所在的业主大会要求命名的,分别由所有权人或者其委托管理的 单位、业主大会或者其授权的业主委员会提出申请,报县民政部门审批。

第二十七条 申请住宅小区(楼)、建筑物、道路预命名的,应当提交下列材料:

(一)发改部门的项目立项批复(备案通知书、项目服务联系单等文件)或者国土部门项目建设用地预审意见;

(二)拟用地名的用字、拼音、含义的说明;

(三)其他与申请命名相关的资料。

第二十八条 申请住宅小区(楼)、建筑物命名的,应当提交下列材料:

(一)申请报告和预命名审核表;

(二)建设用地和建设工程规划许可文件及总平面图;

(三)拟用地名的用字、拼音、含义的说明;

(四)涉及行业(专业)名称地名,提供行业(专业)主管部门同意证明;

(五)其他与申请命名相关的材料。

第二十九条 民政部门应当自收到申请之日起10个工作日内作出审批决定。对符合要求的名称,应当予以批准,并出具批准文件或者证明;对不符合要求的名称,应当不予批准,书面告知申请人并说明理由。民政部门需征求利害关系人及有关方面意见或者进行协调的,可适当延长审批时间。

第三十条 门(楼)牌号码按照国家和省有关规定进行统一编制。城区范围内门(楼)牌号码由县民政部门负责编制;乡(镇)门(楼)牌号码由本乡(镇)人民政府负责编制,并报民政部门备案。

第三十一条 地名确定后无特殊理由不得更名。地名违反本办法第十五条规定或者有本办法第二十条规定重名情形的,应当更名。地理实体因改造、拆除,其名称与改变后状态明显不符的,可以更名。专有部分占建筑物总面积三分之二以上且占总人数三分之二以上的业主同意,并提供更名报告和业主大会同意更名决议的,住宅小区(楼)、建筑物可以更名。

第三十二条 地名更名程序按照地名命名的相关规定执行。对本办法第三十一条第二款规定的情形,县民政部门应当发出地名更名通知书,有关单位或者个人应当自收到通知书之日起2个月内办理地名更名手续。

第三十三条 因自然地理实体变化、行政区划调整和城乡建设等原因而不使用的地名,由县民政部门根据职责予以销名。

第三十四条 地名文化遗产保护名录中在用地名的更名应当严格控制;不使用的地名,县民政部门和有关主管部门应当采取就近移用、优先启用、挂牌立碑等措施予以保护。地名文化遗产保护名录涉及的地理实体拆除重建或者迁移后重新命名的,应当优先使用原地名。

第三十五条 有关主管部门按照本办法第二十三条第三款、第二十四条、第三十一条的规定对地名进行命名、更名的,应当在命名、更名后10个工作日内报同级民政部门备案;民政部门发现备案的地名不符合规定要求的,应当要求或者建议审批机关予以纠正。

第三十六条 县民政部门和有关主管部门应当及时向社会公布命名、更名和注销的地名信息,同时抄告同级公安、住房和城乡建设、国土资源、市场监督管理、测绘与地理信息、邮政等相关管理部门。因行政机关依照职权主动作出地名命名、更名和销名决定,致使公民、法人和其他组织的居民身份证、营业执照、房地产权属证书等证照和批文的地名信息需要作相应变更的,县民政部门和有关主管部门应当根据公民、法人和其他组织的申请,在各自职责范围内免费为其提供出具相关地名证明或者换发证照和批文等服务,但法律、行政法规另有规定的除外。

第五章　标准地名的使用和监督

第三十七条 依法命名、更名的地名为标准地名。本办法实施前已经使用并由县民政部门编入地名录(志、图)或者地名数据库的地名,视同标准地名。县民政部门和有关主管部门应当采取措施,宣传、推广和监督使用标准地名。

第三十八条 下列情形使用的地名应当是标准地名:

(一)地名标志、交通标志;

(二)地图、电话号码簿、交通时刻表、邮政编码簿等出版物;

（三）国家机关、企业事业单位、人民团体制发的公文、证照及其他法律文书；

（四）媒体广告、户外广告；

（五）其他应当使用标准地名的情形。

第三十九条　重要自然地理实体、行政区域界位、社区、村（居）委员会辖区、风景名胜区、自然保护区、专业设施、道路等，应当按照国家和省规定的有关标准设置地名标志。

第四十条　城区范围内道路、门（楼）牌地名标志由县民政部门按照国家和省规定的有关标准负责设置和管理；乡（镇）范围内道路、门（楼）牌地名标志由乡（镇）人民政府在民政部门指导下，按照国家和省规定的有关标准负责设置和管理；其他地名标志由提出地名命名申请的单位或者有关主管部门负责设置和管理。县民政部门负责对全县范围内的地名标志设置、管理工作进行检查。属于建设项目的地理实体地名标志，应当在建设项目竣工验收前设置完成。

第四十一条　任何单位和个人不得涂改、遮盖、损毁或者擅自设置、移动、拆除地名标志。因施工等原因确需移动、拆除地名标志的，应当事先征得设置单位或者管理单位同意，并在施工结束前恢复原状，所需费用由工程建设单位承担。地名标志管理单位应当保持地名标志的清晰和完好，发现损坏或者字迹残缺不清的，应当及时予以更新。

第四十二条　县民政部门应当建立本行政区域的地名数据库，及时更新地名信息，保证地名信息的真实、准确。县民政部门和有关主管部门应当加强地名信息协作，实现地名信息资源共享。县民政部门和有关主管部门可以通过设立地名网站、地名信息电子显示屏、地名问路电话等方式，向社会提供地名信息服务。

第四十三条　县民政部门和有关主管部门负责出版本行政区域或者本系统的标准地名出版物。其他任何单位和个人不得出版标准地名出版物。

第四十四条　县民政部门和有关主管部门应当按照国家和省有关规定，建立健全档案管理制度，加强地名档案的收集、整理和保存工作，维护地名档案的完整、系统和安全。县档案管理部门应当加强对地名档案管理工作的指导和监督。

第六章　法律责任

第四十五条　单位和个人违反本办法规定，有下列行为之一的，由县民政部门予以行政处罚，法律、法规另有规定的，从其规定：

（一）擅自命名或者更名住宅小区（楼）、建筑物名称的，责令其停止使用、限期改正；逾期不改正的，撤销其名称，并对经营性的违法行为处 1 万元以上 5 万元以下的罚款，对非经营性的违法行为处 2000 元的罚款。

（二）未按照规定使用标准地名的，责令限期改正；逾期不改正的，对经营性的违法行为处 1 万元以上 5 万元以下的罚款，对非经营性的违法行为处 2000 元的罚款。

（三）擅自编制或者更改门（楼）牌号码的，责令限期改正；逾期不改正的，对个人处 500 元的罚款，对单位处 2000 元的罚款。

第四十六条　涂改、遮挡、损毁或者擅自设置、移动、拆除地名标志的，由县民政部门和有关主管部门按照各自职责责令限期改正；逾期不改正的，处500元以上2000元以下的罚款；造成经济损失的，应当依法赔偿。法律、法规另有规定的，从其规定。

第四十七条 行政机关及其工作人员违反相关规定，有下列行为之一的，由有权机关责令改正；情节严重的，对直接负责的主管人员和其他直接责任人员依法给予处分：

（一）未按照规定权限和程序实施地名命名、更名审批的；

（二）未按照规定职责设置和管理地名标志的；

（三）违法收费的；

（四）其他滥用职权、玩忽职守、徇私舞弊的行为。

第七章　附　　则

第四十八条 本办法自2014年10月1日起施行。2003年11月17日庆元县人民政府发布的《庆元县地名管理办法》（庆政令〔2003〕11号）同时废止。

后　记

新版《庆元县地名志》2017年5月起着手编纂，历时5年，几易其稿，终于出版面世了。这是对我县自2012年3月起实行的第二次地名普查成果的升华和转化，是对我县行政区划进行的又一次全面的梳理，重新收录行政区域、非行政区域、群众自治组织、居民点、交通运输设施、水利电力设施、纪念地旅游景点、陆地水系、建筑物等具有地名意义的地名名称，共11个大类、39个子类3656条。对1990年版首部《庆元县地名志》作了进一步的完善和补充。地名条目从原来的2258条增加到2925条，著书文字从原来的60万字增加到86多万字。

2014年4月成立了以分管副县长为主任的《庆元县地名志》编纂委员会，5月始着手编写初稿，12月根据省第二次全国地名普查工作的统一部署，进行全县地名普查补更，时间节点改为2014年年底前的地名数据。2017年6月在全面完成了地名普查内外业工作，并通过省市验收后。形成了《庆元县地名志》初稿。并将相应的稿件分发给各相关单位和乡镇审阅，根据反馈意见进行修改。2019年8月完成修改后再次将文稿发给各乡镇、街道及教育、卫生、交通、住建、国土资源、文广旅体、档案等单位审查，然后又进行再一次大修改后定稿。

编纂《庆元县地名志》是一项浩大的系统工程，涉及政治、经济、历史、地理、文化、语言等多方面内容，需将相关资料进行进一步复核、补充和考证，对现有政区、聚落和自然实体、人工建筑等一系列地名进行标准化处理，需对有关古籍、志书进行广泛调查、反复考证。承蒙各有关部门的大力协作，尤其是得到吴式球、姚德泽、胡恒鹏、吴青、吴存灿等多位社会知名人士的慷慨相助，从而保证了编纂工作的顺利进行。但因庆元县历史悠久，建制多变，地名变化纷繁复杂，加上编者水平有限，疏漏和谬误之处在所难免。敬请读者指正，不胜感激。

编　者

2022年3月